山东大学双一流建设『中国古典学术』专项资助项目

.

# 葛本仪文集

山东大学中文专刊

第一册

现代汉语词汇
汉语词汇研究
现代汉语词汇学

社会科学文献出版社
SOCIAL SCIENCES ACADEMIC PRESS (CHINA)

图书在版编目（CIP）数据

葛本仪文集：全四册／葛本仪著. -- 北京：社会
科学文献出版社，2021.4（2022.2 重印）
ISBN 978 - 7 - 5201 - 8206 - 5

Ⅰ.①葛…　Ⅱ.①葛…　Ⅲ.①语言学 - 文集　Ⅳ.
①H0 - 53

中国版本图书馆 CIP 数据核字（2021）第 060925 号

**葛本仪文集**（全四册）

著　　者／葛本仪

出 版 人／王利民
责任编辑／刘同辉　徐琳琳
文稿编辑／程丽霞　许文文　陈美玲
责任印制／王京美

出　　版／社会科学文献出版社（010）59366556
　　　　　　地址：北京市北三环中路甲 29 号院华龙大厦　邮编：100029
　　　　　　网址：www. ssap. com. cn
发　　行／社会科学文献出版社（010）59367028
印　　装／北京虎彩文化传播有限公司

规　　格／开　本：787mm × 1092mm　1/16
　　　　　　印　张：89.25　插　页：1.5　字　数：1170 千字
版　　次／2021 年 4 月第 1 版　2022 年 2 月第 2 次印刷
书　　号／ISBN 978 - 7 - 5201 - 8206 - 5
定　　价／480.00 元（全四册）

读者服务电话：4008918866

**葛本仪（1933—2020）**

　　祖籍山东潍坊，1933年2月出生于青岛，2020年1月于济南去世。曾任山东大学文学院教授，汉语言文字学专业博士生导师。曾获山东省"三八红旗手""专业技术拔尖人才"等荣誉称号，享受国务院特殊津贴，2018年7月被山东省社会科学优秀成果奖评选委员会授予"山东省社会科学突出贡献奖"，2018年12月被山东省社会科学界联合会评选为"山东省社会科学名家"。

　　葛本仪教授毕生从事语言学教学与研究，尤其致力于汉语词汇学理论研究。先后出版专著《现代汉语词汇》《汉语词汇研究》《现代汉语词汇学》等，主编《信息处理用现代汉语三万词语集》《当代汉语流通频度词典》《语言学概论》《新教学语法概论》《实用中国语言学词典》《汉语词汇论》《汉语词汇学》等，发表《汉语的造词与构词》《论合成词素》《词义的语用研究》《论动态词义》《词义演变规律述略》《再论同义词》等一系列重要论文。所著成果先后获"山东省社会科学优秀成果一等奖""国家教委优秀科研成果二等奖""华东地区优秀教育图书奖"等多项奖励。

葛本仪部分著作书影（一）

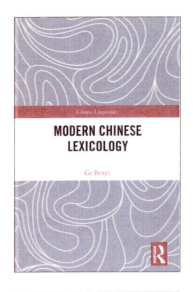

葛本仪部分著作书影（二）

.

# "山东大学中文专刊"编辑出版说明

  "山东大学中文专刊",是山东大学中文学科学者著述的一套丛书,由山东大学义学院主持编辑,邀请有关专家担任编纂工作,请国内有经验的专业出版社分工出版。山东大学中文学科与山东大学的历史同步,在社会巨变中,屡经分合迁转,是国内历史悠久、名家辈出、有较大影响的中文学科之一。1901年山东大学堂创办之初,其课程设置就包括经史子集等文史课程。1926年省立山东大学在济南创办,设立了文学院,有中国哲学、国文学两系。上世纪30年代至40年代,杨振声、闻一多、老舍、洪深、梁实秋、游国恩、王献唐、张煦、丁山、姜叔明、沈从文、明义士、台静农、闻宥、栾调甫、顾颉刚、胡厚宣、黄孝纾等著名学者、作家在国立山东(青岛)大学、齐鲁大学任教,在学术界享有盛誉。中华人民共和国成立后,山东大学中文学科迎来新的发展时期,华岗、成仿吾先后担任校长,陆侃如、冯沅君先后担任副校长,黄孝纾、王统照、吕荧、高亨、高兰、萧涤非、殷孟伦、殷焕先、刘泮溪、孙昌熙、关德栋、蒋维崧等语言文学名家在山东大学任教,是国内中文学科实力雄厚的学术重镇。改革开放以来,中华人民共和国培养的一代学术名家周来祥、袁世硕、董治安、牟世金、张可礼、龚克昌、刘乃昌、朱德才、郭延礼、葛本仪、钱曾怡、曾繁仁、张忠纲等,以深厚的学术功力和开拓创新精神,谱写了山东大学中文学科新的辉煌。总结历史成就,整理出版几代人用心血和智慧凝结而成的著述,是对学术前辈最大的尊敬,也是开拓未来,创造新知,更上一层楼的最好起点。2018年4月16日,山东大学新一届领导班子奉命成立,20日履任。如何在新的阶段为学科发展做一些有益的工作,是摆在面前的首要课题。编辑出版"山东大学中文专刊"是新举措之一。经过一年的紧张工作,一批成果即将问世。其中既有历史成就的总结,也有新时期的新著。相信这是一项长期的任务,而且长江后浪推前浪,在未来的学术界,山东大学中文学科的学人一定能够创造出无愧于前哲,无愧于当代,无愧于后劲的更加辉煌的业绩。

山东大学文学院

2019年10月11日

# 总目录

# 本册目录

## 现代汉语词汇

## 汉语词汇研究

# 现代汉语词汇学

# 现代汉语词汇

# 目　录

# 第一章　词和词汇

## 一　什么是词和词汇

我们无论说话或写文章，都要用许多词组织成句子，才能表达出完整的意思。所以词是语言的建筑材料。但仅仅这样来认识词，显然是很不够的。

什么是词？词是语言中表示着一定意义的语音形式，是语言中最小的能够独立运用的单位。例如"我爱劳动"这句话，是由"我""爱""劳动"三个词组成的。这三个词，都有一定的语音形式（"wo""ai""laodong"），同时也都表示着一定的意义；它们作为语言中独立运用的最小单位，是不能再被分割的，否则就要失去原有的独立的意义，或者改变原义而变成另外一个词。

词是表示着一定意义的语音形式，是声音和意义的结合体。意义是它的内容，声音就是它的形式。任何没有声音或不表示意义的词都是不存在的。

词的声音和意义之间没有必然的联系，某种声音和某种意义结合，是由社会"约定俗成"的。但当它们一经结合之后，就不能任意改变。这样，词的声音才能被说者和听者共同理解，语言才能起到交际工具的作用。

什么是词汇呢？词汇就是词的总称。词和词汇是个体与整体的关系。一种语言里所有的词就构成为这种语言的词汇，如"现代汉语词汇"。某个人掌握的词的总称也可称作词汇，如"鲁迅的词汇"。

汉语是世界上最发达的语言之一。词汇的丰富和纷繁，标志着语言的丰富和发展，现代汉语词汇的无比丰富，正说明了汉语的巨大表现力量。

## 二　字和词

文字是记录有声语言的书写符号，是人类交际的最重要的辅助工具。它可以把我们所要表达的意思，传得久，传得远，使它超过时间和空间的限制。在使用拼音文字的语言里，字和词是统一的，某个书写形式，是字也是词。汉字属于表意文字体系，它是以一个个的方块文字作为单位出现的，它记录着汉语中一个个的词，但它与词是有区别的。当一个汉字记录着一个单音节词的时候，词和字是统一的，如"人""山""水""天""手"等，它们是词，同时也是字。但是当用汉字来记录一个多音节词的时候，情况就不同了，如"人民""玻璃"等，是用两个字来表示一个词的；"工业化""社会主义"等就是用三个字或四个字来表示一个词了。由此可见，在汉语里词和字是不同的，一个汉字代表一个音节，当它被单独使用记录一个单音节词的时候，这时它是字也是词；当它不被单独使用时，就不是词。

## 三　词的构成

我们要学习词汇，要正确掌握和运用语言中的词，就应该清楚地认识词的构造，了解词的内部结构规律。

任何一个词都是由词素构成的。词素是构词的成分，它是构成词的最小的意义单位。

如"人"这个词就是由一个词素构成的，"汉语""玻璃窗"

就是由两个词素构成的，"电灯泡""造纸厂"就是由三个词素构成的。

在了解词素时，必须把词素和字的关系搞清楚。如"山"是由一个词素构成的词，同时也是用一个字来表示的，这时，词素、词和字三者是同一的。而"玫瑰"虽然也是由一个词素构成的词，却是用两个字来表示的，"葡萄酒"是由"葡萄"和"酒"两个词素构成，却是用三个字来表示的。由此可见，词素和字有时也不是同一的，不能把两者混为一谈。

在了解了词素之后，我们再来谈词的构成问题。词的构成可分成单纯词和合成词两部分。单纯词都是由一个词素构成的。如"纸""头""红""地"等，是一个音节的单纯词；如"蟋蟀""琵琶""罗嗦""苏维埃"等是多音节的单纯词。由两个或两个以上的词素构成的词就称为合成词，如"桌子""铅笔""理解""加工厂"等就是多音节的合成词。

合成词的构成方式是多种多样的，现在把最主要的几种介绍一下。

（一）复合法。复合法是以两个实词素相结合而构成新词的方法。其常见的构成方式有以下几种。

（1）联合式：词素之间的关系是并列的。如：

解放　土地　道路　学习　富裕

东西　买卖　动静　多少　开关

干净　窗户　忘记　国家　睡觉

上面的第一行例词是由两个意义相同或相近的实词素构成的，新词的意义是词素意义的总和；第二行的例词则是由两个意义相反的实词素构成的，词的意义也是新产生的，词素的原义在新词中已完全消失；第三行的例词也是由两个实词素构成的，新词的意义只是保留了其中一个词素的意义，另一个词素的意义也完全消失了。

（2）偏正式：词素之间的关系是主从关系，前一个词素修饰后一个词素，后一个词素是主体。如：

> 东风　信箱　红旗　高峰　飞机
> 右倾　热爱　狂欢　笔谈　爬行
> 火热　冰凉　飞快　深红　雪白
> 电影院　文化宫　主席台　代表团　展览馆

如"电影院""文化宫"等，这类偏正式的合成词，其从属部分本身也是一个用不同的构词方式构成的合成词，因此还可以进一步分析。

（3）补充式：后一个词素对前一个词素的意义起补充或注释作用。如：

> 请示　划清　提高　说服　说明
> 推翻　缩小　放大　降低　拔出
> 人口　马匹　花朵　房间　稿件

（4）支配式：前一个词素对后一个词素起支配作用，前者表示一种动作，后者是前一词素所涉及的事物或对象。如：

> 交心　发言　积肥　开幕　谈话
> 进军　整风　革命　扫盲　理发
> 吵架　动员　接生　握手　庆功

（5）表达式：后一个词素对前一个词素起陈述作用。如：

> 国营　民办　河流　地震　性急
> 自豪　心虚　胆怯　年轻　夏至

（二）附加法。附加法是实词素和虚词素相结合而构成新词的方法。在新词中，实词素是词的主体，虚词素附加在实词素上成为新词的词头或词尾。附加法的形式大约可分以下几种。

（1）虚词素附加在实词素的前面。如：

阿姨　老王　第五　　初七　　反革命
可能　可耻　非本质　非卖品　无条件

（2）虚词素附加在实词素的后面。如：

凳子　　孩子　　木头　锄头　　作家
艺术家　读者　　记者　学员　　炊事员
党性　　人民性　绿化　工业化　密度
速度　　画儿　　信儿　能手　　红旗手

（3）虚词素同时附加在实词素的前面和后面。如：

老红旗手　新作家

虚词素附加在实词素的后面作词尾，有改变词性的作用。如"员""家""者""手""度""性""子""儿""头"等虚词素就是名词性词尾，它们无论加在任何词性的实词素后面，都可使新词的词性成为名词。"化"这个虚词素是动词性词尾，它无论加在任何词性的实词素后面，都可使新词的词性成为动词。虚词素加在实词素后面作词尾，还会使词的意义发生某些改变，如"教""听""文学""红旗"等都是表示一些动作或事物的词，但当加上"员""家""者""手"等虚词素词尾而变成"教员""听者""文学家""红旗手"的时候，新词的意义则变为从事某种动作或某种事业的人了。

（三）缩写。缩写是人们为了应用的方便将词组压缩而构成新词的方法。这样产生的新词，就叫作缩写词。如：

三好——（身体好、学习好、工作好）

四声——（阴平声、阳平声、上声、去声）

中共——（中国共产党）

支书——（支部书记）

教职员——（教员职员）

工农业——（工业农业）

（四）重言。重言就是实词素重叠而构成新词的方法。词素重叠的形式也各不相同，有的是整个词进行重叠，有的则是各个词素进行重叠。如：

个个　家家　户户　人人　年年

想想　看看　高高　大大　圆圆

冷清清　静悄悄　热呼呼　干巴巴　绿油油

运动运动　热闹热闹　讨论讨论　研究研究

清清楚楚　干干净净　比比划划　热热闹闹

从上列例词中，我们可以看出经过重叠后产生的新词，有的是获得了新的意义，如第一行的例词，就有“每一”的意思，“个个”即指“每一个”的意思；有的则只是比原词加重了意义，如第二行至第五行的例词就是这样。

有时同一个词由于重叠的方式不同，也会使词性发生变化，如“热闹”一词，整个词进行重叠成为“热闹热闹”时是动词，各个词素进行重叠成为“热热闹闹”时，它的词性就成为形容词。

# 第二章　词义

## 一　什么是词义

词的意义是人们在长期的社会生活实践中逐渐固定下来的。它是在社会上"约定俗成"的，不允许随意改动，否则，我们说的话写的文章便不会为听者或读者所理解。

我们必须正确地理解每一个词的意义和它的使用范围，才能准确地使用它来表达我们的思想、感情和意志，才能很好地体现语言作为交际工具的基本职能。

词一般具有两种意义，一是词汇意义，一是语法意义。词汇意义就是词所表示的客观事物的概念，也就是词所表示的实在的意义；语法意义就是词在语法特点、组织功能方面所表示出来的意义。如"书"这个词，词汇意义就是"装订成册的文字"，语法意义就是"名词，能作主语宾语……"。汉语中的实词都同时具有词汇意义和语法意义，如"人""天""桌子""图画""电灯"等；虚词则只具有语法意义，如"而""和""啊""但是""因为""所以"等。我们平时所谈的词义，都是针对词的词汇意义来说的。

## 二　词和概念　词义和概念

前面已经谈过，词的词汇意义就是词所表示的客观事物的概念，因此，词和概念、词义和概念之间就有着不可分割的联系。

　　词是概念的存在形式，概念只有通过词才能形成和表现出来；概念是词的内容，没有概念，词也无从存在。因此，两者的关系非常密切。但是我们也必须明确，词和概念是不同的。概念是反映客观事物的本质特征和一般特征的，因此，它和客观事物有着必然的联系，词却不同，它和客观事物没有必然的联系，同一概念在不同的语言里就会用不同形式的词来表示。就是在同一种语言里，一个概念也可以用两个不同形式的词来表示，如"父亲"和"爸爸"就表示同一个概念。有时一个概念又可以用两个或两个以上的词来表示，如"阶级斗争"就用了"阶级"和"斗争"两个词来表示一个概念。

　　词义和概念与词和概念的关系不同。广义地说，词义就是词所表示的概念，两者是统一的。它们的共同特点是都具有概括性。如"树"这个词所表示的概念或词义，都是有概括性的，它所指的并不是哪一棵具体的树，而是概括了所有的各种各样的树。但是词义和概念毕竟不是相同的东西，它们也有明显的区别。概念作为人类思维的形式，它必须表示出客观事物本质的和一般的特征，人们使用概念时，必须对它有一致的认识。而词义作为人类的交际工具，我们却只要求它能够表示出使甲类事物和乙类事物区分开来的那些特征就可以了。同时人们在交际过程中，对同一个词义的了解，也可以随着人们文化程度和对客观事物认识程度的不同而有所差异。

## 三　词的多义性

　　一个词有两个或两个以上的意义，而这些意义之间又存在着一定的联系，这种现象就叫作词的多义性。如"问题"就有以下几种意义：

1. 疑问（我问你一个问题）

2. 困难（学习起来有问题）

3. 缺点（工作上存在着问题）

4. 不合适（时间成问题）

5. 罪行或错误（交代问题）

　　一个词具有几个意义，其中最主要、最常见的一个我们称它为本义，其他的则称为转义。词的本义是在语言的长期发展中所固定下来的，转义往往是本义的引申和比喻，所以转义又分为引申义和比喻义两种。

　　引申义就是由本义引申而产生的意义。如"老"本义是"年纪大"的意思，像"老人""老先生"等，但经过引申后，它又有以下几个转义：

1. 表示对老年人的尊称，如称郭沫若同志为"郭老"；

2. 表示有旧交情，如老朋友、老同志、老同学；

3. 表示不嫩的意思，如菠菜老了。

　　比喻义就是由本义通过比喻而产生的意义。如：

手段很辣，"辣"比喻狠毒；

骨干力量，"骨干"比喻坚强而有力；

思想包袱，"包袱"比喻负担；

钢铁战士，"钢铁"比喻坚强。

比喻义往往是由于长期在修辞上运用比喻而产生的，然而词的比喻义和修辞上的比喻却不相同。词的比喻义是固定的，是在平时就客观存在着的；修辞上的比喻则是个人运用语言时临时选用的一种表达手段，它只有在具体的语言环境里才能产生出比喻的效果，如"粮食堆成山"，"山"在这特定的环境里比喻"高"的意思，但"山"本身却没有"高"的意思。

　　词的多义性的出现是语言词汇发展中的必然现象，它的存在，不仅更进一步地促使语言词汇丰富和发展，同时也大大增强了语言的表达效果。如比喻义在语言中的运用，就会使语言表达得更加鲜明形象、生动具体，对人们产生更大的感染力量。

　　我们在说话或写文章的时候，总是要把好多词按照语法规则组织在一起，用来表达思想情感。词的具体的意义就在它和别的词的联系中显示出来。所以，一个词虽然有着几个意义，但在语言的具体运用中，它却总是以单一的意义来出现的。人们凭借具体的上下文的帮助，完全可以正确了解词义，词的多义性并不会引起语言的任何混乱。如我们说"来了一位老人"，这里的"老"是"年纪大"的意思，但在"菠菜老了"这句话里，很明显，"老"就是"不嫩"的意思。

# 四　同义词

　　两个或两个以上发音不同而意义相同或相近的词，就叫作同义词。同义词中又有等义词和近义词之分。意义相同的就叫作等义词。如：

　　　　讲——说　生日——诞辰　石灰——氧化钙
　　　　父亲——爸爸　星期日——礼拜天

意义相近的就叫作近义词。如：

　　　　明白——清楚　勇敢——英勇　成绩——成就
　　　　保证——担保　缺点——毛病

　　同义词的主要特征就是在意义上的共同性。虽然两个同义词的意义不可能绝对相等，但它们所表示的也都是在同一概念之内的细微差别，超出了这个限度，就不能算作同义词。

在绝大多数的情况下，同义词是不能用来互相替换的。如"接受"和"接收"是一组同义词，它们都有表示承受的意思，但"接受"所涉及的事物往往是抽象的，如"接受批评""接受改造"等；而"接收"所涉及的事物却往往是具体的，如"接收礼物""接收财产"等。我们在使用同义词时，应该注意分析它们之间的差别。

同义词在语言中是有积极作用的。同义词的大量存在，正标志着一种语言的丰富和发展，因为它在给人们运用词语的选择上，创造了更为有利的条件，从而使语言更加生动，更能收到良好的表达效果。

同义词在语言中的作用，分析起来有以下几个方面。

（一）可以使表达的意思更细致、妥帖。如同是"看"的意思，表示一般的看可用"看"，向远处看可用"望"，集中一点看可用"盯"，斜着眼睛看可用"瞟"，偷偷地看可用"窥"，生着气看可用"瞪"。

（二）可以避免用词单调重复。如：

1. 我们以我们的祖国有这样的英雄而骄傲，我们以生在这个英雄的国度而自豪。（魏巍：《谁是最可爱的人》）

2. 这种英雄气概感动了好多人，见面都不叫他的姓名，只是喊他老英雄。（艾芜：《屋里的春天》）

在以上两个例句中，"骄傲"和"自豪"、"叫"和"喊"都是同义词。很明显，这样运用的结果，不仅避免了用词的单调和重复，而且使语言表达得更加丰富和生动。

（三）同义词连用，可以使意思表达得更鲜明有力。如：

清规戒律　目的要求　骄傲自满
组织结构　清楚明白　聪明伶俐

（四）可以构成合成词和成语。如：

道路　改变　积累　悲伤　弯曲
粗制滥造　愁眉苦脸　奇形怪状

同义词本身是丰富多彩的，正确地掌握和使用它，就会增强语言的表现力。但怎样来掌握和使用同义词呢？这就要求我们对同义词的词义进行细致深入的研究和认识，正确辨别词义之间的异同。

怎样来辨别词义呢？一般说来，可注意以下几个方面。

（一）从词的意义上进行辨别。

（1）注意词义的褒贬。褒义就是好意，含褒义的词叫褒义词。贬义就是坏意，含贬义的词叫贬义词。不含任何褒贬意义的词叫中性词。如"效果"和"后果"都是表示一种事情的"结果"，但好的结果就往往称为"效果"，如"经过试验，效果很好"，所以"效果"是褒义词；"后果"往往用来指称坏的结果，如"他这样发展下去，后果不堪设想"，所以"后果"是贬义词。但"结果"一词，既可以用来表示好的结果，如"这次谈判，结果很好"；又可以用来表示坏的结果，如"这次谈判，结果很坏"；同时它也可以用来表示不含任何好坏意义的结果，如"这次谈判，不知结果怎样"。所以"结果"一词是中性词。又如"顽强"和"顽固"、"保护"和"庇护"等同义词，也都有着褒义和贬义的区别。

（2）注意词义的交叉。词义交叉和词的多义性是有密切关系的。一个词具有几个意义，在不同场合下，就会产生不同的与它相适应的同义词。如"漂亮"一词，在"这颜色很漂亮"中，它和"美丽"是同义词，我们也可以说"这颜色很美丽"。但在"这一仗打得很漂亮"中，它却又与"出色"构成了同义词，我们也可以说"这一仗打得很出色"。

（3）注意词义的轻重。词义的轻重是指词义表现在程度上有所不同。如"相信"和"深信"是一组同义词，但"相信"的词义比较轻，如"我相信你能胜任这项工作"；"深信"的词义就比较重，如"我深信你能胜任这项工作"。其他如"忽视"和"漠视"、"请求"和"恳求"、"批评"和"批判"等几组同义词，也同样存在着词义轻重的差别。

（4）注意词义的范围大小。如"事情"和"事件"是一组同义词，但"事情"的词义范围就大，它可以指一切大大小小的事情；"事件"的词义范围就小，它往往只用来指某一件具体的事。有的同义词在词义上又存在着集体和个体的区别，如"树木"和"树"就是这样，"树木"是集体名词，往往用来指称很多的树，当我们需要指称某一棵具体的树时，就只能用"树"而不能用"树木"。其他如"船只"和"船"、"纸张"和"纸"、"马匹"和"马"等也是这样。

（5）注意词义表现方面的异同。如"暴露"和"揭露"是一组同义词，"暴露"往往用来说自己，如"暴露自己的思想"；"揭露"则往往用来说别人，如"揭露他的丑恶面目"。又如"扩大"和"扩充"也是这样，"扩大"往往用来指称范围，如"扩大耕地面积"；"扩充"则往往用来指称数量，如"扩充公积金"。

（二）从词的用法上进行辨别。

（1）注意词的不同的语法功能。如"需要"和"须要"是一组同义词，但语法功能不同，"需要"是动词，它在句中可以独立充当动词来用，如"需要大量的钢铁"；"须要"则是能愿动词，因此它在句中就必须和其他动词结合来用，如"须要加强组织领导"。

（2）注意词和词的配合关系。语言中的词不是孤立存在的，只有许多词连用，才能形成具体的意义。如"履行"和"执行"，"履行"往往与"条约""义务"等词配合；而"执行"则往往与"命令""任务"等词配合。又如"整理"和"整顿"，"整理"往往与"房间""东西""材料"等词配合；"整顿"则往往与"作风""组织"等词配合。

（三）从词的风格色彩上进行辨别。

（1）要注意口语和书面语的不同。如"飞"和"飞翔"，一般口语中都是用"飞"，"飞翔"则往往用于书面语中。其他如"买"和"购买"、"疹子"和"麻疹"等都是这样。

（2）要注意区别普通词和具有文言色彩的词。如"生日"和"诞辰"这组同义词，"诞辰"就具有文言色彩，而"生日"的口语色彩就比较重。其他如"死"和"逝世"、"天亮"和"黎明"等也是这样。

（3）要注意词与词之间的不同的感情色彩。如"父亲"和"爸爸"这一组同义词，"父亲"就带有庄重的尊敬的感情色彩；"爸爸"则带有亲切的感情色彩。其他如"母亲"和"妈妈"、"夫人"和"爱人"等也是这样。

（4）要注意普通话词和方言词的不同。如"馒头"和"馍馍"、"闲谈"和"啦呱儿"等，前者是普通话中的词，后者是方言词。像这类方言词，因为在普通话中已有相应的词来表示，所以除了在文艺作品中，由于表现内容的地方色彩和人物个性上的需要可以适当应用外，平时我们应该尽量避免使用。

一个词所具有的风格色彩往往是多方面的。如一个具有文言色彩的词，同时也会具有书面语色彩和比较庄重的色彩；一个具有亲切的感情色彩的词，往往也容易同时具有口语色彩。

学习同义词，不仅可以使我们避免用词不当、词不达意和语言无味的毛病，而且还可以增强我们语言的表现力，帮助我们把所要反映的思想感情和所要描写的事物表达得丰富多彩、细腻妥帖和鲜明有力。所以，我们要掌握词汇，学好同义词是很重要的一个方面。

# 五　反义词

两个或两个以上意义相反或对立的词就叫作反义词。如：

大——小　高——低　深——浅　左——右
早——晚　快——慢　上——下　多——少
胜利——失败　进步——落后　革命——反动
战争——和平　生存——死亡　光荣——耻辱

有时在两个词的意义孤立存在的时候，它们之间并没有明显的或根本就没有相对立的意义，但在一定的语言环境里，却能构成反义词，如"好"与"坏"是反义词，但在"敌人一天天烂下去，我们一天天好起来"中，"好"却与"烂"构成了反义词。所以我们在掌握反义词的时候，也不能孤立地单从字面上去了解，还要注意具体的上下文和具体的词与词之间的配合关系。

一个多义词，在语言的具体运用当中，也可以有几个不同的反义词，如"老"在"老年人"里，其反义词是"幼"；在"老同学"里，其反义词是"新"；在"菜老了"里，其反义词又成了"嫩"。

同义词和反义词是两种不同的语言现象。我们在前一节里已经讲过，在现代汉语里同义词是非常丰富多彩的。同义词大量存在的这一事实规定了某一个词的反义词并不仅仅固定在一个词上，而是可能有两个或两个以上的反义词。因此，我们在用反义词的时候，一般就有可能需要进行选择。比如："拙"和"笨"是同义词，所以"巧"的反义词可以是"拙"，也可以是"笨"；"教师""老师""教员"是同义词，所以"学生"的反义词，可以是"教师"，也可以是"老师"和"教员"。在具体运用的时候，就需要根据我们在上一节里所列举的辨别词义的几条注意事项，细致地加以选择。这就是我们在用词造句时特别需要推敲的地方。

反义词的产生是客观世界中所存在的矛盾对立关系反映到语言中来的结果。因此，反义词的存在不仅可以大大地丰富我们的语言词汇，同时，运用反义词更可以突出地表示出事物的矛盾和对立，给人们以深刻的印象，如：

> 1. 按照政治标准来说，一切利于抗日和团结的，鼓励群众同心同德的，反对倒退、促成进步的东西，便都是好的；而一切不利于抗日和团结的，鼓动群众离心离德的，反对进步、拉着人们倒退的东西，便都是坏的。(毛主席:《在延安文艺座谈会上的讲话》)
>
> 2. 要完全地反映整个的事物，反映事物的本质，反映事物的内部规律性，就必须经过思考作用，将丰富的感觉材料加以去粗存精、去伪存真、由此及彼、由表及里的改造制作工夫。(毛主席:《实践论》)

在这两句话里，毛主席就是充分地利用了反义词，使语言表达得非常生动、鲜明和有力。

反义词在构成合成词和成语方面，也有显著的作用。如：

> 开关　买卖　是非　多少　忘记　动静
>
> 大破大立　异口同声　苦尽甜来　深入浅出

从上列第一组的例子可以看出：利用反义词所构成的合成词，有的产生新词，有的突出某一词素的本义，这类词在现代汉语词汇里大量地存在着，而且都具有巨大的表现力量。

利用反义词构成成语，这是劳动人民在长期语言实践中的创造。它具有生动活泼、简洁明快的特点，在句式的整齐匀均上也有其明显的作用。

# 六 同音词

两个或两个以上声音（声、韵、调）相同而意义不同的词就叫作同音词。在汉语里，同音词存在两种类型。

（一）同形同音词。如：

> 花（花朵）——花（花钱）
> 站（站起来）——站（火车站）
> 杜鹃（鸟名）——杜鹃（花名）
> 米（柴、米、油、盐）——米（一公尺为一米）
> 两（两个人）——两（一斤二两）

（二）异形同音词。如：

> 石油——食油　　形式——形势
> 枇杷——琵琶　　树木——数目
> 平声——平生　　定例——订立

同音词的产生是语言发展中的必然现象。客观事物和现象是非常复杂的，而人们的发音器官所能发出的声音却十分有限，因此，在语言发展过程中，人们就有必要和可能用相同的声音去表示不同的事物或现象。这就产生了同音词。

同音词在语言中也是有其积极作用的，我们可以运用同音词来构成谐音双关语和歇后语。如：

> 杨柳轻扬，直上重霄九。（毛主席：《蝶恋花》）

这里的"杨"和"柳"就是双关语，"杨"实际上是指杨开慧烈士，而"柳"实际上是指柳直荀烈士。又如：

> 旗杆上绑鸡毛——好大的掸子（胆子）。

　　　　上鞋不用锥子——针好（真好）。

在这两个歇后语里，"揝子"和"胆子"、"针"和"真"的语音都是双关的。

　　同音词除了它的积极修辞作用外，也有其消极的一面。同音词由于声音相同，有时也会给语言带来混乱和误解，如"期中考试"和"期终考试"、"骄气"和"娇气"，听起来就很容易被人误解。为了避免这类情况发生，我们应当注意丰富自己的词汇，选择更恰当的词来表达我们的思想感情，避免过多地使用同音词；同时也要注意从人家的文章和说话的上下文里去判断同音词的语义，这样就可以避免因同音词而产生的误解。

　　同形同音词是用相同的形式表示不同的意义，在使用时我们必须把它和词的多义性区分开来。区分的办法，就是对词的意义进行仔细研究，凡是词的几个意义之间存在着一定联系的就是词的多义性，否则就是同音词。

# 七　词义的演变

　　词义的变化和发展就是词义的演变。词义是反映客观事物的，它受到客观事物的影响和制约，词义的演变和社会的不断发展以及人们对客观事物认识的不断加深有着密切的关系。如我国古代只知道用麻织布，所以"布"这个词开始是指麻布而言，但自从棉织方法传入我国以后，"布"的词义就不只指麻布，而是可以指任何纤维所织成的布了。又如"枪"一词过去只是指长矛枪来说的，但现在却不只指长矛枪，而同时也可以指称步枪、手枪、机关枪等。有时客观事物本身并没有发生变化，但社会科学文化的不断发展，也能够促使人们对同一个客观事物的认识发生改变，如最初人们把长江和黄河看成特殊的川流，所以"江""河"两词只是"长江""黄河"的专称。后来人们认识到"长江""黄河"和其他川流在本质上都是相同的，因此"江""河"的词义也就由专称而变成了泛指一切的江河。

从上面举的例子可以看出，一个词，在不同的时代里它的意义就可能有所不同。

词义演变的类型是各不相同的，归纳起来，有以下三种。

（一）词义的扩大。就是指一个词义的使用范围由小变大。也就是说，一个词在仍然保存原义的基础上，又产生了新的意义。如"进军"原义只是指军队向前行进，但是现在，向着一个目标努力前进也叫作"进军"，如"向科学进军"。又如"丰收"原义只是指农作物收成好的意思，但后来人们在其他方面有了显著成绩也叫作"丰收"，如"力争学习、劳动、思想三丰收"。

词义的扩大，往往以部分表示全体，以个别表示一般。词义的扩大是词义演变当中最习见的现象。

（二）词义的缩小。就是指一个词义的使用范围由大变小。如"妻子"这个词，原义包括"妻"与"子"，杜甫《兵车行》一诗中"耶娘妻子走相送"的"妻子"，便兼指"妻"与"子"；而现在所说的"妻子"，就缩小为"妻"这一个意思了。"兄弟"也是这样，以前兼指"兄"与"弟"，现在则专指"弟弟"而言了。再如"汤"，原义是泛指热水，而现在便专指菜汤或饭汤的"汤"了。

可以缩小词义的词，往往是词的原来的意思比较广泛，使用范围不甚严格，而保存下来的词义又往往不脱离原词义的范围。

（三）词义的转移。就是指一个词义由原来的使用范围转变成另一个使用范围。也就是说一个词的原义消失了，而新的意义产生出来被继续使用着。如"兵"一词的原义是指"兵器"，后来则成为专指战士而言了。又如"书记"一词原是指抄写文书的人，现在则用来称呼党团组织的领导人，如"党总支书记""团支部书记"等。

词义有扩大，有缩小，有转移，这是语言发展的必然现象。

　　随着社会的发展，除了不断地有新词来逐渐充实原有的词汇以外，词义也永远处在不断的发展变化中，而发展变化的结果，又往往以词义的扩大占绝对优势，这种情况，也促使了语言词汇不断地丰富和发展。

# 第三章 现代汉语词汇的来源和发展

## 一 现代汉语词汇的来源

现代汉语词汇的来源问题，事实上就是指现代汉语词汇的形成来说的。

现代汉语词汇是异常丰富纷繁的。这样丰富纷繁的词汇，它的形成是多方面的。

（一）古汉语词汇的继承和发展。现代汉语词汇是在古汉语词汇的基础上发展而来的。在发展过程中，古汉语词汇基本上表现为三种情况：有的词逐渐消亡了，如"盔甲""冠盖""稽首""众庶""俸禄"等；有的词则只被吸收来作为构成新词的材料，而在现代汉语中，却不能独立存在和应用，如"观"可构成"参观""观念""观点""观察""观看""观望""观感""观礼""人生观""世界观"等，"兴"可构成"兴致""兴趣""高兴""扫兴""败兴"等；但是绝大部分的古汉语词却是一代代地永远被人们继承下来，沿用着，并成为现代汉语词汇的基础。如：

天　地　山　水　人　手　牛　羊　大　小
高　低　雷　雨　东　西　千　百　走　跑
衣裳　成功　朋友　自由　社会
平安　民族　真正　快乐　喜鹊

　　　　和　　所以　　如果　　因为　　于是

这部分词，虽然也是从古代继承下来的，但在日常应用中，由于经常使用的缘故，人们并不把它们作为古语词看待。这部分词我们称它为"固有词"。

　　（二）吸收古语词。古语词和固有词不同，它是那些存在于古代语言里，而现在却已经不用或很少应用的词。这些词有的已经失去了交际的功能，不能为人们所理解，但是也有一些有生命的优美的成分，它们有着强烈的修辞色彩。由于交际的需要，我们对这类古语词还是应该学习和吸收的。

　　好的有生命的古语词，其修辞作用是多方面的。有的就比较简洁概括，容易突出而有力地表现客观事物。如：

　　1. 上面这八条，就是我们申讨党八股的檄文。（毛主席：《反对党八股》）
　　2. 英国人民群情激昂。（报）

有的有着庄严的修辞色彩，更适用于某些比较庄严的交际场合。如：

　　1. 缅甸总理吴努昨晚应邀同周总理共进晚餐。（报）
　　2. 外交部副部长袁仲贤逝世。（报）

有的古语词更有着讽刺的修辞效果，富有幽默感。如：

　　1. 你是不是怕丢掉编委的"乌纱帽"？（文艺报）
　　2. 自以为是，老子天下第一，"钦差大臣"满天飞。（毛主席：《改造我们的学习》）

现代汉语词汇在不断发展中吸收了不少的古语词。如：

　　　诞辰　吊唁　瞻仰　遵循　飞翔

　　恭贺　夫人　拜会　典礼　依据

　　之　与　及　则　尚且　纵然　所谓　因而

　　以……为……　……以上　……之下　为……所……

　　正确地吸收和使用有生命的古语词，能够帮助我们丰富语言的表现力量，增强语言的表达效果。但是我们在运用古语词时必须考虑到这一个词是否在社会上普遍使用；是否需要用和意义是否明确，是否容易被一般人所了解；它的修辞效果怎样。如果我们对这些情况不加思索，在写文章或讲话中无原则地滥用古语词，就会使读者或听者不理解甚至产生误解，直接影响到语言的纯洁和健康。这是我们应当坚决避免和反对的。

　　（三）吸收方言词。方言词就是只流行于某一方言区而没有为全民所共同了解和使用的一些词。近几百年来，以北方话为基础的汉民族共同语已逐渐形成，因此，积极推广和使用民族共同语的词汇是我们坚定不移的原则。但有时我们也会遇到一些特殊情况，如某种事物或某种意义在共同语词汇中并没有恰当的词来表达，或者共同语里的词不如方言词那样确切和生动，在这种情况下，我们还是可以适当地吸收一些方言词的。

　　现代汉语词汇在发展过程中所吸收的方言词也不少。如：

　　搞　垮　尴尬　垃圾　货色

　　名堂　把戏　瘪三　出洋相　二流子

所以方言词也是现代汉语词汇的一个组成部分，并成为丰富和发展现代汉语词汇的重要来源之一。

　　（四）吸收外来词。外来词就是存在于其他民族语言中的一些词。汉语词汇虽然无比丰富，但由于社会的不断发展和新事物的不断出现，在某些场合下它可能还满足不了社会交际的需要，因此就有必要从外国语言中吸收一些好的有用的东西，并以此来进一步丰富和发展我们民族的语言词汇。另一方面，由于不同民族之间在政治、经济、文化等方面的相互交往，也必然会影响到各民族之间语言词汇的相互吸收。因此现代汉语词汇中吸收了一些外来词，这是一种必然的现象，同时这也是现代汉语词汇丰富和发展的一个重要方面。

现代汉语词汇中存在的外来词也是很多的，这是汉语在历史发展过程中不断吸收外来词的结果。如：

葡萄　狮子　玻璃　罗汉　菩萨
夜叉　苜蓿　场合　影响　柠檬

汉语词汇中吸收外来词的方式一般说来分以下两种。

（1）音译的。如：

列宁　斯大林　莫斯科　乌克兰　苏维埃
马达　巧克力　凡士林　滴滴涕　维他命
奥林匹克　盘尼西林　布尔什维克

（2）音兼意译的。如：

卡车　卡片　啤酒　芭蕾舞　拖拉机
咖啡糖　法兰绒　摩托车　卡介苗　霓虹灯
马克思主义　爱克斯光线

还有一种意译的情况，就是用汉语的构词方式构成新词，把外语词的意思表示出来，这类词，不应算作外来词。如"民主""扩音器""课堂讨论""联合收割机"等。一般地说这类词的意义比较明确，容易懂，容易读，容易分析，而且都具有民族形式，容易为广大的人民群众所接受，所以有一些音译词，如"麦克风""德律风"等，后来就被意译的"扩音器""电话"等所代替了。

（五）吸收专门用语。专门用语就是在不同的科学部门里和不同的职业集团里所使用的一些专有词语，它们都是由于工作和科学研究上的需要而产生的。随着社会的发展，人们文化水平日益提高，科学知识日益广阔，这些专门用语就会不断地被吸收到普通话词汇中来。

现代汉语词汇中也是存在着不少专门用语的。如：

| | | | | |
|---|---|---|---|---|
| 进军 | 战线 | 战士 | 攻克 | 包围 |
| 毒素 | 会诊 | 感染 | 开刀 | 腐化 |
| 课堂 | 补课 | 辅导 | 作业 | 讲授 |
| 密植 | 保墒 | 车间 | 旋床 | 高炉 |

语言词汇对专门用语的吸收和社会发展的关系是非常密切的。解放以来，由于人们思想水平和文化水平的迅速提高，科学知识的不断丰富，许多专门用语就有可能为更广大的人民群众所使用，进而也就有可能被大批地吸收到共同语词汇中来，所以，从解放到现在，现代汉语词汇中所吸收的专门用语要比以往任何时代都多得多，这正是由社会发展的情况所决定的。

（六）创造新词。新词的创造是语言发展过程中的必然产物。它是一种社会现象。社会在不断发展，新事物在不断出现，语言词汇若只从以上几个方面来丰富自己，有时仍然不能充分满足社会的需要，还须要不断地创造一些新词来丰富自己。例如在人类历史发展过程中出现了电灯、火车、飞机、轮船等新事物的时候，语言词汇中也就相应地出现了"电灯""火车""飞机""轮船"等新词来表示它们。在这些新事物还未出现之前，这些新词肯定是不存在的。又如我国现在正处在"大跃进"的时代，新事物层出不穷，因此也相应地出现了许多新词。如"跃进""红旗手"等。新词的创造是社会"约定俗成"的，一个人主观臆造的新词是不会被人们所承认所了解的。我们在思想上明确了这一点，并且掌握了现代汉语的构词规律以后，就会避免犯生造新词的毛病。

## 二　现代汉语词汇的变化和发展

词汇是语言中最活跃最敏感的东西，它迅速地反映着社会的变化和发展。社会越发展，词汇也就越丰富、越纷繁。

现代汉语词汇变化发展的情况大致表现在新要素的不断增加和旧要素的不断衰亡这两个不同的方面。

（一）新要素的增加。语言词汇的不断丰富发展，主要就表现在新要素的不断增加上。因为新词的变化"不是用废除旧的、建设新的那种方法来实现的，而是用新词去充实现行的词汇的方法来实现的"（［苏］斯大林：《马克思主义与语言学问题》，人民出版社 1953年版，第 23 页）。语言词汇中的新要素是怎样增加的呢？其来源仍然不外我们以上所谈的六个方面，在这里我们着重谈谈新词的产生。

新词的产生主要有两个方面。

一方面是由词义扩大而产生新词。前面已经谈过，词义的扩大促进了词的多义性的产生，这是语言词汇新要素增加的一个方面。因为它促成了词义的丰富和发展，给人们在使用语言词汇方面提供了更丰富的材料。如我们把"思想负担"说成"思想包袱"，就使语言表达得更加形象、生动。

词的多义性不但使词义获得发展，同时经过长期的使用也会产生新词。例如"月"本来是"月亮"的意思，由于月亮绕地球转一周正是三十天左右的时间，人们又把三十天左右的时间称为"一个月"，这样，"月"就有了"岁月"的意思而构成词的多义性。后来"月亮"的"月"和"岁月"的"月"之间意义上的联系越来越不为人们所重视，它们就发展成两个同形同音词了。

新词产生的另一方面是在语言词汇固有材料的基础上，用现代汉语构词法来创造新词，这是产生新词的重要手段。新中国成立以来，由于各项建设事业的飞速发展，现代汉语词汇正处在一个非常活跃的阶段，这首先表现在大量新词的产生上。如：

| | | | | |
|---|---|---|---|---|
| 赎买 | 下放 | 公养 | 干劲 | 协作 |
| 包产 | 统购 | 落实 | 交心 | 脱盲 |
| 多面手 | 敬老院 | 宽银幕 | 夏令营 | 小小说 |
| 公益金 | 试验田 | 红领巾 | 插秧船 | 人民性 |

其次表现在有些词过去只是在某些地区或某些人中间使用，现在已被社会广泛使用。如：

| | | | | |
|---|---|---|---|---|
| 解放 | 思想 | 阶级 | 立场 | 整风 |
| 矛盾 | 红军 | 民兵 | 右倾 | 挑战 |
| 斗争 | 批评 | 地主 | 干部 | 包干 |
| 共产党 | 总路线 | 马列主义 | 社会主义 | 共产主义 |

（二）旧要素的衰亡。旧词的不断衰亡也是语言词汇发展变化中的必然现象。随着社会的发展，一些陈腐的事物和不合理的制度被废弃而消亡了，表示这些事物和制度的旧词，也必然会逐渐地被淘汰下去而成为历史词语。如：

| | | | | |
|---|---|---|---|---|
| 皇帝 | 朝廷 | 天子 | 县官 | 状元 |
| 秀才 | 衙役 | 皇宫 | 兵符 | 宫女 |
| 把头 | 当铺 | 酒吧 | 洋行 | 租界 |
| 听差 | 东家 | 保长 | 巡捕 | 宪兵 |

这些消亡了的旧词，除了在历史文献和古典作品以及一些反映历史事实的著作中还能看到外，在现代人民群众的语言中，已经找不到了。

词汇的发展是通过新要素的增加和旧要素的衰亡的形式来实现的，但旧词的消失并不如新词的增加那样快，那样多。所以，随着社会生产、文化科学等方面的发展，现代汉语的词汇总是不断丰富、不断发展的。

# 第四章　现代汉语词汇的修辞色彩

　　语言中的词除了具有词汇意义和语法意义外，还可带有修辞色彩。带有修辞色彩的词不仅表现了现实生活中的某种事物或现象，而且也表现了说话和写文章的人对这些事物或现象的不同态度和评价。所以清楚地认识词的修辞色彩，就可以帮助我们更好地运用词语进行交际。

　　词的修辞色彩一般表现在词的感情色彩和词的语体色彩两个方面。

## 一　词的感情色彩

　　语言中并不是所有的词都具有感情色彩，如"人""天""房子""电灯""走""读""讨论""学习"等就是一些不带任何感情色彩的词。但是也有很多词却是带有浓厚的感情色彩的。

　　具有感情色彩的词有种种不同情况。有表示热情的，如"热爱""热烈""亲爱"等；有表示赞许的，如"美丽""漂亮""可爱""英勇""纯洁""坚强"等；有表示亲切的，如"小伙子""小家伙""同志""战友"等；有表示尊敬的，如"先生""贵宾""阁下""夫人"等；有表示庄严的，如"祖国""红旗""宣言""警告"等；有表示轻视的，如"二流子""废物""懒汉""笨蛋"等；有表示讽刺的，如"嘴脸""小皇帝""小朝廷"等；也有表示厌恶的，如"坏蛋""傀儡""刽子手"等。

　　有的多义词，其本义并不带有感情色彩，但其转义却带有感情色彩，如"水很深"不带感情色彩，"学问很深"就带有赞许的意味。有的词本身并不带有感情色彩，但在具体的上下文里，却可以获得一定的感情色彩，如"黄忠"只是一个古人的名字，"老年赛黄忠"这句话里的"黄忠"是比喻老英雄，就带有赞许的感情色彩。有的词在不同的上下文中，也可获得不同的感情色彩，如"又红又专"中的"红"带有赞许的意味，但"这颜色太红了"中的"红"则又带有不满的意味。因此我们在学习词汇的时候，必须正确地了解词的意义和感情色彩，注意这一词的语言环境和用法。这样才能有助于我们对语言的理解，才能把我们的思想感情表达得恰如其分、细腻感人。

## 二　词的语体色彩

语言中的词不仅具有感情色彩，同时在实际运用中，还有它的语体特点。有许多通用的词，如"钢笔""眼睛""手表""墨水""学校""劳动""组织""研究"等，它们适用于任何的场合，既没有感情色彩，也没有语体色彩。但是另有一些词在语体色彩上却有明显的不同。如"个人""法子""生日""睡觉""没有"等就适用于口语，所以口语色彩就重，而"个体""办法""诞辰""就寝""无"等就多用于书面语，因此书面语色彩就比较明显。

书面语中的词又可根据语体的不同而有各种不同的语体色彩。如"呈报""附件""审核""批准""案由"等属于公文语体；"矛盾律""函数""天体""词素""振幅"等属于科学语体；"宣言""评论""批判""纲领""言论"等属于政论语体；"辽阔""苍茫""宁静""原野""闪烁"等属于文艺语体。

词在使用上是有一定灵活性的，词的语体色彩也往往会随着使用的不同而有所变化，所以在了解词的语体色彩时，必须和词的具体使用情况结合起来。

# 第五章　成语

## 一　成语的性质

成语就是人们在长期运用中所形成的一种固定词组。如"根深蒂固""看风使舵""后来居上""兴无灭资"等。在语言中，它通常只相当于一个词的作用。

汉语的成语结构，有多种多样的类型，最基本的形式是四个音节的，也就是由四个字组成的。

成语形成的情况各不相同。有的来自寓言故事，如"愚公移山""守株待兔""掩耳盗铃""揠苗助长"等；有的来自历史故事，如"卧薪尝胆""四面楚歌""望梅止渴""完璧归赵"等；有的是一些作品中名句的缩写，如"吹毛求疵""循循善诱""参差不齐""有名无实"等；有的则是从口语中流传下来的，如"粗心大意""七手八脚""锦上添花""改头换面"等。

成语一般都具有以下两个基本特点。

（一）语义概括完整。成语都是人们在长期运用中"约定俗成"的，所以它的意义都比较固定、概括和完整。这里也有不同的情况，有的成语，其意义和它字面上的意思基本上一致，如"胡思乱想""大公无私""实事求是""好大喜功"等；但有的成语，因为都是来自一些寓言和历史故事，它的意义和它字面上的意思就不相一致，如"水落石出"是"真相大白"的意思，绝不是单纯地说明"水落下去，石头露出来"，其他像"胸有成竹"

"画蛇添足""闭门造车""笑里藏刀"等都是这样。所以我们对成语的意义必须要有正确的认识，绝不能单纯地从字面上去理解。

（二）结构紧密定型。成语是一种固定词组，它的结构有一定的稳固性，各个组成部分不能随意更换，词序也不能任意颠倒，如"外强中干"就不能说成"中干外强"或"外强里干"等。所以我们在平时运用成语时必须注意它的意义、用法和写法，绝不能任意乱用。像"直接了当""雷风暴雨"等显然都是"直截了当""狂风暴雨"之误。这类情况，应当认为是用错了成语。学习和使用成语也必须注意规范化的原则。

## 二　成语的作用

成语是人们世世代代所共同创造的一种语言形式，它不但精练，而且更具有非常鲜明的修辞色彩。正确地使用成语，可以使语言更加简洁有力和生动形象，更富有表现力。如：

> 科学的态度是"实事求是"，"自以为是"和"好为人师"那样狂妄的态度是决不能解决问题的。（毛主席：《新民主主义论》）

在这里，毛主席用了"实事求是"和"自以为是""好为人师"三个成语，从正反两个方面说明了什么是科学的态度，显得非常简洁有力。又如：

> 在全国农村中，新的社会主义群众运动的高潮就要到来。我们的某些同志却像一个小脚女人，东摇西摆地在那里走路，老是埋怨旁人说：走快了，走快了。过多的评头品足，不适当的埋怨，无穷的忧虑，数不尽的清规和戒律，以为这是指导农村中社会主义群众运动的正确方针。（毛主席：

《关于农业合作化问题》）

在这里毛主席用了"东摇西摆""评头品足""清规戒律"这三个成语，把一些具有保守思想、不能够勇往直前的人比喻成"小脚女人"，又用"东摇西摆"来形容"小脚女人走路"的神态，而用"评头品足"和"清规戒律"来刻画保守者们的思想和对农业合作化运动的态度，这多么生动、形象、深刻、有力！

前面已讲过，成语在意义上和结构上都有很大稳固性，不能随意加以更动。但在某些具体的语言环境中，为了更正确更完善地表达思想，达到更强烈的修辞效果，我们也可以创造性地使用成语，适当地改变它的内容和形式。如：

1. 既然愚公能移山，何愁文盲扫不完。（中国青年）
2. 牢记着阶级敌人和民族敌人给我们的灾难，永远遵循着党和毛主席对我们的教导，发无产阶级之愤，图社会主义之强……（报）

在第一个例句里，就是把"愚公移山"分开来用，更突出地表明了我们扫除文盲的态度和决心。而在第二个例句里，把"发愤图强"分开来用，使"发愤图强"这个成语在原有意义的基础上，更增强了思想内容，从而获得了强有力的表达效果。又如：

要知难而进，不要知难而退。（报）

这里的"知难而进"显然就是由"知难而退"中换一个字而形成的，在这里把"知难而进"和"知难而退"并用，形成强烈的对比，就把我们对待困难的态度表现得非常深刻。再如我们前例中所用的"清规和戒律"，同样也是对成语的一种灵活使用。灵活使用成语是和具体的语言环境分不开的，这是一种临时性的手段，对原来成语的存在及其意义上和结构上的稳固性并无丝毫影响。

# 第六章 现代汉语词汇的规范问题

## 一 词汇规范的意义

　　语言词汇是随着社会的发展而不断发展的，在发展过程中，它总要从各个方面吸收一些词语来丰富自己，因而也就难免出现一些分歧现象。如语言中还存在着一些完全不必要的同义词，像"假如、如果"，"寝车、卧车"，"肥皂、胰子、洋硷"等；还有一些音译词没有取得统一的形式，像"夹克、甲克"，"法兰绒、佛兰绒"等；有的音译词仍和意译词并用，像"维他命、维生素"，"盘尼西林、青霉素"等；此外，还有不少的生造词语，像"土尘""哭拉""穿滑""阴恶"等。这些分歧现象的继续存在，在语言使用中必然会造成一些混乱，直接妨碍语言的正确表达，因此，我们就必须在充分掌握词汇发展规律的基础上建立一些原则标准，把词汇加以规范。

## 二 词汇规范的标准

　　我们知道，规范化的现代汉语就是以北京语音为标准音，以北方话为基础方言，以典范的现代白话文著作为语法规范的普通话。所以对基础方言如何加以取舍，对其他成分（古语、外来语、行业语等等）如何加以吸收，就是汉语词汇规范化的具体问题。

现代汉语词汇的规范标准，可归纳为以下三个方面。

（一）普遍性。选择为广大群众普遍应用的词作为普通话的词。如"馒头、馍馍、饽饽"，其中"馒头"的普遍性大，所以就成为普通话的词；又如"玉米、苞米、苞谷、棒子"，"我、俺"，"来临、莅临"，"扩音器、麦克风"等几组词中，"玉米""我""来临""扩音器"等普遍性大，所以就可以成为普通话的词。

（二）需要性。有些方言、古语、外来语和行业语中的词，有着特殊的意义和色彩，在普通话词汇中，并没有相应的词可以代替，像这类的词，就有必要被吸收到普通话词汇中来。如"搞""尴尬""瘪三"（方言词），"檄文""典礼""拜会"（古语词），"苏维埃""芭蕾舞"（外来语词），"进军""战士""攻克"（行业语词）等词，就是由于交际的需要，已完全被吸收到普通话词汇中来的。

（三）意义明确。词的意义明确，可以使语言收到好的交际效果，因此，在选词和造词时，必须注意意义明确这一原则。如"劳动日"和"劳动时间"，前者的意义就比后者明确，"联合收割机"的意义就比"康拜因"明确，所以"劳动日"和"联合收割机"都是普通话的词。生造词的意义都是不明确的，因此，所有生造词都是我们词汇规范工作中的淘汰对象。

词汇规范化是一项很细致复杂的工作，我们只有更好地学习和了解词汇的知识，才能更正确地掌握这三项标准，更有效地促进词汇的规范化。

# 汉语词汇研究

# 前　言

　　近几年来，我开设了"汉语词汇研究"课，本书稿就是在该课讲稿的基础上加工修改而成的。

　　我国在汉语词汇研究方面，虽然取得了不少成绩，但是和汉语研究的某些方面相比，仍然显得薄弱。自己在教学和科研工作中，深深感到许多问题还有深入研究和讨论的必要，因此，特将自己对一些问题的看法提出来与大家共商。未敢以为定论，只作引玉之言就教于诸同道吧。

　　在成书过程中，得到了殷焕先先生、高更生先生的热情支持和帮助，在此深表衷心的感谢！

葛本仪

1984 年 7 月 12 日

# 序

殷焕先

语言学各个部门的研究中，词汇的研究是较为薄弱的。以系统性而论，语音系统是语言中系统性最为严整的，其次是语法系统，这是学术界所公认的。词汇呢，词汇之具有系统性是无可置疑的。但是，正如斯大林所说，"语言是随着社会的产生和发展而产生和发展的"（［苏］斯大林：《马克思主义和语言学问题》，人民出版社 1971 年版，第 16 页），"语言的词汇对于变化是最敏感的，它处在几乎不断变化的状态中"（同上，第 18 页），"词汇越丰富、越多方面，语言也就越丰富、越发达"（同上，第 17 页）。斯大林同志的话是正确的。我们知道，词汇对社会发展的敏感性是词汇的一大特色。以此特色，它就不同于语音，不同于语法，可以说，正是词汇的这种敏感性，铸成了词汇的多变化性，由此也铸成了词汇的丰富性和多方面性，并且，基于此，也铸成了词汇系统的丰富性和多方面性。这是很自然的。而对词汇研究来说，则不免使人感到艰苦，使人感到词汇系统的复杂而难以条理化。但是，很幸运，直到现在，我们还没有听到有人否定过词汇是有其系统性的。词汇是个系统性的存在，这还是大家所公认的，只不过是，我们的研究对这一系统性揭示得不够全面、不够脉络分明罢了。

应当承认，在汉语词汇研究方面，我们还是见到一些很有水平的著作的。这里，葛本仪同志的《汉语词汇研究》的问世是令人欣慰的。本仪同志教学研究词汇有年，以写成此书。这是根据前人研究所得而写成的一部比较全面地论述词汇好些方面的综述性的书，这也是根据作者自己研究所得而写成的一部对某些问题做深入讨论的专论性的书。

这书是分四个部分来谈汉语词汇的。（壹）词、词素、词汇。这部分说明了基本理论和基本概念，还重点说明了现代汉语的词的辨认问题。作者是想以基本理论为依据，以做到对现代汉语的词能进行正确的认识和切分。（贰）造词与构词。这部分主要从理论上说明造词不同于构词，二者是两个完全不同的问题，应当区分开。并在此基础上对造词法和构词法分别做了分析和说明。（叁）词义。这部分论述了三个问题。一是什么是词义。主要论述了词义的内容、特征以及词汇意义跟概念二者的关系及二者的区别。二是词义的类聚。论述了单义词、多义词、同义词、反义词等问题。三是词义的演变和发展。论述了词义的丰富和深化、词义的扩大、词义的缩小、词义的转移、义项的增多、义项的减少等演变情况。对以上（壹）（贰）（叁）大项的论述，目的在从理论和实际结合的角度对一些问题提出自己的观点和看法。如，现代汉语的词的辨识问题，造词问题，对词义的理解问题，等义词和近义词的区分问题，词的一个意义跟一个词的意义不同进而影响到对词义演变发展的看法问题等。这些问题中的某些论述是前此人们所未涉及的，作者提出自己的意见来与大家共商。作者自称未敢以为定论，只是引玉之言。我认为，即使如此，这一研究新貌也是可以令同道者鼓舞的。（肆）词汇的发展。这一部分从几个方面分别论述了词汇发展的原因和情况，虽然是个概述，但足以帮助人们对汉语词汇的发展取得一个基本的、概括的了解。

我很高兴有机会读到这部书的稿子。我很高兴作者做了有益的努力，做出了建设性的贡献，大大有益于增强词汇的研究。我也很高兴谨述其大要，作了这篇序。

一九八四年甲子岁秋月于山东大学

# 目　录

# 壹 词、词素、词汇

## 一 词

要学习词汇，首先就需要明确什么是词。语言是人类最重要的交际工具，人们运用这种工具进行交际，就是通过组词成句来进行的。如问："你们要学什么？"答："我们学习汉语。"这一问一答两句话，前一句是由"你们""要""学""什么"四个词组成的，后一句是由"我们""学习""汉语"三个词组成的。这种认识对掌握汉语的人来说，不会有什么分歧。但是，为什么说"你们""要"等等这些小单位是词呢？词是怎样从言语片断中分离出来的呢？要明确这些问题，我们就必须首先了解什么是词。

### （一）什么是词

因为词是表示客观事物名称的，是语言符号的单位，所以它是词汇学研究的对象。因为词总是被组织到句子中加以运用的，在句子中，词和词之间又存在着各种不同的结构关系，所以词和语法学又密切相关。再者，汉语的词又不像印欧语言，它"缺乏严格意义的形态变化"①，因此，要给词下一个全面和确切的定义，的确是比较困难的。在这里，我们仅从词汇学的角度对词做一点探讨。

词是语言符号的单位，它是一种音义结合体，词在交际中的

---

① 吕叔湘：《汉语语法分析问题》，商务印书馆 1979 年版，第 11 页。

主要功能，就是用来组成句子以表达思想，所以词又是组句的备用单位。这就是说，词是语言中一种音义结合的定型结构，是最小的可以独立运用的造句单位。基于这样的认识，我们就可以分析出词必须具备的五个特点。

第一，词必须具有语音形式。语音是语言的物质外壳，词只能在语音形式的基础上形成和存在，没有语音形式就无所谓词，所以任何一个词都有它自己的语音形式。如"老师""和""同学""都""来""了"几个词，尽管它们所表示的意义各不相同，所属的词类也有所差异，但是它们都有自己的语音形式，如"lǎoshī""hé""tóngxué""dōu""lái""le"。所以语音形式是词必不可少的要素之一。

第二，词必须表示一定的意义。词是一种音义结合体，所以每一个词都必须具有自己的意义内容。如"麦苗"表示的词汇意义是"麦子的幼苗"；语法意义是"名词，可作主语、宾语……"；色彩意义是"中性"。"坚强"表示的词汇意义是"强固有力，不可动摇或摧毁"；语法意义是"形容词，可作定语、谓语……"；色彩意义是"褒义"。又如"奉承"表示的词汇意义是"用好听的话恭维人，向人讨好"；语法意义是"动词，可作谓语、定语……"色彩意义是"贬义"。"和"表示的词汇意义是"同、与"；语法意义是"连词，表示并列联合关系"；色彩意义是"中性"。

第三，词是可以独立运用的。词作为语言符号的单位，是一个不依赖其他条件而独立存在的个体。人们组句时，可以根据所要表达的意思，选取恰当的词，按照组句的语法规则，组成各种不同的句子。在组句过程中，词是一个可以被独立运用的备用单位。如"天气"是一个词，也是语言中一个独立存在的个体，它既可以被人们用来组成"多好的天气啊！"（独语句），也可以用来组成"今天的天气真好！"（主谓句，"天气"充当主语中心），还可用来组成"天气的好坏不能影响工作的进度。"（主谓句，"天气"充当主语中的定语）。又如"钢笔"，既可以用来做句子的主语，如"钢笔是写字的工具。"，又可以用来做句子的宾语，如"我买了钢笔。""他送给我钢笔。"等。

语言中有一部分词是不能独立成句的，如副词"很""再"，量词"群""双""只"等等。但是必须明确，不能独立成句绝不等于不能独立运用，以上例词虽然不能独立成句，但它们都能被独立运用来造句，而且在句中都能充当某个不可缺少的成分。如在"他很勇敢。""你再去一趟吧。""那里有一群人。""这双袜子只剩一只了。"等句子中，"很""再""群""双""只"等都是以独立运用的单位被组织到句子中来的，而且从句子的意义上到结构上都是不可缺少的成分。

由此可见，词都是可以被独立运用的。正因为词具有这种特点，所以人们可以用它来组成各种不同的句子。

第四，词是一种最小的单位。语言中有许多最小的单位，每一种最小的单位都有自己的范围和条件。如音素是从音质的角度划分出来的语音的最小单位，音节是语音结构的最小单位。词也是一种最小的单位，这种最小单位是就造句这个范围而言的，从造句的材料来看，词是最小的不能再被分割的单位。

词作为一个最小的、不可分割的整体，它必须表示一个独立而完整的意义。这个意义是特定的，表示着某种特定的事物，所以一般情况下，都不能把词的意义看成它组成成分的简单相加。因此，词也不能再被分割，否则，这个词就会失去原有的意义而不再存在，或者因改变了原来的意义而变成另外的词。例如"地图"一词表示"说明地球表面的事物和现象分布情况的图"。这种意义是特定的，与它指称的特定事物有着密切的联系。因此，它绝不是泛指一切在地上画的图，同时也不容许再分割成"地"和"图"。如加以分割，那就成为"地"和"图"两个词，当然就不再是"地图"这个词了；它们所表示的也只能是"地"和"图"两个词的意义，而不再是"地图"一词的意义了。由此可见，"地图"作为一个词，是一个最小的单位，是一个不可分割的整体。又如"铁路"是指"有钢轨的供火车行驶的道路"，"戏言"是指"随便说说并不当真的话"。它们都有特定的意义，都与所指称的特定的事物相联系。因此，即使全用铁块或铁板铺成的路也不能称为"铁路"，即使戏剧中所说的话也不能称为"戏言"。"铁路""戏言"作为语言中的词，都是音义结合的不能再被分割的定型结构，是造句时能独立运用的最小的单位。

第五，词是造句材料的单位。语言中存在着各种各样的单位，因此，我们不能笼统地说词是一种语言单位。从词的功能来看，说它是一种造句单位是比较合适的。当然，词除了用来造句之外，还可以组成词组等，但词的根本用途是用来造句。人们运用语言进行交际的过程，基本上就是组词成句以表达思想，达到互相了解的过程。因此，词是语言符号的单位，也是造句材料的单位。

以上分别说明了词的五个特点。对词来说，这五个特点是统一的、不能分离的，它们互相联系和制约，舍掉任何一个特点，我们都不能全面正确地认识词。

### （二）现代汉语词辨识

在以上认识的基础上，我们可以观察分析一下汉语词的实际情况，看一看汉语中哪些成分应该是词。

由于语言是发展的，所以同一个成分在现代汉语和古代汉语中的情况并不完全一致。因此，我们仅从共时的角度，对现代汉语中的情况做以下分析。

在现代汉语中，以下情况应当认为是词。

1. 单音节，有意义，能独立运用造句的成分是词。如：

山　水　土　泥　树　花　草

人　马　鸟　虫　鱼　鸡　蛇

砖　瓦　车　船　书　纸　布

头　手　嘴　脚　心　肝　胃

飞 走 跑 看 摔 碰 丢

红 黄 深 高 大 甜 美

我 你 您 谁 这 那 哪

再 很 都 不 从 向 被

一 二 千 百 个 趟 次

并 而 或 与 啊 呀 吗

2. 两个或两个以上不表示意义的音节的组合，能表示特定的意义，并可独立地用来造句的结构是词。如：

蜘蛛 参差 踌躇 吩咐 忸怩

玲珑 忐忑 仿佛 含胡 蹊跷

犹豫 玻璃 蟋蟀 蚯蚓 葡萄

婆娑 玫瑰 徘徊 傀儡 蜻蜓

轱辘 霹雳 唠叨 蹉跎 逍遥

吧嗒 嘎吱 扑通 当啷 哗啦

尼龙 咖啡 沙发 吉普 拷贝

卡秋莎 托拉斯 莫斯科 加拿大

以上例词中的组成成分都是一些不表示意义的音节。像"忐""忑""玻""雳""葡"等等在任何时候都是不表示意义的。而像"婆""通""龙""沙""发""秋""加"等等虽然孤立存在时，都有各自表示的意义，但在以上例词中，却都是只表音不表意的音节。因为它们本身所表示的意义，与这些结构的形成以及这些结构的意义都毫无关系，在这里只是借用它们的语音形式而已。

3. 一个或一个以上不表示意义的音节，和一个表示意义的音节组合在一起，表示着特定的意义，并可独立地用来造句的结构是词。如：

啤酒　卡车　酒吧　沙皇　卡片

卡介苗　法兰绒　霓虹灯　卡宾枪

太妃糖　道林纸　爱克司光　高尔夫球

这类词的特点是：不表意的部分都是摹声而成的，有的是摹拟外语词的声音，个别是摹拟自然界的声音。但是不论哪种情况，在汉语中，这些不表意的部分都是不能独立存在和运用的，只有当它们与某个表意的成分组合在一起，形成了一种修饰和被修饰、限制和被限制的关系以后，这些摹声成分才能显示出它们的某些表意作用。如"啤酒"的"酒"原是"酒的通称"，当和"啤"组合后，"啤"对"酒"起了修饰限制的作用，从而使"啤酒"成为指称某一种酒而言了。又如"酒吧"中的"吧"，原是从外语词"bar"摹声而成，"bar"原为"酒馆"的意思，但是在汉语中，"吧"却是一个不能独立表意和存在的成分，经过与"酒"组合以后，"酒"对"吧"起了修饰限制的作用，只有这时，"吧"的意义才能被显示出来。"酒"和"吧"共同形成了"酒吧"这一新的结构，并成了能表示特定意义的可独立运用的成分。汉语中这种情况的结构都应视为词。

4. 表意的成分和已虚化的成分相组合，表示特定的意义，并可独立用来造句的结构是词。如：

阿姨　老虎　老鹰　第二　初五

石头　想头　甜头　房子　扣子

聋子　泥巴　哑巴　忽然　突然

合乎　出乎　摔搭　扭搭　电器化

自动化　黑乎乎　酸溜溜　甜丝丝

这些结构中的所谓虚化的成分，是指它们在词汇意义方面已经虚化，已没有明显的表示词汇意义的作用了。如"帘子"的"子"和"鱼子"的"子"、"木头"的"头"和"地头"的"头"就完全不同，它们的前者都是虚化成分，后者都表示实在的词汇意义。不过这些虚化成分在词汇意义虚化的同时，却获得了明显的表示语法意义的作用。如上例中的"阿""头"等就有标志名词的作用，"化"则具有标志动词的作用，"乎乎""溜溜"等则都是标志形容词的虚化成分。

5. 一个不能独立运用造句的表意成分，重叠后可以独立用来造句了，这一重叠后的新结构是词。如：

弟弟　妹妹　伯伯　姥姥　姐姐
纷纷　茫茫　悄悄　渐渐　巍巍
凛凛　恰恰　茕茕　蠢蠢　匆匆

有一些词在现代汉语中还存在着单用和重叠两种形式。表亲属称谓的词，如妈——妈妈、姑——姑姑、叔——叔叔、舅——舅舅等等；表一般事物名称的词，如星——星星、棒——棒棒、道——道道、棱——棱棱等等。这些词的两种形式，表示着相同的意思，这是在词汇的发展和交替中，词的两种形式并存的现象。

以上重叠结构的形成，很可能是摹仿儿童语言而产生的，同时也合乎汉语词汇逐渐由单音向双音化发展的趋势。

汉语中还有一种重叠结构，它是由一个能够独立运用造句的表意成分重叠而成，重叠后在基本意义不变的情况下，增加了某些语法意义和作用。这样的重叠结构应该当作一个词看待。汉语中这样的重叠结构，如：

人——人人
家——家家
年——年年　　重叠后在基本意义不变的情况下，
趟——趟趟　增加了表示逐指的作用。
回——回回

想——想想 ⎫
看——看看 ⎪
试——试试 ⎬ 重叠后在基本意义不变的情况下，
尝——尝尝 ⎪ 增加了表示短暂的或表示尝试的作用。
扫——扫扫 ⎭

狠——狠狠（地说）⎫
重——重重（地打了下来）⎪
高——高高（的个子）⎬ 重叠后在基本意义不变
甜——甜甜（的味儿）⎪ 的情况下，增加了表示加强
红——红红（的脸儿）⎭ 或表示轻微和适中的作用。

　　这类重叠结构和"弟弟""纷纷"等在性质上完全不同。
"弟弟""纷纷"是在"弟""纷"不能单用的情况下产生的新形
式的词，"人人"则是"人"一词的变形，它是在"人"仍然单
用的情况下，为表示不同语法意义而进行的同一词的不同形态变
化（详见"贰"中的"构词法和构形法"）。正因为这种重叠形
式是同一词的不同变化形式，所以，像"人人""趟趟""想想"
"狠狠"等仍然是词。我们在辨认词的时候，绝不能把"人人"
等当作两个词看待。

　　6. 一个表示意义的成分重叠以后，表示了新的意义，可以独
立运用造句，这样的重叠结构是词。如：

落落　斤斤　区区　熊熊　在在
鼎鼎　源源　翼翼　断断　涓涓
奕奕　济济　津津　昂昂　堂堂
万万　通通　往往　奶奶　太太

分析这类词，它的构成成分有两种情况：一种是像"落""斤"
"区""万""通""断"等等，这些表意成分本身也可以独立成
词；另一种是像"翼""奕""济""涓""津""昂"等等，在

现代汉语中，它们只有重叠后才能成词。这两种情况尽管不同，但却具有共同的特点，即这些成分本身都是表意的，而且重叠后表示的意义和它们原来表示的意义都不相同。

7. 两个表示意义但不能独立运用造句的成分相结合，形成一个新的结构，表示新的意义，并能独立运用造句的是词。如：

| | | | | |
|---|---|---|---|---|
| 牺牲 | 丰茂 | 监督 | 参观 | 茅庐 |
| 融洽 | 梭镖 | 坦率 | 韬略 | 颓靡 |
| 委婉 | 纨袴 | 咆哮 | 承袭 | 诬蔑 |
| 瞻仰 | 酝酿 | 义愤 | 哀悼 | 昂首 |
| 参赞 | 苍翠 | 怜悯 | 态势 | 体系 |
| 疏忽 | 枢纽 | 羡慕 | 晓畅 | 业绩 |
| 习尚 | 危惧 | 业务 | 袭击 | 勘测 |
| 萧索 | 康复 | 蕴含 | 遵循 | 摹拟 |

8. 一个表示意义又可独立运用造句的成分，和一个表示意义但不能独立运用造句的成分组合在一起，形成了新的结构，表示新的意义，并能独立运用造句的是词。如

| | | | | |
|---|---|---|---|---|
| 学习 | 人民 | 简短 | 借鉴 | 宁静 |
| 取材 | 深奥 | 浓艳 | 朴厚 | 鬼祟 |
| 崇高 | 肤浅 | 华美 | 幽香 | 蔚蓝 |
| 透彻 | 思路 | 冷饮 | 人杰 | 幼苗 |
| 对偶 | 颂歌 | 借故 | 解剖 | 逃遁 |
| 杀戮 | 冲锋 | 抽搐 | 独创 | 反击 |
| 蒲绒 | 词序 | 旧历 | 碧空 | 卫兵 |
| 菊花 | 鲤鱼 | 茅草 | 芹菜 | 松树 |

上列例词中的各个组成成分都是能够表示意义的，但它们的情况却有所不同。如"学习"中的"学"、"人民"中的"人"等不

但可以表示意义，而且在现代汉语中都能独立成词。可是"习""民"等成分，虽然也能表示意义，但现在却不能独立成词了。凡是由这样两种成分组合在一起，既能表示新义，又能独立地用来造句，这种新的结构都应看作词。

9. 一个表意但不独立运用的成分，在具体的语境中，如果被独立运用造句时，也应视为词。如现代汉语中，人们不说"民"而说"人民"，不说"子"而说"孩子"或"儿子"，但在具体的语境中，却可以说"爱民如子"，在这里，"民"和"子"都是被独立运用的。又如大家不说"摄"而说"摄影"或"拍摄"，但却可以说"本报记者摄"；不说"发"而说"头发"，但却可以说"理了理发""理了个发"等。在这些语境中，我们不能否认，这些成分是被独立运用造句的，它们这时都已具备了词的五个条件，而且起着词的作用。所以在具体的语境中，这些成分都应该看作词。

10. 两个表示意义的又可独立运用的成分相组合，形成新的结构，表示新的意义，并能独立用来造句的是词。如：

| | | | | |
|---|---|---|---|---|
| 白菜 | 马车 | 道路 | 剪纸 | 信心 |
| 电灯 | 草药 | 地球 | 小说 | 祝词 |
| 快车 | 绿茶 | 冷淡 | 弱小 | 笨重 |
| 发动 | 带头 | 打捞 | 出借 | 想象 |
| 印染 | 光滑 | 空前 | 向往 | 到来 |
| 书本 | 船只 | 车辆 | 人口 | 布匹 |
| 毛玻璃 | 螺丝刀 | 山水画 | 皮凉鞋 | |
| 走读班 | 说明书 | 双眼皮 | 落花生 | |

这类词的特点是：它们的组成成分都能表示一定的意义，而且都能够独立成词。如"白菜"的"白"和"菜"，"毛玻璃"的"毛"和"玻璃"，"山水画"的"山"、"水"和"画"或者"山水"和"画"，"皮凉鞋"的"皮"、"凉"和"鞋"或者

"皮"和"凉鞋"等，都表示着一定的意义，并可以独立成词。因此，辨认这部分词就显得比较困难。通常人们感到词和词组难以分辨的情况，就是出现在这部分词当中。

在辨认这部分词时，我们应该注意的仍然是"词是音义结合的定型结构"这一特点。词一旦形成后，就是一个表示特定意义的不可分割的整体，是一个独立的造句单位，因此，一般情况下，词的意义绝不等于它的组成成分的意义的简单相加；同时在结构形式上，词也不能按照它组成成分之间的语法关系随意扩展。以"白菜"为例，它作为一个音义结合的定型结构，表示的意义是："二年生草本植物，叶子大，花淡黄色。品种很多，是普通蔬菜。也叫大白菜。"可见它是指称一种蔬菜的名称，而不是指"白的菜"。"白菜"和"白的菜"表示的意义完全不同，"白菜"作为一个具有定型结构、表示特定意义的词来说，是绝不能被扩展的。同样的道理，"马车"也不能扩展成"马的车"或"马拉的车"，"道路"也不能扩展成"道和路"，"剪纸"也不能扩展成"剪着纸"或"剪了纸"，而"毛玻璃"当然也不能扩展成"毛的玻璃"。由此可见，词这种音义结合的定型结构，是不能被扩展的。我们根据这一点，就可以把这一类型中的大部分词分辨出来。

此外，还应注意以下几种情况。

（1）在汉语词汇中，的确有一些组合体具有两种不同的性质。如"江湖"可以表示"旧社会泛指四方各地"或者"旧社会各处流浪靠卖艺、卖药等生活的人，以及这种人所从事的行业"等意义，这时"江湖"是一个表示特定意义的不容再分割的造句单位，是一个定型结构，所以是一个词。但是有时"江湖"的确又是表示"江"和"湖"的意思。如"祖国的江湖多美好啊"中的"江湖"，就可以分割成"江"和"湖"两个词，分别表示着"江"和"湖"两种不同的事物，这时的"江湖"并不具备词的条件，它只是"江"和"湖"两个词的组合，所以是一个词组。下列各例也是这种情况。

> 笔墨：指称"文字或文章"的意思时是词，表示"笔"
> 和"墨"两种事物时是词组。
> 山水：指称"山上流下来的水"，或者"泛指有山有水
> 的风景"，或者"指以风景为题材的中国画"等
> 意思时都是词，单纯表示"山"和"水"的意思
> 时是词组。
> 妻子：指称"男子的配偶，与'夫'相对"的意思时是
> 词，表示"妻"和"子"两种意思时是词组。
> 红花：指称"一年生草本植物，叶子互生，披针形，有
> 尖刺，开黄红色筒状花的植物"或者指称"一种
> 中药材"的名称时是词，表示"红色的花"时则
> 是词组。

（2）汉语词汇中，有少数组合体的确是可以扩展的，扩展后
的意义和原来的意义基本一样。如"象牙——象的牙""牛
奶——牛的奶""羊肉——羊的肉""猪肝——猪的肝""牛
角——牛的角"等等。但是我们仍然认为"象牙""牛奶""羊
肉""猪肝""牛角"等是词，"象的牙""牛的奶""羊的肉"
"猪的肝""牛的角"等则是词组。因为，只要我们观察一下，就
会发现在同一个语境中，"象牙""牛奶"等形式，是不能用
"象的牙""牛的奶"等形式来进行代替的。如我们可以说"这
是象牙雕刻"，却不能说"这是象的牙雕刻"；可以说"我买了两
盒牛奶糖"，却不能说"我买了两盒牛的奶糖"。可见，像这类
词，在语言的实际应用中，一般都是不能扩展的。从这里我们也
可看出，这些词的组成成分的结合，也具有一定程度的不可分
性，因此，我们应该把这类词也看作一个表示着特定意义的定型
结构，是词而不是词组。

（3）汉语中还存在着像"抓紧""打垮"一类的词，它们的

组成成分都可以独立成词，它们本身也可以进行扩展，例如"抓紧"可以扩展为"抓得紧""抓不紧"，甚至还可以扩展成"抓得紧不紧"，"打垮"也能扩展为"打得垮""打不垮"等，所以辨认这部分词的确比较困难。对这类词我们可以试从两个方面去认识。一方面，我们应该看到，虽然这些词可以扩展，但是在许多具体的语境中，它们不但不能扩展，而且其组成成分结合得还相当紧密。如"我们必须抓紧时间学习"中的"抓紧"、"坚决打垮反动派"中的"打垮"，就不能进行任何的扩展。根据语言中实际运用的情况，它们具有一定的完整性和定型性，所以应该认为这些组合体是词。另一方面，我们分析比较一下就会看到，像"抓紧""打垮"这类结构，它们表示的意义，在其组成成分的意义基础上也有所融合，也体现出了一定的整体性和概括性。如"抓紧"就已融合为"不放松"的意思，"打垮"也已融合为"推翻"的意思，它们各个组成成分的意义，在实在性和具体性方面，都程度不同地有所削弱。当然，各个词在发展过程中的情况是不相同的，如"分清""搞好"等词的意义，融合的程度就比较差。然而应该肯定，这类词也是汉语词汇中的一个类型，从发展趋势看，它们的意义将会沿着由分散到融合、由具体到抽象概括的道路发展下去。

（4）离合词的问题。所谓离合词就是指某些词可以经常被拆开使用的情况。离合词通常有两种情况。一种是其组成成分本身都能够独立成词。如：

　　　起床：　"起了床"　"起不了床"
　　　帮忙：　"帮个忙"　"帮了忙"　"帮不了忙"
　　　握手：　"握着手"　"握过手"　"握了一次手"
　　　伤心：　"伤了心"　"伤什么心"

另一种情况是有的组成成分在现代汉语中只能表意，却不能独立成词了。如：

| 鞠躬： | "鞠了个躬" | "鞠一个躬" | |
|---|---|---|---|
| 革命： | "革谁的命" | "革反动派的命" | |
| 敬礼： | "敬了个礼" | "敬一个礼" | |
| 洗澡： | "洗了澡" | "洗个澡" | "洗了个澡" |

这两种情况尽管有所不同，但它们却共同具有可以离合的特点。对这类词应该认为：未扩展的是词，扩展了的都是词组。但是不能认为未扩展时也算词组，因为这些离合词扩展前后的意义是不一样的。如"起床""鞠躬"等词，它们表示的都是一种动作，但是经过扩展后的"起了床""鞠了个躬"等，则是表示与这种动作有关的情况了，而且不同的扩展形式表示的意义也不相同。由此可见，这些词在扩展前，都是表示特定意义的不可分割的整体，是充当造句单位的词；扩展以后，它们的组成成分本身就具有了词的特点，并且都以词的资格参与了扩展后的各个词组的构成，就是那些在现代汉语中已不能独立成词的成分，如"鞠躬"的"鞠"和"躬"等，在这具体的语境中，也可以当作独立的词来看待了（见以上第"9"条）。

汉语中分辨词和词组是一个很复杂的问题，因此，除以上四种情况外，音节的多少以及读音方面和形态方面表现出来的某些特点，也可作为分辨时的参考。

以上从十种不同的情况，分别对汉语的词做了初步的辨认，根据这种认识，我们可以把下面两段文字中的词具体切分一下。

词以"——"标出，"——"下的数字标明该词属于以上十种情况中的某一种。

第一段，臧克家：《有的人》。

有 的 人 活 着
—— —— —— ——
1 1 1 1

他 已 经 死 了；
—— —— —— ——
1 1 0 1

有的人死了
1 1 1 1

他还活着。
1 1 1

有的人
1 1 1

骑在人民头上：“呵，我多伟大！”
1 1 8 1 1　　1　1 1 8

有的人
1 1 1

俯下身子给人民当牛马。
8　　4　1 8　1 10

有的人
1 1 1

把名字刻入石头，想“不朽”；
1 10 1 1 4　　1　　8

有的人
1 1 1

情愿作野草，等着地下的火烧。
10 1 10　　1　　1 1 1 1 1

有的人
1 1 1

他活着别人就不能活；
1 1　　　10 1 1 1 1

有的人
1 1 1

他活着为了多数人更好地活。
1 1　　10　10　1 1 1 1 1

骑在人民头上的
1 1　8　1 1 1

人民把他摔垮；
8　1 1 1 1

给人民作牛马的
1　8　1　10　1

人民永远记住他！
8　10　10　1

把名字刻入石头的
1　10　1 1　4　1

名字比尸首烂得更早；
10　1　7　1 1 1 1

只要春风吹到的地方
10　10　1 1 1　10

到处是青青的野草。
10　1 1　1　10

他活着别人就不能活的人，
1 1　　10　1 1 1 1 1 1

他的下场可以看到；
1 1　10　10　1 1

他活着为了多数人更好地活着的人，
1 1　　10　10　1 1 1 1 1　　1 1

群众把他抬举得很高，很高。
8　1 1　10 1 1 1　　1 1

第二段，茅盾：《白杨礼赞》中的一段。

它没有婆娑的姿态，没有屈曲盘旋的虬枝。也许你要说它
1　10　2　1　7　　　10　10　8　1　8　　10　1 1 1 1

不美。如果美是专指"婆娑"或"旁逸斜出"之类而言，
1 1　　10 1 1 1 1　　2　1　　1 9 1 1　　1 9 1 9

那么，白杨树算不得树中的好女子。但是它伟岸，正直，
4　　10　1 1 1 1 1 1　8　　10 1　8　　10

朴质，严肃，也不缺乏温和，更不用提它的坚强不屈与
7　　8　1 1 10　10　　1 1 1 1 1　8　10　1

挺拔，它是树中的伟丈夫。
10　1 1 1 1 9　8

第一段中的"—　"，短横线指的是词，长横线指的是这一词的构形形式。"活着""等着""死了"中的"着""了"，有的人当作助词看待，事实上，它们附着在动词后面，有表"进行体"和"完成体"的作用。因此，这里都把它们看作用以构形的词尾。"青青"也是"青"一词的构形形式，构形后有加强原词语义的作用。

# 二　词　素

## （一）什么是词素

词是由它的组成成分组成的，词的组成成分就是词素。词素也是一种音义结合体，是最小的可以独立运用的造词单位。词素和词的根本不同就在于词是造句单位，词素是造词单位。尽管它们都具有"最小的""可以独立运用"等特点，然而由于两者是不同的单位，所以，这些特点所表现出来的性质和功能，就要相应地受到各自单位的制约。对词来说，"最小的""可以独立运

用”的特点是对造句来说的。对词素来说，这些特点则只能在造词范围内体现出来。如“参观”一词是由“参”和“观”两个词素组成的，“参”“观”都是音义结合体，都是最小的可以独立运用的造词单位，它们不但可以组合成“参观”，同时“参”还可以与另外的词素组合成“参加”“参谋”“参阅”“参考”等等，“观”也可以与其他词素组合成“观察”“观点”“观望”“观赏”“观众”“外观”“主观”“乐观”“悲观”等等。可见，在造词范围内，“参”和“观”既是表示意义的不可分割的整体，又是可以独立用来进行组词的单位，它们可以加入不同的组合体中组合成不同的词。但是从造句的情况看，在现代汉语中，尽管“参”“观”也表示意义，但是却不能作为一个独立运用的单位进行造句。所以“参”和“观”所具有的特点和作用，只有在造词的范围内才能体现出来，它们只能是造词的单位，是词素而不是词，它们的特点都要受到它们所充当的单位的性质和功能的制约。

词汇是不断发展的，在发展的过程中，词和词素也会出现某些变化。就汉语词汇来说，它在古代是以单音节为主的，因此，许多单音节的成分，在古代汉语中往往既能充当词素，又能单独构成一个充当造句单位的词。如“朋”，它既是一个可以充当造词单位的词素，又是一个由一个词素造成的单音词，在《论语·学而》“有朋自远方来，不亦乐乎？”中，“朋”就是一个独立用来造句的词。以下各例也是这种情况。如：

民：
《左传·文公十三年》：“利于民而不利于君。”（民：“百姓”义）

《左传·昭公二十五年》：“民有好恶喜怒哀乐。”（民：“人”义）

兴：
（xīng）《史记·孝文帝本纪》：“汉兴，至孝文四十有余

载。"（兴："兴起""建立"义）

　　(xìng) 李白《庐山谣》："好为庐山谣，兴因庐山发。"（兴："兴趣""兴致"义）

　　习：

　　《论语·学而》："学而时习之，不亦说乎？"（习："复习""练习"义）

　　《商君书·战法》："民习以力攻难，故轻死。"（习："习惯"义）

　　敏：

　　《论语·学而》："敏于事而慎于言。"（敏："迅速""敏捷"义）

　　《汉书·东方朔传》："敏行而不敢怠。"（敏："努力""奋勉"义）

　　务：

　　贾谊《过秦论》："务耕织。"（务："致力""从事"义）

　　《史记·孝文帝本纪》："农，天下之本，务莫大焉。"（务："事务""事情"义）

从以上各例句中可以看出，"朋""民""兴""习""敏""务"等成分，在古汉语中，都是以词的面貌出现的。但是随着汉语词汇由单音向复音化的发展，许多在古汉语中可以充当造句单位的成分，在现代汉语中却不能再独立用来造句了。如：

　　朋：现代都用"朋友"等。

　　民：现代都用"人民""民众""公民""平民"等等。

　　兴：现代都用"兴起""兴建""兴致""兴趣"等等。

　　习：现代都用"学习""练习""自习""习惯"等等。

　　敏：现代都用"敏捷""敏锐""敏感""灵敏"等等。

　　务：现代都用"务必""务求""事务""任务"等等。

可见，古代汉语中许多既能充当词素又可以充当词的成分，在现代汉语中都变为只能充当词素了。

## （二）词素的分类

根据词素在词的组成中表现出来的不同情况，我们可以给词素做以下分类。

### 1. 语音形式方面

从语音形式方面分析，可分为单音词素和多音词素两种类型。只有一个音节的称为单音词素。如"房""兴""彩""朋、言""赤""碧""扩""人""天""水""山""心""树""深""淡""白""万""千""一""二"等等。具有两个或两个以上音节的称为多音词素。如"葡萄""蟋蟀""忸怩""蹊跷""蹉跎""朦胧""法兰西""莫斯科""歇斯底里""普鲁卡因""布尔什维克"等等。

### 2. 语言功能方面

从语言功能方面分析，词素又有可成词词素和非词词素之分。可成词词素是指既可充当词素，又可单独构成一个词的词素。非词词素是指只能充当词素，不能单独构成词的词素。因为词和词素在发展演变中都会发生某些变化，所以确定一个成分是可成词词素还是非词词素，就必须从共时性的角度进行观察。就现代汉语来看，像"人""心""水""地""豆""花""动""来""跑""问""红""黄""千""百""玻璃""玫瑰""萝卜""莫斯科""普鲁卡因""布尔什维克"等等都是可成词词素；像"彩""婢""策""仆""惜""访""毕""参""昌""迫""艳""颖""幽""丽""首""目"以及虚化了的"头""子""家"等等都是非词词素。

### 3. 意义性质方面

从意义的性质方面分析，可分为词根词素和附加词素两种类型。词根词素通常也称作词根，它具有实在的词汇意义，是组成新词词干的主要部分，同时也是新词词汇意义的主要承担者。如

"人""心""树""水""红星""茧绸""农历""起跳""人造革""录像机""老虎""石头""剪子""泥巴""孩子家"等词中的"人""心""树""水""红""星""茧""绸""农""历""起""跳""人""造""革""录""像""机""虎""石""剪""泥""孩"等都是词根词素。汉语中的词根词素是非常丰富的,可成词词素和大部分非词词素都可充当词根词素。汉语词汇正是在这种基础上,才能够继续不断地形成纷繁多样的新词。

附加词素是附加在词根词素上表示语法意义和某些附加的词汇意义的词素。它又有词缀词素和词尾词素之分。

词缀词素通常也称作词缀,它可以附加在词根上共同组成词干,所以词缀也是组成词干的词素。词缀词素又有前缀、中缀和后缀三种情况。前缀是用在词根前面的词缀,如"老虎""阿姨""第一""初五"中的"老""阿""第""初"等。中缀是用在词根中间的词缀,汉语中的中缀是极少见的,如"酸不溜溜"中的"不"可视为中缀。后缀是用在词根后面的词缀。如"石头""想头""甜头""桌子""担子""聋子""鸟儿""泥巴""尾巴""姑娘家""孩子家"中的"头""子""儿""巴""家"等都是后缀。

词尾词素是附加在词干后面只表示语法意义的词素,通常也称作词尾。一个词加上词尾词素,只能形成词的表示不同语法意义的形态变化,却不能形成新词。汉语是缺乏形态变化的语言,所以词尾词素很少,只有"们"比较典型。"们"是汉语中表示"数"的语法意义的词尾词素,如"我""你""他"是单数,加上"们"后,"我们""你们""他们"则表示复数了。

总结词素的分类情况,可列表如下:

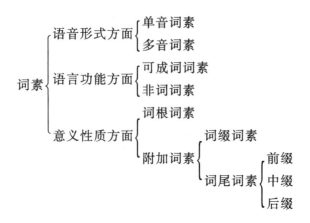

# 三　词　汇

## （一）什么是词汇

早在 50 年代，斯大林就已经指出："拿词汇本身来说，它还不是语言，——它好比是语言的建筑材料。建筑业中的建筑材料并不就是房屋，虽然没有建筑材料就不可能建成房屋。同样，语言的词汇也并不就是语言，虽然没有词汇，任何语言都是不可想象的。但是当语言的词汇受着语言语法的支配的时候，就会获得极大的意义。"① 斯大林这段话确切地阐明了词汇的性质和作用。词汇是语言的建筑材料，是语言不可缺少的三个组成部分之一，人们就是用语法规则把词组织起来，形成言语进行交际的。

词汇既然是语言的建筑材料，它包括哪些内容呢？应该说，具有建筑材料作用的语言成分，都应当包括在词汇之中。斯大林曾指出："语言中所有的词构成所谓语言的词汇。"② 根据这一说法，那么，语言的词汇所包括的内容，就只是语言中所有的词了。然而事实上，我们会发现，语言中还有一些成分，如成语、

---

① ［苏］斯大林：《马克思主义和语言学问题》，人民出版社 1971 年版，第 17 页。

② ［苏］斯大林：《马克思主义和语言学问题》，人民出版社 1971 年版，第 17 页。

惯用语等，它们虽然都是由词组成的词组，却也是一种组成句子的备用单位，也具有建筑材料的性质和作用，语言词汇是不能把这些成分排斥在外的。因此，我们认为词汇应当是一种语言中所有的词和所有的相当于词的作用的固定结构的总汇。任何一种语言的词汇都包括两个基本内容，那就是该语言中所有的词的总汇，和所有的相当于词的作用的固定结构的总汇。

**（二）词汇的内容和范围**

1. 词的总汇

语言中所有的词构成词的总汇。词的总汇可分为基本词汇和一般词汇两个部分。

（1）基本词汇

基本词汇是语言中基本词的总汇，它是语言词汇中主要的不可缺少的部分，语言的基本词汇和语法结构共同形成语言的基础。所以如果某种语言的基本词汇改变或消亡了，就意味着这种语言已不存在了。

基本词汇中的词称为基本词，它们都表示着人们日常生活中最必需的事物和概念，所以基本词和人们生活的关系极为密切。汉语中的基本词如：

　　天　地　山　水　日　月　人　鸟　牛　羊　风　雨
阴　晴　花　草　树　河　霜　雪　石　土

　　头　手　口　眼　腿　脚　心　肺　肝　胃　耳朵　鼻
子　胳膊

　　父亲　母亲　爸爸　妈妈　姐姐　弟弟　叔叔　姑姑
爷爷　奶奶

　　书　笔　纸　车　布　线　刀　碗　盆　瓶　盒　门
窗　桌子

　　米　面　粮　油　盐　柴　煤　菜　糕　饼　鱼　肉
　　走　跳　看　想　生　死　睡　醒　买　卖　来　去

红　白　甜　苦　方　圆　厚　薄　大　小　深　高
多　少
上　下　前　后　左　右　春　夏　秋　冬　东　西
南　北
一　二　三　四　十　百　千　万　我　你　他　谁
这　那　再　些
…………

基本词汇具有以下三个特点。

第一，普遍性。基本词汇和人们生活的关系最密切，所以它为全民普遍使用，使用的范围最广，使用的频率很高。

第二，稳固性。基本词汇为本民族世世代代的人们不断地运用着，生命很长久，不易发生变化，所以基本词绝大多数都是历史上承传下来的固有的词。

第三，能产性。基本词一般都能充当词根词素，所以它们是新词形成的基础。有个别的基本词如"你""谁"等，在构词能力方面的确比较弱，但是因为它们具备了普遍性和稳固性的特点，所以仍然是基本词。

（2）一般词汇

基本词汇以外的词的总汇就是语言的一般词汇。与基本词汇相比较，一般词汇使用的范围比较狭窄，使用的频率也比较低，在稳固性和能产性等方面，都要比基本词汇弱得多。但是一般词汇也有自己的特点，它在反映社会的变化和发展方面是非常敏感的，"词汇的发展要比语音和语法部分的发展迅速得多"，"词汇的发展在某种程度上反映了社会发展的面貌"等特点，在一般词汇中表现得特别突出和明显。一般词汇有着丰富的内容，因此，要想更好地掌握和运用语言，不但需要很好地学习和掌握基本词汇，而且必须认真学习和掌握好语言的一般词汇。

一般词汇包含的内容丰富而且广泛，具体说来，有以下几个方面。

第一，历史上承传下来的固有词。这类词都是在过去就已经存在了的，并且也为人们世世代代地沿用着，但是它们却不具备普遍性和能产性等特点，因此，都属于一般词汇。如：

夫人　儒家　诞辰　逝世　颜面
饮食　居留　界限　借鉴　编纂
别号　彩霞　拜访　残忍　沉浮
晨曦　错综　胆寒　底稿　帝制
独裁　封锁　风采　风云　璀璨
灿烂　感慨　激烈　昂扬　珍爱

第二，适应社会交际需要而产生的新词。所谓新词就是指刚产生的词，或者是产生后使用的时间还不长久的词。如"待业"、"离休"、"港衫"、"轻骑"（指一种车）、"尼龙绸"、"面包服"、"筒子裤"等等。

新词应当是虽产生不久但已被社会公认和使用的词，那些新产生的未被社会公认的生造词，不能算作新词。

新词产生以后，经过一段时间的使用，在社会约定俗成的基础上，有少数的词可能成为基本词进入基本词汇中去。例如根据社会的交际需要和人们在生活中的运用情况，现代汉语词汇中出现的"干部""支书""塑料"等词，就可以认为是基本词了。然而更多的新词却往往是作为一般的词属于一般词汇的范围之内。这样的例子是很多的。如：

密植　模压　原子　导弹　视频
激光　气割　手球　水球　铁牛
劳保　法制　派性　电大　双补
紫外线　太阳灶　乌发乳　洗衣机
削发器　荧光屏　显像管　双职工

光荣榜　关系学　万元户　冒尖户

第三，因特殊需要而加以运用的古语词。古语词就是指过去曾经运用过而现在一般不用的词。由于交际的需要，在某些场合，人们也可能重新使用某些古语词，这就使古语词有可能成为某一时期语言的一般词汇中的一个组成部分。

从历时的角度讲，汉语词汇包括的古语词，是指历史上曾经出现过的所有的古语词，其中有为以后重新运用的，也有为以后所不再运用的。从共时的角度讲，某个时期的语言词汇包括的古语词，是指在这一时期内被重新运用的古语词。如作为现代汉语词汇组成部分的古语词，只能是指那些现在被人们重新运用的古语词。

观察现代汉语中运用古语词的情况，主要表现为以下几种类型。一种类型是反映着历史上曾经存在过的事物的词。如"状元""县官""保长""宰相""青楼""书童""当铺""巡捕"等等，这部分词人们也称作历史词语。另一种类型是古代神话传说中出现的一些词语。如"天庭""天宫""仙女""龙王""天王""天将""王母""龙女"等等。以上两类古语词具有相同的性质，它们或者与历史事物，或者与古代神话有着密切的联系，当人们学习和了解历史，或者讲述到历史事件、历史故事以及古代神话传说时，就必然要运用它们。所以这两类词语表示的事物虽然现在都不存在，但是这些词语却往往经常地甚至是世代地被人们运用着，它们在人们了解历史、讲述过去等方面起了积极的作用。同时，在语言词汇任何发展阶段上，它们都是一般词汇中所包含的古语词中比较稳定的部分。古语词的第三种类型是：一些在古代汉语中曾经运用过的词，现在已经不用或很少应用了，但是有时由于某种需要，或者为了达到某种修辞目的，人们又选来重新加以运用。如"他就怕丢掉那顶乌纱帽"中的"乌纱帽"（用来借代"官职"的意思）、"壮哉！刘公岛"（《文汇报》1983

年11月3日）中的"哉"、"茶博士谈茶"（《文化与生活》1983年第3期）中的"茶博士"（意义有所改变，指通晓茶的知识的人）等，都是这种类型的古语词。在书面语中，这类古语词是颇为多见的。

第四，从方言中吸收来的方言词。这种方言词是指来源于地域方言的词，它们是普通话词汇中的成员，和存在于各地域方言中的方言词是完全不同的。例如"搞""垃圾""名堂""把戏""尴尬""瘪三"等词，都是从各地域方言中吸收到普通话里来的，尽管它们在各地方言中也仍然存在和继续被使用着，但是它们在普通话中却是一般词汇的一个组成部分。再看上海话的"阿拉"（我）、"侬"（你）等，因为没有被吸收到普通话词汇中来，所以它们只能是地域方言中的词，却不是普通话中的词。

第五，受外族语言影响而产生的外来词。在社会发展过程中，不同国家和民族的相互交往，必然会影响到各民族之间语言词汇方面的相互吸收。通过这种原因和途径产生的词就叫作外来词。应当明确，所谓外来词是指来源于外语影响而产生的词，绝不就是外语中原来的词。因为任何一种语言在接受外语的影响时，都要在原来外语词的基础上，再经过一番重新改造和创制的过程。汉语吸收外来词一般表现为四种情况。

一种是模仿外语词的语音形式，再用汉语语音加以改造，使它符合汉语语音的特点和规则，从而产生新词。这类词通常称作音译词。如：

咖啡（coffee）　　吉他（guitar）
巴黎（Paris）　　伦敦（London）
莫斯科（Москва）
布尔什维克（Болъшевик）

另一种是把汉语语音化了的外语词和与该词意义有关的汉语词素相组合，从而形成新词。这类词通常都称作音兼意译词。如：

啤酒（beer）　　　可可茶（cocoa）

芭蕾舞（ballet）　　吉普车（jeep）

坦克车（tank）　　　巧克力糖（chocolate）

再一种是借鉴外语词所表示的意义，然后用汉语的词素和组词规则形成新词。这类词通常也称作意译词。人们一般都不把这类词当作外来词看待。如：

民主　足球　铁路　电话　煤气

维生素　扩音器　收割机　无产阶级

最后一种是在外语词汉语语音化的基础上，巧妙地把一个音节译为汉语的与之语音相近意义相关的词素，从而形成一种特殊的音意结合的译词。如"绷带"（bandage）中的"带"就是这种情况，"带"是汉语的词素，但它的音节形式与外语词原来的语音形式相似，它的意义又与外语词表示的意义相关。这类外来词在形式上与第二种一样，事实上译制的情况却不相同。

以上四种情况尽管不同，但它们却都是源于外语影响而产生的汉语词，都是一般词汇中的一个组成部分。

第六，社会方言中的各种语词。社会方言是全民语言的分支，它是由于社会上各种不同行业和集团内部的交际需要而产生的。社会方言和地域方言不同，它没有自己的基本词汇和语法结构，更没有形成自己的语言符号系统，它具有的仅仅是一些适应本行业、本集团交际需要的词语而已。这些词语都是由于社会分工的不同，以及生活条件在各方面表现出来的差异而产生出来的，它们都是全民语言词汇的组成部分。虽然本行业和集团以外的人们很少使用，但这些词语本身并无任何秘密性。具体说来，社会方言大致包括以下几个内容。

主要的一个内容就是行业语。行业语是由于社会分工不同而产生的各行业集团的用语。如教育行业中就有"讲课""备课"

"辅导""答疑""自习""教室""教具""课桌""学分""课程""选修""基础课""课程表""课堂讨论"等等；医学行业中就有"内科""外科""眼科""中医""西医""医生""护士""门诊""处方""诊断""治疗""病房""针灸""推拿""注射""开刀""手术"等等；戏剧行业中则有"主角""配角""演员""布景""道具""台词""龙套"以及某些表明不同角色的"青衣""花旦""武旦""武生""小生""须生""花脸"等等。每个行业都有自己的行业语，某个人只要从事某种行业，就会掌握这一行业的行业语，这是由这一行业范围内的交际需要所决定的。

行业语虽然是某个行业集团的专门用语，但是有时由于科学文化的发展，或者词语本身的发展和变化，某些行业语也会程度不同地扩大其使用范围。如随着人民生活条件的改善，和科学文化水平的提高，更多的人获得了欣赏戏剧的机会，这时，戏剧行业中的某些用语，就必然会扩大其使用范围而为更多的人来使用。随着教育事业和医疗事业的普及，这些行业中的某些用语的使用范围，也必然会逐渐扩大开来。

还有一部分行业语，由于人们认识上所产生的某些联系，在使用过程中，也会由单义词逐渐发展成多义词，某些义项的全民性，也会使得这些词语的使用范围逐渐扩大开来。如"战士"一词，原指"军队最基层的成员"，是一种军事用语，后来"战士"发展成了多义词，除原有意义外，还可"泛指参加某种正义斗争或从事某种正义事业的人"，如"白衣战士""文化战士"等。这种演变就使得"战士"一词不只是军事用语，同时也成了一般用语。很明显，"战士"一词的使用范围扩展了。其他像"战线""阵地""攻克""尖兵""麻痹""解剖""角色""后台""堡垒""舞台""教员"等等都是这种情况。

社会方言的第二个内容是指儿童语、学生语、干部腔、老人语等所使用的一些个别词语。这些词语都是由于人们的年龄、生活条件、心理状态等各种因素的不同而自然形成的一种社团用语。如儿童语中的"碗儿碗儿"——碗儿，"球球"——球，"鞋鞋"——鞋等。小学生共同做游戏时喜欢用"来的"一词，表示"一块玩"的意思，如："咱们来的，好吗？"又如学生夜读称"开夜车"等。这类词语虽然数量不多，却能反映出人们由于年龄、生活条件和文化程度等不同而表现出来的运用语言的不同情况。

（3）基本词汇和一般词汇的关系

基本词汇和一般词汇都有各自的特点，因此，它们是语言词汇中两个完全不同的部分。但是另一方面，基本词汇和一般词汇又有非常密切的联系，它们相互依存，共同发展，都是语言词汇中不可缺少的部分。

基本词汇是语言的基础，也是一般词汇形成的基础。一般词汇中的大多数词，都是在基本词汇的基础上形成的。

一般词汇反映社会的发展是非常敏感的，它几乎经常处在不断的变动之中，因此，语言词汇中的新成分，往往要首先出现在一般词汇中，然后，个别的成分再进入基本词汇中去，促成基本词汇的发展。从这一角度讲，一般词汇又可充当基本词汇发展的源泉。

此外，基本词汇和一般词汇中的个别成分又是可以互相转化的。在词汇发展的过程中，随着社会交际需要的改变，某些基本词可能转化成为一般的词，而某些一般的词，也可能转化成为基本词。如过去的基本词"鬼""神""野菜"甚至于"窝窝头"等，现在都已随着和人们生活关系的减弱而成了一般的词。过去的基本词"当""当铺""保长"等等，也都随着它们所表示的事物的消亡而变成了历史词语，成了一般词汇中的成员。与此相反，像过去的一般词"党"，由于现在已成了"共产党"的简称，随着共产党在人民生活中的地位和作用的加强，"党"一词已由一般词转化成了基本词。其他像"书记""阶级"以及前面已提到的"干部""支书""塑料"等等，现在也都已转化成为基本词了。

基本词汇和一般词汇就是在这样一种相互依存、不断转化的关系中，共同发展和丰富起来的。它们的发展又形成了整个语言词汇的丰富和发展。

2. 相当于词的作用的固定结构的总汇

汉语中相当于词的作用的固定结构，一般也可以称作熟语。它包括的主要内容有成语、惯用语、谚语和歇后语等。这些固定结构都是在语言的长期运用中约定俗成的定型的词组和句子，它们都具有以下三个共同的特点。

第一，结构定型。这些固定结构在语言运用中，都是以完整的定型的结构形式出现的，这种定型的结构形式具有一定的稳固性。

第二，意义完整。这些固定结构所表示的意义都是抽象概括化了的，一般都不是字面意义的简单相加，所以这些固定结构的意义总是以一种特定的整体的意义出现。

第三，充当语言的备用单位。在语言运用中，这些固定结构都是组句的备用材料，它们的作用相当于词。

此外，这些固定结构又各有自己的特点，并且以其各自不同的特点又形成了各种不同的类聚。

（1）成语

成语是一种具有固定的结构形式和完整意义的固定词组。如：

| | | |
|---|---|---|
| 水落石出 | 狐假虎威 | 望梅止渴 |
| 千锤百炼 | 胸有成竹 | 刻舟求剑 |
| 比比皆是 | 本末倒置 | 波澜壮阔 |
| 沉鱼落雁 | 初出茅庐 | 打草惊蛇 |
| 根深蒂固 | 排山倒海 | 鲸吞蚕食 |
| 借花献佛 | 顺水推舟 | 朝三暮四 |

　　汉语的成语非常丰富，有很多都是从古汉语中沿用下来的，生命力极强。成语言简意赅，具有一般词语所不能比拟的表达作用。

　　在结构形式方面，成语结构定型的特点特别突出。汉语的成语以四个音节的格式为主，一般是不能随意更动其组成成分和词序的。如"大公无私"，就不能随意改为"大公没私"、"大公和无私"或者"无私大公"等，"叶公好龙"更不能随便改成"李公好龙"或"叶公喜龙"、"叶公爱龙"等。汉语成语在结构形式上的特点，形成了它整齐简洁的独特风格。

　　在意义方面，成语的意义多为集中凝练而成，所以都是比较完整和抽象概括的。汉语中有部分成语，它的意义和它组成成分的意义是基本一致的，因此，这类成语的意义，一般可以从字面上得到了解。如"恋恋不舍""两全其美""惹是生非""普天同庆""门庭若市""大快人心"等等。但是更多的成语，其含义是在组成成分意义的基础上抽象概括而成的，这种成语，一般从字面上就很难确切深刻地了解它的含义了。如"九死一生"是"形容情况极端危险，多次经历生死关头而幸存"的意思，绝不是简单地指"九次死一次生"而言；"千方百计"是表示"想尽一切办法"的意思，也绝不是指具体的"一千个方法，一百个计谋"。其他像"犬马之劳""昙花一现""中流砥柱""赴汤蹈火""枯木逢春""骑虎难下"等等都是这样的情况。

　　汉语中还有许多成语，具有某种出处，如它们或来源于古代寓言，像"愚公移山""鹬蚌相争""黔驴之技""揠苗助长""守株待兔""刻舟求剑"等；或来源于神话传说，像"夸父追日""精卫填海""开天辟地""八仙过海，各显神通"等；或来源于历史故事，像"草木皆兵""望梅止渴""完璧归赵""四面楚歌""负荆请罪""卧薪尝胆"等；或来源于某些作品，像"豁然开朗""妄自菲薄""径情直遂""实事求是""土崩瓦解""见异思迁"等。对这类成语，只有了解了它们的来源后，才能够对它们的含义有全面的认识，从而做到确切深刻的了解。

（2）惯用语

惯用语也是一种具有固定的结构形式和完整意义的固定词组。

在结构形式方面，汉语的惯用语多以三音节的格式为主。如：

敲竹杠　拖后腿　戴高帽　扣帽子
穿小鞋　背黑锅　栽跟头　磨洋工
炒冷饭　翻老账　马后炮　抬轿子
弹钢琴　梳辫子　灌米汤　夹楔子
绕圈子　泼凉水　跑龙套　下马威

也有少数惯用语由四个或四个以上的音节组成。如：

捅马蜂窝　唱对台戏　吃哑巴亏
钻牛角尖　杀回马枪　走下坡路
快刀斩乱麻　皮笑肉不笑
穿新鞋走老路　好心当作驴肝肺

惯用语虽然也是一种定型的固定结构，但是和成语相比，它的结构定型性却要弱得多，在汉语中，我们会经常发现，一个惯用语，往往存在着几种不同的形式。如"拖后腿"也可以说成"拉后腿""扯后腿"，"捅马蜂窝"也可以说成"戳马蜂窝"等。此外，在具体运用中，人们还可以根据表达的需要，或者自己运用语言的习惯，来改变惯用语的词序或添加某些结构成分。如：

"戴高帽"可以说成"戴高帽子""戴上个高帽"。
"背黑锅"可以说成"背了黑锅""背上了黑锅"。
"拖后腿"可以说成"拖谁的后腿"。
"磨洋工"可以说成"磨了半天洋工"。

"捅马蜂窝"可以说成"捅了马蜂窝"。

惯用语的结构定型性虽然较弱，但它却比较自由灵活，在语言运用中，适应性比较强。

在意义方面，惯用语的意义也是在组成成分意义的基础上，通过比喻引申抽象概括而成，所以它的意义是概括完整的，绝不能等同于它字面意义的简单相加。如"戴高帽"绝不是真"把高帽子戴在头上"，而是"表示一种不符合实际的奉承和恭维"；"背黑锅"也不是真"在脊背上背个黑锅"，而是"表示承担着一种不该承担的罪责"。

任何一个惯用语的意义都是抽象概括的，否则它就是一般词组而不是惯用语了。如"走后门"，当它表示"暗中运用不正当的手段达到某种目的"时，是惯用语，当它表示的意义是"走后面的门"时，就是一种自由词组了。

因为惯用语的意义抽象概括，比喻性强，且富有生活气息，所以，在语言运用中，显得非常生动形象而有风趣，具有鲜明的修辞效果。又因惯用语多来源于人民生活的日常用语，比较通俗易懂，所以它的使用范围非常广泛，无论在书面语中，还是在口语中，它都被广泛地运用着，并积极发挥着生动形象的语言表达作用。

（3）谚语

谚语是一种具有特定意义内容和固定结构形式的句子，是人们口头上流传的一种通俗、简练、含义深刻的现成话。

在结构形式方面，谚语都是用固定的句子形式表现出来的。有的是单句的形式，如：

千金难买寸光阴。
强拧的瓜不甜。
细工出巧匠。
人正不怕影子歪。

小树不砍不成材。

有的是复句的形式，如：

岁寒知松柏，患难见人心。
山中无老虎，猴子称大王。
知树知皮不知根，知人知面不知心。
不下水，一辈子不会游泳；不扬帆，一辈子不会操船。
恼一恼，老一老；笑一笑，少一少。

在意义方面，因为谚语总是以整体的形式出现，所以它的意义都是特定的和完整的。有的谚语，其含义可以从它组成成分的意义上得到了解。如：

败子回头金不换。
不贵尺璧宝寸阴。
上山容易下山难。
不知苦中苦，难得甜上甜。
春送千担粪，秋收万担粮。

也有的谚语，其含义是在字面意义的基础上，进一步引申比喻而成，因此都比较抽象概括。如：

众人拾柴火焰高。
搬起石头打自己的脚。
只要功夫深，铁杵磨成针。
留得青山在，不愁没柴烧。
种瓜得瓜，种豆得豆。

尽管这两种情况有所不同，但它们在内容上所表示的，都是人们长期生活经验的总结。它通过句子的形式，或者表示出一个判断和推理，或者在具体形象描写的基础上，通过引申和比喻，告诉人们一个必然的道理和规律，所以谚语的内容一般都比较丰富深刻，富有哲理的意味。

谚语虽然是一种固定的句子形式，但是它和词一样，是语言的备用单位。在运用中，它既可以充当句中的一个成分，也可以独立成句，或者充当复句中的分句。因为谚语是以句子形式出现的，所以它充当独立的句子和分句的情况更多一些。

（4）歇后语

歇后语是一种具有特定意义和固定结构的特殊的语言形式。它也是一种为人民群众所习用的现成话，所以和社会生活的关系非常密切，生活气息很浓。

歇后语所以被称为特殊的语言形式，就是因为从结构方面看，它都是由两个部分组成。如：

> 哑巴吃黄连——有苦难言。
> 鲁智深倒拔垂杨柳——好大的力气。
> 千里送鹅毛——礼轻义重。
> 电线杆上绑鸡毛——好大的胆（掸）子。
> 四两棉花——谈（弹）不上。
> 打破砂锅——问（纹）到底。

从意义方面看，歇后语的前一部分都是对意义的引申和比喻，后一部分才是被引申比喻的正意所在。前后两部分通过引申比喻和被引申比喻的关系联系在一起，形成一个整体。以上例中的"哑巴吃黄连——有苦难言"来说，它要表示的意思是后一部分"有苦难言"，但却在前一部分先用了非常形象的"哑巴吃黄连"来进行比喻，前后两部分结合在一起，不但加重了语义，而且生动形象，给人们留下了很深的印象。还有的歇后语，除了运用引申比喻之外，还使用了谐音双关的手法，从而使意义表达上不但生动形象，而且含蓄诙谐。如上例中的"电线杆上绑鸡毛——好大的胆（掸）子"，它的前一部分的比喻是说明"掸子"的，然而由于"掸""胆"谐音，因此又用了谐音双关的手法转而说明了"好大的胆子"。用这种巧妙的方法组成的歇后语，寓意深刻，耐人回味，具有很强的修辞效果。

汉语中的歇后语非常丰富，而且在运用上也比较灵活。在具体运用中，有时歇后语前后两部分可以同时出现，如"老鼠过街——人人喊打""肉包子打狗——有去无回"；有时歇后语也可以只出现前一部分，如"癞蛤蟆想吃天鹅肉""黄鼠狼给鸡拜年"等，因为歇后语比较通俗易懂，即使只出现前一部分，它后面的意义，一般也都能领悟出来。

歇后语虽然是具有两个部分的特殊语言形式，但是，它作为一种固定的结构，在运用中仍然相当于一个词的作用。它可以充当句子的成分，同时也可以独立成句或者充当复句的分句。

# 贰 造词与构词

"造词"和"构词"作为语言学中的两个术语，表示着两个既有联系又有区别的含义完全不同的概念。尽管"造"和"构"具有同义关系，但是"造词"的意义重在"制造"，"构词"的意义重在"结构"；"造词"是指词的创制说的，"构词"是指词的结构规律说的。因此，我们应该把"造词"和"构词"区分开。与此有关的就是也应该把"造词法"和"构词法"区分开来。

在词汇研究中，区分"造词"和"构词"不但是非常必要的，而且也是完全可能的。"造词"和"构词"从性质到内容都是完全不同的两个问题，它们虽然都是对词的形成进行分析和研究，但两者观察分析的角度却不一样，因此，研究的内容也毫不相同。"造词"和"构词"既然不同，与之有关的"造词法"和"构词法"也必然有所区别。

## 一 造词和造词法

所谓造词就是指创造新词，它是解决一个词从无到有的问题。人们造词的目的是满足社会交际的需要。社会的发展，客观事物的发展，人们认识的发展，以及语言本身的发展，都能提出创造新词的要求，语言中的词就是在这种需求下，从无到有地被创造出来的。研究一个词从无到有的创造过程，就是造词的问题。

　　因为造词是指创制新词的问题，所以造词法指的就是创制新词的方法，也就是给客观事物命名从而产生新词的方法。由于新事物的不断出现，或者人们认识的改变和发展等原因，人们随时都需要给某些事物命名，而且可以从不同的角度，用不同的方法给事物命名。事实上，这种命名的行为就是造词问题，所用的各种方法就是造词法问题。以"插秧机"一词为例，当社会上出现了"插秧机"这一新事物时，为了交际的需要，就要确定一个语言符号来表示它，这就是给新事物命名的问题。命名时，人们考虑到它是用来插秧的机器，于是就用"插秧机"的名称来称呼它，而"插秧机"一词也就这样产生出来了。人们用"插秧"说明了这种机器的用途，并从而确定这种机器的名称，这就是用说明的方式进行造词的方法。

### （一）人们的造词活动

　　人们的造词活动都是在交际的需求下进行的，在造词活动中，人们的认识具有非常重要的作用，新词一般都是根据具体的环境条件，通过人们的认识和联想才被创造出来的。以下面几个词的情况为例。

　　如"落星湾""落星石"两词的产生：

　　　　在鄱阳湖北湖，庐山南麓，有一湖湾称作"落星湾"，湾中的巨石称作"落星石"。所以叫作"落星湾"，就是因为湖湾中有一巨石叫"落星石"。所以叫作"落星石"，又是因为这石头相传是天上一颗流星坠落湖中而成。因此，千百年来，湖区的人们一直认为："今日湖中石，当年天上星。"①

　　又如"响沙湾""落笔洞"两词的产生：

---

　　①　吴升阳：《解开落星之谜》，《文汇报》1983 年 12 月 14 日。

位于库布齐沙漠东端的达拉特旗响沙湾，是一段宽五十米、高四十米的沙丘，人们从沙丘顶端向下滑行或用手拨动沙子，沙粒就发出类似飞机或汽车的轰隆声。"响沙湾"就是由此而得名。①

"落笔洞"位于海南岛崖县三亚镇北郊，是一座方圆约三华里、高约百米的石灰岩孤峰下的一个岩溶洞穴。因洞中有悬垂的石钟乳形如落笔而得名。②

再如"八大员称呼"的来历。据原八路军 129 师卫生所所长赖玉明同志回忆：

1940 年百团大战开始后的一天，供应部送来一些缴获的罐头，首长说分给勤杂人员。我就在院中大叫："伙夫！马夫！卫兵！号兵！大家快来呀，有好吃的。"……第二天，刘伯承同志把我们叫到办公室说："我们的伙夫、马夫应该取个什么名？你们不要笑，这是革命家庭的大事，我们革命的军队……官兵平等，都是革命大家庭的一员。今后，伙夫就叫炊事员，马夫就叫饲养员，挑夫就叫运输员，卫兵就叫警卫员，号兵就叫司号员，勤务兵就叫公务员，卫生兵就叫卫生员，理发师傅就叫理发员。……我们人民军队是礼义之师、文明之师，称呼应该文明。"从此，一二九师机关再也没有喊"伙夫""马夫"的了。很快就传遍了解放区。

由此可见，造词活动就是人们在认识的基础上给事物命名的活动。有时人们在造词时，由于认识和考虑问题的角度不同，所

---

① 《神秘的响沙湾》，《文汇报》1984 年 2 月 28 日。
② 《海南岛有新发现》，《文汇报》1984 年 2 月 28 日。

以，同一个事物，也可以获得不同的名称。如"西湖"和"西子湖"就是同一个湖的两种不同的称呼，"西湖"是着眼于湖的位置在杭州的西部而得名，"西子湖"则是着眼于湖的美而得名。又如《北京晚报》上曾刊载过一篇短文，题名为《颐和园产"国庆桃"》，文中写道：

> 国庆，能跟桃有什么联系？还真有联系。颐和园培育了一种晚熟的桃，每年阳历九月才熟，正好在国庆节收摘。
>
> 这种桃名秋红，又名颐红。色如丹砂而间有淡绿之色，而且一直红透到果实之内。……①

从以上引文中，不但能够从"国庆桃""秋红桃""颐红桃"等词的产生，进一步认识造词的情况，同时还可以清楚地了解到，人们认识的角度不同，会直接使新词的面貌各有所异。同一种桃，从收摘的时间着眼可称为"国庆桃"，从秋天才成熟和色红的情况看又可称为"秋红桃"，从它生产在颐和园中和色红的情况考虑，还可称为"颐红桃"。

以上各例足以说明，造词活动和人们的认识以及具体的环境条件是有密切关系的。同时以上情况也足以说明，人们在造词时，主要考虑的是用什么名称命名合适的问题，并不是而且也不会去考虑名称的内部结构形式如何，比如：用偏正结构呢？还是用主谓结构呢？

除以上情况外，造词活动和语言本身也是紧密相关的。在有语言存在的社会里，任何方式的造词活动无一不是在原有语言要素的基础上进行的。首先，原有的语言材料和语言习惯，能够给人们的造词活动提供丰富的原料和根据。如"转椅"一词，人们为了给"可以转动的椅子"命名，就采用了原有的"转动"的"转"和"椅子"的"椅"，又根据汉语习惯中说明部分在前、

---

① 康承宗：《颐和园产"国庆桃"》，《北京晚报》1983 年 10 月 9 日。

被说明部分在后的方式，将"转"和"椅"组合在一起，于是就给这一事物命名为"转椅"，同时也造出了"转椅"一词。人们就是这样在原有语言要素的基础上制造新词的。

此外，人们的造词活动，在某种程度上，也要受到原有语言要素的制约。因为语言符号的音义之间虽然无必然的联系，但是这种音义关系一经结合之后，就具有了相对的稳定性，它为社会所约定俗成，人们是不能随意改变的。如汉语中已存在着"车""船"等词，因此，如果再为某种新车命名时，就要采用原有要素"车"做造词成分，像"汽车""电车""火车""三轮车"等；要为某种新的船命名，就要采用原有要素"船"做造词成分，像"渔船""木船""帆船""轮船"等。如果无视原有要素的情况，把"车"说成"船"，把"船"说成"车"，或者把它们说成其他成分，都是行不通的。同样道理，在语音、语法等其他要素方面也是这种情况。

人们造词时运用的语言要素是多方面的，不但有语音、词汇、语法等方面，而且也涉及文字、修辞等方面。

语音方面：如汉语中的音色音位和非音色音位，以及音位之间的配合规律和变化情况，都可以为造词提供根据。这些要素都客观存在于人们的语言当中，不管人们对它们是否有科学的认识，都可以自然地按照社会的语言习惯加以运用。例如表示鸟的叫声的"喳喳"（zhā zhā）一词，就是用汉语声、韵、调配合成音节，通过摹声的方法造出来的。

词汇方面：原有语言符号的音义结合情况，就为造词提供了丰富的材料。如"落星湾"一词，很明显，就是在"落""星""湾"这三个具体的语言材料的基础上造成的。"老虎""木头"当然也是在"老""虎""木""头"等语言材料的基础上造成的。

语法方面：人们造词时，各种材料的组合是根据语言中原有的习用规则进行的。例如，根据修饰成分在前、被修饰成分在后的习用规则，人们要说明一种红色的枣时，就用"红—枣"的词序组成"红枣"一词，要说明一种像枣一样红的颜色时，就用"枣—红"的词序组成"枣红"一词。人们的语言习惯可以使他们正确地运用自己本民族语言的语法规则进行造词。

文字方面：掌握文字的人们，也可以运用文字方面所表现出来的某些特点进行造词。如过去用来称"兵"的"丘八"就是拆字造词的。《现代汉语词典》注释："丘八：旧时称兵（'丘'字加'八'字成为'兵'字，含贬义）。"

修辞方面：修辞是人们运用语言的方法和手段。在造词活动中，人们也往往运用这些方法和手段进行造词，如把某种象螺蛳的事物称为"螺丝"，把木头做的一种马形的玩具称作"木马"，就是运用修辞的手法进行造词的。

人们运用语言要素作基础进行造词是很自然的，而且也是必然的。人们既然掌握了语言和运用语言的习惯，就必然会运用原有的语言材料和规则进行造词。从语言的继承和社会约定俗成的情况看，不这样做也是不可能的。

**（二）造词法**

汉语的造词法多种多样，现初步归纳为如下几种。

1. 音义任意结合法

音义任意结合的造词方法就是用某种声音形式任意为某种事物命名的方法。这样产生的新词在音义之间，开始并无必然的联系。我们知道，词是一种语言符号，语言符号的音义结合最初都是任意性的，当人们用某种语音形式去指称某种事物的时候，这种语音形式同时就获得了该事物所赋予它的某种意义，音义这样结合后就产生了语言中的词。语言中最早产生的一些词，往往就是用音义任意结合法创制出来的。如：

人　手　足　头　口　日　月
树　山　石　风　雨　鸟　兽

牛　羊　刀　车　弓　桑　蚕

梁　稻　阴　阳　大　小　高

深　一　二　十　百　千　万

窈窕　崔嵬　逍遥　婆娑　参差

玲珑　蜻蜓　蟋蟀　喇叭　霹雳

含胡　徘徊　慷慨　蚯蚓　从容

像以上例词，它们的音义之间都无必然的联系，某种事物为什么要用这样的语音形式来表示，人们是无法解释的。

随着社会和语言本身的发展，语言要素的不断丰富，为造词提供了大量的原料，因此，人们运用音义任意结合法造词的情况越来越少了。但是我们也不能否认，这种造词法现在有时还被应用着。如某些化学元素的名称，为什么某种元素要称作"镍"，为什么另一种又要称作"钠"，它们的音义之间，恐怕是没有什么道理可讲的。

2. 摹声法

摹声法是用人类语言的语音形式，对某种声音加以摹拟和改造，从而创制新词的方法。事实上，这就是把某种声音语言化，使其变成语言中的词。

汉语中的摹声法造词表现为以下两种情况。

一种是摹仿自然界事物发出的声音来造词。根据事物发出的声音给事物命名的，如：

猫　鸦　蛙　蛐蛐　蝈蝈　呼噜

根据事物发出的声音创制新词，以描写该事物性状的，如：

啊　嗯　唉　呸　哎呀　哼哼　哈哈

当　咚　吱　呼　咚咚　当当　吱吱

呼呼　哗哗　嗡嗡　喳喳　汪汪

　　吧嗒　嘎吱　嘎巴　丁冬　丁当

　　哗啦　轰隆　当啷　噗哧　玎玲

　　轰隆隆　哗啦啦　劈里啪啦　丁丁当当

　　另一种是摹仿外族语言中某些词的声音来造词。平常大家都把这类词称作音译词。事实上，音译词就是一种摹声造词，只是它摹拟的对象是外语词的声音罢了。如：

　　咖啡（coffee）　沙发（sofa）

　　茄克（jacket）　吉普（jeep）

　　巴黎（Paris）　马拉松（marathon）

　　以上两种情况虽然摹拟的对象不同，但它们却有一个共同的特点，那就是它们都是用汉语的语音形式对这些被摹拟的声音加以改造，以使它们符合汉语语音的特点。这种摹拟改造的过程，就是用摹声法造词的具体过程。

　　3. 音变法

　　音变法是通过语音变化的方法创制新词。汉语中的儿化韵造词就是一种音变造词的方法。如：

　　盖（gài 盖住的盖，动词）

　　　　　　　　——盖儿（gàir 瓶盖的盖，名词）

　　扣（kòu 扣上的扣，动词）

　　　　　　　　——扣儿（kòur 扣子的扣，名词）

　　铲（chǎn 铲除的铲，动词）

　　　　　　　　——铲儿（chǎnr 铁铲的铲，名词）

　　黄（huáng 黄色的黄，形容词）

　　　　　　　　——黄儿（huángr 蛋黄的黄，名词）

　　尖（jiān 尖细的尖，形容词）

　　　　　　　　——尖儿（jiānr 针尖的尖，名词）

个（gè 一个人的个，量词）

  ——个儿（gèr 个子的个，名词）

本（běn 根本的本，名词；一本书的本，量词）

  ——本儿（běnr 本子的本，名词）

此外，像汉语中的"好（hǎo 好坏的好）～好（hào 爱好的好）""见（jiàn）～见（xiàn）"等情况应当也是一种音变造词的现象。这种情况多为多义词的义项通过音变而独立成词。

这里应该说明：儿化韵是把"er"用在其他韵母的后面，使这一韵母变为卷舌韵母的现象，从当前的普通话看，它是发生在一个音节范围之内（即已侵入音节）的音变情况。因此，由这种变化而产生新词是一种音变法造词。目前汉语研究中，一般都把儿化韵中"儿化"的部分，作为一个独立的后缀词素看待，这种看法是应该商榷的。词素是独立的造词单位，它应该有独立的音节作为自己的语音形式，然而"儿化"却只能在别的音节中，和另外的韵母结合在一起形成卷舌韵母，而不是在这韵母之后自成音节，因此，"儿化"只能是在一个音节中发生的音变现象，不应当把"er"作独立的后缀词素看待。当然，如果"er"在其他音节后自成音节，如儿歌"风儿吹，鸟儿叫，小宝宝，睡醒了"中"风儿""鸟儿"的"儿"，就可以作后缀词素看待，因为这已不属于儿化韵的问题了。

音变造词是改变语音形式产生新词的方法。虽然它也是由新的语音形式和某种意义结合成词，但是，它和音义任意结合的造词方法却完全不同。音变造词都是在某个原有词的基础上，通过语音方面的某些改变，形成新的语音形式，表示着与原词词义有关的意义，从而产生出独立的新词。所以通过音变造词法产生的新词，和原来充当基础的旧词，在意义上总要存在着某种程度的联系。音义任意结合法造出的新词却无这种情况，因此，要注意把这两种造词法区分清楚。

4. 说明法

说明法是通过对事物加以说明从而产生新词的造词方法。人们给事物命名时,为了使大家对该事物能有所了解,就用现有的语言材料对事物做某些说明,并以此确定名称产生新词。这样产生的新词,词义一般都比较明确,容易理解,因此,这是一种为人们经常应用的造词方法。

汉语的说明造词法,往往由于人们说明的角度不同而表现出一些不同的情况。常见的有以下几种。

从事物的情状方面进行说明。如:

国营　年轻　自动　地震　口红
起草　知己　庆功　签名　争气
举重　删改　学习　赞扬　胆怯
抓紧　洗刷　看见　提高　放大
脑溢血　胃溃疡　肝硬化　肺结核
落花生　超声波　二人转　婴儿安

从事物的性质特征方面进行说明。如:

方桌　优点　弹簧　硬席　石碑
理想　午睡　晚会　甜瓜　谜语
函授　铅笔　绿茶　热爱　笔直
前进　重视　高级　国旗　钢板
木偶戏　胶合板　丁字尺　武昌鱼
大理石　电动机　回形针　石棉瓦

从事物的用途方面进行说明。如:

雨衣　燃料　烤炉　书桌　护膝
围脖　顶针　裹腿　餐具　耕地
医院　牙刷　枕巾　浴盆　陪嫁

保温瓶　消毒水　织布机　托儿所
洗衣粉　抽水机　吸铁石　扩音器
收割机　避雷针　消炎片　漱口水

从事物的领属方面进行说明。如：

豆芽　鱼鳞　牛角　树叶　日光
羊毛　虎皮　盒盖　瓶口　笔尖
床头　刀把　瓜子　衣领　灯口
屋顶　猪肝　象牙　鞋带　刀刃
火车头　细胞核　桂元肉　棉花种
白菜心　桔子皮　鸡蛋黄　丝瓜瓤

从事物的颜色方面进行说明。如：

红旗　绿豆　紫竹　黄铜　白面
白云　蓝天　紫菜　白酒　黄土
青红丝　黑猩猩　红领巾　红绿灯
红药水　黄花菜　白眼珠　紫丁香
黑穗病　黄刺玫　黑板报　红蜘蛛

用数量对事物进行说明。如：

二伏　两级　两可　三角　三秋
四时　五代　五律　六书　七绝
八卦　九泉　十分　十足　百般
百姓　千金　千秋　万物　万能
一言堂　二重奏　三合土　四边形
五角星　六弦琴　七言诗　八宝饭
九重霄　十字架　百日咳　千里马

通过注释的方法进行说明。有用所属物类注释说明的，如：

菊花　芹菜　茅草　淮河　蝗虫

鸱鹰　松树　父亲　心脏　糯米

牡丹花　白杨树　水晶石　吉普车

有用单位名称注释说明的，如：

人口　纸张　房间　马匹　船只

车辆　枪支　案件　花朵　信件

钢锭　书本　花束　米粒　石块

有用事物情状进行注释说明的，如：

静悄悄　白茫茫　恶狠狠　亮晶晶

光秃秃　呆愣愣　笑嘻嘻　雾蒙蒙

喘吁吁　泪汪汪　冷冰冰　颤悠悠

运用语言中习用的虚化成分，对原有词的意义做某些改变以说明事物。如：

聋子　乱子　日子　腰子　推子

想头　看头　甜头　劲头　盼头

哑巴　岸然　油然　几乎　在乎

黑乎乎　红乎乎　酸溜溜　灰溜溜

"黑乎乎"一类词，在形式上和前面的"静悄悄"等很相似，但情况却不相同。"静悄悄""白茫茫"中后面的重叠形式，有的是一个词，如"悄悄地走了""茫茫的大海"等；有的是具有实在的词汇意义的词素，如"汪汪""冰冰""晶晶"等。"黑乎乎"中后面的重叠形式却不是这样，它们只是语言中习用的虚化成分而已。

除以上情况外，人们还可以从各种不同的角度用说明法造词，说明法比较灵活，能适应多方面的造词要求，因此，它是一种能产力很强的造词方法。

### 5. 比拟法

比拟法就是用现有的语言材料，通过比拟、比喻等手段创制新词的方法。这样创制的新词，有的整个词就是一个完整的比喻。如：

> 龙头　龙眼　佛手　螺丝（螺蛳）
> 雀斑　银耳　猴头　鸡眼　虎口
> 蚕食　骑墙　贴金　沸腾　琢磨
> 纸老虎　拴马桩（生在耳前的内柱）

有的是新词的一部分是比喻成分。如：

> 木耳　雪花　木马　天河　虾米
> 板油　鸡胸　瓜分　林立　冰冷
> 火热　笔直　雪白　墨黑　杏黄
> 蜂窝煤　狮子狗　鸭舌帽　喇叭花
> 金丝猴　牛皮纸　鸡冠花　笑面虎

### 6. 引申法

引申法是运用现有的语言材料，通过意义引申的手段创制新词的方法。如从"打开"和"关上"的动作，联想引申而把"操纵打开和关上的对象"称作"开关"，就是运用了引申造词的方法。其他如：

> 收发　领袖　口舌　骨肉　山水
> 裁缝　组织　出纳　是非　左右
> 锻炼　针线　规矩　爪牙　见闻
> 手足　唇舌　江湖　江山　岁月
> 网罗　身手　矛盾　天地　笔墨

经过词义引申分化而形成新词，也是一种引申造词的情况。

如"年"原为"谷熟"的意思，后来根据谷熟间隔的时间，又引申分化出表示"三百六十五天"的"年"，结果使两个"年"形成同音词，从而产生新词。以下各例也是这种情况。如：

岁（岁星）——岁（年岁）

月（月亮）——月（三十天左右的时间）

日（太阳）——日（一天的时间）

刻（雕刻的刻）——刻（十五分钟叫作一刻）

### 7. 双音法

双音法是通过双音化产生新词的方法。双音造词法是随着汉语词汇向双音化发展而出现的一种造词方法，它也是在现有语言材料的基础上进行造词的。现代汉语中常见的双音化造词有以下几种情况。

（1）在原有单音词的基础上，采用重言的形式产生双音化的词，新词的意义和原单音词的意义完全一样或基本相同。如：

妈妈　爸爸　伯伯　姑姑　叔叔

嫂嫂　哥哥　姐姐　弟弟　妹妹

星星　炯炯　恰恰　渐渐　悄悄

茫茫　耿耿　草草　纷纷　忿忿

蠢蠢　活活　匆匆　常常　汩汩

（2）在原有单音词的基础上，采用重言的形式产生双音化的词，新词的意义和原单音词的意义完全不同。如：

爷爷　奶奶　宝宝　万万　通通

断断　往往　在在　落落　区区

历历　斤斤　源源　翼翼　涓涓

津津　济济　昂昂　堂堂　熊熊

（3）将原有的意义相同、相近或相关的单音词联合而成为双音化的词，新词的意义与原来单音词的意义形成意义相同或相近的关系。如：

| | | | | |
|---|---|---|---|---|
| 道路 | 朋友 | 语言 | 旗帜 | 人民 |
| 英雄 | 年岁 | 睡眠 | 包裹 | 世代 |
| 脸面 | 坟墓 | 购买 | 增加 | 依靠 |
| 更改 | 生产 | 解放 | 爱好 | 斥责 |
| 斟酌 | 书写 | 帮助 | 学习 | 批改 |
| 答复 | 把持 | 集聚 | 洗刷 | 喜悦 |
| 寒冷 | 弯曲 | 美丽 | 繁多 | 宽阔 |
| 孤独 | 伟大 | 艰难 | 富裕 | 寂静 |

（4）在原有单音词的基础上，附加上语言中习用的虚化成分，从而形成双音化的词，新词的意义和原单音词的意义完全相同。如：

| | | | | |
|---|---|---|---|---|
| 石头 | 木头 | 砖头 | 舌头 | 指头 |
| 桌子 | 椅子 | 帽子 | 裙子 | 碟子 |
| 尾巴 | 盐巴 | 泥巴 | 忽然 | 竟然 |
| 突然 | 老师 | 老虎 | 老鹰 | 老鼠 |
| 阿姨 | 阿婆 | 第一 | 第三 | 初五 |

通过以上四种情况可以看出，双音法都是在原有单音词的基础上，经过双音化从而产生新词。随着语言的发展，这些充当基础的单音词，有的后来仍然可以作为词被独立运用，有的则只能充当词素而不能再成为独立的词了。但是，当这些成分最初作为基础词形成双音词的时候，应该承认，它们当时都是作为独立的单音词存在于语言之中的。

8. 简缩法

简缩法是一种把词组的形式，通过简缩而改变成词的造词方法。汉语中有部分事物的名称是用词组的形式表示的，由词组简缩成词，也是新词产生的途径之一。如"山大"就是把"山东大学"中每个词的第一个词素抽出来简缩而成的，"扫盲"则是把"扫除文盲"中第一个词的第一个词素，和第二个词的第二个词素抽出来简缩而成的。汉语中简缩造词的方法多种多样，各种简缩词如：

土地改革——土改

文化教育——文教

旅行游览——旅游

支部书记——支书

人民警察——民警

外交部长——外长

整顿作风——整风

历史、地理——史地

青年、少年——青少年

指挥员、战斗员——指战员

支部委员会——支委会

少年先锋队——少先队

人民代表大会——人代会

政治协商会议——政协

北京电影制片厂——北影

供销合作社——供销社

新华通讯社——新华社

父亲、母亲——双亲

百花齐放、百家争鸣——双百

身体好、工作好、学习好——三好

阴平声、阳平声、上声、去声——四声

农业现代化、工业现代化、国防现代化、科学技术现代化——四化用简缩法造出的词，因为是简缩词组而成，所以新词的意义和原词组的意义是完全相同的，不过从表面形式看，某些词在表义上不及词组明确。例如"三好"的词义，仅从表面上看，就不如"身体好、工作好、学习好"明确。

汉语的造词方法丰富多彩，以上只是简要地谈了几种常见的方法。把汉语的造词法全面细致地分析整理出来，还是今后词汇研究中一个不可忽视的任务。

造词活动具有广泛的社会性，社会上的任何成员都可以创制新词，这正是体现了语言全民性的一个方面。社会成员造出的新词，只要能为社会约定俗成，就可以作为语言成分被保留下来，语言本身也因此而得到了不断的丰富和发展。

# 二　构词和构词法

## （一）构词的性质

所谓构词是指词的内部结构问题。它的研究对象是已经存在的词。对现有词的内部结构进行观察和分析，总结出词的内部结构规律，这就是构词问题研究的范围和内容。

构词问题和造词问题不同。因为造词是人们适应社会交际的需要而进行的一种活动，所以社会上的每一个成员都可以进行造词，对造出的新词，每个成员都要接触它，使用它，并参与对它的约定俗成活动。可是构词问题却不是这样。人们在社会生活中，关心的是需要某个词，创造和使用某个词，但是并不关心词的内部结构形式如何。因此，研究构词问题就往往成了某些人科学研究范围内的事情，它的活动领域要比造词问题狭窄得多。当然这些研究成果会为人们所接受，因为它们不但使人们能够更清楚地认识词、分析词，同时也能为人们的造词活动提供遵循的规律和科学的根据。随着科学知识的普及和人们文化水平的提高，这些科学成果将会越来越发挥出应有的作用。

### （二）构词法

构词法指的是词的内部结构规律的情况。也就是词素组合的方式和方法。语言中的每一个词都是构词法研究的对象，对每一个词都可以从构词的角度做内部结构的分析。如"插秧机"一词，从构词的角度分析，它是一个偏正式的复合词，"插秧"是偏的部分，"机"是正的部分，"插秧"是限定说明"机"的。进一步分析，偏的部分"插秧"的内部结构又是一种动宾式，"插"是动的部分，"秧"是宾的部分。

汉语的构词法可以从以下几个方面进行分析。

1. 语音形式方面

（1）从音节的多少分析，可分为单音词和多音词。

由一个音节构成的词称为单音词。如"天""地""人""手""树""鸟""车""船""红""绿""高""长""一""二""千""百"等等。

由两个或两个以上的音节构成的词称为多音词。其中两个音节的称双音词或复音词。如"人民""哲学""宇宙""客观""生活""趣味""风景""建筑""鸳鸯""麒麟""凤凰""栩栩""炯炯""坦克""纽约""卡片"等等。三个音节和三个音节以上的多音词如"世界观""修辞学""交响乐""半导体""圆珠笔""霓虹灯""摩托车""布谷鸟""资本主义""南斯拉夫""奥林匹克""布尔什维克"等等。

（2）从音节之间的结构关系分析，可分为重叠式和非重叠式。

词的语音形式是由音节重叠而成的叫作重叠式。一个词的每个音节都加以重叠的叫作全部重叠式。其中单音节重叠的，如"弟弟""妹妹""星星""往往""哗哗""喋喋""侃侃""冉冉""巍巍""孜孜""翩翩""渐渐""耿耿""茫茫""悄悄""源源""草草""区区""娓娓""谆谆""迢迢"等等。双音节分别重叠的，如"花花绿绿""星星点点""战战兢兢""唯唯诺诺”“婆婆妈妈”“病病歪歪”“密密麻麻”“满满登登”“兢兢业业”“影影绰绰”“浑浑噩噩”等等。一个词中只有部分音节进行重叠的叫作部分重叠式，如“绿油油”“喘吁吁”“雾蒙蒙”“凉飕飕”“冷丝丝”“黑糊糊”“赤裸裸”“活生生”“泪汪汪”“美滋滋”“假惺惺”“毛毛雨”“哈哈镜”“麻麻亮”等等。

词的几个音节不相同的就是非重叠式的词。如“论题”“偶像”“品质”“人格”“精神”“希望”“鼓动”“爽快”“充沛”“辽阔”“刊物”“图书馆”“打字机”“天文台”“日光灯”“向日葵”“拖拉机”“吉普车”等等。非重叠式的双音词中，有一部分词又有双声或叠韵的关系。

双音词的两个音节声母相同者称为双声。如“伶俐”“蜘蛛”“参差”“澎湃”“坎坷”“仿佛”“玲珑”“忐忑”“含胡”“蹊跷”“忸怩”等等。

双音词的两个音节韵母相同者称为叠韵。如“逍遥”“混沌”“嘟噜”“朦胧”“苗条”“徘徊”“霹雳”“蹉跎”“辊辘”“葫芦”“迷离”等等。

在我国传统语言学中，只有由一个词素构成的双音词，才分析其双声或叠韵的关系，对由两个词素构成的双音词，一般都不做双声或叠韵方面的分析。

2. 词素的多少方面

词是由词素构成的，从词素的多少方面分析，又有单纯词和合成词之分。

由一个词素构成的词称为单纯词。如“笔”“书”“纸”“画”“看”“热”“琵琶”“孑孓”“萝卜”“胡涂”“咖啡”“茄克”“意大利”“喀秋沙”“孟什维克”“奥林匹克”等。

由两个或两个以上的词素构成的词称为合成词。如“木头”“房子”“老虎”“阿姨”“映衬”“贯通”“成因”“欢迎”“春分”“槐树”“文化宫”“研究生”“世界观”“日光灯”“红彤彤”“亮晶晶”等。

3. 词素的性质及组合方式方面

词由词素构成，由于词素的性质不同，或者词素之间的组合关系不同，就形成了各种不同的构词方式。

由一个词素构成的单纯词，它的词素必然由词根词素充当，这类词当然没有组合关系问题。

由两个或两个以上词素构成的合成词，情况就复杂得多。汉语中合成词的构词方式有以下几种。

（1）词根词素和词缀词素相组合。这种合成词，通常都称作派生词。如：

　　前缀＋词根：
　　老鹰　老虎　老师　阿姨　第一
　　第三　初五　初十
　　词根＋后缀：
　　帽子　房子　石头　锄头　猛然
　　忽然　泥巴　盐巴　合乎　似乎
　　敢于　属于　扭搭　甩搭　敲搭
　　姑娘家　孩子家　红乎乎　酸溜溜

（2）词根词素相组合。这种合成词，通常都称作复合词。这类词的几个词根都是根据句法的结构规则组合在一起的，可表现为以下几种方式。

联合式：两个词素之间的关系是平等并列的。同义联合的，如：

　　朋友　道路　根本　把握　将领
　　语言　泥土　声音　包裹　坟墓
　　离别　制造　行走　倒退　积累
　　打击　爱好　依靠　把持　斟酌
　　明亮　艰难　富裕　美丽　宽阔

反义联合的，如：

来往　始终　天地　收发　出纳
是非　反正　伸缩　褒贬　贵贱
得失　长短　开关　深浅　高低
今昔　安危　反正　利害　买卖
上下　多寡　轻重　冷热　左右

意义相关联合的，如：

豺狼　领袖　骨肉　禽兽　江湖
眉目　岁月　皮毛　心血　山水
人物　窗户　干净　热闹　妻子
描写　琢磨　记载　保管　爱惜
安乐　清凉　柔软　简明　笨重

　　偏正式：两部分词素之间是修饰和被修饰的关系。如：

汉语　红旗　同学　特写　奇迹
飞机　公路　电车　开水　收条
导师　宋词　西医　防线　跑鞋
重视　沉思　狂欢　欢迎　长跑
热情　绝妙　美观　雪白　笔直
生产力　人造丝　中山服　梅花鹿
木偶戏　计算机　纪念碑　羽毛画
玻璃窗　葡萄干　哈哈镜　毛毛雨

　　补充式：两个词素之间是补充被补充、注释被注释的关系。
分注释型和动补型两种形式。
　　注释型有以下几种情况。有用所属物类进行注释说明的，如：

松树　柳树　韭菜　芹菜　蝗虫

梅花　菊花　淮河　汾河　玉石

鲤鱼　鲫鱼　茅草　鹧鹰　糯米

月季花　水晶石　茅台酒　水仙花

有用事物单位名称进行注释说明的，如：

船只　枪支　钢锭　书本　纸张

车辆　人口　房间　花朵　花束

马匹　布匹　米粒　钟点　银两

灯盏　地亩　事件　稿件　信件

有用事物情状进行补充说明的，如：

白茫茫　静悄悄　凉飕飕　恶狠狠

笑嘻嘻　笑哈哈　喘吁吁　呆愣愣

雾蒙蒙　冷冰冰　泪汪汪　乐悠悠

水淋淋　灰蒙蒙　亮晶晶　直挺挺

动补型的如：

提高　改进　离开　撕毁　降低

削弱　隔绝　揭露　放大　缩小

分清　说明　推动　改正　冲淡

促成　记住　打倒　保全　延长

推翻　推进　克服　说服　抓紧

遇见　改良　立正　革新　扩大

动宾式：两个词素之间是支配和被支配的关系。如：

知己　顶针　董事　司机　理事

描红　裹腿　围脖　护膝　迎春

隔壁　点心　立夏　管家　连襟

|  |  |  |  |  |
|---|---|---|---|---|
| 埋头 | 起草 | 整风 | 动员 | 担心 |
| 负责 | 留意 | 出版 | 失踪 | 避难 |
| 剪彩 | 出气 | 接力 | 失眠 | 毕业 |
| 怀疑 | 冒险 | 抱歉 | 观光 | 吹牛 |
| 露骨 | 耐烦 | 得意 | 安心 | 吃力 |

主谓式：两个词素之间是陈述和被陈述的关系。如：

|  |  |  |  |  |
|---|---|---|---|---|
| 秋分 | 霜降 | 地震 | 山崩 | 海啸 |
| 日食 | 蝉蜕 | 口红 | 事变 | 心得 |
| 自觉 | 胆怯 | 面熟 | 眼红 | 性急 |
| 心寒 | 气馁 | 人为 | 风凉 | 发指 |
| 神往 | 锋利 | 声张 | 肉麻 | 手软 |
| 肩负 | 自动 | 目击 | 耳鸣 | 自杀 |
| 心绞痛 | 肾结石 | 肝硬化 | 脑溢血 |  |
| 肺结核 | 胃下垂 | 炎得平 | 痛可宁 |  |

# 三　造词构词分析

　　造词和构词、造词法和构词法既然都不相同，这就使人们有可能从更多的方面对词进行分析和研究。对任何一个词，我们都可以从造词和造词法的角度，去探讨和了解它的产生原因和途径，也能够从构词和构词法的角度，去探讨和了解词的存在形式及其内部结构规律。

　　下面就从这两个方面对某些词做一分析。

| 例词 | 造词法 | 构词法 |
|---|---|---|
| 人 | 音义任意结合法 | 单音词，单纯词 |
| 扣儿（kóur） | 音变法 | 单音词，单纯词 |

| 例词 | 造词法 | 构词法 |
|---|---|---|
| 沙沙 | 摹声法 | 双音词，单纯词，重叠词 |
| 参差 | 音义任意结合法 | 双音词，单纯词，双声词 |
| 腼腆 | 音义任意结合法 | 双音词，单纯词，叠韵词 |
| 劲头 | 说明法 | 双音词，合成词，词根加后缀的派生词 |
| 石头 | 双音法 | 双音词，合成词，词根加后缀的派生词 |
| 摇篮 | 说明法 | 双音词，合成词，偏正式的复合词 |
| 龙眼 | 比拟法 | 双音词，合成词，偏正式的复合词 |
| 三好 | 简缩法 | 双音词，合成词，偏正式的复合词 |
| 扫盲 | 简缩法 | 双音词，合成词，动宾式的复合词 |
| 失望 | 说明法 | 双音词，合成词，动宾式的复合词 |
| 神往 | 说明法 | 双音词，合成词，主谓式的复合词 |
| 建筑 | 双音法 | 双音词，合成词，同义联合式的复合词 |
| 成败 | 引申法 | 双音词，合成词，反义联合式的复合词 |
| 骨肉 | 引申法 | 双音词，合成词，意义相关联合式的复合词 |
| 柳树 | 说明法 | 双音词，合成词，注释说明式的复合词 |
| 改正 | 说明法 | 双音词，合成词，动补式的复合词 |
| 眼睁睁 | 说明法 | 多音词，合成词，部分重叠式，补充说明式的复合词 |

从以上分析中可以看出，造词法相同的词，构词法却不相同；同时，构词法相同的词，造词法又有所区别。因此，对词分别进行造词和构词的分析是非常必要的。

在汉语实际中，词的造词和构词分析要比以上例词复杂得多。有时在一个词中，往往会表现出多种造词法或多种构词法结合运用的情况。

造词法的结合运用情况，如"万年青"一词是说明"一种植物是常青的"的情况，可认为是说明法，但用"万年"来说明"常青的情况"，又有比喻的性质，所以应该认为人们造"万年青"一词时，是运用了"说明"和"比拟"相结合的造词方法。

又如"乒乓球"一词是表示某一种球，它是用"乒乓"说明"球"的，应属于说明法造词，但是它的说明部分"乒乓"又是摹声而来，因此，"乒乓球"一词也是用"说明"和"摹声"相结合的方法造成的。

构词法的结合运用情况，如"脑溢血"一词，它是由三个词素构成的，"脑"与"溢血"是主谓关系，"溢"与"血"又是动宾关系，事实上，"脑溢血"一词也同时具有主谓和动宾两种结构方式，只是按照汉语语法分析的习惯，它首先应以主谓为主要方式罢了。

此外，从词的结构层次方面进行分析，也能够发现一个词可以具有几种不同的造词法和构词法。如"三好生"一词，从造词方面看，第一层"三好"和"生"的组合是说明法，第二层"三"和"好"的组合却是简缩法；从构词方面看，第一层"三好"和"生"的组合结构是偏正式，第二层"三"和"好"的组合结构也是偏正式。又如"朝阳花"一词，从造词方面看，第一层"朝阳"和"花"的组合是说明法，第二层"朝"和"阳"的组合也是说明法；从构词方面看，第一层"朝阳"和"花"的组合结构是偏正式，第二层"朝"和"阳"的组合结构却是动宾式。由此可见，对词进行造词构词分析也是一个非常细致的问题。

# 四　造词构词的逻辑基础

社会上的造词活动都是在人们的认识和现有语言要素的基础上进行的，人们的认识情况和思维规律，决定着被造成的词的根本面貌。由于语言和思维的密不可分的关系，所以人们的认识情况和思维规律，又往往要通过语言的形式反映出来。前面所谈的各种造词方法，就充分说明了人们造词时的种种认识活动。通过各种造词方法产生出来的新词，也完全表示了人们在造词时，由于种种认识活动而形成的新概念。同时，人们的思维规律也会很自然地通过词的内部结构形式，用语法方面的各种规则表现出来。因此，造词时的思维规律的可理解性，就赋予了构词规律的可分析性，人们造词时的思维活动和结果，与构词中反映出来的情况是一致的，所以，造词和构词具有共同的逻辑基础，造词法和构词法也具有共同的逻辑规律。例如"地震"和"电动"两个词，它们的第一个词素都是名词性的，第二个词素都是动词性的；它们都是用说明法造出来的词。但是在构词分析中，"地震"被认为是主谓式的复合词，"电动"却被认为是偏正式的复合词。为什么会出现这种情况呢？原因就在于，人们造"地震"一词时，思维活动的情况是要说明"地震动了"，因此，就要用一种判断的形式来表示它，反映在语法规则上就是主谓式；"电动"一词的情况却与此不同，人们造"电动"一词时，绝不是要说明"电震动了"，而是要说明一种"动"的情况，这种"动"是由于"电"的原因形成的，所以"电动"就要用限定和被限定的关系来表示，反映在语法规则上就是偏正式结构。由此可见，造词时的思维活动和构词中的结构规律是相互联系密不可分的。

不过语言和思维毕竟是不同的，语言的规则和逻辑的规律也不可能完全等同，因此，词素之间的逻辑关系反映在构词规律上，就不可能形成一对一的简单的吻合，而是表现为一种错综复杂的对应。

综观汉语造词构词的逻辑基础，也非常细致复杂。现在仅以现代汉语中的双音词为例，试做如下分析。

**（一）同一关系**

同一关系是指两个概念的外延相符合，或者大部分是相符合的。汉语中凡是在概念的同一关系的基础上造成的词，反映在构词上就是同义联合式的词。如：

　　美丽　增加　积累　帮助　丢失
　　制造　道路　依靠　购买　寒冷

这类词的两个词素所表示的概念，它们的外延都是基本符合的，如"美丽"的两个词素，都是表示"漂亮、好看"的概念，两者的外延基本相符合，因此，表示这两个概念的词素"美"和"丽"才能组合成词。概念的同一关系就是这类词的词素得以组合的逻辑基础。

建立在概念的同一关系上组成的新词，一般说来，它的意义都由词素的意义相互补充融合而成。新词的意义和各词素的意义是一致的，它们之间是一种同义的关系。

## （二）同位关系

同位关系是指两个不相同但却相关的概念，它们都是属于同一个类概念之下的种概念，两者处于同等位置的关系中。汉语中凡是在这种概念关系的基础上造成的词，反映在构词上，就是联合式中意义相关联合式的词。如：

> 豺狼　书报　笔墨　学习　批改
>
> 钢铁　粮草　禽兽　针线　花草

"豺狼"是由"豺"和"狼"组成的，"豺"和"狼"表示的是两个不相同的概念，但对于"猛兽"这一类概念来说，它们却是两个处于同等位置的种概念，所以"豺"和"狼"是同位关系。人们思维规律中概念之间的同位关系，就是这类词词素组合的逻辑基础。

在同位关系的基础上组成的新词，一般说来，它的意义往往是在两个词素意义的基础上相互补充、融合深化而成，但情况又不完全相同。有一部分新词的意义，和两个同位种概念所共同隶属的类概念的意义相当或相关。如"豺狼"是"凶恶的猛兽"的意思，和"猛兽"的意思是相当的。"书报"的意义指"图书报刊"，和"书""报"隶属的类概念"供学习阅读的东西"的意义也是相关的。还有一部分新词，它的意义则要受到语言内部或社会使用方面的某些制约,在融合深化的过程中,得到新的发展。如"笔墨"的意义就已经不是指"书写的工具",而是引申为指称书写出来的东西——"文字或文章"了。又如"领袖""爪牙""口舌""人物""窗户""干净"等词也是这样的情况。这些词都是在同位关系的基础上组合词素而成的,只是像"领袖""爪牙""口舌"等,它们都是在原词素意义的基础上,通过引申和比喻,形成了一个新的意义,表示了一个与原来两个词素所表示的完全不同的新概念。"人物""窗户""干净"等词的情况则有所不同,它们完全发展成了偏义词,新词的意义只能和一个词素的意义相吻合,另一个词素的意义则消失了。但是,尽管如此,我们却不能否认,这类词在造词时,词素组合的逻辑基础,仍然是两个词素所表示的概念之间的同位关系。

### (三) 对立关系

对立关系是指概念的矛盾关系和反对关系来说的。

矛盾关系是指包含在同一个类概念的外延之内的两个概念,它们的外延互相排斥。而它们的外延相加就等于所属的类概念的外延。如"生死"中的"生"和"死",它们的外延是互相排斥的,但两者却都包含在"生存和死亡"的类概念的外延之内。

反对关系是指包含在同一个类概念的外延之内的两个概念,它们在外延上也是互相排斥的,但是它们的外延相加要小于所属的类概念的外延。如"甘苦"中的"甘"和"苦"就是这种情况,"甘"和"苦"在外延上互相排斥,但却都属于"味"这一类概念的外延之内,然而,"甘"和"苦"的外延相加,却要小于"味"的外延。

无论是矛盾概念还是反对概念,它们在内涵上都是对立的,都处在相互对立的关系之中。汉语中凡是在这种对立关系的基础上造成的词,反映在构词上,就是联合式中反义联合式的词。如:

多少　呼吸　来往　开关　出纳

长短　深浅　收发　始终　左右

这类词的词素都表示了一对互相对立的概念。如"多"和"少"所表示的两个概念，在外延和内涵方面都是明显对立的，但两者却共同包含在"量"这一类概念的外延之中。

在对立关系的基础上组成的新词，词义的情况比较复杂。有一部分词，它的词义就反映了词素表示的两个概念所共同从属的类概念。如"呼吸"就是"呼"和"吸"共同从属的类概念。也有一部分词，它的词义除了可以表示类概念外，同时还可在此基础上得到新的发展，进一步表示某种事物或情况。如"长短"，它除可以表示类概念"长度"以外，还可以表示"意外的事故"和"是非"等。另外还有一部分词，它的词义并没有表示类概念，而是表示了与词素所表示的概念有关的事物。如"开关"的意义就是这样，它只是表示了与"开""关"的动作有关的用来进行开关的事物名称罢了。

### （四）从属关系

从属关系是指外延较小的种概念，可以包含在外延较大的类概念之内，种概念从属于类概念，两者是从属关系。汉语中凡是在这种概念关系的基础上造成的词，反映在构词上，就是补充式中用物类注释说明的一类词，如：

鲤鱼　柳树　梅花　芹菜　淮河

茅草　玉石　蝗虫　鹞鹰　菊花

这类词的两个词素所表示的概念就是种概念和类概念的从属关系。如"梅"原来就是一种花的名称，"梅"是"花"的种概念，"花"是"梅"的类概念，所以"梅"和"花"是从属的关系。

通过从属关系组成的新词，它的意义都是和表示种概念的词素的意义一致的。从构词的角度看，表示类概念的词素，对表示种概念的词素，在意义上起了注释和补充说明的作用。

## （五）限定关系

限定关系是指甲乙两个概念，其中甲概念是主要的，乙概念对甲概念起着限定说明的作用，从而使被限定说明的甲概念，在增加了内涵的情况下，从一个外延较大的概念，过渡成为一个外延较小的概念。所以通过限定关系，就会使外延较宽的类概念，成为外延较窄的种概念。从词的情况看，凡在限定的关系上组成的新词，它所表示的概念，都是它的主要词素所表示的概念的种概念。如"汉语"就是"汉"和"语"在限定关系的基础上组合成的，"汉"对"语"加以限定说明，结果"汉语"表示的概念，就是"语"所表示的概念的种概念，"汉语"和"语"是种概念和类概念的关系。汉语中凡是在概念的限定关系的基础上造成的词，反映在构词上就是偏正式的词。如：

电扇　胶鞋　公路　飞机　红旗
同学　主观　奇迹　狂欢　雪白

在限定关系的基础上组成的词，汉语词汇中是大量存在的。如同是"桌"，"方桌""圆桌"是从形状方面，用"方""圆"对"桌"加以限定，"饭桌""书桌"则是从用途方面，用"饭"和"书"对"桌"加以限定。人们可以从不同的角度，对各种不同的事物进行限定，从而把两个表示不同意义的词素，组合在一起形成新词。

当然，语言和逻辑是不同的，所以，语言中的词形成以后，有一部分词的意义，在社会运用和约定俗成中，往往又出现了新的变化和发展。如"红旗""白旗"等成词以后，它们的意义就不再单纯地表示"红的旗"和"白的旗"了，而是意义更加抽象化，具有了"象征革命"和"表示投降"等更加丰富深刻的新内容。

　　汉语的偏正式构词中还有一部分词，它的词素组合虽然也是建立在概念的限定关系的基础上，但是和前面所谈的情况却不完全相同。如"雪白""冰凉""墨黑""火热"等。这类词的两个词素所表示的概念之间，往往存在着一种比喻式的限定关系，表示喻体的概念对表示被喻体的概念加以限定，如"像雪一样白""像冰一样凉"等。这样产生的新词所表示的概念，比原词素中表示的被限定的概念，在意义上起了进一步加强的作用（这类词都不需要再用"很"来修饰），但两者却未形成种概念和类概念的关系。

　　除偏正式构词外，在概念的限定关系的基础上进行造词的，还有补充式中用事物单位名称注释说明的一类词。如：

　　　　布匹　　纸张　　房间　　人口　　船只
　　　　车辆　　事件　　花朵　　枪支　　书本

这类词的词素也表示了两个不同的概念，其中后一个表示事物单位的概念，对前一个表示事物的概念加以限定，并对被限定的概念起着注释补充的作用。

## （六）支配关系

　　支配关系是指前一个概念表示一种行为，后一个概念则表示这种行为所涉及的事物和情况，前者对后者有支配的作用。汉语词汇中有许多词就是在支配关系的基础上造成的。如：

　　　　埋头　　起草　　庆功　　动员　　整风
　　　　担心　　知己　　顶针　　裹腿　　分红

以上例词都是在概念之间支配关系的基础上组成的。反映在构词上就是动宾式的词。动宾式的词词素所表示的概念之间，都表现为一种行为和行为所涉及的事物的关系。

　　在支配关系的基础上形成的新词，其意义都是由两个词素的意义融合和进一步引申而成，其中，充当谓词性的词素往往起着更重要的作用。

此外，汉语词汇中动补式的词，如：

> 提高 削弱 离开 改进 降低
> 撕毁 击破 放大 隔离 促成

这类词词素组合的逻辑基础，也是概念之间的支配关系。当然，动补式的词和动宾式的词有所不同。动补式的词，它的两个词素所表示的概念之间，往往表示一种行为和这种行为所造成的情况的关系。如"提高"是由于"提"的动作行为而造成"高"起来的情况，"撕毁"是由于"撕"的动作行为而造成"毁"的情况。所以在动补式中，虽然谓词性的词素所涉及的不是它所支配的事物，但是它却涉及着由它而造成的情况，没有前一种动作，就不可能产生后一种情况，从这一意义上说，后面的情况仍然受着前面动作的支配和影响。因此，动补式的词词素组合的逻辑基础，仍然是概念之间的支配关系。

在支配关系的基础上产生的动补式的词，其特点和动宾式相同。新词的意义也都是由两个词素的意义融合和引申而成，充当谓词性的词素，也同样起着更重要的作用。

## （七）判断关系

判断关系是指两个概念连在一起，可以构成一个判断，前一个概念可以充当判断的主项，后一个概念可以充当判断的谓项。汉语中以判断关系为基础造成的词，反映在构词上，就是主谓式的词。如：

> 性急 自觉 国营 民办 年轻
> 地震 胆怯 心虚 眼馋 口吃

从逻辑方面分析，这类词的前后两个词素所表示的概念，完全能够充当判断中的主项和谓项，并因此而构成一个判断。如"性急"说明了"性子是急的"就是一个判断。

从以上分析可知，汉语的造词和构词与逻辑是有密切联系的，虽然一些有逻辑关系的成分，不一定都能组合成词，虽然有一些词是根据语言本身的性质特点（如形态方面的特点等）产生出来的，但是，凡是反映在构词上是属于句法关系的构成方式的词，它们的词素组合，却都是建立在一定的逻辑基础上的。人们造词时的认识和思维规律，就是词素得以组合的根据，这些组合的方式，不但体现了词素之间的各种逻辑关系，而且也给予了这些组合可解释性。

了解了造词构词的逻辑基础，对认识和分析词的构成问题是有实际意义的。如"鲫鱼"和"带鱼"两个词，从意义上看都是指的一种鱼，从形式上看也很相似，但是两者的构词方式却不同，因为它们各自的词素之间的逻辑关系是不一样的。"鲫鱼"中的"鲫"本身就是一种鱼，"鲫"和"鱼"是种概念和类概念的关系，它的造词构词的逻辑基础是概念之间的从属关系，所以在这里，"鱼"对"鲫"只起着补充和注释的作用，"鲫鱼"是一个补充式中用物类注释说明的词。"带鱼"的情况却完全不同，"带"单独存在时并不表示"鱼"的意思，只有和"鱼"相组合形成"带鱼"时，才表示了一种鱼的名称。所以"带"和"鱼"的关系是根据概念间的限定关系相组合的，其中"鱼"是主要的词素，"带"则从鱼的形状方面对"鱼"加以限定，因此，反映在构词方式上，"带鱼"则属于偏正式结构。

结合逻辑关系对词进行分析，对词的构成方式就容易了解了。如"河流"一词在构成方式的问题上，大家的看法就有分歧。有的同志主张"河流"是主谓式结构①，这种看法是值得商

---

① 崔复爱编著：《现代汉语构词法例解》，山东人民出版社1957年版，第32页。此外，某些教材中也有这种看法。

榷的。从逻辑关系方面来分析，"河流"是由"河"和"流"两个词素构成的，如果把"河流"看作主谓结构，反映到逻辑上就等于说"河流"是一个判断，它成了表示"河在流动"，这是不合逻辑的，因为"流动"的只能是"水"，而不能是整个的"河"，所以"河"和"流"组合成词的逻辑基础绝不是判断关系，"河流"一词也不是主谓式结构。应该说"河"和"流"是在概念的同一关系的基础上组合成"河流"的，"流"在这里表示的并不是"流动"的概念，而是指"水流"的意思，《现代汉语词典》中对"流"的第⑥个注释就是"指江河的流水"，可见，"河"本身是一种"水流"，"流"也指称"水流"，因此，两者在同一关系的基础上组合成词。反映在构词上，"河流"是联合式中的同义联合结构。在构词分析中，这种意见分歧的情况还是经常存在的，如："自动"和"主动"的构词方式是否相同？"电流""饼干"等词是主谓式还是偏正式？"摇篮""拉锁""跳棋"等是动宾式还是偏正式？对这类问题，只要结合造词构词的逻辑基础进行分析，就不难得出正确的结论来。

当然，承认词素组合的可解释性，并不等于说这样构成的新词的意义，都是词素表示的概念及其逻辑关系的简单反映。从以上分析中也可看到，新词的意义完全可以在原有词素意义的基础上，通过引申比喻，或者根据客观事物发展的条件，以及社会运用中约定俗成的各种情况，获得新的更进一步的发展。所以一个合成词的词义，是不应只从词素的意义和关系方面作简单理解的。但是尽管如此，我们也必须看到，人们最初造某个词时，从当时的认识和思维情况看，词素的组合是有逻辑规律可循的，而这种规律又必然要反映到构词方式中来，这就形成了造词构词的逻辑基础。在造词构词分析中，这种逻辑基础是绝不应当忽视的。

# 五　构词法和构形法

构词法和构形法是两个完全不同的概念。构词法研究的对象是一个个独立的词，通过对一个词的词干的分析和研究，从而了解该词的结构规律及与此有密切关联的词汇意义。构形法研究的对象则是一个个词的不同变化形式，这些变化形式都是依附于某个独立的词而存在的，构形法通过对这些变化形式的分析和研究，从而了解该词在不同形式下所表现出来的不同的语法意义和附带的词汇意义。可见，构词法和构形法在研究的对象和范围方面都是不一样的。

汉语词汇中，尽管构词法和构形法不同，但是有时，它们却往往表现出相同的方法和形式，因此，对汉语的构词构形问题，必须要有明确的认识和区分。

构词法和构形法的不同，一般可以从以下两个方面进行分辨。

## （一）从词的意义方面区分构词与构形

因为构词法是研究词干的构成和词汇意义的，所以凡词形变化后，词汇意义和语法意义都未改变或者完全改变者，都是构词问题。因为构形法是通过同一个词的不同变化形式，以分析研究词的语法意义和附带的词汇意义的，所以凡是词形变化后，词汇意义基本不变，只改变了语法意义和增加了附带的词汇意义者是构形问题。

构词的情况，如：

> 妈——妈妈　　姑——姑姑
>
> 星——星星　　舅——舅舅

以上例词中的双音形式，都由单音形式重叠而成，重叠前后的两种形式，在词汇意义、语法意义和色彩意义上都是相同的，因此，这类例词中的单音形式和双音形式都是词。这些双音形式都是适应汉语词汇双音化的发展趋势，由双音化造词法造出的词，是构词中的双音重叠形式。

构词中还有一种情况，即重叠后的形式，完全改变了被重叠的基础词的原义，形成了具有新义的新词。如：

断（把东西截开或判断的意思）——断断（绝对）

通（没有堵塞或使之不堵塞的意思）——通通（全部的意思）

宝（珍宝）——宝宝（对小孩的爱称）

斤（市斤的通称）——斤斤（过分计较）

祖辈（祖宗，祖先）——祖祖辈辈（世世代代的意思）

缝补（缝和补）——缝缝补补（泛指缝补工作）

旮旯（角落）——旮旮旯旯（所有的角落）

以上例词中，有的是单音词重叠而成，有的是双音词重叠而成，它们的共同特点是重叠前后的词汇意义完全不同。因此，它们都是各自独立的词，而不是词的构形。

构形的情况与此不同。如：

同志——同志们　　同学——同学们

我——我们　　他——他们

这类词经过附加词尾词素"们"变换形式后，只增加了"多数"的语法意义，词的词干部分和词汇意义都未改变。

看——看着，看了，看过

想——想着，想了，想过

写——写着，写了，写过

说——说着，说了，说过

这类词经过附加词尾词素"着""了""过"变换形式后，只增加了表示"体"的语法意义，"着"表示进行体，"了"表示完成体，"过"表示曾经完成体。但是，无论表示哪种体的语法意义，词的词汇意义都没有改变。

人——人人　　年——年年
天——天天　　家——家家
趟——趟趟　　件——件件

这类词都是量词的词形变化形式，单音量词以"AA"式重叠以后，在词汇意义不变的情况下，都增加了"每"的附加意义，"人人"即"每人"的意思，"年年"即"每年"的意思。可是"人"和"年"等的词汇意义并没有变化。

又如：

"AA"式
走——走走　　找——找找
读——读读　　玩——玩玩
猜——猜猜　　瞧——瞧瞧
"AAB"式
鼓掌——鼓鼓掌　　把关——把把关
跑步——跑跑步　　留心——留留心
讲情——讲讲情　　受罪——受受罪
"ABAB"式
研究——研究研究　　调查——调查调查
考虑——考虑考虑　　商量——商量商量
学习——学习学习　　讨论——讨论讨论

这是一组动词的词形变化形式，单音动词都按照"AA"式进行重叠，双音动词则按照"AAB"式和"ABAB"式进行重叠，变化后的形式都增加了表"短暂态"和"尝试态"的语法意义。也有少数的双音动词如"打巴""甩搭"等，重叠后变成"打巴打巴""甩搭甩搭"时，具有了"反复态"的语法意义。但是不管怎样，这些动词的词汇意义都没有发生任何的变化。

再如：

"AA"式

高——高高　　　红——红红

白——白白　　　大——大大

深——深深　　　胖——胖胖

"AAB"式

喷香——喷喷香　　　冰凉——冰冰凉

梆硬——梆梆硬　　　滚热——滚滚热

"ABB"式

冷清——冷清清　　　乱腾——乱腾腾

亮堂——亮堂堂　　　干巴——干巴巴

"AABB"式

冷清——冷冷清清　　　大方——大大方方

简单——简简单单　　　清楚——清清楚楚

快乐——快快乐乐　　　利索——利利索索

勤恳——勤勤恳恳　　　马虎——马马虎虎

"ABAB"式

梆硬——梆硬梆硬　　　雪白——雪白雪白

笔直——笔直笔直　　　喷香——喷香喷香

彤红——彤红彤红　　　墨黑——墨黑墨黑

"A 里 AB"式

马虎——马里马虎　　　慌张——慌里慌张

胡涂——胡里胡涂　　　肮脏——肮里肮脏

罗嗦——罗里罗嗦　　　邋遢——邋里邋遢

以上是一组形容词的词形变化形式，单音形容词都是按照"AA"式进行重叠的，双音形容词的构形有五种重叠形式，即："AAB"式、"ABB"式、"AABB"式、"ABAB"式、"A里AB"式。有的形容词可以具有两种重叠的构形形式，如"冷清"，既可重叠为"冷清清"，也可重叠为"冷冷清清"；"梆硬"既可重叠为"梆梆硬"，也可重叠为"梆硬梆硬"；"慌张"既可重叠为"慌里慌张"，也可重叠为"慌慌张张"。无论按照哪一种方式进行构形，形容词重叠后都能表示"加强态"的语法意义，起到加重原来词义的作用。如"深深"就是"很深"的意思，"干净净"或"干干净净"就是"很干净"的意思，"雪白雪白"就是"非常白"的意思。因此，凡形容词经过重叠构形以后，都不需要"很""非常"等词进行修饰。此外，单音形容词重叠构形后，除能表示"加强态"的语法意义外，有时还有表示"轻微态"的作用，并能使词语获得一种喜爱和赞许的感情色彩。如"高高的个子""大大的眼睛""白白的皮肤"等。还有一种情况是，凡用"A里AB"式重叠构形的词，多是一些含有贬义的双音形容词，这些词形态变化以后，更具有了一种"厌恶态"的特点，如"他罗里罗嗦地说不清楚"，除说明了他"非常罗嗦"之外，还增加了一种厌恶的感情色彩。

从以上分析中可以看出，汉语的构形法以附加和重叠两种手段为主，而重叠法使用得更为普遍。汉语中有许多词是不能进行构形的，如"天空""客观""显微镜""超声波"等。有些可以进行构形的词，一般说来，每个词都有相对固定的构形形式。如果一个词在某种条件下，改变了自己原有的构形形式，而采用了另一种构形形式，并因此而改变了词性，以至影响到词汇意义也发生了相应的变化，那么，这种情况就应视为构词。如"热闹"是形容词，它的相对固定的构形形式是"AABB"式，重叠后的"热热闹闹"具有"加强态"的语法意义。但是有时"热闹"也可以按照"ABAB"式进行重叠为"热闹热闹"，如"同学们准备在新年晚会上热闹热闹",“热闹"的重叠形式改变了,它的词性也由形容词变成了动词,同时词汇意义也由"非常热闹"变成了"使之热闹"的意思。像这种情况,"热闹热闹"就应该看作由引申法造出的新词。

### (二) 从基础形式方面区分构词与构形

因为构形是同一个词的不同形式的变化,所以它的基础形式都是词。构词却不相同。因为词是由词素组成的,所以构词的基础形式有时是词,有时却不是词。基础形式是词的情况,从上面一段的比较说明中已可了解。下面只就基础形式不是词的情况说明一下。

"AA"式

津津 侃侃 冉冉 炯炯 萋萋

翩翩 滔滔 炎炎 悄悄 伯伯

上例中的基础形式,有的在古代汉语中可以独立成词,但在现代汉语中却不能成词了;有的在古代汉语中也不能独立成词。所以,从今天的角度来说,这些结构的基础形式都不是词,因此,这些重叠形式都是词。

"AAB"式

呱呱叫 芨芨草 毛毛雨 婆婆丁

哈哈镜 猩猩草 拉拉秧 蹦蹦车

上例中的基础形式"呱叫"“芨草"“毛雨"等等都不是词,所以重叠后的形式是词。与"喷喷香"比较,因为"喷喷香"的基础形式"喷香"是词,所以"喷喷香"是构形。

"ABB"式

眼巴巴 白晃晃 美滋滋 绿油油

甜丝丝 雄赳赳 气昂昂 明晃晃

上例中的基础形式"眼巴""白晃""美滋"等等都不是词，所以重叠后的形式是词。与"冷清清"相比，因为"冷清清"的基础形式"冷清"是词，所以"冷清清"是构形。

  "AABB"式

  婆婆妈妈　病病歪歪　花花绿绿

  兢兢业业　战战兢兢　唯唯诺诺

  星星点点　骂骂咧咧　满满登登

以上各例的形式和"老老实实"的表面形式是相同的，然而"老老实实"是构形，以上各例却是构词，原因就在于"老老实实"的基础形式"老实"是词，而"婆婆妈妈""病病歪歪"等的基础形式"婆妈""病歪"等不是词。

  构词和构形在表面形式上和形成手段上，经常是相同或相似的，因此，有时进行区分比较困难。上面我们从两个方面谈了分辨构词和构形的问题。在具体的辨析中，这两个方面是分不开的，只有把两者结合起来考虑，才能有助于我们正确区分构词和构形的问题。

# 叁 词义

## 一 什么是词义

词是声音和意义的结合体，语言中每一个词都有它的声音和意义，声音是词的形式，意义是词的内容。可以说，词的意义内容就是我们所说的词义。但是，如果仅仅这样来理解词义，显然是很不够的。下面我们可以从三个方面对词义进行认识和探讨。

### （一）词义的内容

既然词义就是词所表示的意义内容，那么，我们在认识词义时，首先就应该了解词都表示着什么样的意义。如"书"表示着"装订成册的著作"的意义，"杰出"表示着"（才能、成就）出众，不平凡"的意义，"奉承"表示着"用好听的话恭维人，向人讨好"的意义。当然，不可否认这些意义都是词义包括的内容。但是再进一步考虑，我们就会发现，除以上意义外，"书"还表示着"名词，可作主语、宾语……"等意义，可用于口头、书面等各种场合，具有中性色彩；"杰出"还表示着"形容词，可作定语……"等意义，具有褒义色彩；"奉承"还表示着"动词，可作谓语、定语……"等意义，多具有贬义色彩。以上这些也都是词所表示的意义，那么，词的这些意义，是不是词义的内容呢？应该说，这些也都是词义的内容，都可称为词义。由此可知，凡是词所表示的意义，都属词义的范围，所以词义所包括的内容是很丰富的。

概括地说，词义包括词的词汇意义、语法意义和色彩意义三个部分。

## 1. 词汇意义

词的词汇意义是指词所表示的客观世界中的事物、现象和关系。如"装订成册的著作"就是"书"一词所表示的词汇意义，"（才能、成就）出众，不平凡"就是"杰出"一词所表示的词汇意义，"用好听的话恭维人，向人讨好"就是"奉承"一词所表示的词汇意义。语言中的词都是用来指称客观世界中的事物、现象和关系的，所以，每个词都有它的词汇意义，实词是这样，虚词也是这样。① 如"并且"的词汇意义就是"表示更进一层"的意思，"以至"的词汇意义就是"直到，表示在时间、数量、程度、范围上的延伸"的意思。虚词的词汇意义大多数是客观世界中所存在的某种关系的反映。也有的虚词表示了客观存在中的人们的某种感情和态度，如"表示惊疑的感情和态度"就是"啊（ǎ）"的词汇意义，"表示答应或叹息"就是"唉"的词汇意义。应该承认，人们的感情和态度也是一种客观存在，人们对这种感情和态度进行认识的结果也能形成概念，如上面所说的这些词表示的词汇意义就是一种概念，因此，我们说，虚词也是有词汇意义的。

## 2. 语法意义

词的语法意义是指词的表示语法作用的意义。词的语法意义是语言中词的语法作用通过类聚之后所显示出来的，所以它是一种更抽象更概括的意义。如语法中的"名词"就是对语言中表示客观事物名称的词的一种语法概括，"主语"就是对名词等某些词类的语法作用的一种概括。语言中的每一个词都从属于某种语法关系的类聚和概括之中，所以每一个词也都具有一定的语法意

---

① 虚词有没有词汇意义？虚词能不能表示概念？对这一问题，目前语言学界存在不同的看法。有人就认为虚词不表示概念，无词汇意义。

义。如"名词，可作主语、宾语……"等就是"书"的语法意义，"形容词，可作定语……"等就是"杰出"的语法意义，"动词，可作谓语、定语……"等就是"奉承"的语法意义，"连词，连接并列的动词、形容词、副词和小句"就是"并且"的语法意义，同样，"连词，连接两个以上的词、词组或分句等"就是"以至"的语法意义。

### 3. 色彩意义

词的色彩意义是指词所表示的某种倾向或情调的意义，这种意义也是社会约定俗成的。如"股骨"和"大腿骨"、"祖母"和"奶奶"都是指的同一种事物，具有相同的词汇意义和语法意义，但是它们的色彩意义却不相同，"股骨"和"祖母"具有书面语色彩，"大腿骨"和"奶奶"则具有口语色彩。又如"效果"、"结果"和"后果"一组词，它们的色彩意义也完全不同。"效果"除有时具有中性色彩外，一般多具有褒义的色彩，"后果"就具有贬义的色彩，而"结果"则具有中性的色彩。语言中每一个词都有自己的色彩意义。有的词具有形象的色彩，如"佛手""龙眼""鸡冠花"等；有的词具有亲切的色彩，如"同志""乡亲""妈妈"等；有的词具有庄重严肃的色彩，如"瞻仰""诞辰""会晤"等；有的词具有使人憎恨和厌恶的色彩，如"判徒""流氓""走狗"等；还有更多的词则具有中性的色彩，如"人""树""钢笔""粮食""所以""并且""以至""但是"等等。一个词可以具有一种色彩意义，也可以具有多种色彩意义，如"母亲"一词就具有亲切的、庄重严肃的、多用于书面语等几种色彩意义。

词的词汇意义、语法意义和色彩意义是互相联系、互为一体的，它们共同充当词义的内容。我们只有从这三个方面来分析和认识词义，才能对词的意义有比较全面的了解。

当然，我们也不能否认，在词义所包括的三个内容当中，词汇意义是最主要的。因为只有当词具备了词汇意义的时候，词才能成为表示客观存在的符号，才能成为语言中的词；也只有当词具有了词汇意义的时候，它才能进一步获得语法意义和色彩意义。正因如此，所以有时候，"词义"这个名称也往往被用来单纯指称词的词汇意义而言。

**（二）词的词汇意义和概念**

由于词义包括了三个方面的内容，所以词义和概念的关系问题就非常复杂。在这里我们只想谈谈词的词汇意义和概念的关系与区别问题。

词的词汇意义和概念的关系与区别问题，跟词和概念的关系与区别问题不同，因此，在了解词的词汇意义和概念的关系与区别问题之前，有必要先了解一下词和概念的关系与区别问题。

1. 词和概念的关系与区别

我们知道，概念是对某一类客观对象的概括反映，它反映了科学在一定发展阶段上所认识的某一类客观对象的一般的和本质的特征的全部总和，以及这些特征的一切复杂的联系和关系。概念是人们对客观世界中的事物、现象和关系进行认识而产生的思维成果，它是属于思维范畴的。

词和概念不同，词是概念的外部形式。如果没有反映客观对象的概念，也就是说，如果没有人们对客观对象进行认识而产生的思维成果，那么，词就不会产生。所以，概念是词得以形成的基础。反之，如果没有词，概念也不能被表示出来，所以，词又是概念得以存在的外部形式。因此，从这个角度看，我们可以理解为概念是词的内容，词是概念的形式，两者是内容和形式的关系。

词和概念虽然有这样的联系和关系，但是两者却有本质的区别。

首先，词和概念与客观对象之间的关系是不一样的。词和客观对象之间没有必然的联系，用什么样的词表示什么样的客观对象都是假定的、任意的，是社会约定俗成的。所以，同样的客观对象，不同的民族语言可以用不同形式的词来表示，同一民族语言也可以用不同形式的词来表示。前者如"书"，汉语用"shū"的形式表示，英语则用"book"的形式表示；后者如"父亲"，汉语中既可用"fù·qin"（父亲）的形式表示，又可用"bà·ba"（爸爸）的形式表示。概念和客观对象之间却有必然的联系，什么样的客观对象就要产生什么样的概念。如"鸟"这种客观事物是会飞的，所以"鸟"的概念中就必然要包含着"飞"的特征。"人"这种客观对象是不会飞的，所以"人"的概念中就必然不能包含"飞"的特征。正因概念和客观对象之间有着必然的联系，所以，不同民族的人们对概念的认识是一致的。

其次，词和概念不是完全对等的。语言中的词，虽然可以和逻辑思维中的概念相对应，但是这种对应却不是一对一的对等关系，词可以表示概念，但概念却不一定都用词的形式来表示，如"他的哥哥""高等学校""自动铅笔"等概念，就是用词组的形式表示的。仅就词表示概念来说，情况也比较复杂。例如上面所谈的"书""父亲"等概念，就是同一个概念可以用不同形式的词来表示。但是另一方面，语言中也存在着相同的形式，又可以表示几个不同概念的情况。如多义词"bāo·fu"（包袱），既可表示"包裹"的概念，又可表示"负担"的概念。又如同音词"dùjuān"（杜鹃）这一形式，既可表示"杜鹃花"的概念，又可表示"杜鹃鸟"的概念。由此可见，对词表示概念的情况，也应做具体的分析。

2. 词的词汇意义和概念的关系与区别

词的词汇意义和概念的关系与区别，跟词和概念的情况是完全不同的。我们已知，概念是对某一类客观对象的概括反映，而词的词汇意义又是表示客观世界中的事物、现象和关系的，两者都是词的形式所表示的内容，这一情况就决定了词汇意义和概念是有密切联系的。一般说来，当概念用词表示的时候，概念和词的词汇意义是基本一致的（概念用词组的形式表示时，它和词组的意义也是基本一致的），所以，语言中词的词汇意义和逻辑思维中的概念是相对应的。

不过，我们在了解了词的词汇意义和概念的基本一致性和相互对应性的时候，也必须明确，词汇意义和概念毕竟不是完全等同的，它们属于不同的范畴，因此有着本质的区别。

词汇意义和概念的不同，归根到底是由它们的职能不同决定的。概念属于逻辑思维范畴，它的职能在于认识和反映客观世界，因此，概念必须反映出客观对象的一般的和本质的全部特征的总和，以及这些特征的一切复杂的联系和关系。词的词汇意义属于语言范畴，它的职能在于让人们用来进行交际、交流思想，以达到相互了解，所以词汇意义虽然也表示客观世界中的事物、现象和关系，但人们只要求它能表示出把某类事物和其他事物区别开来的特征就可以了。如"荧光灯"，就概念来说，它应该是："灯的一种。在真空的玻璃管里装有水银，两端各有一个灯丝做电极，管的内壁涂有荧光粉，通电后，水银蒸汽放电，同时产生紫外线，激发荧光粉而发光。这种光的成分和日光相似，也叫'日光灯'。"对"荧光灯"的词汇意义来说，却不一定完全做如上的解释，人们也可以只解释为"长形管状的一种灯，乳白色，通电后，通过荧光粉的作用而发出一种蓝白色的光"等就可以了。

在现实生活中，人们掌握概念和词汇意义的情况是各不相同的。因为人们对概念和词汇意义的认识程度，与人们的年龄、文化程度、工作性质、生活条件等各方面的情况都有很大的关系，如年龄大的人和小孩子相比，前者对概念和词汇意义认识的程度就要深一些、全面一些，从事某种专业工作的人，他们对这种专业术语的概念和词汇意义的认识，就要比从事其他工作的人深入全面些。

在这里，还应该明确一个问题，那就是不同的人对概念和词汇意义的认识与掌握的程度虽然有所差别，但是对一个人来说，他对概念和词汇意义的认识程度却永远是一致的。如果一个人对"水"的词汇意义只认识到"是一种无色无臭可饮用的液体",那么,他对"水"的概念也只能认识到这种程度,而不可能进一步认识到"水的化学成分是氢二氧一",我们说,这个人这时掌握的概念只能是一个不完全的概念。反之,如果一个人对"水"的概念有了明确全面的认识,那么,他对"水"的词汇意义的认识,也必然是全面深刻的,显然,这时他对"水"的词汇意义的认识,已经达到了概念的深度。

上述情况也可使我们认识到,虽然概念是科学在一定发展阶段上人们对某一类客观对象认识的反映,但是,在日常生活中,人们并不是,而且也不可能正确全面地掌握每一个概念,在更多的情况下,人们所掌握的是和他认识的词汇意义一致的不完全的概念。每一个人都可以由掌握不完全的概念,逐步发展为掌握完全的概念,也可以由对词汇意义的较片面的、较粗浅的认识,逐步发展为对词汇意义有全面的、深刻的认识。可是,作为一个人来说,他对概念和对词汇意义的了解和逐步地由浅入深地认识的程度,却永远是一致的。

**(三) 词义的特征**

词义呈现出来的特征是多方面的,下面分别说明。

1. 词义的客观性

词是表示客观存在的语言符号,词义中的主要部分——词汇意义表示着客观世界中的事物、现象和关系,事实上,词的语法意义和色彩意义也都是客观存在的反映,这一切都说明了词义是表示客观存在的,所以,一切客观存在和人们对客观存在的认识,就是词义产生的客观基础。没有客观存在,就无从产生词义,没有人们对客观存在的认识活动,词义也不可能产生。如"树",正因客观世界中存在着"树"这种客观事物,所以人们才能对它进行认识,才能产生表示"树"的词,也才能产生"树"的词义。

客观存在虽然是词义产生的基础，但却不能认为词义和客观存在就可以完全符合或者等同，更不能说词义就是客观存在本身，因为词义表示客观存在时，还要受到人们认识的制约。人们认识的不同，就使得词义表示客观存在的情况也各有差异。如有的词义是在人们对客观对象正确全面认识的基础上产生的，这样的词义就比较符合客观对象的实际。如"农具"的词义是"进行农业生产所使用的工具"，"画像"的词义是"画成的人像"等。有的词义是在人们对客观对象只有部分认识的基础上产生的，这样的词义虽然也能表示客观对象的某些特点，但却不能比较全面地表明客观对象的情况。如过去对"水"的理解只是"无色的流质，饮食日用的必需品"就是这种情况。也有少数的词义是在人们对客观存在进行了错误认识的基础上产生的。如"鬼""神""上帝""魂魄"等词的词义就是这样。还有一小部分词义则是在人们认识客观存在的基础上，又加上了主观想象的成分而产生的。如"天堂""仙女""天神""阎王"等词的词义，就是这样形成的。这就是说，人们的幻想，也是在客观存在的基础上产生的。

以上情况说明，词义和客观存在绝不是等同的，但词义的产生和客观存在又有密切的联系，无论基于对客观存在的正确认识，或者基于错误的认识，词义总要在客观存在的基础上产生，客观存在永远是词义形成的不可缺少的依据。

2. 词义的概括性

任何词义都是表示某一类客观对象的，所以词义都是对同类客观对象的概括。词义概括了某一类客观对象所共同具有的特点，同时也舍弃了为个别对象所具有的具体特征，因而获得了表示某一类客观对象的意义的资格。如"人"一词的词义就是对"人"这类客观事物的概括，它概括了为人所共同具有的特点，同时也舍弃了为个别人所具有的具体特征，因此，"人"的词义不是指某一个具体的人，而是成了"人"这一类客观事物的通称。

普通词的词义是概括性的,专有词的词义也是概括性的,如"鲁迅"一词的词义就概括了鲁迅这个人的全部特征,而且也概括了各个不同时期的鲁迅的情况,它既可以用来表示少年时期的鲁迅,也可用来表示老年时期的鲁迅。

3. 词义的社会性

词义是词的内容,它和语言中的其他成分一样,也是为社会共同约定俗成的。词是声音和意义的结合体,什么样的声音表示什么样的意义,完全是社会成员共同约定俗成的,只有社会成员对同一个词的词汇意义、语法意义和色彩意义有着共同的理解,人们彼此间的交际才有可能进行。词义的社会性特征是语言的社会本质所决定的。

4. 词义的主观性

词义虽有其社会性,但在具体使用中,它又往往具有主观性的特征。词义的主观性是指人们在认识基本一致的情况下,又可因年龄、生活条件、文化水平和认识能力等各方面情况的不同,导致人们对词义在认识和理解上有所差异。如对"电"的词义的认识,小孩子和物理学家的理解就不会完全相同。对"海带"的词义,一般人和海洋生物学家在认识上也绝不会一样。在语言运用中,词义的主观性随时都能表现出来,但是,因为这种主观性并没有而且也不可能超出词义的社会性范围,所以主观性所表现出来的差异,并不会影响人们的交际。

5. 词义的发展性

词义和语言中的其他成分一样,一旦形成后,总是相对稳定的。但它又不是一成不变的,随着社会的发展,客观事物的变化,人们认识的改变,以及人们使用时的不同手法,词义也会发生变化和发展。我们经常遇到的古今词义不同的情况,就具体表现出了词义的发展性。词义的发展性不但存在于语言的历时现象中,同时也可以存在于语言的共时现象中,如"舌头"一词,除指"口腔中能辨别滋味、帮助咀嚼和发音的器官"外，又增加了"为侦讯敌情而活捉来的敌人"的新义项，就是在现代汉语这一发展阶段出现的词义的发展情况。我们运用词语时，认识到词义的发展性是非常必要的，只有认识到词义的发展性，才能对词义有正确的理解和运用。

6. 词义的民族性

词义属于语言的范畴，每个民族都有自己的语言，也都有为本民族社会共同约定俗成的词义，在词义形成和发展的过程中，它的面貌往往要受到使用它的民族条件的制约，民族的文化素养、心理状态以及生活习俗等方面，都可以对词义产生影响。如汉语中"龙"和"凤"的词义就有浓厚的民族性，"龙"和"凤"都是汉族古代神话中的动物，汉族人民往往把它们作为尊贵、庄严、美好、吉祥等的象征，像"龙袍""凤冠"等。又如汉语的"钢笔"和英语的"pen"意义相当，但英语的"pen"原来还有"羽毛"的意思，汉语的"钢笔"却无这种意义，这种情况也是民族条件的影响造成的，因为英国古代曾有以"羽毛"当笔用来写字的习俗，所以"羽毛"和"钢笔"就能形成意义上的联系。词义的民族性表现在词的色彩意义方面更为明显。如汉语词"小"只有中性的色彩意义，英语中的"little""small"两个词都表示"小"的词汇意义，其中"little"一词却有爱称的感情色彩。又如"家伙"一词，在汉语中，当用于指称人的时候，往往具有轻视的色彩意义，可是在英语中，"fel-low"（家伙）一词却具有褒义色彩，用于贬义时，一般则要用"guy"来表示。

7. 词义的概念对应性和具体事物对应性

词义是概括的，在绝大多数的情况下，它总是用来表示某一类的客观事物，并因此也表示着某一类客观事物的概念，这就使词义有了概念对应性的特征。

词义的概念对应性在任何情况下都是存在的。当词作为词汇的组成单位存在于语言符号系统之中的时候，词义表示的绝不会是某一个对象，而只能是某一类客观事物，当然，词义也必然表示着这一类客观事物的概念。在这种情况下，词义和概念是相对应的。

当词在具体的语言环境中，被人们用来组成具体句子时，词义仍然具有它的概念对应性。如"鱼生活在水中"这句话里的"鱼"仍然是概括地表示了"鱼"这一类事物，所以它的词义也仍然和"鱼"的概念相对应。又如"这条鱼真大"这句话中的"鱼"虽然指称"这条"具体的"鱼"，然而我们却不能否认它指称的仍然是"鱼"这类客观事物，而并不是另一种事物，所以，这时"鱼"的词义仍然表示着"鱼"的概念所包含的内容，仍然有它的概念对应性。

词义的具体事物对应性只能在一定的语境中，当词义指称具体事物的时候，才能体现出来。如在上例"这条鱼真大"中，"鱼"的词义不仅表示了"鱼"的概念，同时也指称了"这条"具体的"鱼"，这时"鱼"的词义除了和"鱼"的概念相对应外，同时也和"这条大的具体的鱼"相对应，这就使"鱼"的词义不仅具有概念对应性，同时也具有了具体事物对应性。又如在"小王的书是新买的"中，"书"表示的不仅是"书"的概念，而且也指称了"小王新买的"具体的"书"，这时，"书"的词义不仅有概念对应性，而且也有了具体事物对应性。

当词义具有了具体事物对应性的时候，词义表示的内容则要比单纯具有概念对应性时丰富得多。

词义的特征是表现为多方面的，同时又是互相联系的。我们只有全面地正确地认识词义的特征，才能够比较全面正确地认识和掌握词义，也才能比较正确地来运用词。

# 二　词义的类聚

语言中的词绝不是孤立存在的，它们往往要通过语音、词汇或语法方面的某些共同特点，从而产生各种不同的聚合关系。如出于语音形式的相同，可以形成同音词的类聚；由于词的来源相同，可以形成方言词等不同的类聚；由于词的词性不同，又可以形成名词、动词、形容词等不同的类聚；同样，由于词义之间所存在的某种联系和关系，词义方面也可以形成各种不同的类聚。

下面只对经常见到的词义聚合的类型，如单义词、多义词、同义词、反义词等做某些分析。

## （一）单义词

只表示一个意义的词就叫作单义词。如：

鹿　狗　藕　豹　氧　氯　汞

镭　诗　搓　熄　挽　瘫　熨

葡萄　钢笔　电子　外语　元音

词组　淮河　长江　杂货　南京

电视机　世界观　格律诗　心电图

高低杠　语言学　管弦乐　黄梅戏

因为单义词只有一个意义，所以在任何语境中，词义都是明确的，不会发生混淆。语言中，表示科学术语的词绝大多数都是单义词。其次，一些事物的名称和刚产生的新词也往往是单义的。

语言中的单义词也不是绝对的，在语言发展的过程中，某些单义词有可能发展成为多义词，而某些多义词，由于义项的变化或消失，也可能变成单义词。

## （二）多义词

1. 什么是多义词

表示几个有联系的不同意义的词就叫作多义词。如：

> 剪影：1）照着人脸或人体的轮廓剪纸成形。
>    2）比喻对于事物轮廓的描写。

"剪影"一词不但有两个不同的意义，而且两个意义在"构描物体的轮廓"上有一定的联系，所以"剪影"是多义词。又如：

> 彩排：1）戏剧、舞蹈等正式演出前的化装排演。
>    2）节日游行、游园或其他大型群众活动正式开
>    始前的化装排练。

"彩排"一词也有两个不同的意义，两个意义在"化装排练"方面也有一定的联系，因此，"彩排"也是多义词。再如：

> 记录：1）把听到的话或发生的事写下来。
>    2）当场记录下来的材料：如会议记录。
>    3）做记录的人：如大家推他当记录。
>    4）在一定时期、一定范围以内记载下来的最高
>    成绩：如打破记录。

"记录"一词有四个意义：第一项意义说明了一种动作行为，是动词性的；第二项意义表示由这种动作行为而产生的结果，是名词性的；第三项意义表示这种动作行为的施事者，是名词性的；第四项意义则表示由这种动作行为所产生的某种特定的结果，也是名词性的。尽管以上四个意义在词性上不完全相同，但是它们与"把某些话和事写下来的动作行为"都有一定的联系，这说明了"记录"一词的四个意义之间是有一定联系的，因此，"记录"也是一个多义词。

　　一个词刚产生的时候都是单义的，在语言发展的过程中，有一些词往往会在单义词的基础上，逐渐成为多义词。所以，历史越悠久的词，越容易成为多义词。汉语历史悠久，因而多义词非常丰富，特别是一些历史悠久的单音词，大多数都是多义的。在现代汉语中，多义词仍然在不断地产生着、发展着，并在语言的运用中发挥着积极的作用。

　　2. 多义词和多义词素

　　语言是发展的，语言中的词和词义也在不断发展。有的词在古汉语当中是单义的，在现代汉语中可能就是多义的。有的成分在古汉语中是词，在现代汉语中可能只是词素却不是独立的词。因此，词与非词、词义与词素义等就形成了比较复杂的情况，这种复杂情况在单音词中表现尤为突出。另一方面，某个意义是词义还是词素义，在不同的历史时期，情况也会有所不同。下面我们就从共时的角度，对现代汉语的词义和词素义进行一下剖析和区分。如：

　　　　习：1）温习，练习：如自习，实习。
　　　　　　2）对某事物常常接触而熟悉：如习见，习闻。
　　　　　　3）习惯：如积习，恶习。
　　　　观：1）看：如观看，观礼。
　　　　　　2）景象或样子：如奇观，改观。
　　　　　　3）对事物的认识或看法：如乐观，悲观。

"习"和"观"各有三个义项，各自表示着三个有一定联系的不同的意义，所以它们都是多义的成分。但是在现代汉语中，"习""观"都已不能独立成词了，因此，它们都只能是一个多义词素，它们的三个义项表示的也只能都是现代汉语中的词素义。再看：

　　　　欠：1）借别人的财物等没有归还，或应当给人的没有
　　　　　　　给：如欠了账，欠了情。

  2）不够，缺乏：如说话欠考虑。

冰：1）水在摄氏零度或零度以下凝结成的固体：如水
     已结成冰了。

   2）因接触凉的东西而感到寒冷：如刚到中秋，河
     水已经有些冰腿了。

   3）把东西和冰或凉水放在一起使之凉：如把汽水
     冰上。

在现代汉语中，"欠"和"冰"都是能够独立运用的词，"欠"
的两个义项和"冰"的三个义项所表示的意义，也都可以充当词
义来独立运用，因此，"欠"和"冰"都是多义词，它们的各个
义项所表示的意义也都是词义。当然，从构词的角度看，它们也
都是多义词素。又如：

宝：1）珍贵的东西：如粮食是宝中之宝。

   2）珍贵的：如宝剑，宝石。

   3）敬辞，旧时用于称别人的家眷、铺子等：如宝
     眷，宝号。

书：1）写字，书写：如书法。

   2）字体：如楷书，隶书。

   3）装订成册的著作：如一本书。

   4）书信：如家书，书札。

   5）文件：如证书，申请书。

上例中"宝"有三个义项，"书"有五个义项，但是在现代汉语
中，只有"宝"的第一个义项和"书"的第三个义项可以作为词
义独立运用，其他的义项现在只能充当词素义了。像这种情况，
从现代汉语的角度分析，就应该认为"宝"和"书"都是单义
词，同时又是一个多义词素。还有一种情况，如：

飞：1）（鸟、虫等）鼓动翅膀在空中活动：如鸟飞了。

　　2）利用动力机械在空中游动：如飞机在天上飞。

　　3）在空中飘浮游动：如飞雪花了。

　　4）形容极快：如飞奔，飞跑。

　　5）意外的，凭空而来的：如飞灾，飞祸。

走：1）人或鸟兽的脚交互向前移动：如人都走了。

　　2）跑：如奔走相告。

　　3）移动，挪动：如钟不走了。

　　4）离开，去：如车刚走。

　　5）（亲友之间）来往：如走娘家，走亲戚。

　　6）通过，由：如请走这个门出去。

　　7）漏出，泄漏：如走了气，走了风声。

　　8）改变或失去原样：如你把鞋穿得走了样了。

上例中的"飞"和"走"都是具有多种义项的词，"飞"的五个义项中，第一、二、三个义项都是词义；"走"的八个义项中，第一、三、四、五、六、七、八等项都是词义。因此，"飞"和"走"都是多义词，同时也是多义词素。

　　由以上分析可以看出，从共时的角度区分词义和词素义是非常必要的。词义可以用来独立造句，词素义却只能用来造词构词。由于词义和词素义不同，所以一个具有多项意义的词，可以是多义词，也可能是单义词。然而，因为词可以充当词素，所以许多词义用于造词构词当中，也可以充当词素义。因此，凡是具有多义的成分，不管它是单义词还是多义词，它都是一个多义词素。可是词素义是不能充当词义来独立使用的，所以一个单纯的多义词素如"习""观"等，就不能再被认为是一个多义词。

　　3. 多义词义项产生的原因和手段

　　词最初都是单义的，在发展演变过程中，由于义项的增多，才逐渐发展成为多义词。所以多义词的各个义项，都是在该词已有意义的基础上发展出来的。出现这样的发展情况，原因是多方面的，但主要则决定于人们的认识和思维能力的发展。人们在社会中生活着，由于对各种客观事物的不断认识和接触，就有可能在不同的事物中，发现它们的某些联系或者某些共同的方面，因而也就有可能用指称甲事物的词去指称乙事物，这种实践的结果，就促成了词的义项增加和发展。如"圈子"一词原指"圆而中空的平面形、环形和环形的东西"，后来人们感到"范围"也是指的某一个方面，像"圈子"圈定了似的，于是就用"圈子"来指称"集体的范围或活动的范围"，如"小圈子""生活圈子"等，结果使"圈子"一词增加了新的义项而变成了多义词。所以，人们的认识促成了多义词的发展，而多义词的发展，在某种程度上也反映了人们的认识水平和思维能力发展的状况。

由于人们的认识不同，反映在多义词的义项产生上，就出现了各种不同的方法和手段。常见的有以下几种。

（1）引申法

引申法就是在原义的基础上，联想引申而产生新义的方法。如：

> 老：1）年纪大：如人老了。
>
> 2）很久以前就存在的：如老厂，老关系。
>
> 3）陈旧的：如老毛病。
>
> 4）原来的：如老地方。

"老"的四个义项中，第一个是原义，第二、三、四个义项都是根据原来的"年纪大"的意义特点，联想引申而成。因为年纪大，生长的时间必然要长，那么，存在的时间也必然会长。因为年纪大，生长时间长，那么，与新相比，也必然会具有陈旧的和原有的等情况。根据这样的联想和引申，就产生了"老"的几个新的义项。

（2）比喻法

比喻法就是根据事物之间的相似之处，在原义的基础上，通过比喻而产生新义的方法。如：

酝酿：1）造酒的发酵过程。

　　　　2）比喻做准备工作：如酝酿候选人名单。

酒造出之前要有一段发酵的过程，某些事情做成之前也要有一段准备和考虑的过程，两者有某种相似之处，"酝酿"的新义项就是在这种相似之处的基础上比喻而成的。

（3）借代法

借代法就是在突出原义作用的基础上，把指称部分的词，用来指称整体，或者把指称甲事物的词，用来指称与甲事物密切相关的乙事物，从而使词产生出新的义项来。如：

花：1）种子植物的有性繁殖器官。花由花瓣、花萼、花托、花蕊组成，有各种颜色，有的长得很艳丽，有香味：如一朵花儿。

　　2）可供观赏的植物：如种花儿，一棵花儿。

　　……………

舌头：1）辨别滋味、帮助咀嚼和发音的器官：如用舌头舔了一下。

　　　　2）为侦讯敌情而活捉来的敌人：如捉到了一个舌头。

"花"的第一个义项是原义，它指称的是某种事物的一个部分的名称，后来在突出原义的基础上，把指称部分的名称，变为也可以指称这一事物整体的名称时，就产生了"花"的第二个义项，这就是用部分代整体以产生新义项的借代法。又如"舌头"一例，它的第一个义项是原义，第二个义项也是在突出"舌头"的意义和作用的基础上形成的，因为这种被称为"舌头"的敌人，主要的特点就是我们要通过他的舌头的作用来了解敌情。对这个"敌人"来说，"舌头"也是他的整体的一部分，所以"舌头"的第二个义项也是用以部分代整体的借代方法产生的。借代法的另一种情况，如：

> 翻译：1）把一种语言文字的意义用另一种语言文字
> 　　　　表达出来：如他翻译了许多文章。
> 　　　2）做翻译工作的人：如他是一位翻译。

"翻译"的原义是表示一种动作行为的，后来把施事这种动作行为的人也称为"翻译"，这就是在突出原义作用的基础上，在两种密切相关的事物之间，用借代的方法产生新义。

（4）特指法

特指法是在原义的基础上，用原来指称范围较大的词，去指称在这一范围之内的某一特定的事物，并从而产生新义。如：

> 喜事：1）值得祝贺的使人高兴的事。
> 　　　2）特指结婚的事。

很明显，"结婚的事"是包含在"值得祝贺的使人高兴的事"这一范围之内的，所以它是这一范围内被指称的特定的事物，这种特指的指称情况，就产生了"喜事"的第二个义项。

以上分别谈了多义词义项产生的四种方法。事实上，一个多义词的几个不同的义项，既可运用一种方法形成，也可运用多种方法形成。如：

> 负担：1）承当，担当：如负担任务，负担责任。
> 　　　2）担当的责任，任务：如学生的负担太重。
> 　　　3）压力，包袱：如思想负担太重。

"负担"的第一个义项是原义，第二个义项是用引申法联想引申而来，第三个义项则是用比喻法比喻而成的。

### 4. 多义词的几种意义及其关系

多义词都由单义词发展而来，因此，就有了原始义和派生义之分。词最初产生时所具有的意义就称为原始义，在已有意义的基础上产生的意义，就称为派生义。有时新的派生义也可能是从旧的派生义的基础上产生出来的。

从词的义项派生的关系来看，充当新义产生的基础者称为基本义，产生出的新义则称为非基本义。

从词义在社会上使用的情况来看，社会上普遍使用的最常用最主要的意义就称为常用义，其他的则称为非常用义。

多义词的各种意义，随着语言不断的发展和变化，往往表现出一种错综复杂的情况。

当词刚出现时，它的原始义也就是它的常用义，当然也是基本义。随着语言的发展，原始义出现了两种不同的情况。第一种是原始义一直被沿用下来，在社会发展的任何阶段，它都是社会上所普遍使用的常用义，同时也能充当基本义。如"人""山""水""树""手"等等都是这种情况。第二种是在发展过程中，原始义不再是社会上的常用义，甚至也不能再作为词义被独立运用了，它的派生义却成了常用义，并逐渐成了能够派生他义的基本义。如汉语中的"兵"，原始义是"兵器"，现在的常用义却是"战士"；"强"的原始义是"弓有力"的意思，现在的常用义却是"强大""强盛"的意思。很明显，在现代汉语中，"兵"和"强"的原始义和常用义已不一致了。这些词的常用义发生改变后，它们的原始义除还保留在一些习用的语言结构中外，绝大多数时候都会失去独立词义的资格，只能在某些情况下，还可以作为词素义被运用罢了。由此可见，词的原始义和常用义、基本义并不完全一致，它们在发展过程中，也会发生改变和转化。

词的常用义和基本义关系比较密切。在一般情况下，多义词的常用义往往就是它的基本义，它是产生一切新义的基础，多义词的其他义项，都是在这一意义的基础上直接或间接产生出来的。如前面所举的"老"，它的几个派生义都是从基本义直接派生出来的。又如"打"一词，它的常用义和基本义是"打击"的意思，如"打鼓""打人"等。因为制造某些器具时有打击的动作，于是就从基本义"打击"中派生出了"制造"的意义，如"打一把刀""打一个橱子"。因为"编织"的活动也是一种制造活动，于是从"制造"义中又派生出了"编织"的意义，如"打毛衣""打帘子"。从这几个意义来看，"制造"义是从"打击"义直接派生出来的，而"编织"义是从"制造"义直接派生出来的，所以"编织"义对"打击"义来说，就是间接派生的关系。没有"打击"义，就没有"制造"义，也就不可能派生出"编织"义，所以"打击"义是基本的，是其他新义直接或间接派生的基础。在间接派生意义的过程中，起中介作用的非基本义，如"制造"义，虽有着基本义的性质，但不能叫作基本义。因为多义词在某一发展阶段上，只能有一个基本义，只有这样，我们才能够更清楚地观察分析多义词各义项产生的来龙去脉，以及它们相互联系的情况。

5. 一词多义和一词多类

因为多义词是指一个词具有几个互有联系的不同的意义，所以多义词是一种一词多义的现象。

一词多义和语法中的一词多类现象是有密切联系的，从多义词的情况看，有的多义词的几个意义可以属于同一个词类。如：

落（là）：1）遗漏：如这里落了两个字。

　　　　　2）把东西放在一个地方，忘记拿走：如把书落在家里了。

　　　　　3）因为跟不上而被丢在后面：如他走得慢，落下很远。

"落"（là）的三个意义尽管不同，但却都表示了一种动作，它们的语法功能相同，都属于动词之类。这种一词多义的现象和一词多类的情况当然是无关的。

但是有的多义词却不是这样。如：

> 辣：1）像姜、蒜、辣椒等有刺激性的味道：如这菜又酸又辣。（形容词）
> 2）辣味刺激：如辣眼睛。（动词）
> 3）狠毒：如他的手段真辣。（形容词）
> 短：1）长度小：如衣服太短。（形容词）
> 2）缺少，欠：如短他三元钱。（动词）
> 3）短处，缺点：如不要当面揭短。（名词）

以上两例中，"辣"的三个意义分属于形容词和动词两个词类，"短"的三个意义分属于形容词、动词和名词三个词类。这种一词多义的情况，同时也都是一词多类。

一词多义不一定都是一词多类，但是汉语中一词多类者肯定是一词多义的。一词多义和一词多类都是对词义的说明，一词多义着重从词汇意义方面说明了词义表示的内容，一词多类则着重从语法意义方面说明了词义的语法性质和特征。所以分析和了解多义词的时候，不但要明确词的各个义项所表示的意义内容，而且也应该注意各个义项的语法性质及其所属的语法类别，只有这样，才能全面地认识多义词。

6. 多义词的单义性

一个多义词孤立存在的时候是多义的，但是当它被具体运用的时候，却又表现为是单义的，这就是多义词的单义性。正因为多义词在具体使用中具有单义性，才能使人们在交际中不会发生意义上的混淆，也才能使人们准确地表达自己的意思，进行思想交流。

多义词的单义性是由使用时的具体语言环境所决定的。具体的语境不但能突出明确地表示出多义词的某一个意义，同时还可以使该意义获得具体的事物对应性。如"嗓子"一词，在"小红把口张开，请大夫看看嗓子"中，它是表示"喉咙"的意思，它的具体事物对应性就是小红的嗓子，而不是别人的嗓子；如果在"小王的嗓子好，就让他唱吧"中，显然，"嗓子"表示的是"嗓音"的意思，而且它的事物对应性只能是小王的嗓子，而不可能是别人的嗓子。这一切都是由具体的语境决定的。

为多义词提供单义性的语境是多方面的。一句话、一个眼神或手势，都可以形成某种影响语义的语境。总括起来说，基本可表现为两种情况：一是语言本身形成的语境，即语句中的上下文；一是社会生活形成的语境，即交际时的具体生活环境。

许多多义词，依靠语句中上下文的帮助，就可以表现出它的单义性。如"骄傲"一词，在"他太骄傲了，听不进别人的批评意见"中，"骄傲"表示的是"自高自大，自以为是"的意思；但在"作为一个中国人，我感到无比骄傲"中，很明显，"骄傲"又表示了"自豪"的意思。又如"简单"一词，在"这个故事情节比较简单"中，它是表示"结构单纯，头绪少"的意思；在"这个人头脑太简单"中，它是表示"平凡无能"的意思；但在"我们不能简单从事"中，"简单"表示的又是"草率，不细致"的意思了。

也有少数的多义词，只靠上下文的帮助，是不能表现出它的单义性的，如"你又扮演了一个很不光彩的角色"中的"角色"，只凭这句话是不易确定它的意义是指"演员扮演的剧中人物"，还是指"一个人在某种场合中不体面的所作所为"，这时，就需要借助于具体的交际环境了。如果两人是在谈论演出的剧中人物，那么，"角色"表示的肯定是前一个意义，如果两人谈论的是生活中的某件事情或某个场面，那么，"角色"表示的意义显然就是后者了。

由此可见，尽管汉语中的多义词非常丰富，但是由于语境的作用，在具体使用中，多义词又总是以单义的性质出现的。

　　7. 多义词和同音词

　　同音词就是指语音形式相同而意义完全不同的词。汉语中，词的语音形式必须在声、韵、调三方面都完全相同，才能叫作同音词。如：

　　　　米（mǐ，稻米）——米（mǐ，一公尺是一米）
　　　　汗（hàn，流汗）——旱（hàn，天旱）
　　　　杜鹃（dùjuān，鸟名）——杜鹃（dùjuān，花名）
　　　　数目（shùmù，这个数目字很大）——树木（shùmù 院子里树木很多）

　　因为同音词的语音形式相同，特别是有部分同音词书写形式也相同，所以表面看来，好象和多义词一样，都表现为一种形式具有多种意义的现象，往往使人分辨不清。

　　同音词和多义词是性质完全不同的两种现象，两者的区分就在于：同音词都是各自独立的不同的词，它们的词义之间没有任何的联系；多义词却是不管它有多少个义项，它都是一个词，因为这个词所表示的各个意义之间都是有所关联的。

　　8. 多义词和同形词

　　同形词就是指书写形式相同，但语音形式和意义都不相同的词。如：

　　　　行（xíng 行走）——行（háng 行列）
　　　　长（zhǎng 生长）——长（cháng 长短）
　　　　好（hǎo 好坏）——好（hào 喜好）
　　　　传（chuán 传送）——传（zhuàn 传记）

　　只从书写形式上看，同形词好像也是同一个形式表示着不同的意义，但是必须明确，同形词和多义词有着本质的区别。同形

词的各个形式不但表示的意义各不相同，而且它们的语音形式也
迥然相异，它们都是各自独立的词，只不过书写形式相同罢了。
所以，我们在了解多义词的时候，也应该把它和同形词区别
开来。

**（三）同义词**

1. 什么是同义词

语言中意义相同或相近的词就叫作同义词。如：

| | |
|---|---|
| 察觉——觉察 | 祖母——奶奶 |
| 把持——操纵 | 爱护——爱惜 |
| 机灵——机智 | 设备——装备 |

汉语中的同义词，大部分在语音形式上都不相同，只有少数的同义
词，在意义相同或相近的情况下，还具有相同的语音形式。如：

化妆（huàzhuāng）——化装（huàzhuāng）

十足（shízú）——实足（shízú）

树立（shùlì）——竖立（shùlì）

推托（tuītuō）——推脱（tuītuō）

同义词是以意义相同或相近为特点形成的一种词的类聚，所
以语音形式相同与否并不是它的本质问题。

2. 同义词的类型

因为同义词具有意义相同和相近两种情况，因此，它又可以
区分为等义词和近义词两种不同的类型。

（1）等义词

等义词就是指的词的词汇意义、语法意义和色彩意义都完全相
同的同义词。这类同义词也可以称为绝对同义词。如：

| | |
|---|---|
| 衣服——衣裳 | 嫉妒——妒嫉 |
| 士兵——兵士 | 相互——互相 |

床板——铺板　　冰糕——冰棍

卷心菜——包心菜　山茶花——耐冬花

由于等义词的词义完全相同，所以它们在语言交际中的作用完全一样，因此，在具体的语境中，等义词都是可以相互换用的。如把"我买卷心菜"说成"我买包心菜"，把"他嫉妒你"说成"他妒嫉你"，意义都毫无不同。然而也正因为等义词在交际中的作用完全相同，所以就决定了它们在语言中没有共同存在的必要。所以在社会的运用和约定俗成中，等义词总要被取此舍彼，而不能同时共存下去。

在社会约定俗成中，等义词一般表现为两种情况。一种是人们在使用过程中，把其中的一个逐渐巩固下来，其他的则被淘汰下去。如"自行车"和"脚踏车"原是一组等义词，现在"自行车"被保留了下来，"脚踏车"则被淘汰下去，现在已基本不用它了。又如"衣服"和"衣裳"、"冰糕"和"冰棍"等，现在社会上使用"衣服"和"冰糕"的越来越多，而"衣裳""冰棍"的使用频率已经越来越小了，特别是"冰糕"一词，可以说现在已成了规范化的成分，"冰棍"则肯定要被淘汰下去。等义词的另一种情况是，有个别的等义词，在发展过程中，逐渐走上了意义分化的道路，结果使它们都获得了为自己所有的特点，它们都以自身具备的特点而被保留下来，从一对等义词而发展成为一对非等义词。如"魂灵"和"灵魂"原来是一组等义词，都是指"魂"而言的。后来"灵魂"逐渐发展成了多义词，表示了"心灵、思想"和"人格、良心"等意义，于是"魂灵""灵魂"有了分工和不同，结果它们都被保留下来，并以自己在意义上的特点和作用继续存在于人们的语言运用当中。

等义词永远是一种语言存在事实。任何民族、任何时代的语言都会有等义词的现象存在。语言中存在等义词的现象是很自然的，因为人们从各个不同的角度进行造词活动的结果，就会使语言中不断地产生出各种各样的等义词。如现在家庭中使用的一种煤块，有的人从它的样子像蜂窝出发，就称它为"蜂窝煤"，也有人认为它的样子像藕，于是又称它为"藕煤"，不同的造词结果就使"蜂窝煤"和"藕煤"形成了一对等义词。现在通过社会的使用和约定俗成，很明显，"蜂窝煤"已被普遍运用开来，"藕煤"则被逐渐淘汰下去了。

社会上永远会不断地制造出等义词，语言中永远会存在着一部分等义词，而等义词又将永远不断地被规范着，或保留，或淘汰，或进行分化。这就是等义词发展的规律。

（2）近义词

近义词就是指意义相近的同义词。这类词也可称为相对同义词。如：

父亲——爸爸　诞辰——生日
交换——交流　研究——钻研
抱怨——埋怨　流露——吐露

分析近义词的意义相近情况，主要在词义的三个内容方面：近义词在语法意义上都是相同的，在词汇意义上有相同和相近之分，在色彩意义上则有相同和不同之分。具体讲来，又有以下几种情况。

第一种：词汇意义相同、语法意义相同、色彩意义不同的近义词。如：

父亲——爸爸　祖母——奶奶
诞辰——生日　会晤——见面

这几组词的前者都具有书面语和庄重严肃的色彩，而后者则具有口语色彩和亲切的感情色彩。又如：

买——购买　看——观看

飞——飞翔　　坐——乘坐

这几组词的前者都是日常生活中常用的词，具有明显的口语色彩，而后者则多用于书面语，或文艺作品中，有时也用于某些严肃的场合，因此，它们多具有书面语和文艺语体的色彩，而且还有某种程度的严肃的色彩。再如：

水银——汞　　土豆——马铃薯
盐——氯化钠　　蚂蚱——蝗虫

这几组词是口语和科学用语不同造成的近义词。很明显，它们的前者都有口语的色彩，后者则具有科学语体的色彩。

还有一种情况，如"老头儿（多为儿化韵形式）——老头子——老大爷"等，它们都是口语中的词，都具有口语的色彩，然而由于它们的感情色彩不同，所以在运用上也有了差别。"老头儿"多有亲切喜爱的色彩，"老头子"有时却有使人厌恶的色彩，尽管"老头儿""老头子"都可用于中性色彩的语境中，但是在"那个老头子真讨厌"中，一般都用"老头子"而不用"老头儿"。"老大爷"和前两个词不同，它除具有亲切的色彩外，更有着尊重的感情色彩，因此，它和前两者在运用上又有区别。其他像"请坐——坐下——坐""闪开——让开——劳驾"等等也是这种情况。因为在不同的场合，运用这类不同色彩的近义词，能够表明说话者的不同感情和态度，因此，也应该注意这类词的差别和不同运用的情况。

以上各类词，它们在词汇意义和语法意义方面都是相同的，但是，由于色彩意义的不同，结果使它们在运用上产生了差别，尽管有些词的色彩意义并不是绝对的，如某些具有书面语色彩的词有时也可用于口语中，而一些具有口语色彩的词也可用于书面语中，但是，在一般情况下，这些词在运用上的区别还是比较明显的，在许多具体的语境中，这些词不能互相换用，如在"今天是小明的生日"中，就不能把"生日"换成"诞辰"，在"我买了两本书"中，"买"也不能换成"购买"。对这类色彩意义不同的词如果加以换用，虽不影响意义的表达，但与社会上的语言运用习惯是极不吻合的。

另外，词的色彩义还有一种表现情况。如：

　　玉米——苞米　　　肥皂——胰子
　　维生素——维他命　青霉素——盘尼西林

上例中的前两组词具有普通话词和方言词色彩的不同，前者是普通话中的词，后者是具有方言色彩的词。这种具有方言色彩的词，多出现于某一部分人的口语中，或者出现于某些有特殊需要的场合，如表示地方特色的作品中等。所以这些词在语言规范化的过程中，将有可能被逐渐淘汰下去。上例中后两组词的区别是民族色彩和外语色彩的不同，它们尽管都是用汉语造词法造成的词，但因后者受到外语语音的影响，所以，两者相比，前者具有民族色彩，后者则具有外语色彩，一般说来，属于这种情况的词都是可以互相换用的。但是，在使用的过程中，具有民族色彩的词将会越来越占优势，而有外语色彩的词则往往会逐渐不被使用，最后被淘汰下去。如汉语中过去曾使用过的"瓦斯"（煤气）、"德律风"（电话）、"习明纳尔"（课堂讨论）等，现在都不再使用了，就说明了这种情况。

词的色彩义除以上情况外，在形象色彩方面也是应该注意的。有时为了表达的需要，使用某些具有形象色彩的词，如不用"高兴"而用"雀跃"，不用"羡慕"而用"眼馋"等，也可以使语言表达得更加生动形象，从而取得较好的修辞效果。

第二种：词汇意义相近、语法意义相同、色彩意义不同的近义词。如：

　　鼓动——煽动　　保护——庇护

爱好——嗜好　　效果——后果

从以上词例看，"鼓动"和"煽动"都是动词，都表示"使别人行动起来做某种事情"的意思，但是"鼓动"指的是"用语言、文字等激发和振奋人们的情绪，使他们行动起来"，具有中性和褒义的色彩；"煽动"指的却是"挑动、怂恿别人行动起来去做坏事情"，多用于贬义，所以具有贬义色彩。又如"保护"和"庇护"也是一组动词，而且都表示"护卫住"的意思，但"保护"指的是"妥善照顾，护卫住，使不受损害"的意思，"庇护"则是指"护卫住加以包庇"。因此，前者具有中性色彩，后者则具有贬义的色彩。

词汇意义相近、语法意义相同、色彩意义不同的近义词，它的色彩意义和词汇意义都是一致的，色彩意义往往寓于词汇意义之中，人们从对词汇意义的解释中，就可了解到色彩意义的一般情况。这类近义词在具体的语句中，是不能互换使用的。

第三种：词汇意义相近、语法意义和色彩意义都相同的近义词。如：

整理——整顿　　优良——优秀
机灵——机智　　抵偿——赔偿
勇敢——英勇　　指斥——指责

这类近义词在语言中是大量存在的，正确细致地辨析这部分近义词，对语言的研究和运用都是非常必要的。这类近义词在语法意义和色彩意义都相同的情况下，可从以下几个方面认识词汇意义相近的情况。

词义的范围不同：就是指一组近义词中两个词的词义，在指称的范围上有大小不同的区别。如"家属"和"家族"是一组近义词，它们的共同意义都是指"一家中的人"，但"家属"指的只是"某个人的家庭成员"，指称的范围比较小；"家族"指的却是"同一姓氏的，有血缘关系的可以包括几个分支的几辈人"，所以它的指称范围就比较大。又如"过程"和"历程"一组近义词，都是指"经过的程序"，但是"过程"的意义范围就比较大，它"泛指一切事情进行或事物发展所经过的程序"；"历程"的意义范围就比较小，它只是"专指人们经历的较长的不平凡的过程"。由于词义指称的范围大小不同，所以这种近义词在同一语境中是不能替换使用的。

词义的轻重不同：这是指一组近义词中的几个词，它们在表义上有轻重弱强之分。如"优良""优秀""优异"一组词，都表示"好"的意思，可是"优良"表示的是"很好"的意思，"优秀"表示的是"十分好，非常好"的意思，而"优异"则表示"特别好"的意思。三个词义相比较，"优良"词义较轻，"优秀"比"优良"要重一层，而"优异"的词义较前两者就更重一些，所以三个词在表义上的轻重程度是不同的。又如"爱惜"和"珍惜"一组词都有"因重视而不糟蹋"的意思，但"珍惜"与"爱惜"相比，又有"特别重视"的意思，所以"珍惜"的词义要比"爱惜"的词义更进一层。词义轻重不同的近义词，在具体语境中也不能互换运用。

词义的侧重面不同：所谓侧重面不同指的是一组近义词中的几个词义，在强调的方面上有所不同。如"证明"和"证实"都是动词，都表示"用可靠的材料来表明或断定人或事物的真实性"的意义，但是"证明"侧重于"说明其情况"方面，"证实"则侧重于"证明其确实"方面。又如"广博"和"渊博"是一组形容词，都表示在学识上"范围广，方面多"的意思，但是"广博"在表示这一意义的时候，并没有说明深度如何，而"渊博"的词义则同时说明了"深而且广"的意思。由此可见，这类近义词在反映事物的细微差别方面是非常准确细致的。因此，这类近义词在具体语句中也不能相互替换使用。

词义所表示的内容有个体和集体的不同：词义所表示的内

容，有的是客观对象的个体，有的是客观对象的总体，因此，就使一组近义词的词义有了个体和集体的分别。如"树"和"树木"是一组近义词，它们都表示了"树"这一种客观事物，但是"树"既可指称"许多树"，又可表示"一棵树"，如在"这些树长得真好"中，"树"指称的是"许多的树"，但是在"这棵树长得真好"中，"树"指的就是"某一棵树"了。可见"树"一词，既可指称集体，也可指称个体。"树木"一词的情况却与"树"不同，它是一个集合名称，因此，它只能在上面的第一个语境中出现，如"这些树木长得真好"，却不能在第二个语境中出现，不能说"这棵树木长得真好"。由此可见，词义是有表个体和表集体之别的。汉语中，可以表个体的词，一般说来，它们在某些语境中也可用来表示集体的事物，这时，表个体和表集体的词在同一语境中，是可以互相换用的。但是表集体意义的词，却不能用在表个体事物的语境中，所以，在表个体的语境中，两者又是绝对不能换用的。汉语中这类词是很多的，如"布"和"布匹"、"纸"和"纸张"、"船"和"船只"、"车"和"车辆"等等都是这种情况。

　　在上述第二种和第三种近义词中，除第三种中表个体和表集体的词有时可以互换使用外，其他类型的近义词都是不能互换使用的。由于这些词在词义上的细微差别，有的甚至都影响到词与词之间的配搭关系。如"整理"和"整顿"这组词，因为"整理"重在表示"把零散的东西搞得整齐有条理"，所以它可以和指具体事物的词相配搭，如"整理东西""整理书籍""整理房间"等；"整顿"着重于表示"使紊乱的变得整齐，使不健全的健全起来"，所以它往往和表抽象事物的词相配搭，如"整顿纪律""整顿作风""整顿组织"等。不能互换使用的近义词，如果用错了，轻则影响意义的准确表达，如把"优良的成绩"说成"优异的成绩"，重则造成语言表达上的混乱和错误，如把"整顿作风"说成"整理作风"。因此，认真细致地分辨和使用这些类型的近义词,的确是非常必要的。

### 3. 确定同义词的根本依据

词义包括词汇意义、语法意义和色彩意义三个方面,但是在构成同义词的时候,三种意义的作用是不一样的。事实证明,只有词汇意义的相同和相近,才是确定同义词的根本依据。

就语法意义来看,从同义词的分析中,可以证实,只有属于同一词类的词,才能构成同义词。一组同义词在语法意义上都是相同的。

语言中的词纷繁多样,从它的类聚情况看,只有属于同一种词类的词,表现在意义上,才能属于同一种类型的概念范畴,也只有在同一种概念范畴的基础上,才能在意义上发生关联,相互比较,从而建立起同义的关系。如"整理"和"整顿"两个词都表示了一种动作行为,因此,人们才能在这类动作行为的范围之内比较两者的异同。如果把"整理"和"整齐"两个词放在一起,一个表示的是动作行为,一个表示的是事物的性质状态,两者属于不同的概念范畴,那么,在意义上是无法进行比较的,所以动词"整理"和形容词"整齐"就不能形成同义词。由此可见,同义词的形成,必须建立在语法意义一致,即所属词类相同的基础上。

当然不应否认,语言中有时的确会出现词性不同的同义词,但是应该明白,这种现象往往是由一词多类的现象造成的,或者是由于在具体语境中,词性发生临时变化的结果,所以绝不能以此来说明词类不同也可以形成同义。如名词"愿望"和动词"希望"两个词,根据《现代汉语词典》的注释,它们表示的意义是:

> 愿望:希望将来能达到某种目的的想法:如他参军的愿望终于实现了。
>
> 希望:1)心里想着达到某种目的或出现某种情况:如

他从小就希望做一个医生。

　2）愿望：如这个希望不难实现。

从注释中可知，"愿望"是一个名词；"希望"则是一个兼类词，它的第一个义项表示的是一种动作行为，属于动词，第二个义项则和"愿望"相同，属于名词。在这种情况下，"愿望"和"希望"的第二个义项，由于词性相同，就形成了一对同义词。又如"工作""职业""业务""任务"等词的情况，《现代汉语词典》对这几个词的注释是：

　　工作：1）从事体力或脑力劳动，也泛指机器、工具受人操纵而发挥生产作用：如铲土机正在工作。

　　　　　2）职业：如在资本主义国家，经常有成千上万的人找不到工作。

　　　　　3）业务；任务：如工会工作；科学研究工作。

　　　　　职业：个人在社会中所从事的作为主要生活来源的工作。

　　　　　业务：个人的或某个机构的专业工作：如业务范围。

　　　　　任务：指定担任的工作；指定担负的责任：如政治任务；超额完成任务。

从以上各词的注释中可知，"工作"的第一个义项属于动词，第二个和第三个义项都属于名词。"职业""业务""任务"等词都是名词。因此，在同是名词词性的情况下，"工作"的第二个义项就可以和"职业"形成同义词，"工作"的第三个义项则可以和"业务""任务"等词分别形成同义词。由此可见，这类同义词完全是由一词多义和一词多类的情况造成的。同时也清楚地说明了，对一组同义词来说，它们都是在词性相同的基础上形成的。

此外，在具体的语境中，由于词性发生了临时性的变化，也会形成临时性的同义词。如形容词"聪明"和名词"才智"，因词性不同，所以它们不是同义词。但是在"除刻苦努力外，他的聪明和才智也是他在科研上获得成功的原因之一"中，"聪明"已具有了名词的性质，因此，在这种特定的语境中，"聪明"和"才智"也可以看作同义词。显然，这种同义词完全是由于词的词性在具体语境中发生了临时性的变化而形成的。这样形成的同义词，只有在这具体的语境中，才有同义词的性质和作用，因此，这种同义词也具有临时的性质，离开这具体的语言环境，仍然不能把它们视为同义词。

以上情况说明：同义词必须在同一词类的基础上才能形成。但是这里必须明确，同一词类只能是同义词形成的条件，却不是同义词形成的根本依据，如果没有词汇意义的相同或相近，那么，尽管词性相同，也不能形成同义词。如"人"和"树"都是名词，"美丽"和"宁静"都是形容词，可是因为它们的词汇意义完全不同，所以就不能形成同义词。

色彩意义也是词义包括的内容之一，在同义词的形成中，色彩意义具有一定的作用。如在词汇意义和语法意义都相同的条件下，色彩意义相同与否，都能形成同义词，色彩意义相同的是等义词，不同的则是近义词。但是，如果没有词汇意义的相同或相近这一根本依据，那么，即使色彩意义完全相同，也不能形成同义词。如"太阳"和"月亮"都是名词，都具有中性的色彩意义，"后果"和"叛徒"都是名词，都具有贬义的色彩意义，但是，因为它们的词汇意义都不相同，所以也不是同义词，当然，在词汇意义和色彩意义都不相同的情况下，就更不可能形成同义词了。

以上分析可以充分说明，在词义的三个意义内容当中，只有词汇意义的相同和相近，才是确定同义词的根本依据。

4. 同义词与多义词

语言中的同义词是根据词汇意义的相同或相近形成的一种词义类聚，所以同义词之间的关系都表现为某种意义的联系和对应。就单义词来说，词义的联系和对应就是整个词的联系和对应。如"汞"和"水银"、"研究"和"钻研"等。就多义词来说，这种情况就要表现为各个义项之间的联系和对应。以"包袱""包裹""负担"三个多义词为例：

> 包袱：1）包衣服等东西用的布。
>
> 　　　2）用布包起来的包儿。
>
> 　　　3）比喻影响思想或行动的负担：如思想包袱。
>
> 　　　4）指相声、快书等曲艺中的笑料。
>
> 包裹：1）包，包扎：如用布把伤口包裹起来。
>
> 　　　2）包扎成件的包儿：如他肩上背着一个小包裹。
>
> 负担：1）承当，担当：如负担责任。
>
> 　　　2）担当的责任，任务：如学生的负担太重。
>
> 　　　3）承受的压力：如思想负担。

比较以上三个词的情况，我们就会发现，从每个词的全部意义内容来看，它们之间是难以形成同义关系的，但是，从它们各个义项之间的联系和对应来看，"包袱"的2）项和"包裹"的2）项就具有同义的关系，因此，"包袱"和"包裹"在这个意义范围内就可以成为同义词。同样，由于"包袱"的3）项和"负担"的3）项在意义上也可发生联系和对应，因此，"包袱"和"负担"在这一意义范围内，也能够成为同义词。

由多义词义项之间的对应关系而形成的同义词，因为它们的联系就是建立在词汇意义、语法意义和色彩意义基本一致的基础上，所以这类同义词在某些语境中是可以互相换用的。如"旧"是"陈旧"的意思，多义词"老"有一个义项也是"陈旧"的意思，因此"旧"和"老"在这个意义范围内形成了同义词，并且在某些语境中可以互相换用。我们把"这式样太旧了"说成"这式样太老了",是完全可以的。仅从这种情况看,可以说,这种同义词具有等义词的性质。但是,我们却不能因此就把这种同义词都看作等义词,因为它们并不是在所有的语境中都能换用的。如"这双鞋太旧了",就不能说成"这双鞋太老了"。又如在"我把包袱在你这里放一下"中,可以把"包袱"换用成"包裹",但是在"我去邮局取包裹"中,"包裹"却不能换用成"包袱"。可见,这类词和等义词还是不完全相同的。

这类词中还有部分词是很少换用的,如"孩子"的一个义项可以和"儿童"形成同义词,都是表示"较幼小的未成年人"的意思,但这两个词除了在"这些孩子真可爱"等少数语境中,还可勉强换用外,在大多数的场合都是不能换用的,如在"儿童医院""儿童公园""儿童玩具""儿童福利"等语境中,"儿童"就不能用"孩子"来代替。相反,在"这些事让孩子去做吧""我有三个孩子"等语境中,"孩子"也不能用"儿童"来代替。所以,我们对这类同义词所表现出来的异同,也是应该认真分辨清楚的。

5. 同义词产生的原因和途径

同义词是语言词汇中非常活跃的一个部分,同义词的丰富和纷繁,不但可以说明词汇的发展,而且在某种程度上也能够反映语言的发展和人们思维能力的发展。

人类社会的不断发展,人们思维能力的不断发展,以及语言本身的不断发展,都可以促成同义词的产生和发展。在以上方面的影响下,同义词形成的途径是多方面的。

(1)人们对客观事物进行认识的角度不同,从而产生了不同的词,结果形成了同义词。如"冰糕"和"冰棍"一对词,虽表示着同一种事物,但名称不同。前者是因它是人工制成的样式像"糕"的食品而得名,后者则是因它的形状像"棍"而得名。又如"发扬"和"发挥"都是表示"进一步发展扩大"的意思,但由于观察的角度和强调的方面不同，所以着重于"使某些好的进步的事物得到进一步发展扩大"时，就造了"发扬"一词，着重于"使事物内在的潜力得到充分的发展扩大"时，就造了"发挥"一词，结果形成了"发扬"和"发挥"这组同义词。以下的词例都是这种情况：

西湖——西子湖　　信封——信皮

瞧——瞅　　　　　合作——协作

辩论——争论　　　改变——转变

（2）人们对事物的感情和态度不同，从而产生了不同的词，并形成同义词。如：

老头子——老头儿　　孩子——乖乖

诞辰——生日　　　　助手——帮凶

遗体——尸体　　　　教导——教唆

（3）词义演变形成同义词。如"大夫"一词原为一种封建官职的称呼，因也用来称呼医官，于是有了"医生"的意思，结果与"医生"形成了同义词。其他又如：

丈夫——爱人　　丈人——岳父

时髦——摩登　　岁——年

（4）吸收方言词的结果。即吸收到普通话中来的方言词，和普通话中原有的词形成同义词。如：

搞——干、做　　把戏——手段

（5）吸收文言词的结果。即文言词重新运用后，和现代的词形成同义词。如：

获悉——知道　　谒见——拜见
会晤——见面　　愤慨——生气

（6）接受外语词语音形式的影响造成的词，和不受外语词语音形式影响造成的词形成了同义词。如：

维他命——维生素　　麦克风——扩音器
盘尼西林——青霉素　　米——公尺

（7）科学术语和日常用语并用形成同义词。如：

氯化钠——食盐　　齿龈——牙床子
汞——水银　　昆虫——虫子

（8）书面用语和日常用语并用形成同义词。如：

烟霭——云雾　　部署——安排
黎明——早晨　　措施——办法

（9）汉语词双音化的结果形成同义词。如：

眼——眼睛　　路——道路
看——看望　　到——到达

（10）词序不同形成了同义词。如：

觉察——察觉　　情感——感情
相互——互相　　嫉妒——妒嫉

　　同义词形成的原因和途径比较丰富多样，如语言中的委婉用语和社会方言中的某些用语，都可以和一般的日常用语形成同义词。所以在探讨语言的发展时，同义词的形成和发展是一个重要的不可忽视的方面。

## （四）反义词

### 1. 什么是反义词

语言中在意义上相反或相对的词就叫作反义词。如：

高——矮　　公——私

恩——仇　　上——下

成功——失败　　光明——黑暗

勇敢——怯懦　　安全——危险

热情——冷淡　　积极——消极

反义词是客观现实中的矛盾对立关系在词汇中的反映，因此，只有反映了客观事物之间矛盾对立关系的词，才能形成反义词。所以语言中并不是所有的词都可以有反义词，如"房子""书本""玻璃""天空"等等就不易形成反义词。

一般说来，因为动词表示着不同的动作行为，形容词表示着不同的性质状态，而这些方面容易存在矛盾对立的关系，所以在动词和形容词中出现的反义词就比较多。其次，名词中的反义词为数也是不少的。如：

天——地　　手——脚

左——右　　前——后

城市——乡村　　精神——物质

海洋——陆地　　朋友——敌人

客观现实中呈现出来的矛盾对立关系是复杂的，反映到语言词汇中，反义词之间的关系也是比较复杂的。如"失败"一词，在从事科学实验的语境中，它和"成功"形成了一对反义词；在进行战争的条件下，它又和"胜利"形成了一对反义词。语言中还有一些词，客观存在时，它们并无明显的对立关系，但是在特定的语境中，这些词却能形成反义词。如"钢"和"铁"都各自表示了一种金属的名称，孤立地看，它们不是反义词，但是在"这里需要的是钢而不是铁"中，"钢"和"铁"就可成为一对反义词。所以形成反义词的情况是比较复杂的。

2. 反义词的类型

前面已讲，反义词是客观现实中矛盾对立关系在词汇中的反映。客观现实中的矛盾对立关系表现在逻辑思维中，就是概念之间的矛盾关系和反对关系。词义是表示概念的，因此，反义词在意义上的矛盾和对立，事实上，正是因为反义词表示了一对具有矛盾关系和反对关系的概念。从这个角度讲，我们说，概念间的矛盾关系和反对关系，就是反义词形成的逻辑基础，而这一逻辑基础，又是建立在客观事物矛盾对立的基础之上的。

根据反义词形成的不同的逻辑基础，可以把反义词分为两种类型。

(1) 绝对反义词

绝对反义词是在概念间矛盾关系的基础上形成的反义词。它的特点是两个反义词所表示的概念之间，没有中间性的概念存在。表现在两个反义词的意义内容上是完全互相排斥的，无论肯定或否定哪一方，都可以否定或肯定另外的一方。因此，这类反义词在使用上，既可以正用，也可以反用，也就是说，无论先用哪一方都是可以的，无论先肯定或先否定哪一方也都是可以的。如"死"和"活"，因为这两者之间无中间的概念存在，所以在使用中，既可形成"死——活"的形式，也可形成"活——死"的形式。如果和否定词"不"等组成词组使用的话，既可以用"不死——不活"的反义形式，也可用"不活——不死"的反义形式。无论哪一种形式，它们表现在意义上都是矛盾对立的。以下的词例也是这种情况：

开——关　　动——静
精神——物质　　动物——植物

（2）相对反义词

相对反义词是在概念间反对关系的基础上形成的。它的特点是两个反义词所表示的概念之间，存在着第三个乃至更多的中间概念，因此表现在两个反义词的内容上并不是一定相反相对的，这种反义词只有在一定条件下才能形成。又因为它们在否定一方时，并不能肯定另一方，因此，在使用时，只能正用，不能反用。如"黑"和"白"构成反义词时，因为两者之间还存在着第三者，乃至更多的概念，如"灰""深灰""浅灰"等，因此在使用时，只能运用"黑——白"或者"白——黑"的形式，而不能运用否定的形式。因为如果和否定词"不"等组成词组时，"不黑"和"不白"就不一定是反义的，甚至可以是同义的，如都是指"灰"而言。因此，这类词在否定一方时，是不能肯定另一方的，"不黑"的对面不一定是"不白"也不一定是"白"，"不白"的对面也不一定是"不黑"或"黑"，所以这类反义词是不能反用的。对这类反义词在使用时要特别注意，应该结合具体的语境情况加以分析运用。

以上两种反义词虽然因逻辑基础的不同而有所区别，然而它们表现在对立统一的关系上则完全一样。一对反义词，无论是绝对的对立，还是相对的对立，它们在意义上都是互相依存的，都处在对立统一的关系之中。因为只有有了矛盾对立的一方，才能有矛盾对立的另一方，如果没有矛盾对立的甲方，就不可能形成矛盾对立的乙方，就像没有"生"，就无所谓"死"，没有"祸"，也就没有"福"一样。因此，我们在观察和辨析反义词时，就应该明确，只有处在同一个统一体中（即最邻近的类概念中），表示着既矛盾对立又互相依存的关系的词，才是反义词。

3. 反义词的语言特征

反义词是语言中的词，它虽然表示着客观世界中相互矛盾对立的概念，然而，所有表示着矛盾对立概念的成分并不一定都是反义词。语言中的反义词有它自己的语言特征。

首先，反义词在词性上必须相同。因为反义词表示的是处于同一个统一体中的两个相互矛盾对立的方面，所以，反义词的两个意义都是存在于同一个性质范围之内的，这一情况反映到语言上，就表现为它们在词性上必须相同。如：

　　东——西　前——后（都是方位名词）
　　高——低　美丽——丑陋（都是形容词）
　　天——地　缺点——优点（都是名词）
　　睡——醒　表扬——批评（都是动词）

其次，形成反义词的单位必须是词。反义词是词汇中以词为单位形成的类聚，所以反义词的单位必须是词。尽管语言中的词组也能够表示客观现实中矛盾对立的关系，然而它们却不能形成反义词。因此，以下的情况都不是反义词：

　　高——不高　　不活——不死
　　乱——有条理　十分好——非常坏

最后，反义词的色彩意义都是一致的。平时"生"和"死"可以形成一对反义词，尽管"生"和"诞生"表示的意义完全一样，但在语言运用中，"诞生"和"死"一般却不作为反义词使用，"诞生"的反义词总要用"逝世"来充当。这就是"诞生"和"死"的色彩意义不同造成的。又如"君"和"臣"是一组反义词，如果我们用现代的用语"主席"来代替"君"，那么"主席——臣"作为一对反义词，就显得极不协调了。很明显，这也是色彩意义不同造成的。

由以上分析可知，语言中的反义词，在词汇意义相对相反的情况下，它们的语法意义和色彩意义都必须是一致的。

4. 反义词与多义词

由于语言中存在着多义词现象，所以在形成反义词的时候，有时可表现为词的对立，有时则只是表现为义项的对立。

当单义词之间形成反义词时，这种意义之间的矛盾和对立，也可表现为整个词的对立，这时，词的对立和义项的对立是一致的。如：

东——西　　凹——凸
乐观——悲观　优点——缺点

当只有多义词中的义项出现了矛盾对立的情况时，那么，就不能认为是整个词的对立了。如"肥"和"瘦"两个词，根据《现代汉语词典》的解释：

肥：1）含脂肪多（跟"瘦"相对，但通常不用来形容人）：如肥猪，肥肉。

　　2）肥沃：如土地很肥。

　　3）使肥沃：如草灰可以肥田。

　　4）肥料：如底肥。

　　5）由不正当的收入而富裕。

　　6）肥大，又宽又大（跟"瘦"相对）：如棉袄太肥了。

瘦：1）脂肪少，肉少（跟"胖"或"肥"相对）。

　　2）（食用的肉）脂肪少（跟"肥"相对）。

　　3）（衣服鞋袜等）窄小（跟"肥"相对）：如裤子做得太瘦了。

　　4）（地力）薄，不肥沃：如瘦田。

对照以上两词的词义，只有"肥"的1）项和"瘦"的2）项及1）项的一部分、"肥"的2）项和"瘦"的4）项、"肥"的6）项和"瘦"的3）项可以形成反义词。这种反义词都是义项之间的相反和相对造成的，所以它们不是整个词的对立。同时这类反义词不但在形成上，而且在运用上都与具体的语境有着密切的关系，多义词的单义性可以使一个多义词在不同的场合形成不同的反义词。

此外，语言中存在的同义现象，和反义词也有一定的联系。反义词和同义词之间也往往出现某些复杂的交叉关系。如"开"和"关"是一对反义词。但"开"和"张开""启开"是一组同义词，"关"和"闭""合"等也是一组同义词，因此，在不同的语境中，"开"又有可能和"闭""合"形成反义词，而"关"也可能和"张开""启开"形成反义词。

语言中存在着各种不同的词义的类聚，以上谈了主要的几个类型。其他如对义词、类属词等等也都是词义的类聚。各种不同的词义类聚并不是孤立存在的，它们之间又往往会出现某些复杂的联系和关系，这些情况就使得词义系统更加纷繁复杂起来。

## 三 词义的演变和发展

词是一种音义结合体，音义一经结合之后，就有相对的稳定性。但是因为语言是不断发展的，所以词的音义结合在相对稳定的同时，又在不断地演变和发展着。有一部分词在这演变发展的过程中，音义结合的情况发生了变化，原来的语音形式所表示的意义，出现了各种不同的变更，这种情况，就形成了词义的演变和发展。

词义演变的情况是非常复杂的，因为有多义的现象存在，所以对词义演变的情况就应有分别不同的理解。对词义来说，词所表示的某一个意义可以称为词义，一个多义词所表示的所有意义内容，也可称为这个多义词的词义。因此，词义的演变就可以既表现为词的某一个意义的演变和发展，又可以表现为一个词所包含的义项的演变和发展。所以，我们在谈词义演变时，就有必要把词的一个意义的演变，和一个词的义项的演变区分开来。

分析词义演变的情况，大致表现为以下几个方面。

## （一）词义的丰富和深化

词义丰富和深化是在词的一个意义范围之内发生的变化和发展，它是指词的某一个意义在外延不变的情况下，在内涵方面发生了由简单到复杂、由肤浅到深刻、由不正确到正确的变化和发展。形成这种发展变化的原因，一般有两个方面。

一个方面是在客观事物基本不变的情况下，人们由于认识的发展，从而对客观事物的认识改变了、加深了，因此影响到词义的变化和发展。如：

水：过去理解为是一种无色无臭供饮用的液体。现在除原有的认识外，还进一步知道了它的合成成分是氢二氧一。

电：过去只理解为"阴阳激耀"。现在则知道了它是一种有电荷存在和电荷变化的现象；是一种很重要的能源，能广泛用于生产和生活的各个方面，以为社会服务。

鬼：过去理解为"人死曰鬼"，而且把"人死后变为鬼魂"的行为和"人死后变成的鬼魂"这一事物，都看成真实的存在。现在则理解为，过去的人们认为"人死曰鬼"是一种迷信的不科学的说法。

鬼火：过去把这种在野地里燃烧的火和"鬼"联系起来，因而称为"鬼火"。现在则认识到这是"磷火"，是磷化氢燃烧时的火焰。因为人和动物的尸体腐烂时就分解出磷化氢来，并自动燃烧，所以夜间在野地里，有时就会看到这种白色带蓝绿色的磷火。

由以上例词中可以明显地看出，人们认识发生变化和发展，会直接影响到词义的变化和发展，在这种情况下，有的词义内容比过去丰富充实了，有的则由错误变为正确了。其他像"人""石""银""上帝""神仙"等等都是这样的情况。

词义丰富深化表现为另一个方面的情况是，客观事物本身有了变化和发展，从而使人们对它有了新的认识，并因而促成了词义的丰富和深化。如"运动"一词的一个义项，是表示"体育活动"的意思，随着体育活动的项目和方式的发展，体育活动的内容逐渐丰富和多样化起来，这种客观情况又直接使"运动"一词的这一义项所表示的意义变得丰富充实起来。如现在我们对"要参加运动，锻炼身体"中"运动"的理解，就绝对不是几项单调的活动，而是包括了跑、跳、体操、武术、游泳等等各种各样的体育活动的内容。由此可见，客观事物本身的发展，也可以使词义的内容逐渐丰富深化起来。

## （二）词义的扩大

在谈词义的扩大时，应该先明确"什么是词义的扩大"。因为词所表示的意义都可称为词义，所以，词的一个意义的扩展是词义的扩大，而一个词的义项增加，也是一种词义的扩大。因此，"词义的扩大"作为语言学中的一个术语，应该有明确的特定的指称内容和范围。

在这里，我们确定为，词义的扩大是指在词的一个意义范围之内表现出来的词义扩展的情况。它是词义所指称的客观事物的范围由小变大的结果，也就是词的某个意义由原来表示种概念，扩展而成为表示类概念的变化和发展。词义扩大以后，原来词义所表示的内容就包括在扩大了的词义所指称的范围之内，也就是说，原来表示的种概念的意义则包括在扩大以后所表示的类概念的意义范围之内，扩大了的新义和原义形成了一种类属的关系。例如"嘴"，原指"鸟的嘴"，现在却是"口的通称"，① 很明显，"口的通称"表示的是类概念，它可以概括一切动物的"嘴"，而原义"鸟的嘴"则成了它的种概念，并被包括在"口的通称"这一类概念的外延之中，新义与原义形成了类属的关系。

词义的扩大是词的一个意义的扩大，所以，在词的这一意义范围之内，新义的形成就意味着旧义的消失，新旧义在同一个词的形式内是不能同时并存的。因此，某一个词一旦表示扩大了的词义之后，它孤立存在时，就不会再表示原来的意义了。这时，原来的旧义就会有另一种新的形式——词或词组——来表示。如"嘴"，当它表示"口的通称"之后，原来的意义就用词组"鸟的嘴"来表示了；"江"的意义扩大为"江的通称"后，原义则用新词"长江""扬子江"等来表示了。

不过，有一情况必须明确，词义扩大以后，原义虽然不再成为词的独立意义而被自由运用，但是因为词义扩大后，词的原义已包括在扩大了的意义之中，所以在具体的语言环境中，就完全可以用扩大了的词义来指称原义所指称的事物。现在仍以"嘴"为例，在"嘴的功能可以饮食……"一句中，很明显，"嘴"表示的是扩大了的意义，即"口的通称"的意思；但是在"这只鸟很漂亮，绿色的羽毛、黄色的嘴……"一句中，"嘴"表示的显然是"鸟的嘴"的意义。由此可见，某一词义在不同的具体语言环境中，是可以和它所指称范围之内的各种不同的具体事物相对应的，其中当然也包括和原义所指称的事物相对应。但是必须明确：词义这种事物对应性和词的独立义项是完全不同的，词义扩大后的原义，虽然也可以通过词义的事物对应性被表现出来，但却不能作为一个独立的义项而存在。

---

① 中国社会科学院语言研究所词典编辑室编：《现代汉语词典》（第 1 版），商务印书馆 1978 年版，第 1533 页。"嘴"是多义词，这里用"口的通称"，是因为这一意义在发展中和"鸟的嘴"是相对应的义项。以下引自《现代汉语词典》的内容均引自此书，行文中只注明书名和页码。特此说明。

　　当然，语言中也存在这样的现象，即词义扩大以后，原来的意义虽然不能作为词的独立义项而存在了，但是原义作为一个义项被使用的情况，却可以保留在某些成语、复合词或惯用的语言形式中，有时为了人们便于了解词的古义，词典中还会把它作为一个义项排列出来。如《现代汉语词典》对"江""琴"等词的注释就是如此。

　　词义发展变化的现象是很微妙的，它可以由于各种不同的原因而表现出许多细微的差异，词义扩大的情况也不例外。所以在具备以上特点的情况下，词义的扩大又可概括为两种不同的情况。

　　一种是在客观事物不变的情况下，人们的认识和语言使用习惯的改变，从而影响到词义发生了扩大的演变。如"肉"，原义为"鸟兽之肉"，"人的肉"曰"肌"。段玉裁在《说文解字注》中说得明白："人曰肌，鸟兽曰肉，此其分别也。"但是后来"肉"的词义扩大了。凡一切动物的肌肉皆称为"肉"[①]，"鸟兽之肉"包括在"肉"的意义范围之内，"肉"和"鸟兽之肉"在概念上形成了一种类概念和种概念的关系，"肉"孤立存在时，则不再表示"鸟兽之肉"的意义了。很明显，"肉"的词义演变是一种词义扩大的现象，只是这种变化完全是人们的认识和语言使用习惯的改变而造成的，因为"鸟兽之肉"、"人之肉"以及"一切动物之肉"都是早已存在的客观事实，它们本身并未发生变化，只是因为人们在语言交际过程中，认识的变化和发展致使这些客观事物的名称有了不同的改变，因而影响到词所表示的意义范围有所扩大罢了。这种现象在语言词汇中是比较多见的。下列各词都是这种类型的例子。

　　　　双（雙）：原义是"两隻鸟"称"双"，扩大后的新义

---

　　① 植物果实的可食部分有的也称为"肉"，如"果肉""桂圆肉"等，但这是"肉"的另一个义项，不属于"动物肌肉"的范围之内。

是"成对的"都称双。

皮：原义是指"兽的皮"，扩大后的新义则指"人或一
　　切生物的皮"了。

睡：原义只有"坐着打瞌睡"称"睡"，扩大后的新义
　　则成了"睡眠的通称"。

杂：原义是"五彩相会"称"杂"，扩大后的新义则指
　　"多种多样的东西相混"了。

洗：原义只指"洗脚"，扩大后的新义则成了"洗涤的
　　通称"。

红：原义只指"粉红"，扩大后的新义则成为"红色的
　　通称"了。

灾：原义只指"自然发生的火灾"，即所谓"天火也"，
　　扩大后的新义则可以泛指"一切的灾难"了。

牙：原义只指口腔后部的"槽牙"，扩大后的新义则成
　　为"牙的通称"了。

　　词义扩大的另一种情况是：客观事物本身发展了，人们的认
识也随之相应地发展了，从而影响到了词义的扩大和发展。符合
这种演变情况的词，往往都是原来指称某一种具体的事物，表示
这一具体事物的概念，但是随着社会的发展，同类的事物出现
了，甚至逐渐增多起来。人们为了对这些属于同类而又不相同的
客观事物加以区别，就会用各种不同的新名称为它们命名，其中
也包括该词原来所指称的事物，这时，原词就会概括而成为指称
这一类事物的总的名称了。与此同时，词义得到了扩大和发展。
这也就是说，由于同类事物的出现和发展，同位关系的种概念出
现了、增多了，词原来所指称的内容也成了诸多种概念中的一
种，并获得了新的名称，而原词则演变成为指称类概念的词，词
指称的外延扩展了，词义因而发生了扩大的演变。这类词义扩大
的例子在语言中也是可以经常见到的。例如"灯"，原义是指

"油灯"而言，但是后来由于各种"灯"的出现，"灯"原来所指称的事物就用"油灯"来表示了。同时，语言中也出现并且逐渐不断地出现着许多表示有关"灯"的各种同位概念的新词，如"汽灯""电灯""日光灯""矿灯"等等。原来的词"灯"则成了这各种"灯"的总称，成了表示这些"灯"所共同从属的类概念的词，"灯"的词义因此而扩大了。下列各词也是这种情况：

> 枪（鎗）：原义是指"古时一种尖头有柄的刺击兵器"，现在却成了"红缨枪""手枪""步枪""机关枪"等等的通称。
>
> 炮（礮、砲）：原义是指"古时一种以机发石的攻城武器"，现在却成了"迫击炮""榴弹炮""高射炮"等等的通称。
>
> 琴：原义是指"一种狭长形的，琴面有七条弦的，用手弹奏的古乐器"，现在却成了"风琴""钢琴""提琴""口琴""电子琴"等等一类乐器的通称。
>
> 布：原义只指"麻布"而言，现在却成为用棉、麻等织成的一切布的通称了。

综上所述，我们可以看出，引起词义扩大的原因是不尽相同的。但就词义扩大的现象来说，却有一个共同的特点，那就是它们都是在词的一个意义范围之内发生的变化和发展，都是一种由表种概念的词进而成为表类概念的词的演变，词义扩大以后，原义就被包括在新义之内，不再作为该词的独立义项而存在了。一般说来，这时，词的原义都会有新的语言形式来表示。当然我们也不否认，有极个别的词，当词义扩大以后，词的新义和原义并未形成类概念和种概念的关系，而且在新义形成后，原义就逐渐失去它指称事物的作用而不复存在了，如"脸"就是如此。"脸"的原义只指"面部眼睛下面的部分"，扩大后的新义则指称"整个的面部"，而它的原义现在已不复存在了。

### （三）词义的缩小

词义的缩小也是在词的一个意义范围之内出现的变化情况。它的特点是，词义指称的外延由大变小，然而在内涵方面却变得丰富起来。事实上这就是一个词的词义由表示类概念，变成表示它的种概念的演变和发展。词义缩小以后，该词原来所表示的概念，则要有新的名称（词或词组）来表示，这新名称表示的意义和缩小后的词义也形成了类属的关系。如"金"一词，原义指"一切的金属"，后来词义发生了缩小的演变，成为专指"黄金"而言了，这时它的原义则由"金属"一词来表示，而且"金属"和"金"在表示的概念上形成了类概念和种概念的类属关系。以下各词也是这种情况：

> 瓦：原指"一切用土烧制成的器皿"，现在只指"用土烧制成的用来铺盖屋顶的建筑材料"。
>
> 臭：原义指"一切的气味"，现在专指"坏味"。
>
> 坟：原义可指"一切高大的土堆"，现在却专指"坟墓"。
>
> 禽：原为"飞禽走兽的总称"，现在只指"飞禽"。
>
> 子：原义包括"儿子和女儿"，现在却只指称"儿子"一方。
>
> 丈人：原义是"老年男子的通称"，现在却专指"岳父"。
>
> 勾当：原义可以指"各种事情"，现在专指"坏事情"。
>
> 事故：原义也是指"各种事情"，现在专指"在生产上或工作上出现的意外的损失或灾祸"。

从以上词例中，可以说明词义缩小的一般情况。同时也可看出，不但词义可以出现缩小的演变，词素义也可出现缩小的演变。如"禽""子"等，从现代汉语的情况看，它们已基本是词素义了。

词义缩小也是词义日益向精密发展的一种表现。这种情况多为原来的词义比较概括笼统，随着人们认识的不断深入，为了更细致地把客观事物区分开，人们就要不断地创制出许多新的词语来，在社会约定俗成中，原来用于泛指的词，变成了用来特指某一事物时，就形成了词义的缩小。

词义缩小后，因为它指称的范围变小了，所以这些词的原义，除了还保留在某些原有的固定语言形式中以外，一般情况下，缩小了的词义都不能再用来指称该词原来所指称的事物了。

### （四）词义的转移

词义的转移也是在词的一个意义范围内表现出来的演变和发展。它的特点是：词义指称的范围发生了改变，也就是词义表示的概念发生了更换。在词的形式不变的情况下，词所表示的新概念的外延和内涵，完全代替了原来的旧概念的外延和内涵。词义转移以后，该词就不再指称原来的旧事物，不再表示原来的旧概念了。如"走"，古时表示"跑"，现在则指称"行走"的意义，就是词义进行转移的情况。又如：

> 事：原指"官吏"，现指"事情"。
>
> 权：原指"秤锤"，现指"权利"。
>
> 钱：原指"一种农具"，现在则指"钱币"。
>
> 斤：原指"斧子一类的工具"，现在则指"十两为一斤，是重量单位"。
>
> 精：原指"上等的细米"，现在则指"经过提炼或挑选的"和"精华"、"完美"等意义。
>
> 脚：原指"小腿"，现在则指"人或动物的腿的下端，接触地面支持身体的部分"。
>
> 行李：原指"两国往来的使者"，现在则指"出门时所带的包裹、箱子等"。
>
> 书记：原指"秘书"，现在则指"党团组织的负责人"。

词义转移的情况比较复杂，就现有情况来看，造成词义转移的主要原因，还是词的义项的发展变化。如"年"原为"谷熟"的意思，后来引申出新义为"年月的年"，在发展过程中，它的原义逐渐消失了，从而形成了"年"的词义转移的情况。其次，假借也可以造成词义的转移。如"密"原义是指称"一种山"，后"假为精密字"，后来在使用的过程中，"密"的原义消失了，假借义"精密"却被普遍使用起来，结果，形成了"密"的词义的转移。当然，现在"密"作为"精密"解的独立的词义已很少使用，它已逐渐转化为词素义了。

## （五）义项的增多

词的义项增多也是词义演变的规律之一，它是词义在一个词的范围内表现出来的变化和发展。也就是指一个词的形式所表示的义项的增加和发展。词义是表示概念的，因此，词的义项增多就表现为同一个词的形式所表示的概念的增加，从而影响到了该词新义的增多、丰富和发展。但是它的新义的出现，只是表明了它的新义项的增加，却不会妨碍原有义项的存在，更不会引起旧义在该词范围内的消亡。在词的义项增多的情况下，新旧义项在一个词的形式内完全可以同时并存，并且各自保持自己的独立性。例如：

> 手：原义是指"人体上肢前端能拿东西的部分"。后来它又增加了"拿着：如人手一册"和"擅长某种技能的人或做某种事的人：如能手、拖拉机手"等义项。（见《现代汉语词典》1047 页。义项有删节）

从《现代汉语词典》对"手"的注释中可以看出："手"的几个意义完全是包括在一个词的形式之内的几个完全不同的义项，很明显，"手"的新义都是在"手"的原义基础上产生出来的，新义产生之后，原义仍然存在，新义和原义都在"手"这一词的形式之内同时并存，并且又都保持着自己的独立性，它们可以分别被人们自由运用。这些义项所表示的意义各不相同，每个意义都有自己的概念对应性和具体事物对应性。它们出现的语言环境也各不相同，所以这些义项在任何情况下都不能混淆使用。

　　词的义项通过演变和增多以后，基本上可表现为两种不同的情形。一种是词的原义和新义并存，原义仍处于基本义的地位。在义项增多中，这种情况是大量存在的。例如：

讲：1）说：如讲故事。

　　2）解释；说明：如这本书是讲气象的。

　　3）商量；商议：如讲价儿。

　　　　（见《现代汉语词典》552 页。义项有删节）

老：1）年纪大：如老人，老大爷。

　　2）老年人：如扶老携幼。

　　3）很久以前就存在的：如老厂，老根据地。

　　4）陈旧：如老机器，房子太老了。

　　5）原来的：如老脾气，老地方。

　　　　（见《现代汉语词典》670 页。义项有删节）

头：1）人身最上部或动物最前部长着口、鼻、眼等器官的部分。

　　2）指头发或所留头发的样式：如梳头，梳什么样的头。

　　3）（～儿）物体的顶端或末梢：如山头儿，中间粗两头儿细。

　　4）（～儿）事情的起点或终点：如提个头儿，什么时候才走到头儿。

　　　　（见《现代汉语词典》1145 页。例子有改动。义项有删节）

舌头：1）辨别滋味、帮助咀嚼和发音的器官，在口腔底部、根部固定在口腔底上。

　　2）为侦讯敌情而活捉来的敌人。

　　　　（见《现代汉语词典》1001 页）

黑暗：1）没有光：如山洞里一片黑暗。

　　　2）比喻社会腐败、政治反动。

　　　　（见《现代汉语词典》449 页）

以上各例词所包含的义项数目虽然不完全相同，但是它们却有一个明显的共同点，即它们的第一个义项都是原义，其他的义项都是在这一义项的基础上产生出来的，可是新义项的产生和存在并没有造成原义的消亡，相反，它们却共同存在于同一个词的意义范围之内，并且各自保持着自己的独立性，它们的原义都仍然以基本义的资格存在着。

　　义项增多后形成的另一种情况是：原义和新义虽然并存，但新义已成为基本义，原义却退居到了次要的地位。例如：

世：原义是"父子相继为一世"。现在则是

　　1）人的一辈子：如一生一世。

　　2）有血统关系的人相传而成的辈分：如第十世孙。

　　　（见《现代汉语词典》1040 页。义项有删节）

时：原义是指"季节"，即"称春夏秋冬为四时"。现在则是

　　1）指比较长的一段时间：如盛极一时。

　　2）规定的时候：如按时上班。

　　3）季节：如四时。

　　　（见《现代汉语词典》1032 页。义项有删节）

就"世""时"的情况看，它们的原义显然已退居成为次要的义项了，可是它们却仍然作为独立的义项存在着，新义和原义也是在同一个词的形式内同时并存，并且各自保持着自己的独立性。所以它们也是义项的增多。

## （六）义项的减少

　　义项的减少也是词义在一个词的范围内表现出来的演变和发展。和义项的增多相反，它是指在一个词表示的几个义项当中，有的义项从这个词的意义范围之内消失了。如"强"，《辞源》1980 年的修订本（下同）中注释为：

　　强（qiáng）：

　　　　1）虫名。《说文》："强，蚯也。从虫，弘声。"

　　　　2）壮健有力，与"弱"相对。

　　　　3）强盛。《孟子·梁惠王·上》："晋国天下莫强焉。"

　　　　4）胜过，优越。宋苏轼《经进东坡文集事略》二四《上神宗皇帝书》："宣宗收燕赵，复河隍，力强于宪武矣；销兵而庞勋之乱起。"

　　　　5）坚决。《战国策·齐一》："七日，谢病强辞。"

　　　　6）有余，略多。唐杜甫《杜工部草堂诗笺》十八《春水生二绝之二》："一夜水高二尺强，数日不可更禁当。"

　　　　7）姓。《左传·庄十六年》有强组。

《现代汉语词典》的注释则是：

　　强（qiáng）：

　　1）力量大（跟弱相对）：如工作能力强。

　　2）感情或意志所要求达到的程度高，坚强：如党性很强。

　　3）使用强力；强迫：如强渡，强占。

　　4）优越；好（多用于比较）：如今年的庄稼比去年更强。

　　5）接在分数或小数后面，表示略多于此数（跟"弱"相对）：如实际产量超过原定计划百分之十二强。

　　6）姓。

当然，我们不能要求不同辞书的注释都绝对相同，但是比较两种辞书的注释，就会发现它们基本上还是相同的，如《辞源》中所列的2）项到7）项，在《现代汉语词典》中，都能够或者基本能够找到对应的义项，可是第1）项表示的意义，现在却不再存在了。又如"喽罗"一词，《辞源》的注释为：

喽罗（lóuluó）：

1）伶俐，机警。唐卢仝《玉川子集》一《寄男抱孙》诗："喽罗儿读书，何异摧枯朽。"

2）旧称占有固定地盘的强人部众。

3）扰乱，喧噪。明刘基《诚意伯文集》十一《送人分题得鹤山》诗："前飞乌鸢后鹙鹅，啄腥争腐声喽罗"。

《现代汉语词典》的注释为：

喽罗（lóuluó）：旧时称强盗的部下，现在多比喻反动派的仆从。

比较两种辞书的注释，就可知道，过去"喽罗"所表示的第1）和第3）两个义项，现在也已经消失了。

在词义演变过程中，词的义项增多的作用是非常重要的，除词义丰富和深化以外，词义演变的其他情况，往往都和词义的义项增多有着密切的联系，一个词只有当义项增多后，才有可能出现义项减少的变化情况，而词义的扩大、缩小和转移，又往往是在义项增多和减少的演变中表现出来的。另一方面，词义这几种变化情况，又可能在同一个词中同时进行着，如在义项增多的同时，也会出现义项减少的变化等。所以词义的演变和发展，就是在这样一种错综复杂的现象中不断地进行着。

总括以上情况，我们还可以发现，词义在词的一个意义范围内的演变和在一个词的意义范围内的演变是完全不同的。在词的一个意义范围内的变化，无论深化、扩大、缩小或转移，它们都有一个共同的特点，那就是新义的出现就意味着旧义的消亡，新旧义不能在这一意义范围内同时并存。词义在一个词的范围内的变化则完全不同，无论义项的增多或义项的减少，它们都只是义项的增减，但却不影响其他义项的存在，新义项的产生绝不会导致旧义项的消亡，新旧义项可以同时并存；而旧义项的消亡也不会引起原有其他义项的改变。在一个词的范围内，无论义项发生怎样的变化，它们的各个义项都能够各自保持自己的独立性。由此可见，在分析词义演变时，把这两种不同的情况区分开，的确是非常必要的。

以上谈的都是词汇意义发展演变的情况。此外，词义的演变也可表现在色彩意义方面和语法意义方面。词的色彩意义有时是随着词汇意义的变化而发生变化的。如"乖"过去是"违背，不协调"的意思，具有中性和贬义的色彩；现在"乖"的词汇意义变为表示"伶俐、机警"的意思，因此，它也同时具有了褒义的色彩。又如前面举过的"喽罗"，也是随着词汇意义的变化，由可以表示褒义色彩而变为完全表示贬义色彩了。有时在词汇意义不变的情况下，色彩意义也可以发生变化。如"老爷"一词，过去是用来"对官吏及有权势的人的称呼"，是个中性词，有时还能具有褒义的色彩。但现在人们再运用这个词来称呼某些人时，却有了讽刺和不满的意味，如"干部是人民的勤务员，不是人民的老爷"。所以"老爷"现在已有了贬义的色彩。其他像"少爷""小姐"等词也是这种情况。与此相反，像"工人""劳动"等本为中性词，但过去运用时却经常带有贬义的意味，而现在却经常具有褒义的意味了。色彩意义发生这种变化，是和社会制度的改变，以及人们的认识和道德标准的改变等方面分不开的。

词的语法意义的改变也和词汇意义方面的变化有着密切的联系，而且这种联系多是通过义项的增多来实现的。如"领导"一词原为"率领并引导朝一定方向前进"的意思，是动词，后来又增加了一个义项，表示"领导人"的意思，新义项则是名词了。又如上面举的"乖"一词，它的原义是形容词性的，后来"乖"也可以用于对"小孩"的爱称，显然，作爱称用时，就是名词性的了。

　　在词义发展演变的过程中，词义的三个方面都会有所变化和发展，但是，从以上分析可以看出，词汇意义的演变和发展永远是词义发展的重要方面和主要的内容。

# 肆　词汇的发展

语言是不断发展的，在语言发展的过程中，词汇是一个非常活跃的部分。斯大林曾经指出："语言的词汇对于变化是最敏感的，它处在几乎不断变化的状态中。"[①]"工业和农业的不断发展，商业和运输业的不断发展，技术和科学的不断发展，要求语言用进行这些工作所必需的新词、新语来充实它的词汇。语言就直接反映这种需要，用新的词充实自己的词汇，并改进自己的语法构造。"[②] 从这段论述中，我们不但可以了解词汇发展的一般状态，同时也可以认识到词汇的发展和语言发展以及社会发展的关系。因此，词汇越纷繁，语言也必然越发展，词汇的发展不但在某种程度上说明了语言的发展，甚至也可以从某些角度反映社会的发展。所以，我们不但可以从社会的发展情况来了解语言特别是它的词汇发展的情况，同时，也可以从语言词汇的发展情况来研究和了解社会发展的面貌。

由于语言词汇中各个组成部分的性质和特点有所不同，所以表现在发展上的情况不完全一样。总的说来，基本词汇的发展比较缓慢，一般词汇的发展则比较活跃和迅速，但尽管如此，它们在和语言发展与社会发展的关系上，却仍然是完全一致的，基本词汇发展虽然缓慢，却仍然能够有力地说明语言的发展，也同样能够反映社会的发展。

---

① ［苏］斯大林：《马克思主义和语言学问题》，人民出版社 1971 年版，第 18 页。
② ［苏］斯大林：《马克思主义和语言学问题》，人民出版社 1971 年版，第 7—8 页。

汉语词汇有着悠久的历史，发展的情况丰富纷繁，同时形成这种纷繁发展情况的原因也多种多样。下面分别分析一下。

# 一　词汇发展的原因

词汇表示了客观世界中的事物、现象和关系，而这些客观存在又是通过人们的认识反映到词汇中去的，因此，词汇的发展和客观存在以及人们的认识有着极为密切的关系。词汇的发展就是在这种客观存在和人们认识的基础上进行的，这就是词汇发展的客观基础和认识基础。为了清楚起见，下面我们对词汇发展的原因分别加以说明，但是事实上，在任何一项原因中，这种客观基础和认识基础都是同时起作用的。

## （一）社会的发展

语言随着社会的发展而发展，这一特点表现在词汇的发展上尤为突出。社会上任何的变化，任何新事物的出现，都会反映到词汇中来，如现在社会上出现的"离休""待业""专业户""万元户"等新词，以及"承包""责任制"等词使用频率的提高，都足以说明社会发展对词汇发展的影响。

就汉语词汇来说，它的面貌完全是随着汉族社会的进步和发展而不断地改变着。汉语中有些词是出现得很早的。如："网"、"毕"（bì，一种打猎用的有长柄的网）、"罗"（捕鸟的网）、"罩"（捕鱼的笼子）、"弓"、"矢"、"弹"等都是捕捉鸟兽的工具；"逐"（追逐）、"射"（用矢射）等都是射猎的方法，而"羊""虎""豕""马""鸟""鱼"等都是鸟兽的名称，是捕捉的对象。也有一些词，如"特"，现在表示"特别"的意思，"骄"，现在表示"骄傲"的意思，事实上，它们最初都是牲畜的名称。"特"指称"公牛"，"骄"则指称"高六尺的马"。这类词出现较早的原因，很明显，应该是和我国早期社会中，人们从事渔猎和畜牧的生活内容分不开的。随着社会的发展，当社会生活以农业生产为主的时候，语言中也相应地出现了反映农业方面的词语。如"黍""稻""粱""粟"等都表示农作物的名称，"耕"、"耘"、"种"、"薅"（锄草）等则表示耕作的方法，而"镰""铲""耒""耜"等指称的都是农业生产工具的名称。汉语词汇中表示现代科学文化技术的词，大多数都是我国社会发展到近代和现代的时候才出现的。如"化学""物理""光学""力学""气流""真空""原子""电子""导弹""激光""电视""化纤""混纺""同步""计算机""超声波""电子表""太阳灶""微电脑"等等。

很明显，只有社会上出现了"激光""电视机""尼龙绸""空调器"等新事物的时候，语言中才能相应地出现表示该事物的新词。如果想在先秦时期的词汇中寻找现代的词语，是根本不可能的。这正是语言随社会发展而发展的社会本质所决定的。

社会间的相互接触是影响词汇发展的另一个方面。语言词汇中外来词和方言词的存在，就是这种影响的结果。不同国家和民族间的相互接触，促成语言的交互影响而产生新词，不同地域间的相互接触，又形成了方言词的相互吸收。

汉语词汇在历史发展中，受外语影响而产生的新词是很多的。有的是在外语词的声音影响下通过摹声法造出新词；有的是在外语词的意义影响下，通过说明法造出新词。但是无论哪种情况，都是和社会间的相互接触分不开的。汉族人民很早就和其他民族有所交往，两汉以后，随着我国政治、经济和文化的发展，这种交往更加频繁起来，反映到语言上，就是大批外来词的产生。如"骆驼"、"猩猩"、"琵琶"、"苜蓿"、"葡萄"、"八哥"、"胭脂"、"琉璃"以及"荽"（芫荽）、"酥"（酥酪）等等，都是受匈奴和西域各语言的影响而产生的。又如"佛""僧""魔""钵""菩萨""罗汉""夜叉""金刚""忏悔""现在""未来""因缘""法门""地狱""天堂""信仰""礼拜"等等，则是随着佛教的传入而产生的。汉族社会发展到近代和现代阶段，由于和外族社会的接触更加频繁，所以，汉语中的外来词更是不断地大量地产生着。如"几何""比重""方程""反应""积分""意识""抽象""范畴""客观""哲学""总统""议员""民主""逻辑""浪漫""模特""淋巴""吉普""坦克""摩托车""芭蕾舞""康拜因""喀秋莎""苏维埃""布拉吉"等等。

　　一个社会内部各地域之间的相互来往，也是社会间相互接触的一个方面，普通话中对方言词的吸收，以及各方言间在词语方面的相互吸收，都是地域间相互接触的结果。

　　此外，社会的发展还表现在社会制度的变化和更替方面，而且这种变化和更替也能够促成语言词汇的发展。如当汉族处于奴隶社会的时候，汉语词汇中反映奴隶名称的词是很多的。例如"仆"是奴隶主家中男性的奴隶，"妾"则是奴隶主家中女性的奴隶，"臧"是一种拿着武器进行护卫的奴隶，"臣"原来也是指称一种男性奴隶，这种奴隶都为奴隶主所信任，所以是一种能替奴隶主管理其他奴隶的奴隶。其他像"隶""宰""奚""舆""台"等等当时也都是奴隶的名称。当汉族社会发展到封建社会时期，汉语中又相应地出现了许多反映封建社会的制度和生活的词。如"皇帝"、"宰相"、"朝廷"、"封建"、"割据"、"地主"、"农奴"、"农民"、"地租"、"行会"、"封建主"以及"状元"、"秀才"等等。今天，我们再看一下汉语词汇的情况，就会发现反映社会主义制度的词语也已大量存在了。这些词语有的是在新中国成立后才产生的，有的虽然在过去就已经存在，但在新中国成立后才逐渐广泛地使用起来，如"公有制"、"合作化"、"政协"、"人代会"、"党委"、"市委"、"省委"、"劳保"、"退休"、"离休"、"国营"以及"蹲点"、"双百"、"四化"、"整党"、"五保户"、"敬老院"等等。

　　社会的发展是表现为多方面的，它对词汇发展的影响也是多方面的。因此，研究和了解词汇发展的时候，密切结合社会的发展来进行分析，的确是非常必要的。

## （二）人们认识的发展

在人类生活中，任何事物的发展，往往都是和人们的认识分不开的，词汇的发展也不例外。人们认识的发展可以从不同的方面促成词汇的发展。

在客观事物不变的情况下，由于认识的发展，人们可以对这些客观事物从不认识到认识，从而产生新词，促成词汇的发展。如"电子""中子""质子"以及一些抽象的词语"思维""认识""心灵""空间""规律""悲观""乐观""人生观"等。有的是人们的认识由肤浅到深入，从而促成了词义的发展。如前面曾举到的"水""电""鬼火"等。此外，认识的发展，还可使人们对客观事物的认识更加细致深入，并由此而促成同义词的发展。如"看""瞧""瞅""盯""瞪""瞄""瞥"等。

由于认识的变化和感情态度的变化，人们还可以重新给事物命名。如前面谈到的"八大员的来历"就是这种情况。解放后，这样产生的新词很多。如"戏子——演员""邮差——邮递员""店小二——服务员"　"大师傅——炊事员"等等都是生动的例证。

人们认识的发展促成词汇的发展表现的另一个方面，就是认识和思维能力的发展，可以促成科学研究的发展，进而促成新事物的产生，并从而产生新词。如"激光""导弹""模压""塑料""无影灯""洗衣粉""电冰箱""计算机"等。

## （三）词汇系统内部的矛盾和调整

词汇是一个集合体，在这个集合体的内部，由于新要素的出现和旧要素的消亡，以及各要素间相互关系的变化，就会产生许多的矛盾。这些矛盾的不断出现和不断解决，就促成了词汇的发展。如"江"原是"长江"的专称，后来成了"一切江的通称"之后，它原来所承担的指称任务，则由"长江"来代替了。又如"静"和"净"是一对同音词，为了避免交际中在意义上发生混淆，结果就出现了不同的双音词，与"静"有关的如"安静""背静""平静""清静""幽静""宁静"等等，与"净"有关的则有"纯净""洁净""干净""白净""明净"等等。

词汇系统对等义词的现象，也是进行不断调整的。汉语词汇中对等义词调整的办法，有的是保留一个，另一个被淘汰下去。如"爱怜"和"怜爱"、"觉察"和"察觉"、"代替"和"替代"、"自行车"和"脚踏车"等，从现在情况来看，它们的前者都已保留了下来，后者都已不用或很少使用了。也有的等义词则出现了分化，使各个词都具备了各自的用途。如"事情"和"勾当"原是一对等义词，后来产生了分化，使"勾当"多用来指称"坏事情"了，两个词因而变得不同起来。

语言词汇是一个完整的系统，词汇系统内部的矛盾和调整，有时会出现连锁反应的情况。如"爱人"一词，原义是"相爱而未婚的男女中的一方"，后来却变为指称"已婚的男女中的一方"，这时它的原义则出现了"朋友"的新义项和"对象"的新义项来代替，结果，"朋友"的新义项和"对象"的新义项又形成了等义词。词汇系统又继续对这组等义词进行调整。渐渐地，这两个词在色彩意义和用法上又出现了区别。从色彩意义看，"对象"的口语色彩比"朋友"要重，显得更通俗些；在用法上，有时两者不能在相同的语境中互换使用，如"那是他的朋友"，可以说成"那是他的对象"，但是"他在搞对象"却不能说成"他在搞朋友"。"爱人"词义变化后的另一个方面，即出现了它的新义和语言中原来存在的"丈夫""妻子"又形成了同义词。词汇系统仍然要继续进行调整，结果，这几个词在色彩意义上也出现了差别，比较起来，"丈夫""妻子"要比"爱人"更具有庄重的和书面语的色彩，而"爱人"在亲昵的感情色彩上则要显得更浓一些。

词汇系统内部的矛盾和调整是非常有趣的，它表现在各个方面，语言词汇就是在这种矛盾和调整中不断地丰富和发展着。

## 二　词汇发展的概况

汉语是世界上历史最悠久的语言之一，因此，汉语词汇具有漫长而丰富的发展史。对汉语词汇发展的全貌，我们在这里难以详细论述。下面只提出几个方面供大家参考。

### （一）新词的增加

前面已讲过，语言是随着社会的发展而发展的，在这发展过程中，词汇又是最敏感的部分，因此，在历史的各个时期，以及人们生活的各个领域中，社会上的一切，都会在词汇中有所反映，这就促成了语言中新词的不断增加。从辞书《尔雅》和现在的《辞海》（修订本）收词情况来看，《尔雅》收词约 3600 条[①]，《辞海》收词则有 91706 条[②]，尽管《尔雅》的收词数量可能不是当时词汇的全貌，但从这两个悬殊的数字来看，也可明显地见到，从古汉语到现代汉语，汉语词汇是极大地丰富和发展了，词的数量已成倍地增多起来。

促成新词增加的情况是多方面的。

因新事物的出现而增加新词。如"离休""顶替""待业""知青""彩电""吸尘器""计算机""电冰箱""助听器""微电脑"等等。

旧事物改换新名称而增加新词。如过去的"薪水"现在称"工资"，过去的"邮差"现在称"邮递员"，过去的"足"现在称"脚"等。

词义演变产生新词。如"河"的词义扩大后，它原来指称的事物则用新词"黄河"来表示；"走"的词义由"跑"转移为"行走"时，词汇系统中相应地就要出现新词"跑"加以补充；

---

① 陈克炯：《〈左传〉词汇简论》，《华中师院学报》1982 年第 1 期。
② 《辞海》（缩印本），上海辞书出版社 1979 年版。

"金属"一词也是由于"金"的词义发生演变而产生出来的。

　　受外族语言影响而产生新词。受外语词语音形式的影响而产生的词，如"巴黎""沙发""苏维埃""奥林匹克"等。受外语词所表示的概念的影响而产生的词，如"电话""煤气""扩音器""连衣裙"等。

　　此外，从共同语的角度来说，吸收方言词也是增加了新词。如"搞""垃圾""名堂""尴尬"等。

### （二）双音词增多

　　汉语词汇从过去到现在都有单音节词和多音节词之分，多音节的词中又以双音节词为主。不过在古汉语中，特别是先秦时期，词汇中的单音词是占多数的。如从《左传》的用词来看，它共用单音词 2904 个，复音词却只有 788 个。① 随着汉语的发展，词汇中的双音词逐渐增多起来。

　　由单音向双音发展，是汉语词汇发展的一种必然现象。因为随着社会的发展，交际的需求越来越纷繁复杂，需要表示的事物越来越多，有限的单音节的形式就必然会造成语言中同音词的大量出现，因而给人们的交际带来了许多不便和困难，汉语词的双音化就是在这种情况下发展起来的。因此，双音词的大量出现，不但可以分辨和解决由单音节形成的同音词问题，而且因为它表义细致准确，所以也有力地充实和丰富了汉语词汇，极大地提高了汉语的表现力量。

　　汉语中双音词的发展主要表现在两个方面。一个方面是原有的单音词，有许多逐渐为双音的形式所代替。有用重叠形式代替的，如"姑姑""伯伯""妹妹""弟弟"等。有用同义联合的形式代替的，如"道路""领导""依靠""丢失"等。有用另一种新形式代替的，如"目——眼睛""耳——耳朵""冠——帽子""鹊——喜鹊"等。另一个方面是新产生的词以双音节的形式为

---

　　① 陈克炯：《〈左传〉词汇简论》，《华中师院学报》1982 年第 1 期。

主。如"卫星""扫描""同步""彩电""空调""波段""巧干""破格""顶替""失足""劳改""劳教"等等。汉语中大量的新词，都是以双音的形式出现的。

　　当前在现代汉语中，不但双音词大量增加，而且也出现了不少的三音词和四音词等，不过，就现在情况看，双音词的数量仍然占着优势。

### （三）　实词虚化现象的发展

　　汉语词汇中很早就有实词和虚词之分，同时也有词根词素和附加词素的区别。在词汇发展的过程中，汉语中的虚词和附加词素都有所发展。它们发展的途径，一是创制新的成分，一是实词的虚化。

　　实词虚化的现象主要表现为两个方面。一个方面是由实词类变为虚词类。这种变化多为实词在表示原来意义的同时，又增加了表示虚词意义的义项。如"因"原为"原因""依循"的意思，后来又有了"因为"的意义，并充当连词使用。其他又如"的""夫""耳""固"等也是这样。也有的词在发展过程中逐渐失去了实词的意义，只作为虚词使用了，如"然""所""而""虽"等。

　　实词虚化的另一个方面是由可以充当词根词素的实词虚化成了附加词素。这种情况大多数都表现为充当附加词素的作用和原来的情况并存。如"了"原为"了结"的意思，是实词，它可以充当词根词素形成新词"了结""了却"等。后来它虚化成为词尾词素，读为"·le"，附加在动词后面表示"完成体"的语法意义，如"看了""做了""睡了"等。其他像"着"（虚化后读"zhe"）、"过"等也是这样的情况。又如"头"是一个实词，表示着"头颅"等实在的意义，后来它在充当实词的同时，又虚化成了后缀词素，具有表名词的语法作用。如"石头""木头""想头""看头""甜头"等等。其他像"子"（房子、袜子）、"家"（孩子家、老人家）等也都是这样。也有少数的实词在发展过程中，逐渐失去了它原来的意义和作用，只能充当后缀词素了。如"然"（飘然、惨然、猛然、默然）、"巴"（泥巴、哑巴、结巴、砸巴）等。

**（四）造词和构词方面的发展**

分析汉语词的形成及其结构，就会发现在汉语发展的早期，运用音义任意结合法、摹声法等手段制造新词的情况是比较多的。现在仍然存在的许多历史悠久的单音词，如"山""水""日""月""鸟""兽""虫""鱼"等等都是用音义任意结合法造成的，"猫""鸦""蛙"等都是用摹声法造成的。在词的构成方面，则表现为单音节词多，即使在双音词中，单纯词也比较多，如汉语中许多双声、叠韵的词产生的都是比较早的。在词素组合的方式上，则表现为联合式和偏正式的词比较多，动宾式的情况就很少，而补充式和主谓式则更为少见。这种情况在先秦汉语词汇中表现得很清楚。

汉语造词和构词的情况发展到今天，已有了很大的发展，不但造词的方法已多样化，而且构词的方式也更加丰富和精密了，如不但有了补充式、主谓式等构词方式，而且在各种方式中又区分出了各种不同的类型。这一切都充分说明，汉语的造词法和构词法也在不断地丰富和发展着。

**（五）同义词、多义词和抽象词语的发展**

同义词组的不断出现、多义词和抽象词语的不断增多，都是人们认识能力发展的结果，同时这些现象也标志着语言词汇的极大丰富和完善。汉语词汇在这方面的发展情况，有力地说明了汉语是世界上最丰富发达的语言之一。

汉语词汇中很早就存在着同义词现象，《尔雅》就是以同义类聚的方式来编写的。在汉语词汇发展的整个过程中，同义词都在不断地增加着，发展到现在，不但同义词组的数量明显地丰富和发展了，而且在许多同义词组中，所包含的词的数量也都不断地增多起来。这种情况从现在出版的各种《同义词辞典》或《同义词辨析》中都可得到证明。

多义词的发展是语言词汇发展的必然趋势之一。汉语历史悠久，因此，多义词极为丰富，许多产生年代较早的词，绝大多数都是多义的。

抽象词语的发展不但取决于人们认识的发展，而且和社会科学文化的发展也是分不开的。人们丰富的想象和具体的科学实践，都可以促使抽象词语的产生。汉族人民在漫长的历史发展过程中，不但创造了社会的文明，而且也创制了大量的抽象词语。如"灵魂""幽魂""幽灵""精神""思维""思想""想象""感情""意识""抽象""概括""概念""规律""观念""价值""世界观""人生观"等等。

## （六）词义的发展

词义的发展是词汇发展中一个重要的方面，词义的发展可以从很多方面促成整个词汇系统的变化和发展。汉语词汇中词义发展的情况非常丰富纷繁，具体内容第"叁"部分中已讲，这里不再赘述。

## （七）旧要素的消亡

语言词汇的发展和变化，不但表现为新要素的不断增加，同时也表现在旧要素的不断消亡上。旧要素的消亡一般有以下几个方面。

### 1. 旧词的消亡

引起旧词消亡的原因是多方面的，因此，旧词消亡的情况也各不相同。大致有以下几种情形。

旧事物的消亡引起旧词的消亡。如"皇帝""状元""巡抚""乡试""八股文""丫环""书童""当铺""童养媳""巡捕""租界""保长"等。

事物名称的改变引起旧词的消亡。如"眼""眼睛"代替了

"目"，"鞋"代替了"履"，"观看"代替了"观"，"兴趣""兴建"代替了"兴"，"害怕"代替了"惧"，"睡觉"代替了"寝"，"医生"代替了"医工"，"学生"代替了"弟子"，"工资"代替了"薪水"，"演员"代替了"戏子"等。

社会发展和交际需求的改变引起了旧词的消亡。例如，当汉族社会生活中，畜牧业生产还占有重要地位的时候，人们对牲畜的名称是非常注意的，汉语词汇中以前表示"牛"的名称就多种多样，如"牯"（gǔ，母牛）、"特"（tè，公牛）、"犉"（rún，黄毛黑唇的牛）、"牱"（bèi，二岁的牛）、"㸬"（sān，三岁的牛）、"牭"（sì，四岁的牛）等等。后来随着畜牧业在人们生活中的地位和作用的减弱，这些名称逐渐简化和概括，于是各种各样的牛，渐渐地都用"牛"一词来指称了，原来的词则逐渐消亡了下去。个别的词如"特"虽然现在还被应用着，但它的意义已完全改变了。其他像"豝"（bā，母猪、大猪、两年的猪）、"豚"（tún，小猪）、"䯄"（lái，高七尺的马）、"駥"（róng，高八尺的马）、"駣"（táo，三岁的马）、"髦"（máo，长毛的马）等，后来也逐渐被"豕""猪""马"等词所代替，以后"豕"在发展过程中也逐渐消亡了。

词汇系统的调整与规范引起旧词的消亡。如许多等义词的发展情况就是这样，一对等义词调整规范的结果，多数是一个被保留，另一个被逐渐淘汰下去而消亡。此外，许多带有外语色彩的词，也往往会在规范和约定俗成中逐渐消亡下去。如现在通用"电话""煤气"，像"德律风""瓦斯"等已被淘汰不用了；现在都习惯用"扩音器""连衣裙""维生素""青霉素"等，而"麦克风""布拉吉""维他命""盘尼西林"等词现在也已经很少使用了，从发展情况看，这些词将会逐渐消亡下去。

2. 义项的消亡

义项的消亡也是旧要素消亡的内容之一。如"牺牲"一词的原始义是指"古代祭祀用的牲畜"，"权"最早是"黄华木"的意思，后来又表示"秤锤"的意思，但是今天在现代汉语中，这些义项也已经消亡了。

3. 词素的消亡

词素是组词的成分，它有词根词素和附加词素之分，这两类词素在发展过程中也都存在着消亡的现象。

就词根词素看，它往往是随着旧词的消亡而消亡的。如"旌"一词，过去有三个义项："1）古代旗的一种，缀旄牛尾于竿头，下有五彩析羽。用以指挥或开道。2）古代旗的通称。3）表彰。"人们曾用"旌"的这些义项充当词素义创造过新词，如"旌旗""旌麾""旌表"等。然而现在"旌"已作为古语词不再为人们使用了，因此，在一般情况下，它也不可能再用来充当词素创制新词了。

附加词素的消亡情况，如古代汉语中的前缀词素"有"（组成的词如"有夏""有商"），后缀词素"尔"（组成的词如"率尔""卓尔"）等，后来也不再被使用了。

词汇中旧要素的消亡是一种正常的现象。和语言中其他要素的演变一样，词汇中旧要素的消亡，只是意味着这种词汇成分在人们的日常运用中消失了，但是它却仍然存在于汉语词汇的总体之中。有的成分虽然不能作为词继续被运用了，但却可以充当词素仍被运用着，如"观""兴""彩""习"等就是这样。也有的成分作为消亡了的古语词保留在语言词汇之中，但在某些特定的场合，它们仍然可以发挥自己特有的作用，如对文言词的运用就是这种情况。此外，这些消亡了的语言成分，还可以为人们的语言研究提供宝贵的资料。由此可见，这些消亡了的成分，虽然现在不再为人们的交际服务了，但它们仍然是语言词汇中的宝贵财富，所以我们对这些成分应该正确地认识和对待。

汉语词汇的发展纷繁复杂，通过这些纷繁复杂的现象，我们可以看到，在新质要素不断增加，旧质要素不断消亡的情况下，还体现出了两种根本不同的发展趋势。一种趋势是由简趋繁，如多义词、同义词等的发展就是这样；另一种趋势则是由繁趋简，如牲畜名称的概括和简化、等义词的淘汰等就是这种情况。因此，我们在认识和分析词汇的发展时，不能只看到由简趋繁的一面，也应该同时注意由繁趋简的发展现象。只有这样，才能更好地认识、更正确地理解词汇的发展。

# 现代汉语词汇学

# 前　言

　　《现代汉语词汇学》一书是我在《汉语词汇研究》一书的基础上，再融入近十几年来的研究成果和思考写作而成的。也可以说是集我目前研究成果的一本汉语词汇学专著。

　　1955 年我大学毕业留校任教后，在讲授"语言学概论"课的同时，就对词汇研究产生了极大的兴趣，从那时起，就自觉或不自觉地去学习、观察和思考有关汉语词汇方面的问题。在这漫长的近五十年的岁月中，自己不仅寓乐于其中，而且也颇为得到了一些收获。1961 年，我的《现代汉语词汇》出版了，虽然这本小书仅仅是我的学习之作，但是它的出版却给了我鼓励，给了我信心。我开始做起了自己的学问，在学习先辈学者和时贤们研究成果的基础上，开始走自己的路，学着说自己的话。

　　《汉语词汇研究》是我在 1985 年出版的，由于当时的研究水平和条件，写得还是简单了点，有的问题甚至未能提及，但是对书中的许多观点，我至今还是认可的，因此，在这本词汇学的写作中，这些观点仍然要继续沿用，不过有的地方要有补充，也有个别的地方要做适当的修改。此外，当然还要增加一些新的观点和内容，讨论一些新的问题。

　　任何一个学术研究领域，都是一个色彩斑斓的世界，任何一个研究者，都可以在这个世界里凭借着自己的力量去遨游，去探索；同时，更可以根据自己的具体实践，对问题提出个人的看法。至于这个看法是否得当，是否正确，那就需要实际的检验和大家的评判了。我就是抱着这样一种想法来从事研究和写作的。因此，这本书问世后，也希望能得到大家的帮助和批评。

葛本仪写于山东大学

2000 年 5 月

# 目　录

# 第一章　对词汇的再认识

## 第一节　词汇的内容

### 一　词汇的界定及其性质

何谓词汇，人们可以做出许多既随便又无什么错误可言的解释，如"语言中所有的词构成所谓语言的词汇"（斯大林语），"一部书中所用的词的总和就叫作词汇"，或者说不论在什么情况下，"词的总称就叫作词汇"，等等。我们在一些著述中的确经常见到这样的解释，而且应该说，在日常交际中，在某种语境下，这样的解释也是完全正确的。因为"词汇"的确是一个指称词的集体的概念，是表示词的总和的意义的。但是从语言研究的角度来考虑，用词汇学的科学术语的含义来要求，这种解释显然就不够严格和正确了。要给词汇做出正确的界定，还必须从词汇的性质谈起。

早在50年代，斯大林就已经指出："拿词汇本身来说，它还不是语言，——它好比是语言的建筑材料。建筑业中的建筑材料并不就是房屋，虽然没有建筑材料就不可能建成房屋。同样，语言的词汇也并不就是语言，虽然没有词汇，任何语言都是不可想象的。但是当语言的词汇受着语言语法的支配的时候，就会获得极大的意义。"[①] 斯大林这段话今天看来，尽管有许多不完善的地

---

① ［苏］斯大林：《马克思主义和语言学问题》，人民出版社1971年版，第17页。

方，但是它总也提出了词汇的基本性质和作用。

在语言中，应该说，作为语言的建筑材料的成分很多，这就要看是在什么范围内，什么条件下，充当什么样的建筑材料等问题。例如形成音位的音素只能是音节的建筑材料，词素只能是词的建筑材料等。对于词汇来说，它作为建筑材料，其作用是构成句子，也就是说词汇作为建筑材料，就是用来组成言语以进行交际的，因此，作为造句的材料就是词汇的功能和性质。根据词汇的这一特点，应该承认，凡是具有这种功能和性质的语言成分，都应该属于词汇的范围之内，例如成语、惯用语等等，因为它们虽然都是由词组成的词组形式，但是它们却都是一种组句的备用单位，都具有和词一样的建筑材料的性质和作用，语言词汇当然不应该而且也不能够把这类成分排斥在词汇之外。因此我们认为，词汇应当是一种语言中所有的词和所有的相当于词的作用的固定结构的总汇。所以，任何一种语言的词汇都包括两个基本的内容，那就是该语言中所有的词的总汇，和所有的相当于词的作用的固定结构的总汇。

## 二　词汇的内容和范围

前面已经指出，词汇的内容应该具有词的总汇和相当于词的作用的固定结构的总汇两个基本的部分。因此，对这两个既有联系又有区别的部分，下面分别进行叙述和分析。

### （一）词的总汇

一种语言中所有的词构成为该语言的词的总汇，词的总汇又可分为基本词汇和一般词汇两个部分。

#### 1. 基本词汇

基本词汇是语言中所有的基本词的总汇，它是语言词汇中主要的不可缺少的部分，语言的基本词汇和语法结构共同形成了语言的基础。所以如果语言的基本词汇完全改变了或者彻底消亡了，就意味着这种语言已经不存在了。

基本词汇中的词称为基本词，它们都表示着人们日常生活中最必需的事物和概念，所以基本词和人们生活的关系极为密切，是社会上各行各业的人们都离不了的词汇成分。人们学习和掌握语言，也是首先从掌握基本词开始的，因为它表示了人们最需要的事物和动作等等的名称，如果没有掌握基本词，就不可能进行最必需的社会交际。

汉语中的基本词如：

天　地　山　水　人　鸟　牛　羊　风　雨　阴　晴
花　草　江　河　树木　道路　天气　阳光　白云　空气
太阳　月亮　石头　沙子

爷爷　奶奶　父亲　母亲　爸爸　妈妈　姐姐　弟弟
叔叔　姑姑　舅舅　姨妈

头　手　嘴　腿　脚　心　肺　胃　肝　肾　眼　牙
耳朵　鼻子　胳膊　指头　头发

书　笔　纸　墨　车　船　布　线　锅　碗　灯　门
墙　窗户　房子　桌子　椅子　刀子　绳子　电话　电视
汽车　衣服　邮票　学校　老师

米　面　粮　油　盐　菜　糕　饼　鱼　肉　虾　饭
粥　馒头　米饭　面条　饺子

走　跳　看　想　生　死　睡　醒　买　卖　来　去
学习　工作　休息　劳动　成功　失败

红　白　甜　苦　方　圆　厚　薄　大　小　长　短
高　低　深　浅　多　少　硬　软　矮　胖　美丽　漂亮
轻快　沉重　丰富　干净　团结　健康

上　下　前　后　左　右　春　夏　秋　冬　东　西
南　北

一　二　三　四　十　百　千　万　你　我　他　谁
这　那　再

…………

基本词汇具有以下几个特点。

第一，普遍性。由于基本词汇和人们生活的关系非常密切，从事任何行业的人们都离不开它，所以它为全民普遍使用，使用的范围最广，使用的频率很高。

第二，稳固性。由于基本词汇为全民使用，因此它就会为本民族的世世代代的人们不断地运用着，生命很长久，不易发生变化。所以基本词绝大多数都是经过人们长期使用后被固定和承传下来的词。基本词在被社会上的人们共同认可的同时，本身也具有了极大的稳固性。

第三，是产生新词的基础。我在《汉语词汇研究》一书中曾将这点写为"能产性"，后来还是认为说成"是产生新词的基础"比较合适，因为基本词本身就是词，所以基本词是不可能再构成新词的，它本身不可能具有产生新词的能力。但是基本词可以成为产生新词的基础，这主要体现在两个方面：一个方面是构成单纯基本词的词素，因为它和基本词是相一致的，因此在基本词被普遍使用和具有稳固性的情况下，也使它获得了很强的构词能力，如"人"作为词素构成了"人"这一基本词，同时"人"作为词素又可以参与构成许多其他的合成词，从而形成了它的能产性；另一方面是由合成词充当的基本词，当它被社会广泛使用并具有了一定的稳固性之后，它就会以整体的形式转化成为合成词素，并参与创制新词。如"工作"一词原是一个由"工"和"作"两个词素组合而成的合成词，但是当"工作"这一合成词被语言社会确认为是基本词并被广泛使用后，"工作"这一语言形式就会整体性地转化成为合成词素并参与造词，如社会上出现的"工作服""工作帽""工作台""工作日"等等就是这种情况。这就是说，由于"工作"是一个基本词，它就更有可能转化成为词素来参与造词，从而使"工作"成为产生新词的基础。有许多合成式基本词的情况基本都是这样。

　　基本词的三个特点是相互联系的，在这三个特点之中，应该说，"普遍性"又是最根本的，因为一个词只有具备了普遍使用性，才更有利于形成它的稳固性，也才能够使它进一步成为产生新词的基础。

　　另一个应注意的问题是，我们在谈论基本词的稳固性的时候，不应把这种稳固性和历史悠久完全等同起来，因为许多非基本词也同样可以具有历史悠久的特点，但是一个具有悠久历史的词如果没有普遍性，仍不可能成为基本词，如"诗经"一词可谓历史悠久，但它不具备普遍性的特点，因此"诗经"只能是一般词汇中的固有词。同样一个并非具有悠久历史的词，但它在某个历史发展阶段内具有了普遍使用性，并进而形成了它的稳固性，那么它也有可能进入基本词汇中来，如"电视"一词就是如此，虽然它存在的历史不算悠久，但由于它的普遍使用性，使它同时也获得了稳固性，在现代汉语中，它已经被公认为是一个基本词了。基本词在具有了普遍性和稳固性之后，就必然会成为社会产生新词的基础。

　　此外还应注意的是，这里讲的基本词是产生新词的基础这一特点，也是从其整体性质的角度来谈的，事实上有个别的基本词的词素，如"你""谁"等，体现这种性质的确是比较弱的，但是因为它们都具备了普遍性和稳固性的特点，所以仍然是基本词。

　　2. 一般词汇

　　词汇中基本词汇以外的词的总汇就是语言的一般词汇。与基本词汇相比较，一般词汇使用的范围比较狭窄，使用的频率也比较低，从总体上讲，在稳固性和作为产生新词的基础等方面，都要比基本词汇弱得多。但是一般词汇也有自己的特点，它在反映社会的变化和发展方面是非常敏感的，"词汇的发展要比语音和语法部分的发展迅速得多"，"词汇的发展在某种程度上反映了社会发展的面貌"等特点，在一般词汇中表现得特别突出和明显。一般词汇有着丰富的内容，因此，要想更好地掌握和运用语言，不但需要很好地学习和掌握基本词汇，而且必须认真学习和掌握好语言的一般词汇。

一般词汇包含的内容丰富而且广泛，具体说来，有以下几个方面。

第一，历史上承传下来的固有词。这类词都是在过去就已经存在了的，其中有些词的历史相当悠久，也有一些词是在各个历史发展阶段中被不断地稳固和承传下来的。这些词一旦形成后也是为人们世世代代地沿用着，但是它们却不具备普遍性和作为产生新词基础的特点，因此这类词都属于一般词汇。如：

| | | | | |
|---|---|---|---|---|
| 夫人 | 儒家 | 诞辰 | 逝世 | 颜面 |
| 饮食 | 居留 | 界限 | 借鉴 | 编纂 |
| 别号 | 彩霞 | 拜访 | 残忍 | 沉浮 |
| 晨曦 | 错综 | 胆寒 | 底稿 | 论题 |
| 独裁 | 封锁 | 风采 | 风云 | 璀璨 |
| 灿烂 | 感慨 | 激烈 | 昂扬 | 珍爱 |

第二，适应社会交际需要而产生的新词。所谓新词就是指刚产生的词，或者是产生后使用时间还不长久的词。我们判断新词，首先应该有一个时间概念，也就是说，必须要立足于某一个时段上来认识新词，如果以唐朝建立为起点，那么唐朝之初出现的词就是新词，很显然，这些词在宋代看来，肯定就不会认为是新词了。同样，新中国成立之初产生的词，到改革开放时期，人们也不会认为它们是新词了。所以新词应该是在某个时期内被社会认可的新产生的词。

新词产生以后，经过一段时间的使用，在社会约定俗成的基础上，有少数的词可能成为基本词进入基本词汇中去，这也是基本词汇不断进行更替和发展变化的必然规律。例如在现代汉语中，像"干部""塑料""电视""家电"等等，就可以认为是基本词了。然而更多的新词却往往是作为一般的词属于一般词汇范围之内的。目前现代汉语中的新词还是很多的。如：

| | | | | | | |
|---|---|---|---|---|---|---|
| 离休 | 退休 | 录像 | 展销 | 网友 | 视频 | 法制 | 考评 |
| 挂靠 | 电大 | 光盘 | 评估 | 法盲 | 档次 | 牵头 | 联手 |
| 手机 | 环保 | 创收 | 定岗 | 下岗 | 反思 | 乒坛 | 香波 |
| 双职工 | 透明度 | 个体户 | 超短裙 | 牛仔裤 | 关系学 |
| 乌发乳 | 显像管 | 太阳能 | 摄像机 | 录像带 | 电子琴 |
| 计算机 | 扫描仪 | 立交桥 | 软包装 | 追星族 | 宇航员 |

第三，因特殊需要而加以运用的古语词。古语词一般就是指过去曾经运用过而现在已经不用的词。由于交际的需要，在某些场合，人们也可能重新使用某些古语词，这就有可能使古语词成为某一时期语言的一般词汇中的一个组成部分。因此古语词这一概念应该包含两种含义。一种是从历时的角度讲，汉语词汇中的古语词就是指历史上曾经出现过而现在已经不再使用的词，其中有的词也许会根据社会的需要而被重新启用，也有的词则会不再被运用了。另一种是从共时的角度讲，是指某个时期的语言词汇中包括的古语词，也就是指在这个时期内被重新运用的古语词，这些古语词都是该共时语言词汇系统中的一个组成部分，所以这种从共时角度讲的古语词，只能是指那些被共时社会重新启用了的古语词。

现代汉语中的古语词是现代社会人们使用的古语词，它是现代汉语词汇系统中的一个组成部分。现代汉语中的古语词表现为两种类型。一种是反映了历史上曾经存在过的或者古代神话传说中出现过的一些事物和现象的词，前者如"县官""保长""宰相""青楼""书童""巡捕""上朝""接旨"等等，这类词也可称为历史词语；后者如"天宫""龙王""天王""王母""天将""龙女"等等。这些词的性质是，它们都与历史事物或与古代神话传说有着密切的联系，因此当人们学习和了解历史，或者讲述历史故事和神话传说时，就必然要运用它们，虽然现在这类词语表示的事物和现象都已不再存在，但是人们对历史和神话故事的学习和讲述却没有间断，因此，这些词语往往都是经常地甚至是不间断地被世世代代的人们运用着，它们在人们了解历史、讲述过去等方面起到了积极的作用。这类词语在语言词汇的任何发展阶段上，都是一般词汇所包含的古语词中比较稳定的部分。从这一点上讲，它们和固有词有相同之处，因为它们都是历史上承传下来的；但是它们两者又绝不相同，其主要不同就是古语词指称的事物和现象除在讲述过去时才显现外，已基本上与现代的社会生活无关了。另一种类型是，一些在古代汉语中曾经使用过的词，现在已经基本不再应用了，但是有时由于某种交际需要，或者为了达到某种修辞目的，人们又重新选来加以运用，如"壮哉！刘公岛"（报）中的"哉"、"余虚度年华五十余载"（报）中的自称"余"和表示年用的"载"等都是这种情况，在书面语中，这种古语词是颇为多见的。

现在更多的现象是启用了古语词后并不使用它原来的意义，而是在其原义的基础上产生出新义来加以运用，如"乌纱帽"的意义原为"做官的人戴的一种帽子"，现在却用来表示"有官职"的意思；又如"状元"，其原义为指称"科举时代应考得中的第一名"，现在则比喻"在本行业中成绩最好的人"。很明显，这种现象既是对古语词的一种启用，同时又和词义的发展有着密切的联系。因为在旧词意义的基础上产生新的义项，毫无疑问是词义发展的一个重要的方面。

第四，从方言中吸收来的方言词。这种方言词是指来源于地域方言的词。它们是社会共同语的词汇系统中的组成成分，和存在于各地域方言中的方言词是完全不同的。例如"搞""垃圾""名堂""把戏""尴尬""瘪三""二流子""亭子间"等等，都是从各地域方言中吸收到共同语里来的，尽管它们作为各地域方言中的方言词也仍然存在和继续被使用着，但是它们在现代的共同语中却是一般词汇中的一个不可缺少的组成成分。再比如上海话的"阿拉"（我）、"侬"（你）等，因为这类词没有被吸收到共同语词汇中来，所以它们只能是地域方言中的词，却不是现代共同语中的词汇成分。

第五，受外族语言影响而产生的外来词。在社会发展过程中不同国家和民族的相互交往，必然会影响到各民族之间语言词汇的相互影响和吸收，通过这种原因和途径产生的词就叫作外来词。但是必须明确，所谓外来词是指来源于外语影响而产生的词，绝对不是外语中原来的词，因为任何一种语言在接受外族语言影响时，都要在原来外语词的基础上，再经过一番重新改造和创制的过程，对汉语来说，这就是在原来外语词的基础上，将一个外语词重新改造并汉化为外来词的造词过程，汉语的外来词必须经过这个汉化过程之后，才能够被创制而成，所以汉语中的外来词是汉语词汇中的词，它也是汉语词汇系统中的一部分，它和外语词虽有联系但绝不等同。

现代汉语中的外来词是很丰富的，特别是 80 年代以后，外来词更是大量地涌现，其数量之多，涉及范围之广，形成方式之多样化，都是空前的。从当前情况来看，汉语外来词的汉化方式可表现为以下几个方面。

（1）直接模仿外语词的语音形式，再用汉语语音加以改造，使它符合汉语语音的特点和规则，从而产生新词。这类词通常称为音译词。在书面上用音同或音近的汉字来表示。如：

咖啡（coffee）　　吉他（guitar）

巴黎（Paris）　　伦敦（London）

白兰地（Brandy）　法兰西（France）

奥林匹克（Olympics）

（2）书面上直接借用外语字母的形式，再将其读音用汉语语音加以改造，使其符合汉语语音的特点和规则，从而成为汉语的外来词。这类词可以称作形兼音译词，其形式多由外语词的原形式简缩而成，有的就是直接借用了外语中的简缩形式。① 如：

CT——原词为 Computerized Tomography，汉化后的语音形式为 sēitì

CD——原词为 Compact Disc，汉化后的语音形式为 sēidì

MTV——原词为 Music Television，汉化后的语音形式为 āi·mu tī vì

VCD——原词为 Video Compact Disc，汉化后的语音形式为 weī sēi dì

DVD——原词为 Digital Video Disc，汉化后的语音形式为 dì weī dì

（3）把已经汉化了的音译成分和与原外语词的意义有关的汉语词素相组合，从而形成新的外来词。这类词通常都称为音加意译词。如：

啤酒（beer）　　咖啡茶（coffee）
芭蕾舞（ballet）　吉普车（jeep）
坦克车（tank）　　巧克力糖（chocolate）

（4）把直接借用的代表外语词的字母形式，用汉语语音加以汉化后，再和有关的汉语词素相组合，从而产生新的外来词。这类词可以称作形加意译词。如：

B 超——B 汉化语音为 bì 加汉语词素"超"

BP 机——BP 汉化语音为 bìpī 加汉语词素"机"

γ 刀——γ 汉化语音为 gāmǎ（伽马）加汉语词素"刀"

---

① 这类词的读音有待于进一步约定俗成和标准化。

（5）在外语词汉语语音化的基础上，巧妙地把一个音节用一个汉语的与之语音相近意义相关的汉字来表示，这些汉字从形式上看很像组成该词的汉语词素。这样汉化而成的音义结合的外来词，通常称为音意兼译词。如绷带一词，就是英语词 bandage 用音意兼译的形式的汉字"绷"和"带"汉化而成的，它们的音节形式与外语词原来的音节形式"ban"和"dage"都非常相似，它们的意义又与外语词原来的意义能够有所关联。"绷"有"拉紧"的意思，"带"是"带子"的意思，"绷带"在一起完全可以表示原外语词的"包扎伤口或患处用的纱布带子"的意义。

又如：

拖拉机——来自俄语词 трактор，该词的三个音节都是用音意兼译形式的汉字表示的。

可口可乐——来自英语词 Coca-Cola，该词的四个音节都是采用了音意兼译的方式。

此外，有的词也有音意兼译和音加意译两种方式并用的现象，如"霓虹灯"英语词 neon，其中的"霓虹"是用两个音意兼译的汉字表示的，"灯"则是用音加意译的方法组合进去的汉语词素。

（6）在外语词的基础上，借鉴其意义，然后用汉语的词素和组词规则形成新词。这类词通常也称为意译词。人们一般都不把这类词当作外来词看待。如：

民主 足球 铁路 电话 煤气 水泥
维生素 扩音器 收割机 无产阶级

这类意译词在开始进入汉语社会时，大部分也都是以音译词的形式出现的，后来在使用过程中，这些音译词逐渐被人们创造出来的意译词所代替。这也是人们习惯于使用民族语言形式的结果。

以上几种情况尽管不同，但它们成词的基础形式却都是外语词，都是源于外语词影响而产生的汉语词，而且都是汉语词汇中不可忽视的组成部分。

第六，社会方言中的词。社会方言是全民语言的分支，它是由于社会上各种不同行业和集团内部的交际需要而产生的。社会方言和地域方言不同，它没有自己的基本词汇和语法结构，更没有形成自己的语言符号系统，它具有的仅仅是一些适应本行业、本集团交际需要的词语而已。这些词语都是由于社会分工的不同，以及生活条件在各方面表现出来的差异而产生出来的，它们都是全民语言词汇的组成部分。虽然本行业和集团以外的人们很少使用，但这些词语本身并无任何秘密性，只要感到需要，任何人都可以接触它和了解它。具体说来，社会方言大致包括以下几个内容。

主要的一个内容就是行业语。行业语是由于社会分工不同而产生的各行业集团的用语。如教育行业中就有"讲课""备课""辅导""答疑""自习""教室""教具""课桌""学分""课程""选修""基础课""课程表""课堂讨论"等等；医学行业中就有"内科""外科""眼科""中医""西医""医生""护士""门诊""处方""诊断""治疗""病房""针灸""推拿""注射""开刀""手术"等等；戏剧行业中则有"主角""配角""演员""布景""道具""台词""龙套"以及某些表明不同角色的"青衣""花旦""武旦""武生""小生""须生""花脸"等等。每个行业都有自己的行业语，某个人只要从事某种行业，就会掌握这一行业的行业语，这是由这一行业范围内的交际需要所决定的。

行业语虽然是某个行业集团的专门用语，但是有时由于科学文化的发展，或者词语本身的发展和变化，某些行业语也会程度不同地扩大其使用范围。如随着人民生活条件的改善，和科学文化水平的提高，更多的人获得了欣赏戏剧的机会，这时，戏剧行业中的某些用语，就必然会扩大其使用范围而为更多的人来使用。随着教育事业和医疗事业的普及，这些行业中的某些用语的使用范围，也必然会逐渐扩大开来。

还有一部分行业语，由于人们认识上所产生的某些联想，在使用过程中，也会由单义词逐渐发展成为多义词，产生出新的为其他行业，甚至是可以为全民所运用的义项来。同时，由于某些义项的全民性，又会使得这些词语的使用范围逐渐扩大开来。如"战士"一词，原指"军队最基层的成员"，是一种军事用语，后来"战士"发展成了多义词，除原有意义外，还可"泛指参加某种正义斗争或从事某种正义事业的人"，如"白衣战士""文化战士"等。这种演变就使得"战士"一词不只是军事用语，同时也成了一般用语。很明显，"战士"一词的使用范围扩展了。其他像"战线""阵地""攻克""尖兵""麻痹""解剖""角色""后台""堡垒""舞台"等等都是这种情况。

社会方言的第二个内容是指儿童、学生、干部、老人等所使用的一些个别词语。这些词语都是由于人们的年龄、生活条件、心理状态等各种因素的不同而自然形成的一种社团用语。如儿童语中的"碗儿碗儿"——碗儿、"球球"——球、"鞋鞋"——鞋等。小学生共同做游戏时喜欢用"来的"一词，表示"一块玩"的意思，如："咱们来的，好吗？"又如学生夜读称"开夜车"，老人称小辈的年轻人为"后生"，称自己的丈夫或妻子为"老伴"等。这类词语虽然数量不多，却能反映出人们由于年龄、生活条件和文化程度等不同而表现出来的运用语言的不同情况。

把一般词汇分为以上六种类型，主要是从其来源的角度考虑的，事实上，这六类词之间是存在着各种复杂的关系和联系的，如就新词而言，它除了体现着固有词或基本词性质的新词以外，还有相当一部分都是分别属于外来词、方言词和社会方言中的新词；而对外来词来说，它往往又体现为一般新词和社会方言词，特别是社会方言词中的行业语部分。所以认识一般词汇，更应该考虑和了解各类词之间的相互联系和共同发展的情况。

3. 基本词汇和一般词汇的关系

基本词汇和一般词汇都有各自的特点，因此，它们是语言词汇中两个完全不同的部分。但是另一方面，基本词汇和一般词汇又有非常密切的联系，它们相互依存，共同发展，都是语言词汇中不可缺少的部分。

基本词汇是语言的基础，也是一般词汇形成的基础。一般词汇中的大多数词，都是在基本词汇的基础上形成的。

一般词汇反映社会的发展是非常敏感的，它几乎经常处在不断的变动之中，因此，语言词汇中的新成分，往往要首先出现在一般词汇中，然后，个别的成分再进入基本词汇中去，促成基本词汇的发展。从这一角度讲，一般词汇又可以充当基本词汇发展的源泉。

此外，基本词汇和一般词汇中的个别成分又是可以互相转化的。在词汇发展的过程中，随着社会交际需要的改变，某些基本词可能转化成为一般的词，而某些一般的词，也可能转化成为基本词。如过去的基本词"鬼""神""野菜"甚至于"窝窝头"等，现在都已随着和人们生活关系的减弱而成了一般的词。过去的基本词"当""当铺""保长"等等，也都随着它们所表示的事物的消亡而变成了历史词语，成了一般词汇中的成员。与此相反，像过去的一般词"党"，由于现在已成了"共产党"的简称，随着共产党在人民生活中的地位和作用的加强，"党"一词已由一般词转化成了基本词。其他像"书记""阶级"以及前面已提到的"干部""支书""塑料"等等，现在也都已转化成为基本词了。

基本词汇和一般词汇就是在这样一种相互依存、不断转化的关系中，共同发展和丰富起来的。它们的发展又形成了整个语言词汇的丰富和发展。

## （二）相当于词的作用的固定结构的总汇

汉语中相当于词的作用的固定结构，一般也可以称作熟语。它包括的主要内容有成语、惯用语、谚语和歇后语以及专门用语等等。这些固定结构都是在语言的长期运用中约定俗成的定型的词组和句子，它们都具有以下三个共同的特点。

第一，结构定型。这些固定结构在语言运用中，都是以完整的定型的结构形式出现的，这种定型的结构形式具有一定的稳固性。

第二，意义完整。这些固定结构所表示的意义绝大部分都是抽象概括化了的，一般都不是字面意义的简单相加，所以这些固定结构的意义总是以一种特定的整体的意义出现。

第三，充当语言的备用单位。在语言运用中，这些固定结构都是组句的备用材料，它们的作用相当于词。

此外，这些固定结构又各有自己的特点，并且以其各自不同的特点又形成了各种不同的类聚。

### 1. 成语

成语是一种具有固定的结构形式和完整意义的固定词组。如：

| | | |
|---|---|---|
| 水落石出 | 狐假虎威 | 望梅止渴 |
| 千锤百炼 | 胸有成竹 | 刻舟求剑 |
| 比比皆是 | 本末倒置 | 波澜壮阔 |
| 沉鱼落雁 | 初出茅庐 | 打草惊蛇 |
| 根深蒂固 | 排山倒海 | 鲸吞蚕食 |
| 借花献佛 | 顺水推舟 | 朝三暮四 |

汉语的成语非常丰富，有很多都是从古汉语中沿用下来的，生命力极强。成语言简意赅，具有一般词语所不能比拟的表达作用。

　　在结构形式方面，成语结构定型的特点特别突出。汉语的成语多以四个音节的格式为主，一般是不能随意更动其组成成分和词序的。如"大公无私"，就不能随意改为"大公没私"、"大公和无私"或者"无私大公"等，"叶公好龙"更不能随便改成"李公好龙"或"叶公喜龙"、"叶公爱龙"等。汉语成语在结构形式上的特点，形成了它整齐简洁的独特风格。

　　在意义方面，成语的意义多为集中凝练而成，所以都是比较完整和抽象概括的。汉语中有部分成语，它的意义和它组成成分的意义是基本一致的，因此，这类成语的意义，一般可以从字面上得到了解。如"恋恋不舍""两全其美""惹是生非""普天同庆""门庭若市""大快人心"等等。但是更多的成语，其含义是在组成成分意义的基础上抽象概括而成的，这种成语，一般从字面上就很难确切深刻地了解它的含义了。如"九死一生"是"形容情况极端危险，多次经历生死关头而幸存"的意思，绝不是简单地指"九次死一次生"而言；"千方百计"是表示"想尽一切办法"的意思，也绝不是指具体的"一千个方法，一百个计谋"。其他像"犬马之劳""昙花一现""中流砥柱""赴汤蹈火""枯木逢春""骑虎难下"等等都是这样的情况。

　　汉语中还有许多成语，它们或来源于古代寓言，像"愚公移山""鹬蚌相争""黔驴之技""揠苗助长""守株待兔""刻舟求剑"等；或来源于神话传说，像"夸父逐日""精卫填海""开天辟地""八仙过海，各显神通"等；或来源于历史故事，像"草木皆兵""望梅止渴""完璧归赵""四面楚歌""负荆请罪""卧薪尝胆"等；或来源于某些作品，像"豁然开朗""妄自菲薄""径情直遂""实事求是""土崩瓦解""见异思迁"等。对这类成语，只有了解了它们的来源后，才能够对它们的含义有全面的认识，从而做到确切深刻的了解。

2. 惯用语

惯用语也是一种具有固定的结构形式和完整意义的固定词组。

在结构形式方面，汉语的惯用语多以三音节的格式为主。如：

敲竹杠　拖后腿　戴高帽　扣帽子
穿小鞋　背黑锅　栽跟头　磨洋工
炒冷饭　翻老账　碰钉子　抬轿子
咬耳朵　梳辫子　灌米汤　夹楔子
绕圈子　泼凉水　跑龙套　下马威

也有少数惯用语由四个或四个以上的音节组成。如：

捅马蜂窝　唱对台戏　吃哑巴亏
钻牛角尖　杀回马枪　走下坡路
快刀斩乱麻　皮笑肉不笑
穿新鞋走老路　好心当作驴肝肺

惯用语虽然也是一种定型的固定结构，但是和成语相比，它的结构定型性却要弱得多，在汉语中，我们会经常发现，一个惯用语，往往存在着几种不同的形式。如"拖后腿"也可以说成"拉后腿""扯后腿"，"捅马蜂窝"也可以说成"戳马蜂窝"等。此外，在具体运用中，人们还可以根据表达的需要，或者自己运用语言的习惯，来改变惯用语的词序或添加某些结构成分。如：

"戴高帽"可以说成"戴高帽子""戴上个高帽"。
"背黑锅"可以说成"背了黑锅""背上了黑锅"。
"拖后腿"可以说成"拖谁的后腿"。
"磨洋工"可以说成"磨了半天洋工"。
"捅马蜂窝"可以说成"捅了马蜂窝"。

惯用语的结构定型性虽然较弱，但它却比较自由灵活，在语言运用中，适应性比较强。

在意义方面，惯用语的意义也是在组成成分意义的基础上，通过比喻引申抽象概括而成，所以它的意义是概括完整的，绝不能等同于它字面意义的简单相加。如"戴高帽"绝不是真"把高帽子戴在头上"，而是"表示一种不符合实际的奉承和恭维"；"背黑锅"也不是真"在脊背上背个黑锅"，而是"表示承担着一种不该承担的罪责"。

任何一个惯用语的意义都是抽象概括的，否则它就是一般词组而不是惯用语了。如"走后门"，当它表示"暗中运用不正当的手段达到某种目的"时，是惯用语，当它表示的意义是"走后面的门"时，就是自由词组了。

因为惯用语的意义抽象概括，比喻性强，且富有生活气息，所以，在语言运用中，显得非常生动形象而有风趣，具有鲜明的修辞效果。又因惯用语多来源于人民生活的日常用语，比较通俗易懂，所以它的使用范围非常广泛，无论在书面语中，还是在口语中，它都被广泛地运用着，并积极发挥着生动形象的语言表达作用。

3. 谚语

谚语是一种具有特定意义内容和固定结构形式的句子。是人们口头上流传的一种通俗、简练、含义深刻的现成话。

在结构形式方面，谚语都是用固定的句子形式表现出来的。有的是单句的形式，如：

千金难买寸光阴。

强拧的瓜不甜。

细工出巧匠。

人正不怕影子歪。

小树不砍不成材。

有的是复句的形式，如：

> 岁寒知松柏，患难见人心。
> 山中元老虎，猴子称大王。
> 知树知皮不知根，知人知面不知心。
> 不下水，一辈子不会游泳；不扬帆，一辈子不会操船。
> 恼一恼，老一老；笑一笑，少一少。

　　在意义方面，因为谚语总是以整体的形式出现，所以它的意义都是特定的和完整的。有的谚语，其含义可以从它组成成分的意义上得到了解。如：

> 败子回头金不换。
> 不贵尺璧宝寸阴。
> 上山容易下山难。
> 不吃苦中苦，难得甜上甜。
> 春送千担粪，秋收万担粮。

也有的谚语，其含义是在字面意义的基础上，进一步引申比喻而成，因此都比较抽象概括。如：

> 众人拾柴火焰高。
> 搬起石头打自己的脚。
> 只要功夫深，铁杵磨成针。
> 留得青山在，不愁没柴烧。
> 种瓜得瓜，种豆得豆。

　　尽管这两种情况有所不同，但它们在内容上所表示的，都是人们长期生活经验的总结。它通过句子的形式，或者表示出一个判断和推理，或者在具体形象描写的基础上，通过引申和比喻，告诉人们一个必然的道理和规律，所以谚语的内容一般都比较丰富深刻，富有哲理的意味。

谚语虽然是一种固定的句子形式，但是它和词一样，是语言的备用单位。在运用中，它既可以充当句中的一个成分，也可以独立成句，或者充当复句中的分句。因为谚语是以句子形式出现的，所以它充当独立的句子和分句的情况更多一些。

### 4. 歇后语

歇后语是一种具有特定意义和固定结构的特殊的语言形式。它也是一种为人民群众所习用的现成话，所以和社会生活的关系非常密切，生活气息很浓。

歇后语所以被称为特殊的语言形式，就是因为从结构方面看，它都是由两个部分组成。如：

> 哑巴吃黄连——有苦难言。
>
> 鲁智深倒拔垂杨柳——好大的力气。
>
> 千里送鹅毛——礼轻情义重。
>
> 电线杆上绑鸡毛——好大的胆（掸）子。
>
> 四两棉花——谈（弹）不上。
>
> 打破砂锅——问（纹）到底。

从意义方面看，歇后语的前一部分都是对意义的引申和比喻，后一部分才是被引申比喻的正意所在。前后两部分通过引申比喻和被引申比喻的关系联系在一起，形成一个整体。以上例中的"哑巴吃黄连——有苦难言"来说，它要表示的意思是后一部分"有苦难言"，但却在前一部分先用了非常形象的"哑巴吃黄连"来进行比喻，前后两部分结合在一起，不但加重了语义，而且生动形象，给人们留下了很深的印象。还有的歇后语，除了运用引申比喻之外，还使用了谐音双关的手法，从而使意义表达上不但生动形象，而且含蓄诙谐。如上例中的"电线杆上绑鸡毛——好大的胆（掸）子"，它的前一部分的比喻是说明"掸子"的，然而由于"掸""胆"同音，因此又用了谐音双关的手法转而说明了

"好大的胆子"。用这种巧妙的方法组成的歇后语，寓意深刻，耐人回味，具有很强的修辞效果。

汉语中的歇后语非常丰富，而且在运用上也比较灵活。在具体运用中，有时歇后语前后两部分可以同时出现，如"老鼠过街——人人喊打""肉包子打狗——有去无回"；有时歇后语也可以只出现前一部分，如"癞蛤蟆想吃天鹅肉""黄鼠狼给鸡拜年"等，因为歇后语比较通俗易懂，即使只出现前一部分，它后面的意义，一般也都能领悟出来。

歇后语虽然是具有两个部分的特殊语言形式，但是，它作为一种固定的结构，在运用中仍然相当于一个词的作用。它可以充当句子的成分，同时也可以独立成句或者充当复句的分句。

5. 专门用语

专门用语就是指被固定化了的专门指称某种事物和意义的词组。它随着社会的交际需要而产生，并且许多专门用语都往往和它的简缩形式并存于语言词汇系统之中，根据不同的交际需要，两相交替地被人们自由地使用着。如：

> 山东大学　人民警察　支部书记　广播电台
> 四个现代化　居民委员会　少年先锋队
> 人民代表大会　政治协商会议　上海电影制片厂
> 北京语言文化大学　北京航空航天大学

6. 习用套语

习用套语就是社会上人们习惯使用的现成话。这些套语都是在社会上被长期使用后约定俗成下来的，也是被固定化了的定型的词组或句子，它们和所有的相当于词的作用的固定结构的性质一样，都是组成言语的备用成分，因此它们也应该是词汇的成员。如"您好""再见""请进""请坐""对不起"等等。当然，社会上使用的各种各样的套语很多，像人们见面时打招呼经常用的"吃饭了吗？""上班去啊！"之类的套语，由于它们作为言语组成的备用成分的性质极弱，所以不应该把诸如此类的套语也包括在词汇范围之内。

以词和相当于词的作用的固定结构为单位，将词汇系统的内容示图如下：

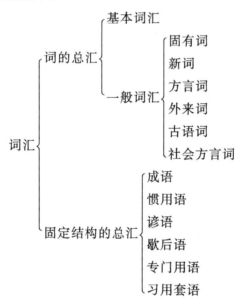

## 第二节　词汇在语言中的地位和作用

### 一　对语言要素的认识

何谓语言的要素？这是一个很难回答的问题，主要是看我们从哪一个角度和范围来讨论问题。不过根据我们以往的研究情况来看，无论过去还是现在，凡是谈到语言的要素问题，基本都是从语言的组成部分着眼的；而语言的组成部分，又都是被看作能够作为交际工具的一部分，具有直接参与组词成句的功能的。因此在这里，我们也仍然从这种语言的组成部分谈起。

对语言组成要素的看法，在研究领域中，大家的意见并不尽一致。80 年代以前，更多的人还是认同了斯大林的说法，认为语音、词汇、语法是语言的三大要素。80 年代以后，人们逐渐提出了不同的看法，更多的人认为提出词汇为要素之一不妥，因为词汇和语音有交叉现象，语言的三大要素应该是语音、语义和语法。这样的提法当然也有它的道理，因为这样一来，这三者都是各自独立的，不会再出现任何重复和交叉现象了。但是这样的意见是否就能彻底解决问题呢？我认为仍然有值得考虑的地方，因为这三者虽然各自独立，但是从语言运用的层面来说，语音、语义和语法的独立运用性绝不是一样的，语音的独立运用性，更主要的是表现在它作为音位组成音节上，但只凭借音节一个方面是不可能组词成句的；同样语义的独立性也是如此，它本身并不能成为独立的直接现实，它只能依附于语音而存在，所以从这个角度和范围来说，这三者不应该是一个层面上的语言成分。当然这里是在以上前提下讨论问题的，因此并不能否认语音和语义在另一个范围内的独立运用性。

　　如果我们从语言的实际情况来考虑，就不难发现平常所说的"组词成句"的道理。在日常生活中，人们进行交际的时候，最直接的做法就是用语法规则把一个个的词组织起来，形成一句句的话，以此进行相互交际。所以直接参与交际过程的单位应该是词和语法。不过这样说并不是把语音和语义排除在外，不可否认，语音和语义也是直接参与者，因为词本身就是音和义的结合体，没有音和义就没有词，但是一旦音义结合形成词后，词就成了直接参与交际的单位，语音和语义则只能是它的一个组成部分，而不能成为直接参与交际的独立单位。试想一下，如果只有不表义的音，是无法用来组成句子进行交际的，至于只有语义的情况，那更是不可想象的。根据这种语言事实，应该说，语言的组成要素首先是由语音和语义形成词汇，词汇和语法才是直接的组成语言的要素。

## 二　对词汇在语言中的地位和作用的思考

根据以上的分析，词汇是语言的组成要素之一，及时而准确地为语言提供造句的材料，应该是词汇的主要功能，这已是不可否认的事实。也正因如此，词汇反映社会是最敏感的，它几乎处在经常不断的变动之中，否则词汇的能力和它的功能就会产生矛盾，它就需要从各个方面进行自我调整。

但是词汇在语言中的地位和作用是否仅此而已呢？事实上绝非如此。只要我们留心观察一下，就会发现词汇和语言的各个方面都有着各种各样的联系。其原因就在于词是一个音义结合体，就在于词汇是语言参与交际的最直接最实际存在的单位，词汇是语言的各种成分的具体体现者。

由于词是音义结合体，所以在了解和使用词的时候，对它的语音和语义都不可能忽视，词本身就是语音和语义的载体，对语言这一交际工具来说，离开词，语音和语义都无法体现。当然，如果没有语音和语义，词也无从产生。在词中，语音和语义得到了和谐的统一。因此在语言运用中，人们在接触词的同时，也自然地接触到了语音和语义。

由于词是造句的单位，因此人们的每一句话，都是在语法规则的支配下组词而成的。从实际情况来看，语言中的语法规则，也只能体现在人们的一句句的言语之中，体现在词与词的组合之中，所以可以说，词汇是最实际的成分，是词的组合使抽象的语法规则成为现实。

至于语言的应用及其书面形式文字方面与词汇的关系也是毋庸讳言的。只有对词进行具体的运用，才能反映出语言应用中的各种现象，不仅是词的运用情况，而且也可以通过词来观察语音、语义、语法、修辞乃至文字等等方面的运用和发展变化情况。至于文字，它是记录语言的书面符号，所以在书面语言中，文字的功能要求它首先记录的也应该是词，特别是汉字更是如此。

　　以上论述，是着重从词汇在语言中的地位和作用方面来谈的，这样阐述的原因，主要是为了强调当我们在学习或研究词汇的时候，绝不能把词汇孤立起来，而是必须把它放在与语音、语义、语法、语用等等方面的广泛联系之中，只有这样，才能够完整地观察词汇，也才能深入地分析和了解词汇。就社会上的词汇学习和教学来说，在学习词汇的同时，和其他方面自然地联系起来，也往往是一种自然的现象，如果能够有意识地注意这一点，无论对学习、对研究都将是极为有意义的。

　　在这里必须说明的是，以上论述虽然着重谈了词汇在语言中的地位和作用的问题，但是却绝对没有排斥语音、语义等学科的意思，语音、语义、语法、修辞、文字以及语用等学科，永远都是语言学研究中独立的分支学科，这些领域中的研究工作及其成果，对整个的语言学研究来说，都永远是有着无可置疑的重要的意义和作用的。

# 第二章 词和词素

## 第一节 词

  词汇是词的总汇，词是词汇中的个体成分，因此要学习词汇，首先就需要明确什么是词。语言是人类最重要的交际工具，在日常生活中，人们就是运用这种工具来组词成句进行交际的。如我们可以用"你""去""黄山""旅游""吗"这五个词，组成一句"你去黄山旅游吗？"的话，而且一般也可以辨别"我到学校去"这句话，是用"我""到""学校""去"等四个词组成的，这对汉族人使用汉语来说基本上都是可以清楚的。但是如果我们再进一步地问一下，在"大家能在一起过个春节不容易，应该好好地热闹热闹"这句话中，到底又存在着几个词呢？为什么要说这些小成分是词呢？这些小成分又是怎样从言语片断中分离出来的呢？恐怕大家的回答就不尽一致了。事实上，要明确这些问题，我们首先就必须了解什么是词。

### 一 什么是词

  因为词是词汇的个体成分，是语言符号的单位，所以它是词汇学研究的最基本的对象；因为词总是被组织到句子中去充当句子成分，所以在句子中，词和句子成分之间又存在着重合非重合等各种不同的关系；因为词经常被运用来进行信息处理，所以在计算机信息处理中，汉语的词和信息处理中使用的模块式的工程词也很不一致；再者，因为汉语的词又不像印欧语言那样，具有丰富的形态变化，因此要给词下一个全面而确切的定义，的确是比较困难的。在这里，我们仅从词汇学的角度对什么是词做一点探讨。

众所周知，词是语言符号的单位，它是一种凭借声音表示意义的音义结合体，词在交际中的主要功能就是用来组成句子以表达思想，所以词又是组句的备用单位。因此应该说：词是语言中一种音义结合的定型结构，是最小的可以独立运用的造句单位。基于这样的认识，可以确定为词必须具有以下六个特点。

### （一）　词必须具有语音形式

语音是语言的物质外壳，词只能在语音形式的基础上形成和存在，没有语音形式就无所谓词，所以任何一个词都有它自己的语音形式。如"老师""和""同学""都""来""了"几个词，尽管它们所表示的意义各不相同，所属的词类也有所差异，但是它们都有自己的语音形式，如"lǎoshī""hé""tóngxué""dōu""lái""le"。所以语音形式是词必不可少的要素之一。

### （二）　词必须表示一定的意义

词是一种音义结合体，所以每一个词都必须具有自己的意义内容。如"麦苗"表示的词汇意义是"麦子的幼苗"；语法意义是"名词，可作主语、宾语……"；色彩意义是"中性"。"坚强"表示的词汇意义是"强固有力，不可动摇或摧毁"；语法意义是"形容词，可作定语、谓语……"；色彩意义是"褒义"。又如"奉承"表示的词汇意义是"用好听的话恭维人，向人讨好"；语法意义是"动词，可作谓语、定语……"；色彩意义是"贬义"。"和"表示的词汇意义是"同、与"；语法意义是"连词，表示并列联合关系"；色彩意义是"中性"。

### （三）　词是一种定型的结构

所谓定型是因为词的声音和意义一旦结合在一起，并被语言社会约定为词之后，词就成了一种相对固定的形式，什么样的声音表示什么样的意义形成了一种整体的存在，是定型化了的，一般情况下是不能够随意改变的。所谓结构是指作为词，它也是由其他许多成分所组成，从语音形式方面看，它不仅具有由代表音位的音素组成的音节，而且它本身更是由数量不等的音节组合而成的整体；从意义内容方面看，它是由表示意义的词素按照一定的语法结构方式组合而成的。因此，对一个词来说，无论在语音形式的组成方面、词素的组合方面，还是音和义的结合方面，它都是一个具有内部结构形式的整体。所以词是一种定型的结构。

### （四）词是可以独立运用的

词作为语言符号的单位，是一个不依赖其他条件而独立存在的个体。人们组句时，可以根据所要表达的意思，选取恰当的词，按照组句的语法规则，组成各种不同的句子。在组句过程中，词是一个可以被独立运用的备用单位。如"天气"是一个词，也是语言中一个独立存在的个体，它既可以被人们用来组成"多好的天气啊！"（独语句，"天气"充当中心语），也可以用来组成"今天的天气真好！"（主谓句，"天气"充当主语中心），还可用来组成"天气的好坏不能影响工作的进度。"（主谓句，"天气"充当主语中的定语）。又如"钢笔"，既可以用来做句子的主语，如"钢笔是写字的工具。"，又可以用来做句子的宾语，如"我买了钢笔。""他送给我钢笔。"等。

语言中有一部分词是不能独立成句的，如副词"很""再"、量词"群""双""只"等等。但是必须明确，不能独立成句绝不等于不能独立运用，以上例词虽然不能独立成句，但它们都能被独立运用来造句，而且在句中都能充当某个不可缺少的成分。如在"他很勇敢。""你再去一趟吧。""那里有一群人。""这双袜子只剩一只了。"等句子中，"很""再""群""双""只"等都是以独立运用的单位被组织到句子中来的，而且从句子的意义上到结构上都是不可缺少的成分。

　　由此可见，词都是可以被独立运用的。正因为词具有这种特点，所以人们可以用它来组成各种不同的句子。

### （五）词是一种最小的单位

　　语言中有许多最小的单位，每一种最小的单位都有自己的范围和条件。如音素是从音质的角度划分出来的语音的最小单位，音节是语音结构的最小单位。词也是一种最小的单位，这种最小单位是就造句这个范围而言的，从造句的材料来看，词是最小的不能再被分割的单位。

　　词作为一个最小的、不可分割的整体，主要表现为它必须表示一个独立而完整的意义。这个意义是特定的，表示着某种特定的事物或现象，所以一般情况下，都不能把词的意义看成它组成成分的简单相加。因此，词也不能再被分割，否则，这个词就会失去原有的意义而不再存在，或者因改变了原来的意义而变成另外的词。例如"地图"一词表示"说明地球表面的事物和现象分布情况的图"。这种意义是特定的，与它指称的特定事物有着密切的联系。因此，它绝不是泛指一切在地上画的图，同时也不容许再分割成"地"和"图"。如加以分割，那就成为"地"和"图"两个词，当然就不再是"地图"这个词了；它们所表示的也只能是"地"和"图"两个词的意义，而不再是"地图"一词的意义了。由此可见，"地图"作为一个词，是一个最小的单位，是一个不可分割的整体。又如"铁路"是指"有钢轨的供火车行驶的道路"，"戏言"是指"随便说说并不当真的话"。它们都有特定的意义，都与所指称的特定的事物相联系。因此，即使全用铁块或铁板铺成的路也不能称为"铁路"，即使戏剧中所说的话也不能称为"戏言"。"铁路""戏言"作为语言中的词，都是音义结合的不能再被分割的定型结构，是造句时能独立运用的最小的单位。当然词在意义上的不可分割性，并不能因此也说词具有结构上的不可分析性，因为词是一种结构，所以在结构上词是完全可以分析的。

**（六）词是造句材料的单位**

语言中存在着各种各样的单位，因此，我们不能笼统地说词是一种语言单位。从词的功能来看，说它是一种造句单位是比较合适的。当然，词除了用来造句之外，还可以组成词组等，但词的根本用途是用来造句。人们运用语言进行交际的过程，基本上就是组词成句以表达思想，达到互相了解的过程。因此，词是语言符号的单位，也是造句材料的单位。

以上分别说明了词的六个特点。对词来说，这六个特点是统一的、不能分离的，它们互相联系和制约，舍掉任何一个特点，我们都不能全面正确地认识词。

## 二　现代汉语词辨识

### （一）对词的辨认与划分

在以上认识的基础上，我们可以观察分析一下汉语词的实际情况，看一看汉语中哪些成分应该是词。

由于语言是发展的，所以同一个成分在现代汉语和古代汉语中的情况并不完全一致。因此，我们仅从共时的角度，对现代汉语中的情况做以下分析。

在现代汉语中，以下情况应当认为是词。

1. 单音节，有意义，能独立运用造句的成分是词。如：

| | | | | | | |
|---|---|---|---|---|---|---|
| 山 | 水 | 土 | 泥 | 树 | 花 | 草 |
| 人 | 马 | 鸟 | 牛 | 鱼 | 鸡 | 蛇 |
| 砖 | 瓦 | 车 | 船 | 书 | 纸 | 布 |
| 头 | 手 | 嘴 | 脚 | 心 | 肝 | 胃 |
| 飞 | 走 | 跑 | 看 | 摔 | 碰 | 丢 |
| 红 | 黄 | 深 | 高 | 大 | 甜 | 美 |
| 我 | 你 | 您 | 谁 | 这 | 那 | 哪 |
| 再 | 很 | 都 | 不 | 从 | 向 | 被 |

```
一　二　千　百　个　趟　次
并　而　或　与　啊　呀　吗
```

2. 两个或两个以上不表示意义的音节的组合，能表示特定的意义，并可独立地用来造句的结构是词。如：

```
蜘蛛　参差　踟蹰　吩咐　忸怩
玲珑　忐忑　仿佛　含胡　蹊跷
犹豫　玻璃　蟋蟀　蚯蚓　葡萄
婆娑　玫瑰　徘徊　傀儡　蜻蜓
轱辘　霹雳　唠叨　蹉跎　逍遥
吧嗒　嘎吱　扑通　当啷　哗啦
尼龙　咖啡　沙发　吉普　拷贝
卡秋莎　托拉斯　莫斯科　加拿大
```

以上例词中的组成成分都是一些不表示意义的音节。像"忐""忑""玻""雳""葡"等等在任何时候都是不表示意义的。而像"婆""通""龙""沙""发""秋""加"等等虽然孤立存在时，都有各自表示的意义，但在以上例词中，却都是只表音不表意的音节。因为它们本身所表示的意义，与这些结构的形成以及这些结构的意义都毫无关系，在这里只是借用它们的语音形式而已。

3. 一个或一个以上不表示意义的音节，和一个表示意义的音节组合在一起，表示着特定的意义，并可独立地用来造句的结构是词。如：

```
啤酒　卡车　酒吧　沙皇　卡片
卡介苗　法兰绒　霓虹灯　卡宾枪
太妃糖　布鲁氏菌　爱克司光　高尔夫球
```

这类词的特点是，不表意的部分都是摹声而成的：有的是摹拟外语词的声音，个别是摹拟自然界的声音。但是不论哪种情况，在汉语中，这些不表意的部分都是不能独立存在和运用的，只有当它们与某个表意的成分组合在一起，形成了一种修饰和被修饰、限制和被限制的关系以后，这些摹声成分才能显示出它们的某些表意作用。如"啤酒"的"酒"原是"酒的通称"，当和"啤"组合后，"啤"对"酒"起了修饰限制的作用，从而使"啤酒"成为指称某一种酒而言了。又如"酒吧"中的"吧"，原是从外语词"bar"摹声而成，"bar"原为"酒馆"的意思，但是在汉语中，"吧"却是一个不能独立表意和存在的成分，经过与"酒"组合以后，"酒"对"吧"起了修饰限制的作用，只有这时，"吧"的意义才能被显示出来。"酒"和"吧"共同形成了"酒吧"这一新的结构，并成了能表示特定意义的可独立运用的成分。汉语中这种情况的结构都应视为词。

4. 表意的成分和已虚化的成分相组合，表示特定的意义，并可独立用来造句的结构是词。如：

| | | | | |
|---|---|---|---|---|
| 阿姨 | 老虎 | 老鹰 | 第二 | 初五 |
| 石头 | 想头 | 甜头 | 房子 | 扣子 |
| 聋子 | 泥巴 | 哑巴 | 忽然 | 突然 |
| 合乎 | 出乎 | 摔搭 | 扭搭 | 电器化 |
| 自动化 | 黑乎乎 | 酸溜溜 | 甜丝丝 | |

这些结构中的所谓虚化的成分，是指它们在词汇意义方面已经虚化，已没有明显的表示词汇意义的作用了。如"帘子"的"子"和"鱼子"的"子"、"木头"的"头"和"地头"的"头"就完全不同，它们的前者都是虚化成分，后者都表示实在的词汇意义。不过这些虚化成分在词汇意义虚化的同时，却获得了明显的表示语法意义的作用。如上例中的"阿""头"等就有标志名词的作用，"化"则具有标志动词的作用，"乎乎""溜溜"等则都是标志形容词的虚化成分。

5. 一个不能独立运用造句的表意成分，重叠后可以独立用来造句了，这一重叠后的新结构是词。如：

> 弟弟　妹妹　伯伯　郁郁　勃勃
>
> 纷纷　茫茫　悄悄　渐渐　巍巍
>
> 凛凛　恰恰　荧荧　蠢蠢　匆匆

有一些词在现代汉语中还存在着单用和重叠两种形式。表亲属称谓的词，如妈——妈妈、姑——姑姑、叔——叔叔、舅——舅舅等等；表一般事物名称的词，如星——星星、棒——棒棒、道——道道、棱——棱棱等等。这些词的两种形式，表示着相同的意思，这是在词汇的发展和交替中，词的两种形式并存的现象。

以上重叠结构的形成，是汉语词汇逐渐由单音向双音化发展的结果；同时摹仿儿童语也具有一定的影响。

汉语中还有一种重叠结构，它是由一个能够独立运用造句的表意成分重叠而成，重叠后在基本意义不变的情况下，增加了某些语法意义和作用。这样的重叠结构应该当作一个词看待。汉语中这样的重叠结构，如：

> 人——人人 ⎫
> 家——家家 ⎪
> 年——年年 ⎬ 重叠后在基本意义不变的情况下，增加了表示逐指的作用。
> 趟——趟趟 ⎪
> 回——回回 ⎭

> 想——想想 ⎫
> 看——看看 ⎪
> 试——试试 ⎬ 重叠后在基本意义不变的情况下，增加了表示短暂的或表示尝试的作用。
> 尝——尝尝 ⎪
> 扫——扫扫 ⎭

狠——狠狠（地说）
重——重重（地打了下来）
高——高高（的个子）
甜——甜甜（的味儿）
红——红红（的脸儿）

重叠后在基本意义不变的情况下，增加了表示加强或表示轻微和适中的作用。

这类重叠结构和"弟弟""纷纷"等在性质上完全不同。"弟弟""纷纷"是在"弟""纷"不能单用的情况下产生的新形式的词，"人人"则是"人"一词的变形，它是在"人"仍然单用的情况下，为表示不同语法意义而进行的同一词的不同形态变化（详见"构形法"部分）。正因为这种重叠形式是同一词的不同变化形式，所以，像"人人""趟趟""想想""狠狠"等仍然是词。我们在辨认词的时候，绝不能把"人人"等当作两个词看待。

6. 一个表示意义的成分重叠以后，表示了新的意义，可以独立运用造句，这样的重叠结构是词。如：

落落　斤斤　区区　熊熊　在在
鼎鼎　源源　翼翼　断断　涓涓
奕奕　济济　津津　昂昂　堂堂
万万　通通　往往　奶奶　太太

分析这类词，它的构成成分有两种情况：一种是像"落""斤""区""万""通""断"等等，这些表意成分本身也可以独立成词；另一种是像"翼""奕""济""涓""津"等等，在现代汉语中，它们只有重叠后才能成词。这两种情况尽管不同，但却具有共同的特点，即这些成分本身都是表意的，而且重叠后表示的意义，从现在的共时角度看，和它们原来表示的意义都不相同。不过我们也不能否认，如果从历时的角度观察其意义变化的话，有些词的意义演变还是有源可查的。

7. 两个表示意义但不能独立运用造句的成分相结合，形成一个新的结构，表示新的意义，并能独立运用造句的是词。如：

| | | | | |
|---|---|---|---|---|
| 牺牲 | 丰茂 | 监督 | 参观 | 茅庐 |
| 融洽 | 梭镖 | 坦率 | 韬略 | 颓靡 |
| 委婉 | 纨袴 | 咆哮 | 承袭 | 诬蔑 |
| 瞻仰 | 酝酿 | 义愤 | 哀悼 | 昂首 |
| 赞颂 | 苍翠 | 怜悯 | 态势 | 迅捷 |
| 疏忽 | 枢纽 | 羡慕 | 晓畅 | 业绩 |
| 习尚 | 危惧 | 业务 | 袭击 | 勘测 |
| 萧索 | 康复 | 蕴含 | 遵循 | 摹拟 |

8. 一个表示意义又可独立运用造句的成分，和一个表示意义但不能独立运用造句的成分组合在一起，形成了新的结构，表示新的意义，并能独立运用造句的是词。如：

| | | | | |
|---|---|---|---|---|
| 学习 | 人民 | 简短 | 借鉴 | 宁静 |
| 取材 | 深奥 | 浓郁 | 朴厚 | 鬼祟 |
| 崇高 | 肤浅 | 华美 | 幽香 | 蔚蓝 |
| 透彻 | 思路 | 冷饮 | 人杰 | 幼苗 |
| 对偶 | 颂歌 | 借故 | 解剖 | 逃遁 |
| 杀戮 | 冲锋 | 抽搐 | 独创 | 反击 |
| 蒲绒 | 藏匿 | 旧历 | 碧空 | 卫兵 |
| 菊花 | 鲤鱼 | 茅草 | 芹菜 | 松树 |

上列例词中的各个组成成分都是能够表示意义的，但它们的情况却有所不同。如"学习"中的"学"、"人民"中的"人"等不但可以表示意义，而且在现代汉语中都能独立成词。可是"习""民"等成分，虽然也能表示意义，但现在却不能独立成词了。凡是由这样两种成分组合在一起，既能表示新义，又能独立地用

来造句，这种新的结构都应看作词。

9. 一个表意但不独立运用的成分，在具体的语境中，如果被独立运用造句时，也应视为词。如现代汉语中，人们不说"民"而说"人民"，不说"子"而说"孩子"或"儿子"，但在具体的语境中，却可以说"爱民如子"，在这里，"民"和"子"都是被独立运用的。又如大家不说"摄"而说"摄影"或"拍摄"，但却可以说"本报记者摄"；不说"发"而说"头发"，但却可以说"理了理发""理了个发"等。在这些语境中，我们不能否认，这些成分是被独立运用造句的，它们这时都已具备了词的六个条件，而且起着词的作用。所以在具体的语境中，这些成分都应该看作词。

10. 两个或两个以上表示意义的又可独立运用的成分相组合，形成新的结构，表示新的意义，并能独立用来造句的是词。如：

| | | | | |
|---|---|---|---|---|
| 白菜 | 马车 | 道路 | 剪纸 | 信心 |
| 电灯 | 草药 | 地球 | 小说 | 祝词 |
| 快车 | 绿茶 | 冷淡 | 弱小 | 笨重 |
| 发动 | 带头 | 打捞 | 出借 | 想象 |
| 印染 | 光滑 | 空前 | 向往 | 到来 |
| 书本 | 船只 | 车辆 | 人口 | 布匹 |
| 毛玻璃 | 螺丝刀 | 山水画 | 皮凉鞋 | |
| 走读班 | 说明书 | 双眼皮 | 落花生 | |

这类词的特点是：它们的组成成分都能表示一定的意义，而且都能够独立成词。如"白菜"的"白"和"菜"，"毛玻璃"的"毛"和"玻璃"，"山水画"的"山"、"水"和"画"或者"山水"和"画"，"皮凉鞋"的"皮"、"凉"和"鞋"或者"皮"和"凉鞋"等，都表示着一定的意义，并可以独立成词。因此，辨认这部分词就显得比较困难。通常人们感到词和词组难以分辨的情况，就是出现在这部分词当中。

在辨认这部分词时，我们应该注意的仍然是"词是音义结合的定型结构"这一特点。词一旦形成后，就是一个表示特定意义的不可分割的整体，是一个独立的造句单位，因此，一般情况下，词的意义绝不等于它的组成成分的意义的简单相加；同时在结构形式上，词也不能按照它组成成分之间的语法关系随意扩展。以"白菜"为例，它作为一个音义结合的定型结构，表示的意义是："二年生草本植物，叶子大，花淡黄色。品种很多，是普通蔬菜。也叫大白菜。"可见它是指称一种蔬菜的名称，而不是指"白的菜"。"白菜"和"白的菜"表示的意义完全不同，"白菜"作为一个具有定型结构、表示特定意义的词来说，是绝不能被扩展的。同样的道理，"马车"也不能扩展成"马的车"或"马拉的车"，"道路"也不能扩展成"道和路"，"剪纸"也不能扩展成"剪着纸"或"剪了纸"，而"毛玻璃"当然也不能扩展成"毛的玻璃"。由此可见，词这种音义结合的定型结构，是不能被扩展的。我们根据这一点，就可以把这一类型中的大部分词分辨出来。

以上十类词中，前九类和第十类中的大部分词，都是很容易辨别清楚的，只有第十类词中的少量的词，容易出现和某些词组不易分清的问题，这是因为第十类词的组成词素都可以独立成词。对这一情况，我们在下面分别做一分析。

**（二）词和某些词组的区分问题**

总的说来，汉语中词和词组的区分还是很明显的，一般情况下，并不会发生混淆。至于前面第十类中的少量词，容易出现和词组不易分清的问题，分析这些现象，可以初步整理为以下四种类型。

1. 在汉语词汇中，的确有一些组合体具有两种不同的性质。如"江湖"可以表示"旧时泛指四方各地"或者"旧时指各处流浪靠卖艺、卖药等生活的人，以及这种人所从事的行业"等意义，这时"江湖"是一个表示特定意义的不容再分割的造句单位，是一个定型结构，所以是一个词。但是有时"江湖"的确又是表示"江"和"湖"的意思。如"祖国的江湖多美好啊"中的"江湖"，就可以分割成"江"和"湖"两个词，分别表示着"江"和"湖"两种不同的事物，这时的"江湖"并不具备词的条件，它只是"江"和"湖"两个词的临时组合，所以是一个词组。下列各例也是这种情况。

　　　　笔墨：指称"文字或文章"的意思时是词，表示"笔"
　　　　　　　和"墨"两种事物时是词组。
　　　　山水：指称"山上流下来的水"，或者"泛指有山有水
　　　　　　　的风景"，或者"指以风景为题材的中国画"等
　　　　　　　意思时都是词，单纯表示"山"和"水"的意思
　　　　　　　时是词组。
　　　　妻子：指称"男子的配偶，与'夫'相对"的意思时是
　　　　　　　词，表示"妻"和"子"两种意思时是词组。
　　　　红花：指称"一年生草本植物，叶子互生，披针形，有
　　　　　　　尖刺，开黄红色筒状花的植物"或者指称"一种
　　　　　　　中药材"的名称时是词，表示"红色的花"时则
　　　　　　　是词组。

　　2. 汉语词汇中，有少数组合体的确是可以扩展的，扩展后的意义和原来的意义基本一样。如"象牙——象的牙""牛奶——牛的奶""羊肉——羊的肉""猪肝——猪的肝""牛角——牛的角"等等。但是我们仍然认为"象牙""牛奶""羊肉""猪肝""牛角"等是词，"象的牙""牛的奶""羊的肉""猪的肝""牛的角"等则是词组。因为，只要我们观察一下，就会发现在同一个语境中，"象牙""牛奶"等形式，是不能用"象的牙""牛的奶"等形式来进行代替的。如我们可以说"这是象牙雕刻"，却不能说"这是象的牙雕刻"；可以说"我买了两盒牛奶糖"，却不能说"我买了两盒牛的奶糖"。可见，像这类词，在语言的实际

应用中，一般都是不能扩展的。从这里我们也可看出，这些词的组成成分的结合，也具有一定程度的不可分性；此外，从社会上的使用情况来看，这些词作为一个整体，被人们使用的频率也相当高，这一切都能够证明"象牙""牛奶"等都是一个表示着特定意义的定型结构，它们是词而不是词组。当然"象的牙""牛的奶"等形式都是词组，它们从结构到性质都是和"象牙""牛奶"等完全不同的。

3. 汉语中还存在着像"抓紧""打垮"一类的词，它们的组成成分都可以独立成词，它们本身也可以进行扩展，例如"抓紧"可以扩展为"抓得紧""抓不紧"，甚至还可以扩展成"抓得紧不紧"，"打垮"也能扩展为"打得垮""打不垮"等，所以辨认这部分词的确比较困难。对这类词我们可以试从两个方面去认识。一方面，我们应该看到，虽然这些词可以扩展，但是在许多具体的语境中，它们不但不能扩展，而且其组成成分结合得还相当紧密。如"我们必须抓紧时间学习"中的"抓紧"、"坚决打垮反动派"中的"打垮"，就不能进行任何的扩展。根据语言中实际运用的情况，它们具有一定的完整性和定型性，在具体的语境中，它们是不能够用扩展的形式来代替的，所以应该认为这些组合体是词。另一方面，我们分析比较一下就会看到，像"抓紧""打垮"这类结构，它们表示的意义，在其组成成分的意义基础上也有所融合，也体现出了一定的整体性和概括性。如"抓紧"就已融合为"不放松"的意思，"打垮"也已融合为"推翻"的意思，它们各个组成成分的意义，在实在性和具体性方面，都程度不同地有所削弱。当然，各个词在发展过程中的情况是不相同的，如"分清""搞好"等词的意义，融合的程度就比较差。然而应该肯定，这类词也是汉语词汇中的一个类型，从发展趋势看，它们的意义将会沿着由分散到融合、由具体到抽象概括的道路发展下去。

4. 离合词的问题。所谓离合词就是指某些词可以经常被拆开使用的情况。离合词通常有两种情况。一种是其组成成分本身都能够独立成词。如：

> 起床："起了床""起不了床"
> 帮忙："帮个忙""帮了忙""帮不了忙"
> 握手："握着手""握过手""握了一次手"
> 伤心："伤了心""伤什么心"

另一种情况是有的组成成分在现代汉语中只能表意，却不能独立成词了。如：

> 鞠躬："鞠了个躬""鞠一个躬"
> 革命："革谁的命""革反动派的命"
> 敬礼："敬了个礼""敬一个礼"
> 洗澡："洗了澡""洗个澡""洗了个澡"

以上例词中的"鞠""躬""革""礼""澡"等成分，现在都是不能独立成词的。

　　以上两种情况尽管有所不同，但它们却共同具有可以离合的特点。对这类词应该认为：未扩展的是词，扩展了的都是词组。但是不能认为未扩展时也算词组。因为这些离合词扩展前后的意义是不一样的。如"起床""鞠躬"等词，它们表示的都是一种动作，但是经过扩展后的"起了床""鞠了个躬"等，则是表示与这种动作有关的情况了，而且不同的扩展形式表示的意义也不相同。由此可见，这些词在扩展前，都是表示特定意义的不可分割的整体，是充当造句单位的词；扩展以后，它们的组成成分本身就具有了词的特点，并且都以词的资格参与了扩展后的各个词组的构成，就是那些在现代汉语中已不能独立成词的成分，如"鞠躬"的"鞠"和"躬"等，在这具体的语境中，也可以当作独立的词来看待了（见辨析中的第九条）。

　　汉语中分辨词和词组是一个很复杂的问题，因此，除以上四种情况外，音节的多少以及读音方面和形态方面表现出来的某些特点，也可作为分辨时的参考。

　　以上从两个方面谈了对汉语词的辨析问题。根据这种认识，我们可以把下面两段文字中的词具体切分如下。

　　词以"＿＿"标出，"＿＿"下的数字标明该词属于以上十种情况中的某一种。

　　第一段，臧克家：《有的人》。

　　　有的人活着
　　　1　1　1　1

　　　他已经死了；
　　　1　10　1

　　　有的人死了
　　　1　1　1　1

　　　他还活着。
　　　1　1　1

　　　有的人
　　　1　1　1

　　　骑在人民头上："呵，我多伟大！"
　　　1 1　8　1 1　　1　1 1 8

　　　有的人
　　　1 1 1

　　　俯下身子给人民当牛马。
　　　8　4　1　8　1　10

　　　有的人
　　　1 1 1

把名字刻入石头，想"不朽"；
1　10　1　1　　4　　1　　8

有的人
1 1 1

情愿作野草，等着地下的火烧。
10　1　10　　1　　1　1　1　1　1

有的人
1 1 1

他活着别人就不能活；
1 1　　　10 1 1 1 1

有的人
1 1 1

他活着为了多数人更好地活。
1 1　　10　　10　1 1 1 1 1

骑在人民头上的
1 1　8　　1 1 1

人民把他摔垮；
8　1 1 1 1

给人民作牛马的
1　8　1　10 1

人民永远记住他！
8　10　10 1

把名字刻入石头的
1　10　1 1　4　1

名字比尸首烂得更早；

10　1　7　1　1　1　1

只要春风吹到的地方

10　10　1　1　1　10

到处是青青的野草。

10　1　1　　1　10


他活着别人就不能活的人，

1　1　　10　1　1　1　1　1

他的下场可以看到；

1　1　10　　10　1　1

他活着为了多数人更好地活着的人，

1　1　　10　10　1　1　1　1　　1　1

群众把他抬举得很高，很高。

8　1　1　10　1　1　1　　1　1

第二段，茅盾：《白杨礼赞》中的一段。

它没有婆娑的姿态，没有屈曲盘旋的虬枝。也许你要说它

1　10　2　1　7　　10　10　8　1　8　　10　1　1　1　1

不美。如果美是专指"婆娑"或"旁逸斜出"之类而言，

1　1　　10　1　1　1　1　　2　　1　　1　9　1　1　　1　9　1　9

那么，白杨树算不得树中的好女子。但是它伟岸，正直，

4　　10　1　1　1　1　1　1　8　　10　1　8　　10

朴质，严肃，也不缺乏温和，更不用提它的坚强不屈与

7　　8　　1　1　10　1　1　1　　1　1　1　1　1　1　8　10　1

挺拔，它是树中的伟丈夫。

10　　1　1　1　1　1　9　8

第一段中的"—　"，短横线指的是词，长横线指的是这一
词的构形形式。"活着""等着""死了"中的"着""了"，有

的人当作助词看待，事实上，它们附着在动词后面，有表"进行体"和"完成体"的作用。因此，这里都把它们看作用以构形的词尾。"青青"也是"青"一词的构形形式，构形后有加强原词语义的作用。

## 第二节　词　素

### 一　什么是词素

词是由它的组成成分组成的，词的组成成分就是词素。词素也是一种音义结合的定型结构，是最小的可以独立运用的词的结构单位。所谓词的结构单位是指形成词的各种单位来说的，总体看来，词的这种结构单位可表现为三种情况。第一种是造词单位，这是词素的最主要的功能，任何的词都是由词素组合而成的。第二种是构词单位，这是从构词的角度来说的，事实上构词单位和造词单位是相一致的，它和造词单位有着同等重要的作用。第三种是构形单位，这是在词形变化方面起作用的词的结构单位。在词的内部存在着的这几种结构单位，都是词的结构成分，因此都是词素。

从以上对词的界定来看，词素和词除了充当的单位不同之外，其他的特点都是完全一样的，这一点并不奇怪，相反倒使我们可以进一步了解两者的区别及其性质。就它们所充当的单位来说，词是造句单位，词素却是存在于词的内部的词的结构单位，并主要充当造词和构词单位。这种完全不同的性质和功能，正说明了两者具有的本质区别。所以词和词素是绝不能混同的。词和词素除了其充当的单位和性质功能不同以外，两者的其他特点却完全一样，这又从另一个方面说明了词和词素可以相互联系和转化的关系问题。词和词素都是一种定型化了的音义结合体，都是"最小的""可以独立运用"的单位，但是由于两者的性质功能不同，所以表现这些特点的范围和条件也自然各有差异，它们的作用相应地都要受到各自的性质功能的制约。对词来说，"最小的""可以独立运用"的特点是在造句的范围内体现出来的，如"青山""绿水"是两个词，人们可以用它们和其他的词一起组成句子，如"我爱祖国的青山绿水"。它们的作用只能在造句的范围内体现出来，却未能进入造词范围之中去。对词素来说，这些特点则只能在造词范围内体现出来。如"参观"一词是由"参"和"观"两个词素组成的，"参""观"都是定型化了的音义结合体，都是"最小的""可以独立运用"的造词单位，它们不但可以组成"参观"，而且"参"还可以与另外的词素组成"参加""参阅""参考""参谋""参照""参赛""参与""参看"等等，"观"也可以与其他词素组合成"观察""观点""观望""观赏""观众""主观""乐观""可观"等等，尽管它们组成的词很多，但却都是在造词范围之内进行的，在现代汉语中，它们都不能独立用来造句。当然有的成分是能够兼有两种性质的，在某种条件下它就可以把某种性质凸显出来，这是因为有的词是用可成词词素组成的，如"山"，它可以表现为是由可成词词素组成的词，可以用来组成句子，同时"山"又是一个可成词词素，所以它又可以以词素的身份参与组词，但是这两种性质却不能同时被表现出来。有的成分在古代汉语中和现代汉语中都可能是用可成词词素组成的词，因此它在汉语的历史发展过程中，都既能充当词素也能当作词，如前面的"山"就是如此。另外还有一种情况，那就是某个成分在古代汉语中，它是由可成词词素组成的词，但发展到现代汉语阶段，它却由可成词词素变成非词词素了，如上面谈到的"参"和"观"就是这种情况，它们在古代汉语中都是可成词词素组成的词，所以都可以作为词参加造句，可是现在它们都已经变为非词词素了，都只能参与组词而不能参与造句了。这就是由于词素类型的变化而使可以充当词的成分转化为非词成分的情况（关于词素的类型问题，下面再做具体的论述）。由此可以看出，词和词素正因有许多特点相同，所以是可以相互转化的。

## 二　关于合成词素

### （一）何谓合成词素

合成词素是一种由合成词发展演变而成的词素。如"孩子头"中的"孩子"、"纸老虎"中的"老虎"、"教师节"中的"教师"、"豆腐皮"中的"豆腐"等。所以称它为合成词素，是因为这些成分作为一个合成后的整体，可以具有词素的性质，实现着词素的功能。如人们在造"孩子头"这个词时，绝不是把"孩""子""头"三个部分分离开同时选来造成"孩子头"的，而是在人们掌握的语库中，已经有了"孩子"这一整体形式，人们是选用"孩子"和"头"两个部分来造词的，所以，这时的"孩子"这一成分已经以整体的形式参与了造词活动，而且获得了词素的性质和功能。这样的成分就称为合成词素。

在了解合成词素的时候，必须注意，绝不能将合成词素与貌似合成词素的成分混为一谈，如"电热毯"中的"电热"、"高射炮"中的"高射"、"三字词"中的"三字"、"蘸水笔"中的"蘸水"等等都不是合成词素，因为这些成分在组词之前，就不是一个约定俗成的整体，更不是一个合成词，虽然其中的"三字""蘸水"等成分能够表示一定的意义，但它们不过是自由词组而已，至于"电热""高射"等就更不是完整的成分了。所以这些词的组合，都是人们根据表达的需要，同时选用了三个词素进行组合从而造成新词的，因此这些词都是由三个部分组成的。

### （二）合成词素的性质特点

合成词素作为一种词素，它和其他的词素具有相同的性质和特点，当然也具有相同的造词功能，所以它是能够参与造词的单位，因此我们不应该把这些成分排斥在词素的范围之外。对于一个合成成分来说，它能不能充当合成词素，主要是观察分析它是否符合词素的条件，是否具备词素的性质和功能，凡是具备了词素的条件、性质和功能的合成成分，就应该承认它是词素。虽然这些成分是合成的，但是作为词素来说，在意义上它也是一个不可分割的可以独立运用的造词的最小单位，它在结构上的可分析性，并不能否定它在意义上的不可分割的整体性。所以在语言中，合成词素和单纯词素一样，都是造词的备用单位。过去有的文章中，曾把这类情况称作"语素组"，事实上这样命名有其不准确的地方，因为在语言的造词活动中，参与造词的语素组并不止一种，如"洗衣""喝水""削发"甚至"高射"等成分都可以被认为是语素组，这些成分也可以组词，如组成"洗衣机""喝水杯""削发器""高射炮"等等，但是这些成分却不是合成词素。如果再宽泛一点来说，像"洗衣机"这样的形式能不能也算是语素组呢？在语法当中，词组可以直接构成句子，那么，像"洗衣机"这样的语素组是否也能直接构成词呢？由此可见，语素组的说法是不可取的，因为它会把许多不同的问题都混同在一起，而且不容易立刻解释清楚。

### （三）合成词素的形成

　　合成词素的形成是语言词汇发展的一种必然结果。从语言运用方面看，合成词能够发展演变为合成词素，这种转化是完全必要的，因为人们在社会交际中，不但可以用合成词组成句子，而且也可以用它来描写和说明某些具体的事物，如说明身上长着像梅花花纹的鹿，就可以命名为"梅花鹿"；说明由国家机关组织出版的报纸就可以叫它"机关报"。反之，人们也可以用其他成分对合成词表示的事物进行说明，如"红领巾""垂杨柳""皮上衣""超短波"等，这样运用的结果，就有可能将合成词当作合成词素来应用。从词和词素的关系看，合成词在运用中转化为合成词素也完全可能，这是与词和词素在所具特点上的共同性分不开的，由于这两者除了性质功能和充当的单位不同以外，其他的条件都是一样的，这就为合成词转化为合成词素提供了理论上的根据和可能。所以说合成词转化成为合成词素是语言词汇的历史发展的必然。

合成词素和单纯词素虽然都是词素，但是两者也有不同的地方，其主要的不同就是：单纯词素是与它造成的单纯词同时共生的，因此许多单纯词素都可以是可成词词素，如"人""天""葡萄""仿佛"等等；合成词素却是由合成词发展演变而来的，它是合成词在社会上长久使用的结果，所以大部分成为合成词素的合成词都是人们使用频率相当高的词，正因如此，才使这部分合成词具有了极强的凝固性，也才能使这部分词进而发展并转化为合成词素，所以社会上的高频使用，应该说是形成合成词素的极为重要的条件。正因为合成词素是如此发展而来的，而合成词形成之初又是由单纯词素或单纯词素与合成词素组合而成的，所以合成词素都不可能是可成词词素，当合成词演变为词素后，它总是以非词词素的身份再和其他词素一起造成新词，它仅仅是以整体的形式充当新词的一个部分。

由于合成词素是由合成词发展而来的，所以从合成词素最初形成的形式来看，的确是由单纯词素组合而成的，但是在这里必须搞清楚，单纯词素最初形成的是合成词，却绝不是合成词素，在语言发展的任何时候，从来都不存在由单纯词素直接组成合成词素的现象，单纯词素只能组合成为合成词，合成词素是经过了合成词被长期使用的阶段之后演变而来的，它的形成必须有一个合成词发展演变的过程，所以应该说合成词素是由合成词发展和转化而成的一种词素。

**（四）合成词素的作用**

合成词素的存在是语言词汇日益发展的一种必然现象，它和所有的词素一样，具有造词的功能。当前在现代汉语中，用合成词素造成的三音节以上的合成词日见增多，有的合成词素还具有相当强的能产性。如：

| 自然： | 自然村 | 自然界 | 自然力 | 自然美 |
| | 自然法 | 自然光 | 自然物 | 大自然 |
| | 自然主义 | 自然规律 | 自然经济 | |
| 旅游： | 旅游团 | 旅游图 | 旅游者 | 旅游热 |
| | 旅游袋 | 旅游鞋 | 旅游车 | 旅游点 |
| | 旅游帽 | 旅游装 | | |
| 教育： | 教育部 | 教育家 | 教育界 | 教育司 |
| | 教育厅 | 教育局 | 教育处 | 教育系 |
| | 教育学 | 教育网 | | |
| 交通： | 交通部 | 交通局 | 交通站 | 交通线 |
| | 交通车 | 交通岛 | 交通壕 | 交通沟 |
| | 交通员 | 交通量 | | |
| 工作： | 工作日 | 工作服 | 工作者 | 工作证 |
| | 工作组 | 工作团 | 工作台 | 工作间 |
| | 工作面 | 工作母机 | | |
| 塑料： | 塑料袋 | 塑料鞋 | 塑料盒 | 塑料桶 |
| | 塑料管 | 塑料布 | 塑料板 | 塑料碗 |
| | 塑料门窗 | 泡沫塑料 | | |

　　以上列举的合成词素，其能产性都是比较强的。其他组词少一些的如"土豆"可以造成"土豆泥""土豆丝""土豆片"，"前提"可以造成"大前提""小前提"，"细胞"可以造成"白细胞""红细胞"，"包装"可以造成"软包装""新包装"等等则更是到处可见的了。

　　以上情况不仅展现出了合成词素的造词功能，而且更显示出了它在造词过程中快捷迅速、表达准确等特点。由此可见，合成词素在语言词汇中的形成和存在，不仅是必然的，而且也是完全必要的。

## 三　词素的分类

和对其他语言成分的分类一样，我们对词素的分类也可以从各种不同的角度入手。在这里我们仅从共时平面上，根据词素在词的组合中表现出来的各种不同的情况，将词素做以下的分类。

### （一）语音形式方面

从语音形式方面分析，可以将词素分为单音词素和多音词素两种类型。只有一个音节的称为单音词素，如"人""天""水""山""手""心""树""草""红""光""房""物""兴""彩""平""面""万""千""十""一""二"等等。具有两个或两个以上音节的称为多音词素，如"葡萄""蟋蟀""蹉跎""朦胧""仿佛""忐忑""工作""旅游""法兰西""莫斯科""歇斯底里"等等。

### （二）内部结构方面

从词素的内部情况来看，可以将词素分为单纯词素和合成词素两种类型。只有一个成分构成的称为单纯词素，如"书""纸""证""官""南""非""极""逍遥""玻璃""拷贝"等等。由两个或两个以上成分构成的称为合成词素，如"参谋""催眠""黄牛""美术""矛盾""科学"等等。

### （三）语言功能方面

从语言功能方面分析，词素又可以分为可成词词素和非词词素两种类型。可成词词素是指这种词素不仅可以作为词素和其他词素一起组合造词，而且可以单独构成一个词，也就是说它本身是可以独立构成词的，如"花""好""多""玫瑰""柠檬"等。非词词素是指这种词素只能和其他词素进行组合来构成新词，却不能单独地造成一个词了，如"策""希""访""昌""朴""毕""研""幽""迫""恰""首""咨"等等。因为在语言的发展过程中，词素的类型会发生各种各样的变化，因此，要确定一个词素属于哪种类型，则必须从共时的角度进行观察和考虑，就汉语来说，有许多成分，在古代汉语中完全可以充当可成词词素，但在发展到现代汉语阶段却变为非词词素了。例如以下的各个成分都是这样。在古代汉语中：

民：可以说"利于民而不利于君"《左传·文公十三年》，"民"为"百姓"义。

兴：可以说"汉兴，至孝文四十有余载"《史记·孝文帝本纪》，"兴"为"兴起""建立"义。

习：可以说"民习以力攻难，故轻死"《商君书·战法》，"习"为"习惯"义。

敏：可以说"敏于事而慎于言"《论语·学而》，"敏"为"迅速""敏捷"义。

务：可以说"务耕织"《过秦论》，"务"为"致力""从事"义。

可见这些成分在过去曾经都以词的面貌出现过，作为组成词素来说，都是可成词词素，但是在现代汉语中，它们却只能成为组词的非词词素了。

在现代汉语中，可成词词素和非词词素除了有以上的变化外，还有一种情况也应引起我们的注意，那就是外来词素逐渐地被社会确认的问题。

随着外来成分的不断引入，汉语中不但产生了外来词，而且也逐渐出现了外来词素。从目前情况看，外来词素可表现为两种类型。一种类型是音译成分逐渐变成为词素，其中一部分，从其成为汉语外来成分开始，它作为可成词词素就和外来词同时产生了，发展到现在，这部分可成词词素已可以和其他词素组合造词了，如"咖啡"不但能单独组成"咖啡"一词，而且现在已经参与组成了"咖啡茶""咖啡糖"等词；还有一部分音译成分，它们原来只不过是外来词的一个组成部分，但是现在却可以独立出来与其他词素一起组合造词了，如"啤酒"的"啤"，现在就可以参与组成"青啤""扎啤"等，"的士"的"的"，现在也可以用来组成"打的""面的""轿的"等词了，像这一类的词素，目前还都属于非词词素的类型。另一种类型是外语字母的直接引入形成的词素，如"B超"的"B"、"O型环"的"O"就是这一类型的词素。当然这类词素都是非词词素，它们都是不可能单独构词的。

### （四）性质和表意方面

从词素的性质和表意方面分析，可以将词素分为词根词素和附加词素两种类型。词根词素通常也称作词根，它具有实在的词汇意义，是组成新词词干的主要部分，同时也是形成新词词汇意义的主要承担者，如"人""心""小""水""核心""光明""实力""人造革""日计表""录像带""冷处理"等词中的"人""心""小""水""核""心""光""明""实""力""人""造""革""日""计""表""录像""带""冷""处理"等等都是词根词素，同时也可以明显地看出，是这些词根词素组成了以上各词的词干，而且承担起了形成新词的词汇意义的任务。由此可见，词根词素是词素中的主要的成分，它在词素中的地位和作用都是非常重要的。汉语中的词根词素非常丰富，可成词词素和绝大部分的非词词素都可以充当词根词素，汉语词汇正是在这样的基础上，才能够源源不断地形成纷繁多样的新词。

附加词素是附加在词根词素上表示语法意义和某些附加的词汇意义的词素。它又有词缀词素和词尾词素之分，这些词素都是词的结构成分，因此都是词素的一种类型。

词缀词素通常也称作词缀，它可以附加在词根上共同组成词干，所以词缀也是组成词干的词素。词缀词素又有前缀、中缀和后缀三种情况。前缀是用在词根词素前面的词缀，如"老虎"

"阿姨""第一""初五"中的"老""阿""第""初"等；中缀是用在词根词素中间的词缀，汉语中的中缀极为少见；后缀是用在词根词素后面的词缀，如"石头""甜头""桌子""担子""鸟儿""泥巴""尾巴""姑娘家""孩子家"以及"黄乎乎""滑溜溜"等词中的"头""子""儿""巴""家""乎乎""溜溜"等都是后缀。

词尾词素是附加在词干后面只表示语法意义的词素，通常也称作词尾。一个词具有词尾词素时，只能说明该词已形成了表示不同语法意义的形态变化，却不能说这是形成了新词，因为词尾词素只是表示一个词的不同形态变化的构形词素，却没有构成新词的功能，所以它作为词的结构成分出现时，并不能产生新词。

词的附加词素一般都是由词根词素虚化而来的，某个词根词素在长期应用中，使用习惯和使用条件相互作用的结果，有可能使它的词汇意义变得空零了、弱化了，从而虚化成为表示某种类型的语法意义的附加词素，如"头""子"等表示名词性语法意义的后缀就是这样，这里运用的已经不是它们原来的词汇意义了。在现代汉语中，像"性""化"这些成分已经在发展演变中虚化了一段相当长的时间，而且已经被人们共同认可为可以充当后缀成分了，但是它们的词汇意义仍然还存有明显的痕迹。至于那些被称为准词缀的成分，如"师""员""手""热"之类，由于它们的词汇意义还非常明显，在实际运用中，它们仍然是以词根词素的性质出现的，所以还是不要把这些成分作为词缀对待为宜。

在这里应明确的是，当某些词根词素弱化成为词缀词素时，并不等于它的词根词素的性质已经消失，事实上，在语言应用中，这种虚化过程已经逐渐地使原来的词根词素发展出了一个新的完全独立的附加词素成分，所以在词素中，这些词根词素和附加词素同时存在着，并且都积极地发挥着各自的作用。

总结词素的分类情况，可列表如下：

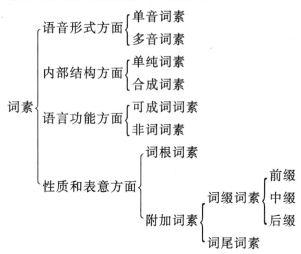

# 第三章  词的形成及其结构形式

## 第一节  词的形成

### 一  词的形成途径

语言是一个符号系统，这系统中的基本单位是词，词是言语活动的基础元素，没有词，无论语言或者言语都是无法想象的。

语言的词汇是语言中最活跃的部分，它随着社会的发展和新事物的出现而不断产生新的词语，以满足社会的交际需要，这已经是大家有目共睹的事实。但是语言中的词是如何形成的呢？

观察词的产生轨迹，大致有三个方面可以考虑，那就是：第一，人们通过造词活动创制新词（具体阐述请见下一节）；第二，社会共同将词组约定成词，如"国家""妻子""朋友""窗户"等词就是这样形成的，这些成分最初在古代汉语中，都是以联合词组的身份被使用着，后来在使用过程中，逐渐地发展成了偏义的复合词；第三，词的构形形式在使用中逐渐演变为独立的词，如"我们""你们""冷清清""慢悠悠"最初都是"我""你""冷清""慢悠"的构形形式，现在都已被约定为词了。因此我们可以把这三个方面看作词形成的三种途径。

### 二  词的形成条件

语言中的词都不是凭空产生的，因此要讨论词的形成，就应该先了解一下词的形成所必须具备的条件。事实证明，任何词的形成都要有两个条件为前提，那就是：一个是人们对客观事物的认识以及与此有关的思维活动，一个是以本民族的语言符号系统为内容的语言要素。

### （一）人们的认识和思维活动

可以肯定地说，任何词的产生都是人们对客观事物进行认识和思维的结果。人们的认识和思维活动不但可以促使一个词的产生，而且更能够决定一个词能否被社会所约定，因为当新词产生之后，它还仅仅是一个具有临时变化性质的言语成分，只有当它被社会上的人们共同认可以后，才能够由言语成分转变为语言成分。

谈到词的形成，必然会牵扯到最初的词是如何产生的问题，事实上也就是语言起源的问题。对于语言的产生问题，学术界已各有所见，而且至今并未得到解决，因此在这里也不准备做专门的讨论。这里只想就有关词的形成问题提出一点看法。由于人们的认识和思维活动是词形成的前提条件，所以最初的词，其形成情况也一定是在人们对客观世界进行认识的基础上，将认识的成果与某种物质化的声音相结合，从而产生了词。词义永远是客观事物在人们头脑中的反映，不论这种反映正确与否，但是没有客观事物为基础，没有人们对它们的认识和思维活动，就不能形成意义，没有与声音相结合并依赖声音以进行表达的意义，就不可能产生词，因此可见词在最初产生时，就具备了人们认识和思维的条件。当然，在词最初产生时，人们的思维活动，可能表现为形象思维占据了主要的地位，但却必须承认，形象思维活动也是人们的思维活动，甚至一直到现代，形象思维仍然活跃在人们的思维活动当中，所以绝不能否认在词最初产生时形象思维活动在其形成过程中所起的重要作用。在现在没有资料可查的情况下，我们以语言理论为依据，可以认为，最早的词，应该是在人们形象思维的作用下，通过音义结合的任意性原则的制约而产生出来的。

随着社会的不断发展，人们的认识和思维能力也得到了不断的发展和丰富，因此，在语言发展过程中，人们的认识和思维活动在词形成中的作用更加明显。社会的全体成员都可以凭借着自己的这种能力来参与造词活动，他们不仅可以通过对声音的认识造出摹声词，而且可以从各个不同的角度对事物进行不同的认识，从而造出各种纷繁多彩的词来。至于通过人们的思维活动来进一步认识客观世界，创造新事物，发现新现象，从而产生新词语，活跃社会的交际活动，促进社会的不断发展，这更是有目共睹的了。所以说，没有人们的认识和思维活动，就不可能有词的产生，人们的认识和思维活动永远是词得以形成的前提条件。

### （二）作为组词基础的语言要素

词形成的另一个前提条件就是语言要素。当词最初产生时，应该说，语言要素和词是同时共生的；当语言产生之后，语言要素中的各种材料作为形成词的基础条件，则越来越发挥着它的重要作用。人们可以在原有材料的基础上，采用衍生、组合等手段，制造出各种各样的新词来。

人们造词时运用的语言要素是多方面的，不但有语音、词汇、语法等方面，而且也涉及文字、修辞等内容。

语音方面：本民族语言中的音色音位和非音色音位，以及音位之间的组合规律和变化情况，都可以为造词提供根据。这些语言材料都客观存在于社会成员使用的语言当中，而且都已为人们自觉或不自觉地所掌握，因此，不管人们对它们是否有科学的认识，都可以自然地按照社会的语言习惯加以运用，例如表示鸟的叫声的"喳喳"一词，其语音形式"zhā zhā"就是按照汉语语音的声、韵、调的配合规律组成音节，采用摹声的造词方法创造出来的。

词汇方面：语言词汇中原有的各种词素，永远为词的形成提供着丰富多彩的语言材料。在语言存在以后，新产生的词绝大多数都是由原有词素组合而成的，原有词素的音义结合的情况，都直接影响着新词的面貌，例如"转椅"一词，由于它是一种会转动的椅子，所以就选用了"转动"的"转"和"椅子"的"椅"两个词素组合而成，"转"和"椅"两个词素将自己原来的语音形式和意义内容都带到了新词之中，并重新构成了一个新的音义结合的定型结构。在词汇发展过程中，一批批的新词就是这样不断产生出来的。

语法方面：人们造词时，各种词素的组合都是根据语言中原有的各种语法规则进行的，这些规则和其他语言材料一样，都是人们所自然习用的，因此在社会上也都是大家共识的内容。例如根据修饰成分在前、被修饰成分在后的习用的语法规则，人们要说明一种"红色的枣"时，就要用"红"在前"枣"在后的词序组成"红枣"一词，要说明一种"像枣一样红的颜色"时，则必须把词序颠倒过来，形成表示颜色名称的"枣红"一词，这些语言材料和规则在语言使用中都是被大家共同认可的，所以也都自然地在词的形成过程中发挥着语言基础的作用。

文字方面：掌握文字的人们，也可以运用文字方面所表现出来的各种特点和内容来进行造词。例如过去用来称呼"兵"的"丘八"一词，就是根据汉字形体的组合特点拆字造词的。《现代汉语词典》注释："丘八：旧时称兵（'丘'字加'八'字成为'兵'字，含贬义）。"运用拆字手段当作词素来造词的现象也比较多见，如"弓长张"的"弓""长"、"立早章"的"立""早"等都是如此。至于采用汉字字形的特点作为词素来造词，则更是人们常用的方法，如"丁字尺"中的"丁"、"一字领"中的"一"、"八字眉"中的"八"，以及"十字架"中的"十"等等都是这种情况，很明显，新词的意义都是在字形参与之下形成的。现在，随着外来词素的不断引入，利用外来字母的形体当作词素来造词的情况也经常可见，如"O形环""V字领"中的"O""V"等都是这种现象的具体表现。

修辞方面：修辞是人们运用语言的方法和手段，在词的形成过程中，这些方法和手段也经常被用来进行造词。例如把一种形体像螺丝的钉子叫作"螺丝钉"，把用木头做成的像马一样的玩具叫作"木马"，甚至把自来水管上的放水活门，以其吐水的特点，就用比喻的方法将它称为"龙头"（也可叫作"水龙头"），等等。这都是以修辞手法为基础进行造词的结果。

语言是一个统一体，因此在造词活动中，语言各个方面的要素都是同时起作用的。同时，由于语言符号的音义之间虽然无必然的联系，但是这种音义关系一经结合之后，就具有了相对的稳定性，所以它为社会约定俗成后，人们是不能随意改变的。如创制"汽车""火车""自行车"等词时，就不能把"车"换成"船"，也不能改换"车"的语音形式，同时也不能把这些音节的语序随意颠倒。由此可见，语言这各方面的要素不仅是创制新词的基础，而且也可以作为一个语言要素的统一体，对人们的造词活动的各个方面起一定的制约的作用。

人们运用语言要素作为造词的基础是很自然的，而且也是必然的。人们既然掌握了语言和运用语言的习惯，就必然会运用原有的语言材料和规则来进行造词，从语言的继承性和约定俗成的情况看，不这样做也是不可能的。

以上简单说明了词形成时的两个方面的条件。在词的形成过程中，这两个条件是相互作用的。随着社会的发展和语言材料的逐渐丰富，以及人们的认识和掌握运用语言材料能力的逐步提高，这些条件的作用表现得越来越突出和明显。大家都知道，语言的本质特点之一就是语言符号的音和义是任意结合的。但是，在词的形成过程中，我们却越来越能够发现，词在形成时逐渐地会有一种理据作为它产生的依据和条件，也就是说，词的形成开始逐渐具有了自己的有理性。如"三角尺"一词，由于它是在"三""角""尺"等词素的基础上产生的，人们自然地就会理解为这是一种"有着三个角的尺子"；对"唉"一词，由于它是模仿人的叹息声而造成的，所以人们也自然地会了解它是一个摹声词，表示着"叹息的声音"，而且这种理解和该词所表示的客观事物的实际也是相吻合的。为什么在人们造词和对词理解的过程中，会有这种理据存在呢？其根本原因就是词形成的两个前提条件起着作用。因为人们认识和思维的共通性，以及人们对造词所运用的语言材料的共识性，能够赋予词形成的有理性和可理解性。

当然，我们在谈词形成的有理性的同时也必须明确，承认词形成的有理性，绝不是否认词的音义结合的任意性，因为这种有理性和任意性并不是矛盾的，而是对立的统一。应该说这种有理性是在任意性统率下的有理，而任意性又是在有理基础上的任意。如"卷心菜"和"大头菜"都是从其形状的角度造出的词，都具有一定的有理性，但是对这种客观事物既可称为"卷心菜"，又可称为"大头菜"，就又体现出了它的任意性。由此可见，任何一个在有理性的基础上形成的词，都可以在任意性的制约下被任意选择。

## 三　词形成的基础形式

词形成的基础形式就是词形成时所依据的一种语言形式。在语言产生之初，应该说词的形成依据就是人们的思维和具体存在的客观事物，通过人们的认识和思维活动，把某种声音形式和某种事物的意义内容任意结合起来，就产生了词。因此，最初产生的词，它们的词义和它们所指称的客观事物的实际内容往往都是非常对应的。在语言产生以后，因为有了语言材料的参与，所以词形成时，都往往要在客观存在的基础上，通过人们的认识和思维活动，先形成一种基础性的语言形式，一般说来词的基础形式都是以词或者词组等形式出现的，可以认为，这种基础形式就是词的雏形，因为词的形式和意义都是从其中产生出来的，所以它们都是词得以形成的基础。任何一个词都是从它的基础形式中提炼凝结而成的，任何一个词都有自己赖以产生的基础形式。所以研究和考察一个词的词形、词义和词的结构，都可以从词的基础形式中找到依据和说明。

了解词形成的基础形式是非常必要的，如果要对词的形成和发展进行研究的话，就必须追溯到词形成的基础形式上面去。例如我们经常接触的"夏至"一词，至今人们对它的意义仍然有"夏季的极点"和"夏季到了"两种不同意义的理解，如果追溯到它形成时的基础形式上去考查，就不难解决这个问题了，因为古代人们造词时，"夏季到了"是用"立夏"一词来表示的，当然"夏季到了"就是"立夏"的基础形式；而"夏至"却是人们根据二十四节气的情况，认为是夏季到了极点的一天，因此"夏至"的基础形式应该是"夏季的极点"。所以只有了解了词形成时的基础形式，才能够准确地掌握和解释词义，也才能够正确地进行对词源的考查和分析。

词形成的基础形式都是人们认识和思维活动的结果，但是由于人们对事物观察和认识的角度不同，同时也由于词形成的方法和途径各有所异，所以词的基础形式也呈现出各种不同的情况。结合词形成的三个途径来观察，可以从表现形式的角度将词的基础形式分为以下三种类型。

### （一）以词为基础形式

以词为基础形式就是指，新词的形成是以某一个原有的词为基础演变而成的。这种现象往往都是由于某种主观或客观条件的作用，在一个原有词的基础上，经过人们的联想、引申、改造，甚至伴有着语言成分自身的变化和调整，从而演变出来一个新的成分，再经过社会成员的共同认可后，就成为一个新词。在这种情况下产生的新词，理所当然地作为基础的原有词就是它赖以形成的基础形式，新词的音、义面貌及其结合情况，都可以追溯到旧词中去寻找依据。

以词为基础形式产生新词，可以具体表现为如下几个方面。

1. 旧词的语音发生变化产生新词，如：

　　盖——盖儿　扣——扣儿　传（传承）——传（传记）

2. 旧词的意义引申产生新词，如：

　　刻（刻画）——刻（一刻钟）

3. 从单音词演变为双音产生新词，如：

　　姑——姑姑　弟——弟弟

4. 由外语词产生外来词，原来的外语词是外来词的基础形式，如：

　　sofa——沙发　Coca - cola——可口可乐

5. 词的构形形式转化为词，变化前的原词是它的基础形式，如：

　　慢悠——慢悠悠　空荡——空荡荡

　　一个旧词是否能作为基础产生出新词来，这要看新词产生的条件和社会约定俗成的情况，并不是所有的词都能够成为产生新词的基础。以构形形式为例，"我"的构形形式"我们"已经被约定为词，但是同样加词尾"们"的构形形式"学生们""朋友们"却仍然是"学生"和"朋友"的构形形式，它们并未能被承认是独立的新词。

**（二）以词组为基础形式**

　　所谓以词组为基础形式，就是说词的形成是在以词组为语言形式的基础上进行的。这方面的情况比较复杂，大致也可表现为如下几个方面。

1. 词形成的基础是一个表示概念的词组。如：

> 洗衣服用的机器——洗衣机
> 挂在窗户上的帘子——窗帘
> 需要蘸着墨水写字的钢笔——蘸水笔

这种基础形式是人们造词时经常使用的，而且判断和分析这种基础形式也显得比较复杂。由于人们的认识和思维方式各不相同，因此形成的概念有的简单，有的就比较复杂。那么，在这种情况下，我们又如何确定形成词的基础形式呢？我们知道，确定词的基础形式时，首先应该考虑的是词素赖以产生的条件，也就是说，人们在表示概念的词组的基础上，为该事物命名而产生新词时，必须以简单明了为原则，即词组的表意必须明确；可以直接或间接抽取出词素来；在表示意义基本相同的情况下，词组结构形式要以最简单的为宜。因此充当词的基础形式的词组，其内容既可以反映人们认识的全部特点，也可以是部分特点，只要能够抽取出词素，并且能够明确地表示出认识的内容来，那种最简约的词组形式就是词形成的基础形式。如"活捉"，"用手或工具把人或动物活活地捉住"和"活活地捉住"两种词组形式，都可以表示它的意义内容，相比之下，后一种的结构则比较简约，那么，后一种词组形式就是"活捉"一词的基础形式。又如"活水"，它的词组形式可以有"有源头而常流动的水"和"常流动的水"两种，然而"常流动的水"并不能把"只有源头的常流动的水才称活水"的真正含义明确地表示出来，因此，前一种词组形式在表意明确的要求下，就是最简约的形式，而且是"活水"一词形成的基础形式。

当然，作为相同的认识内容，其简约的词组形式和复杂的词组形式，在意义上都是有联系的，甚至是完全一致的。因此，我们认识一个词时，在了解其基础形式的基础上，也可追溯其复杂词组的情况，从而更进一步了解词形成的更详细的内容。词的形成以简约的词组为基础形式，词的组成成分词素就是直接或者间接从这基础形式中抽取出来的，如上例中"活捉"的两个词素"活"和"捉"就是从"活活地捉住"中直接抽取出来的，"活水"的两个词素，"水"是直接抽取出来的，"活"则是间接抽取出来的。

这样的词组作为词的基础形式基本上都是用于说明性质的，如说明一种事物、一种动作或者一种现象等等，都往往要用这种词组作为形成词的基础形式。有时用比拟的方法造词时，也是用这种基础形式，因为比拟法造词，也都是人们通过对事物之间相似点的联系，运用比喻等方法，形成一种认识，并用一定的言语来加以说明的，如对"虎口"的解释就是"大拇指和食指相连的部分，形状像老虎的口"，对"佛手"的解释就是"一种植物，果实的形状像大佛的手"，这些带有比喻方式的词组中，都蕴涵着一个比喻内容，而这种具有说明性质的比喻，就是这些词形成的基础形式，而且也正是形成和人们了解新词的形式和内容的基础。

用具有说明性质的词组作为词形成的基础形式，这也是很自然的，因为人们造词时，首先在认识过程中产生的，就是这种表示了概念内容的词组，然后才进而创造出词来。

2. 固定词组或比较常用的词组简缩成词，原来的词组就是简缩词形成的基础形式。如：

外交部长——外长　　　山东大学——山大
科学技术——科技　　　文化教育——文教
人民代表大会——人代会　　　政治协商会议——政协

3. 习用的词组约定为词，原来的词组是新词产生的基础形式。如：

国家　　　窗户　　　妻子　　　朋友

### （三） 以自然界的声音为基础形式

自然界的声音也可以成为词形成的基础形式，语言中的摹声词就是在这一基础上形成的。这是一种比较特殊的基础形式，因为它是自然界的声音，所以它本身是一种客观存在，摹声词的形成，就是对这种自然界的声音进行了语音化的模仿而形成的。如"砰的一声木板倒了"中的"砰"就是一个模仿自然界的声音而形成的摹声词，自然界的这种声音就是它赖以产生的基础形式。

语言中的摹声词，都是在人们对自然界声音模仿的基础上加工而成的，这种加工就是用人类语言的语音对自然界的声音进行改造的过程。自然界的声音是各种各样的，有的比较单纯，如上例的"砰"；有的比较复杂，如人睡觉打呼噜的声音总是"呼噜呼噜"的，而不可能只有一下"呼噜"的声音，所以这类摹声词就是在人们对自然界声音的一连串的模仿中截取下来约定而成的，在汉语中，"呼噜"这一形式可以作为两个词而存在，一个是表示声音的摹声词，一个则是表示这种现象的名词。这就更明显地体现出了人们进行思维加工的情况。但是不管哪一种情况，都不能否认自然界的声音是这些词形成的基础。

## 第二节　造词和造词法

### 一　造词概说

#### （一） 什么是造词

所谓造词就是指创制新词。它是解决一个词从无到有的问题。人们的造词目的是满足社会的交际需要，客观事物的发展，人们认识的发展，新事物和新现象的出现，以及语言本身的发展和调整，都能提出创造新词的要求，语言中的词就在这种需求下，不断地从无到有地被创造出来。在语言的历史发展过程中，世世代代的人们就是这样不断地满足社会的交际需要，不断地创制出各种各样的新词来。所以，要研究一个新词如何形成的问题，就要研究它的形成条件和过程，而其中大部分的新词又都是通过创制的方法从无到有地被创制出来的，因此要研究词的产生问题，首先就要研究造词问题。

和所有词的形成一样，造词也必须具备词形成的两个前提条件，那就是人们的认识和思维活动，以及已有的语言材料。关于这一点，前面已经谈到，这里不再多说。

### （二）人们的造词活动

人们的造词活动都是在社会交际的需求下进行的，社会上的每一个成员，都可以根据交际的需要来进行造词，所以造词活动存在的范围很广，它是一种全社会成员都可以进行的活动行为。在造词活动中，人们的认识和思维活动是非常重要的，它往往起着先导的作用，因为新词都是在新事物、新现象的不断涌现下，根据具体的环境和条件，通过人们的认识和联想，然后用语言材料使其外部现实化，才被创造出来的。事实上，人们的这种造词活动就是人们为新事物、新现象命名的行为。下面以几个词的产生为例。

如"落星湾""落星石"两词的产生：

> 在鄱阳湖北湖，庐山南麓，有一湖湾称作"落星湾"，湾中的巨石称作"落星石"。所以叫作"落星湾"，就是因为湖湾中有一巨石叫"落星石"。所以叫作"落星石"，又是因为这石头相传是天上一颗流星坠落湖中而成。因此，千百年来，湖区的人们一直认为："今日湖中石，当年天上星。"①

又如"响沙湾""落笔洞"两词的产生：

---

① 吴升阳：《解开落星之谜》，《文汇报》1983 年 12 月 14 日。

　　位于库布齐沙漠东端的达拉特旗响沙湾，是一段宽五十米、高四十米的沙丘，人们从沙丘顶端向下滑行或用手拨动沙子，沙粒就发出类似飞机或汽车的轰隆声。"响沙湾"就是由此而得名。①

　　"落笔洞"位于海南岛崖县三亚镇北郊，是一座方圆约三华里、高约百米的石灰岩孤峰下的一个岩溶洞穴。因洞中有悬垂的石钟乳形如落笔而得名。②

　　再如"八大员称呼"的来历。据原八路军一二九师卫生所所长赖玉明同志回忆：

　　1940年百团大战开始后的一天，供应部送来一些缴获的罐头，首长说分给勤杂人员。我就在院中大叫："伙夫！马夫！卫兵！号兵！大家快来呀，有好吃的。"……第二天，刘伯承同志把我们叫到办公室说："我们的伙夫、马夫应该取个什么名？你们不要笑，这是革命家庭的大事，我们革命的军队……官兵平等，都是革命大家庭的一员。今后，伙夫就叫炊事员，马夫就叫饲养员，挑夫就叫运输员，卫兵就叫警卫员，号兵就叫司号员，勤务兵就叫公务员，卫生兵就叫卫生员，理发师傅就叫理发员。……我们人民军队是礼义之师、文明之师，称呼应该文明。"从此，一二九师机关再也没有喊"伙夫""马夫"的了。很快就传遍了解放区。

　　由此可见，造词活动就是人们在认识的基础上给事物命名的活动。有时人们在造词时，由于认识和考虑问题的角度不同，所以，同一个事物，也可以获得不同的名称。如"西湖"和"西子

---

① 《神秘的响沙湾》，《文汇报》1984年2月28日。
② 《海南岛有新发现》，《文汇报》1984年2月28日。

湖"就是同一个湖的两种不同的称呼，"西湖"是着眼于湖的位置在杭州的西部而得名，"西子湖"则是着眼于湖的美而得名。又如《北京晚报》上曾刊载过一篇短文，题名为《颐和园产"国庆桃"》，文中写道：

  国庆，能跟桃有什么联系？还真有联系。颐和园培育了一种晚熟的桃，每年阳历九月才熟，正好在国庆节收摘。

  这种桃名秋红，又名颐红。色如丹砂而间有淡绿之色，而且一直红透到果实之内。……①

从以上引文中，不但能够从"国庆桃""秋红桃""颐红桃"等词的产生，进一步认识造词的情况，同时还可以清楚地了解到，人们认识的角度不同，会直接使新词的面貌各有所异。同一种桃，从收摘的时间着眼可称为"国庆桃"，从秋天才成熟和色红的情况看又可称为"秋红桃"，从它生产在颐和园中和色红的情况考虑，还可称为"颐红桃"。

以上各例足以说明，造词活动和人们的认识以及具体的环境条件是有密切关系的，人们根据具体的环境条件，通过认识思维而形成概念，从而产生了词形成的基础形式，然后又在此基础上进一步创制出词来。同时以上情况也足以说明，人们在造词时，主要考虑的是用什么名称命名合适的问题，并不是而且也不会去考虑名称的内部结构形式如何，比如用偏正结构还是用主谓结构。

## 二　造词法

### （一）什么是造词法

造词法就是创制新词的方法。给事物命名的行为是造词问

---

① 康承宗：《颐和园产"国庆桃"》，《北京晚报》1983年10月9日。

题，命名时使用的方法就是造词法问题。人们在造词时，可以根据本民族的语言习惯，掌握和运用现有的语言材料组成各种各样的新词。在组成新词的过程中，人们使用的方法是多种多样的，这些为事物命名创制新词的方法，就称为造词法。

**（二）汉语的造词法**

汉语的造词法是多种多样的，现初步归纳为以下几种。

1. 音义任意结合法

音义任意结合的造词方法就是用某种声音形式任意为某种事物命名的方法。这样产生的新词在音义之间，开始并无必然的联系。我们知道，词是一种语言符号，语言符号的音义结合最初都是任意性的，当人们用某种语音形式去指称某种事物的时候，这种语音形式同时就获得了该事物所赋予它的某种意义，音义这样结合后就产生了语言中的词。语言中最早产生的一些词，往往就是用音义任意结合法创制出来的。如：

| | | | | | | |
|---|---|---|---|---|---|---|
| 人 | 手 | 足 | 头 | 口 | 日 | 月 |
| 树 | 山 | 石 | 风 | 雨 | 鸟 | 兽 |
| 牛 | 羊 | 刀 | 车 | 弓 | 桑 | 蚕 |
| 梁 | 稻 | 阴 | 阳 | 大 | 小 | 高 |
| 深 | 一 | 二 | 十 | 百 | 千 | 万 |
| 窈窕 | 崔嵬 | 逍遥 | 婆娑 | 参差 | | |
| 玲珑 | 蜻蜓 | 蟋蟀 | 喇叭 | 霹雳 | | |
| 含胡 | 徘徊 | 慷慨 | 蚯蚓 | 从容 | | |

像以上例词，它们的音义之间都无必然的联系，某种事物为什么要用这样的语音形式来表示，人们是无法解释的。

随着社会和语言本身的发展，语言要素的不断丰富，为造词提供了大量的原料，因此，人们运用音义任意结合法造词的情况越来越少了。但是我们也不能否认，这种造词法现在有时还被应用着。如某些化学元素的名称，为什么某种元素要称作"镍"，为什么另一种又要称作"钠"，虽然它的产生也有其一定的基础形式，但是它们的音义之间的结合，恐怕是没有什么道理可讲的。

2. 摹声法

摹声法是用人类语言的语音形式，对某种声音加以摹拟和改造，从而创制新词的方法。事实上，这就是把某种声音语言化，使其变成语言中的词。

汉语中的摹声法造词表现为以下两种情况。

一种是摹仿自然界事物发出的声音来造词。根据事物发出的声音给事物命名的，如：

> 猫　鸦　蛙　蛐蛐　蝈蝈　呼噜

根据事物发出的声音创制新词，以描写该事物性状的，如：

> 哪　嗯　唉　呸　哎呀　哼哼　哈哈
> 当　咚　吱　呼　咚咚　当当　吱吱
> 呼呼　哗哗　嗡嗡　喳喳　汪汪
> 吧嗒　嘎吱　嘎巴　丁冬　丁当
> 哗啦　轰隆　当啷　噗哧　丁零
> 轰隆隆　哗啦啦　劈里啪啦　丁丁当当

另一种是摹仿外族语言中某些词的声音来造词。平常大家都把这类词称为音译词。事实上，音译词就是一种摹声造词，只是它摹拟的对象是外语词的声音罢了。如：

> 咖啡（coffee）　　沙发（sofa）
> 茄克（jacket）　　吉普（jeep）
> 巴黎（Paris）　　马拉松（marathon）

以上两种情况虽然摹拟的对象不同，但它们却有一个共同的特点，那就是它们都是用汉语的语音形式对这些被摹拟的声音加以改造，以使它们符合汉语语音的特点。这种摹拟改造的过程，就是用摹声法造词的具体过程。

3. 音变法

音变法是通过语音变化的方法创制新词。汉语中的儿化韵造词就是一种音变造词的方法。如：

> 盖（gài 盖住的盖，动词）
> 　　　　——盖儿（gàir 瓶盖的盖，名词）
> 扣（kòu 扣上的扣，动词）
> 　　　　——扣儿（kòur 扣子的扣，名词）
> 铲（chǎn 铲除的铲，动词）
> 　　　　——铲儿（chǎnr 铁铲的铲，名词）
> 黄（huáng 黄色的黄，形容词）
> 　　　　——黄儿（huángr 蛋黄的黄，名词）
> 尖（jiān 尖细的尖，形容词）
> 　　　　——尖儿（jiānr 针尖的尖，名词）
> 个（gè 一个人的个，量词）
> 　　　　——个儿（gèr 个子的个，名词）
> 本（běn 根本的本，名词；一本书的本，量词）
> 　　　　——本儿（běnr 本子的本，名词）

此外，像汉语中的"好（hǎo 好坏的好）～好（hào 爱好的好）""见（jiàn）～见（xiàn）"等情况应当也是一种音变造词的现象。这种情况多为多义词的义项通过音变而独立成词。

这里应该说明：儿化韵是把"er"用在其他韵母的后面，使这一韵母变为卷舌韵母的现象，从当前的普通话看，它是发生在一个音节范围之内（即已侵入音节）的音变情况。因此，由这种变化而产生新词是一种音变法造词。目前汉语研究中，一般都把儿化韵中"儿化"的部分，作为一个独立的后缀词素看待，这种看法是应该商榷的。词素是独立的造词单位，它应该有独立的音节作为自己的语音形式，然而"儿化"却只能在别的音节中，和另外的韵母结合在一起形成卷舌韵母，而不是在这韵母之后自成音节，因此，"儿化"只能是在一个音节中发生的音变现象，不应当把"er"作独立的后缀词素看待。当然，如果"er"在其他音节后自成音节，如儿歌"风儿吹，鸟儿叫，小宝宝，睡醒了"中"风儿""鸟儿"的"儿"，就可以作后缀词素看待，因为这已不属于儿化韵的问题了。

音变造词是改变语音形式产生新词的方法。虽然它也是由新的语音形式和某种意义结合成词，但是，它和音义任意结合的造词方法却完全不同。音变造词都是在某个原有词的基础上，通过语音方面的某些改变，形成新的语音形式，表示着与原词词义有关的意义，从而产生出独立的新词。所以通过音变造词法产生的新词，和原来充当基础的旧词，在意义上总要存在着某种程度的联系。音义任意结合法造出的新词却无这种情况，因此，要注意把这两种造词法区分清楚。

4. 说明法

说明法是通过对事物加以说明从而产生新词的造词方法。人们给事物命名时，为了使大家对该事物能有所了解，就用现有的语言材料对事物做某些说明，并以此确定名称产生新词。这样产生的新词，词义一般都比较明确，容易理解，因此，这是一种为人们经常应用的造词方法。

汉语的说明造词法，往往由于人们说明的角度不同而表现出一些不同的情况。常见的有以下几种。

从事物的情状方面进行说明。如：

国营　年轻　自动　地震　口红
起草　知己　庆功　签名　争气

举重 删改 简练 赞扬 胆怯

抓紧 洗刷 看见 提高 放大

脑溢血 胃溃疡 肝硬化 肺结核

落花生 超声波 二人转 婴儿安

从事物的性质特征方面进行说明。如：

方桌 优点 弹簧 硬席 石碑

理想 午睡 晚会 甜瓜 谜语

函授 铅笔 绿茶 热爱 笔直

前进 重视 高级 国旗 钢板

木偶戏 胶合板 丁字尺 武昌鱼

大理石 电动机 回形针 石棉瓦

从事物的用途方面进行说明。如：

雨衣 燃料 烤炉 书桌 护膝

围脖 顶针 裹腿 餐具 耕地

医院 牙刷 枕巾 浴盆 陪嫁

保温瓶 消毒水 织布机 托儿所

洗衣粉 抽水机 吸铁石 扩音器

收割机 避雷针 消炎片 漱口水

从事物的领属方面进行说明。如：

豆芽 鱼鳞 牛角 树叶 日光

羊毛 虎皮 盒盖 瓶口 笔尖

床头 刀把 瓜子 衣领 灯口

屋顶 猪肝 象牙 鞋带 刀刃

火车头 细胞核 桂圆肉 棉花种

白菜心 桔子皮 鸡蛋黄 丝瓜瓢

从事物的颜色方面进行说明。如：

红旗　绿豆　紫竹　黄铜　白面
白云　蓝天　紫菜　白酒　黄土
青红丝　黑猩猩　红领巾　红绿灯
红药水　黄花菜　白眼珠　紫丁香
黑穗病　黄刺玫　黑板报　红蜘蛛

用数量对事物进行说明。如：

二伏　两级　两可　三角　三秋
四时　五代　五律　六书　七绝
八卦　九泉　十分　十足　百般
百姓　千金　千秋　万物　万能
一言堂　二重奏　三合土　四边形
五角星　六弦琴　七言诗　八宝饭
九重霄　十三经　百日咳　千里马

通过注释的方法进行说明。有用所属物类注释说明的，如：

菊花　芹菜　茅草　淮河　蝗虫
鹞鹰　松树　父亲　心脏　糯米
牡丹花　白杨树　水晶石　吉普车

有用单位名称注释说明的，如：

人口　纸张　房间　马匹　船只
车辆　枪支　案件　花朵　信件
钢锭　书本　花束　米粒　石块

有用事物情状进行注释说明的，如：

静悄悄　白茫茫　恶狠狠　亮晶晶

光秃秃　呆愣愣　笑嘻嘻　雾蒙蒙

喘吁吁　泪汪汪　冷冰冰　颤悠悠

运用语言中习用的虚化成分，对原有词的意义做某些改变以说明事物。如：

聋子　乱子　日子　腰子　推子

想头　看头　甜头　劲头　盼头

哑巴　岸然　油然　几乎　在乎

黑乎乎　红乎乎　酸溜溜　灰溜溜

"黑乎乎"一类词，在形式上和前面的"静悄悄"等很相似，但情况却不相同。"静悄悄""白茫茫"中后面的重叠形式，都是具有实在的词汇意义的词素，如"汪汪""冰冰""晶晶"等有的可以是一个词，如"悄悄地走了""茫茫的大海"等；"黑乎乎"中后面的重叠形式却不是这样，它们只是语言中习用的虚化成分而已。

除以上情况外，人们还可以从各种不同的角度用说明法造词，说明法比较灵活，能适应多方面的造词要求，因此，它是一种能产力很强的造词方法。

5. 比拟法

比拟法就是用现有的语言材料，通过比拟、比喻等手段创制新词的方法。这样创制的新词，有的整个词就是一个完整的比喻。如：

龙头　龙眼　佛手　螺丝　下海

雀斑　银耳　猴头　鸡眼　虎口

蚕食　骑墙　贴金　鸡胸　琢磨

纸老虎　拴马桩（生在耳前的内柱）

有的是新词的一部分是比喻成分。如：

| | | | | |
|---|---|---|---|---|
| 木耳 | 雪花 | 木马 | 天河 | 虾米 |
| 板油 | 云梯 | 瓜分 | 林立 | 冰冷 |
| 火热 | 笔直 | 雪白 | 墨黑 | 杏黄 |
| 蜂窝煤 | 狮子狗 | 鸭舌帽 | 喇叭花 | |
| 金丝猴 | 牛皮纸 | 鸡冠花 | 笑面虎 | |

### 6. 引申法

引申法是运用现有的语言材料，通过意义引申的手段创制新词的方法。如从"打开"和"关上"的动作，联想引申而把"操纵打开和关上的对象"称作"开关"，就是运用了引申造词的方法。其他如：

| | | | | |
|---|---|---|---|---|
| 收发 | 领袖 | 口舌 | 骨肉 | 山水 |
| 裁缝 | 组织 | 出纳 | 是非 | 左右 |
| 锻炼 | 针线 | 规矩 | 爪牙 | 见闻 |
| 手足 | 唇舌 | 江湖 | 江山 | 岁月 |
| 网罗 | 身手 | 矛盾 | 天地 | 笔墨 |

经过词义引申分化而形成新词，也是一种引申造词的情况。如"年"原为"谷熟"的意思，后来根据谷熟间隔的时间，又引申分化出表示"三百六十五天"的"年"，结果使两个"年"形成同音词，从而产生新词。以下各例也是这种情况：

岁（岁星）——岁（年岁）

月（月亮）——月（三十天左右的时间）

日（太阳）——日（一天的时间）

刻（雕刻的刻）——刻（十五分钟叫作一刻）

### 7. 双音法

双音法是通过双音化产生新词的方法。双音造词法是随着汉语词汇向双音化发展而出现的一种造词方法，它也是在现有语言材料的基础上进行造词的。现代汉语中常见的双音化造词有以下几种情况。

（1）在原有单音词的基础上，采用重言的形式产生双音化的词，新词的意义和原单音词的意义完全一样或基本相同。如：

| | | | | |
|---|---|---|---|---|
| 妈妈 | 爸爸 | 伯伯 | 姑姑 | 叔叔 |
| 嫂嫂 | 哥哥 | 姐姐 | 弟弟 | 妹妹 |
| 星星 | 炯炯 | 恰恰 | 渐渐 | 悄悄 |
| 茫茫 | 耿耿 | 草草 | 纷纷 | 忿忿 |
| 蠢蠢 | 活活 | 匆匆 | 常常 | 汩汩 |

（2）在原有单音词的基础上，采用重言的形式产生双音化的词，新词的意义和原单音词的意义基本不同。如：

| | | | | |
|---|---|---|---|---|
| 爷爷 | 奶奶 | 宝宝 | 万万 | 通通 |
| 断断 | 往往 | 在在 | 落落 | 区区 |
| 历历 | 斤斤 | 源源 | 翼翼 | 涓涓 |
| 津津 | 济济 | 昂昂 | 堂堂 | 熊熊 |

（3）将原有的意义相同、相近或相关的单音词联合而成为双音化的词，新词的意义与原来单音词的意义形成意义相同或相近的关系。如：

| | | | | |
|---|---|---|---|---|
| 道路 | 朋友 | 语言 | 旗帜 | 人民 |
| 英雄 | 年岁 | 睡眠 | 包裹 | 世代 |
| 脸面 | 坟墓 | 购买 | 增加 | 依靠 |
| 更改 | 生产 | 解放 | 爱好 | 斥责 |
| 斟酌 | 书写 | 帮助 | 学习 | 批改 |
| 答复 | 把持 | 集聚 | 洗刷 | 喜悦 |
| 寒冷 | 弯曲 | 美丽 | 繁多 | 宽阔 |

孤独　伟大　艰难　富裕　寂静

（4）在原有单音词的基础上，附加上语言中习用的虚化成分，从而形成双音化的词，新词的意义和原单音词的意义完全相同。如：

石头　木头　砖头　舌头　指头
桌子　椅子　帽子　裙子　碟子
尾巴　盐巴　泥巴　忽然　竟然
突然　老师　老虎　老鹰　老鼠
阿姨　阿婆　第一　第三　初五

通过以上四种情况可以看出，双音法都是在原有单音词的基础上，经过双音化从而产生新词。随着语言的发展，这些充当基础的单音词，有的后来仍然可以作为词被独立运用，有的则只能充当词素而不能再成为独立的词了。但是，当这些成分最初作为基础词形成双音词的时候，应该承认，它们当时都是作为独立的单音词存在于语言之中的。

8. 简缩法

简缩法是一种把词组的形式，通过简缩而改变成词的造词方法。汉语中有部分事物的名称是用词组的形式表示的，由词组简缩成词，也是新词产生的途径之一。如"山大"就是把"山东大学"中每个词的第一个词素抽出来简缩而成的，"扫盲"则是把"扫除文盲"中第一个词的第一个词素，和第二个词的第二个词素抽出来简缩而成的。汉语中简缩造词的方法多种多样，各种简缩词如：

土地改革——土改
文化教育——文教
旅行游览——旅游

支部书记——支书

人民警察——民警

外交部长——外长

整顿作风——整风

历史、地理——史地

青年、少年——青少年

指挥员、战斗员——指战员

支部委员会——支委会

少年先锋队——少先队

人民代表大会——人代会

政治协商会议——政协

北京电影制片厂——北影

供销合作社——供销社

新华通讯社——新华社

父亲、母亲——双亲

百花齐放、百家争鸣——双百

身体好、工作好、学习好——三好

阴平声、阳平声、上声、去声——四声

农业现代化、工业现代化、国防现代化、科学技术现代化——四化

用简缩法造出的词，因为是简缩词组而成，所以新词的意义和原词组的意义是完全相同的，不过从表面形式看，某些词在表义上不及词组明确。例如"三好"的词义，仅从表面上看，就不如"身体好、工作好、学习好"明确。

汉语的造词方法丰富多彩，以上只是简要地谈了几种常见的方法。把汉语的造词法全面细致地分析整理出来，还是今后词汇研究中一个不可忽视的任务。

造词活动具有广泛的社会性，社会上的任何成员都可以创制

新词，这正是体现了语言全民性的一个方面。社会成员造出的新词，只要能为社会约定俗成，就可以作为语言成分被保留下来，语言本身也因此而得到了不断的丰富和发展。

## 第三节　构词和构词法

### 一　构词概说

所谓构词是指词的内部结构问题。它的研究对象是已经存在的词。对现有词的内部结构进行观察和分析，总结出词的内部结构规律，这就是构词问题研究的范围和内容。

构词问题和造词问题不同。因为造词是人们适应社会交际的需要而进行的一种活动，所以社会上的每一个成员都可以进行造词，对造出的新词，每个成员都要接触它，使用它，并参与对它的约定俗成活动。可是构词问题却不是这样。因为人们在社会生活中，关心的是需要某个词，创造和使用某个词，但是并不关心词的内部结构形式如何。因此，研究构词问题就往往成了某些人科学研究范围内的事情，它的活动领域要比造词问题狭窄得多。当然这些研究成果会为人们所接受，因为它们不但使人们能够更清楚地认识词、分析词，同时也能为人们的造词活动提供遵循的规律和科学的根据。随着科学知识的普及和人们文化水平的提高，这些科学成果将会越来越发挥出应有的作用。

### 二　构词法

构词法指的是词的内部结构规律的情况。也就是词素组合的方式和方法。语言中的每一个词都是构词法研究的对象，对每一个词都可以从构词的角度做内部结构的分析。如"插秧机"一词，从构词的角度分析，它是一个偏正式的复合词，"插秧"是偏的部分，"机"是正的部分，"插秧"是限定说明"机"的。

进一步分析，偏的部分"插秧"的内部结构又是一种动宾式，"插"是动的部分，"秧"是宾的部分。

汉语的构词法可以从以下几个方面进行分析。

## （一）语音形式方面

1. 从音节的多少分析，可分为单音词和多音词。

由一个音节构成的词称为单音词。如"天""地""人""手""树""鸟""车""船""红""绿""高""长""一""二""千""百"等等。

由两个或两个以上的音节构成的词称为多音词。其中两个音节的称双音词或复音词。如"人民""哲学""宇宙""客观""生活""趣味""风景""建筑""鸳鸯""麒麟""凤凰""栩栩""炯炯""坦克""纽约""卡片"等等。三个音节和三个音节以上的多音词如"世界观""修辞学""交响乐""电视机""圆珠笔""霓虹灯""摩托车""布谷鸟""资本主义""南斯拉夫""奥林匹克""布尔什维克"等等。

2. 从音节之间的结构关系分析，可分为重叠式和非重叠式。

词的语音形式是由音节重叠而成的叫作重叠式。一个词的每个音节都加以重叠的叫作全部重叠式。其中单音节重叠的，如"弟弟""妹妹""星星""往往""哗哗""喋喋""侃侃""冉冉""巍巍""孜孜""翩翩""渐渐""耿耿""茫茫""悄悄""源源""草草""区区""娓娓""谆谆""迢迢"等等。双音节分别重叠的，如"花花绿绿""星星点点""战战兢兢""唯唯诺诺""婆婆妈妈""病病歪歪""密密麻麻""满满登登""兢兢业业""影影绰绰""浑浑噩噩"等等。一个词中只有部分音节进行重叠的叫作分重叠式，如"绿油油""喘吁吁""雾蒙蒙""凉飕飕""冷丝丝""黑糊糊""活生生""泪汪汪""美滋滋""假惺惺""毛毛雨""哈哈镜""麻麻亮""红乎乎""滑溜溜"等等。

词的几个音节不相同的就是非重叠式的词。如"论题""偶像""品质""人格""精神""希望""鼓动""爽快""充沛"
"辽阔""刊物""图书馆""打印机""天文台""日光灯""向
日葵""拖拉机""吉普车"等等。非重叠式的双音词中，有一
部分词又有双声或叠韵的关系。

双音词的两个音节声母相同者称为双声。如"伶俐""蜘蛛"
"参差""澎湃""坎坷""仿佛""玲珑""忐忑""含胡""蹊
跷""忸怩"等等。

双音词的两个音节韵母相同者称为叠韵。如"逍遥""混沌"
"嘟噜""朦胧""苗条""徘徊""霹雳""蹉跎""轱辘""葫
芦""迷离"等等。

在我国传统语言学中，只有由一个词素构成的双音词，才分
析其双声或叠韵的关系，对由两个词素构成的双音词，一般都不
做双声或叠韵方面的分析。

## （二）词素的多少方面

词是由词素构成的，从词素的多少方面分析，又有单纯词和
合成词之分。

由一个词素构成的词称为单纯词。如"笔""书""纸"
"画""看""热""琵琶""孑孓""萝卜""胡涂""咖啡""茄
克""意大利""喀秋莎""孟什维克""奥林匹克"等。

由两个或两个以上的词素构成的词称为合成词。如"木头"
"房子""老虎""阿姨""映衬""贯通""成因""欢迎""春
分""槐树""文化宫""研究生""世界观""日光灯""红彤
彤""亮晶晶"等。

## （三）词素的性质及组合方式方面

词由词素构成，由于词素的性质不同，或者词素之间的组合
关系不同，就形成了各种不同的构词方式。

由一个词素构成的单纯词，它的词素必然由词根词素充当，
这类词当然没有组合关系问题。

由两个或两个以上词素构成的合成词，情况就复杂得多。汉语中合成词的构词方式有以下几种。

1. 词根词素和词缀词素相组合。这种合成词，通常都称作派生词。如：

> 前缀＋词根：
> 老鹰　老虎　老师　阿姨　第一
> 第三　初五　初十
> 词根＋后缀：
> 帽子　房子　石头　锄头　猛然
> 忽然　泥巴　盐巴　合乎　似乎
> 敢于　属于　扭搭　甩搭　敲搭
> 姑娘家　孩子家　红乎乎　酸溜溜

2. 词根词素相组合。这种合成词，通常都称作复合词。这类词的几个词根都是根据句法的结构规则组合在一起的，可表现为以下几种方式。

联合式：两个词素之间的关系是平等并列的。同义联合的，如：

> 朋友　道路　根本　把握　将领
> 语言　泥土　声音　包裹　坟墓
> 离别　制造　行走　倒退　积累
> 打击　爱好　依靠　把持　斟酌
> 明亮　艰难　富裕　美丽　宽阔

反义联合的，如：

> 来往　始终　天地　收发　出纳
> 是非　反正　伸缩　褒贬　贵贱
> 得失　长短　开关　深浅　高低

今昔　安危　反正　利害　买卖
上下　多寡　轻重　冷热　左右

意义相关联合的，如：

豺狼　领袖　骨肉　禽兽　江湖
眉目　岁月　皮毛　心血　山水
人物　窗户　干净　热闹　妻子
描写　琢磨　记载　保管　爱惜
安乐　清凉　柔软　简明　笨重

偏正式：两部分词素之间是修饰和被修饰的关系。如：

汉语　红旗　同学　特写　奇迹
飞机　公路　电车　开水　收条
导师　宋词　西医　防线　跑鞋
重视　沉思　狂欢　欢迎　长跑
热情　绝妙　美观　雪白　笔直
生产力　人造丝　中山服　梅花鹿
木偶戏　计算机　纪念碑　羽毛画
玻璃窗　葡萄干　哈哈镜　毛毛雨

补充式：两个词素之间是补充被补充、注释被注释的关系。分注释型和动补型两种形式。

注释型有以下几种情况。有用所属物类进行注释说明的，如：

松树　柳树　韭菜、芹菜、蝗虫
梅花　菊花　淮河　汾河　玉石
鲤鱼　鲫鱼　茅草　鸱鹰　糯米
月季花　水晶石　茅台酒　水仙花

有用事物单位名称进行注释说明的，如：

船只　枪支　钢锭　书本　纸张
车辆　人口　房间　花朵　花束
马匹　布匹　米粒　钟点　银两
灯盏　地亩　事件　稿件　信件

有用事物情状进行补充说明的，如：

白茫茫　静悄悄　凉飕飕　恶狠狠
笑嘻嘻　笑哈哈　喘吁吁　呆愣愣
雾蒙蒙　冷冰冰　泪汪汪　乐悠悠
水淋淋　灰蒙蒙　亮晶晶　直挺挺

动补型的如：

提高　改进　离开　撕毁　降低
削弱　隔绝　揭露　放大　缩小
分清　说明　推动　改正　冲淡
促成　记住　打倒　保全　延长
推翻　推进　克服　说服　抓紧
遇见　改良　立正　革新　扩大

动宾式：两个词素之间是支配和被支配的关系。如：

知己　顶针　董事　司机　理事
描红　裹腿　围脖　护膝　迎春
隔壁　点心　立夏　管家　连襟
埋头　起草　整风　动员　担心
负责　留意　出版　失踪　避难
剪彩　出气　接力　失眠　毕业
怀疑　冒险　抱歉　观光　吹牛
露骨　耐烦　得意　安心　吃力

主谓式：两个词素之间是陈述和被陈述的关系。如：

秋分　霜降　地震　山崩　海啸
日食　蝉蜕　口红　事变　心得
自觉　胆怯　面熟　眼红　性急
心寒　气馁　人为　风凉　发指
神往　锋利　声张　肉麻　手软
肩负　自动　目击　耳鸣　自杀
心绞痛　肾结石　肝硬化　脑溢血
肺结核　胃下垂　炎得平　痛可宁

重叠式：两个词素之间是重合关系。汉语中的重叠形式的词比较多，复合词中的重叠式，其特点是由词根词素重叠而成，而且绝大部分的词，其意义都与其组成成分的词根词素的意义有着一定的联系。如：

妈妈　姑姑　星星　杠杠　点点
渐渐　悄悄　茫茫　沉沉　重重
婆婆妈妈　星星点点　满满登登
颤颤巍巍　战战兢兢　病痛歪歪

## 三　造词构词分析

造词和构词、造词法和构词法既然都不相同，这就使人们有可能从更多的方面对词进行分析和研究。对任何一个词，我们都可以从造词和造词法的角度，去探讨和了解它的产生原因和途径，也能够从构词和构词法的角度，去探讨和了解词的存在形式及其内部结构规律。

下面就从这两个方面对某些词做一分析。

| 例词 | 造词法 | 构词法 |
|---|---|---|
| 人 | 音义任意结合法 | 单音词，单纯词 |
| 扣儿（kóur） | 音变法 | 单音词，单纯词 |
| 沙沙 | 摹声法 | 双音词，单纯词，重叠词 |
| 参差 | 音义任意结合法 | 双音词，单纯词，双声词 |
| 腼腆 | 音义任意结合法 | 双音词，单纯词，叠韵词 |
| 劲头 | 说明法 | 双音词，合成词，词根加后缀的派生词 |
| 石头 | 双音法 | 双音词，合成词，词根加后缀的派生词 |
| 摇篮 | 说明法 | 双音词，合成词，偏正式的复合词 |
| 龙眼 | 比拟法 | 双音词，合成词，偏正式的复合词 |
| 三好 | 简缩法 | 双音词，合成词，偏正式的复合词 |
| 扫盲 | 简缩法 | 双音词，合成词，动宾式的复合词 |
| 失望 | 说明法 | 双音词，合成词，动宾式的复合词 |
| 神往 | 说明法 | 双音词，合成词，主谓式的复合词 |
| 建筑 | 双音法 | 双音词，合成词，同义联合式的复合词 |
| 成败 | 引申法 | 双音词，合成词，反义联合式的复合词 |
| 骨肉 | 引申法 | 双音词，合成词，意义相关联合式的复合词 |
| 柳树 | 说明法 | 双音词，合成词，注释说明式的复合词 |
| 改正 | 说明法 | 双音词，合成词，动补式的复合词 |
| 眼睁睁 | 说明法 | 多音词，合成词，部分重叠式，补充说明式的复合词 |

　　从以上分析中可以看出，造词法相同的词，构词法却不相同；同时，构词法相同的词，造词法又有所区别。因此，对词分别进行造词和构词的分析是非常必要的。

　　在汉语实际中，词的造词和构词分析要比以上例词复杂得多。有时在一个词中，往往会表现出多种造词法或多种构词法结合运用的情况。

　　造词法的结合运用情况，如"万年青"一词是说明"一种植物是常青的"的情况，可认为是说明法，但用"万年"来说明

"常青的情况"，又有比喻的性质，所以应该认为人们造"万年青"一词时，是运用了"说明"和"比拟"相结合的造词方法。又如"乒乓球"一词是表示某一种球，它是用"乒乓"说明"球"的，应属于说明法造词，但是它的说明部分"乒乓"又是摹声而来，因此，"乒乓球"一词也是用"说明"和"摹声"相结合的方法造成的。

　　构词法的结合运用情况，如"脑溢血"一词，它是由三个词素构成的，"脑"与"溢血"是主谓关系，"溢"与"血"又是动宾关系，事实上，"脑溢血"一词也同时具有主谓和动宾两种结构方式，只是按照汉语语法分析的习惯，它首先应以主谓为主要方式罢了。

　　此外，从词的结构层次方面进行分析，也能够发现一个词可以具有几种不同的造词法和构词法。如"三好生"一词，从造词方面看，第一层"三好"和"生"的组合是说明法，第二层"三"和"好"的组合却是简缩法；从构词方面看，第一层"三好"和"生"的组合结构是偏正式，第二层"三"和"好"的组合结构也是偏正式。又如"朝阳花"一词，从造词方面看，第一层"朝阳"和"花"的组合是说明法，第二层"朝"和"阳"的组合也是说明法；从构词方面看，第一层"朝阳"和"花"的组合结构是偏正式，第二层"朝"和"阳"的组合结构却是动宾式。由此可见，对词进行造词构词分析也是一个非常细致的问题。

## 第四节　　造词构词的逻辑基础

### 一　造词构词具有共同的逻辑基础

　　社会上的造词活动都是在人们的认识和现有语言要素的基础上进行的，人们的认识情况和思维规律，决定着被造成的词的根本面貌。由于语言和思维的密不可分的关系，所以人们的认识情况和思维规律，又往往要通过语言的形式反映出来。前面所谈的各种造词方法，就充分说明了人们造词时的种种认识活动。通过各种造词方法产生出来的新词，也完全表示了人们在造词时，由于种种认识活动而形成的新概念。同时，人们的思维规律也会很自然地通过词的内部结构形式，用语法方面的各种规则表现出来。因此，造词时的思维规律的可理解性，就赋予了构词规律的可分析性，人们造词时的思维活动和结果，与构词中反映出来的情况是一致的，所以，造词和构词具有共同的逻辑基础，造词法和构词法也具有共同的逻辑规律。例如"地震"和"电动"两个词，它们的第一个词素都是名词性的，第二个词素都是动词性的；它们都是用说明法造出来的词。但是在构词分析中，"地震"被认为是主谓式的复合词，"电动"却被认为是偏正式的复合词。为什么会出现这种情况呢？原因就在于，人们造"地震"一词时，思维活动的情况是要说明"地震动了"，因此，就要用一种判断的形式来表示它，反映在语法规则上就是主谓式；"电动"一词的情况却与此不同，人们造"电动"一词时，绝不是要说明"电震动了"，而是要说明一种"动"的情况，这种"动"是由于"电"的原因形成的，所以"电动"就要用限定和被限定的关系来表示，反映在语法规则上就是偏正式结构。由此可见，造词时的思维活动以及它所形成的词的基础形式，和构词中的结构规律是相互联系密不可分的。

## 二　汉语造词构词逻辑基础的具体分析

由于语言和思维毕竟是不同的，所以语言的规则和逻辑的规律也不可能完全等同，因此，词素之间的逻辑关系反映在构词规律上，就不可能形成一对一的简单的吻合，而是表现为一种错综复杂的对应。

综观汉语造词构词的逻辑基础，也非常细致复杂。现在仅以现代汉语中的双音词为例，试做如下分析。

## （一）同一关系

同一关系是指两个概念的外延相符合，或者大部分是相符合的。汉语中凡是在概念的同一关系的基础上造成的词，反映在构词上就是同义联合式的词。如：

> 美丽　增加　积累　帮助　丢失
> 制造　道路　依靠　购买　寒冷

这类词的两个词素所表示的概念，它们的外延都是基本符合的，如"美丽"的两个词素，都是表示"漂亮、好看"的概念，两者的外延基本相符合，因此，表示这两个概念的词素"美"和"丽"才能组合成词。概念的同一关系就是这类词的词素得以组合的逻辑基础。

建立在概念的同一关系上组成的新词，一般说来，它的意义都是由词素的意义相互补充融合而成。新词的意义和各词素的意义是一致的，它们之间是一种同义的关系。

## （二）同位关系

同位关系是指两个不相同但却相关的概念，它们都是属于同一个类概念之下的种概念，两者处于同等位置的关系之中。汉语中凡是在这种概念的同位关系的基础上造成的词，反映在构词上，就是联合式中意义相关联合式的词。如：

> 豺狼　书报　笔墨　学习　批改
> 钢铁　粮草　禽兽　针线　花草

"豺狼"是由"豺"和"狼"组成的，"豺"和"狼"表示的是两个不相同的概念，但对于"猛兽"这一类概念来说，它们却是两个处于同等位置的种概念，所以"豺"和"狼"是同位关系。人们思维规律中概念之间的同位关系，就是这类词词素组合的逻辑基础。

在同位关系的基础上组成的新词，一般说来，它的意义往往是在两个词素意义的基础上相互补充、融合深化而成，但情况又不完全相同。有一部分新词的意义，和两个同位种概念所共同隶属的类概念的意义相当或相关。如"豺狼"是"凶恶的猛兽"的意思，和"猛兽"的意思是相当的。"书报"的意义指"图书报刊"，和"书""报"隶属的类概念"供学习阅读的东西"的意义也是相关的。还有一部分新词，它的意义则要受到语言内部或社会使用方面的某些制约，在融合深化的过程中，得到新的发展。如"笔墨"的意义就已经不是指"书写的工具"，而是引申为指称书写出来的东西——"文字或文章"了。又如"领袖""爪牙""口舌""人物""窗户""干净"等词也是这样的情况。这些词都是在同位关系的基础上组合词素而成的，只是像"领袖""爪牙""口舌"等，它们都是在原词素意义的基础上，通过引申和比喻，形成了一个新的意义，表示了一个与原来两个词素所表示的完全不同的新概念。"人物""窗户""干净"等词的情况则有所不同，由于它们的成词途径不同，结果使它们完全发展成了偏义词，新词的意义只能和一个词素的意义相吻合，另一个词素的意义则消失了。但是，尽管如此，我们却不能否认，这类词词素组合的逻辑基础，仍然是两个词素所表示的概念之间的同位关系。

### （三）对立关系

对立关系是指概念的矛盾关系和反对关系来说的。

矛盾关系是指包含在同一个类概念的外延之内的两个概念，它们的外延互相排斥。而它们的外延相加就等于所属的类概念的外延。如"生死"中的"生"和"死"，它们的外延是互相排斥的，但两者却都包含在"生存和死亡"的类概念的外延之内。

反对关系是指包含在同一个类概念的外延之内的两个概念，它们在外延上也是互相排斥的，但是它们的外延相加要小于所属的类概念的外延。如"甘苦"中的"甘"和"苦"就是这种情况，"甘"和"苦"在外延上互相排斥，但却都属于"味"这一类概念的外延之内，然而，"甘"和"苦"的外延相加，却要小于"味"的外延。

无论是矛盾概念还是反对概念，由于它们在外延上是互相排斥的，所以它们在内涵上都是对立的，都处在相互对立的关系之中。汉语中凡是在这种对立关系的基础上造成的词，反映在构词上，就是联合式中反义联合式的词。如：

　　多少　呼吸　来往　开关　出纳
　　长短　深浅　收发　始终　左右

这类词的词素都表示了一对互相对立的概念。如"多"和"少"所表示的两个概念，在外延和内涵方面都是明显对立的，但两者却共同包含在"量"这一类概念的外延之中。

在对立关系的基础上组成的新词，词义的情况比较复杂。有一部分词，它的词义就反映了词素表示的两个概念所共同从属的类概念。如"呼吸"就是"呼"和"吸"共同从属的类概念。也有一部分词，它的词义除了可以表示类概念外，同时还可在此基础上得到新的发展，进一步表示某种事物或情况。如"长短"，它除可以表示类概念"长度"以外，还可以表示"意外的事故"和"是非"等。另外还有一部分词，它的词义并没有表示类概念，而是表示了与词素所表示的概念有关的事物。如"开关"的意义就是这样，它只是表示了与"开""关"的动作有关的用来进行开关的事物名称罢了。

### （四）从属关系

从属关系是指外延较小的种概念，可以包含在外延较大的类概念之内，种概念从属于类概念，两者是从属关系。汉语中凡是在这种概念关系的基础上造成的词，反映在构词上，就是补充式中用物类注释说明的一类词。如：

鲤鱼 柳树 梅花 芹菜 淮河

茅草 玉石 蝗虫 鹞鹰 菊花

这类词的两个词素所表示的概念就是种概念和类概念的从属关系。如"梅"原来就是一种花的名称,"梅"是"花"的种概念,"花"是"梅"的类概念,所以"梅"和"花"是从属的关系。

通过从属关系组成的新词,它的意义都是和表示种概念的词素的意义一致的。从构词的角度看,表示类概念的词素,对表示种概念的词素,在意义上起了注释和补充说明的作用。

### (五)限定关系

限定关系是指甲乙两个概念,其中甲概念是主要的,乙概念对甲概念起着限定说明的作用,从而使被限定说明的甲概念,在增加了内涵的情况下,从一个外延较大的概念,过渡成为一个外延较小的概念。所以通过限定关系形成的组合体,就会使外延较宽的类概念,形成外延较窄的种概念。从词的情况看,凡在限定的关系上组成的新词,它所表示的概念,都是它的主要词素所表示的概念的种概念。如"汉语"就是"汉"和"语"在限定关系的基础上组合成的,"汉"对"语"加以限定说明,结果"汉语"表示的概念,就是"语"所表示的概念的种概念,"汉语"和"语"是种概念和类概念的关系。汉语中凡是在概念的限定关系的基础上造成的词,反映在构词上就是偏正式的词。如:

电扇 胶鞋 公路 飞机 红旗

台灯 主观 奇迹 狂欢 雪白

在限定关系的基础上组成的词,汉语词汇中是大量存在的。如同是"桌","方桌""圆桌"是从形状方面,用"方""圆"对"桌"加以限定,"饭桌""书桌"则是从用途方面,用"饭"和"书"对"桌"加以限定。人们可以从不同的角度,对各种不同的事物进行限定，从而把两个表示不同意义的词素，组合在一起形成新词。

　　当然，语言和逻辑是不同的，所以，语言中的词形成以后，有一部分词的意义，在社会运用和约定俗成中，往往又出现了新的变化和发展。如"红旗""白旗"等成词以后，它们的意义就不再单纯地表示"红的旗"和"白的旗"了，而是意义更加抽象化，具有了"象征革命"和"表示投降"等更加丰富深刻的新内容。

　　汉语的偏正式构词中还有一部分词，它的词素组合虽然也建立在概念的限定关系的基础上，但是和前面所谈的情况却不完全相同。如"雪白""冰凉""墨黑""火热"等。这类词的两个词素所表示的概念之间，往往存在着一种比喻式的限定关系，表示喻体的概念对表示被喻体的概念加以限定，如"像雪一样白""像冰一样凉"等。这样产生的新词所表示的概念，比原词素中表示的被限定的概念，在意义上起了进一步加强的作用（这类词都不需要再用"很"来修饰），但两者却未形成种概念和类概念的关系。

　　除偏正式构词外，在概念的限定关系的基础上进行造词的，还有补充式中用事物单位名称注释说明的一类词。如：

　　　布匹　　纸张　　房间　　人口　　船只
　　　车辆　　事件　　花朵　　枪支　　书本

这类词的词素也表示了两个不同的概念，其中后一个表示事物单位的概念，对前一个表示事物的概念加以限定，并对被限定的概念起着注释补充的作用。这样形成的词，其意义往往都是表示着被限定事物的集体概念的意义。

　　（六）支配关系

　　支配关系是指前一个概念表示一种行为，后一个概念则表示这种行为所涉及的事物和情况，前者对后者有支配的作用。汉语词汇中有许多词就是在支配关系的基础上造成的。如：

　　埋头　起草　庆功　动员　整风

　　担心　知己　顶针　裹腿　分红

以上例词都是在概念之间支配关系的基础上组成的。反映在构词上就是动宾式的词。动宾式的词词素所表示的概念之间，都表现为一种行为和行为所涉及的事物的关系。

　　在支配关系的基础上形成的新词，其意义都是由两个词素的意义融合和进一步引申而成，其中，充当谓词性的词素往往起着更重要的作用。

　　此外，汉语词汇中动补式的词，如：

　　提高　削弱　离开　改进　降低

　　撕毁　击破　放大　隔离　促成

这类词词素组合的逻辑基础，也是概念之间的支配关系。当然，动补式的词和动宾式的词有所不同。动补式的词，它的两个词素所表示的概念之间，往往表示一种行为和这种行为所造成的情况的关系。如"提高"是由于"提"的动作行为而造成"高"起来的情况，"撕毁"是由于"撕"的动作行为而造成"毁"的情况。所以在动补式中，虽然谓词性的词素所涉及的不是它所支配的事物，但是它却涉及着由它而造成的情况，没有前一种动作，就不可能产生后一种情况，从这一意义上说，后面的情况仍然受着前面动作的支配和影响。因此，动补式的词词素组合的逻辑基础，仍然是概念之间的支配关系。

　　在支配关系的基础上产生的动补式的词，其特点和动宾式相同。新词的意义也都是由两个词素的意义融合和引申而成，充当谓词性的词素，也同样起着更重要的作用。

### （七）判断关系

　　判断关系是指两个概念连在一起，可以构成一个判断，前一个概念可以充当判断的主项，后一个概念可以充当判断的谓项。

汉语中以判断关系为基础造成的词，反映在构词上，就是主谓式的词。如：

　　　性急　自觉　国营　民办　年轻
　　　地震　胆怯　心虚　眼馋　口吃

从逻辑方面分析，这类词的前后两个词素所表示的概念，完全能够充当判断中的主项和谓项，并因此而构成一个判断。如"性急"说明了"性子是急的"就是一个判断。

### （八）重合关系

　　重合关系比较简单，它是指一个概念的重复出现之后形成的前后概念的重复关系。重合关系反映在构词上就是重叠式的词。不过在构词中，词根词素重叠后形成的新词，在意义上与词根词素的意义相比，有的意义完全相同，有的也有所融合和发展。

　　从以上分析可知，汉语的造词和构词与逻辑是有密切联系的，虽然有逻辑关系的成分，不一定都能组合成词，虽然有一些词是根据语言本身的性质特点（如形态方面的特点等）产生出来的，但是，凡是反映在构词上是属于句法关系的构成方式的词，它们的词素组合，却都是建立在一定的逻辑基础上的。人们造词时的认识和思维规律，就是词素得以组合的根据，这些组合的方式，不但体现了词素之间的各种逻辑关系，而且也给予了这些组合可解释性。

　　了解了造词构词的逻辑基础，对认识和分析词的构成问题是有实际意义的。如"鲫鱼"和"带鱼"两个词，从意义上看都是指的一种鱼，从形式上看也很相似，但是两者的构词方式却不同，因为它们各自的词素之间的逻辑关系是不一样的。"鲫鱼"中的"鲫"本身就是一种鱼，"鲫"和"鱼"是种概念和类概念的关系，它的造词构词的逻辑基础是概念之间的从属关系，所以在这里，"鱼"对"鲫"只起着补充和注释的作用，"鲫鱼"是一个补充式中用物类注释说明的词。"带鱼"的情况却完全不同，"带"单独存在时并不表示"鱼"的意思，只有和"鱼"相组合形成"带鱼"时，才表示了一种鱼的名称。所以"带"和"鱼"的关系是根据概念间的限定关系相组合的，其中"鱼"是主要的词素，"带"则从鱼的形状方面对"鱼"加以限定，因此，反映在构词方式上，"带鱼"则属于偏正式结构。

结合逻辑关系对词进行分析，对词的构成方式就容易了解了。如"河流"一词在构成方式的问题上，大家的看法就有分歧。有的同志主张"河流"是主谓式结构①，这种看法是值得商榷的。从逻辑关系方面来分析，"河流"是由"河"和"流"两个词素构成的，如果把"河流"看作主谓结构，反映到逻辑上就等于说"河流"是一个判断，它成了表示"河在流动"，这是不合逻辑的，因为"流动"的只能是"水"，而不能是整个的"河"，所以"河"和"流"组合成词的逻辑基础绝不是判断关系，"河流"一词也不是主谓式结构。应该说"河"和"流"是在概念的同一关系的基础上组合成"河流"的，"流"在这里表示的并不是"流动"的概念，而是指"水流"的意思，《现代汉语词典》（修订本）中对"流"的第⑥个注释就是"指江河的流水"，可见，"河"本身是一种"水流"，"流"也指称"水流"，因此，两者在同一关系的基础上组合成词。反映在构词上，"河流"是联合式中的同义联合结构。在构词分析中，这种意见分歧的情况还是经常存在的，如："自动"和"主动"的构词方式是否相同？"电流""饼干"等词是主谓式还是偏正式？"摇篮""拉锁""跳棋"等是动宾式还是偏正式？对这类问题，只要结合造词构词的逻辑基础进行分析，就不难得出正确的结论来。

当然，承认词素组合的可解释性，并不等于说这样构成的新

---

① 崔复爰编著：《现代汉语构词法例解》，山东人民出版社1957年版，第32页。此外，某些教材中也有这种看法。

词的意义，都是词素表示的概念及其逻辑关系的简单反映。从以上分析中也可看到，新词的意义完全可以在原有词素意义的基础上，通过引申比喻，或者根据客观事物发展的条件，以及社会运用中约定俗成的各种情况，获得新的更进一步的发展。所以一个合成词的词义，是不应只从词素的意义和关系方面做简单理解的。但是尽管如此，我们也必须看到，人们最初造某个词时，从当时的认识和思维情况看，词素的组合是有逻辑规律可循的，而这种规律又必然要反映到构词方式中来，这就形成了造词构词的逻辑基础。在造词构词分析中，这种逻辑基础是绝不能够忽视的。

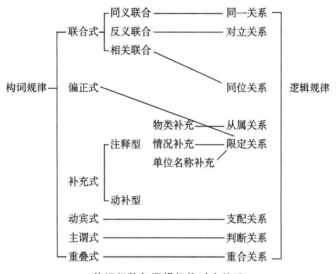

构词规律与逻辑规律对应关系

# 第五节　汉语的构形法

## 一　什么是构形和构形法

构形就是词的形态变化的问题，一个词通过不同的形态变化，可以表示不同的语法意义。词的形态变化的方法就是构形法。构形法在语言中的情况和作用会根据不同的语言而有所不同，在形态变化丰富的语言中，例如在俄语、英语等语言中，形态变化表示语法意义的作用是很明显的；在形态变化不丰富的语言中，其作用相应地就显得比较弱了。

## 二　汉语的构形法

汉语是一种形态变化很不丰富的语言，因此在汉语中，许多词都没有形态变化的情形。汉语中只有少类的词，如名词、代词、动词、形容词以及量词等存在着一些形态变化的情况。但是就这几类词来说，情况也各不相同。在名词中，一般只有表示"人"的词和带有量词性质的名词，才会有形态变化。在代词中，也只有人称代词一类，才容易出现形态变化问题。当然在言语中产生的活用情况不在这讨论范围之内。

在汉语的构形变化中，反映出来的构形法的类型也是比较少的，经常使用的大致有以下几种。

### （一）附加法

附加法就是把词尾词素附加在词干后面以进行形态变化的方法。例如：

> 我——我们　　你——你们
> 老师——老师们　　朋友——朋友们

以上是代词和表示人的名词加词尾词素"们"进行形态变化的情况，加了"们"增加了表示"多数"的语法意义。又如：

> 看——看着　看——看了　看——看过
> 商量——商量着　商量——商量了　商量——商量过

以上是动词加词尾词素"着""了""过"等的情况，动词进行了这种形态变化后，都增加了表示"体"的语法意义，词尾

"着"表示"进行体"的语法意义，"了"表示"完成体"的语法意义，"过"则表示"曾经完成体"的语法意义。

## （二）重叠法

重叠法就是将整个词进行重叠或者把词中的词素分别进行重叠以进行形态变化的方法。整个词进行重叠的，如：

AA 式：人——人人　　天——天天　　家——家家

件——件件　　个——个个　　趟——趟趟

走——走走　　扫——扫扫　　洗——洗洗

高——高高　　红——红红　　长——长长

ABAB 式：研究——研究研究　　调查——调查调查

考虑——考虑考虑　　整理——整理整理

雪白——雪白雪白　　笔直——笔直笔直

词中的词素分别进行重叠的，如：

AAB 式：跑步——跑跑步　　把关——把把关

抓紧——抓抓紧　　喷香——喷喷香

梆硬——梆梆硬　　滚热——滚滚热

ABB 式：冷清——冷清清　　亮堂——亮堂堂

干巴——干巴巴　　慢腾——慢腾腾

干净——干净净　　暖和——暖和和

AABB 式：大方——大大方方　　利索——利利索索

安静——安安静静　　快乐——快快乐乐

勤恳——勤勤恳恳　　轻快——轻轻快快

A 里 AB 式：模糊——模里模糊　　马虎——马里马虎

糊涂——糊里糊涂　　肮脏——肮里肮脏

啰嗦——啰里啰嗦　　慌张——慌里慌张

以上是目前汉语中存在的构形方式和方法。从以上例词中可以看出，各类词的构形方式有的是相同的，有的又有所区别；它们所表示的语法意义也各有所异。就"AA式"来说，名词和量词重叠后都增加了"逐指"的语法意义，即变化后的形式都有着"每一"的意思。动词重叠后却表示了"短暂态""尝试态"的语法意义，如"看看""试试"等等，除了表示原有的词汇意义之外，都有着"短时间的、一下"的意思。形容词重叠后除了表示一种"强调的意味"外，更多的则是表示了"略微的、适中的"语法意义。与此同时，还能够赋予词一种喜爱和赞许的感情色彩，如"甜甜的""辣辣的"与"很甜""很辣"，虽然都表示"甜""辣"的意义，但其表意的意味却不一样。

就"AAB式"来说，动词形态变化后，增加了"短暂态"和"强调的意味"。形容词形态变化后则明显地表示了"加强态"的语法意义，增加了"强调的意味"。

就"ABB式"来说，这基本都是形容词的构形方式，词进行形态变化后，都表示了"加强态"的语法意义，起到了加重词的词汇意义的表意作用。

就"ABAB式"来说，这是整个词进行重叠的一种构形形态，动词和形容词都可以采用这种方式来进行形态变化。动词变化后会增加表示"短暂态"和"尝试态"的语法意义；形容词变化后则增加了表示"加强态"的语法意义，并有着"非常强调的意味"。

就"AABB式"来说，这主要是形容词的构形方式，词形变化后也是增加了"加强态"的语法意义。不过在意义加强之余，还有着"赞许和肯定的意味"。

就"A里AB式"来说，这也是形容词的构形方式，但是这种方式一般都应用于带贬义的词，用这种方式进行词形变化后，除了增加了"加强态"的语法意义之外，还增加了"厌恶态"的感情色彩。

从以上分析中可以看出，汉语的构形方式多以重叠式为主，而在各个词类中，又以形容词的构形方式为最多。因为汉语是一种缺乏形态变化的语言，因此汉语中的许多词是不能进行构形的。如"天空""客观""显微镜""超声波"等。有些可以进行构形的词，一般说来，每个词都有相对固定的构形形式。如果一个词在某种条件下，改变了自己原有的构形形式，而采用了另一种构形形式，并因此而改变词性，那么，也必然会影响到词汇意义也发生相应的变化。如"热闹"是形容词，它的相对固定的构形形式是"AABB"式，重叠后的"热热闹闹"具有"加强态"的语法意义。但是有时"热闹"也可以按照"AB-AB"式进行重叠为"热闹热闹"，如"同学们准备在新年晚会上热闹热闹"，"热闹"的重叠形式改变了，它的词性也由形容词变成了动词，同时词汇意义也由"非常热闹"变成了"使之热闹"的意思。

## 三 构词与构形的区别

"构词"和"构形"是两个完全不同的概念，因此构词法和构形法也是完全不同的。构词法研究的对象是一个个独立的词，通过对一个词的词干的分析和研究，从而了解该词的结构规律，以及与此有密切关联的词汇意义，这就是构词法研究的内容。

构形法研究的对象则是一个个词的不同变化形式，这些变化形式都是依附于某个独立的词而存在的，构形法通过对这些变化形式的分析和研究，从而了解该词在不同形式下所表现出来的不同的语法意义和附带的词汇意义和色彩意义。可见，构词法和构形法在研究的对象和范围方面都是不一样的。

汉语词汇中，尽管构词法和构形法不同，但是有时，它们却往往表现出相同的形成方法和形式，因此，对汉语的构词构形问题，必须要有明确的认识和区分。

构词法和构形法的不同，一般可以从以下两个方面进行分辨。

## （一）从词的意义方面区分构词与构形

因为构词法是研究词干的构成和词汇意义的，所以凡词形变化后，词汇意义并未改变或者完全改变者，都是构词问题。因为构形法是通过同一个词的不同变化形式，以分析研究词的语法意义和附带的词汇意义和色彩意义的，所以凡是词形变化后，词汇意义基本不变，只改变了语法意义和增加了附带的词汇意义和色彩意义者是构形问题。

构词的情况，如：

妈——妈妈　　姑——姑姑
星——星星　　舅——舅舅

以上例词中的双音形式，都由单音形式重叠而成，重叠前后的两种形式，在词汇意义、语法意义和色彩意义上都是相同的，因此，这类例词中的单音形式和双音形式都是词。这些双音形式都是适应汉语词汇双音化的发展趋势，由双音化造词法造出的词，是构词中的双音重叠形式。

构词中还有一种情况，即重叠后的形式，完全改变了被重叠的基础词的原义，形成了具有新义的新词。如：

断（把东西截开或判断的意思）

　　　　　　　　　——断断（绝对）

通（没有堵塞或使之不堵塞的意思）

　　　　　　　　　——通通（全部的意思）

宝（珍宝）

　　　　　　　　　——宝宝（对小孩的爱称）

斤（市斤的通称）

　　　　　　　　　——斤斤（过分计较）

祖辈（祖宗，祖先）

　　　　　　　　　——祖祖辈辈（世世代代的意思）

缝补（缝和补）

——缝缝补补（泛指缝补工作）

旮旯（角落）

——旮旮旯旯（所有的角落）

以上例词中，有的是单音词重叠而成，有的是双音词重叠而成，它们的共同特点是重叠前后的词汇意义各不相同。因此，它们都是各自独立的词，而不是词的构形。

构形的情况与此不同。如：

同志——同志们　　同学——同学们

我——我们　　　　他——他们

这类词经过附加词尾词素"们"变换形式后，只增加了"多数"的语法意义，词的词干部分和词汇意义都未改变。

看——看着，看了，看过

想——想着，想了，想过

写——写着，写了，写过

说——说着，说了，说过

这类词经过附加词尾词素"着""了""过"变换形式后，只增加了表示"体"的语法意义。但是，无论表示哪种体的语法意义，词的词汇意义都没有改变。

人——人人　　年——年年

天——天天　　家——家家

趟——趟趟　　件——件件

这类词都是量词的词形变化形式，单音量词以"AA"式重叠以后，在词汇意义不变的情况下，只增加了"每"等逐指的附加意义。可是"人"和"年"等的词汇意义并没有变化。

又如：

"AA"式

走——走走　　找——找找

读——读读　　玩——玩玩

猜——猜猜　　瞧——瞧瞧

"AAB"式

鼓掌——鼓鼓掌　　把关——把把关

跑步——跑跑步　　留心——留留心

讲情——讲讲情　　受罪——受受罪

"ABAB"式

研究——研究研究　　调查——调查调查

考虑——考虑考虑　　商量——商量商量

学习——学习学习　　讨论——讨论讨论

这是一组动词的词形变化形式，单音动词都按照"AA"式进行重叠，双音动词则按照"AAB"式和"ABAB"式进行重叠，变化后的形式都增加了表"短暂态"和"尝试态"的语法意义。也有少数的双音动词如"打巴""甩搭"等，重叠后变成"打巴打巴""甩搭甩搭"时，则具有了"反复态"的语法意义。但是不管怎样，这些动词的词汇意义都没有发生任何的变化。

再如：

"AA"式

高——高高　　红——红红

白——白白　　大——大大

深——深深　　胖——胖胖

"AAB"式

喷香——喷喷香　　冰凉——冰冰凉

梆硬——梆梆硬　　滚热——滚滚热

"ABB"式

冷清——冷清清　　乱腾——乱腾腾

亮堂——亮堂堂　　干巴——干巴巴

"AABB"式

冷清——冷冷清清　　大方——大大方方

简单——简简单单　　清楚——清清楚楚

快乐——快快乐乐　　利索——利利索索

勤恳——勤勤恳恳　　马虎——马马虎虎

"ABAB"式

梆硬——梆硬梆硬　　雪白——雪白雪白

笔直——笔直笔直　　喷香——喷香喷香

彤红——彤红彤红　　墨黑——墨黑墨黑

"A里AB"式

马虎——马里马虎　　慌张——慌里慌张

胡涂——胡里胡涂　　肮脏——肮里肮脏

啰嗦——啰里啰嗦　　邋遢——邋里邋遢

以上是一组形容词的词形变化形式，单音形容词都是按照"AA"式进行重叠的，双音形容词的构形有五种重叠形式，即："AAB"式、"ABB"式、"AABB"式、"ABAB"式、"A里AB"式。有的形容词可以具有两种重叠的构形形式，如"冷清"，既可重叠为"冷清清"，也可重叠为"冷冷清清"；"梆硬"既可重叠为"梆梆硬"，也可重叠为"梆硬梆硬"；"慌张"既可重叠为"慌里慌张"，也可重叠为"慌慌张张"。不过无论按照哪一种方式进行构形，形容词重叠后，除了只能表示"加强态"、"轻微态"或"厌恶态"等语法意义外，它们的词汇意义也都没有改变。

**（二）从词的形式方面区分构词与构形**

因为构形是同一个词的不同形式的形态变化问题，所以它变化前的形式都是词。构词却不相同，因为词是由词素组成的，所以变化之前的形式可以是词，也可以只是用以组词的词素，而且最重要的是不论其形式是词还是词素，出现的新形式都是由词素根据构词方式进行组合后产生出来的新词，这些具有新形式的词都是各自独立的，都具有自己的词汇意义，因此这不是构形形式。这种情况在重叠式的形式中，尤应加以区分。现在以共时的情况为例，如：

津——津津　冉——冉冉　翩——翩翩　萋——萋萋

妈——妈妈　舅——舅舅　断——断断　落——落落

祖辈（祖宗，祖先）——祖祖辈辈（世世代代的意思）

缝补（缝和补）——缝缝补补（泛指缝补工作）

走——走走　尝——尝尝　大——大大　圆——圆圆

以上例词中，"津""冉""翩""萋"等成分，因为它们现在已不能独立成词了，所以它们都是非词词素，因此毫无疑问，它们重叠后的形式都是词；"妈""舅""祖辈""缝补"等几例，都是已经由词素构成为词，所以都是以词的形式出现的，但是必须明确，它们进行重叠时，绝不是以词的身份出现的，而是以词素的身份按照构词的规律进行重叠的，所以表现在词的词汇意义上与构形也截然不同，"妈"和"舅"重叠后的词汇意义完全没有改变，而"祖辈"和"缝补"重叠后，它们的词汇意义则完全改变了，所以它们重叠前后的形式都是词。因此，这些例词都是运用重叠方式进行构词的问题。再看"走""尝""大""圆"等情况却不一样，因为它们重叠前后的形式在词汇意义上并未发生改变，所不同的仅仅是重叠后发生了语法意义的变化，因此它们都是同一个词的形态变化形式，所以是构形问题。

再如以下几组例词：

1. ①：呱呱叫——呱叫　　苃苃草——苃草

毛毛雨——毛雨　　婆婆丁——婆丁

哈哈镜——哈镜　　猩猩草——猩草

②：鼓鼓掌——鼓掌　　讲讲情——讲情
　　冰冰凉——冰凉

2. ①：眼巴巴——眼巴　　美滋滋——美滋
　　绿油油——绿油　　甜丝丝——甜丝
　　雄赳赳——雄赳　　明晃晃——明晃

②：慢悠悠——慢悠　　暖和和——暖和
　　昏沉沉——昏沉

3. ①．星星点点——星点　　兢兢业业——兢业
　　满满登登——满登　　唯唯诺诺——唯诺
　　婆婆妈妈——婆妈　　病痛歪歪——病歪

②：讨讨论论——讨论　　磨磨蹭蹭——磨蹭
　　爽爽快快——爽快　　明明白白——明白

以上三组例词，从表面形式上看，每组中的①②两类词，其重叠形式都是一样的；同时这三组词都具有一个共同点，那就是每组中的第①小类，前者都是重叠后的形式，后者却是两个并未形成词的词素，这两个词素在一起孤立存在时并不是词，前面的具有重叠结构的形式，就是运用其后面的词素组合而成的，所以前面的重叠形式都是运用重叠式的构词规律形成的独立的词，它们的重叠形式属于构词问题。每组例词中的第②小类却与此不同，它们后面的成分都是一个个独立的词，前面的重叠形式都是它们的构形形式，是同一个词进行了形态变化的结果，因此这些重叠形式都属于构形问题。由此可见，通过对重叠前存在形式的分析，也可以辨别构词和构形问题。

正确地辨别构词和构形是非常必要的，这直接影响到对词的认识和分词问题。例如：在"大家讨论讨论""一个个"等词组中，到底有几个词呢？正确的回答当然是两个词，因为"讨论讨论"和"个个"都是"讨论"和"个"的构形形式，所以把它们也当作两个词是不对的。

# 第四章　词义

## 第一节　词义概说

词是声音和意义的结合体，语言中的每一个词都有它的声音和意义，声音是词的形式，意义是词的内容。可以说，词的意义内容就是我们所说的词义。但是如果仅仅这样来理解词义，显然是很不够的。因此应该做进一步的讨论。

### 一　词义的内容

既然词义就是词所表示的意义内容，那么，我们在认识词义时，首先就应该了解词都表示着什么样的意义。如"书"表示着"装订成册的著作"的意义，"杰出"表示着"（才能、成就）出众，不平凡"的意义，"奉承"表示着"用好听的话恭维人，向人讨好"的意义。当然，不可否认这些意义都是词义包括的内容。但是再进一步考虑，我们就会发现，除以上意义外，"书"还表示着"名词，可作主语、宾语……"等意义，可用于口头、书面等各种场合，具有中性色彩；"杰出"还表示着"形容词，可作定语……"等意义，具有褒义色彩；"奉承"还表示着"动词，可作谓语、定语……"等意义，多具有贬义色彩。以上这些也都是词所表示的意义，那么，词的这些意义，是不是词义的内容呢？应该说，这些也都是词义的内容，都可称为词义。由此可知，凡是词所表示的意义，都属词义的范围，所以词义所包括的内容是很丰富的。

概括地说，词义包括词的词汇意义、语法意义和色彩意义三个部分。

### （一）词汇意义

词的词汇意义是指词所表示的客观世界中的事物、现象和关系的意义。如"装订成册的著作"就是"书"一词所表示的词汇意义，"（才能、成就）出众，不平凡"就是"杰出"一词所表示的词汇意义，"用好听的话恭维人，向人讨好"就是"奉承"一词所表示的词汇意义。语言中的词都是用来指称客观世界中的事物、现象和关系的，所以每个词都有它的词汇意义，实词是这样，虚词也是这样。目前语言学界对虚词有没有词汇意义、虚词能不能表示概念的问题，仍然存在着不同的看法，有的人就认为虚词不表示概念，只有语法意义而无词汇意义。事实上，要说明这个问题，首先应该从词的本质功能来考虑。谁也不能否认，词是一种音义结合体，是语言中的指称符号，它们都表示着客观世界中的实际存在，包括那些被人们认识了的抽象的实际存在在内，同时它们也都表示着这些实际存在的意义内容，任何词都应该是这样，如果不是这样就不应该是词。虚词是语言词汇的一个组成部分，虚词的词汇意义大都是客观世界中所存在的某种关系的反映，如"并且"的词汇意义就是"表示更进一层"的意思，"以至"的词汇意义就是"直到，表示在时间、数量、程度、范围上的延伸"的意思，"和"的词汇意义就是"表示联合、联同"的意思。也有的虚词表示了客观存在中的人们的某种感情和态度，如"表示惊异的感情和态度"就是"啊（ǎ）"的词汇意义，"表示应诺和理解了的感情和态度"就是"啊（à）"的词汇意义，"表示答应或叹息"就是"唉"的词汇意义。毫无疑问，这些虚词所表示的人们的感情和态度也是一种客观存在，人们对这种感情和态度进行认识的结果也能形成概念，如上面所说的这些词表示的词汇意义就是一种概念，因此我们说，虚词也是有词汇意义的。

## （二）语法意义

词的语法意义是指词的表示语法作用的意义。词的语法意义是语言中词的语法作用通过类聚之后所显示出来的，所以它是一种更抽象更概括的意义。如语法中的"名词"就是对语言中表示客观事物名称的词的一种语法概括，"主语"就是对名词等某些词类的语法作用的一种概括。语言中的每一个词都从属于某种语法关系的类聚和概括之中，所以每一个词也都具有一定的语法意义。如"名词，可作主语、宾语……"等就是"书"的语法意义，"形容词，可作定语……"等就是"杰出"的语法意义，"动词，可作谓语、定语……"等就是"奉承"的语法意义，"连词，连接并列的动词、形容词、副词和小句"就是"并且"的语法意义，同样，"连词，连接两个以上的词、词组或分句等"就是"以至"的语法意义。

## （三）色彩意义

词的色彩意义是指词所表示的某种倾向或情调的意义，这种意义也是社会约定俗成的。如"股骨"和"大腿骨"、"祖母"和"奶奶"都是指的同一种事物，具有相同的词汇意义和语法意义，但是它们的色彩意义却不相同，"股骨"和"祖母"具有书面语色彩，"大腿骨"和"奶奶"则具有口语色彩。又如"效果"、"结果"和"后果"一组词，它们的色彩意义也完全不同。"效果"除有时具有中性色彩外，一般多具有褒义的色彩，"后果"就具有贬义的色彩，而"结果"则具有中性的色彩。语言中每一个词都有自己的色彩意义。有的词具有形象的色彩，如"佛手""龙眼""鸡冠花"等；有的词具有亲切的色彩，如"同志""乡亲""妈妈"等；有的词具有庄重严肃的色彩，如"瞻仰""诞辰""会晤"等；有的词具有使人憎恨和厌恶的色彩，如"判徒""流氓""走狗"等；还有更多的词则具有中性的色彩，如"人""树""钢笔""粮食""所以""并且""以至""但是"等等。一个词可以具有一种色彩意义，也可以具有多种色彩意义，如"母亲"一词就具有亲切的、庄重严肃的、多用于书面语等几种色彩意义。

词的词汇意义、语法意义和色彩意义是互相联系、互为一体的，它们共同充当词义的内容。我们只有从这三个方面来分析和认识词义，才能对词的意义有比较全面的了解。

当然，我们也不能否认，在词义所包括的三个内容当中，词汇意义是最主要的。因为只有当词具备了词汇意义的时候，词才能成为表示客观存在的符号，才能成为语言中的词；也只有当词具有了词汇意义的时候，它才能进一步获得语法意义和色彩意义。正因如此，所以有时候，"词义"这个名称也往往被用来单纯指称词的词汇意义而言。

## 二　词义的特征

词义呈现出来的特征是多方面的，下面分别说明。

### （一）词义的客观性

词是表示客观存在的语言符号，词义中的主要部分——词汇意义表示着客观世界中的事物、现象和关系，事实上，词的语法意义和色彩意义也都是客观存在的反映，这一切都说明了词义是表示客观存在的，所以，一切客观存在和人们对客观存在的认识，就是词义产生的客观基础。没有客观存在，就无从产生词义，没有人们对客观存在的认识活动，词义也不可能产生。如"树"，正因客观世界中存在着"树"这种客观事物，所以人们才能对它进行认识，才能产生表示"树"的词，也才能产生"树"的词义。

客观存在虽然是词义产生的基础，但却不能认为词义和客观存在就可以完全符合或者等同，更不能说词义就是客观存在本身，因为词义表示客观存在时，还要受到人们认识的制约。人们认识的不同，就使得词义表示客观存在的情况也各有差异。如有的词义是在人们对客观对象正确全面认识的基础上产生的，这样的词义就比较符合客观对象的实际。如"农具"的词义是"进行农业生产所使用的工具"，"画像"的词义是"画成的人像"等。有的词义是在人们对客观对象只有部分认识的基础上产生的，这样的词义虽然也能表示客观对象的某些特点，但却不能比较全面地表明客观对象的情况。如过去对"水"的理解只是"无色的流质，饮食日用的必需品"就是这种情况。也有少数的词义是在人们对客观存在进行了错误认识的基础上产生的。如"鬼""神""上帝""魂魄"等词的词义就是这样。还有一小部分词义则是在人们认识客观存在的基础上，又加上了主观想象的成分而产生的。如"天堂""仙女""天神""阎王"等词的词义，就是这样形成的。这就是说，人们的幻想，也是在客观存在的基础上产生的。

以上情况说明，词义和客观存在绝不是等同的，但词义的产生和客观存在又有密切的联系，无论基于对客观存在的正确认识，或者基于错误的认识，词义总要在客观存在的基础上产生，客观存在永远是词义形成的不可缺少的依据。

### （二）词义的概括性

任何词义都是表示某一类客观对象的，所以词义都是对同类客观对象的概括。词义概括了某一类客观对象所共同具有的特点，同时也舍弃了为个别对象所具有的具体特征，因而获得了表示某一类客观对象的意义的资格。如"人"一词的词义就是对"人"这类客观事物的概括，它概括了为人所共同具有的特点，同时也舍弃了为个别人所具有的具体特征，因此，"人"的词义不是指某一个具体的人，而是成了"人"这一类客观事物的通称。

普通词的词义是概括性的，专有词的词义也是概括性的，如"鲁迅"一词的词义就概括了鲁迅这个人的全部特征，而且也概括了各个不同时期的鲁迅的情况，它既可以用来表示少年时期的鲁迅，也可用来表示老年时期的鲁迅。

### （三）词义的社会性

词义是词的内容，它和语言中的其他成分一样，也是为社会共同约定俗成的。词是声音和意义的结合体，什么样的声音表示什么样的意义，完全是社会成员共同约定俗成的，只有社会成员对同一个词的词汇意义、语法意义和色彩意义有着共同的理解，人们彼此间的交际才有可能进行。词义的社会性特征是语言的社会本质所决定的。

### （四）词义的主观性

词义虽有其社会性，但在具体使用中，它又往往具有主观性的特征。词义的主观性是指人们在认识基本一致的情况下，又可因年龄、生活条件、文化水平和认识能力等各方面情况的不同，导致人们对词义在认识和理解上有所差异。如对"电"的词义的认识，小孩子和物理学家的理解就不会完全相同。对"海带"的词义，一般人和海洋生物学家在认识上也绝不会一样。在语言运用中，词义的主观性随时都能表现出来，但是，因为这种主观性并没有而且也不可能超出词义的社会性范围，所以主观性所表现出来的差异，并不会影响人们的交际。

### （五）词义的发展性

词义和语言中的其他成分一样，一旦形成后，总是相对稳定的。但它又不是一成不变的，随着社会的发展，客观事物的变化，人们认识的改变，以及人们使用时的不同方式方法，都会影响到词义也发生变化和发展。我们经常遇到的古今词义不同的情况，就具体表现出了词义的发展性。词义的发展性不但存在于语言的历时现象中，同时也可以存在于语言的共时现象中，如"舌头"一词，除指"口腔中能辨别滋味、帮助咀嚼和发音的器官"外，又增加了"为侦讯敌情而活捉来的敌人"的新义项，就是在现代汉语这一共时阶段出现的词义发展的情况。其他像"硬件""菜单""窗口""包装"等许多词的意义也都程度不同地有所发展。我们运用词语时，认识到词义的发展性是非常必要的，只有认识到词义的发展性，才能对词义有正确的理解和运用。

### （六）词义的民族性

词义属于语言的范畴，每个民族都有自己的语言，也都有为本民族社会共同约定俗成的词义，在词义形成和发展的过程中，它的面貌往往要受到使用它的民族条件的制约，民族的文化素养、心理状态以及生活习俗等方面，都可以对词义产生影响。如汉语中"龙"和"凤"的词义就有浓厚的民族性，"龙"和"凤"都是汉族古代神话中的动物，汉族人民往往把它们作为尊贵、庄严、美好、吉祥等的象征，像"龙袍""凤冠"等。又如汉语的"钢笔"和英语的"pen"意义相当，但英语的"pen"原来还有"羽毛"的意思，汉语的"钢笔"却无这种意义，这种情况也是民族条件的影响造成的，因为英国古代曾有以"羽毛"当笔用来写字的习俗，所以"羽毛"和"钢笔"就能形成意义上的联系。词义的民族性表现在词的色彩意义方面更为明显。如汉语词"小"只有中性的色彩意义，英语中的"little""small"两个词都表示"小"的词汇意义，其中"little"一词却有爱称的感情色彩。又如"家伙"一词，在汉语中，当用于指称人的时候，往往具有轻视的色彩意义，可是在英语中，"fellow"（家伙）一词却具有褒义色彩，用于贬义时，一般则要用"guy"来表示。

### （七）词义的概念对应性

词义是概括的，在绝大多数的情况下，它总是用来表示某一类的客观事物，并因此也表示着某一类客观事物的概念，这就使词义有了概念对应性的特征。

词义的概念对应性在任何情况下都是存在的。当词作为词汇的组成单位存在于语言符号系统之中的时候，词义表示的只能是某一类客观事物，当然，词义也必然表示着这一类客观事物的概念。在这种情况下，词义和概念是相对应的。

当词在具体的语言环境中，被人们用来组成具体句子时，词义仍然具有它的概念对应性。如"鱼生活在水中"这句话里的"鱼"仍然是概括地表示了"鱼"这一类事物，所以它的词义也仍然和"鱼"的概念相对应。又如"这条鱼真大"这句话中的"鱼"虽然指称"这条"具体的"鱼"，然而我们却不能否认它指称的仍然是"鱼"这类客观事物，而并不是另一种事物，所以，这时"鱼"的词义仍然表示着"鱼"的概念所包含的内容，仍然有它的概念对应性。

**（八）词义的具体事物对应性**

词义的具体事物对应性就是指词义虽然是概括的、和概念相对应的，但是在实际运用中，词义却总是要用来指称具体的客观事物，总是要和具体的事物相对应。语言中的每一个词都会参与到具体的言语交际中去，因此词义都具有具体事物对应性。

词义的具体事物对应性是在词义的概念对应性的基础上产生出来的，只有当词义具备了概念对应性之后，才能在具体的应用语境中，去指称具体的客观事物，也才能体现出具体事物的对应性来。如在上例"这条鱼真大"中，"鱼"的词义不仅表示了"鱼"的概念，同时也指称了"这条"具体的"鱼"，这时"鱼"的词义除了和"鱼"的概念相对应外，同时也和"这条大的具体的鱼"相对应，这就使"鱼"的词义不仅具有概念对应性，同时也具有了具体事物对应性。又如在"小王的书是新买的"中，"书"表示的不仅是"书"的概念，而且也指称了"小王新买的"具体的"书"，这时，"书"的词义不仅有概念对应性，而且也有了具体事物对应性。

当词义具有了具体事物对应性的时候，词义就会发生外延缩小、内涵丰富的变化，因此词义表示的内容则要比单纯具有概念对应性时丰富得多。

词义的特征是表现为多方面的，同时又是互相联系的。我们只有全面地正确地认识词义的特征，才能够比较全面正确地认识和掌握词义，也才能比较正确地来运用词。

## 第二节　词义和概念

### 一　词和概念的关系与区别

词义和概念的关系与区别问题，跟词和概念的关系与区别问题不同，因此，在了解词义和概念的关系与区别问题之前，有必要先了解一下词和概念的关系与区别问题。

我们知道，概念是对某一类客观对象的概括反映，它反映了科学在一定发展阶段上所认识的某一类客观对象的一般的和本质的特征的全部总和，以及这些特征的一切复杂的联系和关系。概念是人们对客观世界中的事物、现象和关系进行认识而产生的思维成果，它是属于思维范畴的。

词和概念不同，词是概念的外部形式。如果没有反映客观对象的概念，也就是说，如果没有人们对客观对象进行认识而产生的思维成果，那么，词就不会产生。所以，概念是词得以形成的基础。反之，如果没有词，概念也不能被表示出来，所以，词又是概念得以存在的外部形式。因此，从这个角度看，我们可以理解为概念是词的内容，词是概念的形式，两者是内容和形式的关系。

词和概念虽然有这样的联系和关系，但是两者却有本质的区别。

首先，词和概念与客观对象之间的关系是不一样的。词和客观对象之间没有必然的联系，用什么样的词表示什么样的客观对象都是假定的、任意的，是社会约定俗成的。所以，同样的客观对象，不同的民族语言可以用不同形式的词来表示，同一民族语言也可以用不同形式的词来表示。前者如"书"，汉语用"shū"的形式表示，英语则用"book"的形式表示；后者如"父亲"，汉语中既可用"fù·qin"（父亲）的形式表示，又可用"bà·ba"（爸爸）的形式表示。概念和客观对象之间却有必然的联系，什么样的客观对象就要产生什么样的概念。如"鸟"这种客观事物是会飞的，所以"鸟"的概念中就必然要包含着"飞"的特征。"人"这种客观对象是不会飞的，所以"人"的概念中就必然不能包含"飞"的特征。正因概念和客观对象之间有着必然的联系，所以，不同民族的人们对概念的认识是一致的。

其次，词和概念不是完全对等的。语言中的词，虽然可以和逻辑思维中的概念相对应，但是这种对应却不是一对一的对等关系，词可以表示概念，但概念却不一定都用词的形式来表示，如"他的哥哥""高等学校""自动铅笔"等概念，就是用词组的形式表示的。仅就词表示概念来说，情况也比较复杂。例如上面所谈的"书""父亲"等概念，就是同一个概念可以用不同形式的词来表示。但是另一方面，语言中也存在着相同的形式，又可以表示几个不同概念的情况。如多义词"bāo.fu"（包袱），既可表示"包裹"的概念，又可表示"负担"的概念。又如"dùjuān"（杜鹃）这一形式，既可表示"杜鹃花"的概念，又可表示"杜鹃鸟"的概念。由此可见，对词表示概念的情况，也应作具体的分析。

## 二　词义和概念的关系

词义和概念的关系与词和概念的关系则完全不同。语言和思维的不可分割性，反映到词义上来，就使得词义和概念具有了密不可分的关系。词义和概念的关系主要体现在两个方面：一方面是概念是词义形成的基础；另一方面是词义反映概念，概念凭借词义而成为直接现实。对于这一问题，大家的看法是基本一致的，但是在具体理解和阐明这种关系时，大家的意见却有所不同。其中比较普遍的情况是，只把词义中的词汇意义拿出来和概念一起做分析比较，对词义的其他方面则不涉及。但是如果仅限于这样的认识，我们对词义与概念的复杂联系与关系是无法揭示清楚的。因此我们必须从更广的范围来认识和剖析这一问题。现在从词义包含的三个内容方面分别进行讨论。

## （一）词汇意义与概念

词汇意义是指称客观事物的意义，是人们对客观事物的理性认识在词义中的反映，毫无疑问，这种意义是和概念直接联系的。大家都知道，概念是对某一类客观对象的概括反映，而词汇意义又是表示客观世界中的事物、现象和关系的，两者都是词的形式所表示的内容，这一情况就决定了词汇意义和概念的联系和关系，词汇意义都是在概念的基础上形成的，同时又将概念的内容表现为直接的现实，一般说来，当概念用词表示的时候，概念的内容和词的词汇意义是基本一致的。所以，与词汇意义相联系的概念，不但决定了词的词汇意义的本质内容，而且也赋予了一个词词汇意义的指称作用，并因此而决定了一个词的产生和存在的价值。由此可见，语言中词的词汇意义和逻辑思维中的概念是相对应的。在这一点上，不但实词是这样，虚词也是这样。

## （二）语法意义、色彩意义与概念

词的语法意义是词在语言的性质、特点和关系结构中所表现出来的意义，它虽然不像词汇意义那样直接与词所指称的客观事物的概念相对应，但却不能否认，它也与一定的概念相联系。语言作为一种交际工具，它本身也是一种客观存在，而语言内部的各种现象和情况，当然也是客观存在中的一部分，对这些客观存在进行认识之后，同样也会形成概念和相应的词义。语言中的一切概念，包括语法概念都是这样形成的。基于这种认识，所以我们说，词义中存在的语法内容也是一种客观存在，人们通过认识，逐渐从各个个体词义所具有的不同的语法性质、特点和功能中，抽象概括出了各种不同的语法概念，然后又可以反过来用这些语法概念对每个词义的语法性质、特点和功能进行说明，从而形成词的语法意义，可见，词义的语法意义与概念也是相互联系的。

当然，词的语法意义和概念的联系与词汇意义的情况有所不同，词汇意义与概念的联系具有特指性。这种特指性说明：反映客观事物性质特点的概念赋予了词义指称某种特定的客观事物的功能，所以词汇意义和概念之间有着一种本质的必然的联系，什么样的词汇意义表示什么样的概念是一定的。语法意义与概念的联系则与此不同，语法意义当中的概念都要通过表该概念的词义对词的语法意义起类指的作用。所谓语法意义和概念之间联系的类指性，就是说，人们都是通过语法概念来说明词的语法意义所属的类别，说明它或者具有名词属性，或者具有动词属性等。词的语法意义一般都是同时具有着多类属性的，例如"词典"一词的语法意义既有"名词"的属性，又有"充当主语、宾语、定语"等功能，在这里，人们运用了语法中的某些概念，共同说明了"词典"一词的语法属性，说明了"词典"一词在语法范畴中所属的类别和语法作用。由此可见，词的语法意义也是由语法中的概念通过词义的形式加以表明的，语法意义也与概念相联系，而且它联系的甚至是多个概念的综合。

色彩意义与概念的联系和语法意义的情况基本相同。词的色彩意义是依附于词汇意义而存在的，色彩意义也表示着人们的认识、态度、倾向和感情，只是色彩意义所表示的是词汇意义以外的内容，但就色彩意义本身来说，不能否认它反映的也是一种客观情况。人们的某种认识，某种态度、感情或倾向，形成了某类色彩意义的内容，如亲切色彩、严肃色彩、形象色彩、口语语体色彩等等，这些色彩意义的内容，都是人们通过认识从许多个体词中抽象出来的，与此同时，这种认识也形成了各种相应的概念，这些概念同时又被"亲切色彩"等相应的词语形式巩固下来，语言中各类色彩意义的类聚就是由这些概念借助于词义或语义表示出来的，另一方面，它们又可以反过来以此对每个个体词的色彩意义起类指的作用。如"妈妈"一词的色彩意义是"亲切色彩、口语语体色彩"等概念通过表示这些概念的词语的意义，对"妈妈"一词的色彩意义的类属做了具体的说明，所以色彩意义与概念的联系也是具有类指性的。

由于一个词往往可以同时具有两种或两种以上的色彩意义，所以色彩意义的这种多项性，就决定了它有时也可以同时与几个不同的概念相联系。因此，和语法意义一样，色彩意义不但与概念有联系，而且它联系的也可以是概念的综合。

综上所述可以说明，词义和概念的关系远不只是词汇意义与概念的关系问题，词义的三个部分都与概念有联系，虽然它们的联系情况不同，但它们和概念之间都存在着联系却是不能否认的。任何一个词义都有三个部分的内容，任何一个部分都与概念相联系，因此我们说，词义是概念的综合反映。

## 三 词义和概念的区别

我们在了解了词义和概念，特别是词的词汇意义和概念的基本一致性和相互对应性之后，也必须明确，词义和概念毕竟是不可能完全等同的，因为它们属于不同的范畴，因此有着本质的区别。就语法意义和色彩意义来说，因为它们在语言运用中，对概念只起着一种类指性的作用，所以还比较简单，也比较容易理解和掌握。对于词汇意义来说，情况则复杂得多，因此在这里有必要多做些说明。

### （一）词汇意义和概念对应的伸缩性

词汇意义和概念的不同，归根到底是由它们的职能不同决定的。概念属于逻辑思维范畴，它的职能在于认识和反映客观世界，因此，对完全概念的要求就必须是，概念一定要反映出客观对象的一般的和本质的全部特征的总和，以及这些特征的一切复杂的联系和关系。词的词汇意义属于语言范畴，它的职能在于让人们用来进行交际，交流思想，以达到相互了解，所以词汇意义虽然也表示客观世界中的事物、现象和关系，但是人们只要求它能够表示出把某类事物和其他事物区别开来的特征就可以了，所以词汇意义一般表示的往往都是一个不完全的概念。如"荧光灯"的意义，以概念来要求，它应该是："灯的一种。在真空的玻璃管里装有水银，两端各有一个灯丝做电极，管的内壁涂有荧光粉，通电后水银蒸气放电，同时产生紫外线，激发荧光粉而发光。这种光的成分和日光相似，也叫'日光灯。'"对"荧光灯"的词汇意义来说，情况就不完全相同了，如果人们是在对"荧光灯"进行科学研究和讨论的场合，被运用的词义一定要符合专业术语的内容，当然词义的内容肯定和以上所讲的概念的内容是一致的，这时词的词汇意义对应的是一个完全的概念。但是在日常生活中人们也可以把"荧光灯"只解释为"长形管状的一种灯，乳白色，通电后，通过荧光粉的作用而发出一种蓝白色的光"等就可以了，这样理解已经足以使人们把它和其他的事物区分开来，所以这样解释的词义也完全可以用来进行交际，完成其词义的交际功能。很明显，这样运用中的词汇意义对应的当然是一个不完全的概念。

　　除以上情况外，还应看到，在现实生活当中，尽管人们可以相互交际，交流思想，但是不同的人所掌握的概念和词义的内容也是不相等的，因为人们对概念和词汇意义的认识程度，与人们的年龄、文化程度、工作性质、生活条件等各方面的情况都有很大的关系，如年龄大的人和小孩子相比，前者对概念和词汇意义认识的程度就要深一些、全面一些，从事某种专业工作的人，他们对这种专业术语的概念和词汇意义的认识，就要比从事其他工作的人深入全面些。

　　所以，从词汇意义在整个社会的语言交际中所表现出来的内容来看，在其丰富与否的程度上，还是有一定的伸缩性的。

### （二） 词义和概念的一致性在人们认识中的体现

前面讨论了词汇意义的伸缩性问题，都是从社会的不同成员对词义掌握的程度方面来讲的，如果我们从一个成员自身的情况来观察，那又是截然不同的了。所以必须明确，尽管不同的人对概念和词汇意义的认识和掌握的程度有所不同，但是对一个人来说，无论在他成长的哪一个阶段，他对概念和词汇意义的认识程度却永远是一致的。如果一个人对"水"的词汇意义只认识到"是一种无色无臭可饮用的液体"，那么，他对"水"的概念也只能认识到这种程度，而不可能进一步认识到"水的化学成分是氢二氧一"，我们说，这个人这时掌握的概念只能是一个不完全的概念。反之，如果一个人对"水"的概念有了明确全面的认识，那么，他对"水"的词汇意义的认识，也必然是全面深刻的，显然，这时他对"水"的词汇意义的认识，已经达到了概念的深度。

上述情况也可使我们认识到，虽然概念是科学在一定发展阶段上人们对某一类客观对象认识的反映，但是，在日常生活中，人们并不是，而且也不可能正确全面地掌握每一个概念，在更多的情况下，人们所掌握的是和他认识的词汇意义一致的不完全的概念。每一个人都可以由掌握不完全的概念，逐步发展为掌握完全的概念，也可以由对词汇意义的较片面的、较粗浅的认识，逐步发展为对词汇意义有全面的、深刻的认识。可是，作为一个个人来说，他对概念和对词汇意义的了解和逐步的由浅入深的认识程度，却永远是一致的。

词汇意义和概念的伸缩性和一致性是相互联系的，了解这一点，对语言的实际运用来说具有非常重要的意义。例如社会上各种词典的编纂问题，都必须根据读者对象的不同而在释义的繁简上有所取舍，这样的做法正是这种伸缩性与一致性的具体体现。事实上，不这样做也是不可能的，因为这正是人们学习和掌握语言的规律所使然。这一规律在社会语言应用的其他方面，也往往经常不断地被体现出来。

# 第五章　词义的类聚

　　语言中的词不是孤立存在的，它们往往要通过自身所具备的语音、词汇或语法等方面的某些共同特点，而产生各种不同的类聚关系。如由于语音形式的相同与否，可以形成同音词、多音词等不同的类聚；由于词的来源相同与否，可以形成方言词、外来词、古语词等不同的类聚；由于词的词性相同与否，可以形成名词、动词、形容词等不同的类聚；所以由于词义之间所存在的某种联系和关系，词义也可以形成各种不同的类聚。

　　由于汉语词汇的丰富多彩，所以汉语的词义世界也是极为纷繁夺目的。人们可以运用各种不同的方法和途径来学习和掌握词义，同时也可以从各个不同的角度对词义进行分析，并归纳出不同的类别。下面我们也从其具有共同特点的角度，对经常见到的词义聚合情况进行一下分类。因为是对词义的分类，所以进行分析时，完全以词作为讨论的单位。因为词汇永远是在发展演变的，所以这里的分类都是以现代汉语的共时情况为根据的。

## 第一节　单义词和多义词

### 一　单义词

　　只表示一个词汇意义的词就叫作单义词。单义词的词汇意义只和一个概念相对应。如：

　　　　鹿　狗　藕　豹　氧　氯　汞

镭　诗　搓　熄　挽　瘫　熨

葡萄　钢笔　电子　外语　元音

词组　淮河　长江　杂货　南京

电视机　世界观　格律诗　心电图

高低杠　语言学　管弦乐　黄梅戏

因为单义词只有一个意义，所以在任何语境中，词义都是明确的，不会发生混淆。语言中，表示科学术语的词绝大多数都是单义词。其次，一些事物的名称和刚产生的新词也往往是单义的。

语言中的单义词也不是绝对的，在语言发展的过程中，某些单义词有可能发展成为多义词，而某些多义词，由于义项的变化或消失，也可能变成单义词。

## 二　多义词

### （一）多义词的界定

一个词表示着两个或两个以上既有联系又不相同的词汇意义，这样的词就叫作多义词。如：

剪影：1）照着人脸或人体的轮廓剪纸成形。
　　　2）比喻对于事物轮廓的描写。

"剪影"一词不但有两个不同的意义，而且两个意义在"构描物体的轮廓"上有一定的联系，所以"剪影"是多义词。又如：

彩排：1）戏剧、舞蹈等正式演出前的化装排演。
　　　2）节日游行、游园或其他大型群众活动正式开
　　　　始前的化装排练。

"彩排"一词也有两个不同的意义，两个意义在"化装排练"方面有着一定的联系，因此，"彩排"也是多义词。再如：

　　　　记录：1）把听到的话或发生的事写下来。

　　　　　　　2）当场记录下来的材料：如会议记录。

　　　　　　　3）做记录的人：如大家推他当记录。

　　　　　　　4）在一定时期、一定范围以内记载下来的最高

　　　　　　成绩：如打破记录。

"记录"一词有四个意义：第一项意义说明了一种动作行为，是动词性的；第二项意义表示由这种动作行为而产生的结果，是名词性的；第三项意义表示这种动作行为的施事者，是名词性的；第四项意义则表示由这种动作行为所产生的某种特定的结果，也是名词性的。尽管以上四个意义在词性上不完全相同，但是它们与"把某些话和事写下来的动作行为"都有一定的联系，这说明了"记录"一词的四个意义之间是有一定联系的，因此，"记录"也是一个多义词。

　　一个词刚产生的时候都是单义的，在语言发展的过程中，有一些词往往会在单义词的基础上，逐渐成为多义词。所以，历史越悠久的词，越容易成为多义词。汉语历史悠久，因而多义词非常丰富，特别是一些历史悠久的单音词，大多数都是多义的。在现代汉语中，多义词仍然在不断地产生着、发展着，并在语言的运用中发挥着积极的作用。

　　**（二）多义词和多义词素**

　　语言是发展的，语言中的词和词义也在不断发展。有的词在古汉语当中是单义的，在现代汉语中可能就是多义的。有的成分在古汉语中是词，在现代汉语中可能只是词素却不是独立的词。因此，词与非词、词义与词素义等就形成了比较复杂的情况，这种复杂情况在单音词中表现尤为突出。另一方面，某个意义是词义还是词素义，在不同的历史时期，情况也会有所不同。下面我们就从共时的角度，对现代汉语的词义和词素义进行一下剖析和区分。如：

习：1）温习，练习：如自习，实习。

　　2）对某事物常常接触而熟悉：如习见，习闻。

　　3）习惯：如积习，恶习。

观：1）看：如观看，观礼。

　　2）景象或样子：如奇观，改观。

　　3）对事物的认识或看法：如乐观，悲观。

"习"和"观"各有三个义项，各自表示着三个有一定联系的不同的意义，所以它们都是多义的成分。但是在现代汉语中，"习""观"都已不能独立成词了，因此，它们都只能是一个多义词素，它们的三个义项表示的也只能都是现代汉语中的词素义。再看：

欠：1）借别人的财物等没有归还，或应当给人的没有给：如欠了账，欠了情。

　　2）不够，缺乏：如说话欠考虑。

冰：1）水在摄氏零度或零度以下凝结成的固体：如水已结成冰了。

　　2）因接触凉的东西而感到寒冷：如刚到中秋，河水已经有些冰腿了。

　　3）把东西和冰或凉水放在一起使之凉：如把汽水冰上。

在现代汉语中，从造句的角度看，"欠"和"冰"都是能够独立运用的词，"欠"的两个义项和"冰"的三个义项所表示的词汇意义，都可以作为词义来充当造句的成分，因此，"欠"和"冰"都是多义词，它们的各个义项所表示的意义都是词义。当然，从造词的角度看，这些成分又都是可成词词素，它们的义项所表示的意义，都可以作为词素独立用来参与造词，因此，它们又都是造词的单位，它们所表示的意义也都是词素义，所以这些成分也都是多义词素。又如：

宝：1）珍贵的东西：如粮食是宝中之宝。

　　2）珍贵的：如宝剑，宝石。

　　3）敬辞，旧时用于称别人的家眷、铺子等：如宝眷，宝号。

书：1）写字，书写：如书法。

　　2）字体：如楷书，隶书。

　　3）装订成册的著作：如一本书。

　　4）书信：如家书，书礼。

　　5）文件：如证书，申请书。

上例中"宝"有三个义项，"书"有五个义项，但是在现代汉语中，只有"宝"的第一个义项和"书"的第三个义项可以作为词义独立运用，其他的义项现在只能充当词素义了。像这种情况，从现代汉语的角度分析，就应该认为"宝"和"书"都是单义词，同时又是一个多义词素，因为它们的每一个义项都可以用来造词。还有一种情况，如：

飞：1）（鸟、虫等）鼓动翅膀在空中活动：如鸟飞了。

　　2）利用动力机械在空中游动：如飞机在天上飞。

　　3）在空中飘浮游动：如飞雪花了。

　　4）形容极快：如飞奔，飞跑。

　　5）意外的，凭空而来的：如飞灾，飞祸。

走：1）人或鸟兽的脚交互向前移动：如人都走了。

　　2）跑：如奔走相告。

　　3）移动，挪动：如钟不走了。

　　4）离开，去：如车刚走。

　　5）（亲友之间）来往：如走娘家，走亲戚。

　　6）通过，由：如请走这个门出去。

　　7）漏出，泄漏：如走了气，走了风声。

　　8）改变或失去原样：如你把鞋穿得走了样了。

上例中的"飞"和"走"都是具有多种义项的词，"飞"的五个义项中，第一、二、三个义项都是词义；"走"的八个义项中，第一、三、四、五、六、七、八等项都是词义。因此，"飞"和"走"都是多义词，同时也是多义词素。

由以上分析可以看出，从共时的角度区分词义和词素义是非常必要的。词义可以用来独立造句，词素义却只能用来造词构词。由于词义和词素义不同，所以一个具有多项意义的成分，可以是多义词，也可能是单义词。然而，因为这些意义都可以充当词素，所以用于造词构词当中，也可以充当词素义。因此，凡是具有多义的成分，不管它是单义词还是多义词，它都是一个多义词素。可是词素义是不能充当词义来独立使用造句的，所以一个单纯的多义词素如"习""观"等，就不能再被认为是一个多义词了。

### （三）多义词义项产生的原因和手段

词最初都是单义的，在发展演变过程中，由于义项的增多，才逐渐发展成为多义词。所以多义词的各个义项，都是在该词已有意义的基础上发展出来的。出现这样的发展情况，原因是多方面的，但主要则决定于人们的认识和思维能力的发展。人们在社会中生活着，由于对各种客观事物的不断认识和接触，就有可能在不同的事物中，发现它们的某些联系或者某些共同的方面，因而也就有可能用指称甲事物的词去指称乙事物，这种实践的结果，就促成了词的义项增加和发展。如"圈子"一词原指"圆而中空的平面形、环形和环形的东西"，后来人们感到"范围"也是指的某一个方面，像"圈子"圈定了似的，于是就用"圈子"来指称"集体的范围或活动的范围"，如"小圈子""生活圈子"等，结果使"圈子"一词增加了新的义项而变成了多义词。所以，人们的认识促成了多义词的发展，而多义词的发展，在某种程度上也反映了人们的认识水平和思维能力发展的状况。

由于人们的认识不同，反映在多义词的义项产生上，就出现了各种不同的方法和手段。常见的有以下几种。

1. 引申法

引申法就是在原义的基础上，联想引申而产生新义的方法。如：

> 老：1）年纪大：如人老了。
>
> 　　2）很久以前就存在的：如老厂，老关系。
>
> 　　3）陈旧的：如老毛病。
>
> 　　4）原来的：如老地方。

"老"的四个义项中，第一个是原义，第二、三、四个义项都是根据原来的"年纪大"的意义特点，联想引申而成。因为年纪大，生长的时间必然要长，那么，存在的时间也必然会长。因为年纪大，生长时间长，那么，与新相比，也必然会具有陈旧的和原有的等情况。根据这样的联想和引申，就产生了"老"的几个新的义项。

2. 比喻法

比喻法就是根据事物之间的相似之处，在原义的基础上，通过比喻而产生新义的方法。如：

> 酝酿：1）造酒的发酵过程。
>
> 　　　2）比喻做准备工作：如酝酿候选人名单。

酒造出之前要有一段发酵的过程，某些事情做成之前也要有一段准备和考虑的过程，两者有某种相似之处，"酝酿"的新义项就是在这种相似之处的基础上比喻而成的。

3. 借代法

借代法就是在突出原义作用的基础上，把指称部分的词，用来指称整体，或者把指称甲事物的词，用来指称与甲事物密切相关的乙事物，从而使词产生出新的义项来。如：

花：1）种子植物的有性繁殖器官。花由花瓣、花萼、
花托、花蕊组成，有各种颜色，有的长得很艳丽，
有香味：如一朵花。

2）可供观赏的植物：如种花，一朵花。

…………

舌头：1）辨别滋味、帮助咀嚼和发音的器官：如用舌
头舔了一下。

2）为侦讯敌情而活捉来的敌人：如捉到了一个
舌头。

"花"的第一个义项是原义，它指称的是某种事物的一个部分的
名称，后来在突出原义的基础上，把指称部分的名称，变为也可
以指称这一事物整体的名称时，就产生了"花"的第二个义项，
这就是用部分代整体以产生新义项的借代法。又如"舌头"一
例，它的第一个义项是原义，第二个义项也是在突出"舌头"的
意义和作用的基础上形成的，因为这种被称为"舌头"的敌人，
主要的特点就是我们要通过他的舌头的作用来了解敌情。对这个
"敌人"来说，"舌头"也是他的整体的一部分，所以"舌头"
的第二个义项也是用以部分代整体的借代方法产生的。借代法的
另一种情况，如：

翻译：1）把一种语言文字的意义用另一种语言文字表
达出来：如他翻译了许多文章。

2）做翻译工作的人：如他是一位翻译。

"翻译"的原义是表示一种动作行为的，后来把施事这种动作行
为的人也称为"翻译"，这就是在突出原义作用的基础上，在两
种密切相关的事物之间，以甲事物指称乙事物，用借代的方法产
生新义。

4. 特指法

特指法是在原义的基础上，用原来指称范围较大的词，去指

称在这一范围之内的某一特定的事物，并从而产生新义。如：

> 喜事：1）值得祝贺的使人高兴的事。
> 　　　2）特指结婚的事。

很明显，"结婚的事"是包含在"值得祝贺的使人高兴的事"这一范围之内的，所以它是这一范围内被指称的特定的事物，这种特指的指称情况，就产生了"喜事"的第二个义项。

以上分别谈了多义词义项产生的四种方法。事实上，一个多义词的几个不同的义项，既可运用一种方法形成，也可运用多种方法形成。如：

> 负担：1）承当，担当：如负担任务，负担责任。
> 　　　2）担当的责任，任务：如学生的负担太重。
> 　　　3）压力，包袱：如思想负担太重。

"负担"的第一个义项是原义，第二个义项是用引申法联想引申而来，第三个义项则是用比喻法比喻而成的。

### （四）多义词的几种意义及其关系

多义词都由单义词发展而来，因此，就有了原始义和派生义之分。词最初产生时所具有的意义就称为原始义，在已有意义的基础上产生的意义，就称为派生义。有时新的派生义也可能是从旧的派生义的基础上产生出来的。

从词的义项派生的关系来看，充当新义产生的基础者称为基本义，产生出的新义则称为非基本义。

从词义在社会上使用的情况来看，社会上普遍使用的最常用最主要的意义就称为常用义，其他的则称为非常用义。

多义词的各种意义，随着语言不断发展和变化，往往表现出一种错综复杂的情况。

当词刚出现时，它的原始义也就是它的常用义，当然也是基本义。随着语言的发展，原始义出现了两种不同的情况。第一种是原始义一直被沿用下来，在社会发展的任何阶段，它都是社会上所普遍使用的常用义，同时也能充当基本义。如"人""山""水""树""手"等等都是这种情况。第二种是在发展过程中，原始义不再是社会上的常用义，甚至也不能再作为词义被独立运用了，它的派生义却成了常用义，并逐渐成了能够派生他义的基本义。如汉语中的"兵"，原始义是"兵器"，现在的常用义却是"战士"；"强"的原始义是"弓有力"的意思，现在的常用义却是"强大""强盛"的意思。很明显，在现代汉语中，"兵"和"强"的原始义和常用义已不一致了。这些词的常用义发生改变后，它们的原始义除还保留在一些习用的语言结构中外，绝大多数时候都会失去独立充当词义的资格，只能在某些情况下，还可以作为词素义被运用罢了。由此可见，词的原始义和常用义、基本义并不完全一致，它们在发展过程中，也会发生改变和转化。

词的常用义和基本义关系比较密切。在一般情况下，多义词的常用义往往就是它的基本义，它是产生一切新义的基础，多义词的其他义项，都是在这一意义的基础上直接或间接产生出来的。如前面所举的"老"，它的几个派生义都是从基本义直接派生出来的。又如"打"一词，它的常用义和基本义是"打击"的意思，如"打鼓""打人"等。因为制造某些器具时有打击的动作，于是就从基本义"打击"中派生出了"制造"的意义，如"打一把刀""打一个橱子"。因为"编织"的活动也是一种制造活动，于是从"制造"义中又派生出了"编织"的意义，如"打毛衣""打帘子"。从这几个意义来看，"制造"义是从"打击"义直接派生出来的，而"编织"义是从"制造"义直接派生出来的，所以"编织"义对"打击"义来说，就是间接派生的关系。没有"打击"义，就没有"制造"义，也就不可能派生出"编织"义，所以"打击"义是基本的，是其他新义直接或间接派生的基础。在间接派生意义的过程中，起中介作用的非基本义，如"制造"义，虽有着基本义的性质，但不能叫作基本义。因为多义词在某一发展阶段上，只能有一个基本义，只有这样，我们才能够更清楚地观察分析多义词各义项产生的来龙去脉，以及它们相互联系的情况。如对"制造"义这种情况来说，可以称为"具有基本义性质的非基本义"。如果一个多义词中这种情况的意义不止一个的话，可以按照义项产生的先后情况，称为"第一个具有基本义性质的非基本义""第二个具有基本义性质的非基本义"等等。如果能够对每一个多义词义项的产生情况都作如此说明的话，那么对词义是怎样演变和发展的等问题，也就容易一目了然了。

### （五）一词多义和一词多类

因为多义词是指一个词具有几个互有联系的不同的意义，所以多义词是一种一词多义的现象。

一词多义和语法中的一词多类现象是有密切联系的，从多义词的情况看，有的多义词的几个意义可以属于同一个词类。如：

> 落（là）：1）遗漏：如这里落了两个字。
>
> 2）把东西放在一个地方，忘记拿走：如把书落在家里了。
>
> 3）因为跟不上而被丢在后面：如他走得慢，落下很远。

"落"（là）的三个意义尽管不同，但却都表示了一种动作，它们的语法功能相同，都属于动词之类。这种一词多义的现象和一词多类的情况当然是无关的。

但是有的多义词却不是这样。如：

> 辣：1）像姜、蒜、辣椒等有刺激性的味道：如这菜又酸又辣。（形容词）
>
> 2）辣味刺激：如辣眼睛。（动词）

　　3）狠毒：如他的手段真辣。（形容词）

短：1）长度小：如衣服太短。（形容词）

　　2）缺少，欠：如短他三元钱。（动词）

　　3）短处，缺点：如不要当面揭短。（名词）

以上两例中，"辣"的三个意义分属于形容词和动词两个词类，"短"的三个意义分属于形容词、动词和名词三个词类。这种一词多义的情况，同时也都是一词多类。

　　一词多义不一定都是一词多类，但是汉语中一词多类者肯定是一词多义的。一词多义和一词多类都是对词义的说明，一词多义着重从词汇意义方面说明了词义表示的内容，一词多类则着重从语法意义方面说明了词义的语法性质和特征。所以分析和了解多义词的时候，不但要明确词的各个义项所表示的意义内容，而且也应该注意各个义项的语法性质及其所属的语法类别，只有这样，才能全面地认识多义词。

**（六）多义词的单义性**

　　一个多义词孤立存在的时候是多义的，但是当它被具体运用的时候，却又表现为是单义的，这就是多义词的单义性。正因为多义词在具体使用中具有单义性，才能使人们在交际中不会发生意义上的混淆，也才能使人们准确地表达自己的意思，进行思想交流。

　　多义词的单义性是由使用时的具体语言环境所决定的。具体的语境不但能突出明确地表示出多义词的某一个意义，同时还可以使该意义获得具体的事物对应性。如"嗓子"一词，在"小红把口张开，请大夫看看嗓子"中，它是表示"喉咙"的意思，它的具体事物对应性就是小红的嗓子，而不是别人的嗓子；如果在"小王的嗓子好，就让他唱吧"中，显然，"嗓子"表示的是"嗓音"的意思，而且它的事物对应性只能是小王的嗓音，而不可能是别人的嗓音。这一切都是由具体的语境决定的。

　　为多义词提供单义性的语境是多方面的。一句话、一个眼神或手势，都可以形成某种影响语义的语境。总括起来说，基本可表现为两种情况：一是语言本身形成的语境，即语句中的上下文；一是社会生活形成的语境，即交际时的具体生活环境。

　　许多多义词，依靠语句中上下文的帮助，就可以表现出它的单义性。如"骄傲"一词，在"他太骄傲了，听不进别人的批评意见"中，"骄傲"表示的是"自高自大，自以为是"的意思；但在"作为一个中国人，我感到无比骄傲"中，很明显，"骄傲"又表示了"自豪"的意思。又如"简单"一词，在"这个故事情节比较简单"中，它是表示"结构单纯，头绪少"的意思；在"这个人头脑太简单"中，它是表示"平凡无能"的意思；但在"我们不能简单从事"中，"简单"表示的又是"草率，不细致"的意思了。

　　也有少数的多义词，只靠上下文的帮助，是不能表现出它的单义性的，如"你又扮演了一个很不光彩的角色"中的"角色"，只凭这句话是不易确定它的意义是指"演员扮演的剧中人物"，还是指"一个人在某种场合中不体面的所作所为"，这时，就需要借助于具体的交际环境了。如果两人是在谈论演出的剧中人物，那么，"角色"表示的肯定是前一个意义，如果两人谈论的是生活中的某件事情或某个场面，那么，"角色"表示的意义显然就是后者了。

　　由此可见，尽管汉语中的多义词非常丰富，但是由于语境的作用，在具体使用中，多义词又总是以单义的性质出现的。

## （七）多义词和同音词

　　同音词就是指语音形式相同而意义完全不同的词。汉语中，词的语音形式必须在声、韵、调三方面都完全相同，才能叫作同音词。如：

　　　　米（mǐ，稻米）——米（mǐ，一公尺是一米）

汗（hàn，流汗）——旱（hàn，天旱）

杜鹃（dùjuān，鸟名）——杜鹃（dùjuān，花名）

数目（shùmù，这个数目字很大）——树木（shùmù院子里树木很多）

因为同音词的语音形式相同，特别是有部分同音词书写形式也相同，所以表面看来，好像和多义词一样，都表现为一种形式具有多种意义的现象，往往使人分辨不清。

同音词和多义词是性质完全不同的两种现象，两者的区分就在于：同音词都是各自独立的不同的词，它们的词义之间没有任何的联系；多义词却是不管它有多少个义项，它都是一个词，因为这个词所表示的各个意义之间都是有所关联的。

从同音词和多义词的形成来看，两者也截然不同。同音词的出现是人们在语言发展的各个不同的历史阶段、不同地区、不同场合进行造词的结果，同音词的形成，完全是两个不同的词在语音方面的偶合，所以具有偶然性；多义词则不然，从词义发展的总趋势来讲，多义词的出现是语言历史发展的必然，从每个多义词义项产生的情况来说，也都是有理据可寻的，所以它的产生具有有理性。

由此可见，同音词和多义词的区分是非常明显和清楚的。将同音词中相同的多义词素拿出来，并以此为理由，人为地把某些同音词归并到多义词中去，这种做法更是不可取的。

### （八）多义词和同形词

同形词就是指书写形式相同，但语音形式和意义都不相同的词。如：

行（xíng 行走）——行（háng 行列）

长（zhǎng 生长）——长（cháng 长短）

传（chuán 传送）——传（zhuàn 传记）

好（hǎo 好孩子）——好（hào 好聊天）

只从书写形式上看，同形词好像也是同一个形式表示着不同的意义，但是必须明确，同形词和多义词有着本质的区别。同形词的各个形式首先在读音上就不相同，这已可以证明它们是两个词，其次它们表示的意义也各不相同，这些意义之间，虽然有的可能有其相互演变的痕迹，但却不存在多义词中那种基本义和派生义的关系和问题；同形词更不是同音词，因为它们除了书写形式相同之外，其语音形式迥然各异，因此同形词完全是各自独立的一类词，它们只不过是书写形式相同罢了。所以我们在了解词义的类型时，也应该把同形词和多义词，乃至于书面语言中的同形同音词等区别开来。

## 第二节　同义词

### 一　同义词及其特征

语言中词汇意义相同的词就叫作同义词。如：

衣服——衣裳　　水平——水准
祖母——奶奶　　诞辰——生日
丈夫——老公　　容貌——长相

汉语中的同义词，绝大部分在语音形式上都不相同，只有极少数的同义词，在意义相同的情况下，还具有相同的语音形式，如"口形"和"口型"就是这样。不过这种同音同义词在语言中的确是很少见的，而且这种情况也往往是由于书写方面的原因造成的，而不是口语中的问题。

由于同义词是词汇意义相同的词，所以一组同义词在意义上的概念对应性都是完全一样的，只有这样，它才能够达到同义的要求。由于同义词是词汇意义相同的词，所以一组同义词在语法意义方面也必须相同，因为从语言中词义的各种类聚情况看，只有属于同一种词类的词，表现在意义上，才能属于同一种类型的概念范畴，也只有在同一种类型的概念范畴的基础上，才能在意义上发生关联，才能进行相互比较，从而建立起同义的关系。如"哥哥"和"兄长"、"弟弟"等词，因为三者都是一种亲属称谓词，都属于同一个类型的概念范畴，所以才可以进行比较，才能够确定"哥哥"和"兄长"是同义词，因为它们表示着相同的概念，具有相同的词汇意义。而"哥哥"和"弟弟"，由于两者指称的客观事物不同，表示的概念不同，当然所具有的词汇意义也不相同，因此它们应该属于同位词。

由上所述，可以了解，同义词是一种词汇意义和语法意义都相同的词，而共同的词汇意义和共同的概念对应性则是同义词的本质特征，因为只有这两者才是确定同义词的根本依据。

## 二　同义词的类型

### （一）完全同义词

完全同义词是指的词汇意义、语法意义和色彩意义都完全相同的词，这类同义词在语言中也被称作等义词。如：

忌妒——妒忌　　衣服——衣裳

互相——相互　　床板——铺板

眉毛——眼眉　　手臂——胳膊

暖瓶——热水瓶　　灯泡——电灯泡

卷心菜——包心菜　　山茶花——耐冬花

和——同　　路——道　　吞——咽

由于等义词的意义完全相同，所以它们在语言交际中的作用完全一样，因此，在具体的语境中，等义词都是可以相互换用的。如把"我买卷心菜"说成"我买包心菜"，把"他嫉妒你"说成"他妒嫉你"，意义都毫无不同。然而也正因为等义词在交际中的作用完全相同，所以就决定了它们在语言中没有共同存在的必要。所以在社会的运用和约定俗成中，等义词总要被取此舍彼，而不能同时共存下去。

在社会约定俗成中，等义词的发展一般表现为两种情况。一种是人们在使用过程中，把其中的一个逐渐巩固下来，其他的则被淘汰下去。如"自行车"和"脚踏车"原是一组等义词，现在"自行车"被保留了下来，"脚踏车"则被淘汰下去，现在已基本不用它了。又如"衣服"和"衣裳"、"床板"和"铺板"等，现在社会上使用"衣服"和"床板"的越来越多，而"衣裳"和"铺板"的使用频率已经越来越小了。等义词的另一种情况是，有个别的等义词，在发展过程中，逐渐走上了意义分化的道路，结果使它们都获得了为自己所有的特点，它们都以自身具备的特点而被保留下来，从一对等义词而发展成为一对非等义词。如"魂灵"和"灵魂"原来是一组等义词，都是指"魂"而言的。后来"灵魂"逐渐发展成了多义词，表示了"心灵、思想"和"人格、良心"等意义，于是"魂灵""灵魂"有了分工和不同，结果它们都被保留下来，并以自己在意义上的特点和作用继续存在于人们的语言运用当中。

等义词永远是一种语言存在事实。任何民族、任何时代的语言都会有等义词的现象存在。语言中存在等义词的现象是很自然的，因为人们从各个不同的角度进行造词活动的结果，就会使语言中不断地产生出各种各样的等义词。如现在家庭中使用的一种煤块，有的人从它的样子像蜂窝出发，就称它为"蜂窝煤"，也有人认为它的样子像藕，于是又称它为"藕煤"，不同的造词结果就使"蜂窝煤"和"藕煤"形成了一对等义词。现在通过社会的使用和约定俗成，很明显，"蜂窝煤"已被普遍运用开来，"藕煤"则被逐渐淘汰下去了。

社会上永远会不断地制造出等义词，语言中永远会存在一部分等义词，而等义词又将永远不断地被规范，或保留，或淘汰，或进行分化。这就是等义词发展的规律。

**（二）色彩意义不同的同义词**

这类同义词是指一组词所表示的词义内容中，其词汇意义和语法意义都相同，只有色彩意义不同的同义词，因为这类词完全具备了形成同义词的特征和根据，所以它也属于同义词的范围，我们可以称这一类型的同义词为不完全同义。如："父亲——爸爸""诞辰——生日"等等。

在语言中，词的色彩意义是非常丰富的，因此，由于色彩意义的不同而形成的不完全同义词也纷繁多样。下面我们做具体分析。

语体色彩方面，例如：

祖母——奶奶　　会晤——见面
吝啬——小气　　美丽——好看

这几组词的前者都具有书面语和庄重严肃的色彩，而后者则具有口语色彩和亲切的感情色彩。又如：

买——购买　　看——观看
飞——飞翔　　坐——乘坐

这几组词的前者都是日常生活中常用的词，具有明显的口语色彩；而后者则多用于书面语和文艺作品中，有时也用于某些比较严肃的场合，因此，它们多具有书面语和文艺语体的色彩，以及某种程度的严肃色彩。再如：

水银——汞　　　土豆——马铃薯
盐——氯化钠　　蚂蚱——蝗虫

这几组例词则反映了口语和科学术语语体的不同情况，很明显，它们的前者都有口语语体色彩，后者则都是科学语体的色彩了。

　　感情色彩方面，例如：

$$孩子——宝宝　　黄河——母亲河$$
$$松树——青松　　老头儿——老头子——老大爷$$

这几组例词都是由于感情色彩不同而形成的不完全同义词，很明显，"宝宝"和"孩子"在一定语境中都可以指称自己的小孩，但"宝宝"所表现出来的对孩子的喜爱感情却比"孩子"丰富得多；"母亲河"和"黄河"相比，前者也明显地体现出了华夏儿女对黄河的那种崇敬、热爱和亲切的感情；而"松树"和"青松"相比，"青松"则把人们对"松树"的那种长青、挺拔和坚强品格的欣赏和赞美的感情充分表达了出来；"老头儿"一组中的三个词都是口语中的词，都具有口语的色彩，一般情况下也多表现为中性色彩，但是在使用中，相比之下，它们所表现出来的感情色彩也有所不同，"老大爷"一词往往带有一定的尊敬亲切的感情色彩，"老头儿"则多有亲切喜爱的感情色彩，而"老头子"有时却会被用于贬义的场合，带有使人厌恶的色彩，所以如果在"那个老头子真讨厌"的语境中，一般都不会用"老头儿"和"老大爷"的。

　　外来色彩方面，例如：

$$出租车——的士　　激光——镭射$$
$$维生素——维他命　　连衣裙——布拉吉$$

上面各组同义词是民族色彩和外来色彩的区别问题，它们尽管都是用汉语造词法造成的词，但因后者受到其成词的基础形式外语词语音的影响，因而两者相比，前者都具有民族色彩，后者则都具有外来色彩。一般说来，属于这类情况的词，因为它们都表示着相同的词汇意义和语法意义，对应着相同的概念，所以都是可以互相换用的。不过，在使用的过程中，由于民族的语言习惯和思维方式方面的可接受性等影响，具有民族色彩的词往往会越来越占优势，具有外来色彩的词，则会由于使用频率的降低而被逐渐淘汰下去，像汉语中过去使用过的"瓦斯""德律风"，后来都被"煤气""电话"所代替，就说明了这种运用规律的情况。上面所举的"镭射"，从现代社会的运用情况来看，也有这种发展的趋向；至于"布拉吉"一词，现在则只有少数的地区和人们还在使用了。

不过这一语言词汇的发展规律，只是就一般情况而言的，体现到每个具体的词上当然会有所不同，如上例中的"维他命"，虽然在使用上不如"维生素"的频率高，但是它的生命力却相当长久，根据目前的应用情况，这个词仍然会被汉族社会继续使用下去。对于"的士"一词，由于它是近几年来才产生的新词，所以还应该继续观察它被社会约定俗成的情况。

形象色彩方面，例如：

羡慕——眼馋　　桂圆——龙眼
白——雪白　　　抽油机——磕头机

以上几组词都是中性色彩和形象色彩的区别问题。很明显，上面的例子中，每组的前者都是具有中性色彩的词，而后者则都具有鲜明的形象色彩。这类同义词在语言应用中，一般是可以相互替换的，只是后者在表达上更显得生动活泼罢了。

时代色彩方面，例如：

护士——看护　　知识分子——臭老九
剧院——剧场——戏院
保姆——佣人——钟点工——老妈子——家政服务员

这几组词是表现了不同时代色彩的同义词，时代色彩就是能够反映出某个时代的韵味和语言运用情况的色彩。就以上的词例来看，它们每组词的词汇意义和语法意义都是一样的，但由于各个词的产生和运用的时代不同，所以每个词的色彩意义方面都有着浓郁的时代痕迹。词的时代色彩不一定只表现在漫长的不同时代中，有的也可以在很短的时间内就体现出来，像上例中的"钟点工"和"家政服务员"就是这样，虽然这两个词都是指的同一种事物，但是后者却更反映出了当今社会上人们的一种先进的思想意识和时代色彩。

时代色彩不同的词所表现的时代虽然有所不同，但是因为它们所反映的客观事物都是一样的，所以使用不同的词，也能够反映出该事物的不同时代特点，甚至可以使人们了解不同社会阶段的历史状况。如"酒店"和"饭店"就是这样的一组同义词，可是现在社会上一般都开始用"酒店"而不用"饭店"，因此人们透过"北京饭店"这一名称，就可以理解到这一饭店是在过去就已经存在的了。同样，通过"臭老九"这一词的出现，人们也会立刻回想到"文化大革命"的情况。由于一组同义词的时代色彩不同，所以一般情况下，这类词是不能够相互换用的。

地方色彩方面，例如：

口气——语口儿　　白薯——红薯——地瓜
玉米面——苞米面——棒子面
聊天儿——啦呱儿—唠嗑

上面的几组词主要体现了词所具有的不同的地方色彩。同义词的地方色彩其表现情况也各不相同，有的是词与词之间是普通话色彩和地方色彩的不同，如"聊天儿"和"唠嗑"；有的则是不同地方色彩之间的差异，如"红薯"和"地瓜"。不过虽然它们的地方色彩不同，除了特殊语境的需要之外，一般情况下，它们还是可以互换使用的。

以上各类例词，它们在词汇意义和语法意义方面都是相同的，但是由于色彩意义的不同，结果使它们在具体应用中产生了差别，尽管有些词的色彩意义及其使用情况不是绝对的，如某些具有书面语色彩的词，有时也可以用于口语中，而一些具有口语色彩的词，有时也可以用于书面语中，这说明有些不同色彩的同义词还是可以互换使用的。但是在一般情况下，对这类色彩不同的词，在运用中加以区别，还是非常必要的，因为在某些语境中，它们在表意上的差异也还是很明显的，甚至在某些具体的语境中，一组不完全同义词中的几个词是不能够互相代替的。如在"今天是小明的生日"中，就不能把"生日"换用成"诞辰"；在"我买了两包盐"中，就不能把"买"换成"购买"，也不能把"盐"换成"氯化钠"。在现代社会中，人们同样更不能把"火柴""汽油"等换成带有明显的过去时代色彩的"洋火"和"洋油"。虽然由于不完全同义词的词汇意义都完全相同，即使换用也不会影响其概念对应性和具体意义的表达，但是却与社会上的语言习惯是极不吻合的，而且也是不规范的。

由此可见，不完全同义词虽然都具有相同的词汇意义，都有相同的概念对应性，但它们却不是语言中多余的成分，恰恰相反，正因为它们的色彩意义不同，所以它们的存在更能增强语言的表达能力，从而使人们的交际生活更加丰富多彩。

### （三）义项对应的同义词

义项对应的同义词是指两个或两个以上的不同的词，从整体上讲，它们的意义并不相同，但却可以在某个义项上形成对应关系，并成为同义词。这类同义词在语言的静态存在时，往往只是一种潜在的联系和对应关系，人们一般都不把它们看作同义词。但是在动态应用中，特别是在某个特定的具体语境中，它们不但可以成为同义词，而且能够获得等义词的性质而互相换用。例如名词"愿望"和动词"希望"两个词根据《现代汉语词典》（修订本）的注释，它们表示的意义是：

愿望：希望将来能达到某种目的的想法：如他参军的愿
望终于实现了。

希望：1）心里想着达到某种目的或出现某种情况：如
他从小就希望做一个医生。

2）愿望：如这个希望不难实现。

从注释中可知，"愿望"是一个名词；"希望"则是一个兼类词，
它的第一个义项表示的是一种动作行为，属于动词，第二个义项
则和"愿望"相同，属于名词。在这种情况下，"愿望"和"希
望"的第二个义项，由于词性相同，就成为一对同义词。又如
"工作""职业""业务""任务"等词的情况，《现代汉语词典》
（修订本）对这几个词的注释是：

工作：1）从事体力或脑力劳动，也泛指机器、工具受
人操纵而发挥生产作用：如铲土机正在工作。

2）职业：如在资本主义国家，经常有成千上万
的人找不到工作。

3）业务；任务：如工会工作；科学研究工作。
职业：个人在社会中所从事的作为主要生活
来源的工作。

业务：个人的或某个机构的专业工作：如业
务范围。

任务：指定担任的工作；指定担负的责任：
如政治任务；超额完成任务。

从以上各词的注释中可知，"工作"的第一个义项属于动词，第
二个和第三个义项都属于名词。"职业""业务""任务"等词都
是名词。因此，在同是名词词性的情况下，"工作"的第二个义
项就可以和"职业"形成同义词，"工作"的第三个义项则可以
和"业务""任务"等词分别形成同义词。由此可见，这类义项

对应的同义词完全是由一词多义和一词多类的情况造成的。同时也清楚地说明了，对一组同义词来说，它们都是在词性相同的基础上形成的。

此外，在具体的语境中，由于词性发生了临时性的变化，也会形成临时性的义项对应的同义词。如形容词"聪明"和名词"才智"，因词性不同，所以它们不是同义词。但是在"除刻苦努力外，他的聪明和才智也是他在科研上获得成功的原因之一"中，"聪明"已具有了名词的性质，因此，在这种特定的语境中，"聪明"和"才智"也可以看作同义词。虽然，这种同义词完全是由于词的词性在具体语境中发生了临时性的变化而形成的。这样形成的同义词，只有在这具体的语境中，才有同义词的性质和作用。

义项对应的同义词的形成是多义词的单义性的一种必然体现。因为只有这样的语言使用和语境，才能使义项对应同义词变为现实。

由多义词义项之间的对应关系而形成的同义词，因为它们的联系就建立在词汇意义、语法意义和色彩意义基本一致的基础上，所以有时在某些语境中是可以互相换用的。如"旧"是"陈旧"的意思，多义词"老"有一个义项也是"陈旧"的意思，因此"旧"和"老"在这个意义范围内形成了同义词，并且在某些语境中可以互相换用。我们把"这式样太旧了"说成"这式样太老了"，是完全可以的。仅从这种情况看，可以说，这些同义词具有等义词的性质。但是，我们却不能因此就把这种同义词都看作等义词，因为它们并不是在所有的语境中都能换用。如"这双鞋太旧了"，就不能说成"这双鞋太老了"。又如在"我把包袱在你这里放一下"中，可以把"包袱"换用成"包裹"，但是在"我去邮局取包裹"中，"包裹"却不能换用成"包袱"。可见，这类词和等义词还是不完全相同的。

这类词中还有部分词是很少换用的，如"孩子"的一个义项可以和"儿童"形成同义词，都是表示"较幼小的未成年人"的意思，但是这两个词除了在"这些孩子真可爱"等少数语境中，还可勉强换用外，在大多数的场合都是不能换用的。如在"儿童医院""儿童公园""儿童玩具""儿童福利"等语境中，"儿童"就不能用"孩子"来代替。相反，在"这些事让孩子去做吧""我有三个孩子"等语境中，"孩子"也不能用"儿童"来代替。所以，我们对这类同义词所表现出来的异同，也是应该认真分辨清楚的。

形成义项对应同义词时，可以是单义词的意义与多义词的某个义项相对应，也可以是两个或两个以上多义词的某个义项相对应。如"树"一词既可以表示"单独的一棵树"的意思，也可以表示"许多树"的意思，而"树木"则只能是表示"许多树"的意思，因此"树"的第二个意义和"树木"的意义只能在"这些树长得真茂盛"的语境中形成同义词，因为在这一语境中，由于其上文"这些"的关系，才能够把"树"的第二个意义显现出来。又如"包袱"、"包裹"和"负担"三个多义词：

> 包袱：1）包衣服等东西用的布。
>
> 　　　2）用布包起来的包裹。
>
> 　　　3）比喻影响思想或行动的负担：如思想包袱。
>
> 　　　4）指相声、快书等曲艺中的笑料。
>
> 包裹：1）包，包扎：如用布把伤口包裹起来。
>
> 　　　2）包扎成件的包儿：如他肩上背着一个小包裹。
>
> 负担：1）承当，担当：如负担责任。
>
> 　　　2）担当的责任，任务：如学生的负担太重。
>
> 　　　3）承受的压力：如思想负担。

比较以上三个词的情况，我们就会发现，从每个词的全部意义内容来看，它们之间是难以形成同义关系的，但是，从它们各个义项之间的联系和对应来看，"包袱"的2）项和"包裹"的2）项就具有同义的关系，因此，"包袱"和"包裹"在这个意义范围内就可以成为同义词。同样，由于"包袱"的3）项和"负担"的3）项在意义上也可发生联系和对应，因此，"包袱"和"负担"在这一意义范围内，也能够成为同义词。

从以上同义词类型的分析，我们可以更清楚地了解到，对同义词的确定，必须要强调词的词汇意义和概念对应性这一根本特点。当然，语法意义相同也是形成同义词的基础，但是却不是根本的依据，如果没有词汇意义的相同，那么，尽管词性相同，也不能形成同义词。如"人"和"树"都是名词，"美丽"和"宁静"都是形容词，可是因为它们的词汇意义完全不同，所以就不能形成同义词。

色彩意义也是词义包括的内容之一，在同义词的形成中，色彩意义具有一定的作用。如在词汇意义和语法意义都相同的条件下，色彩意义相同与否，都能形成同义词，色彩意义相同的是等义词，不同的则是不完全同义词。但是，如果没有词汇意义的相同这一根本依据，那么，即使色彩意义完全相同，也不能形成同义词。如"太阳"和"月亮"都是名词，都具有中性的色彩意义，"后果"和"叛徒"都是名词，都具有贬义的色彩意义，但是，因为它们的词汇意义都不相同，所以也不是同义词，当然，在词汇意义和色彩意义都不相同的情况下，就更不可能形成同义词了。

通过以上分析更可以充分说明，在词义的三个意义内容当中，只有词汇意义和其概念对应性的相同，才是确定同义词的根本依据。

## 三　同义词产生的原因和途径

同义词是语言词汇中非常活跃的一个部分，同义词的丰富和纷繁，不但可以说明词汇的发展，而且在某种程度上也能够反映语言的发展和人们思维能力的发展。

人类社会的不断发展，人们思维能力的不断发展，以及语言本身的不断发展，都可以促成同义词的产生和发展。在以上方面的影响下，同义词形成的途径是多方面的。

（1）人们对客观事物进行认识的角度不同，从而产生了不同的词，结果形成了同义词。如"荧屏"和"屏幕"两个词，虽然表示同一种事物，都是指电视机的显像部分而言，但是两者的名称却不相同，"荧屏"着眼于荧光粉的作用而造词，"屏幕"则是着眼于"幕"的形象而造词，因而形成了同义词。以下的词例都是这种情况：

西湖——西子湖　　信封——信皮
瞧——瞅　　　　　合作——协作
争辩——争论　　　发卡——头卡

（2）人们对事物的感情和态度不同，从而产生了不同的词，并形成同义词。如：

老头子——老头儿　孩子——乖乖
诞辰——生日　　　助手——帮凶
遗体——尸体　　　教导——教唆

（3）词义演变形成同义词。如"大夫"一词原为一种封建官职的称呼，因也用来称呼医官，于是有了"医生"的意思，结果与"医生"形成了同义词。其他又如：

丈夫——老公　　丈人——岳父
时髦——摩登　　岁——年

（4）吸收方言词的结果。即吸收到普通话中来的方言词，和普通话中原有的词形成同义词。如：

搞——干、做　　把戏——手段

（5）接受外语词语音形式的影响造成的词，和不受外语词语音形式影响造成的词形成了同义词。如：

维他命——维生素　　麦克风——扩音器
镭射——激光　　　　米——公尺

（6）科学术语和日常用语并用形成同义词。如：

氯化钠——食盐　　齿龈——牙床子
汞——水银　　　　昆虫——虫子

（7）书面用语和日常用语并用形成同义词。如：

烟霭——云雾　　部署——安排
黎明——早晨　　措施——办法

（8）汉语词双音化的结果形成同义词。如：

眼——眼睛　　路——道路
丢——丢失　　到——到达

（9）词序不同形成了同义词。如：

觉察——察觉　　情感——感情
相互——互相　　嫉妒——妒嫉

　　同义词形成的原因和途径比较丰富多样，如语言中的委婉用语和社会方言中的某些用语，都可以和一般的日常用语形成同义词。所以在探讨语言的发展时，同义词的形成和发展是一个重要的不可忽视的方面。

## 第三节 近义词

近义词是词汇学界早已熟悉的一类词，同时也是大家感到难以处理的一类词，因为何为近义词，如何判断其为近义，是难以确定其标准的。过去因为它是近义词，因此都把它划归到同义词中去作为同义词的一类来处理。但是，"相同"和"相近"毕竟是不同的，因为近义词不可能具有像同义词一样的"词汇意义和概念对应性都相同"的本质特征，把两者放在同一个类型之内，肯定不易把问题说清楚。因此现在我把它和同义词区分开来，试图从概念对应性的角度做一些探讨。

### 一 近义词及其特征

近义词就是语法意义相同、词汇意义相近的一组词。所谓语法意义相同，其道理和同义词一样，那就是这一组词必须要在同一个类型的概念范畴之内，否则是无法进行比较的。所谓词汇意义相近，就是指一组近义词的概念对应性必须是基本相同的，也就是说它们所对应的概念必须是在本质特点上都是一样的，而其相近的部分仅仅是少数的非本质特点而已。如果不是这样，那么，近义词和同位词、反义词、类属词、亲属词等等就无法区别。如果我们用义素分析一下，这问题就会看得很清楚。如："优异""优秀"和"优良"是一组近义词，它们都共同表示了同一概念的本质特点"好"的意义，但是三者相比，在非本质特点方面，"优异"表示的是"特别"好，"优秀"表示的是"非常"好，"优良"表示的则是"很"好的意思。三者的不同只是"好"在程度上的差别，如果使用错了，并不会影响到概念的基本内容的表达，只是反映不出它们在程度上的差异而已。可见近义词基本上还是都表示了一个共同概念的基本部分的。

再看"动"和"静"，这是一对反义词。这两个词也表示了

"态度、状况"这一概念的本质特点，但是这一概念却是它们的上位概念的本质内容，这些内容只是这两个词所表示的概念的本质特点的一部分，而这两个词的另一部分本质特点却是它们自身所独自具有的，如"动"具有的本质特点是"改变原来位置或脱离静止状态"，而"静"具有的本质特点则是"安定不动"，它们自身的本质特点和它们的上位概念的本质特点，构成了它们各自独立表示的概念的核心内容，并形成了它们的词汇意义。由于它们有着共同的上位概念，所以它们能够存在在同一个类型的概念范畴之内，而且形成了可以比较的一组词；由于它们各自具有完全不同的甚至是内容完全相反的本质特点，所以以此为根据，它们是一对反义词。很明显，一对反义词是绝对不可以相互错用的，否则将会造成表意上的绝对错误。对于同位词等等的情况也是一样，下面再作详细分析。

由以上分析可以看出，词汇意义的概念对应情况，是可以帮助我们判断词义类型的。同时我们也可以说，共同反映着同一概念的本质特点，分别反映着概念的非本质特点，就是近义词的本质特征。

不过应该明确，尽管近义词反映的概念的本质特点是相同的，但是近义词却是由于表示了其非本质特点才能够形成和存在着，一组近义词中，如果没有具有区别性的非本质特点，也就不可能出现近义词。然而由于人们思维能力的不断丰富和发展，近义词的出现是必然的，而且在语言运用中，大量近义词的参与，不仅丰富了人们使用语言的手段，而且极大地增强了语言的表意功能，从而使人们的言语交际更加细致、缜密和完善。因此我们必须慎重地对待近义词，确切地使用近义词。

## 二　近义词的类型

近义词的类型大致可分为两种。

（1）词汇意义相近、语法意义相同、色彩意义不同的近义词。例如：

> 鼓动——煽动　　保护——庇护
> 爱好——嗜好　　效果——后果

从以上词例看，"鼓动"和"煽动"都是动词，都表示"使别人行动起来做某种事情"的意思，但是"鼓动"指的是"用语言、文字等激发和振奋人们的情绪，使他们行动起来"，具有中性和褒义的色彩；"煽动"指的却是"挑动、怂恿别人行动起来去做坏事情"，多用于贬义，所以具有贬义色彩。又如"保护"和"庇护"也是一组动词，而且都表示"护卫住"的意思，但"保护"指的是"妥善照顾，护卫住，使不受损害"的意思，"庇护"则是指"护卫住加以包庇"。因此，前者具有中性色彩，后者则具有贬义的色彩。

词汇意义相近、语法意义相同、色彩意义不同的近义词，它的色彩意义和词汇意义都是一致的，色彩意义往往寓于词汇意义之中，人们从对词汇意义的解释中，就可了解到色彩意义的一般情况。这类近义词在具体的语句中，是不能互换使用的。

（2）词汇意义相近、语法意义和色彩意义都相同的近义词。例如：

> 整理——整顿　　优良——优秀
> 机灵——机智　　抵偿——赔偿
> 勇敢——英勇　　指斥——指责

这类近义词在语言中是大量存在的，正确细致地辨析这部分近义词，对语言的研究和运用都是非常必要的。这类近义词在语法意义和色彩意义都相同的情况下，可从以下几个方面认识词汇意义相近的情况。

词汇意义的指称范围不同：这是指一组近义词中两个词的词义，在指称的范围上有大小不同的区别。如"家属"和"家族"是一组近义词，它们的共同意义都是指"一家中的人"，但"家属"指的只是"某个人的家庭成员",指称的范围比较小;"家族"指的却是"同一姓氏的,有血缘关系的可以包括几个分支的几辈人",所以它的指称范围就比较大。又如"过程"和"历程"一组近义词,都是指"经过的程序",但是"过程"的意义范围就比较大,它"泛指一切事情进行或事物发展所经过的程序";"历程"的意义范围就比较小,它只是"专指人们经历的较长的不平凡的过程"。由于词义指称的范围大小不同,所以这种近义词在同一语境中是不能替换使用的。

词汇意义的轻重不同:这是指一组近义词中的几个词,它们在表义上有轻重弱强之分。如"优良""优秀""优异"一组词,都表示"好"的意思,可是"优良"表示的是"很好"的意思,"优秀"表示的是"非常好"的意思,而"优异"则表示"特别好"的意思。三个词义相比较,"优良"词义较轻,"优秀"比"优良"要重一层,而"优异"的词义较前两者就更重一些,所以三个词在表义上的轻重程度是不同的。又如"爱惜"和"珍惜"一组词都有"因重视而不糟蹋"的意思,但"珍惜"与"爱惜"相比,又有"特别重视"的意思,所以"珍惜"的词义要比"爱惜"的词义更进一层。词义轻重不同的近义词,在具体语境中也不能互换运用。

词汇意义的侧重面不同:所谓侧重面不同指的是一组近义词中的几个词义,在强调的方面上有所不同。如"证明"和"证实"都是动词,都表示"用可靠的材料来表明或断定人或事物的真实性"的意义,但是"证明"侧重于"说明其情况"方面,"证实"则侧重于"证明其确实"方面。又如"广博"和"渊博"是一组形容词,都表示在学识上"研究的范围广,方面多"的意思,但是"广博"在表示这一意义的时候,并没有说明深度如何,而"渊博"的词义则同时说明了"深而且广"的意思。由此可见,这类近义词在反映事物的细微差别方面是非常准确细致的。因此,这类近义词在具体语句中也不能相互替换使用。

　　由于近义词在词义上的细微差别，有的甚至都影响到词与词之间的配搭关系。如"整理"和"整顿"这组词，因为"整理"重在表示"把零散的东西搞得整齐有条理"，所以它可以和指具体事物的词相配搭，如"整理东西""整理书籍""整理房间"等；"整顿"着重于表示"使紊乱的变得整齐，使不健全的健全起来"，所以它往往和表抽象事物的词相配搭，如"整顿纪律""整顿作风""整顿组织"等。不能互换使用的近义词，如果用错了，轻则影响意义的准确表达，如把"优良的成绩"说成"优异的成绩"，重则造成语言表达上的混乱和错误，如把"整顿作风"说成"整理作风"。因此，认真细致地分辨和使用这些类型的近义词，的确是非常必要的。

# 第四节　反义词

## 一　反义词及其特征

　　反义词就是语法意义相同，词汇意义相反的词。例如：

| | |
|---|---|
| 高——低 | 生——死 |
| 恩——仇 | 上——下 |
| 成功——失败 | 光明——黑暗 |
| 安全——危险 | 大方——小气 |
| 热情——冷淡 | 积极——消极 |

　　就语法意义来说，因为反义词也必须是同一个类型的概念范畴之内的词，所以它的词性必须相同，因而语法意义也必须相同。反义词的相反相对，主要就是表现在词汇意义上，其词汇意义所表示的概念，一部分反映了其上位概念的本质特点，这些本质特点对一组反义词来说是共同的，说明了它们正是在同一个概念范畴之内；另一部分则是它自身所独有的本质特点，这些本质特点则

充分体现了词本身所具有的特点和个性，而这一部分特点的相反相对，正是形成反义词的根本依据。一组反义词中的每一个词的词汇意义，都是由这两部分本质特点共同构成的，同时也形成了它所对应的概念的内容。由此可见，两个甚至两个以上的词，不仅共同表示着上位概念的本质特点，同时又分别表示着各自的与对方形成对立关系的本质特点，这两者的总和，构成了反义词中各个词的相反相对的意义内容，就是反义词的本质特征。反义词是依据上位概念的本质特点的共同性而进行聚合的，同时又是依据各自独具的本质特点的意义相反而形成对立的，所以对反义词的形成来说，词义中包含的两部分本质特点，都起着决定性的作用。这样的词，其意义界限分明，当然是不能够替换使用的。

　　反义词是客观现实中的矛盾对立关系在词汇中的反映，因此，只有反映了客观事物之间矛盾对立关系的词，才能形成反义词。所以语言中并不是所有的词都可以有反义词，如"房子""书本""玻璃""天空"等等就不易形成反义词。

　　一般说来，因为动词表示着不同的动作行为，形容词表示着不同的性质状态，而这些方面容易存在矛盾对立的关系，所以在动词和形容词中出现的反义词就比较多。其次，名词中的反义词为数也是不少的。如：

　　　　天——地　　　手——脚
　　　　左——右　　　前——后
　　　　城市——乡村　　精神——物质
　　　　海洋——陆地　　朋友——敌人

　　客观现实中呈现出来的矛盾对立关系是复杂的，反映到语言词汇中，反义词之间的关系也是比较复杂的。如"失败"一词，在从事科学实验的语境中，它和"成功"形成了一对反义词；在进行战争的条件下，它又和"胜利"形成了一对反义词。语言中还有一些词，客观存在时，它们并无明显的对立关系，但是在特定的语境中，这些词却能形成反义词。如"钢"和"铁"都各自表示了一种金属的名称，孤立地看，它们不是反义词，但是在"这里需要的是钢而不是铁"中，"钢"和"铁"就可成为一对反义词。所以形成反义词的情况也要根据不同的条件做具体分析。

## 二　反义词的类型

前面已讲，反义词是客观现实中矛盾对立关系在词汇中的反映。客观现实中的矛盾对立关系表现在逻辑思维中，就是概念之间的矛盾关系和反对关系。词义是表示概念的，因此，反义词在意义上的矛盾和对立，事实上，正是因为反义词表示了一对具有矛盾关系和反对关系的概念。从这个角度讲，我们说，概念间的矛盾关系和反对关系，就是反义词形成的逻辑基础，而这一逻辑基础，又是建立在客观事物矛盾对立的基础之上的。

根据反义词形成的不同的逻辑基础，可以把反义词分为两种类型。

### （一）绝对反义词

绝对反义词是在概念间矛盾关系的基础上形成的反义词。它的特点是两个反义词所表示的概念之间，没有中间性的概念存在。表现在两个反义词的意义内容上是完全互相排斥的，无论肯定或否定哪一方，都可以否定或肯定另外的一方。因此，这类反义词在使用上，既可以正用，也可以反用，也就是说，无论先用哪一方都是可以的，无论先肯定或先否定哪一方也都是可以的。如"死"和"活"，因为这两者之间无中间的概念存在，所以在使用中，既可形成"死——活"的形式，也可形成"活——死"的形式。如果和否定词"不"等组成词组使用的话，既可以用"不死——不活"的反义形式，也可用"不活——不死"的反义形式。无论哪一种形式，它们表现在意义上都是矛盾对立的。以下的词例也是这种情况：

| | |
|---|---|
| 开——关 | 动——静 |
| 精神——物质 | 动物——植物 |

### （二）相对反义词

相对反义词是在概念间反对关系的基础上形成的。它的特点是两个反义词所表示的概念之间，存在着第三个乃至更多的中间概念，因此表现在两个反义词的内容上并不是一定相反相对的，这种反义词只有在一定条件下才能形成。又因为它们在否定一方时，并不能肯定另一方，因此，在使用时，只能正用，不能反用。如"黑"和"白"构成反义词时，因为两者之间还存在着第三者，乃至更多的概念，如"灰""深灰""浅灰"等，因此在使用时，只能运用"黑——白"或者"白——黑"的形式，而不能运用否定的形式。因为如果和否定词"不"等组成词组时，"不黑"和"不白"就不一定是反义的，甚至可以是同义的，如都是指"灰"而言。因此，这类词在否定一方时，是不能肯定另一方的，"不黑"的对面不一定是"不白"也不一定是"白"，"不白"的对面也不一定是"不黑"或"黑"，所以这类反义词是不能反用的。对这类反义词在使用时要特别注意，应该结合具体的语境情况加以分析运用。

以上两种反义词虽然因逻辑基础的不同而有所区别，然而它们表现在对立统一的关系上则完全一样。一对反义词，无论是绝对的对立，还是相对的对立，它们在意义上都是互相依存的，都处在对立统一的关系之中。因为只有有了矛盾对立的一方，才能有矛盾对立的另一方，如果没有矛盾对立的甲方，就不可能形成矛盾对立的乙方，就像没有"生"，就无所谓"死"，没有"祸"，也就没有"福"一样。因此，我们在观察和辨析反义词时，就应该明确，只有处在同一个统一体中（即最邻近的类概念中），表示着既矛盾对立又互相依存的关系的词，才是反义词。

在语言的动态交际中，也往往能够形成一些临时的反义词，这都是在具体语境中，适应某些交际的需求而形成的，这类现象中，有的也可能发展成语言成分，有的则只是临时性的应用而已。

此外，语言中存在的同义现象，和反义词也有一定的联系。反义词和同义词之间也往往出现某些复杂的交叉关系。如"开"和"关"是一对反义词。但"开"和"张开""启开"是一组同义词，"关"和"闭""合"等也是一组同义词，因此，在不同的语境中，"开"又有可能和"闭""合"形成反义词，而"关"也可能和"张开""启开"形成反义词。

## 第五节　同位词、类属词、亲属词

### 一　同位词

同位词就是表示一系列同位概念的词。例如：

> 金属——金、银、铜、铁、锡等等
> 颜色——红、黄、蓝、白、黑等等
> 四季——春、夏、秋、冬
> 四声——阴平、阳平、上声、去声
> 方位——东、西、南、北、前、后、左、右等等

同位概念就是在同一个类概念之下居于同等位置上的一系列并列的种概念，如在上例中，"——"号之后的各组词就是表示着同位概念的同位词，而在"——"号之前的"金属"等词所表示的就是它们的类概念。同位现象也可以形成一种类聚，表示这一类聚的词就叫作同位词。因为同位词都是属于同一个类概念之下的，所以一组同位词中的每一个词，都能够反映它们所属的类概念的本质特点，也正因为它们在这一方面是相同的，所以才能够形成同位类聚；另外，同位词中的每一个词，它们又都具有其自身的具有区别性质的本质特点，并以此为根据，而形成了为自己

所独有的表意内容，这一区别性的特点和内容使得同位词中的各个词相互之间鲜明地区分开来，并共同处于同等的位置上。所以，同位词所表示的概念和词汇意义，也是其类概念的本质特点和它自己所具有的本质特点的总和。从这一点上来看，同位词和反义词几乎相同。但是同位词和反义词又绝不一样，其区别就在于，反义词中各个词的区别性特点是完全相反的，因而它们共同形成的各个反义词的意义内容是相反相对的，而同位词中各个词的区别性特点却仅仅是相关的，因而它们共同形成的同位词中各个词的意义内容只是相互关联的，这就是区分同位词和反义词的根本依据。所以我们也可以说，一组词中的各个词，共同反映的类概念的本质特点和分别反映的具有区别性的各自独具的本质特点，共同构成了同位词中各个词的意义内容，并形成了各个词之间相互关联的相关关系，这就是同位词的本质特征。

　　同位词中各个词之间的关系是相关性的，这一点无可置疑。不过在这里必须明确，我们这是从语言的静态角度来说明问题的。如果把同位词放到语言发展变化当中去观察，情况又是多种多样的。

　　在动态的言语应用中，同位词会根据语境的要求而发生类型变化。如"金、银、铜、铁、锡"一组同位词，在静态存在中，各个词之间当然只是一种同位的关系。但是在进入动态应用中以后，情况则各不相同，如果是出现在"金、银、铜、铁、锡都是金属"的语境中，他们当然仍然是一组同位词，但是当它们中间的某两个词，同时出现在同一语境中，也可能发生类型上的变化，例如如果出现在"金银财宝"这一语境中，那么"金"和"银"就形成了近义关系，如果出现在"他们要求是用金做的而不是用银做的"的语境中时，很明显，"金"和"银"就形成了相反相对的情况，成了反义关系。这种反义关系有时甚至会在某个更大一些的语境中出现，如"不能让社会的阅读领域中存在黄色的东西"，这句话中的"黄色"表示了"低级的不健康的"意思，在社会的思想领域中是和"红色的健康的"意思相对的。很明显，形成这大语境中的对立现象，同位词"红"和"黄"是起着绝对作用的。

　　同位词在动态应用中发生各种变化的情况是很平常的，在言语交际中，人们会经常遇到这种现象，而且也能够理解和接受这种语义的表达。更重要的是，人们还往往在不断使用这种语义变化的情况下，进一步提高了这些词如此运用的频率，使其逐渐被约定下来，形成各种各样的反义词和反义词素，从而使它们由言语成分变成语言成分，并进入语言符号系统中去。如现在存在于语言中的许多反义词，像"上——下""高——低""太阳——月亮""强大——弱小"等等，反义词素像"红（灯）——绿（灯）""红（军）——白（军）""左（倾）——右（倾）""大（学）——中（学）"等等都是这样。

## 二　类属词

　　类属词就是表示概念中类属关系的词。例如：

树　松树｛红松／马尾松｝　杨树｛银白杨／毛白杨／小叶杨｝

衣服　上衣｛衬衣／汗衫／外衣｝　裤子｛内裤／短裤／长裤｝

以上两组例子中可以出现许多组类属词，如：

树——松树——红松

树——松树——马尾松

树——杨树——银白杨

树——杨树——毛白杨

树——杨树——小叶杨

衣服——上衣——衬衣

衣服——上衣——汗衫

衣服——上衣——外衣

衣服——裤子——内裤

衣服——裤子——短裤

衣服——裤子——长裤

上述各组类属词都是大的类概念后面是它的种概念，而这一种概念又是后面一个词的类概念，这一串串的词都是以前者是后者的类概念，后者是前者的种概念的类属关系相聚在一起的。所以一组词中的各个词，其词汇意义都是先后表示着概念之间的类属关系，这就是类属词的本质特征。类属词的形成是建立在客观事物及其概念的类属关系之上的，这也是词汇意义和概念之间密切联系的一种直接的反映。

## 三　亲属词

亲属词就是表示亲属关系的词。例如：

祖父、祖母、父亲、母亲、哥哥、弟弟、姐姐、妹妹、
伯父、伯母、叔父、婶母、姑姑、姑父、堂兄、堂妹、
姥爷、姥姥、舅舅、舅妈、姨妈、姨父、表哥、表妹、
…………

语言中的亲属词是建立在社会上的各种亲属关系之上的，在不同民族的语言中，亲属词的系统各不相同，有的简单，有的复

杂。汉语中的亲属词是非常丰富的，而且形成了一个亲属词系统，有不少人都对汉语的亲属词系统以及中外亲属词系统比较等问题进行了研究，做了许多有意义的工作。

观察亲属词的情况，其内部是由同位关系和类属关系两个方面形成的，所以在亲属词词汇意义的表现中，有时可以表现为同位关系，有时又可以表现为类属关系，在动态应用中，甚至可以出现两种关系交叉的情况。

随着社会的发展和人们社会关系之间的一些变化，人们对亲属词的运用已开始逐渐外化，现在许多亲属词已经在指称非亲属关系了。以后随着汉族社会独生子女的增多，在亲属词的使用上肯定还将出现不同的变化，也肯定会影响到亲属词系统的变化和发展。

# 第六章　词义的演变及其规律

## 第一节　词义演变的类型

### 一　词的一个意义和一个词的意义问题

词是一种音义结合体，音义一经结合之后，就有相对的稳定性。但是语言又是不断发展的，作为语言的一种成分，词又具备语言的发展变化性。所以词的音义结合情况，在相对稳定的同时，又在渐变的过程中不断地演变和发展着。因此可以说，词义和其他的事物一样，其不变的静止的存在形式是相对的，而其不断变化着的动态的存在形式则是绝对的。

词义的发展演变和语言中其他的成分一样，也是非常复杂的，同时它更是非常丰富和活跃的。它既可以表现为共时的变化，又可以表现为历时的变化，既可以表现为历史的变化，也可以表现为临时的变化，而在这诸多的变化中，最初的变化又往往是从临时的、个别的、很细微的变化开始的。但是不论词义如何进行变化，首先能体现出这种变化的却总是表现在词的音义结合情况上，而且这些不同的变化情况，就逐渐地形成了词义的各种变化类型和规律。

由于语言中词的存在形式有单义词和多义词之分，因此，一个单义词或者词的一个义项所表示的意义可以称为词义，这时单义词的一个意义和一个词的意义是相一致的；对一个表示着多个义项、多个不同意义的多义词来说，同样也可以笼统地称为一个词的词义，但这时词义的内部却有了义项之分，词的一个意义只能和一个义项的意义相对应，而一个词的意义却是这词中的所有义项的总和，所以这时的词的一个意义只是一个词的意义的一部分，只是一个义项而已，因而两者就是完全不同的。词义的这种情况表现在其演变发展上当然也各不相同，因此在谈论词义的演变时，就必须明确是在什么情况下、什么范围内来讨论问题的。同时不仅一定要而且也必然要把词的一个意义演变和一个词的意义的演变问题区分开来。

## 二　词义演变类型的具体分析

因为词的一个意义的演变情况和一个词的意义演变情况不同，所以在分析词义的演变类型时，也必须将两种情况分别进行讨论。

### （一）词的一个意义的演变情况

词的一个意义的演变情况大致表现为以下四种类型。

第一种类型：词义的丰富和深化。

词义的丰富和深化是在词的一个意义范围之内发生的变化和发展，它是指词的某一个意义在外延不变的情况下，在内涵方面发生了由简单到复杂、由肤浅到深刻、由不正确到正确的变化和发展。形成这种发展变化的原因，一般有两个方面。

一个方面是在客观事物基本不变的情况下，人们由于认识的发展，从而对客观事物的认识改变了、加深了，因此影响到词义的变化和发展。如：

> 水：过去理解为是一种无色无臭供饮用的液体。现在除原有的认识外，还进一步知道了它的合成成分是氢二氧一。
>
> 电：过去只理解为"阴阳激耀"。现在则知道了它是一

种有电荷存在和电荷变化的现象；是一种很重要的能源，能广泛用于生产和生活的各个方面，以为社会服务。

鬼：过去理解为"人死曰鬼"，而且把"人死后变为鬼魂"的行为和"人死后变成的鬼魂"这一事物，都看成真实的存在。现在则理解为，过去的人们认为"人死曰鬼"是一种迷信的不科学的说法。

鬼火：过去把这种在野地里燃烧的火和"鬼"联系起来，因而称为"鬼火"。现在则认识到这是"磷火"，是磷化氢燃烧时的火焰。因为人和动物的尸体腐烂时就分解出磷化氢来，并自动燃烧，所以夜间在野地里，有时就会看到这种白色带蓝绿色的磷火。

由以上例词中可以明显地看出，人们认识发生变化和发展，会直接影响到词义的变化和发展，在这种情况下，有的词义内容比过去丰富充实了，有的则由错误变为正确了。

其他像"人""石""银""上帝""神仙"等等都是这样的情况。

词义丰富深化表现为另一个方面的情况是，客观事物本身有了变化和发展，从而使人们对它有了新的认识，并因而促成了词义的丰富和深化。如"运动"一词的一个义项，是表示"体育活动"的意思，随着体育活动的项目和方式的发展，体育活动的内容逐渐丰富和多样化起来，这种客观情况又直接使"运动"一词的这一义项所表示的意义变得丰富充实起来。如现在我们对"要参加运动，锻炼身体"中"运动"的理解，就绝对不是几项单调的活动，而是包括了跑、跳、体操、武术、游泳等等各种各样的体育活动的内容。由此可见，客观事物本身的发展，也可以使词义的内容逐渐丰富深化起来。

第二种类型：词义的扩大。

在谈词义的扩大时，应该先明确"什么是词义的扩大"问题。目前在一些著述中，谈到词义的扩大时，往往都是把词的一个意义的扩大和一个词的义项的增加都包括在内，而在这里，我则把它放在词的一个意义范围之内来讨论。作为语言学的术语，"词义的扩大"应该有一个明确的特定的指称内容和范围，但是到底应该如何界定呢，在这里我想从词义变化的表现形式和特点上做一些分析和说明。

我所以确定为，词义的扩大是指在词的一个意义范围之内表现出来的词义扩展的情况，是因为它是词义所指称的客观事物的范围由小变大的结果，也就是词的某个意义由原来表示种概念，扩展而成为表示类概念的变化和发展。词义扩大以后，原来词义所表示的内容就包括在扩大了的词义所指称的范围之内，也就是说，原来表示的种概念的意义则包括在扩大以后所表示的类概念的意义范围之内，扩大了的新义和原义形成了一种类属的关系。例如"嘴"，原指"鸟的嘴"，现在却是"口的通称"①，很明显，"口的通称"表示的是类概念，它可以概括一切动物的"嘴"，而原义"鸟的嘴"则成了它的种概念，并被包括在"口的通称"这一类概念的外延之中，新义与原义形成了类属的关系。

词义的扩大是词的一个意义的扩大，所以，在词的这一意义范围之内，新义的形成就意味着旧义的消失，新旧义在同一个词的形式内是不能同时并存的。因此，某一个词一旦表示扩大了的词义之后，它孤立存在时，就不会再表示原来的意义了。这时，原来的旧义就会有另一种新的形式——词或词组——来表示。如"嘴"当它表示"口的通称"之后，原来的意义就用词组"鸟的

---

① 中国社会科学院语言研究所词典编辑室编：《现代汉语词典》（修订本），商务印书馆1996年版，第1681页。"嘴"是多义词，这里用"口的通称"，是因为这一意义在发展中和"鸟的嘴"是相对应的义项。以下引自《现代汉语词典》的内容均引自此书，行文中只注明书名和页码。特此说明。

嘴"来表示了；"江"的意义扩大为"江的通称"后，原义则用新词"长江""扬子江"等来表示了。

　　不过，有一情况必须明确，词义扩大以后，原义虽然不再成为词的独立意义而被自由运用，但是因为词义扩大后，词的原义已包括在扩大了的意义之中，所以在具体的语言环境中，就完全可以用扩大了的词义来指称原义所指称的事物。现在仍以"嘴"为例，在"嘴的功能可以饮食……"一句中，很明显"嘴"表示的是扩大了的意义，即"口的通称"的意思；但是在"这只鸟很漂亮，绿色的羽毛、黄色的嘴……"一句中，"嘴"表示的显然是"鸟的嘴"的意义。由此可见，某一词义在不同的具体语言环境中，是可以和它所指称范围之内的各种不同的具体事物相对应的，其中当然也包括和原义所指称的事物相对应，这是由词义的具体事物对应性的特征所决定的。但是必须明确：词义这种事物对应性和词的独立义项是完全不同的，词义扩大后的原义，虽然也可以通过词义的事物对应性被表现出来，但却不能作为一个独立的义项而存在。

　　当然，语言中也存在这样的现象，即词义扩大以后，原来的意义虽然不能作为词的独立义项而存在了，但是原义作为一个义项被使用的情况，却可以保留在某些成语、复合词或惯用的语言形式中，有时为了人们便于了解词的古义，词典中还会把它作为一个义项排列出来。如《现代汉语词典》（修订本）对"江""琴"等词的注释就是如此。

　　词义发展变化的现象是很微妙的，它可以由于各种不同的原因而表现出许多细微的差异，词义扩大的情况也不例外。所以在具备以上特点的情况下，词义的扩大又可概括为两种不同的情况。

　　一种是在客观事物不变的情况下，人们的认识和语言使用习惯的改变，从而影响到词义发生了扩大的演变。如"肉"，原义为"鸟兽之肉"，"人的肉"曰"肌"。段玉裁在《说文解字注》中说得明白："人曰肌，鸟兽曰肉，此其分别也。"但是后来"肉"

的词义扩大了。凡一切动物的肌肉皆称为"肉"①，"鸟兽之肉"包括在"肉"的意义范围之内，"肉"和"鸟兽之肉"在概念上形成了一种类概念和种概念的关系，"肉"孤立存在时，则不再表示"鸟兽之肉"的意义了。很明显，"肉"的词义演变是一种词义扩大的现象，只是这种变化完全是人们的认识和语言使用习惯的改变而造成的，因为"鸟兽之肉"、"人之肉"以及"一切动物之肉"都是早已存在的客观事实，它们本身并未发生变化，只是因为人们在语言交际过程中，认识的变化和发展致使这些客观事物的名称有了不同的改变，因而影响到词所表示的意义范围有所扩大罢了。这种现象在语言词汇中是比较多见的。下列各词都是这种类型的例子。

> 双（雙）：原义是"两隻鸟"称"双"，扩大后的新义是"成对的"都称双。
>
> 皮：原义是指"兽的皮"，扩大后的新义则指"人或一切生物的皮"了。
>
> 睡：原义只有"坐着打瞌睡"称"睡"，扩大后的新义则成了"睡眠的通称"。
>
> 杂：原义是"五彩相会"称"杂"，扩大后的新义则指"多种多样的东西相混"了。
>
> 洗：原义只指"洗脚"，扩大后的新义则成了"洗涤的通称"。
>
> 红：原义只指"粉红"，扩大后的新义则成为"红色的通称"了。
>
> 灾：原义只指"自然发生的火灾"，即所谓"天火也"，扩大后的新义则可以泛指"一切的灾难"了。
>
> 牙：原义只指口腔后部的"槽牙"，扩大后的新义则成

---

① 植物果实的可食部分有的也称为"肉"，如"果肉""桂圆肉"等，但这是"肉"的另一个义项，不属于"动物肌肉"的范围之内。

为"牙的通称"了。

词义扩大的另一种情况是：客观事物本身发展了，人们的认识也随之相应地发展了，从而影响到了词义的扩大和发展。符合这种演变情况的词，往往都是原来指称某一种具体的事物，表示这一具体事物的概念，但是随着社会的发展，同类的事物出现了，甚至逐渐增多起来。人们为了对这些属于同类而又不相同的客观事物加以区别，就会用各种不同的新名称为它们命名，其中也包括该词原来所指称的事物，这时，原词就会概括而成为指称这一类事物的总的名称了。与此同时，词义得到了扩大和发展。这也就是说，由于同类事物的出现和发展，同位关系的种概念出现了、增多了，词原来所指称的内容也成了诸多种概念中的一种，并获得了新的名称，而原词则演变成为指称类概念的词，词指称的外延扩展了，词义因而发生了扩大的演变。这类词义扩大的例子在语言中也是可以经常见到的。例如"灯"，原义是指"油灯"而言，但是后来由于各种"灯"的出现，"灯"原来所指称的事物就用"油灯"来表示了。同时，语言中也出现并且逐渐不断地出现着许多表示有关"灯"的各种同位概念的新词，如"汽灯""电灯""日光灯""矿灯"等等。原来的词"灯"则成了这各种"灯"的总称，成了表示这些"灯"所共同从属的类概念的词，"灯"的词义因此而扩大了。下列各词也是这种情况：

> 枪（鎗）：原义是指"古时一种尖头有柄的刺击兵器"，现在却成了"红缨枪""手枪""步枪""机关枪"等等的通称。
>
> 炮（礟、砲）：原义是指"古时一种以机发石的攻城武器"，现在却成了"迫击炮""榴弹炮""高射炮"等等的通称。
>
> 琴：原义是指"一种狭长形的，琴面有七条弦的，用手弹奏的古乐器"，现在却成了"风琴""钢琴""提

琴”"口琴""电子琴"等等一类乐器的通称。

　　布：原义只指"麻布"而言，现在却成为用棉、麻等织
　　　　成的一切布的通称了。

　　综上所述，我们可以看出，引起词义扩大的原因是不尽相同
的。但就词义扩大的现象来说，却有一个共同的特点，那就是它
们都是在词的一个意义范围之内发生的变化，都是一种由表种概
念的词义进而成为表类概念的词义的演变和发展，词义扩大以
后，原义就被包括在新义之内，不再作为该词的独立义项而存在
了。一般说来，这时，词的原义都会有新的语言形式来表示。当
然我们也不否认，有极个别的词，当词义扩大以后，词的新义和
原义并未形成类概念和种概念的关系，而且在新义形成后，原义
就逐渐失去它指称事物的作用而不复存在了，如"脸"就是如
此。"脸"的原义只指"面部眼睛下面的部分"，扩大后的新义则
指称"整个的面部"，它的原义现在已不复存在了。

　　第三种类型：词义的缩小。

　　词义的缩小也是在词的一个意义范围之内表现出来的变化情
况。它的特点是，词义指称的外延由大变小，然而在内涵方面却
变得丰富起来。事实上这就是词的一个意义由表示类概念，变成
表示它的种概念的演变和发展。词义缩小以后，该词原来所表示
的概念，则要有新的名称（词或词组）来表示，这新名称表示的
意义和缩小后的词义也形成了类属的关系。如"金"一词，原义
指"一切的金属"，后来词义发生了缩小的演变，成为专指"黄
金"而言了，这时它的原义则由"金属"一词来表示，而且"金
属"和"金"在表示的概念上形成了类概念和种概念的类属关
系。以下各词也是这种情况：

　　瓦：原指"一切用土烧制成的器皿"，现在只指"用土
　　　　烧制成的用来铺盖屋顶的建筑材料"。
　　臭：原义指"一切的气味"，现在专指"坏味"。

坟：原义可指"一切高大的土堆"，现在却专指"坟墓"。

禽：原为"飞禽走兽的总称"，现在只指"飞禽"。

子：原义包括"儿子和女儿"，现在却只指称"儿子"一方。

丈人：原义是"老年男子的通称"，现在却专指"岳父"。

勾当：原义可以指"各种事情"，现在专指"坏事情"。

事故：原义也是指"各种事情"，现在专指"在生产上或工作上出现的意外的损失或灾祸"。

从以上词例中，可以说明词义缩小的一般情况。同时也可看出，不但词义可以出现缩小的演变，词素义也可出现缩小的演变。如"禽""子"等，从现代汉语的情况看，它们已基本是词素义了。

词义缩小也是词义日益向精密发展的一种表现。这种情况多为原来的词义比较概括笼统，随着人们认识的不断深入，为了更细致地把客观事物区分开，人们就要不断地创制出许多新的词语来，在社会约定俗成中，原来用于泛指的词义，变成了用来特指某一事物时，就形成了词义的缩小。

词义缩小后，因为它指称的范围变小了，所以这些词的原义，除了还保留在某些原有的固定语言形式中以外，一般情况下，缩小了的词义都不能再用来指称该词原来所指称的事物了。

第四种类型：词义的转移。

词义的转移也是在词的一个意义范围内表现出来的演变和发展。它的特点是：词义指称的范围发生了改变，也就是词义表示的概念发生了更换。在词的形式不变的情况下，词所表示的新概念的外延和内涵，完全代替了原来的旧概念的外延和内涵。词义转移以后，该词就不再指称原来的旧事物，不再表示原来的旧概念了。如"走"，古时表示"跑"，现在则指称"行走"的意义，就是词义进行转移的情况。又如：

事：原指"官吏"，现指"事情"。

权：原指"秤锤"，现指"权利"。

钱：原指"一种农具"，现在则指"钱币"。

斤：原指"斧子一类的工具"，现在则指"十两为一斤，是重量单位"。

精：原指"上等的细米"，现在则指"经过提炼或挑选的"和"精华"、"完美"等意义。

脚：原指"小腿"，现在则指"人或动物的腿的下端，接触地面支持身体的部分"。

行李：原指"两国往来的使者"，现在则指"出门时所带的包裹、箱子等"。

书记：原指"秘书"，现在则指"党团组织的负责人"。

词义转移的情况比较复杂，就现有情况来看，造成词义转移的主要原因，还是词的义项的发展变化。如"年"原为"谷熟"的意思，后来引申出新义为"年月的年"，在发展过程中，它的原义逐渐消失了，从而形成了"年"的词义转移的情况。其次，假借也可以造成词义的转移。如"密"原义是指称"一种山"，后"假为精密字"，后来在使用的过程中，"密"的原义消失了，假借义"精密"却被普遍使用起来，结果，形成了"密"的词义的转移。当然，现在"密"作为"精密"解的独立的词义已很少使用，它已逐渐转化为词素义了。

由以上四种类型的分析，可以得知，凡是在词的一个意义范围内出现的词义的演变和发展，它们都有一个共同的特点，那就是新义的产生就意味着旧义的消亡，所以在词义的深化、扩大、缩小和转移等变化中，只要在共时范围内，词义的这种变化完成之时，它们的新义和旧义就不能同时并存。如果新义和旧义仍然并存，就说明词的一个意义的演变过程还没有结束，那么这一词义的变化就属于一个词的意义范围内的演变问题。所以可以说，从共时范围来看，在词的一个意义的变化中，呈现出新义与旧义不再同时并存，这是完成词义深化、扩大、缩小和转移的演变的重要标志。

## （二）一个词的意义的演变情况

一个词的意义的演变情况，大致可表现为义项的增多和义项的减少两个类型。事实上，一个词的意义发展演变的情况更为复杂。因为在一个词的范围内，词义的变化既可表现为义项的增多和减少，又可表现为一个义项本身正在演变的过程，这就是说，在一个词的意义进行发展演变的同时，也可以包含词的一个意义的动态变化问题。所以一个词的意义的变化又往往和词的一个意义的变化交织在一起，两者同时进行着。

第一种类型：义项的增多。

词的义项增多也是词义演变的规律之一，它是词义在一个词的范围内表现出来的变化和发展，也就是指一个词的范围内所表示的义项的增加和发展。词义是表示概念的，因此，词的义项增多就表现为同一个词的形式所表示的概念的增加，从而影响到了该词新义的增多、丰富和发展。但是它的新义的出现，只是表明了它的新义项的增加，却不会妨碍原有义项的存在，更不会引起旧义在该词范围内的消亡。在词的义项增多的情况下，新旧义项在一个词的形式内完全可以同时并存，并且各自保持自己的独立性。例如：

> 手：①原义是指"人体上肢前端能拿东西的部分"。后来它又增加了②"拿着：如人手一册"和③"擅长某种技能的人或做某种事的人：如能手、拖拉机手"等义项。［见《现代汉语词典》（修订本）1161页。义项有删节］

从《现代汉语词典》（修订本）对"手"的注释中可以看出，"手"的几个意义完全是包括在一个词的形式之内的几个完全不同的义项，很明显，"手"的新义都是在"手"的原义基础上产生出来的，新义产生之后，原义仍然存在，新义和原义都在"手"这一词的形式之内同时并存，并且又都保持着自己的独立性，它们可以分别被人们自由运用。这些义项所表示的意义各不相同，每个意义都有自己的概念对应性和具体事物对应性。它们出现的语言环境也各不相同，所以这些义项在任何情况下都不能混淆使用。

词的义项通过演变和增多以后，基本上可表现为两种不同的情形。一种是词的原义和新义并存，原义仍处于基本义的地位。在义项增多中，这种情况是大量存在的。例如：

讲：1）说：如讲故事。

　　2）解释；说明：如这本书是讲气象的。

　　3）商量；商议：如讲价儿。

　　[见《现代汉语词典》（修订本）626页。义项有删节]

老：1）年纪大：如老人，老大爷。

　　2）老年人：如扶老携幼。

　　3）很久以前就存在的：如老厂、老根据地。

　　4）陈旧：如老机器，房子太老了。

　　5）原来的：如老脾气，老地方。

　　[见《现代汉语词典》（修订本）757页。义项有删节]

头：1）人身最上部或动物最前部长着口、鼻、眼等器官的部分。

　　2）指头发或所留头发的样式：如梳头，梳什么样的头。

　　3）（～儿）物体的顶端或末梢：如山头儿，中间粗两头儿细。

4）（~儿）事情的起点或终点：如提个头儿，什么
时候才走到头儿。

[见《现代汉语词典》（修订本）1270 页。例
子有改动。义项有删节]

舌头：1）辨别滋味、帮助咀嚼和发音的器官，在口腔
底部、根部固定在口腔底上。

2）为侦讯敌情而活捉来的敌人。

[见《现代汉语词典》（修订本）1114 页]

黑暗：1）没有光：如山洞里一片黑暗。

2）比喻社会腐败、政治反动。

[见《现代汉语词典》（修订本）514 页]

以上各例词所包含的义项数目虽然不完全相同，但是它们却有一
个明显的共同点，即它们的第一个义项都是原义，其他的义项都
是在这一义项的基础上产生出来的，可是新义项的产生和存在并
没有造成原义的消亡，相反，它们却共同存在于同一个词的意义
范围之内，并且各自保持着自己的独立性，它们的原义都仍然以
基本义的资格存在着。

义项增多后形成的另一种情况是：原义和新义虽然并存，但
新义已成为基本义，原义却退居到了次要的地位。例如：

世：原义是"父子相继为一世"。现在则是

1）人的一辈子：如一生一世。

2）有血统关系的人相传而成的辈分：如第十世孙。

[见《现代汉语词典》（修订本）1151 页。义项
有删节]

时：原义是指"季节"，即"称春夏秋冬为四时"。现在
则是

1）指比较长的一段时间：如盛极一时。

2）规定的时候：如按时上班。

3）季节：如四时。

[见《现代汉语词典》（修订本）1143 页。义项
有删节]

就"世""时"的情况看，它们的原义显然已退居成为次要的义
项了，可是它们却仍然作为独立的义项存在着，新义和原义也是
在同一个词的形式内同时并存，并且各自保持着自己的独立性。
所以它们也是义项的增多。

第二种类型：义项的减少。

义项的减少也是词义在一个词的范围内表现出来的演变和发
展。和义项的增多相反，它是指在一个词表示的几个义项当中，
有的义项从这个词的意义范围之内消失了。如"强"，《辞源》
1980 年的修订本（下同）中注释为：

强（qiáng）：

1）虫名。《说文》："强，蚚也。从虫，弘声。"

2）壮健有力，与"弱"相对。

3）强盛。《孟子·梁惠王·上》："晋国天下莫强焉。"

4）胜过，优越。宋苏轼《经进东坡文集事略》二
四《上神宗皇帝书》："宣宗收燕赵，复河隍，
力强于宪武矣；销兵而庞勋之乱起。"

5）坚决。《战国策·齐一》："七日，谢病强辞。"

6）有余，略多。唐杜甫《杜工部草堂诗笺》十八
《春水生二绝之二》："一夜水高二尺强，数日
不可更禁当。"

7）姓。《左传·庄十六年》有强钼。

《现代汉语词典》（修订本）的注释则是：

强（qiáng）：

1）力量大（跟弱相对）：如工作能力强。

2）感情或意志所要求达到的程度高，坚强：如党
性很强。

3）使用强力；强迫：如强渡，强占。

4）优越；好（多用于比较）：如今年的庄稼比去年
更强。

5）接在分数或小数后面，表示略多于此数（跟
"弱"相对）：如实际产量超过原定计划百分之
十二强。

6）姓。

当然，我们不能要求不同辞书的注释都绝对相同，但是比较
两种辞书的注释，就会发现它们基本上是相同的，如《辞源》中
所列的2）项到7）项，在《现代汉语词典》（修订本）中，都
能或者基本能找到对应的义项，可是第1）项表示的意义，现在
却不再存在了。又如"喽罗"一词，《辞源》的注释为：

喽罗（lóuluó）：

1）伶俐，机警。唐卢仝《玉川子集》一《寄男抱
孙》诗："喽罗儿读书，何异摧枯朽。"

2）旧称占有固定地盘的强人部众。

3）扰乱，喧噪。明刘基《诚意伯文集》十一《送
人分题得鹤山》诗："前飞乌鸢后驾鹅，啄腥争
腐声喽罗。"

《现代汉语词典》（修订本）的注释为：

喽罗（lóuluó）：旧时称强盗的部下，现在多比喻反动派
的仆从。

比较两种辞书的注释，就可知道，过去"喽罗"所表示的第1）和第3）两个义项，现在也已经消失了。

　　以上两种演变类型的具体分析可以说明，词义在一个词内的发展变化和在词的一个意义中的发展变化是完全不同的。很明显，无论义项的增多或者义项的减少，它们都只是义项的增减，但却绝不影响其他义项的存在，新义项的产生绝不会导致旧义项的消亡，新旧义项完全可以同时并存；另一方面，旧义项的消亡也不会引起原有的其他义项的改变。由此可见，在一个词的范围内，无论义项发生怎样的变化，它们的各个义项都能够各自保持自己的独立性。这一点正是一个词的意义发展演变的不同类型所共同具有的性质和特征。

## 第二节　词义演变的规律

### 一　词义演变的类型与演变规律的形成

　　以上分析了词义演变的六种类型，事实上，作为类型来理解是根据它们的表现形式和结果来说的。但是这些类型绝不是突然显现的，它们都有一个演变的过程，并呈现出一定的规律来。就上面谈到的各个类型来看，它们之间就存在着许多复杂的联系和关系，并且形成了一种基本的模式和规律。总起来说，一个词的意义的演变，对词的一个意义的演变来说，前者往往是后者的一种演变过程，甚至可以说它们是词的一个意义发生变化的必要的方式和手段；而词的一个意义的演变，事实上又是一个词的意义进行演变的结果，义项的增多是其进行的阶段，而义项的减少则是其完成的阶段。可以说，整个的词义系统就是在这种错综复杂的关系中，按照词义演变发展的各种规律，不断地进行演变和发展着。

　　由于语言是渐变的，所以词义的演变一般也要经历相当长的时间和过程，并逐渐形成了一定的演变轨迹。现在我们可以从六种演变类型入手，对词义的演变轨迹做一下初步的剖析。

　　和语言中其他成分的发展变化一样，词义的演变开始往往都源于语言运用中的临时变化。人们在言语交际过程中，由于表达的需要，往往会创制一些新的语言成分。就词义来说，这种新创制的成分主要表现为两个方面。第一是创制新词以表示新义。第二是通过引申、比喻、借代、特指等方法，采用旧词产生新义项的形式以表示他义。这两种临时性的变化，一旦被大家承认并约定俗成下来，就会引起词义系统中的某些演变和发展。

　　创制新词表示新义，对词义系统的发展可以产生两个方面的影响。第一个方面是新义出现，充实和丰富了词义系统的内容，促成了旧类聚内容的增加和新类聚的产生，从而使词义系统得到发展。如许多表示新事物的词义都有这种作用。第二个方面是新义出现后，促使某些旧词义的指称范围和内容发生某种情况的变化。如"轿车""面包车""吉普车""卡车"等等词义的出现，就必然要引起"汽车"一词的词义发生扩大的变化。又如"吃"一词，中古时期"吃"表示着"食"和"饮"两种意义；后来出现了新词"喝"，结果"喝"的词义就把"吃"中的"饮"的意义分担了过来，从而使"吃"的词义发生了缩小的变化。由此可以看出，新义出现后涉及词义演变的第一个方面是对整个词义系统产生影响的问题，第二个方面则是对一个词的意义或词的一个意义产生影响的问题。因此，凡属第二个方面的影响而引起的词义演变情况，总要与前面分析的某种演变类型有关，而且它们的变化，开始总要表现为旧词中义项增加的情况。

　　采用旧词的形式以表他义，往往都来源于修辞，但是这种情况一旦被固定下来，首先也表现为旧词的义项增加问题。如"包袱"一词原有两个义项，即"①包东西用的布。②用布包起来的包裹"。后来人们把"思想负担"比喻成"包袱"，而且被逐渐约定了下来，结果"包袱"一词又增加了"负担"的义项，从而形成了义项增多的变化。

以上分析可以说明，无论通过哪种方式产生新义，只要涉及词的一个意义或一个词的意义的变化时，都首先表现为义项的增多。因此可以认为，词义演变的六种类型中，除词义深化外，其他五种类型都不可缺少义项增多的发展演变阶段。

词义演变呈现为义项增多的情况之后，又会出现各种复杂的情形。

第一种，义项增多的演变结果，使得单义词变成了多义词，或者使原来的多义词，义项更加丰富起来。这种情况在词义以后的发展过程中，较长时期地相对稳定了下来，从而促成了语言词汇中多义词的丰富和发展。如"错"，开始是"交错，错杂"的意思，后来又出现了"错误"义，结果，现在这两种意义都存在于"错"一词中，成了它的两个义项。这种情况下，义项增多真正作为一种词义演变的类型和结果，表现得最为明显。

第二种，义项增多之后，新义项与旧义项并存使用了一个阶段，后来两义之间的联系逐渐淡漠了，最后在同一个语音形式之下，义项产生了分化，各自独立成词。这种变化对原来的一个词的意义来说，就是义项减少的变化，对分化出来的新义项来说，则是词义分化造词。这种情况在汉语词汇的发展中也不乏其例，如"月亮"的"月"和"日月"的"月"、"一刻钟"的"刻"和"雕刻"的"刻"等都是这样分化而成的。这种分化的结果，不但呈现为词义的演变和发展，而且也由此产生了许多同音词。

第三种，义项增多之后，新旧义项在并存使用的过程中逐渐发生了变化。在两个相对应的新旧义项中，新义项逐渐变成了常用义，旧义项却逐渐缩小其使用频率，直至出现最后消失的现象。旧义项的消失就表现为义项减少的演变结果，而义项减少的结果对相互对应的两个新旧义项来说，又完成了词义的扩大，或缩小，或转移的变化。因此我们说，词义的扩大、缩小和转移的变化，开始于语言的临时变化并被约定俗成之后，它是经过了义项增多和义项减少两个阶段而后完成的。作为一个词的意义变化中的义项增多和义项减少，既是一种词义演变的结果，又是词的一个意义演变的过程，词的一个意义演变中的扩大、缩小和转移，都是通过义项增多，两义并用的演变过程之后，再通过义项减少来实现的。如"江"，《孟子·滕文公上》："决汝汉，排淮泗，而注之江。"很显然，上例中的"江"是专有名词，表"长江"义。后来"江"又产生了新义项"江的通称"。如《世说新语·言语》："将别，既自凄惘，叹曰：'江山辽落，居然有万里之势。'"其中的"江"就是表"江的通称"义。"江"作为专名义和通名义同是在《书经·禹贡》中也有两者并存的例证。如"江汉朝宗于海"中的"江"就是专名，而"九江孔殷"中的"江"则是通名。后来在发展过程中，原有义项"长江"义渐渐消失，从而出现义项减少的变化，在义项减少的同时，新增义项"江的通称"取而代之，"江"最终完成词义扩大的演变。又如"臭"，《诗·大雅·文王》："无声无臭。"《荀子·王霸》："口欲綦味，鼻欲綦臭。"以上两例中的"臭"都是表"气味"义的。但是在先秦阶段，"臭"的"恶气味"义也已出现，如《庄子·知北游》："其所美者为神奇，其所恶者为臭腐。"这里的"臭"就是表的"恶气味"义。可见这一时期，"臭"的两个义项是并存使用的。到汉代以后，"臭"的"恶气味"义项的使用频率逐渐增大，而表"气味"义项的使用频率却逐渐缩小，以至于最后失掉作为独立义项的资格，"臭"一词的义项因此而发生了义项减少的变化。与此同时，"臭"的相互对应的两个义项完成了交替过程而形成词义缩小的变化。词义转移的情况也是如此。如"兵"，《荀子·议兵》："古之兵，戈、矛、弓、矢而已矣。"显然，这里的"兵"是"兵器"义。后来，"兵"出现了新的"士兵"义，并形成了义项增多的变化，而且在一个阶段之内，两义并存使用。如《孟子·梁惠王上》："兵刃既接，弃甲曳兵而走。"《庄子·盗跖》："勇悍果敢，聚众率兵。"很明显，上两例中，前一例的两个"兵"均为"兵器"义，后一例的"兵"则为"士兵"义。随着"兵"的词义的发展，两个义项的使用频率逐渐发生了变化，结果旧义最终不再独立使用而消失，"兵"的词义出现了义项减少的情况，而新旧两个对应的意义则完成了词义转移的演变。

上述情况可以充分说明，词义的扩大、缩小和转移的变化，都是在义项增多之后，新旧义先并存使用一个阶段，然后又经过义项的减少而完成的。同时，词义演变的几种类型之间的关系，通过这些具体的演变过程，也非常清楚地显示了出来。

## 二　多义词在词义演变中的作用

在词义演变过程中，可以清楚地看出，多义词的存在是有着极为重要的作用的。因为义项增多在词义演变中是一种非常重要的不可缺少的类型，而多义词正是义项增多这一演变类型存在的载体，多义词的出现就是词的义项增多的结果。但是当多义词出现之后，它的义项并存的事实，就给词的一个意义的演变提供了一个非常实在和从容的过程，在这个过程中，人们可以根据社会的需要，任意而自然地运用各个义项的意义来进行交际，而且在这运用的过程中逐渐地约定俗成，其中有些意义的变化在这种使用中被社会认可到一定程度时，多义词则会通过义项减少的手段来将这种演变的结果固定下来，从而使这一演变得以完成。由此可见，没有词义的义项增多和减少，没有多义词的存在，任何词义的演变过程都是很难进行的。观察词义演变的各种类型，除词义的丰富和深化外，词义演变的其他类型都和词义的义项增多有着密切的联系，一个词只有当义项增多后，才能出现义项减少的变化，而词义的扩大、缩小和转移，又都是在义项增多和减少的演变中表现出来的。而在这整个的演变过程中，多义词却始终是一个不可缺少的成分。所以说，在词义演变的过程中，多义词是有着举足轻重的作用的。

以上主要就词义演变的轨迹问题分别做了一些分析和说明。事实上，词义演变的情况是非常复杂的，它往往呈现为几种情况相互交错的状态，并不都是单线条地发展。就词的一个意义来看，有时会出现扩大、缩小或转移的情况连续进行。如前面所举的"臭"，它在完成词义缩小的变化之前，就曾经进行过由"嗅"义到"气味"义的转移演变过程。有时词的一个意义在进行扩大、缩小、转移的同时，也伴随着词义深化的演变和发展。就一个词的意义来说，情况更为复杂。一个词的意义进行义项演变的同时，经常会伴随着词的一个意义发生变化的情况，有时在一个词的范围内，相互变化的义项也不一定完全一一对应，一个旧义会同时出现几个不同的对应义项也是完全可能的。义项增多时会同时出现义项的减少，反之，义项减少时也可以同时出现义项的增多。由于各个词引起词义发生演变的条件不同，所以词义的演变方式尽管离不开以上所谈的六种类型，但各个词的演变情况却各不相同，如有的只发生义项的增多，有的却可以几种类型兼而有之，等等。因此，要研究词义的演变发展情况，就必须对具体的词的演变情况分别作具体的分析和说明。

以上谈的都是词汇意义发展演变的情况。此外，词义的演变也可表现在色彩意义方面和语法意义方面。词的色彩意义有时是随着词汇意义的变化而发生变化的。如"乖"过去是"违背，不协调"的意思，具有中性和贬义的色彩；现在"乖"的词汇意义变为表示"伶俐、机警"的意思，因此，它也同时具有了褒义的色彩。又如前面举过的"喽罗"，也是随着词汇意义的变化，由可以表示褒义色彩而变为完全表示贬义色彩了。有时在词汇意义不变的情况下，色彩意义也可以发生变化。如"老爷"一词，过去是用来"对官吏及有权势的人的称呼"，是个中性词，有时还能具有褒义的色彩。但现在人们再运用这个词来称呼某些人时，却有了讽刺和不满的意味，如"干部是人民的勤务兵，不是人民的老爷"。所以"老爷"现在已有了贬义的色彩。其他像"少爷""少奶奶"等词也是这种情况。与此相反，像"工人""劳动"等本为中性词，但过去运用时却经常带有贬义的意味，而现在却经常具有褒义的意味了。色彩意义发生这种变化，是和社会制度的改变，以及人们的认识和道德标准的改变等方面分不开的。

词的语法意义的改变也和词汇意义方面的变化有着密切的联系，而且这种联系多是通过义项的增多来实现的。如"领导"一词原为"率领并引导朝一定方向前进"的意思，是动词，后来又增加了一个义项，表示"领导人"的意思，新义项则是名词了。又如上面举的"乖"一词，它的原义是形容词性的，后来"乖"也可以用于对"小孩"的爱称，显然，作爱称用时，就是名词性的了。

在词义发展演变的过程中，词义的三个方面都会有所变化和发展，但是，从以上分析可以看出，词汇意义的演变和发展永远是词义发展的重要方面和主要的内容。

此外，词义的变化和发展的情况，还能够影响到更多的方面，如词义的变化使词与词之间的相互组合受到影响的问题，词义的改变影响到词义类聚的改变和调整等等，这些现象都是经常不断发生的，同时也是整个语言系统发展中的一些重要的内容。对于这些问题的探讨，还有待于我们今后继续进行多角度、多层次的更加广泛深入的观察和剖析。

# 第七章　词汇的动态形式探索

## 第一节　词汇的动态存在形式

### 一　词汇是一个运动着的整体

词汇是一个运动着的整体，来源于语言本身就是一个运动着的整体。和所有的事物一样，语言也是永远在不断地运动着，并且永远在这不断的运动中变化和发展。语言在一般情况下，都具有两种存在形式，一种是相对静止的静态形式，一种是绝对运动着的动态形式。静态形式往往都是就共时面中一个比较短暂的时段中的情况来说的，因此它是暂时的相对的；动态形式则是就语言永恒的存在形式来说的，因此它是永久的绝对的。语言正是在这两种形式的不断相互作用和交替中，得到了不断的变化、更新和发展。语言在动态变化情况中出现的新成分，会不断地被认可和巩固到一个个的静态平面中来，一个个的静态平面的情况根据时间的先后排列起来，又可以充分地说明语言不断的动态变化和发展。语言和它的词汇以及其他所有的成分，就是在这种静态和动态形式的相互作用下，永远地运动着和发展着。所以，从语言的总体来看，它永远是一个运动着的整体。

前面简单地谈了语言的静态和动态两种存在形式，事实上，语言的变化和发展表现在现实情况中，却绝不是如此简单，而是相当复杂的。概括地说，其复杂性主要表现在两个方面。第一，表现为语言的动态形式有历时的变化和共时的变化之分。历时的动态运动逐渐形成语言发展的历史，如现代汉语的面貌和先秦时期汉语的面貌就不一样；共时阶段则是就某一个横断面来说的，如现代汉语阶段、先秦汉语阶段等等。第二，表现为在共时的动态变化中，又存在着言语成分和语言成分之分，由于言语成分和语言成分之间也存在着一个动态变化的过程，所以，在一个相对时间的共时阶段中，也必然存在着不断的动态运动过程，如在现代汉语阶段中，各种各样的动态运动和变化发展就从未间断过。这一切情况就形成了语言在运动变化中，其静态形式和动态形式相互间的既有联系又有区别的复杂性。

　　语言的整体现象是这样，语言中的各种成分的变化情况也是这样。因此，词汇作为语言中的一个组成部分，它的存在形式和发展的规律也一定会受到语言的存在形式和发展规律的制约，而且和语言也是完全一致的。所以，语言词汇和语言的整体现象一样，也永远具有静态和动态两种存在形式，也永远是一个复杂的运动着的整体。

　　由于语言词汇中各个组成部分的性质和特点有所不同，所以它们的运动发展情况也不完全一样。总的说来，基本词汇的发展比较缓慢，一般词汇的发展则比较活跃和迅速。但是尽管如此，它们作为语言词汇的一个组成部分，永远存在于词汇这一整体之中不断地运动和发展着，这一点却是可以完全肯定的。

## 二　形成词汇运动发展的原因

　　由于语言是一种社会现象，所以虽然语言和它的词汇都是运动着的，但是它们却不是像自然界的事物那样自生自灭的，它们的一切都要受到社会的制约。当然对任何事物来说，其发展变化都有其自身的内部原因和规律，但是语言词汇的社会交际性和全民使用性，以及语言词汇通过人们的认识以反映客观世界的本质特点，却决定了它的运动发展和社会等方面有着密切的关系，而且形成了词汇发展的社会基础、认识基础和客观基础。所以从这一方面来看，词汇的发展虽然有其自身的内因，但是它的内因却与其外因有着极为密切的不可分割的联系。因此，要了解语言词汇运动和发展的原因和条件，还必须从社会和客观世界等各个方面谈起。

## （一）　社会的发展促成词汇的发展

语言随着社会的发展而发展，这一特点表现在词汇的发展上尤为明显。社会上的任何变化、任何新事物的出现，都会反映到词汇中来。如我国进入改革开放时期以来，社会上就出现了大量的新词，如"特区""合资""托福""待业""个体户""专业户""万元户""关系户"等等，近几年来社会上又出现了如"酷""打的""上网""网址""光盘""网友""大款""超市""上岗""下岗""B超""CT""追星族""纯净水""三维画""VCD""DVD"等大量的新词。许多过去已存在的词，如"承包""责任制"等，由于社会的交际需要，其使用频率也空前提高。这一切都足以说明社会发展对词汇发展的影响，同时也可以使我们清楚地了解到词汇的发展和语言发展以及社会发展的关系。可以看出，词汇越纷繁，语言也必然越发展，词汇的发展不但在某种程度上说明了语言的发展，而且也可以从某些角度反映社会的发展。所以也可以说，语言词汇和社会是具有相互说明和印证的作用的，我们不但可以从社会的发展情况来了解语言，特别是它的词汇发展的情况，而且也可以从词汇的发展情况来了解社会发展的面貌。

就汉语词汇来说，它的面貌完全是随着汉族社会的进步和发展而不断地改变的。汉语中有些词是出现得很早的。如："网"、"毕"（bì，一种打猎用的有长柄的网）、"罗"（捕鸟的网）、"罩"（捕鱼的笼子）、"弓"、"矢"、"弹"等都是捕捉鸟兽的工具；"逐"（追逐）、"射"（用矢射）等都是射猎的方法，而"羊""虎""豕""马""鸟""鱼"等都是鸟兽的名称，是捕捉的对象。也有一些词，如"特"，现在表示"特别"的意思，"骄"，现在表示"骄傲"的意思，事实上，它们最初都是牲畜的名称。"特"指称"公牛"，"骄"则指称"高六尺的马"。这类词出现较早的原因，很明显，应该是和我国早期社会中，人们从事渔猎和畜牧的生活内容分不开的。随着社会的发展，当社会生活以农业生产为主的时候，语言中也相应地出现了反映农业方面的词语。如"黍""稻""粱""粟"等都表示农作物的名称，"耕""耘""种""薅"等则表示耕作的方法，而"镰""铲""耒""耜"等指称的都是农业生产工具的名称。汉语词汇中表示现代科学文化技术的词，大多数都是我国社会发展到近代和现代的时候才出现的。如"化学""物理""光学""力学""气流""真空""原子""电子""导弹""激光""电视""化纤""混纺""同步""计算机""超声波""电子表""太阳能""微电脑"等等。

很明显，只有社会上出现了"激光""电视机""尼龙绸""空调器"等新事物的时候，语言中才能相应地出现表示该事物的新词。如果想在先秦时期的词汇中寻找现代的词语，是根本不可能的，这正是语言随社会发展而发展的社会本质所决定的。

社会间的相互接触是影响词汇发展的另一个方面。语言词汇中外来词和方言词的存在，就是这种影响的结果。不同国家和民族间的相互接触，促成语言的相互影响而产生新词，不同地域间的相互接触，又形成了方言词的相互吸收。

汉语词汇在历史发展中，受外语影响而产生的新词是很多的。有的是在外语词的声音影响下通过摹声法造出新词；有的是在外语词的意义影响下，通过说明法造出新词。但是无论哪种情况，都是和社会间的相互接触分不开的。汉族人民很早就和其他民族有所交往，两汉以后，随着我国政治、经济和文化的发展，这种交往更频繁起来。这些情况反映到语言词汇上，就是大批外来词的产生。如"骆驼"、"猩猩"、"琵琶"、"苜蓿"、"葡萄"、

"八哥"、"胭脂"、"琉璃"以及"荸"（荸荠）、"酥"（酥酪）等等，都是受匈奴和西域各语言的影响而产生的。又如"佛""僧""魔""钵""菩萨""罗汉""夜叉""金刚""忏悔""现在""未来""因缘""法门""地狱""天堂""信仰""礼拜"等等，则是随着佛教的传入而产生的。汉族社会发展到近代和现代阶段，由于和外族社会的接触更加频繁，所以，汉语中的外来词更是不断地大量地产生着。如"几何""比重""方程""积分""意识""抽象""范畴""客观""民主""逻辑""浪漫""模特""吉普""坦克""芭蕾舞""喀秋莎""巧克力""VCD""奥林匹克"等等。

一个社会内部各地域之间的相互来往，也是社会间相互接触的一个方面，普通话中对方言词的吸收，以及各方言间在词语方面的相互吸收，都是地域间相互接触的结果。

此外，社会的发展还表现在社会制度的变化和更替方面，而且这种变化和更替也能够促成语言词汇的发展。如当汉族处于奴隶社会的时候，汉语词汇中反映奴隶名称的词是很多的。例如"仆"是奴隶主家中男性的奴隶，"妾"则是奴隶主家中女性的奴隶，"臧"是一种拿着武器进行护卫的奴隶，"臣"原来也指称一种男性奴隶，这种奴隶都为奴隶主所信任，所以是一种能替奴隶主管理其他奴隶的奴隶。其他像"隶""宰""奚""舆""台"等等当时也都是奴隶的名称。当汉族社会发展到封建社会时期，汉语中又相应地出现了许多反映封建社会的制度和生活的词。如"皇帝""宰相""朝廷""封建""割据""地主""农奴""农民""地租""行会""封建主""状元""秀才"等等。今天，我们再看一下汉语词汇的情况，就会发现反映社会主义制度的词语也已大量存在了。这些词语有的是在新中国成立后才产生的，有的虽然在过去就已经存在，但在新中国成立后才逐渐广泛地使用起来，如"公有制""合作化""政协""人代会""党委""市委""省委""劳保""退休""离休""国营""双百""四化""整党""五保户""敬老院"等等。

社会的发展是表现为多方面的，它对词汇发展的影响也是多方面的。因此，研究和了解词汇发展的时候，密切结合社会的发展来进行分析，的确是非常必要的。

### （二）人们认识的发展

在人类生活中，任何事物的发展，往往都是和人们的认识分不开的，词汇的发展也不例外。人们认识的发展可以从不同的方面促成词汇的发展。

在客观事物不变的情况下，由于认识的发展，人们可以对这些客观事物从不认识到认识，从而产生新词，促成词汇的发展。如"电子""中子""质子"以及一些抽象的词语"思维""认识""心灵""空间""规律""悲观""乐观""人生观"等。有的是人们的认识由肤浅到深入，从而促成了词义的发展。如前面曾举到的"水""电""鬼火"等。此外，认识的发展，还可使人们对客观事物的认识更加细致入微，并由此而促成同义词的发展。如"看""瞧""瞅""盯""瞪""瞄""瞥"等。

由于认识的变化和感情态度的变化，人们还可以重新给事物命名。如前面谈到的"八大员的来历"就是这种情况。解放后，这样产生的新词很多。如"戏子——演员""邮差——邮递员""店小二——服务员""老妈子——保姆"等等都是生动的例证。

人们认识的发展促成词汇的发展表现的另一个方面，就是认识和思维能力的发展，可以促成科学研究的发展，进而促成新事物的产生，并从而产生新词。如"激光""导弹""模压""塑料""无影灯""洗衣粉""电冰箱""计算机"等。

### （三）词汇系统内部的矛盾和调整

词汇是一个集合体，在这个集合体的内部，由于新要素的出现和旧要素的消亡，以及各要素间相互关系的变化，会产生许多的矛盾。这些矛盾的不断出现和不断解决，就促成了词汇的发展。如"江"原是"长江"的专称，后来成了"一切江的通称"之后，它原来所承担的指称任务，则由"长江"来代替了。又如"静"和"净"是一对同音词，为了避免交际中在意义上发生混淆，结果就出现了不同的双音词，与"静"有关的如"安静""背静""平静""清静""幽静""宁静"等等，与"净"有关的则有"纯净""洁净""干净""白净""明净"等等。

词汇系统对等义词的现象，也是进行不断调整的。汉语词汇中对等义词调整的办法，有的是保留一个，另一个被淘汰下去。如"爱怜"和"怜爱"、"觉察"和"察觉"、"代替"和"替代"、"自行车"和"脚踏车"等，从现在情况来看，它们的前者都已保留了下来，后者都已不用或很少使用了。也有的等义词则出现了分化，使各个词都具备了各自的用途。如"事情"和"勾当"原是一对等义词，后来产生了分化，"勾当"多用来指称"坏事情"了，两个词因而变得不同起来。

语言词汇是一个完整的系统，词汇系统内部的矛盾和调整，有时会出现连锁反应的情况。如"爱人"一词，原义是"相爱而未婚的男女中的一方"，后来却变为指称"已婚的男女中的一方"，这时它的原义则出现了"朋友"的新义项和"对象"的新义项来代替，结果，"朋友"的新义项和"对象"的新义项又形成了等义词。词汇系统又继续对这组等义词进行调整。渐渐地，这两个词在色彩意义和用法上又出现了区别。从色彩意义看，"对象"的口语色彩比"朋友"要重，显得更通俗些；在用法上，有时两者不能在相同的语境中互换使用，如"那是他的对象"，可以说成"那是他的朋友"，但是"他在搞对象"却不能说成"他在搞朋友"。从当前情况看，"对象"的词义又在逐步发展，从原来只指称"未婚的一方"，已变为也可以指称"已婚的一方"了，和"朋友"的意义又不等同起来。"爱人"词义变化后的另一个方面，即出现了它的新义和语言中原来存在的"丈夫""妻子"又形成了同义词。词汇系统仍然要继续进行调整，结果，这几个词在色彩意义上也出现了差别，比较起来"丈夫""妻子"要比"爱人"更具有庄重的和书面语的色彩，而"爱人"在亲昵的感情色彩上则要显得更浓一些。目前社会上在这方面仍然不断地继续出现着新的词语，如年轻人中对"丈夫"的称呼，除"爱人"外又出现了感情色彩更加浓厚的"老公"，在老年人中则出现了可以相互都能使用的口语色彩和感情色彩更强的"老伴"等。

词汇系统内部的矛盾和调整是非常有趣的，它可以表现在多个不同的层面和方面，语言的词汇就是在这种矛盾和调整中不断地丰富和发展着。

## 第二节　词汇历时的动态运动形式

### 一　历时的动态运动形式与词汇发展史

词汇的历时动态运动情况是词汇发展变化的一个重要的不可缺少的方面，从一般状态来看，因为语言是运动着的，所以它永远处在动态的状态之中；从整体情况来看，只有通过历时的运动情况，才能从各个不同时段的比较中，了解词汇运动着的各个方面呈现出来的轨迹，也才能看清楚词汇发展变化的历史面貌。虽然词汇和语言一样是渐变的，但是就是这样一个历时的渐变的过程，逐渐形成着词汇运动发展的历史。由此可见，词汇动态的历时变化不仅能够使它不断的运动和发展成为可能，而且更可以将无数个共时的情况连续起来，使其成为历时阶段中的一个个组成的部分。很明显，只有将无数个共时情况巩固下来、延续起来，形成该语言词汇整个存在时期的历时的运动和发展，才能够说明词汇的历史存在，也才能形成词汇的变化发展史。

### 二　汉语词汇动态运动历时情况的几个主要方面

汉语是世界上历史最悠久的语言之一，因此，汉语词汇在动态运动中的历时存在形式，形成了汉语的漫长而丰富的词汇发展史。对汉语词汇发展的全貌，我们在这里难以详细论述，下面仅就几个主要的方面做一下简要的说明。

### （一）新词的增加

前面已讲过，语言是随着社会的发展而发展的，在这发展的过程中，词汇又是最敏感的部分，因此，在历史的各个时期，以及人们生活的各个领域中，社会上的一切，都会在词汇中有所反映，这就促成了语言中新词的不断增加。从《尔雅》到现在的《辞海》（修订本），一直到近几年才完成的《汉语大词典》的收词情况来看，《尔雅》收词只有 3600 条，《辞海》收词则有91706 条，《汉语大词典》的收词则多达 375000 余条，尽管《尔雅》的收词数量可能不是当时社会语言词汇的全貌，但是从这几个悬殊的数字来看，也可以明显地知道，从古代汉语到现代汉语，汉语词汇是极大地丰富和发展了，词的数量已经成百倍地增多了起来。

促成新词增加的情况是多方面的。

因新事物的出现而增加新词。如"上岗""上网""彩电""电脑""软件""盒饭""助听器""肯德基"等等。

旧事物改换新名称而增加新词。如过去的"薪水"现在称"工资"，过去的"邮差"现在称"邮递员"，过去的"戏子"现在称"演员"等等。

词义演变产生新词。如"河"的词义扩大后，它原来指称的事物则用新词"黄河"来表示；"走"的词义由"跑"转移为"行走"时，词汇系统中相应地就要出现新词"跑"加以补充；"金属"一词也是由于"金"的词义发生演变而产生出来的。

受外族语言影响而产生新词。受外语词语音形式的影响而产生的词，如"巴黎""沙发""苏维埃""奥林匹克"等。受外语词所表示的概念的影响而产生的词，如"电话""煤气""扩音器""连衣裙"等。

此外，从共同语的角度来说，吸收方言词也是增加了新词。如"搞""拉圾""名堂""尴尬"等。

## （二）双音词增多

汉语词汇从过去到现在都有单音节词和多音节词之分，多音节的词中又以双音节词为主。不过在古汉语中，特别是先秦时期，词汇中的单音词是占多数的。如从《左传》的用词来看，它共用单音词 2904 个，复音词却只有 788 个。[①] 随着汉语的发展，词汇中的双音词逐渐增多起来。

由单音向双音发展，是汉语词汇发展的一种必然现象。因为随着社会的发展，交际的需求越来越纷繁复杂，需要表示的事物越来越多，有限的单音节的形式就必然会造成语言中同音词的大量出现，因而给人们的交际带来了许多不便和困难，汉语词的双音化就是在这种情况下发展起来的。因此，双音词的大量出现，不但可以分辨和解决由单音节词形成的同音词问题，而且因为它表义细致准确，所以也有力地充实和丰富了汉语词汇，极大地提高了汉语的表现力量。

汉语中双音词的发展主要表现在两个方面。一个方面是原有的单音词，有许多逐渐为双音的形式所代替。有用重叠形式代替的，如"姑姑""伯伯""妹妹""弟弟"等。有用同义联合的形式代替的，如"道路""领导""依靠""丢失"等。有用另一种新形式代替的，如"目——眼睛""耳——耳朵""冠——帽子""鹊——喜鹊"等。另一个方面是新产生的词多以双音节的形式为主。如"卫星""扫描""同步""彩电""空调""波段""巧干""破格""顶替""失足""劳军""家教"等等。汉语中大量的新词，都是以双音的形式出现的。

在现代汉语中，不但双音词大量增加，而且也出现了不少的三音词和四音词等，不过，就现在情况看，双音词的数量仍然占

---

① 陈克炯：《〈左传〉词汇简论》，《华中师院学报》1982 年第 1 期。

着优势。

### （三）　实词虚化现象的发展

汉语词汇中很早就有实词和虚词之分，同时也有词根词素和附加词素的区别。在词汇发展的过程中，汉语中的虚词和附加词素都有所发展。它们发展的途径，一是创制新的成分，一是实词的虚化。

实词虚化的现象主要表现为两个方面。一个方面是由实词类变为虚词类。这种变化多为实词在表示原来意义的同时，又增加了表示虚词意义的义项。如"因"原为"原因""依循"的意思，后来又有了"因为"的意义，并充当连词使用。其他又如"的""夫""耳""固"等也是这样。也有的词在发展过程中逐渐失去了实词的意义，只作为虚词使用了，如"然""所""而""虽"等。

实词虚化的另一个方面是由可以充当词根词素的实词虚化成了附加词素。这种情况大多数都表现为充当附加词素的作用和原来的情况并存。如"了"原为"了结"的意思，是实词，它可以充当词根词素形成新词"了结""了却"等。后来它虚化成为词尾词素，读为"·le"，附加在动词后面表示"完成体"的语法意义，如"看了""做了""睡了"等。其他像"着"（虚化后读"zhe"）、"过"等也是这样的情况。又如"头"是一个实词，表示着"头颅"等实在的意义，后来它在充当实词的同时，又虚化成了后缀词素，具有表名词的语法作用。如"石头""木头""想头""看头""甜头"等等。其他像"子"（房子、袜子）、"家"（孩子家、老人家）等也都是这样。也有少数的实词在发展过程中，逐渐失去了它原来的意义和作用，只能充当后缀词素了。如"然"（飘然、惨然、猛然、默然）、"巴"（泥巴、哑巴、结巴、砸巴）等。

### （四）　造词和构词方面的发展

分析汉语词的形成及其结构，就会发现在汉语发展的早期，运用音义任意结合法、摹声法等手段制造新词的情况是比较多的。现在仍然存在的许多历史悠久的单音词，如"山""水""日""月""鸟""兽""虫""鱼"等等都是用音义任意结合法造成的，"猫""鸦""蛙"等都是用摹声法造成的。在词的构成方面，则表现为单音节词多，即使在双音词中，单纯词也比较多，如汉语中许多双声、叠韵的词产生的都是比较早的。在词素组合的方式上，则表现为联合式和偏正式的词比较多，动宾式的情况就很少，而补充式和主谓式则更为少见。这种情况在先秦汉语词汇中表现得是很清楚的。

汉语造词和构词的情况发展到今天，已有了很大的发展，不但造词的方法已多样化，而且构词的方式也更加丰富和精密了，如不但有了补充式、主谓式等构词方式，而且在各种方式中又区分出了各种不同的类型。这一切都充分说明，汉语的造词法和构词法也在不断地丰富和发展着。

**（五）同义词、近义词、多义词等词义类聚和抽象词语的发展**

同义词的不断出现、多义词和抽象词语的不断增多，都是人们认识能力发展的结果，同时这些现象也标志着语言词汇的极大丰富和完善。汉语词汇在这方面的发展情况，有力地说明了汉语是世界上最丰富发达的语言之一。

汉语词汇中很早就存在着同义词和近义词现象，《尔雅》就是以同义近义类聚的方式来编写的。在汉语词汇发展的整个过程中，同义词近义词都在不断地增加着，发展到现在，不但同义和近义词组的数量明显地丰富和发展了，而且它们所包含的词的数量也都不断地增多起来。这种情况从现在出版的各种《同义词辞典》或《同义词辨析》中都可得到证明。

多义词的发展是语言词汇发展的必然趋势之一。汉语历史悠久，因此，多义词极为丰富，许多产生年代较早的词，绝大多数都是多义的。此外，像反义词、同位词等各种不同的词义类聚也都不同程度地逐渐增加了起来。

抽象词语的发展不但取决于人们认识的发展，而且和社会科学文化的发展也是分不开的。人们丰富的想象和具体的科学实践，都可以促使抽象词语产生。汉族人民在漫长的历史发展过程中，不但创造了社会的文明，而且也创制了大量的抽象词语。如"灵魂""神韵""幽灵""精神""思维""思想""感情""意识""抽象""概括""规律""观念""价值""修养""世界观""人生观"等等。

### （六）词义的发展

词义的发展是词汇发展中一个重要的方面，词义的发展可以从很多方面促成整个词汇系统的变化和发展。汉语词汇中词义发展的情况非常丰富纷繁，具体内容第六章中已讲，这里不再赘述。

### （七）旧要素的消亡

语言词汇的发展和变化，不但表现为新要素的不断增加，同时也表现在旧要素的不断消亡上。旧要素的消亡一般有以下几个方面。

#### 1. 旧词的消亡

引起旧词消亡的原因是多方面的，因此，旧词消亡的情况也各不相同。大致有以下几种情形。

旧事物的消亡引起旧词的消亡。如"皇帝""状元""巡抚""乡试""八股文""丫环""书童""当铺""童养媳""巡捕""租界""保长"等。

事物名称的改变引起旧词的消亡。如"眼""眼睛"代替了"目"，"鞋"代替了"履"，"观看"代替了"观"，"兴趣""兴建"代替了"兴"，"害怕"代替了"惧"，"睡觉"代替了"寝"，"医生"代替了"医工"，"工资"代替了"薪水"，"演员"代替了"戏子"等。

社会发展和交际需求的改变引起了旧词的消亡。例如，当汉族社会生活中，畜牧业生产还占有重要地位的时候，人们对牲畜的名称是非常注意的，汉语词汇中以前表示"牛"的名称就多种多样，如"牯"（gǔ，母牛）、"特"（tè，公牛）、"犉"（rún，黄毛黑唇的牛）、"牪"（bèi，二岁的牛）、"犙"（sān，三岁的牛）、"牭"（sì，四岁的牛）等等。后来随着畜牧业在人们生活中的地位和作用的减弱，这些名称逐渐简化和概括，于是各种各样的牛，渐渐地都用"牛"一词来指称了，原来的词则逐渐消亡了下去。个别的词如"特"虽然现在还被应用着，但它的意义已完全改变了。其他像"豝"（bā，母猪、大猪、两年的猪）、"豚"（tún，小猪）、"騋"（lái，高七尺的马）、"駥"（róng，高八尺的马）、"駣"（táo，三岁的马）、"髦"（máo，长毛的马）等，后来也逐渐被"豕""猪""马"等词所代替，以后"豕"在发展过程中也逐渐消亡了。

词汇系统的调整与规范引起旧词的消亡。如许多等义词的发展情况就是这样，一对等义词调整规范的结果，多数是一个被保留，另一个被逐渐淘汰下去而消亡。此外，许多带有外语色彩的词，也往往会在规范和约定俗成中逐渐消亡下去。如现在通用"电话""煤气"，像"德律风""瓦斯"等已被淘汰不用了；现在都习惯用"扩音器""连衣裙""青霉素"等，而"麦克风""布拉吉""盘尼西林"等词现在也已经不用或很少使用了。从发展情况看，这些词也将会逐渐消亡下去。

2. 义项的消亡

义项的消亡也是旧要素消亡的内容之一。如"牺牲"一词的原始义是指"古代祭祀用的牲畜"，"权"最早是"黄华木"的意思，后来又表示"秤锤"的意思，但是今天在现代汉语中，这些义项也已经消亡了。

3. 词素的消亡

词素是组词的成分，它有词根词素和附加词素之分，这两类词素在发展过程中也都存在着消亡的现象。

就词根词素看，它往往是随着旧词的消亡而消亡的。如"旌"一词，过去有三个义项："1）古代旗的一种，缀旄牛尾于竿头，下有五彩析羽。用以指挥或开道。2）古代旗的通称。3）表彰。"人们曾用"旌"的这些义项充当词素义创造过新词，如"旌旗""旌麾""旌表"等。然而现在"旌"已作为古语词不再为人们使用了，因此，在一般情况下，它也不可能再用来充当词素创制新词了。

附加词素的消亡情况，如古代汉语中的前缀词素"有"（组成的词如"有夏""有商"）、后缀词素"尔"（组成的词如"率尔""卓尔"）等，后来也不再被使用了。

词汇中旧要素的消亡是一种正常的现象。和语言中其他要素的演变一样，词汇中旧要素的消亡，只是意味着这种词汇成分在人们的日常运用中消失了，但是它却仍然存在于汉语词汇的总体之中。有的成分虽然不能作为词继续被运用了，但却可以充当词素仍被运用，如"观""兴""彩""习"等就是这样。也有的成分作为消亡了的古语词保留在语言词汇之中，但在某些特定的场合，它们仍然可以发挥自己特有的作用，如对文言词的运用就是这种情况。此外，这些消亡了的语言成分，还可以为人们的语言研究提供宝贵的资料。由此可见，这些消亡了的成分，虽然现在不再为人们的交际服务了，但它们仍然是语言词汇中的宝贵财富，所以我们对这些成分应该正确地认识和对待。

汉语词汇的发展纷繁复杂，通过这些纷繁复杂的现象，我们可以看到，在新质要素不断增加，旧质要素不断消亡的情况下，还体现出了两种根本不同的发展趋势。一种趋势是由简趋繁：如多义词、同义词等的发展就是这样；另一种趋势则是由繁趋简，如牲畜名称的概括和简化、等义词的淘汰等就是这种情况。因此，我们在认识和分析词汇的发展时，不能只看到由简趋繁的一面，也应该同时注意由繁趋简的发展现象。只有这样，才能更好地认识、更正确地理解词汇的发展。

# 第三节　词汇共时的动态运动形式

## 一　共时的动态运动形式存在的必然性和必要性

词汇的共时动态运动形式是词汇整体运动形式的基础。它的存在不仅是必然的，而且也是必要的，它在体现了词汇的渐变的可描写性的同时，又充分地体现着词汇的动态运动的绝对性。词汇的共时动态运动形式虽然客观地存在着，但人们越来越重视对共时的动态情况的研究却有其一定的原因。这是因为一方面，由于语言是渐变的，所以在其动态的渐变过程中，就可以将某一个时段进行相对静态的描写；另一方面，就词汇整个的发展过程来说，也可以根据其发展情况，人为地做某些阶段的划分，如"元明清阶段""现代阶段""当代阶段"等等。因此就出现了共时的研究问题。在共时阶段中，我们观察词汇的动态运动变化将会更加细致和具体。不过在这里必须明确，共时阶段和静态形式绝不是相对应的，更不是等同的。就一个共时阶段来讲，词汇的静态形式和动态形式永远都同时共存于其中，它们从不同的角度说明了词汇的存在、运动和发展。词汇的静态形式不仅说明了词汇符号系统的内容，而且也说明了它作为交际工具的实际存在，而这种静态形式的动态化，则使这种交际工具具有了实现其交际功能的可能。所以可以说，是词汇的动态运动形成了词汇的不同时期的不同的静态存在，而发展中的词汇的动态运动形式又都是在其静态存在形式的基础上进行的。因此应该认为，在词汇的整体运动形式中，词汇的静态形式是存在于语言符号系统之中，为实现交际行为，完成交际目的而提供可能和基础的部分；词汇的动态运动形式则是在言语交际中具体体现了交际功能，实现了交际作用，传递了交际信息，达到了交际目的的部分。没有静态存在形式为交际行为提供必要的交际元素，就不可能形成交际行为，没有这种动态的交际行为，语言元素的交际作用也无从实现，新的语言元素也无从产生。因此，在共时阶段中，词汇的动态运动更多的是表现为言语成分和语言成分的相互转化，并在这种相互转化中体现出它的较短时间的阶段性的发展，从而促进语言词汇的发展。所以，词汇的静态和动态的存在形式是词汇整体运动的两个方面，它们相互依存，相互完善，共同实现着语言词汇的交际功能，满足着社会的交际需要，这一点，在共时阶段中表现得尤为明显。

共时阶段中，词汇动态运动的内容是非常丰富的，其动态变化主要表现在两个方面。第一方面：当人们在语言成分的基础上组成言语以进行交际时，这些语言成分即开始由静态的语言成分逐渐变成具体语境中的言语成分，有的可能是词义的具体事物对应性造成的，也有的可能是人们运用词语的主观性所决定的，但是不管原因如何，这些动态的言语成分和静态的语言成分相比，总会表现出某些动态的变化和不同；第二方面：在具体的语境中，人们又会根据交际的需要，在原有语言材料的基础上，创造出一些新的成分来。这两个方面尽管不同，但是它们却都是词汇在人们的言语行为中进行动态运动的结果，而且它们开始时都是一种具有临时性的言语成分，这些临时性的言语成分大部分往往都只存在于它出现的具体语境中，只为当时的言语行为所运用，脱离开这具体的语境和言语行为，这种成分将不复存在。不过这些临时性的成分中，也有一部分将会为人们在相同的语境中反复使用，结果使这些成分逐渐由言语成分变成了语言成分，最后终于进入词汇系统中去，并被历时的变化巩固下来，成为语言词汇历史发展的一部分。

以上情况足以说明，词汇发展的共时阶段中，永远存在着一个由静态的语言成分的被运用，结果产生出了动态的言语行为，从而产生出了言语成分，部分言语成分又会被约定为语言成分等这样一个循环往复的运动过程，在这一过程中，虽然也有旧成分的消亡，然而新成分的增加却永远占着绝对的优势，语言词汇以及语言的其他成分，就是在这样一种不断的循环往复中得到了不断的发展。

以上情况也足以说明，词汇发展的共时阶段，是词汇动态运动和发展的一个很基础的阶段，它的存在是词汇发展的需要，它的出现也是社会交际对语言要求的必然，正是由于有了一个个不断连续着的共时阶段，才使历时的运动发展有了依据和可能，所以没有共时的运动阶段就没有发展的基础，没有历时的运动阶段，共时情况就没有被固定的过程，也就无法说明词汇的历史存在，也就形成不了词汇的发展史。

根据以上分析，我们可以看到，词汇和语言以及语言的其他方面一样，它在共时阶段是通过语言成分和言语成分的不断交替进行运动的，从整体来说，它又是通过历时运动和共时运动的相互作用进行发展的。因此我们说，语言词汇作为一个整体性的存在，永远在不断地运动着和发展着。

## 二　共时的动态运动形式表现的基本情况

词汇的动态运动形式在共时阶段中的表现是很复杂的，有时它可以表现得很清楚、很明显，有时又可以表现得很细微，甚至很模糊，因此更需要认真观察和辨析。分析现代汉语的共时动态变化情况，大致表现为以下几个方面。

### （一）在原有语言材料的基础上创制新成分

人们在交际中，根据需要以原有的语言材料为基础，创制出新的词语，甚至进一步形成新的词素，这是可以经常见到的现象。有的新词语一经出现，就会为人们所接受，并会被大家反复使用，最后为社会约定俗成，转化为语言成分。与此同时，某些新的词素也会被相应地约定下来。如新词"打的"中的词素"的"就被大家接受了下来，并开始参与新词的组合，如"面的""轿的"等等。当然有些新出现的成分也会不为社会所接受，出现不久或者经过短时间的使用后，即以言语成分的资格被逐渐淘汰下去。在词汇发展的历史过程中，历代的新成分都是这样产生的。

## （二）词的语音形式言语化

每一个社会都有其共同语，每一种共同语都有其标准的语音形式，但是在语言运用中成为言语的时候，每个人的语音都会带有其生理的和主观的个人特点，例如一个说普通话的人和一个说过渡语的人，他们的语音形式就各有特点，这说明这些在言语交际中的语音已经言语化。言语化了的语音形式有的可以非常标准，无异于语言成分；有的则会具有程度不同的差异，这种言语化的成分一般来说都是临时性的，一旦脱离开交际环境将不再存在。值得注意的是有时某些言语化了的语音成分也能够逐渐社会化，当它一旦社会化了的时候，就会引起语言成分的改变。如"呆"的读音，现在已经由"ái"变为"dāi"就是如此。又如"特务"一词，意义是"军队中担任警卫通讯运输等特殊任务的人"，其读音为"tè wù"，后来随着它意义的引申，语音也逐渐改变成了"tè·wu"，成为指称"经过特殊训练，从事刺探情报，颠覆破坏等活动的人"了。社会上也因而产生出了一个新的词来。显然这时的言语成分肯定已转化成语言成分了。

## （三）词义的动态变化与发展

在言语交际中，词义是一个相当活跃的部分。纵观词义在言语中的动态变化情况，基本可呈现为四个方面。

第一，人们各自的条件不同，使语言成分的意义带上了明显的主观因素，最突出的是表现在相互间使用的不完全概念的不一致上，其次则表现在为了交际需要而有意进行的某些改变上。

第二，由于词义的具体事物对应性，语言成分的意义在具体的语境中，变成了有具体所指的更为明确的言语意义，这种变化往往都会使词义的指称外延缩小而内涵却更加丰富。

第三，在具体语境中，语言成分的词义由原义而变为他指，这种情况的意义只有依靠语境的帮助，才能够使对方领会。人们一般都把这种意义称作深层义，对这种意义的理解往往都要经过一个会意的过程。

第四，新义项的增加。在言语交际中，由于某些引申和联想，从而会在词的原义的基础上产生出某些新义来，现在社会上，这种现象是大量存在的。如"包装"一词，原来有两个义项，一是指"在商品外面用纸包裹或把商品装进纸盒、瓶子等"，二是指"包装商品的东西，如纸盒子、瓶子等"；但是现在社会上又出现了一个新的用法，即"用各种宣传等手段把一个人吹捧起来"也可以称为"包装"。又如"病毒"一词原来的语言义是医学上指"一种比病菌更小，多用电子显微镜才能看见的病原体"，现在人们却把"电脑中某些具有干扰和破坏性的东西"也称作"病毒"。以上两个新义，从目前的情况看，其使用范围之广、使用频率之高，是极有可能被历时的变化固定下来，由言语成分转化成为语言成分的。

词义的四个方面的动态变化中，前三种一般都是临时性的，它们除了极大地活跃了言语交际之外，绝大部分都不可能转化为语言成分。只有新义增加的情况比较特殊，它的大部分内容，都会随着多义词的发展而不断地被巩固下来，不仅变成了语言成分，而且在词义的动态变化中，起着积极的不可或缺的作用。

**（四）词的活用与逻辑上的超常搭配**

词在言语应用中，必然要涉及词与词的组合问题，因此也必然会影响到词的语法性质方面的改变问题。词的动态应用涉及的语法问题主要表现在以下两个方面。

第一，词的组合规律发生了改变。如一般情况下，副词和名词是不能进行搭配的，但是当前社会上经常出现副词和名词搭配使用的现象，像"很青春""很德国"等（均见电视广播），社会上的人们如此运用的不乏其例。

在这样搭配使用的同时，我们也应该注意到，这样运用的结果，也往往会进一步引起词义的变化，如前面的"青春""德国"等词，事实上已经不再单纯地表示事物的名称，而开始表示一种为本事物所有的思维方式、生活习俗等的性质内容了。

第二，逻辑意义方面的超常搭配。现在社会上在进行词的组合时，在词的逻辑意义方面进行超常搭配的情况也是经常可见的。如："一切都是灰色的，灰色的树，灰色的房，灰色的人群……似乎灰色要将一切都挤进大地中去。"这里的"灰色"和"挤进"的搭配就是明显的言语化的活用，在这具体语境中，"灰色"已被赋予可以发出"挤进"动作的形象。其他像"温暖洒满人间"中的"温暖"和"洒"的搭配，"从钢琴中不断蹦出的杂乱无章的音符……"中的"音符"和"蹦"的搭配等（例均见报），也都是这种情况。

以上两种现象的出现，都是语言成分在共时的动态运动中言语化了的结果。其中有的现象也可能在社会约定俗成之后转变成语言成分，但是这样的言语化成分大部分都是一种临时应用的性质，是不可能都完全转变为语言成分的。不过虽然这些现象是属于临时性的，但是它们在言语应用中却有着非常积极和重要的作用，词汇共时的动态运动形成了它们的存在，而它们的存在不仅可以在某些方面促成词汇的发展，而且更是极大地丰富了语言词汇在表达上的鲜明、活泼和生动性，明显地加强了语言词汇的表意效果。

葛本仪文集

山东大学中文专刊

第二册 现代汉语词汇学（第3版）

SSAP

社会科学文献出版社

SOCIAL SCIENCES ACADEMIC PRESS (CHINA)

# 本册目录

## 现代汉语词汇学（第3版）

# 现代汉语词汇学（第3版）

# 第 3 版前言

2001 年我出版了《现代汉语词汇学》一书，2004 年又出版了该书的修订本。该书出版后，得到了社会广大读者的支持，十年来，先后重印了 8 次，至今仍供不应求。我除了心存感激之外，只有在这里对支持我的朋友和广大读者表示深深的敬意和感谢。

现在商务印书馆将接印此书，为了更趋完善起见，趁此机会，我又进行了一次力所能及的修订。这次修订的内容主要表现在以下几个方面。

一、将过去还未讲透彻的地方尽量做了必要的补充。

二、将不合适的例证尽量做了更换。

三、将不够清楚的阐述以及个别的错别字等做了修改。

四、应读者要求增加了一些主要的参考文献。我的参考文献是以年代为序排列的，这样排列的目的，就是想让大家了解，这也是我学习和研究汉语词汇学的过程，我就是在这些书的滋养和启发中不断前进的。

这次虽然又一次修订，但我想在做学问上永远都不可能尽善尽美，所以仍然希望各位朋友和广大读者提出宝贵的意见。①

葛本仪写于山东大学

2012 年 6 月

---

① 2018 年英国卢德里奇（Routledge）出版社出版了英文版《现代汉语词汇学》（*Modern Chinese Lexicology*），该版本与中文版《现代汉语词汇学》（第 3 版）内容一致，故本文集未予收录，仅在彩页中呈现其书影。——编者注

# 修订本前言

《现代汉语词汇学》一书，于2001年4月由山东人民出版社出版。出版后得到了大家的支持和认可，出版社应社会的需求，于2002年3月进行了第二次印刷。该书的发行情况是值得高兴的，但是对我来说，每当翻阅此书时，总会感到有许多不尽如人意的地方。这主要表现在对某些问题的论述过于简单，因而不够完整；对新提出的一些理论观点，在阐释上还有许多不够细致和透彻的地方。其次，在行文上也有某些疏忽和不当之处。现在山东人民出版社又将进行再次印刷，我趁此机会，决定再对本书进行修订，除补充必要的新内容外，对目前已经觉察到的不足之处，也进行一些使其完善化的处理，以力求使该书的内容日臻丰富和成熟。

在《现代汉语词汇学》修订本出版之际，我想借此机会说明一点问题。2002年10月，我主编的《汉语词汇学》（全6册）由山东大学出版社出版，该书的出版除了让大家感到高兴之外，也给关心我的朋友带来了不解和困惑，这主要集中在以下两个问题上。

第一，所谓不解，是因为在该书中特别是第一册中，有两处集中批评了几位知名的学者。过去在我的著述中是从不批评别人的，因此大家不解。的确，该书中这种批评别人的做法我是不赞同的，这和我一贯的做人原则和学术作风极不吻合，何况被批评的人都是我所熟悉和尊敬的学者，有几位还是我多年的好朋友。我所以保留了这段文字，原因是这套书是大家分工撰写的，而且这一册中，我本人也在被批评的范围之内。为了不压制批评，特别是对我本人的批评，也为了给别人以发表意见的自由，所以才把这段内容保留了。在这里需要说明的是，我本人在治学态度上一如既往，丝毫未变。

第二，所谓困惑，是因为在我自己主编的书中来批评我自己，使阅读我的著述的朋友和学生们感到困惑，大家不免要问，是不是我的观点改变了。我在上段中已经说明了保留这段文字的原因，因此在这里我可以肯定地说，我的学术观点没有改变。从《汉语词汇研究》到《现代汉语词汇学》初版本，直到这本修订本，其中的理论观点没有任何矛盾，如果有所不同的话，那仅仅是我尽量对后出版的内容进行修订补充，使后者比前者更趋完善而已。因此可以说，现在即将出版的《现代汉语词汇学》修订本，对我当前的学术思想来说是最具有代表性的。

感谢大家对此问题的关心，今做此说明，也望得到大家的谅解。

葛本仪写于山东大学

2004 年 5 月

# 初版前言

《现代汉语词汇学》一书是我在《汉语词汇研究》一书的基础上，再融入近十几年来的研究成果和思考写作而成的。也可以说是集我目前研究成果的一本汉语词汇学专著。

1955年我大学毕业留校任教后，在讲授"语言学概论"课的同时，就对词汇研究产生了极大的兴趣，从那时起，就自觉或不自觉地去学习、观察和思考有关汉语词汇方面的问题。在这漫长的近五十年的岁月中，自己不仅寓乐于其中，而且也颇得到了一些收获。1961年，我的《现代汉语词汇》出版了，虽然这本小书仅仅是我的学习之作，但是它的出版却给了我鼓励，给了我信心。我开始做起了自己的学问，在学习先辈学者和时贤们研究成果的基础上，开始走自己的路，学着说自己的话。

《汉语词汇研究》是我在1985年出版的，由于当时的研究水平和条件，写得还是简单了点，有的问题甚至未能提及，但是对书中的许多观点，我至今还是认可的，因此，在这本词汇学的写作中，这些观点仍然要继续沿用，不过有的地方要有补充，也有个别的地方要做适当的修改。此外，当然还要增加一些新的观点和内容，讨论一些新的问题。

任何一个学术研究领域，都是一个色彩斑斓的世界，任何一个研究者，都可以在这个世界里凭借着自己的力量去遨游，去探索；同时，更可以根据自己的具体实践，对问题提出个人的看法。至于这个看法是否得当，是否正确，那就需要实际的检验和大家的评判了。我就是抱着这样一种想法来从事研究和

写作的。因此，这本书问世后，也希望能得到大家的帮助和
批评。

葛本仪写于山东大学

2000 年 5 月

# 目　录

# 第一章　对词汇的再认识

## 第1节　词汇的内容

### 一　词汇的界定及其性质

何谓词汇，人们可以做出许多既随便又无什么错误可言的解释，如"语言中所有的词构成所谓语言的词汇"（斯大林语），"一部书中所用的词的总和就叫作词汇"，或者说不论在什么情况下，"词的总称就叫作词汇"，等等。我们在一些著述中的确经常见到这样的解释，而且应该说，在日常交际中，在某种语境下，这样的解释也是完全正确的。因为"词汇"的确是一个指称词的集体的概念，是表示词的总和的意义的。但是从语言研究的角度来考虑，用词汇学的科学术语的含义来要求，这种解释显然就不够严格和正确了。要给词汇做出正确的界定，还必须从词汇的性质谈起。

早在20世纪50年代，斯大林就已经指出："拿词汇本身来说，它还不是语言，——它好比是语言的建筑材料。建筑业中的建筑材料并不就是房屋，虽然没有建筑材料就不可能建成房屋。同样，语言的词汇也并不就是语言，虽然没有词汇，任何语言都是不可想象的。但是当语言的词汇受着语言语法的支配的时候，就会获得极大的意义。"[①]　斯大林这段话今天看来，尽

① ［苏］斯大林：《马克思主义和语言学问题》，人民出版社1971年版，第17页。

管有许多不完善的地方，但是它总也提出了词汇的基本性质和作用。

在语言中，应该说，作为语言的建筑材料的成分很多，这就要看是在什么范围内，什么条件下，充当什么样的建筑材料等问题。例如形成音位的音素只能是音节的建筑材料，词素只能是词的建筑材料等，对于词汇来说，它作为建筑材料，其作用是构成句子，也就是说词汇作为建筑材料，就是用来组成言语以进行交际的，因此，作为造句的材料就是词汇的功能和性质。根据词汇的这一特点，应该承认，凡是具有这种功能和性质的语言成分，都应该属于词汇的范围之内，例如成语、惯用语等等，因为它们虽然都是由词组成的词组形式，但是它们却都是一种组句的备用单位，都具有和词一样的建筑材料的性质和作用，语言词汇当然不应该而且也不能够把这类成分排斥在词汇之外。因此我们认为，词汇应当是一种语言中所有的词和所有的相当于词的作用的固定结构的总汇。所以，任何一种语言的词汇都包括两个基本的内容，那就是该语言中所有的词的总汇，和所有的相当于词的作用的固定结构的总汇。

## 二　词汇的内容和范围

前面已经指出，词汇的内容应该具有词的总汇和相当于词的作用的固定结构的总汇两个基本的部分。因此，对这两个既有联系又有区别的部分，下面分别进行叙述和分析。

### （一）词的总汇

一种语言中所有的词构成为该语言的词的总汇，词的总汇又可分为基本词汇和一般词汇两个部分。

1. 基本词汇

基本词汇是语言中所有的基本词的总汇，它是语言词汇中主要的不可缺少的部分，语言的基本词汇和语法结构共同形成了语言的基础。所以如果语言的基本词汇完全改变了或者彻底消亡了，就意味着这种语言已经不存在了。

基本词汇中的词称为基本词，它们都表示着人们日常生活中最必需的事物和概念，所以基本词和人们生活的关系极为密切，是社会上各行各业的人们都离不了的词汇成分。人们学习和掌握语言，也是首先从掌握基本词开始的，因为它表示了人们最需要的事物和动作等等的名称，如果没有掌握基本词，就不可能进行最必需的社会交际。

汉语中的基本词如：

天 地 山 水 人 鸟 牛 羊 风 雨 阴 晴 花 草 江 河 树木 道路 天气 阳光 白云 空气 太阳 月亮 石头 沙子

爷爷 奶奶 父亲 母亲 爸爸 妈妈 姐姐 弟弟 叔叔 姑姑 舅舅 姨妈

头 手 嘴 腿 脚 心 肺 胃 肝 肾 眼 牙 耳朵 鼻子 胳膊 指头 头发

书 笔 纸 墨 车 船 布 线 锅 碗 灯 门 墙 窗户 房子 桌子 椅子 刀子 绳子 电话 电视 汽车 衣服 邮票 学校 老师

米 面 粮 油 盐 菜 糕 饼 鱼 肉 虾 饭 粥 馒头 米饭 面条 饺子

走 跳 看 想 生 死 睡 醒 买 卖 来 去 学习 工作 休息 劳动 成功 失败

红 白 甜 苦 方 圆 厚 薄 大 小 长 短 高 低 深 浅 多 少 硬 软 矮 胖 美丽 漂亮 轻快 沉重 丰富 干净 团结 健康

上 下 前 后 左 右 春 夏 秋 冬 东 西 南 北

一 二 三 四 十 百 千 万 你 我 他 谁

这　那　再

…………

基本词汇具有以下几个特点。

第一，普遍性。由于基本词汇和人们生活的关系非常密切，从事任何行业的人们都离不开它，所以它为全民普遍使用，使用的范围最广，使用的频率很高。

第二，稳固性。由于基本词汇为全民使用，因此它就会为本民族的世世代代的人们不断地运用着，生命很长久，不易发生变化。所以基本词绝大多数都是经过人们长期使用后被固定和承传下来的词。基本词在被社会上的人们共同认可的同时，本身也具有了极大的稳固性。

第三，是产生新词的基础。我在《汉语词汇研究》一书中曾将这点写为"能产性"，后来还是认为说成"是产生新词的基础"比较合适，因为基本词本身就是词，所以基本词是不可能再构成新词的，它本身不可能具有产生新词的能力。但是基本词可以成为产生新词的基础，这主要体现在两个方面。一个方面是构成单纯基本词的词素，因为它和基本词的形式是相一致的，单纯词和构成它的单纯词素同时产生，它们存在于一个相同的形式之内，只是两者的性质和功能完全不同而已。因此在基本词被普遍使用和具有稳固性的情况下，也使构成它的词素获得了很强的构词能力，如"人"作为词素构成了"人"这一基本词，同时"人"作为词素又可以参与构成许多其他的合成词，从而形成了它的能产性。另一方面是由合成词充当的基本词，当这类基本词被社会广泛使用并具有了一定的稳固性之后，它就会以整体的形式转化成为合成词素，并参与创制新词。如"工作"一词原是一个由"工"和"作"两个词素组合而成的合成词，但是当"工作"这一合成词被语言社会确认为是基本词并被广泛使用后，"工作"这一语言形式就会整体性地转化成为合成词素并参与造词，如社会上出现的"工作服""工作帽""工作台""工作日"等等就是这种情况,这就是说,由于"工作"是一个基本词,它就更有可能转化成为词素来参与造词,从而使"工作"以词的身份成为产生新词的基础。有许多合成式基本词的情况大致都是这样。当然,当合成词以合成词素的性质参与造词时,这一词汇成分就同时可以具有两种不同的功能和性质,它参与造句时是词,参与造词时就是词素,如"工作"这一成分就是如此。

基本词的三个特点是相互联系的,在这三个特点之中,应该说,"普遍性"又是最根本的,因为一个词只有具备了普遍使用性,才更有利于形成它的稳固性,也才能够使它进一步成为产生新词的基础。

另一个应注意的问题是,我们在谈论基本词的稳固性的时候,不应把这种稳固性和历史悠久完全等同起来,因为许多非基本词也同样可以具有历史悠久的特点,但是一个具有悠久历史的词如果没有普遍性,仍不可能成为基本词,如"诗经"一词可谓历史悠久,但它不具备普遍性的特点,因此"诗经"只能是一般词汇中的固有词。同样,一个并非具有悠久历史的词,但它在某个历史发展阶段内具有了普遍使用性,并进而形成了它的稳固性,那么它也有可能进入基本词汇中来,如"电视"一词就是如此,虽然它存在的历史不算悠久,但由于它的普遍使用性,使它同时也获得了稳固性,在现代汉语中,它已经被公认为是一个基本词了。基本词在具有了普遍性和稳固性之后,就必然会成为社会产生新词的基础。

此外还应注意的是,这里讲的基本词是产生新词的基础这一特点,也是从其整体性质的角度来谈的,事实上有个别的基本词的词素,如"你""谁"等,体现这种性质的确是比较弱的,但是因为它们都具备了普遍性和稳固性的特点,所以仍然是基本词。

2. 一般词汇

词汇中基本词汇以外的词的总汇就是语言的一般词汇。与基本词汇相比较，一般词汇使用的范围比较狭窄，使用的频率也比较低，从总体上讲，在稳固性和作为产生新词的基础等方面，都要比基本词汇弱得多。但是一般词汇也有自己的特点，它在反映社会的变化和发展方面是非常敏感的，"词汇的发展要比语音和语法部分的发展迅速得多"，"词汇的发展在某种程度上反映了社会发展的面貌"等特点，在一般词汇中表现得特别突出和明显。一般词汇有着丰富的内容，因此，要想更好地掌握和运用语言，不但需要很好地学习和掌握基本词汇，而且必须认真学习和掌握好语言的一般词汇。

一般词汇包含的内容丰富而且广泛，具体说来，有以下几个方面。

第一，历史上承传下来的固有词。这类词都是在过去就已经存在了的，其中有些词的历史相当悠久，也有一些词是在各个历史发展阶段中被不断地稳固和承传下来的。这些词一旦形成后也是为人们世世代代地沿用着，但是它们却不具备普遍性和作为产生新词基础的特点，因此这类词都属于一般词汇。如：

| | | | | |
|---|---|---|---|---|
| 夫人 | 儒家 | 诞辰 | 逝世 | 颜面 |
| 饮食 | 居留 | 界限 | 借鉴 | 编纂 |
| 别号 | 彩霞 | 拜访 | 残忍 | 沉浮 |
| 晨曦 | 错综 | 胆寒 | 底稿 | 论题 |
| 独裁 | 封锁 | 风采 | 风云 | 璀璨 |
| 灿烂 | 感慨 | 激烈 | 昂扬 | 珍爱 |

第二，适应社会交际需要而产生的新词。所谓新词就是指刚产生的词，或者是产生后使用时间还不长久的词。我们判断新词，首先应该有一个时间概念，也就是说，必须要立足于某一个时段上来认识新词，如果以唐朝建立为起点，那么唐朝之初出现的词当然就是新词，很显然，这些词在宋代看来，肯定就不会认为是新词了。同样，新中国成立之初产生的词，到改革开放时

期，人们也不会认为它们是新词了。所以新词应该是在某个时期内被社会认可的新产生的词。

新词产生以后，经过一段时间的使用，在社会约定俗成的基础上，有少数的词可能成为基本词进入基本词汇中去，这也是基本词汇不断进行更替和发展变化的必然规律。例如在现代汉语中，像"塑料""电视""家电""法制""民警""小康"等等，就可以认为是基本词了。然而更多的新词却往往是作为一般的词属于一般词汇范围之内的。目前现代汉语中的新词还是很多的。如：

| | | | | | | | |
|---|---|---|---|---|---|---|---|
| 离休 | 退休 | 录像 | 展销 | 网友 | 视频 | 考评 | 挂靠 |
| 手机 | 光盘 | 评估 | 法盲 | 档次 | 牵头 | 联手 | 网吧 |
| 环保 | 创收 | 定岗 | 下岗 | 反思 | 乒坛 | 香波 | 减肥 |
| 透明度 | 公务员 | 牛仔裤 | 关系学 | 乌发乳 | 显像管 | | |
| 太阳能 | 摄像机 | 录像带 | 电子琴 | 计算机 | 扫描仪 | | |
| 立交桥 | 软包装 | 追星族 | 宇航员 | 双职工 | 志愿者 | | |

第三，因特殊需要而加以运用的古语词。古语词一般就是指过去曾经运用过而现在已经不用的词。由于交际的需要，在某些场合，人们也可能重新使用某些古语词，这就有可能使古语词成为某一时期语言的一般词汇中的一个组成部分。因此古语词这一概念应该包含两种含义。一种是从历时的角度讲，汉语词汇中的古语词就是指历史上曾经出现过而现在已经不再使用的词，其中有的词也许会根据社会的需要而被重新启用，也有的词则会不再被运用了。另一种是从共时的角度讲，是指某个时期的语言词汇中包括的古语词，也就是指在这个时期内被重新运用的古语词，这些古语词都是该共时语言词汇系统中的一个组成部分，所以这种从共时角度讲的古语词，只能是指那些被共时社会重新启用了的古语词。

现代汉语中的古语词是现代社会人们使用的古语词，它是现代汉语词汇系统中的一个组成部分。现代汉语中的古语词表现为两种类型。一种是反映了历史上曾经存在过的或者古代神话传说中出现过的一些事物和现象的词，前者如"县官""保长""宰相""青楼""书童""巡捕""上朝""接旨"等等，这类词也可称为历史词语；后者如"天宫""龙王""天王""王母""天将""龙女"等等。这些词的性质是，它们都与历史事物或与古代神话传说有着密切的联系，因此当人们学习和了解历史，或者讲述历史故事和神话传说时，就必然要运用它们，虽然现在这类词语表示的事物和现象都已不再存在，但是人们对历史和神话故事的学习和讲述却没有间断，因此，这些词语往往都是经常地甚至是不间断地被世世代代的人们运用着，它们在人们了解历史、讲述过去等方面起到了积极的作用。这类词语在语言词汇的任何发展阶段上，都是一般词汇所包含的古语词中比较稳定的部分。从这一点上讲，它们和固有词有相同之处，因为它们都是历史上承传下来的；但是它们两者又绝不相同，其主要不同就在于古语词指称的事物和现象除在讲述过去的有关问题时才显现外，已基本上与现代的社会生活无关了，而固有词却是和它存在时代的社会生活息息相关的。另一种类型是，一些在古代汉语中曾经使用过的词，现在已经基本不再应用了，但是有时由于某种交际需要，或者为了达到某种修辞目的，人们又重新选来加以运用，如"壮哉！刘公岛"（报）中的"哉"、"余虚度年华五十余载"（报）中的自称"余"和表示年用的"载"等都是这种情况，在书面语中，这种古语词是颇为多见的。

现在更多的现象是启用了古语词后并不使用它原来的意义，而是在其原义的基础上产生出新义来加以运用，如"乌纱帽"的意义原为"做官的人戴的一种帽子"，现在却用来表示"有官职"的意思；又如"状元"，其原义为指称"科举时代应考得中的第一名"，现在则比喻"在本行业中成绩最好的人"。很明显，这种现象既是对古语词的一种启用，同时又和词义的发展有着密切的联系。因为在旧词意义的基础上产生新的义项，毫无疑问是词义发展的一个重要的方面。

第四，从方言中吸收来的方言词。这种方言词是指来源于地域方言的词。它们是社会共同语词汇系统中的组成成分，和存在于各地域方言中的方言词性质是完全不同的。例如"搞""垃圾""名堂""把戏""尴尬""瘪三""二流子""亭子间"等等，都是从各地域方言中吸收到共同语里来的，尽管它们作为各地域方言中的方言词也仍然存在于各地域方言中，并继续被使用着，但是它们在现代的共同语中却也是一般词汇中的一个不可缺少的组成成分。再比如上海话的"阿拉"（我）、"侬"（你）等，因为这类词没有被吸收到共同语词汇中来，所以它们只能是地域方言中的词，却不是现代共同语中的词汇成分。

第五，受外族语言影响而产生的外来词。在社会发展过程中，不同国家和民族的相互交往，必然会影响到各民族之间语言词汇的相互影响和吸收，通过这种原因和途径产生的词就叫作外来词。但是必须明确，所谓外来词是指来源于外语影响而产生的词，绝对不是外语中原来的词，因为任何一种语言在接受外族语言影响时，都要在原来外语词的基础上，再经过一番重新改造和创制的过程。对汉语来说，这就是在原来外语词的基础上，将一个外语词重新改造并汉化为外来词的造词过程，汉语的外来词必须经过这个汉化过程之后，才能够被创制而成，所以汉语中的外来词是汉语词汇中的词，它也是汉语词汇系统中的一部分，它和外语词虽有联系但绝不等同。

现代汉语中的外来词是很丰富的，特别是80年代以后，外来词更是大量地涌现，其数量之多，涉及范围之广，形成方式之多样化，都是空前的。从当前情况来看，汉语外来词的汉化方式可表现为以下几个方面。

（1）直接模仿外语词的语音形式，再用汉语语音加以改造，使它符合汉语语音的特点和规则，从而产生新词。这类词通常称为音译词。在书面上用音同或音近的汉字来表示。如：

咖啡（coffee）　　　　吉他（guitar）

巴黎（Paris）　　　　　伦敦（London）

白兰地（Brandy）　　　法兰西（France）

奥林匹克（Olympics）

（2）书面上直接借用外语字母的形式，再将其读音用汉语语音加以改造，使其符合汉语语音的特点和规则，从而形成汉语的外来词。这类词可以称作形兼音译词，其形式多由外语词的原形式简缩而成，有的就是直接借用了外语中的简缩形式。① 如：

CT——原词为 Computerized Tomography，汉化后的语音形式为 sēitì

CD——原词为 Compact Disc，汉化后的语音形式为 sēidì

MTV——原词为 Music Television，汉化后的语音形式为 āi·mu tī wēi

VCD——原词为 Video Compact Disc，汉化后的语音形式为 wēi sēi dì

DVD——原词为 Digital Video Disc，汉化后的语音形式为 dì wēi dì

（3）把已经汉化了的音译成分和与原外语词的意义有关的汉语词素相组合，从而形成新的外来词。这类词通常都称为音加意译词。如：

啤酒（beer）　　　　　咖啡茶（coffee）

芭蕾舞（ballet）　　　　吉普车（jeep）

坦克车（tank）　　　　巧克力糖（chocolate）

———————

① 这类词的读音有待于进一步约定俗成和标准化。

（4）把直接借用的代表外语词的字母形式，用汉语语音加以汉化后，再和有关的汉语词素相组合，从而产生新的外来词。这类词可以称作形加意译词。如：

> B 超——B 汉化语音为 bì 加汉语词素"超"
> BP 机——BP 汉化语音为 bìpì 加汉语词素"机"
> γ 刀——γ 汉化语音为 gāmǎ（伽马）加汉语词素"刀"

（5）在外语词汉语语音化的基础上，巧妙地把一个音节用一个汉语的与之语音相近意义相关的汉字来表示，这些汉字从形式上看很像组成该词的汉语词素。这样汉化而成的音义结合的外来词，通常称为音意兼译词。如"绷带"一词，就是英语词 bandage 用音意兼译的形式的汉字"绷"和"带"汉化而成的。它们的音节形式与外语词原来的音节形式"ban"和"dage"都非常相似，它们的意义又与外语词原来的意义能够有所关联。"绷"有"拉紧"的意思，"带"是"带子"的意思，"绷带"在一起完全可以表示原外语词的"包扎伤口或患处用的纱布带子"的意义。

又如：

> 拖拉机——来自俄语词 трактор，该词的三个音节都是用音意兼译形式的汉字表示的。
> 可口可乐——来自英语词 Coca-Cola，该词的四个音节都是采用了音意兼译的方式。

此外，有的词也有音意兼译和音加意译两种方式并用的现象，如"霓虹灯"英语词 neon，其中的"霓虹"是用两个音意兼译的汉字表示的，"灯"则是用音加意译的方法组合进去的汉语词素。

（6）在外语词的基础上，借鉴其意义，然后用汉语的词素和组词规则形成新词。这类词通常也称为意译词。人们一般都不把这类词当作外来词看待。如：

民主　足球　铁路　电话　煤气　水泥

维生素　扩音器　收割机　无产阶级

这类意译词在开始进入汉语社会时，大部分也都是以音译词的形式出现的，后来在使用过程中，这些音译词逐渐被人们创造出来的意译词所代替。这也是人们习惯于使用民族语言形式的结果。

在词汇系统中，外来词中的音译词是永远存在的。但可以认为，有的音译词逐渐被意译词代替，也是汉语外来词发展的规律之一。如改革开放以来，有的音译词如"克力架"就已经被"饼干"代替，而"超短裙""洗发水（洗发剂）"等词的使用频率也已远远超过了"迷你裙""香波"等。这种情况就是对这一发展规律的有力说明。

以上几种情况尽管不同，但它们成词的基础形式却都是外语词，都是源于外语词影响而产生的汉语词，而且都是汉语词汇中不可忽视的组成部分。

第六，社会方言中的词。社会方言是全民语言的分支，它是由于社会上各种不同行业和集团内部的交际需要而产生的。社会方言和地域方言不同，它没有自己的基本词汇和语法结构，更没有形成自己的语言符号系统，它具有的仅仅是一些适应本行业、本集团交际需要的词语而已。这些词语都是由于社会分工的不同，以及生活条件等在各方面的差异而产生出来的，它们都是全民语言词汇的组成部分。虽然本行业和集团以外的人们很少使用，但这些词语本身并无任何秘密性，只要感到需要，任何人都可以接触它、了解它和掌握它。具体说来，社会方言大致包括以下几个内容。

主要的一个内容就是行业语。行业语是由于社会分工不同而产生的各行业集团的用语。如教育行业中就有"讲课、备课、辅导、答疑、自习、教室、教具、课桌、学分、课程、选修、基础课、课程表、课堂讨论"等等；医学行业中就有"内科、外科、眼科、中医、西医、医生、护士、门诊、处方、诊断、治疗、病房、针灸、推拿、注射、开刀、手术"等等；戏剧行业中则有"主角、配角、演员、布景、道具、台词、龙套"以及某些表明不同角色的"青衣、花旦、武旦、武生、小生、须生、花脸"等等。每个行业都有自己的行业语，某个人只要从事某种行业，就会掌握这一行业的行业语，这是由这一行业范围内的交际需要所决定的。

行业语虽然是某个行业集团的专门用语，但是有时由于科学文化的发展，或者词语本身的发展和变化，某些行业语也会程度不同地扩大其使用范围。如随着人民生活条件的改善和科学文化水平的提高，更多的人获得了欣赏戏剧的机会，这时，戏剧行业中的某些用语，就必然会扩大其使用范围而为更多的人来使用。随着教育事业和医疗事业的普及，这些行业中的某些用语的使用范围，也必然会逐渐扩大开来。

还有一部分行业语，由于人们认识上所产生的某些联想，在使用过程中，也会由单义词逐渐发展成为多义词，产生出新的为其他行业，甚至是可以为全民所运用的义项来。同时，由于某些义项的全民性，又会使得这些词语的使用范围逐渐扩大开来。如"战士"一词，原指"军队最基层的成员"，是一种军事用语，后来"战士"发展成了多义词，除原有意义外，还可"泛指参加某种正义斗争或从事某种正义事业的人"，如"白衣战士""文化战士"等。这种演变就使得"战士"一词不只是军事用语，同时也成了一般用语。很明显，"战士"一词的使用范围扩展了。其他像"战线、阵地、攻克、尖兵、麻痹、解剖、角色、后台、堡垒、舞台"等等都是这种情况。

社会方言的第二个内容是指儿童、学生、干部、老人等所使用的一些个别词语。这些词语都是由于人们的年龄、生活条件、心理状态等各种因素的不同而自然形成的一种社团用语。如儿童语中的"碗儿碗儿"——碗儿、"球球"——球、"鞋鞋"——鞋等。小学生共同做游戏时喜欢用"来的"一词，表示"一块玩"的意思，如："咱们来的，好吗？"又如学生夜读称"开夜车"，老人称小辈的年轻人为"后生"，称自己的丈夫或妻子为"老伴"等。这类词语虽然数量不多，却能反映出人们由于年龄、生活条件和文化程度等不同而表现出来的运用词语的不同情况。

把一般词汇分为以上六种类型，主要是从其来源和性质的角度考虑的，事实上，这六类词之间也存在着各种复杂的关系和联系，如就新词而言，除一般新词外，还有相当一部分分别来源于外来词、方言词和社会方言词，这些新成分一旦产生后，有的很快就成为社会普遍使用的一般新词，有的则成为社会方言词，特别是行业语中的新成分。新词产生后，经过社会成员应用一段时间之后，有的还可以进入固有词或基本词的范围之内。所以认识一般词汇时，不但应认识到各类词的不同性质和区别，也应该考虑和了解到各类词之间的相互联系和共同发展的情况。

3. 基本词汇和一般词汇的关系

基本词汇和一般词汇都有各自的特点，因此，它们是语言词汇中两个完全不同的部分。但是另一方面，基本词汇和一般词汇又有非常密切的联系，它们相互依存，共同发展，都是语言词汇中不可缺少的部分。

基本词汇是语言的基础，也是一般词汇形成的基础。一般词汇中的大多数词，都是在基本词汇的基础上形成的。

一般词汇反映社会的发展是非常敏感的，它几乎经常处在不断地变动之中，因此，语言词汇中的新成分，往往要首先出现在一般词汇中，然后，个别的成分再进入基本词汇中去，促成基本词汇的发展。从这一角度讲，一般词汇又可以充当基本词汇发展的源泉。

此外，基本词汇和一般词汇中的个别成分又是可以互相转化的。在词汇发展的过程中，随着社会交际需要的改变，某些基本词可能转化成为一般的词，而某些一般的词，也可能转化成为基本词。如过去的基本词"鬼""神""野菜"甚至于"窝窝头"

等，现在都已随着和人们生活关系的减弱而成了一般的词。过去的基本词"当""当铺""保长"等等，也都随着它们所表示的事物的消亡而变成了历史词语，成了一般词汇中的成员。与此相反，像过去的一般词"党"，由于现在已成了"共产党"的简称，随着共产党在人民生活中的地位和作用的加强，"党"一词已由一般词转化成了基本词。其他像"书记""科技""改革"以及前面已提到的"电视""塑料""民警"等等，现在也都已转化成为基本词了。

基本词汇和一般词汇就是在这样一种相互依存、不断转化的关系中共同发展和丰富起来的。它们的发展又形成了整个语言词汇的丰富和发展。

### （二）相当于词的作用的固定结构的总汇

汉语中相当于词的作用的固定结构，一般也可以称作熟语。它包括的主要内容有成语、惯用语、谚语和歇后语以及专门用语等等。这些固定结构都是在语言的长期运用中约定俗成的定型的词组和句子，它们都具有以下三个共同的特点。

第一，结构定型。这些固定结构在语言运用中，都是以完整的定型的结构形式出现的，这种定型的结构形式具有一定的稳固性。

第二，意义完整。这些固定结构所表示的意义绝大部分都是抽象概括化了的，一般都不是字面意义的简单相加，所以这些固定结构的意义总是以一种特定的整体的意义出现。

第三，充当语言的备用单位。在语言运用中，这些固定结构都是组句的备用材料，它们的作用相当于词。

此外，这些固定结构又各有自己的特点，并且以其各自不同的特点又形成了各种不同的类聚。

1. 成语

成语是一种具有固定的结构形式和完整意义的固定词组。如：

| | | |
|---|---|---|
| 水落石出 | 狐假虎威 | 望梅止渴 |
| 千锤百炼 | 胸有成竹 | 刻舟求剑 |
| 比比皆是 | 本末倒置 | 波澜壮阔 |
| 沉鱼落雁 | 初出茅庐 | 打草惊蛇 |
| 根深蒂固 | 排山倒海 | 鲸吞蚕食 |
| 借花献佛 | 顺水推舟 | 朝三暮四 |

汉语的成语非常丰富，有很多都是从古汉语中沿用下来的，生命力极强。成语言简意赅，凝练而深刻，具有一般词语所不能比拟的表达作用。

在结构形式方面，成语结构定型的特点特别突出。汉语的成语多以四个音节的格式为主，一般是不能随意更动其组成成分和词序的。如"大公无私"，就不能随意改为"大公没私"、"大公和无私"或者"无私大公"等，"叶公好龙"更不能随意改成"李公好龙"或"叶公喜龙"、"叶公爱龙"等。汉语成语在结构形式上的特点，形成了它整齐简洁的独特风格。

在意义方面，成语的意义多为集中凝练而成，所以都是比较完整和抽象概括的。汉语中有部分成语，它的意义和它组成成分的意义是基本一致的，因此，这类成语的意义，一般可以从字面上得到了解。如"恋恋不舍""两全其美""惹是生非""普天同庆""门庭若市""大快人心"等等。但是更多的成语，其含义是在组成成分意义的基础上抽象概括而成的，这种成语，一般从字面上就很难确切深刻地了解它的含义了。如"九死一生"是"形容情况极端危险，多次经历生死关头而幸存"的意思，绝不是简单地指"九次死一次生"而言；"千方百计"是表示"想尽一切办法"的意思，也绝不是指具体的"一千个方法，一百个计谋"。其他像"犬马之劳""昙花一现""中流砥柱""赴汤蹈火""枯木逢春""骑虎难下"等等都是这样的情况。

汉语中还有许多成语，它们或来源于古代寓言，像"愚公移

山""鹬蚌相争""黔驴技穷""揠苗助长""守株待兔""刻舟
求剑"等；或来源于神话传说，像"夸父逐日""精卫填海"
"开天辟地""八仙过海，各显神通"等；或来源于历史故事，像
"草木皆兵""望梅止渴""完璧归赵""四面楚歌""负荆请罪"
"卧薪尝胆"等；或来源于某些作品，像"豁然开朗""妄自菲
薄""径情直遂""实事求是""土崩瓦解""见异思迁"等。对
这类成语，只有了解了它们的来源后，才能够对它们的含义有全
面的认识，从而做到确切深刻的了解。

2. 惯用语

惯用语也是一种具有固定的结构形式和完整意义的固定
词组。

在结构形式方面，汉语的惯用语多以三音节的格式为
主。如：

敲竹杠　拖后腿　戴高帽　扣帽子
穿小鞋　背黑锅　栽跟头　磨洋工
炒冷饭　翻老账　碰钉子　抬轿子
咬耳朵　梳辫子　灌米汤　夹楔子
绕圈子　泼凉水　跑龙套　下马威

也有少数惯用语由四个或四个以上的音节组成。如：

捅马蜂窝　唱对台戏　吃哑巴亏
钻牛角尖　杀回马枪　走下坡路
快刀斩乱麻　皮笑肉不笑
穿新鞋走老路　好心当作驴肝肺

惯用语虽然也是一种定型的固定结构，但是和成语相比，
它的结构定型性却要弱得多，在汉语中，我们会经常发现，一
个惯用语，往往存在着几种不同的形式。如"拖后腿"也可以

说成"拉后腿""扯后腿"，"捅马蜂窝"也可以说成"戳马蜂窝"等。此外，在具体运用中，人们还可以根据表达的需要，或者自己运用语言的习惯，来改变惯用语的词序或添加某些结构成分。如：

> "戴高帽"可以说成"戴高帽子""戴上个高帽"。
> "背黑锅"可以说成"背了黑锅""背上了黑锅"。
> "拖后腿"可以说成"拖谁的后腿"。
> "磨洋工"可以说成"磨了半天洋工"。
> "捅马蜂窝"可以说成"捅了马蜂窝"。

惯用语的结构定型性虽然较弱，但它却比较自由灵活，在语言运用中，适应性比较强。

在意义方面，惯用语的意义也是在组成成分意义的基础上，通过比喻引申抽象概括而成，所以它的意义是概括完整的，绝不能等同于它字面意义的简单相加。如"戴高帽"绝不是真"把高帽子戴在头上"，而是"表示一种不符合实际的奉承和恭维"；"背黑锅"也不是真"在脊背上背个黑锅"，而是"表示承担着一种不该承担的罪责"。

任何一个惯用语的意义都是抽象概括的，否则它就是一般词组而不是惯用语了。如"走后门"，当它表示"暗中运用不正当的手段达到某种目的"时，是惯用语；当它表示的意义是"走后面的门"时，就是自由词组了。

因为惯用语的意义抽象概括，比喻性强，且富有生活气息，所以，在语言运用中，显得非常生动形象而有风趣，具有鲜明的修辞效果。又因惯用语多来源于人民生活的日常用语，比较通俗易懂，所以它的使用范围非常广泛，无论在书面语中，还是在口语中，它都被广泛地运用着，并积极发挥着生动形象的语言表达作用。

3. 谚语

谚语是一种具有特定意义内容和固定结构形式的句子，是人们口头上流传的一种通俗、简练、含义深刻的现成话。

在结构形式方面，谚语都是用固定的句子形式表现出来的。有的是单句的形式，如：

> 千金难买寸光阴。
> 强扭的瓜不甜。
> 细工出巧匠。
> 人正不怕影子歪。
> 小树不砍不成材。

有的是复句的形式，如：

> 岁寒知松柏，患难见人心。
> 山中无老虎，猴子称大王。
> 知树知皮不知根，知人知面不知心。
> 不下水，一辈子不会游泳；不扬帆，一辈子不会操船。
> 恼一恼，老一老；笑一笑，少一少。

在意义方面，因为谚语总是以整体的形式出现，所以它的意义都是特定的和完整的。有的谚语，其含义可以从它组成成分的意义上得到了解。如：

> 败子回头金不换。
> 不贵尺璧宝寸阴。
> 上山容易下山难。
> 不吃苦中苦，难得甜上甜。
> 春送千担粪，秋收万担粮。

也有的谚语，其含义是在字面意义的基础上，进一步引申比喻而成，因此都比较抽象概括。如：

> 众人拾柴火焰高。
> 搬起石头打自己的脚。
> 只要功夫深，铁杵磨成针。
> 留得青山在，不愁没柴烧。
> 种瓜得瓜，种豆得豆。

尽管这两种情况有所不同，但它们在内容上所表示的，都是人们长期生活经验的总结。它通过句子的形式，或者表示出一个判断和推理，或者在具体形象描写的基础上，通过引申和比喻，告诉人们一个必然的道理和规律，所以谚语的内容一般都比较丰富深刻，寓有哲理的意味。

谚语虽然是一种固定的句子形式，但是它和词一样，是语言的备用单位。在运用中，它既可以充当句中的一个成分，也可以独立成句，或者充当复句中的分句。因为谚语是以句子形式出现的，所以它充当独立的句子和分句的情况更多一些。

### 4. 歇后语

歇后语是一种具有特定意义和固定结构的特殊的语言形式。它也是一种为人民群众所习用的现成话，所以和社会生活的关系非常密切，生活气息很浓。

歇后语所以被称为特殊的语言形式，就是因为从结构方面看，它都是由两个部分组成。如：

> 哑巴吃黄连——有苦难言。
> 鲁智深倒拔垂杨柳——好大的力气。
> 千里送鹅毛——礼轻情义重。
> 电线杆上绑鸡毛——好大的胆（掸）子。
> 四两棉花——谈（弹）不上。

打破砂锅——问（璺）到底。

从意义方面看，歇后语的前一部分都是对意义的引申和比喻，后一部分才是被引申比喻的正意所在。前后两部分通过引申比喻和被引申比喻的关系联系在一起，形成一个整体。如上例中的"哑巴吃黄连——有苦难言"，它要表示的意思是后一部分"有苦难言"，但却在前一部分先用了非常形象的"哑巴吃黄连"来进行比喻，前后两部分结合在一起，不但加重了语义，而且生动形象，给人们留下了很深的印象。还有的歇后语，除了运用引申比喻之外，还使用了谐音双关的手法，从而使意义表达上不但生动形象，而且含蓄诙谐。如上例中的"电线杆上绑鸡毛——好大的胆（掸）子"，它的前一部分的比喻是说明"掸子"的，然而由于"掸""胆"同音，因此又用了谐音双关的手法转而说明了"好大的胆子"。用这种巧妙的方法组成的歇后语，寓意深刻，耐人回味，具有很强的修辞效果。

汉语中的歇后语非常丰富，而且在运用上也比较灵活。在具体运用中，有时歇后语前后两部分可以同时出现，如"老鼠过街——人人喊打""肉包子打狗——有去无回"；有时歇后语也可以只出现前一部分，如"癞蛤蟆想吃天鹅肉""黄鼠狼给鸡拜年"等，因为歇后语比较通俗易懂，即使只出现前一部分，它后面的意义，一般也都能领悟出来。

歇后语虽然是具有两个部分的特殊语言形式，但是，它作为一种固定的结构，在运用中仍然相当于一个词的作用。它可以充当句子的成分，同时也可以独立成句或者充当复句的分句。

5. 专门用语

专门用语就是指被固定化了的专门指称某种事物和意义的词组。它随着社会的交际需要而产生，并且许多专门用语都往往和它的简缩形式并存于语言词汇系统之中，根据不同的交际需要，两相交替地被人们自由使用着。如：

山东大学　人民警察　支部书记　大众日报
四个现代化　居民委员会　少年先锋队
人民代表大会　政治协商会议　上海电影制片厂
北京语言大学　北京航空航天大学

### 6. 习用套语

习用套语就是社会上人们习惯使用的现成话。这些套语都是在社会上被长期使用后约定俗成下来的，也是被固定化了的定型的词组或句子，它们和所有的相当于词的作用的固定结构的性质一样，都是组成言语的备用成分，因此它们也应该是词汇的成员。如"您好""再见""请进""请坐""对不起"等等。当然，社会上使用的各种各样的套语很多，像人们见面时打招呼经常用的"吃饭了吗?""上班去啊!"之类的套语，由于它们作为言语组成的备用成分的性质极弱，所以不应该把诸如此类的套语也包括在词汇范围之内。

词和相当于词的作用的固定结构共同构成语言词汇的整体，现以词和相当于词的作用的固定结构为单位，将词汇系统的内容图示如下：

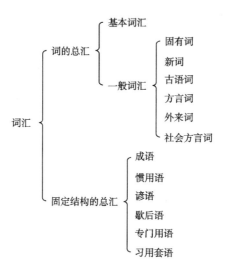

## 第 2 节　词汇在语言中的地位和作用

### 一　对语言要素的认识

何谓语言的要素？这是一个很难回答的问题，主要是看我们从哪一个角度和范围来讨论问题。不过根据我们以往的研究情况来看，无论过去还是现在，凡是谈到语言的要素问题，基本都是从语言的组成部分着眼的；而语言的组成部分，又都是被看作能够作为交际工具的一部分，具有直接参与组词成句的功能的。因此在这里，我们也仍然从这种语言的组成部分谈起。

对语言组成要素的看法，在研究领域中，大家的意见并不尽一致。80 年代以前，更多的人还是认同了斯大林的说法，认为语音、词汇、语法是语言的三大要素。80 年代以后，人们逐渐提出了不同的看法，更多的人认为提出词汇为要素之一不妥，因为词汇和语音有交叉现象，语言的三大要素应该是语音、语义和语法。这样的提法当然也有它的道理，因为这样一来，这三者都是各自独立的，不会再出现任何重复和交叉现象了。但是这样的意见是否就能彻底解决问题呢？我认为仍然有值得考虑的地方，因为这三者虽然各自独立，但是从语言运用的层面来说，语音、语义和语法的独立运用性绝不是一样的，语音的独立运用性，更主要的是表现在它作为音位组成音节上，但只凭借音节一个方面是不可能组词成句的，同样语义的独立性也是如此，它本身并不能成为独立的直接现实，它只能依附于语音而存在，所以从这个角度和范围来说，这三者不应该是一个层面上的语言成分。当然这里是在以上前提下讨论问题的，因此并不能否认语音和语义在另一个范围内的独立运用性。

如果我们从语言的实际情况来考虑，就不难发现平常所说的"组词成句"的道理。在日常生活中，人们进行交际的时候，最直接的做法就是用语法规则把一个个的词组织起来，形成一句句的话，以此进行相互交际。所以直接参与交际过程的单位应该是词和语法。不过，这样说并不是把语音和语义排除在外。不可否认，语音和语义也是直接参与者，因为词本身就是音和义的结合体，没有音和义就没有词，但是一旦音义结合形成词后，词就成了直接参与交际的单位，语音和语义则只能是它的一个组成部分，而不能成为直接参与交际的独立单位。试想一下，如果只有不表义的音，是无法用来组成句子进行交际的，至于只有语义的情况，那更是不可想象的。根据这种语言事实，应该说，语言的组成要素首先是由语音和语义形成词汇，词汇和语法才是直接的组成语言的要素。

## 二　对词汇在语言中的地位和作用的思考

根据以上分析，词汇是语言的组成要素之一，及时而准确地为语言提供造句的材料，应该是词汇的主要功能，这已是不可否认的事实。也正因如此，词汇反映社会是最敏感的，它几乎处在经常不断的变动之中，否则词汇的能力和它的功能就会产生矛盾，它就需要从各个方面进行自我调整。

但是词汇在语言中的地位和作用是否仅此而已呢？事实上绝非如此。只要我们留心观察一下，就会发现词汇和语言的各个方面都有着各种各样的联系。其原因就在于词是一个音义结合体，就在于词汇是语言参与交际的最直接最实际存在的单位，词汇是语言的各种成分的具体体现者。

由于词是音义结合体，所以在了解和使用词的时候，对它的语音和语义都不可能忽视，词本身就是语音和语义的载体，对语言这一交际工具来说，离开词，语音和语义都无法体现。当然，如果没有语音和语义，词也无从产生。在词中，语音和语义得到了和谐的统一。因此在语言运用中，人们在接触词的同时，也自然地接触到了语音和语义。

由于词是造句的单位，因此人们的每一句话，都是在语法规则的支配下组词而成的。从实际情况来看，语言中的语法规则，也只能体现在人们的一句句的言语之中，体现在词与词的组合之中，所以可以说，词汇是最实际的成分，是词的组合才使抽象的语法规则得以形成，并被概括出来而成为语法规则存在的现实。

至于文字，它是记录语言的书面符号，所以在书面语言中，文字的功能要求它首先记录的也应该是词，特别是汉字更是如此。

语言的应用与词汇的关系更是毋庸讳言的。只有对词进行具体的运用，才能反映出语言应用中的各种现象，因为只有当词接受语法规则的支配和组合之后，才能形成言语，只有言语的出现才能使人们的交际行为成为可能。在具体的言语交际中，不仅是词汇本身发生着变化，同时也带动着语音、语义等方面与它一起，程度不同地发生着改变。通过词的运用，出现了词汇、语法与语境的相互联系、相互配合的关系，甚至会产生出非常生动乃至超常搭配的手段，所以通过具体的言语交际，就能够总结出许多丰富多彩的语用模式和修辞方式。由此可见，词汇的应用不仅与语用有密切关系，同时也可使言语交际形成一个运动着的整体，不断地促进着整个语言系统的发展。

综上所述，我们可以得知，词是语音和语义的结合体，同时也可说明，词又是语音和语义的体现者，如果没有词，语音、语义都将无法成为现实的存在，所以词是语音和语义的载体。从交际角度来看，人们一句句的话又是组词而成的，如果没有词，社会成员也无法组词成句进行交际，所以尽管语言本身永远是一个语音、语义、词汇、语法等缺一不可的结合体，但是如果没有词，其他元素都是无法实现的，因此我们可以说，在语言的诸多元素中，词才是语言的实体。

我们说词是语言的实体，是着重从词汇在语言中的地位和作用方面来谈的，但与此同时，我们也必须强调，词和语言的其他元素又有着密不可分的联系，因此，当我们在学习或研究词汇的时候，决不能把词汇孤立起来，而是必须把它放在与语音、语义、语法、语用等等方面的广泛联系之中，只有这样，才能够完整地观察词汇，也才能深入地分析和了解词汇。就社会上的词汇学习和教学来说，在学习词汇的同时，和其他方面自然地联系起来，也往往是一种自然的现象，如果能够有意识地注意这一点，无论对学习、对研究都将是极为有意义的。

在这里必须说明的是，以上论述虽然着重谈了词汇在语言中的地位和作用的问题，但是却绝对没有排斥语音、语义等学科的意思，语音、语义、语法、修辞、文字以及语用等学科，永远都是语言学研究中独立的分支学科，这些领域中的研究工作及其成果，对整个的语言学研究来说，都永远是有着无可置疑的重要意义和作用的。

# 第二章　词和词素

## 第1节　词

　　词汇是词的总汇，词是词汇中的个体成分，因此要学习词汇，首先就需要明确什么是词。语言是人类最重要的交际工具，在日常生活中，人们就是运用这种工具来组词成句进行交际的。如我们可以用"你""去""黄山""旅游""吗"这五个词，组成一句"你去黄山旅游吗？"的话，而且一般也可以辨别"我到学校去。"这句话，是用"我""到""学校""去"等四个词组成的，这对汉族人使用汉语来说基本上都是可以弄清楚的。但是如果我们再进一步地问一下，在"大家能在一起过个春节不容易，应该好好地热闹热闹。"这句话中，到底又存在着几个词呢？为什么要说这些小成分是词呢？这些小成分又是怎样从言语片断中分离出来的呢？恐怕大家的回答就不尽一致了。事实上，要明确这些问题，我们首先就必须了解什么是词。

### 一　什么是词

　　因为词是词汇的个体成分，是语言符号的单位，所以它是词汇学研究的最基本的对象；因为词总是被组织到句子中去充当句子成分，所以在句子中，词和句子成分之间又存在着重合非重合等各种不同的关系；因为词经常被运用来进行信息处理，所以在计算机信息处理中，汉语的词和信息处理中使用的模块式的工程词也很不一致；再者，因为汉语的词又不像印欧语言那样，具有丰富的形态变化，因此要给词下一个全面而确切的定义，的确是比较困难的。在这里，我们仅从词汇学的角度对什么是词做一点探讨。

众所周知，词是语言符号的单位，它是一种凭借声音表示意义的音义结合体，词在交际中的主要功能就是用来组成句子以表达思想，所以词又是组句的备用单位。因此应该说：词是语言中一种音义结合的定型结构，是最小的可以独立运用的造句单位。基于这样的认识，可以确定为词必须具有以下六个特点。

### （一）词必须具有语音形式

语音是语言的物质外壳，词只能在语音形式的基础上形成和存在，没有语音形式就无所谓词，所以任何一个词都有它自己的语音形式。如"老师""和""同学""都""来""了"几个词，尽管它们所表示的意义各不相同，所属的词类也有所差异，但是它们都有自己的语音形式，如"lǎoshī""hé""tóngxué""dōu""lái""le"。所以语音形式是词必不可少的要素之一。

### （二）词必须表示一定的意义

词是一种音义结合体，所以每一个词都必须具有自己的意义内容。如"麦苗"表示的词汇意义是"麦子的幼苗"；语法意义是"名词，可做主语、宾语……"；色彩意义是"中性"。"坚强"表示的词汇意义是"强固有力，不可动摇或摧毁"；语法意义是"形容词，可做定语、谓语……"；色彩意义是"褒义"。又如"奉承"表示的词汇意义是"用好听的话恭维人，向人讨好"；语法意义是"动词，可做谓语、定语……"；色彩意义是"贬义"。"和"表示的词汇意义是"同、与"；语法意义是"连词，表示并列联合关系"；色彩意义是"中性"。

### （三）词是一种定型的结构

所谓定型是因为词的声音和意义一旦结合在一起，并被语言社会约定为词之后，词就成了一种相对固定的形式，什么样的声音表示什么样的意义形成了一种整体的存在，是定型化了的，一般情况下是不能够随意改变的。所谓结构是指作为词，它也是由其他许多成分所组成，从语音形式方面看，它不仅具有由代表音位的音素组成的音节，而且它本身更是由数量不等的音节组合而成的整体，从意义形成方面看，它是由表示意义的词素按照一定的语法结构方式组合而成的。因此，对一个词来说，无论在语音形式的组成方面、词素的组合方面，还是音和义的结合方面，它都是一个具有内部结构形式的整体。所以词是一种定型的结构。

### （四）词是可以独立运用的

词作为语言符号的单位，是一个不依赖其他条件而独立存在的个体。人们组句时，可以根据所要表达的意思，选取恰当的词，按照组句的语法规则，组成各种不同的句子。在组句过程中，词是一个可以独立运用的备用单位。如"天气"是一个词，也是语言中一个独立存在的个体，它既可以被人们用来组成"多好的天气啊！"（独语句，"天气"充当中心语），也可以用来组成"今天的天气真好！"（主谓句，"天气"充当主语中心），还可用来组成"天气的好坏不能影响工作的进度。"（主谓句，"天气"充当主语中的定语）。又如"钢笔"，既可以用来做句子的主语，如"钢笔是写字的工具"，又可以用来做句子的宾语，如"我买了钢笔""他送给我钢笔"等。

语言中有一部分词是不能独立成句的，如副词"很""再"、量词"群""双""只"等等。但是必须明确，不能独立成句绝不等于不能独立运用，以上例词虽然不能独立成句，但它们都能被独立运用来造句，而且在句中都能充当某个不可缺少的成分。如在"他很勇敢。""你再去一趟吧。""那里有一群人。""这双袜子只剩一只了。"等句子中，"很""再""群""双""只"等都是以独立运用的单位被组织到句子中来的，而且从句子的意义上到结构上都是不可缺少的成分。

由此可见，词都是可以独立运用的。正因为词具有这种特点，所以人们可以用它来组成各种不同的句子。

**（五）　词是一种最小的单位**

语言中有许多最小的单位，每一种最小的单位都有自己的范围和条件。如音素是从音质的角度划分出来的语音的最小单位，音节是语音结构的最小单位。词也是一种最小的单位，这种最小单位是就造句这个范围而言的，从造句的材料来看，词是最小的不能再被分割的单位。

词作为一个最小的、不可分割的整体，主要表现为它必须表示一个独立而完整的意义。这个意义是特定的，表示着某种特定的事物或现象，所以一般情况下，都不能把词的意义看成它组成成分的简单相加。因此，词也不能再被分割，否则，这个词就会失去原有的意义而不再存在，或者因改变了原来的意义而变成另外的词。例如"地图"一词表示"说明地球表面的事物和现象分布情况的图"，这种意义是特定的，与它指称的特定事物有着密切的联系。因此，它绝不是泛指一切在地上画的图，同时也不容许再分割成"地"和"图"，如加以分割，那就成为"地"和"图"两个词，当然就不再是"地图"这个词了；它们所表示的也只能是"地"和"图"两个词的意义，而不再是"地图"一词的意义了。由此可见，"地图"作为一个词，是一个最小的单位，是一个不可分割的整体。又如"铁路"是指"有钢轨的供火车行驶的道路"，"戏言"是指"随便说说并不当真的话"。它们都有特定的意义，都与所指称的特定的事物相联系。因此，即使全用铁块或铁板铺成的路也不能称为"铁路"，即使戏剧中所说的话也不能称为"戏言"。"铁路""戏言"作为语言中的词，都是音义结合的不能再被分割的定型结构，是造句时能独立运用的最小的单位。当然词在意义上的不可分割性，并不能因此也说词具有结构上的不可分析性，因为词是一种结构，所以在结构上词是完全可以分析的。

### （六）词是造句材料的单位

语言中存在着各种各样的单位，因此，我们不能笼统地说词是一种语言单位。从词的功能来看，说它是一种造句单位是比较合适的。当然，词除了用来造句之外，还可以组成词组等，但词的根本用途是用来造句。人们运用语言进行交际的过程，基本上就是组词成句以表达思想，达到互相了解的过程。因此，词是语言符号的单位，也是造句材料的单位。

以上分别说明了词的六个特点。对词来说，这六个特点是统一的，不能分离的，它们互相联系和制约，舍掉任何一个特点，我们都不能全面正确地认识词。

## 二　现代汉语词辨识

### （一）对词的辨认与划分

在以上认识的基础上，我们可以观察分析一下汉语词的实际情况，看一看汉语中哪些成分应该是词。

由于语言是发展的，所以同一个成分在现代汉语和古代汉语中的情况并不完全一致。因此，我们仅从共时的角度，对现代汉语中的情况做以下分析。

在现代汉语中，以下情况应当认为是词。

1. 单音节，有意义，能独立运用造句的成分是词。如：

| | | | | | | |
|---|---|---|---|---|---|---|
| 山 | 水 | 土 | 泥 | 树 | 花 | 草 |
| 人 | 马 | 鸟 | 牛 | 鱼 | 鸡 | 蛇 |
| 砖 | 瓦 | 车 | 船 | 书 | 纸 | 布 |
| 头 | 手 | 嘴 | 脚 | 心 | 肝 | 胃 |
| 飞 | 走 | 跑 | 看 | 摔 | 碰 | 丢 |
| 红 | 黄 | 深 | 高 | 大 | 甜 | 美 |
| 我 | 你 | 您 | 谁 | 这 | 那 | 哪 |
| 再 | 很 | 都 | 不 | 从 | 向 | 被 |

一　二　千　百　个　趟　次
并　而　或　与　啊　呀　吗

2. 两个或两个以上不表示意义的音节，组合在一起后能表示特定的意义，并可独立用来造句的结构是词。如：

蜘蛛　参差　踌躇　吩咐　忸怩
玲珑　忐忑　仿佛　含糊　蹊跷
犹豫　玻璃　蟋蟀　蚯蚓　葡萄
婆娑　玫瑰　徘徊　傀儡　蜻蜓
轱辘　霹雳　唠叨　蹉跎　逍遥
吧嗒　嘎吱　扑通　当啷　哗啦
尼龙　咖啡　沙发　吉普　拷贝
喀秋莎　托拉斯　莫斯科　加拿大

以上例词中的组成成分都是一些不表示意义的音节。像"忐""忑""玻""雳""葡"等等在任何时候都是不表示意义的。而像"婆""通""龙""沙""发""秋""加"等等虽然孤立存在时，都有各自表示的意义，但在以上例词中，却都是只表音不表意的音节。因为它们本身所表示的意义，与这些结构的形成以及这些结构的意义都毫无关系，在这里只是借用它们的语音形式而已。

3. 一个或一个以上不表示意义的音节，和一个表示意义的音节组合在一起，表示着特定的意义，并可独立用来造句的结构是词。如：

啤酒　卡车　酒吧　沙皇　卡片
卡介苗　法兰绒　霓虹灯　卡宾枪
太妃糖　布鲁氏菌　爱克司光　高尔夫球

这类词的特点是，不表意的部分都是摹声而成的：有的是模拟外语词的声音，个别是模拟自然界的声音。但是不论哪种情况，在汉语中，这些不表意的部分都是不能独立存在和运用的，只有当它们与某个表意的成分组合在一起，形成了一种修饰和被修饰、限制和被限制的关系以后，这些摹声成分才能显示出它们的某些表意作用。如"啤酒"的"酒"原是"酒的通称"，当和"啤"组合后，"啤"对"酒"起了修饰限制的作用，从而使"啤酒"成为指称某一种酒而言了。又如"酒吧"中的"吧"，原是从外语词"bar"摹声而成，"bar"原为"酒馆"的意思，但是在汉语中，"吧"却是一个不能独立表意和存在的成分，经过与"酒"组合以后，"酒"对"吧"起了修饰限制的作用，只有这时，"吧"的意义才能被显示出来。"酒"和"吧"共同形成了"酒吧"这一新的结构，并成了能表示特定意义的可独立运用的成分。汉语中这种情况的结构都应视为词。

4. 表意的成分和已虚化的成分相组合，表示特定的意义，并可独立用来造句的结构是词。如：

> 阿姨　老虎　老鹰　第二　初五
> 石头　想头　甜头　房子　扣子
> 聋子　泥巴　哑巴　忽然　突然
> 合乎　出乎　摔搭　扭搭　电器化
> 自动化　黑乎乎　酸溜溜　甜丝丝

这些结构中的所谓虚化的成分，是指它们在词汇意义方面已经虚化，已没有明显的表示词汇意义的作用了。如"帘子"的"子"和"鱼子"的"子"、"木头"的"头"和"地头"的"头"就完全不同，它们的前者都是虚化成分，后者都表示实在的词汇意义。不过这些虚化成分在词汇意义虚化的同时，却获得了明显的表示语法意义的作用。如上例中的"阿""头"等就有标志名词的作用，"化"则具有标志动词的作用，"乎乎""溜溜"等则都是标志形容词的虚化成分。

5. 一个不能独立运用造句的表意成分，重叠后可以独立用来造句了，这一重叠后的新结构是词。如：

| | | | | |
|---|---|---|---|---|
| 伯伯 | 孙孙 | 快快 | 嶙嶙 | 绵绵 |
| 纷纷 | 茫茫 | 悄悄 | 渐渐 | 巍巍 |
| 郁郁 | 勃勃 | 默默 | 朗朗 | 奄奄 |
| 凛凛 | 恰恰 | 荧荧 | 蠢蠢 | 匆匆 |

有一些词在现代汉语中还存在着单用和重叠两种形式。特别是一些表亲属称谓的词，如"妈——妈妈，姑——姑姑，叔——叔叔，舅——舅舅"等情况颇多；其他还有表一般事物名称的词，如"星——星星，棒——棒棒，道——道道，棱——棱棱"等等。这些词的两种形式，表示着相同的意思，这是在词汇的发展和交替中，词的两种形式并存的现象。这类词有时可以毫无区别地出现在同一种语境中，如"妈妈，我回来啦"。有时也应视语境的需要而有所选择，如"我的妈妈是一个很坚强的人"，这里的"妈妈"就不宜用"妈"来代替。这是由语境、语感和语用等多种条件所决定的。

以上重叠结构的形成，是汉语词汇逐渐由单音向双音化发展的结果；同时模仿儿童语也具有一定的影响。

汉语中还有一种重叠结构，它是由一个能够独立运用造句的表意成分重叠而成，重叠后在基本意义不变的情况下，增加了某些语法意义和作用。这类情况都是词的构形形式，因此这样的重叠结构应该当作一个词看待。汉语中这样的重叠结构，如：

人——人人　
家——家家　
年——年年　 重叠后在基本意义不变的情况下，增加了
趟——趟趟　 表示逐指的作用。
回——回回

想——想想 ⎫
看——看看 ⎪
试——试试 ⎬ 重叠后在基本意义不变的情况下，增加了
尝——尝尝 ⎪ 表示短暂的或表示尝试的作用。
扫——扫扫 ⎭

狠——狠狠（地说） ⎫
重——重重（地打了下来） ⎪ 重叠后在基本意义不变的情
高——高高（的个子） ⎬ 况下，增加了表示加强或表
甜——甜甜（的味儿） ⎪ 示轻微和适中的作用。
红——红红（的脸儿） ⎭

　　这类重叠结构和"弟弟""纷纷"等在性质上完全不同。
"弟弟""纷纷"是在"弟""纷"不能单用的情况下产生的新形
式的词，"人人"则是"人"一词的变形，它是在"人"仍然单
用的情况下，为表示不同语法意义而进行的同一词的不同形态变
化（详见"构形法"部分）。正因为这种重叠形式是同一词的不
同变化形式，所以，像"人人""趟趟""想想""狠狠"等仍然
是词。我们在辨认词的时候，绝不能把"人人"等当作两个词
看待。

　　6. 一个表示意义的成分重叠以后，表示了新的意义，可以独
立运用造句，这样的重叠结构是词。如：

落落　斤斤　区区　熊熊　统统
鼎鼎　源源　翼翼　断断　涓涓
奕奕　济济　津津　昂昂　堂堂
万万　通通　往往　奶奶　太太

　　分析这类词，它的构成成分有两种情况：一种是像"落"
"斤""区""万""通""断"等等，这些表意成分本身也可以
独立成词；另一种是像"翼""奕""济""涓""津"等等，在

现代汉语中，它们只有重叠后才能成词。这两种情况尽管不同，但却具有共同的特点，即这些成分本身都是表意的，而且重叠后表示的意义，从现在的共时角度看，和它们原来表示的意义都不相同。不过我们也不能否认，如果从历时的角度观察其意义变化的话，有些词的意义演变还是有源可查的。

7. 两个表示意义但不能独立运用造句的成分相结合，形成一个新的结构，表示新的意义，并能独立运用造句的是词。如：

| | | | | |
|---|---|---|---|---|
| 牺牲 | 丰茂 | 监督 | 参观 | 茅庐 |
| 融洽 | 梭镖 | 坦率 | 韬略 | 颓靡 |
| 委婉 | 纨绔 | 咆哮 | 承袭 | 诬蔑 |
| 瞻仰 | 酝酿 | 义愤 | 哀悼 | 昂首 |
| 赞颂 | 苍翠 | 怜悯 | 态势 | 迅捷 |
| 疏忽 | 枢纽 | 羡慕 | 晓畅 | 业绩 |
| 习尚 | 危惧 | 业务 | 袭击 | 勘察 |
| 萧索 | 康复 | 蕴含 | 遵循 | 模拟 |

8. 一个表示意义又可独立运用造句的成分，和一个表示意义但不能独立运用造句的成分组合在一起，形成了新的结构，表示新的意义，并能独立运用造句的是词。如：

| | | | | |
|---|---|---|---|---|
| 学习 | 人民 | 简短 | 借鉴 | 宁静 |
| 取材 | 深奥 | 浓郁 | 朴厚 | 鬼祟 |
| 崇高 | 肤浅 | 华美 | 幽香 | 蔚蓝 |
| 透彻 | 思路 | 冷饮 | 人杰 | 幼苗 |
| 对偶 | 颂歌 | 借故 | 解剖 | 逃遁 |
| 杀戮 | 冲锋 | 抽搐 | 独创 | 反击 |
| 蒲绒 | 藏匿 | 旧历 | 碧空 | 卫兵 |
| 菊花 | 鲤鱼 | 茅草 | 芹菜 | 松树 |

上列例词中的各个组成成分都是能够表示意义的，但它们的情况却有所不同。如"学习"中的"学"、"人民"中的"人"等不但可以表示意义，而且在现代汉语中都能独立成词。可是"习""民"等成分，虽然也能表示意义，但现在却不能独立成词了。凡是由这样两种成分组合在一起，既能表示新义，又能独立用来造句，这种新的结构都应看作词。

9. 一个表意但不独立运用的成分，在具体的语境中，如果被独立运用造句时，也应视为词。如现代汉语中，人们不说"民"而说"人民"，不说"子"而说"孩子"或"儿子"，但在具体的语境中，却可以说"爱民如子"，在这里，"民"和"子"都是被独立运用的。又如大家不说"摄"而说"摄影"或"拍摄"，但却可以说"本报记者摄"；不说"发"而说"头发"，但却可以说"理了理发""理了个发"等。在这些语境中，我们不能否认，这些成分是被独立运用造句的，它们这时都已具备了词的六个条件，而且起着词的作用。所以在具体的语境中，这些成分都应该看作词。

10. 两个或两个以上表示意义的又可独立运用的成分相组合，形成新的结构，表示新的意义，并能独立用来造句的是词。如：

<br>

| | | | | |
|---|---|---|---|---|
| 白菜 | 马车 | 道路 | 剪纸 | 信心 |
| 电灯 | 草药 | 地球 | 小说 | 祝词 |
| 快车 | 绿茶 | 冷淡 | 弱小 | 笨重 |
| 发动 | 带头 | 打捞 | 出借 | 想象 |
| 印染 | 光滑 | 空前 | 向往 | 到来 |
| 书本 | 船只 | 车辆 | 人口 | 布匹 |
| 毛玻璃 | 螺丝刀 | 山水画 | 皮凉鞋 | |
| 走读班 | 说明书 | 双眼皮 | 落花生 | |

<br>

这类词的特点是：它们的组成成分都能表示一定的意义，而且都能够独立成词。如"白菜"的"白"和"菜"，"毛玻璃"

的"毛"和"玻璃"，"山水画"的"山"、"水"和"画"或者"山水"和"画"，"皮凉鞋"的"皮"、"凉"和"鞋"或者"皮"和"凉鞋"等，都表示着一定的意义，并可以独立成词。因此，辨认这部分词就显得比较困难。通常人们感到词和词组难以分辨的情况，就是出现在这部分词当中。

在辨认这部分词时，我们应该注意的仍然是"词是音义结合的定型结构"这一特点。词一旦形成后，就是一个表示特定意义的不可分割的整体，是一个独立的造句单位，因此，一般情况下，词的意义绝不等于它的组成成分意义的简单相加；同时在结构形式上，词也不能按照它组成成分之间的语法关系随意扩展。以"白菜"为例，它作为一个音义结合的定型结构，表示的意义是："二年生草本植物，叶子大，花淡黄色。品种很多，是普通蔬菜。也叫大白菜。"可见它是指称一种蔬菜的名称，而不是指"白的菜"。"白菜"和"白的菜"表示的意义完全不同，"白菜"作为一个具有定型结构、表示特定意义的词来说，是绝不能被扩展的。同样的道理，"马车"也不能扩展成"马的车"或"马拉的车"，"道路"也不能扩展成"道和路"，"剪纸"也不能扩展成"剪着纸"或"剪了纸"，而"毛玻璃"当然也不能扩展成"毛的玻璃"。由此可见，词这种音义结合的定型结构，是不能被扩展的。我们根据这一点，就可以把这一类型中的大部分词分辨出来。

以上十类词中，前九类和第十类中的大部分词，都是很容易辨别清楚的，只有第十类词中的少量的词，容易出现和某些词组不易分清的问题，这是因为第十类词的组成词素都可以独立形成词。对这一情况，我们在下面分别做一分析。

**（二）词和某些词组的区分问题**

总的说来，汉语中词和词组的区分还是很明显的，一般情况下，并不会发生混淆。至于前面第十类中的少量词，容易出现和词组不易分清的问题，分析这些现象，可以初步整理为以下四种类型。

1. 在汉语词汇中，的确有一些组合体具有两种不同的性质。如"江湖"可以表示"旧时泛指四方各地"或者"旧时指各处流浪靠卖艺、卖药等生活的人，以及这种人所从事的行业"等意义，这时"江湖"是一个表示特定意义的不容再分割的造句单位，是一个定型结构，所以是一个词。但是有时"江湖"的确又是表示"江"和"湖"的意思。如"祖国的江湖多美啊！"中的"江湖"，就可以分割成"江"和"湖"两个词，分别表示着"江"和"湖"两种不同的事物，这时的"江湖"并不具备词的条件，它只是"江"和"湖"两个词的临时组合，所以是一个词组。下列各例也是这种情况。

> 笔墨：指称"文字或文章"的意思时是词，表示"笔"和"墨"两种事物时是词组。
>
> 山水：指称"山上流下来的水"，或者"泛指有山有水的风景"，或者"指以风景为题材的中国画"等意思时都是词，单纯表示"山"和"水"的意思时是词组。
>
> 妻子：指称"男子的配偶，与'丈夫'相对"的意思时是词，表示"妻"和"子"两种意思时是词组。
>
> 红花：指称"一年生草本植物，叶子互生，披针形，有尖刺，开黄红色筒状花的植物"或者指称"一种中药材"的名称时是词，表示"红色的花"时则是词组。

2. 汉语词汇中，有少数组合体的确是可以扩展的，扩展后的意义和原来的意义基本一样。如"象牙——象的牙""牛奶——牛的奶""羊肉——羊的肉""猪肝——猪的肝""牛角——牛的角"等等。但是我们仍然认为"象牙""牛奶""羊肉""猪肝""牛角"等是词，"象的牙""牛的奶""羊的肉""猪的肝""牛的角"等则是词组。因为，只要我们观察一下，就会发现在同一个语境中，"象牙""牛奶"等形式，是不能用"象的牙""牛的奶"等形式来进行代替的。如我们可以说"这是象牙雕刻"，却不能说"这是象的牙雕刻"；可以说"我买了两盒牛奶糖"，却不能说"我买了两盒牛的奶糖"。可见，像这类词，在语言的实际应用中，一般都是不能扩展的。从这里我们也可看出，这些词的组成成分的结合，也具有一定程度的不可分性；此外，从社会上的使用情况来看，这些词作为一个整体，被人们使用的频率也相当高，这一切都能够证明"象牙""牛奶"等都是表示着特定意义的定型结构，它们是词而不是词组。当然"象的牙""牛的奶"等形式都是词组，它们从结构到性质都是和"象牙""牛奶"等完全不同的。

　　3. 汉语中还存在着像"抓紧""打垮"一类的词，它们的组成成分都可以独立成词，它们本身也可以进行扩展，例如"抓紧"可以扩展为"抓得紧""抓不紧"，甚至还可以扩展成"抓得紧不紧"，"打垮"也能扩展为"打得垮""打不垮"等，所以辨认这部分词的确比较困难。对这类词我们可以试从两个方面去认识。一方面，我们应该看到，虽然这些词可以扩展，但是在许多具体的语境中，它们不但不能扩展，而且其组成成分结合得还相当紧密。如"我们必须抓紧时间学习"中的"抓紧"、"坚决打垮反动派"中的"打垮"，就不能进行任何的扩展。根据语言中实际运用的情况，它们具有一定的完整性和定型性，在具体的语境中，它们是不能够用扩展的形式来代替的，所以应该认为这些组合体是词。另一方面，我们分析比较一下就会看到，像"抓紧""打垮"这类结构，它们表示的意义，在其组成成分的意义基础上也有所融合，也体现了一定的整体性和概括性。如"抓紧"就已融合为"不放松"的意思，"打垮"也已融合为"推翻"的意思，它们各个组成成分的意义，在实在性和具体性方面，都程度不同地有所削弱。当然，各个词在发展过程中的情况是不相同的，如"分清""搞好"等词的意义，融合的程度就比较差。然而应该肯定，这类词也是汉语词汇中的一个类型，从发展趋势看，它们的意义将会沿着由分散到融合、由具体到抽象概括的道路发展下去。

4. 离合词的问题。所谓离合词就是指某些词可以经常被拆开使用的情况。离合词通常有两种情况。一种是其组成成分本身都能够独立成词。如：

> 起床："起了床""起不了床"
> 帮忙："帮个忙""帮了忙""帮不了忙"
> 握手："握着手""握过手""握了一次手"
> 伤心："伤了心""伤什么心"

另一种情况是有的组成成分在现代汉语中只能表意，却不能独立成词了。如：

> 鞠躬："鞠了个躬""鞠一个躬"
> 革命："革谁的命""革反动派的命"
> 敬礼："敬了个礼""敬一个礼"
> 洗澡："洗了澡""洗个澡""洗了个澡"

以上例词中的"鞠""躬""革""礼""澡"等成分，现在都是不能独立成词的。

以上两种情况尽管有所不同，但它们却共同具有可以离合的特点。对这类词应该认为：未扩展的是词，扩展了的都是词组。但是不能认为未扩展时也算词组。因为这些离合词扩展前后的意义是不一样的。如"起床""鞠躬"等词，它们表示的都是一种动作，但是经过扩展后的"起了床""鞠了个躬"等，则是表示与这种动作有关的情况了，而且不同的扩展形式表示的意义也不相同。由此可见，这些词在扩展前，都是表示特定意义的不可分割的整体，是充当造句单位的词；扩展以后，它们的组成成分本身就具有了词的特点，并且都以词的资格参与了扩展后的各个词组的构成，就是那些在现代汉语中已不能独立成词的成分，如"鞠躬"的"鞠"和"躬"等，在这具体的语境中，也可以当作独立的词来看待了（见辨析中的第九条）。

汉语中分辨词和词组是一个很复杂的问题，因此，除以上四种情况外，音节的多少以及读音方面和形态方面表现出来的某些特点，也可作为分辨时的参考。

以上从两个方面谈了对汉语词的辨析问题。根据这种认识，我们可以把下面两段文字中的词具体切分如下。

词以"＿＿＿"标出，"＿＿＿"下的数字标明该词属于以上十种情况中的某一种。

第一段，臧克家：《有的人》。

有　的　人　活着
1　　1　　1　　1

他　已经　死了；
1　　10　　1

有　的　人　死了
1　　1　　1　　1

他　还　活着。
1　　1　　1

有　的　人
1　　1　　1

骑　在　人民　头　上："呵，我　多　伟大！"
1　　1　　8　　1　　1　　　　1　　1　　8

有　的　人
1　　1　　1

俯下 身子 给 人民 当 牛马。
　8　　4　　1　　8　　1　　10


有 的 人
1　1　1

把 名字 刻 入 石头，想 "不朽"；
1　10　1　1　4　　1　　8

有 的 人
1　1　1

情愿 作 野草，等着 地 下 的 火 烧。
10　1　10　　1　　1　1　1　1　1


有 的 人
1　1　1

他 活着 别人 就 不 能 活；
1　1　10　1　1　1　1

有 的 人
1　1　1

他 活着 为了 多数 人 更 好 地 活。
1　1　10　　10　1　1　1　1　1


骑 在 人民 头 上 的
1　1　8　1　1　1

人民 把 他 摔垮；
8　　1　1　1

给 人民 作 牛马 的
1　8　1　10　1

人民 永远 记住 他！
8　　10　　10　1

把 名字 刻 入 石头 的
1 10　1 1 4 1

名字 比 尸首 烂 得 更 早；
10　1 7 1 1 1 1

只要 春风 吹 到 的 地方
10　10 1 1 1 10

到处 是 青青 的 野草。
10　1 1　1 10


他 活着 别人 就 不 能 活 的 人，
1　1 10 1 1 1 1 1 1

他 的 下场 可以 看 到；
1 1 10　10 1 1

他 活着 为了 多数 人 更 好 地 活着 的 人，
1　1　10　10 1 1 1 1　1 1 1

群众 把 他 抬举 得 很 高，很 高。
8　1 1 10 1 1 1　1 1

第二段，茅盾：《白杨礼赞》中的一段。

它 没有 婆娑 的 姿态，没有 屈曲 盘旋 的 虬枝。也许
1 10　2 1 7　10　10　8 1 8　10

你 要 说 它 不 美。如果 美 是 专 指 "婆娑" 或 "旁 逸 斜
1 1 1 1 1 1　1 1 1 10 1 1 1 1　2　1 1 9 1

出" 之 类 而 言，那么，白杨树 算 不 得 树 中 的 好 女子。
1　1 9 1 9　4　　10 1 1 1 1 1 1 1 8

但是 它 伟岸，正直，朴质，严肃，也 不 缺乏 温和，更 不
10　1 8　10　7　8　1 1 10　10　1 1

<u>用</u> <u>提</u> <u>它</u> <u>的</u> <u>坚强</u> <u>不屈</u> <u>与</u> <u>挺拔</u>，<u>它</u> <u>是</u> <u>树</u> <u>中</u> <u>的</u> <u>伟</u> <u>丈夫</u>。
1　1　1　1　8　　　10　1　10　　1　1　1　1　1　9　8

第一段中的"—__"，短横线指的是词，长横线指的是这一词的构形形式。"活着""等着""死了"中的"着""了"，有的人当作助词看待，事实上，它们附着在动词后面，有表"进行体"和"完成体"的作用。因此，这里都把它们看作用以构形的词尾。"青青"也是"青"一词的构形形式，构形后有加强原词语义的作用。

## 第2节　词素

### 一　什么是词素

词是由它的组成成分组成的，词的组成成分就是词素。词素也是一种音义结合的定型结构，是最小的可以独立运用的词的结构单位。所谓词的结构单位是指形成词的各种单位来说的，总体看来，词的这种结构单位可表现为三种情况。第一种是造词单位，这是词素的最主要的功能，任何的词都是由词素组合而成的。第二种是构词单位，这是从构词的角度来说的，事实上构词单位和造词单位是相一致的，它和造词单位有着同等重要的作用。第三种是构形单位，这是在词形变化方面起作用的词的结构单位。在词的内部存在着的这几种结构单位，都是词的结构成分，因此都是词素。

从以上对词的界定来看，词素和词除了充当的单位不同之外，其他的特点都是完全一样的，这一点并不奇怪，相反倒使我们可以进一步了解两者的区别及其性质。就它们所充当的单位来说，词是造句单位，词素却是存在于词的内部的词的结构单位，并主要充当造词和构词单位。这种完全不同的性质和功能，正说明了两者具有的本质区别。所以词和词素是绝不能混同的。词和词素除了其充当的单位和性质功能不同以外，两者的其他特点却完全一样，而且还会共同存在于一个外部形体之中。这又从另一个方面说明了词和词素有着相互的联系和关系。词和词素都是一种定型化了的音义结合体，都是"最小的""可以独立运用"的单位，但是由于两者的性质功能不同，所以表现这些特点的范围和条件也自然各有差异，它们的作用相应地都要受到各自的性质功能的制约。对词来说，"最小的""可以独立运用"的特点是在造句的范围内体现出来的，如"青山""绿水"是两个词，人们可以用它们和其他的词一起组成句子，如"我爱祖国的青山绿水"。它们的作用只能在造句的范围内体现出来，却未能进入造词范围之中去。对词素来说，这些特点则只能在造词范围内体现出来。如"参观"一词是由"参"和"观"两个词素组成的，"参""观"都是一种定型化了的音义结合体，都是"最小的""可以独立运用"的造词单位，它们不但可以组成"参观"，而且"参"还可以与另外的词素组成"参加""参阅""参考""参谋""参照""参赛""参与""参看"等等，"观"也可以与其他词素组合成"观察""观点""观望""观赏""观众""主观""乐观""可观"等等，尽管它们组成的词很多，但却都是在造词范围之内进行的，在现代汉语中，它们都不能独立用来造句了。当然有的成分是能够兼有两种性质的，在某种条件下它就可以把某种性质凸显出来，这是因为有的词是用可成词词素组成的，如"山"，它可以表现为一个由可成词词素组成的词，可以用来组成句子，同时"山"又可表现为一个可成词词素，所以它不仅可以组成"山"一词，而且还可以以词素的身份参与组合其他的词，"山"的这两种性质共同存在于"山"这一外部形体之中，但是这两种性质如何被表现出来，却必须根据它被使用的实际情况具体分析和对待。有的成分在古代汉语中和现代汉语中都可能是用可成词词素组成的词，因此它在汉语的历史发展过程中，都既能充当词素也能当作词，如前面的"山"就是如此。另外还有一种情况，那就是某个成分在古代汉语中，它是由可成词词素组成的词，但发展到现代汉语阶段，它却由可成词词素变成非词词素了，如上面谈到的"参"和"观"就是这种情况，它们在古代汉语中都是可成词词素组成的词，所以都可以作为词参加造句，可是现在它们随着"参"和"观"独立造句功能的消失，都已经变为非词词素了，都成了只能参与组词而不能参与造句的成分。由此可以看出，词和词素正因有许多相同的特点，所以词素类型的变化和词与非词的变化是可以同步进行的（关于词素的类型问题，下面再做具体的论述）。

## 二 关于合成词素

### （一）何谓合成词素

合成词素是一种由合成词发展演变而成的词素。如"孩子头"中的"孩子"、"纸老虎"中的"老虎"、"教师节"中的"教师"、"豆腐皮"中的"豆腐"等。所以称它为合成词素，是因为这些成分作为一个合成后的整体，可以具有词素的性质，实现词素的功能。如人们在造"孩子头"这个词时，绝不是把"孩""子""头"三个部分分离开同时选来造成"孩子头"的，而是在人们掌握的语库中，已经有了"孩子"这一整体形式，人们是选用"孩子"和"头"两个部分来造词的，所以，这时的"孩子"这一成分已经以整体的形式参与了造词活动，而且获得了词素的性质和功能。这样的成分就称为合成词素。

在了解合成词素的时候，必须注意，绝不能将合成词素与貌似合成词素的成分混为一谈，如"电热毯"中的"电热"、"高射炮"中的"高射"、"三字词"中的"三字"、"蘸水笔"中的"蘸水"等等都不是合成词素，因为这些成分在组词之前，就不是一个约定俗成的整体，更不是一个合成词，虽然其中的"三字""蘸水"等成分能够表示一定的意义，但它们不过是自由词组而已，至于"电热""高射"等就更不是完整的成分了。所以这些词的组合，都是人们根据表达的需要，同时选用了三个词素进行组合从而造成新词的，因此这些词都是由三个部分组成的。

### （二）合成词素的性质特点

合成词素作为一种词素，它和其他的词素具有相同的性质和特点，当然也具有相同的造词功能，所以它是能够参与造词的单位，因此我们不应该把这些成分排斥在词素的范围之外。对于一个合成成分来说，它能不能充当合成词素，主要是观察分析它是否符合词素的条件，是否具备词素的性质和功能，凡是具备了词素的条件、性质和功能的合成成分，就应该承认它是词素。虽然这些成分是合成的，但是作为词素来说，在意义上它也是一个不可分割的可以独立运用的造词的最小单位，它在结构上的可分析性，并不能否定它在意义上的不可分割的整体性。所以在语言中，合成词素和单纯词素一样，都是造词的备用单位。过去有的文章中，曾把这类情况称作"语素组"，事实上这样命名有其不准确的地方，因为在语言的造词活动中，参与造词的语素组并不止一种，如"洗衣""喝水""削发"甚至"高射"等成分都可以被认为是语素组，这些成分也可以组词，如组成"洗衣机""喝水杯""削发器""高射炮"等等，但是这些成分却不是合成词素。如果再宽泛一点来说，像"洗衣机"这样的形式能不能也算是语素组呢？在语法当中，词组加上语调就可以直接成为句子，那么，像"喝水""高射""洗衣机"这样的语素组是否也能直接成为词呢？在什么条件下才能成为词呢？由此可见，语素组的说法是不可取的，因为它会把许多不同的问题都混同在一起，而且不容易立刻解释清楚。

### （三）合成词素的形成

合成词素的形成是语言词汇发展的一种必然结果。从语言运用方面看，合成词能够发展演变为合成词素，这种转化是完全必要的，而且也是完全可能的。因为人们在社会交际中，不但可以用指称某种事物的合成词组成句子，而且也可以用它来描写和说明某些具体事物的某种特征，如说明身上长着像梅花花纹的鹿，就可以命名为"梅花鹿"；说明由国家机关组织出版的报纸就可以叫它"机关报"。反之，人们也可以用其他成分对合成词表示的事物进行说明，如"红领巾""垂杨柳""皮上衣""超短波"等，这样运用的结果，就有可能将合成词当作合成词素来应用。从词和词素的关系看，合成词在运用中转化为合成词素也完全可能，这是与词和词素在所具特点上的共同性分不开的，由于这两者除了性质功能和充当的单位不同以外，其他的条件都是一样的，这就为合成词转化为合成词素提供了理论上的根据和可能。所以说合成词转化成为合成词素是语言词汇的历史发展的必然。同时，事实也足以证明，合成词素的出现并不会影响到合成词的依然存在，这种现象只能说明该语言成分具有词的性质功能之外，又同时具有了词素的性质和功能而已。

合成词素和单纯词素虽然都是词素，但是两者也有不同的地方，其主要的不同就是：单纯词素一般都是与它造成的单纯词同时共生的，因此许多单纯词素都可以是可成词词素，如"人""天""葡萄""仿佛"等等；合成词素却是由合成词发展演变而来，它是合成词在社会上长久使用的结果，所以大部分成为合成词素的合成词都是人们使用频率相当高的词，正因如此，才使这部分合成词具有了极强的凝固性，也才能使这部分词进而发展并转化为合成词素，所以社会上的高频使用，应该说是形成合成词素的极为首要的条件。正因为合成词素是如此发展而来的，而合成词形成之初又是由单纯词素或单纯词素与合成词素组合而成的，它是一个被组合而成的整体，是一个可以独立运用的词，所以合成词素都不可能是可成词词素，当合成词演变为词素后，它总是以非词词素的身份再和其他词素一起造成新词，它仅仅是以整体的形式充当新词的一部分。

由于合成词素是由合成词发展而来的，所以从合成词素最初形成的形式来看，的确是由单纯词素组合而成的，但是在这里必须搞清楚，单纯词素最初形成的是合成词，却绝不是合成词素，在语言发展的任何时候，从来都不存在由单纯词素直接组成合成词素的现象，单纯词素只能组合成为合成词，合成词素是经过了合成词被长期使用的阶段之后演变而来的，它的形成必须有一个合成词发展演变的过程，所以应该说合成词素是由合成词发展和转化而成的一种词素。

**（四）合成词素的作用**

合成词素的存在是语言词汇日益发展的一种必然现象，它和所有的词素一样，具有造词的功能。当前在现代汉语中，用合成词素造成的三音节以上的合成词日见增多，有的合成词素还具有相当强的能产性。如：

| 自然： | 自然村 | 自然界 | 自然力 | 自然美 |
|---|---|---|---|---|
| | 自然法 | 自然先 | 自然物 | 大自然 |
| | 自然主义 | 自然规律 | 自然经济 | |
| 旅游： | 旅游团 | 旅游图 | 旅游者 | 旅游热 |
| | 旅游袋 | 旅游鞋 | 旅游车 | 旅游点 |
| | 旅游帽 | 旅游装 | | |
| 教育： | 教育部 | 教育家 | 教育界 | 教育司 |
| | 教育厅 | 教育局 | 教育处 | 教育系 |
| | 教育学 | 教育网 | | |
| 交通： | 交通部 | 交通局 | 交通站 | 交通线 |
| | 交通车 | 交通岛 | 交通壕 | 交通沟 |
| | 交通员 | 交通量 | | |
| 工作： | 工作日 | 工作服 | 工作者 | 工作证 |
| | 工作组 | 工作团 | 工作台 | 工作间 |
| | 工作面 | 工作餐 | | |

塑料： 塑料袋　　　塑料鞋　　　塑料盒　　　塑料桶

　　　　塑料管　　　塑料布　　　塑料板　　　塑料碗

　　　　塑料椅　　　泡沫塑料

以上列举的合成词素，其能产性都是比较强的。其他组词少一些的如"土豆"可以造成"土豆泥""土豆丝""土豆片"，"前提"可以造成"大前提""小前提"，"细胞"可以造成"白细胞""红细胞"，"包装"可以造成"软包装"，"学生"可以造成"学生会"，"研究"可以造成"研究室"等等则更是到处可见的了。

以上情况不仅展现出了合成词素的造词功能，而且更显示出了它在造词过程中快捷迅速、表达准确等特点。由此可见，合成词素在语言词汇中的形成和存在，不仅是必然的，而且也是完全必要的。

## 三　词素的分类

和对其他语言成分的分类一样，我们对词素的分类也可以从各种不同的角度入手。在这里我们仅从共时平面上，根据词素在词的组合中表现出来的各种不同的情况，将词素做以下的分类。

### （一）语音形式方面

从语音形式方面分析，可以将词素分为单音词素和多音词素两种类型。只有一个音节的称为单音词素，如"人、天、水、山、手、心、树、草、红、光、房、物、兴、彩、平、面、万、千、十、一、二"等等。由两个或两个以上音节的称为多音词素，如"葡萄、蟋蟀、蹉跎、朦胧、仿佛、忐忑、工作、旅游、法兰西、莫斯科、歇斯底里"等等。

### （二）内部结构方面

从词素的内部情况来看，可以将词素分为单纯词素和合成词素两种类型。只有一个成分构成的称为单纯词素，如"书、纸、证、官、南、非、极、逍遥、玻璃、拷贝"等等。由两个或两个以上成分构成的称为合成词素，如"参谋、催眠、黄牛、美术、矛盾、科学"等等。

### （三）语言功能方面

从语言功能方面分析，词素又可以分为可成词词素和非词词素两种类型。可成词词素是指这种词素不仅可以作为词素和其他词素一起组合成词，而且还能够单独构成一个词，也就是说它本身是可以独立构成词的，如"花、好、多、玫瑰、柠檬"等。非词词素是指这种词素只能和其他词素进行组合来构成新词，却不能单独地构成一个词了，如"策、希、访、昌、朴、毕、研、幽、迫、恰、首、咨"等等。因为在语言的发展过程中，词素的类型会发生各种各样的变化，因此，要确定一个词素属于哪种类型，则必须从共时的角度进行观察和考虑，就汉语来说，有许多成分，在古代汉语中完全可以充当可成词词素，但发展到现代汉语阶段却变为非词词素了。例如以下的各个成分都是这样。在古代汉语中：

> 民：可以说"利于民而不利于君"（《左传·文公十三年》），"民"为"百姓"义。
>
> 兴：可以说"汉兴，至孝文四十有余载"（《史记·孝文帝本纪》），"兴"为"兴起""建立"义。
>
> 习：可以说"民习以力攻难，故轻死"（《商君书·战法》），"习"为"习惯"义。
>
> 敏：可以说"敏于事而慎于言"（《论语·学而》），"敏"为"迅速""敏捷"义。
>
> 务：可以说"务耕织"（《过秦论》），"务"为"致力""从事"义。

可见这些成分在过去曾经都以词的面貌出现过，作为组成词素来说，都是可成词词素，但是在现代汉语中，它们却只能成为组词的非词词素了。

在现代汉语中，可成词词素和非词词素除了有以上情况外，还有一种情况也应引起我们的注意，那就是外来词素逐渐被社会确认的问题。

随着外来成分的不断引入，汉语中不但产生了外来词，而且也逐渐出现了外来词素。从目前情况看，外来词素可表现为两种类型。一种类型是音译成分逐渐变成词素，其中一部分，从其成为汉语外来词开始，它作为可成词词素就和外来词同时产生了，发展到现在，这部分可成词词素已可以和其他词素组合造词了，如"咖啡"不但能单独组成"咖啡"一词，而且现在已经参与组成了"咖啡茶""咖啡糖"等词；还有一部分音译成分，它们原来只不过是外来词的一个组成部分，但是现在却可以独立出来与其他词素一起组合造词了，如"啤酒"的"啤"，现在就可以参与组成"青啤""扎啤"等，"的士"的"的"，现在也可以用来组成"打的""面的""轿的"等词了，像这一类的词素，目前还都属于非词词素的类型。另一种类型是外语字母的直接引入形成的词素，如"B超"的"B"、"O型环"的"O"就是这一类型的词素。当然这类词素都是非词词素，它们都是不可能单独构词的。

### （四）性质和表意方面

从词素的性质和表意方面分析，可以将词素分为词根词素和附加词素两种类型。词根词素通常也称作词根，它具有实在的词汇意义，是组成新词词干的主要部分，同时也是形成新词词汇意义的主要承担者，如"人、心、小、水、核心、光明、实力、人造革、日计表、录像带、冷处理"等词中的"人、心、小、水、核、心、光、明、实、力、人、造、革、日、计、表、录像、带、冷、处理"等等都是词根词素，同时也可以明显地看出，是这些词根词素组成了以上各词的词干，而且承担起了形成新词的词汇意义的任务。由此可见，词根词素是词素中的主要的成分，它在词素中的地位和作用都是非常重要的。汉语中的词根词素非常丰富，可成词词素和绝大部分的非词词素都可以充当词根词素，汉语词汇正是在这样的基础上，才能够源源不断地形成纷繁多样的新词。

附加词素是附加在词根词素上表示语法意义和某些附加的词汇意义的词素。它又有词缀词素和词尾词素之分，这些词素都是词的结构成分，因此都是词素的一种类型。由于附加词素都是附加在词根词素上，所以它们当然都是非词词素。

词缀词素通常也称作词缀，它可以附加在词根上共同组成词干，所以词缀也是组成词干的词素。词缀词素又有前缀、中缀和后缀三种情况。前缀是用在词根词素前面的词缀，如"老虎、阿姨、第一、初五"中的"老、阿、第、初"等；中缀是用在词根词素中间的词缀，汉语中的中缀极为少见；后缀是用在词根词素后面的词缀，如"石头、甜头、桌子、担子、鸟儿、泥巴、尾巴、姑娘家、孩子家"以及"黄乎乎、滑溜溜"等词中的"头、子、儿、巴、家、乎乎、溜溜"等都是后缀。

词尾词素是附加在词干后面只表示语法意义的词素，通常也称作词尾。一个词具有词尾词素时，只能说明该词已形成了表示不同语法意义的形态变化，却不能说这是形成了新词，因为词尾词素只是表示一个词的不同形态变化的构形词素，却没有构成新词的功能，所以它作为词的结构成分出现时，并不等于产生新词。

词的附加词素一般都是由词根词素虚化而来的，某个词根词素在长期应用中，使用习惯和使用条件相互作用的结果，有可能使它的词汇意义变得空零了、弱化了，从而虚化成为表示某种类型的语法意义的附加词素，如"头""子"等表示名词性语法意义的后缀就是这样，这里运用的已经不是它们原来的词汇意义了。在现代汉语中，像"性""化"这些成分已经在发展演变中虚化了一段相当长的时间，而且已经被人们共同认可为可以充当后缀成分了，但是它们的词汇意义仍然还存有明显的痕迹。至于那些被称为准词缀的成分，如"师""员""手""热"之类，由于它们的词汇意义还非常明显，在实际运用中，它们仍然是以词根词素的性质出现的，所以还是不要把这些成分作为词缀对待为宜。

在这里应明确的是，当某些词根词素弱化成为词缀词素时，并不等于它的词根词素的性质已经消失，事实上，在语言应用中，这种虚化过程已经逐渐地使原来的词根词素发展出了一个新的完全独立的附加词素成分，所以在词素中，这些词根词素和附加词素同时存在着，并且都积极地发挥着各自的作用。如"子"在"棋子"一词中，它是词根词素，在"桌子"一词中则是附加词素了，它们共同存在着，而且其区分是很明显的。

总结词素的分类情况，可列表如下：

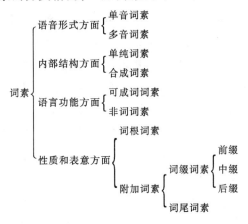

# 第三章　词的形成及其结构形式

## 第1节　词的形成

### 一　词的形成途径

语言是一个符号系统，这系统中的基本单位是词，词是言语活动的基础元素，没有词，无论语言或者言语都是无法想象的。

语言的词汇是语言中最活跃的部分，它随着社会的发展和新事物的出现而不断产生新的词语，以满足社会的交际需要，这已经是大家有目共睹的事实。但是语言中的词是如何形成的呢？

观察词的产生轨迹，大致有三个方面可以考虑，那就是：第一，人们通过造词活动创制新词（具体阐述请见下一节）；第二，社会共同将词组约定成词，如"国家""妻子""朋友""窗户"等词就是这样形成的，这些成分最初在古代汉语中，都是以联合词组的身份被使用着，后来在使用过程中，逐渐地发展成了偏义型的复合词；第三，词的构形形式在使用中逐渐演变为独立的词，如"我们""你们""冷清清""慢悠悠"最初都是"我""你""冷清""慢悠"的构形形式，现在都已被约定为词了。因此我们可以把这三个方面看作词形成的三种途径。

### 二　词的形成条件

语言中的词都不是凭空产生的，因此要讨论词的形成，就应该先了解一下词的形成所必须具备的条件。事实证明，任何词的形成都要有两个条件为前提，那就是：一个是人们对客观事物的认识以及与此有关的思维活动，一个是以本民族的语言符号系统为内容的语言要素。

## （一）人们的认识和思维活动

可以肯定地说，任何词的产生都是人们对客观事物进行认识和思维的结果。人们的认识和思维活动不但可以促使一个词的产生，而且更能够决定一个词能否被社会所约定，因为当新词产生之后，它还仅仅是一个具有临时变化性质的言语成分，只有当它被社会上的人们共同认可以后，才能够由言语成分转变为语言成分。

谈到词的形成，必然会牵扯到最初的词是如何产生的问题，事实上也就是语言起源的问题。对于语言的产生问题，学术界已各有所见，而且至今并未得到解决，因此在这里也不准备做专门的讨论。这里只想就有关词的形成问题提出一点看法。由于人们的认识和思维活动是词形成的前提条件，所以最初的词，其形成情况也一定是在人们对客观世界进行认识的基础上，将认识的成果与某种物质化的声音相结合，认识的成果形成词义，物质化的声音形成语音，从而产生了词。词义永远是客观事物在人们头脑中的反映，不论这种反映正确与否，但是没有客观事物为基础，没有人们对它们的认识和思维活动，就不能形成意义，没有与声音相结合并依赖声音以进行表达的意义，就不可能产生词，因此可见词在最初产生时，就具备了人们认识和思维的条件。当然，在词最初产生时，人们的思维活动，可能表现为形象思维占据了主要的地位，但却必须承认，形象思维活动也是人们的思维活动，甚至一直到现代，形象思维仍然活跃在人们的思维活动当中，所以绝不能否认在词最初产生时形象思维活动在其形成过程中所起的重要作用。在现在没有资料可查的情况下，我们以语言理论为依据，可以认为，最早的词，应该是在人们形象思维的作用下，通过音和义的任意性结合而产生出来的。

　　随着社会的不断发展，人们的认识和思维能力也得到了不断的发展和丰富，因此，在语言发展过程中，人们的认识和思维活动在词形成中的作用更加明显。社会的全体成员都可以凭借着自己的这种能力来参与造词活动，他们不仅可以通过对声音的认识造出摹声词，而且可以从各个不同的角度对事物进行不同的认识，从而造出各种纷繁多彩的词来。至于通过人们的思维活动来进一步认识客观世界，创造新事物，发现新现象，从而产生新词语，活跃社会的交际活动，促进社会的不断发展，这更是有目共睹的了。所以说，没有人们的认识和思维活动，就不可能有词的产生，人们的认识和思维活动永远是词得以形成的前提条件。

**（二）作为组词基础的语言要素**

　　词形成的另一个前提条件就是语言要素。当词最初产生时，应该说，语言要素和词是同时共生的；当语言产生之后，语言要素中的各种材料作为形成词的基础条件，则越来越发挥着它的重要作用。人们可以在原有材料的基础上，采用衍生、组合等手段，制造出各种各样的新词来。

　　人们造词时运用的语言要素是多方面的，不但有语音、词汇、语法等方面，而且也涉及文字、修辞等内容。

　　语音方面：本民族语言中的音色音位和非音色音位，以及音位之间的组合规律和变化情况，都可以为造词提供根据。这些语言材料都客观存在于社会成员使用的语言当中，而且都已为人们自觉或不自觉地所掌握，因此，不管人们对它们是否有科学的认识，都可以自然地按照社会的语言习惯加以运用，例如表示鸟的叫声的"喳喳"一词，其语音形式"zhāzhā"就是按照汉语语音的声、韵、调的配合规律组成音节，采用摹声的造词方法创造出来的。

　　词汇方面：语言词汇中原有的各种词素，永远为词的形成提供着丰富多彩的语言材料。在语言存在以后，新产生的词绝大多数都是由原有词素组合而成的，原有词素的音义结合的情况，都直接影响着新词的面貌，例如"转椅"一词，由于它是一种会转动的椅子，所以就选用了"转动"的"转"和"椅子"的"椅"两个词素组合而成，"转"和"椅"两个词素将自己原来的语音形式和意义内容都带到了新词之中，并重新构成了一个新的音义结合的定型结构。在词汇发展过程中，一批批的新词就是这样不断产生出来的。

语法方面：人们造词时，各种词素的组合都是根据语言中原有的各种语法规则进行的，这些规则和其他语言材料一样，都是人们所自然习用的，因此在社会上也都是大家共识的内容。例如根据修饰成分在前、被修饰成分在后的习用的语法规则，人们要说明一种"红色的枣"时，就要用"红"在前"枣"在后的词序组成"红枣"一词，要说明一种"像枣一样红的颜色"时，则必须把词序颠倒过来，形成表示颜色名称的"枣红"一词，这些语言材料和规则在语言使用中都是被大家共同认可的，所以也都自然地在词的形成过程中发挥着语言基础的作用。

文字方面：掌握文字的人们，也可以运用文字方面所表现出来的各种特点和内容来进行造词。例如过去用来称呼"兵"的"丘八"一词，就是根据汉字形体的组合特点拆字造词的。《现代汉语词典》注释："丘八：旧时称兵（'丘'字加'八'字成为'兵'字，含贬义）。"运用拆字手段当作词素来造词的现象在说明姓氏的场合中比较多见，如"弓长张"的"弓""长"、"立早章"的"立""早"等都是如此。至于采用汉字字形的特点作为词素来造词，则更是人们常用的方法。如"丁字尺"中的"丁"、"一字领"中的"一"、"八字眉"中的"八"，以及"十字架"中的"十"等等都是这种情况，很明显，新词的意义都是在字形参与之下形成的。现在，随着外来词素的不断引入，利用外来字母的形体当作词素来造词的情况也经常可见，如"O形环""V字领"中的"O""V"等都是这种现象的具体表现。

修辞方面：修辞是人们运用语言的方法和手段，在词的形成过程中，这些方法和手段也经常被用来进行造词。例如把一种形体像螺丝的钉子叫作"螺丝钉"，把用木头做成的像马一样的玩具叫作"木马"，甚至把自来水管上的放水活门，以其吐水的特点，就用比喻的方法将它称为"龙头"（也可叫作"水龙头"），等等。这都是以修辞手法为基础进行造词的结果。

语言是一个统一体，因此在造词活动中，语言各个方面的要素都是同时起作用的。同时，由于语言符号的音义之间虽然无必然的联系，但是这种音义关系一经结合之后，就具有了相对的稳定性，所以它为社会约定俗成后，人们是不能随意改变的。如创制"汽车""火车""自行车"等词时，就不能把"车"换成"船"，也不能改换"车"的语音形式，同时也不能把这些音节的语序随意颠倒。由此可见，语言中各方面的要素不仅是创制新词的基础，而且也可以作为一个语言要素的统一体，对人们的造词活动的各个方面起一定的制约作用。

人们运用语言要素作为造词的基础是很自然的，而且也是必然的。人们既然掌握了语言和运用语言的习惯，就必然会运用原有的语言材料和规则来进行造词，从语言的继承性和约定俗成的情况看，不这样做也是不可能的。

以上简单说明了词形成时的两个方面的条件。在词的形成过程中，这两个条件是相互作用的。随着社会的发展和语言材料的逐渐丰富，以及人们的认识和掌握运用语言材料能力的逐步提高，这些条件的作用表现得越来越突出和明显。大家都知道，语言的本质特点之一就是语言符号的音和义是任意结合的。但是，在词的形成过程中，我们却越来越能够发现，词在形成时逐渐地会有一种理据作为它产生的依据和条件，也就是说，词的形成开始逐渐具有了自己的有理性。如"三角尺"一词，由于它是在"三""角""尺"等词素的基础上产生的，人们自然地就会理解为这是一种"有着三个角的尺子"；对"唉"一词，由于它是模仿人的叹息声而造成的，所以人们也自然地会了解它是一个摹声词，表示着"叹息的声音"。而且这种理解和该词所表示的客观事物的实际也是相吻合的。为什么在人们造词和对词理解的过程中，会有这种理据存在呢？其根本原因就是词形成的两个前提条件起着作用。因为人们认识和思维的共通性，以及人们对造词所运用的语言材料的共识性，能够赋予词形成的有理性和可理解性。

当然，我们在谈词形成的有理性的同时也必须明确，承认词形成的有理性，绝不是否认词的音义结合的任意性，因为这种有理性和任意性并不是矛盾的，而是对立的统一。应该说这种有理性是在任意性统率下的有理，而任意性又是在有理基础上的任意。如"卷心菜"和"大头菜"都是从其形状的角度造出来的词，都具有一定的有理性，但是对这种客观事物既可称为"卷心菜"，又可称为"大头菜"，就又体现出了它的任意性。由此可见，任何一个在有理性的基础上形成的词，都可以在任意性的制约下被任意选择。

## 三　词形成的基础形式

词形成的基础形式就是词形成时所依据的一种语言形式。在语言产生之初，应该说词的形成依据就是人们的思维和具体存在的客观事物，通过人们的认识和思维活动，把某种声音形式和某种事物的意义内容任意结合起来，就产生了词。因此，最初产生的词，它们的词义和它们所指称的客观事物的实际内容往往都是非常对应的。在语言产生以后，因为有了语言材料的参与，所以词形成时，都往往要在客观存在的基础上，通过人们的认识和思维活动，先形成一种基础性的语言形式。一般说来词的基础形式都是以词或者词组等形式出现的，可以认为，这种基础形式就是词的雏形，因为词的形式和意义都是从这基础形式中产生出来的，所以它们都是词得以形成的基础。任何一个词都是从它的基础形式中提炼凝结而成的，任何一个词都有自己赖以产生的基础形式。所以研究和考察一个词的词形、词义和词的结构，都可以从词的基础形式中找到依据和说明。

了解词形成的基础形式是非常必要的，如果要对词的形成和发展进行研究的话，就必须追溯到词形成的基础形式上面去。例如我们经常接触的"夏至"一词，至今人们对它的意义仍然有"夏季的极点"和"夏季到了"两种不同意义的理解，如果追溯到它形成时的基础形式上去考查，就不难解决这个问题了，因为古代人们造词时，"夏季到了"是用"立夏"一词来表示的，当然"夏季到了"就是"立夏"的基础形式；而"夏至"却是人们根据二十四节气的情况，认为是夏季到了极点的一天，因此"夏至"的基础形式应该是"夏季的极点"。所以只有了解了词形成时的基础形式，才能够准确地掌握和解释词义，也才能够正确地进行对词源的考查和分析。

词形成的基础形式都是人们认识和思维活动的结果，但是由于人们对事物观察和认识的角度不同，同时也由于词形成的方法和途径各有所异，所以词的基础形式也呈现出各种不同的情况。结合词形成的三个途径来观察，可以从表现形式的角度将词的基础形式分为以下三种类型。

**（一）以词为基础形式**

以词为基础形式就是指新词的形成是以某一个原有的词为基础演变而成的。这种现象往往都是由于某种主观或客观条件的作用，在一个原有词的基础上，经过人们的联想、引申、改造，甚至伴有着语言成分自身的变化和调整，从而演变出来一个新的成分，再经过社会成员的共同认可后，就成为一个新词。在这种情况下产生的新词，理所当然地作为基础的原有词就是它赖以形成的基础形式，新词的音、义面貌及其结合而形成的结构情况，都可以追溯到旧词中去寻找依据。

以词为基础形式产生新词，可以具体表现为如下几个方面。

1. 旧词的语音发生变化产生新词，如：

　　盖——盖儿　扣——扣儿　传（传承）——传（传记）

2. 旧词的意义引申产生新词，如：

　　刻（刻画）——刻（一刻钟）

3. 从单音词演变为双音产生新词，如：

　　姑——姑姑　弟——弟弟

4. 由外语词产生外来词，原来的外语词是外来词的基础形式，如：

　　sofa——沙发　Coca-cola——可口可乐

5. 词的构形形式转化为词，变化前的原词是它的基础形式，如：

　　慢悠——慢悠悠　空荡——空荡荡

　　一个旧词是否能作为基础产生出新词来，这要看新词产生的条件和社会约定俗成的情况，并不是所有的词都能够成为产生新词的基础形式。以构形形式为例，"我"的构形形式"我们"已经被约定为词，但是同样加词尾"们"的构形形式"学生们""朋友们"却仍然是"学生"和"朋友"的构形形式，它们并未能被承认是独立的新词。

## （二）以词组为基础形式

　　所谓以词组为基础形式，就是说词的形成是在以词组为语言形式的基础上进行的。这方面的情况比较复杂，大致也可表现为如下几个方面。

1. 词形成的基础是一个表示概念的词组。如：

洗衣服用的机器——洗衣机
挂在窗户上的帘子——窗帘
需要蘸着墨水写字的钢笔——蘸水笔

这种基础形式是人们造词时经常使用的，而且判断和分析这种基础形式也显得比较复杂。由于人们的认识和思维方式各不相同，因此形成的概念有的简单，有的就比较复杂。那么，在这种情况下，我们又如何确定形成词的基础形式呢？我们知道，确定词的基础形式时，首先应该考虑的是词素赖以产生的条件，也就是说，人们在表示概念的词组的基础上，为该事物命名而产生新词时，必须以简单明了为原则，即词组的表意必须明确；可以直接或间接抽取出词素来；在表示意义基本相同的情况下，词组结构形式要以最简单的为宜。因此充当词的基础形式的词组，其内容既可以反映人们认识的全部特点，也可以是部分特点，只要能够抽取出词素，并且能够明确地表示出认识的内容来，那种最简约的词组形式就是词形成的基础形式。如"活捉"，"用手或工具把人或动物活活地捉住"和"活活地捉住"两种词组形式，都可以表示它的意义内容，相比之下，后一种的结构则比较简约，那么，后一种词组形式就是"活捉"一词的基础形式。又如"活水"，它的词组形式可以有"有源头而常流动的水"和"常流动的水"两种，然而"常流动的水"并不能把"只有有源头的常流动的水才称活水"的真正含义明确地表示出来，因此，前一种词组形式在表意明确的要求下，就是最简约的形式，而且是"活水"一词形成的基础形式。

当然，作为相同的认识内容，其简约的词组形式和复杂的词组形式，在意义上都是有联系的，甚至是完全一致的。因此，我们认识一个词时，在了解其基础形式的基础上，也可追溯其复杂词组的情况，从而更进一步了解词形成的更详细的内容。词的形成以简约的词组为基础形式，词的组成成分词素就是直接或者间接从这基础形式中抽取出来的，如上例中"活捉"的两个词素"活"和"捉"就是从"活活地捉住"中直接抽取出来的，"活水"的两个词素，"水"是直接抽取出来的，"活"则是间接抽取出来的。

这样的词组作为词的基础形式基本上都是用于说明性质的，如说明一种事物、一种动作或者一种现象等等，都往往要用这种词组作为形成词的基础形式。有时用比拟的方法造词时，也是用这种基础形式，因为比拟法造词，也都是人们通过对事物之间相似点的联系，运用比喻等方法，形成一种认识，并用一定的言语来加以说明的，如对"虎口"的解释就是"大拇指和食指相连的部分，形状像老虎的口"，对"佛手"的解释就是"一种植物，果实的形状像大佛的手"，这些词组中，都蕴含着一个比喻内容，而这种具有说明性质的比喻，就是这些词形成的基础形式，而且也正是形成和人们了解新词的形式和内容的基础。

用具有说明性质的词组作为词形成的基础形式，这也是很自然的，因为人们造词时，首先在认识过程中产生出来的，就是这种表示了概念内容的词组，然后才进而创造出词来。

2. 固定词组或比较常用的词组简缩成词，原来的词组就是简缩词形成的基础形式。如：

外交部长——外长　　　　山东大学——山大
科学技术——科技　　　　文化教育——文教
人民代表大会——人代会　政治协商会议——政协

3. 习用的词组约定为词，原来的词组是新词产生的基础形式。如：

国家　　窗户　　妻子　　朋友

### （三）以自然界的声音为基础形式

自然界的声音也可以成为词形成的基础形式，语言中的摹声词就是在这一基础上形成的。这是一种比较特殊的基础形式，因为它是自然界的声音，所以它本身是一种客观存在，摹声词的形成，就是对这种自然界的声音进行了语音化的模仿而形成的。如"砰的一声木板倒了"中的"砰"就是一个模仿自然界的声音而形成的摹声词，自然界的这种声音就是它赖以产生的基础形式。

语言中的摹声词，都是在人们对自然界声音模仿的基础上加工而成的。这种加工就是用人类语言的语音对自然界的声音进行改造的过程。自然界的声音是各种各样的，有的比较单纯，如上例的"砰"；有的比较复杂，如人睡觉打呼噜的声音总是"呼噜呼噜"的，而不可能只有一下"呼噜"的声音，所以这类摹声词就是在人们对自然界声音的一连串的模仿中截取下来约定而成的。在汉语中，"呼噜"这一形式可以作为两个词而存在，一个是表示声音的摹声词，一个则是表示这种现象的名词。这就更明显地体现出了人们进行思维加工的情况。但是不管哪一种情况，都不能否认自然界的声音是这些词形成的基础。

此外，音译外来词的产生，事实上也是对某种声音模仿而成的，只是它模仿的是外语词的声音而已，因此外语词的声音也是音译外来词的基础形式。

## 第2节　造词和造词法

### 一　造词概说

#### （一）什么是造词

所谓造词就是指创制新词。它是解决一个词从无到有的问题。人们的造词目的是满足社会的交际需要，客观事物的发展，人们认识的发展，新事物和新现象的出现，以及语言本身的发展和调整，都能提出创造新词的要求，语言中的词就在这种需求下，不断地从无到有地被创造出来。在语言的历史发展过程中，世世代代的人们就是这样不断地满足社会的交际需要，不断地创制出各种各样的新词来。所以，要研究一个新词如何形成的问题，就要研究它的形成条件和过程，而其中大部分的新词又都是通过创制的方法从无到有地被创造出来，因此要研究词的产生问题，首先就要研究造词问题。

和所有词的形成一样，造词也必须具备词形成的两个前提条件，那就是人们的认识和思维活动，以及已有的语言材料。关于这一点，前面已经谈到，这里不再重复。

### （二）人们的造词活动

人们的造词活动都是在社会交际的需求下进行的，社会上的每一个成员，都可以根据交际的需要来进行造词，所以造词活动存在的范围很广，它是一种全社会成员都可以进行的活动行为。在造词活动中，人们的认识和思维活动是非常重要的，它往往起着先导的作用，因为新词都是在新事物、新现象的不断涌现下，根据具体的环境和条件，通过人们的认识和联想，然后用语言材料使其外部现实化，才被创造出来的。事实上，人们的这种造词活动就是人们为新事物、新现象命名的行为。下面以几个词的产生为例。

如"落星湾""落星石"两词的产生：

> 在鄱阳湖北湖，庐山南麓，有一湖湾称作"落星湾"，湾中的巨石称作"落星石"。所以叫作"落星湾"，就是因为湖湾中有一巨石叫"落星石"。所以叫作"落星石"，又是因为这石头相传是天上一颗流星坠落湖中而成。因此，千百年来，湖区的人们一直认为："今日湖中石，当年天上星。"①

---

① 吴升阳：《解开落星之谜》，《文汇报》1983 年 12 月 14 日。

又如"响沙湾""落笔洞"两词的产生：

位于库布齐沙漠东端的达拉特旗响沙湾，是一段宽五十米、高四十米的沙丘，人们从沙丘顶端向下滑行或用手拨动沙子，沙粒就发出类似飞机或汽车的轰隆声。"响沙湾"就是由此而得名。①

"落笔洞"位于海南岛崖县三亚镇北郊，是一座方圆约三华里、高约百米的石灰岩孤峰下的一个岩溶洞穴。因洞中有悬垂的石钟乳形如落笔而得名。②

再如"八大员"称呼的来历。据原八路军一二九师卫生所所长赖玉明同志回忆：

1940 年百团大战开始后的一天，供应部送来一些缴获的罐头，首长说分给勤杂人员。我就在院中大叫："伙夫！马夫！卫兵！号兵！大家快来呀，有好吃的。"……第二天，刘伯承同志把我们叫到办公室说："我们的伙夫、马夫应该取个什么名？你们不要笑，这是革命家庭的人事，我们革命的军队……官兵平等，都是革命大家庭的一员。今后，伙夫就叫炊事员，马夫就叫饲养员，挑夫就叫运输员，卫兵就叫警卫员，号兵就叫司号员，勤务兵就叫公务员，卫生兵就叫卫生员，理发师傅就叫理发员。……我们人民军队是礼义之师、文明之师，称呼应该文明。"从此，一二九师机关再也没有喊"伙夫""马夫"的了。很快就传遍了解放区。

由此可见，造词活动就是人们在认识的基础上给事物命名的活动。有时人们在造词时，由于认识和考虑问题的角度不同，所

---

① 《神秘的响沙湾》，《文汇报》1984 年 2 月 28 日。
② 《海南岛有新发现》，《文汇报》1984 年 2 月 28 日。

以，同一个事物，也可以获得不同的名称。如"西湖"和"西子湖"就是同一个湖的两种不同的称呼，"西湖"是着眼于湖的位置在杭州的西部而得名，"西子湖"则是着眼于湖的美而得名。又如《北京晚报》上曾刊载过一篇短文，题名为《颐和园产"国庆桃"》，文中写道：

> 国庆，能跟桃有什么联系？还真有联系。颐和园培育了一种晚熟的桃，每年阳历九月才熟，正好在国庆节收摘。
>
> 这种桃名秋红，又名颐红。色如丹砂而间有淡绿之色，而且一直红透到果实之内。……①

从以上引文中，不但能够从"国庆桃""秋红桃""颐红桃"等词的产生，进一步认识造词的情况，同时还可以清楚地了解到，人们认识的角度不同，会直接使新词的面貌各有所异。同一种桃，从收摘的时间着眼可称为"国庆桃"，从秋天才成熟和色红的情况看又可称为"秋红桃"，从它生产在颐和园中和色红的情况考虑，还可称为"颐红桃"。

在词汇发展的整个历史中，这种造词活动和造词方法都随处可见，在现代社会生活中，人们所熟悉的运用这种手段造出的新词也俯拾即是。如：把"早晨起来进行身体锻炼的活动"命名为"晨练"，把"专门饲养以食其肉为目的的鸡"称为"肉鸡"，把"迷于在电脑网上玩游戏或聊天的人"称为"网虫"，把"专门搞笑的演艺人员"称为"笑星"，把"有防盗功能的门"称为"防盗门"，把"为教师确定的节日"称为"教师节"，把"在大棚里培植生长的菜"称为"大棚菜"，把"夫妻两人都有工作的情况"称为"双职工"等等。

以上各例足以说明，造词活动和人们的认识以及具体的环境条件是有密切关系的，人们根据具体的环境条件，通过认识思维

---

① 康承宗：《颐和园产"国庆桃"》，《北京晚报》1983年10月9日。

而形成概念，从而产生了词形成的基础形式，然后又在此基础上进一步创制出词来。同时以上情况也足以说明，人们在造词时，主要考虑的是用什么名称命名合适的问题，并不是而且也不会去考虑名称的内部结构形式如何，比如用偏正结构还是用主谓结构。

## 二　造词法

### （一）什么是造词法

造词法就是创制新词的方法。给事物命名的行为是造词问题，命名时使用的方法就是造词法问题。人们在造词时，可以根据本民族的语言习惯，掌握和运用现有的语言材料组成各种各样的新词。在组成新词的过程中，人们使用的方法是多种多样的，这些为事物命名创制新词的方法，就称为造词法。

### （二）汉语的造词法

汉语的造词法是多种多样的，现初步归纳为以下几种。

1. 音义任意结合法

音义任意结合的造词方法就是用某种声音形式任意为某种事物命名的方法。这样产生的新词在音义之间，开始并无必然的联系。我们知道，词是一种语言符号，语言符号的音义结合最初都是任意性的，当人们用某种语音形式去指称某种事物的时候，这种语音形式同时就获得了该事物所赋予它的某种意义，音义这样结合后就产生了语言中的词。语言中最早产生的一些词，往往就是用音义任意结合法创制出来的。如：

| 人 | 手 | 足 | 头 | 口 | 日 | 月 |
|---|---|---|---|---|---|---|
| 树 | 山 | 石 | 风 | 雨 | 鸟 | 兽 |
| 牛 | 羊 | 刀 | 车 | 弓 | 桑 | 蚕 |
| 粱 | 稻 | 阴 | 阳 | 大 | 小 | 高 |
| 深 | 一 | 二 | 十 | 百 | 千 | 万 |
| 窈窕 | 崔嵬 | 逍遥 | 婆娑 | 参差 | | |

|  |  |  |  |  |
|---|---|---|---|---|
| 玲珑 | 蜻蜓 | 蟋蟀 | 喇叭 | 霹雳 |
| 含糊 | 徘徊 | 慷慨 | 蚯蚓 | 从容 |

像以上例词，它们的音义之间都无必然的联系，某种事物为什么要用这样的语音形式来表示，人们是无法解释的。

随着社会和语言本身的发展，语言要素的不断丰富，为造词提供了大量的原料，因此，人们运用音义任意结合法造词的情况越来越少了。但是我们也不能否认，这种造词法现在有时还被应用着。如某些化学元素的名称，为什么某种元素要称作"镍"，为什么另一种又要称作"钠"，虽然它的产生也有其一定的基础形式，但是它们的音义之间的结合，恐怕是没有什么道理可讲的。

2. 摹声法

摹声法是用人类语言的语音形式，对某种声音加以模拟和改造，从而创制新词的方法。事实上，这就是把某种声音语言化，使其变成语言中的词。

汉语中的摹声法造词表现为以下两种情况。

一种是模仿自然界事物发出的声音来造词。根据事物发出的声音给事物命名的，如：

|  |  |  |  |  |  |
|---|---|---|---|---|---|
| 猫 | 鸦 | 蛙 | 蛐蛐 | 蝈蝈 | 呼噜 |

根据事物发出的声音创制新词，以描写该事物性状的，如：

|  |  |  |  |  |  |
|---|---|---|---|---|---|
| 哪 | 嗯 | 唉 | 呸 | 哎呀 | 哼哼 | 哈哈 |
| 当 | 咚 | 吱 | 呼 | 咚咚 | 当当 | 吱吱 |
| 呼呼 | 哗哗 | 嗡嗡 | 喳喳 | 汪汪 | | |
| 吧嗒 | 嘎吱 | 嘎巴 | 丁冬 | 丁当 | | |
| 哗啦 | 轰隆 | 当啷 | 噗嗤 | 丁零 | | |
| 轰隆隆 | 哗啦啦 | 噼里啪啦 | 丁丁当当 | | | |

另一种是模仿外族语言中某些词的声音来造词。平常大家都把这类词称为音译词。事实上，音译词就是一种摹声造词，只是它模拟的对象是外语词的声音罢了。如：

咖啡（coffee）　　沙发（sofa）

夹克（jacket）　　吉普（jeep）

巴黎（Paris）　　马拉松（marathon）

以上两种情况虽然模拟的对象不同，但它们却有一个共同的特点，那就是它们都是用汉语的语音形式对这些被模拟的声音加以改造，以使它们符合汉语语音的特点。这种模拟改造的过程，就是用摹声法造词的具体过程。

3. 音变法

音变法是通过语音变化的方法创制新词。汉语中的儿化韵造词就是一种音变造词的方法。如：

盖（gài 盖住的盖，动词）

——盖儿（gàir 瓶盖的盖，名词）

扣（kòu 扣上的扣，动词）

——扣儿（kòur 扣子的扣，名词）

铲（chǎn 铲除的铲，动词）

——铲儿（chǎnr 铁铲的铲，名词）

黄（huáng 黄色的黄，形容词）

——黄儿（huángr 蛋黄的黄，名词）

尖（jiān 尖细的尖，形容词）

——尖儿（jiānr 针尖的尖，名词）

个（gè 一个人的个，量词）

——个儿（gèr 个子的个，名词）

本（běn 根本的本，名词；一本书的本，量词）

——本儿（běnr 本子的本，名词）

此外，像汉语中的"好（hǎo 好坏的好）—好（hào 爱好的好）""传（chuán 传递的传）—传（zhuàn 传记的传）""见（jiàn 看见的见）—见（xiàn 同现）"等情况应当也是一种音变造词的现象。这种情况多为多义词的义项通过音变而独立成词。

这里应该说明：儿化韵是把"er"用在其他韵母的后面，使这一韵母变为卷舌韵母的现象，从当前的普通话看，它是发生在一个音节范围之内（即已侵入音节）的音变情况。因此，由这种变化而产生新词是一种音变法造词。目前汉语研究中，一般都把儿化韵中"儿化"的部分，作为一个独立的后缀词素看待，这种看法是应该商榷的。词素是独立的造词单位，它应该有独立的音节作为自己的语音形式，然而"儿化"却只能在别的音节中，和另外的韵母结合在一起形成卷舌韵母，而不是在这韵母之后自成音节，因此，"儿化"只能是在一个音节中发生的音变现象，不应当把"er"作独立的后缀词素看待。当然，如果"er"在其他音节后自成音节，如儿歌"风儿吹，鸟儿叫，小宝宝，睡醒了"中"风儿""鸟儿"的"儿"，就可以作后缀词素看待，因为这已不属于儿化韵的问题了。

音变造词是改变语音形式产生新词的方法。虽然它也是由新的语音形式和某种意义结合成词，但是，它和音义任意结合的造词方法却完全不同。音变造词都是在某个原有词的基础上，通过语音方面的某些改变，形成新的语音形式，表示着与原词词义既有关联又不相同的意义，从而产生出独立的新词。所以通过音变造词法产生的新词，和原来充当基础的旧词，在意义上总要存在着某种程度的联系。音义任意结合法造出的新词却无这种情况，因此，要注意把这两种造词法区分清楚。

4. 说明法

说明法是通过对事物加以说明从而产生新词的造词方法。人们给事物命名时，为了使大家对该事物能有所了解，就用现有的语言材料对事物做某些说明，并以此确定名称产生新词。这样产生的新词，词义一般都比较明确，容易理解，因此，这是一种为人们经常应用的造词方法。

汉语的说明造词法，往往由于人们说明的角度不同而表现出一些不同的情况。常见的有以下几种。

从事物的情状方面进行说明。如：

| | | | | |
|---|---|---|---|---|
| 国营 | 年轻 | 自动 | 地震 | 口红 |
| 起草 | 知己 | 庆功 | 签名 | 争气 |
| 举重 | 删改 | 简练 | 赞扬 | 胆怯 |
| 抓紧 | 洗刷 | 看见 | 提高 | 放大 |
| 脑溢血 | 胃溃疡 | 肝硬化 | 肺结核 | |
| 落花生 | 超声波 | 二人转 | 婴儿安 | |

从事物的性质特征进行说明。如：

| | | | | |
|---|---|---|---|---|
| 方桌 | 优点 | 弹簧 | 硬席 | 石碑 |
| 理想 | 午睡 | 晚会 | 甜瓜 | 谜语 |
| 函授 | 铅笔 | 绿茶 | 热爱 | 笔直 |
| 前进 | 重视 | 高级 | 国旗 | 钢板 |
| 木偶戏 | 胶合板 | 丁字尺 | 武昌鱼 | |
| 大理石 | 电动机 | 回形针 | 石棉瓦 | |

从事物的用途方面进行说明。如：

| | | | | |
|---|---|---|---|---|
| 雨衣 | 燃料 | 烤炉 | 书桌 | 护膝 |
| 围脖 | 顶针 | 裹腿 | 餐具 | 耕地 |
| 医院 | 牙刷 | 枕巾 | 浴盆 | 陪嫁 |
| 保温瓶 | 消毒水 | 织布机 | 托儿所 | |
| 洗衣粉 | 抽水机 | 吸铁石 | 扩音器 | |
| 收割机 | 避雷针 | 消炎片 | 漱口水 | |

从事物的领属方面进行说明。如：

豆芽　鱼鳞　牛角　树叶　日光
羊毛　虎皮　盒盖　瓶口　笔尖
床头　刀把　瓜子　衣领　灯口
屋顶　猪肝　象牙　鞋带　刀刃
火车头　细胞核　桂圆肉　棉花种
白菜心　橘子皮　鸡蛋黄　丝瓜瓤

从事物的颜色方面进行说明。如：

红旗　绿豆　紫竹　黄铜　白面
白云　蓝天　紫菜　白酒　黄土
青红丝　黑猩猩　红领巾　红绿灯
红药水　黄花菜　白眼珠　紫丁香
黑穗病　黄刺玫　黑板报　红蜘蛛

用数量对事物进行说明。如：

二伏　两岸　两可　三角　三秋
四时　五代　五律　六书　七绝
八卦　九泉　十分　十足　百般
百姓　千金　千秋　万物　万能
一言堂　二重奏　三合土　四边形
五角星　六弦琴　七言诗　八宝饭
九重霄　十三经　百日咳　千里马

通过注释的方法进行说明。有用所属物类注释说明的，如：

菊花　芹菜　茅草　淮河　蝗虫
鹞鹰　松树　父亲　心脏　糯米
牡丹花　白杨树　水晶石　乌贼鱼

吉普车　芭蕾舞　桑拿浴　比萨饼

有用单位名称注释说明的，如：

人口　纸张　房间　马匹　船只
车辆　枪支　案件　花朵　信件
钢锭　书本　花束　米粒　石块

有用事物情状进行注释说明的，如：

静悄悄　白茫茫　恶狠狠　亮晶晶
光秃秃　呆愣愣　笑嘻嘻　雾蒙蒙
喘吁吁　泪汪汪　冷冰冰　颤悠悠
赤裸裸　响当当　好端端　明晃晃
沉甸甸　矮墩墩　娇滴滴　黑沉沉

运用语言中习用的虚化成分，对原有词的意义做某些改变以说明事物。如：

聋子　乱子　日子　腰子　推子
想头　看头　甜头　劲头　盼头
哑巴　岸然　油然　几乎　在乎
黑乎乎　红乎乎　酸溜溜　灰溜溜

“黑乎乎”一类词，在形式上和前面的“静悄悄”等很相似，但情况却不相同。“静悄悄”“白茫茫”中后面的重叠形式，都是具有实在的词汇意义的词素，它们对前面的主要词素起着描写的作用，如“汪汪”“晶晶”等。有的还可以独立成词，如“悄悄地走了”“茫茫的大海”等。“黑乎乎”中后面的重叠形式却不是这样，它们只是语言中习用的虚化成分而已。

除以上情况外，人们还可以从各种不同的角度用说明法造词，说明法比较灵活，能适应多方面的造词要求，因此，它是一种能产力很强的造词方法。

5. 比拟法

比拟法就是用现有的语言材料，通过比拟、比喻等手段创制新词的方法。这样创制的新词，有的整个词就是一个完整的比喻。如：

　　龙头　龙眼　佛手　螺丝　下海

　　鸡胸　银耳　猴头　鸡眼　虎口

　　蚕食　骑墙　贴金　琢磨　鸟巢（指奥运场馆）

　　仙人掌　纸老虎　拴马桩（生在耳前的肉柱）

有的是新词的一部分是比喻成分。如：

　　木耳　雪花　木马　天河　虾米

　　板油　云梯　瓜分　林立　冰冷

　　火热　笔直　雪白　墨黑　杏黄

　　蜂窝煤　狮子狗　鸭舌帽　喇叭花

　　金丝猴　牛皮纸　鸡冠花　笑面虎

6. 引申法

引申法是运用现有的语言材料，通过意义引申的手段创制新词的方法。如从"打开"和"关上"的动作，联想引申而把"操纵打开和关上的对象"称作"开关"，就是运用了引申造词的方法。其他如：

　　收发　领袖　口舌　骨肉　山水

　　裁缝　组织　出纳　是非　左右

　　锻炼　针线　规矩　爪牙　见闻

　　手足　唇舌　江湖　江山　岁月

　　网罗　身手　矛盾　天地　笔墨

经过词义引申分化而形成新词，也是一种引申造词的情况。如"年"原为"谷熟"的意思，后来根据谷熟间隔的时间，又引申分化出表示"三百六十五天"的"年"，结果使两个"年"形成同音词，从而产生新词。以下各例也是这种情况。如：

岁（岁星）——岁（年岁）

月（月亮）——月（三十天左右的时间）

日（太阳）——日（一天的时间）

刻（雕刻的刻）——刻（十五分钟叫作一刻）

钟（金属制成的响器）——钟（计时的器具）

### 7. 双音法

双音法是通过双音化产生新词的方法。双音造词法是随着汉语词汇向双音化发展而出现的一种造词方法，它也是在现有语言材料的基础上进行造词的。现代汉语中常见的双音化造词有以下几种情况。

（1）在原有单音词的基础上，采用重言的形式产生双音化的词，新词的意义和原单音词的意义完全一样或基本相同。如：

妈妈　爸爸　伯伯　姑姑　叔叔

嫂嫂　哥哥　姐姐　弟弟　妹妹

星星　炯炯　恰恰　渐渐　悄悄

茫茫　耿耿　草草　纷纷　忿忿

蠢蠢　活活　匆匆　常常　汩汩

（2）在原有单音词的基础上，采用重言的形式产生双音化的词，新词的意义和原单音词的意义基本不同。如：

爷爷　奶奶　宝宝　万万　通通

断断　往往　在在　落落　区区

历历　斤斤　源源　翼翼　涓涓

津津　济济　昂昂　堂堂　熊熊

（3）将原有的意义相同、相近或相关的单音词联合而成为双音化的词，新词的意义与原来单音词的意义形成意义相同或相近的关系。如：

道路　朋友　语言　旗帜　人民
英雄　年岁　睡眠　包裹　世代
脸面　坟墓　购买　增加　依靠
更改　生产　解放　爱好　斥责
斟酌　书写　帮助　学习　批改
答复　把持　集聚　洗刷　喜悦
寒冷　弯曲　美丽　繁多　宽阔
孤独　伟大　艰难　富裕　寂静

（4）在原有单音词的基础上，附加上语言中习用的虚化成分，从而形成双音化的词，新词的意义和原单音词的意义完全相同。如：

石头　木头　砖头　舌头　指头
桌子　椅子　帽子　裙子　碟子
尾巴　盐巴　泥巴　忽然　竟然
突然　老师　老虎　老鹰　老鼠
阿姨　阿婆　第一　第三　初五

通过以上四种情况可以看出，双音法都是在原有单音词的基础上，经过双音化从而产生新词。随着语言的发展，这些充当基础形式的单音词，有的后来仍然可以作为词被独立运用，有的则只能充当词素而不能再成为独立的词了。但是，当这些成分最初作为基础词形成双音词的时候，应该承认，它们当时都是作为独立的单音词存在于语言之中的。

8. 简缩法

简缩法是一种把词组的形式，通过简缩而改变成词的造词方法。汉语中有部分事物的名称是用词组的形式表示的，由词组简缩成词，也是新词产生的途径之一。如"山大"就是把"山东大学"中每个词的第一个词素抽出来简缩而成的。"扫盲"则是把"扫除文盲"中第一个词的第一个词素，和第二个词的第二个词素抽出来简缩而成的。汉语中简缩造词的方法多种多样，各种简缩词如：

土地改革——土改

文化教育——文教

旅行游览——旅游

支部书记——支书

人民警察——民警

外交部长——外长

整顿作风——整风

历史、地理——史地

青年、少年——青少年

指挥员、战斗员——指战员

支部委员会——支委会

少年先锋队——少先队

人民代表大会——人代会

政治协商会议——政协

北京电影制片厂——北影

供销合作社——供销社

新华通讯社——新华社

父亲、母亲——双亲

百花齐放、百家争鸣——双百

身体好、工作好、学习好——三好

　　阴平声、阳平声、上声、去声——四声
　　农业现代化、工业现代化、国防现代化、科学技术现代化——四化

　　用简缩法造出的词，因为是对原有的词组简缩而成，所以新词的意义和原词组的意义是完全相同的。由于简缩手段的不同，所以有的简缩词从表面形式上即可以看出其意义来，如"文化教育"简缩为"文教"，"彩色电视机"简缩为"彩电"，简缩词的意义和原词组的意义完全相同是一目了然的。但是也有的简缩词由于在简缩过程中，使用的简缩方法有所差异，使其表面形式发生了或多或少的略显复杂的变化，这样的简缩词其意义就不是那么明确了，如用数字概括的方法而形成的简缩词"三好""四声"等，只从表面形式看，很难了解"三好"指的是"身体好、工作好、学习好"，"四声"指的是"阴平、阳平、上声、去声"等。所以对这类词的词义，就需要对应充当其基础形式的原词组意义，进行一番解释和了解的工作。

　　需要说明的是，我们在这里谈的是简缩法造词，其实用简缩手段简缩而成的成分不一定都是词，有的仍然是被简缩了的词组，如"四个现代化"就是由"农业现代化、工业现代化、国防现代化、科学技术现代化"简缩而成的词组，"四化"一词则是由"四个现代化"进一步简缩而来，事实上只从"四个现代化"的表面形式看，它表示的意义也是不明确的，像这样的情况，对简缩词"四化"的原词组形式就应该一层层地追溯下去，一直追溯到"农业现代化、工业现代化、国防现代化、科学技术现代化"为止，只有这样，才能对它所表示的意义有准确无误的理解。

　　汉语的造词方法丰富多彩，以上只是简要地谈了几种常见的方法。把汉语的造词法全面细致地分析整理出来，还是今后词汇研究中一个不可忽视的任务。

造词活动具有广泛的社会性，社会上的任何成员都可以创制新词，这正是体现了语言全民性的一个方面。社会成员造出的新词，只要能为社会约定俗成，就可以作为语言成分被保留下来，语言本身也因此而得到了不断的丰富和发展。

## 第 3 节　构词和构词法

### 一　构词概说

所谓构词是指词的内部结构问题。它的研究对象是已经存在的词。对现有词的内部结构进行观察和分析，总结出词的内部结构规律，这就是构词问题研究的范围和内容。

构词问题和造词问题不同。因为造词是人们适应社会交际的需要而进行的一种活动，所以社会上的每一个成员都可以进行造词，对造出的新词，每个成员都要接触它，使用它，并参与对它的约定俗成活动。可是构词问题却不是这样。因为人们在社会生活中，关心的是需要某个词，创造和使用某个词，但是并不关心词的内部结构形式如何。因此，研究构词问题就往往成了某些人科学研究范围内的事情，它的活动领域要比造词问题狭窄得多。当然这些研究成果会为人们所接受，因为它们不但使人们能够更清楚地认识词、分析词，同时也能为人们的造词活动提供可遵循的规律和科学的根据。随着科学知识的普及和人们文化水平的提高，这些科学成果将会越来越发挥出应有的作用。

### 二　构词法

构词法指的是词的内部结构规律的情况，也就是词素组合的方式和方法。语言中的每一个词都是构词法研究的对象，对每一个词都可以从构词的角度做内部结构的分析。如"插秧机"一词，从构词的角度分析，它是一个偏正式的复合词，"插秧"是偏的部分，"机"是正的部分，"插秧"是限定说明"机"的。进一步分析，偏的部分"插秧"的内部结构又是一种动宾式，"插"是动的部分，"秧"是宾的部分。

汉语的构词法可以从以下几个方面进行分析。

## （一）语音形式方面

### 1. 从音节的多少分析，可分为单音词和多音词

由一个音节构成的词称为单音词。如"天、地、人、手、树、鸟、车、船、红、绿、高、长、一、二、千、百"等等。

由两个或两个以上的音节构成的词称为多音词。其中两个音节的称双音词或复音词，如"人民、哲学、宇宙、客观、生活、趣味、风景、建筑、鸳鸯、麒麟、凤凰、栩栩、炯炯、坦克、纽约、卡片"等等。三个音节和三个音节以上的多音词，如"世界观、修辞学、交响乐、电视机、圆珠笔、霓虹灯、摩托车、布谷鸟、资本主义、南斯拉夫、奥林匹克、布尔什维克"等等，其中三音节的词一般也可称为三音词。

### 2. 从音节之间的结构关系分析，可分为重叠式和非重叠式

词的语音形式是由音节重叠而成的叫作重叠式。一个词的每个音节都加以重叠的叫作全部重叠式。其中单音节重叠的，如"弟弟、妹妹、星星、往往、哗哗、喋喋、侃侃、冉冉、巍巍、孜孜、翩翩、渐渐、耿耿、茫茫、悄悄、源源、草草、区区、娓娓、谆谆、迢迢"等等；双音节分别重叠的，如"花花绿绿、星星点点、战战兢兢、唯唯诺诺、婆婆妈妈、病病歪歪、密密麻麻、满满登登、兢兢业业、影影绰绰、浑浑噩噩"等等。一个词中只有部分音节进行重叠的叫作部分重叠式，如"绿油油、喘吁吁、雾蒙蒙、凉飕飕、冷丝丝、黑糊糊、活生生、泪汪汪、美滋滋、假惺惺、毛毛雨、哈哈镜、麻麻亮、甜兮兮、红乎乎、酸唧唧、滑溜溜"等等。

词的几个音节不相同的就是非重叠式的词。如"论题、偶

像、品质、人格、精神、物质、希望、鼓动、爽快、充沛、辽阔、刊物、图书馆、打印机、天文台、日光灯、向日葵、拖拉机、吉普车"等等。非重叠式的双音词中，有一部分词又有双声或叠韵的关系。

双音词的两个音节声母相同者称为双声。如"伶俐、蜘蛛、参差、踌躇、澎湃、坎坷、仿佛、玲珑、忐忑、含糊、蹊跷、忸怩"等等。

双音词的两个音节韵母相同者称为叠韵。如"逍遥、混沌、嘟噜、吧嗒、朦胧、苗条、徘徊、霹雳、蹉跎、轱辘、葫芦、迷离"等等。

在我国传统语言学中，只有由一个词素构成的双音词，才分析其双声或叠韵的关系，对由两个词素构成的双音词，一般都不做双声或叠韵方面的分析。

## （二）词素的多少方面

词是由词素构成的，从词素的多少方面分析，又有单纯词和合成词之分。

由一个词素构成的词称为单纯词。如"笔、书、纸、画、看、热、琵琶、孑孓、萝卜、糊涂、咖啡、夹克、意大利、喀秋莎、孟什维克、奥林匹克"等。

由两个或两个以上的词素构成的词称为合成词。如"木头、房子、老虎、阿姨、映衬、贯通、成因、欢迎、春分、槐树、文化宫、研究生、世界观、日光灯、红彤彤、亮晶晶"等。

## （三）词素的性质及组合方式方面

词由词素构成，词素的性质不同，或者词素之间的组合关系不同，就会直接影响到形成各种不同的构词方式。

由一个词素构成的单纯词，它的词素必然由词根词素充当，这类词当然没有组合关系问题。

由两个或两个以上词素构成的合成词，情况就复杂得多。汉语中合成词的构词方式有以下几种。

1. 词根词素和词缀词素相组合。这种合成词，通常都称作派生词。如：

前缀 + 词根：

老鹰　老虎　老师　阿姨　第一

第三　初五　初十

词根 + 后缀：

帽子　房子　石头　锄头　猛然

忽然　泥巴　盐巴　合乎　似乎

敢于　属于　扭搭　甩搭　敞搭

姑娘家　孩子家　红乎乎　酸溜溜

2. 词根词素相组合。这种合成词，通常都称作复合词。这类词的几个词根都是根据句法的结构规则组合在一起的，可表现为以下几种方式。

（1）联合式：两个词素之间的关系是平等并列的。

同义联合的，如：

朋友　道路　根本　把握　将领

语言　泥土　声音　包裹　坟墓

离别　制造　行走　倒退　积累

打击　爱好　依靠　把持　斟酌

明亮　艰难　富裕　美丽　宽阔

反义联合的，如：

来往　始终　天地　收发　出纳

是非　反正　伸缩　褒贬　贵贱

得失　长短　开关　深浅　高低

今昔　安危　好歹　利害　买卖

上下　多寡　轻重　冷热　左右

意义相关联合的，如：

豺狼　领袖　骨肉　禽兽　江湖
眉目　岁月　皮毛　心血　山水
人物　窗户　干净　热闹　妻子
描写　琢磨　记载　保管　爱惜
安乐　清凉　柔软　简明　笨重

（2）偏正式：两部分词素之间是修饰和被修饰的关系。如：

汉语　红旗　同学　特写　奇迹
飞机　公路　电车　开水　收条
导师　宋词　西医　防线　跑鞋
重视　沉思　狂欢　欢迎　长跑
热情　绝妙　美观　雪白　笔直
生产力　人造丝　中山服　梅花鹿
木偶戏　计算机　纪念碑　羽毛画
玻璃窗　葡萄干　哈哈镜　毛毛雨

（3）补充式：两个词素之间是补充被补充、注释被注释的关系。分注释型和动补型两种形式。

①注释型有以下几种情况。

有用所属物类进行注释说明的，如：

松树　柳树　韭菜　芹菜　蝗虫
梅花　菊花　淮河　汾河　玉石
鲤鱼　鲫鱼　茅草　鸱鹰　糯米
月季花　水晶石　茅台酒　水仙花

有用事物单位名称进行注释说明的，如：

　　船只　枪支　钢锭　书本　纸张

　　车辆　人口　房间　花朵　花束

　　马匹　布匹　米粒　钟点　银两

　　灯盏　地亩　事件　稿件　信件

**有用事物情状进行补充说明的，如：**

　　白茫茫　静悄悄　凉飕飕　恶狠狠

　　笑嘻嘻　笑哈哈　喘吁吁　呆愣愣

　　雾蒙蒙　冷冰冰　泪汪汪　乐悠悠

　　水淋淋　灰蒙蒙　亮晶晶　直挺挺

②动补型的，如：

　　提高　改进　离开　撕毁　降低

　　削弱　隔绝　揭露　放大　缩小

　　分清　说明　推动　改正　冲淡

　　促成　记住　打倒　保全　延长

　　推翻　推进　克服　说服　抓紧

　　遇见　改良　立正　革新　扩大

（4）动宾式：两个词素之间是支配和被支配的关系。如：

　　知己　顶针　董事　司机　理事

　　描红　裹腿　围脖　护膝　迎春

　　隔壁　贴心　立夏　管家　连襟

　　埋头　起草　整风　动员　担心

　　负责　留意　出版　失踪　避难

　　剪彩　出气　接力　失眠　毕业

　　怀疑　冒险　抱歉　观光　吹牛

　　露骨　耐烦　得意　安心　吃力

（5）主谓式：两个词素之间是陈述和被陈述的关系。如：

秋分　霜降　地震　山崩　海啸
日食　蝉蜕　口红　事变　心得
自觉　胆怯　面熟　眼红　性急
心寒　气馁　人为　风凉　发指
神往　锋利　声张　肉麻　手软
肩负　自动　目击　耳鸣　自杀
心绞痛　肾结石　肝硬化　脑溢血
肺结核　胃下垂　炎得平　痛可宁

（6）重叠式：两个词素之间是重合关系。汉语中的重叠形式的词比较多，复合词中的重叠式，其特点是由词根词素重叠而成，而且绝大部分的词，其意义都与其组成成分的词根词素的意义有着一定的联系。如：

妈妈　姑姑　星星　杠杠　点点
渐渐　悄悄　茫茫　沉沉　重重
婆婆妈妈　星星点点　满满登登
颤颤巍巍　战战兢兢　病病歪歪

## 三　造词构词分析

造词和构词、造词法和构词法既然都不相同，这就使人们有可能从更多的方面对词进行分析和研究。对任何一个词，我们都可以从造词和造词法的角度，去探讨和了解它的产生原因和途径，也能够从构词和构词法的角度，去探讨和了解词的存在形式及其内部结构规律。

下面就从这两个方面对某些词做一分析。

| 例词 | 造词法 | 构词法 |
|------|--------|--------|
| 人 | 音义任意结合法 | 单音词，单纯词 |
| 扣儿（kòur） | 音变法 | 单音词，单纯词 |
| 沙沙 | 摹声法 | 双音词，单纯词，重叠词 |
| 参差 | 音义任意结合法 | 双音词，单纯词，双声词 |
| 腼腆 | 音义任意结合法 | 双音词，单纯词，叠韵词 |
| 劲头 | 说明法 | 双音词，合成词，词根加后缀的派生词 |
| 阿姨 | 双音法 | 双音词，合成词，词根加前缀的派生词 |
| 石头 | 双音法 | 双音词，合成词，词根加后缀的派生词 |
| 摇篮 | 说明法 | 双音词，合成词，偏正式的复合词 |
| 龙眼 | 比拟法 | 双音词，合成词，偏正式的复合词 |
| 三好 | 简缩法 | 双音词，合成词，偏正式的复合词 |
| 扫盲 | 简缩法 | 双音词，合成词，动宾式的复合词 |
| 失望 | 说明法 | 双音词，合成词，动宾式的复合词 |
| 神往 | 说明法 | 双音词，合成词，主谓式的复合词 |
| 建筑 | 双音法 | 双音词，合成词，同义联合式的复合词 |
| 成败 | 引申法 | 双音词，合成词，反义联合式的复合词 |
| 骨肉 | 引申法 | 双音词，合成词，意义相关联合式的复合词 |
| 柳树 | 说明法 | 双音词，合成词，注释说明式的复合词 |
| 改正 | 说明法 | 双音词，合成词，动补式的复合词 |
| 眼睁睁 | 说明法 | 多音词，合成词，部分重叠式，补充说明式的复合词 |
| 红乎乎 | 说明法 | 多音词，合成词，词根加重叠后缀的派生词 |

从以上分析中可以看出，造词法相同的词，构词法却不相同；同时，构词法相同的词，造词法又有所区别。因此，对词分别进行造词和构词的分析是非常必要的。

在汉语实际中，词的造词和构词分析要比以上例词复杂得多。有时在一个词中，往往会表现出多种造词法或多种构词法结合运用的情况。

造词法的结合运用情况，如"万年青"一词是说明"一种植物是常青的"的情况，可认为是说明法，但用"万年"来说明"常青的情况"，又有比喻的性质，所以应该认为人们造"万年青"一词时，是运用了"说明"和"比拟"相结合的造词方法。又如"乒乓球"一词是表示某一种球，它是用"乒乓"说明"球"的，应属于说明法造词，但是它的说明部分"乒乓"又是摹声而来，因此，"乒乓球"一词是用"说明"和"摹声"相结合的方法造成的。

构词法的结合运用情况，如"脑溢血"一词，它是由三个词素构成的，"脑"与"溢血"是主谓关系，"溢"与"血"又是动宾关系，事实上，"脑溢血"一词也同时具有主谓和动宾两种结构方式，只是按照汉语语法分析的习惯，它首先应以主谓为主要方式罢了。

此外，从词的结构层次方面进行分析，也能够发现一个词可以具有几种不同的造词法和构词法。如"三好生"一词，从造词方面看，第一层"三好"和"生"的组合是说明法，第二层"三"和"好"的组合却是简缩法；从构词方面看，第一层"三好"和"生"的组合结构是偏正式，第二层"三"和"好"的组合结构也是偏正式。又如"朝阳花"一词，从造词方面看，第一层"朝阳"和"花"的组合是说明法，第二层"朝"和"阳"的组合也是说明法；从构词方面看，第一层"朝阳"和"花"的组合结构是偏正式，第二层"朝"和"阳"的组合结构却是动宾式。由此可见，对词进行造词构词分析也是一个非常细致的问题。

## 第4节　造词构词的逻辑基础

### 一　造词构词具有共同的逻辑基础

社会上的造词活动都是在人们的认识和现有语言要素的基础

上进行的，人们的认识情况和思维规律，决定着被造成的词的根本面貌。由于语言和思维的密不可分的关系，所以人们的认识情况和思维规律，又往往要通过语言的形式反映出来。前面所谈的各种造词方法，就充分说明了人们造词时的种种认识活动。通过各种造词方法产生出来的新词，也完全表示了人们在造词时，由于种种认识活动而形成的新概念。同时，人们的思维规律也会很自然地通过词的内部结构形式，用语法方面的各种规则表现出来。因此，造词时的思维规律的可理解性，就赋予了构词规律的可分析性，人们造词时的思维活动和结果，与构词中反映出来的情况是一致的，所以，造词和构词具有共同的逻辑基础，造词法和构词法也具有共同的逻辑规律。例如"地震"和"电动"两个词，它们的第一个词素都是名词性的，第二个词素都是动词性的；它们都是用说明法造出来的词。但是在构词分析中，"地震"被认为是主谓式的复合词，"电动"却被认为是偏正式的复合词。为什么会出现这种情况呢？原因就在于，人们造"地震"一词时，思维活动的情况是要说明"地震动了"，因此，就要用一种判断的形式来表示它，反映在语法规则上就是主谓式；"电动"一词的情况却与此不同，人们造"电动"一词时，绝不是要说明"电震动了"而是要说明一种"动"的情况，这种"动"是由于"电"的原因形成的，所以"电动"就要用限定和被限定的关系来表示，反映在语法规则上就是偏正式结构。由此可见，造词时的思维活动以及它所形成的词的基础形式，和构词中的结构规律是相互联系密不可分的。

## 二　汉语造词构词逻辑基础的具体分析

由于语言和思维毕竟是不同的，所以语言的规则和逻辑的规律也不可能完全等同，因此，词素之间的逻辑关系反映在构词规律上，就不可能形成一对一的简单的吻合，而是表现为一种错综复杂的对应。

综观汉语造词构词的逻辑基础，也非常细致复杂。现在仅以现代汉语中的双音词为例，试做如下分析。

## （一）同一关系

同一关系是指两个概念的外延相符合，或者大部分是相符合的。汉语中凡是在概念的同一关系的基础上造成的词，反映在构词上就是同义联合式的词。如：

> 美丽　增加　积累　帮助　丢失
> 制造　道路　依靠　购买　寒冷

这类词的两个词素所表示的概念，它们的外延都是基本一致的，如"美丽"的两个词素，都是表示"漂亮、好看"的概念，两者的外延基本相符合，因此，表示这两个概念的词素"美"和"丽"才能组合成词。概念的同一关系就是这类词的词素得以组合的逻辑基础。

建立在概念的同一关系上组成的新词，一般说来，它的意义都是由词素的意义相互补充融合而成。新词的意义和各词素的意义是一致的，它们之间是一种同义的关系。

## （二）同位关系

同位关系是指两个不相同但却相关的概念，它们都是属于同一个类概念之下的种概念，两者处于同等位置的关系之中。汉语中凡是在这种概念的同位关系的基础上造成的词，反映在构词上，就是联合式中意义相关联合式的词。如：

> 豺狼　书报　笔墨　学习　批改
> 钢铁　粮草　禽兽　针线　花草

"豺狼"是由"豺"和"狼"组成的，"豺"和"狼"表示的是两个不相同的概念，但对于"猛兽"这一类概念来说，它们却是两个处于同等位置的种概念，所以"豺"和"狼"是同位关系。

人们思维规律中概念之间的同位关系，就是这类词词素组合的逻辑基础。

在同位关系的基础上组成的新词，一般说来，它的意义往往是在两个词素意义的基础上相互补充、融合深化而成，但情况又不完全相同。有一部分新词的意义，和两个同位种概念所共同隶属的类概念的意义相当或相关。如"豺狼"是"凶恶的猛兽"的意思，和"猛兽"的意思是相当的。"书报"的意义指"图书报刊"，和"书""报"隶属的类概念"供学习阅读的东西"的意义也是相关的。还有一部分新词，它的意义则要受到语言内部或社会使用方面的某些制约，在融合深化的过程中，得到新的发展。如"笔墨"的意义就已经不是指"书写的工具"，而是引申为指称书写出来的东西——"文字或文章"了。又如"领袖""爪牙""口舌""人物""窗户""干净"等词也是这样的情况。这些词都是在同位关系的基础上组合词素而成的，只是像"领袖""爪牙""口舌"等，它们都是在原词素意义的基础上，通过引申和比喻，形成了一个新的意义，表示了一个与原来两个词素所表示的完全不同的新概念。"人物""窗户""干净"等词的情况则有所不同，由于它们的成词途径不同，结果使它们完全发展成了偏义词，新词的意义只能和一个词素的意义相吻合，另一个词素的意义则消失了。但是，尽管如此，我们却不能否认，这类词词素组合的逻辑基础，仍然是两个词素所表示的概念之间的同位关系。

## （三）对立关系

对立关系是指概念的矛盾关系和反对关系来说的。

矛盾关系是指包含在同一个类概念的外延之内的两个概念，它们的外延互相排斥。而它们的外延相加就等于所属的类概念的外延。如"生死"中的"生"和"死"，它们的外延是互相排斥的，但两者却都包含在"生存和死亡"的类概念的外延之内。

反对关系是指包含在同一个类概念的外延之内的两个概念，

它们在外延上也是互相排斥的，但是它们的外延相加要小于所属的类概念的外延。如"甘苦"中的"甘"和"苦"就是这种情况，"甘"和"苦"在外延上互相排斥，但却都属于"味"这一类概念的外延之内，然而，"甘"和"苦"的外延相加，却要小于"味"的外延。

无论是矛盾概念还是反对概念，由于它们在外延上是互相排斥的，所以它们在内涵上都是对立的，都处在相互对立的关系之中。汉语中凡是在这种对立关系的基础上造成的词，反映在构词上，就是联合式中反义联合式的词。如：

多少　呼吸　来往　开关　出纳
长短　深浅　收发　始终　左右

这类词的词素都表示了一对互相对立的概念。如"多"和"少"所表示的两个概念，在外延和内涵方面都是明显对立的，但两者却共同包含在"量"这一类概念的外延之中。

在对立关系的基础上组成的新词，词义的情况比较复杂。有一部分词，它的词义就反映了词素表示的两个概念所共同从属的类概念。如"呼吸"就是"呼"和"吸"共同从属的类概念。也有一部分词，它的词义除了可以表示类概念外，同时还可在此基础上得到新的发展，进一步表示某种事物或情况。如"长短"，它除可以表示类概念"长度"以外，还可以表示"意外的事故"和"是非"等。另外还有一部分词，它的词义并没有表示类概念，而是表示了与词素所表示的概念有关的事物。如"开关"的意义就是这样，它只是表示了与"开""关"的动作有关的用来进行开关的事物名称罢了。

**（四）从属关系**

从属关系是指外延较小的种概念，可以包含在外延较大的类概念之内，种概念从属于类概念，两者是从属关系。汉语中凡是在这种概念关系的基础上造成的词，反映在构词上，就是补充式中用物类注释说明的一类词。如：

鲤鱼　柳树　梅花　芹菜　淮河
茅草　玉石　蝗虫　鹞鹰　菊花

这类词的两个词素所表示的概念就是种概念和类概念的从属关系。如"梅"原来就是一种花的名称，"梅"是"花"的种概念，"花"是"梅"的类概念，所以"梅"和"花"是从属的关系。

通过从属关系组成的新词，它的意义都是和表示种概念的词素的意义一致的。从构词的角度看，表示类概念的词素，对表示种概念的词素，在意义上起了注释和补充说明的作用。

（五）限定关系

限定关系是指甲乙两个概念，其中甲概念是主要的，乙概念对甲概念起着限定说明的作用，从而使被限定说明的甲概念，在增加了内涵的情况下，从一个外延较大的概念，过渡成为一个外延较小的概念。所以通过限定关系形成的组合体，就会使外延较宽的类概念，形成外延较窄的种概念。从词的情况看，凡在限定关系上组成的新词，它所表示的概念，都是它的主要词素所表示的概念的种概念。如"汉语"就是"汉"和"语"在限定关系的基础上组合成的，"汉"对"语"加以限定说明，结果"汉语"表示的概念，就是"语"所表示的概念的种概念，"汉语"和"语"是种概念和类概念的关系。汉语中凡是在概念的限定关系的基础上造成的词，反映在构词上就是偏正式的词。如：

电扇　胶鞋　公路　飞机　红旗
台灯　主观　奇迹　狂欢　雪白

在限定关系的基础上组成的词，汉语词汇中是大量存在的，如同是"桌"，"方桌""圆桌"是从形状方面，用"方""圆"对"桌"加以限定，"饭桌""书桌"则是从用途方面，用"饭"和"书"对"桌"加以限定。人们可以从不同的角度，对各种不同的事物进行限定，从而把两个表示不同意义的词素，组合在一起形成新词。

当然，语言和逻辑是不同的，所以，语言中的词形成以后，有一部分词的意义，在社会运用和约定俗成中，往往又出现了新的变化和发展。如"红旗""白旗"等成词以后，它们的意义就不再单纯地表示"红的旗"和"白的旗"了，而是意义更加抽象化，具有了"象征革命"和"表示投降"等更加丰富深刻的新内容。

汉语的偏正式构词中还有一部分词，它的词素组合虽然也建立在概念的限定关系的基础上，但是和前面所谈的情况却不完全相同。如"雪白""冰凉""墨黑""火热"等。这类词的两个词素所表示的概念之间，往往存在着一种比喻式的限定关系，表示喻体的概念对表示被喻体的概念加以限定，如"像雪一样白""像冰一样凉"等。这样产生的新词所表示的概念，比原词素中表示的被限定的概念，在意义上起了进一步加强的作用（这类词都不需要再用"很"来修饰），但两者却未形成种概念和类概念的关系。

除偏正式构词外，在概念的限定关系的基础上进行造词的，还有补充式中用事物单位名称注释说明的一类词。如：

> 布匹　　纸张　　房间　　人口　　船只
> 车辆　　事件　　花朵　　枪支　　书本

这类词的词素也表示了两个不同的概念，其中后一个表示事物单位的概念，对前一个表示事物的概念加以限定，并对被限定的概念起着注释补充的作用。这样形成的词，其意义往往都是表示着被限定事物的集体概念的意义。

### （六）支配关系

支配关系是指前一个概念表示一种行为，后一个概念则表示这种行为所涉及的事物和情况，前者对后者有支配的作用。汉语词汇中有许多词就是在支配关系的基础上造成的。如：

　　　埋头　起草　庆功　动员　整风
　　　担心　知己　顶针　裹腿　分红

以上例词都是在概念之间支配关系的基础上组成的。反映在构词上就是动宾式的词。动宾式的词词素所表示的概念之间，都表现为一种行为和行为所涉及的事物的关系。

在支配关系的基础上形成的新词，其意义都是由两个词素的意义融合和进一步引申而成，其中，充当谓词性的词素往往起着更重要的作用。

此外，汉语词汇中动补式的词，如：

　　　提高　削弱　离开　改进　降低
　　　撕毁　击破　放大　隔离　促成

这类词词素组合的逻辑基础，也是概念之间的支配关系。当然，动补式的词和动宾式的词有所不同。动补式的词，它的两个词素所表示的概念之间，往往表示一种行为和这种行为所造成的情况的关系。如"提高"是由于"提"的动作行为而造成"高"起来的情况，"撕毁"是由于"撕"的动作行为而造成"毁"的情况。所以在动补式中，虽然谓词性的词素所涉及的不是它所支配的事物，但是它却涉及着由它而造成的情况，没有前一种动作，就不可能产生后一种情况，从这一意义上说，后面的情况仍然受着前面动作的支配和影响。因此，动补式的词词素组合的逻辑基础，仍然是概念之间的支配关系。

在支配关系的基础上产生的动补式的词，其特点和动宾式相同。新词的意义也都是由两个词素的意义融合和引申而成，充当谓词性的词素，也同样起着更重要的作用。

### （七）判断关系

判断关系是指两个概念连在一起，可以构成一个判断，前一个概念可以充当判断的主项，后一个概念可以充当判断的谓项。汉语中以判断关系为基础造成的词，反映在构词上，就是主谓式的词。如：

> 性急　自觉　国营　民办　年轻
> 地震　胆怯　心虚　眼馋　口吃

从逻辑方面分析，这类词的前后两个词素所表示的概念，完全能够充当判断中的主项和谓项，并因此而构成一个判断。如"性急"说明了"性子是急的"就是一个判断。

### （八）重合关系

重合关系比较简单，它是指一个概念重复出现之后形成的前后概念的重复关系。重合关系反映在构词上就是重叠式的词。不过在构词中，词根词素重叠后形成的新词，在意义上与词根词素的意义相比，有的意义完全相同，有的也有所融合和发展。

从以上分析可知，汉语的造词和构词与逻辑是有密切联系的，虽然有逻辑关系的成分，不一定都能组合成词，虽然有一些词是根据语言本身的性质特点（如形态方面的特点等）产生出来的，但是，凡是反映在构词上是属于句法关系的构成方式组合成的词，它们的词素组合，则都是建立在一定的逻辑基础上的。人们造词时的认识和思维规律，就是词素得以组合的根据，这些组合的方式，不但体现了词素之间的各种逻辑关系，而且也给予了这些组合可解释性。

了解了造词构词的逻辑基础，对认识和分析词的构成问题是有实际意义的。如"鲫鱼"和"带鱼"两个词，从意义上看都是指的一种鱼，从形式上看也很相似，但是两者的构词方式却不同，因为它们各自的词素之间的逻辑关系是不一样的。"鲫鱼"中的"鲫"本身就是一种鱼，"鲫"和"鱼"是种概念和类概念的关系，它的造词构词的逻辑基础是概念之间的从属关系，所以在这里，"鱼"对"鲫"只起着补充和注释的作用，"鲫鱼"是一个补充式中用物类注释说明的词。"带鱼"的情况却完全不同，"带"单独存在时并不表示"鱼"的意思，只有和"鱼"相组合形成"带鱼"时，才表示了一种鱼的名称。所以"带"和"鱼"的关系是根据概念间的限定关系相组合的，其中"鱼"是主要的词素，"带"则从鱼的形状方面对"鱼"加以限定，因此，反映在构词方式上，"带鱼"则属于偏正式结构。

结合逻辑关系对词进行分析，对词的构成方式就容易了解了。如"河流"一词在构成方式的问题上，大家的看法就有分歧。有的人主张"河流"是主谓式结构①，这种看法是值得商榷的。从逻辑关系方面来分析，"河流"是由"河"和"流"两个词素构成的，如果把"河流"看作主谓结构，反映到逻辑上就等于说"河流"是一个判断，它成了表示"河在流动"，这是不合逻辑的，因为"流动"的只能是"水"，而不能是整个的"河"，所以"河"和"流"组合成词的逻辑基础绝不是判断关系，"河流"一词也不是主谓式结构。应该说"河"和"流"是在概念的同一关系的基础上组合成"河流"的，"流"在这里表示的并不是"流动"的概念，而是指"水流"的意思，《现代汉语词典》（修订本）中"流"的第⑥个注释就是"指江河的流水"，可见，"河"本身是一种"水流"，"流"也指称"水流"，因此，两者在同一关系的基础上组合成词。反映在构词上，"河流"是联合式中的同义联合结构。在构词分析中，这种意见分歧的情况

---

① 参见崔复爱编著：《现代汉语构词法例解》，山东人民出版社 1957 年版，第32 页。此外，某些教材中也有这种看法。

还是经常存在的，如："自动"和"主动"的构词方式是否相同？"电流""饼干"等词是主谓式还是偏正式？"摇篮""拉锁""跳棋"等是动宾式还是偏正式？对这类问题，只要结合造词构词的逻辑基础进行分析，就不难得出正确的结论来。

当然，承认词素组合的可解释性，并不等于说这样构成的新词的意义，都是词素表示的概念及其逻辑关系的简单反映。从以上分析中也可看到，新词的意义完全可以在原有词素意义的基础上，通过引申比喻，或者根据客观事物发展的条件，以及社会运用中约定俗成的各种情况，获得新的更进一步的发展。所以一个合成词的词义，是不应只从词素的意义和关系方面做简单理解的。但是尽管如此，我们也必须看到，人们最初造某个词时，从当时的认识和思维情况看，词素的组合是有逻辑规律可循的，而这种规律又必然要反映到构词方式中来，这就形成了造词构词的逻辑基础。在造词构词分析中，这种逻辑基础是绝对不能够忽视的。

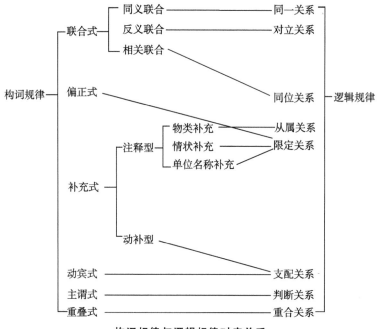

**构词规律与逻辑规律对应关系**

## 第5节 汉语的构形法

### 一 什么是构形和构形法

构形就是词的形态变化的问题，一个词通过不同的形态变化，可以表示不同的语法意义。词的形态变化的方法就是构形法。构形法在语言中的情况和作用会根据不同的语言而有所不同，在形态变化丰富的语言中，例如在俄语、英语等语言中，形态变化表示语法意义的作用是很明显的；在形态变化不丰富的语言中，其作用相应地就显得比较弱了。

### 二 汉语的构形法

汉语是一种形态变化很不丰富的语言，因此在汉语中，许多词都没有形态变化的情形。汉语中只有少类的词，如名词、代词、动词、形容词以及量词等存在着一些形态变化的情况。但是就这几类词来说，情况也各不相同。在名词中，一般只有表示"人"的词和带有量词性质的名词，才会有形态变化。在代词中，也只有人称代词一类，才容易出现形态变化问题。当然在言语中产生的活用情况不在这讨论范围之内。

在汉语的构形变化中，反映出来的构形法的类型也是比较少的，经常使用的大致有以下几种。

#### （一） 附加法

附加法就是把词尾词素附加在词干后面以进行形态变化的方法。例如：

> 我——我们　　你——你们
> 老师——老师们　　朋友——朋友们

以上是代词和表示人的名词加词尾词素"们"进行形态变化的情况，加了"们"增加了表示"多数"的语法意义。又如：

看——看着　　看——看了　　看——看过
商量——商量着　　商量——商量了　　商量——商量过

以上是动词加词尾词素"着""了""过"等的情况，动词进行了这种形态变化后，都增加了表示"体"的语法意义，词尾"着"表示"进行体"的语法意义，"了"表示"完成体"的语法意义，"过"则表示"曾经完成体"的语法意义。

### （二）重叠法

重叠法就是将整个词进行重叠，或者把词中的词素分别进行重叠，或者将词中的部分词素进行重叠以形成形态变化的方法。整个词进行重叠的，如：

AA 式：人——人人　　天——天天　　家——家家
件——件件　　个——个个　　趟——趟趟
走——走走　　扫——扫扫　　洗——洗洗
高——高高　　红——红红　　长——长长
ABAB 式：研究——研究研究　　调查——调查调查
考虑——考虑考虑　　整理——整理整理
雪白——雪白雪白　　笔直——笔直笔直

词中的词素分别进行重叠的，如：

AABB 式：大方——大大方方　　利索——利利索索
安静——安安静静　　快乐——快快乐乐
勤恳——勤勤恳恳　　轻快——轻轻快快

词中的词素部分进行重叠的，如：

AAB 式：跑步——跑跑步　　把关——把把关

　　　　抓紧——抓抓紧　　喷香——喷喷香

　　　　梆硬——梆梆硬　　滚热——滚滚热

ABB 式：冷清——冷清清　　亮堂——亮堂堂

　　　　干巴——干巴巴　　慢腾——慢腾腾

　　　　干净——干净净　　暖和——暖和和

A 里 AB 式：模糊——模里模糊　　马虎——马里马虎

　　　　　糊涂——糊里糊涂　　肮脏——肮里肮脏

　　　　　啰唆——啰里啰唆　　慌张——慌里慌张

　　以上是目前汉语中存在的构形方式和方法。从以上例词中可以看出，各类词的构形方式有的是相同的，有的又有所区别；它们所表示的语法意义也各有所异。

　　就"AA 式"来说，名词和量词重叠后都增加了"逐指"的语法意义，即变化后的形式都有"每一"的意思。动词重叠后却表示了"短暂态""尝试态"的语法意义，如"看看""试试"等等，除了表示原有的词汇意义之外，都有着"短时间的、一下"的意思。形容词重叠后除了表示一种"强调的意味"外，更多的则是表示了"略微的、适中的"语法意义。与此同时，还能够赋予词一种喜爱和赞许的感情色彩，如"甜甜的""辣辣的"与"很甜""很辣"，虽然都表示"甜""辣"的意义，但其表意的意味却不一样。

　　就"AAB 式"来说，动词形态变化后，增加了"短暂态"和"强调的意味"。形容词形态变化后则明显地表示了"加强态"的语法意义，增加了"强调的意味"。

　　就"ABB 式"来说，基本都是形容词的构形方式，词进行形态变化后，都表示了"加强态"的语法意义，起到了加重词的词汇意义的表意作用。

　　就"ABAB 式"来说，这是整个词进行重叠的一种构形形态，动词和形容词都可以采用这种方式来进行形态变化。动词变化后会增加表示"短暂态"和"尝试态"的语法意义；形容词变化后则增加了表示"加强态"的语法意义，并有着"非常强调的意味"。

就"AABB 式"来说，这主要是形容词的构形方式，词形变化后也是增加了"加强态"的语法意义。不过在意义加强之余，还有着"赞许和肯定的意味"。

就"A 里 AB 式"来说，这也是形容词的构形方式，但是这种方式一般都应用于带贬义的词，用这种方式进行词形变化后，除了增加了"加强态"的语法意义之外，还增加了"厌恶态"的感情色彩。

从以上分析中可以看出，汉语的构形方式多以重叠式为主，而在各个词类中，又以形容词的构形方式为最多。因为汉语是一种缺乏形态变化的语言，因此汉语中的许多词是不能进行构形的。如"天空""客观""显微镜""超声波"等。有些可以进行构形的词，一般说来，每个词都有相对固定的构形形式。如果一个词在某种条件下，改变了自己原有的构形形式，而采用了另一种构形形式，那么，它就会因此而改变词性，同时也必然会影响到词汇意义发生相应的变化。如"热闹"是形容词，它的相对固定的构形形式是"AABB"式，重叠后的"热热闹闹"具有"加强态"的语法意义。但是有时"热闹"也可以按照"ABAB"式进行重叠为"热闹热闹"，如"同学们准备在新年晚会上热闹热闹"，"热闹"的重叠形式改变了，它的词性也由形容词变成了动词，同时词汇意义也由"非常热闹"变成了"使之热闹"的意思。

## 三　构词与构形的区别

"构词"和"构形"是两个完全不同的概念，因此构词法和构形法也是完全不同的。构词法研究的对象是一个个独立的词，通过对一个词的词干的分析和研究，从而了解该词的结构规律，以及与此有密切关联的词汇意义，这就是构词法研究的内容。

构形法研究的对象则是一个个词的不同变化形式，这些变化形式都是依附于某个独立的词而存在的，构形法通过对这些变化形式的分析和研究，从而了解该词在不同形式下所表现出来的不同的语法意义和附带的词汇意义和色彩意义。可见，构词法和构形法在研究的对象和范围方面都是不一样的。

汉语词汇中，尽管构词法和构形法不同，但是有时，它们却往往表现出相同的形成方法和形式，因此，对汉语的构词构形问题，必须要有明确的认识和区分。

构词法和构形法的不同，一般可以从以下两个方面进行分辨。

### （一）从词的意义方面区分构词与构形

因为构词法是研究词干的构成和词汇意义的，所以凡词形变化后，词汇意义并未改变或者完全改变者，都是构词问题。因为构形法是通过同一个词的不同变化形式，以分析研究词的语法意义和附带的词汇意义和色彩意义的，所以凡是词形变化后，词汇意义基本不变，只改变了语法意义和增加了附带的词汇意义和色彩意义者是构形问题。

构词的情况，如：

妈——妈妈　　姑——姑姑
星——星星　　舅——舅舅

以上例词中的双音形式，都由单音形式重叠而成，重叠前后的两种形式，在词汇意义、语法意义和色彩意义上都是相同的，因此，这类例词中的单音形式和双音形式都是词。这些双音形式都是适应汉语词汇双音化的发展趋势，由双音化造词法造出的词，是构词中的双音重叠形式。

　　构词中还有一种情况，即重叠后的形式，完全改变了被重叠的基础词的原义，形成了具有新义的新词。如：

　　　　断（把东西截开或判断的意思）——断断（绝对）

　　　　通（没有堵塞或使之不堵塞的意思）——通通（全部的意思）

　　　　宝（珍宝）——宝宝（对小孩的爱称）

　　　　斤（市斤的通称）——斤斤（过分计较）

　　　　祖辈（祖宗，祖先）——祖祖辈辈（世世代代的意思）

　　　　缝补（缝和补）——缝缝补补（泛指缝补工作）

　　　　旮旯（角落）——旮旮旯旯（所有的角落）

以上例词中，有的是单音词重叠而成，有的是双音词重叠而成，它们的共同特点是重叠前后的词汇意义各不相同。因此，它们都是各自独立的词，而不是词的构形。

　　构形的情况与此不同。如：

　　　　同志——同志们　　同学——同学们

　　　　我——我们　　他——他们

这类词经过附加词尾词素"们"变换形式后，只增加了"多数"的语法意义，词的词干部分和词汇意义都未改变。

　　　　看——看着，看了，看过

　　　　想——想着，想了，想过

　　　　写——写着，写了，写过

　　　　说——说着，说了，说过

这类词经过附加词尾词素"着""了""过"变换形式后，只增加了表示"体"的语法意义。但是，无论表示哪种体的语法意义，词的词汇意义都没有改变。

人——人人　　　年——年年

天——天天　　　家——家家

趟——趟趟　　　件——件件

这类词都是量词的词形变化形式，单音量词以"AA"式重叠以后，在词汇意义不变的情况下，只增加了"每"等逐指的附加意义，而"人"和"年"等的词汇意义并没有变化。

又如：

"AA"式

走——走走　　　找——找找

读——读读　　　玩——玩玩

猜——猜猜　　　瞧——瞧瞧

"AAB"式

鼓掌——鼓鼓掌　　　把关——把把关

跑步——跑跑步　　　留心——留留心

讲情——讲讲情　　　受罪——受受罪

"ABAB"式

研究——研究研究　　　调查——调查调查

考虑——考虑考虑　　　商量——商量商量

学习——学习学习　　　讨论——讨论讨论

这是一组动词的词形变化形式，单音动词都按照"AA"式进行重叠，双音动词则按照"AAB"式和"ABAB"式进行重叠，变化后的形式都增加了表"短暂态"和"尝试态"的语法意义。也有少数的双音动词如"打巴""甩搭"等，重叠后变成为"打巴打巴""甩搭甩搭"时，则具有了"反复态"的语法意义。但是不管怎样，这些动词的词汇意义都没有发生任何的变化。

再如：

"AA"式

高——高高　　　红——红红

白——白白　　　大——大大

深——深深　　　胖——胖胖

"AAB"式

喷香——喷喷香　　　冰凉——冰冰凉

梆硬——梆梆硬　　　滚热——滚滚热

"ABB"式

冷清——冷清清　　　乱腾——乱腾腾

亮堂——亮堂堂　　　干巴——干巴巴

"AABB"式

冷清——冷冷清清　　　大方——大大方方

简单——简简单单　　　清楚——清清楚楚

快乐——快快乐乐　　　利索——利利索索

勤恳——勤勤恳恳　　　马虎——马马虎虎

"ABAB"式

梆硬——梆硬梆硬　　　雪白——雪白雪白

笔直——笔直笔直　　　喷香——喷香喷香

彤红——彤红彤红　　　墨黑——墨黑墨黑

"A里AB"式

马虎——马里马虎　　　慌张——慌里慌张

糊涂——糊里糊涂　　　肮脏——肮里肮脏

啰唆——啰里啰唆　　　邋遢——邋里邋遢

以上是一组形容词的词形变化形式，单音形容词都是按照"AA"式进行重叠的，双音形容词的构形有五种重叠形式，即："AAB"式、"ABB"式、"AABB"式、"ABAB"式、"A里AB"式。有的形容词可以具有两种重叠的构形形式，如"冷清"，既可重叠为"冷清清"，也可重叠为"冷冷清清"；"梆硬"既可重叠为

"梆梆硬"，也可重叠为"梆硬梆硬"；"慌张"既可重叠为"慌里慌张"，也可重叠为"慌慌张张"。不过无论按照哪一种方式进行构形，形容词重叠后，除了只能表示"加强态"、"轻微态"或"厌恶态"等语法意义外，它们的词汇意义也都没有改变。

## （二）从词的形式方面区分构词与构形

因为构形是同一个词的不同形式的形态变化问题，所以它变化前的形式都是词。构词却不相同，因为词是由词素组成的，所以变化之前的形式可以是与词的形式相同的可成词词素，也可以只是用以组词的非词词素，而且最重要的是由此变化而出现的新形式都是由词素根据构词方式进行组合后产生出来的新词，这些具有新形式的词都是各自独立的，都具有自己的词汇意义，因此这不是构形形式。这种情况在重叠式的形式中，尤应加以区分。现在以共时的情况为例，如：

津——津津　冉——冉冉　翩——翩翩　萋——萋萋
妈——妈妈　舅——舅舅　断——断断　落——落落
祖辈（祖宗，祖先）——祖祖辈辈（世世代代的意思）
缝补（缝和补）——缝缝补补（泛指缝补工作）
走——走走　尝——尝尝　大——大大　圆——圆圆

以上例词中，"津""冉""翩""萋"等成分，因为它们现在已不能独立成词了，所以它们都是非词词素，因此毫无疑问，它们重叠后的形式都是词；"妈""舅""祖辈""缝补"等几例，在这里也都是以词素的身份构成为词的，所以重叠后的"妈妈"等也都是以词的形式出现的，所以必须明确，它们进行重叠时，绝不是以词的身份出现，而是以词素的身份按照构词的规律进行重叠的，所以表现在词的词汇意义上与构形也截然不同，"妈"和"舅"重叠后的词汇意义完全没有改变，而"祖辈"和"缝补"重叠后，它们的词汇意义则完全改变了，所以它们重叠前后的形式都是词，这些例词都是运用重叠方式构成新词的。再看"走""尝""大""圆"等情况却不一样，因为它们重叠前后的形式在词汇意义上并未发生改变，所不同的仅仅是重叠后发生了语法意义的变化，因此它们都是同一个词的形态变化形式，所以这些例词都是构形而不是构词。

再如以下几组例词：

1. ①：呱呱叫——呱叫　　　芨芨草——芨草
　　　毛毛雨——毛雨　　　婆婆丁——婆丁
　　　哈哈镜——哈镜　　　猩猩草——猩草
　②：鼓鼓掌——鼓掌　　　讲讲情——讲情
　　　冰冰凉——冰凉

2. ①：眼巴巴——眼巴　　　美滋滋——美滋
　　　绿油油——绿油　　　甜丝丝——甜丝
　　　雄赳赳——雄赳　　　明晃晃——明晃
　②：慢悠悠——慢悠　　　暖和和——暖和
　　　昏沉沉——昏沉

3. ①：星星点点——星点　　　兢兢业业——兢业
　　　满满登登——满登　　　唯唯诺诺——唯诺
　　　婆婆妈妈——婆妈　　　病病歪歪——病歪
　②：蹦蹦跶跶——蹦跶　　　磨磨蹭蹭——磨蹭
　　　爽爽快快——爽快　　　明明白白——明白

以上三组例词，从表面形式上看，每组中的①②两类词，其重叠形式都是一样的；同时这三组词都具有一个共同点，那就是每组中的第①小类，前者都是重叠后的形式，后者却是两个并未形成词的词素，这两个词素在一起孤立存在时并不是词，前面的具有重叠结构的形式，就是运用其后面的词素组合而成的，所以前面的重叠形式都是运用重叠式的构词规律形成的独立的词，它们的重叠形式属于构词问题。但是每组例词中的第②小类却与此不同，它们后面的成分都是一个个独立的词，前面的重叠形式都是它们的构形形式，是同一个词进行了形态变化的结果，因此这些重叠形式都属于构形问题。由此可见，通过对重叠前存在形式的分析，也可以辨别构词和构形问题。

正确地辨别构词和构形是非常必要的，这直接影响到对词的认识和分词问题。例如：在"大家讨论讨论""一个个"等词组中，到底有几个词呢？正确的回答当然是两个词，因为"讨论讨论"和"个个"都是"讨论"和"个"的构形形式，所以把它们也当作两个词是不对的。

# 第四章 词义

## 第1节 词义概说

词是声音和意义的结合体，语言中的每一个词都有它的声音和意义，声音是词的形式，意义是词的内容。可以说，词的意义内容就是我们所说的词义。但是如果仅仅这样来理解词义，显然是很不够的。因此应该做进一步的讨论。

### 一 词义的内容

既然词义就是词所表示的意义内容，那么，我们在认识词义时，首先就应该了解词都表示着什么样的意义。如"书"表示着"装订成册的著作"的意义，"杰出"表示着"（才能、成就）出众，不平凡"的意义，"奉承"表示着"用好听的话恭维人，向人讨好"的意义。当然，不可否认这些意义都是词义包括的内容。但是再进一步考虑，我们就会发现，除以上意义外，"书"还表示着"名词，可做主语、宾语……"等意义，可用于口头、书面等各种场合，具有中性色彩；"杰出"还表示着"形容词，可做定语……"等意义，具有褒义色彩；"奉承"还表示着"动词，可做谓语、定语……"等意义，多具有贬义色彩。以上这些也都是词所表示的意义，那么，词的这些意义，是不是词义的内容呢？应该说，这些也都是词义的内容，都可称为词义。由此可知，凡是词所表示的意义，都属词义的范围，所以词义所包括的内容是很丰富的。

概括地说，词义包括词的词汇意义、语法意义和色彩意义三个部分。

## （一）词汇意义

词的词汇意义是指词所表示的客观世界中的事物、现象和关系的意义。如"装订成册的著作"就是"书"一词所表示的词汇意义，"（才能、成就）出众，不平凡"就是"杰出"一词所表示的词汇意义，"用好听的话恭维人，向人讨好"就是"奉承"一词所表示的词汇意义。语言中的词都是用来指称客观世界中的事物、现象和关系的，所以每个词都有它的词汇意义，实词是这样，虚词也是这样。目前语言学界对虚词有没有词汇意义、虚词能不能表示概念的问题，仍然存在着不同的看法，有的人就认为虚词不表示概念，只有语法意义而无词汇意义。事实上，要说明这个问题，首先应该从词的本质功能来考虑。谁也不能否认，词是一种音义结合体，是语言中的指称符号，它们都表示着客观世界中的实际存在，包括那些被人们认识了的抽象的实际存在在内，同时它们也都表示着这些实际存在的意义内容，任何词都应该是这样，如果不是这样就不应该是词。虚词是语言词汇的一个组成部分，虚词的词汇意义大都是客观世界中所存在的某种关系的反映，如"并且"的词汇意义就是"表示更进一层"的意思，"以至"的词汇意义就是"直到，表示在时间、数量、程度、范围上的延伸"的意思，"和"的词汇意义就是"表示联合、联同"的意思。也有的虚词表示了客观存在中的人们的某种感情和态度，如"表示惊异的感情和态度"就是"啊（ǎ）"的词汇意义，"表示应诺和理解了的感情和态度"就是"啊（à）"的词汇意义，"表示答应或叹息"就是"唉"的词汇意义。毫无疑问，这些虚词所表示的人们的感情和态度也是一种客观存在，人们对这种感情和态度进行认识的结果也能形成概念，如上面所说的这些词表示的词汇意义就是一种概念，因此我们说，虚词也是有词汇意义的。

## （二）语法意义

词的语法意义是指词的表示语法作用的意义。词的语法意义是语言中词的语法作用通过类聚之后所显示出来的，所以它是一种更抽象更概括的意义。如语法中的"名词"就是对语言中表示客观事物名称的词的一种语法概括，"主语"就是对名词等某些词类的语法作用的一种概括。语言中的每一个词都从属于某种语法关系的类聚和概括之中，所以每一个词也都具有一定的语法意义。如"名词，可做主语、宾语……"等就是"书"的语法意义，"形容词，可做定语……"等就是"杰出"的语法意义，"动词，可做谓语、定语……"等就是"奉承"的语法意义，"连词，连接并列的动词、形容词、副词和小句"就是"并且"的语法意义，同样，"连词，连接两个以上的词、词组或分句等"就是"以至"的语法意义。

## （三）色彩意义

词的色彩意义是指词所表示的某种倾向或情调的意义，这种意义也是社会约定俗成的。如"股骨"和"大腿骨"、"祖母"和"奶奶"都是指的同一种事物，具有相同的词汇意义和语法意义，但是它们的色彩意义却不相同，"股骨"和"祖母"具有书面语色彩，"大腿骨"和"奶奶"则具有口语色彩。又如"效果"、"结果"和"后果"一组词，它们的色彩意义也完全不同。"效果"除有时具有中性色彩外，一般多具有褒义的色彩，"后果"就具有贬义的色彩，而"结果"则具有中性色彩。语言中每一个词都有自己的色彩意义。有的词具有形象色彩，如"佛手""龙眼""鸡冠花"等；有的词具有亲切的色彩，如"同志""乡亲""妈妈"等；有的词具有庄重严肃的色彩，如"瞻仰""诞辰""会晤"等；有的词具有使人憎恨和厌恶的色彩，如"叛徒""流氓""走狗"等；还有更多的词则具有中性的色彩，如

"人""树""钢笔""粮食""所以""并且""以至""但是"
等等。一个词可以具有一种色彩意义，也可以具有多种色彩意
义，如"母亲"一词就具有亲切的、庄重严肃的、多用于书面语
等几种色彩意义。

词的词汇意义、语法意义和色彩意义是互相联系、互为一体
的，它们共同充当词义的内容。我们只有从这三个方面来分析和
认识词义，才能对词的意义有比较全面的了解。

当然，我们也不能否认，在词义所包括的三个内容当中，词
汇意义是最主要的。因为只有当词具备了词汇意义的时候，词才
能成为表示客观存在的符号，才能成为语言中的词；也只有当词
具有了词汇意义的时候，它才能进一步获得语法意义和色彩意
义。正因如此，所以有时候，"词义"这个名称也往往被用来单
纯指称词的词汇意义。

## 二 词义的特征

词义呈现出来的特征是多方面的，下面分别说明。

### （一）词义的客观性

词是表示客观存在的语言符号，词义中的主要部分——词汇
意义表示着客观世界中的事物、现象和关系，事实上，词的语法
意义和色彩意义也都是客观存在的反映，这一切都说明了词义是
表示客观存在的，所以，一切客观存在和人们对客观存在的认识，
就是词义产生的客观基础。没有客观存在，就无从产生词义，没有
人们对客观存在的认识活动，词义也不可能产生。如"树"，正因
客观世界中存在着"树"这种客观事物，所以人们才能对它进行认
识，才能产生表示"树"的词，也才能产生"树"的词义。

客观存在虽然是词义产生的基础，但却不能认为词义和客观
存在就可以完全符合或者等同，更不能说词义就是客观存在本
身，因为词义表示客观存在时，还要受到人们认识的制约。人们
认识的不同，就使得词义表示客观存在的情况也各有差异。如有

的词义是在人们对客观对象正确全面认识的基础上产生的，这样的词义就比较符合客观对象的实际。如"农具"的词义是"进行农业生产所使用的工具"，"画像"的词义是"画成的人像"等。有的词义是在人们对客观对象只有部分认识的基础上产生的，这样的词义虽然也能表示客观对象的某些特点，但却不能比较全面地表明客观对象的情况。如过去对"水"的理解只是"无色的流质，饮食日用的必需品"就是这种情况。也有少数的词义是在人们对客观存在进行了错误认识的基础上产生的。如"鬼""神""幽灵""魂魄"等词的词义就是这样。还有一小部分词义则是在人们认识客观存在的基础上，又加上了主观想象的成分而产生的。如"天堂""仙女""天神""阎王"等词的词义，就是这样形成的。这就是说，人们的幻想，也是在客观存在的基础上产生的。

以上情况说明，词义和客观存在绝不是等同的，但词义的产生和客观存在又有密切的联系，无论基于对客观存在的正确认识，或者基于错误的认识，词义总要在客观存在的基础上产生，客观存在永远是词义形成的不可缺少的依据。

### （二）词义的概括性

任何词义都是表示某一类客观对象的，所以词义都是对同类客观对象的概括。词义概括了某一类客观对象所共同具有的特点，同时也舍弃了为个别对象所具有的具体特征，因而获得了表示某一类客观对象的意义的资格。如"人"一词的词义就是对"人"这类客观事物的概括，它概括了为人所共同具有的特点，同时也舍弃了为个别人所具有的具体特征，因此，"人"的词义不是指某一个具体的人，而是成了"人"这一类客观事物的通称。

普通词的词义是概括性的，专有词的词义也是概括性的，如"鲁迅"一词的词义就概括了鲁迅这个人的全部特征，而且也概括了各个不同时期的鲁迅的情况，它既可以用来表示少年时期的鲁迅，也可用来表示老年时期的鲁迅。

### （三）词义的社会性

词义是词的内容，它和语言中的其他成分一样，也是为社会共同约定俗成的。词是声音和意义的结合体，什么样的声音表示什么样的意义，完全是社会成员共同约定俗成的，只有社会成员对同一个词的词汇意义、语法意义和色彩意义有着共同的理解，人们彼此间的交际才有可能进行。词义的社会性特征是语言的社会本质所决定的。

### （四）词义的主观性

词义虽有其社会性，但在具体使用中，它又往往具有主观性的特征。词义的主观性是指人们在认识基本一致的情况下，又可因年龄、生活条件、文化水平和认识能力等各方面情况的不同，导致人们对词义在认识和理解上有所差异。如对"电"的词义的认识，小孩子和物理学家的理解就不会完全相同。对"海带"的词义，一般人和海洋生物学家在认识上也绝不会一样。在语言运用中，词义的主观性随时都能表现出来，但是，因为这种主观性并没有而且也不可能超出词义的社会性和概括性的范围，所以主观性所表现出来的差异，并不会影响人们的交际。

### （五）词义的发展性

词义和语言中的其他成分一样，一旦形成后，就会具有其相对稳定性。但它又不是一成不变的，随着社会的发展，客观事物的变化，人们认识的改变，以及人们使用时的不同方式方法，都会影响到词义也发生变化和发展。我们经常遇到的古今词义不同的情况，就具体表现出了词义的发展性。词义的发展性不但存在于语言的历时现象中，同时也可以存在于语言的共时现象中，如"舌头"一词，除指"口腔中能辨别滋味、帮助咀嚼和发音的器官"外，又增加了"为侦讯敌情而活捉来的敌人"的新义项，就是在现代汉语这一共时阶段出现的词义发展的情况。其他像"硬件""菜单""窗口""包装"等许多词的意义也都程度不同地有所发展。我们运用词语时，认识到词义的发展性是非常必要的，只有认识到词义的发展性，才能对词义有正确的理解和运用。

### （六）词义的民族性

词义属于语言的范畴，每个民族都有自己的语言，也都有为本民族社会共同约定俗成的词义，在词义形成和发展的过程中，它的面貌往往要受到使用它的民族条件的制约，民族的文化素养、心理状态以及生活习俗等方面，都可以对词义产生影响。如汉语中"龙"和"凤"的词义就有浓厚的民族性，"龙"和"凤"都是汉族古代神话中的动物，汉族人民往往把它们作为尊贵、庄严、美好、吉祥等的象征，像"龙袍""凤冠"等。又如汉语的"钢笔"和英语的"pen"意义相当，但英语的"pen"原来还有"羽毛"的意思，汉语的"钢笔"却无这种意义，这种情况也是民族条件的影响造成的，因为英国古代曾有以"羽毛"当笔用来写字的习俗，所以"羽毛"和"钢笔"就能形成意义上的联系。词义的民族性表现在词的色彩意义方面更为明显。如汉语词"小"只有中性的色彩意义，英语中的"little""small"两个词都表示"小"的词汇意义，其中"little"一词却有爱称的感情色彩。又如"家伙"一词，在汉语中，当用于指称人的时候，往往具有轻视的色彩意义，可是在英语中，"fellow"（家伙）一词却具有褒义色彩，用于贬义时，一般则要用"guy"来表示。

### （七）词义的概念对应性

词义是概括的，在绝大多数的情况下，它总是用来表示某一类的客观事物，并因此也表示着某一类客观事物的概念，这就使词义有了概念对应性的特征。

词义的概念对应性在任何情况下都是存在的。当词作为词汇的组成单位存在于语言符号系统之中的时候，词义表示的只能是某一类客观事物，当然，词义也必然表示着这一类客观事物的概念。在这种情况下，词义和概念是相对应的。

当词在具体的语言环境中，被人们用来组成具体句子时，词义仍然具有它的概念对应性。如"鱼生活在水中"这句话里的"鱼"仍然是概括地表示了"鱼"这一类事物，所以它的词义也仍然和"鱼"的概念相对应。又如"这条鱼真大"这句话中的"鱼"虽然指称"这条"具体的"鱼"，然而我们却不能否认它指称的仍然是"鱼"这类客观事物，而并不是另一种事物，所以，这时"鱼"的词义仍然表示着"鱼"的概念所包含的内容，仍然有它的概念对应性。

### （八）词义的具体事物对应性

词义的具体事物对应性就是指词义虽然是概括的、和概念相对应的，但是在实际运用中，词义却总是要用来指称具体的客观事物，总是要和具体的事物相对应。语言中的每一个词都会参与到具体的言语交际中去，因此词义都具有具体事物对应性。

词义的具体事物对应性是在词义的概念对应性的基础上产生出来的，只有当词义具备了概念对应性之后，才能在具体的应用语境中，去指称具体的客观事物，也才能体现出具体事物的对应性来。如在上例"这条鱼真大"中，"鱼"的词义不仅表示了"鱼"的概念，同时也指称了"这条"具体的"鱼"，这时"鱼"的词义除了和"鱼"的概念相对应外，同时也和"这条大的具体的鱼"相对应，这就使"鱼"的词义不仅具有概念对应性，同时也具有了具体事物对应性。又如在"小王的书是新买的"中，"书"表示的不仅是"书"的概念，而且也指称了"小王新买的"具体的"书"，这时，"书"的词义不仅有概念对应性，而且也有了具体事物对应性。

当词义具有了具体事物对应性的时候，词义就会发生外延缩小、内涵丰富的变化，因此词义表示的内容则要比单纯具有概念对应性时丰富得多。

词义的特征是表现为多方面的，同时又是互相联系的。我们只有全面地正确地认识词义的特征，才能够比较全面正确地认识和掌握词义，也才能比较正确地来运用词。

## 第2节　词义和概念

### 一　词和概念的关系与区别

词义和概念的关系与区别问题，跟词和概念的关系与区别问题不同，因此，在了解词义和概念的关系与区别问题之前，有必要先了解一下词和概念的关系与区别问题。

我们知道，概念是对某一类客观对象的概括反映，它反映了科学在一定发展阶段上所认识的某一类客观对象的一般的和本质的特征的全部总和，以及这些特征的一切复杂的联系和关系。概念是人们对客观世界中的事物、现象和关系进行认识而产生的思维成果，它是属于思维范畴的。

词和概念不同，词是概念的外部形式。如果没有反映客观对象的概念，也就是说，如果没有人们对客观对象进行认识而产生的思维成果，那么，词就不会产生。所以，概念是词得以形成的基础。反之，如果没有词，概念也不能被表示出来，所以，词又是概念得以存在的外部形式。因此，从这个角度看，我们可以理解为概念是词的内容，词是概念的形式，两者是内容和形式的关系。

词和概念虽然有这样的联系和关系，但是两者却有本质的区别。

首先，词和概念与客观对象之间的关系是不一样的。词和客观对象之间没有必然的联系，用什么样的词表示什么样的客观对象都是任意的，是社会约定俗成的。所以，同样的客观对象，不同的民族语言可以用不同形式的词来表示，同一民族语言也可以用不同形式的词来表示。前者如"书"，汉语用"shū"的形式表示，英语则用"book"的形式表示；后者如"父亲"，汉语中既可用"fù·qin"（父亲）的形式表示，又可用"bà·ba"（爸爸）的形式表示。概念和客观对象之间却有必然的联系，什么样的客观对象就要产生什么样的概念。如"鸟"这种客观事物是会飞的，所以"鸟"的概念中就必然要包含着"飞"的特征。"人"这种客观对象是不会飞的，所以"人"的概念中就必然不能包含"飞"的特征。正因概念和客观对象之间有着必然的联系，所以，不同民族的人们对概念的认识是一致的。

其次，词和概念不是完全对等的。语言中的词，虽然可以和逻辑思维中的概念相对应，但是这种对应却不是一对一的对等关系，词可以表示概念，但概念却不一定都用词的形式来表示，如"他的哥哥""高等学校""自动铅笔"等概念，就是用词组的形式表示的。仅就词表示概念来说，情况也比较复杂。例如上面所谈的"书""父亲"等概念，就是同一个概念可以用不同形式的词来表示。但是另一方面，语言中也存在着相同的形式，又可以表示几个不同概念的情况。如多义词"bāo·fu"（包袱），既可表示"包裹"的概念，又可表示"负担"的概念。又如"dùjuān"（杜鹃）这一形式，既可表示"杜鹃花"的概念，又可表示"杜鹃鸟"的概念。由此可见，对词表示概念的情况，也应做具体的分析。

## 二　词义和概念的关系

词义和概念的关系与词和概念的关系则完全不同。语言和思维的不可分割性，反映到词义上来，就使得词义和概念具有了密不可分的关系。词义和概念的关系主要体现在两个方面：一方面是概念是词义形成的基础；另一方面是词义反映概念，概念凭借词义而成为直接现实。对于这一问题，大家的看法是基本一致的，但是在具体理解和阐明这种关系时，大家的意见却有所不同。其中比较普遍的情况是，只把词义中的词汇意义拿出来和概念一起做分析比较，对词义的其他方面则不涉及。但是如果仅限于这样的认识，我们对词义与概念的复杂联系与关系是无法揭示清楚的。因此我们必须从更广的范围来认识和剖析这一问题。现在从词义包含的三个内容方面分别进行讨论。

### （一）词汇意义与概念

词汇意义是指称客观事物的意义，是人们对客观事物的理性认识在词义中的反映，毫无疑问，这种意义是和概念直接联系的。大家都知道，概念是对某一类客观对象的概括反映，而词汇意义又是表示客观世界中的事物、现象和关系的，两者都是词的形式所表示的内容，这一情况就决定了词汇意义和概念的联系和关系，词汇意义都是在概念的基础上形成的，同时又将概念的内容表现为直接的现实，一般说来，当概念用词表示的时候，概念的内容和词的词汇意义是基本一致的。所以，与词汇意义相联系的概念，不但决定了词的词汇意义的本质内容，而且也赋予了一个词词汇意义的指称作用，并因此而决定了一个词的产生和存在的价值。由此可见，语言中词的词汇意义和逻辑思维中的概念是相对应的。在这一点上，不但实词是这样，虚词也是这样。

### （二）语法意义、色彩意义与概念

词的语法意义是词在语言的性质、特点和关系结构中所表现出来的意义，它虽然不像词汇意义那样直接与词所指称的客观事物的概念相对应，但却不能否认，它也与一定的概念相联系。语言作为一种交际工具，它本身也是一种客观存在，而语言内部的各种现象和情况，当然也是客观存在中的一部分，对这些客观存在进行认识之后，同样也会形成概念和相应的词义。语言中的一切概念，包括语法概念都是这样形成的。基于这种认识，所以我们说，词义中存在的语法内容也是一种客观存在。人们通过认识，逐渐从各个个体词义所具有的不同的语法性质、特点和功能中，抽象概括出了各种不同的具有类型性的语法概念，然后又可以反过来用这些语法概念对每个词义的语法性质、特点和功能进行说明，从而形成词的语法意义，可见，词义的语法意义与概念也是相互联系的。

当然，词的语法意义和概念的联系与词汇意义的情况有所不同，词汇意义与概念的联系具有特指性。这种特指性说明：反映客观事物性质特点的概念赋予了词义指称某种特定的客观事物的功能，所以词汇意义和概念之间有着一种本质的必然的联系，什么样的词汇意义表示什么样的概念是一定的。语法意义与概念的联系则与此不同，语法意义当中的概念都要通过表该概念的词义对词的语法意义起类指的作用。所谓语法意义和概念之间联系的类指性，就是说，人们都是通过语法概念来说明词的语法意义所属的类别，说明它或者具有名词属性，或者具有动词属性等。词的语法意义一般都是同时具有多类属性的，例如"词典"一词的语法意义既有"名词"的属性，又有"充当主语、宾语、定语"等功能，在这里，人们运用了语法中的某些概念，共同说明了"词典"一词的语法属性，说明了"词典"一词在语法范畴中所属的类别和语法作用。由此可见，词的语法意义也是由语法中的概念通过词义的形式加以表明的，语法意义也与概念相联系，而且它联系的甚至是多个概念的综合。

色彩意义与概念的联系和语法意义的情况基本相同。词的色彩意义是依附于词汇意义而存在的，色彩意义也表示着人们的认识、态度、倾向和感情，只是色彩意义所表示的是词汇意义以外的内容，但就色彩意义本身来说，不能否认它反映的也是一种客观情况。人们的某种认识，某种态度、感情或倾向，形成了某类色彩意义的内容，如亲切色彩、严肃色彩、形象色彩、口语语体色彩等等，这些色彩意义的内容，都是人们通过认识从许多个体词中抽象出来的，与此同时，这种认识也形成了各种相应的概念，这些概念同时又被"亲切色彩"等相应的词语形式巩固下来，语言中各类色彩意义的类聚就是由这些概念借助于词义或语义表示出来的，另一方面，它们又可以反过来以此对每个个体词的色彩意义起类指的作用。如"妈妈"一词的色彩意义是"亲切色彩、口语语体色彩"等概念通过表示这些概念的词语的意义，对"妈妈"一词的色彩意义的类属做了具体的说明，所以色彩意义与概念的联系也是具有类指性的。

　　由于一个词往往可以同时具有两种或两种以上的色彩意义，所以色彩意义的这种多项性，就决定了它有时也可以同时与几个不同的概念相联系。因此，和语法意义一样，色彩意义不但与概念有联系，而且它联系的也可以是多个概念的综合。

　　综上所述可以说明，词义和概念的关系远不只是词汇意义与概念的关系问题，词义的三个部分都与概念有联系，虽然它们的联系情况不同，但它们和概念之间都存在着联系却是不能否认的。任何一个词义都有三个部分的内容，任何一个部分都与概念相联系，因此我们说，词义是概念的综合反映。

## 三　词义和概念的区别

　　我们在了解了词义和概念，特别是词的词汇意义和概念的基本一致性和相互对应性之后，也必须明确，词义和概念毕竟是不可能完全等同的，因为它们属于不同的范畴，因此有着本质的区别。就语法意义和色彩意义来说，因为它们在语言运用中，对概念只起着一种类指性的作用，所以还比较简单，也比较容易理解和掌握。对于词汇意义来说，情况则复杂得多，因此在这里有必要多做些说明。

### （一）词汇意义和概念对应的伸缩性

　　词汇意义和概念的不同，归根到底是由它们的职能不同决定的。概念属于逻辑思维范畴，它的职能在于认识和反映客观世界，因此，对完全概念的要求就必须是，概念一定要反映出客观对象的一般的和本质的全部特征的总和，以及这些特征的一切复杂的联系和关系。词的词汇意义属于语言范畴，它的职能在于让人们用来进行交际，交流思想，以达到相互了解，所以词汇意义虽然也表示客观世界中的事物、现象和关系，但是人们只要求它能够表示出把某类事物和其他事物区别开来的特征就可以了，所以词汇意义一般表示的往往都是一个不完全的概念。如"荧光灯"的意义，以概念来要求，它应该是"灯的一种。在真空的玻璃管里装有水银，两端各有一个灯丝做电极，管的内壁涂有荧光粉，通电后水银蒸气放电，同时产生紫外线，激发荧光粉而发光。这种光的成分和日光相似，也叫'日光灯'"。对"荧光灯"的词汇意义来说，情况就不完全相同了，如果人们是在对"荧光灯"进行科学研究和讨论的场合，被运用的词义一定要符合专业术语的内容，当然词义的内容肯定和以上所讲的概念的内容是一致的，这时词的词汇意义对应的是一个完全的概念。但是在日常生活中人们也可以把"荧光灯"只解释为"长形管状的一种灯，乳白色，通电后，通过荧光粉的作用而发出一种蓝白色的光"等就可以了，这样理解已经足以使人们把它和其他的事物区分开来，所以这样解释的词义也完全可以用来进行交际，完成其词义的交际功能。很明显，这样运用中的词汇意义对应的当然是一个不完全的概念。

除以上情况外，还应看到，在现实生活当中，尽管人们可以相互交际，交流思想，但是不同的人所掌握的概念和词义的内容也是不相等的，因为人们对概念和词汇意义的认识程度，与人们的年龄、文化程度、工作性质、生活条件等各方面的情况都有很大的关系。如年龄大的人和小孩子相比，前者对概念和词汇意义认识的程度就要深一些、全面一些；从事某种专业工作的人，他们对这种专业术语的概念和词汇意义的认识，就要比从事其他工作的人深入全面些。

　　所以，从词汇意义在整个社会的言语交际中所表现出来的内容和传达出来的信息方面看，在其丰富与否的程度上，还是有一定的伸缩性的。

**（二）词义和概念的一致性在人们认识中的体现**

　　前面讨论了词汇意义的伸缩性问题，都是从社会的不同成员对词义掌握的程度方面来讲的，如果我们从一个成员自身的情况来观察，那又是截然不同的了。所以必须明确，尽管不同的人对概念和词汇意义的认识和掌握的程度有所不同，但是对一个人来说，无论在他成长的哪一个阶段，他对概念和词汇意义的认识程度却永远是一致的。如果一个人对"水"的词汇意义只认识到"是一种无色无臭可饮用的液体"，那么，他对"水"的概念也只能认识到这种程度，而不可能进一步认识到"水的化学成分是氢二氧一"，我们说，这个人这时掌握的概念只能是一个不完全的概念。反之，如果一个人对"水"的概念有了明确全面的认识，那么，他对"水"的词汇意义的认识，也必然是全面深刻的，显然，这时他对"水"的词汇意义的认识，已经达到了概念的深度。

　　上述情况也可使我们认识到，虽然概念是科学在一定发展阶段上人们对某一类客观对象认识的反映，但是，在日常生活中，人们并不是，而且也不可能正确全面地掌握每一个概念的内容，而在更多的情况下，人们所掌握的是和他认识的词汇意义一致的不完全的概念。每一个人都可以由掌握不完全的概念，逐步发展为掌握完全的概念，也可以由对词汇意义的较片面的、较粗浅的认识，逐步发展为对词汇意义有全面的、深刻的认识。可是，作为一个个人来说，他对概念和对词汇意义的了解和逐步地由浅入深的认识程度，却永远是一致的。

　　词汇意义和概念的伸缩性与一致性是相互联系的，了解这一点，对语言的实际运用来说具有非常重要的意义。例如社会上各种词典的编纂问题，都必须根据读者对象的不同而在释义的繁简上有所取舍，这样的做法正是这种伸缩性与一致性的具体体现。事实上，不这样做也是不可能的，因为这正是人们学习和掌握语言的规律所使然。这一规律在社会语言应用的其他方面，也往往经常不断地被体现出来。

# 第五章 词义的类聚

## 第1节 词义类聚的标准和原则

语言中的词不是孤立存在的，它们往往通过自身所具备的语音、词汇或语法等方面的某些共同特点，而产生各种不同的类聚关系。如由于语音形式的相同与否，可以形成同音词、单音词、多音词等不同的类聚；由于词的来源相同与否，可以形成方言词、外来词、古语词等不同的类聚；由于词的词性相同与否，可以形成名词、动词、形容词等不同的类聚。同样道理，由于词义之间所存在的某种联系和关系，词义也可以形成各种不同的类聚。

由于汉语词汇的丰富多彩，所以汉语的词义也是极为绚丽夺目的，面对这色彩纷呈而又纷繁复杂的词义现象，人们不仅必须去学习它，掌握它，运用它，而且也应力求去研究它，整理它，尽量揭示出它的发展和组织规律来。根据目前的研究状况来看，我们认为从共时和历时这两个不同的角度，分别对该问题进行探讨还是可行的。从共时的角度来研究和整理词义现象，很明显，首先要涉及的就是词义类聚的问题，因为词义的类聚是一种共时现象，词义类聚的实际内容是会随着不同的共时阶段而发生变化的。本章的内容即准备从共时的角度，对词义类聚的问题集中地进行讨论。从历时的角度来研究和整理词义现象，自然就应该从史的角度，纵向地追根溯源地去探索和整理词义演变和发展的规律了。对这一问题我们将在第六章中进行探讨。

## 一　对词义类聚研究现状的认识

词义的类聚是大家早已认可的事实，一般说来，通过对词义内容的分析，以词义所具有的共同特点为根据，就可以归纳出各种不同类型的词义类聚来。多少年来，语言学界对词义中存在的各种类聚，如单义词、多义词、同义词、反义词等等的分类，就是以此归纳出来的，而且对这些类型的确立也都是毫无异议的。

但是尽管如此，在这个问题上，有时仍然不免让人产生困惑。对单义词、多义词的类聚来说，其划分标准还是很容易掌握的，但是对同义词、近义词等等类聚的划分，显然就存在分歧了。如"好"和"坏"大家公认为是一对反义词，但表示好的结果的"效果"和表示坏的结果的"后果"，为什么只有少数人认为应该归入反义词，而大多数人却主张归入近义词呢？又如"父亲"和"爸爸"，有人归入同义词，有人则归入近义词；再如"老师"和"学生"、"红"和"白"、"红"和"黑"、"红"和"黄"以及"红"和"绿"等等又应该怎样处理怎样归类呢？我认为所以出现这样的问题，归根到底还是由于在分类标准上存在着不同的看法，甚至存在着某些理论上的分歧和欠缺。所以在现有研究的基础上，对同义词等词义类聚的问题，仍然有做进一步研究的必要，而且首要的就是应该先研究和考虑词义类聚划分标准的问题。因此在这里我们也先从这一问题开始进行探讨。

由于划分词义的不同类聚，首先就是从对词义内容的分析开始的，因此要解决这个问题，我想仍然应该从词义的内容分析，也就是从词义所包含的词汇意义、语法意义和色彩意义的性质特点等方面来入手。

## 二　划分词义类聚的标准及其分析原则

任何词义都包含着词汇意义、语法意义和色彩意义三个方面的内容，它们都是词义不可缺少的部分，因此，任何一个词的完整词义都是由这三个部分构成的，它们各自以其特定的内容和功能，共同对词义进行着全面的诠释。正因为词义的三个部分都是不可或缺的，所以它们在整个词义中，都能够各自表示出自身所特有的某些内容和特点，而这些各自的内容和特点，对词义类聚的划分问题，都能够产生各自不同的不可代替的区别性作用。所以对词的词汇意义、语法意义和色彩意义的内容和特点进行区别性的分析，就可以为词义类聚的划分标准寻找出比较可靠的依据。

当然也不可否认，词的词汇意义、语法意义和色彩意义，这三者的情况是不一样的，所以总括来说，在这三者之中，词的词汇意义永远都处于主要的地位，它是词义的核心，所以在词义类聚的划分中，词的词汇意义永远都是决定性的条件，而词的语法意义则是词义类聚划分中的必要条件，色彩意义虽然既不是决定条件，也不是必要条件，但是因为它是词义的内容之一，在词义类聚的划分中当然也有其一定的作用，所以它也是不可缺少的条件。下面即对这一看法做具体的解释。

## （一）词汇意义

词的词汇意义是确定词义类聚的决定性条件。词的词汇意义是词的理性意义，是人们对客观世界中的事物、现象和关系等的理性认识在词义中的反映，因此它和它所表示的各个概念都具有相对应的关系，并因此而使词义都具有了自己的概念对应性。在这里所以要提出词义的概念对应性，原因就在于，词义是表示概念的，概念是词义形成的基础，脱离了概念，词义将是不可捉摸的。

词义的概念对应性是词义的特征之一，属于语言学范畴，它可以根据人们的认识和交际的需要，突出概念中的部分内容和特征，所以它可以和完全概念相对应，而在大部分情况下，它所对应的却都是由于人们在认识和理解上的差距所产生的各个不同层面上的种种不完全概念，当然这些不完全概念都会受到完全概念的制约，也就是说，不完全概念在任何情况下，都不可能逾越完全概念的外延及其内涵的范围，因此即使人们掌握的不完全概念彼此在内涵量的多少上有所差异，但它们的共同性和一致性却是绝对的。这种情况不仅保证了人们在交际中能够进行语言的理解和运用，而且人们掌握和运用词的词汇意义及其概念对应性的语言实践行为，也为我们以词的词汇意义及其概念对应性为标准来划分词义类聚提供了条件和根据。

由以上所谈可以看出，词义的概念对应性是词义的一种特征。因为词义和概念具有必然的对应性，所以词的概念对应性和词的词汇意义在内容上也具有密切的一致性，词汇意义及其概念对应性是词义的核心，因此它们就很自然地成为确定词义类聚的主要依据，我们根据词汇意义和它的概念对应性的性质特点，就可以基本分析出词义的类聚归属来。

这里需要说明的是，我们虽然明确了词汇意义及其概念对应性是划分词义类聚的主要依据，同时也肯定了这两者存在着的一致性，但是却不能把两者完全混同起来，因此我们对概念对应性的分析，就要从其包含的特征出发，分辨出它的本质特征和一般特征来，所以对概念对应性的分析是和其特征相联系的；对词义来讲，我们要分析的对象则是它所包含的主要义素和次要义素的问题，甚至必要时还应考虑到它的规约义素或隐含义素等方面，所以对词汇意义的分析是和其义素相联系的。虽然这两者会存在许多相互对应之处，但从角度上讲却毕竟是有区别的。例如"父亲"和"爸爸"，它们的词义都是"有子女的男子，是子女的父亲（或爸爸）"，它们的词义概念对应性的本质特征都是"生育子女的男性长辈"，由此可见，对两者的分析角度和解释是不一样的。但另一方面又可以看到，这两个词的词汇意义和概念对应性是完全一致的，由此我们可以判定这两个词所表示的内容完全相同，并因此可以确认，应该将它们划归为同义词类聚的范围。

### （二）语法意义

词的语法意义是确定词义类聚的必要条件。所谓必要条件是要求形成同一类聚的词，它们的语法意义必须相同，也就是说词的词类性质和语法功能都是一样的。只有词的语法意义相同，它们才能属于同一个逻辑范畴，不属于同一逻辑范畴的词义或概念，是无法归为同一种类型的。

因此，语法意义的相同，是讨论和分析词义类聚的前提，是必须具备的一种条件，缺此不可，所以说它是必要条件。

### （三）色彩意义

前面已讲，色彩意义并不是判别词义类聚归属的决定条件，也不是必要条件，但是它却是不可缺少的条件。因为在同一种类聚中，色彩意义既可表现为相同，也可表现为不同，但是在一定条件下，在分析词义类聚内部状况的过程中，它也可以起到具有决定性的区别作用。例如在同义词类聚内部的分类中，根据色彩意义的不同就可以划分出不同的类型来，如"眉毛"和"眼眉"是一对词汇意义、语法意义和色彩意义都相同的完全同义词，而"土豆"和"马铃薯"则是一对词汇意义和语法意义相同，色彩意义却不同的不完全同义词。另外在反义词的对比中，色彩意义在寓意于词汇意义的同时，其鲜明的褒贬色彩也能够突出地显现出来。

## 三　从静态和动态的角度了解词义类聚

在词义类聚的问题中，也同样存在着静态类聚和动态类聚的情况，静态类聚是被约定于语言系统之中的相对稳定了的一种类聚，动态类聚则多存在于言语应用之中，是在一定语境的帮助下，根据表达的需要而形成的，具有明显的临时性。因此，一些在静态中不能形成类聚的成分，在动态应用中却可以组成临时性的词义类聚，如在面对"白菜"的场合说"这棵菜真好"时，这时的"菜"就具有了特指"白菜"的意义，这时它们的词汇意义和概念对应性，以及它们的语法意义和色彩意义都是一样的，所以"菜"和"白菜"在这语境中就形成了临时的同义词。

　　临时性的各种词义类聚成分如果出现的频率增多，也有可能被社会约定而成为静态类聚中的成员。以反义类聚中的情况为例，如红、黄、蓝、白、黑、绿等词，原本是一组同位词，但是在言语应用中，由于语境的作用，它们作为词或者作为词素却可以构成许多组各不相同的反义关系。例如在表示革命与反动的语境中的"红军"和"白军"，在作为交通指挥灯方面的"红灯"和"绿灯"，它们都是因为在这特定语境中，由于"红和白""红和绿"成为反义词素的原因，从而使这两对词也成为反义词。虽然这两对词现在已经被规范为语言成分了，但是就"红"和"白"、"红"和"绿"来说，在静态状态下，仍然不能说它们已经是被规范了的反义词或反义词素。所以要确定一个语言成分的性质，还必须根据具体情况做具体分析。

　　根据词义类聚的标准和原则，下面对汉语中的词义类聚情况分别做一说明。

## 第2节　单义词和多义词

### 一　单义词

　　只表示一个词汇意义的词就叫作单义词。单义词的词汇意义只和一个概念相对应。如：

　　　　鹿　鹤　藕　豹　氧　氯　汞

　　　　镭　诗　搓　熄　捵　瘤　熨

　　　　葡萄　钢笔　电子　外语　元音

　　　　词组　淮河　长江　杂货　南京

电视机　世界观　格律诗　心电图
高低杠　语言学　管弦乐　黄梅戏

因为单义词只有一个意义，所以在任何语境中，词义都是明确的，不会发生混淆。语言中，表示科学术语的词绝大多数都是单义词。其次，一些事物的名称和刚产生的新词也往往是单义的。

语言中的单义词也不是绝对的，在语言发展的过程中，某些单义词有可能发展成为多义词，而某些多义词，由于义项的变化或消失，也可能变成单义词。

## 二　多义词

### （一）多义词的界定

一个词表示着两个或两个以上既有联系又不相同的词汇意义，这样的词就叫作多义词。如：

剪影：①照着人脸或人体的轮廓剪纸成形。
②比喻对于事物轮廓的描写。①

"剪影"一词不但有两个不同的意义，而且两个意义在"构描物体的轮廓"上有一定的联系，所以"剪影"是多义词。又如：

彩排：①戏剧、舞蹈等正式演出前的化装排演。
②节日游行、游园或其他大型群众活动正式开始前的化装排练。

"彩排"一词也有两个不同的意义，两个意义在"化装排练"方面有着一定的联系，因此，"彩排"也是多义词。再如：

①　如无特别说明，各词释义以《现代汉语词典》各版释义作为参考。

记录：①把听到的话或发生的事写下来。

②当场记录下来的材料。如：会议记录。

③做记录的人。如：大家推他当记录。

④在一定时期、一定范围以内记载下来的最高成绩。如：打破记录。

"记录"一词有四个意义：第一项意义说明了一种动作行为，是动词性的；第二项意义表示由这种动作行为而产生的结果，是名词性的；第三项意义表示这种动作行为的施事者，是名词性的；第四项意义则表示由这种动作行为所产生的某种特定的结果，也是名词性的。尽管以上四个意义在词性上不完全相同，但是它们与"把某些话和事写下来的动作行为"都有一定的联系，这说明了"记录"一词的四个意义之间是有一定联系的，因此，"记录"也是一个多义词。

一个词刚产生的时候都是单义的，在语言发展的过程中，有一些词往往会在单义词的基础上，逐渐成为多义词。所以，历史越悠久的词，越容易成为多义词。汉语历史悠久，因而多义词非常丰富，特别是一些历史悠久的单音词，大多数都是多义的。在现代汉语中，多义词仍然在不断地产生着、发展着，并在语言的运用中发挥着积极的作用。

## （二）多义词和多义词素

语言是发展的，语言中的词和词义也在不断发展。有的词在古汉语当中是单义的，在现代汉语中可能就是多义的。有的成分在古汉语中是词，在现代汉语中可能只是词素却不是独立的词。因此，词与非词、词义与词素义等就形成了比较复杂的情况，这种复杂情况在单音词中表现尤为突出。另一方面，某个意义是词义还是词素义，在不同的历史时期，情况也会有所不同。下面我们就从共时的角度，对现代汉语的词义和词素义进行一下剖析和区分。如：

习：①温习，练习。如：自习，实习。

②对某事物常常接触而熟悉。如：习见，习闻。

③习惯。如：积习，恶习。

观：①看。如：观看，观礼。

②景象或样子。如：奇观，改观。

③对事物的认识或看法。如：乐观，悲观。

"习"和"观"各有三个义项，各自表示着三个有一定联系的不同的意义，所以它们都是多义的成分。但是在现代汉语中，"习""观"都已不能独立成词了，因此，它们都只能是一个多义词素，它们的三个义项表示的也只能都是现代汉语中的词素义。再看：

欠：①借别人的财物等没有归还，或应当给人的没有给。如：欠了账，欠了情。

②不够，缺乏。如：说话欠考虑。

冰：①水在摄氏零度或零度以下凝结成的固体。如：水已结成冰了。

②因接触凉的东西而感到寒冷。如：刚到中秋，河水已经有些冰腿了。

③把东西和冰或凉水放在一起使之凉。如：把汽水冰上。

在现代汉语中，从造句的角度看，"欠"和"冰"都是能够独立运用的词，"欠"的两个义项和"冰"的三个义项所表示的词汇意义，都可以作为词义来充当造句的成分，因此，"欠"和"冰"都是多义词，它们的各个义项所表示的意义都是词义。当然，从造词的角度看，这些成分又都是可成词词素，它们的义项所表示的意义，都可以作为词素独立用来参与造词，因此，它们又都是造词的单位，它们所表示的意义也都是词素义，所以这些成分也都是多义词素。又如：

宝：①珍贵的东西。如：粮食是宝中之宝。

　　②珍贵的。如：宝剑，宝石。

　　③敬辞，旧时用于称别人的家眷、铺子等。如：宝
　　　眷，宝号。

书：①写字，书写。如：书法。

　　②字体。如：楷书，隶书。

　　③装订成册的著作。如：一本书。

　　④书信。如：家书，书札。

　　⑤文件。如：证书，申请书。

上例中"宝"有三个义项，"书"有五个义项，但是在现代汉语中，只有"宝"的第一个义项和"书"的第三个义项可以作为词义独立运用，其他的义项现在只能充当词素义了。像这种情况，从现代汉语的角度分析，就应该认为"宝"和"书"都是单义词，同时又是一个多义词素，因为它们的每一个义项都可以用来造词。还有一种情况，如：

飞：①（鸟、虫等）鼓动翅膀在空中活动。如：鸟
　　　飞了。

　　②利用动力机械在空中游动。如：飞机在天上飞。

　　③在空中飘浮游动。如：飞雪花了。

　　④形容极快。如：飞奔，飞跑。

　　⑤意外的，凭空而来的。如：飞灾，飞祸。

走：①人或鸟兽的脚交互向前移动。如：人都走了。

　　②跑。如：奔走相告。

　　③移动，挪动。如：钟不走了。

　　④离开，去。如：车刚走。

　　⑤（亲友之间）来往。如：走娘家，走亲戚。

　　⑥通过，由。如：请走这个门出去。

　　⑦漏出，泄漏。如：走了气，走了风声。

⑧改变或失去原样。如：你把鞋穿得走了样了。

上例中的"飞"和"走"都是具有多种义项的词，"飞"的五个义项中，第一、二、三项都是词义；"走"的八个义项中，第一、三、四、五、六、七、八项都是词义。因此，"飞"和"走"都是多义词，同时也是多义词素。

由以上分析可以看出，从共时的角度区分词义和词素义是非常必要的。词义可以用来独立造句，词素义却只能用来造词构词。由于词义和词素义不同，所以一个具有多项意义的成分，可以是多义词，也可能是单义词。然而，因为这些意义都可以充当词素，所以用于造词构词当中，也可以充当词义。因此，凡是具有多义的成分，不管它是单义词还是多义词，它都是一个多义词素。可是词素义是不能充当词义来独立使用造句的，所以一个单音的多义词素如"习""观"等，就不能再被认为是一个多义词了。

### （三）多义词义项产生的原因和手段

词最初都是单义的，在发展演变过程中，由于义项的增多，才逐渐发展成为多义词。所以多义词的各个义项，都是在该词已有意义的基础上发展出来的。出现这样的发展情况，原因是多方面的，但主要决定于人们的认识和思维能力的发展。人们在社会中生活着，由于对各种客观事物的不断认识和接触，就有可能在不同的事物中，发现它们之间的某些联系或者某些共同的方面，因而也就有可能用指称甲事物的词去指称乙事物，这种实践的结果，就促成了词的义项增加和发展。如"圈子"一词原指"圆而中空的平面形、环形和环形的东西"，后来人们感到"范围"也是指的某一个方面，像"圈子"圈定了似的，于是就用"圈子"来指称"集体的范围或活动的范围"，如"小圈子""生活圈子"等，结果使"圈子"一词增加了新的义项而变成了多义词。所以，人们的认识促成了多义词的发展，而多义词的发展，在某种程度上也反映了人们的认识水平和思维能力发展的状况。

　　由于人们的认识不同，反映在多义词的义项产生上，就出现了各种不同的方法和手段。常见的有以下几种。

　　1. 引申法

　　引申法就是在原义的基础上，通过联想引申而产生新义的方法。如：

> 老：①年纪大。如：人老了。
> 　　②很久以前就存在的。如：老厂，老关系。
> 　　③陈旧的。如：老毛病。
> 　　④原来的。如：老地方。

"老"的四个义项中，第一个是原义，第二、三、四个义项都是根据原来的"年纪大"的意义特点，联想引申而成。因为年纪大，生长的时间必然要长，那么，存在的时间也必然会长；因为年纪大，生长时间长，那么，与新相比，也必然会具有陈旧的和原有的等情况。根据这样的联想和引申，就产生了"老"的几个新的义项。

　　2. 比喻法

　　比喻法就是根据事物之间的相似之处，在原义的基础上，通过比喻而产生新义的方法。如：

> 酝酿：①造酒的发酵过程。
> 　　　②比喻做准备工作。如：酝酿候选人名单。

酒造出之前要有一段发酵的过程，某些事情做成之前也要有一段准备和考虑的过程，两者有某种相似之处，"酝酿"的新义项就是在这种相似之处的基础上比喻而成的。

　　3. 借代法

　　借代法就是在突出原义作用的基础上，把指称部分的词，用来指称整体，或者把指称甲事物的词，用来指称与甲事物密切相关的乙事物，从而使词产生出新的义项来。如：

> 花：①种子植物的有性繁殖器官。花由花瓣、花萼、花
> 托、花蕊组成，有各种颜色，有的长得很艳丽，有
> 香味。如：一朵花。
> ②可供观赏的植物。如：种花，一盆儿花……
> 舌头：①辨别滋味、帮助咀嚼和发音的器官。如：用舌
> 头舔了一下。
> ②为侦讯敌情而活捉来的敌人。如：捉到了一个
> 舌头。

"花"的第一个义项是原义，它指称的是某种事物的一个部分的名称，后来在突出原义的基础上，把指称部分的名称，变为也可以指称这一事物整体的名称时，就产生了"花"的第二个义项，这就是用部分代整体以产生新义项的借代法。又如"舌头"一例，它的第一个义项是原义，第二个义项也是在突出"舌头"的意义和作用的基础上形成的，因为这种被称为"舌头"的敌人，主要的特点就是我们要通过他的舌头的作用来了解敌情。对这个"敌人"来说，"舌头"也是他的整体的一部分，所以"舌头"的第二个义项也是用以部分代整体的借代方法产生的。借代法的另一种情况，如：

> 翻译：①把一种语言文字的意义用另一种语言文字表达
> 出来。如：他翻译了许多文章。
> ②做翻译工作的人。如：他是一位翻译。

"翻译"的原义是表示一种动作行为的，后来把实施这种动作行为的人也称为"翻译"，这就是在突出原义作用的基础上，在两种密切相关的事物之间，以甲事物指称乙事物，用借代的方法产

生新义。

### 4. 特指法

特指法是在原义的基础上，用原来指称范围较大的词，去指称在这一范围之内的某一特定的事物，并从而产生新义。如：

> 喜事：①值得祝贺的使人高兴的事。
> ②特指结婚的事。

很明显，"结婚的事"是包含在"值得祝贺的使人高兴的事"这一范围之内的，所以它是这一范围内被指称的特定的事物，这种特指的指称情况，就产生了"喜事"的第二个义项。

以上分别谈了多义词义项产生的四种方法。事实上，一个多义词的几个不同的义项，既可运用一种方法形成，也可运用多种方法形成。如：

> 负担：①承当，担当。如：负担任务，负担责任。
> ②担当的责任，任务。如：学生的负担太重。
> ③压力，包袱。如：思想负担太重。

"负担"的第一个义项是原义，第二个义项是用引申法联想引申而来，第三个义项则是用比喻法比喻而成的。

### （四）多义词的几种意义及其关系

多义词都由单义词发展而来，因此，就有了原始义和派生义之分。词最初产生时所具有的意义就称为原始义，在已有意义的基础上产生的意义，就称为派生义。有时新的派生义也可能是从旧的派生义的基础上产生出来的。

从词的义项派生的关系来看，充当新义产生的基础者称为基本义，产生出的新义则称为非基本义。

从词义在社会上使用的情况来看，社会上普遍使用的最常用最主要的意义就称为常用义，其他的则称为非常用义。

多义词的各种意义，随着语言不断发展和变化，往往表现出一种错综复杂的情况。

当词刚出现时，它的原始义也就是它的常用义，当然也是基本义。随着语言的发展，原始义出现了两种不同的情况。第一种是原始义一直被沿用下来，在社会发展的任何阶段，它都是社会上所普遍使用的常用义，同时也能充当基本义。如"人""山""水""树""手"等等都是这种情况。第二种是在发展过程中，原始义不再是社会上的常用义，甚至也不能再作为词义被独立运用了，它的派生义却成了常用义，并逐渐成了能够派生他义的基本义。如汉语中的"兵"，原始义是"兵器"，现在的常用义却是"战士"；"强"的原始义是"弓有力"的意思，现在的常用义却是"强大"、"强盛"的意思。很明显，在现代汉语中，"兵"和"强"的原始义和常用义已不一致了。这些词的常用义发生改变后，它们的原始义除还保留在一些习用的语言结构中外，绝大多数时候都会失去独立充当词义的资格，只能在某些情况下，还可以作为词素义被运用罢了。由此可见，词的原始义和常用义、基本义并不完全一致，它们在发展过程中，也会发生改变和转化。

词的常用义和基本义关系比较密切。在一般情况下，多义词的常用义往往就是它的基本义，它是产生一切新义的基础，多义词的其他义项，都是在这一意义的基础上直接或间接产生出来的。如前面所举的"老"，它的几个派生义都是从基本义直接派生出来的。又如"打"一词，它的常用义和基本义是"打击"的意思，如"打鼓""打人"等。因为制造某些器具时有打击的动作，于是就从基本义"打击"中派生出了"制造"的意义，如"打一把刀""打一个橱子"。因为"编织"的活动也是一种制造活动，于是从"制造"义中又派生出了"编织"的意义，如"打毛衣""打帘子"。从这几个意义来看，"制造"义是从"打击"义直接派生出来的，而"编织"义是从"制造"义直接派生出来的，所以"编织"义对"打击"义来说，就是间接派生的关系。没有"打击"义，就没有"制造"义，也就不可能派生出"编织"义，所以"打击"义是基本的，是其他新义直接或间接派生的基础。在间接派生意义的过程中，起中介作用的是非基本义，如"制造"义，虽有着基本义的性质，但不能叫作基本义。因为多义词在某一发展阶段上，只能有一个基本义，只有这样，我们才能够更清楚地观察分析多义词各义项产生的来龙去脉，以及它们相互联系的情况。如对"制造"义这种情况来说，可以称为"具有基本义性质的非基本义"。如果一个多义词中这种情况的意义不止一个的话，可以按照义项产生的先后情况，称为"第一个具有基本义性质的非基本义""第二个具有基本义性质的非基本义"等等。如果能够对每一个多义词义项的产生情况都做如此说明的话，那么对词义是怎样演变和发展的等问题，也就容易一目了然了。

## （五）一词多义和一词多类

因为多义词是指一个词具有几个互有联系的不同的意义，所以多义词是一种一词多义的现象。

一词多义和语法中的一词多类现象是有密切联系的，从多义词的情况看，有的多义词的几个意义可以属于同一个词类。如：

> 落（là）：①遗漏。如：这里落了两个字。
> ②把东西放在一个地方，忘记拿走。如：把书落在家里了。
> ③因为跟不上而被丢在后面。如：他走得慢，落下很远。

"落"（là）的三个意义尽管不同，但却都表示了一种动作，它们的语法功能相同，都属于动词之类。这种一词多义的现象和一词多类的情况当然是无关的。

但是有的多义词却不是这样。如：

> 辣：①像姜、蒜、辣椒等有刺激性的味道。如：这菜又
> 酸又辣。（形容词）
> ②辣味刺激。如：辣眼睛。（动词）
> ③狠毒。如：他的手段真辣。（形容词）
> 短：①长度小。如：衣服太短。（形容词）
> ②缺少，欠。如：短他三元钱。（动词）
> ③短处，缺点。如：不要当面揭短。（名词）

以上两例中，"辣"的三个意义分属于形容词和动词两个词类，
"短"的三个意义分属于形容词、动词和名词三个词类。这种一
词多义的情况，同时也都是一词多类。

一词多义不一定都是一词多类，但是汉语中一词多类者肯定
是一词多义的。一词多义和一词多类都是对词义的说明，一词多
义着重从词汇意义方面说明了词义表示的内容，一词多类则着重
从语法意义方面说明了词义的语法性质和特征。所以分析和了解
多义词的时候，不但要明确词的各个义项所表示的词汇意义的内
容，而且也应该注意各个义项的语法意义，注意它们的语法性质
及其所属的语法类别，只有这样，才能全面地认识多义词。

### （六）多义词的单义性

一个多义词孤立存在的时候是多义的，但是当它被具体运用
的时候，却又表现为是单义的，这就是多义词的单义性。正因为
多义词在具体使用中具有单义性，才能使人们在交际中不会发生
意义上的混淆，也才能使人们准确地表达自己的意思，进行思想
交流。

多义词的单义性是由使用时的具体语言环境所决定的。具体
的语境不但能突出、明确地表示出多义词的某一个意义，同时还
可以使该意义获得具体的事物对应性。如"嗓子"一词，在"小

红把嘴张开，请大夫看看嗓子"中，它是表示"喉咙"的意思，它的具体事物对应性就是小红的嗓子，而不是别人的嗓子；如果在"小王的嗓子好，就让他唱吧"中，显然，"嗓子"表示的是"嗓音"的意思，而且它的事物对应性只能是小王的嗓音，而不可能是别人的嗓音。这一切都是由具体的语境决定的。

　　为多义词提供单义性的语境是多方面的。一句话、一个眼神或手势，都可以形成某种影响语义的语境。总括起来说，基本可表现为两种情况：一是语言本身形成的语境，即语句中的上下文；一是社会生活形成的语境，即交际时的具体生活环境。

　　许多多义词，依靠语句中上下文的帮助，就可以表现出它的单义性。如"骄傲"一词，在"他太骄傲了，听不进别人的批评意见"中，"骄傲"表示的是"自高自大，自以为是"的意思；但在"作为一个中国人，我感到无比骄傲"中，很明显，"骄傲"又表示了"自豪"的意思。又如"简单"一词，在"这个故事情节比较简单"中，它是表示"结构单纯，头绪少"的意思；在"这个人头脑太简单"中，它是表示"平凡无能"的意思；但在"我们不能简单从事"中，"简单"表示的又是"草率，不细致"的意思了。

　　也有少数的多义词，只靠上下文的帮助，是不能表现出它的单义性的，如"你又扮演了一个很不光彩的角色"中的"角色"，只凭这句话是不易确定它的意义是指"演员扮演的剧中人物"，还是指"一个人在某种场合中不体面的所作所为"，这时，就需要借助于具体的交际环境了。如果两人是在谈论演出的剧中人物，那么，"角色"表示的肯定是前一个意义；如果两人谈论的是生活中的某件事情或某个场面，那么，"角色"表示的意义显然就是后者了。

　　由此可见，尽管汉语中的多义词非常丰富，但是由于语境的作用，在具体使用中，多义词又总是以单义的性质出现的。

### （七）多义词和同音词

同音词就是指语音形式相同而意义完全不同的词。汉语中，词的语音形式必须在声、韵、调三方面都完全相同，才能叫作同音词。如：

米（mǐ，稻米）——米（mǐ，一公尺是一米）

汗（hàn，流汗）——旱（hàn，天旱）

杜鹃（dùjuān，鸟名）——杜鹃（dùjuān，花名）

数目（shùmù，这个数目字很大）——树木（shùmù，院子里树木很多）

因为同音词的语音形式相同，特别是有部分同音词书写形式也相同，所以表面看来，好像和多义词一样，都表现为一种形式具有多种意义的现象，往往使人分辨不清。

同音词和多义词是性质完全不同的两种现象，两者的区分就在于：同音词都是各自独立的不同的词，它们的词义之间没有任何的联系；多义词却是不管它有多少个义项，它都是一个词，因为这个词所表示的各个意义之间都是有所关联的。

从同音词和多义词的形成来看，两者也截然不同。同音词的出现是人们在语言发展的各个不同的历史阶段、不同地区、不同场合进行造词的结果，同音词的形成，完全是两个不同的词在语音方面的偶合，所以具有偶然性；多义词则不然，从词义发展的总趋势来讲，多义词的出现是语言历史发展的必然，从每个多义词义项产生的情况来说，也都是有理据可寻的，所以它的形成具有有理性。当然我们也不排除，多义词中的个别义项，由于长时间历时发展的结果，它和其他义项间的联系已不再为人们了解和察觉，在这种情况下，它也有可能被分化出来，和原来的词形成同音词。

总的说来，同音词和多义词的区分还是非常明显和清楚的。

将同音词中相同的多义词素拿出来，并以此为理由，人为地把某些同音词归并到多义词中去，这种做法是绝对不可取的。

**（八）多义词和同形词**

同形词就是指书写形式相同，但语音形式和意义都不相同的词。如：

> 行（xíng 行走）——行（háng 行列）
> 长（zhǎng 生长）——长（cháng 长短）
> 传（chuán 传送）——传（zhuàn 传记）
> 好（hǎo 好孩子）——好（hào 好聊天）

只从书写形式上看，同形词好像也是同一个形式表示着不同的意义，但是必须明确，同形词和多义词有着本质的区别。同形词的各个形式首先在读音上就不相同，这已可以证明它们是两个词，其次它们表示的意义也各不相同，这些意义之间，虽然有的可能有其相互演变的痕迹，但却不存在多义词中那种基本义和派生义的关系；同形词更不是同音词，因为它们除了书写形式相同之外，其语音形式迥然各异，因此同形词完全是各自独立的一类词，它们只不过是书写形式相同罢了。所以我们在了解词义的类型时，也应该把同形词和多义词，乃至于书面语言中的同形同音词等区别开来。

# 第3节 同义词

## 一 同义词及其特征

### （一）同义词的界定

多少年来，我国语言学界都共同认可着一种说法，那就是"同义词就是意义相同和相近的一组词"，我本人也很长时间沿用着这个定义，但是在运用的过程中，总感到有些问题解决得很不透彻。首先一个问题就是这个定义名不副实，名义上讲的是同义词，但基本论述的却是近义词，而近义词的特点则是意义并不相同，而且都不能相互代用，这怎么能说是同义词呢；其次的问题是，这样处理使人们在研究、讨论和学习同义词的时候，对真正的同义词总是一笔带过，不但没有能够引导大家认真地去认识它、学习它、研究它和分辨它，相反的却有意无意地抹杀了它的存在，当然更谈不上去肯定它存在的意义和价值了。无须多说，仅以上两点就足以说明现在学术界对同义词的界定是不合适的。

同义词是语言词汇中永远存在的一种词义类聚现象，是活跃在现实人们的言语中不可抹杀的词汇存在事实，因此我们必须去正视它，承认它，研究它，正确地确定它存在的价值，并给予它在语言词汇中应有的地位。

同义词的界定应该是：语言中意义相同的词就叫作同义词。如：

> 衣服——衣裳　　水平——水准
> 祖母——奶奶　　诞辰——生日
> 丈夫——老公　　容貌——长相

汉语中的同义词，绝大部分在语音形式上都不相同，只有极少数的同义词，在意义相同的情况下，还具有相同的语音形式，如"口形"和"口型"就是这样。不过这种同音同义词在语言中的确是很少见的，而且这种情况也往往是由于书写方面的原因造成的，而不是口语中的问题。

**（二）同义词的界定标准及其特征**

由于同义词是意义相同的词，很明显，意义相同就是同义词的本质特点。以我们在前面所论述的划分词义类聚的标准为依据，它的本质特点主要就表现在词汇意义、语法意义和词义概念对应性的完全相同上。因为只有词汇意义及其概念对应性完全相同，才能够达到同义的要求，也才能反映出同义词的本质特点来。语法意义相同，是划分词义类聚的前提条件，表现在同义词上也非常明显，因为只有属于同一种词类的词，表现在意义上才能够属于同一种类型的概念范畴，也只有在同一种类型的概念范畴的基础上，才能够使它们在意义上产生联系和关系，并进而确定其是不是同义词。

分析划分词义类聚标准的过程中，虽然在认识和阐释时被分析为词义的几个方面，但是在具体运用时，它们却是一个各方面相互联系的整体。就词汇意义来说，它与其概念对应性自然是一致的，但在具体的问题分析中，它和语法意义也必须结合起来。如从语法意义来讲，"哥哥"、"兄长"和"弟弟"三个词，都是亲属称谓词，都属于同一个类型的概念范畴，在这个前提条件下，完全可以对它们进行比较，但是仅凭这一点是不能判定三个词的关系的，只有结合词汇意义来进行辨析，才能够确定"哥哥"和"兄长"是同义词，因为它们具有相同的词汇意义和概念对应性，而"弟弟"一词由于不具备这一条件，所以就不能进入前两者同义类聚的范围之中。

由上所述可以了解，只有意义完全相同的词才是同义词，意义相同是它的本质特征，而词汇意义、语法意义和词义概念对应性的完全相同则是确定同义词类聚的根本依据。

## 二　同义词的类型

通过以上所述，我们以此标准就可以确定属于同义词类聚范围的内容。此外，由于语言中存在着单义词、多义词以及一词多类等不同的词义表现形式，所以在分析词义的时候，为了准确起见，应该以词的一个意义（即一个义项）为分析单位来进行，因为只有这样，才能把问题探讨得细致和深入。

观察同义类聚的情况，可以将其所属内容分为以下四种类型。

## （一）完全同义词

完全同义词是指词的词汇意义、语法意义和色彩意义都完全相同的词，这类词在语言中也被称作等义词。如：

忌妒——妒忌　　衣服——衣裳
互相——相互　　床板——铺板
眉毛——眼眉　　手臂——胳膊
暖瓶——热水瓶　　灯泡——电灯泡
卷心菜——包心菜　　山茶花——耐冬花
和——同　　路——道　　吞——咽

我们以判定同义词的标准为根据，将"眉毛"和"眼眉"、"包心菜"和"卷心菜"的情况分析如下。

|  | 眉毛 | 眼眉 |
|---|---|---|
| 词汇意义 | 生在眼眶上缘的毛 | 生在眼眶上缘的毛 |
| 概念对应性 | 生在眼眶上方、黑色、短形的毛 | 生在眼眶上方、黑色、短形的毛 |
| 语法意义 | 名词 | 名词 |
| 色彩意义 | 中性色彩 | 中性色彩 |

|  | 包心菜 | 卷心菜 |
|---|---|---|
| 词汇意义 | 结球甘蓝 | 结球甘蓝 |
| 概念对应性 | 甘蓝类的菜，叶子一层层地包起来，像球状 | 甘蓝类的菜，叶子一层层地包起来，像球状 |
| 语法意义 | 名词 | 名词 |
| 色彩意义 | 形象色彩 | 形象色彩 |

　　通过以上两组同义词的分析，可以看到完全同义词在词义的各个方面都是一样的，这就是这类同义词的本质特点。

　　由于完全同义词（即等义词）的意义完全相同，所以它们在语言交际中的作用完全一样，因此，在具体的语境中，完全同义词都是可以相互换用的。如把"我买卷心菜"说成"我买包心菜"，把"他忌妒你"说成"他妒忌你"，意义都毫无不同。然而也正因为完全同义词在交际中的作用都是一样的，这就决定了它们在语言中没有共同存在的必要。所以在社会的运用和约定俗成中，完全同义词总要被取此舍彼，而不能同时共存下去。

　　完全同义词是语言中永远存在着的一种词汇现象，从历史发展情况看，这类同义词的成员，永远都处在一种不断消失、不断产生的循环往复之中。因为这类完全同义词的作用都是一样的，所以它们都会面临一种被规范的过程，并表现为两种不同的发展情况。一种情况是，在一组同义词中，逐渐地会将其中的一个保留下来，另一个则被淘汰下去，如"向日葵"和"向阳花"这组词，就目前的使用情况看，前者被使用的频率就已明显地比后者多了起来。完全同义词的另一种发展情况是，有部分完全同义词，在发展过程中，逐渐走上了意义分化的道路，结果使它们都分别获得了为自己所具有的意义特点，它们都以自身具备的这些特点而被保留下来，从一对完全同义词而发展成为一对非完全同义词。如"魂灵"和"灵魂"原来是一组同义词，都是指"魂"而言的。后来"灵魂"逐渐发展成了多义词，表示了"心灵、思想"和"人格、良心"等意义，于是"魂灵""灵魂"有了分工和不同，结果它们都被保留了下来，并以自己在意义上的特点和作用继续存在于人们的语言运用当中。

　　任何民族、任何时代的语言都会有完全同义词的现象存在。语言中存在完全同义词的现象是很自然的，因为人们从各个不同的角度进行造词活动的结果，就会使语言中不断地产生出各种各样的完全同义词。如现在家庭中使用的一种煤块，有的人从它的样子像蜂窝出发，就称它为"蜂窝煤"，也有人认为它的样子像藕，于是又称它为"藕煤"，不同的造词结果就使"蜂窝煤"和"藕煤"形成了一对完全同义词。现在通过社会的使用和约定俗成，很明显，"蜂窝煤"已被普遍运用开来。此外词汇系统的发展演变和调整也能够使词义在自身内部的变化中形成完全同义的类聚关系。

社会上永远会不断地制造出完全同义词，语言中也永远会存在一部分完全同义词，而完全同义词又将永远不断地被规范，或保留，或淘汰，或进行分化。这就是完全同义词发展的规律。

### （二）不完全同义词

不完全同义词是指词的词汇意义及其概念对应性相同，语法意义相同，色彩意义有别的一组词。因为这类词完全具备了同义词形成的特点和根据，所以也属于同义词范围。如"父亲"和"爸爸"、"生日"和"诞辰"等。现在以"会晤"和"见面"、"土豆"和"马铃薯"两组词为例，用判定同义词的标准将其情况分析如下。

| | 会晤 | 见面 |
|---|---|---|
| 词汇意义 | 彼此面对面相见 | 彼此面对面相见 |
| 概念对应性 | 彼此会面 | 彼此会面 |
| 语法意义 | 动词 | 动词 |
| 色彩意义 | 书面的和庄重的色彩 | 口语色彩 |

| | 土豆 | 马铃薯 |
|---|---|---|
| 词汇意义 | 地下长成的卵圆形块茎食物 | 地下长成的卵圆形块茎食物 |

| 概念对应性 | 一年生草本植物，卵圆形，地下块茎肥大，供食用 | 一年生草本植物，卵圆形，地下块茎肥大，供食用 |
|---|---|---|
| 语法意义 | 名词 | 名词 |
| 色彩意义 | 口语色彩 | 科学语体色彩 |

通过以上两组词的分析可以看出，不完全同义词也完全是以词汇意义、概念对应性以及语法意义的完全相同为根据而形成的，所以可以肯定地说，无论哪一类同义词，在它的形成过程中，词的词汇意义及其概念对应性以及语法意义的相同都是其形成的决定因素；而色彩意义的不同则使同义词中产生了不完全同义词这一类别。

在语言中，词的色彩意义是非常丰富的，因此，由于色彩意义的不同而形成的不完全同义词也纷繁多样。下面我们做具体分析。

1. 语体色彩方面，例如：

祖母——奶奶　　会晤——见面
吝啬——小气　　美丽——好看

这几组词的前者都具有书面语或庄重严肃的色彩，而后者则具有口语色彩或亲切的感情色彩。又如：

买——购买　　看——观看
飞——飞翔　　坐——乘坐

这几组词的前者都是日常生活中常用的词，具有明显的口语色彩；而后者则多用于书面语和文艺作品中，有时也用于某些比较严肃的场合，因此，它们多具有书面语和文艺语体的色彩，以及某种程度的严肃色彩。再如：

　　水银——汞　　　土豆——马铃薯

　　盐——氯化钠　　蚂蚱——蝗虫

这几组例词则反映了口语和科学术语语体的不同情况，很明显，它们的前者都有口语语体色彩，后者则都是科学术语语体的色彩了。

　　2. 感情色彩方面，例如：

　　孩子——宝宝　　　黄河——母亲河

　　松树——青松　　　老头儿——老头子——老大爷

这几组例词都是由于感情色彩不同而形成的不完全同义词，很明显，"宝宝"和"孩子"在一定语境中都可以指称自己的小孩，但"宝宝"所表现出来的对孩子的喜爱感情却比"孩子"丰富得多；"母亲河"和"黄河"相比，前者也明显地体现出了华夏儿女对黄河的那种崇敬、热爱和亲切的感情；而"松树"和"青松"相比，"青松"则把人们对"松树"的那种长青、挺拔和坚强品格的欣赏和赞美的感情充分表达了出来；"老头儿"一组中的三个词都是口语中的词，都具有口语的色彩，一般情况下也多表现为中性色彩，但是在使用中，相比之下，它们所表现出来的感情色彩也有所不同，"老大爷"一词往往带有一定的尊敬亲切的感情色彩，"老头儿"则多有亲切喜爱的感情色彩，而"老头子"有时却会被用于贬义的场合，带有使人厌恶的色彩，所以如果在"那个老头子真讨厌"的语境中，一般都不会用"老头儿"和"老大爷"的。

　　3. 外来色彩方面，例如：

　　出租车——的士　　　激光——镭射

　　维生素——维他命　　超短裙——迷你裙

上面各组同义词是民族色彩和外来色彩的区别问题，它们尽管都是用汉语造词法造成的词，但因后者受到其成词的基础形式外语词语音的影响，因而两者相比，前者都具有民族色彩，后者则都具有外来色彩。一般说来，属于这类情况的词，因为它们都表示着相同的词汇意义和语法意义，对应着相同的概念，所以都是可以互相换用的。不过，在使用的过程中，由于民族的语言习惯和思维方式方面的可接受性等原因，具有民族色彩的词往往会越来越占优势，具有外来色彩的词，则会由于使用频率的降低而被逐渐淘汰，像汉语中过去使用过的"瓦斯""德律风"，后来被"煤气""电话"所代替，就说明了这种运用规律的情况。上面所举的"镭射"，从现在社会的运用情况来看，也有逐渐被"激光"取代的发展趋势，至于"迷你裙"一词，现在其使用范围和频率已明显地越来越小了。

不过这一语言词汇的发展规律，只是就一般情况而言的，体现到每个具体的词上当然会有所不同，如上例中的"维他命"，虽然在使用上不如"维生素"的频率高，但是它的生命力却相当长久，根据目前的应用情况，这个词仍然会被汉族社会继续使用下去。对于"的士"一词，虽然它是近些年才产生的新词，但目前已被社会所接受，并被收入《现代汉语词典》当中。

4. 形象色彩方面，例如：

　　　　羡慕——眼馋　　　桂圆——龙眼
　　　　白——雪白　　　　抽油机——磕头机

以上几组词都是中性色彩和形象色彩的区别问题。很明显，上面的例子中，每组的前者都是具有中性色彩的词，而后者则都具有鲜明的形象色彩。这类同义词在语言应用中，一般是可以相互替换的，只是后者在表达上更显得生动活泼罢了。

5. 时代色彩方面，例如：

　　　　护士——看护　　　知识分子——臭老九

剧院——剧场——戏院

保姆——佣人——老妈子

这几组词是表现了不同时代色彩的同义词，时代色彩就是能够反映出某个时代的韵味和语言运用情况的色彩。就以上的词例来看，它们每组词的词汇意义和语法意义都是一样的，但由于各个词的产生和运用的时代不同，所以每个词的色彩意义方面都有着浓郁的时代痕迹。词的时代色彩不一定只表现在漫长的不同时代中，有的也可以在很短的时间内就体现出来，像上例中的"臭老九"就是这样，虽然它和该组内其他的词都是指的同一种事物，但是却更能够反映出特定时代人们认识上的一种时代色彩。

时代色彩不同的词，因为它们所反映的客观事物都是一样的，所以使用不同的词，也能够反映出该事物的不同时代特点，甚至可以使人们了解不同社会阶段的历史状况。如"酒店"和"饭店"就是这样的一组同义词，现在社会上一般都开始用"酒店"而不用"饭店"，因此人们通过"北京饭店"这一名称，就可以理解到这一饭店是在过去就已经存在的了。同样，通过"臭老九"一词，人们也会立刻回想到"文化大革命"的情况。由于一组同义词的时代色彩不同，所以一般情况下，这类词是不能够相互换用的。

6. 地方色彩方面，例如：

口气——语口儿　　白薯——红薯——地瓜

玉米面——苞米面——棒子面

聊天儿——拉呱儿——唠嗑

上面的几组词主要体现了词所具有的不同的地方色彩。同义词的地方色彩其表现情况也各不相同，有的是词与词之间普通话色彩和地方色彩的不同，如"聊天儿"和"唠嗑"；有的则是由于使用的地区不同而出现的不同色彩之间的差异，如"红薯"和"地瓜"。不过虽然它们的地方色彩不同，除了特殊语境的需要之外，一般情况下，它们还是可以互换使用的。

以上各类例词，它们在词汇意义和语法意义方面都是相同的，但是由于色彩意义的不同，结果使它们在具体应用中产生了差别，尽管有些词的色彩意义及其使用情况不是绝对的，如某些具有书面语色彩的词，有时也可以用于口语中，而一些具有口语色彩的词，有时也可以用于书面语中，这说明有些不同色彩的同义词还是可以互换使用的。但是在一般情况下，对这类色彩意义不同的词，在运用中加以区别，还是非常必要的，因为它们在表意上的差异还是很明显的，甚至在某些具体的语境中，一组不完全同义词中的几个词是不能够互相代替的。如在"今天是小明的生日"中，就不能把"生日"换成"诞辰"；在"我买了两包盐"中，就不能把"买"换成"购买"，也不能把"盐"换成"氯化钠"。在现代社会中，人们同样更不能把"火柴""汽油"等换成带有明显的过去时代色彩的"洋火"和"洋油"。虽然由于不完全同义词的词汇意义都完全相同，即使换用也不会影响其概念对应性和具体意义的表达，但是却与社会上的语言习惯是极不吻合的，而且也是不规范的。

由此可见，不完全同义词虽然都具有相同的词汇意义，都有相同的概念对应性，但它们却不是语言中多余的成分，恰恰相反，正因为它们的色彩意义不同，所以它们的存在更能增强语言的表达能力，从而使人们的交际生活更加丰富多彩。

### （三）义项对应同义词

义项对应同义词是指两个或两个以上的不同的词，从整体上讲，它们的意义并不相同，但却可以在某个义项上形成对应关系，并成为同义词。如"短"是一个多义词，它有三个义项："1. 两端之间的距离小，与'长'相对；是形容词。2. 缺少，欠；是动词。3. 缺点；是名词。""短"的这三个义项都是词义，都可以作为造句单位来独立运用，无论在静态或动态存在中，它们都可以和其他词的义项构成同义词。如动词的"短"就可以和"缺少""欠"等构成同义词；名词的"短"就可以和"缺点""短处"等构成同义词。随着新词的产生和多义词的增多，这类义项交叉同义词将会越来越得到发展。

义项对应同义词在语言静态存在时，往往只是一种客观的甚至是潜在的联系和对应关系，人们一般都不把它们看作同义词。但是在动态应用中，特别是在某个特定的具体语境中，它们这种同义关系就会被明显地显现出来。下面我们再继续做一下词例分析。

例如"愿望"和"希望"两个词，根据《现代汉语词典》（修订本）的注释，它们表示的意义是：

> 愿望：希望将来能达到某种目的的想法。如：他参军的愿望终于实现了。
>
> 希望：①心里想着达到某种目的或出现某种情况。如：他从小就希望做一个医生。
> ②愿望。如：这个希望不难实现。

从注释中可知，"愿望"是一个名词；"希望"则是一个兼类词，它的第一个义项表示的是一种动作行为，属于动词，第二个义项则和"愿望"相同，属于名词。在这种情况下，"愿望"和"希望"的第二个义项，由于词性相同，词汇意义和词义的概念对应性也相同，因此就成为一对同义词。又如"工作""职业""业务""任务"等词的情况，《现代汉语词典》（修订本）对这几个词的注释是：

> 工作：①从事体力或脑力劳动，也泛指机器、工具受人操纵而发挥生产作用。如：铲土机正在～。②职业：在资本主义国家，经常有成千上万的人找不

　　到 ~。③业务；任务：工会 ~丨科学研究 ~。
职业：个人在社会中所从事的作为主要生活来源的
　　工作。
业务：个人的或某个机构的专业工作：~ 范围。
任务：指定担任的工作；指定担负的责任：政治 ~丨超
　　额完成 ~。

从以上各词的注释中可知，"工作"的第一个义项属于动词，第
二个和第三个义项都属于名词。"职业""业务""任务"等词都
是名词。因此，在同是名词词性的情况下，从其词汇意义和词义
的概念对应性情况来判断，"工作"的第二个义项就可以和"职
业"形成同义词，"工作"的第三个义项则可以和"业务""任
务"等词分别形成同义词。由此可见，这类义项对应的同义词
完全是由一词多义和一词多类的情况造成的。同时也清楚地说
明了，对一组同义词来说，词性相同是它们得以形成的必要
条件。
　　义项对应同义词的形成是多义词单义性的一种必然体现。因
为只有这样的语言使用和语境，才能使义项对应同义词变为
现实。
　　由多义词义项之间的对应关系而形成的同义词，因为它们的
联系就建立在词汇意义、语法意义和色彩意义基本一致的基础
上，所以有时在某些语境中是可以互相换用的，如"旧"是"陈
旧"的意思，多义词"老"有一个义项也是"陈旧"的意思，
因此"旧"和"老"在这个意义范围内形成了同义词，并且在某
些语境中可以互相换用。我们把"这式样太旧了"说成"这式样
太老了"，是完全可以的。仅从这种情况看，可以说，这些同义
词具有等义的性质。但是，我们也不能因此就把这种同义词都看
作毫无区别的，因为它们并不是在所有的语境中都能换用。如
"这双鞋太旧了"，就不能说成"这双鞋太老了"。又如在"我把

包袱在你这里放一下"中，可以把"包袱"换用成"包裹"，但是在"我去邮局取包裹"中，"包裹"却不能换用成"包袱"。这类词中还有部分词是很少换用的，如"孩子"的一个义项可以和"儿童"形成同义词，都是表示"较幼小的未成年人"的意思，但是这两个词除了在"这些孩子真可爱"等少数语境中，还可勉强换用外，在大多数的场合都是不能换用的。如在"儿童医院""儿童公园""儿童玩具""儿童福利"等语境中，"儿童"就不能用"孩子"来代替，相反，在"这些事让孩子去做吧""我有三个孩子"等语境中，"孩子"也不能用"儿童"来代替，可见这类词在使用上还是有其一定的语境条件的。所以，我们对这类同义词所表现出来的异同，也应该注意分辨清楚。

形成义项对应同义词时，可以是单义词的意义与多义词的某个义项相对应，也可以是两个或两个以上多义词的某个义项相对应。如"树"一词既可以表示"单独的一棵树"的意思，也可以表示"许多树"的意思，而"树木"则只能是表示"许多树"的意思，因此"树"的第二个意义和"树木"的意义只能在"这些树长得真茂盛"的语境中形成同义词，因为在这一语境中，由于其上文"这些"的关系，才能够把"树"的第二个意义显现出来。在这里单义词"树木"和多义词"树"的后一个义项相对应。又如"包袱"、"包裹"和"负担"则是三个多义词：

　　　包袱：①包衣服等东西用的布。
　　　　　　②用布包起来的包裹。
　　　　　　③比喻影响思想或行动的负担。如：思想包袱。
　　　　　　④指相声、快书等曲艺中的笑料。
　　　包裹：①包，包扎。如：用布把伤口包裹起来。
　　　　　　②包扎成件的包儿。如：他肩上背着一个小包裹。
　　　负担：①承当，担当。如：负担责任。
　　　　　　②担当的责任，任务。如：学生的负担太重。

③承受的压力。如：思想负担。

比较以上三个词的情况，我们就会发现，从每个词的全部意义内容来看，它们之间是难以形成同义关系的，但是，从它们各个义项之间的联系和对应来看，"包袱"的②项和"包裹"的②项就具有同义的关系，因此，"包袱"和"包裹"在这个意义范围内就可以成为同义词。同样，由于"包袱"的③项和"负担"的③项在意义上也可发生联系和对应，因此，"包袱"和"负担"在这一意义范围内，也能够成为同义词。

### （四）言语同义词

言语同义词就是在言语交际中，由于语境的帮助而形成的同义词。如在正常情况下，表类概念的词和表种概念的词是不能构成同义词的，因为分别表示类、种概念的词，其词义的内容自然是不一样的，所以它们之间不具备形成同义词的条件。但是在具体语境中，由于交际条件的帮助，表示类概念的词往往会具有具体事物对应性，从而变成了指称种概念的意义，并和它临时所指的表示种概念的词形成了言语同义词。例如一个人指着一束菊花说："这花真好看。"很明显，这里的花就是指的菊花，所以在这一语境中，"花"和"菊花"就可以形成言语同义词。在具体语境中，由于词的语法意义发生了变化，也可以形成言语同义词。如在"他的聪明和才智也是他在科研上获得成功的原因之一"的语境中，形容词"聪明"获得了名词的语法性质，因此在这一语境中，"聪明"也可以和"才智"形成言语同义词。

言语同义词只能在言语交际中产生，依附语境而存在，因此它的生命是短暂的，具有很强的临时性。不过这类同义词在言语交际中却是大量存在的，它不仅灵活多样，而且可以根据交际的需要，适时地变换自己具体事物对应性的内容，给言语交际带来简洁明快的同时，也充分表现出了它所特有的鲜明突出的表达效果。

　　以上同义词的四种类型，都属于同义类聚。但是这不同类型中的每一种类型，也都各自有区别于他种类型的地方。首先，从完全同义和不完全同义的角度来看，除第（二）类是不完全同义词外，第（一）（三）（四）类都是完全同义词，即都具有等义的关系。但是在这三类当中，它们的存在、使用和发展变化情况又不相同。对第（一）类来说，它的存在本身就决定了同义词的成员是不能共同长期并存的，因此它们都会有一个一方被保留一方被淘汰，或者彼此间产生分化的过程。对第（三）类来说，虽为完全同义，却可以长期共存，甚至随着语言的发展而更加丰富，因为它们形成同义词的义项，都存在于不同的个体词的词义之中。再者，它们虽为同义词，但有的却不能替换使用。对第（四）类来说，情况就更不同了，因为这类同义词都是在言语中产生的，所以一旦离开了语境即不复存在，不过这种词义临时形成类聚的现象，却永远存在于言语运用之中。其次，从语言的静态和动态存在形式的角度来分析，我们也可以清楚地看到，第（一）（二）（三）类都是语言成分，是一种静态的存在形式，无论它们被运用与否，这些类聚都会以显形形式或隐形形式客观地存在于语言系统之中；第（四）类则有所不同，它是言语成分，是一种动态的存在形式，尽管这类同义词的某些成分被长期运用后，也有可能被约定为语言成分，但这却需要有一个发展和转化的过程。言语同义词的产生、存在、运用和发展，也是我们词汇动态研究中的一个不可忽视的内容。

　　通过以上分析，首先，我们可以清楚地了解到，同义词类聚有着自己的范围和丰富的内容，把同义词类聚独立出来，作为词义类聚的一种类型进行研究和探讨，还是完全有必要的。其次，我们也清楚地认识到，对词义类聚的类型划分，也应该根据一定的理论标准来进行。对同义词的确定，就必须要强调词的词汇意义和概念对应性都相同这一根本特点。当然，语法意义相同也是形成同义词的基础，但是，如果没有词汇意义的相同，那么，尽管词性相同，也不能形成同义词。如"人"和"树"都是名词，"美丽"和"宁静"都是形容词，可是因为它们的词汇意义完全不同，所以就不能形成同义词。对色彩意义来说也是如此，在同义词的形成中，色彩意义具有一定的作用。如在词汇意义和语法意义都相同的条件下，色彩意义相同与否，都能形成同义词，但是色彩意义相同的是完全同义词，不同的则是不完全同义词。但是，如果没有词汇意义的相同这一根本依据，那么，即使色彩意义完全相同，也不能形成同义词。如"太阳"和"月亮"都是名词，都具有中性的色彩意义，"后果"和"叛徒"都是名词，都具有贬义的色彩意义，但是，因为它们的词汇意义都不相同，所以也不可能是同义词。

## 三　同义词产生的原因和途径

同义词是语言词汇中非常活跃的一个部分，同义词的丰富和纷繁，不但可以说明词汇的发展，而且在某种程度上也能够反映语言的发展和人们思维能力的发展。

人类社会的不断发展，人们思维能力的不断发展，以及语言本身的不断发展，都可以促成同义词的产生和发展。在以上方面的影响下，同义词形成的途径是多方面的。

（1）人们对客观事物进行认识的角度不同，从而产生了不同的词，结果形成了同义词。如"荧屏"和"屏幕"两个词，虽然表示着同一种事物，都是指电视机的显像部分而言，但是两者的名称却不相同，"荧屏"着眼于荧光粉的作用而造词，"屏幕"则是着眼于"幕"的形象而造词，因而形成了同义词。以下的词例都是这种情况：

信封——信皮　　合作——协作

争辩——争论　　发卡——头卡

西湖——西子湖　番茄——西红柿

（2）人们对事物的感情和态度不同，从而产生了不同的词，并形成同义词。如：

老头子——老头儿　　孩子——宝宝
诞辰——生日　　　　助手——帮凶
遗体——尸体　　　　教导——教唆

（3）词义演变形成同义词。如"大夫"一词原为一种封建官职的称呼，因也用来称呼医官，于是有了"医生"的意思，结果与"医生"形成了同义词。其他又如：

丈夫——老公　　丈人——岳父
时髦——摩登　　岁——年

（4）吸收方言词的结果。即吸收到普通话中来的方言词，和普通话中原有的词形成同义词。如：

搞——干、做　　把戏——手段

（5）接受外语词语音形式的影响造成的词，和不受外语词语音形式影响造成的词形成了同义词。如：

镭射——激光　　米——公尺
拷贝——复制　　维他命——维生素

（6）科学术语和日常用语并用形成同义词。如：

汞——水银　　昆虫——虫子
氯化钠——食盐　　齿龈——牙床——牙床子

（7）书面用语和日常用语并用形成同义词。如：

烟霭——云雾　　部署——安排

黎明——早晨　　措施——办法

（8）汉语词双音化的结果形成同义词。如：

眼——眼睛　　路——道路
丢——丢失　　到——到达

（9）词序不同形成了同义词。如：

觉察——察觉　　情感——感情
相互——互相　　忌妒——妒忌

同义词形成的原因和途径比较丰富多样，如语言中的委婉用语和社会方言中的某些用语，都可以和一般的日常用语形成同义词。所以在探讨语言的发展和词汇发展时，同义词的形成和发展也是一个非常重要的方面。

# 第4节　近义词

近义词是词汇学界早已熟悉的一类词，同时也是感觉非常难以处理的一类词，因为何为近义词，如何判断其为近义，是难以确定其标准的。过去都把它划归到同义词中去作为同义词的一类来处理。但是，"相同"和"相近"毕竟是不同的，因为近义词不可能具有像同义词一样的"词汇意义和概念对应性都完全相同"的本质特征，把两者放在同一个类型之内，肯定不易把问题说清楚。因此现在我把它和同义词区分开来，试图从词汇意义及其概念对应性的角度做一些探讨。

## 一　近义词及其特征

近义词就是语法意义相同、词汇意义相近的一组词。所谓语法意义相同，其道理如前面所讲，那就是这一组词必须要在同一个类型的概念范畴之内，否则是无法进行比较的。所谓词汇意义相近，就是指一组近义词在词汇意义的义素分析上有主次之分，反映到它的概念对应性的特征分析上也有主次之分。因为近义词在它们意义的主要义素上和概念的本质特征上都是相同的，所以它们的基本内容完全一致，而这也正是它们能形成近义的本质所在。又因为近义词在次要义素和一般特征上存在着一定的区别，而这种区别就决定了它也不能被视为同义词。由此可见，近义词从划分标准上看也是有其自身特点的。如我们在前面提到的"效果"和"后果"两词，因为它们反映的主要义素和本质特征都是一样的，都表达了"结果"的意义，而"好的"和"坏的"这部分内容，从实际运用看，它们并不影响基本意义的表达，所以应属于次要的部分，因此"效果"和"后果"是一对近义词。现再以"整理"和"整顿"两个近义词为例，将其情况分析如下：

| | 主要义素和本质特征 | | | 次要义素和一般特征 |
|---|---|---|---|---|
| 整理 | 使涉及的对象 | 整齐 | 有序 | 实体的东西 |
| 整顿 | 使涉及的对象 | 整齐 | 有序 | 抽象的东西 |

很明显，"整理"和"整顿"两词由于它们的主要义素和本质特征相同，所以它们形成了近义的关系，而且可以共同存在于同一个类概念"使之整齐有序"的范围之内。在这里把"实体"和"抽象"的不同列为次要义素和一般特征，是因为这种区分更多的因素是语言使用上的搭配不同造成的，这一不同并没有影响到概念的本质特点，这些次要成分对词义来说，可以使整体词义有所区别，从而形成近义词；对概念来说，也是由于人们通过语言实践而得到的一种认识，使得"整理"和"整顿"两个概念出现了某种差异，但是这些特点并没有影响到其本质特点的改变和基

本内容的表达，因此它们都是概念的一般特征。

正因为近义词在意义内容上有主要和次要之分，所以长期以来，人们在认识近义词上，因其主要内容相同而将它划归为同义词，又因其次要的内容存在着差别，所以在认同它同归为同义词一类的同时，又不得不特别关注和强调所谓"同义词辨析"的问题。

由以上分析可以看出，任何一对近义词，无论词义轻重或者范围大小等等，其参与类聚的根本条件，除要求其语法意义相同之外，都必须要求在它的词汇意义和概念对应性的内容中，要有主要成分和次要成分之分，主要成分是根本的，次要成分是附属的，但是却是不可缺少的，因为尽管近义词反映的词义和概念的本质特点是相同的，但是近义词却是由于表示了其词义中的非本质特点才能够形成和存在，一组近义词中，如果没有具有区别性的非本质内容和特点，也就不可能出现近义词，当然也不可能存在近义词的类聚。这就是近义词的类聚标准和特征。

因为近义词所表达的基本意义是相同的，所以对近义词来说，即使用错了，也不会影响到言语交际的基本意义的表达，只是不符合语言的搭配习惯和正确地进行语言运用而已。但是对语言应用来说，不分辨词义的细微差别和不符合语言的习惯用法也都是不允许的。随着人们思维能力的不断丰富和发展，近义词的出现是必然的，而且在语言运用中，大量近义词的参与，不仅丰富了人们使用语言的手段，而且也极大地增强了语言的表意功能，从而使人们的言语交际更加细致、缜密和完善。因此我们不但要正确地认识近义词，慎重地对待近义词，而且更要重视研究近义词的辨析问题，以求能够确切地使用近义词。

## 二 近义词的类型

近义词的类型大致可分为两种。

（1）词汇意义相近、语法意义相同、色彩意义不同的近义词。例如：

> 鼓动——煽动　　保护——庇护
> 爱好——嗜好　　效果——后果

从以上词例看，"鼓动"和"煽动"都是动词，它们的主要义素和本质特征都表示"使别人行动起来做某种事情"的意思，但是"鼓动"指的是"用语言、文字等激发和振奋人们的情绪，使他们行动起来"，具有中性和褒义的色彩；"煽动"指的却是"挑动、怂恿别人行动起来去做坏事情"，多用于贬义，所以具有贬义色彩。由此可见，它们的次要义素和一般特征还是有区别的。又如"保护"和"庇护"也是一组动词，而且都表示"护卫住"的意思，但"保护"指的是"妥善照顾，护卫住，使不受损害"的意思，"庇护"则是指"护卫住加以包庇"。因此，前者具有中性色彩，后者则具有贬义的色彩。

词汇意义相近、语法意义相同、色彩意义不同的近义词，它的色彩意义和词汇意义都是一致的，色彩意义往往寓于词汇意义之中，人们从对词汇意义的解释中，就可了解到色彩意义的一般情况。这类近义词在具体的语句中，是不能互换使用的。

（2）词汇意义相近、语法意义和色彩意义都相同的近义词。例如：

> 整理——整顿　　优良——优秀
> 机灵——机智　　抵偿——赔偿
> 勇敢——英勇　　指斥——指责

这类近义词在语言中是大量存在的，正确细致地辨析这部分近义词，对语言的研究和运用都是非常必要的。这类近义词在语法意义和色彩意义都相同的情况下，可从以下几个方面认识词汇意义相近的情况。

　　词汇意义的指称范围不同：这是指一组近义词中两个词的词义，在指称的范围上有大小不同的区别。如"家属"和"家族"是一组近义词，它们共同的主要义素和本质特征都是指"一家中的人"，但是它们的次要义素和一般特征是有区别的。"家属"指的只是"某个人的家庭成员"，指称的范围比较小；"家族"指的却是"同一姓氏的，有血缘关系的可以包括几个分支的几辈人"，所以它的指称范围就比较大。又如"过程"和"历程"一组近义词，其共同内容都是指"经过的程序"，但是其区别性就在于"过程"的意义范围比较大，它"泛指一切事情进行或事物发展所经过的程序"；"历程"的意义范围就比较小，它只是"专指人们经历的较长的不平凡的过程"。由于词义指称的范围大小不同，所以这种近义词在同一语境中是不能替换使用的。

　　词汇意义的轻重不同：这是指一组近义词中的几个词，它们在表义上有轻重弱强之分。如"优良""优秀""优异"一组词，其相同内容都表示"好"的意思，可是"优良"表示的是"很好"的意思，"优秀"表示的是"非常好"的意思，而"优异"则表示"特别好"的意思。三个词义相比较，"优良"词义较轻，"优秀"比"优良"要重一层，而"优异"的词义较前两者就更重一些，所以三个词在表义上的轻重程度是不同的。又如"爱惜"和"珍惜"一组词都有"因重视而不糟蹋"的意思，但"珍惜"与"爱惜"相比，又有"特别重视"的意思，所以"珍惜"的词义要比"爱惜"的词义更进一层。词义轻重不同的近义词，在具体语境中也不能互换运用。

　　词汇意义的侧重面不同：所谓侧重面不同指的是一组近义词中的几个词，在强调的方面上有所不同。如"证明"和"证实"都是动词，都表示"用可靠的材料来表明或断定人或事物的真实性"的意义，但是"证明"侧重于"说明其情况"方面，"证实"则侧重于"证明其确实"方面。又如"广博"和"渊博"是一组形容词，都表示在学识上"研究的范围广，方面多"的意思，但是"广博"在表示这一意义的时候，并没有说明深度如何，而"渊博"的词义则同时说明了"深而且广"的意思。由此可见，这类近义词在反映事物的细微差别方面是非常准确细致的。因此，这类近义词在具体语句中也不能相互替换使用。

由于近义词在词义上的细微差别，有的甚至都影响到词与词之间的配搭关系。如前面分析的"整理"和"整顿"这组词，就是由于其指称的范围不同，涉及的对象有别而影响到词的搭配使用，因为"整理"重在表示"把零散的东西搞得整齐有条理"，所以它只能和指具体事物的词相配搭，如"整理东西""整理书籍""整理房间"等；"整顿"着重于表示"使紊乱的秩序变得整齐有条理"，所以它往往和表抽象事物的词相配搭，如"整顿纪律""整顿作风""整顿组织"等。不能互换使用的近义词，如果用错了，轻则影响意义的准确表达，如把"优良的成绩"说成"优异的成绩"，重则造成语言表达上的混乱和错误，如把"整顿作风"说成"整理作风"。因此，认真细致地分辨和使用这些类型的近义词，的确是非常必要的。

# 第 5 节　反义词

## 一　反义词及其特征

反义词就是语法意义相同、词汇意义相反的词。例如：

高——低　　　　生——死

恩——仇　　　　上——下

成功——失败　　光明——黑暗

安全——危险　　大方——小气

热情——冷淡　　积极——消极

就语法意义来说，因为反义词也必须是同一个类型的概念范畴之内的词，所以它的词性必须相同，因而语法意义也必须相同。反义词的相反相对，主要也是反映在词的词汇意义及其概念对应性上，它的特点是在词汇意义的义素和概念特征的内容提取上，都必须是词汇意义的主要义素和概念的本质特征，而这些主要义素和本质特征之间的相同、相反和相对，就构成了反义词的根本内容。现将"活"和"死"这一对被公认的反义词的情况分析如下。

词义的主要义素

| 活 | 生物 | 有生命 |
| 死 | 生物 | 失去生命 |

概念的本质特征

| 活 | 生物体 | 机体的细胞增长和新陈代谢在继续 |
| 死 | 生物体 | 机体的细胞增长和新陈代谢已终止 |

以上两个词我们都选取了两个主要义素和本质特征，所以认为它们都是主要的和本质的成分，是因为这两个词的词汇意义以及它对应的概念，都必须由这两部分构成，缺一不可。

　　由上例分析即可了解，反义词的形成就是以主要义素和本质特征的相同、相反和相对为根据的。在这些主要义素和本质特征之中，相同的部分反映的是其共同的上位概念的意义内容和特点，这些本质特点说明了它们正是处在同一个概念范畴之内；另一部分则是它自身所独有的本质特点，这些本质特点则充分体现了词本身所具有的特点和个性，而这一部分特点的相反相对，正是形成反义词的根本依据。一组反义词中的每一个词的词汇意义，都是由这两部分本质特点共同构成的，同时也反映了它所对应的概念的内容。由此可见，两个甚至两个以上的词，不仅共同表示着上位概念的本质特点，同时又分别表示着各自的与对方形成对立关系的本质特点，这两者的总和，构成了反义词中各个词的相反相对的意义内容，这就是反义词的本质特征。反义词是依据上位概念的本质特点的共同性而进行聚合的，同时又是依据各自独具的本质特点的意义相反而形成对立的，所以对反义词的形成来说，词义中包含的两部分本质特点，都起着决定性的作用。这样的词，其意义界限分明，当然是不能够替换使用的。

反义词是客观现实中的矛盾对立关系在词汇中的反映，因此，只有反映了客观事物之间矛盾对立关系的词，才能形成反义词。所以语言中并不是所有的词都可以有反义词，如"房子""书本""玻璃""天空"等等就不易形成反义词。

一般说来，因为动词表示着不同的动作行为，形容词表示着不同的性质状态，而这些方面容易存在矛盾对立的关系，所以在动词和形容词中出现的反义词就比较多。其次，名词中的反义词为数也是不少的。如：

| | |
|---|---|
| 天——地 | 手——脚 |
| 左——右 | 前——后 |
| 城市——乡村 | 精神——物质 |
| 海洋——陆地 | 朋友——敌人 |

客观现实中呈现出来的矛盾对立关系是复杂的，反映到语言词汇中，反义词之间的关系也是比较复杂的。如"失败"一词，在从事科学实验的语境中，它和"成功"形成了一对反义词；在进行战争的条件下，它又和"胜利"形成了一对反义词。语言中还有一些词，客观存在时，它们并无明显的对立关系，但是在特定的语境中，这些词却能形成反义词。如"钢"和"铁"都各自表示了一种金属的名称，孤立地看，它们不是反义词，但是在"这里需要的是钢而不是铁"中，"钢"和"铁"就可成为一对反义词。所以形成反义词的情况也要根据不同的条件做具体分析。

## 二　反义词的类型

前面已讲，反义词是客观现实中矛盾对立关系在词汇中的反映。客观现实中的矛盾对立关系表现在逻辑思维中，就是概念之间的矛盾关系和反对关系。词义是表示概念的，因此，反义词在意义上的矛盾和对立，事实上，正是因为反义词表示了一对具有矛盾关系和反对关系的概念。从这个角度讲，我们说，概念间的矛盾关系和反对关系，就是反义词形成的逻辑基础，而这一逻辑基础，又是建立在客观事物矛盾对立的基础之上的。

根据反义词形成的不同的逻辑基础，可以把反义词分为两种类型。

### （一）绝对反义词

绝对反义词是在概念间矛盾关系的基础上形成的反义词。它的特点是两个反义词所表示的概念之间，没有中间性的概念存在。表现在两个反义词的意义内容上是完全互相排斥的，无论肯定或否定哪一方，都可以否定或肯定另外的一方。因此，这类反义词在使用上，既可以正用，也可以反用，也就是说，无论先用哪一方都是可以的，无论先肯定或先否定哪一方也都是可以的。如"死"和"活"，因为这两者之间无中间的概念存在，所以在使用中，既可形成"死——活"的形式，也可形成"活——死"的形式。如果和否定词"不"等组成词组使用的话，既可以用"不死——不活"的反义形式，也可用"不活——不死"的反义形式。无论哪一种形式，它们表现在意义上都是矛盾对立的。以下的词例也是这种情况：

　　　　开——关　　　　动——静
　　　　精神——物质　　动物——植物

### （二）相对反义词

相对反义词是在概念间反对关系的基础上形成的。它的特点是两个反义词所表示的概念之间，存在着第三个乃至更多的中间概念，因此表现在两个反义词的内容上并不是一定相反相对的，这种反义词只有在一定条件下才能形成。又因为它们在否定一方时，并不能肯定另一方，因此，在使用时，只能肯定运用，不能否定运用。如"黑"和"白"构成反义词时，因为两者之间还存在着第三者，乃至更多的概念，如"灰""深灰""浅灰"等，因此在使用时，只能运用"黑——白"或者"白——黑"的形式，而不能运用否定的形式。因为如果和否定词"不"等组成词组时，"不黑"和"不白"就不一定是反义的，甚至可以是同义的，如都是指"灰"而言。因此，这类词在否定一方时，是不能肯定另一方的，"不黑"的对面不一定是"不白"也不一定是"白"，"不白"的对面也不一定是"不黑"或"黑"，所以这类反义词是不能反用的。对这类反义词在使用时要特别注意，应该结合具体的语境情况加以分析运用。

以上两种反义词虽然因逻辑基础的不同而有所区别，然而它们表现在对立统一的关系上则完全一样。一对反义词，无论是绝对的对立，还是相对的对立，它们在意义上都是互相依存的，都处在对立统一的关系之中。因为只有有了矛盾对立的一方，才能有矛盾对立的另一方，如果没有矛盾对立的甲方，就不可能形成矛盾对立的乙方，就像没有"生"，就无所谓"死"，没有"祸"，也就没有"福"一样。因此，我们在观察和辨析反义词时，就应该明确，只有处在同一个统一体中（即最邻近的类概念中），表示着既矛盾对立又互相依存的关系的词，才是反义词。

在语言的动态交际中，也往往能够形成一些临时的反义词，这都是在具体语境中，适应某些交际的需求而形成的，这类现象中，有的也可能发展成语言成分，有的则只是临时性的应用而已。

此外，语言中存在的同义现象，和反义词也有一定的联系。反义词和同义词之间也往往出现某些复杂的交叉关系。如"开"

和"关"是一对反义词，但"开"和"张开""启开"是一组同义词，"关"和"闭""合"等也是一组同义词，因此，在不同的语境中，"开"又有可能和"闭""合"形成反义词，而"关"也可能和"张开""启开"形成反义词。

## 第6节　同位词、类属词、亲属词

### 一　同位词

同位词就是表示一系列同位概念的词。例如：

金属——金、银、铜、铁、锡等等
颜色——红、黄、蓝、白、黑等等
四季——春、夏、秋、冬
四声——阴平、阳平、上声、去声
方位——东、西、南、北、前、后、左、右等等

同位概念就是在同一个类概念之下居于同等位置上的一系列并列的种概念，如在上例中，破折号之后的各组词就是表示着同位概念的同位词，而在破折号之前的"金属"等词所表示的就是它们的类概念。同位现象也可以形成一种类聚，表示这一类聚的词就叫作同位词。因为同位词都是属于同一个类概念之下的，所以一组同位词中的每一个词，都能够反映它们所属的类概念的本质特点，也正因为它们在这一方面是相同的，所以才能够形成同位类聚；另外，同位词中的每一个词，它们又都具有其自身的具有区别性质的本质特点，并以此为根据，而形成了为自己所独有的表意内容，这一区别性的特点和内容使得同位词中的各个词相互之间鲜明地区分开来，并共同处于同等的位置上。所以，同位词所表示的概念和词汇意义，也是其类概念的本质特点和它自己所具有的本质特点的总和。从这一点上来看，同位词和反义词几乎相

同。但是同位词和反义词又绝不一样，其区别就在于，反义词中
各个词的区别性特点是完全相反的，因而它们共同形成的各个反
义词的意义内容是相反相对的，而同位词中各个词的区别性特点
却仅仅是相关的，因而它们共同形成的同位词中各个词的意义内
容只是相互关联的，这就是区分同位词和反义词的根本依据。例
如"春""夏""秋""冬"就是一组同位词，它们的情况是：

词义的主要义素

| 春 | 季节 | 一年的第一季 | 指立春到立夏的三个月 |
| 夏 | 季节 | 一年的第二季 | 指立夏到立秋的三个月 |
| 秋 | 季节 | 一年的第三季 | 指立秋到立冬的三个月 |
| 冬 | 季节 | 一年的第四季 | 指立冬到立春的三个月 |

概念的本质特征

| 春 | 季节 | 立春到立夏的三个月 | 万物复苏期 |
| 夏 | 季节 | 立夏到立秋的三个月 | 生物生长期 |
| 秋 | 季节 | 立秋到立冬的三个月 | 庄稼成熟期 |
| 冬 | 季节 | 立冬到立春的三个月 | 一般植物和昆虫的冬眠期 |

从分析中可以看出，"春""夏""秋""冬"各个词的词义义素
和概念特征，第一项是四个词义都有的，也是它们属于同一个语
义场和同一个类概念范畴的特征，其他的两项却各不相同，而这
些相异的义素和特征，自然就成了各个词义相互区别的根据。同
位词词义之间的关系是平等并列的，在运用中它们也是不能相互
代替的。

　　因此可以说，一组词中的各个词，共同反映的类概念的本质
特点和分别反映的具有区别性的各自独具的本质特点，共同构成
了同位词中各个词的意义内容，并形成了各个词之间相互关联的

相关关系，这就是同位词的本质特征。

同位词中各个词之间的关系是相关性的，这一点无可置疑。不过在这里必须明确，我们这是从语言的静态角度来说明问题的。如果把同位词放到语言发展变化当中去观察，情况又是多种多样的。

在动态的言语应用中，同位词会根据语境的要求而发生类型的变化。如"金、银、铜、铁、锡"一组同位词，在静态存在中，各个词之间当然只是一种同位的关系。但是在进入动态应用中以后，情况则各不相同。如果是出现在"金、银、铜、铁、锡都是金属"的语境中，它们当然仍然是一组同位词，但是当它们中间的某两个词，同时出现在同一语境中，也可能发生类型上的变化。例如，如果出现在"金银财宝"这一语境中，那么"金"和"银"就形成了近义关系，如果出现在"他们要求是用金做的而不是用银做的"的语境中，很明显，"金"和"银"就形成了相反相对的情况，成了反义关系。这种反义关系有时甚至会在某些更广的社会语境中出现，如"不能让社会的阅读领域中存在黄色的东西"，这句话中的"黄色"表示了"低级的不健康的"意思，在社会的思想领域中是和"红色的健康的"意思相对的。很明显，形成这一大语境中的对立现象，同位词素"红"和"黄"是起着绝对作用的。

同位词在动态应用中发生各种变化的情况是很平常的，在言语交际中，人们会经常遇到这种现象，而且也能够理解和接受这种语义的表达。更重要的是，人们还往往在不断使用这种语义变化的情况下，进一步提高了这些词如此运用的频率，使其逐渐被约定下来，形成各种各样的反义词和反义词素，从而使它们由言语成分变成语言成分，并进入语言符号系统中去。如现在存在于语言中的许多反义词，像"上——下""高——低""太阳——月亮""强大——弱小"等等，反义词素像"红（灯）——绿（灯）""红（军）——白（军）""左（倾）——右（倾）""海

（鱼）——河（鱼）"等等都是这样。

## 二　类属词

类属词就是表示概念中类属关系的词。例如：

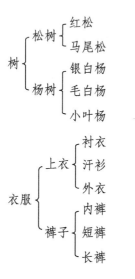

以上两组例子中可以出现许多组类属词，如：

　　　树——松树——红松
　　　树——松树——马尾松
　　　树——杨树——银白杨
　　　树——杨树——毛白杨
　　　树——杨树——小叶杨
　　　衣服——上衣——衬衣
　　　衣服——上衣——汗衫
　　　衣服——上衣——外衣
　　　衣服——裤子——内裤
　　　衣服——裤子——短裤
　　　衣服——裤子——长裤

上述各组类属词都是大的类概念后面是它的种概念，而这一种概念又是后面一个词的类概念，这一串串的词都是以前者是后者的类概念，后者是前者的种概念的类属关系相聚在一起的。所以一组词中的各个词，其词汇意义及其概念对应性都是先后表示着概念之间的类属关系，这就是类属词的本质特征。类属词的形成是建立在客观事物及其概念的类属关系之上的，这也是词汇意义和概念之间密切联系的一种直接的反映。

## 三 亲属词

亲属词就是表示亲属关系的词。例如：

> 祖父、祖母、父亲、母亲、哥哥、弟弟、姐姐、妹妹、伯父、伯母、叔父、婶母、姑姑、姑父、堂兄、堂妹、姥爷、姥姥、舅舅、舅妈、姨妈、姨父、表哥、表妹……

语言中的亲属词是建立在社会上的各种亲属关系之上的，在不同民族的语言中，亲属词的系统各不相同，有的简单，有的复杂。汉语中的亲属词是非常丰富的，而且形成了一个亲属词系统，有不少人都对汉语的亲属词系统以及中外亲属词系统比较等问题进行了研究，做了许多有意义的工作。

观察亲属词的情况，其内部是由同位关系和类属关系两个方面形成的，所以在亲属词词汇意义及其概念对应性的内容中，有时可以表现为同位关系，有时又可以表现为类属关系，在动态应用中，甚至可以出现两种关系交叉的情况。

随着社会的发展和人们社会关系之间的一些变化，人们对亲属词的运用已开始逐渐外化，现在许多亲属词已经在指称非亲属关系了。以后随着汉族社会独生子女的增多，在亲属词的使用上肯定还会出现不同的变化，也肯定会影响到亲属词系统的变化和发展。

# 第六章　词义的演变及其规律

## 第1节　词义演变的类型

### 一　词的一个意义和一个词的意义问题

　　词是一种音义结合体，音义一经结合之后，就有相对的稳定性。但是语言又是不断发展的，作为语言的一种成分，词又具备语言的发展变化性。所以词的音义结合情况，在相对稳定的同时，又在渐变的过程中不断地演变和发展着。因此可以说，词义和其他的事物一样，其不变的静止的存在形式是相对的，而其不断变化着的动态的存在形式则是绝对的。

　　词义的发展演变和语言中其他的成分一样，也非常复杂，同时它更是非常丰富和活跃的。它既可以表现为共时的变化，又可以表现为历时的变化，既可以表现为历史的变化，也可以表现为临时的变化，而在这诸多的变化中，最初的变化又往往是从临时的、个别的、很细微的变化开始的。但是不论词义如何进行变化，首先能体现出这种变化的却总是表现在词的音义结合情况上，而且这些不同的变化情况，就逐渐地形成了词义的各种变化类型和规律。

　　由于语言中词的存在形式有单义词和多义词之分，因此，一个单义词或者词的一个义项所表示的意义可以称为词义，但这都是词的一个意义，而且这时单义词的这一意义和一个词的意义是相一致的；对一个表示着多个义项、多个不同意义的多义词来说，同样也可以笼统地称为一个词的词义，但这时词义的内部却有了义项之分，因此词的一个意义只能和一个义项的意义相对应，而一个词的意义却是一个多义词中的所有义项的总和，所以这时的词的一个意义只是一个词的意义的一部分，只是一个义项而已，因而两者就是完全不同的。词义的这种情况表现在其演变发展上当然也各不相同，因此在谈论词义的演变时，就必须明确是在什么情况下、什么范围内来讨论问题的。同时不仅一定要而且也必然要把词的一个意义演变和一个词的意义的演变问题区分开来。

## 二　词义演变类型的具体分析

因为词的一个意义的演变情况和一个词的意义演变情况不同，所以在分析词义的演变类型时，也必须将两种情况分别进行讨论。

### （一）词的一个意义的演变情况

词的一个意义的演变情况大致表现为以下四种类型。

第一种类型：词义的丰富和深化。

词义的丰富和深化是在词的一个意义范围之内发生的变化和发展，它是指词的某一个意义在外延不变的情况下，在内涵方面发生了由简单到复杂、由肤浅到深刻、由不正确到正确的变化和发展。形成这种发展变化的原因，一般有两个方面。

一个方面是在客观事物基本不变的情况下，人们由于认识的发展，从而对客观事物的认识改变了、加深了，因此影响到词义的变化和发展。如：

> 水：过去理解为是一种无色无臭供饮用的液体。现在除原有的认识外，还进一步知道了它的合成成分是氢二氧一。

电：过去只理解为"阴阳激耀"。现在则知道了它是一种有电荷存在和电荷变化的现象；是一种很重要的能源，能广泛用于生产和生活的各个方面，以为社会服务。

鬼：过去理解为"人死曰鬼"，而且把"人死后变为鬼魂"的行为和"人死后变成的鬼魂"这一事物，都看成真实的存在。现在则理解为，过去的人们认为"人死曰鬼"是一种迷信的不科学的说法。

鬼火：过去把这种在野地里燃烧的火和"鬼"联系起来，因而称为"鬼火"。现在则认识到这是"磷火"，是磷化氢燃烧时的火焰。因为人和动物的尸体腐烂时就分解出磷化氢来，并自动燃烧，所以夜间在野地里，有时就会看到这种白色带蓝绿色的磷火。

由以上例词中可以明显地看出，人们认识发生变化和发展，会直接影响到词义的变化和发展，在这种情况下，有的词义内容比过去丰富充实了，有的则由错误变为正确了。

其他像"人""石""银""上帝""神仙"等等都是这样的情况。

词义丰富深化表现为另一个方面的情况是，客观事物本身有了变化和发展，从而使人们对它有了新的认识，并因此促成了词义的丰富和深化。如"运动"一词的一个义项，是表示"体育活动"的意思，随着体育活动的项目和方式的发展，体育活动的内容逐渐丰富和多样化起来，这种客观情况又直接使"运动"一词的这一义项所表示的意义变得丰富充实起来。如现在我们对"要参加运动，锻炼身体"中"运动"的理解，就绝对不是几项单调的活动，而是包括了跑、跳、体操、武术、游泳等等各种各样的体育活动的内容。由此可见，客观事物本身的发展，也可以使词义的内容逐渐丰富深化起来。

第二种类型：词义的扩大。

在谈词义的扩大时，应该先明确"什么是词义的扩大"问题。目前在一些著述中，谈到词义的扩大时，往往都是把词的一个意义的扩大和一个词的义项的增加都包括在内，而在这里，我则把它放在词的一个意义范围之内来讨论。作为语言学的术语，"词义的扩大"应该有一个明确的特定的指称内容和范围，但是到底应该如何界定呢，在这里我想从词义变化的表现形式和特点上做一些分析和说明。

我所以确定为，词义的扩大是指在词的一个意义范围之内表现出来的词义扩展的情况，是因为它是词义所指称的同类客观事物的范围由小变大的结果，也就是词的某个意义由原来表示种概念，扩展而成为表示类概念的变化和发展。词义扩大以后，原来词义所表示的内容就包括在扩大了的词义所指称的范围之内，也就是说，原来表示的种概念的意义则包括在扩大以后所表示的类概念的意义范围之内，扩大了的新义和原义形成了一种类属的关系。例如"嘴"，原指"鸟的嘴"，现在却是"口的通称"①，很明显，"口的通称"表示的是类概念，它可以概括一切动物的"嘴"，而原义"鸟的嘴"则成了它的种概念，并被包括在"口的通称"这一类概念的外延之中，新义与原义形成了类属的关系。

词义的扩大是词的一个意义的发展演变问题，所以，词义的扩大表现在词的这一意义范围之内，新义的形成就意味着旧义的消失，新旧义在同一个词的形式内是不能同时并存的。因此，某一个词一旦表示扩大了的词义之后，它孤立存在时，就不会再表

---

① 中国社会科学院语言研究所词典编辑室编：《现代汉语词典》（修订本），商务印书馆 1996 年版，第 1681 页。"嘴"是多义词，这里用"口的通称"，是因为这一意义在发展中和"鸟的嘴"是相对应的义项。以下引自《现代汉语词典》的内容均出自本书，行文中只注书名和页码。特此说明。

示原来的意义了。这时，原来的旧义就会有另一种新的形式——词或词组——来表示。如"嘴"当它表示"口的通称"之后，原来的意义就用词组"鸟的嘴"来表示了；"江"的意义扩大为"江的通称"后，原义则用新词"长江""扬子江"等来表示了。

不过，有一情况必须明确，词义扩大以后，原义虽然不再成为词的独立意义而被自由运用，但是因为词义扩大后，词的原义已包括在扩大了的意义之中，所以在具体的言语环境中，就完全可以用扩大了的词义来指称原义所指称的事物。现在仍以"嘴"为例，在"嘴的功能可以饮食……"一句中，很明显"嘴"表示的是扩大了的意义，即"口的通称"的意思；但是在"这只鸟很漂亮，绿色的羽毛、黄色的嘴……"一句中，"嘴"表示的显然是"鸟的嘴"的意义。由此可见，某一词义在不同的具体语境中，是可以和它所指称范围之内的各种不同的具体事物相对应的，其中当然也包括和原义所指称的事物相对应，这是由词义的具体事物对应性的特征所决定的。但是必须明确：词义这种具体事物对应性和词的独立义项是完全不同的，词义扩大后的原义，虽然也可以通过词义的具体事物对应性被表现出来，但却不能作为一个独立的义项而存在。

当然，语言中也存在这样的现象，即词义扩大以后，原来的意义虽然不能作为词的独立义项而存在了，但是原义作为一个词的旧义被使用的情况，却可以保留在某些成语、复合词或惯用的语言形式中，有时为了人们便于了解词的古义，词典中还会把它作为一个义项排列出来。如《现代汉语词典》（修订本）对"江""琴"等词的注释就是如此。

词义发展变化的现象是很微妙的，它可以由于各种不同的原因而表现出许多细微的差异，词义扩大的情况也不例外。所以在具备以上特点的情况下，词义的扩大又可概括为两种不同的情况。

一种是在客观事物不变的情况下，人们的认识和语言使用习惯的改变，从而影响到词义发生了扩大的演变。如"肉"，原义为"鸟兽之肉"，"人的肉"曰"肌"。段玉裁在《说文解字注》中说得明白："人曰肌，鸟兽曰肉，此其分别也。"但是后来"肉"的词义扩大了。凡一切动物的肌肉皆称为"肉"①，"鸟兽之肉"包括在"肉"的意义范围之内，"肉"和"鸟兽之肉"在概念上形成了一种类概念和种概念的关系，"肉"孤立存在时，则不再表示"鸟兽之肉"的意义了。很明显，"肉"的词义演变是一种词义扩大的现象，只是这种变化完全是人们的认识和语言使用习惯的改变而造成的，因为"鸟兽之肉"、"人之肉"以及"一切动物之肉"都是早已存在的客观事实，它们本身并未发生变化，只是因为人们在言语交际过程中，认识的变化和发展致使这些客观事物的名称有了不同的改变，因而影响到词所表示的意义范围有所扩大罢了。这种现象在语言词汇中是比较多见的。下列各词都是这种类型的例子。

　　双（雙）：原义是"两隻鸟"称"双（雙）"，扩大后的新义是"成对的"都称双。

　　皮：原义是指"兽的皮"，扩大后的新义则指"人或一切生物的皮"了。

　　睡：原义只有"坐着打瞌睡"称"睡"，扩大后的新义则成了"睡眠的通称"。

　　杂：原义是"五彩相会"称"杂"，扩大后的新义则指"多种多样的东西相混"了。

　　洗：原义只指"洗脚"，扩大后的新义则成了"洗涤的通称"。

　　红：原义只指"粉红"，扩大后的新义则成为"红色的通称"了。

---

① 植物果实的可食部分有的也称为"肉"，如"果肉""桂圆肉"等，但这是"肉"的另一个义项，不属于"动物肌肉"的范围之内。

灾：原义只指"自然发生的火灾"，即所谓"天火也"，
　　扩大后的新义则可以泛指"一切的灾难"了。

牙：原义只指口腔后部的"槽牙"，扩大后的新义则成
　　为"牙的通称"了。

词义扩大的另一种情况是：客观事物本身发展了，人们的认
识也随之相应地改变了，从而影响到词义的扩大和发展。符合这
种演变情况的词，往往都是原来指称某一种具体的事物，表示这
一具体事物的概念，但是随着社会的发展，同类的事物出现了，
甚至逐渐增多起来，人们为了对这些属于同类而又不相同的客观
事物加以区别，就会用各种不同的新名称为它们命名，其中也包
括该词原来所指称的事物，这时，原词就会概括而成为指称这一
类事物的总的名称了。与此同时，词义得到了扩大和发展。这也
就是说，由于同类事物的出现和发展，同位关系的种概念出现
了、增多了，词原来所指称的内容也成了诸多种概念中的一种，
并获得了新的名称，而原词则演变成为指称类概念的词，词指称
的外延得到扩展，内涵也更为概括了，词义因而发生了扩大的演
变。这类词义扩大的例子在语言中也是可以经常见到的。例如
"灯"，原义是指"油灯"而言，但是后来由于各种"灯"的出
现，"灯"原来所指称的事物就用"油灯"来表示了。同时，语
言中也出现并且逐渐不断地出现着许多表示有关"灯"的各种同
位概念的新词，如"汽灯""电灯""日光灯""矿灯"等等。原
来的词"灯"则成了各种"灯"的总称，成了表示这些"灯"
所共同从属的类概念的词，"灯"的词义因此而扩大了。下列各
词也是这种情况：

枪（鎗）：原义是指"古时一种尖头有柄的刺击兵器"，
　　　　现在却成了"红缨枪""手枪""步枪""机
　　　　关枪"等等的通称。

炮（礮、砲）：原义是指"古时一种以机发石的攻城武

器"，现在却成了"迫击炮""榴弹炮"
"高射炮"等等的通称。

琴：原义是指"一种狭长形的，琴面有七条弦的，用手
　弹奏的古乐器"，现在却成了"风琴""钢琴""提
　琴""口琴""电子琴"等等一类乐器的通称。

布：原义只指"麻布"而言，现在却成为用棉、麻等织
　成的一切布的通称了。

综上所述，我们可以看出，引起词义扩大的原因是不尽相同
的。但就词义扩大的现象来说，却有一个共同的特点，那就是它
们都是在词的一个意义范围之内发生的变化，都是一种由表种概
念的词义进而成为表类概念的词义的演变和发展，词义扩大以
后，原义就被包括在新义之内，不再作为该词的独立义项而存在
了。一般说来，这时，词的原义都会有新的语言形式来表示。当
然我们也不否认，有极个别的词，当词义扩大以后，词的新义和
原义并未形成类概念和种概念的关系，而且在新义形成后，原义
就逐渐失去它指称事物的作用而不复存在了，如"脸"就是如
此。"脸"的原义只指"面部眼睛下面的部分"，扩大后的新义则
指称"整个的面部"，而它的原义现在已不复存在了。

第三种类型：词义的缩小。

词义的缩小也是在词的一个意义范围之内表现出来的变化情
况。它的特点是，词义指称的外延由大变小，然而在内涵方面却
变得丰富起来。事实上这就是词的一个意义由表示类概念，变成
表示它的种概念的演变和发展。词义缩小以后，该词原来所表示
的概念，则要有新的名称（词或词组）来表示，这新名称表示的
意和缩小后的词义也形成了类属的关系。如"金"一词，原义
指"一切的金属"，原来词义发生了缩小的演变，成为专指"黄
金"而言了，这时它的原义则由"金属"一词来表示，而且"金
属"和"金"在表示的概念上形成了类概念和种概念的类属关

系。以下各词也是这种情况：

> 瓦：原指"一切用土烧制成的器皿"，现在只指"用土
> 　　烧制成的用来铺盖屋顶的建筑材料"。
> 臭：原义指"一切的气味"，现在专指"坏味"。
> 坟：原义可指"一切高大的土堆"，现在却专指"坟墓"。
> 禽：原为"飞禽走兽的总称"，现在只指"飞禽"。
> 子：原义包括"儿子和女儿"，现在却只指称"儿子"
> 　　一方。
> 丈人：原义是"老年男子的通称"，现在却专指"岳父"。
> 勾当：原义可以指"各种事情"，现在专指"坏事情"。
> 事故：原义也是指"各种事情"，现在专指"在生产上
> 　　或工作上出现的意外的损失或灾祸"。

以上词例可以说明词义缩小的一般情况。同时也可看出，不但词义可以出现缩小的演变，词素义也可出现缩小的演变。如"禽""子"等，从现代汉语的情况看，它们已基本是词素义了。

词义缩小也是词义日益向精密发展的一种表现。这种情况多为原来的词义比较概括笼统，随着人们认识的不断深入，为了更细致地把客观事物区分开，人们就要不断地创制出许多新的词语来，在社会约定俗成中，原来用于泛指的词义，变成了用来特指某一事物时，就形成了词义的缩小。

词义缩小后，因为它指称的范围变小了，所以这些词的原义，除了还保留在某些原有的固定语言形式中以外，一般情况下，缩小了的词义都不能再用来指称该词原来所指称的事物了。

第四种类型：词义的转移。

词义的转移也是在词的一个意义范围内表现出来的演变和发展。它的特点是：词义指称的范围发生了改变，也就是词义表示的概念发生了更换。在词的形式不变的情况下，词义所表示的新概念的外延和内涵，完全代替了原来的旧概念的外延和内涵。词

义转移以后，该词就不再指称原来的旧事物，不再表示原来的旧概念了。如"走"，古时表示"跑"，现在则指称"行走"的意义，就是词义进行转移的情况。又如：

事：原指"官吏"，现指"事情"。

权：原指"秤锤"，现指"权利"。

钱：原指"一种农具"，现在则指"钱币"。

斤：原指"斧子一类的工具"，现在则指"十两为一斤，是重量单位"。

精：原指"上等的细米"，现在则指"经过提炼或挑选的"和"精华"、"完美"等意义。

脚：原指"小腿"，现在则指"人或动物的腿的下端，接触地面支持身体的部分"。

行李：原指"两国往来的使者"，现在则指"出门时所带的包裹、箱子等"。

书记：原指"秘书"，现在则指"党团组织的负责人"。

词义转移的情况比较复杂，就现有情况来看，造成词义转移的主要原因，还是词的义项的发展变化。如"年"原为"谷熟"的意思，后来引申出新义为"年月的年"，在发展过程中，它的原义逐渐消失了，从而形成了"年"的词义转移的情况。其次，假借也可以造成词义的转移。如"密"原义是指称"一种山"，后假借为"精密"，后来在使用的过程中，"密"的原义消失了，假借义"精密"却被普遍使用起来，结果，形成了"密"的词义的转移。当然，现在"密"作为"精密"解的独立的词义已很少使用，它已逐渐转化为词素义了。

由以上四种类型的分析，可以得知，凡是在词的一个意义范围内出现的词义的演变和发展，它们都有一个共同的特点，那就是新义的产生就意味着旧义的消亡，所以在词义的深化、扩大、缩小和转移等变化中，只要在共时范围内，词义的这种变化完成之时，它们的新义和旧义就不能同时并存。如果新义和旧义仍然并存，就说明词的一个意义的演变过程还没有结束，那么这一词义的变化就属于一个词的意义范围内的演变问题。所以可以说，从共时范围来看，在词的一个意义的变化中，呈现出新义与旧义不再同时并存，这是完成词义深化、扩大、缩小和转移的演变的重要标志。

### （二）一个词的意义的演变情况

一个词的意义的演变情况，大致可表现为义项的增多和义项的减少两个类型。事实上，一个词的意义发展演变的情况更为复杂。因为在一个词的范围内，词义的变化既可表现为义项的增多和减少，又可表现为一个义项本身正在演变的过程，这就是说，在一个词的意义进行发展演变的同时，也可以包含词的一个意义的动态变化问题。所以一个词的意义的变化又往往和词的一个意义的变化交织在一起，两者同时进行着。

第一种类型：义项的增多。

词的义项增多也是词义演变的规律之一，它是词义在一个词的范围内表现出来的变化情况，也就是指在一个词的范围内所表示的义项的增加和发展。词义是表示概念的，因此，词的义项增多就表现为同一个词的形式所表示的概念的增加，从而影响到了该词新义的增多、丰富和发展。但是它的新义的出现，只是表明了它的新义项的增加，却不会妨碍原有义项的存在，更不会引起旧义在该词范围内的消亡。在词的义项增多的情况下，新旧义项在一个词的形式内完全可以同时并存，并且各自保持自己的独立性。例如：

> 手：①原义是指"人体上肢前端能拿东西的部分"。后来它又增加了②"拿着：人～一册"和③"擅长某种技能的人或做某种事的人：能～｜拖拉机～"等义项。

（见《现代汉语词典》（修订本）1161 页。义项有删节）

从《现代汉语词典》（修订本）对"手"的注释中可以看出，"手"的几个意义完全是包括在一个词的形式之内的几个完全不同的义项，很明显，"手"的新义都是在"手"的原义基础上产生出来的，新义产生之后，原义仍然存在，新义和原义都在"手"这一词的形式之内同时并存，并且又都保持着自己的独立性，它们可以分别被人们自由运用。这些义项所表示的意义各不相同，每个意义都有自己的概念对应性和具体事物的对应性。它们出现的语言环境也各不相同，所以这些义项在任何情况下都不能混淆使用。

词的义项通过演变和增多以后，基本上可表现为两种不同的情形。一种是词的原义和新义并存，原义仍处于基本义的地位。在义项增多中，这种情况是大量存在的。例如：

讲：①说：～故事。

②解释；说明：这本书是～气象的。

③商量；商议：～价儿。

［见《现代汉语词典》（修订本）626 页。义项有删节］

老：①年纪大：～人｜～大爷。

②老年人：扶～携幼。

③很久以前就存在的：～厂｜～根据地。

④陈旧：～机器｜房子太～了。

⑤原来的：～脾气｜～地方。

［见《现代汉语词典》（修订本）757 页。义项有删节］

头：①人身最上部或动物最前部长着口、鼻、眼等器官的部分。

②指头发或所留头发的样式：梳～｜梳什么样的～。

③（～儿）物体的顶端或末梢：山～儿｜中间粗，

两～儿细。

④（～儿）事情的起点或终点：提个～儿｜什么时候才走到～儿。

［见《现代汉语词典》（修订本）1270 页。例子有改动，义项有删节］

舌头：①辨别滋味、帮助咀嚼和发音的器官，在口腔底部，根部固定在口腔底上。

②为侦讯敌情而活捉来的敌人。

［见《现代汉语词典》（修订本）1114 页］

黑暗：①没有光：山洞里一片～。

②比喻社会腐败、政治反动。

［见《现代汉语词典》（修订本）514 页］

以上各例词所包含的义项数目虽然不完全相同，但是它们却有一个明显的共同点，即它们的第一个义项都是原义，其他的义项都是在这一义项的基础上产生出来的，可是新义项的产生和存在并没有造成原义的消亡，相反，它们都共同存在于同一个词的意义范围之内，并且各自保持着自己的独立性，它们的原义都仍然以基本义的资格存在着。

义项增多后形成的另一种情况是：原义和新义虽然并存，但新义已成为基本义，原义却退居到了次要的地位。例如：

世：原义是"父子相继为一世"。

现在则是

①人的一辈子：一生一～。

②有血统关系的人相传而成的辈分：第十～孙。

［见《现代汉语词典》（修订本）1151 页。义项有删节］

时：原义是指"季节"，即"称春夏秋冬为四时"。

现在则是

①指比较长的一段时间：盛极一～。

②规定的时候：按～上班。

③季节：四～。

［见《现代汉语词典》（修订本）1143 页。义项有删节］

就"世""时"的情况看，它们的原义显然已退居成为次要的义项了，可是它们却仍然作为独立的义项存在着，新义和原义也是在同一个词的形式内同时并存，并且各自保持着自己的独立性。所以它们也是义项的增多。

第二种类型：义项的减少。

义项的减少也是词义在一个词的范围内表现出来的演变和发展。和义项的增多相反，它是指在一个词表示的几个义项当中，有的义项从这个词的意义范围之内消失了。如"强"，《辞源》（1980 年的修订本，下同）中注释为：

强（qiáng）：

①虫名。《说文》："强，蚚也。从虫，弘声。"

②壮健有力，与"弱"相对。

③强盛。《孟子·梁惠王上》："晋国天下莫强焉。"

④胜过，优越。宋苏轼《经进东坡文集事略》二四《上神宗皇帝书》："宣宗收燕赵，复河隍，力强于宪武矣；销兵而庞勋之乱起。"

⑤坚决。《战国策·齐一》："七日，谢疾强辞。"

⑥有余，略多。唐杜甫《杜工部草堂诗笺》十八《春水生二绝之二》："一夜水高二尺强，数日不可更禁当。"

⑦姓。《左传·庄十六年》有强鉏。

《现代汉语词典》（修订本）的注释则是：

强（qiáng）：

①力量大（跟"弱"相对）：工作能力~。

②感情或意志所要求达到的程度高；坚强：党性很~。

③使用强力；强迫：一渡｜~占。

④优越；好（多用于比较）：今年的庄稼比去年更~。

⑤接在分数或小数后面，表示略多于此数（跟"弱"相对）：实际产量超过原定计划百分之十二~。

⑥姓。

当然，我们不能要求不同辞书的注释都绝对相同，但是比较两种辞书的注释，就会发现它们基本上是相同的，如《辞源》中所列的②项到⑦项，在《现代汉语词典》（修订本）中，都能或者基本能找到对应的义项，可是第①项表示的意义，现在却不再存在了。又如"喽啰"一词，《辞源》的注释为：

喽啰（lóuluó）：

①伶俐，机警。唐卢仝《玉川子集》一《寄男抱孙》诗："喽啰儿读书，何异摧枯朽。"

②旧称占有固定地盘的强人部众。

③扰乱，喧噪。明刘基《诚意伯文集》十一《送人分题得鹤山》诗："前飞乌鸢后驾鹅，啄腥争腐声喽啰。"

《现代汉语词典》（修订本）的注释为：

喽啰（lóuluó）：旧时称强盗的部下，现在多比喻反动派的仆从。

比较两种辞书的注释，就可知道，过去"喽啰"所表示的第①和第③两个义项，现在也已经消失了。

以上两种演变类型的具体分析可以说明，词义在一个词的范围内的发展变化和在词的一个意义中的发展变化是完全不同的。很明显，无论义项的增多或者义项的减少，它们都只是义项的增减，但却绝不影响其他义项的存在，新义项的产生绝不会导致旧义项的消亡，新旧义项完全可以同时并存；另一方面，旧义项的消亡也不会引起原有的其他义项的改变。由此可见，在一个词的范围内，无论义项发生怎样的变化，它们的各个义项都能够各自保持自己的独立性。这一点正是一个词的意义发展演变的不同类型所共同具有的性质和特征。

## 第2节　词义演变的规律

### 一　词义演变的类型与演变规律的形成

以上分析了词义演变的六种类型，事实上，作为类型来理解是根据它们的表现形式和结果来说的。但是这些类型绝不是突然显现的，它们都有一个演变的过程，并呈现出一定的规律来。就上面谈到的各个类型来看，它们之间就存在着许多复杂的联系和关系，并且形成了一种基本的模式和规律。总起来说，一个词的意义的演变，对词的一个意义的演变来说，前者往往是后者的一种演变过程，甚至可以说它们是词的一个意义发生变化的必要的方式和手段；而词的一个意义的演变，事实上又是一个词的意义进行演变的结果，义项的增多是其进行的阶段，而义项的减少则是其完成的阶段。可以说，整个的词义系统就是在这种错综复杂的关系中，按照词义演变发展的各种规律，不断地进行演变和发展着。

由于语言是渐变的，所以词义的演变一般也要经历相当长的时间和过程，并逐渐形成了一定的演变轨迹。现在我们可以从六种演变类型入手，对词义的演变轨迹做一下初步的剖析。

和语言中其他成分的发展变化一样，词义的演变开始往往都源于语言运用中的临时变化。人们在言语交际过程中，由于表达的需要，往往会创制一些新的语言成分。就词义来说，这种新创制的成分主要表现为两个方面。第一是创制新词以表示新义。第二是通过引申、比喻、借代、特指等方法，采用旧词产生新义项的形式以表示他义。这两种临时性的变化，一旦被大家承认并约定俗成下来，就会引起词义系统中的某些演变和发展。

创制新词表示新义，对词义系统的发展可以产生两个方面的影响。第一个方面是新义出现，充实和丰富了词义系统的内容，促成了旧类聚内容的增加和新类聚的产生，从而使词义系统得到发展。如许多表示新事物的词义都有这种作用。第二个方面是新义出现后，促使某些旧词义的指称范围和内容发生某种情况的变化。如"轿车""面包车""吉普车""卡车"等等词义的出现，就必然要引起"汽车"一词的词义发生扩大的变化。又如"吃"一词，中古时期"吃"表示着"食"和"饮"两种意义；后来出现了新词"喝"，结果"喝"的词义就把"吃"中的"饮"的意义分担了过来，从而使"吃"的词义发生了缩小的变化。由此可以看出，新义出现后涉及词义演变的第一个方面是对整个词义系统产生影响的问题，第二个方面则是对一个词的意义或词的一个意义产生影响的问题。因此，凡属第二个方面的影响而引起的词义演变情况，总要与前面分析的某种演变类型有关，而且它们的变化，开始总要表现为旧词中义项增加的情况。

采用旧词的形式以表他义，往往都来源于修辞，但是这种情况一旦被固定下来，首先也表现为旧词的义项增加问题。如"包袱"一词原有两个义项，即"①包东西用的布。②用布包起来的包裹"。后来人们把"思想负担"比喻成"包袱"，而且被逐渐约定了下来，结果"包袱"一词又增加了"负担"的义项，从而形成了义项增多的变化。

以上分析可以说明，无论通过哪种方式产生新义，只要涉及词的一个意义或一个词的意义的变化时，都首先表现为义项的增多。因此可以认为，词义演变的六种类型中，除词义深化外，其他五种类型都不可缺少义项增多的发展演变阶段。

词义演变呈现为义项增多的情况之后，又会出现各种复杂的情形。

第一种，义项增多的演变结果，使得单义词变成了多义词，或者使原来的多义词义项更加丰富起来。这种情况在词义以后的发展过程中，较长时期地相对稳定了下来，从而促成了语言词汇中多义词的丰富和发展。如"错"，开始是"交错，错杂"的意思，后来又出现了"错误"义，结果，现在这两种意义都存在于"错"一词中，成了它的两个义项。这种情况下，义项增多真正作为一种词义演变的类型和结果，表现得最为明显。

第二种，义项增多之后，新义项与旧义项并存使用了一个阶段，后来两义之间的联系逐渐淡漠了，最后在同一个语音形式之下，义项产生了分化，各自独立成词。这种变化对原来的一个词的意义来说，就是义项减少的变化，对分化出来的新义项来说，则是词义分化造词。这种情况在汉语词汇的发展中也不乏其例，如"月亮"的"月"和"日月"的"月"、"一刻钟"的"刻"和"雕刻"的"刻"等都是这样分化而成的。这种分化的结果，不但呈现为词义的演变和发展，而且也由此产生了许多同音词。

第三种，义项增多之后，新旧义项在并存使用的过程中逐渐发生了变化。在两个相对应的新旧义项中，新义项逐渐变成了常用义，旧义项却逐渐缩小其使用频率，直至出现最后消失的现象。旧义项的消失就表现为义项减少的演变结果，而义项减少的结果对相互对应的两个新旧义项来说，又完成了词义的扩大或缩小，或转移的变化。因此我们说，词义的扩大、缩小和转移的变化，开始于语言的临时变化并被约定俗成之后，它是经过了义项增多和义项减少两个阶段而后完成的。作为一个词的意义变化中的义项增多和义项减少，既是一种词义演变的结果，又是词的一个意义演变的过程，词的一个意义演变中的扩大、缩小和转移，都是通过义项增多，两义并用的演变过程之后，再通过义项减少来实现的。如"江"，《孟子·滕文公上》："决汝汉，排淮泗，而注之江。"很显然，上例中的"江"是专有名词，表"长江"义。后来"江"又产生了新义项"江的通称"。如《世说新语·言语》："将别，既自凄惘，叹曰：'江山辽落，居然有万里之势。'"其中的"江"就是表"江的通称"义。在《书经·禹贡》中也有"江"作为专名义和通名义并存的例证。如"江汉朝宗于海"中的"江"就是专名，而"九江孔殷"中的"江"则是通名。后来在发展过程中，原有义项"长江"义渐渐消失，从而出现义项减少的变化，在义项减少的同时，后增义项"江的通称"取而代之，"江"最终完成词义扩大的演变。又如"臭"，《诗·大雅·文王》："无声无臭。"《荀子·王霸》："口欲綦味，鼻欲綦臭。"以上两例中的"臭"都是表"气味"义的。但是在先秦阶段，"臭"的"恶气味"义也已出现，如《庄子·知北游》："其所美者为神奇，其所恶者为臭腐。"这里的"臭"就是表的"恶气味"义。可见这一时期，"臭"的两个义项是并存使用的。到汉代以后，"臭"的"恶气味"义项的使用频率逐渐增大，而表"气味"义项的使用频率却逐渐缩小，以至最后失掉作为独立义项的资格，"臭"一词的义项因此而发生了义项减少的变化。与此同时，"臭"的相互对应的两个义项完成了交替过程而形成词义缩小的变化。词义转移的情况也是如此。如"兵"，《荀子·议兵》："古之兵，戈、矛、弓、矢而已矣。"显然，这里的"兵"是"兵器"义。后来，"兵"出现了新的"士兵"义，并形成了义项增多的变化，而且在一个阶段之内，两义并存使用。如《孟子·梁惠王上》："兵刃既接，弃甲曳兵而走。"《庄子·盗跖》："勇悍果敢，聚众率兵。"很明显，上两例中，前一例的两个"兵"均为"兵器"义，后一例的"兵"则为"士兵"义。随着"兵"的词义的发展，两个义项的使用频率逐渐发生了变化，结果旧义最终不再独立使用而消失，"兵"的词义出现了义项减少的情况，而新旧两个对应的意义则完成了词义转移的演变。

上述情况可以充分说明，词义的扩大、缩小和转移的变化，都是在义项增多之后，新旧义先并存使用一个阶段，然后又经过义项的减少而完成的。同时，词义演变的几种类型之间的关系，通过这些具体的演变过程，也非常清楚地显示了出来。

## 二　多义词在词义演变中的作用

在词义演变过程中，可以清楚地看出，多义词的存在是有极为重要的作用的。因为义项增多在词义演变中是一种非常重要的不可缺少的类型，多义词的出现就是词的义项增多的结果，而多义词又正是义项增多这一演变类型存在的载体。

当多义词出现之后，它的义项并存的事实，就给词的一个意义的演变提供了一个非常实在和从容的过程，在这个过程中，人们可以根据社会的需要，任意而自然地运用各个义项的意义来进行交际，而且在这运用的过程中逐渐地约定俗成，其中有些意义的变化在这种使用中发展到一定程度时，多义词则会通过义项减少的手段将这种演变的结果固定下来，从而使词的一个意义的演变得以完成。由此可见，没有词义的义项增多和减少，没有多义词的存在，任何词义的演变过程都是很难进行的。观察词义演变的各种类型，除词义的丰富和深化外，词义演变的其他类型都和词义的义项增多有着密切的联系，一个词只有当义项增多后，才能出现义项减少的变化。而词义的扩大、缩小和转移，又都是在义项增多和减少的演变中表现出来的。而在这整个的演变过程中，多义词却始终是一个不可缺少的成分。所以说，在词义演变的过程中，多义词是有着举足轻重的作用的。

以上主要就词义演变的轨迹问题分别做了一些分析和说明。事实上，词义演变的情况是非常复杂的，它往往呈现为几种情况相互交错的状态，并不都是单线条地发展。就词的一个意义来看，有时会出现扩大、缩小或转移的情况连续进行。如前面所举的"臭"，它在完成词义缩小的变化之前，就曾经进行过由"嗅"义到"气味"义的转移演变过程。有时词的一个意义在进行扩大、缩小、转移的同时，也伴随着词义深化的演变和发展。就一个词的意义来说，情况更为复杂。一个词的意义进行义项或增加或减少的演变的同时，也必然会伴随着词的一个意义发生变化的情况。有时在一个词的范围内，相互变化的义项也不一定完全一一对应，一个旧义会同时出现几个不同的对应义项也是完全可能的。义项增多时会同时出现义项的减少，反之，义项减少时也可以同时出现义项的增多。由于各个词引起词义发生演变的条件不同，所以词义的演变方式尽管离不开以上所谈的六种类型，但各个词的演变情况却各不相同，如有的只发生义项的增多，有的却可以几种类型兼而有之，等等。因此，要研究词义的演变发展情况，就必须对具体的词的演变情况分别做具体的分析和说明。

以上谈的都是词汇意义发展演变的情况。此外，词义的演变也可表现在色彩意义方面和语法意义方面。词的色彩意义有时是随着词汇意义的变化而发生变化的。如"乖"过去是"违背，不协调"的意思，具有中性和贬义的色彩；现在"乖"的词汇意义变为表示"伶俐、机警"的意思，因此，它也同时具有了褒义的色彩。又如前面举过的"喽啰"，也是随着词汇意义的变化，由可以表示褒义色彩而变为完全表示贬义色彩了。有时在词汇意义不变的情况下，色彩意义也可以发生变化。如"老爷"一词，过去是用来"对官吏及有权势的人的称呼"，是个中性词，有时还能具有褒义的色彩。但现在人们再运用这个词来称呼某些人时，却有了讽刺和不满的意味，如"干部是人民的公仆，不是人民的老爷"。所以"老爷"一词在现代社会中也可具有贬义的色彩。其他像"少爷""少奶奶"等词也是这种情况。与此相反，像"工人""劳动"等本为中性词，但过去运用时却经常带有贬义的意味，而现在却经常具有褒义的意味了。色彩意义发生这种变化，是和社会制度的改变，以及人们的认识和道德标准的改变等方面分不开的。

词的语法意义的改变也和词汇意义方面的变化有着密切的联系，而且这种联系多是通过义项的增多来实现的。如"领导"一词原为"率领并引导朝一定方向前进"的意思，是动词，后来又增加了一个义项，表示"领导人"的意思，新义项则是名词了。又如上面举的"乖"一词，它的原义是形容词性的，后来"乖"也可以用于对"小孩"的爱称，显然，作为爱称用时，就是名词性的了。

在词义发展演变的过程中，词义的三个方面都会有所变化和发展，但是，从以上分析可以看出，词汇意义的演变和发展永远是词义发展的重要方面和主要的内容。

此外，词义的变化和发展的情况，还能够影响到更多的方面，如词义的变化使词与词之间的相互组合受到影响的问题，词义的改变影响到词义类聚的改变，甚至影响到整个词汇系统内部的调整等等。这些现象都不可避免地相互联系着，并在相互影响中共同变化和发展。同时也不可否认，这一切都是整个语言系统发展中的一些重要的内容。对于这些问题的探讨，还有待于我们今后继续进行多角度、多层次的更加广泛深入的观察和剖析。

# 第七章　词汇的动态形式探索

## 第1节　词汇的动态存在形式

### 一　词汇是一个运动着的整体

词汇是一个运动着的整体，来源于语言本身就是一个运动着的整体。和所有的事物一样，语言也是永远在不断地运动着，并且永远在这不断的运动中变化和发展。语言在一般情况下，都具有两种存在形式，一种是相对静止的静态形式，一种是绝对运动着的动态形式。静态形式往往都是就共时平面中一个比较短暂的时段的情况来说的，因此它是暂时的相对的；动态形式则是就语言永恒的存在形式来说的，因此它是永久的绝对的。语言正是在这两种形式的不断相互作用和交替中，得到了不断的变化、更新和发展。语言在共时动态变化中出现的新成分，会不断地被认可和巩固到一个个静态平面中来，一个个静态平面的情况根据时间的先后排列起来，又可以充分地说明整个语言系统都是在传承的基础上，不断地进行着历时的动态变化和发展。语言和它所有的成分，就是在这种静态和动态形式的相互作用下，永远地运动着和发展着。所以，从语言的总体来看，它永远是一个运动着的整体。

前面简单地谈了语言的静态和动态两种存在形式，事实上，语言的变化和发展表现在现实情况中，却绝不是如此简单，而是相当复杂的。概括地说，其复杂性主要表现在两个方面。第一，表现为语言的动态形式有历时的变化和共时的变化之分。历时的动态运动逐渐形成语言发展的历史，如现代汉语的面貌和先秦时期汉语的面貌就不一样，这说明汉语从先秦时期到现代具有一个动态发展的过程；共时阶段则是就某一个横断面来说的，如现代汉语阶段、先秦汉语阶段等等。第二，表现为在共时的动态变化中，又存在着言语成分和语言成分之分，由于言语成分和语言成分之间也存在着一个动态变化的过程，所以，在一个相对时间的共时阶段中，也必然存在着不断的动态运动过程，如在现代汉语阶段中，各种各样的动态运动和变化发展就从未间断过。这一切情况就形成了语言在运动变化中，其静态形式和动态形式相互间的既有联系又有区别的复杂性。

语言的整体现象是这样，语言中的各种成分的变化情况也是这样。因此，词汇作为语言中的一个组成部分，它的存在形式和发展的规律也一定会受到语言的存在形式和发展规律的制约，而且和语言的各种表现状况也是完全一致的。所以，语言词汇和语言的整体现象一样，也永远具有静态和动态两种存在形式，也永远是一个复杂的运动着的整体。

由于语言词汇中各个组成部分的性质和特点有所不同，所以它们的运动发展情况也不完全一样。总的说来，基本词汇的发展比较缓慢，一般词汇的发展则比较活跃和迅速。但是尽管如此，它们作为语言词汇的一个组成部分，永远存在于词汇这一整体之中不断地运动和发展着，这一点却是可以完全肯定的。

## 二　形成词汇运动发展的原因

由于语言是一种社会现象，所以虽然语言和它的词汇都是运动着的，但是它们却不像自然界的事物那样自生自灭，它们的一切都要受到社会的制约。当然对任何事物来说，其发展变化都有其自身的内部原因和规律，但是语言词汇的社会交际性和全民使用性，以及语言词汇通过人们的认识以反映客观世界中各种事物、现象以及关系等特点，就决定了它的运动发展和社会等方面有着密切的关系，而且形成了词汇发展的社会基础、认识基础和客观基础。所以从这一方面来看，词汇的发展虽然有其自身的内因，但是它的内因却与其外因有着极为密切的不可分割的联系。因此，要了解语言词汇运动和发展的原因和条件，还必须从社会和客观世界等各个方面谈起。

## （一）社会的发展促成词汇的发展

语言随着社会的发展而发展，这一特点表现在词汇的发展上尤为明显。社会上的任何变化、任何新事物的出现，都会反映到词汇中来。如我国进入改革开放时期以来，社会上就出现了大量的新词，如"特区""合资""托福""待业""个体户""专业户""追星族""关系网"等等，近些年来社会上又出现了如"酷""作秀""上网""网址""网友""光盘""超市""上岗""下岗""B超""CT""纯净水""三维画""VCD""DVD"等大量的新词。许多过去已存在的词，如"承包""责任制"等，由于社会的交际需要，其使用频率也空前提高。这一切都足以说明社会发展对词汇发展的影响，同时也可以使我们清楚地了解到词汇的发展和语言发展以及社会发展的关系，更可以说明，词汇越纷繁，语言也必然越发展，词汇的发展不但在某种程度上说明了语言的发展，而且也可以从许多方面反映社会的发展。所以也可以说，语言词汇和社会是具有相互说明和印证的作用的，我们不但可以从社会的发展情况来了解语言，特别是它的词汇发展的情况，而且也可以从词汇的发展情况来了解社会发展的面貌。

就汉语词汇来说，它的面貌完全是随着汉族社会的进步和发展而不断地改变着。汉语中有些词是出现得很早的。如："网"、"毕"（bì，一种打猎用的有长柄的网）、"罗"（捕鸟的网）、"罩"（捕鱼的笼子）、"弓"、"矢"、"弹"等都是捕捉鸟兽的工具；"逐"（追逐）、"射"（用矢射）等都是射猎的方法，而

"羊""虎""豕""马""鸟""鱼"等都是鸟兽的名称，是捕捉
的对象。也有一些词，如"特"，现在表示"特别"的意思，
"骄"，现在表示"骄傲"的意思，事实上，它们最初都是牲畜的
名称。"特"指称"公牛"，"骄"则指称"高六尺的马"。这类
词出现较早的原因，很明显，应该是和我国早期社会中，人们从
事渔猎和畜牧的生活内容分不开的。随着社会的发展，当社会生
活以农业生产为主的时候，语言中也相应地出现了反映农业方面
的词语。如"黍""稻""粱""粟"等都表示农作物的名称，
"耕""耘""种""薅"等则表示耕作的方法，而"镰""铲"
"耒""耜"等指称的都是农业生产工具的名称。汉语词汇中表示
现代科学文化技术的词，大多数都是我国社会发展到近代和现代
的时候才出现的。如"化学""物理""光学""力学""气流"
"真空""原子""电子""导弹""激光""电视""化纤""混
纺""空调""计算机""超声波""电子表""太阳能""微波
炉"等等。

很明显，只有社会上出现了"激光""电视机""尼龙绸"
"空调机"等新事物的时候，语言中才能相应地出现表示该事物
的新词。如果想在先秦时期的词汇中寻找现代的词语，是根本不
可能的，这正是语言随社会发展而发展的社会本质所决定的。

社会间的相互接触是影响词汇发展的另一个方面。语言词汇
中外来词和方言词的存在，就是这种影响的结果。不同国家和民
族间的相互接触，促成语言的相互影响而产生新词，不同地域间
的相互接触，又形成了方言词的相互吸收。

汉语词汇在历史发展中，受外语影响而产生的新词是很多
的。有的是在外语词的声音影响下通过摹声法造出新词，有的是
在外语词的意义影响下通过说明法造出新词。但是无论哪种情
况，都是和社会间的相互接触分不开的。汉族人民很早就和其他
民族有所交往，两汉以后，随着我国政治、经济和文化的发展，
这种交往更频繁起来。这些情况反映到语言词汇上，就是大批外

来词的产生。如"骆驼"、"猩猩"、"琵琶"、"苜蓿"、"葡萄"、"八哥"、"胭脂"、"琉璃"、"荽"（芫荽）以及"酥"（酥酪）等等，都是受匈奴和西域各语言的影响而产生的。又如"佛""僧""魔""钵""菩萨""罗汉""夜叉""金刚""忏悔""现在""未来""因缘""法门""地狱""信仰"等等，则是随着佛教的传入而产生的。汉族社会发展到近代和现代阶段，由于和外族社会的接触更加频繁，所以，汉语中的外来词更是不断地大量产生着。如"几何""比重""方程""积分""意识""抽象""范畴""客观""民主""逻辑""浪漫""模特""吉普""坦克""芭蕾舞""喀秋莎""巧克力""VCD""奥林匹克"等等。

一个社会内部各地域之间的相互来往，也是社会间相互接触的一个方面，普通话中对方言词的吸收，以及各方言间在词语方面的相互吸收，都是地域间相互接触的结果。

此外，社会的发展还表现在社会制度的变化和更替方面，而且这种变化和更替也能够促成语言词汇的发展。如当汉族处于奴隶社会的时候，汉语词汇中反映奴隶名称的词是很多的。例如"仆"是奴隶主家中男性的奴隶，"妾"则是奴隶主家中女性的奴隶，"臧"是一种拿着武器进行护卫的奴隶，"臣"原来也指称一种男性奴隶，这种奴隶都是为奴隶主所信任的，所以是一种能替奴隶主管理其他奴隶的奴隶。其他像"隶""宰""奚""舆""台"等等当时也都是奴隶的名称。当汉族社会发展到封建社会时期，汉语中又相应地出现了许多反映封建社会制度和生活的词。如"皇帝""宰相""朝廷""封建""割据""地主""农奴""农民""地租""行会""状元""秀才"等等。今天，我们再看一下汉语词汇的情况，就会发现反映社会主义制度的词语也已大量存在了。这些词语有的是在新中国成立后才产生的，有的虽然在过去就已经存在，但在新中国成立后才逐渐广泛地使用起来，如"土改""公有制""政协""人代会""党委""市委""总支""劳保""退休""离休""国营""双百""四化""消协""钉子户""养老院"等等。

社会的发展是表现为多方面的，它对词汇发展的影响也是多方面的。因此，研究和了解词汇发展的时候，密切结合社会的发展来进行分析，的确是非常必要的。

**（二）人们认识的发展**

在人类生活中，任何事物的发展，往往都是和人们的认识分不开的，词汇的发展也不例外。人们认识的发展可以从不同的方面促成词汇的发展。

在客观事物不变的情况下，由于认识的发展，人们可以对这些客观事物从不认识到认识，从而产生新词，促成词汇的发展。如"电子""中子""质子"以及一些抽象的词语"思维""认识""心灵""空间""规律""悲观""乐观""人生观"等。有的是人们的认识由肤浅到深入，从而促成了词义的发展。如前面曾举到的"水""电""鬼火"等。此外，认识的发展，还可使人们对客观事物的认识更加细致入微，并由此而促成同义词的发展。如"看""瞧""瞅""盯""瞪""瞄""瞥"等。

由于认识的变化和感情态度的变化，人们还可以重新给事物命名。如前面谈到的"八大员"的来历就是这种情况。新中国成立后，这样产生的新词很多。如"戏子——演员""邮差——邮递员""店小二——服务员""老妈子——保姆"等等都是生动的例证。

人们认识的发展促成词汇的发展表现的另一个方面，就是认识和思维能力的发展，可以促成科学研究的发展，进而促成新事物的产生，并从而产生新词。如"卫星""导弹""模压""塑料""无影灯""磁共振""电冰箱""计算机"等。现在随着计算机的应用和网络信息的发展，也产生了一大批新词和新义，这种现象也是对这一方面的有力说明。

**（三）词汇系统内部的矛盾和调整**

词汇是一个集合体，在这个集合体的内部，新要素的出现和旧要素的消亡，必然会影响到各要素间相互关系的变化，并导致词汇系统内部产生许多的矛盾。这些矛盾的不断出现和不断解决，就促成了词汇的发展。如"江"原是"长江"的专称，后来成了"一切江的通称"之后，它原来所承担的指称任务，则由"长江"来代替了。又如"静"和"净"是一对同音词，为了避免交际中在意义上发生混淆，结果就出现了不同的双音词，与"静"有关的如"安静""背静""平静""清静""幽静""宁静"等等，与"净"有关的则有"纯净""洁净""干净""白净""明净"等等。

　　词汇系统对等义词的现象，也是进行不断调整的。汉语词汇中对等义词调整的办法，有的是保留一个，另一个被淘汰下去。如"爱怜"和"怜爱"、"觉察"和"察觉"、"代替"和"替代"、"自行车"和"脚踏车"等，从现在情况来看，它们的前者都已保留了下来，后者都已不用或很少使用了。也有的等义词则出现了分化，使各个词都具备了各自的用途。如"事情"和"勾当"原是一对等义词，后来产生了分化，"勾当"多用来指称"坏事情"了，两个词因而变得不同起来。

　　语言词汇是一个完整的系统，词汇系统内部的矛盾和调整，有时会出现连锁反应的情况。如"爱人"一词，原义是"相爱而未婚的男女中的一方"，后来却变为指称"已婚的男女中的一方"，这时它的原义则出现了"朋友"的新义项和"对象"的新义项来代替，结果，"朋友"的新义项和"对象"的新义项又形成了等义词。词汇系统又继续对这组等义词进行调整。渐渐地，这两个词在色彩意义和用法上又出现了区别。从色彩意义看，"对象"的口语色彩比"朋友"要重，显得更通俗些；在用法上，有时两者不能在相同的语境中互换使用，如"那是他的对象"，可以说成"那是他的朋友"，但是"他在搞对象"却不能说成"他在搞朋友"。从当前情况看，"对象"的词义又在逐步发展，从原来只指称"未婚的一方"，已变为也可以指称"已婚的一方"

了，和"朋友"的意义又不等同起来。"爱人"词义变化后的另一个方面，即出现了它的新义和语言中原来存在的"丈夫""妻子"又形成了同义词。词汇系统仍然要继续进行调整，结果，这几个词在色彩意义上也出现了差别，比较起来"丈夫""妻子"要比"爱人"更具有庄重和书面语色彩，而"爱人"在亲昵的感情色彩上则要显得更浓一些。目前社会上在这方面仍然不断地继续出现着新的词语，如年轻人中对"丈夫"的称呼，除"爱人"外又出现了感情色彩更加浓厚的"老公"，在老年人中则出现了相互都能使用的口语色彩和感情色彩更强的"老伴"等。

词汇系统内部的矛盾和调整是非常有趣的，它可以表现在多个不同的层面和方面，语言的词汇就是在这种矛盾和调整中不断地丰富和发展着。

## 第2节　词汇历时的动态运动形式

### 一　历时的动态运动形式与词汇发展史

词汇的历时动态运动情况是词汇发展变化的一个重要的不可缺少的方面。从一般状态来看，因为语言是运动着的，所以它永远处在动态的状态之中；从整体情况来看，只有通过历时的运动情况，才能从各个不同时段的比较中，了解词汇运动着的各个方面呈现出来的轨迹，也才能看清楚词汇发展变化的历史面貌。虽然词汇和语言一样是渐变的，但是就是这样一个历时的渐变过程，逐渐形成着词汇运动发展的历史。由此可见，词汇动态的历时变化不仅能够使语言从过去到现在不间断的历史发展成为可能，而且更可以通过这种动态的运作，将无数个共时的情况连续起来，使其成为历时阶段中的一个个组成的部分。很明显，只有将无数个共时情况巩固下来、延续起来，形成该语言词汇整个存在时期的历时的运动和发展，才能够说明词汇的历史存在，也才能形成词汇的变化发展史。

## 二　汉语词汇动态运动历时情况的几个主要方面

汉语是世界上历史最悠久的语言之一，因此，汉语词汇在动态运动中的历时存在形式，形成了汉语的漫长而丰富的词汇发展史。对汉语词汇发展的全貌，我们在这里难以详细论述，下面仅就几个主要的方面做一下简要的说明。

### （一）新词的增加

前面已讲过，语言是随着社会的发展而发展的，在这发展的过程中，词汇又是最敏感的部分，因此，在历史的各个时期，以及人们生活的各个领域中，社会上的一切，都会在词汇中有所反映，这就促成了语言中新词的不断增加。从《尔雅》到现在的《辞海》（修订本），一直到近几年才完成的《汉语大词典》，从这些辞书的收词情况来看，《尔雅》收词只有 3600 条，《辞海》收词则有 91706 条，《汉语大词典》的收词则多达 375000 余条。尽管《尔雅》的收词数量可能不是当时社会语言词汇的全貌，但是从这几个悬殊的数字来看，也可以明显地知道，从古代汉语到现代汉语，汉语词汇是极大地丰富和发展了，词的数量已经成百倍地增多了起来。

促成新词增加的情况是多方面的。

因新事物的出现而增加新词。如"上岗""上网""彩电""电脑""软件""盒饭""助听器""肯德基"等等。

旧事物改换新名称而增加新词。如过去的"薪水"现在称"工资"，过去的"邮差"现在称"邮递员"，过去的"戏子"现在称"演员"等等。

词义演变产生新词。如"河"的词义扩大后，它原来指称的事物则用新词"黄河"来表示；"走"的词义由"跑"转移为"行走"时，词汇系统中相应地就要出现新词"跑"加以补充；"金属"一词也是由于"金"的词义发生演变而产生出来的。

受外族语言影响而产生新词。受外语词语音形式的影响而产生的词，如"巴黎""沙发""苏维埃""奥林匹克"等。受外语词所表示的概念的影响而产生的词，如"电话""煤气""扩音器""连衣裙"等。

此外，从共同语的角度来说，吸收方言词也是增加了新词。如"搞""垃圾""名堂""尴尬"等。同时，重新起用古语词，并改变它的意义，也属于增加新成分的现象。

### （二）双音词增多

汉语词汇从过去到现在都有单音节词和多音节词之分，多音节的词中又以双音节词为主。不过在古汉语中，特别是先秦时期，词汇中的单音词是占多数的。如从《左传》的用词来看，它共用单音词 2904 个，复音词却只有 788 个。① 随着汉语的发展，词汇中的双音词逐渐增多起来。

由单音向双音发展，是汉语词汇发展的一种必然现象。因为随着社会的发展，交际的需求越来越纷繁复杂，需要表示的事物越来越多，有限的单音节的形式就必然会造成语言中同音词的大量出现，因而就会给人们的交际带来许多不便和困难，汉语词的双音化就是在这种需求下发展起来的。因此，双音词的大量出现，不但可以分辨和解决由单音节词形成的同音词问题，而且因为它表义细致准确，所以也有力地充实和丰富了汉语词汇，极大地提高了汉语的表现力量。

汉语中双音词的发展主要表现在两个方面。一个方面是原有的单音词，有许多逐渐为双音的形式所代替。有用重叠形式代替的，如"姑姑""伯伯""妹妹""弟弟"等。有用同义联合的形式代替的，如"道路""领导""依靠""丢失"等。有用另一种新形式代替的，如"目——眼睛""耳——耳朵""冠——帽子""鹊——喜鹊"等。另一个方面是新产生的词多以双音节的形式

① 陈克炯：《〈左传〉词汇简论》，《华中师院学报》1982 年第 1 期。

为主。如"卫星""扫描""同步""彩电""空调""波段""巧干""破格""顶替""失足""劳军""家教"等等。汉语中大量的新词，大都是以双音的形式出现的。

在现代汉语中，不但双音词大量增加，而且也出现了不少三音词和四音词等，不过，就现在情况看，双音词的数量仍然占着优势。

**（三）实词虚化现象的发展**

汉语词汇中很早就有实词和虚词之分，同时也有词根词素和附加词素的区别。在词汇发展的过程中，汉语中的虚词和附加词素都有所发展。它们发展的途径，一是创制新的成分，一是实词的虚化。

实词虚化的现象主要表现为两个方面。一个方面是由实词类变为虚词类。这种变化多为实词在表示原来意义的同时，又增加了表示虚词意义的义项。如"因"原为"原因""依循"的意思，后来又有了"因为"的意义，并充当连词使用。其他又如"的""夫""耳""固"等也是这样。也有的词在发展过程中逐渐失去了实词的意义，只作为虚词使用了，如"然""所""而""虽"等。

实词虚化的另一个方面是由可以充当词根词素的实词虚化成了附加词素。这种情况大多数都表现为充当附加词素的作用和原来的情况并存。如"了"原为"了结"的意思，是实词，它可以充当词根词素形成新词"了结""了却"等。后来它虚化成为词尾词素，读为"·le"，附加在动词后面表示"完成体"的语法意义，如"看了""做了""睡了"等。其他像"着"（虚化后读"·zhe"）、"过"等也是这样的情况。又如"头"是一个实词，表示"头颅"等实在的意义，后来它在充当实词的同时，又虚化成了后缀词素，具有表名词的语法作用，如"石头""木头""想头""看头""甜头"等等。其他像"子"（房子、袜子）、"家"（孩子家、老人家）等也都是这样。也有少数的实词在发展过程中，逐渐失去了它原来的意义和作用，只能充当后缀词素了。如"然"（飘然、惨然、猛然、默然）、"巴"（泥巴、哑巴、结巴、砸巴）等。

**（四）造词和构词方面的发展**

分析汉语词的形成及其结构，就会发现在汉语发展的早期，运用音义任意结合法、摹声法等手段制造新词的情况是比较多的。现在仍然存在的许多历史悠久的单音词，如"山""水""日""月""鸟""兽""虫""鱼"等等都是用音义任意结合法造成的，"猫""鸦""蛙"等都是用摹声法造成的。在词的构成方面，则表现为单音节词多，即使在双音词中，单纯词也比较多，如汉语中许多双声、叠韵的词产生的都是比较早的。在词素组合的方式上，则表现为联合式和偏正式的词比较多，动宾式的情况就很少，而补充式和主谓式则更为少见。这种情况在先秦汉语词汇中表现得是很清楚的。

汉语造词和构词的情况发展到今天，已有了很大的发展，不但造词的方法已多样化，而且构词的方式也更加丰富和精密了，如不但有了补充式、主谓式等构词方式，而且在各种方式中又区分出了各种不同的类型。这一切都充分说明，汉语的造词法和构词法也在不断地丰富和发展着。

**（五）同义词、近义词、多义词等各种词义类聚和抽象词语的发展**

同义词的不断出现、多义词和抽象词语的不断增多，都是人们认识能力发展的结果，同时这些现象也标志着语言词汇的极大丰富和完善。汉语词汇在这方面的发展情况，有力地说明了汉语是世界上最丰富发达的语言之一。

汉语词汇中很早就存在着同义词和近义词现象，《尔雅》就是以同义近义类聚的方式来编写的。在汉语词汇发展的整个过程中，同义词近义词都在不断地增加着，发展到现在，不但同义和近义词组的数量明显地丰富和发展了，而且它们所包含的词的数量也都不断地增多起来。这种情况从现在出版的各种《同义词词典》或《同义词辨析》中都可得到证明。

多义词的发展是语言词汇发展的必然趋势之一。汉语历史悠久，因此，多义词极为丰富，许多产生年代较早的词，特别是单音词，绝大多数都是多义的。此外，像反义词、同位词等各种不同的词义类聚也都不同程度地逐渐增加了起来。

抽象词语的发展不但取决于人们认识的发展，而且和社会科学文化的发展也是分不开的。人们丰富的想象和具体的科学实践，都可以促使抽象词语产生。汉族人民在漫长的历史发展过程中，不但创造了社会的文明，而且也创制了大量的抽象词语。如"灵魂""神韵""幽灵""精神""思维""思想""感情""意识""抽象""概括""规律""观念""价值""修养""世界观""人生观"等等。

## （六）词义的发展

词义的发展是词汇发展中一个重要的方面，词义的发展可以从很多方面促成整个词汇系统的变化和发展。汉语词汇中词义发展的情况非常丰富纷繁，具体内容第六章中已讲，这里不再赘述。

## （七）旧要素的消亡

语言词汇的发展和变化，不但表现为新要素的不断增加，同时也表现在旧要素的不断消亡上。旧要素的消亡都是就一个共时现象而言的，当存在于以往共时平面中的成分，在以后的共时阶段中消失了，即可视为旧要素的消亡。旧要素的消亡一般有以下几个方面。

### 1. 旧词的消亡

引起旧词消亡的原因是多方面的，因此，旧词消亡的情况也各不相同。大致有以下几种情形。

旧事物的消亡引起旧词的消亡。如"皇帝""状元""巡抚""乡试""八股文""丫鬟""书童""童养媳""巡捕""租界""保长"等。这类词语一般被称为历史词语，在任何共时阶段，当人们讲述过去的事情时，它们仍然会被继续运用。

事物名称的改变引起旧词的消亡。如"眼""眼睛"代替了"目"，"鞋"代替了"履"，"观看"代替了"观"，"兴趣""兴建"代替了"兴"，"害怕"代替了"惧"，"睡觉"代替了"寝"，"医生"代替了"医工"，"工资"代替了"薪水"，"演员"代替了"戏子"等。

社会发展和交际需求的改变引起了旧词的消亡。例如，当汉族社会生活中，畜牧业生产还占有重要地位的时候，人们对牲畜的名称是非常注意的，汉语词汇中以前表示"牛"的名称就多种多样，如"牯"（gǔ，母牛）、"特"（tè，公牛）、"犉"（rún，黄毛黑唇的牛）、"牬"（bèi，二岁的牛）、"犙"（sān，三岁的牛）、"牭"（sì，四岁的牛）等等。后来随着畜牧业在人们生活中的地位和作用的减弱，这些名称逐渐简化和概括，于是各种各样的牛，渐渐地都用"牛"一词来指称了，原来的词则逐渐消亡了下去。个别的词如"特"虽然现在还被应用着，但它的意义已完全改变了。其他像"豝"（bā，母猪、大猪、两年的猪）、"豚"（tún，小猪）、"騋"（lái，高七尺的马）、"駥"（róng，高八尺的马）、"駣"（táo，三岁的马）、"髦"（máo，长毛的马）等，后来也逐渐被"豕""猪""马"等词所代替，以后"豕"在发展过程中也逐渐消亡了。

词汇系统的调整与规范引起旧词的消亡。如许多等义词的发展情况就是这样，一对等义词调整规范的结果，多数是一个被保留，另一个被逐渐淘汰下去而消亡。此外，许多带有外语色彩的词，也往往会在规范和约定俗成中逐渐消亡下去。如现在通用"电话""煤气"，像"德律风""瓦斯"等已被淘汰不用了；现在都习惯用"扩音器""连衣裙""青霉素"等，而"麦克风"

"布拉吉""盘尼西林"等词现在也已经不用或很少使用了。从发展情况看，这些词也将会逐渐消亡下去。

2. 义项的消亡

义项的消亡也是旧要素消亡的内容之一。如"牺牲"一词的原始义是指"古代祭祀用的牲畜"，"权"最早是"黄华木"的意思，后来又表示"秤锤"的意思，但是今天在现代汉语中，这些义项也已经消亡了。

3. 词素的消亡

词素是组词的成分，它有词根词素和附加词素之分，这两类词素在发展过程中也都存在着消亡的现象。

就词根词素看，它往往是随着旧词的消亡而消亡的。如"旌"一词，过去有三个义项："①古代旗的一种，缀牦牛尾于杆头，下有五彩析羽。用以指挥或开道。②古代旗的通称。③表彰。"人们曾用"旌"的这些义项充当词素义创造过新词，如"旌旗""旌麾""旌表"等。然而现在"旌"已作为古语词不再为人们使用了，因此，在一般情况下，它也不再用来充当词素创制新词了。

附加词素的消亡情况，如古代汉语中的前缀词素"有"（组成的词如"有夏""有商"）、后缀词素"尔"（组成的词如"率尔""卓尔"）等，后来也不再被使用了。

词汇中旧要素的消亡是一种正常的现象。和语言中其他要素的演变一样，词汇中旧要素的消亡，只是意味着这种词汇成分在人们的日常运用中消失了，但是它却仍然存在于汉语词汇的总体之中。有的成分虽然不能作为词继续被运用了，但却可以充当词素仍被运用，如"观""兴""彩""习"等就是这样。也有的成分作为消亡了的古语词保留在语言词汇之中，但在某些特定的场合，它们仍然可以发挥自己特有的作用，如对文言词的运用就是这种情况。此外，这些消亡了的语言成分，还可以为人们的语言研究提供宝贵的资料。由此可见，这些消亡了的成分，虽然现在不再为人们的交际服务了，但它们仍然是语言词汇中的宝贵财富，所以我们对这些成分应该正确地认识和对待。

汉语词汇的发展纷繁复杂，通过这些纷繁复杂的现象，我们可以看到，在新质要素不断增加，旧质要素不断消亡的情况下，还体现出了两种根本不同的发展趋势。一种趋势是由简趋繁，如多义词、同义词等的发展就是这样；另一种趋势则是由繁趋简，如牲畜名称的概括和简化、等义词的淘汰等就是这样。因此，我们在认识和分析词汇的发展时，不能只看到由简趋繁的一面，也应该同时注意由繁趋简的发展现象。只有这样，才能更好地认识、更正确地理解词汇的发展。

## 第3节　词汇共时的动态运动形式

### 一　共时的动态运动形式存在的必然性和必要性

词汇的共时动态运动形式是词汇整体运动形式的基础。它的存在不仅是必然的，而且也是必要的，它在体现了词汇的渐变性和可描写性的同时，又充分地体现着词汇的动态运动的绝对性。词汇的共时动态运动形式虽然客观地存在着，但人们越来越重视对共时动态情况的研究却有其一定的原因。这是因为一方面，由于语言是渐变的，所以在其动态的渐变过程中，就可以将某一个时段进行相对的静态的描写；另一方面，就词汇整个的发展过程来说，也可以根据其发展情况，人为地做某些阶段的划分，如"元明清阶段""现代阶段""当代阶段"等等。因此就出现了共时的研究问题。在共时阶段中，我们观察词汇的动态运动变化将会更加细致和具体。不过在这里必须明确，共时阶段和静态形式绝不是相对应的，更不是等同的。就一个共时阶段来讲，词汇的静态形式和动态形式永远都同时共存其中，它们从不同的角度说明了词汇的存在、运动和发展。词汇的共时静态形式不仅说明了词汇符号系统的内容，而且也说明了它作为交际工具的实际存在，而这种静态形式的动态化，则使这种交际工具具有了实现其交际功能的可能。因此应该认为，在词汇的整体运动形式中，词汇的静态形式是存在于语言符号系统之中，为实现交际行为，完成交际目的而提供可能和基础的部分；词汇的动态运动形式则是在言语交际中具体体现了交际功能，实现了交际作用，传递了交际信息，达到了交际目的的部分。没有静态存在形式为交际行为提供必要的交际元素，就不可能形成交际行为，没有这种动态的交际行为，语言元素的交际作用也无从实现，新的语言元素也无从产生。因此，在共时阶段中，词汇的动态运动更多的是表现为言语成分的产生，以及言语成分和语言成分的相互转化，并在这种相互转化中体现出它在共时运动中的阶段性的变化和发展，而这种变化发展又会进而促进整体语言词汇的变化和发展。所以，词汇的静态和动态的存在形式是词汇整体运动的两个方面，它们相互依存，相互完善，共同实现着语言词汇的交际功能，满足着社会的交际需要，这一点，在共时阶段中表现得尤为明显。

共时阶段中，词汇动态运动的内容是非常丰富的，其动态变化主要表现在两个方面。第一方面，当人们在语言成分的基础上组成言语以进行交际时，这些语言成分即开始由静态的语言成分逐渐变成具体语境中的言语成分，有的可能是词义的具体事物对应性造成的，也有的可能是人们运用词语的主观性所决定的。但是不管原因如何，这些动态的言语成分和静态的语言成分相比，总会表现出某些动态的变化和不同。第二方面，在具体的语境中，人们又会根据交际的需要，在原有语言材料的基础上，创造出一些新的成分来。这两个方面尽管不同，但是它们却都是词汇在人们的言语行为中进行动态运动的结果，而且它们开始时都是一种具有临时性的言语成分，这些临时性的言语成分大部分往往都只存在于它出现的具体语境中，只为当时的言语行为所运用，脱离开这具体的语境和言语行为，这种成分将不复存在。不过这些临时性的成分中，也有一部分将会为人们在相同的语境中反复使用，结果使这些成分逐渐由言语成分变成了语言成分，最后终于进入静态的词汇系统中去，并被历时的变化巩固下来，成为语言词汇历史发展的一部分。

以上情况足以说明，词汇发展的共时阶段中，永远存在着一个由静态的语言成分的被运用，结果产生出了动态的言语行为，从而产生出了言语成分，部分言语成分又会被约定为语言成分等这样一个循环往复的运动过程，在这一过程中，虽然也有旧成分的消亡，然而新成分的增加却永远占着绝对的优势，语言词汇以及语言的其他成分，就是在这样一种不断的循环往复中得到了不断的发展。

以上情况也足以说明，词汇发展的共时阶段，是词汇动态运动和发展的一个很基础的阶段，它的存在是词汇发展的需要，它的出现也是社会交际对语言要求的必然。正是由于有了一个个不断连续着的共时阶段，才使历时的运动发展有了依据和可能，所以没有共时的运动阶段就没有发展的基础，没有历时的运动阶段，共时情况就没有被固定的方式和过程，也就无法说明词汇的历史存在，也就形成不了词汇的发展史。

根据以上分析，我们可以看到，词汇和语言以及语言的其他方面一样，它在共时阶段是通过语言成分和言语成分的不断交替进行运动的，从整体来说，它又是通过历时运动和共时运动的相互作用进行发展的。因此我们说，语言词汇作为一个整体性的存在，永远在不断地运动着和发展着。

## 二　共时的动态运动形式表现的基本情况

词汇的动态运动形式在共时阶段中的表现是很复杂的，有时它可以表现得很清楚、很明显，有时又可以表现得很细微，甚至很模糊，因此更需要认真观察和辨析。分析现代汉语的共时动态变化情况，大致表现为以下几个方面。

## （一）在原有语言材料的基础上创制新成分

人们在交际中，根据需要以原有的语言材料为基础，创制出新的词语，甚至进一步形成新的词素，这是可以经常见到的现象。有的新词语一经出现，就会为人们所接受，并会被大家反复使用，最后为社会约定俗成，转化为语言成分。与此同时，某些新的词素也会被相应地约定下来。如新词"打的"中的词素"的"就被大家接受了下来，并开始参与新词的组合，如"面的""轿的"等等。当然有些新出现的成分也会不为社会所接受，出现不久或者经过短时间的使用后，即以言语成分的性质被逐渐淘汰下去。在词汇发展的历史过程中，历代的新成分都是这样产生、发展和变化的。

## （二）词的语音形式言语化

每一个社会都有其共同语，每一种共同语都有其标准的语音形式，但是在语言运用中成为言语的时候，每个人的语音都会带有其生理的和主观的个人特点，例如一个说普通话的人和一个说过渡语的人，他们的语音形式就各有特点，这说明这些在言语交际中的语音已经言语化。言语化了的语音形式有的可以非常标准，无异于语言成分；有的则会具有程度不同的差异，这种言语化的成分一般来说都是临时性的，一旦脱离开交际环境将不再存在。值得注意的是有时某些言语化了的语音成分也能够逐渐社会化，当它一旦社会化了的时候，就会引起语言成分的改变。如"呆"的读音，现在已经由"ɑi"变为"dāi"就是如此。又如"特务"一词，意义是"军队中担任警卫通讯运输等特殊任务的"，其读音为"tè wù"，后来随着它意义的引申，语音也逐渐改变成了"tè·wu"，成为指称"经过特殊训练，从事刺探情报，颠覆破坏等活动的人"了。社会上也因而产生出了一个新的词来。显然这时的言语成分肯定已转化成语言成分了。

### （三）词义的动态变化与发展

在言语交际中，词义是一个相当活跃的部分。纵观词义在言语中的动态变化情况，基本可呈现为四个方面。

第一，人们各自的条件不同，使语言成分的意义带上了明显的主观因素，最突出的是表现在相互间使用的不完全概念的不一致上，其次则表现在为了交际需要而有意进行的某些改变上。

第二，词义的具体事物对应性，使语言成分的意义在具体的语境中，变成了有具体所指的更为明确的言语意义，这种变化往往都会使词义的指称外延缩小而内涵却更加丰富。

第三，在具体语境中，语言成分的词义由原义而变为他指，这种情况的意义只有依靠语境的帮助，才能够使对方领会。人们一般都把这种意义称作深层义，对这种意义的理解往往都要经过一个会意的过程。

第四，新义项的增加。在言语交际中，由于某些引申和联想，从而会在词的原义的基础上产生出某些新义来，现在社会上，这种现象是大量存在的。如"包装"一词，原来有两个义项，一是指"在商品外面用纸包裹或把商品装进纸盒、瓶子等"，二是指"包装商品的东西，如纸盒、瓶子等"；但是现在社会上又出现了一个新的用法，即"用各种宣传等手段把一个人吹捧起来"也可以称为"包装"。又如"病毒"一词原来的语言义是医学上指"一种比病菌更小，多用电子显微镜才能看见的病原体"，现在人们却把"电脑中某些具有干扰和破坏性的东西"也称作"病毒"。以上两个新义，从目前的情况看，由于其使用范围之广、使用频率之高，已经被历时的变化固定下来，由言语成分转化成为语言成分了。

词义的四个方面的动态变化中，前三种一般都是临时性的，它们除了极大地活跃了言语交际之外，绝大部分都不可能转化为语言成分。只有新义增加的情况比较特殊，它的大部分内容，都会随着多义词的发展而不断地被巩固下来，不仅变成了语言成分，而且在词义的动态变化中，起着积极的不可或缺的作用。

**（四）词的活用与逻辑上的超常搭配**

词在言语应用中，必然要涉及词与词的组合问题，因此也必然会影响到词的语法性质方面的改变问题。词的动态应用涉及的语法问题主要表现在以下两个方面。

第一，词的组合规律发生了改变。如一般情况下，副词和名词是不能进行搭配的，但是当前社会上经常出现副词和名词搭配使用的现象，像"很青春""很德国"等（均见电视广播），社会上的人们如此运用的不乏其例。

在这样搭配使用的同时，我们也应该注意到，这样运用的结果，也往往会进一步引起词义的变化，如前面的"青春""德国"等词，事实上已经不再单纯地表示事物的名称，而开始表示一种为本事物所有的思维方式、生活习俗等等的性质内容了。

第二，逻辑意义方面的超常搭配。现在社会上在进行词的组合时，在词的逻辑意义方面进行超常搭配的情况也是经常可见的。如："一切都是灰色的，灰色的树，灰色的房，灰色的人群……似乎灰色要将一切都挤进大地中去。"这里的"灰色"和"挤进"的搭配就是明显的言语化的活用，在这具体语境中，"灰色"已被赋予可以发出"挤进"动作的形象。其他像"温暖洒满人间"中的"温暖"和"洒"的搭配，"从钢琴中不断蹦出的杂乱无章的音符……"中的"音符"和"蹦"的搭配，以及"精致古老的建筑到处都流淌着中华民族博大精深的文化底蕴"中的"建筑"和"流淌"的搭配、"流淌"和"文化底蕴"的搭配等（例均见报），也都是这种情况。同时，从这些逻辑意义的超常搭配中，我们也可以看到，当词的词汇意义在动态应用中出现活用变化的时候，它的语法意义甚至色彩意义也会随之发生不同的变化。

以上两种现象的出现，都是语言成分在共时的动态运动中言语化了的结果。其中有的现象也可能在社会约定俗成之后转变成语言成分，但是这样的言语化成分大部分都是一种临时应用的性质，是不可能都完全转变为语言成分的。不过，虽然这些现象是属于临时性的，但是它们在言语应用中却有着非常积极和重要的作用，词汇共时的动态运动形成了它们的存在，而它们的存在不仅可以在某些方面促成词汇的发展，而且更是极大地丰富了语言词汇在表达上的鲜明、活泼和生动性，明显地加强了语言词汇的表意效果。

以上着重阐述了词汇的存在形式问题。和其他的语言成分一样，在词汇整体的存在形式中，又有着"静态"和"动态"、"共时"和"历时"的区分，以及这四者的联系和关系，这就可以说明在共时平面中不仅有静态形式的存在，也有动态形式的存在，在共时运动中，不仅包含了静态的语言成分，同时也包含着动态的言语成分，不仅包含着共时中各种语言成分的变化和发展，同时又说明了在共时中也存在着短时期的历时性的动态变化发展和新语言成分的形成。而历时动态则相当于语言的各个历史时期的共时层面的叠加。由此也可得知，对词汇学的研究范围来说，就应该不仅包含以往所说的语言和言语，而且也必须包括共时和历时的词汇研究中的所有内容。只有这样，我们才能从宏观上全面掌握研究词汇的理论与方法，从微观上才能对词汇的任何细微变化，都能观察得细致、严密和透彻，因此也才能使词汇学的研究更加广阔和深入。

## 第4节　词汇的动态运动形式与词汇规范

### 一　关于词汇规范问题

众所周知，词汇的规范就是在约定俗成的制约下，顺应语言词汇自身发展的规律，人为地对词汇的各个方面制定出具有社会成员能认可性和可接受性的标准，以此对词汇进行规范。当前大家都认可的词汇规范的"必要性"、"普遍性"和"明确性"等原则，事实上也都是和社会成员的能认可性和可接受性的标准相一致的。

因为词汇存在于社会生活的各个领域，同时也涉及社会成员运用词汇的各个方面，因此，词汇规范的范围非常广泛和复杂，而且也必然要涉及词汇的各个方面。这表现为：首先，要进行词汇规范，从宏观上讲，它必须涉及词的声音形式——语音、词的书写形式——文字、词的意义内容——词义、词的组合规则——语法，以及词的运用情况——语用等各个方面，因此词汇规范问题必须兼顾语音规范、文字规范以及语法规范等等方面的规范标准和原则；其次，从微观上讲，它不仅要对新词、方言词、外来词、古语词等等的运用和取舍问题做出规范的标准，而且对每个个体词的语音形式、意义内容、书写形式以及其应用和发展变化的规则等各个方面的标准形式也应做出规范性的规定。

进行词汇规范可呈现为两种情况。一种是硬性式的规范，人名、地名、机关名称等一般都属于这种情况。如一个人的名字，以及省、市、县、街道等等的名称，一旦被确定和公布下来，人们就不能随意改变成其他的形式，甚至包括其书写符号的形式和规则等。例如过去的"国家教育委员会"，简称为"教委"，现在改称为"教育部"，那么现在来说，后者就是规范性的，这都是硬性式的。因为这种带有法定性的对名称的规定就决定了这就是一种规范的用法，而且一般是不能随便改动的。另一种是顺应式的规范，对大多数的词语来说，都是第二种情况，也就是说，确定这种词语的规范模式必须顺应社会的约定俗成情况和人们对词语的应用习惯，人为地硬性规定是行不通的，如"大哥大"和"手机"、"邮码"和"邮编"两对词，它们曾在同一时段内，同时存在于人们的言语之中，甚至"大哥大"的使用率曾经大于"手机"，但是经过一定时间的动态应用之后，"手机"和"邮编"却被认可了下来，并被确定为规范的模式，在这种情况下，如果人为地规定哪一个一定是规范的是行不通的，可见这种规范必须以顺应的方式来进行。而且这一规范工作，也必须紧紧结合词汇的动态运动情况来进行细致的观察和分析，才能做出正确的结论来。

## 二　词汇的动态运动状况是词汇规范工作的中心视点

前面已经谈到，词汇有静态和动态两种存在形式，但是词汇的静态形式是相对的，只有动态形式才是绝对的，所以词汇永远都在动态运动中变化和发展着。因此，词汇的规范工作也必须随着词汇的动态变化和发展来进行，词汇的规范标准也必须随着这种变化和发展的情况而不断地进行阶段性的改变。

词汇的动态运动形式有共时的和历时的两种情况。词汇规范和词汇的共时动态情况则更为密切。

在词汇的共时状态中，应该说，静态的词汇系统都是作为一种已经被规范了的交际工具而存在着，只有当这种工具被人们运用，进入动态形式中去的时候，其中某些成分才会出现分歧。然而作为交际工具的词汇，它又无时无刻不在被运用着，人们通过这种应用，才使得共时的词汇运动充满了蓬勃的生气，并促成了词汇的不断发展。在这共时的动态运动中，大量的新成分如新词、新义、新用法等等产生了，大量的方言词、外来词以及古语词等等会被人们运用起来，部分旧的成分消亡了，但有的已经消亡了的旧成分又可能重新被起用而复现出来，这些旧成分有的会以原来的面貌出现，有的也会以改变某种意义来出现。各种情况纷繁多样，与此同时，许多不规范的成分也就应运而生了。这时词汇规范工作就必须紧紧跟上，也就是说要密切地注意这些变化情况，跟踪调查，人为地去依据词汇自身的发展规律和约定俗成的原则，去粗取精，去伪存真，把人们需要的和普遍接受的成分约定和巩固下来，并输送到静态的词汇系统中去。所以说，当规范的成分被输送到静态系统中去的时候，已经是词汇规范工作的最后一步了。当然对整个词汇的发展来说，这最后的一步是极为重要的，因为正是这一步，不仅记录了当代时段共时状态中静态系统的状况，而且也展现和说明了词汇在当代时段发展变化的面貌。

词汇在共时运动中的轨迹往往是这样的。一个新的个体成分的出现一般都呈现为个别的临时的状态，随着它的应用，又会出现各种不同的情况，有的可能只是昙花一现，再也没有踪影，有的在小的范围内使用后又很快消失了，有的其使用范围则逐渐扩大开来，甚至有的还可能是在使用中几种形式并存，很明显，在这些状况下，这诸多新成分都只能是言语成分。我们的词汇规范工作，面对词汇动态运动中的情况，首先就应该全面地掌握这些变化着的材料，把那些有生命力的、使用频率相对较高的、可能会发展和进入语言系统中去的新成分突出出来，应该说，这些内容就是我们词汇规范工作重点研究的对象。在这些应该着重注意的内容中，词汇发展变化的各种现象都会在这一范围中显现，如出现新词、新义、新读音、新用法，以至于词义的各种变化和发展、旧词的消亡和复现等等。面临这些现象，确定哪些，淘汰哪些，规范工作者就应该根据词汇发展的自身规律和约定俗成的原则，做出新的选择和规范标准，并且用固定下来的形式，把这些符合规范标准的成分，由言语成分转变为语言成分，并及时输送到语言词汇的静态系统中去。由此可见，词汇规范工作和词汇的动态运动形式结合起来进行研究不仅是可能的，而且是完全必要的，对词汇在动态运动中变化发展的研究永远都应该作为词汇规范工作的中心视点。

在这里需要说明的是，词汇的共时动态形式也是立体的包含着一定时段的历时因素在内的，它也会跨越一段时间，也有一定的发展过程，如汉语词汇在改革开放时期的共时动态形式，其运动的过程今天来说就已经跨越了三十余年的时间，虽然对个体成分来说，它们经历的时间长短并不尽相同，但它们都会经历一个过程却是必然的，所以词汇规范工作中也必然有一个通过时间段的应用进行观察和整理的过程。一个语言成分的形成，必须要经历产生、试用、约定和推广以及最后被固定为语言成分等几个不同的阶段，有的甚至还有反复，虽然每个成分在各个阶段上的表现有长有短，不尽一致，但是对每个新成分来说，这几个阶段却是不会缺少的。因此，词汇规范工作完全有时间进行观察和整理。这种情况同时也可说明，词汇规范的大量工作应该做在词汇动态变化的范围之中，至于最后确定规范标准，从而将言语成分转变成为语言成分，那将是规范工作的最后结尾了。虽然这最后的一部分工作是极为重要的和必不可少的。

## 三 词汇规范工作中的几个问题

词汇规范工作是一件非常细致和繁杂的工作，所谓细致就是要求我们必须注意跟踪每一个词，甚至某个词的某个方面发生的变化，所谓繁杂就是要求我们必须注意词汇的各个方面，甚至这各个方面相互之间的联系和关系。要把这"细致"和"繁杂"协调好，应该先注意以下几个问题。

### （一）注意词的运用范围问题

在社会的言语交际中，由于运用词语进行交际的人们，他们的年龄、文化水平、生活环境等等条件都各不相同，又由于在交际场合、交际目的等方面也会存在差异，所以人们在交际中用词的方式和习惯都是不一样的，在这些被运用的词语中，就有必要区分出来，哪些是全民都要使用的，哪些只是一部分人使用的，也就是说，哪些词是具有全民普遍使用性的，哪些词却只是属于行业语或者是社会的阶层用语、集团用语性质。因为只有确定了词的存在范围和性质，才能对它的使用状况，特别是它的使用率大小有准确的把握。如一个行业词在该行业中的使用频率可能是很高的，应该被视为可规范的词，但是把它放在全民的使用范围中来统计，它的使用频率和它在本行业中的情况可能就很不一致了。因此进行词汇规范时，注意词的使用范围是非常必要的，而且确定其为语言成分时也要针对不同情况、不同范围进行分别对待和处理。

### （二）　加强规范工作的科学性

如何确定规范的模式和标准，如何把规范词形式准确地确定下来，这是规范工作中最重要的问题，过去人们在进行调查时，往往要用凭借语感的方法来解决问题。现在我们则可以借助于计算机的应用，进行广泛的语料统计，以词频统计为基础，制订出的规范标准应该是更科学更准确的。但是要力求达到准确科学的要求，还必须做大量的人为的工作。用计算机进行词频统计是一项非常复杂细致的工作，首先，我们必须要有正确的语料选择，才能保证产生出正确的统计结果；其次，这种统计必须多层次、多角度、多范围地来进行，因为词语在运用中的分布是不一样的，而且不同文体对词语的应用和要求也各不相同，所以也不能简单从事。

### （三）　做好规范模式的确定工作

词汇规范标准的最好体现者就是词典，所以一本好的词典就是词汇规范标准的典范。词典都是共时阶段的产物，任何一部词典，不论它的内容是历代性的还是断代性的，它都是产生在某个时代之中的，一本好的词典不仅能反映词汇发展的面貌，而且也应该具备鲜明的规范性和时代特点。被规范了的成分进入词典是一件非常严肃的事情，词被词典收录，不仅说明了这个成分已经是规范的成分，而且说明了这个成分的性质已经发生了从言语成分到语言成分的转变，它已经成为词汇共时静态系统中的一个成员。目前社会上出现的部分词典，其词条的性质往往是模糊的，既有语言成分，也有言语成分，这样兼收并蓄的情况对语言词汇的规范问题是极为不利的，如果想要兼收并蓄的话，应该对各个成分的性质加以说明才是。

# 参考文献

## 一 著作类

### （一）有关词汇学部分

（汉）许慎：《说文解字》，中华书局 1963 年版。

（晋）郭璞注，（宋）邢昺疏：《尔雅注疏》，（清）阮元校刻：《十三经注疏》，中华书局 1980 年版。

（清）段玉裁注：《说文解字注》，上海古籍出版社 1980 年版。

（汉）扬雄：《方言》，（清）钱绎撰集：《方言笺疏》，上海古籍出版社 1984 年版。

（汉）刘熙：《释名》，（清）王先谦撰集：《释名疏证补》，上海古籍出版社 1984 年版。

孙常叙：《汉语词汇》，吉林人民出版社 1956 年版。

崔复爱编著：《现代汉语词义讲话》，山东人民出版社 1957 年版。

崔复爱编著：《现代汉语构词法例解》，山东人民出版社 1957 年版。

陆志韦等：《汉语的构词法》，科学出版社 1957 年版。

张静编著：《词汇教学讲话》，湖北人民出版社 1957 年版。

高名凯、刘正埮：《现代汉语外来词研究》，文字改革出版社 1958 年版。

王力：《汉语史稿》（下册），科学出版社 1958 年版。

王勤、武占坤：《现代汉语词汇》，湖南人民出版社 1959 年版。

周祖谟：《汉语词汇讲话》，人民教育出版社 1959 年版。

孙玄常、陈方：《多义词·同义词·反义词》，北京出版社 1965

年版。

马国凡：《成语》，内蒙古人民出版社 1973 年版。

李行健、刘叔新：《词语的知识和运用》，天津人民出版社 1975 年版。

马国凡、高歌东：《歇后语》，内蒙古人民出版社 1979 年版。

何九盈、蒋绍愚：《古汉语词汇讲话》，北京出版社 1980 年版。

洪心衡：《汉语词法句法阐要》，吉林人民出版社 1980 年版。

王勤：《谚语歇后语概论》，湖南人民出版社 1980 年版。

武占坤、马国凡：《谚语》，内蒙古人民出版社 1980 年版。

任学良：《汉语造词法》，中国社会科学出版社 1981 年版。

张寿康：《构词法和构形法》，湖北人民出版社 1981 年版。

朱星：《汉语词义简析》，湖北人民出版社 1981 年版。

高文达、王立廷编写：《词汇知识》，山东教育出版社 1982 年版。

马国凡、高歌东：《惯用语》，内蒙古人民出版社 1982 年版。

孙良明：《词义和释义》，湖北人民出版社 1982 年版。

向光忠：《成语概说》，湖北人民出版社 1982 年版。

谢文庆：《同义词》，湖北人民出版社 1982 年版。

张永言：《词汇学简论》，华中工学院出版社 1982 年版。

王德春：《词汇学研究》，山东教育出版社 1983 年版。

武占坤：《词汇》，上海教育出版社 1983 年版。

武占坤、王勤：《现代汉语词汇概要》，内蒙古人民出版社 1983 年版。

徐青：《词汇漫谈》，浙江人民出版社 1983。

刘叔新：《词汇学和词典学问题研究》，天津人民出版社 1984 年版。

符淮青：《现代汉语词汇》，北京大学出版社 1985 年版。

郭良夫：《词汇》，商务印书馆 1985 年版。

郭在贻：《训诂丛稿》，上海古籍出版社 1985 年版。

［加拿大］G. 隆多：《术语学概论》，刘刚、刘健译，科学出版社

1985 年版。

贾彦德：《语义学导论》，北京大学出版社 1986 年版。

王锳：《诗词曲语辞例释》，中华书局 1986 年版。

苏宝荣、宋永培：《古汉语词义简论》，河北教育出版社 1987 年版。

赵克勤：《古汉语词汇概要》，浙江教育出版社 1987 年版。

[英] 杰弗里·利奇：《语义学》，李瑞华等译，上海外语教育出版社 1987 年版。

李行健：《词语学习与使用述要》，吉林文史出版社 1988 年版。

谢文庆：《反义词》，湖北教育出版社 1988 年版。

蒋绍愚：《古汉语词汇纲要》，北京大学出版社 1989 年版。

潘允中：《汉语词汇史概要》，上海古籍出版社 1989 年版。

史存直：《汉语词汇史纲要》，华东师范大学出版社 1989 年版。

孙维张：《汉语熟语学》，吉林教育出版社 1989 年版。

周光庆：《古汉语词汇学简论》，华中师范大学出版社 1989 年版。

郭良夫：《词汇与词典》，商务印书馆 1990 年版。

刘叔新：《汉语描写词汇学》，商务印书馆 1990 年版。

徐烈炯：《语义学》，语文出版社 1990 年版。

史有为：《异文化的使者——外来词》，吉林教育出版社 1991 年版。

周荐：《同义词语的研究》，天津人民出版社 1991 年版。

贾彦德：《汉语语义学》，北京大学出版社 1992 年版。

刘叔新、周荐：《同义词语和反义词语》，商务印书馆 1992 年版。

苏新春：《汉语词义学》，广东教育出版社 1992 年版。

许威汉：《汉语词汇学引论》，商务印书馆 1992 年版。

石安石：《语义论》，商务印书馆 1993 年版。

王力：《汉语词汇史》，商务印书馆 1993 年版。

陈光磊：《汉语词法论》，学林出版社 1994 年版。

高守纲：《古代汉语词义通论》，语文出版社 1994 年版。

梁晓虹：《佛教词语的构造与汉语词汇的发展》，北京语言学院出版社1994年版。

石安石：《语义研究》，语文出版社1994年版。

张志毅、张庆云：《词和词典》，中国广播电视出版社1994年版。

周荐：《词语的意义和结构》，天津古籍出版社1994年版。

常敬宇：《汉语词汇与文化》，北京大学出版社1995年版。

《词汇学新研究》编辑组编：《词汇学新研究——首届全国现代汉语词汇学术讨论会选集》，语文出版社1995年版。

黎良军：《汉语词汇语义学论稿》，广西师范大学出版社1995年版。

陈立中：《阴阳五行与汉语词汇学》，岳麓书社1996年版。

符淮青：《词义的分析和描写》，语文出版社1996年版。

符淮青：《汉语词汇学史》，安徽教育出版社1996年版。

杨琳：《汉语词汇与华夏文化》，语文出版社1996年版。

周殿龙、李长仁：《汉语词汇学史》，中国华侨出版社1996年版。

徐国庆：《现代汉语词汇系统论》，北京大学出版社1999年版。

史有为：《汉语外来词》，商务印书馆2000年版。

苏宝荣：《词义研究与辞书释义》，商务印书馆2000年版。

苏宝荣：《〈说文解字〉今注》，陕西人民出版社2000年版。

张绍麒：《汉语流俗词源研究》，语文出版社2000年版。

王吉辉：《现代汉语缩略词语研究》，天津人民出版社2001年版。

张志毅、张庆云：《词汇语义学》，商务印书馆2001年版。

宗廷虎：《宗廷虎修辞论集》，吉林教育出版社2003年版。

### （二）其他

吕叔湘、朱德熙：《语法修辞讲话》，开明书店1951年版。

王了一：《中国语法纲要》，开明书店1951年版。

［苏］斯大林：《马克思主义与语言学问题》，李立三等译，人民出版社1953年版。

陈望道：《修辞学发凡》，新文艺出版社1954年版。

王力：《中国现代语法》，中华书局 1954 年版。

王力：《中国语法理论》，中华书局 1954 年版。

[苏] 契科巴瓦：《语言学概论》，高等教育出版社 1954 年版。

胡附、文炼：《现代汉语语法探索》，新知识出版社 1955 年版。

吕叔湘：《汉语语法论文集》，科学出版社 1955 年版。

王力：《汉语讲话》，文化教育出版社 1955 年版。

[苏] 维诺格拉多夫、库兹明：《逻辑学》，刘执之译，人民教育
    出版社 1955 年版。

岑麒祥：《语法理论基本知识》，时代出版社 1956 年版。

张志公：《汉语语法常识》，新知识出版社 1956 年版。

[苏] 布达哥夫：《语言学概论》，吕同仑、高晶斋、周黎扬译，
    时代出版社 1956 年版。

岑麒祥编著：《普通语言学》，科学出版社 1957 年版。

高名凯：《汉语语法论》，科学出版社 1957 年版。

高名凯：《普通语言学》，新知识出版社 1957 年版。

吕叔湘：《中国文法要略》，商务印书馆 1957 年版。

张环一：《修辞概要》（修订本），新知识出版社 1957 年版。

王立达编译：《汉语研究小史》，商务印书馆 1959 年版。

张志公主编：《汉语知识》，人民教育出版社 1959 年版。

胡裕树主编：《现代汉语》，上海教育出版社 1962 年版。

高名凯：《语言论》，科学出版社 1963 年版。

高名凯、石安石主编：《语言学概论》，中华书局 1963 年版。

上海教育出版社编：《语言和言语问题讨论集》，上海教育出版社
    1963 年版。

张弓主编：《现代汉语修辞学》，天津人民出版社 1963 年版。

[苏] 高尔斯基主编：《语言与思维》，熊尧祥等译，生活·读书·
    新知三联书店 1963 年版。

王力主编：《古代汉语》（上下共四分册），中华书局 1962—1964
    年版。

陈望道：《文法简论》，上海教育出版社 1978 年版。

蔡尚思：《中国文化史要论》，湖南人民出版社 1979 年版。

陈宗明：《现代汉语逻辑初探》，生活·读书·新知三联书店 1979
　　年版。

郭绍虞：《汉语语法修辞新探》，商务印书馆 1979 年版。

黄伯荣、廖序东主编：《现代汉语》（上、下册），甘肃人民出版
　　社 1979 年版。

金岳霖等：《形式逻辑简明读本》中国青年出版社 1979 年版。

吕叔湘：《汉语语法分析问题》商务印书馆，1979 年版。

殷焕先：《反切释要》，山东人民出版社 1979 年版。

[波兰] 沙夫：《语义学引论》，罗兰、周易合译，商务印书馆
　　1979 年版。

陆宗达：《训诂简论》，北京出版社 1980 年版。

吕叔湘：《语文常谈》，生活·读书·新知三联书店 1980 年版。

史存直：《语法三论》，上海教育出版社 1980 年版。

周大璞：《训诂学要略》，湖北人民出版社 1980 年版。

[瑞士] 索绪尔：《普通语言学教程》，高名凯译，商务印书馆
　　1980 年版。

岑麒祥：《历史比较语言学讲话》，湖北人民出版社 1981 年版。

王力：《中国语言学史》，山西人民出版社 1981 年版。

叶蜚声、徐通锵：《语言学纲要》，北京大学出版社 1981 年版。

殷焕先：《汉字三论》，齐鲁书社 1981 年版。

郭锡良、唐作藩、何九盈、蒋绍愚、田瑞娟编：《古代汉语》（上、
　　中、下三册），北京出版社 1981—1983 年版。

胡明扬等编著：《词典学概论》，中国人民大学出版社 1982 年版。

朱德熙：《语法讲义》，商务印书馆 1982 年版。

岑麒祥：《语言学学习与研究》，中州书画社 1983 年版。

陈原：《社会语言学》，学林出版社 1983 年版。

陆宗达、王宁：《训诂方法论》，中国社会科学出版社 1983 年版。

吕叔湘：《吕叔湘语文论集》，商务印书馆 1983 年版。

赵世开编著：《现代语言学》，知识出版社 1983 年版。

洪诚：《训诂学》，江苏古籍出版社 1984 年版。

刘伶、黄智显、陈秀珠主编：《语言学概要》，北京师范大学出版
　　社 1984 年版。

齐佩瑢：《训诂学概论》，中华书局 1984 年版。

陈松岑：《社会语言学导论》，北京大学出版社 1985 年版。

洪成玉：《古汉语词义分析》，天津人民出版社 1985 年版。

[美] 爱德华·萨丕尔：《语言论》，陆卓元译，商务印书馆 1985
　　年版。

刘焕辉：《言语交际学》，江西教育出版社 1986 年版。

伍铁平：《语言与思维关系新探》，上海教育出版社 1986 年版。

戴志远、邵培仁、龚伟编著：《传播学原理与应用》，兰州大学出
　　版社 1988 年版。

[美] 迈克尔·葛里高利、苏珊·卡洛尔：《语言和情景》，徐家
　　祯译，语文出版社 1988 年版。

罗常培：《语言与文化》，语文出版社 1989 年版。

殷焕先：《殷焕先语言论集》，山东大学出版社 1990 年版。

袁晖、宗廷虎主编：《汉语修辞学史》，安徽教育出版社 1990 年版。

岑麒祥：《国外语言学论文选译》，语文出版社 1992 年版。

王占馥：《语境学导论》，内蒙古大学出版社 1993 年版。

《庆祝文集》编委会编：《庆祝殷焕先先生执教五十周年论文集》，
　　山东大学出版社 1994 年版。

戴昭铭：《文化语言学导论》，语文出版社 1996 年版。

刘文义：《语境学》，河北人民出版社 1996 年版。

王宁：《训诂学原理》，中国国际广播出版社 1997 年版。

李行健：《语文学习新论》，陕西人民教育出版社 1997 年版。

宗廷虎：《宗廷虎修辞论集》，吉林教育出版社 2003 年版。

## 二　辞书类

张相：《诗词曲语辞汇释》（上、下册），中华书局 1953 年版。

符定一：《联绵字典》全四册，中华书局 1954 年版。

杨树达：《词诠》，中华书局 1954 年版。

北京大学中文系 1955 级语言班编：《汉语成语小词典》，中华书局 1958 年版。

（清）张玉书、陈廷敬等编：《康熙字典》，中华书局影印本 1958 年版。

甘肃师范大学中文系《汉语成语词典》编写组编：《汉语成语词典》（1986 年出增订本），上海教育出版社 1978 年版。

吕叔湘：《文言虚字》，上海教育出版社 1978 年版。

王力主编：《古汉语常用字字典》，商务印书馆 1979 年版。

中国社会科学院语言研究所词典编辑室编：《现代汉语词典》，商务印书馆 1978—2002 年版。

商务印书馆编辑部编：《辞源》（一至四册），商务印书馆 1979—1983 年版。

辞海编辑委员会编：《辞海》（缩印本），上海辞书出版社 1980 年版。

吕叔湘主编：《现代汉语八百词》，商务印书馆 1980 年版。

张志毅编著：《简明同义词典》，上海辞书出版社 1981 年版。

中华书局编辑部编：《中华大字典》，中华书局 1981 年版。

北京大学中文系 1955、1957 级语言班编：《现代汉语虚词例释》，商务印书馆 1982 年版。

傅光岭、陈章焕主编：《常用构词词典》，中国人民大学出版社 1982 年版。

王力：《同源字典》，商务印书馆 1982 年版。

朱起凤：《辞通》，上海古籍出版社 1982 年版。

胡朴安编：《俗语典》，上海书店 1983 年版。

《逻辑学辞典》编委会编：《逻辑学小辞典》，吉林人民出版社
　　1983年版。

梅家驹、竺一鸣、高蕴琦、殷鸿翔编：《同义词词林》，上海辞书
　　出版社1983年版。

邱崇丙编著：《俗语五千条》，陕西人民出版社1983年版。

佟慧君编著：《常用同素反序词辨析》，湖南人民出版社1983年版。

《文言常用多义词解释手册》编写组编：《文言常用多义词解释手
　　册》，内蒙古教育出版社1983年版。

中华书局编辑部编：《实用大字典》，中华书局1983年版。

杭州大学中文系《古书典故辞典》编写组编：《古书典故辞典》，
　　江西人民出版社1984年版。

刘正埮、高名凯等编：《汉语外来词词典》，上海辞书出版社1984
　　年版。

王安节等编：《简明类语词典》，黑龙江人民出版社1984年版。

温端政等编：《歇后语词典》，北京出版社1984年版。

杨升初编：《现代汉语逆序词目》，四川人民出版社1984年版。

程湘清主编：《古汉语实词释辨》，山东教育出版社1985年版。

李一华、吕德申编：《汉语成语词典》，四川辞书出版社1985年版。

龙潜庵编著：《宋元语言词典》，上海辞书出版社1985年版。

吕才桢、白玉昆、白林编著：《现代汉语难词词典》，延边教育出
　　版社1985年版。

史东编：《简明古汉语词典》，云南人民出版社1985年版。

王今铮、王钢等编：《简明语言学词典》，内蒙古人民出版社1985
　　年版。

王理嘉、侯学超编著：《分类成语词典》，广东人民出版社1985
　　年版。

北京语言学院语言教学研究所编：《现代汉语频率词典》，北京语
　　言学院出版社1986年版。

钟嘉陵编著：《现代汉语缩略语词典》，齐鲁书社1986年版。

罗竹风主编：《汉语大词典》（一至十二册），汉语大词典出版社
　　1986—1993 年版。

林杏光、菲白编：《简明汉语义类词典》，商务印书馆 1987 年版。

刘叔新主编：《现代汉语同义词词典》，天津人民出版社 1987 年版。

闵家骥、刘庆隆、韩敬体、晁继周等编：《汉语新词词典》，上海
　　辞书出版社 1987 年版。

王万仁编著：《象声词例释》，广西教育出版社 1987 年版。

季羡林等主编：《中国大百科全书·语言文字》，中国大百科全书
　　出版社 1988 年版。

李行健、曹聪孙、云景魁主编：《新词新语词典》，语文出版社
　　1989 年版。

刘洁修编著：《汉语成语考释词典》，商务印书馆 1989 年版。

岑麒祥：《汉语外来语词典》，商务印书馆 1990 年版。

周宏溟编著：《汉语惯用语词典》，商务印书馆 1990 年版。

王锳、曾明德编：《诗词曲语辞集释》，语文出版社 1991 年版。

罗竹风主编：《汉语大词典（附录·索引）》，汉语大词典出版社
　　1994 年版。

于根元主编：《现代汉语新词词典》，北京语言学院出版社 1994
　　年版。

王艾录编著：《汉语理据词典》，北京语言学院出版社 1995 年版。

李行健主编：《现代汉语规范词典》，外语教学与研究出版社、语
　　文出版社 2004 年版。

## 三　论文类

王力：《词和仂语的界限问题》，《中国语文》1953 年第 15 期。

曹伯韩：《字和词的矛盾必须解决》，《语文问题评论集》，东方书
　　店 1954 年版。

胡附、文炼：《词的范围、形态、功能》，《中国语文》1954 年第
　　26 期。

林焘:《汉语基本词汇中的几个问题》,《中国语文》1954 年第 25 期。

岑麒祥:《关于汉语构词法的几个问题》,《中国语文》1956 年第 12 期。

陆志韦:《构词学的对象和手续》,《中国语文》1956 年第 12 期。

史存直:《再论什么是词儿》,《中国语文》1956 年第 9 期。

魏建功:《同义词和反义词》,《语文学习》1956 年第 9 ~ 11 期。

伍占昆:《交叉同义词及其特点》,《语文知识》1956 年第 12 期。

邢公畹:《现代汉语的构形法和构词法》,《南开大学学报》1956 年第 3 期。

张世禄:《词义和词性的关系》,《语文学习》1956 年第 7 期。

[德] 恩格斯:《劳动在从猿到人转变过程中的作用》,《恩格斯自然辩证法》,人民出版社 1957 年版。

任铭善:《同义词和词的多义性》,《语文学习》1957 年第 4 期。

孙良明:《词的多义性跟词义演变的关系和区别》,《中国语文》1958 年第 5 期。

郑奠:《谈现代汉语中的"日语词汇"》,《中国语文》1958 年第 2 期。

周祖谟:《词汇和词汇学》,《语文学习》1958 年第 9 期。

林焘:《现代汉语词汇规范问题》,《语言学论丛》第三辑,上海教育出版社 1959 年版。

潘允中:《汉语基本词汇的形成及其发展》,《中山大学学报》1959 年第 1、2 期合刊。

孙良明:《汉语词法研究中的几个问题》,《人文杂志》1959 年第 5 期。

赵振铎:《虚词不能归入基本词汇吗》,《人文杂志》1959 第 3 期。

郑奠:《汉语词汇史随笔》,《中国语文》1959—1961 年各期。

郑林曦:《试论成词的客观法则》,《中国语文》1959 年第 9 期。

薄鸣：《谈词义和概念的关系问题》，《中国语文》1961 年第
　　8 期。

岑麒祥：《论词义的性质及其与概念的关系》，《中国语文》1961
　　年第 5 期。

黄景欣：《试论词汇学中的几个问题》，《中国语文》1961 年第
　　3 期。

石安石：《关于词义与概念》，《中国语文》1961 年第 8 期。

殷焕先：《谈词语书面形式的规范》，《中国语文》1962 年第
　　6 期。

陈建民：《现代汉语里的简称——附论统称和词语的减缩》，《中
　　国语文》1963 年第 4 期。

吕叔湘：《现代汉语单双音节问题初探》，《中国语文》1963 年第
　　1 期。

王维贤：《也谈词义和概念的关系》，《浙江学刊》1963 年第 4 期。

张弓：《现代汉语同义词的几个问题》，《河北大学学报》（哲学
　　社会科学版）1964 年第 1 期。

郭良夫：《汉语词汇规范问题》，《语文研究》1981 年第 2 期。

李行健：《概念意义和一般词义——从"国家"的词义是什么说
　　起》，《辞书研究》1981 年第 2 期。

李行健：《从"救火"谈释词》，《辞书研究》1981 年第 4 期。

王勤：《略论现代汉语中的古语词》，《湘潭大学学报》（哲学社
　　会科学版）1981 第 1 期。

殷孟伦：《谈谈汉语词汇研究的断代问题》，《文史哲》1981 年第
　　2 期。

张永言：《关于词的"内部形式"》，《语言研究》1981 年创刊号。

戴昭铭：《一种特殊结构的名词》，《复旦学报》1982 年第 6 期。

贾彦德：《语义场内词义间的几种聚合关系》，《新疆大学学报》
　　1982 年第 1 期。

宋永培、苏宝荣：《注重民族特点，坚持汉语词汇形、音、义的

综合研究》，《四川师范大学学报》1982 年第 4 期。

王振昆、谢文庆：《反义词的义素分析》，《天津师院学报》1982 年第 3 期。

周祖谟：《现代汉语词汇的研究》，《语文研究》1982 年第 2 期。

符准青：《表动作行为的词的意义分析》，《北京大学学报》1982 年第 3 期。

石安石、詹人凤：《反义词聚的共性、类别及不均衡性》，《语言学论丛》第十辑，商务印书馆 1983 年版。

刘叔新：《汉语复合词内部形式的特点与类别》，《中国语文》1985 年第 3 期。

常敬宇：《语境和语义》，《汉语研究》第一辑，南开大学出版社 1986 年版。

林万菁：《论同义同素异序双音词》，《学术论文集刊》第 2 集，1987。

吕冀平、戴昭铭、张家骅：《惯用语的划界和释义问题》，《中国语文》1987 年第 6 期。

孙雍长：《论词义变化的社会因素》，《湖南师范大学社会科学学报》1987 年第 4 期。

王绍新：《谈汉语复合词内部的语义构成》，《语言教学与研究》1987 年第 3 期。

沈孟璎：《修辞方式的渗入与新词语的创造》，《山东大学学报》1988 年第 3 期。

张志公：《语汇重要，语汇难》，《中国语文》1988 年第 1 期。

赵克勤：《论新词语》，《语文研究》1988 年第 2 期。

何九盈：《词义琐谈》，《古汉语研究》1989 年第 3 期。

蒋绍愚：《关于汉语词汇系统及其发展变化的几点想法》，《中国语文》1989 年第 1 期。

孙雍长：《论词义变化的语言因素》，《湖南师范大学社会科学学报》1989 年第 5 期。

许威汉：《论汉语词汇体系》，《古汉语研究》1989年第4期。

张永言：《汉语外来词杂谈》，《语言教学与研究》1989年第
　　　2期。

刘叔新：《复合词结构的词汇属性——兼论语法学、词汇学同构
　　　词法的关系》，《中国语文》1990年第4期。

史有为：《外来词研究的十个方面》，《语文研究》1991年第
　　　1期。

周光庆：《汉语词义结构的新思考》，《荆州师专学报》1991年第
　　　3期。

曹聪孙：《汉语隐语说略：一种语言变异现象的分析》，《中国语
　　　文》1992年第1期。

程荣：《试谈词语缩略》，《语文建设》1992年第7期。

贾彦德：《语义研究的发展》，《语文建设》1992年第3期。

苏新春：《论汉语词义中的深层义》，《广州师院学报》1992年第
　　　4期。

张联荣：《词义引申中的遗传义素》，《北京大学学报》1992年第
　　　4期。

周光庆：《汉语词义引申中的文化心理》，《华中师范大学学报》
　　　1992年第5期。

常敬宇：《汉文化与现代汉语词汇的关系》，《汉语言文化研究》
　　　第三辑，南开大学出版社1993年版。

应雨田：《比喻型词语的类型及释义》，《中国语文》1993年第
　　　4期。

伍铁平：《论词义、词的客观所指和构词理据——语义学中命名
　　　理论的一章》，《现代外语》1994年第1期。

孙良明：《漫谈现代汉语词汇的现代化研究继承古代训诂学材料
　　　问题》，《词汇学新研究》，语文出版社1995年版。

王宁：《汉语词源的探求与阐释》，《中国社会科学》1995年第
　　　2期。

周荐:《复合词构成的语素选择》,《中国语言学报》1995 年第 7 期。

周洪波:《新词语的预测》,《语言文字应用》1996 年第 2 期。

徐耀民:《成语的划界、定型和释义问题》,《中国语文》1997 年第 1 期。

郑远汉:《论词内反义对立》,《中国语文》1997 年第 5 期。

周荐:《异名同实词语研究》,《中国语文》1997 年第 4 期。

符准青:《同义词研究的几个问题》,《中国语文》2000 年第 3 期。

# 葛本仪文集

山东大学中文专刊

第三册

语言学概论
语言学概论（修订本）

社会科学文献出版社
SOCIAL SCIENCES ACADEMIC PRESS (CHINA)

# 本册目录

## 语言学概论

## 语言学概论（修订本）

# 语言学概论

# 作者说明

1955 年我毕业从教后接受的第一个教学任务，就是准备两年后为中文系学生开设"语言学概论"课。当时各学校开设此课的很少，我对此课也一无所知，面对当时唯一的参考材料——苏联学者的《语言学概论》中译本，我只有努力学习了。

经过一番学习之后，我了解到"语言学概论"课是普通语言学的基础理论课，也是中文系学生教学计划中不可缺少的重要课程之一。了解了它的教学目的和基本内容之后，我开始边学习边写作讲稿，以苏联学者的书为样本，我又尽量融进了汉、英、俄、日、韩等五种语言文字的特点，以我自己懂了学生才能懂为原则，边写边改，最终写完了自己的讲稿。1957 年我正式讲授"语言学概论"课，让我没想到的是我的课竟然受到了学生的欢迎和好评，这给了我信心和力量，从此我成了校内外讲授语言学概论课的"专业户"，年年修改讲稿，年年讲，一直讲到 1983 年。

1988 年中国恢复了自学考试制度，我受山东教育学院的邀请，用电视教学的方式为全省几千名自学考试的学生讲授"语言学概论"课，没想到的是，学生听完课后，要求印发讲义的信件竟像雪片一样铺天盖地而来。临近考试，时间紧迫，为了让学生们能顺利进行考试，我只好找来了七个青年教师和研究生，加上我共八人，每人一章，将我的讲稿和电视讲课内容加以整理，当时我就宣布，凡参加整理的人都是该书的编者，我自己是主编。

我们的进度很快，三个月后就把书发到了自学考试者的手里。该书由山东大学出版社出版，这就是《语言学概论》的初版本。

另一个没想到的事情是：初版本出版后，全国多所高校都到山东大学出版社来联系和订购，山东大学出版社从1988年到2018年已出版该书三十一年，现在我们和山东大学出版社的合同仍在继续中。

该书出版后，由于社会的需要，我们在原观点不变的情况下，又增加了两位编者，进行了力所能及的修订，修订本于1999年出版。当然，由于修订本又融入了编者的补充，内容和初版本相比更加丰满了。①

2018 年 12 月 19 日

---

① 2007年8月台湾五南图书出版股份有限公司出版了繁体版《语言学概论》（2017年8月出版了第二版），其内容与1999年山东大学出版社出版的《语言学概论》（修订本）一致，故本文集未予收录，仅在彩页中呈现第二版书影。——编者注

# 《语言学概论》编委会

主　编　葛本仪

编　者　(以姓氏笔画为序)

王新华　冯　炜　刘中富　杨振兰

张树铮　陈光苏　盛玉麒　葛本仪

# 前　言

　　"语言学概论"课是大学中文系的基础课程。该课不但要让学生了解掌握语言理论方面的基础知识，还要引导他们理论联系实际，掌握一定的分析和解决语言问题的能力，该课程理论性强，学生学习前接触的这方面的问题也比较少，因此学习时总感到有一定的难度。鉴于这种情况，山东大学中文系"语言学概论"教学组的同志们为了搞好该课的教学工作，在教学过程中，对教材内容、讲授方法，都进行了不同程度的研讨和探索。我们认为，一、"语言学概论"作为语言学的基础理论课程，必须对语言学的基础理论和知识作系统、全面的讲授，同时，必须注意与"普通语言学"课和"现代汉语"课的联系与分工。"语言学概论"课的任务就在于科学性和实用性相结合，在学以致用的原则指导下，让学生了解和掌握语言学的基础理论知识。二、必须理论联系实际。第一，语言理论必须和语言实际相结合，让学生能体会到这些理论都是来源于实践同时能够指导实践的。第二，必须结合学生的实际，即把教学要求和学生的知识水平、学用情况结合起来。第三，要结合我国实际，特别要和对汉语的研究、汉语的实际应用结合起来，不能生搬硬套国外的语言理论。三、要注意运用由浅入深、由简到繁、由点到面的讲授方法，逐渐把学生们引到这一学科领域中来。基于这样的认识，我们编写了该教材，我们力求以上观点和做法能够在该教材中有所体现。

　　该教材原定于1989年完稿，现由于山东省教育学院音像班中文专业同学急需，提前匆忙成稿，纰漏之处在所难免。希望大家不吝提出意见，以备我们修订时参考。

编　者

1988 年 10 月

# 目　录

# 第一章 导论

## 第一节 什么是语言学

### 一 语言学是专门研究语言的科学

每门学科都有它所研究的对象，语言学的研究对象就是人类的语言。语言学的任务是要从理论上阐释语言的性质、结构和功能，通过考察语言及其应用的现象，来揭示语言存在和发展的规律。

语言学的理论可以帮助人们科学地认识语言和掌握语言，可以指导学者们进行语言方面的研究。大家知道，每一个正常的人都会说话，都要与人交谈，人们能够程度不同地掌握一种甚至几种语言，这是人的社会属性所决定的。可是，能够熟练地使用一种语言，并不等于对语言有了理性的认识。一个人汉语普通话说得很好，但可能对普通话的音位体系一无所知。经过有意识的学习和科学的训练，能使用数种语言进行交际的人，也不见得都是语言学家。因为使用具体语言的实践活动与关于语言的科学研究是有区别的。然而，语言学研究必须以对语言的感性认识为基础。我们无法想象一个不会使用汉语、根本不了解汉语的人可以对汉语进行科学的研究。

语言学是怎样建立起来的呢？

作为一门独立的学科，语言学的建立是经历了一个长期发展过程的。并且，今天的语言学理论和方法仍在不断发展着。对此，我们应该有一个大概的了解。

语言是和人类社会一起产生的，所以，人们对语言问题的关注与思考从很早就开始了。仅从流传下来的历史文献看，早在公元前四世纪至公元前三世纪，古代印度和希腊的学者就开始研究具体语言的某些语法问题了。波尼尼（Panini）对古梵语语法的研究，亚里士多德、特拉克斯（D. Trax）等关于古希腊语的语法理论和研究，都取得了极高的成就。在中国，先秦时代的学者关于语言文字的研究已有了比较高的水平，荀子、孟子关于语言现象、语言本质的论述是相当精辟的。但是，这个时期的语言研究或者是为经典著作作注释而进行的，或者是在阐释哲学思想时涉及语言问题的，就是说，语言学作为一门独立的科学还未形成。此后，中国逐渐形成了以考释和研究字形、字义、字音为主的"小学"传统。"小学"有着世代相传的、独具特色的治学方法，在清代乾嘉年间发展到了顶峰。在西方，十八世纪以前的语言研究主要也是围绕古代文献展开的。上述阶段的语言研究，从对象到方法都不同于后来的作为独立的科学的语言学，所以被认为属于前语言学阶段，一般称为"语文学"。

正当中国的由文字学、训诂学和音韵学组成的传统"小学"空前繁荣的时期，欧洲的一些语言学者从十八世纪下半叶开始采用历史的和比较的方法探究语言的来源和语言间的亲属关系，从而产生了历史比较语言学。后来，语言学的各个分支逐渐形成，理论体系逐渐建立，到了十九世纪上半叶，语言学才成为一门独立的科学。仅就语言研究和语言学说的发展轨迹来看，语言学产生于西方的语文学。这一发展阶段的完成，与欧洲文艺复兴运动带来的文化和思想领域的大解放、大变革，以及由此推进的各门学科不断独立与分化的大发展有着密不可分的联系。从社会的、历史的角度看，语言学的产生也是受一定的社会历史条件制约的，是随着资本主义经济的形成和发展而产生的。

十九世纪以来，语言学的发展经历了若干阶段，产生了许多流派。起初，历史比较语言学是以发现不同语言之间的亲属关系、探讨它们的联系与发展规律为特征的，有不少语言学家醉心于构拟原始语言。历史比较语言学把"事物的普遍联系与发展"的观点引入语言科学，开阔了人们的视野；但是，它也暴露了许多局限性，它过分偏重于历时的语言研究，而忽视了共时分析，使关于语言的结构描写与系统考察成为薄弱环节。随后产生的结构主义语言学，在对语言结构的研究中取得了大幅度的进展。结构主义语言学的创始人索绪尔做出了伟大的贡献。结构主义语言学认为：第一，每种语言都有其特有的关系结构；第二，每种语言的个别单位都不是孤立的，而是在跟其他单位的区别、对立中存在的。结构主义语言学为客观精确地描写共时状态的语言提供了理论根据和方法。索绪尔之后，结构主义语言学的重心转移到了美国，代表人物有布龙菲尔德等。布龙菲尔德之后，美国的结构主义语言学产生了不少流派。到了二十世纪中叶，随着信息科学的发展和数理逻辑作为工具在各个领域中的广泛应用，以及计算机技术的推广，以乔姆斯基为代表的转换生成语言学派诞生了，通常以1957年《句法结构》的发表为标志。这是一场波及各国语言学领域的革命，并且蔓延到了数学、社会学、哲学、心理学、神经生理学、计算机科学等广大领域。乔姆斯基把语言结构分成了深层结构和表层结构。他认为语言学应该研究的是人的语言能力，他假设人有一种言语机制，并可以用数学模式来推导。近年来，社会语言学和语用学得到了迅猛发展，其共同特点是更多地联系社会来研究语言的性质与功能。目前这方面的研究方兴未艾，正不断地推出新的研究课题。

　　上述关于语言学历史发展的介绍，只是单线的、轮廓式的；而语言学本身又往往是多学派并存、横向和纵向结合发展的。

## 二　语言学的分类

　　语言学是研究人类语言的科学，研究的对象似乎很单纯，实际涉及的现象却相当浩繁。在语言学的发展过程中，内部不断出现分支。我们可从不同的角度分出许多类别。

从具体研究对象看，可分为个别语言学和普通语言学。个别语言学以某一种语言或方言，或者某一种语言或方言的一部分为研究对象。如对汉语的研究，形成汉语语言学，对俄语语音的研究，可称为俄语语音学。普通语言学是以人类自然语言为研究对象的，探索人类各种语言共有的性质、结构与功能，揭示各种语言的普遍规律。

从时段分，有共时语言学和历时语言学。共时语言学是以语言历史发展中某一个阶段为横断面进行剖析的。例如现代汉语、古代汉语都是共时语言学。历时语言学是以语言发展的历史为对象，研究语言在不同历史阶段上的演变情况的，如对拉丁语历史的研究、对汉语音韵学史的研究、对人类语言发展趋向的研究等。

从研究的方法看，可有比较语言学和描写语言学两种类别。比较语言学可以是一种或几种语言的历时比较研究，亦可是若干语言或方言、若干语族之间的共时比较研究，比如英汉语法比较研究等。所谓描写语言学是以对语言的某一共时断面的相对静止状态为分析描述重点的。

从语言学的内部分科看，可分出语音学、词汇学、语法学、修辞学、语义学等，还可把对记录语言的符号的研究称为文字学。

以上简述的语言学类别，只是相对的、从不同角度进行的分类。在实际的研究应用之中，一般是相互交叉的。

## 第二节　语言学的功用与地位

### 一　语言学的作用

语言学理论是经过对语言的分析研究而形成的对语言性质、功能、结构的系统认识。理论的作用在于指导实践，语言学的作用就体现在以下几点。

第一，指导我们学习语言、运用语言和研究语言。在学习一门新的语言时，语言学理论可帮助人们掌握规律、举一反三、触类旁通。即使对于已经熟练掌握了的语言，人们在应用时，仍有使用效果和水平上的高下。语言学理论可指导人们精确、恰当地发出或选择接收言语信息。比如，语义的民族性特点是语言学理论告诉我们的，如果我们不懂得或忽视了这一点，就会造成言语信息选择上的失误。此外，若对语言进行科学研究，也必须具备理性的观点和正确的方法，而所有这些，都是语言学理论提供的。

第二，提高对语言作品的分析和鉴赏能力。高尔基说过："文学的第一要素是语言。"语言学可帮助人们在较高层次上来理解文学作品。譬如杜甫的《登高》诗："风急天高猿啸哀，渚清沙白鸟飞回。无边落木萧萧下，不尽长江滚滚来。"用现代汉语来读，"回"与"来"本应押韵的两个字不押韵了，影响了对作品形式美的欣赏。而语言学理论告诉我们，语言及其构成要素是不断发展变化的，唐代的汉语语音一定跟今天的不同；汉语音韵学又告诉我们，隋唐时"回""来"二字都属于平水灰韵，是押韵的。

第三，有利于各项语文政策的制定和推行。在当代中国，推广普通话和汉语规范化的任务是很艰巨的。对于普通话为何要以北京音为标准、怎样逐步推广，以及汉语规范化的标准是什么等问题，语言学理论均已作出了说明。制定语言政策，必须以语言的内在规律为依据。离开语言学理论的指导，这方面的工作就无法进行。

第四，有利于科学技术的现代化。语言作为传递信息最重要的载体，随着科学技术的现代化，正发挥着越来越重要的作用。计算机对自然语言的处理，已成为全球最热门的课题之一；要在这方面有所开拓、有所进步，有赖于语言学研究提供理论指导和科学方法。

## 二　语言学同其他学科的关系

语言学与其他多种学科有着密切的联系。它有着广阔的应用天地。

语言学与文学的关系是众所周知的，不管是小说、诗歌还是散文，都是运用一定的语言材料来表达的。作品中词语和修辞手段的运用、作品风格、诗词韵律等，莫不与语言学息息相关。

历史学和考古学的研究，常常是从语言材料提供的信息着手的。十九世纪美国历史学家、民族学家摩尔根便是从分析荷马史诗《伊利亚特》的语汇中发现了许多"重要事迹"的，中国古代留下的文字材料，为研究古代中国的历史、文化和经济发展状况提供了丰富而珍贵的资料。而这些材料的开发利用，又离不开语言学家辛勤的劳动。

在文化学研究中，语言的作用也是很明显的。比如对汉语的一些语词进行研究，可发现汉民族的许多独特的文化现象。汉族人重视区别同一辈分的不同年龄的亲属关系，所以"哥哥""弟弟"这组词的意义是明确的、相互对应的；英吉利民族却不太重视这种区别，因此"brother"（兄弟）一词就无须反映年龄关系。汉族人较之英吉利人更重视父系与母系亲属的区别，所以父亲的兄弟谓之"伯""叔"，母亲的兄弟称为"舅"，而英语中只有"uncle"一词代表上述三个汉语称谓词。再如，汉语中的一些成语、俗语也反映了汉民族传统的伦理观念和民族意识，像"光宗耀祖""衣锦还乡""不孝有三、无后为大"等。

现代心理学认为，语言是调节高级心理过程的工具。比如，研究儿童的有意识活动的心理过程，研究人的语言的外部指令及外部言语怎样内化成内部言语的，等等。这些既是心理学的课题，也是语言学研究的重要方面。心理学与语言学的交叉，差不多从心理学建立之日就开始了。

　　新兴的科学技术的发展，扩大了语言学的应用范围，如语言学与信息论的关系，人工语言在电子计算机中的应用等。语言学的作用，已经超出其原有的边界，正像瑞士伟大学者皮亚杰所说，"语言学是一门领先科学"。

## 思 考 题

一、什么是语言学？

二、为什么要学语言学？

三、语言学和其他学科的关系如何？

# 第二章　语言的本质

## 第一节　语言是一种符号系统

### 一　语言是一种音义结合的符号

1. 什么是符号

符号就是记号。符号是一种物质的、可感知的对象，它在认识和交际的过程中充当另一个对象的代表，其作用是被用来获得、储存和传达关于它所代表的对象的信息。

社会生活中，人们使用的符号是多种多样的，人们对符号的理解也有广义与狭义的不同。狭义的理解，指人们日常交际和思维中所使用的口头的或书面的语言符号，主要包括自然语言符号和人工语言符号。人工语言符号指某些学科所使用的、为了特别的需要而制造的符号。如数学中的"＋、－、×、÷"，书写符号中的标点符号，等等。广义的符号是指在人们认识和了解对象的过程中能够传达信息的一切媒介物。它包括上述狭义的符号，还包括人们通过约定而赋予意义的一切符号，如红绿灯、旗语、信号树、帽徽等。

尽管符号庞杂纷繁，但它们有着共同的、根本性的特点。概括起来有以下几点。

（1）客观性

每一个符号都必须表示一定的客观事物，客观事物是符号产生的客观基础。符号所表示的客观事物可以是真实的，也可以是非真实的；可以是具体的，也可以是抽象的。如"树""桌子"这些词表示的客观事物是具体实在的，"精神""科学"则表示抽象的事物和现象。还有些符号是表示客观世界中不存在的，而在人们的意识中或想象中可以产生的事物或现象，如"神""鬼""天堂"等。

（2）物质性

任何符号都必须具备一定的物质形式，即符号必须有物质外壳。有声语言中的符号单位，都有其物质的声音形式；书面的符号都有其物质的图形与笔画形式。正是因为符号具有一定的物质形式，所以，人们接受它们、传递它们、分辨它们才有可能。有的符号虽在一个物质形式中代表了多个意义内容，即属于多义的符号，但在具体环境中又呈现单义性，因此不会在传播的过程中引起误解。

（3）具有意义内容

符号的作用是代表一个对象，关于一个对象的信息就是符号的内容。符号是信息的载体，信息是符号的内容。对于某个事物或现象，如果人们赋予它意义，并且相互约定，那么它就负载着信息内容，它就是符号。否则，就不是符号。总之，凡是符号，都有某个群体中人们共识的意义内容；不具备这一特点的任何事物或现象都不是符号。

（4）约定性

符号有其物质形式，也有其意义内容，要表示特定的事物、现象、属性等。那么，某一形式是怎样与某一内容相结合的呢？某一形式为什么要与某一内容相结合呢？这要依靠使用符号的人的约定。交通信号灯的红灯表示"停"，绿灯表示"行"，它们本没有必然的内在联系，人们这样约定了，大家懂得它们的含义了，红灯、绿灯也就成为符号了。通常符号一经约定，就具有一定的稳固性。特别是大家常用的符号，必须具备稳固性特点，否则，朝令夕改，就失去了人们约定的意义内容，也就失去了作为符号的资格。在特殊情况下，也有不断更改形式或内容的符号，但它必须以约定性为前提。若是某个人打算随意改变符号的内容与形式，只会造出没有约定性和稳固性的、绝不是符号的一些东西。

### 2. 语言是音义结合的符号

语言无疑是一种符号，它靠声音形式和意义内容的结合表示客观外界、社会生活和精神领域中的事物、现象、性质、关系等。汉语普通话中，rén（人）的声音形式就表达了"有语言，有抽象思维，能制造工具并能使用工具进行劳动的动物"这一意义内容。当某种声音指称某种事物时，该事物本身的特点就赋予该声音以意义，从而形成一种音义结合体。所以，语言是一种音义结合的符号。

### 3. 语言符号的特点

语言符号是人类使用的最重要的一种符号。它的特点如下。

#### （1）任意性

语言符号的声音形式和意义内容的结合是任意的，二者间没有必然的联系。尤其在语言形成之初，什么声音表示什么意义，没有也不需要有道理可讲。所以，汉语用"shū"（书）表示"成本的著作"，而英语用"book"（书）来表示，都是合理的。语言的形式与内容的约定是任意的，所以汉语和英语在它们各自的源头上就是不同的。正像一句名言所讲的：如果一开始把黑色的叫作白，把南称作北，那也都是正确的。

#### （2）线条性

所谓线条性，指的是语言符号在使用过程中，是以线条形式出现的。日常交际中，人们无论是听还是说，无论是写还是读，都必须有秩序地将符号单位逐次排列，才能实现语言符号的价值。语言符号不能像作为奥运会标志的"五环旗"那样，以整体面貌出现在大家的面前。

（3）稳定性

上面我们已提到符号有稳固性的特点。如果说语言以外的符号一般具有形式与意义相结合的稳固性特点的话，那么，语言符号必须具备稳定性的特征。这是因为，一种语言是一个民族的全体成员世世代代共同使用的交际工具，经常的、突然的变化是使用这一语言的全社会成员所不允许的。大家可以试想一下，若是语言符号不具备稳定性，那么，这本正在被大家读着的语言学教材将成为无人知晓的天书。

（4）发展性

从历时的角度看，语言的稳定性是相对的，语言的发展演变则是绝对的。辩证唯物主义认为，世界万物都在不断发展变化着，语言自然不能例外。语言是人类社会的产物，因而是随社会的变化而演变的。语言发展演变的速度也是与社会的需要相适应的。这决定了语言不能突变，又不能不变的特点。语言的发展通常是在不同时代的比较中，才能觉察到的。

语言的稳定性和语言的发展性是辩证统一的关系，是分别从共时与历时两个不同角度来观察研究的结果。

（5）生成性

所谓生成性是指语言符号是一个开放的系统，它可以用有限的语言模式生成无限的语言成分和言语成分。如语言符号的词"红旗"是个偏正式词语，用这种偏正式的模式可以生成大量的语言成分，如"白菜""清水""伟大的学者""新买来的书"……认识语言符号的生成性特点，对于正确地把握语言构造的本质极为重要。任何一种语言的结构规则和使用规则都是有限的，但它可以生成无限的语言成分和无穷的言语作品。

语言所具有的特点绝不仅上述五点，这里只是择其要点而介绍。上述特点也不全是语言符号所独有，不少非语言符号可能具备其中某些方面，而语言符号同时具备上述全部特点。这足以描绘出语言符号的个性。

## 二　语言是一个符号系统

### 1. 什么是系统

系统是指许多元素有机结合而能执行特定功能、达到特定目的的体系。这里至少涉及了三个要素，即系统的元素、系统的功能与系统的秩序。

语言是一个深奥、复杂的体系。它具备了系统的三个要素，毫无疑问是一个系统。语言系统的功能将在以后的章节中讲到，这里先讲解语言系统的元素和秩序。

### 2. 语言系统的构成元素

我们可以从三个层面来考察语言系统的元素。从声音形式来看，它有音素、音位、音节等元素；从意义内容看，它有义素、词义、句义以及数、性、格、时、体、态、式等两类元素；从音义结合体的层面看，有语素、词、词组、句子、句群等元素。这些元素按一定的秩序组织起来，就形成了语言系统。

### 3. 语言系统的秩序

语言系统的秩序，体现了其内部的各种关系与规则。其中最重要的是层级关系、组合关系和聚合关系。

### （1）层级关系

语言结构要素的各个单位，在语言系统中不是处在一个平面上，而是分属不同的层和级。语言学界对层级关系有两种理解。一是认为小的语言单位构成大的语言单位时，原来的小单位是一个层级，由小单位直接构成的大单位又是一个较高的层级。如语素构成词、词构成句子，就形成了语素层级、词层级和句层级。二是把层级关系首先分成底层和上层，层之中（尤其在上层中）再分出不同的级。这样分析层级的结果是，底层包括音位、音节等形式方面，上层包括语素（第一级）、词（第二级）、句子（第三级）。这两种认识有一个共同点，即依据语言单位的结构，分别划定它们由小单位构成大单位，或由大单位包含小单位的不同层次和级别。

（2）组合关系

某一语言成分在言语中总要与其他成分相联接。可以相互联接的语言成分之间存在着组合关系。如"他＋们"是一种组合，"数词＋量词＋名词"也是一种组合。语言中的每一种成分都有特定的组合关系。

（3）聚合关系

处于同一个层级上的语言单位，由于具有共同的特点，就可以成为一种类别，这一类别中的各成分之间具有聚合关系。如"树""钢笔""排球""收音机""大学生"……可构成名词的聚合体，这些词之间在这个意义上存在聚合关系。有些词只有一个意义，从而可以构成单义词的聚合体。它们在单义词的聚合体中，彼此间都存在着聚合关系。总之，语言中每一种成分都存在于一定的聚合体当中，因此，各成分间都具有聚合关系。

综上所述，语言成分都存在于一定的层级关系、组合关系和聚合关系之中。如果我们把语言比作一架机器，那么这架机器就是依靠这三种关系来组织和运转的。语言符号的层级关系、组合关系和聚合关系使得庞杂的语言成分和规则，成为一个有章可循的系统。它们构成了语言符号体系的最重要的秩序。

4. 语言符号系统的子系统

一个庞大的系统，通常是由若干子系统构成的。通常所讲的语言的构成要素——语音、语义、词汇和语法，就是语言系统中的子系统。它们自成体系又相互制约。语音是语言的物质外壳，它自身又是个极严整的系统。它含有构成系统的元素，也具有层级关系、组合关系和聚合关系等秩序。同时语音作为一种形式，离开了其内容——语义，便无法存在。语言和语义相互依存，又相互制约。此外，作为语言建筑材料的词汇、作为语言成分结构规则的语法，也都各自是语言系统中的一个子系统。

## 第二节　语言是人类最重要的交际工具

语言是作为人类的交际工具服务于社会的。列宁指出："语言是人类最重要的交际工具。"这句话概括而精确地揭示了语言的本质。

### 一　语言是交际工具，具有交际功能

语言是应人类的交际需要而产生的，它的首要功能是用来沟通信息、交流思想。说话者通过语言这种工具发送信息，听话者也通过语言这种工具接收信息，从而达到交流思想和相互了解的目的。

在社会生活中，这种思想交流是极为必要的，也是大量存在的。没有这种交流活动，社会活动和社会生产将无法进行。因此，正常的社会生活，离不开社会交际活动，社会交际活动又要依靠语言这种交际工具来进行。语言就是作为交际工具，以其交际功能为社会服务的。

正确地认识语言的交际功能，还应注意两点。其一，使用语言进行的交际活动是说者和听者双方相互配合的活动，而不单是说者或听者一方面的事。其二，交际功能是语言的基本社会功能。语言还有其他的功能，如作为思维工具的功能、调节情绪的功能等。但它们都是交际功能的派生物。如果语言失去了交际功能，别的功能亦不复存在了。

### 二　语言是最重要的交际工具

语言是交际工具，但不是人类唯一的交际工具。人类社会现有的交际工具还有许多，如电报代码、红绿灯、数理公式等，它们都具有一定的交际作用。然而，所有非语言交际工具，在社会传播活动中的重要作用远不能与语言相比。这是因为，第一，非

语言交际工具无论是在交际的深度还是广度上，都无法与语言相比。它们要受到较多的条件限制，只能作为语言的辅助工具出现。当然，这并不是说语言可以替代非语言交际工具。第二，所有的非语言交际工具能起交际作用，都是以语言的约定为前提的。从这个意义上说，非语言交际工具都是在语言的基础上产生的，都是语言的代用品。在公海上，不同国籍的船只相遇之后打旗语进行交际，双方都能明白，是因为事先就用语言约定好了。

## 三 语言是人类特有的交际工具

所有的人类社会都有其使用的语言。人类以外的动物群体，即使最先进的类人猿，也没有语言学意义上的语言。我们不能否认，人以外的动物也有交际工具，它们相互间也要表达某些意思；但是，它们的声音是含混的，声音的数量也极有限，能表达的意思是简单的。更重要的是，动物的交际像它们的呼吸、吃食一样，是本能的。人类是在社会生活中学会语言的，人类的语言是社会约定俗成的、音义结合的符号系统，人类使用语言进行交际绝不是本能的。美国学者海斯夫妇曾专心训练过一只小猩猩，经他们多年努力，它却只"学会"了四个单词，并且发音不清。

人类语言的许多基本特点，是动物的交际工具所不具备的。比如，①人类语言相当明晰，语言内部各单位的界限与联接都很清楚。动物的交际工具大都分不清内部结构单位。②人类语言是由音义结合而构成的符号系统，由语音、语义、词汇、语法等内部成分有机结合而成；依照一定的秩序，语言材料有着无限的生成性。尽管现代科学对动物交际行为的研究还有待进一步开拓和深入，但从现有的结论看，动物的交际工具尚不具备上述特征。③人类语言可以被传授。任何一个正常的人都可以学会人类的一种或几种语言。动物使用交际工具的能力是与遗传有关的一种本能。所以动物的交际工具不具备可被传授的特点。

有些动物（如鹦鹉），可以模仿人说话的声音，但是它们不解其意，也不是用来交际。这种现象并不意味着动物掌握了语言。

## 第三节　语言是思维的工具

语言与思维有着密切的联系，这是人们早已达成共识的问题。但是，二者关系究竟如何，还是个有争议的课题。

### 一　思维及其类型

1. 什么是思维

思维是人脑反映客观现实的机能和过程。人们平日思考问题的活动，便是思维活动，思维的结果是形成观点和思想。

2. 思维活动的主要类型

（1）逻辑思维

这是运用逻辑形式来进行的思维活动。客观事物本质的特征和规律性联系表现在概念、判断、推理之中。这种思维形式是要以语言为工具的，从形成概念到完成判断、推理的过程必须借助语言的材料来实现。

（2）形象思维

这是指在意识活动中，唤起表象并对表象进行选择性加工、改造的一种思维类型。文学艺术家在创造艺术形象的过程中，经常运用形象思维；篮球教练员在设计比赛方案时，也要在想象中借助表象来分析赛场上的情形……形象思维在生活中是极重要的思维类型。

（3）顿悟思维（也叫灵感思维或直觉思维）

这是一种在潜意识中长期积累，又在不知不觉中突然发生和完成的思维活动。现在对这种思维形式的机理研究得还不够充分，但它的存在是毫无疑问的。科学家为解决某一难题，可能历经数年的冥思苦索而无结果，在无意间却恍然大悟、思潮如涌。

这属于顿悟思维的活动。

在人们的实际工作与生活中，思维活动的几种形式总是相互交叉进行的，思想也往往是借助几种思维类型的相互补充使用而形成的。

## 二 语言与思维的关系

无论何种思维形式，都体现着人类最重要的能力——思维能力，它们不可能与人类最重要的交际工具无关。从现在的研究成果看，语言与逻辑思维的关系最密切、最明显，也最直接。这是因为：

第一，逻辑思维要以语言为工具。这一点早已被科学的实验所证实。人类的语言活动与大脑左半球的一些部位相关联，而控制语言活动的大脑左半球正掌管着逻辑思维的活动。一个大脑左半球出了问题的病人，在语言能力方面和逻辑思维能力方面会同时产生障碍。语言中的词是逻辑思维的材料，语法规则是逻辑思维的程序。

第二，语言中的词和句子等的意义内容是由逻辑思维赋予的，语言所具有的层级关系、组合关系与聚合关系是跟逻辑思维的活动模式相契合的。比如汉语中"树"这个词的意义，概括了全部的木本植物。这一概括活动是由逻辑思维完成的。

一言以蔽之，语言与逻辑思维是相互依存的。二者各以对方为存在的前提。这一结论是就语言与逻辑思维关系的本质而言的，二者之间琐碎而具体不相对应的现象，或者语言与思维孰先孰后的问题，都不是这里要讨论的问题。

## 三 语言与思维的区别

上面我们强调了语言与逻辑思维的依存关系，即其统一性。但是，绝不可把语言与逻辑思维混为一谈。因为二者是不同的社会现象，是不同的科学研究对象，它们的功能、范畴和规律都是不同的。将语言与思维割裂开来和把语言与思维混同起来，都是错误的。

作为两种社会现象，语言和逻辑思维的区别是相当明显的。第一，思维是人脑的一种机能，其职能就在于认识客观世界，反映客观世界的规律；语言首先是人类的交际工具，其基本职能是用来沟通思想、传递信息。二者职能不同。第二，思维是人有意识的、能控制的一种认识活动；语言作为逻辑思维的工具可以参与这个活动，但参与这个活动的工具与这个活动自身并非一回事。第三，思维是人类共同所有的，语言也是人类共同所有的；但是，语言有着十分明显的民族性特点，不同民族之间不能用各自的民族语言来沟通。逻辑思维在本质上是没有民族差异的，各民族的人们运用概念进行分析、综合、判断和推理的活动模式及活动过程是基本相同的。所以，不同民族的思想（思维的结果）是可以跨越语言的障碍进行交流的。

## 第四节　语言的性质

从语言的本质方面观察语言的特点，最突出的两个方面就是它的社会性和全民性。

## 一　语言的社会性

语言是一种社会现象。它的产生和存在都与社会有着不可分割的关系，因此，语言具有社会性。对于语言的社会性，可以从以下五个方面来认识。

1. 语言和社会相互依存

从语言、社会和人的产生看，应该说，这三者是互为条件、同时产生的。人在这里起着非常重要的作用。因为只有人才有语言，也只有人才能组成社会。现在我们仅就语言和社会的关系作些说明。

首先，语言依附于社会，随着社会的产生而产生。只有有了社会，才会出现人类，才会产生语言。类人猿没有我们所认为的语言，当类人猿从动物界分化出来变成了人类，形成了人类社会时，人类才具有了抽象思维的能力，真正的语言才产生。

语言不但随社会的产生而产生，也随社会的发展而发展。从汉语的情况看，把古代汉语和现代汉语比较一下，就会发现它们有很大的不同。这就说明汉语是有变化和发展的，而且这种发展情况和汉民族社会的发展有着极为密切的关系。比如，在汉民族历史上畜牧业很发达的时期，汉语中关于畜牧业方面的词语就比较丰富，汉语中表示牲畜的名称就很细致和复杂。如同样是"马"，高七尺的马叫"騋"（lái），高八尺的马叫"駥"（róng）；同样是"牛"，三岁的牛叫"犙"（sān），四岁的牛则叫"牭"（sì）。这都是由当时畜牧业社会的交际需要所决定的。后来，随着汉民族社会在农业、工业以及社会制度等方面的发展，汉语才逐渐地出现了这些方面的词。很明显，像"火车""电灯"等词，在先秦时期肯定是找不到的，同样，像"倒爷""官倒""个体户""电子计算机"等词，在二十世纪五六十年代也是不会出现的。这一切都说明，有什么样的社会情况，在语言中就会出现什么样的反映，语言是随社会的发展而发展的。

语言也随社会的消亡而消亡。当语言依附的社会消失了，语言也会随着消失。这就是语言的消亡。例如我国南北朝时期，曾有一种讲鲜卑语的鲜卑族人组成的社会集体。他们还统治过中国北部，前后达二百余年。当时鲜卑族人曾以鲜卑语为国语。后来鲜卑人逐渐消失，鲜卑语也因不再被人们使用而日趋消亡。可见，语言的产生、发展和消亡都是依附于社会的，没有社会就没有语言。

其次，社会也离不开语言。人类社会从出现的时候起，就以语言为它的存在条件。社会的共同活动要靠语言来协调，社会的生产要靠语言来组织，社会的文化要靠语言来传播，社会的历史要靠语言来记载。一句话，社会的生产和生活，社会的一切活动都离不开语言。斯大林说过："有声语言在人类历史上是帮助人们从动物界划分出来、结合成社会、发展自己的思维、组织社会生产、与自然力量作胜利斗争并达到我们今天所有的进步的力量之一。"[①] 如果"没有全社会都懂得的语言，没有社会组成员共同的语言，社会便会停止生产，便会崩溃，便会无法继续生存"[②]。

2. 语言为社会服务

语言属于社会现象，一般说来，社会现象都是为适应社会发展的需要而产生的。就语言来说，它是为了适应社会的交际需要而产生的。它出现之后，就以其特有的交际功能积极地为社会服务。

3. 语言为社会约定俗成

语言随社会而产生，并存在于社会之中，为社会全体成员所共同使用。每一个社会都有自己的语言。这种语言是由使用它的社会成员共同约定俗成的。每一个社会成员都要使用社会上共同约定的语言，任何人不能随意加以改变。否则，人们就无法进行交际，语言也就失去了充当交际工具的作用。比如"跑旱船"，尽管它是在陆地上进行的一种文艺形式，但由于它以船的形象出现，人们就按照该社会的语言习惯，把它称为"船"，船是在水上行驶的，它却在陆地上活动，因而要加"旱"字予以修饰和限制。尽管如此，不能把"船"改为"车"，因为用"船"表示物体形态，是受社会上约定俗成的语言习惯制约的。

当然，在语言使用过程中也会出现一些变异，在语言学中我们称它为语言变体，但是必须明确，这种变体也是被社会约定俗

---

① 参见［苏］斯大林《马克思主义和语言学问题》，人民出版社 1953 年版，第46 页。

② 参见［苏］斯大林《马克思主义和语言学问题》，人民出版社 1953 年版，第21 页。

成的。这种约定可能有范围或程度的不同，然而必须明确的是，这种变体在某个群体或某些社会成员的范围内，是大家所共同了解的，甚至有的变体已被全社会成员共同认可和使用。如当前部分青年人称"父亲"为"老爷子"；在讲普通话的人中，有的人发音还不够标准等，都是这种变异的表现。事实证明，这些变体在社会上仍能用来进行交际，原因就在于它们已被社会约定俗成了，否则，就缺乏社会性，是不会被人们了解、起不到交际作用，是不能成为语言成分的。

应该明确的是，许多语言成分开始产生时的确是出自个人的创造。因为语言的变化和发展往往是从个人具体运用语言的过程中开始的。应该怎样认识这种现象呢？观察语言实践后发现，这种现象一般表现为两种情况。一种情况是某些个人在具体的语言运用中，根据社会的交际需要，创造出了新的语言成分。这些新的语言成分都是在社会原有的、被约定的语言成分的基础上形成的。它们不但容易被人们理解，而且容易被人们接受和共同使用。这样的成分虽是出自个人的创造，但产生后，就会逐渐被社会承认并约定俗成下来，成为语言的成分，如"洗衣机"一词就是这种情况。"洗衣机"作为语言中的一个名词，是适应社会上表达洗衣机这一新事物的需要而产生的。最初使用它的人，就是在原有语言材料"洗"、"衣"和"机"的基础上，运用社会上共同应用的语法规律创制而成的。"洗衣机"产生之后，很快被社会共同使用和约定俗成下来，所以它就成了真正的语言成分。其他像"走后门"等俗语的形成也是这种情况。它们的产生和发展都是正常的、合理的，因为它们既适应了社会的需要，又被社会共同约定俗成。另一种情况就不同了。有的人在创制新语词时，虽然也以社会上原有的语言成分为基础，但在形式或内容上违背了人们的语言习惯，这些词语不被社会所承认，因而不可能表达信息，用于交际，就不可能成为语言成分。可见，语言是被社会约定俗成的，语言成分的产生离不开社会共同承认的语言材料，其存在更离不开社会成员的共同认可和使用。新产生的成分，尽管开始出自个人创造，但是一旦被社会共同承认和约定俗成下来，就成为真正的语言成分了。

4. 个人语言要受社会制约

人类掌握语言的能力是先天的，然而能否掌握语言、怎样掌握语言、掌握什么样的语言，要受到社会的制约。换句话说，一个人的语言能力转化为掌握语言的现实，完全是由社会决定的。首先，一个正常的人，虽然有掌握语言的能力，但是如果没有人类社会作为前提条件，他仍然不能掌握语言。如过去印度发现的"狼孩"就足以说明这个问题。印度的两个小女孩卡玛拉和阿玛拉，由于从小脱离了人类社会，在狼群中生活，所以她们就不能掌握人类的语言。其次，人们掌握语言，是要通过在社会生活中逐步学习来实现的。只有在社会中生活，才有交际的需要，才会产生学习和掌握语言的需求；只有在社会中生活，才能够接触和了解社会共同约定俗成的语言，才能根据需要逐渐学习和掌握它。所以，只有生活在人类社会中，才能够把掌握语言的能力转化成掌握语言的现实。最后，一个人学习和掌握什么样的语言，也是受他所生活的社会制约的。一个汉族人生活在汉族社会中，毫无疑问，他所学习和掌握的语言就是汉语。同样是一个汉族人，出生后就生活在日本的社会里，那么，他首先学习和掌握的就是日语。一个广东籍的小孩生活在北京，他就会讲一口地道的北京话。一个北京人迁居广东后，也只能逐渐地学习和掌握广东话。这些都说明，一个人掌握和运用什么样的语言，是由他所生活的社会决定的，是要受到社会的制约的。他必须向社会学习语言，否则就无法进行交际，就无法在社会中生活下去。

5. 语言交际是集体性的社会活动

语言交际活动是为了满足社会的交际需要而产生的。没有人类的社会活动，就没有语言的交际活动。因此，语言的交际活动具有社会性。语言交际活动必须在说者和听者之间进行，因此这种活动又具有集体性。所以说，语言交际活动的本质是一种集体性的社会活动。

语言交际活动表现为一个过程。一方面，由于语言的线条性特点，说者说出的内容和听者听到的内容都以线条的形式进行。有时有人只说了半句话，使人无法理解其完整的交际内容，就是以线条形式进行的交际半途而止，未进行到底的缘故。由此可见，说者和听者运用语言进行交际，都表现为一种过程。另一方面，交际活动本身也呈现为几个阶段，因而也形成一种过程。人们一般把交际活动分为五个阶段。第一，说话人想说阶段。即说者在认识客观存在的基础上，通过思维形成思想，同时产生了要表达给听者的愿望。第二，说出阶段。说者把表达的内容，通过自己的发音器官，用语言形式变为现实存在的东西。第三，传送阶段。负载着交际内容的语音，作为一种物质的音波，以空气为媒介传送到听者方面去。第四，接收阶段。即听者通过自己的听觉器官接收到这些音波。第五，完成阶段。听者通过自己对音波所负载的信息内容的理解，知道了说者表达的内容和意图，从而完成了这一交际过程。

可见，语言交际是一个过程。在这一过程中，不仅心理因素、生理因素、物理因素等都起着重要的作用，社会因素更是必不可少的。没有社会因素作基础，没有对社会约定的语言的共同理解，语言交际活动是无法进行的。因此，我们说，语言交际活动是社会活动，具有社会性。

也许有人会说，自言自语就是在个人范围内进行的。对于这一点，我们并不否认，但是自言自语现象绝不能否定语言交际活动的社会性。自言自语也是人们对语言的运用，不过运用语言的说和听两个方面由一个人承担而已。另外，自言自语现象毕竟不是语言交际活动的本质的主要方面，如果语言主要用于自言自语的话，也许社会上就没有必要产生这种交际工具了。

语言是社会现象，它和自然现象有着本质的区别。第一，自然现象都是依附于自然界的，所以它的产生、发展和消亡都不受社会条件的影响。自然现象在人类社会出现之前就已经存在，在人类社会出现之后也仍然按照自身的规律生存和发展。语言的产生、发展和消亡却是完全依附于社会的。第二，自然现象的产生、发展和消亡都是按照其自身规律进行的，对自然界中的所有生物来说，成长和死亡的情况都有其必然性。一个人会从少年、青年发展为老年，植物也可以由种子发芽，而后开花和结果，动物和植物经过一定的生长期之后又必然会出现死亡的结局。语言虽然也有产生、发展和消亡的问题，然而这一切都以社会为依据。第三，自然现象中可以有父子并存、几世同堂的现象，语言却不可能如此。在语言的发展过程中，一种语言的产生就意味着产生了它的那种语言的消亡，新旧语言是不能并存的。第四，自然界的生物都有遗传现象，人生人，虎生虎，桃树的种子长出来的仍然是桃树。但是语言不能遗传，人能遗传的只是掌握语言的能力，是生理现象，不能遗传掌握某种语言的现实。人出生后并没有掌握语言，要掌握语言必须向社会学习。这些都说明，语言是社会现象，具有社会性。

语言不但不是自然现象，也不是个人现象。所谓个人现象，其特点就是仅为个人所有。社会上从未有只属于个人的语言存在。从语言交际活动来看，语言也不可能只属于某个个人。因此，语言不是个人现象。

## 二　语言的全民性

语言由社会约定俗成和使用。这就赋予了它全民性的特点。对这个问题，可以从以下三个方面作进一步的认识。

### 1. 语言为全民创造

语言作为交际工具，是由社会全体成员共同创造的。必须明确，这里所指的社会全体成员，即全民的概念，应该包含纵和横两个方面。所谓纵的方面，即指历史上世世代代的人们；所谓横的方面，即指某个断代社会中的所有成员。语言在社会全体成员中产生，在社会全体成员的共同使用中不断地丰富和发展。语言不断丰富和发展的过程，就是世世代代的社会全体成员不断创造语言的过程，在交际过程中他们不断地把一些新的语言成分补充到语言中来，使整个语言在全体成员的共同创新中得到发展。因此，我们说，语言不是哪一个人创造的，也不是哪一个时代创造的，更不是哪一个阶级创造的。语言是整个社会世世代代的人们共同创造的。

2. 语言为全民使用

全民创造语言的目的是适应社会的交际需要，所以全民创造的语言，又被整个社会世世代代的人们所使用。语言作为社会的集体财富，存在于全民之中，又在全民的共同使用中获得了生命。一种语言一旦不被全民使用，就丧失了存在价值并宣告消亡。所以，有生命的、活的语言，永远生存在全民的共同使用之中。

3. 语言为全民服务

语言被全民创造出来以后，就会一视同仁地为全民服务。不论哪个时代、哪个阶级、哪个阶层或哪个个人，只要使用语言，语言就可以为其交际服务。对使用者来说，有掌握和使用的好坏问题；对语言来说，它对所有使用者都是一视同仁的。社会中这样的事例很多，无论什么人，只要努力学习，很好地掌握语言和运用语言，语言就可以很好地为他服务，完满地表达交际内容，完成交际任务。

由于语言的创造、使用以及它的服务范围等都与全民紧密相连，可以说，离开了社会上的全体成员，就无所谓人类的语言。因此，语言的全民性也是语言的本质属性。

在这里还有必要明确一个问题，即语言虽然具有全民性，但是不同的阶级、阶层和集团对语言会有一定的影响。这种影响主要表现在对词义的理解和词汇的运用上。比如"座山雕"这个专有名词的含义，无产阶级革命者和广大人民群众都认为"座山雕是反动集团中的土匪头子"，但座山雕集团的内部人员认为是"应该对之服从的领导人"。有时不同的阶级、阶层和集团或者其中的一部分人在使用全民语言时，加进一些由本阶级、阶层和集团所创造和使用的成分，如五四时期的知识分子阶层中，有些人就把"小姐""女士"称为"密斯"，把"先生"称为"密斯特"，在读音形式上，表现为某种程度的外语化。又如在民主革命时期，沦陷区人们称伪警察为"黑狗"或"黄狗"。这些词语是在人民群众内部使用的，它反映了人民对伪警察的态度和感情。这些特殊词语的出现和使用，正是满足该阶级、阶层和集团交际需要的结果。在这种词语中，除个别具有秘密性的或者专业性特别强的之外，仍然是为全民所了解的，就是那些具有秘密性和专业性特别强的词语，在阶级、阶层或集团内部也都具有共同约定的性质。因此，阶级、阶层或集团对语言有所影响的问题，并不能影响和否定语言的全民性质。

## 第五节　语言和言语

### 一　语言和言语及两者的关系与区别

在日常生活中，人们也许不注意"语言"和"言语"在意义上的区别，但是在语言学中，"语言"和"言语"是两个完全不同的概念，必须把两者严格区分开来。

1. 什么是言语

我们在前面已讲了语言的问题。语言是一种交际工具和思维工具，这种工具是作为一个符号系统存在的，它具备语音、词汇、语法等方面的要素。语音是它的物质形式，词汇则是由语音、语义结合而成的符号所形成的整体，是承载语言的意义要素的部分，语法是语言的结构规则，这种规则既体现在语言成分之中，也体现在语言的运用之中。就语言来说，它就表现为这些语言成分交流思想的能力，但还不能体现出交流的具体内容。人们交流思想的具体内容是靠言语来表示的。言语就是人们为实现某种交际目的，对语言的具体运用和由此而产生出来的言语作品。用通俗的话来说，言语就是说话和所说的话。

对语言的具体运用就是说话。它是一种行动的过程。由具体运用语言而产生出来的言语作品，就是所说的话。它是一种行动的结果。这种结果往往是以句子的形式出现的。所以，句子是言语单位，属于言语范畴。

可见，语言和言语不同。语言是工具，言语是对工具的运用及运用的结果。在语言中，只能体现出以词汇成分为单位的语义内容，只有把这些语义内容用语法规则组织起来，形成言语，才能表达完整的内容以进行交际。所以在社会生活中，人们使用的语言是共同的，表达什么样的交际内容，即使用什么样的言语却因人而异。

言语是由交际的需要而产生的，它往往出现在某种特定的语境当中。这种具体语境又会对言语或言语中的某些语言成分产生一定的影响。如一个多义的语言成分，在具体的语境中就会呈现为单义化。如"门户"，作为语言成分独立存在时，人们一般都会理解为"门的总称"，如"门户紧闭"，但在"这真是门户之见"的语境中，它是"派别"的意思。又如"真黑！"这句话，在赞赏一种黑色衣料的语境中，具有褒义的赞美的感情色彩，在没有灯光、看不见一切的环境中，却又具有不满的贬义色彩。由此也可以看出语言和言语的不同。

2. 语言和言语的关系

语言和言语虽然不同，两者之间却有着密切的、不可分割的关系。语言是从具体的言语之中概括出来的模式，同时它又存在于具体的言语之中；言语则是对语言的具体运用和由此而产生的言语作品。可以说，没有语言就没有言语，没有言语也无所谓语言，语言和言语是同时产生又同步发展的。

语言作为社会约定俗成的交际工具，它的每一种成分都是从具体的言语中概括出来的。如在社会成员的不同言语中都存在"山"这个词，结果"山"就逐渐被概括为一种模式而成为语言成分。大家的言语中都有"a"的声音形式，根据"a"的出现条件和应用特点，人们又可以逐渐概括出"a"这一元音是一种语言成分。语言中的语法规则也是这样概括出来的。概括语言模式的过程，就是社会成员对语言成分约定俗成的过程。

从口语情况看，语言就是概括出来的语言模式，仍存在于人们的口头言语当中。从书面语情况看，语言模式则可以被整理出来书面化。如一本现代汉语教材中的语音部分就反映了现代汉语模式中的语音成分，语法部分也记录了现代汉语语言模式中的语法规则部分；一部现代汉语词典，尽管不能包括现代汉语词汇中的全部内容，却也集中记录了大部分为大家所共同概括和约定的词汇成分。不过必须明确，语言成分尽管在书面语言中可以被集中描写出来，但归根到底，它仍然是存在于言语之中的。如果语言成分不被放在言语当中进行应用，它也就不成其为交际工具了。

语言模式被人们从具体言语中概括出来之后，又会被用来组合成新的言语。因此，言语就是对语言的具体运用和由此而产生的言语作品。可见，语言和言语的关系是密不可分的。

## 二　语言的基础

### 1. 什么是语言的基础

语言的基础是语言中最基本的核心的部分。通过分析语言成分发现，基本词汇和语法规则部分就是语言的基础。因为，第一，任何语言，只要具备了由音义结合而成的基本词，就可以基本满足表达日常生活中基本事物、基本概念的需要，再用语法规则把这些基本词组织起来加以运用，就可以基本适应社会上必需的交际。第二，基本词汇和语法规则两个部分，在社会上使用的范围广、频率高，它们的变化非常缓慢，因而这两个部分都具有稳固性。如汉语中的"人""山""水""火"等基本词，"主谓""偏正""述宾""联合"等语法规则都是很早以前就存在的，在漫长的历史发展过程中，一直被人们使用着，至今未发生变化。基本词汇和语法规则这两个部分是密切联系、相互结合在一起的，基本词汇表达社会生活中的基本事物的内容和基本概念，语法规则是人们运用语言组成言语时不可缺少的手段，它们一结合，使用频率就高，使用范围也广，这使它们不易发生变化，从而形成了稳固性。稳固性也为这两个部分可以充当语言的基础提供了必要的条件。

为什么具有稳固性的成分才可以成为语言的基础呢？因为语言是一种被社会约定俗成的交际工具，社会成员都要经常使用它，这就要求语言必须有一个相对稳定的模式，只有这样，人们才能够共同理解它，在运用语言时才能有所遵循。

2. 语言基础的作用

每一种语言都有自己的基础，语言基础的作用一般表现在以下三个方面。第一，每一种语言都是在自己的基础上发展的。作为语言基础的成分，往往都是新成分的材料和依据。第二，语言基础可以决定一种语言的面貌。什么样的基础就会发展为什么样的语言，一种语言的特点和它的语言基础的特点是基本一致的。第三，语言基础存在与否可以说明语言的存亡问题。因为每一种语言都有自己的基础，所以语言基础的改变可以说明语言的改变，语言基础不存在了，也标志着该语言的消亡。反之，如果语言的基础在发展中基本没有改变，那么，尽管语言本身在发展过程中出现了这样或那样的变化，也仍然是一种语言的发展，而不能认为它变成了另一种语言。如现代汉语和古代汉语相比，似乎差别很大，但是观察其语言基础，就可以肯定地说，它们绝不是两种语言，而是一种语言——汉语——在不同阶段的发展中表现出的不同情况而已，因为两者的语言基础是相同的。

## 思 考 题

一、为什么说语言是一种符号系统？

二、语言符号是一种什么样的符号？它具有哪些特点？

三、为什么说语言是人类最重要的交际工具？

四、为什么说语言是抽象思维的工具？

五、说明语言和思维的关系与区别。

六、说明语言的社会性和全民性。

七、为什么说语言不是自然现象，也不是个人现象？

八、什么是语言？什么是言语？说明两者的关系与区别。

九、什么是语言的基础？语言基础的作用如何？

# 第三章 语言的起源

语言的起源问题是语言学理论中的一个相当复杂的问题。因为对这个问题目前还缺乏原始的资料依据,只能按照现有的认识和理论来考虑。这里简单谈谈我们的认识。

## 第一节 劳动创造了语言

### 一 类人猿的生活和劳动

类人猿是人类的祖先,人类是从类人猿发展而来的。所以人类语言的产生和类人猿不无关系。这就需要对类人猿的生活和劳动作一下探讨。

类人猿的生活和劳动究竟是什么情况呢?

第一,原来的类人猿是生活在树上的。根据现有的史料,他们为躲避猛兽的袭击是营巢而居的,即和现在的小鸟一样住在树上,后来才移到地面上。

第二,类人猿从树上移到地面之后,为了抵御野兽的袭击,它们的生活方式是集群而居、结队觅食。这时的类人猿虽然还不是真正的人类,却已经具有了某些社会的群体性质。

第三,类人猿在谋求生存过程中,已经开始使用某些现成的工具,如石头、木棒之类,来进行一些劳动,我们称之为朴素的劳动。我们知道,人类的劳动是以能够制造和使用生产工具为标志的。类人猿显然还没有达到制造工具的阶段。但是使用现成的工具进行朴素的劳动的结果，促进了类人猿手和脚的分工。

第四，类人猿从朴素劳动到手脚分工，已经能够直立行走，低着的头抬了起来，从而扩大了视野，认识了更多的客观事物，进而促成了它们思维能力的发展。

第五，类人猿集群而居、结队觅食，是一种群体性的动物，它们彼此发出一些不同的声音充当信号。但这些声音还不是可分析性的语言，因而还不能算作人类的语言。

这就是我们对类人猿的生活和劳动的一些认识。这些认识，对我们了解语言的起源有一定作用。

## 二　劳动决定了产生语言的需要

类人猿是群体动物，它们要生存，就要进行一些朴素的劳动和共同的活动。这种生活状况产生了交际的需要。从这个角度说，劳动决定了产生语言的需要。没有这种协同劳动，没有交际的需要，语言是没有必要产生的。

## 三　劳动决定了产生语言的可能

类人猿在朴素的劳动中，使手脚分工，进而直立行走。直立行走又使它们能抬起头来。这种变化为语言的产生创造了条件。

首先，劳动创造了产生语言的发音条件。动物四肢着地，发出声音的时候，头抬起来，嘴向前方，这样肺部的气流就直呼而出，呈直线状态。这种气流在口腔中不容易形成阻碍。狗、猫等动物叫唤的时候，就是这种情况。类人猿直立行走以后，肺部呼出的气流通过喉头到口腔，形成一个直角，在这个过程中气流要受到口腔的一些节制、遇到一些阻碍，而不是直呼而出。口腔节制气流使发音器官逐渐完善起来，可以发出不同的声音。类人猿从四脚着地到直立行走，气流由直呼而出到通过拐弯变为有节制地呼出，这种变化无形中锻炼和完善了发音器官，创造了产生语言的发音条件。

其次，劳动也提高了人的听觉能力，锻炼和完善了人的听觉器官。这也是产生语言的一个必要的条件。类人猿从四肢着地到直立行走，能发出不同的声音，接收者也必须能够辨别出这些不同的声音。这种辨别声音的过程，就是锻炼听觉器官、提高听觉能力的过程。归根到底，是劳动提高了听觉能力。

此外，劳动还锻炼了类人猿的思维能力，促进了抽象思维的产生。我们前面讲过，形象思维是人和动物共有的，只有抽象思维才是人所独有的，是人类产生的标志。类人猿直立行走之后，头抬了起来，不仅能向前看，还能左右转动，视野就扩大了，能接触更多的客观世界。接触面的扩大，刺激了思维能力的发展，促进了抽象思维的产生。

劳动促使人直立行走，创造了发音器官，创造了听觉条件，促进了抽象思维能力的发展。可以说，是劳动提供了产生语言的各种条件，决定了产生语言的可能。

总之，劳动提出了产生语言的需要，又决定了产生语言的可能。一句话，是劳动创造了语言。

## 第二节 关于原始语言

### 一 对原始语言的理解

由于缺乏原始的资料依据，对原始语言的理解是各种各样的。语言学界存在着不同的观点和流派。在这里谈谈我们对原始语言的理解。我们是以语言的本质这一理论为根据的。我们认为原始语言有以下几个特点。

第一，原始语言一开始就是有声语言。语言是人类最重要的交际工具，它是其他交际工具产生的基础。这种交际工具是通过口耳相传来运用、以声音形式存在的。原始语言，一开始就是有声语言，这一点是确凿无疑的。

　　第二，原始语言一开始就是音义结合体。只有声音而无意义的，绝不是语言。只有声音和意义结合之后才能构成语言。语言是音义结合的符号。原始语言一开始就具有这个特点。

　　第三，原始语言一开始就和人的抽象思维联系在一起。人、语言及抽象思维是和社会同时产生的。语言一产生就有抽象思维伴随。抽象思维作用的结果是使语言有了意义。语言这种音义结合体的意义就是抽象思维赋予它的。

　　第四，原始语言一开始就具备语音、词汇、语法这三个要素。语音是它的形式，词汇是它的建筑材料，语法是它的组织规则。这个情况应该和今天的有声语言是相似的。尽管一开始这三个要素都是非常贫乏的，如语音的元音、辅音音素都不多，词汇量也不大，语法规则也不够丰富，但这三个方面都存在，这是毫无疑义的。

　　第五，原始语言从产生起，就是人类最重要的交际工具。它具有交际职能。

　　这就是我们对原始语言模拟出来的一个概貌。这种模拟不是凭空进行的，而是以科学的语言理论为根据的。

## 二　对几种意见的看法

　　对原始语言和语言起源问题的意见多种多样，这里只就其中比较有代表性、有影响的手势说、摹声说、感叹说谈一点看法。

　　手势说认为，语言开始产生时是手势语。我们认为这是不可能的。因为人们在劳动中依靠手来工作，同时依靠手来进行交际是不可能的，不能想象把做的工作放下来用手说话，说完后再干活。而且更多的情况是边干边说，用语言协调共同的活动。这种情况下，用手势说话如何处理？另外，手势语有很大局限性，作为人类的交际工具是行不通的。比如在黑夜和有障碍物的情况下，手势语就传达不了信息。手势语毕竟是贫乏的，它不可能把客观世界中的事物都表达出来。那么，手势语究竟有没有呢？我们认为不能否认手势语的存在。我们说话的时候也经常伴有手势和身势。手势语和身势语只能是有声语言的辅助形式，而不能代替有声语言。它的作用只能是辅助性的。

摹声说认为语言一开始是一种摹声语，完全摹仿自然声音从事交际。我们认为这也是不可能的。我们承认语言中有摹声词，如"哗啦""轰隆""叮冬"等，但这种摹声词在语言词汇中占的分量是很少的。大量的事物不能用摹声来表示，如"天""地""人"等没有声音可以摹仿，这些事物又是人类生活中不可缺少的基本事物和基本概念。要进行交际，必然要牵涉这些基本事物和基本概念，要表达这些基本事物和基本概念，摹声是完不成任务的。所以只用摹声词不能完成语言的交际职能，摹声说很难成立。

感叹说是指原始语言一开始是由感叹而产生的，即最早是一些感叹性的词语。我们同样不否认语言中有感叹词，但感叹词在语言中的比重比摹声词还小，它根本不能表达基本事物和基本概念，因而不能完成交际任务。在人类社会中必须有一套表示客观世界中的事物、现象及其关系的符号，才能完成人们的交际任务，而这一套符号必须是音义结合体。

综上所述，手势说、摹声说和感叹说，是语言起源问题的几种较有影响的主张，我们认为它们都是不能成立的。对语言起源的唯一合理的解释是劳动创造了语言。语言一开始产生的时候就是一种有声的、音义结合的、和抽象思维相联系的、最重要的交际工具。人们是用它的组成要素来组织成言语进行交际活动的。

# 思　考　题

一、为什么说劳动创造了语言？

二、你对原始语言是怎样理解的？

# 第四章　语言的发展

## 第一节　什么是语言的发展

客观世界的一切事物都是发展变化的。语言也不例外，它处在不断发展之中。世界上的每一种语言都有自己的一部发展史，都经历了非常复杂的演变过程。不同的语言在发展演变过程中会表现出各自的特点，其中也包含了一般的、共同的规律性。普通语言学所研究的就是各种语言在发展演变过程中所反映出的一般的、共同的规律。

下面我们分别就语言发展的表现形式、原因和规律，作些阐述。

### 一　语言发展的表现形式

在这里，我们主要谈语言要素的发展演变问题。语言要素的发展演变包括历史变化和临时性变化两个方面。

#### 1. 语言要素的历史变化

语言要素的历史变化，指的是那些被历史固定下来的、已经成为历史事实的变化。以汉语的发展变化为例，从文献材料中我们发现古代汉语有"平、上、去、入"四大调类，其中每一调类又分阴阳。现代汉语普通话也有四大调类，却没有了入声，只有"阴平、阳平、上声、去声"。在古代汉语到现代汉语的发展过程中，声调发生了"平分阴阳、入派三声"的变化。这个变化已经成为历史事实，已经被历史固定下来了。这是语音方面的历史变化的例子。词义方面的，例如"行走"的"走"，古代汉语中是"跑"的意思，现在则是"步行"的意思；"兵"过去专指武器，现在除了这个意义之外，还可以指"战士"；等等。以上是从纵的方向上看语言要素的历史变化。在横的方向上，在共时性的某个阶段中，能不能发生语言要素的历史变化呢？也是可以的。例如我们现在社会上使用的"消肿"一词，本来意义是指人或动物的肌体某部位发炎肿大，采用某种措施后使肿大部分消退复原。现在，"消肿"一词除了用在有机体上之外，又用来指当前机构改革中的精简机构。"消肿"的这一新的义项目前在我们的社会上已被广泛使用开来，并得到大家的认可。因此，它已经变成了客观事实，被这一段的历史固定下来了，也就成了历史变化。

语言要素在横断面上所发生的历史变化有时不易觉察。如果把横断面放长一些，例如现代汉语，从五四运动时期直到现在，这段时间在汉语整个发展历史长河中只算个横断面，但是，其间语言要素所发生的历史变化已有很多了。例如"抓一个舌头来"中的"舌头"一词，就增加了"军事行动中可提供敌方情报的俘虏"这样一个新的义项。

语法虽然是语言中最稳定的要素之一，也有着历史性的变化。例如现代汉语动词后面加时态助词表示各种语法意义，像加"了"表示完成体，加"着"表示进行体。这种用法在古代汉语中就没有。这就是语法的历史变化。总之，如果我们将一种语言古代、近代与现代不同时段的材料加以比较，就会发现语言诸要素的历史变化。这些变化发生在语言要素的各个部分，包括语音部分、词汇部分、语法部分等。

语言要素的历史变化，既可以表现为新成分的增加，又可表现为旧成分的消亡。新成分的增加，表现为产生新的音位、新词、新义或新的语法手段。像前面所谈到的几个例子就是。旧成分的改变和消亡也不难理解。例如古代汉语中"去"是"离开"

的意思，现代汉语中"去"则是"前往"的意思，"走"在古汉语中指"跑"，现在则指"行走"。《韩非子》中有一句话是"去齐走赵"，是说"离开齐国跑到赵国"，若照现代汉语用法理解成"到齐国去"就错了。因此表现具体的"走""去"意义上的变化，既有新成分的增加，也有旧成分的消亡。这里是指一个词内义项的变化。

还有一种消亡是指整个词的消亡。这种例子很多。远的不说，最近二十年间的词，像"文化大革命"中的"红卫兵""工宣队""支左"等，产生得快、普及得快，也消亡得快，这和社会生活的发展变化有关。

语言要素的消亡与自然界有机体的消亡不同。自然界中有机体的消亡，就是消失掉了、不复存在了。语言要素的消亡并不等于不存在。语言要素在现实交际生活中消亡了，但仍然存在于语言宝库中。比如古代汉语中使用的一些词语或语法格式，现代汉语中不用了，但它们仍然存在于古汉语文献材料之中。现在的"古籍整理"工作就要接触好多已经消亡了的东西。还有那些历史方面的文章、小说、戏剧作品等，都免不了要接触甚至使用一些消亡了的成分。这是语言与其他事物不同的地方。

## 2. 语言要素的临时性变化

人们在使用语言进行交际的时候，常常使语言要素发生一些临时性的变化。这些变化都没有被历史固定下来，也都没有成为历史事实，也就是说，当这些语言要素呈孤立状态的时候，仍以没发生变化的面貌出现。这些变化只发生在交际过程中，因而称为临时性变化。

语言要素的临时性变化表现为两种不同的情况：一是普遍的情况，二是个别的情况。

如果语言要素的临时性变化不是发生在个别人或个别群体当中，而是发生在整个社会这样一个大群体当中，就成为普遍性的现象。例如，我们读现代汉语中"面包"（miàn bāo）、"难免"

(nán miǎn）这两个词时，就会发生语音同化这种连读音变现象。"面"和"难"的韵尾辅音"-n"就被它后面跟上来的双唇音同化成"-m"。这种变化只在交际过程中，当两个音节连读时才发生，孤立存在的情况下，"面""难"都没有音变现象。这种临时性变化具有普遍性。但是，这种变化还没有成为历史事实，没有取代被历史固定的形式。如果我们在平时拼写"面包""难免"这两个词时，韵尾不用"-n"而直接写成"-m"，那就是固定的形式了。这时"-n"被同化为"-m"的变化就不是临时性的，而是成为历史变化了。当然，这种普遍性的临时变化也要有一定的条件，即快速连读。全社会的成员只要快速连读都会发生同样的临时变化。又如"一"是阴平调，但在"看一看""想一想""试一试"的语言环境中，它的声调就由阴平调变为轻声。因此，"一"读轻声的临时变化也是普遍性的。

个别的情况指的是临时变化只出现在某个人或某几个交际过程中，受具体的交际环境、背景的限制。例如下列对话：

——你喜欢现代文学还是古代文学？
——现代（或"古代"）。

答话中的"现代"或"古代"孤立存在的时候并不表示"现代文学"或"古代文学"的意思，但在这个具体的交际场合里，它表示"现代文学"或"古代文学"的意思。这种临时性变化就属于个别情况。其他如词语的活用，"老大在闹革命那几年'自由'下一个婆姨"中"自由"活用为动词，只是这个作者在这句话中将它当成动词使用，其他情况下"自由"并不具备动词属性。这种词性的临时性变化也是一种个别情况。

3. 历史变化和临时变化的关系

语言要素的历史变化与临时变化既有区别又有联系。二者之间存在着辩证统一的关系。

历史变化不是孤立的、突然形成的，它一般来源于临时变化。临时变化并不是都能转变为历史变化，其需要一定的条件。属于个别情况的临时变化如果经常发生，有可能转变为普遍性的现象。这种普遍性的变化进一步发展，当它得到社会广泛认可，并取得固定的形式以后便转化为历史变化。例如"后门"一词，原来只指房屋后面的门，后来人们用它来比喻社会上不公开的托人情钻营取巧等行为。一开始这只表现为临时的用法，属于个别情况的变化。但是这种个别的临时用法，逐渐被社会上其他人所接受，这个用法就具有了普遍性。随着使用范围的扩大和使用次数的增加，社会上对"后门"一词的意义形成了新的约定，将某类不正之风的行为概括为"走后门"，从而给"后门"一词增加了新的义项，并将这一义项固定为语言中的事实。于是它就成了语言的历史变化。

语言要素的历史变化构成语言发展的内容。上面所谈"后门"一词义项的增加，就是该词词义的发展。至于临时变化，不管是个别情况还是普遍情况，只要没转化为历史变化，就不能说成语言的发展。临时变化能否转变为历史变化，要看其是否适应了社会交际的需要，是否符合语言发展的内部规律性。其中，社会交际的需要是必要条件，符合语言内部规律是充分条件，二者缺一不可。

## 二　语言发展的原因

世界上任何事物的发展都有其原因。这个原因不在事物的外部，而在其内部，在于事物内部的矛盾性。外因只是发展的条件，内因才是事物发展的根据。这一唯物辩证法的基本原理同样适用于语言学。

语言发展的外部原因是社会的发展。语言作为一种社会现象，要随着社会的发展而发展。语言作为一种既非经济基础又非上层建筑的特殊的社会现象，又有其特殊的内部矛盾运动。因此，社会的发展是通过语言内部矛盾运动来促成语言的发展的，也就是外因通过内因起作用。

1. 语言发展的外部原因

社会的发展作为语言发展的外部原因，具体表现为如下几方面。

（1）社会的进步可以推动语言的发展

社会的进步可以表现为政治的、经济的、文化的等各个方面。从社会的政治方面看，社会制度的变革往往会促进语言的发展。例如从奴隶社会、封建社会到社会主义社会，随着社会制度的变革，出现了不少与旧制度不同的新制度以及旧制度下没有的新事物，于是出现了一批新的词语。如"奴隶""奴隶主""农奴""封建主""地主""皇帝""皇后""宰相"，以及现在的"书记""主席""部长"等词语。这些都是在不同的社会政治制度下形成的事物名称，是社会制度变革在语言中的反映。随着新词的增加，词汇丰富了，语言也发展了。

政治制度的改变影响到人们思想认识的变化，不但能导致新词的产生，也能引起新义的产生。社会政治变革时，新词新义甚至会大批产生。例如"八大员"是民主革命时期解放区产生的词，解放后在社会上广泛流行。为什么会这样呢？因为这个词语反映了解放区人民群众中新的思想观念。解放区的干部群众都是为了一个共同的革命目标走到一起的。他们只有分工的不同，没有高低贵贱之分。在这种革命观念指导下，必然要求改变旧制度下流行的那些带有等级差别色彩的词语。特别是改变那些对劳动人民不同职业含有贬意的词语。所以"马夫"改为"饲养员"，"勤务"改为"警卫员"。又如"戏子"一词解放后被"演员""文艺工作者"所取代。这些新名称表现了新的观念、新的认识和新的思想感情。这些都来自政治制度的变化。

经济的发展，生产力、生产关系的进步，直接引起了新事物的出现，从而促使新的语言符号的产生。例如现代生活中许多词语，像"电灯""轻骑""火车""电子计算机""煤气"等，在先秦时代是绝不会出现的。只有生产发展到一定阶段，创造出来了这些新的事物，才会促使语言增加反映这些事物的新的词语。

文化科学方面也如此。"微型小说""电视连续剧""航天技术""气象卫星"等这些使语言不断丰富的新词语都是随着文化科技事业的发展而产生的。

因此，可以说，社会各方面的进步，推动了语言的发展。

（2）社会之间的互相接触推动了语言的发展

在社会历史发展过程中，会出现社会与社会接触的情况。确切地说，是操不同语言的社会群体之间的接触。这种接触必然会促进语言的发展。对外来词的吸收便是很好的证明。从任何语言中吸收进来的词，即从其他民族语言中吸收进来的词，丰富了本族语言的词汇系统，提高了本族语言的表达能力，推动了本族语言的发展。例如中古汉语由于翻译佛经而吸收了大批外来词，像"佛""塔""菩萨""金刚"等。近现代中国派出大量留学生赴日学习，从而促使汉语又吸收了许多日语借词。这些日语借词反映了日本和西方工业社会先进的思想和科学技术成果。与此同时，还引进了一些新的句式和表达方法，像"讨论并通过""已经并将继续"都是过去汉语中没有的。如果没有社会之间的接触，就无从吸收外来词，并促进语言的发展。

（3）社会的分化和统一可以影响语言的发展

社会的分化，指的是一个社会分成几个半独立或独立的社会的情况。分化包括人力和非人力造成的疏远与分离。例如山川阻隔、交通不便以及政治势力不一都可能引起社会的分化。社会的统一指的是由于政治的、军事的或经济的因素，分化的社会实现统一的过程。

社会的分化会引起语言的分化，社会的统一也将带来语言的统一。社会的分化与统一是语言产生方言和共同语的直接原因。

任何一种民族语言都有自己的方言和民族共同语，如果追溯其形成和发展的原因，都可以发现该民族社会历史所发生的分化与统一的史实。

关于方言与民族共同语的问题，后面还要专门提到，这里不赘述。

（4）社会的变动影响语言的发展

一个社会内部由于某种原因发生的某些变动，如人口迁徙、封建割据等，都会影响语言的发展。其对语言的影响大小，决定于社会变动程度的大小。我国推行"知识青年上山下乡"政策时，许多大中城市的青年学生纷纷到边远山区插队落户。上海的知识青年去了黑龙江，北京的知识青年到了内蒙古……这样的社会变动，使不同方言的人在一个环境里生活。久而久之，在互相接触、交际中，相互影响、相互作用，双方都会发生不同程度的变化。如果上山下乡的政策不是执行几年就停止了，可以想象得到，在黑龙江扎根的上海人不需要几代时间，他们后代的"上海话"（假如继续说的话）一定会和上海地区的"上海话"表现出许多差异来。

（5）社会发展可以推动思维发展，思维的发展直接影响了语言的发展

人的思维能力随着社会的发展而不断发展。人类社会发展的突出表现就是人的认识能力不断提高，人对客观世界的认识不断深化。因为语言与思维具有密切联系，所以这种深入的认识必然反映到语言上，必然影响语言的发展。

思维的发展需要概念的准确、推理的严密，因此必然给语言引进更丰富的词语和新的组织规则、表达方式。同时概念内涵、外延的变化，必然引起词义方面的变化。例如"人"开始时可能是作为与其他动物相区别的"高级动物"的名称。对"人"的认识也只是"能直立行走、会说话、能劳动"而已。社会的进步和思维的发展，进一步揭示了"人"的本质特征，如人"能进行抽象思维，能制造和使用劳动工具、创造劳动产品"等，并进一步概括为"人是社会生产关系的总和"。所有这些，都将补充到语言符号

中去，从而促进语言的发展。反过来，语言发展以后，又能为思维提供更好的工具、更多的表现思维和思想的材料。这样，语言与思维之间就形成了互相促进、相携发展的良性循环过程。

现在我们可以从几个方面来总结一下社会发展是如何作为语言发展的外因而起作用的。值得强调的是，语言和社会是两种不同的现象，因为二者有密切的关系，所以谈到语言时不能不涉及社会，同样，谈到社会时也不能不涉及语言。但是社会对语言发展的作用不是直接的因果式。社会的发展，作为外因和条件，可能影响语言的发展，但不是必然影响语言的发展。如果语言不接受社会变化的作用，也就不能影响社会的发展。社会仍然按照自己的规律向前发展。

2. 语言发展的内部原因

语言发展的内部原因也就是语言内部的矛盾运动。关于语言发展的内部矛盾问题，目前还没有一个定论。六十年代曾在国内报刊上展开过讨论，但并未取得一致的意见。现在也还是各抒己见。

我们认为，语言发展的内部矛盾，就是语言的交际功能与交际能力的矛盾。

语言作为一种交际工具，它的职能就在于交际。语言要完成交际功能，必须使自己具备交际的能力。通常情况下，语言的交际能力基本上能适应交际职能的需要，二者处于平衡状态。一旦发生矛盾，例如社会的发展对语言的交际能力提出了新的要求，而语言的交际能力尚不能满足这种要求，完不成交际任务。这时两者的平衡遭到了破坏，语言就要进行内部调整。调整的结果就是提高语言能力，使其功能与能力达到新的平衡。这样，从平衡到不平衡，又到新的平衡，就构成了语言发展的内部矛盾运动。

如社会发展了，社会上出现了"电视机"，在交际中就要求有"电视机"这个语言符号。如果语言中没有"电视机"这个词，那么人们在交际中涉及这个事物时就因无法表达而感到困惑。语言的交际功能要求语言必须具备表达这个新事物的能力。

结果便是造出一个新词来表达这个新事物。这里我们看到，语言的交际能力是适应交际功能的要求而不断提高的。用提高语言交际能力的办法来解决语言发展的内部矛盾，便促成了语言的发展。在这个不断地对语言交际能力提出新的要求，从而使其不断得到改进和提高，语言内部矛盾不断由平衡到不平衡，再由不平衡到平衡的过程中，语言也在不断地发展。

语言的交际功能与交际能力的矛盾，可以表现在语言的各个方面。以汉语为例，过去汉语中单词占优势，单音词过多会产生大量的同音词。这种单音节的同音词太多，会直接影响交际中的意义的表达和理解。如"交""骄""浇"这组同音词在实际交际中往往会表意不清，即交际能力达不到交际功能的要求。为了解释这类问题只好进行语言内部的调整，结果引起词汇的变化，即采用构造双音词的办法来区别同音词。于是出现了"交际""交往""骄傲""浇灌"等双音词。语音问题影响了词汇的发展，双音词的出现又影响了构词方式的发展。它们当然也促进了语法规则的发展。从这个例子可以看出，语言内部调整的结果可能涉及几个部分、几个方面。无论哪一种情况都是由语言的交际功能与交际能力的矛盾决定的。如果没有这个内因的作用，社会的发展变化便无法引起语言的发展。

有没有语言不发展的情况呢？也是有的。如果一种语言的交际能力得不到提高，便会导致它失去交际功能。这种语言便失去了生命力，注定要走向消亡。如语言同化中的例子就有这种情况。

总之，交际功能与交际能力构成了语言内部矛盾着的两个方面。这对矛盾运动的结果决定了语言发展变化的进程。语言发展与消亡的根本原因就在于此。

## 三　语言发展的规律

### 1. 语言发展的一般内部规律
一切语言在发展的过程中所表现出来的共性的、带有普遍性的特征，就是语言发展的一般内部规律。这些规律由语言本身的性质所决定，并且存在于语言发展的全过程中。语言发展的一般内部规律主要表现为两方面。

（1）渐变性规律

语言的发展不是突变的、革命式的，而是渐变的过程，是在使用它的人们的不知不觉中发生的。这种发展变化是个潜移默化的过程，也是个约定俗成的过程。只有时间久了，变化的因素积累多了，人们在将不同时段上的语言材料加以比较时，才会发现语言的确发展变化了。

这种渐变性规律自语言产生时就在起作用。它是一种普遍性的规律。这一规律是由语言的本质所决定的。

语言是人类最重要的交际工具。它具有很强的社会性。为了确保社会不同成员都能很好地运用这一交际工具，语言必须具有稳定性。这种稳定性能够有效地排除来自各方面的干扰。从这个意义上说，语言具有保守性。即使是符合发展规律的变化，也不是轻而易举地就能确立起合法地位的，而是要经过在不断扩大的使用范围中被认识和被接受的过程。如果是随意的变化，比如今天说"我来上课"，明天说"我课来上"，后天又说"课上来我"，很显然是不会被接受的。所以语言的发展必须是渐变的。我们现在使用的"电话""民主"等词从产生到取得稳定的地位就经历了几十年的时间，"火柴"代替"洋火"也是经过了长期的使用才实现的。

（2）不平衡性规律

语言发展的过程中，其各个组成要素的发展是不平衡的。具体地说，就是语音、词汇、语法的发展是不平衡的，有的快些，有的慢些。其中词汇的发展最快，语音、语法的发展相对慢得多。

词汇的重要特性之一，就是随时随地反映社会生活，它能够敏感地反映社会的任何发展变化，几乎是处在不断地变动之中。所以，词汇是语言诸要素中最活跃的部分。词汇内部又分为基本词汇和一般词汇。基本词汇具有稳固性的特点。词汇的发展变化主要表现在一般词汇上。社会上只要出现一个新事物，语言中就要造出一个新词来表现它。有时甚至不止造一个新词。这些新词开始都进入了一般词汇。因此，从总体来看，词汇的发展变化是最快的。

与词汇相比，语音的发展就慢得多。"平分阴阳、入派三声"的变化经历了几百年的时间，现在有的汉语方言中仍然保留着入声。这足以证明语音发展速度之慢了。

语法发展变化最慢，它最具有稳定性。任何语言的语法都因具有稳定性才成为该语言的基础之一。现代汉语句子的"主—谓—宾"语序格式，可以追溯到两千多年前，甚至最早的文字样品——甲骨文文献中。

语言的三要素——语音、词汇、语法的发展速度不同，这就是不平衡规律的表现。语言发展的不平衡规律也是由语言的本质特点所决定的。语言的社会交际工具的本质特点就决定了词汇必须随时随地反映社会生活，也决定了语音和语法规则必须相对稳定。否则，词汇不能及时跟上社会生活的变化，语音和语法没有一定之规，这种语言便无法发挥交际功能、完成交际任务，换句话说，它就丧失了作为"语言"的基本条件。当然，语音的稳定性也允许一些个别的变化存在，一般以不影响交际为原则。例如推广汉语普通话过程中，有的人发音准确一些，有的人说的不太准确，这并不影响交际。正因为语音对个别的变化有这样的容忍度（容许度），所以语音的发展速度比语法的又要稍快一些。

除上述两点之外，还有没有其他一般的内部规律呢？有的。例如语音发展的一致性规律，即"类同变化同"的规律。像汉语浊音声母清化现象就是这个情况。在一定的时间、地域，一定的条件下，一类音发生相同的变化。词汇发展中词义表现为扩大、缩小或转移的规律，这在各个语言中都是共同的。语法发展中的类推规律，例如汉语动词后面可以带时态助词，这个动词可以带，那个动词可以带，从而类推到所有的动词都可以带。当然这也要有一定的时间、地域，一定的条件为前提。总之，语音方面、词汇方面、语法方面都能分别总结出一些普遍性的内部规律，适用于所有语言的某个部分。然而，作为语言整体发展的一般内部规律，较重要的就是渐变性规律和不平衡性规律。

2. 语言发展的特殊内部规律

每一种语言所独有的内部发展规律就是语言的特殊内部规律。这是由不同语言各自的特殊性决定的。

语言是民族的构成要素，具有很强的民族性。世界上有多少种民族就有多少种语言。各种语言之间总有许多彼此相区别的特点。这些特点贯穿于语言内部各个方面，具体表现在语音、词汇和语法上。不难理解，在语言发展过程中，不同的语言一定会表现出各自不同的特点来。例如英语、俄语都没有量词，而汉藏语系诸语言都有量词。在语言发展过程中，英语、俄语就不会有量词如何发展的规律。同样，本身没有声调的语言绝不会有关于声调如何发展演变的规律。关于声调发展的规律就是有声调语言所特有的内部规律。同样，汉语不是屈折语，缺少形态，也就不具备英语等的形态变化规律。

语言发展的特殊内部规律既可以在该语言发展的某个阶段上起作用，也可以贯穿这个语言发展的全过程。像汉语声调的演变就是阶段性的。现在这种发展变化已经完成了，这个规律的作用也就停止了。像汉语的词汇由单音节向双音节和多音节发展的规律、汉语语法方面量词逐渐增多的规律，从开始到现在仍在起作用。这个规律是一直作用下去，还是作用到将来的某个阶段，要看发展情况而定。

语言发展的一般内部规律与特殊内部规律之间既有区别又有联系。一般内部规律存在于特殊内部规律之中，是从特殊内部规律中总结归纳出来的。特殊内部规律中包含并且反映了一般内部规律。一般内部规律总是通过特殊内部规律起作用。对于不同语言来说，它的特殊内部规律起作用时，无不表现出一般内部规律的特点，即渐变性规律和不平衡性规律。不管是有声调语言的声调变化规律，还是有形态语言的形态变化规律，都要符合渐变性规律。

世界上有各种不同的具体的语言。对于某种具体语言来讲，所总结和发展的规律都是特殊内部规律。只有通过对不同语言内部规律的比较研究，才能归纳概括出一般内部规律。对于学习和研究语言的人来讲，掌握这两种规律同样重要，不应有所偏废。

## 第二节　语言发展的历史情况

语言发展的历史情况主要指涉及时间脉络的纵向的一些情况。这一节主要谈如下几个问题：方言和共同语，口语、书面语和文学语言，语言的分化、统一和融合。

### 一　方言和共同语

1. 什么是方言

方言是全民语言的变体，这种变体又可以分为两种情况，一是社会变体，又叫社会方言；二是地域变体，又叫地域方言。这里主要谈一下地域方言的情况。

作为全民语言的地方性变体，地域方言对该地区的人们来说，具有与共同语等价的功能。它是该地区人们最重要的交际工具，为当地人们所普遍使用，具备语言的全部本质属性。

方言是随着社会的分化而逐渐形成的。社会上的某些原因，会造成彼此隔绝的、按地域划分的群体。由于这些群体相互间不发生或很少发生言语交际活动，语言便在各自地域内的使用中发生了各不相同的变化。因而形成了各个不同的方言。每一种方言都自成一个完整的系统，都有自己的语音系统、词汇系统、语法系统等。各个方言都有自己的特点。例如汉语的各主要方言之间，都有十分明显的差异。福州话、上海话或北方话，一听就知道不一样。

一种语言分化为几种方言后，各种方言之间以及方言与共同语之间的差别可以表现在语言要素的各个方面，包括语音、词汇和语法方面。其中主要的差别表现在语音方面。辨别方言，主要也是从语音方面着手。此外，在词汇方面也有各自的特点。这种词汇方面的特点主要表现在两个方面：一是本地区特有事物的特定词语，如各种土特产的名称；二是各地区共有事物的方言名称的差异。如同一种块茎作物的果实，山东称"地瓜"、北京称"白薯"、洛阳称"红薯"、贵阳称"蕃薯"，还有的地方称"山芋"等。即使同一方言区内，不同的次方言也会有所不同。例如山东省内有的地方称"地瓜"，有的地方称"芋头"。

与语音、词汇的差别相比，语法的差别最小。但是，小不等于没有。例如北方话说"多买几本书"，客家话却说"买多几本书"，语序就不同；北方话说"火车比汽车快"，客家话里是说"火车比汽车过快"，粤方言里则说成"火车快过汽车"。

尽管有各方面的差别，在同一共同语的各种方言之间以及方言与共同语之间共同的方面还是主要的。它们都具有作为该民族的交际工具的基本属性。从某个方言看，它既包含了构成本方言特点的成分，也包含了与其他方言以及共同语相同的成分。这两部分一起构成了方言的完整系统。其中与共同语相同的部分构成了方言的语言基础。正因为如此，任何一种方言都具备发展成独立语言的基本条件。

方言与共同语具有十分密切的联系。因为方言是某一个社会范围内，不同地域的人们所使用的语言，它只是共同语的一种地域性变体。方言与共同语之间具有某种对应关系，即使在差别最明显的语音之间，也有十分明显而严格的对应规律。同一个共同语的各个方言之间也有这种对应规律。例如汉语各方言与普通话之间就存在着语音对应规律。利用这个对应规律就能很有效地帮助方言区的人学好普通话。

　　真正认识和了解一个方言系统，并不是很简单的事情。每种方言内部都有相当复杂的语言现象。例如现代汉语北方方言，使用面积相当广，北到东北、西到四川、南到云南，遍布二十几个省份。其中又分出不同的部分。例如山东方言只是北方方言中华北次方言的一个部分。然而即使在山东方言内部，济南话和胶东话也有很大差别，胶东话也和昌潍话及临沂话不一样。因此，大方言内部还可以分出次方言，次方言下还可以分出土语，土语下又有次土语等。在这种情况下，要真正了解某个方言系统，就应当对该方言系统内部的次方言、土语、次土语等进行认真细致的调查研究，只有全面掌握了它的情况，才算对该方言系统内部有了比较清楚的了解。

　　2. 什么是共同语

　　一个社会的全体成员所共同使用的语言就叫共同语。我们可以根据社会发展的历史以及语言发展和使用的情况，分析出各种各样的共同语。随着人类历史的发展，不同的历史阶段、不同的社会形态有不同的共同语。例如氏族共同语、部落共同语、部族共同语，直到最后形成的民族共同语。

　　在语言发展的历史过程中，方言和共同语之间没有清晰的界限，二者存在密切的联系，在一定条件下还可以互相转化，即方言可以变为共同语，共同语也可以变为方言。

　　在氏族社会中，由于人口不多、疆域有限，通常使用一种语言进行交际就足够了。这个语言就是氏族共同语。但是随着社会的发展、人口的增加、活动范围的扩大，这个氏族共同语的发展出现了两种情况。一是这个共同语继续沿着共同语的方向发展，一直发展到部落共同语、部族共同语乃至民族共同语。二是这个共同语分化成不同的方言。当共同语分化成方言后，这个共同语照常存在，但它的作用比过去小多了，它成了只在某一地域通用的交际工具，成了与共同语并存的一种方言了。

　　在这样一个存在着方言和共同语的社会里，如果社会发生了变化，需要一个更大范围内通用的共同语的时候，这个共同语就要在方言的基础上形成。共同语在哪种方言基础上形成，并不取决于人们的主观意志。作为共同语的基础方言要受到社会各种条件的制约。这些条件包括社会的政治、经济、文化等因素。如果某种方言在政治、经济、文化等方面占有优势，它就具备基础方言的条件，就有可能发展成为共同语。如现代汉语共同语的基础方言是北方方言。全国的政治中心北京也是北方方言的地域中心。在历史上从金元开始，北京作为历代的都城，逐渐发展成为我国的政治、经济、文化中心。它的影响遍及全国每个角落，它的作用也能普及到全国各个地区。以北京音为标准音，以北方方言为基础方言的现代汉民族共同语，是历史发展的必然结果。

尽管有基础方言，并且有在基础方言基础上形成的民族共同语，它们对其他方言也并不采取一概排斥甚至否定的态度。在语言问题上的任何人为的、强制性的做法只能适得其反。共同语的推广普及、共同语对方言的同化和规范作用是个渐进的过程，主要的还依赖于社会政治、经济、文化的发展。另外，共同语还要从各个方言中不断汲取各种营养，补充和丰富自己。在普及推广共同语的过程中，对基础方言以外的方言区来说，要经历一个相当长时期的方言与共同语并存的阶段。在这个阶段内，共同语与方言的关系，逐渐由地域上的分列，变为同一地域内社会性的或语用的分工。先是一部分人掌握了共同语，通常先是文化教育界、服务业人员，再逐渐扩大到社会各行各业人员。即使都学会了共同语，它也未必能完全取代方言。在特殊的语言环境里，为了满足特殊的需要，例如老年人之间、家庭内部、乡亲旧友之间等常常喜欢使用方言。这种社会心理也是影响方言与共同语关系的因素之一。

## 二　口语、书面语和文学语言

### 1. 什么是口语

口语就是人们在交际中口头使用的有声语言。口语通过人们的口耳相传，起到交际的作用。它是语言的基本形式。其他任何语言形式都是在口语的基础上产生的。因此，对其他语言形式来说，口语是第一性的。

口语最大的特点是有声的、口头使用的。它是一种语言形式，而不是某种个别词语。汉语中有个词叫"口头语儿"，那是指一个人在说话中常说到的、挂在嘴边的词儿。因此，"口语"和"口头语儿"不是一个概念，不要混为一谈。口语是和书面语相对的概念。

## 2. 什么是书面语

书面语就是用文字记录下来的语言。它是在口语的基础上产生的。产生了文字以后才有可能产生书面语。因此，与口语相比，书面语的历史要短得多。这是因为自从有了人类社会就有了语言，就有了口语。据人类学家的研究，人类的历史距今已有大约200万年了。最早产生的文字，像埃及象形文字、中国的甲骨文，至多6000年。因此，与口语相比，书面语是第二性的。

书面语要以口语为基础。如果书面语脱离了口语的基础，不能随着口语的发展而发展，那就要被另一种书面语所代替。例如汉语曾经有过一种书面语，即"文言"。它是古代汉语的书面形式，是与古汉语的口语一致的。但后来，口语发展了，而文言没有发展。所以，文言最终被白话所代替。

书面语这个概念可以有狭义的和广义的理解。狭义的理解是，书面语是用文字记录下来的口语，但这种记录不是"实录"，而是有所加工的，比真实的口语要精确、严密和规范。广义的理解是，凡是用文字记录下来的、表现为书面形式的语言和言语都叫书面语。

口语和书面语的不同主要有以下几点。

①口语是以声音形式出现的，是人与人之间通过口耳相传来达到交际目的的。书面语是以文字符号的形式出现的，是通过手写和眼看达到交际目的的。

②运用口语交际的时候，交际双方不管是说话人还是听话人，都须处于同一特定的时间和空间之中。否则，就不能达到交际的目的。书面语却能够不受时间和空间的限制，可以把思想传至久远。

③运用口语交际的时候，语言环境，交际者的姿势、神态、表情都参与交际，能起到一定的辅助作用。所以口语有时候不要求那么完整，可以从实际语境出发，省略一些词语。书面语则缺少口语的语境条件，所有信息都由文字符号来表达，因此在表达上必须严密、完整。

④使用口语交际比较随便些，所用的短句较多，有时还用一些俚俗词语。书面语就没有口语那样随便，要比较规范，词语使用上俚俗词语一般较少，而成语典故较多。

⑤因为书面语要依赖文字符号来记录口语，所以在口语中同一个语音形式，被文字符号记录下来时，就有可能不止一种。例如汉语第三人称代词，在口语中只有一个读音形式（tā），书面语中却有三个文字形式：表男性的"他"，表女性的"她"，表中性的"它"。曾经有一个时期还流行过第四个文字形式，即专指动物的"牠"。另外，口语中不同的语音形式，例如汉语中"生长"的"长"与"长短"的"长"，音、义皆不同；"银行"的"行"与"行走"的"行"毫无音义关系。但是它们都在书面语中采用同一个文字符号。从中可以看出口语与书面语不一致的地方，证明二者是不同的系统。

### 3. 什么是文学语言

文学语言是指加工了的书面语。所谓加工，是指它比一般的书面语更严密、更规范。文学语言是书面语的高级形式，它已经超出了一般书面语的范畴，成为独立的概念。这里，文学语言并不等于文学作品的语言。我们称用于文学艺术创作的语言为文艺语言。在语言学理论术语中，"文学语言"是一个特定的概念，有特定的含义。它包括了社会科学与自然科学中所使用的、经过加工的、比较严密和规范的书面语言。

文学语言有两种表现形式，一种是书面的、视觉的形式；一种是口头的、听觉的形式。如我们看到的报纸、杂志、政论文章、文艺作品、学术论文等，都是书面的形式。而听到的广播、影视作品的人物对话、戏剧台词等都是文学语言的口头形式。因为这些通过口头表达出来的语言，实际上都是经过加工锤炼的书面语，都是以文学语言为基础的。

既然口语是第一性的，为什么不说文学语言是加工了的口语而说成加工了的书面语呢？因为口语的最大特点是"一发即逝"，如果不借助文字符号的记录，人们无法重复接收同一句话。只有记录下来以后，才能仔细分析、反复推敲，不断加工修改。当然，不借助文字而对语句加工修改的情况也是有的，例如说话之前想一想，发表意见之前先打个"腹稿"等。这种加工受到各方面的限制，并且要经过专门训练，否则想好了后句话忘掉了前句话，还是达不到加工的目的。真正的大量的加工是在书面语的基础上进行的。当然，它的根本基础还是口语，因为书面语是记录口语的。

口语、书面语与文学语言之间，口语是第一性的，是书面语和文学语言共同的基础；文学语言是一种语言的高级形式，代表了该语言的规范和发展方向；书面语是介于口语和文学语言之间的一种语言形式，是对口语的记录，又为文学语言提供了加工的素材和条件。

## 三　语言的分化、统一和融合

### 1. 语言的分化

一种语言内部分成几种不同的方言，或者这些方言发展成几种独立的语言，这些情况就叫语言的分化。

语言分化的基本原因是社会的分化。社会在发展过程中，会出现内部分隔，甚至分裂。分隔或分裂了的各部分社会成员之间交往减少，甚至不交往，这时，如果社会总体还存在着，各部分社会群体所使用的语言就可能发展成方言。例如中国古代曾出现过封建割据的局面，这就是一种社会分裂状态。割据的各个部分之间联系越来越少，但是整个汉民族社会还是存在着的，并且分裂和统一是交替进行的，统一的时间大大超过分裂的时间。于是，导致汉语各方言的形成。这种状态可称为半分裂状态。这种半分裂状态的结果就是产生了方言。

社会分化形成方言后，如果这个社会继续分化，这些方言就会形成独立的语言。我们把社会的这种分化状态称为社会的完全分裂，把形成的一些独立的语言称为亲属语言。本书后面所附《世界语言系属表》，就是介绍各亲属语言的情况的。

社会分化与语言分化的关系如下：

$$
社会分化\begin{cases} 半分裂状态——方言 \\ \\ 完全分裂状态——独立的亲属语言 \end{cases} \Bigg\} 语言分化
$$

从整个世界语言发展的情况看，语言的分化仍在进行，过去有，现在也有。古罗马帝国曾是一个疆域辽阔的统一的社会，后来崩溃了。在崩溃的过程中，经过了半分裂状态，形成了一些方言，如：法国、西班牙、意大利、葡萄牙方言。后来，社会继续分裂，最后完全崩溃。其结果是形成了法国、西班牙、意大利、葡萄牙等独立的国家。于是曾经分化出的各个方言，也相应地进一步形成几种独立的语言。

当代世界上，曾经被殖民的弱小民族不断争得了解放和独立，有些地区摆脱了殖民统治，成为独立的国家。这样，它们一定也会发展出自己的独立的语言。

社会分化也有形成类似方言的语言的例子，这是语言在渐变过程中呈现出来的现象。最突出的就是英国英语和美国英语的分化。一般说来，方言是一种民族语言的下位概念，而民族语言通常是与国家概念相联系的。不同的国家，应该说他们的语言都是独立的语言，即使再相近，也不能说成"方言"。从现在的情况看，英国与美国的语言仍处在继续分化的过程中。

2. 语言的统一

几种方言统一成共同语，或者两种以上的语言形成一种语言，这些情况都叫作语言的统一。语言的统一大致有下列几种情况。

第一种情况是几种方言统一成一种共同语。这些方言同属于一种民族语言，由于社会的分化而成为不同的方言。随着这个社会政治、经济以及文化的发展和统一，各方言又可以逐渐统一为一种共同语。

第二种情况是不同的语言之间的统一。例如在汉语发展的历史上曾有过与鲜卑语共存的阶段。这两种语言接触的结果是，鲜卑语被汉语同化了。这也是语言的统一。

还有一种情况是亲属语言之间的统一。因为是亲属语言，在统一的过程中，亲属语言一般先转化为同一语言下的不同方言，然后再由方言统一为共同语。

语言统一的原因在于社会的统一。分裂或半分裂的社会一旦停止了分裂，由此造成的语言分化也便停止。如果这个社会开始走向统一，语言一定向着统一的方向发展。

语言统一的结果是共同语的形成。共同语不是各种方言或语言的相加，而是以一种方言或语言为基础，吸收其他方言或语言中的某些成分，发展成统一的共同语。语言统一过程中的基础方言或语言，不是人为确定的，通常与政治、经济实力与文化的发展程度有关。只有政治中心地区的、经济和文化都较发达地区的、使用人数多的语言才有可能成为共同语的基础。

3. 语言的融合

两种语言形成一种语言就叫作语言的融合。语言的融合是专指不同语言之间相互接触后，一种语言融合另一种语言的情况。

语言融合的方式主要有两种。

一种是斗争的方式。当两个社会的接触是以斗争的方式进行的时候，由此导致的语言的接触和融合也就称之为斗争的方式。在这种情况下，在战场上取得胜利的民族，他们的语言的命运可能有两种结果，一种是保持自己的基本面貌不变而成为社会的通用语言，即获得语言融合的胜利；另一种结果是改变自己的基本面貌、甚至为了维持自己的胜利，不得不放弃自己的语言而采用被征服者的语言，即军事上的胜利者在语言融合中却是失败者。在汉语发展的历史中，曾有几次类似的例子。元朝和清朝都是少数民族战胜汉族而统一中国的，但是取得了政权的少数民族都不得不采用汉语作为通用语言。甚至建立了清朝的满族所用的语言现在已鲜为人用了。

另一种是合作的方式，即社会的相互接触是友好地进行的。这时，语言便在合作的交际中互相汲取营养，丰富和发展自己。语言融合的结果是双方得到共同的发展。

应当看到，进行合作的各社会之间，在政治、经济、文化诸方面的发展是不平衡的。发达民族在合作中发挥的作用相对大些。不发达民族要向发达民族学习许多东西，吸收各种成果，其中包括吸收语言成分。其结果是，发达民族的语言因经常被使用而逐渐成为一种广泛的交际工具，即成了族际交际语。例如我国是一个多民族的国家。中华人民共和国成立以后，在民族平等、民族合作的政策下，各民族的语言通过合作方式的接触，相互间吸收了一些成分。但是汉语的历史地位、使用人数，以及汉族地区政治、经济、文化的发展促进了汉语的广泛应用。各少数民族也纷纷学习汉语、使用汉语，从而使汉语成了我国的族际交际语。各少数民族地区一般都实行双语制，既使用本民族语言，又使用汉语。

语言以合作的方式融合发展下去，将会怎样？对此斯大林曾有一个预言。他认为将来发展到了共产主义社会的时候，各个社

会之间在政治、经济、文化上已没有高低的悬殊，也就无所谓哪
一种语言起主要作用了。这时语言互相吸收，共同的成分越来越
多，从而形成一种新的共同交际用语。这种语言既不是汉语，也
不是英语或俄语。根据语言的发展看，这种推测具有一定的科学
性。现在社会没有发展到那一步，斯大林的这个预言还没有变为
现实。从现在各语言之间的融合看，还是要有一种语言起主要作
用的。因为这种起主要作用的语言对其他语言的影响比较大，所
以它往往可能发展成为族际交际语。

语言的融合与语言的统一之间的关系如下：

$$
\text{统一}
\begin{cases}
\begin{cases}
\text{方言——共同语} \\
\text{亲属语言——共同语}
\end{cases} \text{统一} \\[2ex]
\text{不同语言}
\begin{cases}
\text{斗争方式　不产生第三种语言} \\
\text{合作方式　可能产生第三种语言}
\end{cases} \text{融合}
\end{cases}
$$

4. 双言、过渡语、双语和混合语

语言的发展是渐变的，因此它在分化、统一和融合的过程
中，会出现以下几种现象。

（1）双言现象

一个社会群体的成员同时使用一种语言及这种语言的某一种
方言，这就叫双言现象。在语言分化或语言统一过程中都会出现
这种现象。当语言分化的时候，方言存在，原来的语言还存在，
还多少有它的作用。因为社会并没有彻底分裂，有些社群中就可
能同时使用方言和全民语言。在语言统一的过程中，方言统一成
共同语的时候，方言还存在，还有人使用，于是出现了方言与共
同语并存共用的现象。例如我国推广普通话的结果是，有些人既
会讲家乡话，又会说普通话。他可能在公开的场合使用普通话，
而在家乡使用方言。

（2）过渡语现象

一种语言与它的方言相混合，既不像民族共同语，又不像方

言的语言现象，就叫过渡语现象。这是方言向共同语靠拢、过渡的结果。例如在我国推广普通话的过程中，有些人由于受方言影响，说的普通话带有浓重的方音。我们平时所说的"上海普通话""广东普通话""四川普通话"等就是。这种带方言色彩的共同语，只是方言向共同语过渡的一种现象。尽管过渡语也能表现出许多规律性的变化、表现出严格的对应规律，但是它不可能成为一种独立的语言。

（3）双语现象

一个社会群体同时使用两种或两种以上的语言，这就是双语现象。它与双言现象的不同之处在于：双言指同一语言系统内，方言和共同语共存共用；双语则指不同民族语言的共存共用。双语现象常发生在语言融合的过程中。两种方式的语言融合都可能发生双语现象。就斗争方式的语言融合来讲，常表现为胜利的民族强迫失败的民族使用胜利者的语言。这时对失败者来说，就出现了双语现象。一方面使用本族语言，另一方面被迫使用征服者的语言。合作方式的语言融合也可能出现双语现象，即不同民族除使用本族语言外还使用族际交际语。目前我国各少数民族地区除使用各民族语言之外，还普遍学习和使用汉语，这就是双语现象。

（4）混合语现象

不同的民族语言相混合而出现的一种语言现象就叫混合语现象。混合语又叫洋泾浜语。解放前我国海港码头上就有这种现象。因为接待各国来往的船只，其中多数是讲英语的国家的船只，码头工人为了交际的需要，便把汉语和英语混合着讲，所用的词多是生硬的英语词语，但又没有形态变化，语法语序则是汉语的。由于这种混合语能够勉强进行简单的交际，便逐渐在码头上使用下来。其他国家和地区，凡是有不同语言接触的地方，都可能出现这种混合语现象。有些个别语句的混合也属于这类现象。如"你的大大的好"就是日语和汉语混合。现在广东地区也有说"让我 look look"这样的句子，便是汉语和英语的混合。混合语和过渡语一样，也不是一种独立的语言。

通过前面的介绍可以看出，语言分化和统一的过程是渐变的、不平衡的，是一个长期而缓慢的演变过程。整个过程构成了语言发展的历时情况。无论是分化还是统一，都不是针对语言内部某一要素而言的，而是针对语言整个系统说的，是语言符号体系的分化和统一。因此，分化的结果，不论是方言，还是亲属语言，都是一个独立的语言符号系统，都能完成语言的交际功能。语言融合过程中所产生的过渡语、混合语是一种过渡状态的暂时的现象，它们不是独立的语言。

## 第三节　语言发展的共时情况

### 一　语言的社会变体

#### 1. 什么是语言的社会变体

由于社会中的人们所处的阶级、阶层不同，行业分工各异，年龄、性别、受教育程度不同等种种差异，人们在运用同一种语言进行交际的过程中出现了某些变化和不同。这些变化和不同就是语言的社会变体。这些变体一般表现在语言内某些要素上，例如语音或者词汇等方面。比如对"妻子"的称呼，封建士大夫常用"拙荆""贱内"，劳动人民则称"老伴""家里的""老婆"。这种不同便是由人们的社会差异所造成的语言的社会变体。

语言的社会变体表现为群体性，也就是说某种变体是为某一群体所共有的。在这一个群体中，这种变体被每一个成员所理解、所使用，成为该群体内语言符号系统的重要组成成分。

语言的社会变体有些既在某一群体内使用，也能被群体外乃至全社会其他成员所理解，例如"夫人""妻子""老婆"这组词分别有它们各自所适用的场合、环境以及使用者的身份关系特点，但是不管谁在什么情况下使用其中哪个词，社会全体成员都能理解。所以这些社会变体的交际功能和社会性就不局限在某一群体内部。还有一些社会变体则只在某一群体中使用，其他人不理解也不使用，例如某些只有某个集团才用的秘密语。

2. 常见的语言的社会变体

（1）语言的阶级和阶层变体

某一阶级或阶层中某一部分人为满足某种需要而使用的某些词语，包括特殊的称谓、习惯的说法等，就是阶级或阶层的语言变体，过去也叫"阶级习惯语"。例如尊称的表示法，封建士大夫以及知识分子多用"令"，如"令尊""令郎""令爱"等；国民党军队及其上层却用"座"来表示：如"师座""委座""军座"等。这种差异就是阶级的语言变体。又如见面打招呼用语，就有"久仰""幸会""您好""吃饭了吗""上哪儿去"等。各种不同说法的差异是很明显的，这是社会上不同阶层的人的习惯说法，是阶层的语言变体。

（2）语言的行业变体

社会分工的不同，使社会成员分别生活在不同的行业中。由于各种行业的特殊性，在工作和实践中就有许多表现本行业特点、适应本行业交际需要的专门词语，这就是语言的行业变体，又称为"行业语"。例如工业中的"车床""车工""钳工"，纺织业中的"粗纱""细纱""挡车工"，石油行业中的"油井""输油管""抽油机"等，都是各行业中的语言变体。

行业语一般说来不具有秘密性，它是对社会公开的，可以被社会中所有的人所理解。实际上人们对行业语不了解或了解甚少，所谓"隔行如隔山"，并不是保密性造成的，而是由不接触、不使用所致。如果到这个行业中去，或进一步从事这个行业的工作，自然很快就会了解它的许多行业语。

行业语的开放性，使它在社会交际中占有重要的地位，并发挥着巨大的作用。首先，行业语不但供本行的人使用，也可以供其他行业的人掌握和使用。这样，便于不同行业的人进行交往。其次，行业语还能为社会通用语提供语言材料，从而丰富民族共同语的语汇，增强其交际功能。例如"比重""消化""渗透"等都是从行业中的专门术语进入共同语词汇中的。

（3）语言的社群变体

这里所谓的"社群"，指的是社会内部由于某种关系，或者由于人们年龄、性别或兴趣爱好等而形成的不同的群体。由于这种群体特征不同而形成的语言变体，就是不同社群的语言变体。例如，在妇女团体中很少称"同志们""师傅们"，而称"姐妹们"，就属于不同社群的语言变体。

年龄、性别的差异造成的语言变体也是常见的。如我们平常说到的"老人语""娃娃腔"之类。年龄大的人谈到年轻人常说"后生""小青年"，夫妻之间则称"老伴"。年轻人称妻子用"爱人"一词，军人一般则说"家属"。儿童用语则多是"碗碗""糖糖""鞋鞋"之类重叠式的或半卷舌韵的。同是年轻人，女青年说话多显得含蓄、文雅，男青年可能多用一些豪放的词语。所有这些，都是不同社群的差异造成的语言变体。

（4）语言的宗教变体

宗教是一种特殊的社会现象。信仰宗教的人是跨行业的一种社会群体。在这个群体中，不分性别、年龄、职业甚至人种。语言在宗教群体中产生的各种变体就叫作语言的宗教变体。例如基督教中的"礼拜""修女""复活节""弥撒"，道教中的"道士""道君""道门"，佛教中的"和尚""方丈""菩萨"等，都是不同宗教的语言变体。

语言的宗教变体会随着传播而传播，并且渗透到社会各阶层、各行业人们的生活中，个别的也可能进入社会共同语中。与各种行业语词进入共同语的情况相类似，语言的宗教变体在语义上都发生了一定的变化，或引申或比喻，很少有直接应用原义的。如"金刚""活佛""作孽"等词语。

　　（5）语言的语境变体

　　所谓"语境"，即语言环境，是由交际双方的情况，以及各种背景因素构成的。由于语言交际环境不同而形成的语言变体就叫作语言的语境变体。例如同是一个人询问对方年龄的问话，如果是问老年人，就说"老人家高寿？"或"高龄多少？"如果是问小孩子，就说"几岁啦？"，这两种不同的问话方式就是由语境决定的。

　　除以上几种社会变体之外，还有一类变体，就是"隐语"。这种语言变体与上述各类的不同之处在于它的"秘密性"。隐语是某一社群或集团内部使用的、对社群以外的人保密的一种语言变体。例如小说《林海雪原》中土匪使用的"黑话"就是一种隐语。解放前地下工作者的接头暗号，也属于隐语。

　　隐语这种语言变体，是在共同语的基础上，利用共同语的材料和规则，由社群内部所做的特殊约定。像把土匪抓人质勒索钱财叫"绑票"，把杀掉人质叫"撕票"，过去在商业集团内部，把数目字改变叫法，如"旦底"表"一"、"空工"表"二"、"横川"是"三"、"侧目"为"四"等都可归入"隐语"的范围。

## 二　语言的功能变体

### 1. 什么是语言的功能变体

　　语言功能就是指运用语言所达到的交际目的以及实际的交际效果。由于特殊的表达需要，常常改换通常的说法或具体的词语，这就出现了语言的功能变体。这里特殊的表达需要常常与交际的具体环境有关，例如不同的时间、地点，不同的交际对象、交际目的等。比如，同是"死亡"这件事，就有好多种说法，像"死""去世""逝世""过世""老了""走了""没了""殁了""折了"等，这些都是不同的功能变体。

　　语言的功能变体也是交际工具，也具有交际功能。而且，由于有这些功能变体，语言才显得更加丰富多彩，更加生动准确，能适应各种环境、各种目的的交际需要。

2. 常见的语言的功能变体

（1）禁忌语

人们在交际的时候，由于某种原因不能、不敢或者不愿说出某些词语，这些词语就叫禁忌语。例如渔民忌讳"翻""沉"这些字眼，因为出海行船，"翻""沉"都是不幸的事情。由此与"翻""沉"同音的词也不能说。于是"帆""陈"都成了 禁忌语。但是有些事物是必须表达的。交际过程中遇到禁忌语又必须表达时，则换一种说法。例如过年煮水饺煮破了要说"煮挣了"。因为无论什么"破"，总归是不吉利的。"挣"暗示"挣钱"的意思。

（2）委婉语

因为社会生活中出现了各种禁忌语，所以产生了各种替代物。这些代替禁忌语完成交际功能的语言成分或表达方式就是委婉语。有时，没有禁忌，但为了把语言表达得委婉一些，也能产生委婉语。例如把"开刀"说成"手术"，就避开了"用刀子把肉割开"这样具有刺激性的说法。又如指派一个人到某地去出差办事，既可以用命令式句子"你到××去一趟"，也可以用委婉式的句子使语气和缓，如"你看能不能到××去一趟?"或"你到××去一趟怎么样?"等。

可见，委婉语并不都是由禁忌语产生的。有的委婉语与禁忌语有直接关系，有些则纯属人们为追求更好更合适的表达效果而产生的。这是一种精神文明的表现。在一个高度文明的社会中，往往有大量的委婉语。在语言运用上，委婉语往往能起到重要的作用。同样的意思，说法不一样，所得的效果会大不相同。现代社会中人们在社交、服务接待等方面都十分重视表达方式和表达效果，也就少不了讲究委婉语的使用。

语言的功能变体是随着语言交际的功能目的而产生的。只要有语言交际功能在，社会就会产生功能变体。有一种看法，认为禁忌语是由人们的迷信造成的。照这种看法，社会上消灭了迷信现象，也就消灭了禁忌语产生的基础，于是禁忌语也便消失了。

实际上并非如此。应当说，旧社会中有许多禁忌语与人们的迷信有关，但这些只是禁忌语的部分内容。破除了迷信，与迷信有关的禁忌语可能消失。但是，其他方面的禁忌语仍然存在。例如在某些公开的隆重的场合忌说粗鲁的语句言词，这种禁忌语是与迷信无关的，所以它也不会随迷信的消失而消失。语言的功能变体是语言交际过程中产生的现象，是适应交际需要而产生的有利于增强语言交际功能和表达效果的语言现象，在语言交际中，是有积极作用的。

## 三　语用含义

### 1. 什么是语用含义

语言符号在实际运用过程中，除了符号自身的意义之外，会因具体的交际条件、对象以及有关的背景知识而产生新的含义。这种因实际运用而产生的意义就叫语用含义。有时同样一句话，用在不同的语言环境中，会产生不同的语用含义，从而具有不同的表达效果。

语用含义的特点，在于它与语言符号自身的含义同时存在。这种存在并不是直接地用言词表达出来，而是在与周围环境的相互关系中表现出来的。这里便产生了一个问题，就是交际双方对语用含义的认识和理解，会与各自的文化程度、思维推理方式以及交际习惯、性格特点等因素相关。否则会出现"说者有意、听者无心"或"说者无意、听者有心"的情况。这种由对语用含义的不同认识造成的交际障碍甚至引起的令人不愉快的事，在实际生活中常有发生。可见语用含义具有十分重要的交际作用。

语用含义不能脱离语言符号而存在，它要在语言符号的基础上通过交际者的思维联想和推理才能产生。通常交际者对语言符号自身的理解不会有什么问题。但是理解了表面意义并不等于理解了语用含义。要达到在语用含义层面的理解，就要求交际双方必须有共同的背景知识、共同的推理和联想方式，即拥有理解的共同的基础。

2. 语用的内容类型

（1）语境意义

在交际过程中，由于语境的因素，语言符号产生的其他的含义就是语境意义。狭义的语境是指上下文，广义的语境则指语言符号运用环境中的全部相关因素，包括社会条件、时间、地点以及交际双方的关系、知识背景等。这里，我们从广义的理解来讨论语境意义。

语境因素对语言交际的作用表现为以下三点。

首先，语境可以判定语句含义的真假。例如明明是在课堂上讲课，却说"今天开会研究一下语用含义问题"，这时，根据语境，就可以判定这句话为假。说成"今天上课讲一讲语用含义问题"，才与语境相符，就可以判定这句话是真的。

其次，语境可以帮助确定语义内容。语言符号孤立存在时，有些没有具体内容或内容不确定，它们只有在具体的语境中才能获得具体的内容或确定的含义。例如"昨天你见到那人了吗？"这句话中"你""那人"到底指谁，必须在具体的语境中才能确定。

最后，语境可以帮助人们获得语言符号本身意义之外的意义。如买了一些鱼放在屋子里，过些时候去看，发现鱼堆变样了，还少了一些。这时问："鱼怎么了？"回答说："小猫进去了。"因为有前面介绍的背景，加上人们对于猫喜欢吃鱼这一常识的了解，于是便产生了"大概是小猫把鱼吃掉了"这样的语境意义。这个意义并没有包括在"小猫进去了"这句话中，而是当这句话出现在这个语句中的时候，产生出来的。假如在另外的环境下，从外面往屋子里赶猫时，问："小猫进去没有？"回答说："小猫进去了。"这时这句话所表达的意义就与前边所举语境意义完全不同了。

在语言交际中，语境始终在起着作用。借助语境因素提供的信息，交际双方可以用更少的语句表达更丰富的意思。所使用的语句可以省略，也可以跳跃，都不会影响交际。

（2）社会意义

社会意义是指社会文化等背景因素赋予词或句子的某种特殊的含义。例如我国"龙袍""龙颜""龙庭"等词都是特指与皇帝有关的事物，这种特指的意义是由我国传统文化决定的。如果离开了我国传统文化的背景因素，看到这几个词，怎么也不会想到与皇帝有什么关系。再如李宁在国际体操比赛中得了十分，大家一听都很高兴。原因在于有个社会条件，就是体操比赛中"十分"是最高分。如果是百分制，那就不会为"十分"庆贺了。

社会意义在交际中的作用取决于交际双方对社会背景因素的认识。如果双方对社会背景有共同的认识和理解，社会意义便存在于这种理解之中，这便是所谓"不言而喻"。如果双方对社会背景没有共同的认识，或者其中有一方不了解社会背景，那么，交际过程中社会意义便发挥不了作用，甚至会使人百思不得其解。例如对于我国"文化大革命"中的一些词语，像"臭老九""牛棚""老九不能走"等，外国朋友不了解"文化大革命"的情况，只好摇头。至于"臭老九"与"老九不能走"中的"老九"的来龙去脉，恐怕中国人也要费一番口舌才能说清楚。现在二十岁上下的年轻人对这类词语也会感到陌生，原因就在于缺乏对社会背景的了解，无法掌握这些词语的社会意义。

（3）联想意义

人们在交际过程中，通过思维推理和联想，在语言符号基础上产生出的新的意义，就是联想意义。联想意义并不是一般的联想。例如听到收购废品的呼叫声，可能联想到自己是否有废品要处理，也可能联想到电视剧《破烂王》，甚至进一步想到笔耕之苦、脑体倒挂，以及体制改革方案等。在这些联想中，只有第一种联想才是"叫卖声"的联想意义，其他的只是一般的联想。二者的主要区别在于联想意义是交际过程中产生的，并且参与交际，具有一定交际功能的意义。一般说来，说话人在说话前对话语的联想意义有所预设，这属于交际内容之一。因为想到将会引起联想，便不直接说明，而让听话人通过推理思维产生联想意义，由此达到交际的目的。

可见，联想意义与交际的背景、条件，交际双方的知识、关系等因素都有一定关系。即使说话人预设了联想意义，但是如果听话人没理解、没想到，这个联想意义也不会起任何作用。

联想定义一般有常识性联想。例如前面举过"小猫进去了"一句。对这句话的理解必然建立在"猫爱吃鱼"这一常识的基础上。所以"大概是小猫把鱼吃掉了"这一语境意义也属于基于常识的联想意义。有关背景的、环境的诸因素都属于常识性联想。大量的联想都是这种类型。另一种属于特指性联想。这是基于事先约定的一种定向的联想。例如一个孩子对他妈妈说："妈妈，明天是星期几？"妈妈回答说："好的。"因为他们曾经事前说好星期天一起去公园。孩子的问话隐含着提醒妈妈"明天是星期天，该去公园了"这样一个意思。但孩子不直接把话说明白，同样起到了提醒的作用。妈妈的回答表明她理解了问话的联想意义。

## 四 非语言符号问题

### 1. 非语言符号的性质和特点

语言符号之外的其他一切符号都叫作非语言符号。例如赛跑时发令的枪声、汽车喇叭、货品箱上画的玻璃杯图案、十字路口的红绿灯等，这些都是非语言符号。

非语言符号都是在语言符号的基础上产生的，而且都要依靠语言符号而存在。非语言符号都是某种"意义"的载体。非语言符号所载负的意义都可以转变为语言符号，即运用语言符号准确地表达出来。

### 2. 非语言符号的作用

非语言符号是社会交际中不可缺少的辅助工具。语言是人类最重要的交际工具。非语言符号既不是独立的交际符号系统，更无法取代语言交际的功能。但在特定的时间、地点、场合下，非语言符号的作用也是语言符号所无法取代的。例如在药瓶外面画着一具骷髅和交叉的两根骨头，一望便知这是毒品的标志。这比单纯用文字表达更简洁明快而又醒目。又如在公路拐弯处常见的路牌，上面画着各类符号，标明弯道走向以及限速警告等。可以想象，对于行车中的司机来说，设在转弯处的提示没有比这些符号更合适的了。这是语言和文字所无法代替的。

非语言符号具有直观性的特点，它可以使不识字的人也能辨认和识别。例如男女厕所外面分别画着男女头像作为标志，就起到了传达信息的作用。

非语言符号也具有社会性，它要在社会上使用，它所表示的意义要让社会上的人们都能够理解，如果没有社会性，也就失去了符号的功能。非语言符号与意义之间的联系是人为的约定。例如"红灯停、绿灯行、黄灯等一等"之类。有些符号为了突出直观性，则采用象形或象征的方法表达意义。例如画个马车，中间画一横杠，表示不准马车通过；画两辆车相撞表示事故多发地段；等等。

3. 非语言符号的种类

（1）国际性的非语言符号

数学中的"＋、－、×、÷"等符号，红十字表示医疗卫生组织，镰刀、锤头表示共产党以及体育运动裁判使用的一些符号等等，都是国际性的符号。国际性符号具有国际通用性。

（2）国家和民族的符号

例如汉族用龙凤表示吉祥，用松鹤龟表示长寿，藏族用哈达表示最高的敬意，我国南方少数民族用荷包表示爱情，等等，都属于国家或民族的非语言符号。这些符号在一定的国家和民族内部具有通用性。

（3）某个集团或群体的符号

如地下工作者的联络信号，窗台上放花盆表示平安无事，若将花盆拿掉，则说明发生了意外。这种非语言符号的意义都要事先约定。再如解放前抗日战争时期村外山坡上的"消息树",也是经全村人约定的。

# 思 考 题

一、什么是语言要素的历史变化?什么是语言要素的临时变化?两者的关系如何?

二、简述语言发展的原因。

三、什么是语言发展的一般内部规律?什么是语言发展的特殊内部规律?简述两者的关系。

四、什么是方言?方言是如何形成的?

五、什么是共同语?简述共同语形成的条件。

六、什么是基础方言?什么是亲属语言?

七、什么是口语?什么是书面语?两者有何关系与区别?

八、什么是文学语言?

九、什么是语言的分化?简述其分化情况。

十、什么是语言的统一?简述其统一情况。

十一、什么是语言的融合?简述其融合情况。

十二、什么是语言的社会变体?常见的社会变体有哪些?

十三、什么是语言的功能变体?常见的功能变体有哪些?

# 第五章　语音

　　语音是人的发言器官发出的含有一定意义的声音。别的动物发不出像人类语音这样音色复杂、音节分明、意义明确的声音来。人无意识发出的无意义的声音（如咳嗽声）不是语音。语音是语言的物质外壳，或者说是语言的存在形式。语言借语音而存在。语言的词汇、语法及其语义都以语音为物质载体。语言的交际功能由说者发出语音、听者接收语音并理解其含义来实现。各种语言的语音成分及其结构方式，都有较强的系统性，并表现出不同语言的特点。

　　研究语音的科学是语音学。人们可以从各个方面，运用各种手段来研究语音。如可以研究人类语音的普遍规律，也可以只研究一种语言的语音系统；可以进行描写的分析，也可以进行历史的、比较的研究。另外，人们还可以利用各种实验仪器研究分析语音的物理性质和生理性质，即实验语音学。我们这里只讲一下语音的一般理论。

## 第一节　语音的属性

　　语音具有三个方面的属性：生理属性、物理属性和社会属性。

### 一　语音的生理属性

　　语音是由人的发音器官发出的，所以具有生理属性。人的发音器官原本是有其他生理功能的，比如口腔部分的口负责进食，牙齿管咀嚼，舌头则司搅拌、传送等。在语言产生的过程中，这些器官具有了发出语音的功能，构成了语音的生理基础。如果一个人的发音器官有毛病，则不能发出正常的语音。分析语音的生理属性，可以了解语音的发音机制。

人的发音器官可以分为三个部分。这三部分相互协调，共同动作，发出不同的语音。

第一部分是呼吸器官，包括肺和气管。肺部通过呼吸气流，提供发音的动力。气管则是传输气流的。肺和气管呼出和吸入空气，形成气流，气流冲击咽部和口鼻腔而发声。人类的语音一般是靠呼出气流发出的（呼气音），但是少数语言中有吸入气流时发的音（吸气音）。

第二部分是振动器官，包括喉头和声带。声带是两片韧带薄膜，可以闭拢和打开，成为声门。声带在气流通过时可以振动，也可以不振动，可以启闭，可以调节松紧，以发出清浊不同、高低有异的声音。

第三部分是调节器官，包括口腔、鼻腔和咽腔。气流自肺部呼出，进入咽腔、口腔和鼻腔，形成共鸣，然后经由口或鼻逸出。所以，口腔、鼻腔和咽腔有共鸣器的作用。同时，口腔中的舌、唇、齿可以做出不同的动作，特别是舌，可前可后、可高可低、可伸可卷；鼻腔肌肉一般不动，但可关闭。由此，可以改变气流通路形状，调节气流，从而发出各种各样的语音。

## 二　语音的物理属性

语音是一种声音，同别的声音一样，也是由物体振动而发出声波，通过听觉而产生声音的印象的。声波及其发生、传播都是物理现象，所以说语音是一种物质的东西，具有物理性质。我们说语音是语言的物质存在形式，正基于此。

语音的物理属性表现在它与其他声音一样，也具有音高、音长、音强、音色四个要素，这四个要素叫作声音的四要素。可以从这四个方面来分析语音的物理性质。

1. 音高

音高是声音的高低。它决定于发音体所发出的声波的振动频率①的高低。发音体振动得快，频率高，声音就高；发音体振动得慢，频率低，声音就低。发音体较长、较厚、较松的，振动慢，频率低，音高比较低；发音体较短、较薄、较紧的，振动快，频率高，音高就比较高。如琴弦绷得比较紧，声音就高；绷得比较松，声音就低。再如口琴的簧片，较狭而短的，发出的是高音；较宽而长的，发出的是低音。

语音中的音高，取决于声带的长短、厚薄、松紧：长、厚、松的，振动慢，音低；短、薄、紧的，振动快，音高。不同人的声带条件不一样，发音的音高就不一样。成年男子的声带较厚长而松，声音较低；妇女和儿童的声带较薄短而紧，声音较高。同一个人可以控制声带的松紧，从而发出不同的音高。

音高在语言中具有重要作用。它可以构成句调和声调。在有些语言中，音节的音高变化（即声调）可以区分不同的意义。如汉语的声调，在语音系统中与声母、韵母同样重要，每个音节都有固定的声调，不同的声调表示不同的意义。如 dā（搭）、dá（答）、dǎ（打）、dà（大），再如 hǎo（好，好坏）、hào（好，喜好）。音高构成的句调可以表达特定语气或感情色彩。

2. 音长

音长是声音的长短。它由声波持续的时间长短所决定。发音体振动的时间长，音就长；发音体振动的时间短，音就短。

语音中的音长是由发音持续时间的长短决定的。比如发一个 a，声音拖长，就是较长的 a；稍发即止，就是较短的 a。

音长在语言中也有重要作用。它可以在语调中起作用。在有些

---

① 频率是物体每秒钟振动的次数。

语言中，音长的不同可以区别词义。如黎语保定话"箭"［tiːp⁷］①
和"拾"［tip⁷］即由元音［i］的长短来区别。英语中也有长短元
音的对立，如 reed ［riːd］（芦苇，芦笛）和 rid ［rid］（使摆脱）。
汉语普通话中的轻声，不但读得比较轻，一般也比较短。

3. 音强

音强是声音的强弱。它决定于发音体所发出的声波的振幅②
大小。使发音体振动的外力大，振幅大，声音强；使发音体振动
的外力小，振幅小，声音弱。如口琴，用力吹，则簧片振动剧
烈，声音强；不太用力吹，簧片振动不强，声音弱。

语音中的音强，取决于发音时呼出气流的力量大小。呼气时
用力，对发音器官压力大，发出的声音就强，反之则弱。一个
音，用力读，则音强较强；不用力读，则音强较弱。

音强在语言中也有重要作用。它可以在语调中起作用。在有
些语言中，音强的变化构成了词的轻重音。重音的位置，可以区
别词义。如英语 permit，重音在前［ˈpəːmit］为名词"许可、执
照"；重音在后［pəˈmit］为动词"允许"。汉语普通话中的轻
声，是念得音强较弱的音节（音长也较短）。轻声与否，有时也
能区别词义，如"孙子"，后一音节轻声，指的是儿子的儿子，
不轻声则指我国古代著名军事家。

音强与音高是两种不同的语音要素。当然，较高的音发音时
往往稍微用力些，较低的音往往用力稍小些。这说明音高与音强
有一定的联系。但是两者毕竟是不同的。在相同的音高下，我们
可以发出不同的音强；在同样用力（音强相同）的情况下，我们
可以发出不同的音高。比如，我们可以对口琴的一个孔用力或不
用力吹（音高相同，音强不同），也可以同样用力吹不同的孔
（音强相同，音高不同）。发语音时也是这样，同样声调的一个

---

① 国际音标以"ː"或"："表示长元音。音标右上角的"7"表示第七调。
② 振幅指振动的幅度。

音，可以大声说也可小声说；同样用力发一个音，可以有声调的变化。这就要求我们注意不要把语音的高低与强弱混同。

4. 音色

音色是语音的特色，又叫"音质"，以前也叫"音品"。它是一个声音区别于其他声音的最本质的特征。它取决于基音的性质及其与陪音的相互关系不同而造成的声波形式的不同。为了说明这个问题，我们先介绍一下基音和陪音的有关情况。

声音可以分为单纯音和复合音两种。发音体单纯振动发出的声音叫单纯音，即物体只有一种振动，发出单一的声音。如物理实验中音叉发出的音就是单纯音。不过自然界的音响中一般都是复合音。复合音是发音体的一系列振动复合而成的声音。不同发音体或同一发音体的不同部分同时振动，各种振动汇合而成复合音。如风吹树叶的唰唰声，是由许多树叶同时振动复合而成的。复合音中频率最低的音叫基音，基音之外的音都是陪音。我们平时说的音高，主要是指基音的音高。基音的性质、陪音的多寡以及基音与陪音的相互配合，构成了不同的声波形式，形成了不同的音色。

为什么会有基音和陪音的种种变化呢？或者说，是什么造成音色的不同呢？一般说来，是由三个方面造成的。

第一，发音的物体不同，可以形成不同音色。如乐队奏同一音高的一个音符，不同乐器发出的声音各不相同。

第二，发音的方法不同，可以形成不同音色。如用木棍敲击铜锣或划过铜锣，发出的音不同。

第三，共鸣器形状不同，可以形成不同音色。如大提琴与小提琴音色的不同，主要由其共鸣器的大小不同造成。

语音也是一种复合音。其音色的变化与一般声音音色的变化是相同的，也是由发音体、发音方法和共鸣器形状三方面因素决定的。人们可以通过发音器官的活动，改变发音部位、发音方法及共鸣形状，发出不同的音色。比如，振动器官声带可以振动也可以不振动，这就使发音体发生变化；排除阻碍时，气流可以较强也可以较弱，这就使发音方法产生变化；鼻腔可以打开也可以关闭，这就使共鸣器形状产生变化。

音色是一个音区别于其他音的最根本也最显著的特色，在语言中的作用也最重要。音色的变化最为丰富多样，可以满足人们区别各种意义的需要。任何语言的语音系统都是以不同音色的音素为其基本构成，其他要素（音高、音长、音强）则并不是在每种语言中都占据重要地位的。如汉语中音高重要，而音长、音强并不太重要；英语则相反。

需要注意的是，语音的音高、音长、音强、音色四个要素都是相对的而不是绝对的。如音高，高音和低音是相对而言的：相对较高的音就是高音，相对较低的音就是低音。尽管一个女子的低音可能比一个男子的高音还要高，但我们还是认为该女子发的是低音而男子发的是高音。因为这个女子还有更高的音，这个男子还有更低的音。音的长短、强弱也是相对而言的：相对较长、较强的即为长音、强音，反之则为短音、弱音。就音色而言，同一个人前后发的同一个音，很可能声波形式也略有不同；不同人的嗓音特点更是不同。但我们并不去计较个人嗓音的差别，更不追究一个人前后发音的微异，而是把基本相同的音色视为相同。

## 三 语音的社会属性

语音都是含有一定意义、作为意义的载体而起交际作用的，这就决定了语音具有社会属性。这也是语音区别于自然界其他声音的最根本的性质。

语音与意义的结合是由社会决定的。语音作为一种符号与它所代表的意义相联系，但这种联系并不是必然的。一个语音表达一个什么样的意义，是由使用这种语言的社会在使用中约定俗成的。所以，一个意义可以用不同的语音形式表示。比如"太阳"，汉语中有的方言叫 [tʰai iaŋ]（太阳），有的叫 [ʐʅtʰou]（日头），

有的叫［lau iɛtʂɿ］（老爷子），而英语叫［sʌn］（sun），日语叫
［hi］（日）。同一个音也可以表示不同的意义。如［i］，汉语中
表示"衣""医""一""依"等多种意义；日语中则表示"胃"
"井""意"等意义。同时，语音与意义的结合由社会约定俗成之
后，个人不能任意改动。这也是语音具有社会性的表现。

　　语音的系统也是由社会决定的。任何语言或方言都有其独特
的语音系统，比如有哪些音、没有哪些音、音与音之间的组合关
系等。这些语音系统上的特点没有生理的、物理的或其他方面的
原因，只是由使用这种语言的社会约定俗成的。比如汉语中有 tʂ、
tʂ'、ʂ 等卷舌音，而英语中没有，英语中有 b、d、g 等浊音而汉
语大部分方言中没有，这并不是汉、英两个民族的发音器官有什
么不同，也不是地理的原因，而仅仅是由于汉、英两个民族各自
约定俗成地选择了各自的语音系统。由于自幼受特定语音系统的
熏陶，一个人往往对母语中具有的语音特征，听觉上比较敏感，
发起来也容易，对母语中所没有的语音特征，则不易听出、也不
容易发出。如西方人对汉语的四声和汉族人对西方语言的颤音、
浊音，都是不易分辨和难以准确发出的。但是，经过训练，一个
人可以掌握各种语音系统。这说明语音系统与生理和地理等非社
会因素无关，只是社会习惯的产物。

　　语音以人的发音器官为其不可或缺的生理基础，又同其他声
音一样，具有物理属性，但最根本的是它具有社会属性。它与意
义紧密结合，成为语言的物质存在形式。

## 第二节　元音和辅音

### 一　音素和音标

　　音素是按照音色的不同划分出的最小的语音单位。音素是从
音色的角度划分出来的语音单位，与音高、音长和音强没有关

系。它又是最小的单位，不能再划分。例如汉语"汉"的读音［xan］，仔细分析不难发现，它是由三个单位组成的：［x］［a］［n］。这三个单位具有不同的音色，并且不能再划分成更小的单位，因此是三个音素。至于"汉"的声调（全降调）属于音高范畴，不能作为音素。

音素与字母不同。一个音素常用一个字母来表示，如英语 edit［'edit］（编辑，校订）用四个字母表示四个音素。一个音素也可以用几个字母表示，如英语 long［lɔŋ］（长，长久）用 ng 两个字母表示［ŋ］一个音素。一个字母也可以表示不同的音素，如英语的 a 可以表示［ei］［æ］［ə］等音。

分析语音需要把它记录下来，变成书面符号。记录语音的符号就是音标。广义上，一切标记语音的符号都是音标，包括标记音素的音素音标（如国际音标）、标记音位的音位音标（如汉语拼音字母）、标记音节的音节音标（如日文假名）、标记某些语音结构的语音结构音标（如汉语注音字母"ㄠ""ㄢ"等）。狭义的音标只指标记音素的音素音标。为了精确记录语音，语音学家们创制了多种音素音标，国际音标是最通行的一种。

国际音标是国际语音教师协会（后改名为"国际语音协会"）1888 年制定发表的，后几经修改，为世界各国语音学界所通用。它的特点有三个方面。①标音准确，严格以"一音一符，一符一音"为原则。同一个音，无论在哪种语言中都以相同的音标记录；一个音标，只能代表一个音素。这就避免了同音不同符和同符不同音的混乱，便于准确标音。②符号简易通行。所用符号以拉丁字母为基础，有的是拉丁字母的变形，如倒写的［ɯ］、加笔的［ɨ］，少数采用别种字母和独创的符号，如［æ］［ʔ］。③使用灵活。国际音标有一些附加符号，用以精细记音。还可以根据需要增添新的符号。我国在描写汉语和少数民族语音、方言调查和外语教学中一般采用国际音标。国际音标在书写上，一般用方括号括起，如［yɛn］（"元"）。（参见本书附录）

## 二　元音

音素分为元音和辅音两大类。

元音又叫"母音"，是发音时气流不受阻碍形成的音。如汉语的［ʌ］（啊）、英语［bæk］（back，背，背后的，向后）中的［æ］。发音特点是：①发元音时，气流由咽腔到口腔自由流出，不受到明显的阻碍。在发各种元音时，舌和唇也有一些变化，如舌头可前可后、可高可低，唇可开可较闭、可展可圆。这样就改变了气流通道形状，调节了气流，从而发出不同的元音。如发［a］时，舌头位置较低唇较开，而发［i］时舌头位置较高唇较闭。在发舌头位置较高唇较闭的元音时，虽然气流通道较为狭窄，但仍没有哪个部位形成明显的阻碍，气流可以不被闭塞也不受摩擦地自由流出。②发元音时，发音器官的各部位肌肉均衡紧张。由于发音时不是某一部位对气流构成特别的障碍，各部位肌肉紧张程度比较均衡。③发元音时，声带颤动。所以，元音比较响亮。

一般说的元音，是指舌面元音，即发音时舌面起调节气流作用的元音。另外还有发音时舌尖起作用的舌尖元音和发音时舌尖同时上卷的卷舌元音。上面三种元音发音时鼻腔通路堵塞，气流从口腔通过，所以叫口元音。发元音时，软腭下垂，气流同时从口腔和鼻腔通过，这样的元音是鼻化元音。

### 1. 舌面元音

发舌面元音时，主要由舌面起调节气流的作用。舌面可以抬高，也可以放低；舌面可随舌头前移由舌面前部起作用，也可后移由舌面后部起作用。舌头在口腔中的位置叫舌位。舌位可有高低、前后之分。嘴唇也对元音的音色起作用，可以圆拢，即圆唇，也可以平展，即不圆唇（展唇）。舌面元音的音色由舌位的高低、前后和唇形的圆展三个方面的条件决定，改变其中一个条件，即会发出不同的元音。

舌位的高低一般分为四级，依次是：高、半高、半低、低

（半高与半低之间即高与低的中点，可以叫中）。舌位最高时发出的元音叫高元音，如汉语"地"［ti］中的［i］。舌位在半高发出的元音叫半高元音，如汉语"波"［po］中的［o］、英语 bed ［bed］（床）中的［e］。舌位半低时发出的元音叫半低元音，如汉语"姐"［tɕiɛ］中的［ɛ］、英语 boar ［bɔː］（公猪，野猪）中的［ɔ］。舌位最低时发出的元音叫低元音，如汉语"巴"［pʌ］中的［ʌ］，英语 bath ［baθ］中的［ɑ］。舌位的高低与口的开闭程度是相联系的：舌位愈低，开口度愈大；舌位愈高，开口度愈小。开口度从小到大一般分为四级，依次为：闭、半闭、半开、开。高元音即闭元音，半高元音即半闭元音，半低元音即半开元音，低元音即开元音。舌位愈低，开口度愈大，元音愈响亮。所以，较低、较开的元音比较高、较闭的元音响亮。如［ʌ］比［ɛ］响、［ɛ］比［e］响、［e］比［i］响。

　　舌位的前后一般分成三类：前、央、后。发音时舌头前移，舌面前部拱起与硬腭相对而发出的元音是前元音。如汉语的［i］［y］［e］，英语 bank ［bæŋk］（堤，岸，银行，库）中的［æ］。发音时舌位不前不后，舌面中部拱起与上腭中部相对而发出的元音是央元音，如汉语"横"［xəŋ］中的［ə］、"打"［tʌ］中的［ʌ］，英语 serve ［səːv］（服务）中的［ə］。发音时舌头后移，舌面后部上抬与软腭相对而发出的元音是后元音，如汉语"姑"［ku］中的［u］、英语 stop ［stɔp］（停止，车站）中的［ɔ］。

　　发音时嘴唇圆拢的元音叫圆唇元音，如汉语"巨"［ltɕy］中的［y］、英语 stop 中的［ɔ］。发音时嘴唇不圆拢的元音叫不圆唇元音，如汉语"哥"［kɤ］中的［ɤ］、英语 much ［mʌtʃ］（很多的，很）中的［ʌ］。

　　为了清楚地显示元音的舌位高低、前后和嘴唇圆展这三方面的情况，语音学家们设计了元音舌位图（见图1）。元音舌位图是根据舌位的实际变动轨迹简化而成的。图为不规则四边形，其中的每一个点表示舌位的每一个位置。竖线表示高低，横线表示前后，不圆唇元音写在竖线左侧，圆唇元音写在竖线右侧。这样，任何一个舌面元音都可以根据它的舌位高低、前后和嘴唇圆展在舌位图上表示出来。

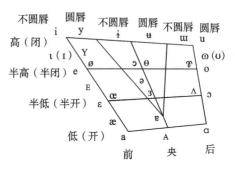

**图 5-1　舌面元音舌位**

对任何一个舌面元音，我们都可以从舌位高低、前后和嘴唇圆展三方面加以描写和分析。如［i］为前、高、不圆唇元音，［o］为后、半高、圆唇元音，［ʌ］为后、半低、不圆唇元音。有了这三方面条件，我们便可以知道一个舌面元音怎样发音了。

2. 舌尖元音

发舌尖元音时，主要由舌尖起调节气流的作用。发音时舌尖上升，靠近上齿背或硬腭前部，气流通路较狭窄，但不发生摩擦。

发舌尖元音时，舌头的位置是比较高的。按照舌尖位置的前后，舌尖元音分为舌尖前元音和舌尖后元音。发舌尖前元音时舌尖位置靠前，接近上齿背，如汉语"资"［tsɿ］中的［ɿ］；发舌尖后元音时舌尖位置靠后，接近硬腭前部，如汉语"知"［tʂʅ］中的［ʅ］。按照嘴唇的圆展，舌尖元音分为圆唇舌尖元音和不圆唇舌尖元音两类。发音时嘴唇圆拢的舌尖元音是圆唇舌尖元音，如陕西咸阳话里"苏"［sʮ］中的［ʮ］和"书"［sʯ］中的［ʯ］。

只有一部分语言和方言，才有舌尖元音。

### 3. 卷舌元音

发卷舌元音时，舌尖向硬腭翘起，带有卷舌音 r 色彩。卷舌元音可以看作发舌面元音时加上卷舌动作而成的，其舌位仍可有高低、前后的变化，口形仍可有圆展的变化，从而发出不同音色的卷舌元音。如汉语"儿"［ə］（或标作［ər]）是央、中、不圆唇的卷舌元音，"孩儿"［xar］中的［ar］是前、低、不圆唇卷舌元音。汉语普通话儿化韵中的主要元音都是卷舌元音。国际音标在字母右上角加"ɹ"表示卷舌，如［əɹ］，也常标［r］，如上举。

### 4. 鼻化元音

发舌面元音时，软腭下垂，打开鼻腔通路，让气流同时从口腔和鼻腔流过，这样的元音就是鼻化元音。如汉语济南话"盘"［pʻæ̃］中的［æ̃］、"跟"［kə̃］中的［ə̃］，法语 bon［bɔ̃］（好）中的［ɔ̃］。鼻化元音又叫鼻元音。有时，一个元音既卷舌又鼻化，即鼻化的卷舌元音。如汉语普通话"方儿"中的元音。国际音标在字母上面加"～"表示鼻化。

除了上述各种元音类别之外，在有些语言中，发元音时发音器官的肌肉紧张程度有相对紧张和相对松弛之分。这种区别可以区分词义。发音时，发音器官的肌肉相对紧张的叫紧元音，相对松弛的叫松元音。如彝语喜德话［Sɿ↓］（松元音）"死"，［Sɿ↓］（紧元音）"柴"；［vu˧］（松元音）"肠"，［vu˧］（紧元音）"进入"。在元音松紧不构成对立的语言中，元音的略紧或略松，只是发音的伴随性特征，不区分为紧元音或松元音。在有些语言中，元音的音长也能区别词义。在这些语言中，音长较长的元音叫长元音，音长较短的元音叫短元音。如汉语广州话"考"［haːu］中的［a］是长元音，"口"［hau］中的［a］是短元音；英语 heat［hiːt］（热）中的［i］是长元音，hit［hɪt］（射）中的［ɪ］是短元音。国际音标在元音后加"ː"或"："表示长元音，短元音不标。长元音和短元音是相对而言的，其音长是相对的。在音长不区分词义的语言（如汉语绝大部分方言）里，元音的稍长或稍短都可以不计。

## 三　辅音

辅音又叫"子音"，是发音时气流受到阻碍形成的音。如汉语"班"[pan] 中的 [p] 和 [n]。

辅音的发音特点是：①发音时，气流在发音器官的某一部分受到明显的阻碍。口腔内的牙、舌、小舌以及唇、喉壁、声带等都可以活动，相互靠拢或向不能活动的部位（如上腭、上齿等）靠拢。有的相互接触，堵塞气流通道，使气流受到阻碍；有的相互靠拢但不接触，使气流通道变狭，气流受阻后摩擦而出；有的则以其他方式对气流加以阻碍。气流受到不同程度的阻碍，需要冲破阻碍或摩擦阻碍的部位才能逸出，所以，气流也比较强。如发 [p] 时，上唇与下唇闭合，堵住气流，然后突然放开，气流冲出发音。②发音时，发音器官各部分肌肉紧张程度不均衡。构成阻碍的部分特别紧张，其他部分则比较松弛。如发 [p] 时双唇构成阻碍，特别紧张，其他部分（如舌）则不紧张；发 [t] 时舌尖上抵上齿龈，舌尖紧张而其他部分（如唇、舌面、舌根）不紧张。③发音时，有的颤动声带，有的不颤动声带。声带不颤动的辅音不响亮。如发 [p] 时声带不颤动，发 [m] 时声带颤动，所以 [m] 响亮。

辅音的发音过程一般分为三个阶段：成阻、持阻、除阻。成阻是辅音发音过程的开始阶段，即发音部位构成阻碍的阶段。可移动的发音器官的某一部位从静止状态或其他状态向不能移动的发音器官的有关部位靠拢，或者可移动的发音器官的两部分相互靠拢（如上下唇），构成发某一辅音所必需的阻碍，同时准备相应的气流。如发 [p] 时，软腭上升堵塞鼻腔，上下唇闭合。成阻时尚无气流到达，不发声。持阻是辅音发音的中间阶段，即发音部位持续阻碍的阶段。发音部位形成阻碍之后，气流到达，发音器官不变，继续阻碍气流。有的辅音发音时部位完全闭合，持阻时气流无法从口腔或鼻腔冲出，只是压迫形成阻碍的部位，这时不发声；有的辅音发音时发音部位不完全闭合，持阻时气流可以从中摩擦挤出，这时可以发声。持阻时发声的音可以延长。持阻时发音器官受到气流的压力，肌肉最为紧张。如发［p］时，成阻之后气流冲击双唇，但双唇仍闭合，气流不能出，不发声。发［s］时，鼻腔通路阻塞，舌尖向上齿背靠近但不闭合，这是成阻阶段；然后，气流到达，可以由舌尖与上齿背的缝隙挤出发声。除阻是辅音发音过程的最后阶段，即发音部位变化、消除阻碍的阶段。持阻之后，发音部位由构成阻碍的状态恢复到静止或其他状态，阻碍解除。持阻时不发声的辅音，这时由于阻碍解除、气流冲出而发声；持阻时发声的辅音，这时就不发声了。除阻时发声的辅音不能延长。如发［p］时，持阻之后双唇突然打开，气流一下子冲出来发声；发［s］时，舌尖离开上齿背，［s］发音停止。有的辅音只有成阻和持阻阶段而没有除阻阶段，叫唯闭音。如汉语客家话"夹"［kiap］中的［p］，发音对双唇闭合成阻并持阻，气流冲击发音部位，但双唇不打开，气流无法冲出，只做势不出声。

辅音的不同音色由发音部位和发音方法决定。发音部位是发音时发音器官对气流形成阻碍的部位。变换发音部位，可以发出不同的辅音。按照发音部位分类，辅音可以分为双唇音、齿唇音、齿间音、舌叶音、舌尖音、舌面音、舌根音、小舌音、喉壁音、喉音等。

双唇音是上唇和下唇构成阻碍而发出的辅音。如汉语"八"［pʌ］中的［p］、"妈"［mʌ］中的［m］，英语 bag［bæg］（袋）中的［b］。

齿唇音也可以叫唇齿音，是上齿和下唇构成阻碍而发出的辅音。如汉语西安话"猪"［pfu］中的［pf］，普通话"飞"［fei］中的［f］。

　　齿间音是由舌尖在上下齿之间构成阻碍而发出的辅音。如汉语山东沂水话"走"［tθau］中的［tθ］，英语 health［helθ］（健康）中的［θ］。

　　舌叶音是舌叶与上齿龈或硬腭形成阻碍而发出的辅音。如汉语山东潍坊话"知"［tʃʅ］中的［ʃʅ］、"受"［ʃəu］中的［ʃ］。

　　舌尖音是舌尖与上齿或上腭构成阻碍而发出的辅音。又可分舌尖前音、舌尖中音、舌尖后音。舌尖前音由舌尖与上齿背构成阻碍，如汉语"资"［tsʅ］中的［ts］。舌尖中音由舌尖与上齿龈构成阻碍，如汉语"得"［tɤ］中的［t］。舌尖后音由舌尖与硬腭前部构成阻碍，又叫翘舌音，如汉语"支"［tʂʅ］中的［tʂ］。

　　舌面音是舌面与上腭构成阻碍而发出的辅音。又可分为舌面前音和舌面中音。舌面前音由舌面前部与硬腭前部构成阻碍，如汉语"鸡"音节中的声母。舌面中音由舌面中部与硬腭中部构成阻碍，如汉语烟台话"鸡"音节中的声母。

　　舌根音也叫舌面后音，是由舌根与软腭构成阻碍而发出的辅音。如汉语"歌"［kɤ］中的［k］，英语 give［giv］（给）中的［g］。

　　小舌音是舌根与小舌构成阻碍而发出的辅音。如羌语［qa］（我）中的［q］、［xa］（铜）中的［x］、［ʁu］（肯）中的［ʁ］。

　　喉壁音是舌根与喉壁构成阻碍而发出的辅音。如阿拉伯语［ruːħ］（精神）中的［ħ］。

　　喉音是声带靠拢或闭合构成阻碍而发出的辅音。如汉语云南玉溪话"街"［ʔɛ］中的［ʔ］，广州话"希"［hei］中的［h］。

　　辅音的发音方法可以从三个方面来观察。一是成阻和除阻的方式，二是声带是否颤动，三是气流的强弱。

　　成阻和除阻的方式不同，可以发出不同的辅音。按照这个标准，可以把辅音分为：塞音、擦音、塞擦音、鼻音、边音、颤音等。

　　塞音是发音时发音部位完全闭合，气流爆破而出的辅音。又叫"爆破音""破裂音"。如汉语"波"［po］、"得"［tɤ］、"歌"［kɤ］中的［p］［t］［k］。

擦音是发音时发音器官不完全闭合，使气流从缝隙中摩擦而出的辅音。又叫"摩擦音"。如汉语"思"［sʅ］中的［s］，英语 zero［ziərou］（零）中的［z］。

塞擦音是由同部位塞音和擦音紧密结合而成的辅音。发音时发音部位先完全闭合，然后稍开，使气流从缝隙中摩擦而出。如汉语"资"［tsʅ］中的［ts］、英语 chief［tʃiːf］（领袖，主要的）中的［tʃ］。

鼻音是发音时发音部位完全闭合，气流只从鼻腔通过的辅音。如汉语"摸"［mo］中的［m］，"昂"［ɑŋ］中的［ŋ］。鼻音之外的辅音都是气流只从口腔通过，叫"口音"。

边音是气流沿舌头两边或一边通过而形成的辅音。如汉语"拉"［lA］中的［l］，英语 all［ɔːl］（全，所有）中的［l］。气流通过时摩擦较重的边音叫边擦音。如汉语山东寿光方言"事儿"［ɬ］。

颤音是由发音器官中有弹性的部分（小舌、舌尖或双唇）多次颤动而发出的音。如俄语中的 P［r］。只颤动一次的音叫闪音。如日语ら［ra］中的［ɾ］。

发辅音时声带可以颤动，也可以不颤动。声带颤动发出来的辅音叫浊音，又叫"带音"。浊音都是乐音，即有规律的声波，比较响亮。如汉语"拿"［nA］中的［n］，英语 dance［dɑːns］（跳舞）中的［d］。声带不颤动发出来的辅音叫清音，又叫"不带音"。清音是噪音，即无规律的声波，不响亮。如汉语"波"［po］中的［p］、"师"［ʂʅ］中的［ʂ］，英语 key［kiː］（钥匙）中的［k］。

塞音、塞擦音发音时，气流呼出有的强，有的弱。呼出气流较强的音是送气音，呼出气流较弱的音是不送气音。如汉语"坡"［pʻo］中的［pʻ］是送气音，"波"［po］中的［p］是不送气音。英语中的清塞音、塞擦音在一般情况下是送气音，如 check［tʃek］（支票）中的［tʃ］实际上是送气的［tʃ·］。国际音标以在音标右上方加"·"或"h"表示送气。擦音、鼻音、边音等持阻时便发音，气流通过狭窄的通路摩擦而出，所以气流都较强，一般没有送气不送气的区别。

任何一个辅音，都可以从以上几个方面进行分析（送气与否只适用于塞音、塞擦音）。如汉语"资"［tsɿ］中的［ts］是舌尖前不送气清塞擦音，"知"［tʂɿ］中的［tʂ］是舌尖后不送气清塞擦音，英语 ball［bɔːl］（球）中的［b］是双唇不送气浊塞音，［l］是舌尖中浊边音。

## 第三节　语音的组合

### 一　音节

音节是说话时自然发出、听话时自然感到的最小的语音片断。如汉语"革命"［kɤ miŋ］，我们是作为两个单位来发出的，而不是分五个单位。我们听到的也只是两个单位，而不是［k］［ɤ］［m］［i］［ŋ］五个单位。只有语音学家在分析语音时，才会把它们分成五个更小的单位（音素），一般人都是把它们当作两个单位来说和听的。它们是两个音节。在汉语中，一般来说，一个汉字就是一个音节。只有"花儿"之类的儿化韵常在后面加一个"儿"表示儿化，其实也只是一个音节，"儿"字也可以不加。

音节是语音结构的基本单位。它一般由几个音素组合而成，如两个音素组合而成的"革"［kɤ］，三个音素组合而成的"命"［miŋ］，四个音素组合而成的"交"［tɕiɑu］，五个音素组合而成的如英语 stand［stænd］（站立），也有六个以上音素组合而成的。音节也可以由一个音素构成，如汉语"屋"［u］、"宇"［y］、

"二"［ər］。

对于母语来说，一般的人都能区分一个个的音节。但适合于所有语言的划分音节的理论上的标准，是难以制定出的。对于音节的定义和区分音节的标准，语音学家有不同的理论。我们这里介绍肌肉紧张说。

我们在发一个音的时候，肌肉由松弛到紧张，再恢复到松弛，即有一个肌肉紧张度增而复减的过程。一个音节，只有一个肌肉紧张度增而复减的过程。也就是说，可以以肌肉紧张度的一次增而复减为一个音节。紧张度最强的地方（音峰）是音节的高峰，紧张度最弱的地方（音谷）是音节的分界处（见图5–2）。

**图5–2　音峰与音谷**

一般来说，发元音时肌肉比较紧张，也比较响亮，而辅音中的鼻音、边音次之，其他辅音则更次之。所以，一个音节中的音峰总是一个元音，如果一个音节有几个元音，则音峰在主要元音上；如果一个音节中没有元音，音峰在鼻辅音或边辅音上；其他辅音一般不能处于音峰。可处于音峰的音可以自成音节。如元音一般可以自成音节，［m］［n］［l］等有时也可自成音节，如汉语苏州话"亩"［m̩］、"吴"［ŋ̍］。

各种语言的音节结构类型不同。一个音节可以容许有几个音素、辅音的数量和位置、元音的数量与结合方式等，都可以表现出一种语言的音节结构类型。一般把音节分成两大类型：开音节和闭音节。开音节是以元音收尾的音节。元音在发音时发音器官开放，气流不受阻碍，所以叫开音节。如汉语"改革"［kai kɤ］是开音节。日语中除了以拨音ん［-n］收尾的，其他音节都是开音节，如あ［a］、か［ka］、た［ta］。闭音节是以辅音收尾的音节。辅音发音时发音器官闭合，气流受阻，所以叫闭音节。如英语 mirth［məːθ］（愉快）、mile［mail］（海里）都是闭音节。汉语普通话中只有以鼻音［n］［ŋ］收尾的闭音节，如"安"［an］、"昂"［ɑŋ］，其他音节都是开音节。粤、客家、闽方言中有以塞音［p］［t］［k］和鼻音［m］收尾的闭音节。

## 二　复元音

我们一般说的元音是指单元音，即发音时音色不变的单元音。这种元音在发音时，舌位和口形都不变，音色单一。在音节结构中，有的音节只有一个元音，有的音节却由几个元音组合在一起。一个音节中两个或两个以上元音的组合体叫复元音，又叫复合元音。复元音是一个音节中几个元音的紧密结合，由一个元音到另一个元音，舌位、口形都会发生变化以变化音色。如［ai］由［a］和［i］两个元音组合而成，前者是舌面前低不圆唇元音，后者是舌面前高不圆唇元音。

复元音是一个音节内元音的组合，分属两个音节的几个元音不是复元音。如汉语"家"［tɕiʌ］中的［iʌ］是复元音，而"鸡啊"［tɕiʌ］是两个音节，［i］和［ʌ］是分属两个音节的单元音。英语 our［ˈauə］（我们的）是两个音节，［au］属前一音节，是复元音，［ə］属后一音节，是单元音。

复元音分为二合元音和三合元音。通常的说法是，由两个元音组成的复元音叫二合元音，由三个元音组成的复元音叫三合元音。二合元音如汉语"瓜"［kuʌ］中的［uʌ］，三合元音如汉语"灰"［xuei］中的［uei］。二合元音又分为真性二合元音和假性二合元音。发音时前后两个元音同样紧张、清晰的二合元音叫真性二合元音。这种二合元音较少见，如藏语拉萨话［tʂˈau¹⁴］（芥麦）中的［au］、［piu⁵⁵］（猴子）中的［iu］。发音时前后两个元音紧张度、清晰度不一样的二合元音叫假性二合元音。发音时，或者前一个音紧张度强、较用力、较清晰，声音也较响亮，而后一元音相反；或者后一元音紧张度强、较用力、较清晰，声音较响亮，而前一元音相反。一般的二合元音多为假性的。

按照元音的响度，复元音分为前响复元音、后响复元音和中响复元音。前响复元音是前一元音相对响亮而后一元音相对响度弱的二合元音，又称"渐降的二合元音"。后响复元音是后一元音相对响亮而前一元音相对响度弱的二合元音，又称"渐升的二合元音"。中响复元音是中间元音比较响亮的三合元音。如汉语"哀"［ai］是前响二合元音，"洼"［uʌ］是后响二合元音，"要"［iɑu］是中响三合元音处于结尾位置上的不太响的元音，其音值往往比较含混。如［ai］中的［i］有时是［ɪ］或［e］，［iɑu］中的［u］有时是［ʊ］或［o］。最响的元音是复元音的主要元音。

需要注意的是，复元音的发音过程是滑动的。复元音发音时，不是由一个元音跳向另一个元音，而是由一个元音滑向另一个元音，舌位、口形逐渐改变，最后达到另一个元音。所以，在复元音的发音过程中，实际上有一系列的过渡音。如［ia］，实际由［i］到［a］要经过［ɪ］［e］［ɛ］［ɛ］［æ］等许多音素。因此，我们所说的两个或三个元音的组合只是一种简便的说法。实际上，我们所说的二合元音只是指出了这个过程的起点和终点，如［ia］中的［i］和［a］；我们所说的三合元音只是指出了这个过程的起点、折点和终点，如［iɑu］中的［i］［ɑ］［u］。这几个点的元音比较响亮、清晰。

## 三　复辅音

一个音节中两个或两个以上辅音的组合体叫复辅音。如羌语麻窝话［sti］（相信）中的［st］，英语 bland［blænd］（温和的）中的［bl］和［nd］。

与复元音一样，复辅音也是一个音节内部的组合。分属不同音节的辅音相连，并不是复辅音。如汉语"馒头"［mant'əu］中的［ntʻ］不是复铺音，因为［n］属前一音节，［tʻ］属后一音节。

同处一个音节内部，但不相连的辅音不是复辅音。如汉语"帮"［pɑŋ］，［p］和［ŋ］不能构成复辅音。

与单辅音一样，复辅音一般处于音节的开头或末尾，而不能处于音节的中心（音峰）。如羌语［ɣly］（妹妹）中的［ɣl］处于音节开头，［haɣl］（反叛）中的［ɣl］处于音节末尾。

复辅音可按其辅音音素数量分为二合的、三合的、四合的等。二合复辅音例见上举，三合复辅音如英语 split［split］（劈）中的［spl］，四合复辅音如俄语ВСТРечa［fstrjetʃɐ］（遇见）中的［fstrj］。

现代汉语普通话中一般没有复辅音。只有少数方言在音节的开头有复辅音，如文水话"母"［mbu］、"奴"［nbu］、"我"［ŋgɯ］。音节末尾的复辅音则未发现。在汉藏语系其他语言中复辅音较常见。西方语言中辅音的结合更为自由。

## 第四节　语音的韵律特征

任何语言都以按音色划分的元音和辅音为最小语音单位。它们的组合与分布，构成了语音系统的基本面貌。但语音的音高、音长、音强诸要素也在语言中起着重要作用，当然在不同语言中其重要程度是不同的。音的高低、长短、强弱造成了语音的抑扬顿挫，所以，这些特征被称为韵律特征。韵律特征一般是由大于一个音素（音段）的单位体现出来的，所以又叫超切分特征或超音段特征。

语音的韵律特征包括：①声调；②轻重音；③长短音；④语调。

### 一　声调

声调是一个音节音高的高低、升降和曲直变化。如汉语"搭""答""打""大"四个音节都是［tʌ］，但各音节的调子不同，这是四个不同声调的音节。

　　语音学家们通过实验证明，声调主要是由音高的变化构成的。人可以控制声带松紧，从而发出不同的音高。一个音节中，其音高可以较高，也可以较低；可以由低到高（升），也可以由高到低（降）；可以平直变化，也可以曲折。这些变化形成了一个音节特有的调子。虽然不同声调的音强和音长往往也略有不同，但音强和音长只是声调的伴随性特征，不是声调的主要特征。声调的音高是相对音高。不同人发出的声调的音高绝对值不可能相同，譬如男子要低于女子和儿童，但只要保持大致相同的高低对比、升降幅度，就可以认为是同一声调。声调的音高变化是属于一个音节的，并不只是音节的某个音素或某个部分的。它主要体现在元音和鼻音、边音等比较响亮、可以延长的成分上，但一般辅音的音高也是这个音节音高变化的一部分。

　　在有声调的语言中，声调可以作为辨义的手段。如在汉语和其他汉藏语系的语言里，声调具有重要的地位。在这些语言中，每个音节都有固定的声调，如汉语中声调是构成一个音节的三要素（声母、韵母、声调）之一。声调不同，意义不同。如汉语"妈"（平调）和"马"（曲折调）的对立。在古汉语和汉藏语系其他语言中，声调还被作为派生新词和区别形态的手段。如古汉语"衣"读平声，是"衣服"，名词；读去声，变为动词，"穿衣"。彝语低降调单音节及物动词跟相应的次高平调动词利用声调交替来表示被动态和主动态的区别，如［ndu 低降调］"被打"、［ndu 次高平调］"打（主动）"。在无声调语言里（如英语、俄语），音节的音高变化不明显，不作为辨义手段。

　　声调的实际音高变化状况称为调值（或调质），如由高降低，或由低升高等。对调值的变化状况加以归纳，把具有相同调值的归为一种声调类型，这就是调型，即声调音高变化的型式。就音高的曲直、升降来说，调型可以分为平调、升调、降调和曲折调（包括降升调和升降调）四种基本类型。再加上高低的变化，便可以有非常丰富的调型变化。如平调可以有高平、中平、低平，升调有高升、中升、低升等。在一种语言或方言的声调系统中，所使用的调型并不太多。如汉语普通话有四种调型：高平调、高升调、低降升调、全降（由最高至最低）调。汉语南方方言的调型略多些，如广州话有高平、低降、高升、低升、中平、半低平等。

　　为了准确而简便地标记调值，现一般采用我国现代著名语言学家赵元任创制的五度标调法。这种标调法把声调的相对音高分为五度：低、半低、中、半高、高，依次用1、2、3、4、5表示。直接用两个数字标出声调的起点音高和终点音高，曲折调用三个（或更多）数字标出声调起点、转折点和终点的音高。用图表示，则用竖线表示音高尺度，在竖线左边用横线、斜线或折线表示音高变化。如汉语普通话四个调的调值分别是：

现通常有三种用法：①既用图，又用数字。如普通话上声记为 [⩒₂₁₄]。②只用图，不加数字。如普通话阴平记为 [˥]。③不用图，只用数字。如普通话上声记为 [214]。此外，如果调型有长短之分，可缩短横线表示短调，如 [˧₃]。轻声可用点来代替横线，例如 [·₃]。变调要标在竖线右边，例如 [˧₃₅⁵⁵]，35是单字的调，55是连读中的变调。五度标调法是国际上公认的最好的标调法，可用于标一切声调。

　　一种语言或方言中声调的种类叫调类。一般来说，一种语言或方言中有几种调值，便可归纳成几个调类。如普通话中所有音节的声调共有四种调值，便归为四个调类：阴平调（如"滔"）、阳平调（如"逃"）、上声调（如"讨"）、去声调（如"套"）。调类的数量各语言或方言不等。汉藏语系各语言中，调类最少的只有两个，如普米语，最多的有12个，如苗语宗地话。为了便于方言或语言间的比较和古今音的比较，调类的命名及其排列次序，往往要根据与古音的对应、与其他方言或亲属语言的对应来安排。

在连续的语流中，一个音节的声调有时与其单念时的声调不同。如汉语上声音节与另一个上声音节连读，前一个上声音节由214 调变为 35 调。通常把一个音节单念时的声调叫单字调。如词典上一般标注的都是单字调。一个音节与其他音节连读时不同于单字调的声调叫连调（连读变调）。如普通话上声的单字调是214，在上声前的连调是 35。藏语拉萨话的低升调 12，在非动词的双音节词第一音节位置上读 22，12 是单字调，22 是连调。单字调过去一般叫本调，连调过去一般叫变调。但近来学者们已经认识到所谓"本""变"之分是主观的和片面的。连调同单字调一样，都是某个调类的调值的表现，无非一个是单念时的，一个是在语流中的。从两者关系来看，连调不一定是单字调的变化。如汉语昌黎方言单字调只有一类去声，而在连读中有阴去和阳去两类去声，连调更保留了一些古的特点。

## 二　轻重音

重音和轻音都是音强的变化。

重音是在词或句子里念得特别完足、加重的音。读时一般要增加强度，并扩大音域，延续时间。其他的音强度一般，是非重音。重音分为词重音和句重音两种。

一般说的重音，多指词重音。词重音是多音节词中念得特别完足、加重的音节。在英语、俄语等一些语言里，每个多音节词中各个音节，音的强度不同，有的较强，为重音，其他音节不重读。有的还有次重音。如英语 earnest［ˈəːnist］（认真的）重音在前一音节，harmonization［hɑːmənaiˈzeiʃən］重音在第四个音节。一个词中重音的位置前后是固定的，不能随意更移。如上例 earnest 的重音不能落在后一音节。有些词的重音不同，能区别词义。如英语 permit，重音在后，［pə(ː)ˈmit］为动词"允许"；重音在

前，［ˈpəːmit］是名词"许可证，执照"。有些语言的词重音总是
在多音节词的同一位置上，叫固定重音，如匈牙利语、捷克语。
有些语言的词重音在多音词中的位置则不固定，叫自由重音。如
英语中有些词重音在前，有些词重音在后，有些词在中间某一音
节。汉语没有词重音，一般的汉语多音节词中没有明显的重读
音，某个音节的稍重，多随意而不固定，也不起辨义作用。如
"无限"，可"限"略重，也可"无"略重。有轻声音节的词中，
非轻声音节由于轻声音节的比较而显得"重"，如"桌子"中的
"桌"，实际上并没有特别加重，不应当视为重音。

　　句重音是句子当中念得特别完足、加重的词语。句重音分为
语法重音和逻辑重音两种。在语句中，根据语法结构特点而习惯
上重读的某些结构成分是语法重音。如汉语中谓语主要动词常重
读，状语、补语常重读，如："你说吧，慢慢说，说清楚点儿。"
逻辑重音是语句中根据表达的需要而读得特别加重的词语。使用
逻辑重音，可以突出强调某些重要词语或表达某种特殊情感。因
此，逻辑重音不同，可以使语句表达出不同的含义。如：

　　　　我会画牡丹。（我会，不是别人）
　　　　我会画牡丹。（我会，不是不会）
　　　　我会画牡丹。［会画，别的（如种）不行］
　　　　我会画牡丹。（会画牡丹，别的不会画）

句重音是语调的组成要素之一，是一般语言都有的。

　　轻音是在词或句子中念得特别轻的音。读时音强比较弱，音
长一般也比较短，音色往往比较含混。如汉语"桌子"中的
"子"、"石头"中的"头"。在汉语中有些多音节词的某个音节
是否读轻音，可以区分词义。如"大意"，后一音节读轻音是
"粗心大意"，不读轻音是"大致意思"。有些语法成分往往读轻
音，如汉语的虚词"的""了""吗"等。

## 三　长短音

长短音是音长的变化。

在有些语言中，元音的长短可以区分词义。这在上面讲元音的时候已经提到了。

在一般的语言中，语音的长短是构成语调的因素之一，即语速。同一句话，用不同的速度说出，或句中某一词语的加速或缓慢说出，能表达不同的思想感情。如"你好！"用平常速度，表示问候，带有尊敬的色彩；快速说出，则往往是应付。另外，音的长短往往与重轻相联系，重音的音长一般较长，轻音的音长一般较短。

## 四　语调

语调是句子中音高、音长、音强变化的总称，也就是一个句子的抑扬顿挫。人们在说一句话时，除了用不同的音色（音素）构成一段语流，每个音节有高低、重轻、长短的变化之外，还会综合利用音高、音长、音强各方面要素，使句子具有高低、重轻、快慢的变化，产生抑扬顿挫、疾徐合宜的语音效果，以表达丰富深刻的情感和思想内容。语调是语言中表达思想的重要辅助手段。同一句话，使用不同的语调，可以表达不同的内容或情感。如"你来"，用祈使语调，是命令；用疑问语调，是疑问。

语调通常包括语速、停顿、重音（语句重音）和句调。语速和重音上文已提到，这里只讲一下停顿和句调。

停顿是指句子之间或词语之间的语音间歇。停顿，一方面出于生理上换气的需要，另一方面是人们根据语法的、语义的需要而有意为之。如"2 加——3 乘 8"，是 $2 + (3 \times 8)$；而"2 加 3——乘 8"是 $(2 + 3) \times 8$。停顿对于诗歌的节奏也有重要意义。

句调是一个句子中音高的高低、升降、曲直变化。句调与声调一样，都是音高的变化。但声调只指一个音节的音高变化（字调），句调则指整个句子的音高变化。句调用于表示特定语气或某种感情色彩。常见的句调有四种形式：①升调，调子由平升高，常表示疑问、惊异、号召等；②降调，调子由平而降，常表示肯定、感叹、祈使等；③平调，调子平直不变，常表示陈述或平淡、严肃等；④曲折调，调子先降后升或先升后降，常表示含蓄、讽刺等。不过，不同语言的句调虽然有一些共同点，但也有一些不同点，比如什么调表示什么意义，各语言是不尽相同的。在汉语这样的有声调语言里，每个音节的声调和整句的句调相互结合、相互影响。

# 第五节　音位

十九世纪以来，关于语言的声音的科学研究和精确分析，使语音学得到了迅速发展。当"严式"的音标符号被使用以后，学者们面临的一个课题是：在一种语言中，从表意功能上看，相同的音在语音分析中可能有着明显的差异；若将语音体系严格而真实（不放过每一个音素）地记录下来，不仅不可能，也没有任何价值。这就促使学者从语言的社会功能的角度去研究人类语言的声音。这就产生了语言学的一个分支——音位学。

## 一　什么是音位

在日常的会话中，人说出的或听到的都是一连串有秩序的声音。人们之所以觉得这样的一串声音有秩序，是因为它们正常地表达了意义。从分辨意义的角度来研究语音的最小单位时，就得出了音位的概念。

音位是一定语言或一定方言中，能够区别意义的最小语音单位。对这一定义，我们可以做出三点解释。

第一，音位是区别意义的语音单位。

在一种语言中，属于不同音位的音，有区别意义的作用；属于同一个音位的各个音之间，则没有区别意义的作用。如［tu²¹⁴］（堵）和［t·u²¹⁴］（吐）两个音节在汉语中的意义不同。两个音节中除了［t］［t·］之外，其他成分与环境条件都相同，正是［t］［t·］的不同造成了意义的差别，那么［t］［t·］就是不同的音位/t/、/t·/。同样，"古朴"这个词的两个声母［k］［p·］也分别是两个音位/k/、/p·/。所以"古"和"朴"的意义也有区别。

第二，音位是能够区别意义的最小的语音单位。

音位不仅是区别意义的单位，还是区别意义的最小单位。也就是说，某个语音单位，在区别意义的前提下，不可再切分了。譬如汉语的［t·iŋ⁵⁵］（听）和［tiŋ⁵⁵］（钉）的意义不同，是由/t·/与/t/两个音位的不同造成的；后面的韵母［iŋ］和声调（阴平）都相同。而［tiŋ⁵⁵］与［təŋ⁵⁵］（灯）的意义差别是由韵母造成的。是不是可以把［iŋ］与［əŋ］视为两个音位呢？不能，因为它们还不是最小的单位。事实上，造成［tiŋ⁵⁵］与［təŋ⁵⁵］的意义差别的是韵母中的两个元音/i/与/ə/不同。因此，区别意义的最小语音单位是/i/和/ə/。这样，我们可把上面三个音节分析为五个音质音位：/t·/、/t/、/i/、/ə/、/ŋ/。

第三，音位总是属于一定的语言或一定的方言的。

在不同的语言或方言中，所能出现的音素以及这些音素在区别意义方面的作用都不一样。这就使每种语言或方言所具有的音位以及每个音位的内容不一样。如英语中 people 一词的第一个音素是［p·］，speak 一词的第二个音素是［p］，［p·］与［p］从不出现在同样的环境中，二者不会造成意义上的区别。因此，两个音素可以共同构成一个音位/p/。而在汉语中，［p·］［p］区别意义的作用是十分明显的，［p·i³⁵］（皮）与［pi³⁵］（鼻）的区别就是由［p·］与［p］造成的，所以汉语中/p·/与/p/是两个不同的音位。方言也是同样的情况。一种语言的不同地域方言，都有着独具特色的语音系统。在不同的语音系统中，每一个音位和音位关系都不同于与之相对应的语音系统的音位和音位关系。如汉语北京话中有/n/、/l/两个音位，成都话中与之相对应的只有/n/音位。可见，音位总是属于特定的语言系统的，亦即属于一定的语言或方言的。

## 二　音位的变体

一个音位常常是一组音。这一组音的各个音之间没有区别意义的作用，属于同一个音位的多个音，都是这个音位的变体。

音位变体有两种情况。

第一，自由变体。音位的自由变体就是能够出现在同样的语音环境中而不区别意义的两个或两个以上的音。如汉口话中的 [n]［l］，可以相互替换、随意选用，不受条件的限制，不造成意义上的差别，是属于一个音位的两个自由变体。音位的自由变体在语音系统中是较少见的，很多语言或方言中不存在音位的自由变体。

第二，条件变体。音位的条件变体是在一定的语言或方言中，各有自己的出现场合而同属于一个音位的两个或两个以上的音。如英语的 [p]［p·］两个音素。[p] 出现在 "s +［p］+元音" 的环境中，而 [p·] 不能出现在这个环境中。speak 中的 "p" 读 [p]，pencil 中的 "p" 读 [p·]，它们是/p/音位的两个条件变体。汉语普通话的/a/音位，有三个常见变体。它们各有自己出现的条件，譬如：[pai]（白）音节中，[a] 受前元音 [i] 的影响，而成为前元音；[mA]（麻）音节中，韵母为单元音，/a/音位的变体为央元音 [A]；[lɑu]（劳）音节中，受后元音 [u] 的影响，而出现了/a/音位的后元音变体，[a]［A］［ɑ］因不同的条件而出现，所以都是/a/音位的条件变体。

一般说来，每一个音位都有几个条件变体，而不一定有自由变体。条件变体有的是明显的，如汉语普通话的/a/音位的三个常见变体。有的则是不太明显的，如汉语普通话中的/t/音位，[ti]（敌）中的 [t] 发音部位偏前，[tu]（毒）中的 [t] 发音部位偏后。这类很小的差别，即使在严式记音中，也可忽略不计。

## 三　划分和归并音位的基本原则

鉴别一种语言或一种方言中的一组音是否属于一个音位时，要遵循两个基本原则，同时还需注意音感特征。

第一个原则是"对立关系"。这是指有差异的两个音出现在同一语音环境中，如果有区别意义的作用，那么它们就不属于同一个音位。这样的语音差异有着音位的对立关系。如汉语的 /k/：/k'/，［kan⁵¹］（干）与［k'an⁵¹］（看）的意义差别是由［k］与［k'］造成的，而两个音素又可以出现在同样的语音环境中，因此属于不同的音位。反之，如果有差异的两个音出现在同一语音环境中而无区别意义的作用，那么这两个音就属于一个音位。如汉口话的/n/音位中，有［n］［l］两个变体。

第二个原则是"互补分布"。这是指同一语言或方言中，有差异的两个音各有自己出现的语音环境，绝不出现在相同的条件中，因而它们的分布状况是相互补充的。如果各个音处在互补分布中（如上述列举的［a］［ʌ］［ɑ］），且在音感特征上很接近，就可以归为一个音位。

## 四　音感和区别性特征

### 1. 音感

指人们对本族语或本方言的语音的直接感受。著名语言学家赵元任曾解释说，音感就是"土人感"，即使用这种语言的人们听起来顺耳、合乎他们的发音习惯。

在同一种语言或方言中，属于不同音位的音有着区别意义的作用。即使它们在音质上的差别很小，也会被使用这一语言的人区别开来。如法语中 moi（我）的读音是［mwa］，mois（月份）的读音是［mwɑ］，其中的［a］与［ɑ］属于两个不同的音位，在操法语的人的音感中差别明显，分得很清楚。相反，属于同一个音位的各个音素彼此间没有区别意义的作用，说这种语言的人虽然能在不同的地方自然地发出所需的声音来，对它们的差别却往往意识不到。属于一个音位的各个音必须是音感接近的；如果音感的差别过大，即使是互补分布也不可并作一个音位。如汉语中的［f］［ŋ］虽是互补的，但音质差别太大，并为一个音位是不符合汉族人的音感习惯的。

2. 区别性特征

通俗地说，使一个音和另一个音区别开来的那些特征就叫区别性特征。音素与音素之间有区别性特征，音位与音位之间也有区别性特征。某个首位中的各个变体所共有的、不同于其他音位的特征，叫作音位的区别性特征。如在汉语普通话中，/p/音位的区别性特征是：①气流通过口腔受阻，与所有的元音音位相区别；②双唇音，与非双唇音/k/、/t/之类分开；③塞音，跟发音部位相同的非塞音区别开来，如/m/；④不送气，跟送气的/pʻ/区别开。因为普通话音位没有塞音音位的清浊对立，所以［b］具备了与/p/共同的区别性特征，是/p/音位的一个变体。在英语中，/p/音位没有送气或不送气的区别性特征，而是与浊音对立，所以英语/p/音位中有［p］［pʻ］两个变体，而与/b/音位的特征不同。

## 五　音质音位和非音质音位

以上我们所讲解的元音音位和辅音音位，都是音质音位。虽然任何一个声音都是音质、音高、音强、音长的统一体，但除了音质之外，音高、音强、音长的不同在具体语言中也有区别意义的作用。我们在进行音位分析时，根据区别意义的作用把音质以外的某一方面提取出来，就形成非音质音位。简言之，由元音、辅音构成的音位，是音质音位。由声音的高低、轻重、长短构成的音位叫"非音质音位"。如汉语中，主要由音高变化构成的四个声调的不同，叫调位；"妈、麻、马、骂"就是靠调位区别意义的。英语中的音长也可以构成音位，fit（合适）中的元音音位是/i/，feet（脚，复数）中的元音音位是/iː/，/i/与/iː/的不同在于音长的不同。

## 六　音位系统

语言中的音位并不是孤立存在的，它们处在相互对立与相互联系之中，构成了一个系统。一种语言或方言的语音系统实质上就是它的音位系统。不同的语言或方言有着不同的音位系统。这是因为，不同语言或方言中音位的对立、变体和变体的分布规则都有自己的特点。音位系统的内容主要包括四个方面。

第一，它的全部的音质音位和非音质音位。如汉语普通话有21个辅音音位、6个元音音位和4个调位。

第二，每个音位常见的变体，以及其中条件变体的出现条件。如汉语普通话/a/音位中有三个常见变体，[a] 的出现条件是在 [-i] [-n] 的前面，[A] 独自成音节或处于音节中的结尾，[ɑ] 出现在 [-u] [-ŋ] 的前面。

第三，音位之间的对立关系。如汉语普通话的/p/音位与/pʻ/、/t/、/m/音位的对立关系，/p/：/pʻ/→不送气：送气；/p/：/t/→双唇音：舌尖音；/p/：/m/→清：浊，非鼻音：鼻音。

第四，音位与音位的组合规则。一种语言或方言中，哪些音位与另外哪些音位组合，有一定的限制条件，有一定的规则。譬如，汉语普通话中的声韵拼合规则，就属于音位与音位的组合问题。/p/、/pʻ/、/m/能出现在/i/前，但不能出现在/y/前；/k/、/kʻ/、/x/只拼开合，不拼齐撮。

我们对一种语言或一种方言的语音系统进行调查研究时，就是要从这四项内容来着手。语音和其他声音不同，就在于它有意义，能在社会中进行交际。音位这一节正是突出地阐述了语音的社会属性问题。

## 第六节　语流音变和历史音变

### 一　什么是语流音变

在言语交际活动中，单个的音位孤立地出现，是非常少见的，大多数情况下是音位与音位的结合。人们说话的声音是连续的，而不是断续的、孤立的。这种情况我们称为语流。

语流中（即音位与音位联接的过程中）的音，可能受邻音的影响，也可能由于说语时快慢、强弱、高低的不同，而发生若干不同的变化。这种现象就是语流音变。在很多情况下，语流音变是音位范围内条件变体的替换，而邻音、快慢、强弱、高低等，都是条件变体的出现条件。如汉语普通话中的/u/音位有 [u][w][v] 三个变体，"伟大" 的前一个音节是 [wei$^{214}$]，"木头" 的前一个音节是 [mu$^{51}$]，"豆腐" 的后一个音节是 [fv]。可是，也有些音变超出了音位的范围。如英语的名词复数加 "-s"，清辅音后为 [s]（desks），浊辅音后为 [z]（dogs），而/s/与/z/是两个不同的音位。再如汉语的 "面包"，慢读时为 [mian pɑu]，快读时为 [miam pɑu]，/m/与/n/也是两个音位。

### 二　语流音变的常见类型

#### 1. 同化

这是言语中最常见的一种语音变化。当两个不同或不相近的音连起来读的时候，两个音由于互相适应、互相影响而变为相同或相似的音了，这种情况叫同化，如汉语普通话的 "难免" [nan$^{35}$ mian$^{214}$]，在快读时变成了 [nam$^{35}$ mian$^{214}$]，前一个音节的韵尾 [n] 受后一个音节的声母 [m] 发音部位的影响变化了。其中没变的音叫同化音，变化了的音叫被同化音。

#### 2. 异化

这也是语流音变的一种，但这种音变类型在言语中出现得较少。当两个或两个以上的相同或相似的音连起来读的时候，为了避免重复，其中一个音变得和其他的音不相同或不相似了，这种音变叫异化。语音的异化现象在俄语中最丰富，汉语中主要表现为声调的异化。如"好好学习"中的第一个上声变得类似于阳平。其中不起变化的音为异化音，起了变化的音叫被异化音。

3. 换位

指在语流中两个音的正常位置发生了临时变化，在北京土语中"言语"一词的读音是 $[yan^{35}i]$，前一个音节的韵头与后一个音节的韵腹换位了。

4. 弱化

在语流中，有些音的发音可能变弱，这种现象叫弱化。对辅音来讲，弱化表现为阻力的减少；对元音来讲，表现为由重读变为非重读或轻音，向央元音靠拢也算弱化。如汉语中"你去吗?"，"吗"读 [mə] 就是 [ʌ] 的弱化。

5. 脱落

语流中有些较弱的或不重要的音在发音时丢失了，或者为了发音的方便而省去了，这叫脱落。脱落往往是弱化进一步的结果。如英语中"Let us go"（[let ʌs…]）脱落了第二个音节的元音，变为"let's go"（[lets…]）。汉语中"官司"可能由 [kuansɿ] 变为 [kuans]。

关于语流音变，我们只讲这常见的五种。实际观察语音现象时，我们还会发现，语流音变的形式常常不是单一的，而是交叉发生的。

## 三　什么是历史音变

语音从一个时代到另一个时代的、被历史固定下来的变化，叫作历史音变。上面讲到的语流音变是一种临时的、有条件的变化，是同一个时代的变化。

历史音变是在较长的年代中逐渐完成的，因此在共时状态下是不易觉察的，而把一个时代的语音与另一个时代的语音相比较时，就能够看到。例如：现代汉语普通话中，所有塞音声母（p、p'、t、t'、k、k'）等都是清辅音；但是在中古汉语中，塞音声母中有清与浊两类。中古的那些读浊声母的字音，现代普通话中都读为清音。这是在比较了中古汉语语音与现代汉语语音后才得到的结论。

## 四　历史音变的规律性

历史音变往往是涉及整类现象的有规则的变化，我们可以在这种规则的音变现象中寻找出规律性的东西来。把一定历史时期内语言中发生的语音演变过程加以概括的公式就是语音规律。从上面我们提到的塞音辅音的浊音清化现象中，便可概括出汉语语音的塞音声母从中古到现在的一种"浊音清化"的历史演变规律。

语音规律是受一种语言的特定发展阶段、特定地域条件以及其他条件的限制的。凡是时间、地点等都相同的某一类音，就会按照规律发生相同的变化。现代汉语普通话中所有的中古浊塞音全变为清音了，这是符合浊音清化规律的。而在地域条件不同的吴方言中，浊塞音至今仍然存在，就不受浊音清化规律的支配。

历史音变源于语流音变。语流音变是历史音变的萌芽，但不一定都发展成为历史音变；历史音变却一定是语流音变的结果。

语音是一种极其严整的系统，音系中的某些成分的演变，会导致整个语音系统的变化和发展。

## 思　考　题

一、语音有哪些属性？什么是语音的本质属性？

二、什么是音高、音强、音长、音色？它们在语音中的作用如何？

三、什么是音素？什么是音标？两者关系如何？

四、什么是元音？什么是辅音？两者区别何在？

五、简述元音的分类情况。

六、简述辅音的分类情况。

七、举例说明什么是音节、复元音和复辅音。

八、举例说明什么是声调、轻重音、长短音、语调。

九、什么是音位？

十、什么是音位的变体？音位有哪些变体？

十一、什么是音质音位？什么是非音质音位？

十二、简述音位系统包含的内容。

十三、简述语流音变的几种情况。

# 第六章　词汇

## 第一节　词、词汇

### 一　词

#### 1. 什么是词

词是语言符号的单位，是音义结合体，是用来组成句子从而进入交际领域的。如"我们热爱祖国"这句话就是由"我们"、"热爱"和"祖国"三个词组成的。由此，我们可以给词下这样一个定义：词是语言中音义的结合体，是最小的、可以独立运用的造句单位。这个定义包含以下五个方面的内容。

第一，词必须具有一定的语音形式。语言中每一个词都有它的语音形式。如汉语中"山"的语音形式是"shān"，英语中"书"的语音形式是"book"，等等。如果没有语音形式，词的意义内容就无所依附，当然也就无所谓词的存在了。

第二，词必须表示一定的意义。语言中每一个词都有它的意义内容。如"灯"所表示的意义就是"照明或做其他用途的发光的器具"，英语"cat"（猫）的意义是"一种哺乳动物，面部略圆，躯干长，耳壳短小，眼大，瞳孔的大小随光线强弱而变化，四肢较短，行动敏捷，善跳跃，能捕鼠，毛柔软"，等等。没有意义的词是不存在的。词的意义有三方面的内容。第一种是理性意义。词是一种符号，它记录了客观世界中的事物、现象及其关系，而这些事物、现象及其关系又赋予了词意义，这种意义就构成了词的理性意义，也叫词汇意义。第二种是语法意义。因为词是语言中的成分，它要组成句子进行交际，这样它又具有了语法意义。如一个名词可作主语、宾语、定语等。第三种是色彩意义。词的形成也反映了人们对客观世界的态度、感情和评价，这些内容构成了词的色彩意义。对于这三种意义类型我们在后面的词义部分还要作比较详细的讨论。这里不赘述。

第三，词是最小的造句单位。所谓最小的，是指词表示一个整体意义而不可再分割。如果分割了，这个整体意义就不存在了。如"笔名"，是由"笔"和"名"两个成分组成的，从意义上看，它表示的是一种特定意义上的名字，即"作者发表作品时用的别名"。这个意义是不可再分割的，它不是构成成分意义的简单相加，如果分割成"笔"和"名"，就失掉了原来的意义；如果分析为"笔的名"，也同样破坏和改变了原来的意义。再如"骨肉"，它的意义并非"骨头和肉"，而是表示了一种特定的概念，"比喻亲人关系和亲密关系"，如果分割成"骨头和肉"，就表达不了"骨肉"的整体意义。这里应该注意一点，即意义上的不可分割性并不等于结构上的不可分析性。词有单音词与复音词之分，单音词（如"人""山"等）意义上是不可分割的，结构上也是不可分析的。但绝大多数复音词（如"笔名""骨肉"），意义上是不可分割的，结构上却是可以分析的。"笔名"可分析为偏正式的结构关系，"骨肉"可分析为联合式的结构关系。我们在认识词是最小的造句单位这一特点时，一定要注意意义上的不可分割性，整体意义分割了，就不再是原来的那个特定的含义了。

第四，词是可以独立运用的。所谓独立运用，是指词在造句活动中，既可以出现在句子前面，又可以出现在句子后面；既可以用来造这样的句子，也可以用来造另外的句子。如"光荣"一词就可以造出好多句子来，如"光荣属于人民"，"光荣的人民解放军又向前挺进了"，"他的光荣也是祖国的光荣"，"我们感到无上光荣"，等等。正如斯大林所说，词汇是语言的建筑材料，建筑上的砖、瓦、石块等，可以盖这一座房子，也可以盖那一座房子，同样的道理，词可以造这样的句子，也可以造那样的句子。有一些词，也可以独立用来成句。如听到外面有动静，我们可能会说："猫。"那么"猫"这个词在特定的语境中就可以自己成为一个句子，形成独词句。还有一些词，可以独立造句，但不能独立成句。如"很""再""只""仅""刚""却"等，都必须在句子中和其他词组合起来进行造句。但这些词仍旧有独立运用的特点，因为这里谈的独立运用不是指一个词独立成句，而是指它可以参加造句。"很""再""只""仅"等是可以独立用来造句的。如"他很好"，"我一会儿再来"，"口袋里只剩下一分钱了"，"仅有勇敢是不够的"，等等。它们能够进入不同的句子，成为语言词汇中组句的不可缺少的成分。因此，词无论能否独立成句，都不失其独立运用的特点。

第五，词是造句单位。这是词的根本特点，也是词的根本用途。语言中有许多单位，音素、音节、词素，词组等都是语言中的单位，每一个单位都有自己的运用范围和条件，因此我们不能笼统地说词是一种语言单位，而应该说词是组句的备用单位。这一点就把词和词素等语言单位区别开来了。

通过以上分析可以看出，词有五个特点，而这五个特点又是互相联系、互相制约的。"最小的""可以独立运用的"这两个特点又是在"造句单位"这个特点当中表现出来的。

词是音义结合体，是最小的、可以独立运用的造句单位。用这个定义来衡量一下我们前面讲过的"我们""热爱""祖国""笔名""骨肉"等，可以看出它们都符合这个定义的要求，因而都是词。其他的语言成分如"高大的身躯""智慧和胆略"等，虽然也可以用来造句，但它们不是最小的，意义上是可以分割的，从这个角度看，它不符合词的定义，因而不是词，是词组。"丰""习"等成分有声音，有意义，但在现代汉语中，不能独立用来造句，只能用来造词。在这一点上，它们与词的定义不相符，因而不是词，而是词素。

2. 词的产生

词是语言词汇的重要组成部分，进行交际时说的话都要用词来组成。所以人们创造语言时首先要造词，哪怕开始时造的词很少。随着社会的发展，人们的交际日益广泛、深入，就需要不断地造词。因此，可以说，词是因社会需要、交际需要而产生的。

造词是解决一个词从无到有的问题，也就是给事物命名的问题。给事物命名的过程就是创造语言符号的过程。语言的使用具有社会性，造词活动也具有社会性的特点。它的领域是非常广阔的，任何人都可以造词，包括各个阶级、各个阶层和集团。给小孩起名也是一种造词活动，所以，造词活动是一种广泛的社会性活动。凭借自己的语言习惯和所掌握的本民族的语言情况就可以造词，对语言不一定要有理性的认识。所以造词是人人都可以做到的事情。

词的产生是人们造词的结果，那么作为社会成员，怎样根据本民族语言情况和语言习惯来造词呢？我们可以从造词的具体情况来分析一下。社会上的人们可以运用语言的各个方面来造词。人们可以运用语音方面的情况造出象声词。如关门的时候，往往会发出"砰"的声音，可以把"pēng"固定下来，使其成为语言中的一个词。如汉语中的"猫""蛙""蝈蝈""呼噜"等都是模仿事物发出的声音来造词的。利用词汇基础来造词的情形就更多了。如汉语的"火车"就是用"火"和"车"这两个词汇成分来造词的。语言符号形成音义结合体之后，它的音和义之间就有一种稳固性，人们可以利用已经稳固了的成分来造词。再就是用语法的基础来造词。人们造词时往往要涉及语法关系。如"面包服"是偏正结构，但造词的人不一定了解偏正结构的语法规则，而是依靠语言习惯进行的，一个正常的人都可以不自觉地利用已掌握的语法规则造词。造词活动也可以利用修辞手段和文字知识来进行，如比喻造词、拆字造词等。可见，人们造词依靠的是原来的语言习惯和所掌握的本民族的语言情况，具体反映在语音、词汇、语法、修辞、文字等各个方面。这些都是人们造词的基础。

人们在造词时要运用一些方法。例如在语言产生之初，还无语言材料作造词基础的时候，造词是用音义任意结合的方法。即当人们认识某种事物时，就用某个声音来命名它，如"人""山""水""树"，为什么是用这样的语音形式来标记它，而不是另外的语音形式呢？这是说不清楚的，因为其中没有什么道理可讲，它的音和义之间是任意结合的。再如我们前面举过的"猫""鸭"等词，是模仿声音造词，使用的方法就是模声法。现在大量使用的是说明法，它是在大量的已有语言材料的基础上造词的，如汉语的"电视机""洗衣机"，英语的"blackboard"（黑板）、"baseball"（棒球）等，都是通过对这些事物进行说明来造词的。此外，还有用简缩法创造的词。

造词方法当然不限于以上几种，这里仅是举例而已。

## 二　词汇

### 1. 什么是词汇

词汇这个概念可以指一种语言词语的总和，如汉语词汇、日语词汇；可以指语言各类词语的总和，如基本词汇、一般词汇；可以指一本书词语的总和，如红楼梦词汇、水浒词汇；还可以指一个人所掌握的词语的总和，如鲁迅的词汇、郭沫若的词汇等。词汇学术语所指的"词汇"，过去往往被理解为词的总汇。现在看来这是不全面的。今天我们对这个概念的理解应当有所发展。因为语言中存在着部分相当于词的成分，也应该把它们放入词汇中去。这样，词汇的定义就应当是，一种语言中所有的词和相当于词的作用的固定结构的总汇。

2. 词汇的内容

词汇包括两大内容。一种是语言中所有的词的总汇、另一种是语言中相当于词的作用的固定结构的总汇。词汇的内容就是这两者的总和。

词的总汇和固定结构的总汇又有自己的成分。它们分别包含以下内容。

（1）词的总汇

词的总汇又可以分成两个部分，一部分是基本词汇，另一部分是一般词汇。

基本词汇就是语言中所有基本词的总汇。基本词是表示客观现实中基本事物和基本概念的词。人们生活在客观世界中，客观现实决定了人们在生活中，和有些事物的关系是密切的，和另一些事物的关系是不密切的。如"太阳""月亮""天""地""山""水""手""脚""孩子""父母""桌子""椅子""工作""学习"等，和人们日常生活的关系都是非常密切的。凡是和人类生活关系密切的事物就是基本事物，反映这些基本事物的概念就是基本概念，表示基本事物和基本概念的词就是基本词，基本词的总和就是基本词汇。

基本词汇有三个特点。第一，普遍性。基本词汇是被普遍使用的，无论从事什么职业，或属于什么群体，都要使用这些基本词，因为它们和人们生活的关系最密切。第二，稳固性，即不容易发生变化。因为基本词汇经常被使用，为人们服务得很好，不需要变化；同时语言又是社会约定的，如果变化了就要重新约定。因此，它不必变化，也不容易起变化。它一代一代地使用下来，生命很长久。有些基本词在远古时候就产生了，如"日""月""山""水"等。因此无论从理论上还是从语言事实上看，基本词汇都具有稳固性。第三，能产性，是指基本词汇可以充当构造新词的基础。如"深"可以构成"深刻""深情""深入""深思""深渊""深切"等。但是基本词的构词能力并不是均等的，有些就比较弱，如"牛""羊""我""你"等，有些干脆就没有什么构词能力，如"谁"。但是，因为它们具备了普遍性和稳固性特点，所以仍然属于基本词汇的范畴。

一般词汇就是除了基本词汇之外的那些词的总汇。如"邂逅""车床""宰相""芭蕾舞"等就属于一般词汇。一般词汇不具备基本词汇的普遍性、稳固性和能产性特点，但是有自己特有的灵活性。大家都知道，在语言的几个结构要素中，词汇是反映社会的变化发展最为敏感的。这主要就是指一般词汇而言。社会的各种变迁，新事物的出现，旧事物的消亡，首先在一般词汇中得到反映，所以，一般词汇的发展变化，往往和社会的发展变化保持一种同步的关系。

一般词汇的内容是很丰富的。它所涉及的范围也非常广阔。古今中外，所继承的，所吸收的，各行各业所使用的，都可以网罗在一般词汇的范围之内。归纳起来，有以下几个方面。

第一，固有词。固有词是从历史上传承下来的，是在过去产生的、在现代语言中继续使用的一些词语。它有一定的稳固性，但是不具备普遍性和能产性特点，所以属于一般词汇。例如"薄暮""苍穹""徜徉""白皙""鼻祖""巨擘""造诣""呻吟""欣然"等。

第二，新词。这是为适应社会交际需要新产生的或产生后使用不久的词。例如，"离休""特区""空调""挂靠""电热器""专业户""煤气灶""回火炉"等就是近几年出现的新词。新词必须是为社会所约定俗成、为社会所公认和使用的词。有些新产生的未被社会承认的生造词不能算作新词。例如前几年有的报纸上就出现了"参党"一词，到现在它并没有被使用下来，社会未予承认，所以"参党"是生造词，而不是新词。

新词的界限是不容易确定的，关键要看站在一个什么角度。如果站在历史的角度看，现代汉语的词对近代汉语的词来说就是新词，如果站在新中国成立前后的角度看，新中国成立后产生的词对新中国成立前的阶段来说就是新词。

新词中有一些成分如果代表了人们生活中的基本事物和基本概念，很快就会进入到基本词汇中去。如"粮票"大概是1953年以后产生的词，产生后与人民生活发生了密切关系，于是就转入到了基本词汇之中。其他如"干部""塑料""退休""面包服"等新词都是如此。但是更多的新词还是保留在一般词汇中，如目前出现的"扶贫""脱贫""软件""硬件""视频""旅游皂"等。新词能否成为基本词，要有时间的检验，要看它与人们日常生活关系的密切度如何，要有使用范围、频率以及构词能力等方面的保证，不能把某一时期的常用词简单地归入基本词。

第三，古语词。古语词就是指过去曾经运用过而现在已经不用，由于特殊的需要，又被重新使用的那部分词。以汉语为例，在古汉语中产生和存在的词，如果在现代汉语中不用了，那么它就不属于现代汉语阶段的词汇范围，但是如果由于特殊需要又被重新使用了，那么它就变成了现代汉语词汇的成员，成了现代汉语词汇中的古语词。一方面，有一些事物过去存在，现在不存在了，表示这些事物的词现在也不需要了。如"宰相""状元""太尉""枢密院"等。但是现在如果我们要编写历史小说或历史剧，必然要用到这些词。描绘和再现历史就是一种特殊需要。另一方面，词所标记的事物还存在，而这些词现在不使用了，被新的词代替了，但有特殊需要时还会偶尔使用。如"戏子"，在解放前用作以演唱为职业的一类人的名称，解放以后这种职业依旧存在，但是"戏子"一词被"演员"之类的新词代替了，应该说"戏子"在我们目前使用的语言词汇中是不存在的，但是在我们了解和著述解放前的历史时，又会用到它。这样它又成为现阶段汉语词汇中的古语词。

每一种语言中都有古语词。有的书中把古语词和固有词混为一谈，其实两者是不同的。我们在认识一般词汇中的这两类词时，要把它们的不同性质区分清楚。

　　第四，方言词。方言词有两个含义，一是指存在于地域方言中的词。如上海话称"我"为"阿拉"，广州话称"冰箱"为"雪柜"，"阿拉"与"雪柜"就是第一种含义上的方言词。二是指从方言中吸收到共同语中的词，即来源于地域方言的词。它本身是共同语词汇中的成员，它既可以存在于共同语词汇中，也可以存在于地域方言中。如"搞"是四川方言词，被普通话词汇吸收后，并不妨碍它还存在于四川方言中。再如从西南方言中吸收进来的"耗子""名堂"，从吴语中吸收进来的"蹩脚""把戏""货色""尴尬"等，都是普通话词汇中的成员，尽管它们在各地方言中仍然存在着。我们这里所讲的方言词就是指第二种含义上的方言词。

　　第五，外来词。外来词是受外族语影响而产生的词。不同民族语言的接触必然会产生外来词。应该强调的是，外来词是受外语影响产生的。它不是对外语词的照搬。因为任何一种语言，当它和外语接触，吸收外语词的时候，都要在外语词的基础上进行一番加工改造。就汉语而言，要经过汉化的过程。如果是通过语音形式的汉化而产生的外来词，称为音译词，如"咖啡"（coffee）、"沙发"（sofa）、"坦克"（tank）、"摩登"（modern）等。如果在通过语音形式的汉化之外，又增加了意译的成分，便称为音兼意译词，如"芭蕾舞"（ballet）、"法兰绒"（flannel）、"霓虹灯"（neon）、"可可茶"（cocoa）等。如果是借鉴外语词所表示的意义，用本民族语言的语素和构词规则而形成新词，称为意译词，如"火车""飞机""电话""连衣裙"等。

　　民族的交往、科学文化的交流、经济贸易的往来都影响着语言，促使语言之间彼此相互借用、相互吸收一些成分，所以外来词是各种语言词汇都存在的现象。汉语中的"丝""茶"等也同样被英语等其他语言所吸收成为它们语汇中的外来词。

　　第六，社会方言词。社会方言和地域方言不同。地域方言是一种语言系统，而社会方言没有一套自己的基本词汇和语法结构，也没有一套完整的符号系统，只是拥有一些自己所需要的词语。社会方言是指由社会行业和群体的不同而产生的一些不同的词。其主要成分是行业词（行业语）。如农业的、工业的、教育的、戏曲的、医学的、商业的等。

社会方言还包括老人语、娃娃语、学生语、干部语等。如娃娃语"鞋鞋""饭饭"等，多是重言的形式。此外，还有阶级习惯语和隐语等，都属于社会方言词的范围。

总之，一般词汇的内容是比较丰富的。

基本词汇和一般词汇各有特点，也各有作用，但是两者并不是互不相干的独立体。它们互相联系，互相依存，同时又互相转化，共同构成和丰富词汇总体。首先，基本词汇是一般词汇形成的基础。基本词作为根词可以构成大批的词语。因此，一般词汇中的大多数词，都是在基本词汇的基础上形成的。反过来，一般词汇又可以说是基本词汇发展的源泉。一般词汇可以为基本词汇不断地输送新的血液。前面谈过，一般词汇是反映社会变化最敏感的，社会上因出现新事物而产生的新词往往要在一般词汇里占据一席之地，在社会及语言的发展过程中，有些成分可能进入基本词汇。其次，基本词汇和一般词汇又可以呈现相互转化的关系。随着社会的发展、交际的需要，某些基本词可以转化为一般词，某些一般词也可以转化为基本词。如"皇帝""宰相"等词在封建社会，是语言词汇中的基本词，随着封建社会的结束，这些词也就由基本词汇转入一般词汇，由基本词变为一般词。前面举的"粮票"却从一般词转化成了基本词。

基本词汇和一般词汇不能绝然分开，因为有一些词是处在两者之间的转化过程中。如"公社"，我国自五十年代后期成立人民公社以来，经过几十年的运用，"公社"渐渐变成了基本词，但是目前我国行政区划的名称有所更改，"公社"被"镇"所取代，那么"公社"一词就处在基本词汇向一般词汇转化的过程中。由一般词汇向基本词汇转化也是如此。语言的演变是逐渐的，总有一些成分处在转化过程中。有时对某一个成分，我们不容易辨别它是基本词还是一般词，就因为它处在转化过程之中。在这种情况下，基本词和一般词的界限就不是很清楚。但是大部分基本词和一般词还是能够确定的。

（2）固定结构的总汇

语言里相当于词的作用的固定结构也叫熟语。因为熟语在结构和意义上都是定型的，是不可分割的整体，同时又是作为组句的备用单位而存在的。它和词一样，都是语言的建筑材料。因此，熟语是词的等价物，也是词汇所包含的内容。熟语本身又包含了以下几项内容。

第一，成语。成语就是指具有固定的结构形式和完整意义的固定词组。所谓结构的定型性是成语在结构上的不变性。它既不能任意扩展，如汉语的"阳春白雪"不能说成"阳春的白雪"，也不能任意缩减，如"不胜枚举"不能说成"不胜举"，更不能任意更换，如"喜笑颜开"不能说成"喜笑面开"。所谓完整的意义，是指成语在意义上不可分割。如"指鹿为马""杞人忧天"等，单从字面上看，我们不可能理解这些成语的意义，而必须结合一定的历史背景从整体上了解它们的意义。成语结构和意义上的这些特点表现得都是非常明显的，特别是结构上的定型性更是非常突出的。

第二，惯用语。惯用语是结构定型、意义完整的固定词组。如汉语的"挖墙脚""开夜车""走后门""磨洋工"等就是惯用语。惯用语和成语是不同的。惯用语在固定的结构形式方面没有成语那么严密，可以改变它的成分和音节结构，即它在结构上有一定的灵活性。如"碰钉子"，也可以说成"碰大钉子""碰软钉子""碰硬钉子"等。"绕圈子"也可以说成"兜圈子"。可见，惯用语有原型和变型之分。原型一般只有一种，变型则可有一种或多种情况。

第三，专有名词。专有名词如"中华人民共和国""语言学概论""山东大学"等。这也是一种固定词组，也具有固定的结构形式和完整的意义。与其他的固定结构相比较，它在音节结构上比较灵活，无固定形式的要求。

除了以上三种结构之外，还有固定的句子结构。汉语中有两种，一种是谚语，一种是歇后语。它们都是人们在口头上流传而形成的，其特点也是具有固定的形式和完整的内容。谚语有的由单句构成，有的由复句组成。如"三个臭皮匠顶个诸葛亮""人无千日好，花无百日红"等都是谚语形式。歇后语则是由前后两部分构成，前半部分往往是形象的比喻，后半部分是对前半部分比喻的揭晓，是其本意所在。如"狗咬吕洞宾——不识好人心""泥菩萨过河——自身难保"。

谚语和歇后语虽然是句子形式，不同于前面几种词组形式，但它们无论在结构上还是在意义上都是一个不可分割的整体，所以也属于固定结构，属于词汇范围。

总体来说，词汇的构成如下：

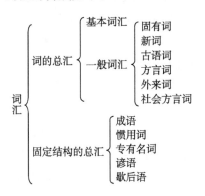

## 第二节 词义

### 一 什么是词义

词义就是词的意义内容。这是关于词义的很粗略、很笼统的定义。词义的全部内容应该是词汇意义、语法意义和色彩意义的总和。平常我们运用词义这个概念时，情况是不同的。有时指三个意义的总和，有时也指词汇意义。

词义的内容之一是词汇意义，又称词的理性意义、概念意义或逻辑意义。它是词所表示的人们对客观世界中的事物、现象及其关系的反映，即客观世界在词中的反映。词是语言符号的单位，语言符号的作用就是表示客观世界的事物、现象、关系，是一种记号。它有声音和意义。其词汇意义就是这种作用所显示出来的对客观存在的反映。例如"书"，它所表示的意义就是"装订成册的著作"。

语言符号要表示客观世界，就必定会有词汇意义，否则它就没有产生的必要。所以每一个词都有词汇意义。实词有词汇意义，这是毫无疑问的。那么虚词有没有词汇意义呢？对这个问题是有争议的，有两种观点，一种认为虚词没有词汇意义，一种认为虚词有词汇意义，我们赞成第二种观点。虚词也是有词汇意义的。例如"和"，它的词汇意义就是表示一种连接的关系，这是客观存在的一种关系，在语言中用"和"来表示。比如"小王和小李去散步"，这里的"和"就把小王、小李之间并列的关系连接起来了。可见，语言中所有的词都有词汇意义。

词义的第二个内容就是语法意义。语法意义是词的语法特点和语法作用，通过类聚之后所产生的一种意义。如"动词"就是对语言中表示动作性的词的一种语法概括，形容词则是对表示性状词的一种语法概括。语法意义是一种更抽象更概括的意义。如"人""树"等词本身就是一种概括。它们分别概括了所有的人和所有的树的本质特点。这种概括表现为词的词汇意义；但"人"和"树"等词又有相同的地方，即它们都是表示客观事物的名称，"人""树"等一大批表示客观事物名称的词再加以抽象概括，就称为"名词"。因此，名词的概括性又进了一步。名词是一种类聚，主语等也是一种类聚。语言中的每一个词都存在于某种语法关系的类聚和概括之中。所以每一个词都有语法意义。如"伟大"，它的语法意义就是"形容词，可作谓语、定语等"；"并且"的语法意义是"连词，可以连接并列的动词、形容词、副词和小句"。

对语法意义的认识可以指导人们更好地理解语言、使用语言。无论是对我们学习本民族语言，还是学习外语，都有很大的帮助。

词义的第三个内容是色彩意义。色彩意义即指某种倾向、态度和情调的意义。词的色彩意义有的游离于词的意义之外。如"乖乖"是称呼小孩的，它含有宝贝、喜爱、亲切等感情色彩，这些色彩是"乖乖"一词本身的词汇意义所不具备的。再如"老头儿"和"老头子"，如果我们对老头有好感，就说"老头儿"，如果反感，就称"老头子"，这种喜爱或厌恶的感情色彩也是游离于词汇意义之外的。有的色彩意义是渗透于词汇意义之中的，和词汇意义相一致。如"放肆"的词汇意义就是言语轻率、任意、毫无顾忌，这个意义本身就渗透着厌恶的感情倾向。再如"优秀"，就是非常好的意思，对这个意义的解释，就暗含着褒义色彩。色彩意义的这两种情况都是社会约定俗成的。

色彩意义一般表现为感情色彩、形象色彩、风格色彩、时代色彩、外来色彩、地方色彩等类聚。每一种语言中都存在这些色彩类聚。如英语的"small"和"little"，同是表示"小"的意思，"small"无所谓什么感情色彩，"little"却含有某种喜爱的感情色彩。

色彩意义在语言运用中的作用是很重要的。如"爸爸"和"父亲"分别具有比较亲切的口语色彩和比较庄重的书面语色彩，这是两种不同的风格色彩。我们在使用这两个词时，应该根据交际环境的不同而有所选择。假如一个小孩在家里总是称呼他的爸爸为"父亲"，会使大家感到非常别扭。可见，对一个词的色彩意义进行说明，也是非常必要的。

　　以上三个内容的总和才是词义。我们要了解词的意义，应当全面解释它的这三个意义，而不应只注意它的词汇意义。当然在这三者之中，词汇意义是最重要的，如果没有词汇意义，就不会有语法意义和色彩意义。

　　词义包含了三方面的内容，所以它和概念的关系就显得非常复杂。在此简单地谈一谈词汇意义和概念的关系。

　　词汇意义和概念是有着密切关系的。词汇意义是客观世界的反映，表示了客观事物、现象及其关系。人们认识了事物，形成了概念。概念用语音形式表示出来，就形成了词义。所以从语音形式表达的内容这个角度看，词义和概念是一致的。如果从语言表达思维这个角度讲，也可以说是词义表示了概念、体现了概念。

　　但是，概念属于思维范畴，词义属于语言范畴。这是两个不同的范畴。范畴的不同决定了它们的职能也不同。概念的职能在于认识和反映客观世界，所以它要求反映得全面、深刻。词义的职能在于交际，只要能使人们达到互相了解，能反映出把此事物和彼事物区别开来的特征也就可以了。所以，不应把词义和概念看成一种东西。

　　在现实生活中，不同的人，由于年龄、职业、文化程度、生活条件等方面的差别，对于概念和词义的认识是不同的。有的认识深刻些，有的肤浅些，有的则不够全面。例如对"人"这个词的理解，没有文化的成人、小孩等都可以用它进行交际，但是他们绝不可能懂得"人是由类人猿进化而成的，能制造和使用工具进行劳动，并能运用语言进行思维的动物"。

　　孩子等所使用的"人"的词义可能只是包含会说话、穿衣服、直立行走等外部形象特征。凭借这种特征，就足以把人和其他动物区别开来了。因此，只认识到这些并不妨碍交际。

　　虽然不同的人，由于条件不同，对概念和词义的掌握不同，但是对于同一个人来说，他对概念和词义这两种事物的认识程度永远是一致的。当一个人掌握了完整的概念，那么他所掌握的词义也达到了完整的高度；如果一个人所认识的词义是个不完全的内容，那么他所掌握的概念也是一个不完全的概念。如对"电"的认识，物理学家是一个样子，小孩或普通成人又是另一种样子。但是他们各自掌握的关于"电"的概念和词义是一致的，即概念和词义在一个人身上永远是统一的。

## 二　词义的特征

词义的特征是比较多的，主要的可表现为以下几个方面。

1. 客观性

词义是客观事物和现象及其关系的反映。客观存在是形成词义的基础。无论是词汇意义，还是语法意义、色彩意义都有这种客观基础。所以，词义具有客观性。例如"鸟"的词义是"带翅膀、有羽毛、卵生、具有角质两足的自然动物"，这种意义的形成是以客观存在的"鸟"的特征为根据的。没有客观存在，就无从产生词义，这就是词义的客观性。

在这里，我们还应该明确这样一个问题，即词义有客观性，但词义并不等于客观事物。词义反映客观世界是通过人们的认识起作用的。人们的认识有完全的认识，有正确的认识，也有错误的认识。这就使词义和它所反映的客观事物之间并不是完全对应的关系，而且也使词义在反映客观存在时，出现了各种不同的情况。

词义对客观存在的反映，有的是正确的。这是因为人们对客观事物的认识是正确的。这时词义和客观事物的本质内容是符合的。如"书"是"装订成册的著作"，"书"的本质内容就是如此，说明词义和它反映的对象是一致的。再如"茶几"，可以解释成"放茶具用的家具"。这种反映也是正确的。这都是说明词义可以正确地反映客观事物。语言中的词大部分都是这种情况。

词义对客观存在的反映，有的是不全面的。如"水"，就今天来讲，它的内容比过去丰富得多。过去认为它是"无色无嗅透明的液体，可以饮用"，今天我们又认识到"它的化学成分是氢二氧一"。这就比过去的认识前进了一步，但是否就是全面的认识了呢？还不一定。多少年以后，还可能发现关于水的更多的、更深刻的内容。所以我们今天对水的认识也只能是基本的认识。这种词义只能说反映了客观事物基本的部分内容。人的认识是逐渐发展的，在认识由不全面到全面的发展过程中，词义也随之发展，由反映不全面的内容，到反映全面的内容。

词义对客观存在也可以是错误的反映。这是由人们对客观事物错误的认识所造成的。就词义本身来看，无所谓错误和正确之分，但词义对客观对象来说，有些就是一种错误的歪曲的反映。例如"鬼""神""天堂""魔鬼""仙女""龙王"等词所表示的事物都是现实中不存在的东西。这些词的词义都是人们对客观存在产生了错误认识的结果。在科学不发达的年代里，人们在社会实践中遇到了一些无法解释的现象和克服不了的困难，于是就产生了这些错误的反映，出现了"鬼""神"之类的词。这些词的意义往往带有主观想象的成分，有些还寄予了人们的希望和幻想。但是这类虚幻的词义也并非完全出于人们的主观虚构，它们也有自己的客观基础，如果没有客观依据，也不能形成词义。如"魔鬼""仙女"等词所表示的事物形象往往是在凡人形象的基础上虚构而成的。《西游记》中有许多鬼怪、妖精，它们的基本形象也都是人的形象，或者把人的形象和其他动物的形象混合在一起而形成的。

所以说，它们仍然有着得以产生的客观依据。

可见，词义的产生，无论是基于人们对客观存在的正确认识，还是基于错误的认识，都是在客观存在的基础上形成的。这就是词义的客观性。

2. 概括性

词义都是某一类客观对象的反映，所以它是概括的。它概括了某一类客观对象所共同具有的特点，而舍弃了个别事物的个别特点。例如"人"。人的特点是"能制造工具、使用工具，能思维，有语言"。这是人的共同特点，但也有的人可能是残疾人，可能是聋哑人。这都是个别人的个别特点，"人"的词义不包括这些特点。当然由于不同的词表示着不同的概念，有的是种概念，有的是属概念，因而它们概括的程度也有所区别。如"牛"比"水牛""犀牛"等概括的范围更广一些；"树"比"杨树""柳树"等概括的范围更大一些。这是因为属概念比种概念概括的程度要高。但是种概念本身也是概括的。像"水牛""犀牛"等，各种高矮不同、胖瘦不同、颜色不同的水牛、犀牛的特征都忽略不计，而从中概括出一般的东西。

　　所有的词义都是概括的。它既包括了表示普遍概念的词义，也包括了表示单独概念的词义。即使专有名词也如此。例如"黄河"一词是概括的，主要概括了它的发源、流量、流域等特点。"北京"也是概括的，它概括了历史上的北京、现在的北京，以及它的人口、地理、风土人情等各方面的情况。因此，所有的词义都具有概括性。

　　3. 社会性

　　语言是一种社会现象。词义作为语言的一个部分，它也是一种社会现象。可以从两个方面来认识词义的社会性。一方面，从词义的形成来看，词义是使用同一语言的社会成员共同确定下来的，是社会约定俗成的。如"寒酸"一词，是用来形容贫穷潦倒的人的一种窘态的，这个意义就是社会约定俗成的，是大家承认、大家共用的。如果有人把"寒酸"解释为一种酸，一种和盐酸、硫酸等并列的物质，那么这个意义就不能用来交际，因为这种解释不为社会成员所接受，不是社会约定俗成的意义。词义既是社会约定的，就要受到社会的制约。另一方面，从词义的运用看，全体社会成员必须对同一个词的词汇意义、语法意义、色彩意义有着共同的理解和一致的认识，人们之间的交际才有可能正常进行。这里也体现了词义的社会性。如"管"，有一个义项是"过问"的意思，我们常说"这件事交给他来管"。但是在某些方言里，如枣庄话里，"管"除了"过问"的意思之外，还有一个普通话里所没有的义项，即"行"的意思，例如说"管不管"就是"行不行"之意，有一个外地学生在枣庄读书，星期天去书店，不知书店在哪里，接连问了两个人，得到的回答都是"我不管"，学生为枣庄人的冷淡感到疑惑。后来才了解到在枣庄话中，"我不管"即"我不行"或"我不知道"的意思。"管"作为"行"的意义，不是汉族全体社会成员共同理解的，只有部分地区的部分社会成员理解它，使用它，因此这个词义对于整个社会来说，没有社会性。当然，在某一个地区范围内，它还是有社会性的。

　　4. 主观性

　　词义虽然具有社会性，是社会约定俗成的，但是又具有主观性特征。这种主观性表现为两种情况。一种情况就是由于年龄、生活条件、文化水平、认识能力等各方面情况的不同，人们对词义在认识和理解上也有程度的差别。如生物学家对"虾"的认识和两三岁的小孩对它的认识是不一致的，但这两个人仍然可以进行交际。可见，对不同的人来说，词义的内容可以不统一、不一致，这就是词义的主观性。另一种情况就是词义在具体使用时所表现出来的主观差异。在不同的语境中，个人可以临时赋予词不同的意义或色彩。例如"能"，我们可以说："这个人一看就会，非常能。"这里的"能"就是"巧"的意思，含有一种褒扬的色彩。但是有时也可以说反话，例如有个人把东西摔碎了，我们说："你真能！"这里的"能"显然被说话人赋予了另一种意义内容，是反语，感情色彩也发生了变化，由褒扬变为贬斥。这就是词义在运用中所表现出来的主观性。

　　5. 发展性

　　词义一旦形成总是相对稳定的，但是它又不是一成不变的。社会的发展，客观事物以及人们认识的发展变化，都会在词义中有所反映。例如"兵"过去指武器，现在指"战士"；"走"过去指"跑"，现在指"行走"；"江"过去指长江，现在是江的通称。有的从单义词变成了多义词，有的从这种意义变成另外一种意义，都说明词义是发展的。在不同时代，词义有发展；在同一时代词义也有发展。例如"污染"原指空气、水源等混入有害物质的现象，如"空气污染""水源污染"等，现在这个词也可以指某种抽象事物的污染，如"精神污染"。"污染"的词义增加了新义项，这个新义项是在现代汉语的阶段出现的。可见，词义无论是在历时阶段，还是在共时阶段，都会出现变化发展。

6. 民族性

词义的民族性是指词义具有民族特点、民族色彩。它有两方面的表现。一方面，词义是一个系统。每个民族的语言都有自己的词义系统。每一个词的词义都要受词义系统的制约。所以，同样的客观对象，在不同语言的词义系统中，可以出现不同的概括反映。如"伯父""叔父""姨父""姑父""舅父"五个概念，汉语中用五个词来表示，但是在英语中，这五个概念都用"un-cle"一个词表示。"uncle"一词比汉语中的任何一个词的概念范围都要广。汉语词义是一个系统，英语词义也是一个系统，由于词义系统的不同，词义产生了不同的民族特点。再如，在澳大利亚语中，没有用作表达"树"的一般概念的词，因此，在提到"树"这个一般名称时，只能具体地说出"杨树""松树""柳树""桃树"等具体的名称。这也是由词义系统所决定的。词义民族性的另一方面的表现，就是由于民族的文化素养、心理状态、传统观念以及生活习俗等方面的不同，词义表现出不同的民族特点。如汉族对"龙""凤"这样的动物有着特别的感情，往往把它们作为美好、高贵、吉祥的象征。皇帝的座位叫龙座，而其他民族就没有这种特殊的感情。再比如汉语的"钢笔"和英语的"pen"相当，但是"pen"还有"羽毛"的意思，而"钢笔"没有这种意义。这是因为英国古代有以羽毛当笔写字的情况，所以"羽毛"和"钢笔"就能形成意义上的联系。这是不同民族的生活习俗所造成的词义的民族差异。此外，词义的民族性在色彩意义上也有明显的表现。例如一些民族有动物崇拜的特点，有的崇拜"牛"，认为"牛"是他们祖先的象征，对他们来说，"牛"这个词就有了某种尊崇的感情色彩。再如"樱花"，许多人喜爱它，但是因为樱花是日本的国花，所以对于日本民族来说，"樱花"一词就尤其带有尊敬的、喜爱的等特殊的感情色彩。

7. 概念对应性和具体事物对应性

前面曾经谈过，词汇意义和概念具有对应性特征，逻辑思维中的概念，用词来表达的时候就形成了这个词的词汇意义，任何词都表达概念，任何词都有词汇意义，所以任何词的词义都有概念对应性。词义的概念对应性在任何情况下都是存在的。当词作为词汇的组成单位存在于语言符号系统之中的时候，也就是说，当词作为静态的语言单位的时候，词义所反映的绝不会是某一个客观对象，而是某一类客观对象的特征。在这种情况下，毫无疑问，词义和概念是相对应的。

当词在具体的语言环境中，被用来组织到话语中的时候，也就是说，当词作为动态的单位出现在交际中的时候，词义仍然具有概念对应性，否则它就没有资格进入语境，不能到处使用。如"这件衣服真漂亮"，其中的"衣服"虽然是指称一件具体的衣服，但它的词义仍然是衣服这种事物的反映，而不是帽子、鞋子等其他事物的反映。这件具体的衣服仍包含了"衣服"这个概念所反映的特征。因此，这句话中的"衣服"仍然具有概念对应性。

词义的具体事物对应性是在词义的概念对应性的基础上产生的。但是它又和词义的概念对应性不同。它不是在任何情况下都存在的，而只能是在一定的语境中，当词指称具体事物的时候，才能体现出来。比如，"这个人外表丑陋，但心地善良"中的"人"的词义不仅和人的概念相对应，而且它还是具体的"这个人"的反映，所以它同时具有了具体事物对应性。再如"刘晓庆的魅力是无法抵挡的"，其中"魅力"一词的词义既和魅力的概念相对应，在此又是特指刘晓庆在电影艺术表演中所表现出来的魅力，而不是其他人或其他东西的魅力，所以它又和具体对象对应。因此，"魅力"的词义既有概念对应性，又有具体事物对应性。

词义的具体事物对应性，是词义在一定的语言环境中，通过其他词义的限制实现的。如前面所举的例句中，"人"的具体事物对应性是通过"这个"等词的意义加以限制而实现的，"魅力"的具体事物对应性是通过"刘晓庆"一词的意义加以限制而实现的。如果没有具体语境的限制，没有其他词义的制约，也就没有具体事物对应性。单说"魅力"这个词，是指所有有魅力的人、事物、现象呈现出来的一种吸引人的力量。它是概括的，没有具体事物对应性。但是并不是每一个词的词义一到了语境中，都有具体事物对应性。如果说"人是社会动物"，其中的"人"仍然是指称人这一类事物，它只有概念对应性，而没有具体事物对应性。

当词义有了具体事物对应性的时候，词义的内容要比单纯具有概念对应性时丰富得多。比如"我穿的这双鞋是青岛产的"，在这里"鞋"的词义除了是"穿在脚上，走路着地的东西"外，还可能有一些具体的意义内容，如"黑色的""皮的""系带的""高跟"等。概念的外延越广，内涵就越少；外延越窄，内涵就越丰富。词义具有具体事物对应性时内容之所以丰富，是与此相联系的。

词义的具体事物对应性对我们了解、运用词有很大的帮助。比如"这只手非常有力量"中"这只手"一定是指劳动者很有力的手，而不是指小孩的手或者林黛玉的手。如果指的是婴儿的手，就要说"这只手真好玩"。这些都是由具体事物对应性决定的。

词义的特征，除了以上几种之外，有的书上还提到词义的模糊性。如"九死一生"的"九"是个概数；"高""矮""胖""瘦""大""小"等词的意义也没有具体的标准。这些都是词义模糊性的表现。但模糊性不是词义的共同特征。它没有普遍性。如"人"的词义就没有模糊性。所以并不是所有的词义都具有模糊性的特征。

## 三　单义词和多义词

### 1. 单义词

单义词就是只表示一个意义的词。如"藕""氧""葡萄""电子""外语""元音"等。作为单义词，词的一个意义和一个词的意义是一致的。单义词只有一个意义，这一个意义也就是一个词的意义。

单义词的产生有两种情况：一是在最初产生时往往是单义的；另一种情况是，词义在发展过程中由多义变成单义，是多义词在发展过程中一些意义消失的结果。

### 2. 多义词

多义词就是包含着几个既有联系又有区别的意义的词。多义词包含着几个意义。这几个意义之间的关系是既有联系又有区别。只有有区别，才能分出它有几个意义；又因为有联系，所以才能包含在一个词之内。

多义词一个词的意义和词的一个意义是不对等的。多义词的一个词的意义可以包含几个意义。比如汉语的"剪影"，有两个意义，因为都包含在一个多义词中，我们把每一个意义叫作义项。"剪影"的一个义项是"照着人脸或人体的轮廓的剪纸成形"，另一个义项是"比喻对于事物轮廓的描写"。因此"剪影"包含这两个意义，它们又有联系，即都有"构描物体轮廓"的意思，"剪影"是一个多义词。就一个词的意义来说，它包含两个义项，它的一个义项就是词的一个意义。所以多义词的词义和词的一个意义是不对等的。

语言中为什么会产生多义词呢？这是由交际的需要决定的。就多义词的义项来讲，它和新词的产生不同。新词的产生是解决一个事物的符号问题，而多义词义项的产生大部分是由于修辞的需要。语言中很可能已经存在了这样的符号，但由于修辞的需要，又用这个词描写与之有联系的其他事物，从而增强了修辞效果。如"负担"一词就是早已存在的，"思想负担"的说法也早就有了，但"思想负担"可以说成"思想包袱"，后者更形象地说明了沉重的意思。"思想包袱"这个说法为社会约定俗成之后，"包袱"就产生了"负担"的义项。可见多义词的产生与新词的产生不同，大部分多义词的义项是因修辞需要而产生的。所以，多义词产生义项的手段，基本都是修辞的手法。

多义词义项产生的方法一般有以下四种。

第一，引申法。这是在人们认识的基础上，意义上的引申、联想而产生的义项。如"老"最早是"年纪大"的意思，后来引申出"原来的"这一意思，如老厂、老地方，还引申出"不嫩的"这一意思，如菜老了等。

第二，比喻法。引申法着重于意义上的联想，比喻法则着重于形象方面的联想。视觉、触觉、听觉、嗅觉和味觉五个方面引起的联想都可以引起比喻的方法。如"气候"，本是一种天文方面的现象。气候可以给人晴、阴、冷、热等感觉，如果在另一方面给人以心理上的感觉，则可指政治上的气候。这就是比喻手法。

第三，借代法。在修辞上，用事物的整体代替部分，用部分代替整体，用事物的特征代替事物都是借代。义项增加也可以用这种借代手法。如"舌头"，是口中的一个器官，可以辨别味道，可以吃饭，可以讲话，后来用这个器官代替人，即"为侦讯敌情而捉来的敌人"，因为这样捉来的敌人是为了让他说话，提供敌情，其舌头的作用突出地表现出来，于是就用"舌头"这个词代替这个人，"舌头"有了指人的意义。这就是用借代的方法产生的新义项。

第四，特指法。就是指在一个词指称的范围内，用来指称某一特定的事物。如"喜事"，指"一切使人高兴的事，一切使人值得祝贺的事"，其包含的范围很广，今天社会上用它特指结婚。结婚这个事包含在"喜事"的范围之内。这就是特指法。

从上面几种方法看，多义词义项的产生都是修辞运用的结果。如"舌头"，我们可以叫他俘虏，但称之为"舌头"，就更加生动些。"喜事"用来指结婚，表示的意义就显得更加突出。

由于多义词有多种义项，多义词内部产生了复杂的关系，总括起来有三对关系。

一是原始义和派生义，二是常用义和非常用义，三是基本义和非基本义。一个词最早产生的意义是原始义，在运用过程中产生的意义是派生义。在词的发展过程中，原始义可能不变，还是常用义。有的词可能发生变化，它的派生义变为常用义，如"走""兵"等。所以大家必须认识到，一个词的原始义不一定是它的常用义。我们必须历史地来分析多义词的词义，把历时和共时的情况区分开来。基本义和非基本义是针对义项产生来讲的，产生义项的意义叫基本义，它是产生新义项的基础。基本义可能是原始义，也可能是派生义和常用义。当非基本义产生义项时，这个非基本义就成了具有基本义性质的非基本义。如汉语的"打"，它的基本义是"打击"，它产生了打铁的"打"，就是"制造"的意思，"制造"是非基本义，但这个非基本义又产生了"编织"的意思，如打毛衣。这时"制造"这个非基本义就是具有基本义性质的非基本义。

以上三对关系不是相对应的，这一点要掌握清楚。

多义词有许多义项，但多义词不可能产生使用上的混乱。因为多义词一进到语境中，就以一种意义出现。如"菠菜老了"，"老"是"不嫩"的意思，绝不会是"年纪大"的意思，所以多义词在使用中具有单义性。

多义词从形式上看，是一个形式表示几个意义。它不同于一个形式表示几个意义的同音词。同音词是声音相同而意义不相同的词。同音词意义上没有联系，只是声音形式相同。所以多义词和同音词的区别主要在于意义上有没有联系，如果意义上有联系，就是多义词，否则就是同音词。

## 四 同义词和反义词

1. 同义词

意义相同或相近的词就叫同义词。同义词包含两方面的内容，一是意义相同，二是意义相近。

完整的词义包含词汇意义、语法意义和色彩意义三个部分。我们分析同义词时，也要根据这三个部分来确定它的词义。意义相同，是说在词汇意义、语法意义和色彩意义三个方面都相同，因此这种同义词也叫等义词。意义相近，是指在上面三部分意义中总要有一点区别的地方，这种同义词称为近义词。在近义词中，分析这三个内容时，往往表现为词汇意义的相同和相近，语法意义的相同，色彩意义的相同或不同。这三种情况搭配在一起，就形成了近义词。

因为等义词是词汇意义、语法意义和色彩意义完全相等的词，如包心菜—卷心菜、衣服—衣裳、嫉妒—妒嫉、互相—相互等，所以等义词在语言运用中是可以互相替换的。

由于社会成员造词的不同，语言中永远会出现等义词，但是这种等义词没有长期并存的必要。因此等义词的发展一般会出现两种情况：一是进行淘汰一个词；二是进行分化，由等义的词分化为不等义的词。前者如自行车—脚踏车，用"自行车"，淘汰"脚踏车"；后者如灵魂—魂灵，现在已经有了一定的区别，"灵魂"变成了多义词。

近义词因意义不完全相同，所以一般表现为三种情况。第一种是词汇意义和语法意义都相同，只有色彩意义不同。如生日—诞辰，它们的词汇意义、语法意义都相同，只是色彩意义有别，前者是口语，具有比较随便的色彩，后者是书面语，具有庄重的色彩。再如维生素—维他命，前者有民族色彩，后者有外语色彩。第二种是词汇意义相近，语法意义相同，色彩意义不同。如煽动—鼓动，前者指"促使人去做坏事情"，后者指"促使人去做好事情"，感情色彩不同，词汇意义上也有细微差别。第三种是词汇意义相近，语法意义和色彩意义都相同。如整理—整顿，它们使用的范围不同，前者用于具体事物，后者用于抽象事物。再如优异—优秀—优良，它们的词汇意义表现为程度的不同。可见近义词都是有所区别的。

2. 反义词

反义词是语言中意义上相反或相对的词，如大—小、生—死、高—低、落后—进步、胜利—失败。反义词是客观事物中存在的矛盾对立现象在语言中的反映。

反义词有两种情况，一种是绝对反义词，即两个词表示的意义永远是矛盾对立的，其间没有第三个意义存在。如生—死，其意义永远是矛盾对立的。有时讲"半死不活"，实际上还是在活的范围之内。再如动—静，其间也没有不动不静的情况。第二种情况是相对反义词，这种反义词往往是在特定情况下形成的，如颜色有红黄蓝白黑等。这些颜色之间本来没有什么对立情况，但在社会生活中常常形成对立。如"红"表示革命，"白"表示反动，"红"和"白"在此形成对立；马路上的红绿灯，"红"表示停止，"绿"表示通行，"红"和"绿"在此又形成对立；红蓝铅笔一头"红"，一头"蓝"，也形成了对立。这些颜色的对立都是在社会生活中形成的，反映到词义中就形成了相对的反义词。

社会中矛盾对立现象是很多的，但语言中的反对概念不一定都是反义词，有些是用词组来表示的。如，好—不好，后者是词组，所以"好"与"不好"不是反义词。反义词虽然反映了客观世界中的矛盾对立关系，但反映这种关系的并不都是反义词，只有用词表示这种关系的才是反义词。

## 第三节　词汇的发展

### 一　词汇发展的原因

社会的发展和进步、人类认识的深化和新事物的不断涌现等，都会促进词汇的发展。这是词汇发展的外部原因。语言内部矛盾即交际功能和交际能力的矛盾促成了词汇的变化和发展，这是词汇发展的内部原因。语言词汇就是在这种情况下不断发展的。

### 二　词义的演变和发展

词义的演变和发展是词汇系统中一个相对独立的部分，它可表现为以下几种情况。

1. 词义的深化

即一个词的某一个意义在指称范围不变的情况下，它的内容有所增加，或由不正确变为正确。例如"水"，原来认为水是"无色无嗅透明的可以饮用的液体"，现在则认识到"它的合成成分是氢二氧一"，意义内容增加了。再如"鬼火"，原来认为它是"野地里的火"，和"鬼"联系起来，现在则认识到它是一种磷火，是磷化氢燃烧时的火焰，与鬼无关，词义内容由不正确变为正确了。

2. 词义的扩大

是指词的一个意义的指称范围扩大了。如"江"和"河"，原来都是专称，"江"专指"长江"，"河"专指"黄河"。后来它们指称的范围都扩大了，"江"泛指一切江，"河"泛指一切河。原来的专称义由新词"长江"和"黄河"取代。

3. 词义的缩小

是指词的一个意义的指称范围缩小了。缩小的结果是词义所包含的内容更加丰富了。如"瓦"，原来"泛指一切陶器"，后来范围缩小了，专指"用来铺盖房顶的土制建筑材料"，但它的内容特点也进入了词义，意义就更丰富更具体了。

### 4. 词义的转移

是指词的一个意义的指称范围由甲变成了乙。如"兵"，原来指"武器"，后来指称"战士"，范围改变了。再如"走"，原来指"跑"，后来指"行走"，指称的范围也发生了转移。

以上都是讲词的一个意义的变化。此外，词义变化还可表现为一个词的意义变化问题。

### 5. 义项的变化

就是指一个词的意义变化。其有两种情况。一是词所包含的义项增多了。如前面举过的"包袱"，由原来的两个义项变成了三个义项，增加了"思想负担"的义项。二是词的义项减少了。一个多义词的义项在使用中某一项消失了，就是义项的减少。如"牺牲"，现在使用的有两个义项，一是"为了某种事业而献出自己的生命"，二是"为某种事业或目的而付出一定的代价"。另外还指"古代用来祭祀的牲畜"，这一义项却已经消失了。这就是义项减少的情况。

## 三　词汇系统的演变和发展

词汇系统的演变和发展，表现为新要素的增加和旧要素的消亡。新要素的增加，主要有适应新事物的出现而创造新词，以及外来词的吸收、古语词的起用、方言词的吸收等。新要素增加往往是从一般词汇的变化开始的。旧要素的消亡是指旧的成分消失了。这种消失，或者是由于旧事物的消失，如保长、巡捕等；或者是由于社会的发展和人们认识的改变，如戏子、伙夫、厨子等。后者现在已被新词所取代，分别称为演员、炊事员等。整个词汇系统的演变和发展就是在这种新旧要素的不断变化之中进行的。

# 思 考 题

一、什么是词？词是如何产生的？

二、什么是词汇？词汇包含哪些内容？

三、什么是词义？简述词义的内容。

四、词义有哪些特征？

五、什么是多义词？多义词义项产生的手段有哪些？

六、什么是同义词？什么是等义词？什么是近义词？等义词与近义词有何不同？

七、什么是反义词、同音词、同形词？

八、举例说明词义演变的情况。

# 第七章　语法

## 第一节　语法的性质及其单位

### 一　什么是语法

语法就是词的构成和变化的规则，以及组词成句的规则的总和。

语法的这个定义包含了两个内容，一个内容是词的构成和变化的规则。词的构成规则就是指一个词是如何构成的。例如"早餐"这个词，指的是"早上用的餐"，构成规则是偏正式。又如"学习""开关""呼吸"是联合式，"埋头""动员"是述宾式，等等。语言中的复合词都有一定的结构方式，这些结构方式都是属于语法范畴的。词的变化规则指词的形态变化。汉语中词的形态变化很少，如"我""你""他"是人称代词，它们的共同特点是指称单数。如果说成"我们""你们""他们"，就表示多数，也就是说附加了"们"这样一个成分，就起到了表示多数的作用，这就是形态变化。再如"看了"表示动作已经完成，而"看着"表示动作正在进行，说明汉语动词有时态的变化，可以有完成体，也可以有未完成体。动词用加"着""了""过"的办法来表示时态，这也是形态变化。由于这种形态变化使用的都是附加方法，所以也叫附加法。

除了上面这些情况之外，词的语法规则还表现在词和词组合的不同特点上。如名词可以和数量词组合，不能和副词组合，而动词、形容词能和副词组合等。根据这些规则，可以分析出词的不同类别。由于以上这些规则一般都是词的语法规则，所以叫作词法。

语法的另一个内容是组词成句的规则。这一内容又分为两个方面，一个方面是用词组成词组，一个方面是用词组成句子。比如名词和名词组合，如"学生的家长""学校校门""房子的大门"；形容词和名词组合，如"新书""明亮的窗户""美丽的花朵"；数词和量词组合，如"一个""三条""三辆"；数量词和名词组合，如"一条鱼""三张纸""三本书"；等等。这都说明词可以组成词组。这种组合又有一定的规则，上述词组都是按照偏正式的规则组成的。词和词还可以组成句子，如"我学习汉语""我们打篮球"等，都是按照"主—述—宾"的规则组合的。总之，用词组成词组也罢，组成句子也罢，都是有一定规则的。这种组词成句的规则叫作句法。

语法就是由词法和句法构成的，是二者的总和。

词法和句法在不同的语言中表现是不一样的。汉语的词法比较少，句法则比较多；俄语中的词法比较多，而句法比较少。这样，词法和句法的作用在一种语言中就有着互相补充的关系，词法弱，句法作用就大；词法作用大，句法就弱一些。汉语的句子重要，词法单薄一些，句法就起了一些补充作用。俄语语法中词法作用大，句法就单薄一些，它的单薄的句法是用起重要作用的词法来补充的。这种词法和句法的互相补充，就每一种语言来说，都有它的表现形式。如汉语的词没有词形变化，而是以原词的形式进入句子，词与词之间的语法关系是以句法中的词序来表现的。俄语词法重要，是以词变化了的形式进入句子，句法中词序的作用就比较小。这种词法和句法的互相补充在各种语言中都是以它自己的表现形式来起到组词成句的作用的。

## 二　语法的特征

语法是一种规则。这种规则有它自己的特征，主要有以下几点。

### 1. 抽象性

这是语法的一个很重要的特征。所有的语法规则都是从语言中抽象而来的。比如汉语中"可爱的中国""伟大的人民""美丽的春天""繁华的城市"是四个完全不同的意义单位，但它们的规则是共同的，即后面的成分是重要的，前面的成分是说明后面成分的。这样就抽象出偏正的规则。再如，"看了""想了""用了"，"看着""想着""用着"，"看过""想过""用过"，以上"看""想""用"等动词加"了"以后，就表示动作已经做过了，加"着"表示正在进行，加"过"表示曾经出现过。从这里我们就总结出这样的规则，即动词可以加"了""着""过"来表示动词的体的意义。

所有的语法规则都是这样抽象出来的，这就是语法的抽象性。

### 2. 稳固性

我们在第二章里曾经谈过，基本词汇和语法结构是语言的基础，这是因为两者都具有稳固性，都不容易变化。现在我们谈语法的稳固性是和前面一致的。语法是一种规则，人们用这种规则来组词成句。如果今天是这样一种语法规则，明天是另外一种语法规则，变化得太快，语言就不能起到交际的作用了。我们看到，汉语今天的一些语法结构，如主谓结构、述宾结构、偏正结构等，早在先秦时代就存在了，直到现在没有发生什么变化。就是说，这些结构是能完成交际任务的，人们运用这些结构运用得很好，不需要改变它。它就这样稳固地发展到今天。

另外，语法中的新的结构或规则的产生也是比较缓慢的。这也说明语法具有稳固性。

### 3. 生成性

这是指语法可以用有限的规则生成无限的句子。比如主谓结构是一种规则，用主谓结构生成的言语就可以是无限的，偏正结构、述宾结构等也是这样。语法的生成性比语音、词汇的生成性表现得更为突出。

如果我们把抽象性、稳固性、生成性三者联系起来，并且再与语法的定义联系起来去观察语法，就会对语法的本质有更清楚的了解。

## 三　语法单位

语言中有五级单位，即词素、词、词组、句子、句群，这都是语法单位。关于词这一级单位，我们在词汇一章里已经讲过了，下面就分别介绍其他四个单位的内容。

1. 词素

词素是语言中最小的，有意义的，可以独立运用的词的结构单位。

词素是构成词的单位。例如汉语的"我""人""第""阿""子""头""葡萄""玻璃"等都是词素。英语的 blackboard（黑板）一词中的 black 和 board 也都是词素。

词素可以从不同的角度进行分类。从语音角度分类，有单音词素和多音词素。单音词素在汉语中就是一个单音节，多音词素在汉语中就是多音节的。外语中也是这样，也有单音词素和多音词素之分。从词素的功能看，词素首先可以分为两大类，第一类叫词根词素，词根词素就是表示词的词汇意义的基本部分，是词的词汇意义的主要承担者。有时，词的词汇意义还需要词根词素和其他词素共同来表示。如"聋子"这个词，"聋"是词根词素，"子"是一个附加成分。单说"聋"就是一个形容词，加上"子"才成为"聋子"这个名词。也有一些词只有词根词素，这样的词的意义就靠词根词素来承担，例如"人民"这个词，"人"和"民"都是词根词素，"人民"的意义是靠两个词根词素来承担的。再如"人"这个词，是由"人"这个词根词素来表示的，因此"人"这个词根词素表示的是"人"这个词的全部内容。

　　词根词素在汉语中也叫实词素。在语言中，词根词素构词有以下几种情况。一种情况是它能够作为一个单位来构词，有时也可以独立成词。如"人"可以作为一个单位与"民"共同构成"人民"这个词，也可以单独构成"人"这个词。"葡萄"可以作为一个单位与"干"构成"葡萄干"这个词，也可以单独构成"葡萄"这个词。第二种情况是它能和其他词素结合构成词，但不能单独构成词。如现代汉语中的"丰""茂"这两个词素可以构成"丰茂"一词，但这两个词素都不能单独构成词。第三种情况是它可以和其他词素构词，也可以单独构成词，但单独构成的词不能单独成句。如"再"是一个词，由一个词素构成，可见它是可以单独构成词的；它可以和其他词素构成词，如"再见""再版"等，但由它单独构成的"再"这个词却不能单独成句，这就和第一种情况的词素有所不同了。其他如"就""很""只"等都是这类情况。

　　词素的第二种类型是附加词素。附加词素就是指附着于词根词素上的词素，其中个别的还可以出现在词缀的后面。附加词素又可以分为两类，一类是词缀词素，是附着于词根词素的，另一类是词尾词素，有的附着于词根词素的后面，有的附着于词缀词素的后面。例如"同志们"的"们"就是附着在词根词素后面的词尾词素，"孩子们"的"们"就是出现在词缀词素后面的词尾词素。

　　词缀词素又可以分三种，一种是前缀，用在词根词素的前面；一种是中缀，用在词根词素的中间；一种是后缀，用在词根词素的后面。词缀词素可以和词根词素一起构成新词。

　　词尾词素就是在词的后面附加的一个成分。词尾词素的作用是构成词的形态变化。总的讲，词缀词素和词尾词素都叫附加词素，它们共同的特点是主要用来表示语法意义，也可以表示一点附带的词汇意义。

词缀词素，无论是前缀、中缀还是后缀，都是一个词的结构内部的问题。词尾词素不是词本身的结构问题，而是在词有形态变化时才出现的形式问题。

总的来说，词根词素、词缀词素、词尾词素都是词的结构单位，所以我们称它们为词素。词素的总的分类情况如下：

汉语中，词根词素也叫实词素，附加词素也叫虚词素，前缀又叫词头，后缀又叫词尾。汉语把后缀叫词尾这一点，就把上面讲的后缀和词尾的概念混淆了。后缀是词缀的一种，在构词中的作用与词尾是不一样的。后缀是构词的成分，词尾是构形的成分。就一般的语言现象来看，俄语、英语中的后缀和词尾分得是很清楚的。汉语也有形态变化，如"同志们"的"们"是词尾，"孩子"的"子"是后缀，"孩子们"的"们"是词尾。我们在这里有必要把它们认真区分清楚。

2. 词组

词组是由若干词组成的造句单位，是语义上和语法上都能够逐层搭配起来的、没有语调的一组词。

词组有三个特点，一是它由一组词组成，二是语义上和语法上都可以逐层进行分析，三是没有语调。如果有了语调，词组就变成了句子，正因为它没有语调，所以才是造句单位。

词组可以由实词和实词组成，如"一本书""去北京"；也可以由虚词和实词组成，如"为了和平""在北京开会"。过去认为词组必须是实词和实词组合，虚词和实词组合的就叫作结构。今天我们说，词和词组合就是词组，可以包含虚词和实词组合的情况。

词组有自由词组和固定词组之分。自由词组就是自由的、临时的组合。自由词组从语义上说是字面意义的总和。固定词组是一种现成的结构，是经过约定俗成的，它从语义到结构都是固定的。

词组是处在词和句子之间的一个层次上的单位。因此词组就有一个和句子的区别问题，以及词组和词的区别问题。词组和句子的区别，根本的问题在于有没有语调。词组加了语调就变为句子。如"打扫卫生"是一个词组，如果问："今天干什么？"回答说："打扫卫生。"有了语调了，就变成了句子。词组和词怎么区分呢？如"红旗"与"红布"，为什么"红旗"是词，"红布"就是词组呢？"白菜"与"白布"，为什么"白菜"是词，"白布"就是词组呢？我们知道，词的意义是一个最小的，不能分割的整体意义，那么，"红旗"有一个整体的意义，它不但有红色的旗这个意义，而且还有革命这个比喻意义。"白菜"是一个整体的意义，指的是一种菜，无论它是白色的还是绿色的，都叫"白菜"。根据这样的认识，我们就发现，凡是词，它的结构成分结合得都比较紧密。由此而出现两种情况，一种情况是它中间不能加上其他成分，比如"道路"不能说成"道和路"，"小说"不能说成"小的说"，"窗户"不能说成"窗和户"。如果加上别的成分，它的意义就会发生变化。词的另一种情况是有少量的词加上其他成分之后，它的意义不发生改变，如"牛奶"就是牛的奶，"羊肉"就是羊的肉，但"牛奶""羊肉"是词，"牛"和"奶"、"羊"和"肉"的结合是紧密的。也就是说，在语言的实际中，我们运用"牛奶"和"羊肉"这样的词的时候，决不允许加上别的成分，如说"我去拿牛奶"，绝不能说成"我去拿牛的奶"，"我去买羊肉"绝不能说成"我去买羊的肉"。可见词的构成是定型化的，它是一种比较紧密的结构。词组与词相比，它的成分的组合就比较松散。如在"祖国的江湖非常美"这个句子中，"江湖"可以说成"江和湖"，因此"江湖"是一个词组。

再如"大桌子"，中间也可以加上"的"说成"大的桌子"。词组的组合不是那么紧密，因此它的意义也可以由于所加的成分不同而有所变换。如"学生家长"这个词组，如果把它放在一个孤立的情况下，这个词组就会有歧义，就要加上别的成分来区分意义，如"学生的家长"就是一个偏正词组，"学生和家长"就是一个联合词组。可见词组的结构与词相比，不那么紧密。词有一个固定的意义，而词组是临时的组合，是字面意义的总和。固定词组相当于词的成分，是因为它的结构也是固定的。

词组作为一个中间层次，一头要与句子区分开，另一头要与词区分开。词组可以起词的作用，而加上语调就是句子，从这里也可以看出词组是一个中间层次。

3. 句子

句子是基本的言语单位。它是表达了一个相对完整的意义的、具有一定语法特征的基本交际单位。

首先，句子表达了一个相对完整的意义。就是说这个意义可以用来进行交际、交流思想。比如"书"，孤立地看，这是一个语言符号，是一个词，它有一定的意义，但是它还没有表达出一个可以交流思想的意义。再如"新书"是一个词组，它是指新的书。但"新书"这个词组孤立存在的时候，是告诉我们新出版的书呢？还是新买的书呢？它还没有表达一个相对完整的意义。而"新书好"就表达了一个相对完整的意义，它是一个句子。它可以在具体的语境中非常清楚地向我们表达一个完整的意思，可以与人们交流思想，所以它是言语单位，也是交际单位。与词组和词比较，句子的意义是相对完整的。

在特定的语境中，一个词或一个词组也可以是一个句子。如问："你买的什么东西？"回答说："书。"这里的"书"就是一个句子，它在一个具体的语境中，具有语调，从而能表达一个相对完整的意思。"新书"也是这样，如问："你拿的什么书？"回答说："新书。"在这个特定的语境中，"新书"获得了语调，就表示"我拿的是新书"这样完整的意思。这时，起了帮助它表达相对完整意思作用的是语境。

其次，句子还具有一定的语法特征。句子的语法特征就是指句子的语调、结构及其表现形式。语调包括三个内容，一个是句调，一个是句子中的重音，一个是句子中的停顿。一个句子必须有一个句调，长一点的就要有句重音和停顿。短句也有句重音，但不那么明显。凭借句调，我们可以判断是句子。

句子的语法特征的另一个内容，就是它的结构及其表现形式。比如"我去"这个句子，它的结构关系是主谓关系。这个主谓关系就汉语来说，是靠词序表现出来的。如果说成"去我"就不通了。词序就是汉语的句子结构的表现形式。

以上是我们对句子的一个基本的认识。当然，句子并不都是千篇一律的，还有例外的情况，汉语和外语都是这样。

句子可以分成单句和复句两大类。单句是具有一套句法结构形式的句子。复句是由两个或两个以上的分句组成的，每一个分句都有它自己的一套语法结构形式。复句的分句之间，意义上是互相联系的，而结构上又不包含。叫它复句的最主要原因，是这些分句构成的复句只有一个语调，分句之间在语调上是由停顿表示的。

在现代汉语中，单句还可以分成主谓句和非主谓句。主谓句和非主谓句又可以再分出许多类型。复句可以分为联合复句和偏正复句，在联合复句和偏正复句中又可以分出许多类。这些都是大家已经了解的内容，这里就不谈了。

4. 句群

句群就是两个或两个以上，意义上有密切联系，结构上又是各自独立的单句或复句的组合。

句群也叫句组。它是句子的组合。句群有三个特点：第一，至少要有两个句子；第二，组成句群的几个句子在意义上有联系，能够形成一个中心思想；第三，这几个句子都有各自的独立性。

　　句群和复句有相似的地方。句群是单句和复句的组合，而复句是分句的组合。复句的各分句之间的关系也可以反映到句群中各层次的关系上，在这一点上两者是相似的，所以二者有时可以相互转化。但句群和复句还有不同之处，那就是组成句群的各个单句或复句都有各自的独立性，表现为它们表意上的相对完整性，即都各有一个语调。因此句群表达的意思比复句更为复杂。请看下面两个例子。

　　　　①三秋时间虽紧，只要安排得当，还是可以做到颗粒归仓的。
　　　　②唯一的希望还是那只渡船。于是我又把寻找船工的命令交给了一营营长。

　　例①是一个由三个分句组成的二重复句。这三个分句如果分割开来，就表达不了一个相对完整的意思。可见它的各个分句是不能独自表达一个完整的意思的，只有它们结合起来才行，所以它们只有一个语调。例②是有两个单句的句群，两个单句都有相对独立性，有各自的语调，如果把它们分割开来，意义上还都有相对的完整性。
　　以上介绍了词素、词组、句子、句群这四个语法单位，加上第六章讲过的词这一级单位，就是语言的五级语法单位。词素起构词的作用，词起组成词组和句子的作用，词组形成句子，句子组成句群。每一级单位都是音义的结合体。语言的音义结合情况，就是在这五级单位上体现出来的。

# 第二节　词法

## 一　构词法

　　构词法就是词的构成方式和方法。

在第六章里，我们介绍了造词法。造词法的任务是把词从无到有地造出来。构词法的对象则是对现成的词进行分析，分析它的结构方式和方法，分析它的组成规则。

在语言实际中，构词法有哪些规则呢？这可以从两个角度来看。一是从语音形式方面看，有的词是单音节的，如"人""树""山""水"等，有的词是多音节的。多音节的词又可以分成两类，一类是重叠形式的词，如"爸爸""妈妈""娃娃""星星"等，也有的包括了部分重叠的形式，如"绿油油""雄赳赳"等。另一类是非重叠形式的，如"人民""学习""洗衣机""电话簿"等。二是从结构形式方面看，一种叫形态构词法，在汉语中也叫附加法，就是把词缀词素和词根词素结合起来。如"老师""老虎"是词根词素加前缀，"桌子""石头"是词根词素加后缀。还有一种是句法构词法，在汉语中也叫复合法，就是用句法结构来进行词素的组合。如"庆功"是述宾结构，"呼吸"是联合结构，"地震"是主谓结构。

以上就是构词法的一般情况。构词法既是词汇问题，也是语法问题。

## 二　构形法

构形法就是指同一个词的表示不同语法意义的形式变化的方法。

构形法是立足于一个现有的词，把它的形式加以改变，改变是为了表示不同的语法意义。也就是说，它是一个词的不同的形式变化。它的词汇意义基本没变，所以这个变化了的形式不是产生了一个新词。如英语的 book（书），在它后面加上一个词素"s"，这个词就在形式上发生了变化。但 books 和 book 不是两个词，books 是在 book 的基础上发生了表示不同语法意义的变化，仅是表示了多数的意义。所以说 book 和 books 是同一个词发生了不同的形式变化。再如汉语的"同志们"，是在"同志"的后面加上了一个词尾词素"们"。"们"不是一个构成新词的词素，而只是一个表示多数的语法意义的词尾词素。又如"看着""看了""看过"这三个不同形式都是"看"的不同的构形形式，"着""了""过"都是词尾词素，表示三个不同的语法意义。这样的变化没有产生新的词汇意义，因此也就没有产生新词，只是产生了不同的语法意义，汉语中还有一种重缀构形，如"人人""件件"，这是名词重缀用作量词，增加的是逐指的语法意义，"人人"就是每个人，"件件"就是每一件。动词、形容词也可以有重缀构形。动词如"研究研究"，它不是两个词的缀用，而是一个"研究"的构形，其他如"看看""试试"等也是这样。动词构形是整个词重叠，形容词的重叠构形是词素的重叠，如"热热闹闹""马马虎虎"。形容词重叠有的是起了加强的作用，如"冷冷清清"；有的则表示了轻微或适中的意思，如"甜甜的""高高的"等。汉语的构形法比较少，英语要比汉语多一些，俄语的构形方式却是非常丰富的。俄语的名词、形容词、副词等都各有不同的词尾，俄语就靠这些变化表示不同的语法意义。

语法中的形态变化就是指的构形变化。所以，构形和形态变化是密切联系的，它们共同表现为一个词的词形变化。

我们还需要了解构形规则问题。构形的规则有四种。一种是附加法，就是增加词尾词素的方法。如英语的 book 后面加"s"表示多数。第二种是重叠法，汉语中使用的比较多，如"看看""想想""商量商量"。凡是这种情况都是一个词的不同的形式变化，我们在语言实践中切分词的时候要把它看成一个词。如"研究研究"是一个词，"热热闹闹"也是一个词，"人人爱清洁"中的"人人"也是一个词。第三种方法是内部屈折法，是指一个词用内部改变音素的方法来进行变形。如英语的 foot（脚，单数）变为 feet（复数），是把"oo"改成"ee"，音素改变了。第四种是零形态，也就是没有形态的形态，如 book 是一个词的形式，它没有增加什么成分，没有重叠，没有改变音素，还是它原来的形式，这种没有变化的形态叫零形态。它照常表示了一种语法意义，即表示单数。语言中经常使用的构形规则不外以上四种。

构词和构形的根本区别在什么地方呢？就在于构词法是就一个新词，或者说一个独立的词来说的，所以研究构词法就意味着研究新词的产生问题。构词法研究的是一个独立的词的情况，它除了研究一个词的构成方法之外，还研究它的词汇意义。如"摇篮"一词，"摇"是个动作，"篮"是个事物，它是不是动宾式呢？这还要看这个词的词汇意义，这个词主要指的是"篮"，从词汇意义上可以看出这是一个偏正式。为什么不是动宾式呢？因为这里指的不是动作而是"摇篮"这样的事物。再如"夏至"一词，以前人们认为是一个主谓式，是夏天到了。其实，"至"是"极"的意思，"夏至"是夏天到了极点。从历法看，立夏才是夏天到了。可见"夏至"是偏正式。这都说明研究构词方式，要联系它的词汇意义。

构形法研究的是一个词的不同的变化形式，目的是了解它的不同的语法意义，而不在于它的词汇意义。

## 三　词的结构

词是由词素构成的，所以它有一种结构。不同的词素相组合，使得词的结构有不同的形式。从词素的多少来看，在词的结构方面可以分成单纯词和合成词两种。由一个词素构成的词叫单纯词，两个或两个以上词素构成的词叫合成词。从词素的性质来看，由一个词根词素和一个词缀词素构成的词叫派生词，由两个或两个以上词根词素构成的词叫复合词。把这两个角度综合起来看，词的结构方面的大致情况如下：

$$
词
\begin{cases}
单纯词 \\
合成词
\begin{cases}
派生词 \\
复生词
\end{cases}
\end{cases}
$$

一个词除去表示语法意义的词尾之外,剩下的部分都称为词干。因此,无论是单纯词、合成词,还是派生词、复合词,在词的结构中,都可以叫词干,因为它们构词的词素都是词根词素和词缀词素,而不含有词尾词素。词干可只由词根词素构成,如"电""电灯"。也可以由词根词素和前缀来构成,如"初一""阿姨"。也可以由词根词素和后缀来构成,如"石头""桌子"。也可以由词根词素和中缀来构成,这种情况汉语中没有,外语中有,如马来语的"pelatuk"(啄木鸟)中的"el"就是中缀。还可以由前缀—词根—后缀来构成,如现代汉语中的"非生产性"一词,其中的"非"是前缀,"生产"是词根,"性"是后缀。"孩子"是词干,如果"孩子"后面再加"们"组成"孩子们"来表示复数,这就是词干加词尾的情况。可见,词的结构可以由一个词根词素或两个词根词素构成,也可以由词根词素和词缀词素构成,这就是词的词干部分。词干部分再加上词尾部分,就是词的完整的结构。因此,了解一个词,就要联系它的词素、构词和构形,词的结构是由词素构成的,既有构词法问题,又有构形法问题,还有一个结构关系及其表现形式的问题。例如汉语的"词干"这个词,"干"是主要部分,"词"是说明"干"的成分,这个词是偏正结构,这个偏正的结构关系是靠词序的形式表现出来的。

## 四 语法成分、语法形式、语法意义、语法范畴、语法手段

语言中起语法作用的部分叫语法成分,表示语法成分的形式就是语法形式,语法成分表示的意义就是语法意义。所以语法形式和语法意义结合起来就形成语法成分。例如英语的 book 加上"s"的形式就表示书的多数,"s"就是表示多数的一个语法成分。汉语的"同志们"也是这样,汉语中表示多数的语法成分是"们"。英语的"s"这个语音形式和汉语的"们"这个读音形式

都是语法形式，这样的语法形式都表示多数的语法意义。"s"和"们"都是语法成分。这里是就一个词来讲的，是词的构形问题。也就是说，"s"和"们"是词的词尾形式，作用都是构形。所以，一个词是通过它的形态变化来表示语法意义的，词尾词素就充当了表示这种语法意义的语法成分。这样我们就得出，语法成分、语法意义、语法形式三个概念的不同是从不同角度分析的结果。

以上是词的范畴中语法成分的情况。在句子中，主语、谓语等就是语法成分。汉语是主语在前，谓语在后；偏正结构里，偏在前，正在后。这种词序也是语法形式。句子结构中的主谓关系、偏正关系等就是语法意义。主谓、偏正这样的语法意义是靠词序这种语法形式表现出来的。

语法范畴就是把词所表示的语法意义加以概括。例如有的词表示单数，有的词表示多数，还有的词表示双数，这样就可以说词所表示的语法意义中有一种是数的意义。这种语法意义的概括就叫语法范畴。语言中常见的语法范畴有以下几种。

第一，数。就是上面所谈到的词所表示的数的语法意义的概括。有的词可以表示单数的语法意义，有的词通过词形变化表示多数或双数的语法意义。在英语和俄语中，数的语法范畴是很明显的。俄语的名词、形容词等都有数的语法范畴。汉语中只有一部分词有数的语法范畴，如表示人的名词和代词就可以用"们"这个成分来表示多数的语法意义。它们的单数形式是靠零形态来表示的，例如"我""孩子"都是零形态。

语法意义所概括出来的语法范畴和逻辑范畴不是一回事。一种语言中有逻辑范畴，但不一定有语法范畴。英语中"一张桌子"用单数，"十张桌子"就用"s"表示多数。但汉语表示多数的词不一定有表示多数的语法范畴，如"十张桌子"就没有表示多数的语法成分，但是这不能说汉族人的语言中没有表示多数的逻辑范畴。汉语大多数词没有形态变化，所以大多数词没有这种表示数的语法范畴。

第二，性。就是说语言中的词可以分成阳性、阴性、中性。这在俄语中表现得特别明显。俄语的名词，凡是后面是"O"的都是中性词，凡是后面是"a"的都是阴性词，凡是以辅音结尾的都是阳性词。除了表生命的名词之外，当然其他名词也都有阴性、阳性、中性之分。这个情况告诉我们，性是语言中词表示出来的一种语法意义。这样语法意义就概括出性的语法范畴。汉语书面语中有"他""她""它"之分，但在口语中三个他（她、它）的语音是相同的，是一个语音形式，所以说汉语中没有性的语法范畴。但汉语中有性的逻辑范畴。德语中有性的语法范畴，它的"妇女"一词却是中性。可见语法范畴和逻辑范畴是不一致的。我们不能把逻辑范畴与语法范畴混同。

第三，格。就是用词所表示出来的格来表示词之间的语法关系。格也是词的一种变化形式。汉语中没有格的语法范畴，外语中词的变格最典型的是俄语，每一个名词都有十二个格，单数六个格，复数六个格，每一个格都表现为一种语法作用。如第一格作主语用，只要一个名词用第一格出现，不论在哪个位置上都是主语。如果是第二格，就表示所属，因此第二格也叫属格。第四格都作宾语用，也叫宾格。例如 Macmep（工长）这个词：

Macmep　　　第一格，主格
Macmepa　　　第四格，宾格

Macmep 是第一格的形式，在句中都作主语用。Macmepa 是第四格，在句中都作宾语用。俄语的词序是不重要的，只要看到是第一格，就是主语，只要看到是第四格，就是宾语。这种词的变化叫变格。

第四，体。体是表示行为动作进行情况的语法范畴。换句话说，就是一个动词所表示的行为和动作进行的情况，用它的词形变化表示出来。

　　体的语法范畴在各种语言中的表现是不一样的，俄语中表现得最明显。汉语中也有。汉语动词有一种构形，就是在动词后加"着"表正在进行，如"看着""想着"是进行体；加"了"表示已经完了，如"看了""想了"是完成体；加"过"，表示曾经完成过，如"看过""想过"是曾经完成体，这三种都是说明动作进行的情况的。"着""了""过"都是构形的词尾词素，它们都表示了一定的语法意义，表示了体的语法范畴。所以，我们说"看着""看了""看过"是一个词。汉语的形态不是很丰富，但动词存在形态变化。

　　第五，时。就是表示行为动作发生的时间。它是通过词形变化来表示动作行为发生的时间这样一种语法意义的。时的范畴分为过去时、现在时和将来时。汉语没有这样的语法范畴。英语的例子如：

　　　　study（学习，现在时）
　　　　studied（学习，过去时）

它们的词根是一样的，词尾不同，表现为时的语法意义不同。再看俄语的例子：

　　　　Hapacmaem（增长，现在时）
　　　　Hapacym（增长，将来时）

也是通过词尾变化表示不同的语法意义。

　　第六，人称。人称是指第一人称、第二人称、第三人称等。也是指一个词的形式变化表现出来的语法意义，而不是指由"我""你""他"这些词表示的词汇意义。人称在俄语中表现得比较明显，如：

　　　　CmaHy（我开始、着手）
　　　　CmaHeɯb（你开始、着手）

CmaHem（他开始、着手）

画线的部分都是词尾，以 y 出现的形式是第一人称的形式，以 eɯb 出现的是第二人称的形式，以 em 出现的是第三人称的形式。所以人称的语法意义必须是表现在词形变化上的，而"我""你""他"表现的人称是逻辑范畴。

第七，式。式就是用词形表示的说话人对动作行为表现的态度。这也是一个词的形态变化问题。例如俄语中的 ɑumaeɯb（你在读）是陈述式，而 ɑumaŭ（请你读）就是命令式，语气上是不一样的，在词尾形式上也是不一样的。

以上七种语法范畴的共同点是对词形所表现出来的语法意义的概括。所以我们了解语法范畴时，必须明确它是词的变化形式所表现出来的语法意义。

语法手段是对语法形式的共同特点的概括。也就是说，把具有共同特点的语法形式概括起来就形成语法手段。常见的语法手段有以下几种。

第一，词序。就是指利用词之间的排列次序来表示语法意义。汉语中这一手段用得比较多。如"我喊他"和"他喊我"这两个句子的主语不一样，谓语也不一样，这是因为词的位置不一样。词序的不同，影响了词和词的语法意义的表达，也进一步影响了句义的表达。

第二，虚词。虚词的运用也是语言中表示语法意义的一种手段。比如在"老师""同学"这两个词中间加上不同的虚词，就会表示不同的语法意义。中间加"和"就表示联合的语法意义，中间加"的"就表示偏正的语法意义。复句中的关联词语，"因为……所以"是表示因果关系的虚词，"虽然……但是"是表示转折关系的虚词。

第三，附加法。是在词干的后面增加语法成分表示语法意义。这个内容前面已经谈过，如 books 的"s"，"同志们"的

"们"，"看了"的"了"就是这种情况。

第四，内部屈折法。就是改换词内的音素的方法。如 foot（脚，单数）变为 feet（多数），把"oo"变成"ee"就是内部屈折法。

第五，零形态。就是没有形态的形态。如 book 表示单数，就是没有形态的形态。

手段就是方法。语法手段有的是词法中的方法，如附加法、内部屈折法、零形态；有的是句法中的方法，如词序和虚词。语法手段和语法范畴不同。语法范畴没有超出词的范围，而语法手段既在词法范围内存在，也存在于句法范围之中。

语法形式、语法手段、语法意义、语法范畴这四个概念可以结合语法成分来认识。这些概念的关系可以表示为：

## 五　词类

根据词的语法特征对词进行分类就叫词类。这里的词的语法特征包括词法特征和句法特征两个部分。具体地说，又有以下几个方面。

第一，词的形态变化。如汉语中凡是能加"着""了""过"的都是动词。名词不能加"着""了""过"，如果能加，就变为动词性的了，动词就可以根据这一点区分出来。在有形态变化的语言中，这一方面的作用就更大了。

第二，词的组合能力。有一些词可以和另一些词组合，而有一些词则不能。如汉语的数量词可以和名词组合，比如可以说"一张桌子""两本书"，但副词不能和名词组合，不能说"非常人""很桌子"。

第三，词在句子中的位置和作用。比如名词、代词经常用作主语或宾语，而动词、形容词经常用作述语等。

词的形态变化、词的组合能力是词法问题，词在句子中的位置和作用是句法问题。

词首先可以分为实词和虚词两大类。实词在句子中一般是处在主要语法位置上、充当一些句子成分的词。虚词一般不能独自充当句子成分，而是起表示一些语法意义的作用。

实词和虚词又可以进行分类，就汉语来讲，一般共可以分为十二类。其中，实词八类，即名词、动词、形容词、数词、量词、代词、副词、叹词；虚词四类，即连词、介词、助词、语气词。

## 第三节 句法

### 一 句法结构的类型

从语法角度看，句子是由它的构成成分组织成的一种结构。句子的构成成分叫句子成分。句子的结构叫句子结构，是属于句法范畴的，所以句子结构也叫句法结构。句子成分在语言中一般有八种，主要成分是主语和谓语这两种，次要成分包括定语、宾语、状语、补语四种，还有两种特殊成分，即复指成分和独立成分。这些句子成分进行组合，就构成句子的结构。句子结构的主要类型有五种。①主谓结构，即结构中有主语和谓语两个部分。②述宾结构，即结构中包含着支配成分和受支配成分。③偏正结构，即结构中包含着限定成分和受限定的成分。④并列结构，即结构中包含着两个及以上起同样作用的并列的成分。⑤补充结构，即结构中包含着补充成分和被补充成分。

## 二　句法组合的手段及其特点

句子组合时使用的语法手段是词序和虚词。用这样的手段组织成的句子，其主要特点就是句子结构的层级性。在现代汉语中，复句有一重复句、二重复句和多重复句。这就是复句的层级性。单句中也有层级性。如：

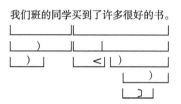

这个单句就有五个层次。即使是一个很简单的单句，往往也有几层关系。如：

我有一本新书。

所以句子运用词序和虚词把实词组合起来，这种组合的最大特点就是层级性。

这种组合使用的手段以及组合中表现出来的层级性特点，就是句法中的组合手段特点。

## 第四节　语法的发展

### 一　语法发展的特点

语法发展的一个特点是它要服从于整个语言的发展。语言的发展具有渐变性，因而语法的发展也有渐变性。语法的渐变性又以它的稳固性为基础。也就是说，语法要比语言的其他部分发展得缓慢。语法发展的另一个特点是它还有类推性，就是语法在发展中由一点推及一类。比如汉语动词可以加"了""着""过"的问题，一个动词可以加，两个或者几个动词可以加，进而推及所有的动词都可以加。类推性在语言的其他部分也有，但在语法中表现得特别明显。

## 二 语法的发展演变概况

语法的发展演变和语言其他方面的发展演变一样，也是表现为新要素的不断增加和旧要素的不断消亡。例如古代汉语中有一种把宾语放在述语前面的句式，即"主语—宾语—述语"这样的句式，如"汝何求?"，在现代汉语里，这种句式已经不存在了。古汉语中"汝何求?"这句话，到现代汉语中就要说成"你要求什么?"，变成了"主语—述语—宾语"句式。现代汉语中也有把宾语提到述语前面的句子，是把字句，如："他把纸弄脏了。"意思就是他弄脏了纸。这是用"把"字把宾语提到述语前面，不再是古汉语的"主语—宾语—述语"句式。现代汉语中出现了把字句这种新的句式，而古汉语的"主语—宾语—述语"句式作为一个旧要素已逐渐地消亡了。

再如汉语语法中的实词虚化现象，如现代汉语中的"了"、"过"、"桌子"的"子"、"石头"的"头"、"人民性"的"性"、"现代化"的"化"，都是古代汉语的实词逐渐虚化的结果。古汉语中能愿动词是不能并列使用的，现代汉语中就可以，如说："我愿意而且可能到你那里去。""愿意而且可能"就是能愿动词并列使用。这些都是语法中新要素产生的情况。可见语法显然有稳固性，但还是在不断发展的。

总的来说，语法的发展具有渐变性，还具有类推性，它是通过旧要素的不断消亡和新要素的不断增加来实现的。

# 思 考 题

一、什么是语法？语法包含哪些内容？

二、语法单位有哪些？简要说明各语法单位的情况。

三、什么是构词法？什么是构形法？两者有何区别？

四、什么是语法手段？常见的语法手段有哪些？

五、举例说明什么是语法形式？什么是语法意义？

六、什么是语法范畴？常见的语法范畴有哪些？

七、什么是词类？划分词类的标准是什么？

八、举例说明句法结构的类型及其组合手段。

# 第八章　文字

## 第一节　文字的性质和作用

### 一　什么是文字

文字是记录语言的书写符号系统，是辅助与扩大语言交际作用的最重要的工具。这是从总体上我们对"文字"这一概念所作的解释。事实上，"文字"在具体使用过程中具有两种意义：一种是书写符号系统，另一种是具体的字。所以"文字"这个词是表示两个概念的。前面我们的定义中，只解释了它是书写符号系统，未提及其指具体字的内容，主要是因为我们准备从它是书写符号系统这个整体出发来讲述它的理论问题。当然在具体阐述中，也要涉及它指一个具体的字的内容。

从总体上看，对"文字"可以从两个方面来理解：一方面，它是一个书写符号系统；另一方面，它是一个工具，一个最重要的辅助性的扩大语言交际作用的工具。下面我们分别解释这两个方面的内容。

为什么说文字是一个系统？原因就在于任何一种文字都有它的具体内容。第一，一种文字中所有的字。拼音文字，还有它的字母。第二，它的书写规则。汉字的点、横、竖等都有它的规则，拼音文字中哪一个字母和哪一个字母相拼，都有它的规则。第三，所有的标点符号。书写时文字一般都需要有辅助性的书写符号和它一起使用，如语句号、调号、重音号等。因为文字记录语言，语言中的不同声调、语调等在书面上就需要用各种不同的符号表示出来。以上三个方面相互联系和配合运用，就形成了文字的整体。可见任何文字都是以系统的形式存在的，所以文字是一个书写符号系统。

文字是记录有声语言的，有声语言有声音、有意义，而文字除了表示声音和意义之外，又多了一个书写形体。它是用形体来表示声音和意义的，因此，文字有三个内容，即字形、字音和字义。从整个文字系统的本质上说，它有形、音、义这三个方面的内容，从文字的个体即每个单字来说，它也具备形、音、义三个方面。文字的形是它自身的问题，它的音、义都来源于有声语言，同时服从于有声语言。只有文字的形是不受有声语言约束的，它可以具有人为的性质。如在拼音文字中，每一个词都是用字母拼成的，所以它的每一个词就是一个字，这个词的声音和意义就是这个字的声音和意义，它的形体是由它的字母拼成的。比如英语，cat（猫）是一个词，也是一个字，由三个字母拼成。拼音文字在一般情况下，字和词往往是一致的。字母是组成字的成分，也是组成词的成分。汉字和拼音文字有区别。汉字作为表意文字，它的形体是记录音节的，一个汉字表示的是口语中的一个音节，也表示了这个音节所表示的意义。在这种情况下，形、音、义结合在一起，共同形成一个字的整体。汉语中的字，有的可以和词相对应，如单音词"人""山""水""手"等；有的只和词素对应，如"民""参""百""丰"等；还有少数汉字，只有形、音两个方面，而不能表达具体的意义，这样的汉字，就只能和音节相对应，如"葡""萄"等。但是从本质上讲，汉字对应的根本内容是音节问题。可见各种文字记录语言的情况是不一样的。

文字都有形、音、义，这是文字的本质问题。汉字中的确有少数情况表现为一个字只有形和音而没有义，如那些记录单纯的多音词的字就是这样。这种现象除"葡""萄"之外，还有一些，如"布尔什维克"是一个单纯词，是音译词，其中的"布""尔""什""维""克"等字在这里都是没有意义的，"吉普车"的"吉""普"也是这种情况。这些字在这里只是用它们的声音把这个词的声音记录下来。所以汉字在这些单纯的多音词中都是不表示意义的。不过这是汉字中的少数情况，绝不能因此而否定了文字的本质特点是具有形、音、义三个方面。

　　文字既然是记录语言的书写符号系统，就要受到其所记录的具体语言的制约。如汉语，因语流中的音节非常分明，所以汉字记录汉语是以音节为单位的。用拼音方案拼写汉字，也是以音节为单位的，而且用多少以及什么样的元音、辅音组成音节，都是由汉语的语音特点决定的，所以汉字记录音节是与汉语音节分明的特点相联系的，它要受到汉语特点的制约。又如拼音文字，它的字、词都是靠字母拼写的，字母系统又是靠这种语言的语音特点建立起来的。英语有二十六个字母，因为英语的语音特点是有二十六个音位，只要记录这二十六个音位，就可以把英语拼写出来。俄语中有三十三个字母，这三十三个字母也是由俄语中有三十三个音位的情况所决定的。音位的情况反映到文字上来，表示音位的符号就成为字母。字母和音位是相对应的。可见，文字都要受到它所记录的语言的特点的制约。有时，大家使用的文字形式是一样的，如拉丁字母，但各种语言的文字系统，如字母的多少、拼写的规则等要因其所记录的语言的特点而有所差异。

　　因为文字记录着有声语言并受其制约，所以文字问题和语音问题有了一定的联系。例如 a，如果从拼音文字的字母方面认识，它是一个字母；如果从音素方面认识，它是一个音素（元音音素）；如果从表示意义的角度看，它是一个音位，或是音位中的一个变体。可见文字与语言的语音有着密不可分的关系。

## 二　文字的性质

文字是一种书写符号系统。文字的性质就是由书写符号决定的。具体表现为以下几个方面。

第一，文字是在语言的基础上产生并且依赖语言而存在的。它是记录语言的书面工具，因而也起到了语言的交际作用，具有了人类交际工具的性质。

文字在语言的基础上产生，所以没有语言就没有文字。语言永远是第一性的，文字才是第二性的。世界上从来没有只有文字而没有语言的民族，也没有只有文字而没有语言的情况。所以文字尽管也是一种交际工具，但它永远是辅助性的。

第二，文字具有全民性。文字是记录语言的，语言的全民性也导致文字没有阶级性。社会上任何人、任何阶级都可以使用本民族的文字来记录本民族语言。文字对任何阶级、阶层和集团都是一视同仁的。

不过文字的全民性和语言的全民性也有些不一样的地方。但这只是一种表现而不是本质。其不同之处主要表现为下面这种情况：对于语言，每个人都不是先天就会的，而是在后天实践中向社会学习的结果。这一学习过程是在不知不觉中完成的，一个人从出生时不会说话到慢慢地掌握了语言就是这种情况。文字也不是人们先天就会的，需要后天学习，但一个人在学文字时就不像学习语言那么自然和容易。学习文字需要一定的条件才能进行。一个孩子上学，就能学会文字；没有学习机会，就掌握不了文字这种工具。所以在过去阶级压迫严重的条件下，被压迫阶级往往得不到学习文字的机会。但这绝不意味着文字有阶级性，因为文字本身对社会所有成员都是一视同仁的，它是没有阶级性的。

第三，文字的假定性。就是指记录语言的文字符号和它所记录的语言是一种假定的关系。换句话说，用什么样的符号记录什么样的语言，其间没有必然的联系。

前面曾讲过，文字的特点要受到它所记录的语言的特点的制约，现在又提出假定性问题，究竟该如何理解？必须明确文字符号和它所记录的语言之间的假定关系是就符号的形体来讲的；文字系统受语言的制约则是就文字的字母系统和音位系统的本质方面来讲的。如［u］，汉语中有这一音位，并用"u"记录，俄语中有这一音位，却用"y"记录。又如汉语中的"书"即可用"书"表示，也可用"shū"表示；"天"即可用"天"表示，也可用"tiān"表示，而且无论用什么形体的符号来记录，都不会影响文字的根本性质。所以文字符号的形体和它记录的语言之间并无必然的联系。这就是文字的假定性。

第四，文字具有相对稳定性。文字是记录语言的，用文字把语言记录下来，就形成了一种书面语言。这种书面语言和口语一样，也有社会性和全民性。也就是说，这样的符号也由社会约定俗成，也要为社会公认和使用。所以文字符号一旦被社会公认和约定俗成，就有了相对稳定性。没有这种稳定性，文字就不能发挥它的作用。

以上四个特点都是相互联系的，它们都是文字根本性质的反映。

## 三　文字的作用

文字是记录有声语言的。它把有声语言从口头上搬到书面上，也就是把有声语言从说和听变成了写和看。这样就形成了一种书面语言。这种书面语言就集中体现了文字的作用。

书面语言和有声语言相比较，它的优点就在于能够克服有声语言在时间和空间上受到的限制。从时间上看，它能使有声语言传得久；从空间上看，它能使有声语言传得远。文字可以克服时间、空间的限制，使有声语言传得久、传得远，所以书面语对社会的发展起了很大的推动作用。归纳起来，它对社会发展所起的作用主要有以下两点。

一是用文字记下来的书面语言可以把历史保留下来。也就是说，人们可以运用这种书面语把历史的情况记载下来，也可以把人们在历史过程中所创造的文化记载下来，流传到后代，使后来人了解过去的历史，并且能够继承前人的文化遗产，在前人所建立的基础上继续向前发展。

二是用文字记录下来的书面语可以使不同民族和地区的文化进行交流。比如不同民族之间进行的书面翻译就起了这样的作用。另外，在一个民族内直接用本民族文字记录下来的书面语言流传开来，就可以使本民族不同地区的人们打破各地区闭塞的状况而进行交流。这种交往本身也可以推动社会的发展。

## 第二节　文字的起源和发展

### 一　文字的起源

我们这里谈文字的起源，不是谈哪一个具体的字或者哪一个字母的起源，而是从整体上谈文字这种事物的起源问题。

首先，文字是在什么时候产生的？我们说，文字不是和语言同时产生的，而是在语言产生之后，人类社会发展到了相当发达的阶段才产生的。我们知道，语言是人们进行交际的工具，语言、社会和人是同时产生的。当语言产生的时候，社会还不发达，人们使用有声语言进行交际就能满足社会需要了，那时人们还没有考虑到创制文字的问题。当人类社会发展到相当发达的时候，人们开始感觉到只有有声语言已经不能满足社会的需要，比如有一些东西需要记录下来，有一些东西需要传播开去。这时，人们才考虑到需要创造一些符号来完成这些任务。

其次，文字是怎样产生出来的？上面我们谈到，当人类社会发展到相当发达的时候，人们便有了一种要把某些东西记录下来并且传播开去的需要，文字就是为了适应这个需要而产生的。不过，在真正的文字产生之前，还经过了一个文字萌芽阶段。从我们现在能发现的资料看，人们最早使用的记事方法有两种类型，一种是实物记事，一种是图画记事。实物记事又可以归纳为三种方法。第一种方法是结绳，就是在一根绳上面打上许多结来记事。比如单结表示"十"，双结表示"百"。也可以用一根主绳，在它上面系上各种颜色的小绳。比如用黄色绳子打结说明是"金"，用白色绳子打结说明是"银"，等等。第二种方法是结珠，就是用一根绳子把一些贝壳穿起来，贝壳的数量不同或者颜色不同就可以代表不同的意思。我们现在使用的算盘就来源于结珠。第三种方法是讯木，就是在一块木头上画上各种花纹来记事，特别是在双方有了什么约定的时候，就往往使用讯木的方法，在木头上画上花纹，然后把木头劈开，每一方拿一半，到约会的时候再对起来。古代的"契"就是这种东西。讯木还有一种方式就是在木头上插上不同的羽毛来代表一定的意思。古时候的令箭就是这种方式发展而成的。

图画记事，就是用一种图形把事物记录下来。例如北美洲的奥杰布华人为争取自己的渔业权，曾经在 1840 年向美国总统递交了这样一份请愿书。上面画了七个动物的图形，这七个动物是代表他们七个部落的图腾，这些动物的眼睛和心都用线互相连接，线的一头指向前方，而另一头连在图画左下方的小湖上。这幅图画用来表示他们共同的心愿和希望，就是让美国总统还给他们在苏必略湖附近的渔业权。

实物记事也好，图画记事也好，都只是记录了一个完整的事物，而不是记录的语言。因此，它们还不是真正的文字，只是文字的萌芽。

## 二　文字的发展

随着社会进一步发展，实物记事和图画记事都已经不能满足人们的社会需要了，于是便产生了和语言中的词以及词的读音相对应的真正的文字。

当然，真正的文字也不是凭空产生的。它是在实物记事和图画记事的基础上产生的。当人们用来记事的图形有分析性了，每一个图形和语言的符号——词对应起来了，真正的文字也就产生了。文字产生之后，经过了两个发展阶段，最早的一个阶段是象形阶段，这一阶段的文字都有象形的特点，也就是说都是一种简单的图画。例如古代汉字中的"日""月""鸟""鱼""山""水"。这些字都还像一些图画，只是它们已经是汉语中的词了。与这种象形特点相联系的是，这样的字一般都不表音。象形阶段之后曾有一个形声阶段，即字的一部分是形，一部分是声。例如汉字"桐"，它的意义与树木有关，所以有个"木"旁，它的另一部分"同"用来表示这个字的声音，是声旁。但是我们不把形声阶段作为一个独立的阶段来看，因为形声字本质上还是表意的，它的声旁也不是运用拼音文字来表音的。象形阶段的文字本质上都是用了表意的方式来造字的，所以这个象形阶段可以叫作表意阶段。

文字发展的第二个阶段是表音阶段，就是通过文字的形体来表示语言中的词的声音。语言中的词是表示客观事物的符号，有一定的读音，如果用文字来表读者，就和词联系到一起了。表音文字的产生最早是从闪米特人使用的字母开始的。闪米特人使用的字母最初也是一种图画文字，后来他们把这种图画简化了，变成了一些形体简单的符号，和语言中的语音联系了起来。例如闪美特人的语言中读"蛇"这个词的第一个音是"n"，于是就用"蛇"的图形来表示它。"〰"后来简化为"n"，用来表示"蛇"这个词的第一个音，这样就形成了字母。他们根据自己语言的语音特点，创造了一整套字母，我们称这种字母为腓尼基字母。后来，这种表音字母传播开来，发展的种类比较多，其中最早的、影响也比较大的一套字母是希腊字母，后来又由希腊字母发展出两套较有影响的字母，一套是拉丁字母，就是现在英语所使用的字母，一套是斯拉夫字母，就是现在俄语所使用的字母。

文字发展到拼音阶段之后，拼音文字又分成两种类型。一种是音节文字，其特点是一个文字形体表示一个音节。如日语所使用的字母"ヵ"［Ka］、"キ"［Ki］、"ク"［Ku］、"ケ"［Ke］、"コ"［KO］等就属于这种音节文字。汉字也是一个方块字表示一个音节。但汉字不属于音节文字，仍属于表意文字的范围。音节文字指的是拼音文字范围内的状态。拼音文字的第二种类型是音位文字。音位文字就是一个文字形体表示的是语言中的一个音位。如英语字母中的"a"表示［a］，俄语字母中的"a"表示［a］。音节文字和音位文字是目前世界上拼音文字中的两种比较重要的文字。

## 三　关于文字改革

### 1. 什么是文字改革

文字改革就是对文字符号系统加以改革，改变它的一些内容。具体来说，文字改革又有两种情况，一种情况是对文字符号系统之内的某些成分加以改变，而不改变它的总体系统。如汉字简化就是这种情况。我们改变了汉字的某些形体，使它简化，但汉字的整个系统没有改变，汉字还是属于表意文字系统。再一种情况就是使整个文字系统改变。如果把汉字改变成拼音文字，就是把整个文字系统改变了。世界上有些民族的文字就是进行了这种文字系统改变的。

### 2. 为什么要进行文字改革

文字是记录语言的书写符号。如果一种文字系统能够很好地记录语言，能够完成辅助语言进行交际的任务，就不需要对它进行改革。如果一种文字系统在记录语言的时候产生了障碍，这些障碍可以表现为这个符号系统的繁杂、不简便，如汉字难写、难认、难记的情况；也可以表现为某些文字符号已经和这个语言的语音不适应了，如英语中"知道"这个词的读音是［nəu］，而这个词的字母"know"的读音只是中间两个字母起作用，开头和结尾的字母不发生作用，说明"know"这个词的字母已经和它的语言中的语音不相适应，这就需要进行改革。目前世界上有些民族语言的文字，如德语、西班牙语的文字，就有过这样不相适应的情况，并进行了一些改革。这就是文字为什么需要改革的道理所在。

3. 为什么说文字能够改革

文字是能够改革的，根本的理论依据就是文字具有假定性。也就是说，记录一种语言使用什么符号是假定的。使用的符号与这种语言之间没有必然联系。一种语言用表意文字记录可以，用表音文字记录也可以。所以说文字是可以改革的。

4. 文字改革不等于语言改革

改革文字不是改革语言。之所以要改革文字，是因为这样的文字记录语言不得力。同时，文字只是记录语言的符号，它是可以改革的；语言是全民约定俗成的，为全民所共同使用，是不能改革的。因此，不能把文字改革视为语言改革。

汉字历史悠久，汉字在整个历史的发展过程中，一直就是处在改革中的，汉字的形体从篆到隶再到楷，就是一种不断的改革。解放以后，我们对汉字又进行了一些简化。这都是在本文字系统之内的改革，因为汉字的整个系统从本质上来说没有改变，还是表意文字系统。那么，今后对汉字是不是要进行整个文字系统的改革呢？要不要把它从表意文字改变为拼音文字呢？也就是说，汉字要不要走拼音文字的道路呢？这还要看汉字的进一步发展。过去我们强调汉字改革，往往是由于牵扯汉字的机器信息处理问题，曾认为方块汉字不利于机器信息处理。但是从现在的实践来看，方块汉字是可以进行机器信息处理的，所以从现在的情况看，汉字也不是急于马上改革的。因此，我们的态度是不否定汉字要进行改革，但也不主张马上进行整个系统的改革。我们可以在汉字的使用实践中对汉字改革进行探讨和研究。

目前，我们国家在语言文字工作方面，还要提倡推行汉语拼音方案，因为汉语拼音方案有助于学习汉字，还要注意汉字的简化和汉字的规范化。目前社会上常常出现一些不规范的简化字。这些自选的、不规范的简化字，应当随时加以纠正，使之趋于规范化。总之，推行汉语拼音方案、简化汉字和汉字规范化，都是我们从过去到现在一直注意执行的汉字政策，也是我们现在对汉字改革应持的态度。

## 思 考 题

一、什么是文字？"文字"作为一个符号系统包含哪些内容？"文字"作为一个个体符号具备哪些特点？

二、说明文字的性质。

三、说明文字的作用。

四、简述文字的产生情况。

五、表意文字和拼音文字的区别何在？

六、什么是文字改革？文字为什么可以改革？

# 附　录

## 附录一　国际音标

### 一　辅音

| 发音方法 | | | 双唇 | 齿唇 | 齿间 | 舌尖前 | 舌尖中 | 舌尖后 | 舌叶音 | 舌面前 | 舌面中 | 舌根 | 小舌音 | 喉壁音 | 喉音 |
|---|---|---|---|---|---|---|---|---|---|---|---|---|---|---|---|
| 塞 | 清 | 不送气 | p | | | | t | ʈ | | ȶ | c | k | q | | ʔ |
| | | 送气 | pʻ | | | | tʻ | ʈʻ | | ȶʻ | cʻ | kʻ | qʻ | | ʔʻ |
| | 浊 | 不送气 | b | | | | d | ɖ | | ȡ | ɟ | g | ɢ | | |
| | | 送气 | bʻ | | | | dʻ | ɖʻ | | ȡʻ | ɟʻ | gʻ | ɢʻ | | |
| 塞擦 | 清 | 不送气 | | pf | tθ | ts | | tʂ | tʃ | tɕ | | | | | |
| | | 送气 | | pfʻ | tθʻ | tsʻ | | tʂʻ | tʃʻ | tɕʻ | | | | | |
| | 浊 | 不送气 | | bv | dð | dz | | dʐ | dʒ | dʑ | | | | | |
| | | 送气 | | bvʻ | dðʻ | dzʻ | | dʐʻ | dʒʻ | dʑʻ | | | | | |
| 鼻 | 浊 | | m | ɱ | | | n | ɳ | | ȵ | ɲ | ŋ | N | | |
| 颤 | 浊 | | | | | | r | | | | | | R | | |
| 闪 | 浊 | | | | | | ɾ | ɽ | | | | | R | | |
| 边 | 浊 | | | | | | l | ɭ | | | ʎ | | | | |
| 边擦 | 清 | | | | | | ɬ | | | | | | | | |
| | 浊 | | | | | | ɮ | | | | | | | | |

续表

| 发音部位 / 发音方法 | 唇音 | | 舌尖音 | | | | 舌叶音 | 舌面音 | | | 小舌音 | 喉壁音 | 喉音 |
|---|---|---|---|---|---|---|---|---|---|---|---|---|---|
| | 双唇 | 齿唇 | 齿间 | 舌尖前 | 舌尖中 | 舌尖后 | | 舌面前 | 舌面中 | 舌根 | | | |
| 擦　清 | Φ | f | θ | s | | ş | ʃ | ɕ | ç | x | χ | ħ | h |
| 擦　浊 | β | v | ð | z | | ʐ | ʒ | ʑ | j | ɣ | ʁ | ʕ | ɦ |
| 半元音　浊 | w ɥ | ʋ | | | ɹ | | | j(ɥ) (w) | | | ɻ | | |

# 二　元音

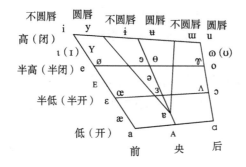

# 三　附加符号

| | |
|---|---|
| ° | 清音化。如 n̥，表示发音时声带不颤动的 n。 |
| ˇ | 浊音化。如 s̬，表示发音时声带颤动的 s。 |
| h | 送气音。如 pʰ，表示送气的 p。也可用ʻ，如 pʻ。 |
| w | 唇化。如 t̫，表示发 t 时唇略圆。 |
| j | 腭化。如 tʲ，表示发 t 时舌部向硬腭抬起。 |
| ˌ | 成音节。如 n̩，表示自成音节的 n。 |
| ⌢或⌣ | 同时发音。如 s͡f，表示同时发 s 和 f 两个音。 |
| ⊥或· | 较高。如 e⊥ 或 e̝ 或 ẹ，表示舌位较高的 e；w̝，表示 |

较高的半元音 w。

　　т或ᴄ　　　较低。如 eᴛ、ẹ 或 e̞，表示舌位较低的 e；ʁ̞，表示较低的半元音 ʁ。

　　＋　　　　较前。如 u⁺ 或 u̟，表示舌位较前的 u。

　　－ 或 ˗　　较后。如 i̠、i- 或 i̱，表示舌位较后的 i；t̠，表示部位较后的 t。

　　¨　　　　较央。如 ï，表示舌位较央的 i。

　　ͻ　　　　较圆。如 ɔˎ，表示唇更圆的 ɔ。

　　ᴄ　　　　较展。如 ɔᶜ，表示唇较展的 ɔ。

　　~　　　　鼻化。如 ã。表示鼻化元音 ɑ。

　　ɹ　　　　带有卷舌色彩。如 ɑᴵ，表示卷舌的 ɑ。

　　ː　　　　长音。如 ɑː。表示长元音 ɑ。

　　ˑ　　　　半长音。如 ɑˑ，表示短于长元音 ɑː 但长于短元音 ɑ 的元音 ɑ。

　　˘　　　　非音节。如 ŭ，表示带辅音性的 u。

　　ˈ　　　　重音。标在重音节之前。如 ˈwindou，表示 win 为重音节。

　　ˌ　　　　次重音。标在次重音节之前。如 ˌkɔnvəˈseiʃn。

　　说明：1. 本附录依据修改至 1979 年的国际音标。2. 辅音表格式有调整，并只录较常见辅音。3. 元音改在舌位图上标出。4. 附加符号略作删节并添加简要说明。

# 附录二　汉语拼音字母和国际音标对照表

| 拼音字母 | 国际音标 | 拼音字母 | 国际音标 | 拼音字母 | 国际音标 | 拼音字母 | 国际音标 |
|---|---|---|---|---|---|---|---|
| b | [ p ] | zh | [ tʂ ] | er | [ ɚ ] | ing | [ iŋ ] |
| p | [ p‘ ] | ch | [ tʂ‘ ] | ai | [ ai ] | ua | [ uA ] |
| m | [ m ] | sh | [ ʂ ] | ei | [ ei ] | uo | [ uo ] |
| f | [ f ] | r | [ ʐ ] | ao | [ au ] | uai | [ uai ] |
| v | [ v ] | z | [ ts ] | ou | [ ou ] | uei | [ uei ] |
| d | [ t ] | c | [ ts‘ ] | an | [ an ] | uan | [ uan ] |
| t | [ t‘ ] | s | [ s ] | en | [ ən ] | uen | [ uən ] |
| n | [ n ] | a | [ A ] | ang | [ aŋ ] | uang | [ uaŋ ] |
| l | [ l ] | o | [ o ] | eng | [ əŋ ] | ueng | [ uəŋ ] |
| g | [ k ] | e | [ ɤ ] | ia | [ iA ] | ong | [ uŋ ] |
| k | [ k‘ ] | ê | [ ɛ ] | ie | [ iɛ ] | üe | [ yɛ ] |
| ( ng ) | [ ŋ ] | i | [ i ] | iao | [ iau ] | üan | [ yɛn ] |
| h | [ x ] | -i（前） | [ ɿ ] | iou | [ iou ] | ün | [ yn ] |
| j | [ tɕ ] | -i（后） | [ ʅ ] | ian | [ iɛn ] | iong | [ yŋ ] |
| q | [ tɕ‘ ] | u | [ u ] | in | [ in ] | | |
| x | [ ɕ ] | ü | [ y ] | iang | [ iaŋ ] | | |

**说明：**

一　声母比较

1. 完全相同：m、n、l、f、v、s。

2. 三组塞音部分相同：国际音标不送气音相当于拼音字母的送气音，b = [ p ]，d = [ t ]，g = [ k ]；送气音另加送气符号‘，p = [ p‘ ]，t = [ t‘ ]，k = [ k‘ ]。

3. 三组塞擦音全异：均由两个字母组成，前一字母均为 t，后一字母舌面音为舌面擦音 ɕ，舌尖前音为舌尖前擦音 s；舌尖后音为舌尖前音下加钩。送气音加‘。j = [ tɕ ]，q = [ tɕ‘ ]；z = [ ts ]，c = [ ts‘ ]；zh = [ tʂ ]，ch = [ tʂ‘ ]。

4. 其他：h = [ x ]，x = [ ɕ ]，r = [ ʐ ]。

二　韵母比较

1. 完全相同：（ng = ［ŋ］）o、i、u、ei、ou、aŋ、iou、in、iŋ、uo、uei、uaŋ。

2. 部分字母的变化：

（1）a 的变化。

①无韵尾时 ［A］：［A］［iA］［uA］。

②i、n 之前 ［a］：［ai］［uai］［an］［uan］。

③u、ŋ 之前 ［ɑ］：［ɑu］［iɑu］［ɑŋ］［iɑŋ］［uɑŋ］。

④i 或 y 与 n 之间 ［ɛ］：［iɛn］［yɛn］。

（2）e 的变化。

①单韵母 ［ɤ］。

②i、y 之后 ［ɛ］：［iɛ］［yɛ］。

③i 前 ［e］：［ei］［uei］。

④n、ŋ 前 ［ə］：［ən］［uən］［əŋ］［uəŋ］。

⑤er = ［ɚ］

（3）o 的变化。

①单韵母或 u 前、后 ［o］：［o］［ou］［uo］。

②ɑ 后、ŋ 前为 ［u］：［ɑu］［iɑu］［uŋ］。

（4）i 的变化。

ts、ts'、s 后 ［ɿ］，tʂ、tʂ'、ʂ 后 ［ʅ］。其他 ［i］。

（5）其他。

ü = ［y］；iong = ［yŋ］；ê = ［ɛ］。

# 附录三　世界语言系属表

| 语系 | 语族 | 语支 | 语言 | 主要分布地区 |
|------|------|------|------|------|
| 汉藏 | 汉 | | 汉语 | 中国 |
| | 藏缅 | 藏 | 藏语、嘉戎语、门巴语等 | 中国 |
| | | 缅 | 缅甸语、库启—钦语、载瓦语、阿昌语等 | 缅甸、中国 |
| | | 彝 | 彝语、傈僳语、哈尼语、拉祜语、纳西语等 | 中国 |
| | | 景颇 | 景颇语（克钦语） | 中国、缅甸 |
| | | 未定 | 羌语，普米语、独龙语、怒语、土家语、白语、珞巴语僜语等 | 中国 |
| | 苗瑶 | 苗 | 苗语、布努语 | 中国、越南、老挝 |
| | | 瑶 | 勉语（瑶语） | 中国、越南、老挝 |
| | | 未定 | 畲语 | 中国 |
| | 壮侗（侗台） | 侗水 | 侗语、水语、仫佬语、毛难语、拉珈语等 | 中国 |
| | | 壮傣（台） | 壮语、布依语、泰语、傣语、老挝语、掸语、侬语、土语等 | 中国、泰国、老挝、缅甸 |
| | | 黎 | 黎语 | 中国 |
| | | 仡佬 | 仡佬语 | 中国 |
| 南亚（澳亚） | 孟—高棉 | | 越南语、高棉语、克木语、崩龙语、布朗语、佤语、孟语等 | 越南、柬埔寨、中国、缅甸 |
| | 马六甲 | | 塞芒语、萨凯语、雅昆语等 | 马来西亚 |
| | 蒙达 | | 蒙达里语、桑塔利语等 | 印度 |

| 语系 | 语族 | 语支 | 语言 | 主要分布地区 |
|---|---|---|---|---|
| 南岛（马来—玻利尼西亚） | 印度尼西亚 | | 印度尼西亚语、马来语、爪哇语、巽他语、他加禄语、马都拉语、米沙鄢语、马达加斯加语、高山语等 | 印度尼西亚、马来西亚、菲律宾、马达加斯加、中国 |
| | 密克罗尼西亚 | | 昌莫罗语、特鲁克语、马绍尔语等 | 太平洋诸岛 |
| | 美拉尼西亚 | | 斐济语等 | 太平洋诸岛 |
| | 玻利尼西亚 | | 毛利语、萨摩亚语、汤加语、夏威夷语等 | 太平洋诸岛新西兰 |
| 阿尔泰 | 突厥 | | 土耳其语、阿塞拜疆语、哈萨克语、土库曼语、吉尔吉斯（柯尔克孜）语、鞑靼语、巴什基尔语、乌兹别克语、维吾尔语、楚瓦什语等 | 土耳其、苏联、中国 |
| | 蒙古 | | 蒙古语、布里亚特语、卡尔梅克语等 | 中国、蒙古、苏联 |
| | 满—通古斯 | | 满语、锡伯语等 | 中国、苏联 |
| 印欧 | 日耳曼 | 西支 | 英语、德语、荷兰语、弗兰芒语、依地语、卢森堡语、依地语等 | 西欧各国、美国、加拿大等国 |
| | | 北支 | 瑞典语、丹麦语、挪威语、冰岛语等 | 北欧各国 |
| | | 东支 | 哥特语 | （早已消亡） |
| | 罗曼（拉丁） | 西文 | 拉丁语、法语、意大利语、西班牙、葡萄牙语、加泰隆语等 | 西欧各国、南美、非等前殖民地 |
| | | 东支 | 罗马尼亚语、摩尔达维亚语 | 罗马尼亚、苏联 |
| | 凯尔特（塞尔特） | 北支 | 爱尔兰语、苏格兰盖尔语等 | 爱尔兰、苏格兰 |
| | | 南支 | 威尔士语、布列塔尼语等 | 威尔士 |

续表

| 语系 | 语族 | 语支 | 语言 | 主要分布地区 |
|------|------|------|------|--------------|
| | 波罗的 | | 立陶宛语、拉脱维亚语等 | 苏联 |
| | 斯拉夫 | 东支 | 俄语、乌克兰语、白俄罗斯语等 | 苏联 |
| | | 西文 | 波兰语、捷克语、斯洛伐克语等 | 波兰、捷克 |
| | | 南支 | 塞尔维亚—克罗地亚语、斯洛文尼亚语、马其顿语、保加利亚语等 | 南斯拉夫、保加利亚 |
| | 印度—伊朗 | 东支（印度） | 梵语、巴利语、印地语、乌尔都语、孟加拉语、旁遮普语、尼泊尔语、克什米尔语、信德语、僧伽罗语、吉卜赛语等 | 印度、巴基斯坦、孟加拉国、尼泊尔等 |
| | | 西支（伊朗） | 波斯语、普什图语、俾路支语、塔吉克语，库尔德语等 | 伊朗、阿富汗、巴基斯坦、苏联、土耳其、伊拉克 |
| | 希腊 | | 希腊语 | 希腊、塞浦路斯 |
| | 阿尔巴尼亚 | | 阿尔巴尼亚语 | 阿尔巴尼亚、南斯拉夫 |
| | 亚美尼亚 | | 亚美尼亚语 | 苏联 |
| | 吐火罗 | | 吐火罗语 | 中国新疆（已消亡） |
| 乌拉尔 | 芬兰—乌戈尔 | | 芬兰语、匈牙利语、爱沙尼亚语、拉莫语、莫尔多维亚语、马里语、科米语等 | 芬兰、匈牙利、苏联 |
| | 萨莫耶德 | | 涅涅茨语、塞库普语等 | 苏联 |
| 高加索 | 南部 | | 格鲁吉亚语等 | 苏联 |
| | 北部 | 西北支 | 卡巴尔达语等 | 苏联 |
| | | 东北支 | 车臣语、阿瓦尔语等 | 苏联 |

续表

| 语系 | 语族 | 语支 | 语言 | 主要分布地区 |
|---|---|---|---|---|
| 达罗毗荼 | 北部 | | 库鲁克语、布拉灰语 | 印度、巴基斯坦 |
| | 中部 | | 泰卢固语、贡迪语等 | 印度 |
| | 南部 | | 泰米尔语、坎纳达语、马拉雅拉姆语等 | 印度 |
| 闪—含（阿非罗—亚亚细） | 闪 | | 阿拉伯语、希伯来语、古叙利亚语、马耳他语、阿姆哈拉语等 | 中东、北非各国 |
| | 柏柏尔 | | 什卢赫语、塔马齐格特语、瑞非安语、卡布来语、沙维亚语等 | 摩洛哥、阿尔及利亚尼日尔、马里等 |
| | 乍得 | | 豪萨语等 | 尼日利亚、尼日尔等 |
| | 库施特 | | 索马里语、盖拉语、贝贾语等 | 埃塞俄比亚索马里等 |
| | 埃及—科普特 | | 科普特语 | 埃及 |
| 尼日尔—科尔多凡 | 科尔多凡 | | 苏丹努巴山区几种使用人数很少的语言 | 苏丹 |
| | 尼日尔—刚果 | 贝努埃—刚果 | 斯瓦希里语、卢旺达语、隆迪语、索托语、祖鲁语、刚果语、茨瓦纳语、斯威士语、科萨语等 | 中非、南非各国 |
| | | 曼迪 | 班巴拉语、门德语、克培列语、马林凯语等 | 马里、塞拉利昂等国 |
| | | 古尔 | 莫西语、古尔马语等 | 上沃尔特、加纳等国 |
| | | 西大西洋 | 弗拉尼语、沃洛夫语、泰姆奈语等 | 西非各国 |
| | | 阿达马瓦—东部 | 桑戈语、赞德语等 | 中非、扎伊尔苏丹等 |
| | | 库阿 | 约鲁巴语、伊博语、特威语、丰语、埃维语等 | 中非各国 |

| 语系 | 语族 | 语支 | 语言 | 主要分布地区 |
|------|------|------|------|------------|
| 尼罗—撒哈拉 | 沙里—尼罗 | | 卢奥语、努埃尔语、马萨依语、萨拉语等 | 苏丹、乌干达、肯尼亚等 |
| | 撒哈拉 | | 卡努里语等 | 尼日利亚等 |
| | 马巴 | | 马巴语等 | 乍得等 |
| | 富尔 | | 富尔语 | 苏丹 |
| | 桑海 | | 桑海语 | 马里 |

　　除了上述各语系之外，在南部非洲还有少数人讲的包括布须曼语、霍屯督语等在内的科依桑语系；在爱斯基摩人和阿留申人中，使用爱斯基摩—阿留申语系；在美洲，印第安语一千多种，分为九个（或说十二个或更多）大的语系，在西伯利亚北部和东部的几种小语言，相互间没有亲缘关系，被统称为"古西伯利亚诸语言"。此外，还有些语言系属未定。其中最重要的是日语和朝鲜语。

# 语言学概论(修订本)

# 《语言学概论》（修订本）
# 编委会

主　编　葛本仪
编　者　（以姓氏笔画为序）

王　军　王新华　冯　炜　刘中富

杨振兰　张树铮　陈光苏　贾宝书

盛玉麒　葛本仪

# 修订本前言

　　《语言学概论》第一版于1988年12月出版，出版后受到了社会的好评。山东大学、山东师范大学、曲阜师范大学、山东教育学院等院校都先后采用本书作为中文系的教材，同时它也成了参加研究生入学考试者和高等教育自学考试者非常实用的一本参考书。虽然已先后印刷13000余册，但现在仍然满足不了索书者的要求。为了满足社会的需要，也为了补充一些新内容，我们决定对本书进行修订。

　　这次修订的原则仍然是以本书初版时的原则为准（见初版前言），因为对本书十多年的使用和考验，证明了这一原则是正确的，是行之有效的，它已经得到了大家的认可。

　　这次修订对书的内容作了一些改动，除对原来的内容作了细致的修改，使其更加完善外，更重要的是增加了许多新内容。不仅丰富了原来八章的内容，而且由原来的八章扩充为十章，增加了"语义"和"语用"两个部分，全书字数也从15.7万字增加到26.6万字，以求对学习者更有帮助。

　　我们希望该书的出版能为高校的教学和社会的文化建设作出应有的贡献，我们也希望各位学者和朋友提出宝贵的意见。

　　本书此次再版，得到了山东大学出版基金的资助，在此深表感谢。

编　者

1999年5月

# 初版前言

　　"语言学概论"课是大学中文系的基础课程。该课不但要让学生了解和掌握语言理论方面的基础知识，还要引导他们理论联系实际，掌握一定的分析和解决语言问题的能力，该课程理论性强，学生学习前接触的这方面的问题也比较少，因此学习时总感到有一定的难度。鉴于这种情况，山东大学中文系"语言学概论"教学组的同志们为了搞好该课的教学工作，在教学过程中，对教材内容、讲授方法，都进行了不同程度的研讨和探索。我们认为，一、"语言学概论"作为语言学的基础理论课程，必须对语言学的基础理论和知识作系统、全面的讲授，同时，必须注意与"普通语言学"课和"现代汉语"课的联系与分工。"语言学概论"课的任务就在于科学性和实用性相结合，在学以致用的原则指导下，让学生了解和掌握语言学的基础理论知识。二、必须理论联系实际。第一，语言理论必须和语言实际相结合，让学生能体会到这些理论都是来源于实践同时能够指导实践的。第二，必须结合学生的实际，即把教学要求和学生的知识水平、学用情况结合起来。第三，要结合我国实际，特别要和对汉语的研究、汉语的实际应用结合起来，不能生搬硬套国外的语言理论。三、要注意运用由浅入深、由简到繁、由点到面的讲授方法，逐渐把学生们引导到这一学科领域中来。基于这样的认识，我们编写了该教材，我们力求以上观点和做法能够在该教材中有所体现。

　　该教材原定于 1989 年完稿，现由于山东省教育学院音像班中文专业同学急需，提前匆忙成稿，纰漏之处在所难免。希望大家不吝赐教，以备我们修订时参考。

编　者
1988 年 10 月

# 目　录

# 第一章　导论

## 第一节　什么是语言学

### 一　语言学是专门研究语言的科学

每门学科都有它所研究的对象，语言学的研究对象就是人类的语言。语言学的任务是要从理论上阐释语言的性质、结构和功能，通过考察语言及其应用的现象，来揭示语言存在和发展的规律。

语言学的理论可以帮助人们科学地认识语言和掌握语言，可以指导学者们进行语言方面的研究。大家知道，每一个正常的人都会说话，都要与人交谈，人们能够程度不同地掌握一种甚至几种语言，这是人的社会属性所决定的。可是，能够熟练地使用一种语言，并不等于对语言有了理性的认识。一个人汉语普通话说得很好，但可能对普通话的音位体系一无所知。经过有意识的学习和科学的训练，能使用数种语言进行交际的人，也不见得都是语言学家。因为使用具体语言的实践活动与关于语言的科学研究是有区别的。然而，语言学研究必须以对语言的感性认识为基础。我们无法想象一个不会使用汉语、根本不了解汉语的人可以对汉语进行科学的研究。

语言学是怎样建立起来的呢？

作为一门独立的学科，语言学的建立是经历了一个长期发展过程的。并且，今天的语言学理论和方法仍在不断发展着。对此，我们应该有一个大概的了解。

语言是和人类社会一起产生的，所以，人们对语言问题的关注与思考从很早就开始了。仅从流传下来的历史文献看，早在公元前4世纪至公元前3世纪，古代印度和希腊的学者就开始研究具体语言的某些语法问题了。波尼尼（Panini）对古梵语语法的研究，亚里士多德、特拉克斯（D. Trax）等关于古希腊语的语法理论和研究，都取得了极高的成就。在中国，先秦时代的学者关于语言文字的研究已有了比较高的水平，荀子、孟子关于语言现象、语言本质的论述是相当精辟的。但是，这个时期的语言研究或者是为经典著作作注释而进行的，或者是在阐释哲学思想时涉及语言问题的，就是说，语言学作为一门独立的科学还未形成。此后，中国逐渐形成了以考释和研究字形、字义、字音为主的"小学"传统。"小学"有着世代相传的、独具特色的治学方法，在清代乾嘉年间发展到了顶峰。在西方，18世纪以前的语言研究主要也是围绕古代文献展开的。上述阶段的语言研究，从对象到方法都不同于后来的作为独立的科学的语言学，所以被认为属于前语言学阶段，一般称为"语文学"。

正当中国的由文字学、训诂学和音韵学组成的传统"小学"空前繁荣的时期，欧洲的一些语言学者从18世纪下半叶开始采用历史的和比较的方法探究语言的来源和语言间的亲属关系，从而产生了历史比较语言学。后来，语言学的各个分支逐渐形成，理论体系逐渐建立，到了19世纪上半叶，语言学才成为一门独立的科学。仅就语言研究和语言学说的发展轨迹来看，语言学产生于西方的语文学。这一发展阶段的完成，与欧洲文艺复兴运动带来的文化和思想领域的大解放、大变革，以及由此推进的各门学科不断独立与分化的大发展有着密不可分的联系。从社会的、历史的角度看，语言学的产生也是受一定的社会历史条件制约的，是随着资本主义经济的形成和发展而产生的。

　　19世纪以来，语言学的发展经历了若干阶段，产生了许多流派。起初，历史比较语言学是以发现不同语言之间的亲属关系、探讨它们的联系与发展规律为特征的，有不少语言学家醉心于构拟原始语言。历史比较语言学把"事物的普遍联系与发展"的观点引入语言科学，开阔了人们的视野；但是，它也暴露了许多局限性，它过分偏重于历时的语言研究，而忽视了共时分析，使关于语言的结构描写与系统考察成为薄弱环节。随后产生的结构主义语言学，在对语言结构的研究中取得了大幅度的进展。结构主义语言学的创始人索绪尔作出了伟大的贡献。结构主义语言学认为：第一，每种语言都有其特有的关系结构；第二，每种语言的个别单位都不是孤立的，而是在跟其他单位的区别、对立中存在的。结构主义语言学为客观精确地描写共时状态的语言提供了理论根据和方法。索绪尔之后，结构主义语言学的重心转移到了美国，代表人物有布龙菲尔德等。布龙菲尔德之后，美国的结构主义语言学产生了不少流派。到了20世纪中叶，随着信息科学的发展和数理逻辑作为工具在各个领域中的广泛应用，以及计算机技术的推广，以乔姆斯基为代表的转换生成语言学派诞生了，通常以1957年《句法结构》的发表为标志。这是一场波及各国语言学领域的革命，并且蔓延到了数学、社会学、哲学、心理学、神经生理学、计算机科学等广大领域。乔姆斯基把语言结构分成了深层结构和表层结构。他认为语言学应该研究的是人的语言能力，他假设人有一种言语机制，并可以用数学模式来推导。近年来，社会语言学和语用学得到了迅猛发展，其共同特点是更多地联系社会来研究语言的性质与功能。目前这方面的研究方兴未艾，正不断地推出新的研究课题。

　　上述关于语言学历史发展的介绍，只是单线的、轮廓式的；而语言学本身又往往是多学派并存、横向和纵向结合发展的。

## 二　语言学的分类

语言学是研究人类语言的科学，研究的对象似乎很单纯，实际涉及的现象却相当浩繁。在语言学的发展过程中，内部不断出现分支。我们可从不同的角度分出许多类别。

从具体研究对象看，可分为个别语言学和普通语言学。个别语言学以某一种语言或方言，或者某一种语言或方言的一部分为研究对象。如对汉语的研究，形成汉语语言学，对俄语语音的研究，可称为俄语语音学。普通语言学是以人类自然语言为研究对象的，探索人类各种语言共有的性质、结构与功能，揭示各种语言的普遍规律。

从时段分，有共时语言学和历时语言学。共时语言学是以语言历史发展中某一个阶段为横断面进行剖析的。例如现代汉语、古代汉语都是共时语言学。历时语言学是以语言发展的历史为对象，研究语言在不同历史阶段上的演变情况的。如对拉丁语历史的研究、对汉语音韵学史的研究、对人类语言发展趋向的研究等。

从研究的方法看，可有比较语言学和描写语言学两种类别。比较语言学可以是一种或几种语言的历时比较研究，亦可是若干语言或方言、若干语族之间的共时比较研究，比如英汉语法比较研究等。所谓描写语言学是以语言的某一共时断面的相对静止状态为分析描述对象的，如现代汉语语法研究等。

从研究对象所处的状态看，可分为静态语言学和动态语言学。静态语言学以静态的语言符号系统为研究对象，主要是研究这种语言系统内部的构成要素并分别对它们进行共时的分析和描写。动态语言学以动态的言语交际为研究对象，它把语言当作一个开放的动态系统来研究，研究它的发展演变，研究它处于交际中的运动状态，研究它的转换生成以揭示人的语言能力，研究人们怎样使用语言，等等。

另外，还有社会语言学和计算语言学等分支学科。社会语言学是研究语言与社会生活之间的关系的一门学科，主要研究语言社会本质的特点和规律，语言内部规律和外部规律的相互关系和作用，语言演变和社会演变的关系，语言因地域、社会以及人的年龄、性别等因素形成的变体以及它们与造成这些变体的社会因素之间的关系，等等。计算语言学是一门关于与电子计算机应用有关的语言研究问题的学科。由于电子计算机的计算准确迅速，人们利用它来进行语言素材的计算统计并进行自动分析，20 世纪50 年代以来，人们在这个领域进行了词汇统计、风格研究、编制词典、机器翻译和信息检索等研究工作，取得了很大的成就。

从语言学的内部分科看，可分出语音学、词汇学、语法学、修辞学、语义学等，还可把对记录语言的符号的研究称为文字学。

以上简述的语言学类别，只是相对的、从不同角度进行的分类。在实际的研究应用之中，一般是相互交叉的。

## 第二节　语言学的功用

### 一　语言学的作用

语言学理论是经过对语言的分析研究而形成的对语言性质、功能、结构的系统认识。理论的作用在于指导实践，语言学的作用就体现在以下几点。

第一，指导我们学习语言、运用语言和研究语言。在学习一门新的语言时，语言学理论可帮助人们掌握规律、举一反三、触类旁通。即使对于已经熟练掌握了的语言，人们在应用时，仍有使用效果和水平上的高下。语言学理论可指导人们精确、恰当地发出或选择接收言语信息。比如，语义的民族性特点是语言学理论告诉我们的，如果我们不懂得或忽视了这一点，就会造成言语信息选择上的失误。此外，若对语言进行科学研究，也必须具备理性的观点和正确的方法，而所有这些，都是语言学理论提供的。

第二，提高对语言作品的分析和鉴赏能力。高尔基说过："文学的第一要素是语言。"语言学可帮助人们在较高层次上来理解文学作品。譬如杜甫的《登高》诗："风急天高猿啸哀，渚清沙白鸟飞回。无边落木萧萧下，不尽长江滚滚来。"用现代汉语来读，"回"与"来"本应押韵的两个字不押韵了，影响了对作品形式美的欣赏。而语言学理论告诉我们，语言及其构成要素是不断发展变化的，唐代的汉语语音一定跟今天的不同；汉语音韵学又告诉我们，隋唐时"回""来"二字都属于平水灰韵，是押韵的。

第三，有利于各项语文政策的制定和推行。在当代中国，推广普通话和汉语规范化的任务是很艰巨的。对于普通话为何要以北京音为标准、怎样逐步推广，以及汉语规范化的标准是什么等问题，语言学理论均已作出了说明。制定语言政策，必须以语言的内在规律为依据。离开语言学理论的指导，这方面的工作就无法进行。

第四，有利于科学技术的现代化。语言作为传递信息最重要的载体，随着科学技术的现代化，正发挥着越来越重要的作用。计算机对自然语言的处理，已成为全球最热门的课题之一。要在这方面有所开拓、有所进步，也有赖于语言学研究提供理论指导和科学方法。

## 二　语言学与其他学科的关系

语言学与其他多种学科有着密切的联系，它有着广阔的应用天地。

语言学与文学的关系是众所周知的，不管是小说、诗歌还是散文，都是运用一定的语言材料来表达的。作品中词语和修辞手段的运用、作品风格、诗词韵律等，莫不与语言学息息相关。

历史学和考古学的研究，常常是从语言材料提供的信息着手的。19世纪美国历史学家、民族学家摩尔根便是从分析荷马史诗《伊利亚特》的语汇中发现了许多"重要事迹"的，中国古代留下的文字材料，为研究古代中国的历史、文化和经济发展状况提供了丰富而珍贵的资料。而这些材料的开发利用，又离不开语言学家辛勤的劳动。

在文化学研究中，语言的作用也是很明显的。比如对汉语的一些语词进行研究，可发现汉民族的许多独特的文化现象。汉族人重视区别同一辈分的不同年龄的亲属关系，所以"哥哥""弟弟"这组词的意义是明确的、相互对应的；英吉利民族却不太重视这种区别，因此"brother"（兄弟）一词就无须反映年龄关系。汉族人较之英吉利人更重视父系与母系亲属的区别，所以父亲的兄弟谓之"伯""叔"，母亲的兄弟称为"舅"，而英语中只有"uncle"一词代表上述三个汉语称谓词。再如，汉语中的一些成语、俗语也反映了汉民族传统的伦理观念和民族意识，像"光宗耀祖""衣锦还乡""不孝有三，无后为大"等。

现代心理学认为，语言是调节高级心理过程的工具。比如，研究儿童的有意识活动的心理过程，研究人的语言的外部指令及外部言语怎样内化成内部言语的，等等。这些既是心理学的课题，也是语言学研究的重要方面。心理学与语言学的交叉，差不多从心理学建立之日就开始了。

新兴的科学技术的发展，扩大了语言学的应用范围，如语言学与信息论的关系，人工语言在电子计算机中的应用等。语言学的作用，已经超出其原有的边界，正像瑞士伟大学者皮亚杰所说，"语言学是一门领先科学"。

## 思 考 题

一、什么是语言学？
二、为什么要学语言学？
三、语言学和其他学科的关系如何？

# 第二章　语言的本质

## 第一节　语言是一种符号系统

### 一　语言是一种音义结合的符号

1. 什么是符号

符号就是记号。符号是一种物质的、可感知的对象，它在认识和交际的过程中充当另一个对象的代表，其作用是被用来获得、储存和传达关于它所代表的对象的信息。

社会生活中，人们使用的符号是多种多样的，人们对符号的理解也有广义与狭义的不同。狭义的理解，指人们日常交际和思维中所使用的口头的或书面的语言符号，主要包括自然语言符号和人工语言符号。人工语言符号指某些学科所使用的、为了特别的需要而制造的符号。如数学中的"＋、－、×、÷"，书写符号中的标点符号，等等。广义的符号是指在人们认识和了解对象的过程中能够传达信息的一切媒介物。它包括上述狭义的符号，还包括人们通过约定而赋予意义的一切符号，如红绿灯、旗语、信号树、帽徽等。

虽然符号庞杂纷繁，但它们有着共同的、根本性的特点。概括起来有以下几点。

（1）客观性

每一个符号都必须表示一定的客观事物，客观事物是符号产

生的客观基础。符号所表示的客观事物可以是真实的，也可以是
非真实的；可以是具体的，也可以是抽象的。如"树""桌子"
这些词表示的客观事物是具体实在的，"精神""科学"则表示抽
象的事物和现象。还有些符号是表示客观世界中不存在的，而在
人们的意识中或想象中可以产生的事物或现象，如"神""鬼"
"天堂"等。

（2）物质性

任何符号都必须具备一定的物质形式，即符号必须有物质外
壳。有声语言中的符号单位，都有其物质的声音形式；书面的符
号都有其物质的图形与笔画形式。正是因为符号具有一定的物质
形式，所以，人们接受它们、传递它们、分辨它们才有可能。有
的符号虽在一个物质形式中代表了多个意义内容，即属于多义的
符号，但在具体环境中又呈现单义性，因此不会在传播的过程中
引起误解。

（3）具有意义内容

符号的作用是代表另一个对象，关于另一个对象的信息就是
符号的内容。符号是信息的载体，信息是符号的内容。对于某个
事物或现象，如果人们赋予它意义，并且相互约定，那么它就负
载着信息内容，它就是符号。否则，就不是符号。总之，凡是符
号，都有某个群体中人们共识的意义内容；不具备这一特点的任
何事物或现象都不是符号。

（4）约定性

符号有其物质形式，也有其意义内容，要表示特定的事物、
现象、属性等。那么，某一形式是怎样与某一内容相结合的呢？
某一形式为什么要与某一内容相结合呢？这要依靠使用符号的人
的约定。交通信号灯的红灯表示"停"，绿灯表示"行"，它们
本没有必然的内在联系，人们这样约定了，大家懂得它们的含
义了，红灯、绿灯也就成为符号了。通常符号一经约定，就具
有一定的稳固性。特别是大家常用的符号，必须具备稳固性特

点，否则，朝令夕改，就失去了人们约定的意义内容，也就失去了作为符号的资格。在特殊情况下，也有不断更改形式或内容的符号，但它必须以约定性为前提。若是某个人打算随意改变符号的内容与形式，只会造出没有约定性和稳固性的、绝不是符号的一些东西。

2. 语言是音义结合的符号

语言无疑是一种符号，它靠声音形式和意义内容的结合表示客观外界、社会生活和精神领域中的事物、现象、性质、关系等。汉语普通话中，rén（人）的声音形式就表达了"有语言，有抽象思维，能制造工具并能使用工具进行劳动的动物"这一意义内容。当某种声音指称某种事物时，该事物本身的特点就赋予该声音以意义，从而形成一种音义结合体，所以，语言是一种音义结合的符号。

3. 语言符号的特点

语言符号是人类使用的最重要的一种符号。它的特点如下。

（1）任意性

语言符号的声音形式和意义内容的结合是任意的，二者间没有必然的联系。尤其在语言形成之初，什么声音表示什么意义，没有也不需要有道理可讲。所以，汉语用 shū（书）表示"成本的著作"，而英语用"book"（书）来表示，都是合理的。语言的形式与内容的约定是任意的，所以汉语和英语在它们各自的源头上就是不同的。正像一句名言所讲的：如果一开始把黑色的叫作白，把南称作北，那也都是正确的。

（2）线条性

所谓线条性，指的是语言符号在使用过程中，是以线条形式出现的。日常交际中，人们无论是听还是说，无论是写还是读，都必须有秩序地将符号单位逐次排列，才能实现语言符号的价值。语言符号不能像作为奥运会标志的"五环旗"那样，以整体面貌出现在大家的面前。

（3）稳定性

上面我们已提到符号有稳固性的特点。如果说语言以外的符号一般具有形式与意义结合的稳固性特点的话，那么，语言符号必须具备稳定性的特征。这是因为，一种语言是一个民族的全体成员世世代代共同使用的交际工具，经常的、突然的变化是使用这一语言的全社会成员所不允许的。大家可以试想一下，若是语言符号不具备稳定性，那么，这本正在被大家读着的语言学教材岂不是将成为无人知晓的天书了吗？

（4）发展性

从历时的角度看，语言的稳定性是相对的，语言的发展演变则是绝对的。辩证唯物主义认为，世界万物都在不断发展变化着，语言自然不能例外。语言是人类社会的产物，因而是随社会的变化而演变的。语言发展演变的速度也是与社会的需要相适应的。这决定了语言不能突变，又不能不变的特点。语言的发展通常是在不同时代的比较中才能觉察到的。

语言的稳定性和语言的发展性是辩证统一的关系，是分别从共时与历时两个不同角度来观察研究的结果。

（5）生成性

所谓生成性是指语言符号是一个开放的系统，它可以用有限的语言模式生成无限的语言成分和言语成分，如"红旗"是个偏正式词语，用这种偏正式的模式可以生成大量的语言成分，如"白菜""清水""伟大的学者""新买来的书"……认识语言符号的生成性特点，对于正确地把握语言构造的本质极为重要。任何一种语言的结构规则和使用规则都是有限的，但它可以生成无限的语言成分和无穷的言语作品。

语言所具有的特点绝不仅上述五点，这里只是择其要点而介绍。上述特点也不全是语言符号所独有，不少非语言符号可能具备其中某些方面，而语言符号同时具备上述全部特点。这足以描绘出语言符号的个性。

## 二　语言是一个符号系统

### 1. 什么是系统

系统是指许多元素有机结合而能执行特定功能、达到特定目的的体系。这里至少涉及了三个要素，即系统的元素、系统的功能与系统的秩序。

语言是一个深奥、复杂的体系。它具备了系统的三个要素，毫无疑问是一个系统。语言系统的功能将在以后的章节中讲到，这里先讲解语言系统的元素和秩序。

### 2. 语言系统的构成元素

我们可以从三个层面来考察语言系统的元素。从声音形式来看，它有音素、音位、音节等元素；从意义内容看，它有义素、词义、句义以及数、性、格、时、体、态、式等两类元素；从音义结合体的层面看，有词素、词、词组、句子、句群等元素。这些元素按一定的秩序组织起来，就形成了语言系统。

### 3. 语言系统的秩序

语言系统的秩序，体现了其内部的各种关系与规则。其中最重要的是层级关系、组合关系和聚合关系。

### （1）层级关系

语言结构要素的各个单位，在语言系统中不是处在一个平面上，而是分属不同的层和级。语言学界对层级关系有两种理解。一是认为小的语言单位构成大的语言单位时，原来的小单位是一个层级，由小单位直接构成的大单位又是一个较高的层级。如词素构成词、词构成句子，就形成了词素层级、词层级和句层级。二是把层级关系首先分成底层和上层，层之中（尤其在上层中）再分出不同的级。这样分析层级的结果是，底层包括音位、音节等形式方面，上层包括词素（第一级）、词（第二级）、句子（第三级）。这两种认识有一个共同点，即依据语言单位的结构，分别划定它们由小单位构成大单位，或由大单位包含小单位的不同层次和级别。

（2）组合关系

某一语言成分在言语中总要与其他成分相联结。可以相互联结的语言成分之间存在着组合关系。如"名词＋们"是一种组合，"数词＋量词＋名词"是一种组合。就具体的词而言，又有特定的词可以与之形成组合关系，如"同学"和"们"之间存在组合关系，可以说"同学们"，但"石头"和"们"之间就不存在组合关系，不能说"石头们"；量词"头"和名词"牛"之间存在组合关系，可以说"一头牛"，但"头"和"马"之间就不存在组合关系，不能说"一头马"。语言中的每一种成分都有特定的组合关系。

（3）聚合关系

处于同一个层级上的语言单位，由于具有共同的特点，就可以成为一种类别，这一类别中的各成分之间具有聚合关系。如"树""钢笔""排球""收音机""大学生"……可构成名词的聚合体，这些词之间在这个意义上存在聚合关系。有些词只有一个意义，从而可以构成单义词的聚合体。语言中的任何成分都可以根据具有的共同特点和其他成分形成聚合关系，如在语音中，"a""o""e"可形成元音的聚合体；在词素这一层级上，"和""河""盒""核""合""禾"等可构成同音词素的聚合体，"非""习""端""首""展"等可以构成非词词素的聚合体；在词组这一层级上，"努力学习""顽强拼搏"等可以构成偏正词组的聚合体，"国家富强""民族昌盛"等可以构成主谓词组的聚合体，等等。总之，语言中每一种成分都存在于一种或多种聚合体中，因此，各个成分之间都具有聚合关系。

综上所述，语言成分都存在于一定的层级关系、组合关系和聚合关系之中。如果我们把语言比作一个机构，那么这个机构就是依靠这三种关系来组织和运转的。语言符号的层级关系、组合关系和聚合关系使得庞杂的语言成分和规则，成为一个有章可循的系统。它们构成了语言符号体系的最重要的秩序。

4. 语言符号系统的子系统

一个庞大的系统，通常是由若干子系统构成的。通常所讲的语言的构成要素如语音、语义、词汇和语法就是语言系统中的子系统。它们自成体系又相互制约。语音是语言的物质外壳，它自身又是个极严整的系统。它含有构成系统的元素，也具有层级关系、组合关系和聚合关系等秩序。同时语音作为一种形式，离开了其内容——语义，便无法存在。语音和语义相互依存，又相互制约。此外，作为语言建筑材料的词汇、作为语言成分结构规则的语法，也都各自是语言系统中的一个子系统。

# 第二节　语言是人类最重要的交际工具

语言是作为人类的交际工具服务于社会的。列宁指出："语言是人类最重要的交际工具。"这句话概括而精确地揭示了语言的本质。

## 一　语言是交际工具，具有交际功能

语言是应人类的交际需要而产生的，它的首要功能是被用来沟通信息、交流思想。说话者通过语言这种工具发送信息，听话者也通过语言这种工具接收信息，从而达到交流思想和相互了解的目的。

在社会生活中，这种思想交流是极为必要的，也是大量存在的，没有这种交流活动，社会活动和社会生产将无法进行。因此，正常的社会生活，离不开社会交际活动，社会交际活动又要依靠语言这种交际工具来进行。语言就是作为交际工具，以其交际功能为社会服务的。

正确地认识语言的交际功能，还应注意两点。其一，使用语言进行的交际活动是说者和听者双方相互配合的活动，而不单是说者或听者一方面的事。其二，交际功能是语言的基本社会功能。语言还有其他的功能，如作为思维工具的功能、调节情绪的功能等。但它们都是交际功能的派生物。如果语言失去了交际功能，别的功能亦不复存在了。

## 二　语言是最重要的交际工具

语言是交际工具，但不是人类唯一的交际工具。人类社会现有的交际工具还有许多，如电报代码、红绿灯、数理公式等，它们都具有一定的交际作用。然而，所有非语言交际工具，在社会传播活动中的重要作用远不能与语言相比。这是因为，第一，非语言交际工具无论是在交际的深度还是广度上，都无法与语言相比。它们要受到较多的条件限制，只能作为语言的辅助工具出现。当然，这并不是说语言可以替代非语言交际工具。第二，所有的非语言交际工具能起交际作用，都是以语言的约定为前提的。在这个意义上说，非语言交际工具都是在语言的基础上产生的，都是语言的代用品。在公海上，不同国籍的船只相遇之后打旗语进行交际，双方都能明白，是因为事先就用语言约定好了。

## 三　语言是人类特有的交际工具

所有的人类社会都有其使用的语言。人类以外的动物群体，即使是最先进的类人猿，也没有语言学意义上的语言。我们不能否认，人以外的动物也有交际工具，它们相互间也要表达某些意思。但是，它们的声音是含混的，声音的数量也极有限，能表达的意思是简单的。更重要的是，动物的交际像它们的呼吸、吃食一样，是本能的。人类是在社会生活中学会语言的，人类的语言是社会约定俗成的、音义结合的符号系统，人类使用语言进行交际绝不是本能的。美国学者海斯夫妇曾专心训练过一只小猩猩，经过他们多年努力，它却只"学会"了四个单词，并且发音不清。

人类语言的许多基本特点，是动物的交际工具所不具备的。

比如，①人类语言相当明晰，语言内部各单位的界限与联接都很清楚。动物的交际工具大都分不清内部结构单位。②人类语言是由音义结合而构成的符号系统，由语音、语义、词汇、语法等内部成分有机结合而成；依照一定的秩序，语言材料有着无限的生成性。尽管现代科学对动物交际行为的研究还有待进一步开拓和深入，但从现有的结论看，动物的交际工具尚不具备上述特征。③人类语言可以被传授。任何一个正常的人都可以学会人类的一种或几种语言。动物使用交际工具的能力是与遗传有关的一种本能。所以动物的交际工具不具备可被传授的特点。

有些动物（如鹦鹉），可以模仿人说话的声音，但是它们不解其意，也不用来交际。这种现象并不意味着动物掌握了语言。

## 第三节　语言是思维工具

语言与思维有着密切的联系，这是人们早已达成共识的问题。但是，二者的关系究竟如何，人们的认识不尽相同。

### 一　思维及其类型

1. 什么是思维

思维是人脑反映客观现实的机能和过程。人们平日思考问题的活动，便是思维活动，思维的结果是形成观点和思想。

2. 思维活动的主要类型

（1）逻辑思维

这是运用逻辑形式来进行的思维活动。客观事物本质的特征和规律性联系表现在概念、判断、推理之中。这种思维形式是要以语言为工具的，从形成概念到完成判断、推理的过程必须借助语言的材料来实现。

（2）形象思维

这是指在意识活动中，唤起表象并对表象进行选择性加工、改造的一种思维类型。文学艺术家在创造艺术形象的过程中，经常运用形象思维；篮球教练员在设计比赛方案时，也要在想象中借助表象来分析赛场上的情形……形象思维在生活中是极重要的思维类型。

（3）顿悟思维（也叫灵感思维或直觉思维）

这是一种在潜意识中长期积累，又在不知不觉中突然发生和完成的思维活动。现在对这种思维形式的机理研究得还不够充分，但它的存在是毫无疑问的。科学家为解决某一难题，可能历经数年的冥思苦索而无结果，在无意间却恍然大悟、思如潮涌。这属于顿悟思维的活动。

在人们的实际工作与生活中，思维活动的几种形式总是相互交叉进行的，思想也往往是借助几种思维类型的相互补充使用而形成的。

## 二　语言与思维的关系

无论何种思维形式，都体现着人类最重要的能力——思维能力，它们不可能与人类最重要的交际工具无关。从现在的研究成果看，语言与逻辑思维的关系最密切、最明显，也最直接。这是因为：

第一，逻辑思维要以语言为工具。这一点早已被科学的实验所证实。人类的语言活动与大脑左半球的一些部位相关联，而控制语言活动的大脑左半球正掌管着逻辑思维的活动。一个大脑左半球出了问题的病人，在语言能力方面和逻辑思维能力方面会同时产生障碍。语言中的词是逻辑思维的材料，语法规则是逻辑思维的程序。

第二，语言中的词和句子等的意义内容是由逻辑思维赋予的，语言所具有的层级关系、组合关系与聚合关系是跟逻辑思维的活动模式相契合的。比如汉语中"树"这个词的意义，概括了全部的木本植物。这一概括活动是由逻辑思维完成的。

一言以蔽之，语言与逻辑思维是相互依存的。二者各以对方为存在的前提。这一结论是就语言与逻辑思维关系的本质而言的，二者之间琐碎而具体不相对应的现象，或者语言与思维孰先孰后的问题，都不是这里要讨论的问题。

### 三　语言与思维的区别

上面我们强调了语言与逻辑思维的依存关系，即其统一性。但是，绝不可把语言与逻辑思维混为一谈。因为二者是不同的社会现象，是不同的科学研究对象，它们的功能、范畴和规律都是不同的。将语言与思维割裂开来和把语言与思维混同起来，都是错误的。

作为两种社会现象，语言和逻辑思维的区别是相当明显的。第一，思维是人脑的一种机能，其职能就在于认识客观世界，反映客观世界的规律；语言首先是人类的交际工具，其基本职能是用来沟通思想、传递信息。二者职能不同。第二，思维是人有意识的、能控制的一种认识活动；语言作为逻辑思维的工具可以参与这个活动，但参与这个活动的工具与这个活动自身并非一回事。第三，思维是人类共同所有的，语言也是人类共同所有的，但是，语言有着十分明显的民族性特点，不同民族之间不能用各自的民族语言来沟通。逻辑思维在本质上是没有民族差异的，各民族的人们运用概念进行分析、综合、判断和推理的活动模式及活动过程是基本相同的。所以，不同民族的思想（思维的结果）是可以跨越语言的障碍进行交流的。

## 第四节　语言的性质

从语言的本质方面观察语言的特点，最突出的两个方面就是它的社会性和全民性。

# 一　语言的社会性

语言是一种社会现象。它的产生和存在都与社会有着不可分割的关系，因此，语言具有社会性。对于语言的社会性，可以从以下五个方面来认识。

## 1. 语言和社会相互依存

从语言、社会和人的产生看，应该说，这三者是互为条件、同时产生的。人在这里起着非常重要的作用。因为只有人才有语言，也只有人才能组成社会。现在我们仅就语言和社会的关系作些说明。

首先，语言依附于社会，随着社会的产生而产生。只有有了社会，才会出现人类，才会产生语言。类人猿没有我们所认为的语言，当类人猿从动物界分化出来变成了人类，形成了人类社会时，人类才具有了抽象思维的能力，真正的语言才产生。

语言不但随社会的产生而产生，也随社会的发展而发展。从汉语的情况看，把古代汉语和现代汉语比较一下，就会发现它们有很大的不同。这就说明汉语是有变化和发展的，而且这种发展情况和汉民族社会的发展有着极为密切的关系。比如，在汉民族历史上畜牧业很发达的时期，汉语中关于畜牧业方面的词语就比较丰富，汉语中表示牲畜的名称就很细致、复杂。如同样是"马"，高七尺的马叫"骙"（lái），高八尺的马就叫"駥"（róng）；同样是"牛"，三岁的牛叫"犙"（sān），四岁的牛则叫"牭"（sì）。这都是由当时畜牧业社会的交际需要所决定的。后来，随着汉民族社会在农业、工业以及社会制度等方面的发展，汉语才逐渐地出现了与这些方面相适应的词。很明显，像"火车""电灯"等词，在先秦时期肯定是找不到的，同样，像"倒爷""打的""个体户""电子计算机"等词，在20世纪五六十年代也是不会出现的。这一切都说明，有什么样的社会情况，在语言中就会出现什么样的反映，语言是随社会的发展而发展的。

语言也随社会的消亡而消亡。当语言依附的社会消失了，语言也会随着消失。这就是语言的消亡。例如我国南北朝时期，曾有一种讲鲜卑语的鲜卑族人组成的社会集体。他们还统治过中国北部，前后达二百余年。当时鲜卑族人曾以鲜卑语为国语。后来鲜卑人逐渐消失，鲜卑语也因此不再被人们使用而日趋消亡。可见，语言的产生、发展和消亡都是依附于社会的，没有社会就没有语言。

其次，社会也离不开语言。人类社会从出现的时候起，就以语言为它的存在条件。社会的共同活动要靠语言来协调，社会的生产要靠语言来组织，社会的文化要靠语言来传播，社会的历史要靠语言来记载。一句话，社会的生产和生活，社会的一切活动都离不开语言。斯大林在《马克思主义和语言学问题》一书中说过："有声语言在人类历史上是帮助人们从动物界划分出来、结合成社会、发展自己的思维、组织社会生产、与自然力量作胜利斗争并达到我们今天所有的进步的力量之一。"如果"没有全社会都懂得的语言，没有社会组成员共同的语言，社会便会停止生产，便会崩溃，便会无法继续生存"。

2. 语言为社会服务

语言属于社会现象，一般说来，社会现象都是为适应社会发展的需要而产生的。就语言来说，它是为了适应社会的交际需要而产生的。它出现之后，就以其特有的交际功能积极地为社会服务。

3. 语言为社会约定俗成

语言随社会而产生，并存在于社会之中，为社会全体成员所共同使用。每一个社会都有自己的语言。这种语言是由使用它的社会成员共同约定俗成的。每一个社会成员都要使用社会上共同约定的语言，任何人不能随意加以改变。否则，人们就无法进行交际，语言也就失去了充当交际工具的作用。比如"跑旱船"，尽管它是在陆地上进行的一种文艺形式，但由于它以船的形象出现，人们就按照该社会的语言习惯，把它称为"船"，船是在水上行驶的，它却在陆地上活动，因而要加"旱"字予以修饰和限制。尽管如此，不能把"船"改为"车"，因为用"船"表示物体形态，是受社会上约定俗成的语言习惯制约的。

当然，在语言使用过程中也会出现一些变异，在语言学中我们称它为语言变体，但是必须明确，这种变异也是被社会约定俗成的。这种约定可能有范围或程度的不同，然而必须明确的是，这种变体在某个群体或某些社会成员的范围内，是大家所共同了解的，甚至有的变体已被全社会成员共同认可和使用。如当前部分青年人称"父亲"为"老爷子"；在讲普通话的人中，有的人发音还不够标准等，都是这种变异的表现。事实证明，这些变体在社会上仍能用来进行交际，原因就在于它们已被社会约定俗成了，否则，就会缺乏社会性，不被人们了解，起不到交际的作用，是不能成为语言成分的。

应该明确的是，许多语言成分开始产生时的确是出自个人的创造。因为语言的变化和发展往往是从个人具体运用语言的过程中开始的。应该怎样认识这种现象呢？观察语言实践后发现，这种现象一般表现为两种情况。一种情况是某些个人在具体的语言运用中，根据社会的交际需要，创造出了新的语言成分。这些新的语言成分都是在社会原有的、被约定的语言成分的基础上形成的。它们不但容易被人们理解，而且容易被人们接受和共同使用。这样的成分虽是出自个人的创造，但产生后，就会逐渐被社会承认并约定俗成下来，成为语言的成分，如"洗衣机"一词就是这种情况。"洗衣机"作为语言中的一个名词，是适应社会上表达洗衣机这一新事物的需要而产生的。最初使用它的人，就是在原有语言材料"洗"、"衣"和"机"的基础上，运用社会上共同应用的语法规律创制而成的。"洗衣机"产生之后，很快被社会共同使用和约定俗成下来，所以它就成了真正的语言成分。其他像"走后门"等俗语的形成也是这种情况。它们的产生和发展都是正常的、合理的，因为它们既适应了社会的需要，又被社会共同约定俗成。另一种情况就不同了。有的人在创制新语词时，虽然也以社会上原有的语言成分为基础，但在形式或内容上违背了人们的语言习惯，这些词语不被社会所承认，因而不可能表达信息，用于交际，就不可能成为语言成分。可见，语言是被社会约定俗成的，语言成分的产生离不开社会共同承认的语言材料，其存在更离不开社会成员的共同认可和使用。新产生的成分，尽管开始出自个人创造，但是一旦被社会共同承认和约定俗成下来，就成为真正的语言成分了。

### 4. 个人语言要受社会制约

人类掌握语言的能力是先天的，然而能否掌握语言、怎样掌握语言、掌握什么样的语言，要受到社会的制约。换句话说，一个人的语言能力转化为掌握语言的现实，完全是由社会决定的。首先，一个正常的人，虽然有掌握语言的能力，但是如果没有人类社会作为前提条件，他仍然不能掌握语言。如过去印度发现的"狼孩"就足以说明这个问题。印度的两个小女孩卡玛拉和阿玛拉，从小脱离了人类社会，在狼群中生活，所以她们就不能掌握人类的语言。其次，人们掌握语言，是要通过在社会生活中逐步学习来实现的。只有在社会中生活，才有交际的需要，才会产生学习和掌握语言的要求；只有在社会中生活，才能够接触和了解社会共同约定俗成的语言，才能根据需要逐渐学习和掌握它。所以，只有生活在人类社会中，才能够把掌握语言的能力转化成掌握语言的现实。最后，一个人学习和掌握什么样的语言，也是受他所生活的社会制约的。一个汉族人生活在汉族社会中，毫无疑问，他所学习和掌握的语言就是汉语。同样是一个汉族人，出生后就生活在日本的社会里，那么，他首先学习和掌握的就是日语。一个广东籍的小孩生活在北京，他就会讲一口地道的北京话。一个北京人迁居广东后，也只能逐渐地学习和掌握广东话。这些都说明，一个人掌握和运用什么样的语言，是由他所生活的社会决定的，是要受到社会的制约的。他必须向社会学习语言，否则就无法进行交际，就无法在社会中生活下去。

5. 语言交际是集体性的社会活动

语言交际活动是为了满足社会的交际需要而产生的。没有人类的社会活动，就没有语言的交际活动。因此，语言的交际活动具有社会性。语言交际活动必须在说者和听者之间进行，因此这种活动又具有集体性。所以说，语言交际活动的本质是一种集体性的社会活动。

语言交际活动表现为一个过程。一方面，由于语言的线条性特点，说者说出的内容和听者听到的内容都以线条的形式进行。有时有人只说了半句话，使人无法理解其完整的交际内容，就是以线条形式进行的交际中途而止，未进行到底的缘故。由此可见，说者和听者运用语言进行交际，都表现为一种过程。另一方面，交际活动本身也呈现为几个阶段，因而也形成一种过程。人们一般把交际活动分为五个阶段。第一，说话人想说阶段。即说者在认识客观存在的基础上，通过思维形成思想，同时产生了要表达给听者的愿望。第二，说出阶段。说者把表达的内容，通过自己的发音器官，用语言形式变为现实存在的东西。第三，传送阶段。负载着交际内容的语音，作为一种物质的音波，以空气为媒介传送到听者方面去。第四，接收阶段。即听者通过自己的听觉器官接收到这些音波。第五，完成阶段。听者通过自己对音波所负载的信息内容的理解，知道了说者表达的内容和意图，从而完成了这一交际过程。

可见，语言交际是一个过程。在这一过程中，不仅心理因素、生理因素、物理因素等都起着重要的作用，社会因素更是必不可少的。没有社会因素作基础，没有对社会约定的语言的共同理解，语言交际活动是无法进行的。因此，我们说，语言交际活动是社会活动，具有社会性。

也许有人会说，自言自语就是在个人范围内进行的。这一点，我们并不否认，但是自言自语现象绝不能否定语言交际活动的社会性。自言自语也是人们对语言的运用，不过运用语言的说和听两个方面由一个人承担而已。另外，自言自语现象毕竟不是语言交际活动的本质的主要方面，如果语言主要用于自言自语的话，也许社会上就没有必要产生这种交际工具了。

语言是社会现象，它和自然现象有着本质的区别。第一，自然现象都是依附于自然界的，所以它的产生、发展和消亡都不受社会条件的影响。自然现象在人类社会出现之前就已经存在，在人类社会出现之后也仍然按照自身的规律生存和发展。语言的产生、发展和消亡却是完全依附于社会的。第二，自然现象的产生、发展和消亡都是按照其自身规律进行的，对自然界中的所有生物来说，成长和死亡的情况都有其必然性。一个人会从少年、青年发展为老年，植物也可以由种子发芽，而后开花和结果，动物和植物经过一定的生长期之后又必然会出现死亡的结局。语言虽然也有产生、发展和消亡的问题，然而这一切都以社会为依据。第三，自然现象中可以有父子并存、几世同堂的现象，语言却不可能如此。在语言的发展过程中，一种语言的产生就意味着产生了它的那种语言的消亡，新旧语言是不能并存的。第四，自然界的生物都有遗传现象，人生人，虎生虎，桃树的种子长出来的仍然是桃树。但是语言不能遗传，人能遗传的只是掌握语言的能力，是生理现象，不能遗传掌握某种语言的现实。人出生后并没有掌握语言，要掌握语言必须向社会学习。这些都说明，语言是社会现象，具有社会性。

语言不但不是自然现象，也不是个人现象。所谓个人现象，其特点就是仅为个人所有。社会上从未有只属于个人的语言存在。从语言交际活动来看，语言也不可能只属于某个个人。因此，语言不是个人现象。

## 二 语言的全民性

语言由社会约定俗成和使用，这就赋予了它全民性的特点。对这个问题，可以从以下三个方面作进一步的认识。

### 1. 语言为全民创造

语言作为交际工具，是由社会全体成员共同创造的。必须明确，这里所指的社会全体成员，即全民的概念，应该包含纵和横两个方面。所谓纵的方面，即指历史上世世代代的人们；所谓横的方面，即指某个断代社会中的所有成员。语言在社会全体成员中产生，在社会全体成员的共同使用中不断地丰富和发展。语言不断丰富和发展的过程，就是世世代代的社会全体成员不断创造语言的过程，在交际过程中他们不断地把一些新的语言成分补充到语言中来，使整个语言在全体成员的共同创新中得到发展。因此，我们说，语言不是哪一个人创造的，也不是哪一个时代创造的，更不是哪一个阶级创造的。语言是整个社会世世代代的人们共同创造的。

### 2. 语言为全民使用

全民创造语言的目的是适应社会的交际需要，所以全民创造的语言，又被整个社会世世代代的人们所使用。语言作为社会的集体财富，存在于全民之中，又在全民的共同使用中获得了生命。一种语言一旦不被全民使用，就丧失了存在价值并宣告消亡。所以，有生命的、活的语言，永远生存在全民的共同使用之中。

### 3. 语言为全民服务

语言被全民创造出来以后，就会一视同仁地为全民服务。不论哪个时代、哪个阶级、哪个阶层或哪个个人，只要使用语言，语言就可以为其交际服务。对使用者来说，有掌握和使用得好坏的问题；对语言来说，它对所有使用者都是一视同仁的。社会中这样的事例很多，无论什么人，只要努力学习，很好地掌握语言和运用语言，语言就可以很好地为他服务，完满地表达交际内容，完成交际任务。

由于语言的创造、使用以及它的服务范围等都与全民紧密相连，可以说，离开了社会上的全体成员，就无所谓人类的语言。因此，语言的全民性也是语言的本质属性。

在这里还有必要明确一个问题，即语言虽然具有全民性，但是不同的阶级、阶层和集团对语言会有一定的影响。这种影响主要表现在对词义的理解和词汇的运用上。比如"座山雕"这个专有名词的含义，无产阶级革命者和广大人民群众都认为座山雕是"反动集团中的土匪头子"，但座山雕集团的内部人员却认为是"应该对之服从的领导人"。有时不同的阶级、阶层和集团或者其中的一部分人在使用全民语言时，加进一些由本阶级、阶层和集团所创造和使用的成分，如"五四"时期的知识分子阶层中，有些人就把"小姐""女士"称为"密斯"，把"先生"称为"密斯特"，在读音形式上，表现为某种程度的外语化。又如在民主革命时期，沦陷区人们称伪警察为"黑狗"或"黄狗"。这些词语是在人民群众内部使用的，它反映了人民对伪警察的态度和感情。这些特殊词语的出现和使用，正是满足该阶级、阶层和集团交际需要的结果。在这种词语中，除个别具有秘密性或者专业性特别强之外，仍然是为全民所了解的，就是那些具有秘密性和专业性特别强的词语，在阶级、阶层或集团内部也都具有共同约定的性质。因此，阶级、阶层或集团对语言有所影响的问题，并不能影响和否定语言的全民性质。

## 第五节　语言的静态和动态存在形式

### 一　语言的静态和动态含义

我们在前面讲到语言是一个符号系统，以及语言是人类最重要的交际工具和思维工具，事实上已经涉及语言的静态和动态的问题。所谓语言的静态是就共时平面而言的，在某个共时平面内，语言作为一种概括的符号系统就是语言的静态存在形式，它概括了这个历史时期的语言系统中所有的元素以及元素在这一历史时期的具体内容和元素与元素之间的相互关系。

语言的动态则可以有两种理解，一是就历史发展而言的，语言符号系统的内容从一个历史时期到另一个历史时期发生了变化，这种变化是一种语言的动态表现形式，如语言符号系统中所含元素数量的变化、元素内容的变化以及组合关系和聚合关系的变化等，这种变化往往是通过对两个不同历史时期的语言系统的比较发现的；二是就共时平面而言的，在某一共时平面上，人们运用语言进行思维与交际，这种对语言的使用以及使用的结果也被认为一种语言的动态表现形式，它的突出特点是由概括的语言符号进入具体的言语交际中，从而形成了运用语言的各种形式和结果。

## 二　语言和言语

在日常生活中，人们也许不注意"语言"和"言语"在意义上的区别，但是在语言学中，"语言"和"言语"是两个完全不同的概念，必须把两者严格区分开来。

### 1. 什么是言语

我们在前面已讲了语言的问题。语言是一种交际工具和思维工具，这种工具是作为一个符号系统存在的，它具备语音、语义、词汇、语法等方面的要素。语音是它的物质形式，语义是它的意义内容，词汇则是由语音、语义结合而成的符号所形成的整体，语法是语言的结构规则，这种规则既体现在语言成分之中，也体现在语言的运用之中。就语言来说，它就表现为这些语言成分交流思想的能力，但还不能体现出交流的具体内容。人们交流思想的具体内容是靠言语来表示的。言语就是人们为实现某种交际目的，对语言的具体运用和由此而产生出来的言语作品。用通俗的话来说，言语就是说话和所说的话。

对语言的具体运用就是说话。它是一种行动的过程。由具体运用语言而产生出来的言语作品，就是所说的话。它是一种行动的结果。这种结果往往是以句子的形式出现的。所以，句子是言语单位，属于言语范畴。

可见，语言和言语不同。语言是工具，言语是对工具的运用及运用的结果。在语言中，只能体现出以词汇成分为单位的语义内容，只有把这些语义内容用语法规则组织起来，形成言语，才能表达完整的内容以进行交际。所以在社会生活中，人们使用的语言是共同的，表达什么样的交际内容，即使用什么样的言语却因人而异。

言语是由交际的需要而产生的，它往往出现在某种特定的语境当中。这种具体语境又会对言语或言语中的某些语言成分产生一定的影响。如一个多义的语言成分，在具体的语境中就会呈现为单义化。如"门户"，作为语言成分独立存在时，人们一般都会理解为"门的总称"，如"门户紧闭"，但在"这真是门户之见"的语境中，它是"派别"的意思。又如"真黑！"这句话，在赞赏一种黑色衣料的语境中，具有褒义的赞美的感情色彩，在没有灯光、看不见一切的环境中，却又具有不满的贬义色彩。由此也可以看出语言和言语的不同。

2. 语言和言语的关系

语言和言语虽然不同，两者之间却有着密切的、不可分割的关系。语言是从具体的言语之中概括出来的模式，同时它又存在于具体的言语之中；言语则是对语言的具体运用和由此而产生的言语作品。可以说，没有语言就没有言语，没有言语也无所谓语言。语言和言语是同时产生又同步发展的。

语言作为社会约定俗成的交际工具，它的每一种成分都是从具体的言语中概括出来的。如在社会成员的不同言语中都存在

"山"这个词，结果"山"就逐渐被概括为一种模式而成为语言成分。大家的言语中都有"ɑ"的声音形式，根据"ɑ"的出现条件和应用特点，人们又可以逐渐概括出"ɑ"这一元音是一种语言成分。语言中的语法规则也是这样概括出来的。概括语言模式的过程，就是社会成员对语言成分约定俗成的过程。

语言符号系统的存在，从口语情况看，就是概括出来的语言模式仍存在于人们的口头言语当中。从书面语情况看，语言模式则可以被整理出来书面化。如一本现代汉语教材中的语音部分就反映现代汉语模式中的语音成分，语法部分则记录了现代汉语语言模式中的语法规则部分；一部现代汉语词典，尽管不能包括现代汉语词汇中的全部内容，却也集中记录了大部分为大家所共同概括和约定的词汇成分。不过必须明确，语言成分尽管在书面语言中可以被集中描写出来，但归根到底，它仍然是存在于言语之中的。如果语言成分不被放在言语当中进行应用，它也就不成其为交际工具了。

语言模式被人们从具体言语中概括出来之后，又会被用来组合成新的言语。因此，言语就是对语言的具体运用和由此而产生的言语作品。可见，语言和言语的关系是密不可分的。

## 第六节　语言的基础

### 一　什么是语言的基础

语言的基础是语言中最基本的核心的部分。通过分析语言成分发现，基本词汇和语法规则部分就是语言的基础。因为，第一，任何语言，只要具备了由音义结合而成的基本词，就可以基本满足表达日常生活中基本事物、基本概念的需要，再用语法规则把这些基本词组织起来加以运用，就可以基本适应社会上必需的交际。第二，基本词汇和语法规则两个部分，在社会上使用的范围广、频率高，它们的变化非常缓慢，因而这两个部分都具有稳固性。如汉语中的"人""山""水""火"等基本词，"主谓""偏正""述宾""联合"等语法规则都是很早以前就存在的，在漫长的历史发展过程中，一直被人们使用着，至今未发生变化。基本词汇和语法规则这两个部分是密切联系相互结合在一起的，基本词汇表达社会生活中的基本事物的内容和基本概念，语法规则是人们运用语言组成言语时不可缺少的手段，它们一结合，使用频率就高，使用范围也广，才使它们不易发生变化，从而形成了稳固性。稳固性也为这两个部分可以充当语言的基础提供了必要的条件。

为什么具有稳固性的成分才可以成为语言的基础呢？因为语言是一种被社会约定俗成的交际工具，社会成员都要经常使用它，这就要求语言必须有一个相对稳定的模式，只有这样，人们才能够共同理解它，在运用语言时才能有所遵循。

## 二　语言基础的作用

每一种语言都有自己的基础，语言基础的作用一般表现在以下三个方面。第一，每一种语言都是在自己的基础上发展的。作为语言基础的成分，往往都是新成分的材料和依据。第二，语言基础可以决定一种语言的面貌。什么样的基础就会发展为什么样的语言，一种语言的特点和它的语言基础的特点是基本一致的。第三，语言基础存在与否可以说明语言的存亡问题。因为每一种语言都有自己的基础，所以语言基础的改变可以说明语言的改变，语言基础不存在了，也标志着该语言的消亡。反之，如果语言的基础在发展中基本没有改变，那么，尽管语言本身在发展过程中出现了这样或那样的变化，也仍然是一种语言的发展，而不能认为它变成了另一种语言。如现代汉语和古代汉语相比，似乎差别很大，但是观察其语言基础，就可以肯定地说，它们绝不是两种语言，而是一种语言——汉语——在不同阶段的发展中表现出的不同情况而已，因为两者的语言基础是相同的。

## 三　语言基础的变化

尽管一种语言中基本词汇和语法规则的变化是十分缓慢的，但我们绝不能因此忽视了它们是发展的、变化的。就基本词汇而言，一个历史时期的基本词汇和另一个历史时期的基本词汇的具体内容是有差别的，这主要是由词汇内部的新陈代谢引起的。不但如此，基本词和一般词之间也是可以相互转化的，如有些基本词由于使用频率下降，从而由基本词成为一般词，反之，一般词也可以由于使用频率增高而成为基本词。这些变化进而会引起基本词汇的内容发生变化，比如双音词和多音词的增加等。对语法规则的认识也应是这样。

## 思 考 题

一、为什么说语言是一种符号系统？

二、语言符号是一种什么样的符号？它具有哪些特点？

三、为什么说语言是人类最重要的交际工具？

四、为什么说语言是抽象思维的工具？

五、说明语言和思维的关系与区别。

六、说明语言的社会性和全民性。

七、为什么说语言不是自然现象，也不是个人现象？

八、什么是语言？什么是言语？说明两者的关系与区别。

九、什么是语言的基础？语言基础的作用如何？

# 第三章　语言的起源

　　语言的起源问题是语言学理论中的一个相当复杂的问题。因为对这个问题目前还缺乏原始的资料依据，只能按照现有的认识和理论来考虑。这里简单谈谈我们的认识。

## 第一节　劳动创造了语言

### 一　类人猿的生活和劳动

　　类人猿是人类的祖先，人类是从类人猿发展而来的。所以人类语言的产生和类人猿不无关系。这就需要对类人猿的生活和劳动作一下探讨。

　　类人猿的生活和劳动究竟是怎样的呢？

　　第一，原来的类人猿是生活在树上的。根据现有的史料，它们为躲避猛兽的袭击是营巢而居的，即和现在的小鸟一样住在树上，后来才移到地面上。

　　第二，类人猿从树上移到地面之后，为了抵御野兽的袭击，它们的生活方式是集群而居、结队觅食。这时的类人猿虽然还不是真正的人类，却已经具有了某些社会的群体性质。

　　第三，类人猿在谋求生存的过程中，已经开始使用某些现成的工具，如石头、木棒之类，来进行一些劳动，我们称之为朴素的劳动。我们知道，人类的劳动是以能够制造和使用生产工具为标志的。类人猿显然还没有达到制造工具的阶段。但是使用现成的工具进行朴素的劳动的结果，促进了类人猿手和脚的分工。

第四，类人猿从朴素劳动到手脚分工，已经能够直立行走，低着的头抬了起来，从而扩大了视野，认识了更多的客观事物，进而促成了它们思维能力的发展。

第五，类人猿因为是集群而居、结队觅食，是一种群体性的动物，它们彼此发出一些不同的声音充当信号。但这些声音还不是可分析性的语言，因而还不能算作人类的语言。

这就是我们对类人猿的生活和劳动的一些认识。这些认识，对我们了解语言的起源有一定作用。

## 二 劳动决定了产生语言的需要

类人猿是群体动物，它们要生存，就要进行一些朴素的劳动和共同的活动。这种生活状况产生了交际的需要。从这个角度说，劳动决定了产生语言的需要。没有这种协同劳动，没有交际的需要，语言是没有必要产生的。

## 三 劳动决定了产生语言的可能

类人猿在朴素的劳动中，使手脚分工，进而直立行走。直立行走又使它们能抬起头来。这种变化为语言的产生创造了条件。

首先，劳动创造了产生语言的发音条件。动物四肢着地，发出声音的时候，头抬起来，嘴向前方，这样肺部的气流就直呼而出，呈直线状态。这种气流在口腔中不容易形成阻碍。狗、猫等动物叫唤的时候，就是这种情况。类人猿直立行走以后，肺部呼出的气流通过喉头到口腔，形成一个直角，在这个过程中气流要受到口腔的一些节制、遇到一些阻碍，而不是直呼而出。口腔节制气流使发音器官逐渐完善起来，可以发出不同的声音。类人猿从四脚着地到直立行走，气流由直呼而出到通过拐弯变为有节制地呼出，这种变化无形中锻炼和完善了发音器官，创造了产生语言的发音条件。

其次，劳动也提高了人的听觉能力，锻炼和完善了人的听觉器官。这也是产生语言的一个必要的条件。类人猿从四肢着地到直立行走，能发出不同的声音，接收者也必须能够辨别出这些不同的声音。这种辨别声音的过程，就是锻炼听觉器官、提高听觉能力的过程。归根到底，是劳动提高了听觉能力。

此外，劳动还锻炼了类人猿的思维能力，促进了抽象思维的产生。我们前面讲过，形象思维是人和动物共有的，只有抽象思维才是人所独有的，是人类产生的标志。类人猿直立行走之后，头抬了起来，不仅能向前看，还能左右转动，视野就扩大了，能接触更多的客观世界。接触面的扩大，刺激了思维能力的发展，促进了抽象思维的产生。

劳动促使人直立行走，创造了发音器官，创造了听觉条件，促进了抽象思维能力的发展。可以说，是劳动提供了产生语言的各种条件，决定了产生语言的可能。

总之，劳动提出了产生语言的需要，又决定了产生语言的可能。一句话，是劳动创造了语言。

## 第二节　关于原始语言

### 一　对原始语言的理解

由于缺乏原始的资料依据，对原始语言的理解是各种各样的，语言学界存在着不同的观点和流派。在这里谈谈我们对原始语言的理解。我们是以语言的本质这一理论为根据的。我们认为原始语言有以下几个特点。

第一，原始语言一开始就是有声语言。语言是人类最重要的交际工具，它是其他交际工具产生的基础。这种交际工具是通过口耳相传来运用、以声音形式存在的。原始语言，一开始就是有声语言，这一点是确凿无疑的。

第二，原始语言一开始就是音义结合体。只有声音而无意义的绝不是语言。只有声音和意义结合之后才能构成语言。语言是音义结合的符号。原始语言一开始就具有这个特点。

第三，原始语言一开始就和人的抽象思维联系在一起。人、语言及抽象思维是和社会同时产生的。语言一产生就有抽象思维伴随。抽象思维作用的结果是使语言有了意义。语言这种音义结合体的意义就是抽象思维赋予它的。

第四，原始语言一开始就具备语音、词汇、语法这三个要素。语音是它的形式，词汇是它的建筑材料，语法是它的组织规则。这个情况应该和今天的有声语言是相似的。尽管一开始这三个要素都是非常贫乏的，如语音的元音、辅音音素都不多，词汇量也不大，语法规则也不够丰富，但这三个方面都存在，这是毫无疑义的。

第五，原始语言从产生起，就是人类最重要的交际工具。它具有交际职能。

这就是我们对原始语言模拟出来的一个概貌。这种模拟不是凭空进行的，而是以科学的语言理论为根据的。

## 二　对几种意见的看法

对原始语言和语言起源问题的意见多种多样，这里只就其中比较有代表性、有影响的手势说、摹声说、感叹说谈一点看法。

手势说认为，语言开始产生时是手势语。我们认为这是不可能的。因为人们在劳动中依靠手来工作，同时依靠手来进行交际是无法进行的，不能想象把做的工作放下来用手说话，说完后再干活。而且更多的情况是边干边说，要用语言协调共同的活动。这种情况下，用手势说话将如何处理？另外，手势语有很大局限性，作为人类的交际工具是行不通的。比如在黑夜和有障碍物的情况下，手势语就传达不了信息。手势语毕竟是贫乏的，它不可能把客观世界中的事物都表达出来。那么，手势语究竟有没有呢？我们认为不能否认手势语的存在。我们说话的时候也经常伴有手势和身势。手势语和身势语只能是有声语言的辅助形式，而不能代替有声语言。它的作用只能是辅助性的。

摹声说认为语言一开始是一种摹声语，完全摹仿自然声音从事交际。我们认为这也是不可能的。我们承认语言中有摹声词，如"哗啦""轰隆""叮冬"等，但这种摹声词在语言词汇中占的分量是很少的。大量的事物不能用摹声来表示，如"天""地""人"等没有声音可以摹仿，这些事物又是人类生活中不可缺少的基本事物和基本概念。要进行交际，必然要牵涉这些基本事物和基本概念，要表达这些基本事物和基本概念，摹声是完不成任务的。所以只用摹声词不能完成语言的交际职能，摹声说很难成立。

感叹说是指原始语言一开始是由感叹而产生的，即最早是一些感叹性的词语。我们同样不否认语言中有感叹词，但感叹词在语言中的比重比摹声词还小，它根本不能表达基本事物和基本概念，因而不能完成交际任务。在人类社会中必须有一套表示客观世界中的事物、现象及其关系的符号，才能完成人们的交际任务，而这一套符号必须是音义结合体。

综上所述，手势说、摹声说和感叹说，是语言起源问题的几种较有影响的主张，我们认为它们都是不能成立的。对语言起源的唯一合理的解释是劳动创造了语言，语言一开始产生的时候就是一种有声的、音义结合的、和抽象思维相联系的、最重要的交际工具。人们是用它的组成要素来组织成言语进行交际活动的。

## 思 考 题

一、为什么说劳动创造了语言？

二、你对原始语言是怎样理解的？

# 第四章　语言的发展

## 第一节　什么是语言的发展

　　客观世界的一切事物都是发展变化的。语言也不例外，它始终处在不断的发展变化之中。语言的变化是绝对的、每时每刻都会发生的。语言的不同组成要素的发展速度也不一致，有的快些，例如词汇；有的则相对比较慢，在短时间内看不出来，例如语法、语音。语言的发展是一个历时概念。经历一个相当长的时段后，语言变化的结果与过去存在不同程度的差异，这就证明语言变化了、发展了。世界上的每一种语言都有自己的一部发展史，都经历了非常复杂的演变过程。不同的语言在发展演变过程中会表现出各自的特点，其中既有个性的、特殊的规律，也包含了一般的、共同的规律性。普通语言学所研究的就是各种语言在发展演变过程中所反映的一般的、共同的规律性。

　　下面我们分别就语言发展的表现形式、原因和规律，作一些阐述。

### 一　语言发展的表现形式

　　语言的发展表现在语言系统的语音、语义、词汇、语法等许多方面。语言要素的发展演变一般包括临时性变化和历史演变两个方面。

1. 语言要素的临时性变化

语言是一个社会所有成员时时处处都在使用的复杂系统。这个系统是一个动态的、由使用者的习惯无意识"约定俗成"的模糊集合。各语言要素都表现出"言语"和"语言"的双重性。人们在使用语言进行交际的时候，也就是在人们的言语活动中，常常表现出许多个性化的特点。每一个人的言语行为都是"这一个"，不但所表达的思想观点是个性化的，声音、语气、语调、遣词造句也都是个性化的。即使是同样的词语，由于使用者不同，或使用的场合、对象不同，其表达效果也会有许多差异。正是言语活动的个性化，使语言要素在人们的言语活动中总是处在多种多样的变化之中。所有这些变化，都是临时性的变化。这些变化只发生在交际过程中，并且呈孤立的个别状态。这些变化都没有被历史固定下来，也都没有成为历史事实，因而称为临时性的变化。

语言要素的临时性变化表现为两种不同的情况：一是个别性临时变化，二是普遍性临时变化。

个别性临时变化的情况指的是只出现在某个人或某几个人的交际过程中，受具体的交际环境、背景的限制的临时变化。如果离开了具体的语境，就无法正确理解意义、顺利进行交际。例如下列对话：

　　——你喜欢现代文学还是古代文学？
　　——现代（或古代）。

答话中的"现代"或"古代"，离开上下文语境孤立存在的时候并不表示"现代文学"或"古代文学"的意思，但在这个具体的交际场合里，"现代"就表示"现代文学"，"古代"就表示"古代文学"。因此，像这种临时性变化就属于个别情况。其他如词语的活用，"老大在闹革命那几年'自由'下一个婆姨"中"自由"活用为动词，只是这个作者在这句话中将它当成动词使用，其他情况下"自由"并不具备动词属性。这种词性的临时性变化也是一种个别性临时变化。

如果语言要素的临时性变化不是发生在个别人或个别群体当中，而是发生在整个社会这样一个大群体当中，就成为普遍性的临时变化。例如，我们读现代汉语"面包"（mian bao）、"难免"（nan mian）这两个词时，会发生语音同化这种连读音变现象，"面"（mian）和"难"（nan）的韵尾辅音"-n"就被它后面跟上来的双唇音同化成"-m"。这种变化只在交际过程中，当两个音节连读时才发生，孤立存在的情况下"面"和"难"都没有音变现象。这种临时性变化具有普遍性。这种普遍性的临时变化也要有一定的条件，即快速连读。全社会的成员只要快速连读都会发生同样的临时性变化。又如"一"是阴平调，但在"看一看""想一想""试一试"的语言环境中，它的声调就由阴平调变为轻声。因此，"一"读轻声的临时变化也是普遍性的临时变化。

2. 语言要素的历史变化

语言要素的历史变化，指的是那些被历史固定下来的、已经成为历史事实的变化。以汉语的发展变化为例，从文献材料中我们知道古代汉语有"平、上、去、入"四大调类，其中每一调类又分阴阳，即"阴平、阳平、阴上、阳上、阴去、阳去、阴入、阳入"。现代汉语普通话也有四大调类，却没有了入声，只有"阴平、阳平、上声、去声"。在古代汉语到现代汉语的发展过程中，声调发生了"平分阴阳、入派三声"的变化。这个变化已经成为历史事实，已经被历史固定下来了。这是语音方面的历史变化的例子。

就词义方面的变化说，古代汉语中"行"是"两只脚交替着一步一步地走"；"走"的意思却是"甩开两只胳膊大步飞跑"。现在"行走"是一个双音词，就是"走"，也就是"步行"的意思。"走"的"跑"义只在"走狗""落荒而走"等部分词语中还保留着，在绝大多数情况下，都是"步行"的意思了。人们平时也都不会按"跑"义使用或理解这个词。否则像"走亲戚""潇洒走一回"就都不好理解了。这类例子很多，又如"兵"过去专指武器，现在除了这个意义之外，还可以指"战士"等。因为词汇是与社会生活密切相关的语言要素，所以可随时反映社会的发展变化。有些词义的变化不一定要很长的历史间隔，例如，"小姐"一词，在1949年以前是对社会上层群体中未婚女性的称呼，带有高贵的色彩；1949年以后，"小姐"成了对剥削阶级家庭出身的女孩子的称谓，具有明显的歧视和贬义色彩；改革开放以后，"小姐"渐渐成为对年轻女性的一种含义友好的尊称，成为褒义词；近几年来，由于服务行业存在"三陪"现象，许多正派的"服务小姐"不愿意让人们笼统地称之为"小姐"，而代之以"姑娘"为称呼了。从这里，可以看出临时变化和历史变化的关系："小姐"由贬义变为褒义属于历史变化；把"小姐"等同于"三陪小姐"则属于临时变化。

以上是从纵的某个方向上看语言要素的历史变化。在横的方向上，在共时性的某个阶段中，也可能发生语言要素的历史变化。例如，我们现在社会上使用的"消肿"一词，本来意义是指人或动物的肌体某部位发炎肿大，采用某种措施后使肿大的部分消退复原。现在，"消肿"一词除了用在有机体上之外，又用来指当前机构改革中的精简机构。"消肿"的这一新的义项目前在我们的社会上已被广泛使用开来，并得到大家的承认。因此，它已经变成了客观事实，被这一段的历史固定下来了，也就成了历史变化。

语言要素在横断面上所发生的历史变化有时不易察觉。如果把横断面放长一些，例如现代汉语，从五四运动时期直到现在在汉语整个发展历史长河中只算个横断面，其间语言要素所发生的历史变化已有很多了。例如"抓一个舌头来"中的"舌头"一词，就增加了指称"军事行动中可提供敌方情报的俘虏"这样一个新的义项。

语法是语言中最稳定的要素之一，但也存在着历史性的变化。例如，汉语重要的语法手段就是"语序"和"虚词"。古代汉语中有一种"疑问代词宾语前置"的"主—宾—动"句式，例如"吾谁欺"，在现代汉语中就得说成"我欺骗谁"的"主—动—宾"式。古代汉语中虚词的数量很有限，现代汉语中虚词数量增加，表达功能也相应地增强了。例如，现代汉语动词后面加时态助词表示各种语法意义，像加"了"表示完成体，加"着"表示进行体等。这种用法在古代汉语中就没有。这就是语法的历史变化。

总之，如果我们将一种语言的古代、近代与现代等不同时段的材料加以比较，就会发现语言诸要素的历史变化。这些变化发生在语言要素的各个部分，包括语音部分、词汇部分、语法部分等。

语言要素的历史变化，既可以表现为新成分的增加，又可以表现为旧成分的消亡。新成分的增加，表现为产生新音位、新词、新义或新的语法手段。像前面所谈到的几个例子就是。旧成分的改变和消亡也不难理解。例如，古代汉语中"去"是"离开"的意思，现代汉语中"去"则是"前往"的意思；"走"在古代汉语中指"跑"，现在则指"行走"。《韩非子》中有一句话是"去齐走赵"，是说"离开齐国跑到赵国"，若照现代汉语用法把"去齐"理解成"到齐国去"就错了。在这个例子中，"去"和"走"的词汇意义中，既有新成分的增加，也有旧成分的消亡。这里是指词内义项的变化。

还有一种消亡，是指整个词的消亡。这种例子很多。远的不说，最近二三十年间，像"文化大革命"中的"红卫兵""工宣队""支左"等，产生得快，普及得快，也消亡得快。这和社会生活的急剧发展变化有关。

语言要素的消亡与自然界有机体的消亡不同。自然界中的有机体消亡了，就消失了，不复存在了。而语言要素的消亡并不等于不存在。语言要素的消亡是指在现实言语交际生活中消亡了，但仍然存在于语言宝库中。比如古代汉语中使用的一些词语或语法格式，现代汉语中不用了，但它们仍然存在于古汉语文献材料之中。现在的古籍整理工作就要接触好多已经消亡了的东西。还有那些涉及历史方面的文章、小说、戏剧作品等，都免不了要接触甚至使用一些消亡了的成分。这是语言与其他事物不同的地方。

3. 临时变化和历史变化的关系

语言要素的临时变化与历史变化既有区别又有联系。二者之间存在辩证统一的关系。

历史变化不是孤立地突然形成的，它一般来源于临时变化。临时变化并不是都能转变为历史变化，其中需要一定的条件。属于个别性的临时变化如果经常发生，有可能转变为普遍性的现象。这种普遍性的变化进一步发展，当得到社会广泛承认并取得固定的形式以后便转化为历史变化。例如"后门"一词，原来只指"房屋后面开的门"，后来人们用它来比喻社会上不公开的托人情钻营取巧等行为。一开始这只表现为一种临时的比喻用法，后来逐渐被社会上其他人所接受，这个用法就有了普遍性。随着使用范围的扩大和使用次数的增加，社会上对"后门"一词的意义形成了新的约定，将某类不正之风的行为概括为"走后门"，从而给"后门"一词增加了新的义项，并将这一新的义项固定为语言中的事实，于是它就成了语言的历史变化。

语言要素的历史变化构成语言发展的内容。上面所谈"后门"一词义项的增加，就是该词词义的发展。至于临时变化，不管是个别情况还是普遍情况，只要没转化为历史变化，就不能说成语言的发展。临时变化能否转变为历史变化，要看其是否适应了社会交际的需要，是否符合语言发展的内部规律性。其中，社会交际的需要是必要条件，符合语言内部规律是充分条件，二者缺一不可。

## 二 语言发展的原因

世界上任何事物的发展都有其原因。这个原因不在事物的外部，而在其内部，在于事物内部的矛盾性。外因只是发展的条件，内因才是事物发展的根据。这一唯物辩证法的基本原理同样适用于语言学。

语言发展的外部原因是社会的发展。语言作为一种社会现象，它要随着社会的发展而发展。而社会是一直处于发展变化之中的。正如马克思所说的，生产力在增长着，旧关系在破坏着，永恒的变化与永恒的破坏与创造，这就是生活的本质。语言作为一种既非经济基础又非上层建筑的特殊社会现象，又有其特殊的内部矛盾运动规律。因此，社会的发展是通过语言内部矛盾运动来促成语言的发展的，也就是外因通过内因起作用。

1. 语言发展的外部原因

语言是人们在社会中使用的一种符号系统，因此，语言的发展变化必然与使用者和社会都有重要的关系。可以说，"人"和"社会"都是语言发展的外部原因。社会发展了，人发展了，都会引起语言的发展。人的发展主要表现为思维认识能力、创造能力的提高。社会的精神文明和物质文明说到底都是由人创造的，都是以人的发展为前提的。有了新的创造物，才需要有新的符号去记录和表达这个创造物，才会有新词、新语、新用法。但是，人和社会是密切联系的，很难划分得那么清楚，因此，在谈到语言发展的外部原因时，一般只说"社会的发展"，但是我们理解的时候不能忽略人的因素。

语言发展的外部原因具体表现为如下几方面。

（1）社会的进步可以推动语言的发展

社会的进步可以表现为政治的、经济的、科技的、文化的等各个方面。从社会的政治方面看，社会制度的变革往往会促进语言的发展。例如从奴隶社会、封建社会到社会主义社会，伴随每一种新的社会制度的产生，都会出现一种与旧制度不同的新制度，以及许多旧制度下所没有的新事物，于是就会出现一大批新的词语。如"奴隶""奴隶主""农奴""封建主""地主""皇帝""皇后""宰相""书记""主席""部长""经理""秘书""推销员""个体户""特区""独联体""一国两制""绿卡"等。这些都是在不同的社会政治制度下形成的事物名称，是社会制度变革在语言中的反映。随着新词的增加，词汇丰富了，语言也发展了。

政治制度的改变影响到人们思想认识的变化，不但能导致新词的产生，也能引起新义的产生。社会政治变革时，新词新义甚至会大批产生。例如"八大员"是民主革命时期解放区创造出的词，解放后在社会上广泛流行。为什么会这样呢？因为这个词语反映了解放区人民群众中新的思想观念。解放区的干部群众都是为了一个共同的革命目标走到一起的。他们只有分工的不同，没有高低贵贱之分。在这种革命观念指导下，必然要求改变旧制度下流行的那些带有等级差别色彩的词语，特别是改变那些对劳动人民不同职业含有贬义的词语。所以"勤务兵"改为"警卫员"，"剃头匠"改为"理发员"，"伙夫"改为"炊事员"，"猪倌""马倌""牛倌"统统改为"饲养员"，"戏子"改为"演员"，等等。这些新名称表现了新的观念、新的认识和新的思想感情，所有这些都来自政治制度的变化。

经济的发展，生产力、生产关系的进步，直接引起了新事物的出现，从而促使新的语言符号产生。例如现代生活中许多词语现象如"电灯""轻骑""火车""电子计算机""煤气""录像机""因特网"等，在先秦时代是绝不会出现的。只有生产发展到一定阶段，创造出了这些新的事物，才会促使语言增加反映这些事物的新的词语。

文化科技方面也如此。"音乐电视""电视连续剧""电视小品""CT""B超""传呼机""移动电话""克隆""方便面"

"绿色食品""高架桥""高速公路""面的""轿的""VCD"
"发烧友""航天技术""气象卫星""宇航员"等这些使语言不
断丰富的新词语,都是伴随着文化科技事业的发展而产生的。

因此,可以说,社会各方面的进步,推动了语言的发展。

(2) 社会之间的互相接触推动了语言的发展

在社会历史发展过程中,会出现社会与社会接触的情况。这
里所说的"社会接触",确切地说,是指操不同语言的社会群体
之间的接触。这种接触必然促进语言的发展。对外来词的吸收便
是很好的证明。任何语言在自己的发展过程中都会吸收一定数量
的外来词语,即从其他民族语言中吸收进来的词。这些词丰富了
本族语言的词汇系统,提高了本族语言的表达能力,推动了本族
语言的发展。

例如中古汉语由于翻译佛经而从梵语中吸收了大批佛教词,
像"佛""禅""塔""般若""菩萨""金刚""刹那""罗汉"
等。近现代中国派出大量留学生赴日学习,从而影响到汉语,又
吸收了许多日语"汉字词"。因为日本书面语大量使用汉字,所
以他们在接触西方文化时,遇到新概念、新术语,一般都要翻译
成汉字词。这些汉字词有的就是来自汉语的,如"革命""教育"
"文学""文化""环境""保险"等;有的则是利用汉字的原义
组合表达新词,如"哲学""政党""主义""背景""主观"
"批判"等;还有的是日语固有词,如"取缔""引渡""手续"
"见习"等。这些日语借词反映了日本和西方工业社会先进的思
想和科学技术成果。俄国十月革命以后,中国的新民主主义和社
会主义革命向俄语吸收和引进了大量新词语,例如"马克思主
义""列宁主义""沙文主义""教条主义""干部""苏维埃"
"拖拉机"等。与此同时,还引进了一些新的句式和表达方法,
像"讨论并通过""已经并将继续""应该而且必须"等都是过
去汉语中所没有的。如果没有社会之间的接触,就无从吸收外来
词并促进语言的发展。

（3）社会的分化和统一可以影响语言的发展

社会的分化，指的是一个社会分成几个半独立或独立的社会的情况。分化包括人力和非人力造成的疏远与分离。例如，由于自然方面的山川阻隔，交通不便，以及政治势力不一或割据而治都可能引起社会的分化。社会的统一指的是由于政治的、军事的或经济的因素，分化的社会实现统一的过程。

一般说来，社会的分化会引起语言的分化，社会的统一也将带来语言的统一。因为语言是社会的交际工具，社会变动、人口迁移、人际交往关系的改变等，必然使语言的应用范围、对象、方式等都发生不同程度的变化，如果使用同一种语言的社会分化了，那么所分化出来的不同的社会群体由于生活在不同的社会环境中，接触不同的语言对象，久而久之，会分别向不同的方面发展，就会形成同一种语言的不同方言。反之，社会统一了，由于人们生活在同一个社会环境中，共同的生活方式、思想和思维方式以及频繁的交际内容和交往关系，就必然逐渐形成该社会统一的共同语。所以说，社会的分化与统一是语言产生方言或共同语的直接原因。

任何一种民族语言都有自己的方言和民族共同语，如果追溯其形成和发展的原因，就可以发现该语言社会历史所发生的分化与统一的史实。

（4）社会的变动影响语言的发展

一个社会内部发生的某些变动，如人口迁徙、封建割据等，都会影响语言的发展。其对语言的影响大小，决定于社会变动程度的大小。我国推行"知识青年上山下乡"政策时，许多大中城市的青年学生纷纷到边远山区插队落户。上海的知识青年到了黑龙江，北京的知识青年到了内蒙古……这样的社会变动，使不同方言区的人在一个环境里生活。久而久之，在互相接触、交际中，相互影响，相互作用，双方的语言应用都会发生不同程度的变化。如果上山下乡的政策不是执行几年就停止了，可以想象得到，在黑龙江扎根的上海人用不了几代时间，他们后代的"上海话"（假如继续说的话）一定会和上海地区的"上海话"表现出很多差异来。

香港回归前后，普通话在香港的使用范围和在人们心目中的地位就有很大的不同。现在的香港，不论政府公务员还是普通百姓，不论是在校学生还是个体商贩，都在学习普通话。这种"香港普通话"不但有浓重的方音，而且有许多不同于内地的词语。现在，不但普通话中的词语丰富了香港话，不少香港词语也进入普通话，从而大大地丰富了现代汉语。

（5）社会发展可以推动人们思维的发展，思维的发展直接影响了语言的发展

人的思维能力随着社会的发展而不断发展。人类社会发展的突出表现就是人的认识能力不断提高，人对客观世界的认识不断深化。因为语言与思维具有密切联系，所以这种深入的认识必然反映到语言上，必然影响到语言的发展。

思维的发展需要概念的准确、推理的严密，因此必然给语言引进更丰富的词语和新的组织规则与表达方式。同时概念内涵外延的变化，必然引起词义方面的变化。例如，"人"开始时可能是作为与其他动物相区别的"高级动物"的名称。对"人"的认识也只是"能直立行走，会说话，能劳动"而已。社会的进步和思维的发展，进一步揭示了"人"的本质特征，如人"能进行抽象思维，能制造和使用劳动工具，创造劳动产品"等，并进一步概括为"人是社会生产关系的总和"。所有这些都将补充到语言符号中去，从而促进语言的发展。反过来，语言发展以后，又能为思维提供更加准确、严密、生动、形象的表达工具、更多的表现思想和思维成果的材料。这样，语言与思维之间就形成了互相促进、相携发展的良性循环过程。

现在我们可以从几个方面来总结一下社会发展是如何作为语言发展的外因而起作用的。值得强调的是，语言和社会是两种不

同的现象，因为二者有密切的关系，所以谈到语言时不能不涉及社会，同样，谈到社会时也不能不涉及语言。但是社会对语言发展的作用不是直接的因果式的。社会的发展，作为外因和条件，可能影响语言的发展，但并不是必然影响语言的发展。如果语言不接受社会变化的作用，那么，社会的发展变化也就不能影响语言的发展。语言仍然要按照自己的规律向前发展。

2. 语言发展的内部原因

语言发展的内部原因也就是语言内部的矛盾运动。关于语言发展的内部矛盾问题，目前还没有一个定论。60 年代曾在国内报刊上展开过讨论，但并未取得一致的意见。现在关于这个问题也还是各抒己见。

我们认为，语言发展的内部矛盾，就是语言的交际职能与交际能力的矛盾。

语言作为一种交际工具，它的根本职能就在于交际。语言要完成交际职能，必须使自己具备交际的能力。通常情况下，语言的交际能力基本上能适应交际职能的需要，二者处于平衡状态。一旦发生矛盾，例如社会的发展对语言的交际能力提出了新的要求，而语言的交际能力尚不能满足这种要求，就不能完成交际任务。这时，语言就要进行内部调整。调整的结果是提高语言能力，使其功能与能力达到新的平衡。这样，从平衡到不平衡，又到新的平衡，就构成了语言发展的内部矛盾运动。

例如，社会发展了，社会上出现了一种利用荧光屏显示文字或动态图像信息的家用电器。这时，在言语交际中就需要有一个能够代替它的声音符号，或者说一个相对应的"词儿"。如果没有这个对应的词，人们在交际的时候就会因为无法表达而感到非常不便。语言的交际符号系统的功能要求必须完成这个任务，于是，在现代汉语中就产生了一个新"词儿"——"电视机"。当然，它也可以叫"电影机""视影机""图形机""图像机"等。为什么只选择了"电视机"而没有采用其他的名称，除了要求表达准确之外，主要的还是由于现代汉语词汇系统的制约。例如，"电影机"已经有了特定的所指，不能让它既指放电影的机器，又指收看的机器。其他的也各有一定的原因。

总之，我们从这里可以看到，语言的交际能力是适应社会交际职能的要求而不断提高的。用提高语言交际能力的办法来适应社会的需要、解决和调整语言的内部矛盾，其结果便是促进了语言的发展。在这种不断地对交际能力提出新的要求，从而使语言不断得到改进和提高，语言的内部矛盾不断由平衡到不平衡，再由不平衡到平衡的过程中，语言得到了不断的发展。

语言的交际能力和交际职能的矛盾，可以表现在各个方面。以汉语为例，古代汉语中单音词占优势。由于汉语的音节总数有限，可以起区别意义作用的音节数量不能满足词汇量的需要，于是，就必然出现大量的同音词。这种单音节的同音词过多，就会直接影响交际中意义的表达和理解。例如"交""骄""浇"在实际使用中会因为同音而表意不清，即交际能力达不到交际职能的要求。为了解决这个矛盾，只好进行语言内部的调整。调整的结果是引起了词汇结构的变化，采用构造双音词的办法来区别同音词。于是出现了"交际""交往""骄傲""浇灌"等双音词。语音问题影响了词汇的发展，双音词的出现又影响了构词方式的发展。它们当然也促进了语法规则的发展。从这几个例子可以看出，语言内部调整的结果可能涉及系统结构的几个部分、几个方面。无论哪一种情况都是由语言的交际能力与交际功能的矛盾决定的。如果没有这个内因的作用，社会的发展变化便无法影响语言的发展。

语言有没有不发展的情况呢？也是有的。如果一种语言的交际能力得不到提高，便会导致它失去交际职能，这种语言便失去了生命力，注定要走向消亡。语言同化的例子就是这种情况。拉丁语由活的有声语言变成一种死的书面语言，只在医学等有限的领域里使用，我国历史上曾经存在契丹、女真等民族，现在只能从历史文献上见到它们的文字，而其语言早已不存在了。这些也都是死的语言。

总之，交际能力与交际职能构成了语言内部矛盾着的两个方面。这对矛盾运动的结果决定了语言发展变化的进程。语言的发展与消亡的根本原因就在于此。

## 三　语言发展的规律

### 1. 语言发展的一般规律

一切语言在发展的过程中所表现出来的共性的、带有普遍性的特征，就是语言发展的一般内部规律。这些规律由语言本身的性质所决定，并且存在于语言发展的全过程中。语言发展的一般内部规律主要表现为两个方面。

（1）渐变性规律

语言的发展不是突变的、革命式的，而是渐变的过程，是在使用它的人们的不知不觉中发生的。这种发展变化是个潜移默化的过程，也是个约定俗成的过程。只有时间久了，变化的因素积累多了，人们在将不同时段上的语言材料加以比较时，才会发现语言的确发展变化了。

这种渐变性规律自语言产生时就存在着，并且一直在起作用。它是一种普遍性的规律。这一规律是由语言的本质所决定的。

语言是人类最重要的交际工具。它具有很强的社会性。为了确保社会不同成员都能很好地运用这一交际工具，语言必须具有稳定性。这种稳定性能够有效地排除来自各方面的干扰，保证同一个社会群体中不同年龄段的人能有效地进行交际，同时，保证思想文化成果的连续性。从这个意义上说，语言具有保守性。即使是符合发展规律的变化，也不是轻而易举地就能确立起合法地位的，而是要经过在不断扩大的使用范围中被认识和被接受的过程。如果是随意的变化，比如今天说"我来上课"，明天说"我课来上"，后天又说"课上来我"，很显然是不会被接受的。所以语言的发展必须是渐变的。我们现在使用的"电话""民主"等词从产生到稳定就经历了几十年的时间，"火柴"代替"洋火"也是经过了长期的使用才实现的。

　　语言发展的渐变性规律，也就是"约定俗成"的规律。作为社会现象的"约定俗成"，绝不是一时一地一人之功，必须具有一定的时间、空间上的"量"的积累。即使是一个很好的"新词儿"，要想进入语言的词汇系统，取得合法的地位，也必须得到社会绝大多数人的认可。如果只是说话人自认为是好词儿，别人都不以为然也不行；即使是语言文字学家认为好的、正确的，可是广大的使用者们我行我素，专家们也没办法。最后，还是"少数服从多数"。例如现代汉语中"呆板""荨麻疹"的正确读音本来应当是"ái bǎn"和"qián má zhěn"，但是，人们都按照"秀才识字读半边"的习惯读成"dāi bǎn"和"xún má zhěn"。无论怎么"正字正音"也还是改不过来，没办法，只好服从绝大多数人的"俗成"，并且作出"以错为正"的"约定"。

　　（2）不平衡性规律

　　语言发展的过程中，其各个组成要素的发展是不平衡的。具体地说，就是语音、词汇、语法的发展是不平衡的，有的快些，有的慢些。其中词汇的发展最快，语音、语法的发展相对慢得多。

　　词汇的重要特性之一，就是随时随地地反映社会生活，它能够敏感地反映社会的任何发展变化，几乎是处在不断的变动之中。所以，词汇是语言诸要素中最活跃的部分。词汇内部又分为基本词汇和一般词汇。基本词汇具有稳固性的特点。词汇的发展变化主要表现在一般词汇上。社会上只要出现一个新事物，语言中就要造出一个新词来表现它。有时甚至不止造一个新词。这些新词开始都进入了一般词汇。经过不断使用、比较，最后确定下来。例如"邮政编码"有的简缩成"邮编"，有的简缩成"邮码"；"按人口平均"有的简缩成"人平"，有的简缩成"人均"；"传呼机"有"PB 机""BP 机""BB 机""数字机""汉显"等各种说法。从发展的角度看，"人均"、"邮编"和"传呼机"能够取得规范的地位。因此，从总体上来看，词汇的发展变化是最快的。

与词汇相比，语音的发展就慢得多。汉语声调"平分阴阳、入派三声"的变化经历了几百年的时间，现在有的汉语方言中仍然保留着入声。这足以证明语音发展速度之慢了。

语法发展变化最慢，它最具有稳定性。任何语言的语法都因具有稳定性才成为该语言的基础之一。现代汉语句子的"主—谓—宾"语序格式，可以追溯到两千多年前，甚至最早的文字样品——甲骨文文献中。

语言的三要素——语音、词汇、语法三者的发展速度不同，这就是不平衡规律的表现。语言发展的不平衡规律也是由语言的本质特点所决定的。语言的社会交际工具的本质特点就决定了词汇必须随时随地地反映社会生活，也决定了语音和语法规则必须相对稳定。否则，词汇不能及时跟上社会生活的变化，语音和语法没有一定之规，这种语言便无法发挥交际功能，无法完成交际任务，换句话说，它就丧失了作为"语言"的基本条件。当然语音的稳定性也允许一些个别的变化存在，一般以不影响交际为原则。例如推广普通话过程中，有的人发音准确一些，有的人说得不太准确，这并不影响交际。正因为语音对个别的变化有一定的容忍度（容许度），所以语音的发展速度比语法的发展又要稍快一些。

除以上两点之外，还有没有其他一般的内部规律呢？有的。例如语音发展的一致性规律，即"类同变化同"的规律。像汉语浊音声母清化现象就是这种情况。在一定的时间、地域，一定的条件下，一类音发生相同的变化。词汇发展中词义表现为扩大、缩小或转移的规律，这在各种语言中都是共同的。语法发展中的类推规律，例如汉语动词后面可以带时态助词，这个动词可以带，那个动词也可以带，从而类推到所有的动词都可以带，当然这也要有一定的时间、地域，一定的条件为前提。总之，语音方面、词汇方面、语法方面都能分别总结出一些普遍性的内部规律，适用于所有语言的某个部分。然而，作为语言整体发展的一般内部规律，较重要的就是渐变性规律和不平衡性规律。

2. 语言发展的特殊内部规律

每一种语言所独有的内部发展规律就是语言的特殊内部规律。这是由不同语言各自的特殊性决定的。

语言是民族的构成要素，具有很强的民族性。世界上有多少个民族就有多少种语言。各种语言之间总有许多彼此相区别的特点。这些特点贯穿于语言内部各个方面，具体表现在语音、词汇和语法上。不难理解，在语言发展过程中，不同的语言一定会表现出各自不同的特点来。例如英语、俄语都没有量词，而汉藏语系诸语言都有量词。在语言发展过程中，英语、俄语就不会有量词如何发展的规律。同样，本身没有声调的语言绝不会有关于声调如何发展演变的规律。关于声调发展的规律就是有声调语言所具有的特殊内部规律。同样，汉语不是屈折语，缺少形态，也就不具备英语等语言的形态变化的规律。

语言发展的特殊内部规律既可以在该语言发展的某个阶段上起作用，也可以贯穿这种语言发展的全过程中。像汉语声调的"平分阴阳、入派三声"演变就是阶段性的。现在这种发展变化已经完成了，这个规律的作用也就停止了。像汉语的词汇由单音节向双音节和多音节发展的规律，汉语语法方面量词产生、发展演变的规律，从开始到现在仍在起作用。量词由少到多的不断增加，发展到个别量词（如"个"）的使用范围不断扩大，这个关于汉语量词发展的情况，究竟是继续不断增加量词呢，还是个别量词扩大范围而取代其他量词？是一直作用下去直到汉语终了呢，还是作用到将来的某个阶段？这都要看发展情况而定。

语言发展一般内部规律与特殊内部规律之间既有区别又有联系。一般内部规律存在于特殊内部规律之中，是从特殊内部规律中总结归纳出来的。特殊内部规律包含并且反映了一般内部规律，一般内部规律总是通过特殊内部规律起作用。对于不同语言来说，它的特殊内部规律起作用时，无不表现出一般内部规律的特点，即渐变性规律和不平衡性规律。不管是有声调语言的声调变化规律，还是有形态语言的形态变化规律，都要符合渐变性规律和不平衡性规律。

世界上有各种不同的具体的语言。对于某种具体语言来讲，所总结和发现的规律都是特殊内部规律。只有通过对不同语言内部规律的比较研究，才能归纳概括出一般的内部规律。对于学习、使用和研究语言的人来讲，掌握这两种规律同样重要，不应有所偏废。

## 第二节　语言发展的历史情况

语言发展的历史情况主要指涉及时间脉络的纵向的一些情况。这一节主要谈如下几个问题：方言和共同语，口语、书面语和文学语言，语言的分化、统一和融合。

### 一　方言和共同语

1. 什么是方言

方言是全民族语言的变体，这种变体又可以分为两种情况：一是社会变体，又叫社会方言；二是地域变体，又叫地域方言。这里主要谈一下地域方言的情况。

作为全民族语言的地方性变体，地域方言对该地区的人们来说，具有与共同语等价的交际功能。它是该地区人们最重要的交际工具，为当地人们所普遍使用，具备语言的全部本质属性和交际功能。对于方言区的人们来说，方言是能够独立实现全部交际功能的实用语言。如果不与外界交流，他们可以不需要共同语。因为在他们的语言生活中，使用方言进行交际没有任何不便。

方言是随着社会的分化而逐渐形成的。由于社会上政治条件、经济条件或自然条件的限制等，说同一种语言的社会可能形成彼此隔绝的、按地域划分的群体。由于这些群体相互间不发生或很少发生言语交际活动，语言便在各自地域内的使用中发生了各不相同的变化，之后就分别形成了各种不同的方言。每一种方言都自成一个完整的系统，都有自己的语音系统、词汇系统、语法系统等。各种方言都有自己的一些特点。例如汉语普通话和各主要方言之间，都有十分明显的差异。福州话、上海话或北方话，普通人一听就知道它们之间有很多差异。

一种语言分化为几种方言后，各种方言之间以及方言与共同语之间的差别可以表现在语言要素的各个方面，包括语音、词汇和语法方面。其中主要的差别表现在语音方面。辨别方言，主要也是从语音方面着手。例如，现代汉语方言中有的声母［-n］［-l］不分，有的平卷舌不分，有的前后鼻音不分，有的调类不同，有的调值不同，等等。此外，在词汇方面也有各自的特点。这种词汇方面的特点主要表现在两个方面：一是本地区特有事物的特定词语，如各种土特产的名称；二是对各地区共有事物的方言的差异。如同一种块茎作物的果实，北京称"白薯"，洛阳称"红薯"，贵阳称"蕃薯"，还有的地方称"山芋"，等等。就是在同一方言区内，不同的次方言也会有所不同。例如山东省内有的地方称"地瓜"，有的地方称"芋头"。

与语音、词汇的差别相比，语法的差别最小。但是，小不等于没有。例如北方话说"多买几本书"，客家话却说"买多几本书"，语序就不同。北方话说"火车比汽车快"，客家话里是说"火车比汽车过快"，粤方言里则说成"火车快过汽车"。

尽管有各方面的差别，在同一共同语的各种方言之间以及方言与共同语之间，共同的方面还是主要的。它们都具有作为该民族的交际工具的基本属性。从某个方言看，它既包含了构成本方言特点的成分，也包含了与其他方言以及共同语相同的成分。这两部分一起构成了方言的完整的系统。其中与共同语相同的部分构成了方言的语言基础。正因为如此，任何一种方言都具有发展成独立语的基本条件。

　　方言与共同语具有十分密切的联系。因为方言是某一个社会范围内，不同地域的人们所使用的语言，因此，它只是共同语的一种地域性变体。方言与共同语之间具有某种对应关系，即使是差别最不明显的语音之间，也有十分明显而严格的对应规律。同一共同语的各个方言之间也有这种对应规律。例如汉语各方言与普通话之间就存在着语音对应规律。利用这个对应规律就能很有效地帮助方言区的人学好普通话。

　　真正认识和了解一个方言系统，并不是很简单的事情。每种方言内部都有相当复杂的语言现象。例如现代汉语北方方言，使用面积相当广，北到东北，西到四川，南到云南，遍布二十几个省份，其中又分出不同的部分。例如山东方言只是北方方言中华北次方言的一个部分。即使在山东方言内部，济南话和胶东话也有很大差别，胶东话也与昌潍话及临沂话都不一样。因此，大方言内部还可以分出次方言，次方言下还可以分出土语，土语下又有次土语，等等。在这种情况下，要真正了解某个方言系统，就应当对该方言系统内部的次方言、土语、次土语等进行认真细致的调查研究。只有全面掌握了它的情况，才算对该方言系统内部有了比较清楚的了解。

　　2. 什么是共同语

　　一个社会的全体成员所共同使用的语言就叫共同语。我们可以根据社会发展的不同历史阶段以及语言发展和使用的具体情况，分析出各种各样的共同语。随着人类社会历史的发展，不同的历史阶段、不同的社会形态，有不同的共同语。例如氏族共同语、部落共同语、部族共同语，直到最后形成的民族共同语。

　　在语言发展的历史过程中，方言和共同语之间没有清晰的界限，二者存在密切的联系，并且在一定条件下还可以互相转化，即方言可以变为共同语，共同语也可以变为方言。

在氏族社会中，由于人口不多、疆域有限，通常使用一种语言进行交际就足够了。这个语言就是氏族共同语。但是随着社会的发展、人口的增加、活动范围的扩大，这个氏族共同语的发展出现了两种情况。一是这个氏族共同语继续沿着共同语的方向发展，一直发展到部落、部族乃至民族共同语。另一种情况就是这个共同语分化成不同的方言。当共同语分化成方言后，这个共同语照常存在，但它的作用就比过去小多了，它成了只在某一地域通用的交际工具，成了与方言并存的一种"方言"了。

在这样一个存在着方言和共同语的社会里，如果社会发生了变化，要求一个更大范围内通用的共同语的时候，这个共同语就要在方言的基础上形成。这时的共同语在哪种方言基础上形成，并不取决于人们的主观意志，而是社会群体客观的自发选择。作为共同语的基础方言要受到社会各种条件的制约。这些条件包括社会的政治、经济、文化等因素。其中重要的一点是使用人数的多少。语言本身只是一种交际工具，没有阶级性。要实现"交际功能"，就应当使交际的双方都能掌握和使用，否则就无法沟通。即使是一个受过高等教育的人，到了方言区去，他的"高级语言"也毫无用处。这时，如果要进行交际，只有两条出路：或者教会方言区的人学说他的"高级"语言，或者他自己学会该地区的方言。如果他没有办法教会每一个人，他就不能顺利地与所有人交际。遇到这种情况，多数人是学习和使用当地的方言与当地人进行交流。

一种语言使用的人数多，自然就成为一种主体或主流的语言。如果某种方言在政治、经济、文化等方面占有优势，它就具备基础方言的条件，就有可能发展成共同语。如现代汉语共同语的基础方言是北方方言。全国的政治中心北京也是北方方言的地域中心。历史上从金元开始，北京作为历代的都城，逐渐发展为中国的政治、经济、文化中心。它的影响遍及全国每个角落，它的作用也能普及全国各个地区。以北京音为标准音，以北方方言为基础方言的现代汉民族共同语，是历史发展的必然结果。

尽管有基础方言，并且有在基础方言基础上形成的民族共同语，但它们对其他方言也并不采取一概排斥甚至否定的态度。在语言问题上，任何人为强制性的做法只能适得其反。共同语的推广普及，共同语对方言的同化和规范作用是个渐进的过程，主要还是依赖于社会政治、经济、文化的发展。另外。共同语还要从各个方言中不断吸取各种营养，补充和丰富自己。在普及推广共同语的过程中，对基础方言以外的方言区来说，要经历一个相当长时期的方言与共同语共存共用的阶段。在这个阶段内，共同语与方言的关系，逐渐由地域上的分裂，变为同一个地域内社会性的或语用上的分工。先是一部分人掌握了共同语，通常是文化教育界、服务界，再逐渐扩大到社会各行各业。即使都学会了共同语，也未必能完全取代方言。在特殊的语言环境里，为了特殊的需要，例如老年人之间、家庭内部、乡亲旧友之间等常常喜欢使用方言进行交际。这种社会心理也是影响方言与共同语关系的因素之一。

## 二　口语、书面语和文学语言

### 1. 什么是口语

口语就是人们在口头交际中所使用的有声语言。口语通过人们的口耳相传起到交际作用。它是与书面语言对称的一种基本语言形式。其他任何语言形式，例如书面语、手势语、旗语、哑语等都是在口语的基础上产生的。因此，对其他语言形式来说，口语是第一性的。

口语最大的特点是有声，它是在口头交际中使用的。它是一种语言形式，而不是某种个别带有口语特色的词语。汉语中有个词叫"口头语儿"，那是指一个人在说话时经常说到的、挂在嘴边的词语。因此，"口语"和"口头语儿"不是一个概念，不能混为一谈。

## 2. 什么是书面语

书面语就是用文字记录下来的语言。它是在口语的基础上产生的。因为是文字记录的形式，所以书面语一定产生于文字出现以后。因此，与口语相比，书面语的历史要短得多。根据人类学家的研究，人类的历史距今已有大约 200 万年了。最早的文字，例如埃及的象形文字、中国的甲骨文，不过 6000 年左右。语言的历史与人类的历史一样长，自从有人类就有了语言。最初的语言就是有声语言，就是"口语"。所以，口语是第一性的，书面语是第二性的。

书面语这个概念可以有狭义和广义两种理解。狭义的理解是，书面语就是文字记录下来的口语，但是这种记录不是"实录"，而是有所选择和加工，是比真实的口语精确、严密和规范的语言形式。广义的理解是，凡是用文字记录下来的，表现为书面形式的语言和言语作品都叫书面语。

书面语和口语主要有以下几点不同之处。

第一，口语以人类的语音为载体形式，通过人与人之间的口耳相传达到交流信息的目的。书面语以文字符号为信息载体，一般是通过手写和眼看达到交际目的的。

第二，口语交际要受时间和空间的限制。在运用口语交际的时候，参与交际的人，不管是说话人还是听话人，都必须处于同一个时间、空间之中，否则无法进行正常的交际。即使是使用电话这一现代化通信工具，也要在同一个时空，只不过空间范围扩大了。同一个时空环境是使用口语的充分和必要条件，二者缺一不可。

现代科学技术的发展使人们可以用录音机把声音记录下来。如果不是同一个时间，那就只能有信息传递而不会有即时的反馈，例如录音电话，还不能算作双方正常的口语交际。

书面语可以通过文字的记录突破口语在时间和空间上对交际的限制，而把信息传至久远。

第三，口语交际一个很大的特点就是，参与者的各种非语言因素，或者叫"副语言特征"，例如姿势、神态、语调、语病等，都在实际上起到了辅助交际的作用。所有这些语境信息，在书面语中，都被忽略了。因此，口语交际时就不要求那么完整，允许省略一些词语或句子成分。书面语则要求表达得严密、完整、确切。

第四，使用口语交际时比较随便，多用短句，可以使用一些俚俗词语、歇后语或"口头语儿"等。书面语则要求比较规范，讲究遣词造句，不大使用俚俗词语，句式也相对严整，关联词语的使用也比较多一些。

第五，口语中遇到同音词语的时候，一般会换一种说法来加以区别，否则，会因为同音歧义而影响正常的交际。书面语因为是用文字符号记录的，在遇到口语中的同音词时，可以换一种写法来加以区别。例如汉语中的第三人称代词，口语中只有一个语音形式，书面上却有三个不同的汉字："他""它""她"。用这三个不同的汉字分别表示男性、中性和女性。曾经有一段时间还流行过一个专门表示动物的"牠"。

此外，书面语中还有一种"同形词"现象，就是采用同样的文字形式记录口语里不同的词。这种同形词的读音和意义都不同，本来二者毫不相干，只是用了同样的文字符号。例如汉语中"银行"的"行"与"行走"的"行"、"打击"的"打"和"十二个一打"的"打"就是。

可以看出，书面语和口语属于语言应用中的不同系统，二者既有联系又有区别，不能把它们混淆。

3. 什么是文学语言

文学语言是书面语的高级形式，是经过加工了的书面语，它比书面语更严密、更规范。在语言学理论的术语中，"文学语言"是一个特定的概念，有特定的含义。所以不能把"文学语言"简单地理解为"文学作品的语言"。

文学语言有两种表现形式，一种是书面的、视觉的形式，一种是口头的、听觉的形式。例如我们看到的报纸、杂志、政论文章、文艺作品、学术论文等，都是书面的形式，而广播、影视作品中的人物对话、戏剧台词等都是文学语言的口头形式。因为这些口头表达出来的言语作品，并不是随意脱口而出的"话"，实际上都是经过加工锤炼的书面语，都是以文学语言为底本的。

既然口语是第一性的，为什么不说文学语言是加工了的口语，而要说成加工了的书面语呢？因为口语的最大特点是一发即逝，如果不借助文字符号的记录，人们就无法重复接受同一句话。只有记录下来后才能仔细分析、反复推敲，不断加工修改。当然，不借助文字符号的记录，对语句进行加工修改的情况也是有的。例如，说话之前想一想，发表意见之前打个"腹稿"等。但是，这种加工要受到各方面条件的限制，并且要经过专门训练，否则，想好了后句忘了前句，还是达不到加工的目的。真正的大量的加工是在书面语的基础上进行的。当然它的根本基础还在口语，因为书面语是记录口语的，是在口语基础上产生的。

口语、书面语、文学语言之间，口语是第一性的，是书面语和文学语言的基础；文学语言是一种语言中的高级形式，代表了该语言的规范和发展的方向；书面语是介于口语和文学语言之间的一种语言形式，是对口语的记录，又为文学语言提供了加工的基础素材和条件。

## 三 语言的分化、统一和融合

### 1. 语言的分化

一种语言内部分成几种不同的方言，或者这些方言进而发展成几种独立的语言，这些情况都叫作语言的分化。

语言分化的基本原因是社会的分化。语言是人类社会的产物，又是人类社会必要的构成条件和因素。没有语言的社会和脱离社会的语言都是无法存在的。二者的存在、发展、变化都是互相影响、互相依存的。这就是语言和社会之间的"共存共变"的关系。

　　人类社会在自己的发展过程中，内部会出现分隔甚至分裂。分隔或分裂了的各部分社会成员之间交往过少甚至不交往，必然减少或取消了相互之间的语言交际。这时，如果社会总体还存在着，这几个部分社会群体所使用的语言就可能发展成不同的方言。例如，我国的苗族与迁移到越南、老挝、泰国的苗族所说的苗语存在许多不同，属于苗语的不同方言；目前我国的朝鲜族以及朝鲜和韩国所说的语言也属于同一种语言的不同方言。中国古代曾经出现过封建割据的局面，这就是一种社会分裂状态。割据势力的存在，限制了各个部分之间的联系。时间长了，所使用的语言就发生了不同的变化，出现了许多差异，时间越久，变化越大，于是形成了汉语的各个方言。这种状态可称为半分裂状态。社会半分裂的状态是产生方言的主要原因。

　　社会分化形成方言后，如果这个社会继续分裂，这些方言就会逐渐形成各自独立的语言。我们把社会的这种状态称为社会的完全分裂，把社会完全分裂后形成的语言称为亲属语言。本书后面所附的《世界语言系属表》，就是介绍各种语言和各亲属语言的基本情况的。

　　社会分化与语言分化的关系如下：

$$
社会分化
\begin{cases}
半分裂状态——方言 \\
\\
全分裂状态——独立的亲属语言
\end{cases}
语言分化
$$

　　从整个世界语言发展的情况看，语言的分化仍在进行。过去有，现在也有。古罗马帝国曾经是一个疆域辽阔的统一社会，后来崩溃了。在崩溃的过程中，曾经有过"半分裂"的状态，这时形成了一些方言，如：法兰西、西班牙、意大利、葡萄牙方言等。后来社会继续分裂，最后完全崩溃。其结果是形成了法兰西、西班牙、意大利、葡萄牙等独立的国家。于是，曾经分化而成的各个方言，也进一步发展成几种独立的语言。

在当代世界上，曾经是殖民地的弱小民族不断争得解放和独立。有些地区摆脱了殖民统治，成为独立的国家。这样，他们也将有可能发展自己的独立的语言。

社会的完全分化也有形成类似方言的例子，这是语言在渐变的过程中呈现出来的现象。最突出的就是英国英语和美国英语的分化。一般说来，方言是一种民族语言的下位概念，而民族语言通常是与国家概念相联系的。不同国家的语言都是独立的语言。即使再接近，也不能说成"方言"。从现在的情况看，英国和美国所使用的英语仍在继续分化当中。

2. 语言的统一

几种方言统一成共同语叫语言的统一。语言统一的基础条件是社会的统一。只有统一的社会才有可能出现统一的语言。社会的统一是语言统一的前提。

各种方言本来同属于一种民族语言，只是由于社会的分化而成为不同的方言。随着社会的政治、经济以及文化的发展和走向统一，各个方言又可以逐渐统一，形成一种共同语。这是一个渐进的过程，其中，存在着先由几个次方言统一为大方言，再由几个大方言统一为共同语的不同阶段。例如，现代汉语北方方言区包括东北、西北、四川、云贵、中原以及南京等广大地区。这是一个长期发展的结果。现在，全国通行的普通话虽然没有完全取代各地的方言，方言仍然在当地使用着，但是，现当代汉语的发展事实，充分证明了汉语方言统一为共同语——普通话的大趋势和过程。

语言的统一首先是使用该语言进行交际的双方的共同需要。有这种需要的人越多、要求越强烈，统一的速度越快。不同的社会发展阶段，语言统一的情况也有不同。在封建时代，尽管有统一的中央集权制度，但是，社会的经济生活还是自给自足的自然经济，各个地方集团或社会群体依然保持相对独立的生活方式。

因此，虽然整个社会语言的发展趋势是走向统一，但是，方言分歧仍然存在。这种统一是缓慢的、局部的。

封建时代也曾有过空前统一的局面，但是不能形成民族共同语，因为不具备民族共同语的基础和条件。秦始皇统一六国后，曾经用小篆来统一六国文字。他只是要求"书同文"而无法统一语言。成吉思汗建立的蒙古帝国横跨欧亚两洲，原来统一的蒙古部落语言，不但没有继续统一，反而逐渐分化成了不同的方言。所以，社会的统一只是语言统一的基础，而不是语言统一的充分条件，尤其不能离开社会发展阶段的经济、文化形态，单纯从政治或军事的统一来看语言的统一问题。

关于汉语统一的思想尽管可以追溯到先秦两汉的"通语""雅言"，但那只是学者的一种愿望。真正科学意义上的汉语统一问题的提出，应当是鸦片战争之后、五四运动之前的"国语运动"。这也是中国资产阶级民主革命的产物。但是，因为中国半殖民地半封建的社会制度以及中国民族资产阶级的软弱无力，所以无法完成汉语统一的任务。

因此，封建时代并不具备形成民族共同语的客观基础。只有资本主义商品经济的发展、市场交易的活跃，才能带来更大范围的使用共同语的需求。欧洲各国的民族共同语的形成，基本上都发生在文艺复兴之后，是以自由贸易和市场经济为基础的。因此，我们可以说，语言的统一、民族共同语的形成是资产阶级革命所要完成的任务。统一的民族共同语是资本主义大机器生产的重要基础条件。

语言统一的原因在于社会的统一。分裂或半分裂的社会一旦停止了分裂，由此造成的语言的分化也会停止。如果这个社会开始走向统一，语言也一定会向着统一的方向发展。

语言统一的结果是共同语的形成。但是，共同语并不是各种方言或语言的简单相加，而是以一种方言或语言为基础，吸收其他方言或语言中的某些成分，发展成统一的共同语的。语言统一过程中的基础方言或语言，不是人为确定的，通常与政治、经济实力与文化发展的程度有关。只有政治中心地区、经济和文化都比较发达地区的使用人数多的方言或语言才有可能成为共同语的基础。

3. 语言的融合

人类社会由于政治、经济、军事、文化、宗教、自然因素等，总会发生操不同语言的人或群体互相接触的情况。不同语言之间的这种接触如果仅限于少数个别人之间，对各种语言总体上不会有什么影响。但是，如果这种接触发生在大规模的群体或大跨度的时空范围内，就会发生语言之间的融合。

两种语言经过长期接触，互相影响，最后发展成一种语言，这种现象就叫语言的融合。语言的融合发生在不同语言之间。发生融合的语言可能是亲属语言，也可能是没有什么亲属关系的语言。

语言融合的方式主要有两种。

一种是斗争的方式。当两个社会的接触是以斗争的方式进行的时候，由此导致的语言的接触和融合也就被称为斗争的方式。在这种情况下，征服者当然希望自己所使用的语言也成为语言融合的胜利者。但这只能是一厢情愿。征服者所使用的语言在两种语言融合过程中的命运可能有两种结果，一种是保持自己语言的基本面貌而成为社会的通用语言，即获得语言融合的胜利；另一种结果是改变自己语言的基本面貌，甚至为了维持自己军事上的胜利，不得不放弃自己的语言而采用被征服者的语言，即军事上的胜利者成为语言融合中的失败者。

在汉语发展的历史中，曾经有过几次类似的例子。元朝和清朝都是少数民族战胜汉族而统一中国的。但是取得了政权的少数民族，为了维持对全中国的统治，都不得不采用汉语作为通用语言。曾经建立了"大清帝国"的满族经过几百年的统治，已经完全同化于中国传统文化、同化于汉语汉字。现在，满族所使用的语言已经鲜有人用了。

语言融合的第二种情况是合作的方式，即社会的相互接触是友好地进行的。这时，语言便在睦邻友好的交际中互相吸取营养，丰富和发展自己。语言融合的结果是双方得到共同的发展。

应当看到，进行合作接触的各社会之间，在政治、经济、文化诸方面的发展是不平衡的。发达民族在合作中发挥的作用相对大一些。不发达民族要向发达民族学习好多东西、吸收各种成果，其中也包括吸收语言成分。其结果是，发达民族的语言因经常被使用而逐渐成为一种广泛使用的交际工具，即成了"族际交际语"。例如，我国是一个多民族的国家。中华人民共和国成立以后，在民族平等、共同发展的政策下，各个民族之间通过合作方式的接触，相互学习、吸收了一些语言成分。由于汉语的历史地位较高、使用人数较多以及汉族地区政治、经济、文化的发展水平较高，所以各个少数民族纷纷学习和使用汉语，从而使汉语成为我国的"族际交际语"。各个少数民族地区一般都实行"双语制"，既使用本民族语言，又使用汉语。

语言以合作方式的融合继续发展下去，将来会出现什么样的结果呢？人们很自然地会想到这样一个问题。

首先，在一个国家内部，由于政治、经济、文化等的统一，会由多语言向某一个核心或基础语言融合，逐步形成自己的"族际交际语"，或者叫"国家内部共同语"。但是，从现在的情况看，也有国家内部流通两种或两种以上的语言，例如加拿大使用英语和法语，新加坡使用汉语、英语和马来语。因为其中有使用人数多少的差异，所以少部分人所使用的通用语在将来很有可能被多数人使用的语言融合。

其次，在一个大的国际性的地区，由于政治、经济、文化的合作与交流，也会由参与交际的多方共同确定以某一种或几种语言为"国家间交际语"，也可以称之为"国际区域性交际语"。例如，欧洲共同体、苏联解体后的"独联体"等。西方发达国家甚至结成洲际经济联合体，例如英国，美国、加拿大，澳大利亚、新西兰各国分别属于欧洲、美洲和大洋洲，但是他们都使用英语。联合国则从世界上上千种语言中选择了分布地域广、使用人口多的英语、汉语、俄语、法语、西班牙语、阿拉伯语作为工作语言。现在，我们可以把以上由联合国所确定的六种语言看作"准国际通用语"。

有一种纯人工设计的语言，即"世界语"，据说它吸收了各种语言的优点，当然大量的语言成分还是以英语为基础的。目前它的学习者遍布世界各地。但是，学习和使用者占世界人口总数的比例还是非常小。尽管我国已经将"世界语"确定为一种"合法外语"，在学位教育中承认掌握"世界语"的人与掌握其他语种的人具有同样的资格，但是，学习和使用"世界语"的人仍然不多。从目前情况看，以"世界语"为国际交际语的想法只是部分人的一厢情愿。

总之，对于语言融合的最后结果，人们会根据语言融合的历史情况作出各种推测。但是，总的趋势是沿着"族际交际语"—"国际区域性交际语"—"准国际交际语"—"国际交际语"的方向发展。至于最后是确定某一种语言还是某几种语言，抑或一种新的语言为国际交际语，目前还无法作出最后结论。

语言的统一与融合之间的关系如下：

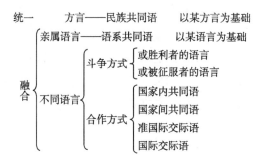

4. 双言、过渡语、双语和混合语

语言的发展是渐变的，因此在分化、统一和融合的过程中，会出现以下几种现象。

（1）双言现象

一个社会群体的成员同时使用一种语言及这种语言的某一方言，就叫双言现象。在语言分化或语言统一的过程中，都会出现这种现象。当语言分化的时候，方言存在，原来的语言还存在，还多少具有交际的作用。因为社会并没有完全分裂，有些社群中就可能同时使用方言和共同语。在语言统一的过程中，方言统一成共同语的时候，方言还存在，还有人使用，于是出现了方言和共同语并存共用的情况。例如汉语推广普通话的结果，有些人既会讲家乡话，又会讲普通话。他可能在公开的场合讲普通话，而在家乡使用方言，在跟外地人交际时用普通话，而在遇到老乡时又讲起了方言。应当说，双言现象是方言区人们中比较普遍的一种语言现象。

双言现象的存在对于方言区的人们来说，具有双重性。一方面，有个以谁为主的问题。开始时可能会以方言交际为主，当掌握共同语的程度提高了，说共同语的机会多了，就会渐渐地发展到以说共同语为主、说方言为辅，甚至很少再说方言了。这时，方言就成了多余的。另一方面，双言又有交际中的言语角色的语用作用。就是使用双言的人，在与别人交际时，有时会有意或无意地改换方言。这种言语角色的交换，不管是有意的还是无意的，都是出于语用的需要。例如，在本来使用共同语进行交谈的过程中突然改换方言，表明说话者是想以更亲近的方式与对方交流，或者是想借以掩盖自己的弱点、表现出对所谈问题信心不足等一种自我保护的心态；如果是在使用方言交谈的过程中突然改换成共同语，则表示说话者是在以郑重的态度谈论比较严肃的内容，或者是有意拉大与谈话对象的距离等。

（2）过渡语现象

一种语言与它的方言相混合，既不像民族共同语，又不像方言的语言现象，就叫过渡语现象。这是方言向共同语靠拢和过渡的结果。例如在我国推广普通话的过程中，有些人由于受方言的

影响，所说的"普通话"带有浓重的方音。如我们平时所谈到的
"上海普通话""广东普通话""山东普通话"等，这些带有方言
色彩的共同语，就是一种过渡语现象。尽管有些过渡语也能表现
出许多规律性的变化，与方言和共同语之间存在着严整的对应规
律，但是它的语言要素是不稳定的，会随着共同语掌握程度的提
高而改变，不可能成为独立的语言。

（3）双语现象

一个社会群体同时使用两种或两种以上的语言，这就是双语
现象。它与双言现象的不同之处在于："双言"指的是在同一语
言系统内，方言和共同语共存共用；"双语"是指不同的民族语
言共存共用。双语现象常发生在语言融合的过程中。两种方式的
语言融合都可能发生双语现象。就斗争方式的语言融合来讲，因
为胜利了的民族常强迫失败了的民族使用胜利者的语言，这对失
败者来说，就出现了双语现象。合作方式的语言融合也可能出现
双语现象，即不同民族除了使用自己的本民族语言之外，还使用
"族际交际语"。目前我国少数民族地区，除了使用各民族语言之
外，还普遍学习和使用汉语。这都是双语现象。

（4）混合语现象

不同的民族语言相混合而出现的一种语言现象就叫混合语现
象。这种混合语又叫"洋泾浜语"。解放前我国的海港码头上就
有这种语言现象。因为要接待各国来往的船只，其中多数是讲英
语国家的船只，码头工人为了交际的需要，便把汉语和英语混合
着讲，所用的词语多是生硬的英语单词，但又没有形态变化，语
序语法则主要是汉语的。由于这种混合语能够勉强地进行简单的
交际，便逐渐在码头上使用下来。其他国家和地区，凡是有不同
语言接触的地方，都可能出现这种混合语现象。有些个别语句的
混合也属于这种现象。例如，"你的大大的好"就是汉语和日语
的混合；又如"让我 look look"就是汉语和英语的混合。混合语
和过渡语一样，也不是一种独立的语言。

通过前面的介绍可以看出，语言分化和统一的过程是渐变的、不平衡的，是一个长期而缓慢的演变过程。整个过程构成了语言发展的历史情况。其中，无论是分化还是统一，都不是针对语言内部某一要素而言的，而是针对整个语言系统而言的，是语言符号系统的分化和统一。因此，分化的结果，不论是方言，还是亲属语言，都是一个独立的语言系统，都能完成语言的交际功能。语言融合过程中所产生的过渡语、混合语，都是一种过渡的现象，它们都不是独立的语言。

## 第三节　语言发展的共时情况

### 一　语言的社会变体

#### 1. 什么是语言的社会变体

社会中人们的社会地位、职业、年龄、性别、文化程度等方面存在许多差异，这些差异必然影响他们运用语言进行交际的方式和习惯。即使他们使用的是同一种语言，也会"因人而异"，也会在实际上形成某些个性化或类型化的特点和习惯。这种运用同一种语言时所出现的具有"类型化"的特点和习惯，就是语言的社会变体。

语言的社会变体一般表现在语言内某些要素（例如语音、词汇）的运用上。本来某一个地区的方言属于语言的"地域变体"。使用某一方言的人中，仍然包括各种各样的社会分工和差异，他们之间的语言运用也存在不同的社会变体现象。但是，对使用其他方言或共同语的人们来说，有些"方音"往往具有了某种"社会性角色"的特征，成了某种类型人物的标志，这就具有了社会变体的性质。例如，中国沿海开放地区，商品经济发达，人民生活富裕，就使得操那里的"方音普通话"成为"大款""暴发户"们的语言特色。有些革命老区培养出了许多干部，他们分布在全国各地。这些干部中既有在工作中朴实、肯干的公仆，也难免有个别存在官僚主义、教条主义、简单命令作风的人甚至腐败分子。于是，在小品或影视作品中，某种"方音普通话"成为正面领导者的语言特征，另外的某种"方音普通话"就成为被讽刺的官僚主义者的语言特征。其实，当领导干部的并不限于某个地方，操各种方言的人都有。为什么在文艺作品中会有这种概括？人们在社会心理上也会有这种认同呢？主要是因为这些在语言运用上的个性化的特点和习惯，已经具有了社会类型化角色的特征，成为一种社会变体的标志。

语言的社会变体在词汇的运用上表现得更明显。例如人们常用的"称谓语""行业语""文言词语""缩略语""外来语""禁忌语""惯用语""隐语"等，都具有突出的社会类型化特征。比如，对"妻子"的称谓有"拙荆""寒荆""荆布""荆钗""夫人""爱人""家属""内人""内助""太太""老伴""老婆""家里的""屋里的""办饭的"等。对"父亲"的称谓有"家严""家尊""爸""爸爸""爹""老爸""老爹""爹地"等。这些不同特色的同义词，可供不同社会角色的人根据自己的习惯和需要选择使用。选择使用的结果是，进一步强化了语言的社会变体。

语言的社会变体具有类型化的特点，即表现为"群体性"，也就是说某种变体是为某一群体所共有的。在这一群体中，这种变体被每一个成员所理解、使用，成为该群体内语言符号系统的重要组成部分。个别人的个性化的语言运用，当他没有被别人理解和模仿使用时，不能成为社会变体。

语言的社会变体虽然是与社会群体密切相关的，成为某种社会群体的重要特点之一，但是，并不是只有该社会群体才能理解和使用，别人根本无法理解。绝大多数社会变体仍然是在全社会共同理解的基础上出现的一些非主流的变化。除了某些社会集团为了特殊的目的而使用的"秘密语"之外，其他的社会变体，一般都能够被大家理解。比如，人们平时不称自己的妻子为"拙荆"，但是，如果有人这样说，别人也会明白。有些变体还能够超出本群体使用范围，而被其他群体或社会全体成员所理解和使用。

2. 常见的语言社会变体

（1）语言的阶级和阶层变体

在阶级社会中，语言运用带有明显的阶级特色。拥有不同阶级地位的人，在言语交际时会有不同的用词方式和习惯等。这种阶级或阶层的变体过去称为"阶级习惯语"。例如"长官""老总""老爷""同志""师傅""先生""老板"等称呼，就具有不同的阶级或阶层色彩。

即使社会不存在阶级，也仍然会有各个阶层的不同。在语言的运用上，也会有变体存在。例如，见面打招呼用语，就有"你好""吃饭了吗""上哪儿去""嗨"等不同；询问对方姓名时，就有"请问贵姓""请问您怎么称呼""你叫什么名字""你姓啥"等。这些不同说法的差异是十分明显的，表现了社会上不同阶层的人的习惯说法，是社会阶层的语言变体。

（2）语言的行业变体

社会分工的不同，会使社会成员分别生活在不同的行业中。各行各业都有不同于其他行业的特殊性。在工作和生活实践中，必然涉及许多表现本行业特点、适应本行业需要的专门词语，这些具有行业特点的专门词语和特殊用法，就是语言的行业变体。这些专门词语又叫"行业语"。例如工业的"车床""镗缸""龙门吊""千斤顶"，纺织业的"粗纱""细纱""挡车工"，石油工业的"油井""井喷""抽油机""油罐"，医药行业的"心电图""胸透""血常规""休克"，教育界的"中考""统考""教案""备课"，汽车行业的"方向盘""汽化器""后桥""换挡"，铁路行业的"机车""司炉""乘务员""特快"，邮电业的"挂号信""电报""话务员""特快专递"，公检法的"原告""传讯""取保候审""拘留",证券业的"原始股""牛市""绩优股""K线图",计算机业的"主机""键盘""硬盘""格式化",出版业的"初校""对红""拼版""大样",等等。可以说,每个行业或多或少都有自己的行业语,这些都是语言的行业变体。

行业语一般说来不具有秘密性,它是向全社会公开的,可以被全社会的人们所理解。实际上,人们对行业语的了解可能不多,并不是因为保密性,而是因为"隔行如隔山",接触不多、不使用,自然就不了解。如果到这个行业中去,或者进一步从事该行业的工作,自然很快就会了解它的许多行业语了。

行业语的开放性的特点,使它在社会交际中占有重要的位置,并具有重要的作用。首先,行业语不但可以供本行业的人使用,也可以被其他行业的人掌握和使用,从而便于不同行业的人之间交际。其次,许多行业语还为社会共同语提供了丰富的语言材料,从而丰富了民族共同语的语汇,增强了其交际功能。例如,前面所举的例子中,就有许多行业语已经被吸收到通用语中,成为很活跃的语汇。

行业语被吸收到共同语中,一般有两种情况。一是直接进入共同语中,原词原义被社会广大群众所使用。这是由于该行业语所表达的事物本身与社会大众密切相关。例如"计算机""电报""中考""特快"等。二是在进入共同语的过程中,得到不同程度的加工改造,被赋予了某些新义。例如"消化""放血""动手术""透视"等都是从行业语进入共同语词汇的。

（3）语言的社群变体

这里所说的"社群",是指在一个社会内部由于人们的年龄、性别或者兴趣爱好不同,或因某种社会关系不同而形成的社会群体。不同的社会群体内部通常会有一些不同于其他群体的语言变体,这就是语言的不同社群变体。例如,同样是对多数人的一种对称的"称呼语","同志们""乡亲们""弟兄们""师傅们""姐妹们""老少爷们"等不同的说法,就分别具有不同的社会群体特征，属于不同的社群变体。

由年龄、性别、身份的差异所造成的语言变体是比较常见的，如我们平时说的"老人语""官腔""娃娃腔""学生腔"等。同样指"年轻人"，就有"小伙子""小鬼""后生""小半拉子"等不同的说法；同样指"丈夫"，也有"爱人""对象""老伴""老公""先生"等不同说法。这些都表现了不同的社会群体特色。

此外，儿童用语多用重叠式或半卷舌韵的字眼，女青年说话常显得含蓄、文雅，男青年常喜欢用豪放的词语。所有这些，都是不同社会群体造成的语言变体。

（4）语言的宗教变体

宗教是一种特殊的社会现象。它属于一种跨行业的社会群体。在这个群体里，不分种族、性别、年龄、职业，由于共同的宗教信仰而发生联系，进行思想、文化或情感方面的交流。不同的宗教都有一批表现自己的教义、教规、组织和信仰的专门词语。例如，基督教中的"礼拜""弥撒""修女""复活节"，佛教中的"和尚""方丈""罗汉""菩萨"，道教中的"道士""道君""羽化""八卦"，伊斯兰教的"阿訇""清真寺""真主""归真"等，都是不同宗教的语言变体。

语言的宗教变体会随着宗教的传播而传播，并且会渗透到社会的各阶层、各行业人们的生活中，有些个别的宗教词语也会进入社会的共同语中。与各种行业语词进入共同语的情况相类似，语言的宗教变体进入共同语之前，一般会先在语义上发生一定的变化，或引申、或比喻、或借代，总之很少有直接使用原义的。例如，"三大法宝"中的"法宝"、"黑铁塔"中的"塔"、"八大金刚"中的"金刚"、"当礼拜天过"中的"礼拜"等词语都是从宗教词语进入共同语词汇的。

（5）语言的语境变体

所谓"语境"，就是进行言语交际时的环境，是由交际的各种背景因素以及双方的关系、角色、角度等构成的。这种因语言交际环境不同所产生的变体，就叫语言的语境变体。例如，同是一个医生，他跟自己家人和患者谈话时的语气、语调等都不相同，跟普通患者与重症患者的谈话也有不同程度的差异。除了不同的交际对象会产生不同的语境变体之外，不同的内容、不同的场合、不同的关系，都会产生不同的变体。例如，同样是询问问题，个别交谈、小型调查会、法庭调查和公开审问等，其语言运用显然会有许多不同。

（6）语言的秘密社群变体

还有一类语言的社会变体，就是"隐语"。这类语言变体与上述语言变体的一个最大不同就是它的"秘密性"，所以又叫"秘密语"，也叫"黑话"。有些社会群体或集团，为了不让外人了解自己谈话的内容，使用自己集团内部规定的特殊的词语进行交际，这种语言变体就是隐语。例如小说《林海雪原》中土匪间见面问答时用的"黑话"、解放前地下工作者的接头暗号等，都属于隐语。

隐语尽管具有秘密性，但它并不是一种独立的语言，而是在共同语的基础上，利用共同语的材料和语法规则，由社群内部所作的某些特殊规定。这些特殊规定的数量有限，功能也有限。例如，黑社会把绑架人质、索要财物的行为叫作"绑票"，把被绑架的人质叫作"肉票"，把杀掉人质叫作"撕票"。这些隐语中，"绑"和"撕"与共同语中的意义和语法功能没什么大区别，"绑票"和"撕票"也都是"动宾"关系，只是把"票"硬行规定了一个只有他们才懂的特殊含义。

还有一些隐语是根据共同语中的某些词语或汉字加以改造或变换产生的。例如，解放前曾在一些地方流行过一种"哑语"，它是把每个音节拆开，中间加进固定的韵母和声母，使之变成了两个音节。因为中间加进的韵母和声母是固定的，并不考虑汉语声韵拼合的规律，所以就出现了许多非汉语音节，让人听起来感到怪怪的。如果不知道这个规律，就根本听不懂。一旦知道了这个规律，不但能听懂，还可以类推说出几句来。又如旧社会在商业交易谈判、讨价还价时，"旦底"表"一"，"空工"表"二"，"横川"表"三"，"侧目"表"四"，"缺丑"表"五"，"断大"表"六"，"皂底"表"七"，"公头"表"八"，"未丸"表"九"，"田心"表"十"，等等，都是根据汉字特点拆字而成的。所以说，隐语还是在共同语的基础上，依附于共同语所产生和使用的。许多团体内部隐语的数量也很有限，根本无法完全担负起语言交际的任务。因此他们也不是在任何场合都使用隐语，只是在需要保密的时候才用。平时，只有本社群内部成员在一起的时候，他们通常还是以使用社会共同语为主进行交际的。

## 二　语言的功能变体

### 1. 什么是语言的功能变体

语言功能就是指运用语言所达到的交际目的以及实际的交际效果。由于交际时表达上的特殊需要，常常改换通常的说法或具体的词语，这就出现了语言的功能变体。这里特殊的表达需要常常与交际的具体环境有关，例如不同的时间、地点，不同的交际对象、交际目的等。比如，同是"死亡"这件事，就有好多种说法，像"死""去世""逝世""过世""安息""不测""不幸""长眠""成仁""牺牲""殉职""捐躯""大归""遁化""大限""老了""走了""没了""断气""殁了""折了""见阎王""翘辫子""一命呜呼""绝命""上西天"等。不同的说法表现出细微的感情色彩的差别，具有与众不同的表达效果。这都是不同的功能变体。

语言的功能变体也是交际工具，也具有交际功能。而且，由于有这些功能变体，语言才显得丰富多彩，更加生动准确，能适应各种环境、各种目的的交际需要。

2. 常见的语言的功能变体

（1）禁忌语

人们在进行交际的时候，有时不能、不敢或者不愿说出某些词语，这些词语就叫"禁忌语"。但是有些事物是必须表达的。交际过程中遇到禁忌语又必须表达时，则换一种说法。例如渔民忌讳"翻""沉"这些字眼，因为出海行船，安全第一，最大的危险就是"翻船"或"沉船"，那都是很不幸的事情。即使不出海时，也都忌讳说或听到这样的字眼儿。所以在餐桌上吃鱼，吃完上面要把鱼"翻"过来时，不说"翻"，而要说"划过来"或者说"正过来"。商人做生意最忌赔本。有的方言把赔本叫"舍本"或"蚀本"，于是与"舍"或"蚀"同音的字也都不能说，实在要说的时候，就把"舌头"改说成"口条"或"门枪"。南方有许多地方干脆改说成"利"，暗含"盈利""利润"的意思，不但把"猪舌头"改说成"猪利"，还为它造了个"从月从利"的字。

有时，由于信仰宗教或迷信，对特殊的事物或特定的时间场合，都有特殊的禁忌。例如，无论什么东西或事情，"破"总归是不吉利的，因此，也是要忌讳说的。在汉族人的习惯中，平时说一说大概没什么问题，但是，过旧历新年时，迷信认为"百神下界"，无论大事小情都会关系一年的运气，这时说话就得格外小心。于是如果煮水饺煮"破"了，就不能说"破"，而要说"煮挣了"。这里的"挣"暗含"挣钱"的意思。

禁忌语的类型大致有如下几种。

①死亡及与之有关的事物，包括丧事、殡葬、死者服饰用品、阴间、地狱等。

②疾病、生理缺陷、残疾等。有些疾病（例如头疼、感冒）不必避讳，但有一些顽症、难以启齿的或有污染的，如"癌病""性病""腹泄"等常常换个说法。

③生殖、生殖器以及与之相关的行为和事物。

④分泌器官、分泌物以及与之相关的行为和事物。

⑤婚姻、性爱以及与之相关的行为和事物。

⑥危险情况、事故、失败、不顺利等。

（2）委婉语

因为社会生活中出现了各种禁忌语，于是便产生了各种替代语。这些代替禁忌语完成交际功能的语言成分就是"委婉语"。例如把死去的父亲说成"先父""先君"，把厕所说成"洗手间"，把去厕所说成"方便"，把生病说成"不舒服""难受"，等等，都是委婉语。

有时，语言中没有禁忌，但在交际时不愿意直说，想把意思表达得委婉一些，也能产生委婉语。例如，把"开刀"说成"手术"，就避开了"用刀子把肉割开"这样具有刺激性的说法。把谈恋爱说成"谈朋友"，把结婚说成"成家"，也都是委婉语。

应当注意的是，委婉语是语言的功能变体。委婉语已经具有了被替代的语言成分的意义。有些委婉语是新造词语，只表达所要替代的词语的意义，例如"先父"；有些委婉语则是已有词，在原有的意义之外，又增加了新的委婉义项。例如，前面举的"方便"，本来在"很方便""行个方便"中有自己的意义，在"去方便一下"中又增加了"去厕所"的意义。不管什么情况，委婉语都具有了相对稳定的委婉意义，不同于修辞上的"婉曲""婉转"辞格。

修辞上的"婉曲"或"婉转"，只是言语交际中的临时用法，是一定的语言环境下特定人物的言语行为，是为了达到特殊交际效果而采用的具有个性化的表达方式。例如孙犁小说《荷花淀》中写到，男人们参军之后，几个年轻妇女想去看自己的丈夫，又不好意思直说，纷纷采用婉曲的方式。有的说"我不拖尾巴，可是忘下了一件衣服"，有的说"我有句要紧的话得跟他说说"，有的说"我本来不想去，可是俺婆婆非叫俺去看看他"。总之是找理由要去一趟。这些婉转的表达方式，就不是委婉语，因为，并没有在语言中建立稳定的意义替代关系，也没有形成固定的音义形式或结构。

委婉语并不都是由于禁忌而产生的。有的委婉语与禁忌语有直接关系，有些则纯属人们为追求更好更合适的表达效果而产生的。这是一种精神文明的表现。在一个高度文明的社会中，往往有大量的委婉语。在语言运用上，委婉语往往能起到重要的作用。同样的意思，说法不一样，所得的效果会大不相同。在现代社会中，人们在社会交往、服务、接待等方面都十分重视表达方式和表达效果，也就少不了讲究委婉语的使用。

语言的功能变体是随着语言交际的功能目的而产生的。只要有语言交际功能在，就会产生功能变体。有一种观点是，禁忌语是由人们的迷信造成的。照这种看法，社会上消灭了迷信现象，也就消灭了禁忌语产生的基础，没有禁忌语，委婉语也便消失了。实际上并非如此。应当说，旧社会中有许多禁忌语与人们的迷信有关。但这些只是禁忌语的部分内容。破除了迷信，与迷信有关的禁忌语可能消失。但是，其他方面的禁忌语仍然存在。例如在某些公开的隆重的场合忌说粗鲁的语句言词，这种禁忌语就是与迷信无关的，所以它也不会随着迷信的消灭而消失。语言功能变体是语言交际过程中产生的现象，是适应交际需要而产生的，是有利于增强语言的交际功能和表达效果的语言现象，在语言交际中，是有积极作用的。

# 思 考 题

一、什么是语言要素的历史变化？什么是语言要素的临时变化？两者的关系如何？

二、简述语言发展的原因。

三、什么是语言发展的一般内部规律？什么是语言发展的特殊内部规律？简述两者的关系。

四、什么是语言的社会变体？常见的社会变体有哪些？

五、什么是语言的功能变体？常见的功能变体有哪些？

六、解释下列基本概念：

方言　　　共同语　　　基础方言　　　亲属语言

口语　　　书面语　　　文学语言　　　过渡语

混合语　　语言的分化　语言的统一　　语言的融合

# 第五章　语音

　　语音是人类发音器官发出的含有一定意义的声音。其他动物不能发出像人类语言这样音色复杂、音节分明、意义明确的声音来。语音不同于自然界的声音，如风声、雨声、敲门声等，这些声音不是由发音器官发出的，也不表达特定的含义。语音也不同于人类之外的动物发出的声音，虽然动物的声音由其生理器官发出，在特定场合下，也可以表达一定的意义——如日本九州岛岛上的狼可以发出九种声音，表示求偶、兴奋、示警等含义；人类的近亲灵长类动物长臂猿、黑猩猩等也能发出较为复杂的声音，表示各种情绪——但这种发音活动都是对特定环境的即时反应，不能复述。其声音与意义的对应关系是一对一的，不能将几个声音排列组合起来表示复杂意义。再者，动物的发音大多表示一定的情绪，而不像人类语言那样可以表示思维，因而不具备符号资格。语音也不同于人类发出的咳嗽声、打呵欠的声音等，这些声音只是人的一种自然反应的结果，并不能形成符号，表达意义。语音作为一种载体，与意义共同构成符号。

　　语音是语言的物质外壳，或者说是语言的存在形式。语言的词汇、语法及其语义都以语音为物质载体，语言交际就是说话者发出语音，听话者接收语音并将其所承载的意义进行还原、理解。语音有很强的系统性，各语言的语音成分及其结构方式都不同，由此表现出各语言的外在差异，形成其各自的特点。

　　研究语音的科学是语音学。人们可以从各个方面、运用各种方法和手段来研究语音。研究人类语音普遍规律的称为普通语音学，只研究某一种语言的语音系统的称为具体语言的语音学，如汉语语音学、英语语音学。可以用描写分析的方法研究语音，也可以用历史比较的方法研究语音，这就有了描写语音学和历史比较语音学。另外，人们还可以用一定的实验仪器研究分析语音的物理性质和生理性质，形成独特的实验语音学。普通语音学中所阐述的是语音的一般理论。

## 第一节　语音的属性

语言交际活动可以表述为这样一个过程：编码—发送—传输—接收—解码。编码是将说话人所要表达的意义，通过选择，对应一定的语音形式，为意义选择语音载体。发送即通过一定的发音器官，发出含有一定意义的声音来。传输是指发音器官发出的音，以音波形式在空气中进行传播。接收指听话人运用听觉器官对说话人发出的声音进行感知。解码是指大脑对听觉器官接收、感觉神经传导过来的语音进行分析，最后还原为意义的过程。整个语言交际过程，经过由意义转换成语音，又由语音转换成意义，完成信息传递的任务。语音贯穿于交际的全过程，成为信息传递的载体。在交际的言语链中，语音以音波形式进行传输，属于物理学层面；语音的发送与接收，作用于发音器官和听觉器官，属于生理学层面；编码和解码则属于心理学和社会学层面。作为交际中的个体，选用何种表达方式，属于个人心理作用，音与义的结合规则则是由社会约定俗成的。我们可以把语音的属性概括为三个，即物理属性、生理属性和社会属性，其中社会属性是语音区别于其他声音的属性，是语音的本质属性。

### 一　语音的生理属性

语音是由人的发音器官发出的，又是由人的听觉器官感知的，所以具有生理属性。分析语音的生理属性，可以了解语音的发音和接收机制。

1. 发音器官

人的发音器官原本是有其他生理功能的，比如口腔部分，口负责进食，牙齿用来咀嚼，舌头则司搅拌、传送等。在进化的过程中，这些器官具有了协同活动发出语音的功能。如果一个人的发音器官有毛病，则不能发出正常的声音。人类不同的种族之间，发音器官大致相同，都可以发出相同的声音，之所以形成各自不同的语音系统，是因为它们选择了不同的语音表示意义。

人的发音器官可以分为三个部分。这三部分相互协调，共同动作，发出不同的声音。

第一部分是呼吸器官，包括肺和气管。肺部通过呼吸气流，提供发音动力。气管则负责气流传输。肺和气管呼出和吸入空气，形成气流，气流冲击咽部和口鼻腔而发出声音。人类的语音一般是靠呼出气流发出的，称为呼气音，如现代汉语普通话中，b［p］、p［pʻ］都是气流从肺部呼出，冲击双唇而发出的呼气音。汉语、英语、日语等语言里全部的语音（包括元音、辅音）都是呼气音。与呼气音不同，也可以通过吸入气流而发音，这种音叫吸气音，又叫缩气音、反音。从理论上说，所有呼气音都可以有对应的吸气音，但在实际语言里，吸气音极少，只有非洲南部的语言里有少量的吸气音。

第二部分是喉头和声带。喉头由甲状软骨、环状软骨和两块构状软骨组成，呈圆筒形，下接气管，上通咽腔。声带是两片富有弹性的薄膜，长 13—17 毫米，前后两端黏附在软骨上，中间的通路叫声门。由于肌肉和软骨的活动，声带可以放松或拉紧，声门可以打开或闭拢。当人们呼吸时，或发不带音（如 s、sh、f 等）时，声门大开，气流自由流出，声带不颤动；而发声音响亮的元音（如 a、e、u）和浊辅音（如 m、n、l）这些带音时，声门先闭拢，气流由肺部呼出，冲击声门，使声门打开一条缝隙，气流从中流出，同时声带发生颤动。声带在气流通过时，可以启，可以闭，可以振动，也可以不振动，还可以调节松紧，来发出清浊不同、高低有异的声音。

第三部分是调节器官，包括口腔、鼻腔和咽腔。发音的气流从肺部呼出，进入咽腔、口腔和鼻腔，形成共鸣，然后经由口或鼻逸出，所以口腔、鼻腔和咽腔不但是气流通道，还有共鸣器的作用。

口腔可分为上下两部分，上面部分包括上唇、上齿、齿龈、硬腭、软腭、小舌等。硬腭是口腔上壁较坚硬的部位，齿龈介于齿与硬腭之间。硬腭后较软的部分为软腭，软腭后连接小舌。小舌是像舌头一样能自由活动的肌肉坠，它的作用是调节气流通道，它可以翘起或垂下，分别发出口音和鼻音。口腔的下面部分包括下唇、下齿和舌头。舌头是口腔里最灵活的器官，也是最重要的发音器官。舌头分为舌尖、舌叶、舌面三部分。舌头的前端为舌尖。位于舌尖之后，当舌头平伸时，与上齿龈相对的部分为舌叶。舌头后部分为舌面，它平伸时与上腭相对。舌面又分为舌面前、舌面中、舌面后，舌面后又叫舌根。

鼻腔位于口腔之上，是一个空腔。咽腔位于喉头之上，呈叉状，上通鼻腔，前接口腔，下连喉头和食道。

发口音时，软腭和小舌上翘，抵住喉壁，通往鼻腔的通道被堵住，气流从口腔流出。发鼻音时，软腭和小舌下垂，堵住通往口腔的通道，气流从鼻腔流出。如果软腭和小舌呈半悬状态，气流同时从口腔和鼻腔中流出，则发出鼻化音。

在所有的发音器官中，声带、唇、舌、软腭、小舌都能够活动，叫作主动发音器官，齿、齿龈、硬腭等不能活动，叫作被动发音器官。主动发音器官与被动发音器官相互协调，发出变化多样的声音来。

2. 听觉器官

听觉器官主要指人类的耳朵，通过听觉器官感受音波振荡，并把它转换成适合于沿着听觉神经向大脑传递的信号。

耳朵的构造可以分成外耳、中耳和内耳三部分。外耳由耳朵外部可见部分和耳道组成，耳道的另一端连接耳膜，形成一个共鸣器，它的作用是保护耳膜，同时也可以起到放大声音的作用，鼓膜上接收到的声压要比耳道入口处的声压大二至四倍。中耳主要包括三块听小骨，即锤骨、砧骨和镫骨，它们的协同活动，可以使中耳具有两种功能，一是能提高进入内耳的声能量，中耳的这种压力放大作用，使我们能够听到比我们所能听到的声音能量弱 1000 倍的声音，这无疑提高了我们听觉器官的灵敏度。二是中耳具有保护内耳免受超强声音的损害的功能。它主要是通过调节镫骨的位置和旋转方向来起到保护作用的。内耳是位于颅腔内的一个小而复杂的系统，主要器官为耳蜗。耳蜗内部充满淋巴液，由耳蜗隔膜隔成前庭阶和鼓阶两部分，加上隔膜本身，构成三个部分，它的作用主要是接收听小骨传递来的振动，并作出反应，同时将这种机械运动转换成能够传递给大脑的信号。

在"编码—发送—传输—接收—解码"这一话语交际的言语链条中，听觉器官的作用不仅仅是接收从说话人那儿发出的声音，通过大脑理解，完成交际，而且说话人自己也在运用听觉器官监听自己发出的语音，随时作出调整，形成言语链中的侧链。这种反馈侧链在交际中的重要性，可以由一个实验来证明。将说话人的声音录在录音机上，延迟几分之一秒后放出，让说话人用耳机来听这种反馈声音，这种延迟的反馈会使说话人结结巴巴，说不清楚。长期耳聋的人，由于失去了反馈这一环节，无法对自己说的话进行调节，往往会使言语发生变质。听觉器官在语言交际中的作用是非常重要的。

## 二　语音的物理属性

语音是一种声音，同其他声音一样，也是由物体振动而发出声波，通过听觉器官感知而形成声音形象。声波及其产生、传播都是物理现象，所以说语音具有物理属性。我们说语音是语言的物质存在形式，也是根据这一点。

语音的物理属性表现在它和其他声音一样，也具有音高、音长、音强、音色四个要素，这四个要素叫作声音的四要素。我们可以从这四个方面来分析语音的物理性质。

1. 音高

音高是声音的高低，它由发音体发出的声波的振动频率①的高低所决定。发音体振动得快，频率高，声音就高；发音体振动得慢，频率低，声音就低。发音体的大小、长短、厚薄、松紧决定了发音的频率，也就决定了其音高。大的、长的、厚的、松的发音体，振动较慢，频率低，音高就较低；小的、短的、薄的、紧的发音体，振动较快，频率高，音高也就较高。二胡的发音体是琴弦，可以通过手指的移动调节这一发音体的长短，随手指下移，发音体越来越短，二胡的音也越来越高。再如口琴，其簧片较狭而短的，发出的是高音，较宽而长的，发出的是低音。我们人耳能够感知的声音，其频率范围为 16—20000 赫兹，低于 16 赫兹或高于 20000 赫兹（超声波）的声音，我们就听不到了。

人类的音高取决于声带的大小、长短、厚薄、松紧等。大、长、厚、松的，振动慢，音低；小、短、薄、紧的，振动快，音高。不同人的声带条件不一样，音高就不同。成年男子声带长、大、厚，音高较低，频率范围为 60—200 赫兹；妇女和儿童的声带短、小、薄，音高较高，妇女发音的频率范围为 150—300 赫兹，儿童发音的频率范围为 200—350 赫兹。同一个人可以发出高低不同的音，是因为人们可以调节声带的松紧。

音高在语言中具有重要作用，它可以构成声调和句调。在有些语言中，音节的音高变化可以用来区分意义，构成声调。如汉语，每一个音节都有固定的声调，不同的声调表示不同的意义。在语音系统中，声调与声母、韵母同样重要。如，dā（搭）、dá

---

① 频率是物体每秒钟内振动的次数，单位是赫兹（Hz）。

（达）、dǎ（打）、dà（大），四种声调构成四个词。汉藏语系的大部分语言具有以音高变化为特征的声调。音高还可以构成句调，表达特定语气和感情色彩。

2. 音长

音长是声音的长短，由声波持续的时间长短所决定。发音体振动时间长，音长就长；发音体振动时间短，音长就短。

语音中的音长，也是由发音持续时间决定的，比如发一个 a，声音拖长，就是较长的 a；稍发即止，就是较短的 a。

音长在语言中也有重要作用，可以通过音长的变化调节语调。有些语言还可以用音的长短对立，来区别意义。如英语中元音就有长短对立，形成不同音位，reed［riːd］（芦苇、芦笛）和 rid［rid］（使摆脱）就是以元音的长短来区分意义的。再如黎语保定话"箭"［tiːp⁷］① 和"拾"［tip⁷］，也是以元音的长短对立来区别意义。古汉语平、上、去、入四个声调中，平、上、去相对较长，入声则相对较短。现代汉语普通话中的轻声，不但读得比较轻，也读得比较短。

3. 音强

音强是声音的强弱，它由发音体发出的声波的振幅②所决定。造成发音体振动的力越大，振幅就越大，音强也就越强；造成发音体振动的力小，则振幅小，音强就弱。敲鼓发出声音，用力大，声音就强，用力小，声音就弱。

语音中的音强，取决于发音时用力大小。发音用力大，呼出的气流力量就大，对发音器官形成的压力就大，发出的音就强，反之则较弱。

音强在语言中也有重要作用。构成语调的因素除了有音高、音长的变化外，音强也是重要成分之一，它们协同作用，构成了

---

① 国际音标以"ː"或"ˑ"表示长元音。音标右上角的"7"表示第七调。
② 振幅指物体振动的幅度，振幅的单位是分贝（dB）。

语言长短有度、轻重互异、抑扬顿挫的韵律特征。有些语言中，音强的变化构成了词的轻重音，通过重音位置的移动来区别意义。如英语 permit，重音在前 ['pəːmit]，为名词，意为"许可，执照"，重音在后 [pəː'mit]，为动词，意为"允许"。汉语普通话的轻声，是念得音强较弱的音节，较短较轻是它的特征。轻声与否，有时可以区分意义，"孙子"一词，两个音节都重读，指我国古代著名军事家孙武（或孙膑），而后一音节读轻声，则指一种亲属称谓，意为儿子的儿子。"地道"一词，"道"重读，意为"地下的通道"，为名词，"道"轻声，意为"纯正"，为形容词。轻声还可以在句中区别不同结构，如"打死人"，"死"重读，为"动定宾"结构，"死"轻声，则为"动补宾"结构。

音高与音强是两种不同的语音要素，它们之间也具有一定的联系，可以互为伴随特征。发较高的音，往往稍用力些，发较低的音，则用力小些，反之也是如此。但这并不妨碍我们区分音高和音强。在保持高音不变的情况下，我们可以发出不同音强的音，同样，在保持一定音强的前提下，我们也可以发出不同音高的音。发语音时也是这样，同样声调，比如高平调的阴平，我们可以发出大小不同的音；同样用力发音，也可以有阴平、阳平、上声、去声等声调的变化。这就要求我们把音高和音强区别开来，而不能混同。

### 4. 音色

音色是语音的本质特色，又叫"音质"，以前也叫"音品"，它是一个声音区别于其他声音的最本质的特征。音色由发音所形成的音波形式的不同所决定，而音波形式的不同可以由基音和陪音及其关系来说明。

声音可以区分为单纯音和复合音两类，发音体单纯振动，只有一种声波形式，也只有一个频率，听起来非常单调，这种声音就叫单纯音，物理实验中所使用的高级音叉发出的音就是单纯音。不过自然界的音响一般都是复合音。复合音是发音体的一系列振动复合而成的声音。不同发音体或同一发音体的不同部分同时振动，各种振动汇合而成复合音。如风吹树叶的唰唰声，是由许多树叶同时振动复合而成的。复合音中频率最低的音叫基音，基音之外的音都是陪音。我们平时说的音高，主要是指基音的音高。基音的性质、陪音的多寡以及基音与陪音的相互配合，就形成了不同的声波形式，形成了不同的音色。

从声学的角度看，声音可分为乐音和噪音两类。乐音发音响亮悦耳，其陪音与基音之间呈规则的正整数倍关系，表现为有规律的音波形式。噪音发音刺耳，其陪音与基音之间不呈正整数倍关系，音波形式比较杂乱。语音中，元音都是乐音，而辅音都带噪音，有的是纯噪音。乐音的音高取决于基音的频率，音色则取决于陪音的数量、振幅、频率，以及它们与基音的关系。声带颤动发出一个基音，同时产生许多不同频率的陪音，这些陪音在经过口腔、鼻腔等共鸣器时，大部分被吸收或抑制，只有一部分被过滤出来，产生共振，从而得到不同程度的强化。乐音的音色就取决于基音（$F_0$）和头两三个频率最低的陪音（$F_1$、$F_2$、$F_3$）。噪音的特征表现为在一定的频率范围内出现无规则波形密集现象，根据噪音能量密集区的不同频率位置，可以区别各种辅音。

为什么会有基音和陪音的种种变化呢？或者说，什么原因造成音色的不同呢？一般说来是由三个方面造成的。

第一，发音的物体不同，可以造成不同音色。如乐队奏同一音高的一个音符，不同乐器发出的声音各不相同。

第二，发音的方法不同，可以造成不同音色。如用木棍敲击铜锣或划过铜锣，发出的音不同。

第三，共鸣器形状不同，可以造成不同音色。如大提琴与小提琴音色的不同，主要由其共鸣器的大小不同造成。

语音也是一种复合音。其音色的变化与一般声音音色的变化是相同的，也是由发音体、发音方法和共鸣器形状三方面因素决定的。人们可以通过发音器官的活动，改变发音部位和发音方法及共鸣器形状，发出不同的音色。比如，振动器官声带可以振动也可以不振动，这就使发音体发生变化；排除阻碍时，气流可以较强也可以较弱，这就使发音方法产生变化；鼻腔可以打开也可以关闭，这就使共鸣器形状产生变化。

　　音色是一个音区别于其他音的最根本也最显著的特色，在语言中的作用也最重要。音色的变化最为丰富多样，可以满足人们区别各种意义的需要。任何语言的语音系统都以不同音色的音素为其基本构成，其他要素（音高、音长、音强）则并不是在每种语言中都占据重要地位。如汉语中音高重要，而音长、音强不太重要；英语则相反。

　　需要注意的是，语音的音高、音长、音强、音色四个要素都是相对的而不是绝对的。如音高，高音和低音是相对而言的：相对较高的音就是高音，相对较低的音就是低音。尽管一个女子的低音可能比一个男子的高音还要高，但我们还是认为该女子发的是低音而男子发的是高音，因为这个女子还有更高的音而这个男子还有更低的音。音的长短、强弱也是相对而言的：相对较长、较强的即为长音、强音，反之则为短音、弱音。就音色而言，同一个人前后发的同一个音，很可能声波形式也略有不同，不同人的嗓音特点更是不同。但我们不去计较个人嗓音的差别，更不追究一个人前后发音的微异，而把基本相同的音色视为相同。

　　5. 语音四要素之间的关系

　　音高、音长、音强、音色是从不同的角度分析出来的语音的四个成分，它们在自然的发音中有时会表现出一定的联系。美国学者 G. E. Peterson 和 H. L. Barney 1952 年发表过一篇文章《控制方法在元音研究中的应用》，对 76 位不同年龄、性别的发音人提供的语音材料进行实验、分析，发现不同的人发音的频率不同，儿童频率最高，女性其次，男性频率最低。如元音 [i]，其基频（$F_0$），男人是 136 赫兹，女人是 235 赫兹，而儿童为 272 赫兹。他们同时发现，元音音色与频率之间有着规律性的联系，高元音

［i］［u］的频率较高，而低元音［a］和次低元音［æ］频率较低。元音音色与振幅、频率之间呈现有规律的对应，频率越低，振幅越大，频率越高，振幅越小。低元音总是频率较低，相应振幅就大，而高元音频率较高，相应振幅就小。音高与音长有时也呈现一定的对应性。实验证明，汉语普通话的阴平、阳平、上声、去声四种声调，从音长的角度分析，上声最长，阴平其次，阳平再次，去声最短。当然这种对应，并不能否定声调的音高特质，音长只是其伴随特征。

## 三　语音的社会属性

语音都是含有一定意义，作为意义的载体而起交际作用的，这就决定了语音具有社会的属性。这也是语音区别于自然界其他声音的最根本的性质。

语音与意义的结合是由社会决定的。语音作为一种符号与它所代表的意义相联系，但这种联系并不是必然的。一个语音表达一个什么样的意义，是由使用这种语言的社会在使用中约定俗成地固定下来的。所以，一个意义可以用不同的语音形式表示。比如"太阳"，汉语中有的方言叫［tʰai iaŋ］（太阳），有的叫［zʅ tʰou］（日头），有的叫［lau iɛ tsʅ］（老爷子）；而英语叫［sʌn］（sun），日语叫［hi］（日）。同一个音也可以表示不同的意义。如［i］，汉语中表示"衣""医""一""依"等多种意义；日语中则表示"胃""井""意"等意义。同时，语音与意义的结合由社会约定俗成之后，个人不能任意更动。这也是语音具有社会性的表现。

语音的系统也是由社会决定的。任何语言或方言都有其独特的语音系统，比如有哪些音、没有哪些音、音与音之间的组合关系等。这些语音系统上的特点的形成没有生理的、物理的或其他方面的原因，只是由使用这种语言的社会约定俗成的。比如汉语中有 tʂ、tʂʻ、ʂ 等卷舌音，而英语中没有，英语中有 b、d、g 等浊音而汉语大部分方言没有，这并不是汉、英两个民族的发音器官有什么不同，也不是地理的原因，而仅仅是由于汉、英两个民族各自约定俗成地选择了各自的语音系统。由于自幼受特定语音系统的熏陶，一个人往往对母语中具有的语音特征，听觉上比较敏感、发起来也容易，对母语中没有的语音特征，则不易听出，也不容易发出。如西方人对汉语的四声和汉族人对西方语言的颤音、浊音，都是不易分辨和难以准确发音的。但是，经过训练，一个人可以掌握各种语音系统。这说明语音系统与生理和地理等非社会因素无关，而只是社会的习惯的产物。

语音以人的发音器官为其不可或缺的生理基础，又同其他声音一样，具有物理的属性，但最根本的是它具有社会属性。它与意义紧密结合，成为语言的物质存在形式。

## 第二节　元音和辅音

### 一　音素和音标

音素是按照音色的不同划分出的最小的语音单位。音素是从音色的角度划分出来的，与音高、音长和音强没有关系。它又是最小的单位，不能再划分。例如汉语"汉"的读音［xan］，仔细分析不难发现，它是由三个单位组成的：［x］［a］［n］。这三个单位各自具有不同的音色，并且不能再划分成更小的单位。这就是三个音素。至于"汉"的声调（全降调）属于音高范畴，不能作为音素。

音素与字母不同。一个音素常用一个字母来表示，如英语edit［ˈedit］（编辑，校订）用四个字母表示四个音素。但一个音素可以用几个字母表示，如英语long［lɔŋ］（长，长久）用ng两个字母表示［ŋ］一个音素。一个字母也可以表示不同的音素，如英语的a可以表示［ei］［æ］［ə］等音。

分析语音，需要把它记录下来，变成书面符号。记录语音的符号就是音标。广义上，一切标记语音的符号都是音标，如标记音素的音素音标（如"国际音标"）、标记音位的音位音标（如汉语拼音字母）、标记音节的音节音标（如日文假名）、标记某些语音结构的语音结构音标（如汉语注音字母的"ㄠ""ㄢ"等）。狭义的音标只指标记音素的音素音标。为了精确记录语音，语音学家们创制了多种音素音标，"国际音标"是其中最通行的一种。

国际音标是语音学教师协会（Phonetic Teacher's Association）于 1888 年 8 月制定的，后来这个协会改名为国际语音学会（International Phonetic Association），国际音标的全称为 International Phonetic Alphabet，简称 IPA。国际音标从最初发表到现在，经过多次增补和修改，为世界各国语音学界所通用。它的特点有三。①标音准确，严格按照"一个音素只用一个符号代表，一个符号只代表一个音素"的原则制定，音素和符号呈一对一的关系，避免了同音不同符和同符不同音的混乱，便于准确标音。②符号简单易行。它以世界上许多国家所通用的拉丁字母为基础，大部分采用其小写印刷体字母，不便使用时，则运用一些变通方式，如，倒写的［ɯ］［ə］，大写字母［ɛ］［ʌ］，合体字母［œ］［æ］，或者采用希腊字母［β］［θ］，或者改变字母形状造新符号［ɳ］［ʂ］。③使用灵活。国际音标有一些附加符号，用以精确记音。如表示鼻化的"～"，表不带音的"。"，表唇化的"w"等，还可以根据需要增添新符号，能准确记录世界上的各种语言的语音。我国在描写汉语语音、调查方言和少数民族语言，以及外语教学中都采用国际音标。国际音标在书写上，一般用方括号括起来，以区别于其他音标，如元［yɛn］。

## 二　元音

音素可以分为元音和辅音两类。

1. 元音的特点

元音又叫"母音"，是发音时气流不受阻碍形成的音。如汉语"八"[pA] 中的 [A]，英语 back [bæk]（背，背后，向后）中的 [æ]。一般音节中都含有元音。元音的发音特点可概括为如下几方面。

①发元音时，气流由咽腔到口腔自由流出，不受到明显的阻碍。在发各种元音时，舌和唇也有一些变化，如舌头可前可后、可高可低，唇可开可较闭、可展可圆。这样就改变了气流通道形状，调节气流，从而发出不同的元音。如发 [a] 时，舌头位置较低、唇较开，而发 [i] 时舌头位置较高、唇较闭。在发舌头位置较高、唇较闭的元音时，虽然气流通道较为狭窄，但仍没有哪个部位形成明显的阻碍，气流可以不被闭塞也不受摩擦地自由流出。②发元音时，发音器官的各部位肌肉均衡紧张。由于发音时不是某一部位对气流构成特别的障碍，各部位肌肉紧张程度比较均衡。③发元音时，声带颤动。所以，元音比较响亮。

2. 元音的分类

一般说的元音，是指舌面元音，即发音时舌面起调节气流作用的元音。另外还有发音时舌尖起作用的舌尖元音和发音时舌尖同时上卷的卷舌元音。上面三种元音发音时鼻腔通路堵塞，气流从口腔通过，所以叫口元音。发元音时，软腭下垂，气流同时从口腔和鼻腔通过，这样的元音是鼻化元音。

（1）舌面元音

发舌面元音时，主要由舌面起调节气流的作用。舌面可以抬高，也可以放低；舌面可随舌头前移由舌面前部起作用，也可后移由舌面后部起作用。舌头在口腔中的位置叫舌位。舌位可有高低、前后之分。嘴唇也对元音的音色起作用，可以圆拢，即圆唇，也可以平展，即不圆唇（展唇）。舌面元音的音色即由舌位的高低、前后和唇形的圆展三个条件决定，改变其中一个条件，即会发出不同的元音。

　　舌位的高低一般分为七级，依次是：高、次高、半高、中、半低、次低、低。舌位最高时发出的元音叫高元音，如汉语"地"［ti］中的［i］。舌位在半高时发出的元音叫半高元音，如汉语"波"［po］中的［o］、英语 bed［bed］（床）中的［e］。舌位半低时发出的元音叫半低元音，如汉语"姐"［tɕiɛ］中的［ɛ］、英语 boar［bɔː］（公猪，野猪）中的［ɔ］。舌位最低时发出的元音叫低元音，如汉语"巴"［pʌ］中的［ʌ］、英语 bath［bɑθ］中的［ɑ］。位于高与半高之间的元音是次高元音，如北京话"海"［xaɪ］中的［ɪ］、"高"［kɑω］中的［ω］。位于低与半低之间的元音是次低元音，如英语中 establish［isˈtæbliʃ］（建立）中的［æ］。位于半高与半低之间的元音是中元音，如北京话"跟"［kən］中的［ə］、江苏常熟话"梅"［mE］中的［E］。舌位的高低与口的开闭程度是相联系的：舌位愈低，开口度愈大；舌位愈高，开口度愈小。开口度从小到大一般分为四级，依次为：闭、半闭、半开、开。高元音即闭元音，半高元音即半闭元音，半低元音即半开元音，低元音即开元音。舌位愈低，开口度愈大，元音愈响亮。所以，较低、较开的元音比较高、较闭的元音响亮。如［ʌ］比［ɛ］响，［ɛ］比［e］响，［e］比［i］响。

　　舌位的前后一般分成三类：前、央、后。发音时舌头前移，舌面前部拱起与硬腭相对而发出的元音是前元音。如汉语的［i］［y］［e］，英语 bank［bæŋk］（堤，岸，银行，库）中的［æ］。发音时舌位不前不后，舌面中部拱起与上腭中部相对而发出的元音是央元音，如汉语"横"［xuən］中的［ə］、"打"［tʌ］中的［ʌ］，英语 serve［səːv］（服务）中的［əː］。发音时舌头后移，舌面后部上抬与软腭相对而发出的元音是后元音，如汉语"姑"［ku］中的［u］、英语 stop［stɔp］（停止，车站）中的［ɔ］。

　　发音时嘴唇圆拢的元音叫圆唇元音，如汉语"巨"［tɕy］中的［y］、英语 stop 中的［ɔ］。发音时嘴唇不圆拢的元音叫不圆唇元音，如汉语"哥"［kɤ］中的［ɤ］、英语 much［mʌtʃ］（很多的，很）中的［ʌ］。

　　元音嘴唇圆展程度并不一样，还可再细分为五级。①特展（0度）：像［i］［e］［ɛ］［E］［æ］［a］等，嘴唇扁平，比较开。②中性（1度）：像［i］［ə］［ɯ］［ɤ］［ʌ］［ɑ］［A］等，嘴唇成自然状态。③略圆（2度）：像［œ］［ɔ］［ɒ］等，嘴唇略成长圆形。④圆（3度）：像［o］［ø］等，嘴唇成圆圈形。⑤最圆（4度）：像［u］［y］等，嘴唇收敛撮成一个小圆孔。

　　为了清楚地显示元音的舌位高低、前后和嘴唇圆展这三方面情况，语音学家们设计了元音舌位图（见图 5－1）。元音舌位图是根据舌位的实际变动轨迹简化而成的。图为不规则四边形，其中的每一个点表示舌位的每一个位置。竖线表示高低，横线表示前后，不圆唇元音写在竖线左侧，圆唇元音写在竖线右侧。这样，任何一个舌面元音都可以根据它的舌位的高低、前后和嘴唇圆展在舌位图上表示出来。

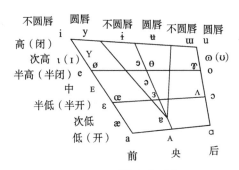

**图 5－1　舌面元音舌位**

　　舌位图上［i］［e］［ɛ］［a］［ɑ］［ɔ］［o］［u］八个元音被称作正则元音，其余为非正则元音。正则元音中前元音均为不圆唇元音，后元音则多为圆唇元音（ɑ 例外）。

　　对任何一个舌面元音，我们都可以从舌位的高低、前后和嘴唇圆展三方面加以描写和分析。如［i］为前、高、不圆唇元音，

［o］为后、半高、圆唇元音，［ʌ］为后、半低、不圆唇元音。有
了这三方面条件，我们便可以知道一个舌面元音是怎样发音了。

（2）舌尖元音

发舌尖元音时，主要由舌尖起调节气流的作用。发音时舌尖
上升，靠近上齿背或硬腭前部，气流通路较狭窄，但不发生
摩擦。

舌尖元音的舌头的位置是比较高的。按照舌尖位置的前后，
舌尖元音分为舌尖前元音和舌尖后元音。舌尖前元音发音时舌尖
位置靠前，接近上齿背，如汉语"资"［tsɿ］中的［ɿ］；舌尖后
元音发音时舌尖位置靠后，接近硬腭前部，如汉语"知"［tʂʅ］
中的［ʅ］。按照嘴唇的圆展，舌尖元音分为圆唇舌尖元音和不圆
唇舌尖元音两类。发音时嘴唇圆拢的舌尖元音是圆唇舌尖元音。
圆唇舌尖元音又可分为舌尖前圆唇元音和舌尖后圆唇元音。如苏
州话"主"［tsʮ］、"如"［zʮ］中的［ʮ］即为舌尖前圆唇元音，
陕西咸阳话里"书"［ʂʯ］中的［ʯ］即为舌尖后圆唇元音。

只有一部分语言和方言，才有舌尖元音。

（3）卷舌元音

发卷舌元音时，舌尖向硬腭翘起，带有卷舌音［r］色彩。
卷舌元音可以看作发舌面元音时加上卷舌动作而成的，其舌位仍
可有高低、前后，口形仍可有圆展的变化，从而发出不同音色的
卷舌元音。如汉语"儿"［ɚ］（或标作［ər］）是央、中、不圆
唇卷舌元音，"孩儿"［xar］中的［ar］是前、低、不圆唇卷舌
元音。汉语普通话儿化韵中的主要元音都是卷舌元音。美国英语
中有比较多的卷舌元音，如 core［kɔːr］（果实的心）中的
［ɔːr］、learn［ləːrn］（学习）中的［əːr］等。国际音标在字母
右上角加"ɪ"表示卷舌，如［əʵ］，也常标［r］，如上举。

（4）鼻化元音

发舌面元音时，软腭下垂，打开鼻腔通路，让气流同时从口
腔和鼻腔流过，这样的元音就是鼻化元音。如汉语济南话"盘"

［p'æ̃］中的［æ̃］、"跟"［kə̃］中的［ə̃］，法语 bon［bɔ̃］（好）中的［ɔ̃］、vin［vɛ̃］（酒）中的［ɛ̃］等。鼻化元音因其鼻化的强弱程度不同，可以分为两类。①纯粹鼻化元音或称完全鼻化元音。从发元音开始，软腭和小舌就下垂，打开鼻腔通道，使气流同时通过口腔和鼻腔，形成共鸣。鼻化贯穿于元音发音的整个过程，它不是部分鼻化，也没有先强后弱或先弱后强的情形。这种鼻化元音较为多见。如汉语昆明话中的"恩"［ə̃］、"安"［ã］，厦门话中的"婴"［ə̃］、"英"［ĩ］；再如法语 an［ã］（年，岁），un［œ̃］（一个）等。②半鼻化或称不完全的鼻化音。元音的前半部分为不带鼻音的纯粹口元音，后半部分才带有鼻化。这类鼻化元音是部分鼻化，而且鼻化程度较弱。像汉语南京话里的"烟"［ieˇ］、"安"［aˇ］。这类半鼻化音在汉语的一些方言区，如上海、宝山、常熟等地都有发现，丹麦语、德语、葡萄牙语的一些方言中，也有这种半鼻化元音。

　　在有些语言里，口元音与鼻化元音构成对立，成为区别意义的重要方式，如法语的 bas［bɑ］（袜子）、banc［bɑ̃］（长凳子）、mot［mo］（词）、mont［mõ］（山）等。

　　鼻化元音又叫鼻元音。有时，一个元音既卷舌又鼻化，即鼻化的卷舌元音。如汉语普通话"方儿"［fɑ̃r］中的元音。国际音标在字母上面加"～"表示鼻化。

　　（5）松元音与紧元音

　　在有些语言中，发元音时发音器官的肌肉紧张程度有相对紧张和相对松弛之分。这种区别可以区分词义。发音时，发音器官的肌肉相对紧张的叫紧元音，相对松弛的叫松元音。汉藏语系藏缅语族中，松紧元音的对立较为常见。如彝语喜德话［sɿ √］（松元音）"死"、［sɿ̠ √］（紧元音）"柴"，［vu┤］（松元音）"肠"、［vu̠┤］（紧元音）"进入"。再如哈尼语中的［bi̠］（给）、［bi］（溢），［ba̠］（抬）、［ba］（薄），［dɔ̠］（很）、［dɔ］（穿），等等。紧元音下标一短横，松元音不标。在元音松紧不构成对立的语言中，元音的略紧或略松，只是发音的伴随性特征，不区分为紧元音或松元音。

（6）长元音和短元音

在有些语言中，元音的音长也能区别词义。在这些语言中，音长较长的元音叫长元音，音长较短的元音叫短元音。如汉语广州话"考"［haːu］中的［a］是长元音，"口"［hau］中的［a］是短元音；英语 heat［hiːt］（热）中的［i］是长元音，hit［hɪt］（射）中的［ɪ］是短元音。再比如三江侗语，［maːi］（儿媳）、［mai］（蒸），［laːu］（大）、［lau］（哄人）。德语里元音长短也能区别意义，如 Beet［beːt］（花床）、Bett［bet］（床）。国际音标在元音后加"ː"或"ˑ"表示长元音，短元音不标。长元音和短元音是相对而言的，其音长是相对的。在音长不区分词义的语言（如汉语绝大部分方言）里，元音的稍长或稍短都可以不计。

在一种区分长短音的语言中，长短音的差别往往伴随着元音音质的差别，广州话中，长［a］较短［a］舌位更前一点，口更开一点。法语里的长［ɔ］较短［ɔ］也是口形更开一点，舌位更前一点。龙州壮语中，长的［iː］舌位较高，类似［i］，而短的［i］舌位稍低，类似［ɪ］。当然这种差别很小，属于伴随特征。

## 三　辅音

辅音又叫"子音"，是发音时气流受到阻碍形成的音。如汉语"班"［pan］中的［p］和［n］。

### 1. 辅音的发音特点

辅音的发音特点是：①发音时，气流在发音器官的某一部分受到明显的阻碍。口腔内的牙、舌、小舌以及唇、喉壁、声带等都可以活动、相互靠拢或向不能活动的部位（如上腭、上齿等）靠拢。有的相互接触，堵塞气流通道，使气流受到阻碍；有的相互靠拢但不接触，使气流通道变狭，气流受阻后摩擦而出；有的则以其他方式对气流加以阻碍。气流受到不同程度的阻碍，需要冲破阻碍或摩擦阻碍的部位才能逸出，所以，气流也比较强。如发［p］时，上唇与下唇闭合，堵住气流，然后突然放开，气流冲出发音。②发音时，发音器官各部分肌肉紧张程度不均衡，构成阻碍的部分特别紧张，其他部分则比较松弛。如发［p］时双唇构成阻碍，特别紧张，其他部分（如舌）则不紧张。发［t］时舌尖上抵上齿龈，舌尖紧张而其他部分（如唇、舌面、舌根）不紧张。③发音时，有的颤动声带，有的不颤动声带。声带不颤动的辅音不响亮。如发［p］时声带不颤动，发［m］时声带颤动，［m］响亮。

2. 辅音的发音

辅音的发音过程一般分为三个阶段：成阻、持阻、除阻。成阻是辅音发音过程的开始阶段，即发音部位构成阻碍的阶段。可移动的发音器官的某一部位从静止状态或其他状态向不能移动的发音器官的有关部位靠拢，或者可移动的发音器官的两部分相互靠拢（如上下唇），构成发某一辅音所必需的阻碍，同时准备相应的气流。如发［p］时，软腭上升堵塞鼻腔，上下唇闭合。成阻时尚无气流到达，不发音。持阻是辅音发音的中间阶段，即发音部位持续阻碍的阶段。发音部位形成阻碍之后，气流到达，发音器官不变，持续对气流的阻碍。有的辅音发音时部位完全闭合，持阻时气流无法从口腔或鼻腔冲出，只是压迫形成阻碍的部位，这时不发声；有的辅音发音时发音部位不完全闭合，持阻时气流可以从中摩擦挤出，这时可以发声。持阻时发声的音可以延长。持阻时发音器官受到气流的压力，肌肉最为紧张。如发［p］时，成阻之后气流冲击双唇，但双唇仍闭合，气流不能出，不发声。发［s］时，鼻腔通路阻塞，舌尖向上齿背靠近但不闭合，这是成阻阶段，然后，气流到达，可以由舌尖与上齿背之间的缝隙挤出发声。除阻是辅音发音过程的最后阶段，即发音部位变化消除阻碍的阶段。持阻之后，发音部位由构成阻碍的状态恢复到静止或其他状态，阻碍解除。持阻时不发声的辅音，这时由于阻碍解除，气流冲出发声；持阻时发声的辅音，这时就不发声了。除阻时发声的辅音不能延长。如发［p］时，持阻之后双唇突然打开，气流一下子冲出来发声；发［s］时，舌尖离开上齿背，［s］发音停止。有的辅音只有成阻和持阻阶段而没有除阻阶段，叫唯闭音。如汉语客家话"夹"［kiap］中的［p］，发音时双唇闭合成阻并持阻，气流冲击发音部位，但双唇不打开，气流无法冲出，只做势而不出声。

（1）辅音的发音部位

辅音的音色由发音部位和发音方法决定。发音部位是发音时发音器官对气流形成阻碍的部位。变换发音部位，可以发出不同的辅音。按照发音部位分类，辅音可以分为双唇音、齿唇音、齿间音、舌叶音、舌尖音、舌面音、舌根音、小舌音、喉壁音、喉音等。

双唇音是上唇和下唇构成阻碍而发出的辅音。如汉语"八"［pʌ］中的［p］、"妈"［mʌ］中的［m］，英语 bag［bæg］（袋）中的［b］。

齿唇音也可以叫唇齿音，是上齿和下唇构成阻碍而发出的辅音。如汉语西安话"猪"［pfu］中的［pf］，普通话"飞"［fei］中的［f］。

齿间音是由舌尖在上下齿之间构成阻碍而发出的辅音。如汉语山东沂水话"走"［tθau］中的［tθ］，英语 health［helθ］（健康）中的［θ］。

舌叶音是舌叶与上齿龈或硬腭形成阻碍而发出的辅音。如汉语山东潍坊话"知"［tʃʅ］中的［tʃ］、"受"［ʃueʔ］中的［ʃ］。

舌尖音是舌尖与上齿或上腭构成阻碍而发出的辅音，又可分舌尖前音、舌尖中音、舌尖后音。舌尖前音由舌尖与上齿背构成阻碍，如汉语"资"［tsʅ］中的［ts］。舌尖中音由舌尖与上齿龈构成阻碍，如汉语"得"［tɤ］中的［t］。舌尖后音由舌尖与硬腭前部构成阻碍，又叫翘舌音，如汉语"支"［tʂʅ］中的［tʂ］。

舌面音是舌面与上腭构成阻碍而发出的辅音，又可分为舌面前音和舌面中音。舌面前音由舌面前部与硬腭前部构成阻碍，如汉语"鸡"［tɕi］音节中的声母。舌面中音由舌面中部与硬腭中部构成阻碍，如汉语烟台话"鸡"［ci］音节中的声母。

舌根音也叫舌面后音，是由舌根与软腭构成阻碍而发出的辅音。如汉语"歌"［kɤ］中的［k］，英语 give［giv］（给）中的［g］。

小舌音是舌根与小舌构成阻碍而发出的辅音。如羌语［qa］（我）中的［q］、［χa］（铜）中的［χ］、［ʁu］（肯）中的［ʁ］。

喉壁音是舌根与喉壁构成阻碍而发出的辅音。如阿拉伯语［ruːħ］（精神）中的［ħ］。

喉音是声带靠拢或闭合构成阻碍而发出的辅音。如汉语云南玉溪话"街"［ʔɛ］中的［ʔ］，广州话"希"［hei］中的［h］。

（2）辅音的发音方法

辅音的发音方法可以从三个方面来观察。一是成阻和除阻的方式，二是声带是否颤动，三是气流的强弱。

成阻和除阻的方式不同，可以发出不同的辅音。按照这个标准，可以把辅音分为：塞音、擦音、塞擦音、鼻音、边音、颤音等。

塞音是发音时发音部位完全闭合，气流爆破而出的辅音。又叫"爆破音""破裂音"。如汉语的"波"［po］、"得"［tɤ］、"歌"［kɤ］中的［p］［t］［k］。

擦音是发音时发音器官不完全闭合，使气流从缝隙中摩擦而出的辅音，又叫"摩擦音"。如汉语"思"［sʅ］中的［s］，英语 zero［ziərou］（零）中的［z］。

塞擦音是由同部位塞音和擦音紧密结合而成的辅音。发音时发音部位先完全闭合，然后稍开，使气流从缝隙中摩擦而出。如汉语"资"［tsʅ］中的［ts］、英语 chief［tʃiːf］（领袖，主要的）中的［tʃ］。

鼻音是发音时发音部位完全闭合，气流只从鼻腔通过的辅音。如汉语"摸"［mo］中的［m］，"昂"［ɑŋ］中的［ŋ］。鼻音之外的辅音都是气流只从口腔通过，叫"口音"。

边音是气流沿舌头两边或一边通过而形成的辅音。如汉语"拉"［lʌ］中的［l］，英语 all［ɔːl］（全，所有）中的［l］。气流通过时摩擦较重的边音叫边擦音。如汉语山东寿光方言"事儿"中的［ɮ］，广东台山"四"［ɬi］中的［ɬ］。

颤音是由发音器官中有弹性的部分（小舌、舌尖或双唇）多次颤动而发出的音，如俄语中的 P［r］。只颤动一次的音叫闪音，如日语ら［ra］中的［r］。

发辅音时声带可以颤动，也可以不颤动。声带颤动发出来的辅音叫浊音，又叫"带音"。浊音都是乐音，即有规律的声波，比较响亮。如汉语"拿"［nʌ］中的［n］，英语 dance［dɑːns］（跳舞）中的［d］。声带不颤动发出来的辅音叫清音，又叫"不带音"。清音是噪音，即无规律的声波，不响亮。如汉语"波"［po］中的［p］、"师"［ʂɿ］中的［ʂ］，英语 key［kiː］（钥匙）中的［k］。

塞音、塞擦音发音时，气流呼出有的强、有的弱。呼出气流较强的音是送气音，呼出气流较弱的音是不送气音。如汉语"坡"［pʻo］中的［pʻ］是送气音，"波"［po］中的［p］是不送气音。英语中的清塞音、塞擦音在一般情况下是送气音，如check［tʃek］（支票）中的［tʃ］实际上是送气的［tʃ］。国际音标以在右上方加"ʻ"或"h"表示送气。擦音、鼻音、边音等持阻时便发音，气流通过狭窄的通路摩擦而出，所以气流都较强，一般没有送气不送气的对立。

任何一个辅音，都可以从以上几个方面进行分析（送气与否只适用于塞音、塞擦音）。如汉语"资"［tsɿ］中的［ts］是舌尖前不送气清塞擦音，"知"［tʂɿ］中的［tʂ］是舌尖后不送气清塞擦音，英语 ball［bɔːl］（球）中的［b］是双唇不送气浊塞音，［l］是舌尖中浊边音。

**3. 辅音发音的几种独特情况**

**（1）半元音**

半元音是介于元音和辅音之间的音，属于一种混合音。发音时声带颤动，较为响亮，与元音相似，而又略带摩擦，与辅音相似。它比浊辅音所含的噪音成分少，发音时口腔近于开放，乐音成分大一些，所以叫半元音。汉语普通话中零声母的齐齿呼和合口呼、撮口呼，其韵头都是半元音。如"烟"［jɛn］中的［j］，"温"［wən］中的［w］，"元"［ɥɛn］中的［ɥ］；再比如广州话"蛙"［wa］中的［w］，浙江永康话"用"［ɥoŋ］中的［ɥ］；法语中 nuit［nɥi］（夜）中的［ɥ］也属于半元音。

**（2）腭化辅音**

腭化辅音是指在发辅音时，同时加上一个［j］音，两者合成一个音素。它与辅音+j 或辅音+i 不同，前者是一个音素，而后两者都是两个音素。腭化辅音的发音是在发一个辅音时，舌面向硬腭抬起，扩大舌面与硬腭接触的部位。如英语 dew［djiuː］（露水）中的［dj］，实际上就是一个腭化辅音。腭化辅音的写法一般是在原来辅音的符号上加上"ʲ"，如 kʲ、tʲ 等。汉语普通话［t］［tʻ］［n］［l］四个声母与齐齿呼相拼时，就带有腭化色彩，变为腭化音。如，"电"［tiɛn］中的［ȶ］，"题"［tʻi］中的［tʻ］，"你"［ŋi］中的［ŋ］，"量"［liɑŋ］中的［ȴ］。理论上说，除半元音外，所有辅音都可以有相对的腭化音，但在具体语言中，腭化音是有限的。

**（3）唇化辅音**

发音时双唇前伸，形成圆形，即发辅音时伴随有圆唇动作，这种辅音叫唇化辅音。唇化辅音一般用辅音之下加"w"来表示，如［tw］［kw］［nw］［ŋw］，也可以在辅音右上方加"w"来表示，如［kʷ］［ŋʷ］。唇化辅音多见于汉藏语系壮侗语族各语言里，以

舌根音唇化最为常见，如海南乐东县抱由镇保定村黎语有 [kʷ]
[khʷ] [gʷ] [ŋʷ] [ʔʷ] [hʷ] 一套唇化辅音声母，贵州省望谟
县布依语有 [tʷ] [ʔdʷ] [tɕʷ] [nʷ] [n̥ʷ] [lʷ] [sʷ] [zʷ]
[ɕʷ] [zʷ] [kʷ] [ŋʷ] [ʔʷ] [ʔjʷ] 一套唇化辅音声母。汉语普
通话中，大多数辅音与合口、撮口韵母相拼时，带有唇化色彩，如
"都" [tu] 中的 [t]、"居" [tɕy] 中的 [tɕ]、"孙" [suən] 中
的 [s]。

（4）清鼻音与清边音

鼻音与边音，如 [m] [n] [ɳ] [ŋ] [l] 等，发音时声带
颤动，为浊辅音。而与之对应，还存在同部位的清辅音，这就是
清鼻音与清边音。清鼻音与清边音发音时，气流通过声门，并不
使声带颤动，然后经鼻腔或口腔的舌两边流出。清鼻音和清边音
的表示方法，是在鼻音、边音符号下加"。"，如 [m̥] [n̥] [ŋ̊]
[l̥] 等。[ŋ̊] 也可写作 [ŋ̊]。汉藏语系中有的语言中，浊鼻音可
以与清鼻音形成对立，起区别意义的作用。如贵州省荔波县水庆
水语，其鼻辅音分别有 [m] [n] [ɳ] [ŋ] [mj] [nj] 和 [m̥]
[n̥] [ɳ̊] [ŋ̊] [mj] [nj] 两套。再如瑶语勉话 [m̥waŋ]（暗）中
的 [m̥]、[nam]（想）中的 [n]、[ɳaŋ]（年）中的 [ɳ̊]、[ŋ̊a]
（砍）中的 [ŋ̊]，都属于清鼻音。

# 第三节　语音的组合

## 一　音节

音节是说话时自然发出、听话时自然感到的最小的语音片
断。如汉语"革命" [kɤ miŋ]，我们是作为两个单位来发出的，
而不是分五个单位来发。我们听到的也只是两个单位，而不是
[k] [ɤ] [m] [i] [ŋ] 五个单位。只有语音学家在分析语音

时，才会把它们分成五个更小的单位（音素），一般人都是把它们作为两个单位来说和听的。它们是两个音节。在汉语中，一般来说，一个汉字就是一个音节。只有"花儿"之类的儿化韵常在后面加一个"儿"表示儿化，其实也只是一个音节，"儿"字也可以不加。

音节是语音结构的基本单位。它一般由几个音素组合而成，如两个音素组合而成的"革"［kɤ］、三个音素组合而成的"命"［miŋ］、四个音素组合而成的"交"［tɕiɑu］、五个音素组合而成的如英语 stand ［stænd］（站立），也有六个及以上音素组合而成的。音节也可以由一个音素构成，如汉语"屋"　［u］、"字"［y］、"二"［ər］。

对于母语来说，一般的人都能区分一个个的音节。适合于所有语言的划分音节的理论上的标准，却是难以作出的。对于音节的定义和区分音节的标准，语音学家有不同的理论。我们这里介绍肌肉紧张说。

我们在发一个音的时候，肌肉由松弛到紧张，再恢复到松弛，即有一个肌肉紧张度增而复减的过程。一个音节，只有一个肌肉紧张度增而复减的过程。也就是说，可以以肌肉紧张度的一次增而复减为一个音节。紧张度最强的地方是音节的高峰（音峰），紧张度最弱的地方（音谷）是音节的分界处（见图 5 - 2）。

**图 5 - 2　音峰与音谷**

一般来说，发元音时肌肉比较紧张，也比较响亮，而辅音中的鼻音、边音次之，其他辅音则更次之。所以，一个音节中的音峰总是一个元音，如果一个音节有几个元音，则音峰在开口度最大的主要元音上，如果一个音节中没有元音，音峰在鼻辅音或边辅音上；其他辅音一般不能处于音峰。可处于音峰的音可以自成音节，如元音一般可以自成音节，[m] [n] [l] 等有时也可自成音节，如汉语苏州话"亩" [m̩]、"吴" [ŋ̍]。

音节结构类型，各种语言各有不同。一个音节可以容许有几个音素，辅音的数量和位置、元音的数量和位置及其与辅音的结合方式等，都可以表现出一种语言的音节结构类型。一般把音节分成两大类型：开音节和闭音节。开音节是以元音收尾的音节。元音在发音时发音器官开放，气流不受阻碍，所以叫开音节。如汉语"改革" [kai kɤ] 都是开音节。日语中除了以拨音ん [-n] 收尾的，其他音节都是开音节，如あ [a]、か [ka]、た [ta]。闭音节是以辅音收尾的音节。辅音发音时发音器官闭合，气流受阻，所以叫闭音节。如英语 mirth [məːθ]（愉快）、mile [mail]（海里）都是闭音节。汉语普通话中只有以鼻音 [n] [ŋ] 收尾的闭音节，如"安" [an]、"昂" [ɑŋ]，其他音节都是开音节。粤、客家、闽方言中有以塞音 [p] [t] [k] 和鼻音 [m] 收尾的闭音节，吴语中有以 [ʔ] 收尾的闭音节。

## 二 复元音

我们一般说的元音是指单元音，即发音时音色不变的元音。这种元音在发音时，舌位和口形都不变，音色单一。在音节结构中，有的音节只有一个元音，有的音节却由几个元音组合在一起。一个音节中两个或两个以上元音的组合体叫复元音，又叫复合元音。复元音是一个音节中几个元音的紧密结合，由一个元音到另一个元音，舌位、口形都会发生变化以改变音色。如 [ai] 由 [a] 和 [i] 两个元音组合而成，前者是舌面前低不圆唇元音，后者是舌面前高不圆唇元音。[ai] 就是由 [a] 滑向 [i]。

复元音是一个音节内元音的组合。分属两个音节的几个元音不是复元音。如汉语"家" [tɕiA] 中的 [iA] 是复元音，而"鸡啊" [tɕiA] 是两个音节，[i] 和 [A] 是分属两个音节的单元音。英语 our ［ˈauə］（我们的）是两个音节，［au］属前一音节，是复元音，［ə］属后一音节，是单元音。

　　复元音分为二合元音和三合元音。通常的说法是，由两个元音组成的复元音叫二合元音，由三个元音组成的复元音叫三合元音。二合元音如汉语"瓜"［kuA］中的［uA］，三合元音如汉语"灰"［xuei］中的［uei］。二合元音又分为真性二合元音和假性二合元音。发音时前后两个元音同样紧张、清晰的二合元音叫真性二合元音。这种二合元音较少见，如藏语拉萨话［tʂˈau¹⁴］（荞麦）中的［au］，［piu⁵⁵］（猴子）中的［iu］。发音时前后两个元音紧张度、清晰度不一样的二合元音叫假性二合元音。发音时，或者前一个音紧张度强、较用力、较清晰，声音也较响亮，而后一个元音相反；或者后一个元音紧张度强、较用力、较清晰，声音较响亮，而前一个元音相反。一般的二合元音多为假性二合元音。

　　按照元音的响度，复元音分为前响复元音、后响复元音和中响复元音。前响复元音是前一元音相对响亮，而后一元音相对响度弱的二合元音，又称"渐降的二合元音"。后响复元音是后一元音相对响亮，而前一元音相对响度弱的二合元音，又称"渐升的二合元音"。中响复元音是中间元音比较响亮的三合元音。如汉语"哀"［ai］是前响二合元音，"洼"［uA］是后响二合元音，"要"［iɑu］是中响三合元音。处于结尾位置上的不太响的元音，其音值往往比较含混。如［ai］中的［i］有时是［ɪ］或［e］，［iɑu］中的［u］有时是［ʊ］或［o］。最响的元音是复元音的主要元音。

　　需要注意的是，复元音的发音过程是滑动的。复元音发音时，不是由一个元音跳向另一个元音，而是由一个元音滑向另一个元音，舌位、口形逐渐改变，最后变为另一个元音。所以，在复元音的发音过程中，实际上有一系列的过渡音，如［ia］，实际上由［i］到［a］要经过［ɪ］［e］［ɛ］［æ］等许多音素。因此，我们所说的两个或三个元音的组合只是一种简便的说法。实际上，我们所说的二合元音只是指出了这个发音过程的起点和终点，如［ia］中的［i］和［a］；我们所说的三合元音只是指出了这个过程的起点、折点和终点，如［iɑu］中的［i］［ɑ］［u］。这几个点的元音比较响亮、清晰。

## 三　复辅音

一个音节中两个或两个以上辅音的组合体叫复辅音。如羌语麻窝话［sti］（相信）中的［st］，英语 bland［blænd］（温和的）中的［bl］和［nd］。

与复元音一样，复辅音也是一个音节内部的组合。分属不同音节的辅音相连，并不是复辅音。如汉语"馒头"［mantˈəu］中的［ntˈ］不是复辅音，因为［n］属前一音节，［tˈ］属后一音节。

同处一个音节内部，但不相连的辅音不是复辅音。如汉语"帮"［pɑŋ］，［p］和［ŋ］不能构成复辅音。

与单辅音一样，复辅音一般处于音节的开头或末尾，而不能处于音节的中心（音峰）。如羌语［ʁly］（妹妹）中的［ʁl］处于音节开头，［haʁl］（反叛）中的［ʁl］处于音节末尾。

复辅音可按其辅音音素数量分为二合的、三合的、四合的等。二合复辅音例见上举，三合复辅音如英语 split［split］（劈）中的［spl］，四合复辅音如俄语 встреча［fstrjeʧɐ］（遇见）中的［fstr̩］。

现代汉语中一般没有复辅音。只有少数方言在音节的开头有复辅音，如文水话"母"［mbu］、"奴"［nbu］、"我"［ŋgɯ］。音节末尾的复辅音则未发现。但在汉藏语系其他语言中复辅音较常见。西方语言中辅音的结合更为自由。

汉藏语系诸语言中，较为常见的复辅音主要有三类。一类是鼻冠音声母，由一个塞音或塞擦音前加一个同部位的鼻音结合而成。如藏语安多方言［mbəm］（十万）中的［mb］，［ŋgo］（头）中的

［ŋg］，彝语喜德话［ndʐa］（量）中的［ndʐ］，［n̠dʑi］（快）中
的［n̠dʑ］。一类是先喉塞音，在一个塞音、塞擦音或鼻音等前加
一个深喉塞音［ʔ］构成。如贵州望谟县布依语有［ʔb］［ʔd］
［ʔdw］三个先喉塞音，海南临高话有［ʔb］［ʔd］两个先喉塞
音，水庆水语则有［ʔb］［ʔd］［ʔbj］［ʔdj］［ʔm］［ʔn］［ʔn̠］
［ʔŋ］［ʔmj］［ʔnj］［ʔŋw］等一系列先喉塞音。还有一类是由一
个塞音或塞擦音等加一个边音（或闪音）构成的复辅音。如壮语
武鸣话［pla］（雷）中的［pl］，［mlaːi］（痰）中的［ml］。

# 第四节　语音的韵律特征

任何语言都以按音色划分的元音和辅音为最小语音单位。它们
的组合与分布，构成了语音系统的基本面貌。但语音的音高、音
长、音强诸要素也在语言中起着重要作用，当然在不同语言中其重
要程度是不同的。音的高低、长短、强弱造成了语音的抑扬顿挫，
所以，这些特征被称为韵律特征。韵律特征一般是以大于一个音素
（音段）的单位体现出来的，所以又叫超切分特征或超音段特征。

语音的韵律特征包括：①声调，②轻重音，③长短音，
④语调。

## 一　声调

声调是一个音节的高低、升降和曲直变化。如汉语"搭"
"答""打""大"四个音节都是［tA］，但各音节的调子不同，
这是四个不同声调的音节。

语音学家们通过实验证明，声调主要是由音高的变化构成
的。人可以控制声带的松紧，从而发出各种不同的音高。一个音
节中，其音高可以较高，也可以较低；可以由低到高（升），也
可以由高到低（降）；可以平直延伸，也可以曲折变化。这些变
化就造成了一个音节特有的调子。虽然不同声调的音强和音长往

往也略有不同，但音强和音长只是声调的伴随性特征，不是声调的主要特征。声调的音高是相对音高。不同人发出的声调的音高绝对值不可能完全相同，譬如，男子要低于女子和儿童，但只要保持大致相同的高低对比、升降幅度，就可以认为是同一个声调。声调的音高变化是属于一个音节的，并不只是音节的某个音素或某个部分的。它主要体现在元音和鼻音、边音等比较响亮、可以延长的成分上，但一般辅音的音高也是这个音节音高变化的一部分。

在有声调语言中，声调可以作为辨义的手段。如在汉语和其他汉藏语系的语言里，声调具有重要的地位。在这些语言中，每个音节都有固定的声调，如汉语中声调是构成一个音节的三要素（声母、韵母、声调）之一。声调不同，意义不同。如汉语"妈"（平调）和"马"（曲折调）的对立。在古汉语和一些汉藏语系语言中，声调还被作为派生新词和区别形态的手段。如古汉语"衣"读平声，是"衣服"，名词；读去声，变为动词，"穿衣"。彝语低降调单音节及物动词跟相应的次高平调动词利用声调交替来表示被动态和主动态的区别，如［ndu 低降调］"被打"，［ndu 次高平调］"打"（主动）。在无声调语言里（如英语、俄语），音节的音高变化不明显，不作为辨义手段。

声调的实际音高变化状况称为调值（或调质），如由高降低，或由低升高等。对调值的变化状况加以归纳，把具有相同调值的归为一种声调类型，这就是调型，即声调音高变化的形式。就音高的曲直、升降来说，调型可以分为平调、升调、降调和曲折调（包括降升调和升降调）四种基本类型。再加上高低的变化，便可以有非常丰富的调型变化。如平调可以有高平、中平、低平，升调可以有高升、中升、低升等。在一种语言或方言的声调系统中，所使用的调型并不太多。如汉语普通话有四种调型：高平调、高升调、低降升调、全降（由最高至最低）调。汉语南方方言的调型略多些，如广州话有高平、低降、高升、低升、中平、半低平等。

为了准确而简便地标记调值，现一般采用我国现代著名语言学家赵元任创制的五度标调法。这种标调法把声调的相对音高分为五度，即低、半低、中、半高、高，依次用 1、2、3、4、5 表示。非曲折调直接用两个数字标出声调的起点音高和终点音高，曲折调用三个（或更多）数字标出声调起点、转折点和终点的音高。用图表示，则用竖线表示音高尺度，在竖线左边用横线、斜线或折线表示音高变化。如汉语普通话四个调的调值分别是：

阴平 55　　　阳平 35　　　上声 214　　　去声 51

现通常有三种用法。①既用图，又用数字。如普通话上声记为 [√214]。②只用图，不加数字。如普通话阴平记为 [˥]。③不用图，只用数字。如普通话上声记为 [²¹⁴]。此外，如果调型有长短之分，可缩短横线表示短调，如 [˧]。轻声可用点来代替横线，例如，[·˧]。变调要标在竖线右边，例如 [˧₅₅³⁵]，35 是单字的调，55 是连读中的变调。五度标调法是国际上公认的最好的标调法，可用于标一切声调。

一种语言或方言中声调的种类叫调类。一般来说，一种语言或方言中有几种调值，便可归纳成几个调类。如普通话中所有音节的声调共有四种调值，便归为四个调类：阴平调（如"滔"）、阳平调（如"逃"）、上声调（如"讨"）、去声调（如"套"）。调类的数量各语言或方言不等。汉藏语系各语言中，调类最少的只有两个，如普米语；最多的有 12 个，如苗语宗地话。为了便于方言或语言间的比较和古今音的比较，调类的命名及其排列次序，往往要根据与古音的对应、与其他方言或亲属语言的对应来安排。

在连续的语流中，一个音节的声调有时与其单念时的声调不同。如汉语上声音节与另一个上声音节连读，前一个上声音节由 214 调变为 35 调。通常把一个音节单念时的声调叫单字调。如词典上一般标注的都是单字调。一个音节与其他音节连读时不同于单字调的声调叫连调（连读变调）。如普通话上声的单字调是214，在上声前的连调是35。藏语拉萨话的低升调是12，在非动词的双音节词第一音节位置上读22，12 是单字调，22 是连调。单字调过去一般叫本调，连调过去一般叫变调。但近来学者们已经认识到所谓"本""变"之分是主观的和片面的。连调同单字调一样，都是某个调类的调值的表现，无非一个是单念时的，一个是在语流中的。从两者关系来看，连调不一定是单字调的变化。如汉语昌黎方言单字调只有一类去声，而在连读中有阴去和阳去两类去声，连调更保留了一些古的特点。

## 二　轻重音

重音和轻音都是音强的变化。

重音是在词或句子里念得特别完足、加重的音。读时一般要增加强度，并扩大音域，延续时间。其他的音强度一般，是非重音。重音分为词重音和句重音两种。

一般说的重音，多指词重音。词重音是多音节词中念得特别完足、加重的音节。在英语、俄语等一些语言里，每个多音节词中各个音节的音的强度不同，有的较强，为重音，其他音节不重读。有的还有次重音。如英语 earnest［ˈəːnist］（认真的）重音在前一音节，harmonization［hɑːmənaiˈzeifən］，重音在第四个音节。一个词中重音的位置前后是固定的，不能随意更移。如上例 earnest 的重音不能落在后一音节。有些词的重音不同，能区别词义。如英语 permit，重音在后［pə(ː)ˈmit］为动词"允许"；重音在前［ˈpəːmit］，是名词"许可证，执照"。有些语言的词重音总是在多音节词的同一位置上，叫固定重音，如匈牙利语、捷克语。阿尔泰语系的语言一般都有固定重音，突厥语族和满—通古斯语族重音一般在词的最后一个音节上，蒙古语族重音一般在第一个音节上。有些语言的词重音在多音词中的位置则不固定，叫自由重音。如英语中有些词重音在前，有些词重音在后，有些词在中间某一音节。汉语没有词重音，一般的汉语多音节词中没有明显的重读音，可能某个音节稍重些，多随意而不固定，也不起辨义作用。如"无限"，可"限"略重，也可"无"略重。有轻声音节的词中，非轻声音节由于轻声音节的比较而显得"重"，如"桌子"中的"桌"，但实际上并没有特别加重，不应当视为重音。

句重音是句子当中念得特别完足、加重的词语。句重音分为语法重音和逻辑重音两种。在语句中，根据语法结构特点而习惯上重读的某些结构成分是语法重音。如汉语中谓语主要动词常重读，状语、补语常重读，如"你说吧，慢慢说，说清楚点儿"。逻辑重音是语句中根据表达的需要而读得特别加重的词语。使用逻辑重音，可以突出强调某些重要词语或表达某种特殊情感。因此，逻辑重音不同，可以使语句表达出不同的含义。如：

> 我会画牡丹。（我会，不是别人）
> 我会画牡丹。（我会，不是不会）
> 我会画牡丹。［会画，别的（如种）不行］
> 我会画牡丹。（会画牡丹，别的不会画）

句重音是语调的组成要素之一，是一般语言都有的。

轻音是在词或句子中念得特别轻的音。读时音强比较弱，音长一般也比较短，音色往往比较含混，如汉语"桌子"中的"子"、"石头"中的"头"。在汉语中有些多音节词的某个音节是否读轻音，可以区分词义和词性。如"大意"，后一音节读轻音是"粗心大意"，不读轻音是"大致意思"。前者是形容词，后者是名词。

有时轻声词可以起到区别结构（从而也区别意义）的作用。如"打死人"，"死"如果轻读，结构为动＋补＋宾；"死"字如果重读，结构为动＋定＋宾。有些语法成分往往读轻音，如汉语的虚词"的""了""吗"等。

## 三　长短音

长短音是音长的变化。

在有些语言中，元音的长短可以区分词义。这在上面讲元音的时候已经提到了。

在一般的语言中，语音的长短是构成语调的因素之一，即语速。同一句话用不同的速度说出、句中某一词语的加速或缓慢说出，能表达不同的思想感情。如"你好"用平常速度，表示问候，带有尊敬的色彩；快速地说出，则往往是应付。另外，音的长短往往与重轻相联系，重音的音长一般较长，轻音的音长一般较短。

## 四　语调

语调是句子中音高、音长、音强变化的总称，也就是一个句子的抑扬顿挫。人们在说一句话时，除了用不同的音色（音素）构成一段语流，每个音节有高低、重轻、长短的变化之外，还会综合利用音高、音长、音强各方面要素，使句子具有高低、重轻、快慢的变化，产生抑扬顿挫、疾徐合宜的语音效果，以表达丰富深刻的情感和思想内容。语调是语言中表达思想的重要辅助手段。同一句话，使用不同的语调，可以表达不同的内容或情感。如"你来"，用祈使语调，是命令；用疑问语调，是疑问。

语调通常包括语速、停顿、重音（语句重音）和句调。语速和重音上文已提到，这里只讲一下停顿和句调。

停顿是指句子之间或词语之间的语音间歇。停顿，一方面出于生理上换气的需要，另一方面是人们根据语法、语义的需要而有意为之，这时停顿能起到区别意义的作用。如"2 加——3 乘8"是 2 +（3 ×8），而"2 加3——乘8"是（2 +3）×8。再如："他的画最贵的一张两千元。"如果停顿放在"一张"之后，表明值两千元的画有一张；如果停顿放在"的"之后，表明值两千元的画不止一张。停顿对于诗歌的节奏也有重要意义。

句调是一个句子中音高的高低、升降、曲直变化。句调与声调一样。都是音高的变化。但声调只指一个音节的音高变化（字调），句调则指整个句子的音高变化。句调用于表示特定语气或某种感情色彩。常见的句调有四种形式：①升调，调子由平升高，常表示疑问、惊异、号召等；②降调，调子由平而降，常表示肯定、感叹、祈使等；③平调，调子平直不变，常表示陈述或平淡、严肃等；④曲折调，调子先降后升或先升后降，常表示含蓄、讽刺等。不过，不同语言的句调虽然有一些共同点，但也有一些不同点，比如什么调表示什么意义，各语言是不尽相同的。在像汉语这样的有声调语言里，每个音节的声调和整句的句调相互结合、相互影响。

## 第五节　音位

### 一　音位学说的创立

随着语音研究的深入发展，人们发现，语音间的细微差别与主观听觉并不一致，为解决这一问题，产生了音位学的一整套理论。最早提出音位的是波兰籍俄国人博杜恩·德·库尔德内，他提出语音学应分为生理语音学和心理语音学两部分，以研究语音的两种特性。他的学生克鲁舍夫斯基明确提出了"音位"，他的另一位学生谢尔巴则进一步发展了音位理论。谢尔巴的主要贡献为明确指出音位是区别意义的单位，认为语言中音位形成一个系统，音位与其组成成分之间为一般和个体的关系，等等，使音位理论形成一个较完整的体系。

音位学产生后，逐渐向英美传播。在英国，著名语音学家D.琼斯接受了谢尔巴等人的理论，又融合了英国学者斯威特的思想，形成了自己的音位观。在美国，萨丕尔、布龙菲尔德等人也注意到了语音的辨义作用，接受并发展了音位理论。在东欧，由俄国移居维也纳的特鲁别茨科依将音位理论带入东欧，在研究了俄语外的多种语言后，撰写了《音位学原理》，集音位学理论之大成。随着乔姆斯基转换生成语言学的创立与发展，其理论在语音研究中拓展并衍生出生成音系学，生成音系学是转换生成理论对音位学的发展。

## 二　什么是音位

在日常的会话中，人说出的或听到的都是一连串有秩序的声音。人们之所以觉得这样的一串声音有秩序，是因为它们正常地表达了意义。从分辨意义的角度来研究语音的最小单位时，就得出了音位的概念。

音位是一定语言或一定方言中，能够区别意义的最小语音单位。对这一定义，我们可以作出三点解释。

第一，音位是区别意义的语音单位。

在一种语言中，属于不同音位的音有区别意义的作用；属于同一个音位的各个音之间，则没有区别意义的作用。如 [tu²¹⁴]（堵）和 [t‘u²¹⁴]（吐）两个音节在汉语中的意义不同。两个音节中除了 [t] [t‘] 之外，其他成分与环境条件都相同，正是 [t] [t‘] 的不同造成了意义的差别，所以 [t] [t‘] 就是不同的音位/t/、/t‘/。同样，"古朴"这个词的两个声母 [k] [p‘] 也分别是两个音位/k/、/p‘/，所以"古"和"朴"的意义也有区别。

第二，音位是能够区别意义的最小的语音单位。

音位不仅是区别意义的单位，还是区别意义的最小单位。也就是说，某个语音单位，在区别意义的前提下，不可再切分了。譬如汉语的 [t‘iŋ⁵⁵]（听）和 [tiŋ⁵⁵]（钉）的意义不同，是由/t‘/与/t/两个音位的不同造成的；后面的韵母 [iŋ] 和声调（阴平）都相同。而 [tiŋ⁵⁵] 与 [təŋ⁵⁵]（灯）意义差别是由韵母造成的；

是不是可以把［iŋ］与［əŋ］视为两个音位呢？不能，因为它们还不是最小的单位。事实上，［tiŋ⁵⁵］与［təŋ⁵⁵］存在意义差别的原因是韵母中的两个元音［i］与［ə］不同。因此，区别意义的最小语音单位是/i/和/ə/。这样，我们可把上面三个音节分析为五个音质音位：/t˙/、/t/、/i/、/ə/、/ŋ/。

第三，音位总是属于一定的语言或一定的方言的。

在不同的语言或方言中，所能出现的音素以及这些音素在区别意义方面的作用都不一样。这就使每种语言或方言所具有的音位以及每个音位的内容不一样。如英语中的 people 一词的第一个音素是［p˙］，speak 一词的第二个音素是［p］，［p］只出现在 s 之后，［p˙］则出现在其他环境中，从不出现在 s 之后。［p˙］与［p］从不出现在同样的环境中，二者不会造成意义的区别。因此，两个音素可以共同构成一个音位/p/。而在汉语中，［p˙］［p］区别意义的作用是十分明显的，［p˙i³⁵］（皮）与［pi³⁵］（鼻）的区别就是由［p˙］与［p］造成的，所以汉语中/p˙/与/p/是两个不同的音位。方言也是同样情况。一种语言的不同地域方言，都有着独具特色的语音系统。如汉语的北京话中有/n/、/l/两个音位，成都话中与之相对应的只有/n/音位。可见，音位总是属于特定的语言系统的，亦即属于一定的语言或方言的。

## 三　音位的变体

一个音位常常是一组音。这一组音的各个音之间没有区别意义的作用。属于同一个音位的多个音，都是这个音位的变体。

音位变体有两种情况。

第一，自由变体。音位的自由变体就是能够出现在同样的语音环境中而不区别意义的两个或两个以上的音。如汉口话中的［n］［l］，可以相互替换、随意选用，不受条件的限制，不造成意义上的差别，是属于一个音位的两个自由变体。音位的自由变体在语音系统中是较少见的，很多语言或方言中不存在音位的自由变体。

第二，条件变体。音位的条件变体是在一定的语言或方言中各有自己的出现场合。而同属于一个音位的两个或两个以上的音，如英语的［p］［pʻ］两个音素，［p］出现在"s＋［p］＋元音"的环境中，而［pʻ］不能出现在这个环境中，speak 中的"p"读［p］，pencil 中的"p"读［pʻ］，它们是/p/音位的两个条件变体。汉语普通话的/a/音位，有四个常见变体；它们各有自己出现的条件，譬如：［pai］（白）音节中，［a］受前元音［i］的影响成为前元音；［mʌ］（麻）音节中，韵母为单元音，/a/音位的变体为央元音［ʌ］；［lɑu］（劳）音节中，受后元音［u］的影响出现了/a/音位的后元音变体，在［jɛn］（烟）和［tɕyɛn］（娟）中，受韵头［i］［y］和韵尾［n］的影响，［a］变成了半低的前元音［ɛ］，成了/a/的又一变体。［a］［ʌ］［ɑ］［ɛ］因不同的条件而出现，所以都是/a/音位的条件变体。

一般说来，每一个音位往往有几个条件变体，而自由变体不一定有。条件变体有的是明显的，如汉语普通话的/a/音位的四个常见变体。有的则是不太明显的，如汉语普通话中的/t/音位，［ti］（敌）中的［t］发音部位偏前，［tu］（毒）中的［t］发音部位偏后。这类很小的差别，即使在严式记音中，也可略而不计。

值得注意的是，构成一个音位的几个变体之间没有主次之分，也不能说某一变体是由另一变体演变来的，它们平等地共同组成一个音位。

## 四　划分和归并音位的基本原则

鉴别一种语言或一种方言中的一组音是否属于一个音位时，要遵循两个基本原则，同时还需注意音感特征。

第一个原则是"对立关系"。这是指有差异的两个音出现在同一语音环境中，如果有区别意义的作用，那么它们就不属于同一个音位。这样的语音差异有着音位的对立关系。如汉语的/k/与/kʻ/，[kan⁵¹]（干）与[kʻan⁵¹]（看）的意义差别是由[k]与[kʻ]导致的，而两个音素又可以出现在同样的语音环境中，因此属于不同的音位。反之，如果有差异的两个音出现在同一语音环境中而无区别意义的作用，那么这两个音就属于一个音位。如汉口话的/n/音位中，有[n][l]两个变体。

第二个原则是"互补分布"。这是指同一语言或方言中，有差异的两个音各有自己出现的语音环境，绝不出现在相同的条件中，因而它们的分布状况是相互补充的。处在互补分布中的各个音（如上述列举的[a][ʌ][ɑ][ɛ]），在音感特征上很接近，就可以归为一个音位。

音感指人们对本族语或本方言的语音的直接感受。著名语言学家赵元任曾解释说，音感就是"土人感"，即使用这种语言的人们听起来顺耳、合乎他们的发音习惯。

在同一种语言或方言中，属于不同音位的音有着区别意义的作用。即使它们在音质上的差别很小，也会被使用这一语言的人区别开来。如法语中 moi（我）的读音是[mwa]，mois（月份）的读音是[mwɑ]，其中的[a]与[ɑ]属于两个不同的音位，在操法语的人的音感中差别明显，分得很清楚。相反，属于同一个音位的各个音素彼此之间没有区别意义的作用，说这种语言的人虽然能在不同的地方自然地发出所需的声音来，但对它们的差别往往意识不到。属于一个音位的各个音必须是音感接近的，如果音感的差别过大，即使互补分布也不可并作一个音位。如汉语中的[f][ŋ]虽是互补的，但音质差别太大，并为一个音位是不符合汉族人的音感习惯的。

## 五　音位的区别性特征

区别性特征是指使一个音和另一个音区别开来的那些特征。音素与音素之间有区别性特征，音位与音位之间也有区别性特征。某个音位中的各个变体所共有的、不同于其他音位的特征，叫作音位的区别性特征。如在汉语普通话中，/p/音位的区别性特征是：①气流通过口腔受阻，与所有的元音音位相区别；②双唇音，与非双唇音/k/、/t/之类分开；③塞音，跟发音部位相同的非塞音区别开来，如/m/；④不送气，跟送气的/pʻ/区别开。因为普通话音位没有塞音音位的清浊对立，所以［b］就具备了与/p/共同的区别性特征，是/p/音位的一个变体。在英语中，/p/音位没有送气或不送气的区别性特征，而与浊音对立，所以英语/p/音位中有［p］［pʻ］两个变体，而与/b/音位的特征不同。

20世纪50年代，著名的布拉格学派创始人雅可布逊在瑞典声学家方特和美国语言学家哈勒的帮助下，创立了音位的区别性特征理论。他考察了上百种语言，给人类语言划分出12对区别性特征：

①元音性/非元音性

②辅音性/非辅音性

③突发性/延续性

④急煞性/非急煞性

⑤粗糙性/柔润性

⑥浊音性/清音性

⑦集聚性/分散性

⑧沉钝性/尖锐性

⑨降音性/平音性

⑩升音性/平音性

⑪紧张性/松弛性

⑫鼻音性/口音性

这些区别性特征显然不够用，经后人陆续增加，在乔姆斯基和哈勒的《英语的音型》中，已有30多对。但雅可布逊的奠基功劳是很大的。

## 六　音质音位和非音质音位

以上我们所讲解的元音音位和辅音音位，都是音质音位。虽然任何一个声音都是音质、音高、音强、音长的统一体，但除了音质之外，音高、音强、音长的不同在具体语言中也有区别意义的作用。我们在进行音位分析时，根据区别意义的作用把音质以外的某一方面提取出来，就形成非音质音位。简言之，由元音、辅音构成的音位是音质音位；由声音的高低、轻重、长短构成的音位叫"非音质音位"。如汉语中，主要由音高变化构成的四个声调，叫调位；"妈""麻""马""骂"就是靠调位区别意义的。英语中的音长也可以构成音位，fit（合适）中的元音音位是/i/，feet（脚，复数）中的元音音位是/iː/；/i/与/iː/的不同在于音长。

## 七　音位系统

语言中的音位并不是孤立存在的，它们处在相互对立与相互联系之中，构成了一个系统。一种语言或方言的语音系统实质上就是它的音位系统。不同的语言或方言有不同的音位系统。这是因为，不同语言或方言中音位的对立、变体和变体的分布规则都有自己的特点。音位系统的内容主要包括四个方面。

第一，它的全部的音质音位和非音质音位。如汉语普通话有21个辅音音位，6个元音音位和4个调位。

第二，每个音位全部的变体，以及条件变体的出现条件。如汉语普通话/a/音位中有四个常见变体，［a］的出现条件是在［-i］［-n］的前面，［A］独自成音节或处于音节的结尾，［ɑ］出现在［-u］［-ŋ］的前面，［ɛ］出现在［i］、［y］和［n］之间。

第三，音位之间的对立关系。如汉语普通话的/p/音位与/pʻ/、/t/、/m/音位的对立关系，/p/：/pʻ/→不送气：送气；/p/：/t/→双唇音：舌尖音；/p/：/m/→清：浊，非鼻音：鼻音。

第四，音位与音位的组合规则。一种语言或方言中，哪些音位与另外哪些音位组合，有一定的限制条件，有一定的规则。譬如，汉语普通话中的声韵拼合规则就属于音位与音位的组合问题。/p/、/pʻ/、/m/能出现在/i/前，但不能出现在/y/前；/k/、/kʻ/、/x/只拼开合，不拼齐撮。

我们对一种语言或一种方言的语音系统进行调查研究时，就是要从这四项内容来着手。语音和其他声音不同，就在于它有意义，能在社会中进行交际。音位这一节正是突出地阐述了语音的社会属性问题。

## 第六节　语音的演变和发展

### 一　语流音变

1. 什么是语流音变

在言语交际活动中，单个的音位孤立地出现，是非常少见的。大多数情况下都是音位与音位相结合。人们说话的声音是连续的，而不是断续的、孤立的。这种情况称为语流。

语流中（即音位与音位连接的过程中）的音，可能受邻音的影响，也可能由于说话时快慢、强弱、高低的不同，或者是由于音所处的位置，而发生若干不同的变化。这种现象就是语流音变。在很多情况下，语流音变是音位范围内条件变体的替换，而邻音、快慢、强弱、高低等，都是条件变体的出现条件。如汉语普通话中的/u/音位有 ［u］［w］［v］三个变体，"伟大"的前一个音节是 ［wei²¹⁴］，"木头"的前一个音节是 ［mu⁵¹］，"豆腐"的后一个音节是 ［fv］。可是，也有些音变超出了音位的范围。如英语的名词复数加 "-s"，清辅音后为 ［s］（desks），浊辅音后为 ［z］（dogs），则/s/与/z/是两个不同的音位。再如汉语的"面包"，慢读时为 ［mian pɑu］，快读时为 ［miam pɑu］，而/m/

与 /n/ 也是两个音位。

  2. 语流音变的常见类型

  （1）同化

  这是言语中最常见的一种语音变化。当两个不同或不相近的音连起来读的时候，两个音由于互相适应、互相影响而变为相同或相似的音了，这种情况叫同化。如汉语普通话的"难免"［nan$^{35}$ mian$^{214}$］，在快读时变成了［nam$^{35}$ mian$^{214}$］，前一个音节的韵尾［n］受后一个音节的声母［m］发音部位的影响而变化了。其中没变的音叫同化音，变化了的音叫被同化音。

  同化按照发生的顺序，可分为顺同化（又叫前进同化）和逆同化（又叫后退同化）。顺同化是指前面的音同化后面的音，如广州话［kam jat］（今日）＞［kam mat］；逆同化则是后面的音同化前面的音，如北京话"金镑"［tɕin paŋ］＞［tɕim paŋ］。按照发生同化的两个音是否相接，可分为近接同化（又叫邻近同化）和远接同化（又叫非邻近同化）。如北京话"难免"读作［nam miɛn］是近接同化；藏语"太阳"［ȵi ma］＞［ȵi mə］，［i］同化［a］变为［ə］，是远接同化。按照被同化音是否变得与同化音完全相同，可分为完全同化与部分同化。变得相同的为完全同化，如广州话"一元"［jat man］＞［jam man］属完全同化，英语"狗"（复数）［dɔgs］＞［dɔgz］属部分同化。有时两个音之间可以互相同化，互为同化音与被同化音，如福州话"黄蜂"［uɔŋ pʰuŋ］＞［uɔm muŋ］，［ŋ］与［p］互相发生部位与方法的同化。

  （2）异化

  这也是语流音变的一种。当两个或两个以上的相同或相似的音连起来读的时候，为了避免重复，其中一个音变得和其他的音不相同或不相似了，这种音变叫异化。语音的异化现象在俄语中最丰富，汉语中主要表现为声调的异化，如"好好学习"中的第一个上声变得类似阳平。其中不起变化的音为异化音，起了变化的音叫被异化音。

异化也有顺异化（前进异化）与逆异化（后退异化）、近接异化（邻近异化）与远接异化（非邻近异化）之别。藏语拉萨话［ɬøtø］（从容）>［ɬølø］，后一个［ɬ］被异化为［l］，是顺异化。威宁苗语［xu xu］（随便唱唱）>［xi xu］，前一个［u］被异化为［i］，是逆异化。以上两例都属于远接异化。

（3）换位

指在语流中，两个音的正常位置发生了变化。如北京话中，"言语"一词读作［yɛn³⁵i］，前一音节的［i］与后一音节的［y］发生了位置的交换，是一个典型的换位的例子。换位可以发生在相邻的两个音节之间，如上举之例。再如江西临川话，"蜈蚣虫"［ŋu kuŋ t'uŋ］>［ŋuŋ ku t'uŋ］，［u］与［uŋ］发生换位，也属于相邻音节之间的语音换位。换位也可以发生在不相邻的两个音节之间，如山东方言新泰、曹县等地管脖子叫"脖拉颈"［pə la kəŋ］，阳信、菏泽一带则叫"疙拉绷"［kə la pəŋ］，［p］和［k］发生换位。

（4）弱化

在语流中，某些音的发音变弱，发音器官变得比较松弛，这种现象叫弱化。对辅音来讲，弱化表现为阻力的减小；对元音来说，弱化表现为发音含混，向央元音靠拢。汉语的轻声可以看作一种弱化的方式。如汉语普通话中，"李家"［li tɕiʌ］>［li tɕiə］、"歇着"［ɕiɛ tʂuo］>［ɕiɛ tʂə］，处在轻声位置上的"家""着"，其韵母分别由［iʌ］变为［iə］、由［uo］变为［ə］，都属于元音的弱化。有人把元音弱化的表现总结为四个方面：由较紧张的元音变为较松弛的元音，由前后元音变为央元音，由高低元音变为中元音，由复元音变为单元音。

（5）增音

发音时音素增加的现象叫增音。现代汉语普通话中的"啊音变"就属于增音现象。在语气词"啊"位于句尾表语气时，其读音往往受前面音的韵尾（或声母）影响而增加一个声母（或韵头），如"天啊"［tʻiɛnʌ］ > ［tʻiɛn nʌ］，"好啊"［xauʌ］ > ［xau uʌ］，"是啊"［ʂʅʌ］ > ［ʂʅ zʌ］，分别增加了［n］［u］［z］。再如英语中，places（地点）其读音为［pleis‑iz］，增加了［i］，这主要是为了防止词尾"s"与前面的类似音融合而增加的。

（6）减音

语流中音素减少的现象称为减音。减音与弱化有密切联系，弱化音节进一步发展就可能形成减音。如北京话"意思"［yi sʅ］ > ［yi s］，"豆腐"［tou fu］ > ［tou f］，都属于弱化后形成减音。有时也可由于两个音之间发音不协调，形成一个音素减音。如北京话儿化时，［n］［i］韵尾与儿化的卷舌不相协调，所以［n］［i］尾都先减音，"竹竿儿"读为［tʂu kar］，"锅盖儿"读为［kuo kar］，都属于此类。语流中由于语速、时长等也可能形成减音。英语中"let us go"可读为"let's go"，us［ʌs］减去元音而读为［s］。

（7）脱落

脱落又叫脱漏，它与减音不同，减音是音素的减少，而脱落是指两个相同或相似的音节，其中一个丢失。拉丁语"我卖"其读音由［venundo］变为［vendo］，［en］与［un］相近，［un］脱落。广州话中，"第二处"读音由［tai ji sy］变读为［taiːsy］，"二"整个音节脱落。

（8）合音

在具体的读音中，有时相邻的两个音节会产生融合而变为一个音节，这种现象叫合音。北京话"不用"［pu yoŋ］ > ［pəŋ］，就是典型的合音的例子。北京话中"这""那"分别有［tʂə］［tʂei］和［na］［nei］两读，后一读即为合音的结果，"这一"［tʂɤi］ > ［tʂei］，"那一"［na i］ > ［nei］。

语流音变远不止我们所讲的这几种，实际观察语音现象时，我们还会发现，语流音变常常不是单一的，而是交叉发生的，呈现复杂的情况。

## 二　历史音变

### 1. 什么是历史音变

语音从一个时代到另一个时代的、被历史固定下来的变化，叫作历史音变，也叫历时音变。上面讲到的语流音变是一种临时的、有条件的变化，是同一个时代的变化，所以也叫共时音变。

历史音变是在较长的年代中逐渐完成的，因此在共时状态下是不易觉察的。而把一个时代的语音与另一个时代的语音相比较时，就能够看到。例如：现代汉语普通话中，所有塞音声母（p、p'、t、t'、k、k'）等都是清辅音；但是在中古汉语中，塞音声母中有清与浊两类。中古的那些读浊声母（并 b、定 d、群 g 等）的字音，现在在普通话中都读了清音。这是在比较了中古汉语语音与现代汉语语音后才得出的结论。

### 2. 历史音变的规律性

现代语言学奠基人之一雅各布·格林在他的巨著《德语语法》中提出了语音演变的规律性问题，他认为类同变化同，语音按照一定的分类，有规律地进行演变。这一结论已为印欧语系和汉藏语系等各语言的研究所证实。西方学者发现了拉丁语向日耳曼语演化过程中双唇音变为唇齿音的规律，[p] → [f]，在词汇中呈整齐的对应。

| 拉丁语 | 英语 | 意义 |
| --- | --- | --- |
| pater | father | 父亲 |
| pēs | foot | 脚 |
| pauca | few | 少 |

汉语音韵学家们也经过研究，概括总结出汉语语音发展的规

律，如中古舌根塞音擦音声母在细音（大致为齐、撮两呼）前变为舌面塞擦音和擦音：k k' x + i，y→tɕ tɕ' ɕ。

历史音变往往是涉及整类现象的有规则的变化，我们可以在这种规则的音变现象中寻找出规律性的东西来。上面我们提到的塞音辅音的浊音清化现象，便可概括出汉语语音的塞音声母从中古到现在的一种"浊音清化"的历史演变规律。

语音演变规律和自然规律不同，因为语音是社会现象，而不是自然现象，所以要受时间和空间的限制。某一音变现象，在某一时期这样变，在另一时期不一定也这样变；在某一地这样变，在另外一个地方却不一定这样变。如上海话中，古代麻韵（拟音为［a］）的字都变成［o］，"麻""拿""花"读为［mo］［no］［ho］，这一变化已经完成，当上海话再吸收"卡"［k'a］、"他"［t'a］等词时，就不再变成［k'o］［t'o］。

语音演变也受空间的限制。现代汉语普通话中所有的中古全浊塞音，全变为清音了，这是符合浊音清化规律的；在地域条件不同的吴方言中，全浊塞音至今仍然存在，就不受浊音清化规律的支配。

语音是一种极其严整的系统，音系中的某些成分的演变，会导致整个语音系统的变化和发展。

3. 渐变和突变

语音演变是突变，还是渐变？这个问题一直是研究历史音变的学者所关注的问题。19世纪德国的新语法学派的学者们对这一问题提出了自己的见解，他们认为，作为具体的词，其读音是突变的，而作为具体的某一个辅音或元音要变成另外的辅音或元音，中间要有很多过渡阶段，因而是渐变的。丹麦著名语言学家叶斯柏森曾把这种渐变比喻成锯木头，本想把木头锯成一样长短，而一不小心就会有细小的差距，这种差距积累多了，就形成巨大的差别。语音的演变也是这样经历了几十年、几百年乃至几千年的积累，逐渐变化的。

美籍华人学者王士元在20世纪70年代提出了"词汇扩散理论"，其核心就是认为语言的演变与新语法学派设想的相反，不是词汇上突变、语音上渐变，而是语音上突变、词汇上逐渐扩散。他为语音变化设计的模式如表5-1所示。

表 5 - 1　语音变化模式

| 阶段<br>词 | 未变 | 变化中 | 已变 |
|---|---|---|---|
| $W_1$ | | | $\overline{W}_1$ |
| $W_2$ | | $W_2 \sim \overline{W}_2$ | |
| $W_3$ | | $W_3 \sim \overline{W}_3$ | |
| $W_4$ | $W_4$ | | |

一种语音变化逐渐完成，有些词变得快，有些词变得慢，图中 $W_1$ 表示已完成变化，而 $W_4$ 尚未变化，$W_2$、$W_3$ 处于正在变的过程中，有时读原有读音，有时读新读音。

词汇扩散理论在许多的语言研究中得到了印证，逐渐为大家所接受。比如汉语潮州话，其声调共有 8 个，平上去入各分阴阳。有人发现，200 多个阳去调字，已有 100 多个归入阳上，而另外 100 多个仍保留阳去原调。这可以作为词汇扩散的证明。

语音演变过程中，变是绝对的，不变是相对的，语音系统就是在变与不变的矛盾中发展，承担起表达意义的作用的。至于是渐变还是突变，还有待于更进一步的观察研究。

# 思 考 题

一、语音有哪些属性？什么是语音的本质属性？

二、什么是音高、音强、音长、音色？它们在语音中的作用如何？

三、什么是音素？什么是音标？两者关系如何？

四、什么是元音？什么是辅音？两者区别何在？

五、简述元音的分类情况。

六、简述辅音的分类情况。

七、举例说明什么是音节、复元音和复辅音。

八、举例说明什么是声调、轻重音、长短音、语调。

九、什么是音位？

十、什么是音位的变体？音位有哪些变体？

十一、什么是音质音位？什么是非音质音位？

十二、简述音位系统包含的内容。

十三、简述语流音变的几种情况。

# 第六章　语义

## 第一节　意义和语义

### 一　什么是意义

"意义"这个词既是现代汉语的日常生活用语，又是学科术语。作为日常生活用词，它也是多含义的，如在"这部电影富有教育意义"中，"意义"是"作用"的意思；在"人生的意义在于奉献"中，"意义"是"价值"的意思。作为学科术语的"意义"，情况就更为复杂。因为对"意义"的关心是许多学科的事情，哲学、逻辑学、语言学、心理学、文学、人类学、符号学等都探讨意义问题，不同学科从各自的需要出发研究意义、界定意义。就是在同一学科中，不同的流派、不同的学者对"意义"的解释也有差异。

从符号学的角度来说，意义就是各种各样的符号所标记的内容。例如，包装箱上的"雨伞"图标表示要防水防潮，"玻璃杯"图标表示所包装的物品易碎，严禁挤压碰撞，包装容器上的"骷髅"图标表示所装物品为剧毒品；交通上的"红灯"表示禁止通行，"绿灯"表示可以通行，"黄灯"表示稍等。这些符号所表示的内容就是这些符号的意义。

在所有的符号中，人类所使用的音义结合的语言符号是最复杂、最重要的符号。因此，语言符号的意义是最值得下大力气研究的。语言学所讲的"意义"专指语言符号的意义，即语义。

语言符号有静态存在的备用单位，如词素、词、固定短语，也有动态存在的语言符号的组合体，如自由短语、句子、句群、段落、篇章等。这些符号或符号组合体的意义都属于语义。在这些语言符号之中，词是最基本的造句单位，句子是最基本的交际单位，因此，词义和句义是语义研究的核心。对句义的研究在很多方面涉及语用问题，所以本章着重介绍以词义为主的语义研究内容。

## 二　语义的内容

无论是词义，还是词素义、句义，各种类型的语义都包括三方面的内容：理性意义、语法意义和色彩意义。

### 1. 理性意义

理性意义又指概念意义、指称意义或逻辑意义，是概括、反映客观存在及其关系的本质属性和一般属性而形成的一种意义。

对词而言，它的理性意义就是语音所表示的对客观存在的反映。例如"书"所表示的理性意义就是"装订成册的著作"；"beverage"所表示的理性意义就是"饮料"；"来る"所表示的理性意义是"来"。

语言符号要表示客观世界，就必定会有理性意义，否则它就没有产生的必要，所以每一级语言单位都有理性意义。当然，每一个词也都有理性意义。实词有理性意义，这是毫无疑问的。那么虚词有没有理性意义呢？对这个问题的看法是有争议的，有两种观点，一种认为虚词没有理性意义，一种认为虚词有理性意义。我们赞成第二种观点，即虚词也是有理性意义的。例如连词"和"，它的理性意义就是表示一种连接的关系，这是客观存在的一种关系，在语言中用"和"来表示。比如"小王和小李去散步"，这里的"和"就把小王、小李之间并列的关系连接起来了。可见，语言中所有的词都有理性意义。

在各种语义类型中，理性意义处于核心地位，是词义标记功能和交际功能的主要承担者，决定词的生死存亡。

理性意义的形成和本质决定了它与概念有着相互对应的特点，但两者隶属学科范畴的不同又决定了它们在职能方面存在差异。概念属于思维范畴，理性意义属于语言范畴。概念的职能在于认识和反映客观世界，所以它要求反映得全面、深刻。语义的职能在于交际，只要能使人们相互理解，能反映出把此事物和彼事物区分开来的特征也就可以了。所以，不应把语言的理性意义和概念看成一种东西。

在现实生活中，不同的人，由于年龄、职业、文化程度、生活条件等方面的差别，对于概念和词义的认识是不同的。有的认识深刻些，有的肤浅些；有的比较全面，有的则不够全面。例如"人"这个词，没有文化的人、小孩等对它的理解可能只是会说话、穿衣服、直立行走等外部整体的形象特征，这些足以把人和其他动物区分开来，也可以用它进行交际，但是他们绝不可能懂得"人是由类人猿进化而成的，能制造和使用工具进行劳动，并能运用语言进行思维的动物"这些更深刻的内容。

虽然不同的人，由于不同的条件，对概念和词义（指理性意义）的掌握程度不同，但是对于同一个人来说，他对概念和词义这两种事物的认识程度永远是一致的。当一个人掌握了完整的概念，那么他所掌握的词义也达到了完整的高度；如果一个人所认识的词义是个不完全的内容，那么他所掌握的概念也是一个不完全的概念。如对"电"的认识，物理学家是一个样子，小孩或成人是另一个样子。但是他们各自掌握的关于"电"的概念和词义是一致的，即概念和词义在一个人身上是永远统一的。

2. 语法意义

语法意义是对理性意义进行再概括而得到的类型化意义，以及对该类型化意义在语言中的作用再概括而得到的功能意义。

对于词而言，语法意义是词的语法特点和语法作用经过类聚之后所产生的一种意义。它的概括程度远远高于理性意义。如"人"和"树"等词本身就是一种概括，它们分别概括了所有的人和所有的树的本质特点，这种概括表现为词的理性意义；但"人"和"树"等词又有相同的地方，即它们都是表示客观事物的名称，"人""树"等一大批表示客观事物名称的词再加以抽象概括，就称为"名词"，因此，名词的概括性又进了一步。对名词等词类的语法功能再进一步概括，可以得出主语、宾语等概念，名词是一种类聚，主语等也是一种类聚。语言中的每一个词都存在于某种语法关系的类聚和概括之中，所以每一个词都有语法意义。如"伟大"的语法意义就是"形容词，可作谓语、定语等"；"并且"的语法意义是"连词，可以连接并列的动词、形容词、副词和小句"。

对语法意义的认识可以指导人们更好地理解语言、使用语言，无论是对母语学习还是外语学习都有很大帮助。

3. 色彩意义

色彩意义指体现某种倾向、韵味、格调的意义。

色彩意义有的游离于理性意义之外，如"乖乖"是称呼小孩的，它含有可爱、亲切等感情色彩，这些色彩是"乖乖"一词本身的理性意义所不具备的。再如"老头子"一词，老伴称呼时有喜爱、亲昵等感情色彩，旁人称呼时则有厌恶或不尊重等感情色彩。这两种不同的感情色彩也是游离于理性意义之外的。也有的色彩意义是渗透于理性意义之中的，和理性意义一致。如"放肆"，它的理性意义就是言语轻率、任意、毫无顾忌，这个意义本身就渗透着厌恶的感情倾向。再如"优秀"，其理性意义就是非常好，其中暗含着褒义色彩。色彩意义的这两种情况都是社会约定俗成的。

色彩意义一般表现为感情色彩、形象色彩、风格色彩、时代色彩、外来色彩、地方色彩、民族色彩等。每一种语言中都存在这些色彩类聚。如英语的"small"和"little"，同是表示"小"

的意思。"small"是中性色彩，"little"却含有某种喜爱的感情色彩。日语中"食べる""めしあがる"同样表示"吃"。但前者是中性色彩，而后者含有尊敬的感情色彩。色彩意义在语言运用中的作用是很重要的。如"爸爸"和"父亲"分别具有比较亲切的口语色彩和比较庄重的书面语色彩。我们在使用这两个词时，应该根据交际环境的不同而有所选择。假如一个小孩在家里总是称呼他的爸爸为"父亲"，会使人感到非常别扭。可见，对一个词的色彩意义进行说明，是非常必要的。

理性意义、语法意义和色彩意义构成语义内容的整体，三者缺一不可。这三种语义内容的统一既表现于词义中，也表现于词组义、句义等每一级语义单位中。

## 三　语义的性质

### 1. 语言义和言语义

语义从静态和动态角度可以划分为两大类：一种是语言义，一种是言语义。两类不同的语义具有不同的性质。

静态语言系统中语言所具有的意义内容是语言义。语言义是全体社会成员共同约定俗成的，具有很强的概括性和规定性。如"动物"一词的语言义是"生物的一大类，这一类生物多以有机物为食料，有神经，有感觉，能运动"。再如英语中"they"的语言义就是"他们，她们，它们"。

所谓言语义，指的是语言在动态系统中所具有的意义。这种意义更多地渗透了主体的主观意愿，更多地受到语境的制约，常常偏离语言义的原貌，体现出临时性和灵活性。如"人人都应该具有保护野生动物的意识"，"他的所作所为简直不是人，就是个动物"，以上两句中的"动物"一词在意义的某个方面都发生了一定的变化。再如，"They are good boys"和"They are good girls"中，"they"分别指称"他们"和"她们"，是语言义的具体化。对于句子而言，言语义更为复杂，同样一句话，因交际目的和语境的不同就会有不同的深层义，如"今天晚上我没空"这句话，可能真的是"我太忙"的意思，也可能是找借口回绝邀请的意思。

语言义和言语义是既有区别，又有联系的。语言义来自言语义，是从既有的无数言语义中抽象概括而来的；固定下来的语言义又是言语义的基础，言语义正是对语言义的具体运用，是语言义在动态中产生的无数个变体，两者是互为前提的。

由此可见，笼统地说语义的性质是不行的，应该把语言义的性质和言语义的性质区分开来说明。

**2. 语言义的性质**

这里的语言义包括词义和固定短语的意义。我们以词义为例进行分析。

**（1）客观性**

词义是对客观事物和现象及其关系的反映，客观存在是形成词义的基础。无论是理性意义，还是语法意义、色彩意义，都有这种客观基础。所以，词义具有客观性。例如"鸟"的词义是"带翅膀、有羽毛、卵生、具有角质两足的自然动物"，这种意义的形成是以客观存在的"鸟"的特征为根据的。没有客观存在，就无从产生词义，这就是词义的客观性。

在这里，我们还应该明确这样一个问题，即词义有客观性，但词义并不等于客观事物。词义反映客观世界是通过人们的认识而起作用的。人们的认识有全面的认识，也有不全面的认识；有正确的认识，也有错误的认识。这就使词义和它所反映的客观事物之间并不是完全对应的关系，而且也使词义在反映客观存在时，出现了各种不同的情况。

词义对客观存在的反映，有的是正确的。这是因为人们对客观事物的认识是正确的。这时词义和客观事物的本质内容是符合的。如"书"是"装订成册的著作"，"书"的本质内容就是如此，说明词义和它反映的对象是一致的。再如"茶几"，可以解释成"放茶具用的家具",这种反映也是正确的。这都说明词义可以正确地反映客观事物。语言中的词大部分是这种情况。

词义对客观存在的反映,有的是不全面的。如"水",就今天来讲,它的内容比过去丰富得多。过去认为它是"无色无嗅透明的液体,可以饮用",今天我们又认识到"它的化学成分是氢二氧一"。这就比过去的认识前进了一步,但是否就是全面的认识了呢?还不一定。多少年以后,还可能发现关于"水"的更多的、更深刻的内容。所以我们今天对水的认识也只能是基本的认识,这种词义只能说反映了客观事物的基本的部分内容。人的认识是逐渐发展的,在认识由不全面到全面的发展过程中,词义也随之发展,由反映不全面的内容到反映全面的内容。

词义对客观存在也可以是错误的反映。这是由人们对客观事物错误的认识造成的。就词义本身来看,无所谓错误和正确之分,但词义对客观对象来说,有些就是一种错误的、歪曲的反映。例如"鬼""神""天堂""魔鬼""仙女""龙王"等词所表示的事物都是现实中不存在的东西。这些词的词义都是人们对客观存在进行了错误认识的结果。在科学不发达的年代里,人们在社会实践中遇到了一些无法解释的现象和克服不了的困难,于是就产生了这些错误的反映,出现了"鬼""神"之类的词。这些词的意义往往带有主观想象的成分,有些还寄予了人们的希望和幻想。但是这类虚幻的词义也并非完全出于人们的主观虚构,它们也有自己的客观基础,如果没有客观依据,也不能形成词义。如"魔鬼""仙女"等词所表示的事物形象往往是在凡人形象的基础上虚构而成的。《西游记》中有许多鬼怪、妖精,它们的基本形象也都是人的形象,或者是把人的形象和其他动物的形象混合在一起而形成的。所以说,它们仍然有着得以产生的客观依据。

可见,词义的产生,无论是基于人们对客观存在的正确认识,还是基于错误的认识,都是在客观存在的基础上形成的。这就是词义的客观性。

（2）概括性和概念对应性

词义都是某一类客观对象的反映，所以它是概括的。它概括了某一类客观对象所共同具有的特点，而舍弃了个别事物的个别特点。例如"人"，人的特点是"能制造工具，使用工具，能思维，有语言"，这是人的共同特点；但也有的人可能是残疾人，可能是聋哑人，这都是个别人的个别特点，"人"的词义不包括这些特点。当然，不同的词表示不同的概念，有的是种概念，有的是属概念，因而它们概括的程度也有所区别。如"牛"比"水牛""犀牛"等概括的范围更广一些；"树"比"杨树""柳树"等概括的范围更大一些。这是因为属概念比种概念概括的程度要高。但是种概念本身也是概括的，像"水牛""犀牛"等，将各种高矮不同、胖瘦不同、颜色不同的水牛、犀牛的特征都忽略不计，而从中概括出一般的东西。

所有的词义都是概括的。它既包括了表示普遍概念的词义，也包括了表示单独概念的词义。即使专有名词也如此。例如"黄河"一词是概括的，主要概括了它的发源、流量、流域等特点。"北京"也是概括的，它概括了历史上的北京，现在的北京及其人口、地理、风土人情等各方面的情况。因此，所有的词义都具有概括性。

前面曾经谈过，理性意义和概念具有对应性特征，将逻辑思维中的概念用词来表达的时候就形成了这个词的理性意义。任何词都表达概念，任何词都有理性意义，所以任何词的词义都有概念对应性。词义的概念对应性在任何情况下都是存在的。当词作为词汇的组成单位存在于语言符号系统之中的时候，也就是说，当词作为静态的语言单位的时候，词义所反映的绝不会是某一个客观对象，而是某一类客观对象的特征。在这种情况下，毫无疑问，词义和概念是相对应的。

（3）社会性

语言是一种社会现象。词义作为语言的一个部分，也是一种社会现象。可以从两个方面来认识词义的社会性。一方面，从词义的形成来看，词义是使用同一语言的社会成员共同确定下来的，是社会约定俗成的。如"寒酸"一词，是用来形容贫穷潦倒的人的一种窘态的。这个意义就是社会约定俗成的，是大家承认、大家共用的。如果有人把"寒酸"解释为一种酸，一种和"盐酸""硫酸"等并列的物质，那么这个意义就不能用来交际，因为这种解释不为社会成员所接受，不是社会约定俗成的意义。词义既然是社会约定的，就要受到社会的制约。另一方面，从词义的运用看，只有全体社会成员对同一个词的理性意义、语法意义、色彩意义有着共同的理解和一致的认识，人们之间的交际才有可能正常进行。这里也体现了词义的社会性。如"管"有一个义项是"过问"的意思，我们常说"这件事交给他来管"。但是在某些方言里，如枣庄话里，"管"除了"过问"的意思之外，还有一个普通话里所没有的义项，即"行"的意思，说"管不管"就是"行不行"之意。有一个外地学生在枣庄读书，星期天去书店，不知书店在哪里，接连问了两个人，得到的回答都是"我不管"，学生为枣庄人的冷淡感到迷惑。后来才了解到在枣庄话中，"我不管"即"我不行"或"我不知道"的意思。"管"作为"行"的意义，不是全体社会成员共同理解的，只有部分地区的部分社会成员理解它、使用它，因此这个词义对于整个社会来说，没有社会性。当然，在某一个地区范围内，它还是有社会性的。

（4）主观性

词义虽然具有社会性，是社会约定俗成的，但是又具有主观性特征。由于年龄、生活条件、文化水平、认识能力等各方面情况的不同，人们对词义在认识和理解上也有程度上的差别。如生物学家对"虾"的认识和两三岁的小孩对它的认识是不一致的，但这两个人仍然可以进行交际。可见，对不同的人来说，词义的内容可以不统一、不一致，这就是词义的主观性。

（5）发展性

词义一旦形成，总是相对稳定的，但是它又不是一成不变的。社会的发展、客观事物以及人们认识的发展变化，都会在词义中有所反映。例如"兵"过去指武器，现在指"战士"；"走"过去指"跑"，现在指"行走"；"江"过去指长江，现在是江的通称。有的从单义词变成了多义词，有的从一种意义变成另外一种意义，这都说明词义是发展的。在不同时代，词义有发展；在同一时代，词义也有发展。例如"污染"原指空气、水源等混入有害物质的现象，如"空气污染""水源污染"等，现在这个词也可以指某种抽象事物的污染，如"精神污染"。"污染"的词义增加了新义项，这个新义项是在现代汉语阶段出现的。可见，词义无论是在历时阶段，还是在共时阶段，都会发展变化。

（6）民族性

词义的民族性是指词义具有民族特点、民族色彩。它有两方面的表现。一方面，词义是一个系统，每个民族的语言都有自己的词义系统，每一个词的词义都要受词义系统的制约。所以，同样的客观对象，在不同语言的词义系统中，可以出现不同的概括反映。如"伯父""叔父""姨父""姑父""舅父"，五个概念在汉语中用五个词来表示，但是在英语中，这五个概念都用"uncle"一个词表示，"uncle"一词比汉语中的任何一个词的概念范围都要广。汉语词义是一个系统，英语词义也是一个系统，词义系统的不同使词义产生了不同的民族特点。再如，在澳大利亚语中，没有用作表达"树"的一般概念的词，因此，在提到"树"这个一般名称时，只能说出"杨树""松树""柳树""桃树"等具体的名称。这也是由词义系统所决定的。词义民族性的另一方面的表现，就是由于民族的文化素养、心理状态、传统观念以及生活习俗等方面的不同，词义表现出不同的民族特点。如汉族对"龙""凤"这样的动物有着特别的感情，往往把它们作为美好、高贵、吉祥的象征，皇帝的座位叫"龙座"，而其他民族就没有这种特殊的感情。再比如汉语的"钢笔"和英语的"pen"相当，但是"pen"还有"羽毛"的意思，"钢笔"却没有这种意义。这是因为英国古代有以羽毛当笔写字的情况，所以"羽毛"和"pen"就能形成意义上的联系。这是不同民族的生活习俗所造成的词义的民族差异。此外，词义的民族性在色彩意义上也有明显的表现。例如一些民族有动物崇拜的特点，有的崇拜"牛"，认为"牛"是他们祖先的象征，对他们来说，"牛"这个词就有了某种尊崇的感情色彩。再如"樱花"，许多人喜爱它，但是因为樱花是日本的国花，所以对于日本民族来说，"樱花"一词就尤其带有尊敬、喜爱等特殊的感情色彩。

语言义的性质，除了以上几种之外，还有人提到了模糊性。如"九死一生"的"九"是个概数；"高""矮""胖""瘦""大""小"等词的意义也没有具体的规定标准，这些都是语义模糊性的表现。但我们认为，模糊性不是词义的共同特征，它没有普遍性。如"人""一"等词义就不存在模糊性，所以，并不是所有的词义都具有模糊性，模糊性只是部分词义所具有的特点，词义是精确与模糊的统一。

3. 言语义的性质

言语义包括词和短语在动态中的意义，也包括句义。

（1）主观性

词义和短语在具体运用中会表现出不同程度的主观差异。在不同的语境中，个人可以赋予词不同的意义和色彩。例如"能"，我们可以说"这个人一看就会，非常能"。这里的"能"就是"巧"的意思，含有一种褒扬的色彩。但有时也可以说反话，例如有个人把东西摔坏了，我们说"你真能"，这里的"能"显然被说话者赋予了另一种意义内容，即"笨"的意思，是反语，感情色彩也发生了变化，由褒扬变为贬斥。这就是言语义所表现出来的主观性。

（2）具体事物对应性

前面说过，语言义具有概念对应性，当词作为动态单位出现在交际中的时候，词义仍然具有概念对应性，同时具有具体事物对应性。

言语义的具体事物对应性是在语言义的概念对应性的基础上产生的，但它又和语言义的概念对应性不同。它不是在任何情况下都存在的，而只能是在一定语境中，当词指称具体事物时才能体现出来。比如："这个人外表丑陋，但心地善良。"其中的"人"的词义不仅和"人"的概念相对应，还是具体的"这个人"的反映，所以它同时具有了具体事物对应性。再如："刘晓庆的魅力是无法抵挡的。"其中的"魅力"一词的词义既和"魅力"的概念相对应，在此又是特指刘晓庆在电影艺术表演中所表现出来的魅力，而不是其他人或其他东西的魅力，所以它又和具体对象对应。因此，"魅力"的词义既有概念对应性，又有具体事物对应性。

词义的具体事物对应性，是词义在一定的语言环境中，通过其他词义的限制而实现的。如前面所举的两个例子，其中"人"的具体事物对应性是通过对"这个"等词的意义加以限制而实现的，"魅力"的具体事物对应性是通过对"刘晓庆"一词的意义加以限制而实现的。如果没有具体语境的限制，没有其他词义的制约，也就没有具体事物对应性。单说"魅力"这个词，是指所有有魅力的人、事物、现象呈现出来的一种吸引人的力量。它是概括的，没有具体事物对应性。但是并不是每一个词的词义一到了语境中，都有具体事物对应性。如果说"人是社会动物"，其中的"人"仍然是指称人这一类事物，它只有概念对应性，而没有具体事物对应性。

当词义有了具体事物对应性的时候，词义的内容要比单纯具有概念对应性时丰富得多。比如："我穿的这双鞋是青岛产的。"在这里"鞋"的词义除了是"穿在脚上，走路着地的东西"外，还可能有一些具体的意义内容，如黑色的、皮的、系带的、高跟等。概念的外延越广，内涵就越少；外延越窄，内涵就越丰富。词义具有具体事物对应性时内容之所以丰富，是与此相联系的。

词义的具体事物对应性对我们了解、运用词有很大的帮助。比如"这只手非常有力量"，这只手一定是指劳动者很有力的手，而不是指小孩的手或者林黛玉的手。如果指的是小孩的手，就要说"这只手真好玩"。这些都是由具体事物对应性决定的。

（3）现实性

言语义是在具体交际中的意义，无论是词的言语义还是句义，总要与某种语言现实相联系，是为语境和说话者服务的，它的内容完全取决于语境以及语言运用者的交际目的，这些因素对言语义既起到了制约作用，也起到了解释作用。例如"这人挺能钻"，因语境的不同或说话人口气的不同，可能是"这人挺能钻研业务"的意思，也可能是"这人挺能投机钻营"的意思，褒贬之义全受现实环境的制约。

现实的变化是不可预期的，因此，不同现实环境下的言语义也是各不相同的。这也使得言语义表现出很大的灵活性和自由性。

（4）临时性

言语义是在共时状态下运用语言义的结果，不同的人可以有不同的发挥，在没有得到全体社会成员普遍承认之前，只是一种临时意义。例如，钱钟书先生在小说《围城》中曾经把赤裸身体的鲍小姐比作"真理"，这只是一种修辞用法，是"真理"的临时变化，并没有被固定下来进入语言义中。因此，具体交际中的言语义是一种"随机应变"，是不具有规约性的，是短暂的。当然，也有的言语义经过多人多次的运用，被规约固定下来，成为全体社会成员普遍承认的意义，这个言语义也就转化成了语言义。例如"宰"这个词，本来的语言义是"杀（动物）"，后来在具体运用中，有人用来形容"商家向顾客索要高价"，成为临时性的言语义，由于采用这种说法的人越来越多，最后被约定俗成，转化为语言义。

## 第二节　语义单位

语义单位是指语言中表示意义的单位。在语义学中，最基本的语义单位有义位、义素、义丛和义句。

### 一　义位

义位是语义系统中最基本、最自然、最现成的语义单位，是指一个能够独立运用的意义所形成的语义单位。

通常意义上，义位与词义是处于一个语义层级上的，但义位并不完全等同于词义。因为语言中的词有单义词和多义词之分。对于单义词而言，因为每个词只有一个意义，所以每个单义词也只有一个义位，义位就等于词义。但多义词具有多个不同的意义，如果笼统地说这个词的"词义"时，往往不明确是指词的一个意义还是这个词的所有意义。传统词汇学对多义词意义的解释和运用都是以义项为单位进行的，所以现代语义学中的语义单位"义位"基本上对应传统词汇学中的"义项"。如在《现代汉语词典》中，"半天"有"白天的一半"和"指相当长的一段时间，好久"两个义项，也就是有两个义位。在"这个会议用不了一整天，抓紧的话半天就够了"中，用的是前一个义位，而在"我敲了半天，门才开"中，用的是后一个义位。

这样，义位就相当于单义词的词义和多义词的各个义项。义项是词典学中常用的术语，而不同的词典对于义项的确立标准不尽相同，所以现代语义学把"义位"作为与之对应的基本语义单位。

义位在表达中是最自然的语义单位，但语义学认为，义位是可以进行再分析的，分解出的语义要素就是义素。

## 二 义素和义素分析法

### 1. 义素

义素是现代语义学中一个重要的语义单位。它是义位的组成成分，是由分解义位而得到的比义位低一层的语义单位。

义素属于语义的微观层次，因为它没有与之对应的语言形式，不管在语言体系中还是言语体系中都不能直接观察到，只有它们的组合才是现实的语义。例如，"哥哥"这个义位有四个义素：[亲属][同胞][年长][男性]。它们是通过分解义位"哥哥"而得来的，并不直接存在于自然语言中。

义素不同于词素，义素是语义的组成成分，而词素是词的组成成分。

### 2. 义素分析法

义素是通过对义位进一步分析而得到的，这种从义素的角度分析义位的方法叫义素分析法。

义素分析法是现代语义学的重要范畴之一，是将一组义位在对比中分割成最小的对立成分，进行聚合分析并描写语义的相互关系的方法。具体来说，它的分析过程分为以下几个步骤。

（1）确定语义场

无论是对一个义位的分析，还是对一组义位的分析，都必须在相应的范围内，即适当的语义场内，通过比较来完成。

语义场是现代语义学的重要范畴之一，是指具有某个共同重要义素的语义所组成的一个"集合"，一个"场"也就是以义位为单位所形成的系。比如，"父亲""母亲""儿子""女儿"这四个义位都具有［亲属］这一共同的义素，因此它们形成了"亲属语义场"；"床""梳妆台""衣柜""沙发"这四个义位都具有［家具］这一共同的义素，因此它们形成了"家具语义场"。

同一个语义场内的各义位之间是相互联系、相互制约的，它们既有普遍性特征，又有区别性特征。任何一种语言的义位都是相互联系、相互制约的，因此也就构成了一种语言的语义总场。语义总场可以进一步分为大量的子场，子场往往还可以分为更小的子场，一直分到不能再分时，就叫作最小子场。确定最小子场是义素分析的第一步。

一个义位可以和其他不同义位拥有共同义素，因此可以和其他不同义位构成各种不同的语义场。例如，"教师"这个义位既可以和"教练""师傅"构成一个语义场，其共同义素是［教导传授者］，也可以和"学生"构成一个语义场，其共同义素是［学校的成员］。可见，一个义位属于哪个语义场不是单一固定的，而是完全取决于它和相关义位的关系。

（2）比较分析

确定语义场之后，就可以在语义场内的各个义位之间进行比较分析了。要找出义位之间的共同特征和区别特征，即找出相应的义素，进而得出某个义位的义素组合结构式子。

对义位的理解会因人而异，因此义素分析一般都借助比较权威的、被公认的词典释义。可以在原有释义基础上进行一些整理、调整和改动，使各语义要素之间尽量工整、对应，符合义素分析的要求。这样，我们就可以通过比较得出各个义位的义素及其结构式子了。

例如，我们要分析"男人"这个义位，首先确定最小语义场"男人"和"女人"（当然，"男人"和"男孩"也可以构成一个最小语义场），然后，对照词典义"男性的成年人"和"女性的成年人"进行比较，最后确定了二者的三个义素，其中，两个是共同义素［人］［成年］，还有一个是区别义素［男性/女性］。

义素分析法就是以把一个义位剖析到它最终的对比成分，得到切分出的"区别性特征"为目的的。

（3）描写

某个义位或某组义位的义素确定以后，还需要用适当的方法把它表达出来。这其中包括对义素的描写和对义素结构式子的描写。

关于对义素的描写，语义学家提出一种"元语言"理论。所谓元语言，是从人类的认知结构中分解出来的语义成分，是属于语言共性的东西，这种语义成分不属于任何一种自然语言，不能在自然语言中被直接感知或直接运用，如"男性"作为一个义位时，可以独立运用，属于自然语言，而作为一个义素时，它只是一种人工符号，是用来描述自然语言的，这就是一种元语言。这种符号可以用来描述任何一种自然语言，只不过在不同的语言中它们会有不同的组合。

元语言是一种理想的语言因子，它较义位更概括、更抽象，因而从理论上来讲，数量远远少于一种语言中义位的数量，它使语义分析更精练化了。但在目前的研究中，元语言的内容仍然要以自然语言的形式出现，基本数量也无法确定。

对于义素结构式子的描写，一般采取两种方法。

一是直接把分解出的义素组合在一起。如"男人"这个义位的义素结构式子可以表示为［人］［成年］［男性］。"女人"这个义位的义素结构式子可以表示为［人］［成年］［女性］。这种方法的好处是直白、简便，但区别性义素要用不同的元语言分别表示，会造成元语言数目增多。

二是通过图表和专用符号表示。这种方法是将语义场中的诸义位列入适当的图表中，通过意义对立的符号突出它们之间的共同点和不同点。如"男人""女人""男孩""女孩"这四个义位的义素结构式子可以表6-1来表示。

表6-1　义位的义素结构式子示例

| 义位＼义素 | 人 | 男性（±） | 成年（±） |
|---|---|---|---|
| 男孩 | + | + | + |
| 女人 | + | － | + |
| 男孩 | + | + | － |
| 女孩 | + | － | － |

注："＋""－"号表示一个义素包含两个变体，一正一负。

通过表 6-1 我们可以清楚地看出，这四个义位可以归并出三个义素，即"人""±男性""±成年"，它们之间的区别一目了然。还可以变通一下，采用列式子的办法表示，如：

男人：［＋人］［＋男性］［＋成年］
女人：［＋人］［－男性］［＋成年］
男孩：［＋人］［＋男性］［－成年］
女孩：［＋人］［－男性］［－成年］

由此可见，义素分析法就是通过义位在相关语义场中与其他义位的比较分析，分解出构成义位的下一层语义内容，从而实现对义位进行微观分析与描述的目的。

义素分析法是许多语义学家用来解剖复杂的语义现象的一种方法。从过去笼统的语义阐释，到通过对比分析出义位的下一层单位——义素，这无疑使语义研究更加科学化和精确化了，因此，义素分析法的提出具有不可低估的价值。

义素分析法的价值之一在于为语言教学与研究提供了一种新手段。在语言教学特别是第二语言教学中，常常会碰到如何辨析和确定词与词关系的问题，用义素分析法就可以比较准确地分析出同一语言中的各种同义关系、近义关系、反义关系和类义关系等，也可以对不同语言中的意义不完全对应的词进行细致的比照剖析，使语言教学具有较强的可操作性和准确性。

义素分析法的价值之二在于为词典的语义特征描写提供方便和理论依据。词典的释义一直是难以规范的一项工作，释义标准有宽有严，释义方法多种多样，因此词典释义难免带有某些主观性和差异性。义素分析法可以最大限度地使每个义位的语义特征得到规范、精细的切分，有助于词典释义更加科学、客观。

义素分析法的价值之三在于有助于计算机识别语义，提高机器翻译水平。语义识别是计算机功能开发中的难题，因为语义是复杂多变的，而机器只会识别形式化的信息。义素分析法正是把复杂的语义形式化的一种方法，这种方法给智能计算机的发展带来了极高的理论和实践价值。

义素理论也有其局限性。

首先，义素分析法在具体操作上具有一定的难度。社会分工不同，人们对同一事物的认识角度不同，因而对反映该事物的语义成分的理解也因人而异，在分析确定义素时，难免带有相对性和主观性。况且现在还无法证明是否能够从人类的认识结构中分解出一整套适合分析任何语言词汇的"元语言"来。

其次，目前的义素理论还只是对一部分实词进行了分析，语言中还有许多虚词、表抽象概念的实词，义素理论还不能很好地解决对这些词的分析问题。

再次，义素分析法主要用来分析静态语言中的词义，重视区别性的语义特征，并不表示词义的全部构成成分，因此，义素分析不承担全面阐释词义的任务，这样就难以解释人们在认识词义之初所接受的语义有时为什么不是分析后的义素。比如孩子认识"妈妈"这个词时接受的语义是"每天陪伴自己""给自己喂奶""疼爱自己"等，而"妈妈"的义素构成是［血缘关系］［最近的直系长辈］［女性］，两者并不吻合。实际上，义素分析法是建立在规约意义基础上的，每个义位都还有大量的语义特征被隐含起来，处于底层，这些义素应该被称为"隐含义素"。隐含义素不被人重视，却是词义丰富性的最集中体现。

## 三 义丛

义丛是由义位和义位组合而成的，大致相当于词组的意义。义丛可以分为两类，一类是固定义丛，如"山东大学""毛遂自荐"等；一类是自由义丛，如"接受批评""晴朗的天空"等。固定义丛如同单个义位一样，是经过规约而固定下来的，自由义丛则体现了运用者的个人创造和灵活性。

## 四　义句

一个完整的句子的语义单位叫作"义句"。在言语交际中，义句是最小的表达相对完整的意义的语义单位。义句是由义位和义丛组合而成的，但义句并不是某些义位或义丛的简单相加，而是在语法规则、语境等因素的提示和制约下发生的一种质变。例如，同样是"我""妈妈""去""爸爸""和""看""医院"这几个义位，可以根据不同的语法规则组成不同的句子。

> 我和妈妈去医院看爸爸。
> 爸爸和妈妈去医院看我。
> 妈妈去医院看我和爸爸。

这几个句子的构成义位是相同的，但每个句子的意义显然各不相同。有时候两个句子的构成义位、语法结构完全相同，也可能会因为语境的不同而含有不同的深层义。所以，义句虽然也建立在构成义位的基础上，却是作为一种独立的意义而存在的。

在传统的语言研究中，人们只注意到了句子的语法结构，而没有认识到句子还有意义结构。在现代语义学中，义句作为一个重要的语义单位受到了研究者的重视。

## 第三节　语义聚合

义位并不是孤立存在并起作用的，每一个义位都或多或少地受制于同它有语义联系的其他义位。所谓语义聚合，就是指具有某个共同点的语义单位之间所具有的相互关系。这里的语义单位特指义位。

义位的聚合关系有两种情况：一种是一个词内部的几个义位之间的关系，即多义词各义项之间的关系；一种是不同的词之间的义位关系。

# 一 多义词及其内部的语义聚合关系

## 1. 多义词与单义词

有的词只表示一个意义，即只有一个义位，这样的词叫单义词。如"藕""氧""葡萄""电子""外语""元音"等。作为单义词，词的一个意义和一个词的意义是一致的。单义词只有一个意义，这一个意义也就是一个词的意义。因此，单义词不存在内部聚合问题。

单义词的产生有两种情况：一是在最初产生时往往是单义的；另一种情况是，词义在发展过程中由多义变成单义，是多义词在发展过程中一些意义消失的结果。

所谓多义词，就是指包含着几个既有联系又有区别的意义的词。从现代语义学的观点来看，多义词包含着几个意义，即有几个义位，这几个义位之间既有联系又有区别。只有有区别，才能分出它是几个义位；又因为有联系，所以才能包含在一个词之内。这种有同有异的关系就构成了多义词内部各义位之间的聚合关系。但考虑到习惯用法，我们在讨论多义词内部关系时仍沿用"义项"这一说法。

一个多义词可以包含几个意义，我们把其中的每个意义叫作一个义项。比如汉语的"剪影"有两个意义，就有两个义项，一个义项是"照着人脸或人体的轮廓剪纸成形"，另一个义项是"比喻对于事物轮廓的描写"。因此"剪影"包含这两个意义，它们又有联系，即都有"勾描物体轮廓"的意思，"剪影"是一个多义词。就一个词的意义来说，它包含两个义项，它的一个义项就是词的一个意义。所以，一个多义词的意义和词的一个意义是不对等的。

## 2. 多义词义项的产生

语言中为什么会产生多义词呢？这是由交际的需要决定的。就多义词的义项来讲，它和新词的产生不同。新词的产生是解决一个事物的符号问题，而多义词义项的产生大部分是由于修辞的需要。语言中很可能已经存在了这样的符号，但由于修辞的需要，又用这个词描写与之有联系的其他事物，从而增强了修辞效果。如"负担"一词就是早已存在的，"思想负担"的说法也早就有了，但"思想负担"说成"思想包袱"更能形象地说明"沉重"的意思。"思想包袱"这个说法被社会约定俗成之后，"包袱"就产生了"负担"的义项。可见多义词的产生与新词的产生不同，大部分多义词的义项是为适应修辞需要而产生的。所以，多义词产生义项的手段，基本都是修辞的手法。

多义词义项产生的方法一般有以下四种。

第一，引申法。这是在人们认识的基础上，通过意义上的引申、联想而产生的义项。如"老"最早是"年纪大"的意思，后来引申出"原来的"意思，如老厂、老地方；还引申出"不嫩的"这一意思，如"菜老了"等。

第二，比喻法。引申法着重于意义上的联想，比喻法则着重于形象方面的联想。视觉、触觉、听觉、嗅觉和味觉五个方面引起的联想都可以产生比喻的方法。如"气候"，本是一种自然现象，可以给人晴、阴、冷、热等感觉，如果给人以心理上的感觉，则可指政治上的气候。这就是比喻手法。

第三，借代法。在修辞上，用事物的整体代指部分，用部分代指整体，用事物的特征代指事物都是借代。义项增加也可以用这种借代手法。如"舌头"，这是口中的一个器官，可以辨别味道，可以吃饭，可以讲话，后来用这个器官代替人，即"为侦讯敌情而捉来的敌人"，因为这样捉来的敌人是为了让他说话、提供敌情，其舌头的作用突出地表现出来，于是就用"舌头"这个词代指这个人，"舌头"有了指人的意义。这就是用借代的方法产生的新义项。

第四，特指法。就是指在一个词指称的范围内，用来指称某一特定的事物。如"喜事"原指"一切使人高兴的事，一切使人值得祝贺的事",其包含的范围很广。今天社会上用它特指"结婚",结婚这个事包含在"喜事"的范围之内。这就是特指法。

从上面几种方法看,多义词义项的产生都是修辞运用的结果。如"舌头",我们可以叫他"俘虏",但称为"舌头",就更加生动些。"喜事"用来指结婚,表示的意义就显得更加突出。

3. 多义词义项之间的三对关系

多义词有多个义项,使多义词内部产生了复杂的各种关系,总括起来有三对关系。

一是原始义和派生义。一个词的一组意义中最早出现的意义叫原始义,如"兵"的原始义是"兵器";在已有意义的基础上通过运用派生出来的意义叫派生义,如"兵"的"军队"义就是派生义。旧派生义可以产生新的派生义。

二是常用义和非常用义,一个多义词的若干意义中,经常使用的具有普遍性和广泛运用范围的意义叫作常用义,其他意义叫作非常用义。如"美"的常用义是"美丽、好看",而"美"的其他意义"使美丽""令人满意"等就是非常用义。

三是基本义和非基本义。从词的义项派生的关系来看,充当新义产生的基础者角色的称为基本义,产生出的新义则称为非基本义。如"老"的基本义是"年纪大",其他几个意义"陈旧的""原来的""很久以前就存在的"则是以此为基础派生的,是非基本义。如果从历史发展的角度看,多义词的基本义可能不止一个,但是从共时方面来认识,多义词在某一发展阶段上只能有一个基本义,这样才便于分析和理解。

在词义的发展过程中,原始义可能不变,还是基本义。有的词可能发生变化,它的派生义变成常用义,如"走""兵"等。所以,一个词的原始义不一定是它的常用义。我们必须把历时和共时的情况区分开来。基本义可能是原始义,也可能是派生义和常用义。当非基本义产生义项时,这个非基本义就成了具有基本义性质的非基本义。如汉语中的"打",它的基本义是"打击",

它产生了打铁的"打"，就是"制造"的意思，"制造"是非基本义，但这个非基本义又产生了"编织"的意思，如"打毛衣"。这时，"制造"这个非基本义就是具有基本义性质的非基本义。

以上三对关系不是相对应的，这一点要认识清楚。

多义词有许多义项，但多义词不可能产生使用上的混乱。因为多义词一进到语境中，就会以一种意义出现。如"菠菜老了"，"老"是"不嫩"的意思，绝不会是"年纪大"的意思，所以多义词在使用中具有单义性。

多义词从形式上看，是一个形式表示几个意义。但它不同于一个形式表示几个意义的同音词。同音词是声音相同而意义不同的词，同音词在意义上没有联系，只是声音形式相同。所以，多义词和同音词的区别主要在于意义上有没有联系。如果意义上有联系，就是多义词，否则就是同音词。

## 二　不同词之间的语义聚合关系

### 1. 同一关系与同义词

一个词的意义与另一个词的意义具有相同或相近的关系，我们称之为同一关系。具有同一关系的词就叫同义词。一个词可能有多个意义，只要其中的一个意义与另一个词的一个意义构成同义关系，我们就可以把这两个词叫作同义词。

完整的词义包含理性意义、语法意义和色彩意义三个部分。我们分析同义词时，也要根据这三个部分来确定它们的意义联系。

同义词包含两方面的内容，一是意义相同，一是意义相近。

意义相同，是说在理性意义、语法意义和色彩意义三个方面都相同，因此，这种同义词也叫等义词。如：包心菜—卷心菜，衣服—衣裳，嫉妒—妒忌，互相—相互等。因为等义词的三个意义内容都相同，所以等义词在语言运用中是可以互相替换的。

由于社会成员各自造词的角度不同，语言中永远会出现等义词，但是这种等义词没有长期并存的必要。因此等义词的发展一般会出现两种不同的情况：一是淘汰其中一个；二是进行分化，由等义的词分化为不等义的词。前者如自行车—脚踏车，用"自行车"，废"脚踏车"；后者如灵魂—魂灵，现在已经有了一定的区别，"灵魂"变成了多义词。

意义相近，是指在理性意义、语法意义和色彩意义三部分中总要有一点区别的地方，这种同义词称为近义词。在近义词中，因意义不完全相同，一般表现为三种情况。第一种是理性意义和语法意义都相同，只有色彩意义不同。如，生日—诞辰，它们的理性意义、语法意义都相同，只是色彩意义有别，前者是口语，具有比较随便的色彩，后者是书面语，具有庄重的色彩。再如，维生素—维他命，前者有民族色彩，后者有外来色彩。第二种是理性意义相近，语法意义相同，色彩意义不同。如，煽动—鼓动，前者指"促使人去做坏事情"，后者指"促使人去做好事情"，感情色彩不同，理性意义也有细微差别。第三种是理性意义相近，语法意义和色彩意义都相同。如，整理—整顿，它们使用的范围不同，前者用于具体事物，后者用于抽象事物。再如，优异—优秀—优良，它们的理性意义表现为轻重程度的不同。可见近义词都是有所区别的。

2. 反对关系与反义词

一个词的意义和另一个词的意义具有相反或相对的关系，我们称之为反对关系。具有反对关系（即相反或相对关系）的词就叫反义词。如，大—小，生—死，高—低，落后—进步，胜利—失败。一个词可能有多个意义，只要其中的一个意义与另一个词的一个意义构成反义关系，我们就可以把这两个词叫作反义词。反义词是客观事物中存在的矛盾对立现象在语言中的反映。

反义词有两种情况，一种是绝对反义词，这是在概念间矛盾关系的基础上形成的，即两个词表示的意义永远是矛盾对立的、互相排斥的，其间没有第三个意义存在，否定一方就意味着肯定另一方。如，生—死，其意义永远是矛盾对立的。有时讲"半死不活"，实际上还是在活的范围之内。再如，动—静，其间也没有不动不静的情况。第二种情况是相对反义词，这是在概念间反对关系的基础上形成的，即两个词所表示的意义之间存在着第三个乃至更多的中间意义。因此，两个反义词的内容并不是完全矛盾对立的，否定一方并不意味着一定肯定另一方。如"黑"和"白"构成反义词时，两者之间还存在着第三个乃至更多的概念，如"灰""深灰""浅灰"等，因此，"不黑"不一定等于"白"。

社会中矛盾对立现象是很多的，但反映到语言中的反对概念不一定都是反义词，有些是用词组来表示的。如，好—不好，后者是词组，所以，"好"与"不好"不是反义词。反义词虽然反映了客观世界中的矛盾对立关系，但反映这种关系的并不都是反义词，只有用词表示这种关系的才是反义词。

## 三　其他语义聚合关系

其实，义位之间的语义聚合关系除了多义词、同义词、反义词所呈现的关系外，还有很多其他类型，这里再介绍两种关系类型。

### 1. 同类关系与对义词

在同一个语义范畴之中，往往有许多义位处于平等的同类关系。那么，具有平等并列的同类关系的词就叫作对义词。对义词常常超出两个词的范围，如"金—银—铜—铁—锡""赤—橙—黄—绿—青—蓝—紫"等。

对义词中各词的意义之间并不相矛盾，但在特定的语境中，对义词中的某些词可以形成言语反义词，有的甚至发展为语言反义词。如，红黄蓝绿白等颜色词之间本来没有什么对立关系，但在社会生活中常常形成对立，如"红"表示革命，"白"表示反动，"红"和"白"在此形成对立；马路上的红绿灯，"红"表示停止，"绿"表示通行，"红"与"绿"在此形成对立；红蓝铅笔一头"红"一头"蓝"，也形成了对立。所以对义词中各词之间的关系可以变化。

### 2. 类属关系和上下位词

类属关系，实际上就是一般和个别的关系，即属概念和种概念的关系。属概念是指一般的大类概念，种概念是指具体的小类概念。类属关系也叫上下位关系。上位即属概念，下位即种概念。语言中具有类属关系的词就叫类属词，也叫上下位词。如，植物—树，前者是上位词，后者是下位词，一起称为上下位词。

上下位词可以是一对多的形式，如，植物—树、草、花；也可以成为链条式，即前面的下位词同时是后面的上位词，如，植物—树—桃树—蟠桃树。

上下位词的意义呈现一定的规律性，越是下位词，它的意义越丰富、具体，越是上位词，它的意义越概括、抽象。确定上下位关系和上下位词是语义研究的重要手段之一。

## 第四节 语义的组合

### 一 词语搭配在语义上的限制

词语是语言的备用单位，词语的意义只能实现对客观事物和现象的所指，还不能用来表达具体的思想感情。换句话说，词语本身不能实现语言的实际职能。人们用语言进行交际时，总是要利用词语组织成话语（最简单的是一个句子）来进行。因此，利用词语的意义将其组合成真实有效的语义连续体——话语义是交际过程的中心环节。

不过，词语并非可以随意地组织到一起，词语的搭配组合除了要受语法规则的支配外，还要受到语义条件的限制。例如，"人吃饭"可以接受，因为它反映了客观现实中的真实存在，"饭吃人"则不能被接受，虽然在语法结构上同"人吃饭"一样，都符合汉语"名词＋动词＋名词"的语法规则。那是因为"吃"这个动词要求与之组合的施事是有生命的，一般是人和动物，而接受这个动作的对象即受事应是可食之物，而且是非液体状态的，"人吃饭"符合条件，"饭吃人"则不符。同样，在现代汉语普通话里，"人吃楼房""狗吃树""人吃汽水"等也是不能被接受的。

从理性义角度来讲，哪些词语能否同哪些词语搭配组合，主要看它们的语义是否相融，也就是语义是否相适切。能够相融的，说明能搭配组合；不能相融的，说明不能组合。借助语义成分分析，可以说明这一问题。例如，虽然"烟""酒""肉"都是名词，但是只有"酒"与动词"喝"组合成"喝酒"是合理的，能被人接受，而"喝烟""喝肉"不能被人接受。这是因为"喝"这个动词要求它所关涉的对象具有［＋液体］义素，"酒"具有这一义素，所以"喝酒"成立，"烟"和"肉"均不具有这一义素，因而都不能与"喝"搭配组合。再如，"硬朗""顽皮"都是形容人的，但"老人的身板很硬朗"可以说，"小孩的身板很硬朗"就不能说，除非是在说笑话，因为"硬朗"的适用对象要具有［＋年长］义素。相反，"小孩很顽皮"能被人接受，"老人很顽皮"则不自然，那是因为"顽皮"的适用对象要具有［＋年幼］义素。总之，在理性义上能被接受的语义组合总是要反映客观现实。

从色彩义角度讲，词语搭配组合的语义条件是对象适切、风格协调。例如带有褒义的词语适用于肯定、褒扬的人和物，带有贬义的词语适用于否定、贬斥的人和物，否则，语义组合就不能被人接受。像"伟大的诗人""伟大的祖国"很自然，"伟大的流氓""伟大的城镇"就不能被接受；相反"敌人勾结在一起"可以说，"人民勾结在一起"就不能说。又如，常用于口语的词和常用于书面语的词一般不应在同一场合夹杂使用，否则就造成格调的失调，像"吃过晚饭，我们几个老头常在校园里溜达溜达"很自然，如果将"溜达"改成"徜徉"，风格则极不协调。

当然，词语的搭配组合除符合逻辑的语义条件限制外，也还有语言搭配的习惯问题。例如，现代汉语普通话中不能说"吃烟""吃酒"等，而在许多方言中，"吃烟""吃酒"都是成立的。"恢复疲劳""打扫卫生"等虽不符合语义逻辑，但符合语言习惯。

## 二　词语在组合中的语义关系

词语和词语组合在一起，不仅发生结构上的关系，而且发生语义上的关系。词语组合的语义关系是一定现实关系的概括反映。如同词语组合的结构关系可以抽象概括出有限的类型和模式，词语组合的语义关系也可以从无限的言语意义现象中得到概括。

主要的词语组合的语义关系有以下几种。

**施动关系**　施事与动作的关系。如"小孩哭了"中的"小孩"为施事，"哭"是"小孩"发出的动作。

**受动关系**　受事与动作的关系。如"小孩被打哭了"中的"小孩"是接受"打"这一动作行为的，是受事。

**判断关系**　主体与断定的关系。如"语义学是语言学的一个分支"中的"语义学"是主体，即被断定、被说明的对象，"是语言学的一个分支"对"语义学"加以断定，作出说明。

**领属关系**　领有者与被领有者之间的关系。如"我的书在书包里"中的"我"为"书"的领有者，"书"为"我"所拥有，是被领有者。

**限定关系**　限定者与被限定者的关系。如"他买了一座新房子"中的"一座"从数量上限定"房子"，"新"从性质上限定"房子"，"一座"和"新"是限定者，"房子"是被限定者。

**同指关系**　如果不同的词语在组合中表示相同的对象，那么词语间的语义关系就是同指关系。如"三班的班主任王老师很年轻"中的"三班的班主任"与"王老师"所指相同，二者的语义关系即同指关系。

**动作—结果关系**　动作与动作行为所产生的结果的关系。如

"小张正在写论文"中的"论文"是动作行为"写"的结果。

**动作—时间关系**　动作与动作行为发生或持续的时间的关系。如"客人昨天来的"中的"昨天"是动作行为"来"发生的时间；"这活他干了三天三夜"中的"三天三夜"是动作行为"干"持续的时间。

**动作—处所关系**　动作与动作行为发生或涉及的处所的关系。如"墙上挖了个洞"中的"墙上"是动作行为"挖"产生的处所；"请把杯子放在桌子上"中的"桌子上"是动作行为"放"所涉及的处所。

**动作—方式关系**　动作与动作行为赖以产生的工具、手段或情状的关系。如"他用钢笔写字"中的"钢笔"是动作行为"写"所使用的工具，"他通过老师的介绍认识了张教授"中的"老师的介绍"是动作行为"认识"赖以发生的手段，"老人懒洋洋地坐在那里晒太阳"中的"懒洋洋"是动作行为"坐"的情状。

**主体—描述关系**　主体对象与对主体对象进行描写的关系。如"眼睛大"中的"眼睛"是主体对象，"大"对"眼睛"加以描写；"面若桃花，肤如凝脂"中的"面"和"肤"是主体对象，"若桃花"与"如凝脂"分别对"面"和"肤"进行描写。

词语组合的语义关系远比词语组合的结构关系复杂，除上述语义关系类型外，还有不少语义关系，这里不再一一说明。

词语组合的语义关系跟词语组合的结构关系有一定的对应和联系，如语义上是领属关系和限定关系的，结构上一定是偏正关系。"学习材料"如果是限定关系，结构上为偏正关系，如果是受动关系，结构上为动宾关系。但是二者是从形式和内容两个方面考察词语组合的，性质根本不同，也不一一对应。例如，语义上是受动关系的词语组合，结构上可以是主谓关系，如"书被卖了"，也可以是动宾关系，如"卖书"。又如，"鸡不吃了"结构上是主谓关系，但"鸡"和"吃"可能是施动关系，也可能是受动关系。

## 三 词语组合的语义量

句子是由词语组成的。由一定数量的词语组成的句子，其意义以这些词语为基础，但一般而言不是这些词语意义的简单相加。影响句子语义的因素有很多，如语序、结构形式、停顿、重音、语调、语气、语境等。

有两种情况值得说明。一是从交际的角度而言，一个词语的组合体——句子虽有言表意义，但是没有提供新的信息，是废话，如"新郎小王结婚了""这些孤儿没有了爸爸""小王的哥哥比小王大"等。二是受语境、语气、语调、重音等的影响，句子除言表之义外，真正起作用的是言表之外的意义——言外义。例如，当孩子做错了事，爸爸严厉训斥，这时爷爷对爸爸说："他还是个孩子。"表面看来，这句话是对"他"（孩子）这个主体的断定，指明他的不成年属性。事实上，这句话的真正含义是孩子年龄小，懂事少，容易做错事，做了错事大人应该原谅，用不着大动肝火。同样，如果爷爷用的是感叹语气，说成"他还是个孩子！"，则对爸爸有强烈的责备意味。

## 第五节 语义的发展变化

语言是不断发展的，词汇系统是语言中变化最明显的部分，语义的发展变化是词汇系统中一个相对独立的部分。就词义演变而言，情况是非常复杂的。因为有多义现象的存在，所以词义的演变就可以既表现为词的某一个意义的演变和发展，又可以表现为一个词所包含的义项的演变和发展。我们在谈语义发展演变时，就有必要把词的一个意义的演变和一个词的义项的演变区分开来。

## 一　词的一个意义的演变

一是词义的丰富和深化。即一个词的某一个意义在指称范围不变的情况下，它的内容有所改变，由简单到复杂，由肤浅到深刻，由不正确变为正确。例如"水"，原来认为它是"无色无臭透明的可以饮用的液体"，现在则认识到"它的合成成分是氢二氧一"，意义内容加深了。再如"鬼火"，原来认为它是"野地里的火"，和"鬼"联系起来，现在则认识到它是一种磷火，是磷化氢燃烧时的火焰，与鬼无关，词义内容由不正确变为正确了。

二是词义的扩大。是指词的一个意义的指称范围扩大了。如"江"和"河"，原来都是专称，"江"专指"长江"，"河"专指"黄河"。后来它们指称的范围都扩大了，"江"泛指一切江，"河"泛指一切河。原来的专称义由新词"长江"和"黄河"取代。

三是词义的缩小。是指词的一个意义的指称范围缩小了。缩小的结果是词义所包含的内容更加丰富了。如"瓦"，原来"泛指一切陶器"，后来范围缩小了，专指"用来铺盖房顶的土制建筑材料"，意义更丰富更具体了。

四是词义的转移。是指词的一个意义的指称范围由甲变成了乙。如"兵"原来指"武器"，后来指称"战士"，范围改变了。再如"走"，原来指"跑"，后来指"行走"，指称的范围也发生了转移。

## 二　一个词的义项的变化

一是义项的增多。指一个词内部的义项数量比以前增多了。如前面列举过的"包袱"，增加了"思想负担"的义项，由原来的两个义项变成了三个义项。义项增多只表明它的新义项的增加，却不妨碍原有义项的存在，更不会引起旧义在该词范围内的消亡。在词的义项增多的情况下，新旧义项在一个词的形式内完全可以并存，并且各自保持着自己的独立性。

二是义项的减少。一个多义词的义项在使用中某一项消失了，就是义项的减少。如"牺牲"，现在使用的有两个义项，一是"为某种事业或目的而付出一定的代价"，二是"为了某种事业而献出自己的生命"。另外，还有一个指"古代用来祭祀的牲畜"，这一义项现在已经消失了，这就是义项减少。

可以看出，词的一个意义的演变和一个词的意义的演变是完全不同的。在词的一个意义范围内的变化，无论深化、扩大、缩小或转移，都有一个共同的特点，那就是新义的出现意味着旧义的消亡，新旧义不能在这一意义范围内并存。一个词的意义的变化则完全不同，无论义项增多或义项减少，都只是义项的增减，并不影响其他义项的存在，新旧义项可以并存。

此外，词义的演变也包括色彩意义和语法意义两个方面，但词汇意义的演变永远是词义发展的重要方面和主要内容。

# 思　考　题

一、什么是语义？语义的内容是什么？

二、什么是语言义？什么是言语义？两者有什么关系？

三、语义单位有哪几种？

四、义位是什么？它和词义有什么不同？

五、什么是义素？义素分析一般要经过哪些步骤？

六、什么是多义词？多义词义项产生的手段有哪些？

七、什么是同义词？什么是等义词？什么是近义词？等义词和近义词有何不同？

八、什么是反义词？反义词有几种类型？

九、词语的语义组合关系主要有哪些？

十、举例说明词义演变的情况。

# 第七章　词汇

## 第一节　词、词汇

### 一　词

词是语言符号的单位，是音义结合体，是用以组成句子从而进入交际领域的语言成分。如"今天阳光灿烂"，"今天""阳光""灿烂"三个词组成的句子。由此，我们可以给词下这样一个定义：词是语言中音义的结合体，是最小的可以独立运用的造句单位。这个定义包含以下五个方面的内容。

第一，词必须具有一定的语音形式。语言中每一个词都有它的语音形式。如汉语中"山"的语音形式是"shān"，英语中"book"的语音形式是"buk"，日语中"手"的语音形式是"て"，等等。如果没有语音形式，词的意义内容就无所依附，就没有载体，当然也就无所谓词的存在。

第二，词必须表示一定的意义。语言中每一个词都有它的意义内容。如汉语"灯"所表示的意义是"照明或做其他用途的发光的器具"。英语"cat"的意义是"一种哺乳动物，面部略圆，躯干长，耳壳短小，眼大，瞳孔的大小随光线强弱而变化，四肢较短，行动敏捷，善跳跃，能捕鼠，毛柔软"。日语"泣く"的意义是"哭，哭泣，悲伤"，等等。没有意义的词是不存在的。词的意义有三方面的内容。第一种是理性意义。词是一种符号，它记录了客观世界中的事物、现象及其关系，主体对这些事物、现象及其关系的认识和反映的结果又赋予了词意义，这种意义就构成了词的理性意义，也称词汇意义。第二种是语法意义。词是语言中的成分，它要组成句子进行交际，因而又具有了语法意义。如"桌子""朋友"可以概括为名词，名词可以和数量词相组合，在句子中可以充当主语、宾语、定语等，词的词性特点、组合能力以及充当句子成分的能力构成词的语法意义。第三种是色彩意义。词的存在反映了人们对客观存在的态度和评价，词的意义也反映了人们用词标记客观存在的某些特殊的方法和手段，词的运用体现了某种相对固定的领域，等等，这些内容构成了词的色彩意义。对于这三种意义类型，在其他的章节中还要作比较详细的讨论，这里不赘述。

第三，词是最小的造句单位。所谓最小，是指词表示一个整体意义而不可再分割，如果分割了，这个整体意义就不存在了。如汉语的"笔名"，是由"笔"和"名"两个成分组成的，从意义上看，它表示的是一种特定意义上的名字，即"作者发表作品时用的别名"，它不是各构成成分的意义的简单相加，是不可再分割的，如果分割成"笔"和"名"，就失掉了原来的意义；如果分析为"笔的名"，也同样破坏和改变了原来的意义。英语中"man"是一个词，"manpower"也是一个词，虽然"man"（成年男人）与"power"（能力，机能，体力，精力等）均可独立，但"manpower"（人力，劳动力）却不是两个构成成分的简单相加，因而它同样是最小的单位。这里应该注意一点，即意义上的不可分割性并不等于结构上的不可分析性。词有单音词与复音词之分，单音词如汉语的"山""水"，英语的"man""he"等，意义上是不可分割的，结构上也是不可分析的。但绝大部分复音词如汉语的"笔名""骨肉"，英语的"manpower"、"waterfall"（瀑布），意义上是不可分割的，结构上却是可以分析的。"笔名"可分析为偏正式的结构关系，"骨肉"可以分析为联合式的结构关系，"manpower"可以分析为偏正式的结构关系，"waterfall"可以分析为偏正式的结构关系。我们在认识词是最小的造句单位这一特点时，一定要注重意义上的不可分割性，整体意义分割了，就不再是原来那个特定含义了。

第四，词是可以独立运用的。所谓独立运用是指词在造句活动中，可以出现在句子的任何位置，可以出现于任何句子之中。独立运用的特点对于汉语词这种缺乏形态变化的语言而言表现尤为突出。如"电脑"一词就可以造出好多个句子："电脑是信息时代的产物""家庭电脑正日益走俏于市场""他的电脑知识少得可怜""小王业余时间最喜欢学电脑"等。对于某些形态变化比较发达的语言而言，独立运用可能受到某些限制。如英语中的"I"（我）是第一人称单数的主格形式，造句时只能充当句子的主语，与其同义的"me"作为第一人称单数的宾格形式，造句时只能出现于宾语的位置上，与汉语中"我"的独立运用的情形有一定的差异。有一些词，也可以独立用来成句，如听到外面有动静，我们可能会说"猫"。那么"猫"这个词在特定的语境中就可以自己独立成为一个句子，形成独词句。还有一些词，可以独立造句，但不能独立成句。如汉语的"很""再""只""仅"，英语的"on""in""of""at"，日语的"に""を""て""の"等，它们必须和其他词组合起来进行造句，自己不能独立形成句子。但这些词仍旧有独立运用的特点，因为这里所谓的独立运用不是指一个词独立成句，而是指它可以用于造句。如"他很好""this classroom is full of water""秋叶原には，电器屋がたくせんあります"等，它们能够进入不同的句子，成为语言词汇中组句的不可缺少的成员。因此，词无论能否独立成句，都不失其独立运用的特点。

第五，词是造句单位。这是词的根本特点，也是词的根本用途。语言中有许多单位，音素、音节、词素、词、词组都是语言中的单位，每一个单位都有自己的运用范围和条件，因此我们不能笼统地说词是一种语言单位，而应该说词是组句的备用单位。这一点就把词和词素等语言单位区别开来了。

通过以上分析可以看出，词有五个特点，这五个特点又是互相联系、互相制约的。"有一定的语音形式""表示一定的意义""最小的""可以独立运用的"等特点又是在"造句单位"这个特点之中表现出来的。

词是音义结合体，是最小的可以独立运用的造句单位。用该定义来衡量前面提及的"今天""阳光""灿烂""笔名""骨肉"等语言成分，可以看出它们都符合这个定义的要求，因而都是词。其他的语言成分如"高大的身躯""智慧和胆略"等，虽然也可以用来造句，但它们不是最小的，意义上是可以分割的，从这个角度看，不符合词的定义，因而不是词，是词组。"丰""习"等成分有声音，有意义，但在现代汉语中，不能独立用来造句，只能用以造词，构造"丰富""丰收""学习""练习"等词，在这一点上，它们与词的定义不相符，因而不是词，是词素。用这个定义来衡量其他语言中的词也是同样的道理。如英语中的"boy""answerable"，日语中的"見る""取り除く"，虽然有的是单纯的成分，有的是复合的成分，但都是音义结合体，是最小的可以独立运用的造句成分，因而都是词。其他如"red sun"（红太阳）、"a final decision"（最后决定）、"有名な店"（有名的商店）、"性能と値段"（性能与价格）等虽然也是造句单位，但同前面几个成分相比，显然不是最小的造句单位，因而它们是词组，而不是词。

## 二　词汇

### 1. 什么是词汇

词汇可以指一种语言词语的总和，如汉语词汇、日语词汇；可以指语言各类词语的总和，如基本词汇、一般词汇；可以指一本书词语的总和，如《红楼梦》词汇、《水浒传》词汇；还可以指一个人所掌握的词语的总和，如鲁迅的词汇、郭沫若的词汇等。对于词汇学术语所指的"词汇"，过去往往理解为词的总汇，现在看来是不全面的。今天对这个概念的理解应当有所发展。因为语言中存在着部分相当于词的成分，它们在造句的功能上与词等价，也应该把它们放入词汇中去。这样，词汇的定义应该理解为语言中所有的词和相当于词的作用的固定结构的总汇。

2. 词汇的内容

词汇包括两种内容。一种是语言中所有的词的总汇，另一种是语言中相当于词的作用的固定结构的总汇。词汇的内容就是这两者的总和。

词的总汇和固定结构的总汇又有各自的构成成分，具体如下。

（1）词的总汇

词的总汇又可以分成两个部分，一部分是基本词汇，另一部分是一般词汇。

基本词汇就是语言中所有基本词的总汇。基本词是表示客观现实中基本事物和基本概念的词。人们生活在客观世界中，客观现实决定了人们在生活中，和有些事物的关系是密切的，和另一些事物的关系是不密切的。如"太阳""月亮""天""地""山""水""手""脚""孩子""父母""桌子""椅子""工作""学习"等，和人们日常生活的关系都是非常密切的。凡是和人类生活关系密切的事物就是基本事物，反映这些基本事物的概念就是基本概念，表示着基本事物和基本概念的词就是基本词，基本词的总和就是基本词汇。每一种语言中标记基本事物和基本概念的词都构成该语言系统的基本词汇。如英语中的"sun"（太阳）、"moon"（月亮）、"sky"（天空）、"water"（水）、"study"（学习）、"work"（工作），日语中的"わたし"（我）、"読む"（看，读）、"白ろい"（白色的）、"会社"（公司）、"休み"（休息）、"好きだ"（喜欢），都分别属于英语词汇、日语词汇中的基本词汇。

基本词汇有三个特点。第一，普遍性。基本词汇是被普遍使用的，无论从事什么职业，或属于什么群体，都要使用这些基本词，因为它们和人们生活的关系最密切。第二，稳固性。基本词汇不容易发生变化。因为基本词汇经常被使用，为人们服务得很好，不需要变化；同时语言又是社会约定的，如果变化了就要重新约定。因此，它不必变化，也不容易起变化。它一代一代地使用下来，生命很长久。有些基本词在远古时候就产生了，如汉语的"日""月""山""水"等。因此无论从理论上还是从语言事实上看，基本词汇都具有稳固性。第三，能产性。基本词汇能够转化为词素，因此它可以充当构造新词的基础。如"深"可以构成"深刻""深情""深入""深思""深渊""深切"等。日语的"手"可以构成"手足""手伝い""手伝ぅ""手続き""手厚い""手洗"等。但是基本词汇的构词能力并不是均等的，有些就比较弱，如"牛""羊""我""你"等。有些干脆就没有什么构词能力，如"谁"。但是，因为它们具备了普遍性和稳固性特点，所以仍然属于基本词汇的范畴。

一般词汇就是除了基本词汇之外的那些词的总汇。如"邂逅""车床""宰相""芭蕾舞"等就属于汉语的一般词汇。"digitoxin"（药名，洋地黄毒苷）、"even"（古语、诗歌，方言中指黄昏、傍晚）、"ranid"（蛙科动物）、"semibreve"（全音符）等词属于英语中的一般词汇。一般词汇不具备基本词汇的普遍性、稳固性和能产性特点，但是有着自己特有的灵活性。大家都知道，在语言的几个结构要素中，词汇是反映社会的变化发展最为敏感的，这主要就是针对一般词汇而言的。社会的各种变迁、新事物的出现、旧事物的消亡，首先在一般词汇中得到反映，所以，一般词汇的发展变化，往往和社会的发展变化保持一种同步的关系。

一般词汇的内容是很丰富的，它所涉及的范围也非常广阔。

古今中外，所继承的、所吸收的、各行各业所使用的，都可以网罗在一般词汇的范围之内。归纳起来，可以包含以下几个方面。

第一，固有词。固有词是从历史上传承下来的，是在过去产生和存在并一直沿用下来的一些词语。它有着一定的稳固性，但是不具备普遍性和能产性特点，所以属于一般词汇。例如"薄暮""苍穹""徜徉""白皙""鼻祖""巨擘""造诣""呻吟""欣然"等。

第二，新词，这是为适应社会交际需要新产生的或产生后使用不久的词。例如"下海""打工""下岗""扶贫""挂靠""高科技""软着陆""一国两制""知识产权"等就是近几年出现的新词。新词必须是被社会所约定俗成、被社会所公认和使用的词。有些新产生的未被社会承认的生造词不能算作新词。例如前几年有的报纸上就出现了"参党"一词，到现在它并没有被使用下来，社会未予承认，所以"参党"是生造词，而不是新词。

新词的界限是不容易确定的，关键要看站在一个什么角度。如果站在历史的角度看，现代汉语的词对近代汉语的词来说就是新词，如果站在新中国成立前后的角度看，新中国成立后产生的词对新中国成立前的阶段来说就是新词。

新词中有一些成分如果代表了人们生活中的基本事物和基本概念，很快就会进入基本词汇中去。如"火车"，是近代社会产生的词，产生后与人民生活发生了密切关系，于是就转入了基本词汇之中。其他如"干部""塑料""退休""面包服"等新词都是如此。但是更多的新词还是保留在一般词汇中，如目前出现的"扶贫""脱贫""软件""硬件""视频""发烧友"等。新词能否成为基本词，要有时间的检验，要看它与人们日常生活关系的密切度如何，要有使用范围、频率以及构词能力等方面的保证，不能把某一时期的常用词简单地归入基本词。

第三，古语词。古语词就是指过去曾经运用过而现在已经不用，由于特殊的需要，又被重新使用的那部分词。以汉语为例，在古汉语中产生和存在的词，如果在现代汉语中不用了，那么它就不属于现代汉语阶段的词汇范围，但是如果由于特殊需要又被重新使用了，那么它就变成了现代汉语词汇的成员，成了现代汉语词汇中的古语词。古语词一方面表现为，有一些事物过去存在，现在不存在了，表示这些事物的词现在也不需要了。如"宰相""状元""太尉""枢密院"等，但是现在如果我们要编写历史小说或历史剧，必然要用到这些词。描绘和再现历史就是一种特殊需要。另一方面，词所标记的事物还存在，而这些词现在不使用了，被新的词代替了，但有特殊需要时还会偶尔使用。如"戏子"，解放前用作以演唱为职业的一类人的名称，解放以后这种职业依旧存在，但是"戏子"一词被"演员"之类的新词代替了，应该说"戏子"在我们目前使用的语言词汇中是不存在的，但是在我们了解和著述解放前的历史时，又会用到它。这样它又成为现阶段汉语词汇中的古语词。

每一种语言中都有古语词。如日语中的"牛車""奉行""箱屋"等词已从现代社会基本消失，只是在小说或剧本中略有保存。有的书中把古语词和固有词混为一谈，其实两者是不同的。我们在认识一般词汇中的这两类词时，要把它们的不同性质区分清楚。

第四，方言词。方言词有两个含义。一是指存在于地域方言中的词。如上海话称"我"为"阿拉"，广州话称"冰箱"为"雪柜"，"阿拉"与"雪柜"就是第一种含义上的方言词。二是指从方言中吸收到共同语中的词，即来源于地域方言的词。它本身是共同语词汇中的成员，既可以存在于共同语词汇中，也可以存在于地域方言中。如"搞"是四川方言词，普通话词汇将它吸收进来，并不妨碍它还存在于四川方言中。再如从西南方言中吸收进来的"耗子""名堂"；从吴语中吸收进来的"蹩脚""把戏""货色""尴尬"等都是普通话词汇中的成员，尽管它们在各地方言中仍然存在着。我们这里所讲的方言词就是指第二种含义上的方言词。

第五，外来词。外来词是受外族语影响而产生的词。不同民族语言的接触必然会产生外来词。应该强调的是，外来词是受外语影响而产生的。它不是对外语词的照搬。因为任何一种语言，当它和外语接触，吸收外语词的时候，都要在外语词的基础上进行一番加工改造。就汉语而言，要经过汉化的过程。如果是通过语音形式的汉化而产生的外来词，称为音译词。如"咖啡"（coffee）、"沙发"（sofa）、"坦克"（tank）、"摩登"（mod-ern）等。如果在语音形式的汉化之外，又增加了意译的成分，便称为音兼意译词。如"芭蕾舞"（ballet）、"法兰绒"（flannel）、"霓虹灯"（neon）、"可可茶"（cocoa）等。如果是借鉴外语词所表示的意义，用本民族语言的语素和构词规则而形成新词，称为意译词。如"火车""飞机""电话""连衣裙"等。

民族的交往、科学文化的交流、经济贸易的往来都影响着语言，促使语言之间彼此相互借用、相互吸收一些成分，所以外来词是各种语言词汇都存在的现象。汉语中的"丝""茶"等也同样被英语等其他语言所吸收，成为它们语汇中的外来词。

第六，社会方言词。社会方言和地域方言不同。地域方言是一种语言系统，而社会方言没有一套自己的基本词汇和语法结构，也没有一套完整的符号系统，只是拥有一些自己所需要的词语。社会方言是指由于社会行业和群体的不同而产生的一些不同的词。其主要成分是行业词（行业语）。如农业的、工业的、教育的、戏曲的、医学的、商业的等。

社会方言还包括老人语、娃娃语、学生语、干部语等。如娃娃语"鞋鞋""饭饭"等，多是重言的形式。此外，还有阶级习惯语和隐语等，都属于社会方言词。

总之，一般词汇的内容是比较丰富的。

基本词汇和一般词汇各有特点，也各有作用，但是两者并不是互不相干的独立体。它们互相联系、互相依存，同时又互相转化，共同构成和丰富词汇总体。首先，基本词汇是一般词汇形成的基础。基本词作为根词可以构成大批的词语。因此，一般词汇中的大多数词是在基本词汇的基础上形成的。反过来，一般词汇又可以说是基本词汇发展的源泉，一般词汇可以为基本词汇不断地输送新的血液。前面谈过，一般词汇是反映社会变化最敏感的，社会上因出现新事物而产生的新词往往要在一般词汇里占据一席之地，在社会及语言的发展过程中，有些成分可能进入基本词汇。其次，基本词汇和一般词汇又可以呈现相互转化的关系。随着社会的发展、交际的需要，某些基本词可以转化为一般词，某些一般词也可以转化为基本词。如"皇帝""宰相"等词在封建社会，是语言词汇中的基本词，随着封建社会的结束，这些词也就由基本词汇转入一般词汇，由基本词变为一般词，前面举的"火车"却从一般词转化成了基本词。日语中的外来词，如"どール"（啤酒）、"がラス"（玻璃）也已进入日语的基本词汇。

　　基本词汇和一般词汇不能绝然分开，因为有一些词处在两者之间的转化过程中。如"公社"，我国自 20 世纪 50 年代后期成立人民公社以来，经过了几十年的交际生涯，"公社"渐渐变成了基本词，但是目前我国行政区划的名称，有所更改，"公社"被"镇"所取代，那么"公社"一词就处在基本词汇向一般词汇转化的过程中。由一般词汇向基本词汇转化也是如此。语言是渐变的，总有一些成分处在转化过程中。有时对某一个成分，我们不容易辨别它是基本词还是一般词，就因为它处在转化过程之中。在这种情况下，基本词和一般词的界限就不是很清楚。但是大部分基本词和一般词还是能够确定的。

　　（2）固定结构的总汇

　　语言里相当于词的作用的固定结构也叫熟语。熟语在结构和意义上都是定型的，是不可分割的整体，同时是作为组句的备用单位而存在的，它和词一样，都是语言的建筑材料，因此，熟语是词的等价物，它也属于词汇。熟语本身又包含了以下几项内容。

第一，成语。成语是指具有固定的结构形式和完整意义的固定词组。所谓结构的定型性是成语在结构上的不变性。它既不能任意扩展，如汉语的"阳春白雪"不能说成"阳春的白雪"；也不能任意缩减，如"不胜枚举"不能说成"不胜举"；更不能任意更换，如"喜笑颜开"不能说成"喜笑面开"。所谓完整的意义，是指成语在意义上不可分割。如"指鹿为马""杞人忧天"等，单从字面上看，我们不可能理解这些成语的意义，必须结合一定的历史背景从整体上了解它们的意义。成语结构和意义上的这些特点表现得都是非常明显的，特别是结构上的定型性是非常突出的。其他民族语言中也包含"成语"的语言形式，如英语的"strike while the iron is hot"（趁热打铁）、日语的"習うより慣れよ"（熟能生巧）等都具有结构的定型性和意义的完整性。

第二，惯用语。惯用语是结构定型、意义完整的固定词组。如汉语的"挖墙脚""开夜车""走后门""磨洋工"等就是惯用语。惯用语和成语是不同的。惯用语在固定的结构形式方面没有成语那么严密，可以改变它的成分和音节结构，即在结构上有一定的灵活性。如"碰钉子"，也可以说成"碰大钉子""碰软钉子""碰硬钉子"等。"绕圈子"也可以说成"兜圈子"。可见，惯用语有原型和变型之分。原型一般只有一种，变型则可有一种或多种情况。

第三，专有名词。专有名词如汉语的"中华人民共和国""语言学概论""山东大学"；英语的"the United States"（美国）、"New Year's Day"（元旦）等。这也是一种固定词组，也具有固定的结构形式和完整的意义。与其他的固定结构相比较，它在音节结构上比较灵活，无固定形式的要求。

除了以上三种结构之外，还有固定的句子结构。汉语中有两种，一种是谚语，一种是歇后语。它们都是人们在口头上流传而形成的，其特点也是具有固定的形式和完整的内容。谚语有的由单句构成，有的由复句组成。如"三个臭皮匠，合成一个诸葛亮""人无千日好，花无百日红"等都是谚语形式。歇后语则由前后两部分构成，前半部分往往是形象的比喻，后半部分是对前半部分比喻的揭晓，是其本意所在。如"狗咬吕洞宾——不识好人心""泥菩萨过河——自身难保"。

谚语和歇后语虽然是句子形式，不同于前面几种的词组形式，但无论在结构上还是在意义上都是一个不可分割的整体，所以也属于固定结构，属于词汇范围。其他如英语、日语等语言中也有丰富的谚语，如英语的"he laughs best who laughs last"（谁笑到最后，谁笑得最好），日语的"鳴く猫は鼠を捕らぬ"（好叫的猫不拿耗子）等。

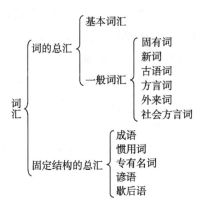

## 第二节 词的产生

词是语言词汇的重要组成部分，进行交际时说的话都要用词来组成。所以人们创造语言时首先要造词，哪怕开始时造的词很少，随着社会的发展，人们的交际日益广泛深入，就需要不断地造词。因此，可以说，词是因社会需要、交际需要而产生的。

# 一　造词与构词

造词和构词是两个完全不同的语言学术语，理应加以区别，不应因"造""构"同义而将两者混淆起来。首先，造词是解决一个词从无到有的问题，也就是给事物命名的问题，给事物命名的过程就是创造语言符号的过程，其意义重在制造；构词是指词的结构规律而言的，是对语言中已经造好的现成的词进行结构规律的分析和总结，其意义重在结构。如汉语词"台灯"，它的制造形成取决于该事物是放在桌上使用的照明工具，它的结构规律是一种偏正式的词。再如英语词"cuckoo"（杜鹃）是根据该词所标记的事物发出的声音制造出来的，它的结构方式是单纯词。其次，造词活动具有社会性特点，是一种集体性活动、普及性活动，领域非常广阔。任何人都可以造词，不同阶级，不同阶层和集团，不同年龄、身份、地位、职业、性别等的人，都可以凭借自己的语言习惯和所掌握的本民族的语言情况进行造词，对语言不一定要有理性的认识。给任何事物、现象起名字都是一种造词活动。如给小孩起名、给产品起名等都构成造词行为。此外，对造出的新词，每个成员都要接触它、使用它，并参与它的约定俗成活动。构词却不同，人们在社会生活和社会交际中，并不关心词的内部结构形式如何。如给小孩起名字是符号称说的需要，同时有可能寄予人们的某些期望和特殊寓意，从而使得起名字这种造词活动具有某种理据性，但是人们并不刻意从名字的内部结构方式方面去追求什么，并不考虑造一个主谓式的词或偏正式的词或其他结构方式的词作为名字符号，这对于主体而言没有意义。因而，构词问题就成为某些相关人员科学研究范围内的工作，它的领域要比造词活动狭窄得多。它不是每个人都关心的问题，也不是每个人都有能力触及的问题。当然构词的研究成果会为人们所接受，因为它不但使人们能够更清楚地认识词、分析词，同时能为人们的造词活动提供可遵循的规律和科学的依据。

## 二　词的形成途径

词汇是语言中最活跃的部分，随着社会的发展、人们认识和思维能力的发展，随着新事物、新现象的不断产生，语言中也会不断产生新的成分以满足交际的需要。那么，语言中的词又是如何形成的呢？观察词的产生轨迹可以发现，词的形成有以下三个方面的途径。

第一，运用造词法创制新词。这是词得以形成的主要途径，绝大多数词的产生都是社会成员造词活动的结果。那么作为社会成员来说，怎样根据本民族语言情况和语言习惯来造词呢？社会成员可以运用语言的各个方面来造词。人们可以运用语音方面的情况造出象声词，如用力关门的时候或重物落地的时候，往往会发出"pēng"的声音，可以把"pēng"固定下来，造出语言中的一个词"砰"。其他如汉语中的"猫""蝈蝈"，英语中的"ping-pong"（乒乓）、"ding-dong"（叮咚），日语中的"つるりと"（哧溜）、"ドン"（咚）等都是模仿事物发出的声音来造词的。利用词汇基础来造词的情形更为多见。如汉语的"火车"就是用"火"和"车"这两个成分来造词的，英语的"grandfather"就是用"grand"和"father"这两个成分来造词的。语言符号形成音义结合体之后，音和义之间就有一种稳固性，人们可以利用已经稳固了的成分来造词。语法基础也是造词必不可少的，人们造词时往往要涉及语法关系。如"火车"是偏正结构，"grandfather"也是偏正结构，造词的人不一定了解偏正结构的语法规则，而是依靠语言习惯，每一个正常的人都可以不自觉地利用已掌握的语法规则进行造词。造词活动也可以利用修辞手段和文字知识来进行，如比喻造词、拆字造词等。可见，人们造词依靠的是原来的语言习惯和已掌握的本民族的语言情况，具体反映在语音、词汇、语法、修辞、文字等各个方面，它们都是人们造词的基础。

　　人们在造词时要运用一些方法。例如在语言产生之初，尚无语言材料作造词基础的时候，是运用音义任意结合的方法造词的，即当人们认识某种事物时，就用某个声音来命名它。如汉语的"人""山""水""天"，英语的"book"（书）、"big"（大的），日语的"駅"（车站）、"休み"（休息）等，为什么用这样的语音形式来标记，而不用另外的语音形式呢？这是说不清楚的，因为其中没有什么道理可讲，音和义之间是任意结合的。再如前面举过的"猫""蝈蝈"等词，是模仿声音造词，使用的造词方法是模声法。现在大量使用的是说明法，它是在大量的已有的语言材料的基础上来造词的，如汉语的"玩具""洗衣机"，英语的"blackboard"（黑板）、"baseball"（棒球），日语的"送料"（邮费）、"飲み物"（饮料）等，都是通过对其所标记的客观事物进行说明来造词的。

　　造词方法当然不限于以上几种，这里仅是举例而已。

　　第二，由习用的短语转化为词。该情形一般是在长期的语言发展的过程中逐步形成的。如"妻子"，本来是指妻子儿女，表达复合概念，属于联合式短语，在语言应用中，其中的"子"慢慢转化为虚化成分，不再具有"儿女"的意义，"妻子"也就由复合概念转为表示单纯概念"妻"，结构上由联合式短语逐渐约定为"词根＋词缀"的派生词。再如"睡觉"，最初两字连用是一个词组，意思是"睡醒"，属于动补式词组。后来"睡觉"逐渐凝聚成一个词，与"睡""睡眠"同义。由于"睡觉"连用，"觉"受"睡"的感染失去原义"醒"，成了偏义词。其他如"国家""窗户""定价""通知""家庭"等词均是由开始的词组形式发展演变而来。它们经历了结构上的由自由到凝固，意义上的部分成分虚化、消失，或构成成分之间同化、融合的过程，最终转化为词。其他语言也存在类似的现象，例如日语中由［早く起きる］（早起）可以产生［早起き］，由［目を覚ますもの］（叫醒人的东西）可以产生［目覚まし］（闹表）。

　　第三，由词的构形形式约定俗成转化为词。如"我们""你们""他们""冷清清""亮堂堂""大大方方""扭扭捏捏"等，它们分别是"我""你""他""冷清""亮堂""大方""扭捏"的构形形式，其中有的表示复数的语法意义，有的表示加强态的语法意义。这些构形形式由于被广泛、高频地运用，久而久之，被约定俗成为独立的词。《现代汉语词典》已将这些构形形式作为独立的词收入，其中有些由构形形式形成的词，使用频率甚至超过了原词，如"空荡荡""扭扭捏捏"等。再如英语中的"I"与"me"、"he"与"him"分别属于第一、第三人称单数的格变体，它们都独立成词。再如日语中某些动词的连用形可以作名词，事实上也是构形形态约定为词。"休む"（动词，休息）的连用形是"休み"，"休み"也是名词意义上的"休息"。"始まる"（动词，开始）的连用形是"始まり"，该形式也可以作为名词的"开始"，等等。可见，词的构形形式约定为词是其他语言也存在的现象。

　　词的构形形式能否被约定为词，主要受约定俗成规律的制约，受使用频率、范围的制约，受人们语用心理的制约。"我们""你们""他们""咱们"等无论是使用频率、使用范围，还是主体的心理认可，都毫无疑问已具有独立词的资格，同样形式的"工人们""朋友们""孩子们"等则远远不能与上面几个词相比，它们仍然停留于"工人""朋友""孩子"的构形形式的状态。日语中也并非所有动词的连用形都能名词化。

　　可以看出，词的形成途径不止一种，不同途径形成词的过程也各不相同。语言中新词的产生虽然主要是造词的结果，但并不全是造词活动的结果。我们分析每个具体词的产生问题，如果加以追根溯源，也不应全从造词活动方面来考察。

## 三　词形成的逻辑基础

　　任何词的形成都以两个条件为前提。一是人们的思维活动，二是语言材料。语言产生之初，人们的思维活动，甚至是形象思维活动占有主要的地位。语言产生之后，任何词的产生都是人们的思维活动和语言材料综合作用的结果。思维活动形成词的内容，语言材料使这种思维内容变成了直接现实，从而人们可以感知它、认识它、应用它。词形成的这两个前提条件，对一个词的产生来说，是同等重要的，缺一不可。但是如果从词的形成轨迹来看，很明显，人们的思维活动则占有先导地位，因为没有认识活动，就不可能产生新的认识内容，当然也无须用语言材料来表示它。如"计算机"一词的产生，首先是社会上出现了计算机这种事物，然后是主体对该事物进行认识和反映，进而形成概念，最后选择"计""算""机"之类的语言材料去标记它。从这个方面讲，人们的思维活动是形成词的基础。同时，人们的认识情况和思维规律决定着被造词的根本面貌。同样一种客观对象，从不同的角度去认识，可以形成不同的词。如"蜂窝煤"与"藕煤"、"母亲"与"妈妈"等同义词的制造即充分体现了认识和思维在造词中的作用。

由于语言和思维的密不可分的关系，人们的认识情况和思维规律又往往要通过语言的形式反映出来。这种反映，一方面表现为各种造词方法的背后都以主体的种种认识活动为基础，通过运用各种造词方法造出来的词，也完全表示了人们在造词时由于种种认识活动而形成的概念；另一方面，人们思维活动的结果形成了词的基础形式。这种基础形式，一般来说，都是以语言形式出现的，或者是词，或者是短语。如"短儿"是由"短"变儿化韵而成，那么"短"就成为"短儿"的基础形式。另外，人们的思维规律也会很自然地通过词的内部结构形式，用语法方面的各种规则表现出来。因此，造词时的思维规律的可理解性，赋予了造词规律可分析性。人们造词时的思维活动和结果，与构词中反映出来的情况是一致的，所以，造词和构词具有共同的逻辑基础，造词法和构词法也具有共同的逻辑规律。如"豺狼"一词，构成要素"豺"和"狼"表示同一个类概念"猛兽"之下两个处于同等位置的种概念，那么人类思维规律中概念之间的同位关系就是"豺狼"一词形成的逻辑基础。凡是在这种概念关系的基础上形成的词，反映在构词上，就是意义相关的联合式复合词。

造词、构词的逻辑基础是非常细致、复杂的，主要包括同一关系、同位关系、对立关系、从属关系、限定关系、支配关系、判断关系等。任何语言的词的产生和结构规律中都蕴含着这种逻辑基础。如英语词"grassland"，创造该词时的认识情况是要说明这是"有草的地方"，自然就形成"草原""牧场"的意义，其逻辑基础用限定关系来表示，反映在构词上是偏正式复合词。再如日语词"取り除く"（清除），是由"取る"与"除く"两个词素组成的复合词，"取る"与"除く"都是"除去、除掉"之义。如果两个词素所表示的概念的外延基本相符合，那么概念的同一关系就是该词的词素得以组合的逻辑基础，反映在构词上，该词是同义联合式复合词。

# 第三节　词汇的发展

语言是不断发展的，作为语言构成部分的词汇不仅具备了语言的发展性，而且成为语言中发展变化最快速、最为活跃的部分。由于语言词汇中各个组成部分的性质和特点有所不同，在发展变化方面也显示出不平衡性。总的说来，基本词汇的发展明显地滞后于一般词汇的发展，词汇中最容易发生变化的要素都在一般词汇中。尽管如此，它们在和语言发展与社会发展的关系上仍然是完全一致的。基本词汇的缓慢发展，仍然能够有力地说明语言的发展，也能够反映社会的发展。从漫长的语言发展的过程和社会历史的发展过程中去考察，可以清楚地看出这一点。

## 一　词汇发展的原因

词汇的发展是许多因素综合作用的结果。社会的发展变化在语言中的反映首先表现在词汇中，而且突出地、集中地表现在词汇中。凡是社会中出现了新的东西，包括新事物、新现象、新体制、新思想、新思潮等，都会在语言词汇中表现出来。如汉语词汇中出现的"信息""软件""改革开放""知识经济""一国两制"等新词语足以反映社会的发展对词汇发展的影响。此外，社会间的相互接触是社会因素影响词汇发展的又一个方面。语言词汇中外来词和方言词的存在，就是这种影响的结果。不同国家和民族之间的交往，促成语言的相互接触，进而产生外来词；不同地域间的相互接触，又形成了方言词的相互吸收以及普通话对方言词的吸收。就汉语而言，从两汉时期借用匈奴和西域的词语开始，经历了魏晋南北朝时期佛教词语的大批吸纳，再到近代社会受西方语言的影响，产生了一系列的新词。其他语言也要借用外民族语言中的词语来丰富本民族的语言词汇。例如日语是外来语极多的语言，日语词汇中60%以上的词语是汉语。除汉语之外，还有梵语、荷兰语及葡语等，明治维新以后，还从英语、德语、法语等语言中吸收了很多词，战后由英语来的外来语很多。英语也是外来语很多的语言，现代语词汇中约60%的词语来自法语，这和日语中的汉语所占比例差不多。社会之间交往越频繁、越密切，产生外来语的可能性就越大。

人类认识的发展也可以促成词汇的发展。当人类认识和发现从未发现的事物和概念时，就会用语言符号去标记它，产生新词，从而促成词汇的发展。如"核子""中子""质子"等。人类认识的由浅入深的发展，会推动许多词的词义向丰富化、科学化发展。如"人""水""云""光"等词义从古至今即经历了这种变化发展。人类认识由粗疏向细腻的发展可以促成同义词的发展。如"废除""解除""去除""消除""清除""铲除"等。

人类认识的发展变化可能导致新旧词语的更替。如"演员"代替
"戏子"，"炊事员"代替"伙夫"等。人类认识和思维能力的发
展，可以促成科学研究的发展，进而促成新事物的产生，从而产
生新词。如"激光""导弹""航母""计算机"等，都是高科技
的产物。

　　词汇系统内部的矛盾和调整会促成词汇的变化发展。词汇
是一个系统，在这个系统内的各个元素、各种关系，都以自己
的特点和方式发生着变化。如新旧要素的更替，词义的外延、
内涵的变化，词汇聚合之间的交叉及转化，词汇要素相互间关
系的变化，等等，都有可能产生许多的碰撞和矛盾，出现一系
列的失衡现象，那么词汇系统内部会随时加以调整，以达到新
的平衡、和谐，矛盾的不断出现和不断解决，会推动词汇的不
断发展。如汉语系统中随着语音形式的简化，同音词越来越多，
同音词的繁多容易给交际带来障碍，于是制造复音词代替单音
词，以减少同音混淆的机会。如以"妻子"代替"妻"，以
"栖息"代替"栖"，以"娄娄"代替"娄"，以"亲戚"代替
"戚"，以"欺骗""欺负"代替"欺"，等等，这样会大大减少
"qī"音词过多给交际带来的麻烦。汉语如此，其他语言也如此。
英语中许多词消失的原因是同音混淆。"Cretan"（古英语"叫
喊"）被 grētan（古英语"迎接，招呼"）代替了；hrūm（古英语
"烟垢"）由于和 rūm（古英语"房间"）语音相似而消亡了。

　　此外，词汇系统内部的调整还表现在等义词的调整、多义词
的调整、近义词的调整以及不同风格词汇类型的调整、不同感情
词汇类型的调整等诸多方面。语言词汇就是在这种矛盾和调整中
不断地丰富和发展着，以求更有效地履行交际的职能。

## 二　词的发展规律

　　词的变化发展有着自身的特点和规律。任何语言中的词都可
以区分为语言系统中的词和言语系统中的词，前者称为语言词，

后者称为言语词。语言词来自言语词，由言语词约定俗成。言语词存在于言语系统中，属于语言要素的临时变化，当它被约定俗成为语言词后，就成为语言系统中固定的成分，从而完成了语言要素的历史变化。语言词形成之后仍然在言语系统中发挥交际作用，在这一过程中它有可能继续保持语言词的原状态，也有可能发生各种各样的临时变化，临时变化久而久之有可能重新形成历史变化。词就是在这种临时变化与历史变化的往复循环中不断得到发展的。将不同时期的历史变化相比照，就可以清楚地认识词的发展脉络。如"大哥大"一词，刚开始产生的时候，只有少数人了解和使用，是个言语词，属于汉语词汇系统中的临时成分，随着该词所标记的客观事物的日益普及，其使用范围和频率也逐渐扩大和提高，最终得到广大社会成员的认可，被约定为语言词，完成了其历史变化。"大哥大"一词在继续使用的过程中发生了某种变异，除原有意义"移动电话"外，又产生了新的用法，指称"最好的、第一"的意义，开始时这种新意义属于语言要素的临时变化，这种临时变化逐渐形成"大哥大"的新义项，从而使得该词又经历了一次历史变化。纵观该词的历史发展，可以发现它由单义词发展成了多义词。再如英语词"bird"，在中古英语中也拼作"brid"，指称"幼鸟"，经历了漫长的交际过程之后，逐渐产生了新的意义"一切鸟类"，在现代英语中，这一新意义完全取代了旧意义"幼鸟"，完成了该词的历史变化。纵观"bird"一词的发展过程，可以看出，它的意义发生了外延扩大的变化，不仅如此，该词的语音形式也完成了固定化的历史变化。

词的变化发展不仅表现在意义内容、语音形式方面，变化发展的结果还有可能产生新词。如汉语的"刻"，古代作为动词"雕刻"的"刻"与作为时间名词的"刻"同属一词，是多义词，随着社会和语言的发展，这两个意义逐渐分离，开始只是一种临时变化，久而久之，分离的意义彻底决裂并衍生出表时间意义的新词"刻"，历史变化随即完成。

　　由以上分析可以看出，词的任何一方面的变化发展都开始于临时变化，虽然不是所有的临时变化都能形成词的历史发展，但词的历史发展确确实实来源于词的临时变化。词的变化发展由临时的量变到历史的质变，可以是一个相对短暂的过程，也可以是一个漫长久远的过程，可以是在历时的范围内发生，也可以是在某个共时的范围内出现。

## 三　词汇系统的变化发展

　　词汇系统的演变发展，表现为新要素的增加和旧要素的消亡。新要素的增加主要表现为以下几个方面：第一，适应新事物的出现而创造新词。这是词汇发展的最重要的途径。如近二十年，适应改革开放的新形势，汉语中出现了一批新词："下海""打工""博导""软着陆""多媒体"等。其他语言也是同样的道理。如日语中的"人絹"（レーョン）、"中間子"（中子）、"団地"（近代公寓）、"券壳機"（自动售票机）等。第二，旧事物改换名称增加新词。如汉语中"邮递员"代替"邮差"，"演员"代替"戏子"，"眼"代替"目"，"帽子"代替"冠"等。第三，词义演变产生新词。词义的扩大、缩小、转移、分化等演变形式都有可能导致新词的产生。如"江"的词义扩大后指称所有的江，它原来指称的事物、表示的概念"长江"无所依附，于是创造了新词"长江"来标记。"见"的"出现"义在语言运用的过程中逐渐独立出来形成新词"现"。英语中"deer"一词由指称动物到指称动物的一种——鹿，词义缩小，这导致英语词汇系统中产生新词"animal"来承担"deer"的"动物"义。第四，吸收外来词增加新词。各民族间的互相交往必然会使各民族的语言词汇中产生外来词。如汉语从其他民族语言中借用相关词语的同时，也会为其他民族语言中词语的产生提供借鉴。前者如"咖啡""迪斯科""干部""俱乐部"等，后者如英语中的"tea"（茶）、"silk"（丝），日语中的"理由""花瓶"等。其他如古语

词的重新启用，像"股市""债券"等，方言词的吸收，如
"搞""垃圾"等，都是新词产生的重要途径。新要素的增加往往
是从一般词汇的变化开始的，它们能否进入基本词汇，哪些成分
能进入基本词汇，哪些成分会一直留在一般词汇中，要由新词产
生之后的长期的语言运用情形来决定。无论如何，新词的不断产
生都是语言词汇系统不断丰富的表现，是语言词汇系统不断调整
和增强自身适应力的表现。

　　旧要素的消亡一般表现为以下几个方面。第一，旧事物的消
亡引起旧词的消亡。这是旧词消亡的重要表现。例如，中国封建
社会的结束，使得许多标记封建社会事物和现象的词随之消亡。
如"皇帝""太监""枢密院""国子监""知县""乡试"等。
日语中，随着蒸汽机车的消失，"汽車"（火车）、"汽車弁"（火
车盒饭）等词从日本民族的日常生活中消失了。再如"toga"
（古罗马人穿的宽袍）作为男人的外衣，已被现代人所遗忘，这
个词随同它所指的那种衣服一起消失了。同样，旧有的信仰和观
念也由于历史的变迁不再是人类精神世界的组成部分，所以关于
这些观念的词语被废止了，像古英语词的"ealh"（庙宇）、
"blōt"（牺牲）、"ād"（火葬堆）就属于这一类。第二，事物名
称的改变引起旧词的消亡。如汉语词汇中，"船"的产生导致同
义的"舟"消亡了，"邮递员"的出现导致"邮差"一词消亡
了。再如日语词汇中［蓄音機］和［レコードプレーセー］（留
声机）、［活動写真］与［映画］（电影）、［ベツピン］与［美
人］、［浪花節］与［浪曲］（浪花节）、［声色］与［声帯模写］
（声色）等同义词对，都是后一组新词的产生导致前组旧词的消
亡。第三，社会发展和交际需求的改变引起旧词的消亡。例如，
汉族社会进入殷周时代，畜牧业非常发达，反映在词汇上便是表
达牲畜的词非常丰富和细腻。如表示"羊"及有关羊的词就有许
多："羔"（羊子）、"牵"（小羊）、"羜"（五月生羔）、"羝"
（羊未卒岁）、"羝"（牡羊）、"羳"（黄腹羊）、"咩"（羊鸣）、

"羴"（羊臭）等。到了春秋以后，随着农业经济的飞速发展，畜牧业的主导地位被农业取代，牲畜名称的细腻区分已不再为社会和交际所需要，于是，除少数词（如"羔"）保留之外，各种各样的羊都渐渐地用"羊"一词来概括了，其他许多表示各种羊的词都逐渐消亡了。第四，词汇系统的规范与调整引起旧词的消亡。这种情形往往表现为对某些词汇类聚的调整。等义词作为意义完全相同的词，在语言词汇系统中没有并存的必要，词汇系统会对此作出调整，其中一种方式是意义分化，另一种方式是保留一个、淘汰一个，淘汰掉的成分即消亡的旧词。如汉语词汇中，"自行车"与"脚踏车"曾经是一对等义词，现在"自行车"保留下来，"脚踏车"消亡了。同音词作为语言交际中易混的词汇类型，在某些语言中，词汇系统调整的方式采取有保留、有放弃的方式，从而出现词的消亡现象。如古法语词"ouvrer"（劳动）的消失是由于同音词"ouvrir"（打开）的排斥。外来词常因不同的翻译方法而形成几种译名并存的情形，这种情形的存在不利于语言的纯洁和交际的便利，词汇系统对此加以规范和调整的结果，往往表现为部分音译词的消失。如汉语词汇中，意译形式的"民主"与"科学"代替同义的"德谟克拉西"与"赛因斯"，导致后两个音译词消亡。

词汇中旧要素的消亡只是意味着这种词汇成分在人们的日常运用中消失了，在当代社会生活中失去了交际作用，但它仍然存在于语言词汇系统中，或者作为词素继续显示造词的功能，或者作为古语词存在于词汇历史中，需要时重新发挥交际职能。它们中的多数成分作为语言词汇中的宝贵财富，为社会历史的研究和语言本身的研究提供可贵的资料。

每一种语言的词汇系统都是在这种新质要素的不断增加和旧质要素的不断消亡的过程中得到丰富和发展的。

# 思 考 题

一、什么是词？词必须具备哪些特点？

二、什么是词汇？词汇包含哪些内容？

三、什么是造词？造词和构词有哪些不同？

四、词的形成途径有哪些？

五、词是如何演变发展的？

六、词汇是如何演变发展的？

# 第八章　语法

## 第一节　语法的性质及其单位

### 一　什么是语法

语言符号是语音和语义的结合体。这些结合体有大有小，最小的音义结合体是词素，词素可以组成词，词是语言中固定的最基本的使用单位，它可以组成词组（或称短语）或句子，词组也可以构成句子，句子是交际中最基本的单位。这些音义结合体的组合，都需要按照一定的规则进行，这些规则就是语法。其中，词素是最小的音义结合体，本身没有组合的问题；词由词素构成，参与组织成更大的单位词组或句子，在组织过程中有些还会发生一定的形式变化；词组主要是在词与词组合为句子的过程中形成的，与句子的组织规律基本一致。所以，语法规则的中心内容是词的构成和变化的规则与句子的组织规则。

词的构成和变化的规律称为词法。词的构成规则指词素组合成词的规则。例如汉语的"车厢"一词由"车"和"厢"两个词素构成，两者按照偏正式的规则以"偏＋正"的次序组合；"刹车"一词由"刹"和"车"两个词素构成，两者按照动宾式的规则以"动＋宾"的次序组合；"车子"一词由"车"和"子"两个词素构成，两者按照附加式的规则以"词根＋词缀"的次序组合。词的变化规则指有些语言中词通过不同形式表示不同语法意义的规则，

这种变化也叫作形态变化。例如英语中 dog（狗，单数）—dogs
（狗，复数），前者表示单数，后者加上词尾-s 表示复数；find（寻
找，一般现在时）—found（寻找，一般过去时），通过元音 i 和 ou
的变化来表示在不同的"时"中发生的"寻找"。汉语中词的形态
变化很少，像"我""你""他"或表人的名词（如"工人、老
师"）后面加上"们"表示复数，可以看作一种形态变化；再如
动词重叠表示"尝试、短暂"等含义（如：穿—穿穿，看—看
看，学习—学习学习，研究—研究研究），也可以看作形态变化。
此外，不同的词在与其他词组合的时候具有不同的特点。例如汉
语的"桌子"一词前面可以加数量词修饰（如：一张桌子），而
不能加副词（如：˟不桌子）；"学习"前面可以加一般的副词
（如：不学习）而不能加程度副词（如：˟很学习）。根据词的形
态特点和组合特点，我们可以把一种语言中的词划分为若干个类
别（词类）。对词类的划分也属于词法的范围。

　　句子或词组的构成规则称为句法。例如汉语中，"学校的房
子"是一个词组，由"学校""的""房子"三个词组成，"学
校"是限定成分，"房子"是被限定成分，按照汉语的规则，限
定成分要放在被限定成分之前（语序的规则），中间常常要加助
词"的"（加助词的规则）。如果违反了这些规则，就不成话
（如：˟房子的学校、˟的学校房子）。再如，"我们学习语法"，是
按照汉语的一般语序"主语＋述语＋宾语"安排的，在一般情况
下不能违反，如果说成"我们语法学习""语法学习我们"等都
是不合语法的。总之，词与词的组合必须遵循一定的规则，也就
是句法规则。

　　词法和句法在不同的语言中表现不同。有些语言词的构成和
变化规律比较复杂，许多语法意义通过词法来表现，因此，词法
的作用相对较大而句法的作用相对来说就小一些。有些语言相
反，词的构成和变化规律比较简单，语法意义主要通过句法来体
现，句法的作用就大而词法的作用就较小。从重要性来说，词法

和句法呈现一种互补的关系。例如俄语中词的形态变化比较复杂，属于句法的语序规则的作用就不太重要；汉语中词缺少形态变化，语序是最重要的语法手段之一。

语法在语言中起着非常重要的作用。语法是语言的结构规则。一堆砖瓦随意堆放并不能构成高楼大厦，而必须要有一定的排列组合规则才可能建成各种建筑，同样，只有在语法规则的支配下，语言符号的基本单位——词语才能组织成合乎语言习惯的句子，来正确地表达各种意义。从交际的角度看，说话人按照一种语言的特定的语法规则组织话语，听话人按照同一语法规则来接收、理解话语，这样交际才能正常进行。如果有一方违反了规则，就会影响交际的进行：说话人语法有误，听话人则无法按照正常规则理解话语；听话人不按正常规则理解，也不能正确地接收话语的信息。

## 二 语法的特点

比较语言中的其他要素，语法主要具有以下特征。

### 1. 概括性

语法规则并不是像法律那样由人们制定出来并明白地宣示于世让人遵循的，而是人们在长期的使用中逐渐形成的规律。它虽然支配着人们的语言使用，人们不能违反，却隐含于大量的词语和句子当中。人们需要概括提炼语法规律来正确地组词造句：对幼儿来说，在习得母语的时候，要从成人的话语中逐渐体会出母语的语法规律，以学会说话；对成人来说，需要明确母语的语法规律，以正确地表达意义；对外语学习者来说，更需要知道这种语言的语法规律。语法规则是人们有意识地分析语法现象概括抽象出来的。语法规则不是某个具体语句的说明，而是对无数语句的规律性的概括。例如，汉语中"工人和农民""天空和海洋""民主和科学""我们和你们"等具体词语不同，具体意义不同，但经过分析，我们可以概括出"N＋和＋N"（N 表示名词性成分）表示联合关系的规律。再如，"看了""想了""听了""用了"

"吃了""来了"的共同特点是一个动词后面加上一个"了"，表示动作已经完成或者动作已经开始，由此我们可以概括为："了"用在动词后面表示动作的状态"完成"（或称"实现"）。联系助词"着"表示动作的持续，"过"表示动作在过去曾发生过，我们可以说汉语中有"体"的语法范畴：在动词后面加"了"表示完成体，加"着"表示持续体，加"过"表示经历体。因此，一条语法规则可以管辖无数个具体的语句。这样，我们可以用有限的语法规则来说明语言中所有语句的结构。同样，我们掌握了少量有限的语法规则，就可以说出或理解无数的语句。我们可以依据语法规则说出世界上从来没有人说过的话，我们也可以依据语法规则理解我们从来没有听过的话。

2. 生成性

生成性是指可以用有限的语法规则生成无限的语句。比如汉语中一个动词、形容词或名词后面加上"的"能构成一个相当于名词的"的"字词组。根据这样一条规则可以造出无数的"的"字词组来，如"吃的""穿的""用的""来的""好的""坏的""大的""小的""木头的""前头的"等。语法的生成性体现了语法规则的概括性和简约性，人们可以以简驭繁，比较容易地掌握和运用语法规则；语法规则要是非常繁复的话，人们掌握起来就会非常困难，就不利于语言的学习、运用和传承。同时，语法的生成性也表现了语法构造的递归性，大的、复杂的结构是由小的、简单的结构构成的，反过来说，小的、简单的结构可以按照同样的简单的规则构成复杂的句子。例如，"人文科学的春天的到来"看起来是比较复杂的，但规则只有一种："定语＋（的）＋中心语"（"的"可有可无）。即：

　　　人文科学　　　　　　　　………定＋…＋中
　　　（人文科学）的春天　　　………定＋的＋中
　　　（人文科学的春天）的到来　………定＋的＋中

3. 稳固性

语法的稳固性是指语法在语言各要素中稳定性最强，最不容易发生变化。词汇中的一般词汇最为敏感地反映着社会各方面的变化，是人们可以比较明显地体会得到的；语音系统的变化就较为缓慢；语法虽然也有变化，但这种变化较之语音更为缓慢。一种语言的基本语法特点，一般是千百年来一直沿用的，很少发生变化。例如两千四百多年前《论语》中的一段话："子在齐闻《韶》，三月不知肉味。"用现代汉语来说就是："孔子在齐国听到《韶》乐，三个月不知肉的味道。"其中，语音的变化非常大，据研究，当时"子"大约念 tsieg，"三"大约念 sam，"肉"大约念 nrjek……词汇也有一些变化，但语法特点基本与现代汉语相同（也有一些变化，如"三月"现代要加量词说成"三个月"）。语法的稳固性还表现在它最不容易受到外来因素的影响而改变。相较之下，词汇最容易吸收外来成分，任何语言中都会有数量不少的外来词语；语音也较容易受到外语或其他方言的影响；而语法在这方面最为顽固，最不容易变化。像英语中外来词占 70% 以上，但它的语法仍然保留着自己的鲜明特点。日语、朝鲜语、越南语在历史上曾受到汉语的强大影响，来自汉语的词语占一半以上，语音上也受到了汉语的较大影响，但语法方面并没有多少汉语的痕迹，与汉语语法很不相同。语法之所以具有稳固性，与它的概括性特点是有密切关系的。某个词语的改变只是个别词语的问题，对别的词影响不大；一条语法规则会牵涉无数个语句，牵一发而动全身，集体的惯性迫使人们不能轻易改变语法规律，因此语法的变化就不太容易了。再者，语法规则与社会的联系并不是很密切，人们也没有必要常常加以改变。所以，语法规则与基本词汇一起，被视为语言的基础，反映着一种语言的基本面貌。

语法的稳固性并不意味着语法没有发展变化。语法也是在不断发生着变化的，只是它的变化非常缓慢。

## 三　语法单位

语法是各种音义结合体的结构规律，它的单位就是按语法规律进行组合的语言中的各种音义结合体。共有四级：词素、词、词组、句子。

### 1. 词素

词素是语言中最小的音义结合体，是可以独立运用的词的结构单位。

词素是音义结合体，是指它具有语音形式和意义内容。例如汉语中"人民"一词，由"人"和"民"两个词素组成，它们各有读音（rén、mín），也各有意义。一个词素的语音形式可以是一个音节（如"人"），可以是几个音节（如"徘徊"），也可以不成音节，只是一个音素（如英语中表示复数的-s）。词素的意义可以是词汇意义，也可以是语法意义。比如英语中的-s，它加在可数名词后面表示复数，表示的是语法意义。

词素是最小的音义结合体，是指它内部不能再分割了。或是语音上不能再分割，例如英语中表复数的-s只有一个音素，无法再切分为更小的语音形式；或是语言上虽然能够再加以分割，但再分割之后就没有什么意义了，例如"徘徊"尽管可以分为两个音节 pái、huái，但"徘"和"徊"都没有什么独立的意义，不是词素。

词素是最小一级的语法单位，它的语法作用在于用来构词，表示词汇意义或语法意义。按照它的功能，可以将词素分为词根词素和附加词素。词根词素是表示词的基本词汇意义的词素，简称词根；附加词素是表示词的附加意义的词素。例如汉语的"桌子"一词，它的基本词汇意义是由"桌"来承担的，"桌"是词根词素；"子"表示附加的意义，是附加词素。再如"人"是一词，它是由一个词素"人"构成的，"人"也是词根词素。

附加词素又分为两种，即词缀词素和词尾词素，简称词缀和词尾。词缀是附加在词根上表示附加的词汇意义的词素，例如汉语中的"者"，可以加在"读""编""作"等词根后面构成"读者""编者""作者"等词，表示"……的人"的意思；英语中的-er 具有类似的作用，也是词缀，如 read 是"读"，reader 是"读者"。按照词缀出现的位置，可以分为三种：前缀、中缀、后缀。出现在词根之前的词缀是前缀，如汉语中"老鼠""老虎""老大"中的"老"，英语 reappear（再现）、re-act（重做）等词中的 re-（表示"重新"等意义），antipole（相反的极）、antiwar（反战的）等词中的 anti-（表示"反、抗"等意义）；出现在词根之后的是后缀，如汉语中"桌子""石头""摩托车手""黑乎乎"中的"子""头""手""乎乎"，英语 education（教育）、realization（实现）等词中的-ation（构成名词，表示"动作、结果"等意义），weekly（每周的）、greatly（大大地、非常）中的-ly（构成形容词或副词，表示"像……的""每一特定时期发生一次的"或"方式、状态、时间、地点"等意义）；出现在词根中间的是中缀，中缀较为少见，像汉语"糊里糊涂""马里马虎"中的"里"就是中缀。词根和词缀构成词的词干。词尾是附加在词干后面表示语法意义的词素，例如英语 eggs（鸡蛋的复数）、apples（苹果的复数）中的-s。

词缀和词尾都是附加在词根上的，但两者的作用不同。词缀表示附加的词汇意义，因此加上词缀后词的词汇意义往往会有所改变，加不加词缀是不同的词，例如"读者"与"读"的意义不同，是两个词。词尾只表示语法意义，词汇意义没有改变，加词尾前后仍是一个词，例如 egg 和 eggs 还是一个词，只是形态上有所变化。

2. 词

词是音义结合的能够独立运用的最小的造句单位。词既是词汇单位，也是语法单位。它的语法作用在于构成词组和句子。我们在《词汇》一章中已经对词进行了一些分析，这里不详说。

3. 词组

词组是词与词构成的组合，也有人叫作"短语"。例如"我们/学校""学习/语法""结构/复杂""河/边""这/位""从/南边""红/的"等都是词组。这些词组内部都存在着一定的语法关系，都表示一定的意义，如果两个词虽然紧靠在一起，但没有语法关系，不能构成一个有意义的单位，则不是词组。如"学习语法不难"中，"语法"和"不"虽然挨在一起，但"语法不"不是词组。

词组一般分为自由词组和固定词组。自由词组是词自由组合而形成的，如"我们/学校"是由"我们"和"学校"两个词临时组合而成的，其整体意义就等于"我们"与"学校"两词各自的意义加上它们的语法关系义（限定与被限定）之和，没有固定的特殊含义，也不是固定的组合。自由词组的数量是无限的。固定词组是指词与词的固定组合，主要指成语（如"狐假虎威"）、专有名称（如地名、人名、机构、企事业名称等，如"山东省""毛泽东""全国人民代表大会""济南市长安防爆器材厂"）、科技术语（如"反弹道导弹""获得性免疫力缺损综合征""社会主义""市场经济"）。这些词组结构固定，不能随意更换或拆解，表达一个固定的整体意义；从数量上看也是有限的，语文词典或专科词典一般要把它们当作词条来收入。因此，固定词组实际上与词很近似。下面谈词组时，主要是指自由词组。

词组在语法组织中是一种临时性的单位。造句时，有的句子直接由词组成，如独词句"谁?"；绝大多数句子是词和词组合而成的，并且多数句子是词和词分不同层次组合起来的，这样就会产生一系列的词组。如"我们学校昨天开学"这个句子，共有四个词，但这四个词并不是一次组合成句的，而是"我们/学校""昨天/开学"先组合起来，再把"我们学校"与"昨天开学"组合起来。其中，"我们学校""昨天开学""我们学校昨天开学"都是词组。组合完成后，通过语音（再加上语调等）的表现，就是句子。词组形成的基础是固定的语言单位——词，而它的使命在于构成用于交际的单位——句子，它本身并不是固定的单位（固定词组除外），所以我们说它是一种临时性的单位。正如具体的句子是无限的一样，具体的词组也是无限的；但是，词组的类型和结构是有限的，即词与词之间的组合模式是有限的。

4. 句子

句子是表达一个相对完整的意义并具有一定语音特征的基本交际单位。

句子是语言交际的最小单位，日常的语言交际都是一句话一句话进行的。

句子的语音特征，主要表现在两个方面。一是语调，一般的句子都有一个完整的语调，如陈述语调、疑问语调等。一个语调所统辖的结构单位是一个句子，不同的语调代表了不同的句子。二是语音停顿，在连续的话语中，一个句子的前后都有较大的语音停顿，而句子内部只能有较小的语言停顿。换句话说，在两个较大语音停顿之间的是一个句子，而在一个较小的语言停顿两边的是同一个句子。在实际的口语中，由于语速的快慢不同，停顿的绝对时间不可能完全一致，但较大较小的相对区别还是有的。在书面上，这种区别的标记就比较明显了：较大的语音停顿用句号、问号、感叹号表示，较小的语音停顿用顿号、逗号、分号表示。

一个单位表达的意义是否完整是相对而言的。我们说句子表达了一个相对完整的意义，一是从它的交际功能来看，当一个句子能够作为一个交际单位说出的时候，自然说者认为它已经包含了一条完整的信息，意义是完整的。例如，在回答对方"你昨天买了什么?"的时候，说"我昨天买了书"和只说一个词"书"具有同样的效用，都可以圆满地回复对方的问话，因此它们都表达了完整的意义。二是从它的结构来看，句子是说话人说话的最后结果，它的结构不能再有所变化，它的意义也就固定下来；而词组等单位只是一种临时性的单位，它有可能还要加以扩展，它的意义就不一定是完整的。例如"他走"，作为词组，它虽然也表示了一个人在做某种动作，但词组前后没有较大语音停顿，也没有语调，所以它可能是更大的词组的一部分，如"他走的时候""我扶他走"中的"他走"，意义就不能说是完整的了。如果作为句子，"他走"不能再扩展了，成分已定，语调完整，它的意义也是完整的，不可能再有其他的意义了。

句子从构成看，是词层层组合起来的，是语言单位在一定语法规则指导下组织的结果；从意义看，它表示一些具体的言语意义。因此，从语言和言语区分的角度看，句子实际上已进入言语的范畴。不过，虽然句子是无限的，但句子的结构格式、结构规律是有限的，这些有限而抽象的结构规律还是属于语言的。从说话人来看，句子是语法组织的终点，说话就是要把词组织起来成为句子，这样才能交际；从听话人来看，句子是理解的起点，听话人以句子为基本的接收单位，依据句子的结构来理解各个词语及其相互关系。

## 第二节　语法形式和语法意义

### 一　什么是语法形式和语法意义

语法是组词成句的规则，它是通过什么在词的构成和变化、句子的组织方面起重要作用的呢？这些抽象的规则显然需要一定的形式手段才能起作用。语法形式就是表现语法作用的形式。例如，汉语中当被限定成分和限定成分组合的时候，要按限定成分在前、被限定成分在后的次序排列（如"塑料管子"），而不能相反，这种排列的次序（即语序，或称词序）就是一种语法形式。再如英语中单数第三人称名词作主语而动词是一般现在时的时候，动词后面要加上-s以与主语相呼应，这个-s也是语法形式。

语言的物质形式是语音，语法形式也都有自己的语音表现。不过，有的语法形式体现为一个词素或一个词的语音形式，如上举英语中的-s，语音是［s］或［z］（或［is］［iz］，文字形式都是 s）；有的语法形式体现在几个词之间，如语序作为一种语法形式，是通过几个词读音的先后来体现的，如 hóng-tàiyáng（红太阳）和 tàiyáng-hóng（太阳红）的语音先后不同表示了它们之间语法作用的不同。

相对于有某种语法形式的语法单位而言，没有某种语法形式也是一种语法形式。比如英语中可数名词后面加-s 的表示复数，不加-s 的表示单数，不加-s 也是一种语法形式，一般称作零形式。

语言是传递信息的工具，语法规则把词组织成句子也是为了表达一定意义的。句子的意义不等于组成这个句子的各个词的词义的简单相加，而是在词义的基础上增加了许多意义。显然，语法在句子的意义中起了重要的作用。同样，词的意义也不等于各词素之和，语法也在词义中起到了一定的作用。就是说，语法形式也具有一定的意义，即语法意义。一般认为，句子的意义（主要指理性意义）大体等于词义与语法意义之和。按照这样的说法，句义＝词义＋语法意义，那么，句子中的语法意义＝句义－词义。不过，语义是个非常复杂的问题，有些词义之外的意义还难以放到语法范畴中来，因此，我们把语法意义定义为由一定语法形式表现出来的功能意义或关系意义。比如英语中规则动词的原形加-ed 表示过去时，过去时就是由语法形式-ed 所表现出来的语法意义。再如汉语中"我打你"和"你打我"词相同，而意义不同："我打你"中"我"是主语，"你"是被"打"的，是宾语，而"你打我"中恰好相反。这种由语序所表现出来的主语、谓语等关系意义也是语法意义。

语法规则是抽象的，语法意义也是概括的意义，而不是表现在某个词或某个句子的具体意义。如我们说汉语中动词后面加

"着"表示持续态的语法意义，并不是就某一个具体的词或具体的句子（比如"他正在吃着饭"）而言的，而是根据"说着""坐着""看着""想着"等无数动词的表现概括出来的。

语法意义必须有相应的语法形式来表现，没有语法形式的意义不能算是语法意义。语法本来就是语言的结构规则，如果没有相应的形式标志，则不是结构问题，自然不能算是语法意义。比如汉语中没有单独表示单数、复数的形式标志，"一个人"和"好多人"中的"人"自然代表了不同数的人，但"人"的形式没有变化。因此，尽管汉语中的名词所表示的事物与英语所表示的事物一样是有数目多少之别的，但汉语中没有"数"的语法意义。从语法形式的角度看，语法形式都是表示一定语法意义的。语言中具有一定语法形式、表示一定语法意义的成分称语法成分。如上面说到的-s、-ed，主语、谓语等都是语法成分。

当然，对语法意义和语法形式的理解有宽严的不同。词的形态变化是最初被承认的语法形式，词的形态变化所表示的种种语法意义自然是最初被承认的语法意义。后来，重叠、语序、助词、语调等也被承认为语法形式，它们所表示的种种意义也就被承认为语法意义了。有些人认为词的搭配范围等也属于语法形式，这还需要进一步证明。

语法意义与词汇意义有密切关系。一般的实词都是既有词汇意义也有语法意义的，虚词一般认为只有语法意义，不表词汇意义。词汇意义是语法意义的基础，在很大程度上决定着语法意义。如能作主语的词一般是表示人或事物名称的，语法意义中的"性"范畴往往与客观事物的"性"是一致的，表示具体人和事物的名词才有"单数"和"复数"的区分。词汇意义也离不开语法意义，词都是要在一定的语法结构中出现的，通过语法意义才能体现出它的词汇意义。

语法意义所表示的内容与词汇意义一样，都属于意义范畴，不管采用语法形式还是词汇形式，都能表现意义。在语言中常常有这种现象，在某种语言中用语法形式表示语法意义，而在另外一种语言中用词汇形式表示。比如英语中有"时"的语法意义，动词要根据动作发生的相对时间（现在、过去、将来）作出形式上的区别；汉语中没有"时"的语法意义，但同样可以表示不同时间所发生的动作，例如"昨天看书"的"看"自然是过去发生的动作，因为时间词"昨天"已经表明了动作的时间。当然，也有些语法意义不一定在每种语言中都得到表现。像俄语中名词有"性"的区别，分别用不同的语音形式表示名词不同的性，如"太阳""男人"等词属阳性，"母亲""姐妹"等词属阴性，"椅子"是阳性，而"书"是阴性；中国尽管盛行阴阳的学说，但在语言中并没有给每个名词规定阴性阳性，因此没有"性"的语法意义。再如英语中人称代词还部分地保留了主格、宾格的区别，如第一人称单数主格是 I，宾格是 me；汉语中的第一人称单数不管是作主语还是作宾语，都用同一种形式"我"，至于"我"是主动者还是被动者，只能通过语序或逻辑来分析。

## 二　语法范畴

语法意义表示的内容比较多。有些是经过高度概括得出来的抽象意义，如数，性，表示客观现实中的事物间关系的格，表示与动作行为有关的时间、状态等；有些是在组合中体现出来的结构关系意义，如主谓关系、述宾关系等；还有词的语法类属等。语法意义的归类就是语法范畴。需要强调的是，语法范畴是语法意义的归类，而语法意义必须有相应的语法形式。如果没有相应的语法形式，则不能概括语法范畴。如汉语中表示不同的时间是通过时间名词或副词等来表示的，没有专门的语法形式，因此汉语的动词就没有时的语法范畴。

语法范畴和逻辑范畴有联系而又大不相同。语法范畴也是语言中的意义，它的形成基础一定是逻辑范畴，这使两者间具有一定的联系。但是，同样的逻辑范畴可以用语法形式来表示也可以用词汇形式表示，后者就不能划归语法范畴；语法范畴也是在不断变化的，有些从无到有，有些从有到无，而逻辑范畴也在变化，因此两者不可能完全一致。

另外，同在一种词类里，一种范畴并不一定贯穿着该类中全部的词，因为它受到逻辑的限制或民族心理的限制。比方没有数量可言的抽象事物就不必有单数复数的分别，但我们不能由此就取消了某种语言中数的范畴。

下面介绍一下常见的主要通过词的形态变化所表现出来的语法范畴。

1. 数

数的语法范畴表示事物的数量。主要是名词特别是表实物的名词或名词性的代词所具有，有些语言中动词、形容词也可以有数的区别。动词的数主要是与动作者的数相对应，往往跟人称结合在一起，如英语中单数第三人称作主语、谓语动词为一般现在时的时候，谓语动词要加-s；形容词的数主要是与被它修饰的名词的数相对应，如俄语 интесная книга（有趣的书，单数）~ инатересные книги（有趣的书，复数），不仅名词"书"的单数形式和复数形式不同，形容词"有趣的"的单、复数形式也不同。

数的范畴在有些语言中表现为单数和复数的对立，即"一"对"多"（两个及以上）的对立。如英语中 gate（门，单数）—gates（门，复数），汉语代词"我—我们""你—你们""他—他们"也是单数、复数的对立。有些语言中数的范畴表现为单数、双数和复数的对立，即"一""二""多"的对立。如云南省的独龙语中代词分为单数、双数和复数，如第二人称单数是 na$^{53}$（你），双数是 nɯ$^{55}$ne$^{55}$（你俩），复数是 nɯ$^{55}$niŋ$^{55}$（你们）。数的范畴还有其他一些表现形式。

汉语中的"们"可加在表人的名词后面表示复数。但是"们"与英语中的-s 很不相同，汉语中不加"们"照样是复数，如"全班的同学都不答应"中的"同学"从数量上说是多数,但一般不用"们";名词前加了数量词后也不能在其后加"们",如不能说"五个同学们"。

2. 人称

人称范畴表示动作、行为及其主体与说话者的关系。一般分为第一人称(说话者一方)、第二人称(听话者一方)、第三人称(说话者和听话者之外的第三方)。

人称代词一般区分为不同的人称,如汉语的"我、我们""你、你们""他、他们"。但这是词汇意义上的区分,一般不算作语法范畴。人称的语法范畴主要指动词以不同形态变化表示不同人称的现象。

动词的人称范畴,指出动词的动作者是说话人、听话人还是两者都不是。俄语中动词的人称范畴表现得比较明显,如:смαну(我开始做)、смαнешь(你开始做)、смαнет(他开始做)。以词尾 y 出现的是第一人称的形式,以词尾 ешь 出现的是第二人称的形式,以词尾 ет 出现的是第三人称的形式。动词的人称范畴往往跟时、体、语气、语态等范畴融合在一起。如英语中动词 to be(是)要随人称及数、时的范畴而变化,如现在时的单数第一人称(I)后用 am,第二人称(you)后用 are,第三人称(he 或 she)后用 is。

3. 格

格范畴表示词在句子中的作用、与其他词的关系。

格范畴常见于名词和代词。它是最复杂的语法范畴之一,在不同的语言里可以有不同的格,把所有语言的不同的格名称加起来,可以有 100 多个。其中最普通的是主格、属格、宾格。主格表示动作者,在句中是主语,如英语中的 I。属格(或叫领格)表示修饰关系和领有关系,如英语中的 my。宾格是作宾语的,表示动作的受动者,如英语中的 me。宾格又可分为两种:①对格,表示动作的直接受动者,在句中是宾语;②与格,表示动作的间接受动者，是间接宾语。俄语中格的变化比较复杂，每一个名词都有十二个格，单数六个格，复数六个格。每个格都表现为一种语法作用。如第一格作主语用（主格），只要一个名词用第一格的形式出现，不论在哪个位置上都是主语；第二格表示所属（属格），第四格是宾格……如"工长"一词：масмер 是第一格，масмера 是第四格。

此外还有一些格的名目，如：造格，一般表示所用的工具；前置格，表示使用各种前置词来表达的各种方位和关系；呼格，表示称呼；夺格，表示离开、原因和比较；作为格，表示作为什么；部分格，表示部分、一些；成为格，表示成为什么；暂在格，表示暂时处在；缺乏格，表示缺少什么；伴随格，表示伴随什么；方式格，表示方式方法；直到格，表示直到什么为止；相关格，表示行为的共同性和相关性；原因目的格，表示原因、目的；时间格，表示时间；主动格，在不及物动词前，表示行为主动者，在及物动词前表示受事；比较格，表示什么跟另一事物的比较；等等。还有的格位是几种格位的混合体。

4. 性

性别范畴表示词所代表的事物的性别。

性范畴多见于名词，多数语言分成阴性、阳性、中性三种，如俄语和德语。俄语中的名词，阴性词以 a 结尾，阳性词以辅音结尾，中性词以 o 结尾，如 стол（桌子，阳性）、книга（书，阴性）、окно（窗户，中性）。有些语言只区分阴性和阳性两种，如法语和意大利语。

代词的性别以第三人称为最普遍，因为第三人称往往不在场，而且有必要提到好几个"他"，所以区分的需要比第一、二人称都大。如英语中名词的性别已经不显著了，但第三人称单数区分为 he（他）、she（她）、it（它）。汉语中的"他""她""它"只是文字形体上的区别，语言中同念 tā，并没有区别。

有些语言如俄语中，不仅名词有性的区别，形容词和动词的过去时在使用时也要与有关的名词或代词在性上取得一致。

　　动物有雌雄之分，这是语法里阴阳性区分的基础。但是语法里的性别与天然的性别并不完全一致。有些没有天然性别的词（如无生物）也要规定为阴性或阳性，就是一种人为的规定，如俄语中"书"是阴性而"桌子"是阳性，古英语中"石头"属于阳性，法语中"钢笔"是阴性而"铅笔"是阳性。有些词的天然性别与语法性别不一致，如德语中 das Weib（妇女）不是阴性而是中性，中古法语中 pape（教皇）是阴性（现在是阳性），古英语中太阳属于阴性，妇女属于阳性，而女孩、妻子属于中性。同一个词的性别在不同的语言中也不一定相同，如俄语中阴性名词"书""匙子"在德语中分别是中性、阳性。总之，语法的性别在动物名词方面多数是与天然性别一致的，但是在非动物名词方面则更多地依靠形态或历史。

　　5. 时

　　时的范畴是较常见的语法范畴之一，它表示动作行为发生时间与说话时间的关系。

　　一般分为现在、过去、将来三种时。现在时表示动作行为发生在现时，过去时表示动作行为发生在现时之前，将来时表示动作行为发生在现时之后，如英语 look（看，现在时）—looked（看，过去时）、俄语 нарасмаем（增长，现在时）—нарасум（增长，将来时），都是用不同的词尾表示不同的时。

　　6. 体

　　体范畴表示动作行为进行的情况。

　　体主要是动词所具有的。体的种类比较丰富，常见的有以下几种。①完成体和未完成体。英语中完成体用"to have + 动词过去分词"的形式表示，如 have eaten（已经吃）。②进行体和非进行体。英语中进行体用"to be + 动词现在分词"的形式表示，如 to be eating（正在吃）。③其他体的名目还有一些，如一回体和多回体，表示动作是一次的还是多次的，或表示动作本身的复数；

随便体，表示动作的随便性质；迅速体，表示动作的迅速发生；加强体，表示动作的强度。此外还有瞬间体、重复体、开始体、记叙体、结束体等。

汉语中动词体的范畴说法不一。一般认为，助词"了"表"完成体"（也有不少人认为是"实现体"），表示动作的完成（或实现），如"吃了饭"；"着"表"持续体"，表示动作的持续，如"吃着饭"；"过"表"经历体"，表示过去曾发生过这种动作行为，如"吃过饭"。另外，动词的重叠表"短时体"或"尝试体"，表示动作只持续很短暂的时间或表示动作只是尝试的性质，如"看看"（或"看一看"）、"想想"（或"想一想"）。不少形容词后面也可以加"了""着""过"，如"红了""红着""红过"。表示状态的"完成""持续""经历"（曾经有过）。有些形容词也可以重叠，如"高高（的个子）""干干净净"，不过形容词重叠后主要是程度上的变化，不表示体意义。

7. 态

又称语态，这个范畴表示动作与句子中主语的关系。常见的是主动态和被动态。主动态表示动作由主语发出，被动态表示动作由主语承受。英语中动词的被动态由"to be + 动词过去分词"构成，如 I asked her（我问她）—I was asked〔我被（别人）问〕。另外还有自动态和使动态、互动态等。自动态表示动作是由主语自动发出的，使动态表示动作是主语的行动致使宾语发生的，互动态表示动作由主语和宾语双方共同进行。如云南省普米语 ʂa¹³（笑，自动态）—ʂu¹³（使笑，使动态），dʐli¹³（唱，自动态）—dʐlɛ¹³dʐi¹³（对唱，互动态）。

现代汉语中动词没有用形态变化表示不同语态的现象，表示被动时常常前加助词"被"（如"被打"）。古代汉语中有些词用不同的声调表示不同的态，如"伐"读入声表示"伐人"，读去声表示"见伐"（被伐），"散"读上声表示自动，读去声表示使动，等等，类似形态变化，但很不整齐。

8. 式

式范畴表示说话人对动作行为同现实关系的态度。由一定的形态变化来表示。

动词的式种类较多，常见的有陈述式、祈使式、虚拟式等。陈述式表示客观地肯定或否定动作行为等的存在情况，祈使式表示请求或命令，虚拟式表示主观的愿望或假设、推测。如俄语中читаешь（你在读）是陈述式，читай（请你读）是祈使式，两者词尾不同。

9. 级

级范畴表示状态形容词的程度等级。

级一般有三种：原级、比较级和最高级。如英语 light（轻的）—lighter（更轻的、比较轻的）—lightest（最轻的），比较级在原形后加-er，最高级在原形后加-est。

级是比较的相对结果：原级是原形形容词，比较级是相对原级或相对另外一个比较对象的结果，最高级是把被比较的对象放在一起共同比较的结果，只是在被比较的范围之内的"最高"等级。比如小王 16 岁，小李 15 岁，小孙 14 岁，那么可以说小王最大，其实他的年龄并不算大。

# 三　语法手段

语法手段指语言中构成语法形式的方式。比如，英语中在可数名词后加-s 构成表示复数的语法形式，附加就是这里所采用的语法手段。也可以说，语法手段就是语法形式的概括。

世界上各种语言的语法手段多种多样。一般把语法手段分为两大类。一类是综合性的语法手段，即表现于一个词的语法手段，如附加、内部屈折、重叠、异根等。因为这些变化都是在一个词内部进行的，所以通常把这种变化称为形态变化。另一类是分析性的语法手段，即表现于几个词或一个句子的语法手段，如词序、辅助词、重音和轻音、语调等。下面介绍常见的语法手段。

1. 附加

附加是指在词中增减或变换词的前缀、后缀、词尾等语素来表示语法意义的方法。

俄语是目前形态变化最丰富的语言之一，如用不同的前缀表示不同的体，用不同的后缀表示动词的时，用不同的词尾来表示名词的性、数、格，等等。英语中复数加-s，规则动词的过去时和过去分词在原形后加-ed，进行时后面加词尾-ing（前面还要加 to be），等等，都属于附加法。

汉语中的前缀、后缀（如"老 - ""- 头"）只表示一定的词汇意义，不表示语法意义，因此不属于形态变化，属于构词法的问题。有人把"们""着""了""过"视为词尾，则它们的使用属于附加手段；但有人把它们视为助词，那么它们就属于辅助词（虚词）的语法手段。

2. 内部屈折

内部屈折指用词内部词根的语音变换构成语法形式的一种语法手段，又称"音位交替"。语音变换可以是元音，也可以是辅音，在有声调的语言中还可以是声调。

英语中有一些不规则的动词，在表示不同语法意义的时候不是采用附加的方式而是词根的某个音素（音位）发生变化，这就属于内部屈折。如 feel（感觉，现在时）—felt（感觉，过去时），get（得到，现在时）—got（得到，过去时），lead（领导，现在时）—led（领导，过去时），foot（脚，单数）—feet（脚，复数），等等。

云南景颇族一部分人说的载瓦语中，利用不同的声调表示单数人称代词的主格和宾格，如"我"$\eta o^{51}$（主格）—$\eta o^{21}$（宾格）、"你"$na\eta^{51}$（主格）—$na\eta^{21}$（宾格）。这也属于内部屈折。

3. 重叠

重叠指利用整个的词或某个词素的重复来表示语法意义的语法手段。

汉藏语系中许多语言采用重叠的方式来表示一定的语法意义。如汉语的大部分动词、一部分形容词可以重叠。动词的重叠可构成尝试体、短时体，形容词的重叠带有表程度和加强语气的作用。上文已经举过例子，这里不赘举。

4. 异根

异根是指用不同的词根来构成同一个词的不同语法形式的语法手段。也就是说，一个词的不同的语法形式是用不同的词构成的，这些词的来源不同，本不是一个词的变化，但在语言中被当作同一个词的不同语法形式来使用。如英语的 we（我们，主格）—us（我们，宾格），good（好，原级）—better（更好、较好，比较级），bad（坏，原级）—worse（更坏、较坏，比较级），go（去，现在时）—went（去，过去时）。

5. 语序

又叫词序，是指用词的先后次序。由于语言结构具有线性特征，组成一个句子的各个词必须按照一定的次序来排列。在各种语言中，不同的语序一般会用来表示不同的语法意义。但是，有些语言中词的形态变化比较多，词的形态变化更直接地表示了语法意义，而语序就显得不是那么重要；像在汉语这样缺乏词的形态变化的语言中，语序就格外重要了。例如"我爱妈妈"和"妈妈爱我"的词序不同，"妈妈"和"我"所表示的语法意义也不同：在"我爱妈妈"中，"我"是主语，是"爱"的发出者，"妈妈"是宾语，是"爱"的承受者；而在"妈妈爱我"中，"妈妈"和"我"的地位正好颠倒过来。现代英语较古代英语而言，词的形态变化大大减少，语序的语法地位也变得非常重要了。

6. 辅助词

辅助词也叫虚词，是语言中专门用来构成语法形式、表示语法意义的词。辅助词按照所表示的语法意义的特点和在句子中的使用特点，可以分为前置词、后置词、连接词、语气词、冠词、助词、助动词等。在汉语中，虚词和词序一样，是最重要的语法手段之一。不同的虚词表示不同的语法意义，如"老师"和"同学"之间，加上不同的虚词，会形成不同的语法关系：老师和同学（联合关系）—老师的同学（偏正关系）。

7. 重音和轻音

在有些语言中，重音和轻音也可以成为表示不同语法意义的手段。如汉语中利用轻声可以区别不同的意义，其中有些可以表示不同的语法意义。如"妻子"中的"子"如果读轻声，则"妻子"是一个词，如果"子"重读，则"妻子"是一个词组；"地道"中的"道"如果不读轻声，"地道"是一个名词，如果读轻声，则"地道"是一个形容词。

有些语言中不同位置的重音也能表示不同的语法意义。如英语中有少数词利用重音的位置不同来区别词性：'produce（产品，名词）—pro'duce（生产，动词）。

8. 语调

语调指一个句子读音的高低、长短、轻重。在各种语言中，语调都能起到一定的表示语法意义的作用。如不同的语调表示陈述、疑问、命令、感叹等语气，语句的逻辑重音还可以表示强调的内容，等等。

# 第三节　词法

词法的主要内容包括词的构成规则（构词法）和变化规则（构形法）。词的语法分类既与词的组合特点有关，也与词的形态特点有关，也归在词法当中。

## 一　构词法

词是由词素构成的，词素构成词的规则属于构词法。不过，构成一个词的词素的数量不同。有些词是由一个词素构成的，叫单纯词。单纯词的词素与词相同，因此没有什么内部结构的问题。有些词是由几个词素构成的，叫作合成词。这些词内部不同词素的组合需要一定的规则，构词法主要是指合成词的结构规则。

几个词素构成一个词的方式主要分为两大类：形态构词法、句法构词法。

形态构词法就是词根词素和词缀词素结合成词的方法，也叫附加法。按照形态构词法构成的词叫作派生词，即把它看成在词根的基础上附加词缀而生成的。按照词缀出现的位置不同，可以分为前加、后加和中加三种方式：

前加——前缀 + 词根

后加——词根 + 后缀

中加——词根 + 中缀 + 词根

前加的例子如汉语的"初一""阿姨"，英语的 multiform（多种形式的，multi 是前缀，表示"多"，form 意为"形式"）、triangle（三角，tri 是前缀，表示"三"，angle 意为"角"）；后加的例子如汉语的"木头""科学家"，英语的 natural（自然的，al 是后缀，构成形容词，nature 意为"自然"）、Marxism（马克思主义，ism 是后缀，表示"主义、学说"等）；中加的例子如汉语"古里古怪"。

一个词根可以叠加上几个词缀，如英语 unlovely（不可爱的），词根是 love（爱），前缀是 un（不，相反），后缀是 ly（构成形容词或副词）；再如英语 injuriousness（有害，名词），在词根 injur（e）（伤害）后连加两个后缀：ious（形容词后缀）、ness（名词后缀）。

句法构词法也叫作词根复合法，即用几个词根直接组合构成词的方法。词根与词根的组合类型同词与词的组合类似，所以叫句法构词法。由句法构词法构成的词叫作复合词。汉语中的合成词大多数是由词根复合法构成的，如：

人民——联合式　　红旗——偏正式

提高——补充式　　随意——动宾式

手写——主谓式

英语中复合法构成的词也有不少，如 afternoon （午后）、blackboard （黑板）、basketball （篮球）、snowman （雪人）。

词的构成情况大致如下：

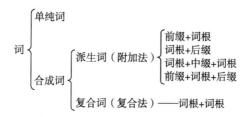

## 二　构形法

构形法是一个词的形式为表示不同语法意义而发生变化的规则。

一个词如果形式发生了变化，词汇意义不变，只是语法意义变了，这就属于构形法的问题。比如英语中 table（桌子，单数）和 tables（桌子，复数），两者的区别在于后者比前者在后面多了一个-s。这个-s 是词缀还是词尾？或者说，它表示的是词汇意义还是语法意义呢？加不加-s 没有改变词的词汇意义（桌子），只是表示了不同的"数"，而"数"是英语中的一个语法范畴，不同的"数"会影响其他的语法变化［如单数第三人称作主语的时候，动词如果是一般现在时，要在动词后面加-s。如 he likes the book （他喜欢这本书）］，所以，-s 只是个词尾，它所表示的是语法意义，加不加-s 属于 table 这个词的形态变化，table 和 tables 还是一个词。

构形法和构词法都牵涉一个词的形式问题，两者的主要区别在于，构词法是不同的词怎样形成的问题，而构形法是同一个词

怎样变化的问题。也就是说，如果词素发生了变化而形成了新
词，这属于构词法；如果词素的变化没有形成新词，则属于构形
法。是不是形成了新词，要看不同形式的词汇意义是否发生了变
化：词汇意义发生变化的是不同的词；词汇意义没有发生变化，
只是语法意义有别的是同一个词。如英语 work 意为"工作，劳
动"，加-er 后（worker）意为"工人，劳动者"，work 与 worker
是两个词，-er 是后缀，这属于构词法的问题；work 后面如果加
上-ed（worked），仍是"工作，劳动"的意思，只是表示"过去
时"的语法意义，这属于构形法的问题。再如，work 后面加-ing
时有两种情况，一种是作形容词，表示"工作的，劳动的"，或
者是作名词，表示"工作，劳动"；一种是前面加 to be，成为 to
be working，表示在某个时间内正在"工作，劳动"。显然，前者
的词汇意义发生了变化，-ing 是后缀，work 与 working 是两个词；
后者的词汇意义没有发生变化，只是语法意义发生变化，-ing 是
词尾，work 与 working 是同一个词的形式变化。

　　形态变化是一个词内部的变化，因此，构形的主要语法手段
属于综合性的语法手段。常见的有附加法，即通过增减或变换词
缀或词尾的方式来表示不同的语法意义；内部屈折法，即通过词
根的语音变换来构成不同形式，表示不同语法意义；异根法，即
用不同的词根来构成同一个词的不同形式，表示不同的语法意
义；重叠法，即用词根重叠的方式来表示不同的语法意义。这些
语法手段在上一节当中已经讲过了，这里就不再重复了。

　　不同的语言中词的形态变化规则不同，复杂程度也不同，形
成了不同的特点。比如俄语的词形变化就比英语复杂得多，而朝
鲜语中主要依靠后加词尾来表示一些语法范畴，一个词根后面可
以附加上多个词尾来表示不同的语法意义，词尾的种类超过了
400 个。有些语言则缺乏词的形态变化，像汉语中没有严格意义
上的形态变化，只有重叠可以算是一种形式变化，另外，有人认
为"着""了""过""们"等是词尾，有人认为它们是助词（辅

助词），因此构形法在汉语中的地位就不太重要。

## 三　词类

词是基本的语法单位之一，因此有必要对词从语法的角度进行分类。词的语法分类称为词类。词类反映着词的语法特点，词属于哪一类词称为它的词性。如"毛笔"的词性是名词，也就是说，它的语法特点与一般的名词相同。有了对词的分类，我们可以把数以万计的词归成少量的类别，以简驭繁地掌握它们的语法特点，这样也便于概括地分析句法结构、归纳语法结构类型。

划分词类的标准，大略有三个方面：词的形态特征，词的功能特征，词的意义特征。

在词的形态变化比较丰富的语言中，形态特征是显性的特征，每种形式都有其特定的语音表现（如加不加词尾、加什么样的词尾等）；同时，这种特征也是强制性的，同类的词在表达特定的语法意义的时候必须要作同样的形态变化（如英语中动词在表过去时的时候一定要采用过去式的形式）。所以，形态特征可以作为划分词类的主要的、明确的标准。西方的语言便多以形态特征为主要的词类划分标准。但是，如果词的形态变化比较贫乏，就很难以形态变化为主要标准了。

词的功能特征表现在两个方面，一是词与词的组合能力，二是词充当句法结构成分的能力。词的组合能力是指一个词能与什么词组合、不能与什么词组合，如汉语中"桌子"能与"一张"结合而不能与"不"结合。充当句法结构成分的能力是指一个词能够充当什么样的结构成分、不能充当什么样的结构成分，如汉语中"图纸"可以作主语而不能作谓语。总体来说，组合特征指一个词能出现或不能出现在什么样的环境中，也叫作分布特征。任何词总要充当一定的结构成分与其他词相组合，因此任何语言中的词都有功能特征的表现。不过，词的功能特征是一种隐性的特征，需要在词语组合成一定的句法结构时才能表现出来，因此不如词的形态特征容易把握。一个词出现的环境会很多,我们不可能一一验证,需要总结出少量的分布环境作为鉴定标准。如汉语在判断词的组合能力时,常常将能否与程度副词"很"、否定副词"不"、量词等组合作为区分名词、动词、形容词的标准。

词的意义与词的语法表现是有一定关系的,具有相同语法特征的词往往在意义上也可以概括出一定的共同特点来,如经常作主语、宾语的词一般是表示人或事物名称的,而带宾语的词一般是表示动作或行为的。因此,从意义的角度来划分词类也是很自然的结果。如通常所说的,名词是表示人或事物名称的词,动词是表示动作行为发展变化的词,形容词是表示性质、状态的词。不过,首先,词类的划分是词的语法分类,从意义入手显然不合逻辑;其次,意义的标准看起来比较简单,但实际上并不是很明确;再次,往往有些意义相近而语法特征不同的情况,这时候显然不能以意义为准。因此,意义的标准可以作为划分词类的参考,而不能作为最后的标准。

不同语言的语法特点不同,划分词类的标准也可以各有侧重。

一般,各语言对词是进行三个层次的分类的:首先,把词分为两大类——实词/虚词,或者叫作封闭性词/开放性词、词汇词/语法词等;其次,把词分成若干个基本词类,数量在八九个到十几个之间,一般都有名词、动词、形容词、副词、代词、数词等,每种语言也有独有的词类,如汉语的量词、区别词等;最后,在各词类内部进行进一步的分类,分出数量不等的次类来。

词的次类,或叫子类、次范畴,往往是根据词的组合特征或语义特征区分出来的,这种分类大大细化了人们对词的语法特点的认识。例如有人把动词分为一价动词、两价动词和三价动词三类。价一般是指一个动词所要求的必须出现的名词性词语的数量,只需要一个必有的名词性成分的动词是一价动词,必需的名词性成分有两个的动词是两价动词,必需的名词性成分有三个的动词是三价动词。一价动词如"走"，它只要求出现一个动作者即可，如"我走"可以独立成句；二价动词如"学习"，它不但要求出现动作者，还要求出现动作的对象（"学习"什么），如"我学习语法"；三价动词如"给"，它不但要求出现动作者，还要求出现动作的对象（"给"什么东西，直接宾语）和动作的受益者或受损者（"给"什么人，间接宾语），如"我给他一本书"。再如汉语中"代表"和"戏"同样是名词，但"台上坐着代表"可以变换为"代表坐在台上"，而"台上唱着戏"不能变换为"戏唱在台上"，这就说明了两者还是有区别的。我们可以指出"代表"具有指人的语义特征，而"戏"不具有指人的语义特征〔或者表述为具有（－人）的语义特征〕。从与动词语义关系的角度，我们也可以说"代表"是动词"坐"的施事，而"戏"是动词"唱"的结果。这是它们不能作同样的句式转换的原因。在动词的次类中，"代表"和"戏"可以属于不同的类别。

# 第四节　句法

## 一　句法关系

词组和句子的组织结构规则属于句法。作为语法结构体，词组和句子本身是由更小的语法单位按照一定的句法规则构成的，如词组是由词构成的，句子则是由词和词组构成的。词组和句子的构成成分之间具有一定的语法关系，这种句法层面的语法关系就叫作句法关系。如词组"我们散步"中"我们"与"散步"之间发生主谓关系，"我们"充当主语，"散步"充当谓语；"买苹果"中"买"与"苹果"之间发生述宾关系，"买"是述语，"苹果"是宾语。任何语言中具体的词组和句子是不计其数、复杂多样的，但其构成成分之间的句法关系是有限的。归纳起来可以概括为五种最基本的类型，即：主谓关系、偏正关系、述宾关系、述补关系和联合关系。各种语言中的基本句法关系大体是相同的，所不同的是表现这五种句法关系的方式和手段而已。下面以几种常见语言的材料为例具体分析一下这五种句法关系。

1. 主谓关系

主谓关系就是由主语和谓语两个成分构成的一种句法关系。从表达的角度看，主语是被陈述的对象，即话题（主题），谓语是对所提出的对象的陈述和说明，二者是陈述对象和陈述内容的关系，即被陈述和陈述的关系。如（斜线左边是主语，右边是谓语）：

汉语：今天/星期一、天/冷、他/是日本人
英语：today/is Monday、today/is cold、he/is a Japanese
日语：今日は/月曜日です、天気/は寒いです、彼は/日本人です

有些语言中主语具有一定的形式标记，如俄语中作主语的名词要用主格的形式，日语中主语的后面要用助词は；有些语言中主语对后面的谓语具有一定的支配作用，谓语需要有一定的形式变化以与主语取得一致，如英语中当主语是单数第三人称的时候，一般现在时的谓语动词要后加词尾-s。汉语中主语没有这些表现，语序是确定主语的重要标志，如"他告诉我"中"他"是主语，而"我告诉他"中"我"是主语。

主语和谓语是相对而言的，没有主语也就无所谓谓语，没有谓语也就无所谓主语。如"来了!"中没有主语，所以也难说它是谓语，同样，"车!"也不能确定它是主语还是宾语。

主谓关系与人类交际和思维的基本模式是相通的。人们用语言进行交际，相互提供信息，一般是先提出一个交际双方共知的对象或话题，以建立交际的共同基础，然后陈述有关它的各种新信息，或表达双方的观点和愿望等。从逻辑的角度看，主语相当于一个命题的主目，谓语相当于命题的谓词，二者共同表达一个

逻辑命题。所以，主谓关系是最基本的句法关系。

2. 偏正关系

偏正关系是一种修饰与被修饰、限制与被限制的关系。具有这种关系的两个成分在句法功能上是不平等的，一个是修饰或限定性成分（偏，定语或状语），一个是被修饰限定的成分（正，中心语），整个结构的功能与中心语的相同。如汉语中"美丽的/彩虹""他的/书""出租车/司机""非常/漂亮""飞快地/跑""很/有意思"等。

被修饰限定的中心语可以是名词性的，也可以是谓词性的。当中心语是名词性成分时，修饰限定成分称为定语，如"美丽的彩虹"中的"美丽的"；当中心语是谓词性成分时，修饰限定成分称为状语，如"非常漂亮"中的"非常"、"飞快地跑"中的"飞快地"。也可以把定语和中心语之间的关系称为定中关系，把状语和中心语之间的关系称为状中关系。

不同语言中修饰限定成分与中心语的语序不同。如汉语中一般是修饰限定成分在前，中心语在后；有些语言则恰恰相反。英语中既有定语、状语在前而中心语在后的，也有定语、状语在后而中心语在前的。如：

his/book　他的书（他的＋书）

the number/of his family　他的家庭成员的数目（数目＋of＋他的＋家庭）

speak/loudly　大声讲（讲＋大声）

very beautiful　非常漂亮（非常＋漂亮）

从句法功能的角度看，偏正关系中两个成分之间的地位不平等，修饰限定成分要从属于中心语。但是从意义的角度看，有的偏正结构的意义重心不在中心语上，而是在修饰限定成分上。如"谁的书"中的中心语是"书"，意义重点却落在"谁"上，因此只能回答"我的书"或"我的"之类。又如"马上出发"是一个状中结构，意义的重点可能是"出发"，但也可能是"马上"——听话人已经知道了要出发，只是不知道时间，因此表时间的"马上"就是说话人要传达的信息中心。

3. 述宾关系

述宾关系是一种支配和被支配的关系，因此也叫作支配关系。起支配作用的成分一般是表示动作行为的动词，被支配的成分一般是表示人或事物的名词或代词，是动作行为所涉及的对象，前者叫述语，后者叫宾语。如：

打/球、看/书、喊/人、体验/生活
play/basketball（打篮球）、read/books（看书）

有些语言中宾语的位置在述语之后，有些则相反。如现代汉语和英语的宾语都在述语之后，而彝语的宾语位于述语之前。如彝语中"我打他"要说成：

$ŋa^{33}$（我）$tshʅ^{33}$（他）$ndu^{21}$（打）

上古汉语中一般的宾语放在述语之后，而疑问代词要放在述语之前。如"移/山"是"述—宾"的语序，而"何/有"（有什么）是"宾—述"的语序。

有些语言中述宾之间具有一定的形式标记，如日语中，宾语在前，述语在后，中间用宾格助词"を"作为标记，例如：

新聞を読みます　　　读报纸（报纸＋を＋读）
食器をあらいます　　刷洗餐具（餐具＋を＋洗）

有时述语所支配涉及的对象有两个，一个是动作行为直接支配的对象，叫直接宾语，一般是表示事物的名词性成分；一个是动作行为间接关涉的对象，叫间接宾语，一般是表示人的名词性成分。如：

汉语：给他一本书、送小王一件礼物、收你三百块钱

英语：give him a book、give Mr. Wang a piece of present、charge you three hundred dollars

当然，直接宾语和间接宾语也可以都是指人的或都是指物的。如"十年前，她交给我一个孤儿""他借图书馆一本小说"。

直接宾语和间接宾语与述语的相对位置在不同的语言中可以不同。如汉语和英语中，直接宾语一般离述语较远，间接宾语离述语较近，所以二者又分别叫作远宾语和近宾语；在日语中，虽然表示人的名词性成分也在表示事物的名词性成分前面，但动词一般在宾语的后面，所以这两种宾语与动词的相对顺序和汉语、英语正好相反。如：

纯子さんはお母さんに絵をあげます（纯子把画儿送母亲）

ぉたしは張さんに電話をします（我给张先生打电话）

### 4. 述补关系

述补关系是指两个成分之间的补充说明和被补充说明的句法关系。被补充说明的成分叫述语，起补充说明作用的成分叫补语，它补充说明述语的结果、程度、状态、趋向等。如汉语中的"气/哭了""累/极了""来得/快""站/起来"等。再如英语中有些宾语后面要带上补足语（宾语补足语，object comple-ment）：

I heard she singing folk songs（我听到她唱民歌）

we asked the teacher to explain the sentences again（我们请老师把句子再解释一遍）

述补关系实际上是一种广义上的偏正关系——补足语对述语（或称中心语）有着补充说明的作用，其整个结构的功能与述语相同。它与一般偏正关系的不同在于补语是在述语后面对述语起补足的作用，而一般的定语和状语是对中心语起修饰限定作用。

从汉语来看，定语和状语都位于它所修饰限定的中心语之前，而补语一定位于述语之后。有些成分放在前面是状语，放在后面就是补语，如"很好"和"好得很"。

5. 联合关系

联合关系是指几个语法成分在句法功能上处于平等的、并列的地位，也叫并列关系。如：

> 调查／研究，理论（和）／实践，五讲／四美／三热爱，北京、／上海、／天津（和）／重庆（是我国四大直辖市）

联合成分之间常常用关联词语连接，如汉语中的"和""及""跟""与""同"，英语中的"and"。

主谓关系、偏正关系、述宾关系和述补关系一般是指两两相对的成分（直接成分）之间所具有的句法关系，联合关系则不限于两个成分。如：

> （he bought）a book，a bag and a piece of pen（at the department）（他在商店里买了）一本书、一个包和一支笔

具有联合关系的几个并列成分因为在句法功能上是平等的，无主次之分，所以它们的位置可以互换而不影响它们之间的关系。如也可以说"a bag，a book and a piece of pen"。但是，几个并列成分之间的顺序涉及句法功能、逻辑次序、认知心理、传统习惯和语用含义等多种因素，因此并列成分之间的先后顺序不一定是随意的。如"马列主义、毛泽东思想"的次序一般不能颠倒过来。

一般来说，在句法功能上相当的成分才可以构成联合关系，所以由联合关系组织起来的结构功能与组成它的每个成分的功能都是相当的。如"调查研究"与其中的"调查"和"研究"都是动词性词语，都可以作谓语等句法成分。

以上我们分析了各种语言中最基本的五种句法关系，按照以上五种句法关系组织起来的句法结构分别叫作主谓结构、偏正结构、述宾结构、述补结构和联合结构。不同语言中，这些基本的结构关系是相同的，不同的只是组成这些结构的手段和方式，如语序的不同、词语变化形式的不同等。如同样是表示述宾关系，汉语中宾语在述语之后，述语和宾语都没有形式上的变化，而日语中宾语在述语之前，中间要加助词を，英语中作宾语的人称代词则要采用宾格的形式（如 me、him）。任何语言中具体的句法结构都是复杂多样的，但分析起来都是由这几种基本的句法结构一层一层地组合而成的。

## 二  句法手段

句法关系本质上属于语法意义，表达句法关系的语法手段就是句法手段，即表达句法关系意义的语法形式。常见的句法手段主要有语序、虚词、词形变化和语调等。

### 1. 语序

作为句法手段的语序是指利用词与词之间相对位置的改变来表示不同句法关系的一种语法形式。如"红花"与"花红"，语序不同，句法关系也不一样，前者是偏正关系，后者是主谓关系。语序作为一种句法手段在不同语言中的表现及其重要性不同。本章第二节中对这个问题已经有了论述，这里不再重复。

### 2. 虚词

虚词是一般没有词汇意义，只有语法意义的词。数量较少，属于封闭的词类。它在词组和句子中主要起辅助作用，帮助实词表示不同的语法关系，而本身不能充当句法成分，因此又叫辅助词或语法词。常见的起句法作用的虚词有前置词、后置词、连词和助词等。

前置词也叫作介词，位于名词性成分之前，其主要作用是连接名词或代词组成介宾词组，在句子中作状语或补语。前者与谓语动词形成状中式偏正关系，后者与述语形成述补关系。如：

> 在上海/召开、发生/在北京

后置词位于名词性成分之后，表示各种名词性成分的句法地位。日语、朝鲜语中有大量的后置词，如日语主语、宾语和状语后面的格助词：

> 田中さんは居間で新聞を読みます（は是主格助词，で是场所格助词，を是宾格助词）

连词是句法结构中起连接作用的词，又叫连接词。它可以连接词、词组和句子，表示一定的句法关系。如英语中的"and"和日语中的"上"，都常用来连接并列成分，表示联合关系。

不同语言中称为助词的虚词，范围大小和种类多少不同。如汉语的助词包括结构助词、动态助词和语气助词等，作为句法手段的助词主要是指结构助词和动态助词。结构助词"de"用在修饰限定成分与中心语或述语与补语之间，在书面上分别写作"的""地""得"，分别表示定中、状中、述补三种关系；动态助词"着""了""过"等表示动作行为的不同状态："着"表示动作行为的持续（如"说着"），"了"表示动作行为的实现（或称"完成"，如"说了"），"过"表示动作行为的曾经实现（如"说过"）。

虚词虽然数量少，又不能充当句法成分，但它在许多语言中很重要，特别是在缺乏形态变化的语言中，虚词是语法关系的最显著的标志。如汉语中，虚词是最重要的句法手段之一。各种句法成分之间用不用虚词、用什么样的虚词，所具有的句法关系可能不一样。如：

> 人民的总理（偏正关系）：人民和总理（并列关系）
> 买花（述宾关系）：买的花（偏正关系）

　　与语序相比，虚词是一种显著的、强制性的语法标记，它本身具有一定的语音形式，如汉语中表持续态的助词"着"在口语中具有"zhe"的读音，在书面上有"着"的字形，在动词或形容词后加上它一定表示动作行为或状态的持续。一个成分的语序是一种相对的位置，需要参照其他成分来确定，如"人民"放在"热爱"之前的时候是主语，放在"热爱"之后的时候是宾语；同时，光靠语序本身常常还不能独立地确定句法关系，需要结合其他因素来考虑。如为什么"人民热爱"是主谓关系，而"热爱人民"是述宾关系呢？需要结合"人民"和"热爱"的词性考虑："人民"是名词，"热爱"是动词。为什么"语法研究"也是"名词＋动词"的语序却是偏正关系呢？需要结合词义考虑："语法"非指人，不可能发出"研究"的行为，而只能是"研究"的对象。

　　虚词和语序相结合，可以构成一定句法结构的框架，具体的词语置于这些位置，就可以形成某种确定的句法关系。如日语中"名＋の＋名"就是一种偏正关系框架，"体言＋は＋体言＋です"就是一种主谓关系框架，能置于这些位置的实词就分别形成这两种关系。如：

　　　　中国の北京（中国北京）、日本の新聞（日本报纸）、王さんは中国人です（王先生是中国人）

　　3. 词形变化

　　词形变化是利用词的不同形态来表示不同语法意义的方式，作为句法手段的词形变化则是指利用词的不同形式来表示不同的句法功能和句法关系的手段。在形态变化丰富的语言里，词在组成句法结构时一般要发生词形变化。这种词形变化主要表现在两个方面。

　　一是词与词在组合时，词在数、性、格、体、时、态等方面要前后协调一致，才能形成合格的句法结构。这种一致关系一般是通过词形变化来表现的。如英语中单数名词或第三人称代词作主语、谓语动词，又是一般现在时的时候，动词后要加词尾-s才能形成主谓关系。

二是一个词对另一个词具有支配关系：当一个词与另一个词组合时必须服从其语法形式上的要求而发生某种词形变化，它们之间才能形成一定的句法关系。如英语中代词作动词和介词的宾语时，必须用宾格形式才能组合起来，分别构成述宾关系和介宾关系。

所以，属于词法范围的词形变化实际也是为表现句法功能服务的，可以看作表现句法的手段。如名词性词语的格的变化，表示的主要是它们在句子中的句法作用（所充当的句法成分）、与其他词的句法关系等，主要有主格、宾格、属格。主格形式的名词、代词只能充当主语，构成主谓关系，如英语中的 I；宾格形式只能充当宾语，构成述宾关系，如 me；属格形式表示领有限定关系，如 your，只能充当定语，构成定中式偏正关系。这样词的形式本身就显示了一定的句法关系。

### 4. 语调

语调是贯穿整个句子的语音的高低、轻重、长短和快慢的变化形式以及句子内部的语音停顿。作为句法手段的语调主要表现在停顿和轻重音对句法结构的影响上。

停顿可以区分不同的句法结构层次和句法关系。如"三加二乘以五"停顿不同，表示的句法结构层次就不同：

三加二……乘以五（ = 25）
三加……二乘以五（ = 13）

又如英语中"he saw a girl with a telescope"可以作两种停顿：

he saw a girl…with a telescope（他用望远镜看到了一个姑娘）

　　he saw…a girl with a telescope（他看到一个姑娘带着望远镜）

　　前者的停顿前后为述补关系，后者的停顿前后为述宾关系。

　　汉语中实词一般读重音，虚词、词缀、词尾等常常读轻音。有些成分可以通过读音轻重的不同来区分是实词素还是虚词（或虚词素）。如"子"读重音时，"妻子"为联合词组；"子"读轻音时，"妻子"为带后缀的名词。这种区别必然会影响到它们的句法功能。

## 三　句法分析

　　句法结构反映了组成句法结构的各个词语的语法功能，分析句法结构就是分析结构中各个词语的语法作用及其相互关系，以便更好地理解句子。而要正确地分析句法结构，首先就需要认识句法结构的特点。

　　语言符号的排列具有线性特征，即语言符号与符号的组合只能按照时间上的先后顺序依次排列起来，这样就形成了一个线性序列。所以，句法结构总要表现为线性序列。

　　但是，语法结构的这种线性排列只是表面的现象。通过仔细观察，人们发现语法单位的组合实际上并不是一次性完成的，而是有先后次序的：有些单位先组合起来，然后再与别的单位组合。这种先后次序与最终的线性序列有的可能是相一致的，但大多数是并不一致的，线性序列中相邻的单位之间并不一定发生直接的结构关系。如"这项活动迅速在校园展开"，组合的过程是："这"与"项"组成偏正结构"这项"，"这项"再与"活动"组成偏正结构"这项活动"，同时，"在"与"校园"先组成介宾结构"在校园"，然后与"展开"组成状中式偏正结构"在校园展开"，再与"迅速"组成状中式偏正结构"迅速在校园展开"，最后，"这项活动"作为主语与作为谓语的"迅速在校园展开"构成主谓结构。整个结构的内部组合次序如下：

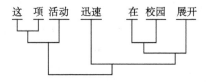

"项"与"活动"、"活动"与"迅速"、"迅速"与"在"、"校园"与"展开"等虽然两两相邻，但它们之间并没有直接的句法关系，而是先分别与别的词组合成一定的句法结构，之后再形成一个语法单位。

语法结构的这种组合的先后次序就形成了句法结构的层次性。句法结构的层次性是指句法单位之间由于组合次序的先后而形成的层层包容的关系。从组合的角度看，句法结构是逐层组合起来的，正因为句法结构具有这种逐层组合的特性，小的语法单位才可以不断地组合成大的语法单位，构成各种各样结构复杂的句子。从句子理解和句法分析的角度看，句法结构是可以逐层分解的。这实际上是句法组合的逆过程：说话人为了传递信息而对语法单位进行层次性的组合，由此形成句法结构；听话人为了理解信息而必须对句法结构进行层次性的解析。句法分析就是要分解出句法结构的层次和层次内部的关系。

分析句法结构首先要找出它的直接成分。直接成分就是在句法结构中处在同一个组合层次上的直接发生句法关系的句法成分。如上例中，"这/项"（指量组合）、"这项/活动"（定中关系）、"在/校园"（介宾组合）、"在校园/展开"（状中关系）、"迅速/在校园展开"（状中关系）、"这项活动/迅速在校园展开"（主谓关系），都是两两相对的直接成分。处在同一个结构中的两个成分如果没有直接的句法关系就是间接成分。如上例中的"活动"与"迅速"、"迅速"与"在"、"校园"与"展开"等，都互为间接成分。两个比较小的句法单位发生直接关系，组成一个较大的句法单位，然后再与其他句法单位发生直接关系组成更大的句法单位，直至构成一个完整的句子。分析句法结构就是要分析句法构造是怎样由直接成分发生关系而组合起来的。这种方法叫直接成分分析法。一个复杂结构通过直接成分的分析，可以显示出其内部组合的层次，因此直接成分分析法又叫作层次分析法。

进行直接成分分析的时候，可以用图解的方式来表示分析的结果。图解时可以按照从小到大的顺序，即先从最小的语法单位（一般是词）开始逐层分析，一直分析到结构的整体，如上面对"这项活动迅速在校园展开"的分析；也可以按照从大到小的顺序，即先从结构的整体开始逐层分析，一直分析到最小的单位（一般是词），如：

分析汉语的句法构造时，除了标示出直接成分的层次外，一般还要标示出成分间的句法关系。这样的分析就比较全面了。如：

## 四　句式的转换

句式是指抽象的句子结构格式，是从无数个具体的句子中概括归纳出来的抽象的组织结构模式。一种语言中具体的句子是纷繁复杂、数量无限的，但结构的模式是有限的。正是因为句法模式是有限的，所以人们可以以简驭繁，用少量的模式生成无限的句子；也正因为句法模式是有限的，所以人们只要掌握了少量的基本模式，就能够理解无限的复杂的句子。比如，"张三去看书"和"李四来买西瓜"的意思是不同的，但它们的结构格式是一样的，都是"名词$_{主语}$＋动词＋动词＋名词$_{宾语}$"。也就是说，同样的句式填入不同的词语后可以表示不同的意思。

不过，我们也发现，同一个意思也可以用不同的句式来表达。这也就是通常所说的"换个说法"。如：

①猫吃老鼠　　（主动句式）
②猫把老鼠吃了（把字句式）
③老鼠被猫吃了（被字句式）

它们可以相互转换，如：

①←→②猫吃老鼠←→猫把老鼠吃了（主动句←→把字句）

①←→③猫吃老鼠←→老鼠被猫吃了（主动句←→被字句）

③←→②老鼠被猫吃了←→猫把老鼠吃了（被字句←→把字句）

这说明，从具体句子中归纳出来的抽象的句式之间并不是彼此独立、毫无关系的。恰恰相反，它们相互之间存在着密切的联系，因而可以在意义基本不变的情况下，进行相互的转换。

在转换的过程中，需要一定的规则。如①转换成②时需要有两条规则：a. 移位规则，把受事"老鼠"移到动词"吃"之前；b. 添加规则，在受事"老鼠"之前加介词"把"。将②转换成①则是上述转换的逆过程，也需要两条规则：a. 移位规则，将受事"老鼠"移到动词"吃"之后；b. 删除规则，将受事"老鼠"前的介词"把"去掉。在由①转换成③的时候，也是需要两条规则，但是具体规则不同：a. 移位规则，需要把受事"老鼠"移到主语的位置上；b. 添加规则，需要在施事之前添加介词"被"。③转换成①、③与②的相互转换都各有具体的规则。违反了这些规则，就不能转换出合格的句子来。

因此，我们可以说，句式的转换就是运用一定的规则把一种句式转换成意义基本相同的另外一种句式。如肯定句转换成否定句、陈述句转换成疑问句、单句转换成复句、把字句转换成被字句等。转换前的句式叫原式，转换后的句式叫转换式。

句式转换的作用主要体现在两个方面：同义句式间的转换和多义句式的分化。同义句式是指几个句式表示相同或相近的语义。如：

> 他修好了汽车
> 他把汽车修好了
> 汽车被他修好了
> 汽车他修好了

这四个句子所代表的句式不同，但它们所表达的都是"施事（他）—动作（修好）—受事（汽车）"的基本意义，因此可以相互转换。

句式的转换需要运用一定的转换规则。这些规则主要有四个。

### 1. 删略

删略就是删去重复的或不必要的句法成分。如英语中被动句要转换成主动句时，需要把被动句中的 by 删掉。如：

A letter was written by him. →He wrote a letter.

### 2. 添加

添加就是在适当的位置增加必要的语法成分。添加是删略的逆过程，当甲句式转换成乙句式时需要删略的话，那么当乙句式转换成甲句式时就需要添加。如：

He wrote a letter. →A letter was written by him.

3. 移位

移位就是改变句法成分的相对位置，从而改变句式。如：

自行车很漂亮→很漂亮的自行车（主谓结构→偏正结构）

太阳照着，窗子亮了→太阳照亮了窗子（复句→单句）

He is a teacher. →Is he a teacher?（陈述→疑问）

4. 替换

替换就是用一种语法成分换掉另一种语法成分，常见的是虚词和语调的替换。如汉语"把"字句转换成"被"字句的规则之一就是用"被"字替换"把"字。又如陈述句转换成疑问句的一种方法是结构不变，只是把表陈述的降调变为表疑问的升调。

具体句式或句子间的转换往往需要综合运用几种转换规则。如：

美国队被中国队打败了→中国队打败了美国队

这个转换运用了以下规则：①移位，"中国队"由介词后移到句首作主语；②删除，介词"被"被删掉。

转换时一般不能改变表示句子基本意义的实词，如果改变了实词，句子的基本意义也发生了变化，这样两个句子的基本意义就不相同，因而就不属于句式转换的问题了。如"他送来一本书"与"他送来一个包袱"就不是句式转换的问题。

有时同一个句式可能具有不同的结构意义，表示不同的深层语义关系，这种句式叫作多义句式。如"鸡不吃了"，有两种深层的意义："鸡"可能是施事［即"鸡不吃（食物）了"］，也可能是受事［即"（人或其他动物）不吃鸡了"］。但是，它的结构只是一种主谓结构：鸡（主语）＋不吃了（谓语）。这就是一个多义句式。

在交际中，多义句式常常通过语境的制约而消除其多义性。

如在宴会上说"鸡不吃了"一般是指"人不吃鸡了"；在院子里看到鸡时，这么说一般是指"鸡不吃食了"。但是，如果在一定的语境中仍然不能确定结构的意义，就是所谓的歧义。

多义句式用同一种外在的语音形式表示几种不同的结构意义或深层关系；反过来说，就是几种不同的结构意义或深层关系采用了相同的外在形式。这些表面上同形的结构实际上具有内在的一些差异，这些差异可以通过句式的转换得到分化。也就是说，通过句式的转换可以揭示句式本身所隐含着的一些内在特征。例如：

　　　鸡不吃了→鸡不吃食了（添加上"吃"的宾语）
　　　　　　　→不吃鸡了（移位）
　　反对的是他→反对他（删略）
　　　　　　　→他反对（移位、删略）

## 第五节　语法的发展

### 一　语法发展的原因和特点

语法是组词成句的组织规则，它应该适应社会交际的需要。社会的发展，会对语法提出新的要求。比如，原有的结构形式已经不便于更加精密地表达思想时，人们就会对语法规则作出一定的调整，使结构更加复杂化，来满足表意的需要；再如，当人们感觉原有的某些结构形式过于烦琐而导致交际不便时，也会逐渐淘汰这种结构形式，而代之以更为简洁的形式。

语言内部的语法变异也是语法发展变化的原因之一。一种语言内部的语法规则基本上是一致的，但是也存在着一定的变异。方言之间存在着语法差异，不同社会阶层之间也存在着语法差异，如知识阶层与文盲阶层，不同年龄、性别的说话人之间也会略有不同，书面语与口语之间存在着语法差异，等等。这些差异的存在，使语法系统内部呈现多种形式共存而不完全统一的现象。在一定的条件下，这些差异也会改变地位而使整个语言的语法面貌发生一定的变化。如某种方言语法现象变成了共同语中的共同规则，共同语的语法面貌就发生了一定程度的改变。

此外，外部影响也是语法发展变化的原因之一。尽管语法系统比较不太容易受到外来语言的影响，但也会在外语的影响下缓慢发生或多或少的变化。比如，一些现代汉语书面作品中代词前面可以加上一定的修饰语（如"从噩梦中醒来的她"）、一些小说中"'我该走了。'他说。"之类的语序，都显然受到了西方语言的影响。当然，外来语法特点能否产生影响要由语言内部语法的系统性来决定，有些外语的特点可能会被吸收进来，而大部分的外语语法特点不会被吸收。

由于语法有稳固性特点，语法的发展变化是非常缓慢的。如果说渐变性是语言演变的基本规律，那么渐变性特点在语法的发展中表现得最为突出。语法的变化在语言各要素中是最为缓慢的。一些基本的结构特点可能历经千百年而不变，比如现代汉语中宾语在动词之后的基本语序在甲骨文时代（距今 3000 多年）已经定型了。新质要素逐渐增长，旧质要素逐渐衰亡，一种新现象的产生和稳定往往要经过几年、几十年甚至几百年的时间才能完成，有些新的语法现象最初可能会给人以新奇的感觉，而有些语法现象可能是在不知不觉中发生变化的。

语法的变化常常是由个别例子引起的类推来完成的。先是个别词语或句子采用了新颖的形式，人们将这种形式类推开来，扩散到所有的同类词语或句子，就形成了新的规则。例如汉语中的后缀"儿"在南北朝时期只是加在人名的后面，到唐代可以加在鸟兽虫类的后面，此后才可以加在非生物名词后面，这样它才完全变成了词缀。

## 二　语法发展的一般情况

1. 语法成分的增减

语法在发展中可能会产生新的语法成分，原有的语法成分也可能会消失，或者是原有的语法成分转变了自己的功能或形式。例如，现代汉语中的助词都是由古代的实词演变而来的，如"着""了""过"等，也就是说，这些语法成分是后代产生的；同时，这些词的语法功能也发生了转变。再如，作为现代汉语语法成分之一的量词（非度量衡单位的量词），在上古汉语中是没有的，数词可以直接加在名词前面（如"三皇五帝""五城十二楼"）；汉代之后，量词逐渐产生，并逐渐形成"数词＋量词"放在名词之前修饰名词的语序；在现代汉语中，数词不能直接修饰名词，必须要以量词为中介。另一方面，古代汉语中也有一些语法成分在发展中逐渐消失了，如上古汉语中有个前缀"有"字（有夏、有民、有王），在战国后就消失了。

2. 语法手段的变化

一种语言的语法手段可能会发生变化，可以从无到有，也可以从有到无。像汉语中原来并没有利用动词和形容词重叠来表示不同语法意义的手段，这种手段是后代发展起来的。语法手段的地位和作用也会发生变化，由弱变强或由强变弱。古代英语中词尾变化非常复杂，可以表示多种语法意义，因此语序的作用就不是很重要。如"熊打人"在古英语中可以有四种语序：

Se mann pone beran sloh. （人熊打）

Pone beran se mann sloh. （熊人打）

Pone beran sloh se mann. （熊打人）

Sloh se mann pone beran. （打人熊）

到了中古英语时期，词尾变化逐渐减少，语序的作用便大大增加，介词、连词、关系代词等所起的语法作用就非常重要了。

如上面的句子用现代英语只能说成 the bear struck the man。

同一种语法手段，其面貌也会在历史中发生变化。如上古汉语中的一般语序是宾语在动词之后，但有一部分宾语要放在动词之前，如"民献有十夫予翼"（"予翼"即"翼予"，"协助我"）、"寡人是问"（"是问"即"问是"，问这件事）、"虽速我讼，亦不女从"["不女从"即"不从女（汝）"]。汉代之后，这种语序便消失了，宾语都要放到动词之后。而唐代之后，又出现了用"将"或"把"把受事名词放到名词之前的结构（即现代汉语中的所谓"把"字式）。但在一般的情况下，宾语的位置还是在动词之后的。再如，中古英语时期，原来的中性第三人称代词 hit（它）的与格形式 him 被其宾格形式 hit（相当于现代英语的 it）代替，这样避免了与阳性第三人称代词的与格形式 him（他）的混淆，而中性第三人称的与格就同宾格混同了。

3. 语法范畴的变化

同语法手段密切相关，语法范畴也会发生从无到有或是从有到无的变化。像汉语中原来没有"体"的语法范畴，唐宋之后"着""了""过"等慢慢虚化，附加在动词之后，表示动词的不同状态——持续体、完成（实现）体、经历体，这样汉语中就增加了"体"的范畴。在古代英语中，形容词具有性、数、格及人称等范畴，另外还有强式变格和弱式变格的不同，形式变化比较复杂；到了中古英语后期，这些语法范畴的形式慢慢消失了，它们表示的语法范畴也就消失了。

同一种语法范畴的内部面貌也会发生变化。像英语人称代词的"数"范畴原来分单数、双数、多数三种，在中古英语时期双数形式消失；古英语人称代词的格除了主格、所有格、宾格外，还有与格，在中古英语时期与格因与宾格混同而消失了。

## （四）语法类型的变化

根据语法特点的不同，可以将语言划分为若干种类型。一般分为孤立语、屈折语、黏着语、复式综合语四大类。孤立语的词缺乏形式变化，词与词之间的关系主要通过语序和虚词来表示，如汉语；屈折语的词有比较丰富的形式变化，词与词之间的关系主要通过词形变化来表示，如俄语；黏着语主要通过黏附在词根上的不同词尾来表示语法意义，要表示几个语法意义就要在词根后面附加上几个词尾，如日语；复式综合语的一个词由好多个语素编插黏合而成，一个词往往构成一个句子，如许多美洲印第安人的语言。

一种语言的语法形式和语法范畴发生大的变化之后，会导致整个语言语法类型的改变。如古代英语中名词、动词、形容词等都有比较复杂的词形变化，语法范畴也比较复杂，语序和虚词不太重要，语法形式以综合性手段为主，属于屈折语的类型；但中古英语时期之后，这些复杂的词形变化和语法范畴消失大半，语序和虚词的作用逐渐突出，这样，现代英语的语法形式以分析性手段为主，屈折语的特点不太明显，而向孤立语类型发展了。

## 思 考 题

一、什么是语法？语法包含哪些内容？

二、语法单位有哪些？简要说明语法单位的情况。

三、举例说明什么是语法形式？什么是语法意义？

四、什么是语法范畴？常见的语法范畴有哪些？

五、什么是语法手段？常见的语法手段有哪些？

六、什么是构词法？什么是构形法？两者有何区别？

七、什么是词类？划分词类的标准是什么？

八、一般的句法关系和句法手段有哪些？请举例说明。

九、什么是句式的转换？句式转换的主要规则有哪些？

十、语法的发展变化主要有哪些情况？

# 第九章　语用

## 第一节　语用与语用研究概说

### 一　语用是对语言的应用

简明地讲，语用即指人们对某种语言的具体应用。语用跟本书前面所讲的"言语"概念很相近，但也有些差别。

关于言语的概念，最早是由瑞士语言学家索绪尔明确提出的。索绪尔认为，言语是跟语言相对而言的；语言是符号系统，言语是人对语言这一符号系统的具体应用与应用结果。作为结构主义语言学的创始人，索绪尔本人以及受他影响较大的语言学家，都把研究的重心放在语言结构方面了，对言语并未进行深入的探讨。当代的语言学教科书中，通常借助索绪尔的言语概念来指称区别于语言结构的两种现象：一是指人们说话或写作的活动，二是指说出来的话或写下来的话。前者是应用语言的实践活动本身，后者是应用语言的实践活动的部分成果。

本章所讲的语用，同样含有应用语言的实践活动及其成果两部分内容，只是"实践活动"既指人们说话或写作，又指人们听话或阅读；"实践活动的成果"存在于具体语境之中，既指说话人说出的话或写作者写下来的话，也指听话人听到的话或阅读者读到的话。例如：

我去上课。

学生说这话时，是"我去听课"的意思；教师说这话时，是"我去讲课"的意思。具体意义要由具体说话人和具体听话人在具体语境中来理解。

从语用研究的观点看，在同一交际场合里，说话人与听话人对同一句话的理解不同，也是合理的正常的。例如：

张三的百米成绩 13 秒！

说话人是某中学一位体育老师，在他带领的高中学生足球队里，张三是一位出色的前锋；老师说这句话的意思是"张三的素质不错，奔跑速度很快"。听话人是某专业田径队的教练，他到这所中学是物色短跑运动员的；听到这句话，教练的感觉是"张三的短跑成绩很一般，不是理想的培养对象"。体育老师和教练的衡量标准不一样，说话人的意思与听话人的理解当然会不同。

## 二　语用研究的历史和发展

有关语言应用的研究与思考古已有之，并且产生于研究语言本体的学问之前。

从历史文献看，中国古代的语用研究内容很丰富。《左传》中引古语曰"言以足志，文以足言"；孔子曾从参与社会政治活动的角度谈过语用的重要性，孔门四科——"德行、言语、政事、文学"——中"言语"的能力排在第二位，这也与当时邦交辞令的需要有关。在《左传》和《论语》中还有一些分析语用功能的观点。如"言以知物""言以出令""言以考典"等，甚至论及"一言兴邦""一言丧邦"的大问题。此后发展起来的"小学"相当多的内容是研究语用问题。在古希腊、罗马时期，许多语用课题已受到西方学者们的重视，并在雄辩术和修辞学的名义之下被研讨。

传统的语用研究大都围绕着诠释典籍著作来进行，或者因某种社会生活的需要而展开，所以课题比较零散，没有形成系统理论。不过，传统的语用研究，为后来语用学理论的形成创造了条件。作为一门独立学科的语用学，产生于 20 世纪 70 年代。

语用学，在英语中被称为 pragmatics，其原义为"实用学"，是从英语的 pragmatism（实用主义）转化而来的。总体来讲，语用学是研究语言符号与语言应用者之间相互作用、相互关系的一门学问。语用学在研究的基本课题上跟传统语用研究有很大的重合面，但在理论体系和方法上有明显的不同。

发明 pragmatics 这个术语的人是美国哲学家莫里斯（C. Mrris），他在 1938 年的著作《符号理论基础》中将语言研究分成三个方面：将关于"符号与符号之间的形式关系"的研究称为"句法学"（Syntactics）；将关于"符号与符号所指的对象之间关系"的研究称为"语义学"（Semantics）；将关于"符号与符号解释者之间的关系"的研究称为"语用学"。同时，认为这三方面鼎足而立，构成了语言符号研究的既相互对立又相互关联的三个部分。后来，欧美学者格赖斯（H. P. Grice）、莱温森（S. C. Lvinson）、利奇（G. N. Leech）等的理论建设，使语用学的理论体系基本成型。

1977 年，荷兰阿姆斯特丹正式出版发行了《语用学杂志》（*Journal of Pragmatics*），被认为是语用学确立的标志。

## 三　语用研究的基本课题

上文提到的《语用学杂志》，在首期的创刊辞中说：

> 语用学能够对语言提出一系列至关紧要的问题。它要为语言实践的研究建立可能的基础，从而有助于我们对人类的相互作用获得更深刻的理解。

从创刊辞来看，编辑们对语用学研究的价值和前景都是满怀信心的。今天的语用学理论仍在不断演变和完善之中，与编辑们的初衷还有较大差距。可是语用学的基本课题，已经具体而稳定了。比如，关于言语行为及其推理模式的研究、关于语用原则的构成及功用的研究、对语境性质和功能的重新评价、关于会话含义的作用及其生成机制的研究等，都是学术界公认的语用学课题。全面阐述其中任何一个课题，都需要专门的著作来完成。

笔者在本章只能择要讲解语用研究中的几个问题。

## 第二节　语境的特点与功用

### 一　认识语境的出发点

语境是语用研究中的一个核心概念。在语用学产生之前，语境就是修辞学的论题；但是，修辞学中界定语境的层面和视角跟语用学的明显不同。

传统修辞学的语境定义可归纳为两种。第一种，认为语境有狭义广义两方面：狭义的是书面语的上下文或口语的前言后语，广义的是言语交际的时间、地点、场合以及言语交际的参加者所处的社会、文化背景等。第二种，认为语境有客观主观两方面，即言语交际的时间、地点、场合、对象等客观因素和使用语言的人的身份、思想、性格、职业、修养、处境、心情等主观因素。前一种定义注重的是句内因素和言外因素对"被解释的言语片段"的影响作用，有的教科书简捷地称其为"小语境"因素和"大语境"因素；后一种定义侧重于那些影响语言应用者的因素，可以称为"主观语境"因素和"客观语境"因素。这两种语境定义有一个共同特点，就是只作了举例式的外延描述，没作严谨有效的内涵规定。

在修辞学的语境研究中，研究者是站在"研究者"的角度考察语境的功用的。他们关心的是：语境通常是怎样影响一般的语言应用者对言语作品或话语片段进行解释的。因此，凡是可能影响人对话语进行解释的因素，无论是语言内的还是语言外的，无论是主观的还是客观的，无论是直接的还是间接的，都是语境的构成成分；按照这种逻辑，天地万物、古往今来，没有任何事物或者现象不可以作为语境的构成成分。外延蔓伸无定，使得修辞学语境构造混乱、成分驳杂；内涵不够明确，使得"语境"无法成为一个科学术语，只能被看成一个一般意义上的多义词。请看下面例子中 A 和 B 两位大学生的一段对话：

> A 同学对 B 同学说："我提醒你一下，今天是 C 的生日！"
> B 回答说："呦！差点忘了！可是，上午我刚买了台收录机……"
> A 似有几分失望，说："讲好的事，可不能食言啊！"
> B 欲言又止……

如果没有语境的支持，我们旁观者和修辞学家都会觉得这段对话难以理解。于是，我们推论，对话的背景是这样的：A、B和 C 三位同学是好朋友，事前约好，C 生日时由 B 做东，请 A、C 吃饭。眼下，A 急于"蹭饭"吃，B 却借口刚买了收录机，手头缺钱，想"赖账"。这种情形可以说是 20 世纪 90 年代大学校园中常见的生活场景，所以，关于语境的这种分析推理应该是符合常规的。根据这样的语境条件，我们旁观者和修辞学家一样，都可从"研究者"的角度推断出 B 所说的"刚买了台收录机"的用意——不想花钱请客了。我们旁观者和修辞学家都会觉得这一推论是符合常理的，是正确的；并且认为，A 所理解的和 B 所想表达的跟我们的推断是一致的。

但是，假如除了我们旁观者和修辞学家已推断的语境条件之外，上例中还有一些我们局外人不了解的背景因素，譬如 A 已觉察到 B 和 C 的友谊出现了裂痕，A 想通过这一对话来验证自己的感觉，B 却不愿实话实说。那么，在这样的语境条件下，A 所理解的和 B 所想表达的，跟我们的上述推断就有了明显的差距。

语用学研究语境的角度不同于修辞学。语用学重视的是，在特定的交际环节上，具体的说话人或听话人对所说话或所听话的具体解释。语用学认为，这种"具体解释"，除言语交际的参加者本人外，旁观者和研究者只能部分地把握，无法精确而全面地把握。在上例中，A 同学和 B 同学各有自己的语境条件，各有自己对特定话语的具体解释。在承认语境对话语解释具有影响作用的同时，也认定语境的构成因素是伴随具体语言应用者的具体语用活动不断演变、不断生成的。这是语用学认识语境功能与属性的前提和出发点。

## 二　语境的构成和特点

笼统地说，语言应用的参加者以及时地环境或社会文化环境中的各种因素，无论是主观性因素还是客观性因素，都可直接或间接地影响语境的构成。但是，语言应用是具体的，语境是与具体的语言应用相伴而生的；语境的构成成分是那些直接作用于具体的语言应用者的因素。因此，笼统地描述语境的外延，并据此来界定语境的概念是没有意义的。

实际上，语言应用中的客观环境、客观因素，都不可直接作为语境的构成成分。《新概念英语》教材中有一个小故事，讲的是一位男青年周末在家等候姨妈来做客，姨妈由外地来，下火车后给男青年打电话，问他在做什么，青年回答"正准备吃早饭"，姨妈惊讶地问："怎么还没吃早饭？现在已经 7 点了，……"听着姨妈的话，青年看看窗外不太明亮的天色，回答说："平日我还起不这么早呢！"这个故事中，客观环境是傍晚 7 点钟，青年却以为是清晨 7 点钟，是主观因素的作用，使他对姨妈的话产生了特殊的解释。著名心理学家考夫卡在其著作《格式塔心理学原理》中，用了一个生动的例子说明解释具体话语时"心理环境"的作用。在一个隆冬之夜，暴风雪席卷大地，有个骑马人来到一家旅店门前。骑马人奔走了近 10 个小时，已是人困马乏，在这前无村后无店的大平原上，居然有一家能暂避风雪的旅店，他惊喜异常。店主人开门迎客，吃惊地问："您从哪里来？我这里是湖畔旅店。"客人指了指他来的方向。店主人倒吸一口凉气，说："您知不知道您已经越过了康士坦斯湖？"听店主人一说，骑马人当即被吓死了。骑马人原以为骑马走过的是冰封雪盖的大平原，其"心理环境"是想象中的大平原；当他得知自己骑马横跨的竟是一片封冻的大湖时，"心理环境"立刻改变了，并从店主人的话语中解释出令他十分后怕的意义。

由上述例子可见，语言应用者在解释具体话语时，只有那些被调动起来的主观心理因素才能发挥作用。而时间地点等客观条件，只能在被语言应用者感知（即转化为主观心理因素）时，才能影响对具体话语的解释。因此，应该承认，语境是由主观心理因素构成的。

认识语境的特点，要参照语境的本质属性和语境的功能来进行。关于语境的本质属性，我们已作出结论，那就是它的主观性特点；关于语境的功用，我们将在下一部详细论述，概括地说，语境的功用是帮助语言应用者对具体话语进行具体解释。以下，分头论述一下语境的四个特点。

一是主观性，这是语境的本质属性。其原因是，语境由主观心理因素构成，任何客观因素都不可直接作为语境的构成成分。如前所论，不再赘述。

二是整合性，即构成语境的那些主观心理因素不是杂乱无章的，而是一个有机的整体。语言应用者在解释特定的话语时，所调动起的主观心理因素要形成一个指向一致的合力，形成一个功能统一的解释框架，唯有如此，才能使语言应用者获取可能的具体意义。

三是可变性，即语境随着言语交际活动的进展而不断变化。比如，交际时间的延伸、地点的变动、说话人与听话人角色的轮换、所谈话题的变更、语言应用者的心理活动或情感变化，都能导致语境的变化。前边讲过的骑马人与店主的对话过程中，骑马人的语境前后变化极大，便是明显一例。可以说，特定的语境，是跟语言应用者解释话语活动的特定片段同始同终的。

四是差异性，即不同的语言应用者在同一言语交际中的语境是不同的，同一语言应用者在不同言语交际中的语境也是不同的。试分析一例：

> 80年代末，有一则电视广告，伴随着"威力"牌洗衣机的画面，画外音是一高亢的男高音，说："威力！威力！够威！够力！"

"威力"牌洗衣机的生产厂家及广告设计师的本意，大概是要强调这种洗衣机的洗涤力很强，并认为这是洗衣机的优势所在。但是，有些观众看了电视广告后，担心这种洗衣机会损伤衣物，如此解释这则广告语的意义，恐怕是与厂家和设计师的本意大相径庭的。几年后这则广告语就被弃用了，厂家也意识到它的意义容易引起误解。

类似上例的语用实例很多，可以证明说话人与听话人在解释同一话语时，语境都是不同的；只是这类语境差异有时较大有时较小而已。

语境的可变性和差异性，并不意味着人与人之间无法用共同的语言进行沟通；合理的解释是，说话人发出的信息，不会百分之百地被听话人毫不走样地接受。正常情况下，人是社会化的人，语言交际参加者们的情感活动和行为方式，大致上是可以被对方把握的；况且，同一语言社会的成员们使用共同约定的交际工具和思维工具，相互之间的话语交流会有一个基本的沟通面。

## 三　语境的功用

语境是语言应用者在解释具体话语时所调动起的一部分主观心理因素。它不是语言的成分，但它能影响语言应用者对话语意义的解释；这种影响话语意义的作用便是语境的功用。

1. 语境的解释作用

使用中的言语单位，都会跟特定的语境结合而产生具体的意义。这就体现出了语境的解释作用。有时具体意义可能与言语的字面意义较为接近。有时具体意义可能与字面意义相去甚远。因而，语境的解释作用也有几种不同情况。

第一，语境可以帮助语言应用者从较一般、较笼统的字面意义中推断出相对具体的意义。例如：

> 某系办公室的黑板上写着若干条通知，其中一条写着："星期三下午2点，全系教工到小会议室开会。"

每周都有星期三，黑板上的星期三指的是哪一天呢？这要借助语境来确定。通常情况下，这个系每周第一天将全周的工作安排写在黑板上。大家知道，"今天"是星期一，是1999年9月13日；那么，"本周"的星期三应该是1999年9月15日。

第二，语境可以帮助语言应用者辨别歧义，从而获得具体而明确的意义。

在言语交际中，有时可从字面意义中解释出两种或两种以上的意义，易于产生歧义。例如：

> 张三告诉同事李四说："我给儿子买了一架飞机，带遥控的。"
>
> 李四说："好嘛！得花你半个月的工资。"

谈话中，张三并未说明给儿子买的"飞机"是真的飞机还是玩具飞机。可是，李四了解中国国情，又是张三的同事，知道张三月收入是多少，也知道张三的儿子几岁。因此，断定那"飞机"是玩具飞机。语境知识让张三觉得无须讲清楚是真飞机或是玩具飞机，语境知识也帮助李四果断地排除了歧义。

第三，语境可以帮助语言应用者推断出表面看来与字面意义无关的"言外之意"。

在言语交际中，语言应用者有时会得到与字面意义并无关联的含义，这是语境作用的结果。例如，莫言的小说《红高粱》中，有这样一段情节：

> 一个日本兵和两个伪军士兵到奶奶家抢骡子，罗汉大爷不允，日本兵端着刺刀枪说："呜哩哇啦哑啦哩呜!"罗汉大爷一屁股坐在地上，日本兵用刺刀在罗汉大爷的光头皮上拉了一道血口子。

在这里，"呜哩哇啦哑啦哩呜"既不是日本话，也不是中国话，但读者可以根据历史背景、故事和上下文所提供的信息，形成特定的语境，推导出"杀死你"之类的意思。

2. 语境的过滤作用

在一些言语交际活动中，特定的语境可能限制某种语言应用形式的出现或某种言语意义的产生（不论这一语言应用形式是否合乎规范），这就是语境的过滤作用。这种作用表现为两种情形。

一是在特定的言语交际活动中，交际参加者可以断定，语境中已经提供了的信息，交际中的话语一般不再重复出现。

例如，1998 年，中央电视台有一则联想电脑的广告：

> 联想 1 + 1 电脑，像用电视一样简单。当然要买。

应该说，这是一条不太高明的广告（尽管联想电脑的广告，有许多是非常好的）。稍有一点电脑知识的人都知道，用电脑不会像用电视一样简单，这且不论，商品做广告当然是吁请消费者购买的，再加上一句"当然要买"，显然是画蛇添足。再如，人们乘火车旅行，常常会听到列车播音室的广播：

> 需要就餐的旅客，请到列车中部 9 号车厢，午餐备有……

列车广播中无须说明就餐的旅客必须付钱，但顾客和列车服务员都很清楚，以常识为基础的语境已提供了相关的信息。同样，有乘客机旅行经验的旅客，就不会问客机服务员餐饮是否收费的问题，这也是因为以常识为基础的语境已提供了相关的信息。重复已有的信息，是跟语境的过滤作用相左的；除非有特别的目的（如强调等），通常不会重复出现，否则冗余信息过大，在言语交际中是不正常的。

二是语境不能提供有效帮助时，言语交际活动便无法顺利进行。

这也可理解为，凡是语境不能给予任何支持的字面意义，都无法产生正常合理的言语意义。例如，某电视台曾以字幕的形式，播出一条保健品广告，大意是：

> 近日"四不像"将走进千家万户，即使紧闭门窗，也防不胜防……

这则广告播出后，在市民中引起大面积的恐慌，以致在一定程度上影响了社会生活的安定秩序。为什么会产生这种后果呢？主要是因为多数市民不知道"四不像"为何物，更未听说过这个牌子的保健食品；所以，市民在解释这几句话时，没有获得相应的语境支持，无法推导出合理的意义。再加上市民不了解"悬念广告"这种商业策划的内幕，因此，只好漫无目的地瞎猜了。

无论是语境的解释作用，还是语境的过滤作用，都是为具体言语意义的生成提供支持的。这两个方面的作用是相对的，不是绝对的；有时为了追求特殊的传播与沟通的效果，语言应用者是可以灵活掌握的。例如，联想电脑的形象广告称："人类失去联想，世界将会怎样"；其中的"联想"一词，显然会产生歧义或一语双关的效果。广告语的创作者成心追求的，大概正是这种沟通效果。缺少语境支持的所谓"悬念广告"，只要掌握得当，并非绝对不可应用。譬如，某报发了一个整版广告，几乎整个版面都是空白，上面写着一行字"给您一个惊喜，请留意明日本版广告"，右下角还有几个极不显眼的小字"某某酒店敬启"。读者虽不能百分之百地确认广告文字的具体含义，凭经验大概可以猜测：这家酒店要搞抽奖或其他优惠活动。或许，会因此而留意明日这一版的广告了。这样的语言应用形式相对新颖，更容易引起读者的注意。

## 第三节　言语行为

### 一　言语行为概说

　　语用学认为，言语交际是一种行为，可以称为"言语行为"。西方学者关于言语行为的论述，见解不尽相同。有的认为，言语交际中的实际（意义）单位，即言语行为；完成一定的言语交际，便是完成一定的言语行为。有的认为，对言语行为应进行双向考察，即说话人（包括写作者）的言语行为和听话人（包括阅读者）的言语行为两个方面；两个方面各有特色，但本质上是相同的。从研究成果看，讨论的重心在于说话人的意义表达方面。

　　例如，A 先生和 B 先生正在 B 先生的办公室里谈话：

　　　　A 说："房间里有点冷，对吗？"
　　　　B 说："对不起！……"

听 A 这样说，B 一边应着，一边把暖气打开了。从字面上看，A 只是说房间里有点冷，并问 B 的感受是否相同；在特定的语境作用下，B 理解到 A 有点冷，并打开了暖气。所以，A 说出的话，意思差不多就是"我觉得冷，请打开暖气"。在这里，说话、言语行为和行为的实现，都是同一个行为完成的。

　　言语行为理论最早是英国哲学家奥斯汀（J. L. Austin）1958 年提出的，他认为语句有两层意义：命题意义和施为意义。前者是话语的字面意义，是对客观事物和现象的表述；后者指话语在说话人和听话人那里产生的效果。这类效果，可以表现为说话人传出或听话人接收到某个陈述、警告、命令、要求、邀请、疑问、赞叹、鼓励、允诺、道歉、劝解、威胁等。例如：

　　您能把盐递给我吗？

这是一个疑问句，也是一个表示"请求"的言语行为。

## 二　言语行为的类型

　　在初期的言语行为理论中，曾将交际中的语句分为陈述句和施为句；前者只管言语叙述，后者才是完成行为的。但是，随后的研究发现，运用陈述句也是做出行为，就本质而言，陈述句也是施为句的一种。因此，后来的言语行为理论中，就不再分为陈述句和施为句两种，而是分为以下三种不同的言语行为：表述行为、施为行为和成事行为。这三种不同的言语行为，标志着整个言语过程的三个不同阶段。

　　以下分别介绍这三种言语行为的具体内容。

　　表述行为：就是将打算说的话说出来。在运用有声语言的交际中，把准备说的话语用一定的语音形式表达出来；不论说出的是什么语句，都是进行表述，都属言语行为的表述行为。

　　施为行为：在进行表述行为的同时，不仅传达出了一定的信息内容，而且是在实施某一种行为。例如，说"吐鲁番的葡萄熟了"，是一种表述行为；同时，也是一种实施了"告知"的施为行为。再如：英国人说"Can you pass me the salt?"也是一种表示行为，但是意图并不在于要求对方回答"能"或者"不能"，而是间接地实施了"请求"的施为行为。总之，大致可以这样理解施为行为：言语交际者说出一个句子时，句子能起到什么作用，相应地就实施了一个什么行为。

　　奥斯汀的学生、美国哲学家塞尔（J. R. Searle）将形形色色的施为行为划分为五种类型：

①表述类的施为行为，即说话人保证所表述的命题是真的，如作出断言、作出结论等；

②指使类的施为行为，即说话人企图让听话人做某件事，如提出要求、提出请求、提出疑问等；

③受约类的施为行为，即说话人保证将来采取某些行动，如作出保证、发出威胁、提供帮助等；

④表情类的施为行为，即表达说话者的某种心理状态，如表示感谢、表示歉意、表示欢迎、表示祝贺等；

⑤宣布类的施为行为，即说话人的话将引起规约事态的变化，这通常需要依赖语言之外的各种社会规约，如宣战、命名、解雇等。

成事行为：即施为行为在听话人那里发生了作用，如听话人因受到表彰心情愉快、按照说话人的命令而做某事、遭到恫吓而改变当前的做事方法等，总之都是听话人接收到表述行为或施为行为的结果。成事行为是言语行为三阶段中的最后一个阶段。

成事行为将语言应用的效果纳入言语行为的研究范围，体现了对具体的语言应用者话语反应的关注。从语言学理论的整体发展来看，关注语言应用者的解释作用，是一项重大的进步。

## 三　直接言语行为和间接言语行为

在塞尔等人的研究中，还将言语行为进一步区分为直接言语行为和间接言语行为。所谓直接言语行为，指的是说话人直接说出施为行为要达到的目的。如说出"请你接电话"，是指使类的施为行为，其目的由说话人直接说出了。所谓间接言语行为，指的是说话人并未直接说出施为行为想要达到的目的，而是用某一类施为行为的形式，传达另一类施为行为的意义，从而间接地达到说话人的目的。如前面所举的例子中所说的"房间里有点冷"，形式上看是表述类的施为行为，实际上是指使类的施为行为，间接地达到让听话人打开暖气的目的。

间接言语行为是实际语言应用中的常见现象。如说出"您带的钱富裕吗?"是想跟听话人借钱,说出"Can you pass me the salt?"是请听话人把盐递过来。为什么说话人不直说呢?是为了礼貌,是为了给听话人留有余地。西方语言学家称这类语用现象为"交际意图的弱化";说白了,是说话人含蓄地说出某个意思。按语用学研究者的术语说,就是通过一类施为行为来间接地执行另外一类施为行为。

言语行为理论是语用学的核心课题之一。这一理论与20世纪中叶之前占主导地位的结构主义语言学观点有着深刻的不同。结构主义注重的是模式化研究,无论是对语言的形式研究,还是对语言的意义研究,都试图概括出规约化的模型。但是,在语言的实际应用中,话语的意义和形式都是受具体的语境因素影响的,都是由具体的交际参加者参与的。因此,在语言的实际应用中,话语的意义和形式都是个性化的,都是非规约的。

大家已经知道,抽象的语言存在于具体的言语之中,言语是语言存在与演变的基础。很显然,语言科学的健全发展,离不开对言语和言语行为的科学研究。

## 第四节　合作原则与会话含义

上一节已讲过,对语言应用进行全面深入的研究,是语言科学不可或缺的部分。可是,语言应用中的现象是个性化的,又是丰富多彩的;如何从语言应用中的浩繁纷杂的感性材料中归纳出规律性的东西,是语用研究中最具挑战性的课题。为把人类的交际行为系统地归结成规律,学者们进行了种种努力。合作原则就是在这种背景下产生的。

## 一　合作原则的内容

合作原则是美国哲学家格赖斯（H. P. Grice）1967 年正式提出的。

人是社会化的人，人们交际使用的语言是社会约定俗成的交际工具，人们的正常行为是受社会规约限制的。基于这种认识，格赖斯认为，会话也是受一定条件制约的。他指出，人们的交谈之所以能够顺利进行，是因为说话人与听话人都要遵循共同的原则，相互合作才能达到沟通的目的。格赖斯把说话人与听话人在会话中应该共同遵守的原则称为合作原则。

合作原则包含以下四个方面的准则。

第一，量准则：说出的话应包含并且只包含（为了特定的目的）需要的信息内容。

第二，质准则：不说假话或证据不足的话。

第三，关联准则：前言后语要有关系，话语跟话题相关联。

第四，方式准则：说的话要条理清楚。

前三项准则都与话语内容有关，是关于"说什么"的问题；第四项与表达方式有关，是关于"怎么说"的问题。

格赖斯不是小学语文老师，不是教孩子们如何写作文；而是要依据合作原则来考察和衡量会话含义。

## 二　合作原则的作用

格赖斯认为，交际参加者违反了合作原则之中的任何一项准则，都可能产生字面意义以外的会话含义。为说明会话含义与合作原则的关系，格赖斯举了若干例子来说明会话含义的产生过程。我们分析其中两个最著名的例子（为了行文方便，我们将例子译成汉语）。

A："你知道 C 先生住在哪里吗？"

B：“法国南部某个城市吧。”

假设 B 知道 A 打算去看望 C，并且 B 不是知道 C 的详细地址而故意不讲，那么 B 的回答便违背了量的准则，由此可以推导出会话含义——B 并不知道 C 的具体地址。

> A 教授应 B 学生的请求，写信推荐 B 任某项哲学研究工作，而推荐信上只写了“亲爱的先生，B 同学的英语出色，经常参加导师辅导的讨论会……”

A 作为指导教授，理应了解 B 更多的情况，且知晓做哲学研究工作应具备什么条件；可是信中并不提供这方面的信息，故意违反了量的准则，其会话含义为：B 不适于做这项研究工作。

上述两例都是因违反量准则而产生会话含义，但两例中说话人的言语行为并不相同。上一例中的 B 是为了遵守某一准则而违反了另一准则（遵守了质准则而违反了量准则），B 并非故意违背合作原则；下一例中的 A 是故意违反了某一准则。在产生会话含义的同时，这两例中成事的言语行为肯定不同（听话人或读者对话语的解释是有差异的）。

格赖斯坚持认为，将合作原则用于会话含义的分析，可以形成一套模型——对非字面意义进行推理的一般形式。其内容是：

> 假如说话人 S 所说的话 P 具有会话含义 G，那么，
> ①S 说 P；
> ②没有理由认为 S 不遵守合作原则；
> ③S 说 P 且要遵守合作原则，因此 S 必定想要表达 G；
> ④S 明白：双方都知道如果认为 S 是合作的，必须假设 G；
> ⑤S 没有采取任何行动来阻止听话人作 G 的理解；
> ⑥因此，S 想要听话人作 G 的理解，即说 P 时的会话含义是 G。

上文所举的两个例子都可套用这个推导模型。

格赖斯的合作原则理论在学术界影响很大，学者们在研究和批评合作原则的同时，又补充了"礼貌原则""轮换原则"等，并认为可以共同构成一系列语用原则。

从实用的角度说，以合作原则为代表的各种语用原则对研究者有较大帮助，使学者们研究会话含义时有了达成共识的"讨论框架"和理论参照；但对于交际参加者而言，上述推导模型作用并不大，说话人或听话人对话语的解释过程是瞬间完成的，解释的结果也是形形色色的（特别是那些只可意会不可言传的意味），很难用公式的形式一一解说清楚。

## 三　会话含义

会话含义是参照合作原则等语用原则，在特定的语境中推导出来的话语的字面意义之外的含蓄的意义。

会话含义这个术语，最初也是格赖斯提出的，并结合合作原则的推理作用，归纳出了会话含义的五个特征。

①可取消性，即在具体情况下可以说明不遵守合作原则，或者在特定的语境作用下，不产生会话含义。

②不可分离性，即改变会话方式并不能阻止某种会话含义的产生。

③可推导性，即会话含义可以根据话语的字面意义和各项准则推导出来。

④非规约性，即会话含义不属于话语的社会约定意义，而是一种非规约的意义。

⑤不确定性，即会话含义在不同的场合可以作出不同的解释，所以无法确定。

以英国语言学家利奇（G. N. Leech）为代表的学者，对格赖斯的会话含义理论作了一些修正，有许多有价值的观点。

其一，认为会话含义不都是违背合作原则产生的（同时不否认合作原则是分析会话含义的重要参照）。例如：

> A："C先生的生日是哪一天？"
> B："今天就是。"

B的回答没有违背任何语用原则，却可能在特定的语境中产生"应该为C准备生日礼物"之类的含义。这里突出了语境的作用，并把会话含义的外延拓宽了。

其二，会话含义可以从说话人和听话人两个角度来考察。这是因为，说话人要传达的信息，与听话人在特定的语境条件下所接收的信息可能相同，也可能不同。

其三，会话含义可以体现在词、词组、句子和句群等各级语言单位上。这一见解使会话含义理论在语用研究中有了更广泛的意义。比如，在一篇散文中，有这样的句子"小羊在阅读青草"，其中"阅读"的会话含义显然是"专心致志地吃"，这是读者推导出来的。

应该说，格赖斯和利奇等人的会话含义理论，对我们认识语言应用中产生的非字面意义的含义是极有帮助的。会话含义最突出的特点，是非规约性。同一段话语，不同的说话人和不同的听话人的理解和解释都可能不同。即使是同一说话人或听话人，变换了时间和地点，对同一段话语的理解和解释也可能不同。

## 思 考 题

一、语用学的语境理论和修辞学的语境理论有什么不同？请结合本章内容谈谈学习体会。

二、语境的功用主要有哪些方面？

三、言语行为跟言语关系怎样？

四、合作原则中的各项准则，是不是会话含义的参照？为什么？

# 第十章　文字

## 第一节　文字是记录语言的书写符号系统

### 一　什么是文字

"文字"这个词，从语言文字学的角度说，有两个意义，一是指人们写出来的一个个具体的字，一是指记录语言的书写符号系统。我们这里要讲的，主要指后面这一意义上的文字，这是因为，我们这里是要从语言的书写符号系统这一整体概念出发来讲述文字的理论问题。当然在具体的阐述中，也要涉及它指具体的字这一意义的内容。

什么是文字？文字是记录语言的书写符号系统，是辅助与扩大语言的交际作用的最重要的工具。比如，汉字就是记录汉语的书写符号系统，俄罗斯文字则是记录俄语的书写符号系统。为什么说文字是一个系统呢？这是因为，任何一种文字都是由一系列符号内容构成的一个整体。这些符号内容包括：①一种文字中所有的字，以及这种文字构字的符号。例如汉字还有构造字形的意符、声符等；拼音文字还有构成文字形体的字母等。②一种文字的书写规则。例如汉字的书写笔顺，拼音文字中字母与字母的拼写规则、移行规则等。③一种文字所使用的全部标点符号。在拼音文字中，除了有表示言语的语调、停顿及词语作用的标号、点号之外，还有表示字母发音情况的一些辅助性符号，这些符号是用来确定或改变音素或者音节的音值的。另外，还有一些表示音节调值的调号、表示词重音的重音号等。以上这三个方面的符号内容是相互联系的，在记录语言时是配合运用的，这样就形成了一个书写符号整体。可见任何一种文字都是以系统的形式存在并以此起到记录语言的作用的。所以说文字是一个书写符号系统。

文字是记录有声语言的。有声语言既有声音，也有意义，文字就是用一定的形体来表示语言的声音和意义。因此，一个文字系统，具备形体、读音和意义三个方面的内容。具有形、音、义，是文字系统的一个本质特征。这个特征主要体现在文字的个体（即每一个单字）上面，也就是说，文字系统中的每一个字也都具备形、音、义三个方面。其中字形是文字的存在形式，它是文字自身所特有的，它不受有声语言的约束，可以有人为的性质。字音和字义则都来源于有声语言，同时服从于有声语言。在拼音文字中，各种文字都是用一个字去记录语言中的一个词。这个字的读音和意义就是它所记录的这个词的声音和意义，这个字的形体则是用代表这个词的音位或者音节的字母符号拼写而成的。例如英语的 cat 这个词，用文字写出来就是一个字，字形是"cat"，由三个字母拼写而成；字音是［kæt］，一个音节；字义是"猫"。又如日语的ひと这个词，用文字写出来也是一个字，字形是"ひと"，用两个字母写成（日文中也常借用汉字"人"来表示这个词）；字音是［xito］，两个音节；字义是"人"。汉字的情况与拼音文字有所不同。汉字作为一种表意文字系统，一个字的形体只记录汉语的一个音节，同时表示这个音节所表达的意义。在这种情况下，形、音、义结合在一起，共同形成一个字的整体。而汉语的词既有单音节的，也有复音节的，所以一个汉字有的可以和一个词相对应，如"人""树""走""小"等；有的则只能和一个词素相对应，如"民""参""祖""丰"等。还有少数汉字并不记录一个音义结合的完整的语言成分，需要几个字合起来才能记录一个词或词素，例如"葡""萄""踌""躇"，以及吉普车中的"吉""普"等。因此，这样的字就只有形和音，而没有独立的意义。但是这种情况在汉字中是属于少数的，并不代表汉字的本质。汉字就整个文字系统而言，和其他所有文字在本质上是一样的，即都具有形、音、义三个方面的内容。

## 二　文字系统与语言的关系

文字既然是记录语言的书写符号系统，那么，任何一种文字就都要受到它所记录的具体语言的制约。文字必须能适应自己所记录的语言的特点，才能存在并且得到发展。有声语言都是以发出的声音为其表现形式的。文字记录语言，自然就是要用一定的书写符号来记录语言的语音。因此，文字要适应语言的特点，主要就是适应具体语言的语音结构系统的特点。今天我们看到，世界上不同民族的文字各自具有不同的特点，以至于分属不同的文字类型，这正是它们受不同语言的语音结构特点影响的结果。

现在世界上许多民族使用的拼音文字，大致可以分为三种类型，即辅音字母文字、音位字母文字和音节字母文字。辅音字母文字的字母符号是只表示辅音的，在记录语言的时候，语流中的元音是用加在辅音字母的上方或下方的附加符号（如小点或者短线）来表示的，而这些附加符号通常也是不用的。古代闪米特人的拼音文字以及今天的希伯来文字、阿拉伯文字等都是辅音字母文字。为什么这些民族可以用只表示辅音的字母文字来记录它们的语言呢？这就是由这些民族的语言的语音特点所决定的。希伯来语、阿拉伯语等都是属于闪米特语族的语言，这一类语言在词的语音上表现出的是一种辅音结构，也就是根词词干主要由辅音构成，而元音用在根词词干的辅音之间，只起辅助性的作用，指出词的语法功能及其变化。因此，在语流中，辅音的发音就显得特别突出，具有一种基本的、区别不同词的作用。很显然，这些辅音是很容易从语流中分析出来的。可见，正是这种语言的辅音结构特点决定了记录它的文字是辅音字母文字的类型。音位字母文字是记录语言的语音最充分、最完备的一种拼音文字。它的字母是代表音位的，既有表示辅音的字母，也有表示元音的字母。比如古代的希腊字母文字和后来由希腊字母演化出来的拉丁字母文字、斯拉夫字母文字，以及现代的英文、法文、德文、俄文等，都是音位字母文字。这些民族的音位字母文字系统也是依靠了这些民族语言的语音特点建立起来的。这些语言的根词词干是由辅音和元音组成的，许多词要靠元音的不同来区分。同时，语言的音节结构中往往有辅音相邻及词末辅音的情况。这种多形式语音结构的特点，决定了记录语言的文字，必须使用分析到音素这一语音成分的字母符号，而不能使用音节字母符号；必须既有表示辅音的字母符号，也要有表示元音的字母符号，而不能仅仅使用辅音字母符号。因此，记录具有这些语音特点的语言，音位字母文字就是最为合适的文字。音节字母文字是用每个字母表示语言中的一个音节。语言中有多少个不重复的音节，文字中就用多少个字母来表示。日文的假名就是一种典型的音节字母文字。例如"か"[ka]、"キ"[ki]、"ク"[ku]、"ケ"[ke]、"コ"[ko]等，一个字母表示一个音节。用音节字母文字所记录的语言，其语音上的特点，一般表现为音节结构的形式比较单一，不存在相邻辅音和词末辅音的情况，而词汇中词的读音基本上是复音节形式的。

汉字的情况与拼音文字有很大的不同。汉字这种文字系统所独具的特点，与汉语的语言特点是密切联系的。由于汉语语流中的音节是非常分明的，每一个音节都是由声母和韵母整齐一律地拼合而成的，这样的音节在语流中可以十分容易地感觉到并且被分析出来，所以汉字记录汉语就是以音节为单位的。同时，汉语的单音节绝大多数代表了一个音义结合的语言单位（即词或词素），汉语中的音节数量是有限的，而单音节的词或词素的数量是相当大的，这样，汉语的单音节词或词素就存在着严重的同音现象。例如现代汉语中 yi 的去声这一个音节，就表示了义、议、

亿、艺、忆、呓、屹、亦、异、邑、易、抑、弋、译、峄、怿、
驿、绎、诣、佚、轶、役、疫、奕、弈、益、溢、谊、逸、毅、
翼、翌、意、癔、臆等 80 多个词或词素。文字的本质就在于用
书写符号形体来表示语言的音和义，而文字符号的一个原则在于
形体上要具备区别性特征，以此来区分不同的语言成分。因此，
汉字符号在记录汉语的单音节时，还必须能够表示出这个单音节
所表示的意义。

　　总之，不同的文字各自所具有的那些特点，总是由它所记录
的语言的特点决定的。有时，不同的民族语言使用的文字形式是
一样的，例如现在许多民族都使用拉丁字母，另有许多民族都使
用斯拉夫字母，这首先是因为这些使用同一文字形式的民族的语
言具有某种共同的特征。但是，各民族的语言毕竟还存在许多差
异，所以在文字系统上还是有差别的，比如所用字母的多少、使
不使用以及使用什么样的辅助性发音符号、拼写规则等，都要根
据它所记录的语言特点的差异而有不同表现。

## 第二节　文字的性质和作用

### 一　文字的性质

　　文字是一种书写符号系统，因而文字的性质就是由书写符号
决定的。文字的性质具体表现为以下几个方面。

　　第一，文字是在语言的基础上产生并且依赖语言而存在的。
文字是一种工具，它记录语言，就形成了书面语言，从而起到了
语言的交际作用，具有了人类交际工具的性质。但是，文字是在
语言的基础上产生的，没有语言也就没有文字，所以，语言永远
是第一性的，文字是第二性的。世界上从来没有只有文字而没有
语言的民族，也没有只有文字而没有语言的情况。因此，尽管文
字也是一种人类的交际工具，但它永远只是辅助性的工具。

第二，文字具有全民性，没有阶级性。文字是记录语言的。语言没有阶级性，从而影响到文字没有阶级性。在一个社会中，任何阶级、任何人都可以使用本民族的文字来记录本民族的语言。文字对任何阶级、阶层和任何个人都是一视同仁的，它是为全民服务的一种工具。

不过，文字的全民性也有和语言的全民性不同的地方。但这种不同只是一种表面现象而非本质上的区别。其不同之处主要表现为下面这种情况：对于掌握语言，每个人都不是先天就会的，而是在后天实践中向社会学习的结果。这一学习过程是自然的，在不知不觉中完成的。一个人从出生时不会说话到逐渐地掌握了语言就是这种情况。人们对于文字，也不是先天就会的，需要后天逐步学习，但一个人在学习文字时就不像学习语言那么自然和容易。学习文字需要具有一定的条件才能进行。比如一个孩子有条件上学读书，就能学会文字；没有这样的学习条件，就掌握不了文字这种工具。所以在过去阶级压迫严重的条件下，被压迫阶级往往得不到学习文字的机会。社会上的其他原因，比如在经济、文化落后的民族和地区，一般人学习和掌握文字也比较困难。但是这些现象绝不意味着文字有阶级性，因为文字本身对社会的所有成员都是一视同仁的。它是为全民服务的，所以它是没有阶级性的。

第三，文字具有假定性。文字的假定性是指记录语言的文字符号和它所记录的语言之间是一种假定的关系。换句话说，就是用什么样的符号记录什么样的语言，其间没有必然的联系。

我们前边曾经说过，文字系统要受到它所记录的语言特点的制约，现在又提出文字的假定性问题，究竟应当如何理解呢？这里必须明确，文字系统受语言特点的制约是就文字的符号系统和语言的语音结构系统之间这些本质方面来讲的。例如闪米特语族各语言的语音结构系统中，根词词干的语音基本上是一种辅音结构，所以，记录语言就可以用一种辅音字母文字；而斯拉夫语族、日耳曼语族的各语言的语音结构往往是一种辅音、元音多形式组合的情况，在构成根词词干的音节中，辅音和元音在区分不同词的方面是同样重要的，所以记录语言就必须用既有辅音字母又有元音字母的音位字母文字。现在我们要讲的文字符号与它所记录的语言之间的假定关系，是就符号的形体而言的。也就是说，人们用一个什么样的符号形体来代表语言中的一个什么样的成分，完全是一种假定的关系。例如语言中［u］这个语音成分，汉语中有这个音位并且用"u"这个书写符号记录；俄语中也有这个音位，却用"y"来记录。又如汉语中的"书"这个词，既可用"书"这个书写形体来表示，也可用"shū"这个形体来表示。人们无论用什么形体的符号去记录语言，都不会影响文字的根本性质。所以文字符号的形体和它记录的语言之间并无必然的联系。这就是文字的假定性。

第四，文字具有相对的稳定性。人们创造了文字并用它把语言记录下来，就形成了一种书面语言。这种书面语言就和口语一样，也具有社会性和全民性。因此，文字这种书写的符号也要由社会约定俗成，也要为社会公认和使用。文字符号一旦被社会约定并得到公认，就有了相对的稳定性。文字符号不能经常处在变动之中，否则，就不能发挥它辅助语言进行交际的作用了。

以上四个特性都是相互联系的，它们都是文字的根本性质的反映。

## 二　文字的作用

有声语言是人类最重要的交际工具；有了语言，人类社会才得以存在和发展。然而，尽管有声语言具有这么多的优越性能，却仍有一定的缺陷。一是它要受到时间的限制，言语要在说话时才可以听到；二是它要受到空间的限制，言语只能在短距离内可以听见。也就是说，有声语言的主要缺点就是它不能传久传远。当然，在发明了扩音器、电话、无线电之后，言语的空间限制已部分消除；发明了录音机之后，言语的时间限制也部分消除了。但是这些传达和记录言语的工具只是在 19 世纪末到 20 世纪初才制造出来。然而自远古以来，人们就存在着这样一种要求，即把言语传达到远处并把它在时间上固定下来。随着人类社会的进步和发展，古代的人们发明了文字。有了文字，就可以把有声语言从口头上搬到书面上，也就是把有声语言从说和听变成了写和看。这样就形成了一种书面语言，这种书面语言克服了有声语言在时间和空间上受到的限制，使有声语言既能传得久，也能传得远。所以书面语言对社会的发展起了很大的推动作用，而文字的作用也就是集中体现在它形成书面语言这上面。归纳起来，文字对社会发展所起的作用主要有以下两点。

一是用文字写下来的书面语言可以把历史保留下来。人类社会一步步地向前发展，每一个阶段都离不开对历史经验的借鉴和继承。在文字发明以前，人们对于历史的传承是通过口耳相传的方式进行的。但是以这种方式流传的历史总是模糊的、不完整的，甚至是不准确的。文字发明出来以后，历史开始有了文献记录，人类从此进入文明时代。人们不仅可以运用书面语言把历史的状况记载下来，还可以把人们在历史过程中所创造的文化记载下来，把它们流传到后代，使后人了解过去的历史，并且能继承前人留下的丰富文化遗产，在前人所建立的基础上继续向前发展。

二是用文字写下来的书面语言可以使不同国家、民族和地区的文化进行广泛的交流。随着人类社会的不断发展和进步，不同国家、民族和地区之间的交往日益密切和频繁，人们需要进行越来越多的远距离的交际，文字形成的书面语言则成了进行广泛交际、传递信息的最重要的工具。特别是在当今世界经济、政治、文化和科学技术高度发展的时代，以文字形成的书面语言已被应用于人类社会生活的各个领域，已经成了人类向前发展的必要条件之一。由此可见文字在组织社会生活，推动社会发展方面所起的作用是多么巨大。

# 第三节　文字的起源和发展

## 一　文字的起源

我们这里谈文字的起源，不是要讲哪一种文字或者哪一些具体的字是如何产生的问题，而是要从整体意义上来谈文字这种事物的起源问题。它主要涉及以下两个方面的小问题：①文字是在什么时候、在什么样的社会条件下产生的；②文字是在什么基础上、怎样产生的。

文字是在什么时候、在什么样的社会条件下产生的？我们说，文字是在语言产生了相当长的一段时间以后，人类社会发展到了一种相当发达的时期才产生的。文字的产生，是为了适应人们日益复杂的交际需要。具体地说，是为了满足人们必须把一些事情记录下来并且能够传给后人或传到远方所提出来的要求。

我们知道，语言、社会和人是同时产生的，所以语言的历史是非常悠久的，即使从人类有了比较成熟的语言算起，至今也已有几十万年的时间。在远古时代，也就是在长达几百万年的旧石器时代，人类的生产还是很不发达的，人们的社会生活也很简单。在这种情况下，人们使用有声语言进行交际就能满足社会生活需要了。随着人类社会继续向前发展，当社会进入新石器时代（大部分民族在公元前 8000—前 6000 年就开始进入新石器时代），社会生产较旧石器时代有了一定的发展，社会生活也逐渐变得复杂起来。这时候，人们开始感觉到只有有声语言已经不能满足社会的需要。比如有一些东西需要记录下来，有一些事情需要传播开去，人们便考虑到采用一些方法、创造一些符号来把某些事物记录下来，帮助记忆，或者代替口说的语言完成交际任务。

但是，在这个时候，即人们开始有了一种要把某些事物记录下来并且传播开去的需要的时候，文字还不可能一下子就被创造出来。实际上，在真正的文字产生之前，还经过了一个文字萌芽阶段。从我们现在能发现的资料看，人们最早使用的记事方法有两种类型，一种是实物记事，一种是图画记事。实物记事又可以归纳为三种方法，即结绳、结珠、讯木。结绳是一种使用最普遍的方法，即在一根绳上面打上许多结来记事，比如单结表示"十"，双结表示"百"。也可以在一根主绳上面系上各种颜色的小绳，来分别代表各种不同的事物。《周易》上说："上古结绳而治，后世圣人易之以书契。"可见我国古代就曾使用过结绳记事的方法，只是它的详情今天已不能知道了。古代秘鲁的印第安人就使用过在一条主绳上系上不同颜色的小绳来记事的方法。例如用红绳代表战争和兵士，用黄绳代表金子，用白绳代表银子，等等。结珠这种记事方法就是用一根绳子把一些贝壳穿起来，贝壳的数量不同或者颜色不同就可以代表不同的意思。我们现在使用的算盘就来源于结珠。讯木这种方法就是在一块木头上刻上各种花纹来记事。特别是在双方有了什么约定的时候，就往往使用讯木的方法，在木头上刻出花纹，然后把木头劈开，一方拿一半，到约会的时候再对起来。古代的"木契"就是这种东西。讯木还有一种方式，就是在木头上插上不同的羽毛来代表一定的意思。古时候的令箭就是由这种方式发展而成的。第二种类型是图画记事。图画记事就是用画出来的代表各种事物的图形来记录要说明的东西或事情。记事的图画不同于原始的绘画艺术品，不是供人欣赏的东西，而是用来记录某种事情的辅助性的交际工具。记事图画有区别于一般绘画的外部特征，它们不是一幅幅单独孤立的图画，而是一组复杂的叙事性图形，或者是一套按一定顺序连接的图画。图 10－1 属于前者，这是北美奥杰布华人为了保护自己的渔业权，在 1849 年向美国总统递交的一份请愿书。这上面画了七个动物的图形，这七个动物是代表他们七个部落的图腾，这些动物的眼睛和心都用线互相连接，线的一头指向前方，而另一头连在图画左下方的小湖上。这幅图画用来表示他们共同的心愿，就是让美国总统还给他们在苏必略湖附近的渔业权。

图 10－1

图 10－2 属于后者，这是印第安人部落头领墓碑上的图画。意思是：这位死去的头领名叫奥连（鹿），他出征七次，经历过九次战斗，在一次连续两个月的出征中，被敌人用斧头劈死。

实物记事和图画记事虽然都是传达信息、进行交际的方式，但是，这些用来记事的实物或者图画都还不是文字，因为它们记录的只是一个完整的、笼统的事物，而不是语言。即使把这些由实物形成的记号或图画中的每一个图形都看作符号，也都还只是记事符号，而不是文字符号，因为文字符号必须是能与语言中一定的成分相对应的、可以读出确定的语音来的书写符号。因此，它们还不是真正的文字，只是文字的前期萌芽。

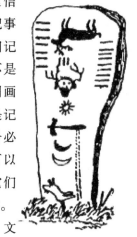

图 10－2

那么，真正的文字是怎样产生的呢？文字又是以什么东西为基础产生的呢？这是两个相互密切联系的问题。我们说，真正文字的产生需要具备下面几个条件。一是社会条件。社会进一步发展，经济、政治、文化生活更加丰富，人们的交际活动更加频繁和复杂，这时候，记事的实物和图画已经不能满足人们的需要了，人们需要一种能准确地记录语言的工具出现，这就是真正的文字产生的时候。一般地说，最早的文字是在奴隶社会的初期，即国家产生的时候出现的。二是人们对言语进行分析的能力。真正能够用来记录语言的文字符号，必须是与语言中一定的成分相对应的东西，而语言成分的形式是语音（音素、音节或者音节组），因此，真正能代表语言的文字符号首先必须有确定的读音。一般来说，最早的文字符号所代表的，应当是在言语的语流中那些听觉上能自然感受到的声音（孤立的元音或辅音音素，以及由辅音与元音结合成一体的音节）。这样，人们在创造最初的文字符号时，就必须具有把语流中能自然感受到的语音成分离析出来的能力。上面我们曾经讲到，先前的记事图画之所以还不是文字，是因为它们还不是记录语言的符号，也就是说，它们的每一个图形，都还没有和一定的语言成分建立联系，没有确定的读音，因此它们只能代表一种笼统的含义。三是真正文字的产生，必须有一定的物质形态基础。我们知道，文字是一种记录语言的视觉感受符号，这种视觉感受符号一般是用笔书写或刻画出来的。① 因此，在上面曾经讲到的几种文字产生以前的记事方法中，记事图画是创造文字的真正基础。人们把记事图画中的图形加以简化、定形，使它能代表具体的语言成分，有了确定的读音，这样，人们就创造了文字。

我们目前知道的几种重要的古代文字（苏美尔人的楔形文字、古埃及的圣书字以及我国的甲骨文等），已经是相当成熟和完善的文字了，但是这些早期文字仍带有较浓的图画意味，所以人们往往把这些古老的文字称为象形文字，这足以证明最早的文字是起源于记事图画的。

---

① 古代苏美尔人使用的书写工具是削尖的芦苇秆，在泥版上压划出文字。我国殷代常用的书写工具是毛笔，在竹木简上写字；占卜文字则是用青铜刀，在龟甲兽骨上刻字。

另外，在远古时代（大约旧石器时代晚期至整个新石器时代），人们在一些陶器、石器或骨器上刻画或描画了一种近似几何图形的符号，这些符号由横线、直线、弧线以及圆或点组成。这种符号在世界许多地方都有，带有一定普遍性。它们显然是一种约定的符号，大多是用来标记器物制造者或所有者的族名的。

图 10-3　西安半坡遗址出土的我国仰韶文化彩陶上的刻画符号

这些近似几何图形的符号与记事图画不属于同一类型，因此它们不是后来的象形文字符号的来源。但是古代文字中的数目字符号、历法符号（例如我国古代的干支文字符号），则有可能起源于这一类符号。当然，这一类符号应用到最早的文字中的毕竟是极少量的，不代表早期文字的主流。所以，从总体上说，文字是起源于记事图画的。

## 二　文字的发展

最早的文字是从记事图画脱胎出来的。原始社会中的记事图画只能表示一种尚不能分析成一定语言单位的笼统的意思，真正的文字却要求每个图形都能代表一定的语言成分，所以，从记事图画转变为真正的文字，要经历一个复杂的过程。

真正文字的产生经历的第一个阶段是象形阶段，也就是说，每一个文字形体都是一个简单的图画。例如古代苏美尔人的文字中"弓"写作 ，"矢"写作 ；古埃及文字中"山"写作 ，"水"写作 ；古代汉字中"月"写作 ，"雨"写作 。很显然，这些最古老的象形文字都是用来记录语言中的词这种语言成分的。语言中的词都是音和义的结合体。这些近似图画的象形文字，既然代表了词，那么它在用象形的方法表示出词义的同时，也获得了词的读音。语言中词的数量是相当庞大的，而以象形方式创造出的文字形体毕竟是有限的，特别是一些表示抽象意义的词（例如虚词），难以用象形方式造字；一些意义相同相近的词（同义词），也难以用象形方式区别开来。于是，人们便把已有的象形字转用为表音符号，先是用这样的表音符号直接代表语言中另外一些读音相同或相近的词。例如古代汉字中的"斤"字，原来是记录汉语中当斧头讲的词的文字符号，后来就借用作当重量单位意义讲的斤两的"斤"字。又如"其"字，原来是表示畚箕意义的"箕"这个词的象形字，后来因它与虚词"其"的读音相近而借用作虚词"其"的文字符号。文字再往后发展，就进入了意音阶段。这时，记录词的文字不再单纯使用象形符号，也不再单纯使用表音符号，而是把象形符号和表音符号结合起来创造出一个新字。例如古代汉字中的"霖"字，就是一个用意符和声符组合成的字，其中的"雨"是表示词的意义的符号，"林"是表示词的声音的符号。再如古埃及文字中的 这个字，记录的是"n-b-t"（篮子）这个词（这个词的根词词干由 n、b、t 三个辅音构成），其中" "（篮子）是表意符号，" "（n，水）、" "（b，脚）、" "（t，面包）都是表音符号。

在象形阶段和意音阶段，文字记录语言时，作为一个形体，不管是独体的图形，还是合体的图形，代表的都是一个词。词是音义的结合体。这时的文字形体都是源于图画的，因此，在记录语言时，是从表意的方面出发的。尽管文字在意音阶段，出现了表音的符号（例如古代汉字中的形声字，古埃及文字中附加表音成分的意音字），但是这样的字本质上依然还是表意文字。这是因为，整个字形不是运用表音字母拼写成的；即使它们有表音符号，但那些表音符号也还不是表音字母，而是由象形符号临时替代的；整个字形记录的是一个词，因此，它考虑的仍是表示出词的意义，而表音符号只是起了一个注音的作用。

象形和意音阶段上的文字，对于那些词的音节形式复杂多样或词有形态变化的语言来说，是一种不完善的文字。文字记录语言，是要能读出声音来的；通过读出不同的声音，来区分同义而不同音的词，或者是同一个词处在不同语法地位时因形态发生变化而读音不同的情况。比如，属于屈折语类型的语言，它们的词的音节形式常常是多样的，许多词不仅是多音节的，而且经常有相邻的辅音组或词末辅音现象，一个词读出来是一连串可以自然感受到的不同的音；当一个词处在不同语法地位时，语音上又会出现各种内部屈折变化。因此，这种一个词只用一个字形来记录的、属于表意性质的文字，对于记录屈折语类型的语言来说，显然是不合适的。

上面我们曾经说到，文字的产生需要具备一定的条件，其中一个条件是人们要具备从语流中把较小的语言成分离析出来的能力。一方面，最早产生的文字直接源自记事图画，人们看重的是图画可以表示出词的意义，因此就用图画式的字形来记录语言中的词；另一方面，人们最初创造文字时，对语言的认识还达不到能把语流中的音位清楚地分析出来的程度。所以，最早的文字只能是以表意为主来记录语词的一些符号。因此，最古老的文字是发生在语言的音节结构形式比较单一的民族（古代苏美尔、古代埃及、古代汉族）那里。古代汉族语言的词汇中，绝大部分词是单音节的，同音词的现象特别严重，如果用拼音文字来记录汉语，不管是用音节字母文字还是用音位字母文字，许多的词写出

来就会是同一个字形。然而这是不行的，所以，这种记录单音节
的表意的文字对于汉语来说是最合适的。古代苏美尔人的语言，
其词汇中的词绝大部分也是单音节词，所以苏美尔人最早也发明
了记录词的象形文字。他们的语言属于黏着型语言，所以他们的
文字后来逐渐衍化为音节字母文字。古埃及语词汇中的根词词干
是一种辅音结构（例如：r"口"、p-r"房屋"、n-f-r"美丽的"。
埃及语的元音只起辅助作用，指出词的语法功能和根据语法功能
而发生的形态变化），这种词的语音结构形式并不是很复杂的。
古代埃及人用简易的图形创造了表词的象形文字，这种象形文字
用来表示单个辅音构成的根词是方便的，但埃及语中由单辅音构
成的根词很少（总共 60 个），词汇中大多数根词是三辅音的根词
词干（另有少数双辅音和四至六个辅音的根词词干），于是，古
埃及文字后来就由象形文字逐渐衍化为带有辅音字母符号的意音
文字。

　　由于受语言特点的制约，在上古时代，一些已经使用表意文
字的民族的文字逐步向拼音字母文字衍化。由记录词的表意性质
的文字演变为拼音字母文字，最早出现的是音节字母文字。在公
元前 31 世纪最初十年初期，在苏美尔文字中产生了最古老的音
节符号。这些音节符号一般是产生于表示单音节词的表意字，例
如表示"箭"这个词（苏美尔语读如 ti）的符号"✳"开始也用
来表示 ti 这个音节。到公元前 31 世纪最初十年中期，苏美尔文
字基本上变成了表词的音节字母文字。苏美尔文字由表意文字转
变为音节字母文字，有以下两个主要原因。一是由苏美尔语的语
言特点决定的。苏美尔语属于黏着型语言，它广泛使用根据黏着
原则附加在词干上的后缀来表示语法意义，这些后缀很难用表意
符号表达，所以，就需要用音节符号来表示词的最后一个音节。
二是因为从苏美尔语的言语中把音节分析出来是很容易做到的。
苏美尔语中存在大量的语音结构简单的单音节词，例如：e（房
子）、lu（人）、kur（国家），这种情况是很利于把表意文字变成

音节文字的。我们在上文里说过，音节字母文字是拼音文字的类型之一。现在世界上有许多民族使用音节字母文字，选择这种文字来记录语言，主要是为了适合自己民族语言的特点。

　　大约在公元前 21 世纪最初十年晚期，在古代埃及和地中海东岸的北方闪米特民族各国家那里，先后产生了记录辅音的音素字母符号。埃及语词和闪米特语词的根词词干都是由辅音构成的，所以在文字中只使用辅音字母，对阅读和理解这种书面语词，困难要少一些。至于用不同元音表示的语法形式，它们从上下文中，尤其是从词在句中的位置上就可以看出来。同时，也正是词的辅音结构，使埃及人和北方闪米特人都能很容易地从言语中把辅音分离出来。埃及人和北方闪米特人把表意文字改为表音字母依据的是起首音原则，即把原来代表某个词的符号用来表示这个词的头一个音。例如埃及文字中"蛇"这个表词字（d-t）用来表示辅音 d，"篮子"这个表词字（k-t）用来表示辅音 k。又如北方闪米特文字中"牛"这个表词字（aleph）用来表示辅音 ˀa（喉塞音）；"手"这个表词字（jod）用来表示辅音 j（实为半元音）。现在我们见到的最早的北方闪米特辅音字母文字是公元前 11 世纪的阿希拉姆碑铭文字（发现于比布鲁斯，在今黎巴嫩）。这种辅音字母文字共有 22 个字母符号（顺序是自右向左）：

　　到了公元前 10 世纪最初十年初期，北方闪米特人的字母开始向外传播。向西传播形成了希腊字母，向东传播形成了阿拉马字母。

　　在公元前 10 世纪末 9 世纪初，希腊人借用了北方闪米特人的字母来记录自己的语言。其后，希腊人又根据自己语言的特点，对北方闪米特字母作了创造性的改变，创制了希腊字母。希腊人所作的并对后来整个文字史有重大影响的最主要的改变，就是为语言中的元音创造了几个特殊字母，由此引起由辅音字母文字向既有辅音字母又有元音字母的音位字母文字的过渡。形成这一改变的主要原因是语言。希腊语的词与闪米特语的词不同，希腊的根词词干是由辅音和元音构成的，许多词只靠元音来区分；另外，与闪米特语比较单一的句法顺序不同，希腊语句子中的词可以出现在不同的词序中，词的语法功能则靠一定的形态变化来表达。因此，记录希腊语言时，必须有代表不同元音的字母符号。希腊人创制的元音字母符号，有的是利用闪米特字母原有表辅音的符号改作表元音的符号，例如把闪米特字母表示喉塞音的°a改用作表示元音a；把闪米特字母表示半元音的j改用来表示元音i；有的则是另外增添的字母，例如元音字母"Ω"（表示长元音o）。

希腊字母表（共24个字母）：

Α Β Γ Δ Ε Ζ Η Θ Ι Κ Λ Μ Ν Ξ Ο Π Ρ Σ Τ Υ Φ Χ Ψ Ω

希腊字母表是世界上第一种音位字母文字体系，所以，它又有了许多"后裔"，其中最重要的是拉丁字母和斯拉夫字母。拉丁字母又称罗马字母，是拉丁人（意大利众多部落的总称）于公元前7世纪在希腊字母的基础上创制出来的。拉丁字母表最初只有21个字母符号，后来增加到23个字母符号，到中世纪，才又补充了j和w两个新字母，并将v分化为v（表示辅音）和u（表示元音）两个字母，使字母符号总数达到26个。

拉丁字母的大写是：

A B C D E F G H I J K L M N O P Q R S T U V W X Y Z

拉丁字母自创制以来，就随着基督教的传播在各国流传开来，到现在成了世界上使用最广泛的字母。

斯拉夫字母又称基里尔字母，是基督教传教士基里尔（827—896）于公元9世纪根据希腊字母创造的。他在大摩拉维亚国传教期间，在其兄梅福季（约815—885）的协助下，移植了25个希腊字母，另创了18个字母来表示斯拉夫语特有的音，从而创制了共有 43 个字母的基里尔字母表。保加利亚语、塞尔维亚语、俄语等采用的文字都以基里尔字母为基础。现代俄语所用的字母，在历史上已进行过多次修改，共有 33 个字母符号。

俄文字母的大写是：

А Б В Г Д Е Ё Ж З И Й К Л М Н О П Р С Т У Ф Х Ц Ч Ш Щ Ъ Ы Ь Э Ю Я

北方闪米特字母向东传播，形成了阿拉马字母。阿拉马字母是由阿拉马人于公元前 9 世纪至前 8 世纪时根据北方闪米特字母而创制的。阿拉马字母后来又形成很多分支，而且分化的情况十分复杂，像希伯来文、巴勒斯坦文、维吾尔文、蒙文、满文、阿拉伯文、波斯文、土耳其文等所使用的字母，可以说都是阿拉马字母的后裔。其中最有影响的是阿拉伯字母。阿拉伯字母共有 28 个符号，只表示辅音，元音用附加符号或用一定的字母加附加符号来表示。文字的书写顺序是自右向左写。这种文字的优点有二：一是它易于适应语言的辅音音素结构的语音系统；二是书写起来快捷容易，由于用行上和行下的附加符号（点或线）表示元音，所以文句占用的地方小且又不拖延时间。书写同一文句的时间比用拉丁文或斯拉夫文少得多。

阿拉伯字母表（顺序是自右向左）：

خ ح ج ث ت ب ا

ض ص ش س ز ر ذ د

ك ق ف غ ع ظ ط

ي و ه ن م ل

现在，所有的阿拉伯国家——埃及、叙利亚、约旦、黎巴嫩、伊拉克、也门、阿尔及利亚、突尼斯、摩洛哥等——都使用阿拉伯文字。另外，伊朗、阿富汗、巴基斯坦，以及中国的维吾尔族、蒙古族也还使用以阿拉伯文字为基础创制的文字。目前，全世界总共约有10%的人使用阿拉伯文字。

现在我们从世界范围出发，来看整个文字的发展问题。文字的发展是多途的，但它是有规律可循的。从文字系统这个整体来看，各种文字都是记录语言的书写符号系统，因此都要记录语言的音和义，尽管略微晚起的拼音文字的字母符号是记录语言的音节或音素的，但这是语言的语音结构分析的结果，拼音文字的字母还是要拼写成词的形式的，词的书写形式才是文字。记录语言的音和义，是文字产生和发展的出发点和本质特征。从文字的形体符号的形成情况看，各种文字都有一个从不完善到完善的发展过程，而这种发展要受到各种条件的制约。世界上所有最早的文字都是从图画起源的，这个情况一开始就反映了文字的本质，那就是人们开始用某些图形来标记语言时，首先考虑到的是标记语言中的词，因为词是最小的具有相对独立意义的语言成分，而图画式的图形正好是提供某种意义的基础。不过，词是音义的结合体，文字记录语言中的词，一是必须能读出词的声音来，二是文字记录的不是孤立存在的词，而是处在言语中的词，也就是说，是处在言语序列中一定位置上的代表一定语法成分的词，而在除了汉语以外的其他语言中，词在代表不同语法成分时，读音往往是不一样的。因此，文字符号记录语言，又受到具体语言的语音特点的制约。这样，由图画脱胎出来的最初的文字，一开始都是表词的文字符号，而为了适应各自语言的不同特点，最早的几种文字各自走上了不同的发展道路。比如苏美尔文字由表意文字走向音节字母文字，汉字则自始至终使用记录单音节的表意文字。特别值得注意的是，古埃及文字为了适应埃及语词辅音结构的语音特点，文字在发展到意音阶段时，实际上出现了表示辅音音素的符号，只是由于要避免同音词现象，在记录每一个词的时候，除了使用表示辅音音素的符号之外，还要同时使用表意符号。古埃及的这种意音文字，与汉字这种形声结构的意音文字不完全相同。汉字形声字的声符是表示单音节词（或词素）的读音的，古埃及的表音符号则是标记音素的符号。古埃及文字中最早出现了辅音音素符号，所以给稍后的闪米特人创制纯表音的音素字母文字以极大影响。

记录音素的拼音字母文字的出现，总要比记录词的表意文字晚一些，这是因为：第一，由图画衍化出文字来，都要先经过记录词的表意文字这个阶段；第二，人们从言语中分析出词来，到能够分析出音节来，再到分析出音素来，这种能力的出现是要有一个过程的。北方闪米特人于公元前 21 世纪最初十年的后半期创制出世界上最早的纯音素字母文字，从而开创了世界众多民族使用音素、音位字母文字的新纪元。但是从理论上说，纯音素字母文字是不会凭空产生的，北方闪米特人的辅音字母文字是在古埃及文字的基础上产生的，这一点是显而易见的。因此，古埃及文字中辅音符号的出现，对后世音素字母文字的产生而言，其影响和作用是不应低估的。

由北方闪米特字母进而产生希腊字母和阿拉马字母，同时，希腊人将北方闪米特字母改造成既表辅音又表元音的音位字母文字，这些文字发展的事实都说明，后期的更为完善的文字，总是要在前期文字的基础上产生，而后期文字要对前期文字加以改变，最重要的原因在于文字要适合于它所记录的具体语言的特点。文字要受语言特点的制约，要适应语言特点所提出的要求，这是文字发展的内因；人类社会的发展，民族和地区之间经济、政治、文化的发展与交流，特别是宗教的传播，是文字发展的外因。

## 第四节　汉字概说

汉字同世界上其他最古老的文字一样，也是起源于图画的。我们现在能见到的最早的成系统的汉字资料，是我国商代后期（公元前 14 世纪至前 12 世纪）的甲骨文。甲骨文已经是比较成熟的文字体系了，但在形体上还保留着较浓厚的图画意味，这说明，在甲骨文之前，汉字还有一个漫长的形成时期，原始汉字显然是由记事图画演变而来的。

在上古时代，汉语词汇基本上以单音节词为主，同时，汉语词在言语中以词序和虚词来体现语法意义而无形态变化，因此，最早产生的汉字就由一幅图画简化为一个字形来记录汉语中的一个词。这就是处于象形阶段的汉字。下面来看甲骨文早期的字形：

人　禾　水　鱼　年　祭

"年"字，从人负禾，表示农业收成；"祭"字，从又持肉，表示杀牲以祭。按照中国传统的"六书"，"年"和"祭"都已不是象形字，而是会意字。但是，"六书"是战国时期归纳出来的汉字形体分析法。在汉字产生之初，人们从记事图画中衍生出来的文字，并非都是独立的形体，像"年""祭"这样的形体，更具有记事图画的影子。比如"祭"字形体中尚画有宰杀牺牲所滴的血水；同时，"祭"字也有"杀"这一古老的词义。所以，从创造这些字的形体方面看，还都是用的象形的方法。用象形的方法给所有的词造出字来是不可能的。比如那些具有抽象意义的词就难以用象形的方法造字。于是在象形阶段，汉字同时有了假借的方法。例如变易的"易"这个词，就借用记录蜥蜴的象形字"易"来表示；表示语气的"其"这个词，就借用代表一种用具的"其"（后来写作"箕"）来表示。在甲骨文中，假借的用法是很普遍的。

广泛地使用假借来记录汉语也是不行的，这样就容易导致大量不同的词使用相同的字形，从而造成书面语言中词的混淆。汉字再进一步发展，就走向意音文字，也就是形声文字阶段。商代的甲骨文中已经有不少形声字了，大约能占到全部汉字的20%，说明甲骨文字已经是比较成熟的汉字系统，但还未达到完善的程度。形声字的大量产生是在春秋时代，到战国时代，形声字就占了汉字的绝大多数。从形声字产生的途径看，大多数是在原来字形上添加意符而形成的。有的原先是一字借用作多词，后来分别添加意符来区别所表示的不同的词。例如"辟"字，本来是表示法律意义的"辟"这个词的字，同时也借用来表示"避、僻、譬、嬖"等词，后来分别加辶旁、人旁、言旁、女旁而区别开字形。少数是增加声符形成的形声字，如"齿、鸡、凤"等字，原来只是写成像牙齿、公鸡、凤鸟的象形字，后来才分别加止旁、奚旁、凡旁表示读音，从而形成形声字的。就汉字整个符号系统来说，造就众多的形声字需要有一个基础，那就是要使原先象形阶段的所有符号形体发生一种系统变化，通过对各种具体象形符号进行一番同化、类化工作，形成一个构字符号系统（即偏旁系统），这样，形声结构的字才能大量产生出来。例如"鸡"字原先的象形符号是公鸡形，"凤"字原先的象形符号是凤鸟形，后来就同化为统一的"鸟"字形。又如把原先表示各种农作物的象形字体都统一为"禾"字形等。汉字系统的形声化事实上同时带来了汉字形体符号的一次类化，使汉字构形理据进一步抽象化、规整化。也正是在汉字系统发生了这样的变化的基础上，我国文字学史上才产生了"六书"理论。"六书"理论的出现大约是在春秋战国之际。当时的人们已经能把数千汉字形体的构成分析归纳为象形、指事、会意、形声等几种方式，说明那时的汉字形体符号已经达到一定程度的类化和系统化了。到了东汉，我国古文字学家许慎搜集整理了他所能见到的前代所有文字形体，有11000多个，撰写了《说文解字》这部文字学著作。在这部著作中，许慎首次从汉字形体系统中归纳出540个部首，并且运用"六书"理论，对所收汉字的形、音、义进行了分析。这部文字学书的出现，说明汉字这种表意性质的文字系统，发展到秦代通行的小篆形体（《说文解字》分析汉字形、音、义是以小篆形体为本），其构字符号系统和形体构造机制已臻完善。

汉字与世界上其他民族语言所使用的文字相比较，是一种特殊性质的文字体系。汉字属于表意体系的文字。汉字的这种性质特征取决于汉语的特点。汉语基本上属于单音孤立语类型。汉语的音义结合的最小单位是单音节词或词素，词没有形态变化。汉语中音节的总量少而单音词和词素的数量是庞大的，所以在单音词和词素中就存在大量的同音现象。因此，汉字记录汉语，每一个形体符号不但要能记录某一个词或词素的音节，还要能记录它的意义。例如"忆""意""义""毅""议""译""谊""异"等字，它们的读音都是 yì 这个音节，但各自记录了不同的意义。这样，汉字符号的总数就有数千甚至上万。如此庞大的符号群，要想构造出来并且适于应用，就必须是一个有机的系统化的整体。汉字就是这样一个整体，它具有以下几个特征。①整体字形的区别性特征，即每一个汉字符号都在形体上具有与别的字不同的地方。例如"议""谊""译""诣""诒"，它们因右边的偏旁不同而区别为不同的字；"巳""已""己"，它们在左上角的写法不同也区别为不同的字。②字形构造的理据性特征，即汉字在造字时，最初都是或用象形方法，或用表意方法，或用表意符号加表音符号的方法构成一个完整的汉字形体的。例如"木"是用象形法构成的符号，"休"是用表意法构成的符号，"沐"则是用表意符号（"水"）加表音符号（"木"）构成的符号。汉字符号为数众多，因此，在形体构造上具备一定的理据性，就便于产生新字，也便于应用。③汉字的构字符号具有能产性。汉字系统内部又有一个构字符号系统。构字符号系统中的符号是构造汉字整体字形的偏旁。这些偏旁按照一定的造字理据可以组合成更多的新字。例如"言"旁用作意符，可以构成"说""话""议""论""讲""辩""信""雠""譬"等字；"兑"旁用作声符，可以构成"说""悦""脱""税""锐""阅"等字。又如现代化学中氢、氧、氯、氰、氟、氩、氮、氦等元素的名称，都是用形声条例构造的新字。④汉字形体的可变性特征。汉字的形体在历史的发展过程中经常会发生变化。从笔画的多少上看，汉字形体可以由简变繁，也可以由繁变简，总的发展趋势是由繁变简。例如"关"字，金文作"爨"，小篆作"爨"，楷书作"関"，现代简化字作"关"。从造字理据上说，汉字形体也可以发生理据的变换。例如"牡"，甲骨文作"牡"，是一个指事字，小篆以后变为从牛、土声的形声字；又如"书"，甲骨文作"書"，从聿从口，是会意字，小篆作"書"，从聿、者声，是形声字，隶楷作"書"，又变为会意字，现代简化字作"书"，则是根据六朝以来"书"字的行书写法造成的。

汉字形体符号系统所具有的这些特征，都是由它的表意文字体系性质决定的。从古代汉字到现代汉字，不管形体上发生了多大变化，它表意的基本性质都没有变。例如"书"这个字，在形体上和读音上都发生了变化，但是我们只要了解了它所记录的词的词义古今演变情况，就能知道它在古代书面语中是什么意思。这一点，拼音文字是很难做到的。另外，在共时条件下，同一个汉字，在各方言地区读音可以很不一样，但是大家都能理解它的意义。这些情况都说明汉字属于表意性质的文字体系，这也是汉字系统不同于拼音文字的根本所在。

## 第五节　关于文字改革

### 一　什么是文字改革

文字改革就是对文字符号系统进行局部或整体的改变，使其能更有利于发挥记录语言的作用。文字改革又分两种情况，一种情况是对文字符号系统之内的一些成分加以改变，而不改变它的总体系统。例如汉字的简化就是这种情况。我们改变了汉字的某些形体，使这些笔画繁多的形体变得简单易写，但是这对于汉字的整个系统来说，并没有发生改变，汉字仍属于表意文字系统。再一种情况就是使整个文字系统改变。世界上有些民族的文字就进行过这种文字系统的总体性改变。例如土耳其自 1928 年起放弃使用了一千多年的阿拉伯字母文字而改用拉丁字母文字。蒙古人民共和国在 1930 年废除了原先的蒙古文字而改用拉丁字母文字，1940 年又改用斯拉夫字母文字。

## 二　为什么要进行文字改革

文字是记录语言的书写符号系统，文字只有适应它所记录的语言的特点，才能很好地完成记录语言并且辅助语言进行交际的任务。然而语言在长期的历史过程中是要随着社会的发展而有所发展变化的。语言的语音、词汇和语法结构经过一个较长的历史阶段就会发生变化。按说，语言变化了，记录它的文字也应跟着改变。但是，相对于语言来说，文字往往带有很大的保守性，人们一旦经过社会约定而创制出书写语言的文字符号系统来，它就不大轻易发生变化。这样，就往往出现文字形式和实际语言不一致的情况。对于拼音文字来说，就会表现为某些文字符号和它所记录的语言的语音不相适应的现象。例如英语中"知道"这个词的读音是 [nəu]，而这个词的字母是"know"，它的读音只是中间两个字母起作用，开头和结尾的字母不发生作用。这种文字的字母与语言的语音不相适应的情况，在现代英语中还是较普遍的。这就需要对文字加以改革。目前世界上有些民族语言的文字，如德语、西班牙语的文字，就有过这种不相适应的情况，并进行了一些改革。像汉字这样的表意体系文字，所用的个体符号数量众多，长期的造字与用字活动，往往就造成这个符号系统十分繁杂，有的是表示同一个词，可以有几个不同的符号，有的是一个符号形体结构繁复、笔画繁多，这都造成汉字难写、难认、难记的情况。我国历史上也多次进行过整理和简化汉字的改革活动。这就是文字为什么需要改革的道理所在。

## 三　为什么说文字能够改革

文字是能够改革的，根本的理论依据就是文字具有假定性。所谓假定性，就是说记录一种语言使用什么样的符号是假定的，使用的符号与这种语言之间没有必然联系。

改革文字不等于改革语言。之所以要改革文字，是因为文字在记录语言的时候，或者是有了与语言不相适应的情况，或者是记录语言不简便、不得力。同时，文字只是记录语言的符号，具有假定性，所以它是可以改革的；语言是全民约定俗成的，为全民所共同使用，因而语言是不能改革的。因此，不能把文字改革看作语言改革。

## 四　关于汉字改革

汉字历史悠久，汉字在整个历史的发展过程中，一直就处在不断地改革中。汉字的形体从甲骨文、金文到篆文，再到隶书、楷书，就是一种不断的改革。我国解放以后，我们对汉字又进行了一些简化。这都是在汉字的文字系统内部的改革，因为汉字的整个系统自古至今从本质上说没有改变，还是表意文字体系。那么，今后对汉字是不是要进行整个文字系统的改革呢？要不要把它从表意文字变为拼音文字呢？也就是说，汉字要不要走拼音文字的道路呢？这还要看汉字的进一步发展。过去我们强调汉字改革，曾经牵涉汉字的机器信息处理问题，曾认为方块汉字不利于机器信息处理。但是从现在的实践来看，方块汉字是可以进行机器信息处理的，所以从这方面看，汉字也不是急于马上改革的。因此，我们的态度是不否定汉字要进行改革，但也不主张马上进行整个文字系统的改革。我们可以在汉字的应用实践中对汉字改革问题进行探讨和研究。

目前，我们国家在语言文字工作方面，还要提倡推行汉语拼音方案，因为汉语拼音方案有助于学习汉字，有助于推广汉语普通话。还要注意汉字的简化和汉字的规范化。当前社会上在用字方面常常出现一些不规范现象，一是自造不规范的简化字，二是社会日常用字出现繁体字回潮现象，三是写错别字现象比较严重。对于这些不正确的用字现象，应当随时加以纠正，使之趋于规范化。总之，推行汉语拼音方案、简化汉字和汉字规范化，都是我们从过去到现在一直执行的汉字政策，也是我们现在对汉字改革应持的态度。

## 思 考 题

一、什么是文字？文字作为一个符号系统包括哪些内容？

二、为什么说具备形、音、义三个方面是文字系统的本质特征？

三、简要说明文字的性质。

四、文字的作用表现在哪些方面？

五、简述文字的产生情况。

六、世界上的拼音文字可以分为哪几种类型？古代北方闪米特人创制的表示音素的字母向外传播，形成了哪些后来的字母？

七、为什么说汉字是表意的文字系统？汉字这种文字系统有哪些基本特征？

八、什么是文字改革？文字为什么要进行改革？

## 国际音标

### 一　辅音

| 发音部位／发音方法 | | | 唇音 | | 舌尖音 | | | | 舌叶音 | 舌面音 | | | 小舌音 | 喉壁音 | 喉音 |
|---|---|---|---|---|---|---|---|---|---|---|---|---|---|---|---|
| | | | 双唇 | 齿唇 | 齿间 | 舌尖前 | 舌尖中 | 舌尖后 | | 舌面前 | 舌面中 | 舌根 | | | |
| 塞 | 清 | 不送气 | p | | | | t | ʈ | | ȶ | c | k | q | | ʔ |
| | | 送气 | p' | | | | t' | ʈ' | | ȶ' | c' | k' | q' | | ʔ' |
| | 浊 | 不送气 | b | | | | d | ɖ | | ȡ | ɟ | g | ɢ | | |
| | | 送气 | b' | | | | d' | ɖ' | | ȡ' | ɟ' | g' | ɢ' | | |
| 塞擦 | 清 | 不送气 | | pf | tθ | ts | | tʂ | tʃ | tɕ | | | | | |
| | | 送气 | | pf' | tθ' | ts' | | tʂ' | tʃ' | tɕ' | | | | | |
| | 浊 | 不送气 | | bv | dð | dz | | dʐ | dʒ | dʑ | | | | | |
| | | 送气 | | bv' | dð' | dz' | | dʐ' | dʒ' | dʑ' | | | | | |
| 鼻 | 浊 | | m | ɱ | | | n | ɳ | | ȵ | ɲ | ŋ | N | | |
| 颤 | 浊 | | | | | | r | | | | | | R | | |
| 闪 | 浊 | | | | | | ɾ | ɽ | | | | | R | | |
| 边 | 浊 | | | | | | l | ɭ | | | ʎ | | | | |
| 边擦 | 清 | | | | | | ɬ | | | | | | | | |
| | 浊 | | | | | | ɮ | | | | | | | | |

续表

| 发音部位<br>发音方法 | | 唇音 | | 舌尖音 | | | | 舌叶音 | 舌面音 | | | 小舌音 | 喉壁音 | 喉音 |
|---|---|---|---|---|---|---|---|---|---|---|---|---|---|---|
| | | 双唇 | 齿唇 | 齿间 | 舌尖前 | 舌尖中 | 舌尖后 | | 舌面前 | 舌面中 | 舌根 | | | |
| 擦 | 清 | Φ | f | θ | s | | ʂ | ʃ | ɕ | ç | x | χ | ħ | h |
| | 浊 | β | v | ð | z | | ʐ | ʒ | ʑ | j | ɣ | ʁ | ʕ | ɦ |
| 半元音 | 浊 | w ɥ | ʋ | | | ɻ | | | | j(ɥ) | (w) | ʁ | | |

# 二　元音

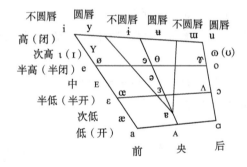

# 三　附加符号

| ° | 清音化。如 n̥，表示发音时声带不颤动的 n。 |
|---|---|
| ˇ | 浊音化。如 s̬，表示发音时声带颤动的 s。 |
| h | 送气音。如 pʰ，表示送气的 p。也可用 ‘，如 p‘。 |
| w | 唇化。如 t̫，表示发 t 时唇略圆。 |
| j | 腭化。如 n̡，表示发 n 时舌部向硬腭抬起。 |
| ˈ | 成音节。如 n̩，表示自成音节的 n。 |
| ⌒或 ̬ | 同时发音。如 s͡f，表示同时发 s 和 f 两个音。 |
| ⊥或 · | 较高。如 e⊥ 或 e̝ 或 ẹ，表示舌位较高的 e；w̩，表示 |

较高的半元音 w。

˕或˕ 较低。如 e˕ 或 e̞ 或 e̞，表示舌位较低的 e；ʁ̞，表示较低的半元音 ʁ。

\+ 较前。如 u˖ 或 u̟，表示舌位较前的 u。

\- 或˗ 较后。如 i̠ 或 i˗ 或 i̠，表示舌位较后的 i；t̠，表示部位较后的 t。

¨ 较央。如 ï，表示舌位较央的 i。

˒ 较圆。如 ɔ˒，表示唇更圆的 ɔ。

˓ 较展。如 ɔ˓，表示唇较展的 ɔ。

~ 鼻化。如 ã，表示鼻化元音 a。

ɹ 带有卷舌色彩。如 a˞，表示卷舌的 a。

ː 长音。如 ɑː，表示长元音 ɑ。

ˑ 半长音。如 ɑˑ，表示短于长元音 ɑː 但长于短元音 ɑ 的元音 ɑ。

˘ 非音节。如 ŭ，表示带辅音性的 u。

ˈ 重音。标在重音节之前。如ˈwindou，表示 win 为重音节。

ˌ 次重音。标在次重音节之前。如ˌkənvəˈseiʃn。

说明：

1. 本附录依据修改至 1979 年的国际音标。
2. 辅音表格式有调整，并只录较常见辅音。
3. 元音改在舌位图上标出。
4. 附加符号略作删节并添加简要说明。

# 汉语拼音字母和国际音标对照表

| 拼音字母 | 国际音标 | 拼音字母 | 国际音标 | 拼音字母 | 国际音标 | 拼音字母 | 国际音标 |
|---|---|---|---|---|---|---|---|
| b | [ p ] | zh | [ tʂ ] | er | [ ɚ ] | ing | [ iŋ ] |
| p | [ p· ] | ch | [ tʂ· ] | ai | [ ai ] | ua | [ uA ] |
| m | [ m ] | sh | [ ʂ ] | ei | [ ei ] | uo | [ uo ] |
| f | [ f ] | r | [ ʐ ] | ao | [ au ] | uai | [ uai ] |
| v | [ v ] | z | [ ts ] | ou | [ ou ] | uei | [ uei ] |
| d | [ t ] | c | [ ts· ] | an | [ an ] | uan | [ uan ] |
| t | [ t· ] | s | [ s ] | en | [ ən ] | uen | [ uən ] |
| n | [ n ] | a | [ A ] | ang | [ aŋ ] | uang | [ uaŋ ] |
| l | [ l ] | o | [ o ] | eng | [ əŋ ] | ueng | [ uəŋ ] |
| g | [ k ] | e | [ ɤ ] | ia | [ iA ] | ong | [ uŋ ] |
| k | [ k· ] | ê | [ ɛ ] | ie | [ iɛ ] | üe | [ yɛ ] |
| (ng) | [ ŋ ] | i | [ i ] | iao | [ iau ] | üan | [ yɛn ] |
| h | [ x ] | -i（前） | [ ɿ ] | iou | [ iou ] | ün | [ yn ] |
| j | [ tɕ ] | -i（后） | [ ʅ ] | ian | [ iɛn ] | iong | [ yŋ ] |
| q | [ tɕ· ] | u | [ u ] | in | [ in ] | | |
| x | [ ç ] | ü | [ y ] | iang | [ iaŋ ] | | |

**说明：**

一　声母比较

1. 完全相同：m、n、l、f、v、s。

2. 三组塞音部分相同；不送气音的国际音标相当于拼音字母的送气音，b = [ p ]，d = [ t ]，g = [ k ]；送气音另加送气符号·，p = [ p· ]，t = [ t· ]，k = [ k· ]。

3. 三组塞擦音全异：均由两个字母组成，前一字母均为 t，后一字母舌面音为舌面擦音 ç，舌尖前音为舌尖前擦音 s，舌尖后音为舌尖前音下加钩。送气音加·。j = [ tɕ ]，q = [ tɕ· ]，z = [ ts ]，c = [ ts· ]，zh = [ tʂ ]，ch = [ tʂ· ]。

4. 其他：h = [ x ]，x = [ ç ]，r = [ ʐ ]。

二　韵母比较

1. 完全相同：（ng = ［ŋ］）o、i、u、ei、ou、aŋ、iou、in、iŋ、uo、uei、uaŋ。

2. 部分字母的变化：

（1）a 的变化。

①无韵尾时［A］：［A］［iA］［uA］。

②i、n 之前［a］：［ai］［uai］［an］［uan］。

③u、ŋ 之前［ɑ］：［ɑu］［iɑu］［ɑŋ］［iɑŋ］［uɑŋ］。

④i 或 y 与 n 之间［ɛ］：［iɛn］［yɛn］。

（2）e 的变化。

①单韵母［ɤ］。

②i、y 之后［ɛ］：［iɛ］［yɛ］。

③i 前［e］：［ei］［uei］。

④n、ŋ 前［ə］：［ən］［uən］［əŋ］［uəŋ］。

⑤er = ［ɚ］

（3）o 的变化。

①单韵母或 u 前、后［o］：［o］［ou］［uo］。

②a 后、ŋ 前为［u］：［ɑu］［iɑu］［uŋ］。

（4）i 的变化。

ts、tsʻ、s 后［ɿ］，tʂ、tʂʻ、ʂ、ʐ 后［ʅ］。其他［i］。

（5）其他。

ü = ［y］；iong = ［yŋ］；ê = ［ɛ］。

# 世界语言系属表

| 语系 | 语族 | 语支 | 语言 | 主要分布地区 |
|---|---|---|---|---|
| 汉藏 | 汉 | | 汉语 | 中国 |
| | 藏缅 | 藏 | 藏语、嘉戎语、门巴语等 | 中国 |
| | | 缅 | 缅甸语、库启—钦语、载瓦语、阿昌语等 | 缅甸、中国 |
| | | 彝 | 彝语、傈僳语、哈尼语、拉祜语、纳西语等 | 中国 |
| | | 景颇 | 景颇语（克钦语） | 中国、缅甸 |
| | | 未定 | 羌语，普米语、独龙语、怒语、土家语、白语、珞巴语、僜语等 | 中国 |
| | 苗瑶 | 苗 | 苗语、布努语 | 中国、越南、老挝 |
| | | 瑶 | 勉语（瑶语） | 中国、越南、老挝 |
| | | 未定 | 畲语 | 中国 |
| | 壮侗（侗台） | 侗水 | 侗语、水语、仫佬语、毛难语、拉珈语等 | 中国 |
| | | 壮傣（台） | 壮语、布依语、泰语、傣语、老挝语、掸语、侬语、土语等 | 中国、泰国、老挝、缅甸 |
| | | 黎 | 黎语 | 中国 |
| | | 仡佬 | 仡佬语 | 中国 |
| 南亚（澳亚） | 孟—高棉 | | 越南语、高棉语、克木语、崩龙语、布朗语、佤语、孟语等 | 越南、柬埔寨、中国、缅甸 |
| | 马六甲 | | 塞芒语、萨凯语、雅昆语等 | 马来西亚 |
| | 蒙达 | | 蒙达里语、桑塔利语等 | 印度 |

续表

| 语系 | 语族 | 语支 | 语言 | 主要分布地区 |
|---|---|---|---|---|
| 南岛（马来—玻利尼西亚） | 印度尼西亚 | | 印度尼西亚语、马来语、爪哇语、巽他语、他加禄语、马都拉语、米沙鄢语、马达加斯加语、高山语等 | 印尼、马来西亚、菲律宾、马达加斯加、中国 |
| | 密克罗尼西亚 | | 昌莫罗语、特鲁克语、马绍尔语等 | 太平洋诸岛 |
| | 美拉尼西亚 | | 斐济语等 | 太平洋诸岛 |
| | 玻利尼西亚 | | 毛利语、萨摩亚语、汤加语、夏威夷语等 | 太平洋诸岛、新西兰 |
| 阿尔泰 | 突厥 | | 土耳其语、阿塞拜疆语、哈萨克语、土库曼语、吉尔吉斯（柯尔克孜）语、鞑靼语、巴什基尔语、乌兹别克语、维吾尔语、楚瓦什语等 | 土耳其、苏联、中国 |
| | 蒙古 | | 蒙古语、布里亚特语、卡尔梅克语等 | 中国、蒙古、苏联 |
| | 满—通古斯 | | 满语、锡伯语等 | 中国、苏联 |
| 印欧 | 日耳曼 | 西支 | 英语、德语、荷兰语、弗兰芒语、依地语、卢森堡语等 | 西欧各国、美国、加拿大等国 |
| | | 北支 | 瑞典语、丹麦语、挪威语、冰岛语等 | 北欧各国 |
| | | 东支 | 哥特语 | （早已消亡） |
| | 罗曼（拉丁） | 西文 | 拉丁语、法语、意大利语、西班牙语、葡萄牙语、加泰隆语等 | 西欧各国、南美、南非等前殖民地 |
| | | 东支 | 罗马尼亚语、摩尔达维亚语 | 罗马尼亚、苏联 |
| | 凯尔特（塞尔特） | 北支 | 爱尔兰语、苏格兰盖尔语等 | 爱尔兰、苏格兰 |
| | | 南支 | 威尔士语、布列塔尼语等 | 威尔士 |

| 语系 | 语族 | 语支 | 语言 | 主要分布地区 |
|------|------|------|------|------|
| 印欧 | | 波罗的 | | 立陶宛语、拉脱维亚语等 | 苏联 |
| | 斯拉夫 | 东支 | 俄语、乌克兰语、白俄罗斯语等 | 苏联 |
| | | 西文 | 波兰语、捷克语、斯洛伐克语等 | 波兰、捷克 |
| | | 南支 | 塞尔维亚—克罗地亚语、斯洛文尼亚语、马其顿语、保加利亚语等 | 前南斯拉夫、保加利亚 |
| | 印度—伊朗 | 东支（印度） | 梵语、巴利语、印地语、乌尔都语、孟加拉语、旁遮普语、尼泊尔语、克什米尔语、信德语、僧伽罗语、吉卜赛语等 | 印度、巴基斯坦、孟加拉国、尼泊尔等 |
| | | 西支（伊朗） | 波斯语、普什图语、俾路支语、塔吉克语，库尔德语等 | 伊朗、阿富汗、巴基斯坦、苏联、土耳其、伊拉克 |
| | 希腊 | | 希腊语 | 希腊、塞浦路斯 |
| | 阿尔巴尼亚 | | 阿尔巴尼亚语 | 阿尔巴尼亚、南斯拉夫 |
| | 亚美尼亚 | | 亚美尼亚语 | 苏联 |
| | 吐火罗 | | 吐火罗语 | 中国新疆（已消亡） |
| 乌拉尔 | 芬兰—乌戈尔 | | 芬兰语、匈牙利语、爱沙尼亚语、拉莫语、莫尔多维语、马里语、科米语等 | 芬兰、匈牙利、苏联 |
| | 萨莫耶德 | | 涅涅茨语、塞库普语等 | 苏联 |
| 高加索 | 南部 | | 格鲁吉亚语等 | 苏联 |
| | 北部 | 西北支 | 卡巴尔达语等 | 苏联 |
| | | 东北支 | 车臣语、阿瓦尔语等 | 苏联 |

续表

| 语系 | 语族 | 语支 | 语言 | 主要分布地区 |
|---|---|---|---|---|
| 达罗毗荼 | 北部 | | 库鲁克语、布拉会语 | 印度、巴基斯坦 |
| | 中部 | | 泰卢固语、贡迪语等 | 印度 |
| | 南部 | | 泰米尔语、坎纳达语、马拉雅拉姆语等 | 印度、斯里兰卡 |
| 闪—含（阿非罗—亚亚细） | 闪 | | 阿拉伯语、希伯来语、古叙利亚语、马耳他语、阿姆哈拉语等 | 中东、北非各国 |
| | 柏柏尔 | | 什卢赫语、塔马齐格特语、瑞菲安语、卡布来语、沙维亚语等 | 摩洛哥、阿尔及利亚、尼日尔、马里等 |
| | 乍得 | | 豪萨语等 | 尼日利亚、尼日尔等 |
| | 库施特 | | 索马里语、盖拉语、贝贾语等 | 埃塞俄比亚、索马里等 |
| | 埃及—科普特 | | 科普特语 | 埃及 |
| 尼日尔—科尔多凡 | 科尔多凡 | | 苏丹努巴山区几种使用人数很少的语言 | 苏丹 |
| | 尼日尔—刚果 | 贝努埃—刚果 | 斯瓦希里语、卢旺达语、隆迪语、索托语、祖鲁语、刚果语、博茨瓦纳语、斯威士语、科萨语等 | 中非、南非各国 |
| | | 曼迪 | 班巴拉语、门德语、克培列语、马林凯语等 | 马里、塞拉利昂等国 |
| | | 古尔 | 莫西语、古尔马语等 | 上沃尔特、加纳等国 |
| | | 西大西洋 | 弗拉尼语、沃洛夫语、泰姆奈语等 | 西非各国 |
| | | 阿达马瓦—东部 | 桑戈语、赞德语等 | 中非、扎伊尔、苏丹等 |
| | | 库阿 | 约鲁巴语、伊博语、特威语、丰语、埃维语等 | 中非各国 |

| 语系 | 语族 | 语支 | 语言 | 主要分布地区 |
|---|---|---|---|---|
| 尼罗—撒哈拉 | 沙里—尼罗 | | 卢奥语、努埃尔语、马萨依语、萨拉语等 | 苏丹、乌干达、肯尼亚等 |
| | 撒哈拉 | | 卡努里语等 | 尼日利亚等 |
| | 马巴 | | 马巴语等 | 乍得等 |
| | 富尔 | | 富尔语 | 苏丹 |
| | 桑海 | | 桑海语 | 马里 |

　　除了上述各语系之外，在南部非洲还有少数人讲的包括布须曼语、霍屯督语等在内的科依桑语系；在爱斯基摩人和阿留申人中，使用爱斯基摩—阿留申语系；在美洲，印第安语有一千多种，分为九个（或说十二个或更多）大的语系；在西伯利亚北部和东部的几种小语言，相互间没有亲缘关系，被统称为"古西伯利亚诸语言"。此外，还有些语言系属未定，其中最重要的是日语和朝鲜语。

山东大学中文专刊

# 葛本仪文集

第四册 静思集

社会科学文献出版社

SOCIAL SCIENCES ACADEMIC PRESS (CHINA)

# 本册目录

## 静思集

静思集

# 目　录

# 从现代常用字看汉字的符号性

汉字必须改革，要走世界文字共同的拼音方向，这已是势在必行的事。但时至今日，我们同志间仍然有人认为：方块汉字是表意文字，能够"观其形而知其义"，将此特点改掉实在可惜。汉字现在还真能"观其形而知其义"吗？即使我们承认汉字具有这种特点，那么这种特点在今天到底还有多大的作用呢？本文就是准备通过对 1010 个常用字的观察分析，来谈谈这个问题。

一

文字是记录语言的符号，它的本质特点之一就是具有符号性和假定性。文字作为一种记录的符号和它所记录的对象——语言——之间并没有必然的联系，一种语言用什么样的符号来记录，完全是任意的、假定的，是使用它的社会共同约定俗成的。人们使用的文字符号，既可以进行个别符号的改换，也可以进行整个符号系统的变更。文字的这种符号性和假定性，正是进行文字改革工作的理论基础。

方块汉字是属表意文字体系的，因此，有的同志则认为：汉字最初是通过象形、指事、会意、形声等方法造成，字形本身就有表意的因素，可以"观其形而知其义"。但是问题在于持这种观点的同志，只强调了汉字字形的某些表意成分，却忽视了汉字的根本属性。如"人"和"大"都是人的形状，但"人"的形状表示为"人"义，"大"的形状却表示为"大"义，"人"形和"人"义、"大"形和"大"义两者之间并无必然的联系，"人"形之表"人"而不可表"大"，"大"形之表"大"而不可表"人"，正说明了汉字也是一种社会共同约定俗成的符号。所以事实上，汉字和其他文字一样，其根本属性还是文字的符号性和假定性。

由于汉字的形体开始是通过象形、指事等造字方法而形成的，多少还留有图画的成分或痕迹，所以就某些汉字的字形来说，的确有些"观其形而知其义"的作用。如"鸟"（鸟）就似鸟的形状，"月"（月）则像月亮弯弯的样子。"水"（水）好似水在流淌，"山"（山）则像高耸的山峰矗立。其他像"上"（上）、"下"（下）等也具有这种形象特点。又如在方块汉字中，凡草属的多从"艹"，凡木属的多从"木"，凡水属的多从"氵"等，也说明了汉字的某些表意的特点，这些事实大家都是承认的。但是需要搞明白的是：这些图形成分较强的字，是否就是主要以图形来显示其意义呢？是否这些字就与它们所表示的语言成分及客观事物有某种必然的联系呢？当然，我们的回答是否定的。很明显，就以"水"字和"川"字为例，"水"是"水"字，"川"是"川"字，"川"也表示与水有关的事物，就字形看，"水"与"川"都像流水。如果人们开始造字时，用"川"来记录"水"，而用"水"来记录"川"，也是完全可以的。然而在汉族社会里，"水"就是"水"，"川"就是"川"，两个字是绝对不能混淆的。又如"鸟"开始不表示"鸟"而表示"鸡"，"渉"开始不表示"涉"而表示"渡"行不行呢？我认为都是完全可以

的。现在我们世世代代都承认"🐦"就是"鸟","🐦"只能读
"涉"而不能读"渡",这正是汉族社会共同约定俗成的结果,
正说明了汉字也是一种假定的符号,就是在字形上表意成分较
强的字也是如此。至于汉字中用假借法形成的一些字,其假定
的符号性质就更明显了,如"来"为什么要表示来去的"来",
"朋"为什么要表示朋友的"朋","之"为什么又能表示
"往""助词"等多种意义,从它们的字形上无论如何是看不出
来的。

在这里还需要提一下形声字的问题。也许有人会说,汉字中
形声字的形符到现在仍然是可以向人们显示某种意义或属性的。
如从"艹"的基本都是草类,从"木"的基本都是木类,从
"氵"的基本都是与水有关的。当然,我们应该承认一般的情况
是这样的。但是问题在于,今天我们只根据这种认识,能不能正
确了解汉字的意义呢?比如今字"万"和"庄"也用了"艹",
我们能以此而断定它们的意义是表示草类的事物吗?"怎"和
"心"、"另"和"口"又有什么关系呢?更重要的是,即使形声
字的形旁能帮助我们了解某些字义所表示的事物的类属,但它却
无法告诉我们字义所表示的具体内容到底是什么。当一个人还不
认识"棉""桑"等字的时候,我们就是告诉他这两个字都有
"木"形,都是植物,他也仍然不会知道"棉"和"桑"的字
义的。

二

为了进一步说明汉字这种表意文字的符号性,我们不妨把教
育部颁布的1010个常用字的形音义情况,作一初步的分析。

以1010个常用字为例,参照许慎的《说文解字》(以下简称
《说文》)、段玉裁注的《说文解字》(以下简称《段注说文》),

以及《中华基本教育小字典》① （以下简称《中华》）和《学文化
字典》② （以下简称《学文化》）等四种字书的注解，来看一看汉
字的形与义的关系。参照《说文》和《段注说文》的目的在于明
了这些字在我国古代的情况，参照《中华》和《学文化》的目的
则在于了解这些字发展到现代在常用义方面的情况。因为这两种
小字典在注释时，都是特别重视常用义的。

通过对 1010 个常用字的分析，我们不难获得以下几个方面
的认识。

### （一）　字义的演变和丰富

一个汉字字形是否能必然地固定地表示某种意义，是说明汉
字是否是假定符号的一个有力的方面。1010 个常用字的字义在发
展过程中的改变、丰富和发展，足可以告诉我们，汉字的某些字
形虽然有其表意成分，但它们所表示的意义却没有而且也不可能
固定地不发生变化。这些字义变化的事实，不但意味着汉字形体
表意作用的减弱和消失，同时也证明了一个字的形体表示什么意
义，完全是由社会在使用中约定俗成的。比较 1010 个常用字在
古今不同时期的字义情况，它们的变化大致有以下三个方面。

第一，字的常用义大量改变了。

在 1010 个字中，《说文》里收录的有 928 个字。在这 928 个
字中，《中华》中第一项常用义与《说文》中的释义相同的只有
389 个字，约占总数的 42%，《学文化》中第一项字义与《说文》
中的释义相同的，只有 392 个，约占总数的 42%。在 389 个和
392 个字中，两本字典都作为第一项字义来注释的只有 381 个字。
这个数字已可明确告诉我们，在 928 个常用字中，字的原义（姑

---

① 吴廉铭编辑：《中华基本教育小字典》，舒新城校订，中华书局 1948 年版。
该字典在"简单的编例"中说明："一字数义，用①②③……，最常用的列
在最前。"

② 黎锦熙主编：《学文化字典》，商务印书馆 1952 年版。该字典在"凡例"的
"释义的说明"中说明："只注通行的字义，已死的字义不要。"

且这样说，因为《说文》和《段注说文》中的注释并不一定都是字的最原始的意义），也可以说是当时的常用义，发展到现在，未发生变化的仅占总数的41％左右了。相反，已经发生了变化的却有528个，倒占总数的59％。

就528个字发展到今天的情况来看，它们原来的意义不但已经不再是它们的常用义了，而且发展的情况也各不相同。现在分别举例说明一下。

一种情况是：引申、假借义与原义虽然并存，但引申、假借义行，原义却退居到了次要的地位。如"快"，《说文》解释为："喜也。"《段注说文》解释为："喜也，引申之义为疾速。"《中华》解释为："①慢的反面。②快乐。③爽快。④刀口极利。"《学文化》则解释为："①快慢的快。②刀好切、枪好打，都叫快。③欢喜。④爽快。⑤不久，就要。"由此可见，在《中华》和《学文化》两本字典中，"快"的引申义已经都被看作常用义而列为第一个义项，其原来的意义则退居到次要义项的地位了。又如"法"，《说文》："刑也，平之如水。"《段注说文》："刑也。"引申为凡模范之傅。木部曰模者法也；竹部曰范者法也，土部曰型者铸器之法也。《中华》："ㄈㄚ上：①方法。②法律。③学样。ㄈㄚ去：法兰西国的简称。"《学文化》："①方法。②法律。③模范。④法兰西。"如"顿"，《说文》："下首也。"《段注说文》："下首也，按当作顿首也。顿首拜头叩地也。"《中华》："①一次叫一顿。②停止称停顿。③突然。④下拜。"《学文化》："①停一停。②'顿足'就是跺脚，'顿首'就是磕头。③'整顿'就是整理。④次数。⑤立刻。"

其他像"豆""时""醒""习""斤""世""精""究""金"等等都是这种情况。

另一种情况是：字的意义扩大了，原义包含在扩大了的意义之中，不再成为一个独立的义项。如"肉"，《说文》注释为："胾肉。"《段注说文》解释说："裁，大胾也，谓鸟兽之肉。……人曰肌，鸟兽曰肉。"但是现在"肉"的字义已扩大为指称一切的肉类，"鸟兽之肉"也包括在扩大了的字义之内了。如《中华》的注释就是："①筋肉。②植物可食的部分。"《学文化》的注解是："①肌肉。②吃的肉。③通常只是指猪、羊、牛的肉。"《学文化》中的第三个义项虽然说"通常只是指猪、羊、牛的肉"，但这一义项说明的是"肉"字的字义在某些特定环境内的使用情况，这与"鸟兽曰肉"的原义是完全不同的。再如"集"，《说文》："见鑫字，群鸟在木上也。"《段注说文》："群鸟在木上也，引申为凡聚之偁。"《中华》："①会合。②乡市。③文章的合刻本。"《学文化》："①凑到一块儿。②一种定期的市场。③一种书的名字，就是把好些单篇的文章或诗歌凑到一块，分别时期或种类，排成次序，编成一部。""缺"，《说文》和《段注说文》均解释为："器破也。"《中华》："①残破不完。②短少。③职位的空额。"《学文化》："①少，不够。②空，例缺席。③破裂的，空着的，例缺口儿。④旧日称空出的职位。"

其他如"杂""双""雄""睡""牙""宽""犯""皮""登"等等也是这种情况。

还有一种情况是：引申、假借之义行，而原义已完全消失。如"罪"，《说文》和《段注说文》都注释为："捕鱼竹网。"《中华》里却释为："①犯法。②过失。③得罪。"《学文化》解释为："①犯法。②刑罚。③过恶。④责备。⑤痛苦。"从《中华》和《学文化》对"罪"字的各项释义来看，已根本看不到"捕鱼竹网"的痕迹了（古时表"犯法"义的原为"辠"字）。其他像"而"，《说文》："颊毛也，象毛之形。"《段注说文》："须也，象形。须为颐下之毛，象形字也。……引申假借之为语词。"《中华》："①转折词。②连接词。③助词。"《学文化》："①而且，并且。②前后两种动作用这词来联系，含着'又''再'的口气。③转换语意的词，和'却''乃'的用法差不多。④但是。⑤所以。⑥'从今而后'的而，和'以'字一样。"

这样的例子是很多的。如：

独：原义为："犬相得而斗也。"

张：原义为："施弓弦也。"

为：原义为："母猴也。"

轻：原义为："轻车也。"

权：原义为："黄华木也。"

翻：原义为："飞也。"

术：原义为："邑中道也。"

广：原义为："殿之大屋也。"

向：原义为："北出牖也。"

季（年）：原义为："谷熟也。"

又像"难""离"等原来都是鸟名，"强""万""巴"等原来都是虫名，而"油""泥""济""温""治"等等原来都是河流的名称。

仅从以上例字已可看出，汉字在发展过程中，字义的变化还是非常大的。即使原来字形的表意成分较重的字，到后来，它也不是表示原来的意义了。

第二，字的义项大量增加了。

方块汉字在产生的初期，基本上都是单义的。但是随着社会的发展，汉字在不断使用的过程中，许多字的义项显著地增加了。就《说文》中所收录的 928 个常用字来看，《说文》中注明有两个意义以上的只有 22 个字。《段注说文》中说明有两个意义以上的也只有 168 个字。尽管这两个数字出于各种原因，还不能说十分精确，但也可以看出，汉字在过去，单义的情况还是主要的。可是今天 1010 个字的情况却极大地不同了。

以《说文》中已收的 928 字为例，发展到今天，其中，一个义项的只有 72 字，二至三个义项的却有 387 个字，四至五个义项的有 295 个字，六个义项以上的还有 174 个字。有少数字的义项，甚至达十五个左右。

从 1010 个字的情况看，一个义项的字有 90 个，只占总数的 9%，二至三个义项的有 425 个，约占总数的 42%，四至五个义项的有 316 个，占总数的 31%，六个义项以上的有 179 个，仅占总数的 18%。

表意性质的方块汉字，仅以它一个形体可以具有多种意义来看，已可说明汉字的形体尽管有其表意的图形成分，却绝无必然表示某种意义的性质。如果我们再分析一下一个汉字形体所表示的各个义项的内容及其关系，就更可以说明汉字形体的符号性了。当然，我们应该看到，有些字的各个义项之间是存在着一些联系的。如"飞"字，《学文化》的注释是："①鸟飞、虫子飞的飞。②形容快。③在空中飘摇。④飞机在空中航行。⑤扔出去，例飞刀。⑥意外的，忽然而起的，例飞灾。""飞"字的义项虽然比较多，但各个义项之间却存在着由于引申比喻而产生的各种不同程度的联系：①项"鸟飞、虫飞"的动作在速度上的特点，就可以和②项的"快"产生联系；①项"鸟飞，虫飞"这一动作的形态、情态等特点，又可以引申比喻出③④两项的意义来；通过②项的意义特点，又可以和⑤⑥两项的意义联系起来。所以，字的各个义项之间可以有着各种不同联系的情况的确是存在的。

但是，这只是问题的一个方面。问题的另一方面是：字的各个义项之间也可以没有任何的联系。如"汉"，《学文化》注释为："①种族名，在中国是一个人数最多的民族。②朝代名，刘邦建立的。③水名，在陕西、湖北两省。④男子的称呼。"应该说，"汉"字的几个义项之间是没有任何联系的。如果认为"汉"在表示"种族名"和"朝代名"上有某种联系的话，那也完全属于约定俗成的命名的性质。又如"商"，《学文化》注释为："①商量。②做买卖的。③朝代名，汤建立的，共 645 年。④算术里把除得的数叫'商'。"其他像"鬼""果"等也都是这样。也有一部分字，在它们的几个义项之间，虽然其中个别的义项间具有某些联系，但其他的义项彼此则又是互不相干的。以上情况和例字，清楚地说明了一个汉字字形是可以同时表示几个完全不同的独立的字义的。这种情况所以能够存在，就是因为汉字也是一种假定的符号，是被约定俗成的。因为如果承认一个字的形体与它的甲项义有关，那么，就很少可能再说它与它所表示的乙项义乃至丙项义有关。一个字的形体同时象征着几个完全不同的意义是绝对不可能的。

### （二）字形的演化

字的形体是字的书面表现形式。什么样的意义通过什么样的形体来表示，在社会共同约定俗成的情况下，当然都有其相对的稳定性。但是在承认它具有相对稳定性的同时，我们也绝不能忽视它的可变性。汉字在发展和使用的过程中，它的形义关系方面的稳定性和可变性就是同时起作用的。上面我们只是简单地说明了在字形不变的前提下，字义进行变化的情况。下面准备再在字义不变的前提下，把字形变化的情况作一粗略的分析。

第一，字体的楷书化。

大家都知道，汉字从产生以后，它的字体曾经历了甲骨文、金文、篆书、隶书直到楷书等不同阶段的变更。汉字形体变化的事实就证明了：同样的字义是完全可以用不同的形体符号来表示的。

观察汉字发展的具体情况，在篆书以前的阶段，它有一些字形的图形成分还是比较明显的，如前面提到的"人""口"等（尽管它们的形义结合也需要社会约定俗成）。但发展到隶书和楷书阶段时，这种图形的成分就越来越微弱了。事实上，今天人们来认识和使用汉字，已很难观察到它们本来的面目，了解到它们原来所企图表示的意义了。现代1010个常用字中绝大部分的字，

都是这种情况。如 " 〰 " 字，开始时还像流水，可是现在的
" 水 " 字和流水又有什么相似之处呢！ " 𝔇 " 成了 " 月 " ， " 𝓐 "
（肉）作偏旁时的 " 𝕁 " 也转成了 " 月 " 形，两者的形体在楷书
中已完全相同。至于像一些图形成分不明显的字，如 " 我 " 为什
么要表示 " 第一人称 " ， " 空气 " 的 " 空 " 为什么一定要用 " 空 "
这个形体来表示等，那更是无法只凭观察字形所能回答的了。

　　第二，简化字大量通行。

　　汉字发展到楷书阶段，在形体上并没有停止其变化，相反
地，又开始了向简化字发展的过程。特别是新中国成立以来，随
着文化建设的需要和汉字简化工作的进行，为广大群众所使用的
简化字，大量地被承认被规定为正字①，并在社会上更广泛地使
用起来。就 1010 个常用字来说，以《一简字表》为准，经简化
后字形改变了的就有 339 个，约占总数的 34%。其中属偏旁简化
而随着发生变化的有 141 个字。如：

　　" 言 " 改为 " 讠 " ，影响到：

　　　　　話——话　請——请　許——许……

　　" 貝 " 改为 " 贝 " ，影响到：

　　　　　責——责　敗——败　領——领……

　　" 車 " 改为 " 车 " ，影响到：

　　　　　暫——暂　軟——软　軍——军……

　　有的字，两个组成部分的改变，以至于影响到了整个字形的
改变。如：

―――――――――――

　　①　关于简化字如何产生的问题，因为不是本文讨论的内容，所以在这里不作探
　　　　讨。

議——议　　觀——观

識——识　　鐘——钟

在 339 个简化字中，整个字形发生变化的有 168 个。其中字形改变很大的，如：

體——体　　發——发　　歸——归

聽——听　　從——从　　盡——尽

書——书　　舊——旧　　華——华

采用原字形的一个部分以代整体的。如：

雖——虽　　聲——声　　滅——灭

殺——杀　　氣——气　　奮——奋

類——类　　號——号　　奪——夺

还有的字甚至采用了原来和它的意义并不相同的古字来代替。如：

　　醫（《说文》："治病工也。"）——医（《说文》："盛弓弩矢器也。"）

　　極（《说文》："栋也。"）——极（《说文》："居也。"）

　　機（《说文》："主发谓之机。"）——机（《说文》："木也。"）

由简化字的各类例证可以看出，什么样的字义用什么样的字形来表示，绝不是必然的。不同的字形完全可以表示同样的字义，字的形义结合主要是由社会来约定的。

### （三）一字多音的存在和运用

最后，再简略地谈一下汉字字音的情况。

文字是形、音、义的结合体。一般说来，一个汉字形体，都有一个约定俗成的音节形式来表示。但是在方块汉字中，有少部分字，却存在着一个形体具有两个或两个以上的语音形式，且不同的语音形式都表示着各不相同的意义的情况。在 1010 个常用字中，根据《新华字典》的注音和释义，读音有变化的就有 67 个字。其中一字两读的有 56 个字。如：

乐：读 yuè：①音乐。②姓。

读 lè：①快乐，欢喜，快活。②（一事、一儿）使人快乐的事情。③笑。④对某事甘心情愿。

传：读 chuán：①传授，递。②推广，散布。③叫来。

读 zhuàn：①解说经义的文字。②记载。特指记载某人一生事迹的文字。

省：读 shěng：①全国第一级地方行政区域。②节省，不费。③简略。

读 xǐng：①检查自己。②知觉。③省悟，觉悟。④看望父母。

一字三读的有 11 个。如：

解：读 jiě：①剖开，分开。②把束缚着、系（jì）着的东西打开。③除去。④讲明白，分析说明。⑤懂，明白。⑥代数方程中未知数的值。⑦解手儿，大小便。

读 jiè：指押送财物或犯人。

读 xiè：①松弛，懈怠。②姓。③解县，旧县名，在山西省。

参：读 cān：①参与，加入在内。②旧指进见。③封建时代谓弹劾。

读 shēn：①二十八宿之一。②人参。

读 cēn：参差，长短不齐。

一字数读的现象在汉字中虽然为数不多，但它的存在，却有力地证明了：汉字中有两个字乃至三个字，完全可以用一个字的形体来表示。事实上也就是说，汉字中有的形体，可以同时表示两个乃至三个从读音到字义都完全不同的字。

# 三

综上所述，我们可以对汉字表明以下几点认识。

第一，汉字字形尽管有某些表意成分，但汉字的形义结合却完全是由社会约定俗成的。随着汉字的发展，其字形的表意成分越来越弱化了。所以汉字的"观其形而知其义"的特点事实上并不能起到绝对的作用，当然更不能成为我们今天识字时所遵循的原则。

第二，汉字的形体表示的意义是可以变动的。一个字的形体，既可以在不同时代表示不同的意义，也可以在同一时代表示几个各不相同的意义。

第三，汉字在字义不变的情况下，它的形体也是可以变动的，甚至可以随着社会的发展，进行两次、三次甚至多次的改进和变更。

第四，汉字中有的一个形体可以同时表示两个或两个以上读音和意义完全不同的字。

以上四点认识，向我们说明了一个根本的问题，那就是汉字虽然是表意文字，但它的字形和字义之间也不可能发生必然的联系，就是用象形的方法造成的字，字形和字义的结合仍然是具有假定的性质，仍然要受到社会约定俗成的制约。所以，归根到底，汉字是一种假定的文字符号，这就是汉字的根本性质。

（原刊于《文史哲》1982 年第 2 期）

# 现代汉语词辨识

## 一

要学习词汇，首先应该明确什么是词。语言是人类最重要的交际工具，人们运用这种工具进行交际，就是通过组词成句来进行的。如问："你们要学什么？"答："我们学习汉语。"这一问一答两句话，前一句是由"你们""要""学""什么"四个词组成的，后一句是由"我们""学习""汉语"三个词组成的。这种认识对掌握汉语的人来说，不会有什么分歧。但是，为什么说"你们""要"这些小单位是词呢？词是怎样从言语片断中分离出来的呢？要明确这些问题，我们就必须首先了解什么是词。

因为词是表示客观事物名称的语言符号的单位，所以它是词汇学研究的对象。因为词总是被组织到句子中加以运用的，在句子中，词和词之间又存在着各种不同的结构关系，所以词和语法学又密切相关。再者，汉语的词又不像印欧语言那样，它"缺乏严格意义的形态变化"①，因此，要给词下一个全面和确切的定义，的确是比较困难的。这里我们仅从词汇学的角度对词作一点探讨。

词是语言符号的单位，它是一种音义结合体。词在交际中的主要功能就是用来组成句子以表达思想，所以，词又是组句的备

---

① 吕叔湘：《汉语语法分析问题》，商务印书馆 1979 年版，第 11 页。

用单位。根据以上特点，我们可以说，词是语言中的一种音义结合的固定结构，是最小的可以独立运用的造句单位。基于这样的认识，我们就可以分析出词必须具有的五个特点。

第一，词必须具有语音形式。语音是语言的物质外壳，词只有在语音形式的基础上，才能形成和存在，没有语音形式就无所谓词，所以任何一个词都有自己的语音形式。如"老师"的语音形式是"lǎo shī"，"同学"的语音形式是"tóng xué"，所以语音形式是词必不可少的要素之一。

第二，词必须表示一定的意义。因为词是一种音义结合体，所以每个词都具有自己的意义内容。如"麦苗"表示的词汇意义是"麦子的幼苗"，语法意义是"名词，可作主语、宾语……"，色彩意义是"中性"；"坚强"表示的词汇意义是"强固有力，不可动摇或摧毁"，语法意义是"形容词，可作定语、谓语……"，色彩意义是"褒义"；"奉承"表示的词汇意义是"用好听的话恭维人，向人讨好"，语法意义是"动词，可作谓语、定语……"，色彩意义是"贬义"。语言中的实词是这样，虚词也同样是这样。如虚词"和"表示的词汇意义是"同、与的意思"，语法意义是"连词，表示并列联合关系"，色彩意义是"中性"。

第三，词是可以独立运用的。词作为语言符号的单位，是一个不依赖其他条件而独立存在的个体，它可以被人们自由地用来组成各种不同的句子。在组句过程中，词是一个可以被独立运用的备用单位。如"天气"是一个词，也是一个独立存在的个体，它既可以被人用来组成"多好的天气啊！"（独语句），也可以用来组成"今天的天气真好"（主谓句，"天气"充当主语）、"天气的好坏不能影响工作的进度"（主述宾句，"天气"充当主语部分的定语）。"鸡"是一个词，既可以组成"鸡飞了"，又可以组成"他有一只鸡"。由此可见，词都是可以被独立运用的。正因为词具有这种特点，所以人们可以用它来组成各种不同的句子。

第四，词是造句材料单位。语言中存在着各种各样的单位，因此，我们不能笼统地说词是一种语言单位。从词的功能来看，说它是一种造句单位是比较合适的。当然，词除了用来造句之外，还可以组成词组等，但词的根本用途是用来造句，人们运用语言进行交际的过程，基本上就是组词成句以表达思想，达到互相了解的过程。因此，词是语言符号的单位，也是造句的材料单位。

第五，词是一种最小的单位。语言中有许多最小的单位，每一种最小的单位都有自己的范围和条件，如音素是从音质的角度划分出来的语音的最小单位，音节是语音结构的最小单位等。词也是一种最小的单位，这种最小的单位是就造句的范围而言的，从造句材料来看，词是最小的不能再被分割的单位。

词是一个最小的、不可分割的整体，它表示着一个独立的完整的意义，这个意义是特定的，表示着某种特定的事物，所以词的意义一般说来都不是它的组成成分意义的简单相加，因此，它也不能再被分割，否则，这个词就要失去原有的意义而不再存在，或者改变原来的意义而变成了另外的词。如"地图"一词表示的意义是"说明地球表面的事物和现象分布情况的图"，这种意义是特定的，指称一种特定的事物，它绝不是泛指一切在地上画的图，同时也不容许再分割为"地"和"图"，如加以分割，那是成了"地"和"图"两个词，当然就不再是"地图"一词了，它们所表示的也只能是"地"和"图"两个词的意义，而不再是"地图"的意义了。又如"铁路"是指"有钢轨的供火车行驶的道路"，"戏言"是指"随便说说并不当真的话"，它们都有特定的意义，都与所指称的特定的事物相联系，因此，即使全用铁块或铁板铺成的路，也不能称为"铁路"，即使戏剧中所说的话，也不能称为"戏言"。由此可见，"地图""铁路""戏言"作为语言中的词，它们都是音义结合的不能再被分割的定型结构。所以，词都是造句时能独立运用的最小的单位。

以上分别说明了词的五个特点。对词来说，这五个特点是统一的，它们互相联系和制约，舍掉任何一个特点，我们都不能正确全面地认识词。

二

根据以上对词的认识，我们可以观察一下汉语词的实际情况，看一看哪些成分应该是词。

语言词汇是有发展和变化的，因此，同一个成分在现代汉语和古代汉语中的情况并不完全一致。古代汉语中可以独立成词的成分，在现代汉语中有的则变得不能独立成词了，如"习""民"等成分就是这样。所以，我们辨析词的时候，就应该从共时的角度加以分析和说明。下面我们仅对现代汉语中的词作一下辨识。

在现代汉语中，以下情况应当是词。

（一）单音节，有意义，能独立用来造句的成分是词。如：

山 水 树 天 鸟 马 牛
飞 看 走 想 用 写 摇
红 软 高 一 二 千 百
条 趟 你 我 再 很 啊

（二）两个或两个以上不表示意义的音节组合在一起，表示了特定的意义，并可独立用来造句，这种新的结构是词。如：

玻璃 蜘蛛 蟋蟀 参差 踌躇
玫瑰 婆娑 徘徊 玲珑 逍遥
尼龙 咖啡 沙发 卡秋莎

这些例词中的"参""差""婆""尼""龙""沙""发""卡""秋"等成分，虽然孤立存在时，各自都能表示一定的意义，但是在以上例词中，它们却都是只表音不表义的音节，因为它们本身所表示的意义，与这些新结构的形成以及这些结构所表示的意义都毫无联系，在这里只是借用它们的语音形式而已。

（三）一个或一个以上不表义的音节和一个表义的音节组合在一起，表示了特定的意义，并可独立用来造句，这种新的结构是词。如：

　　　　啤酒　卡车　卡片　沙皇
　　　卡介苗　卡宾枪　法兰绒

这类词的特点是：这些不表义的部分多为从外语词音译而来，而且都是不能独立存在和运用的，只有当它们和某个表义的成分组合在一起，形成了一种修饰和被修饰、限定和被限定的关系以后，这些摹声成分才能显示出它们的某些表义作用。如"啤酒"的"酒"原是酒的通称，当和"啤"组合后，"啤"对"酒"起了修饰限定的作用，从而使"啤酒"专指某一种酒，"啤"也因而具有了一定的表义作用。汉语中这样组成的新结构都应视为词。

（四）表义的成分和词汇意义已虚化的成分相组合，表示特定的意义，并可独立用来造句，这种新的结构是词。如：

　　　　阿姨　老虎　老鹰　石头　想头
　　　甜头　房子　扣子　聋子　泥巴
　　　哑巴　自动化　黑乎乎　酸溜溜

这些结构中的所谓虚化的表义成分，是指它们在词汇意义方面已经虚化，没有明显的表示词汇意义的作用了。如"帘子"的"子"和"鱼子"的"子"，"木头"的"头"和"地头"的"头"就完全不同，在前例中的"子""头"都是虚化成分，在后例中的都表示实在的词汇意义。不过这些虚化成分在词汇意义

虚化的同时，却获得了明显的表示语法意义的作用。如上例中的
"阿""老""头""子""巴"等就具有标志名词的作用，"化"
则具有标志动词的作用，"乎乎""溜溜"等则都是标志形容词的
虚化成分了。

（五）一个表义成分重叠后，在意义不变或基本不变的情况
下，可以独立用来造句，这一重叠后的新结构是词。这类词又有
两种不同的情况：

一种情况是重叠的基础形式现在已不能独立成词了，因而重
叠后产生新词。如"伯"现在已不单独作词用了，因而产生了
"伯伯"一词来代替它。其他像"弟弟""妹妹""纷纷""茫
茫""悄悄"等都是这种情况。

在现代汉语中，也有一些表亲属称谓的词还存在单用的和重叠
的两种形式，如妈——妈妈、姑——姑姑、叔——叔叔、舅——
舅舅等。这些词的两种形式，表示着相同的意思，这是在词汇发
展和交替过程中，新旧两种形式并存的现象。由重叠的双音词代
替了原来的单音词，这种发展是合乎汉语词汇逐渐向双音化发展
的趋势的，因此，这些两种形式并存的词，在今后的发展中，很
可能重叠的双音形式越来越占优势。

另一种情况是重叠的基础形式现在仍然是可以独立使用的
词，它的重叠形式只是表示了某种语法意义的形态变化，是同一
个词的不同构形形式，所以，这重叠前后的两种形式都是词。如
"天"是一个词，"天天"也是一个词。又如：

人——人人⎫  
家——家家⎬ 重叠后在基本意义不变的情况下，增加了  
趟——趟趟⎭ 表示逐指的作用。

想——想想⎫  
看——看看⎬ 重叠后在基本意义不变的情况下，增加了  
扫——扫扫⎭ 表示短暂的或表示尝试的作用。

狠——狠狠（地说）

重——重重（地打了下来）

高——高高（的个子）

红——红红（的脸儿）

重叠后在基本意义不变的情况下，增加了表示加强的或表示轻微和适中的作用。

由上所述可知，以上两种重叠结构形式在性质上是完全不同的，前者属于构词，后者属于构形。然而不管怎样，它们都是词。

（六）一个表示意义的成分重叠后，表示了新的意义，可以独立用来造句，这种重叠后的新结构是词。如：

斤斤　万万　通通　断断

翼翼　济济　涓涓　堂堂

分析这类词，它的基础形式有两种情况。一种是基础形式本身就可以独立成词，如"斤""万""通""断"等；另一种是基础形式在现代汉语中已不能独立成词，如"翼""济""涓""堂"等，这些成分只有重叠后才能成词。这两种情况尽管不同，但它们却具有共同的特点，即这些成分本身都是表示意义的，而且重叠后表示的意义和它们的原义都不相同。

（七）两个表示意义但现在已不能独立运用造句的成分相组合，形成一个新的结构，表示新的意义，并且能够独立运用造句，这种新的结构是词。如：

牺牲　丰茂　监督　参观　茅庐

融洽　梭镖　坦率　颓靡　委婉

纨绔　承袭　涵义　兴致　沐浴

（八）一个表示意义又可独立运用造句的成分，和一个表示意义但不能独立运用造句的成分组合在一起，形成新的结构，表示新的意义，并能独立用来造句，这种新的结构是词。如：

学习　人民　简短　借鉴　宁静

目前　深奥　推测　土壤　民心

松树　菊花　芹菜　鲤鱼　茅草

展览品　刑事犯　清凉剂

上例中的各个构成成分都能表示意义，但它们的情况却有所不同。像"学""人""短"等成分不但可以表示意义，而且都能独立成词，像"习""民""简"等成分虽然也能表示意义，但却不能独立成词。这样两种成分相组合后，能够表示新义和独立运用造句的都是词。"展览品"一类词虽然由三个成分组成，但是它的最大的一层得以组合成词的结构也是由两部分组成，如"展览品"就是由"展览"和"品"两部分组成，在这两部分中，"展览"是既能表示意义，又可独立成词的成分，"品"则是只能表示意义，却不能独立成词的成分，所以"展览品"一类词和"学习"等词的情况是相同的。

（九）一个表义但不独立运用的成分，在具体的语境中，如果被独立运用造句时，也应视为词。如现代汉语中，人们不说"民"而说"人民"，不说"子"而说"孩子""儿子"，但在具体的语境中却可以说"爱民如子"；人们不说"摄"而说"摄影""拍摄"，但却可以说"本报记者摄"；不说"发"而说"头发"，但却可以说"理了理发"。我们不能否认，在这些具体的语境中，这些成分都是独立地被用来造句的，它们这时都已具备了词的五个条件，而且起着词的作用。所以，在具体的语境中，这类成分都应该被当作词看待。

（十）两个表义的又可独立运用造句的成分相组合，形成新的结构，表示新的意义，并能独立用来造句，这种新的结构是词。如：

开关　白菜　马车　道路　地球

信心　电灯　小说　书本　发动

　　想象　带头　光滑　空前　出借
毛玻璃　螺丝刀　说明书

　　这类词的特点是：它的组成成分都可以独立成词，如"开关"的"开"和"关"，"毛玻璃"的"毛"和"玻璃"，"说明书"的"说明"和"书"等成分本身都可以独立成词。因此，辨认这部分词就显得比较困难。通常人们感到词和词组难以分辨的情况，就是出现在这部分词中。

　　在辨认这部分词时，我们首先应该注意词是音义结合的定型结构这一特点。词一旦形成，就是一个表示特定意义的最小的不可分割的整体，是一个独立的造句单位，因此，一般情况下，词的意义绝不等于它组成成分意义的简单相加，同时，在结构形式上，词也不能够按照它组成成分之间的语法关系随意扩展。以"开关"为例，它作为一个定型结构，表示着"电器装置上接通和截断电路的设备"或者"设在流体管道上控制流量的装置"等意义，很明显，它指称的是一种物件的名称，而绝不是指"开和关"的意思，由此可见，"开关"与"开和关"表示的意义完全不同，"开关"作为一个表示特定意义、具有定型结构形式的词来说，是不能被扩展的。同样的道理，"白菜"也不能扩展为"白的菜"或"白色的菜"，"马车"也不能扩展为"马的车"或"马拉的车"，当然"螺丝刀"也绝不是"螺丝的刀"。因此可以说，词作为一种由特定的语音形式表示着特定意义的定型结构是不能被扩展的。我们根据这一点，就可以把这一类型中大部分词分辨出来。

　　此外，还应注意以下几种情况。

　　第一种情况：在汉语词汇中，的确有一些组合体具有两种不同的性质。如"江湖"，它可以表示"旧社会泛指四方各地"或者"旧社会各处流浪靠卖艺、卖药等生活的人，以及这种人所从事的行业"等意义，这时，"江湖"是一个表示特定意义的不容再分割的造句单位,所以是一个词。但是有时"江湖"的确又是表示"江和湖"的意思,如"祖国的江湖多美啊!"中的"江湖",就可以分割成"江"和"湖"两个词,它们分别表示着"江"和"湖"两种事物,所以这时的"江湖"并不具备词的条件,它只是"江"和"湖"两个词的组合,所以是一个词组。又如"红花"一词,当它指称"一年生草本植物,叶子互生,披针形,有尖刺,开黄红色筒状花的植物"或者指称"一种中药材"的名称时是词,当它表示"红色的花"的意义时则是词组。

第二种情况:汉语词汇中,有少数组合体是可以扩展的,而且扩展后的意义和原来的意义基本一样。如"象牙——象的牙""牛奶——牛的奶""鱼鳞——鱼的鳞""猪肉——猪的肉"等等。但是我们仍然认为"象牙""牛奶""鱼鳞""猪肉"等是词,而"象的牙""牛的奶""鱼的鳞""猪的肉"是词组。因为,只要我们观察一下,就会发现在同一个语境中,"象牙""牛奶"等形式,是不能用"象的牙""牛的奶"等形式来加以代替的。如我们可以说"这是象牙雕刻""我买牛奶糖",却不能说"这是象的牙雕刻""我买牛的奶糖"。可见像这类词,在汉语的实际应用中,一般都是不能扩展的,也就是说,这类词的组合成分在结合上还是具有一定程度的不可分性的,因此,"象牙""牛奶"等也是一种表示了特定意义的定型结构,所以它们是词而不是词组。

第三种情况:像"抓紧""打倒"一类的词,它们的组成成分都可以独立成词,它们也可以进行扩展,例如"抓紧"可扩展为"抓得紧""抓不紧",甚至还可以扩展成"抓得紧不紧","打倒"也能扩展为"打得倒""打不倒"等,所以辨认这部分词的确比较困难。对这类词我们可以试从以下两个方面去认识。一个方面,我们应该看到,虽然这些词可以扩展,但是在许多具体的语境中,它们不但不能扩展,而且其组成成分结合得还相当紧。如"我们必须抓紧时间学习"中的"抓紧"就不能进行扩展。同样，"打倒反动派"中的"打倒"也不能进行扩展，如果把这里的"打倒"加以扩展的话，那么"打得倒反动派"和"打倒反动派"所表达的意义就相同了，所以根据语言中实际运用的情况，可以说，这些结构都具有一定的完整性和定型性，因此，应该认为这些结合体都是词。另一方面，我们分析比较一下就会看到，像"抓紧""打倒"这类结构，它们所表示的意义，在其组成成分所表示的意义基础上也有所融合，也体现出了一定的整体性和抽象性。如"抓紧"就已融合成为"不放松"的意思，"打倒"也可融合成为"推翻"的意思，它们每个组成成分的意义在实在性和具体性方面，都程度不同地有所削弱。当然各个词在发展过程中的具体情况各不相同，如"分清""搞好"等结构意义融合的程度就比较差。不过应该肯定，这类词也是汉语词汇中的一个类型，从发展趋势看，它们的意义将会沿着由分散到融合、由具体到抽象概括的道路发展下去。

第四种情况：离合词问题。现代汉语中的离合词通常有两种情况。一种是其组成成分本身都能够独立成词，如：

　　起床："起了床""起不了床"
　　帮忙："帮了忙""帮个忙""帮不了忙"
　　握手："握着手""握过手""握了握手"
　　伤心："伤了心""伤什么心"

另一种情况是有的组成成分只表意义，但不能独立成词，如：

　　鞠躬："鞠了个躬""鞠了三个躬"
　　革命："革谁的命""革反动派的命"
　　敬礼："敬了个礼""敬了三个礼"
　　洗澡："洗了个澡""洗了洗澡"

这两种情况虽然有所不同，但它们共同具有可以离合的特点。对这类词，应该认为未扩展的是词，扩展了的都是词组，因为这些离合词扩展前后的意义是不一样的。如"起床""鞠躬"等都是指称着一种动作行为，也可以说，它们是这种动作行为的名称。而经过扩展的"起了床""鞠了个躬"等则是表示与这种动作行为有关的情况，而且不同的扩展情况表示的意义也不相同。可见这些词在扩展前，它们是一个表示特定意义的不可分割的整体，是充当造句单位的词。而扩展后，它们的组成成分就具有了词的特点，并且以词的资格参与了扩展后的各个词组的构成，就是那些在现代汉语中已不能独立成词的成分，如"鞠躬"的"鞠"和"躬"等，在这种具体的语境中，也可被当作独立的词来看待了。[见上面第（九）条所讲]

汉语中分辨词和词组是一个很复杂的问题，除以上所谈的四种情况外，音节的多少、读音的轻重以及词在形态方面表现出来的某些特点，也都可以作为分辨词和词组时的参考。

三

以上从十个不同的方面，分别对现代汉语的词作了初步的辨识。这种辨识完全是以词的特点为依据的。现在我们可以根据这种认识和辨识的情况，把下面两段文字中的词具体切分一下。

词以"＿＿"标出，"＿＿"下面的数字标明该词属于以上十种情况中的某一种。

第一段，臧克家：《有的人》

有 的 人 活着
1 1 1 1

他 已经 死了；
1 10 1

有 的 人 死了

1 1 1 1
他还活着。
1 1 1

有的人
1 1 1
骑在人民头上："呵，我多伟大！"
1 1 8 1 1　1　1 1 8
有的人
1 1 1
俯下身子给人民当牛马。
　8　4　1 8　1　10

有的人
1 1 1
把名字刻入石头，想"不朽"；
1 10　8　4　1　8
有的人
1 1 1
情愿作野草，等着地下的火烧。
10　1　10　1 1 1 1 1 1

有的人
1 1 1
他活着别人就不能活；
1 1 10　1 1 1 1
有的人
1 1 1
他活着为了多数人更好地活。

1　1　　10　10　1 1 1 1

骑 在 人民 头 上 的
1　1　8　1 1 1
人民 把 他 摔垮；
8　1 1 1
给 人民 作 牛马 的
1　8　1　10　1
人民 永远 记 住 他！
8　10　10　1

把 名字 刻 入 石头 的
1　10　8　4　1
名字 比 尸首 烂 得 更 早；
10　1　7　1 1 1
只要 春风 吹 到 的 地方
10　10　1 1 1　10
到处 是 青青 的 野草。
10　1 1　1　10

他 活着 别人 就 不 能 活 的 人，
1　1　10　1 1 1 1 1
他 的 下场 可以 看 到；
1　1　10　10　1 1
他 活着 为了 多数 人 更 好 地 活着 的 人，
1　1　10　10　1 1 1 1　1 1
群众 把 他 抬举 得 很 高，很 高。
8　1 1　10　1 1 1　1 1

第二段，茅盾的《白杨礼赞》中的一段。

它没有婆娑的姿态，没有屈曲盘旋的虬枝。也许你要说
1 10 2 1 7　　　　10 10 8 1 8　　　10 1 1 1

它不美。如果美是专指"婆娑"或"旁逸斜出"之类而言，
1 1 1　　　10 1 1 1 1　　　2　　1　　1 9 1 1　　　1 1 1 9

那么，白杨树算不得树中的好女子。但是它伟岸，正直，朴质，
4　　　　10　　　1 1 1 1 1 1 8　　　10 1　8　　　10　　　7

严肃，也不缺乏温和，更不用提它的坚强不屈与挺拔，它是
8　　　1 1 10　　10　　　1 1 1 1 1 1　　8　　10 1 10　　　1 1

树中的伟丈夫。
1 1 1 9　8

第一段中的"＝"者，短横指的是词，长横是指这一词的构形形式。"活着""死了"中的"着""了"，有的人当作助词看待，事实上，它们附着在动词的后面，有表"进行体"和"完成体"的作用，因此，这里都把它们当作用以构形的词尾看待。"青青"也是"青"一词的构形形式，构形后有加强原词语义的描述性的作用。

（原刊于《山东大学文科论文集刊》1984 年第 2 期）

# 汉语的造词与构词

"造词"和"构词"作为语言学中的两个术语，表示着两个既有联系又有区别的含义完全不同的概念。尽管"造"和"构"具有同义关系，但是"造词"的意义重在"制造"，"构词"的意义重在"结构"，"造词"是根据词的创制说的，"构词"是根据词的结构规律说的，因此，"造词"和"构词"从性质到内容都完全不同。所以，把"造词"和"构词"区分开不但是非常必要的，而且也是完全可能的。与此有关的就是也应该进一步把"造词法"和"构词法"区分开来。

但是过去在汉语研究中，对"造词"和"构词"的区分问题讨论得很少。近年来，虽然有人对此作过某些阐述①，可是有些看法却值得商榷。因此，在这里也愿把自己的看法提出来与大家共商。

所谓"造词"就是指创制新词，它是解决一个词从无到有的问题的方法。人们造词的目的是满足社会交际的需要。社会的发展、客观事物的发展、人们认识的发展以及语言本身的发展，都能提出创造新词的要求，语言中的词就是在这种需求下，从无到有地被创造出来的。研究一个词从无到有的创造过程，就是造词的问题。

创造新词的问题事实上也就是给客观事物命名的问题。人们的命名行为就是人们的造词活动，通过命名行为而产生的新名

---

① 参见任学良：《汉语造词法》，中国社会科学出版社 1981 年版。

称，就是语言中的词。以"洗衣机"一词为例，当社会上出现"洗衣机"这一新事物时，为了交际的需要，就要确定一个语言符号来表示它，也就是要为这种新事物命名。人们考虑到它是用来洗衣服的机器，于是就用了"洗衣机"这一名称来称呼它，而"洗衣机"一词也就这样产生出来了。

人们的造词活动是一种广泛的社会性活动，社会上的任何成员都可以根据交际的需要进行造词。新词一旦被社会约定俗成之后，就可以固定下来成为语言中的成分。

在造词活动中，人们的认识具有非常重要的作用。新词一般都是根据具体的环境和条件，通过人们的认识和联想，从而被创造出来。以下面几个词的情况为例。

如"落星湾""落星石"两词的产生。在鄱阳湖北湖，庐山南麓，有一湖湾称作"落星湾"，湾中的巨石称作"落星石"。所以叫作"落星湾"，就是因为湖湾中有一巨石叫"落星石"。所以叫作"落星石"，则是因为这石头相传是天上一颗流星坠落湖中而成。①

又如我国女排名将张蓉芳同志曾谈到她叫"毛毛"的来由。1984 年 8 月 29 日晚，在四川日报编辑部举行的欢迎奥运会健儿座谈会上，张蓉芳曾谈道："1972 年我到四川女排时，只有十五岁。当时队里青黄不接，老队员多，大都是妈妈队员了。她们带着我打球，认为我是一棵苗子，就叫我'苗苗'。后来，有一个老队员见我倔强好胜，打起球来有些急躁，说我性格'毛'，就干脆叫我'毛毛'了。"②

以上两例可以说明，人们的认识和新词的产生是有密切关系的。有时，由于人们的认识和考虑问题的角度不同，同一个事物也可获得不同的名称。如《北京晚报》上曾刊载过一篇题名为《颐和园产"国庆桃"》的短文，文中写道：

---

① 吴升阳：《解开落星之谜》，《文汇报》1983 年 12 月 14 日。
② 《张蓉芳谈"毛毛"的由来》，《文汇报》1984 年 9 月 5 日。

国庆，能跟桃有什么联系？还真有联系。颐和园培养了一种晚熟的桃，每年阳历九月才熟，正好在国庆收摘。

这种桃名秋红，又名颐红。色如丹砂而间有淡绿之色，而且一直红透到果实之内。……①

从以上引文中我们可以清楚地看到，人们的认识角度不同，会直接导致所产生的新词的面貌也各有所异。同一种桃，从收摘的时间着眼可称为"国庆桃"，从秋天成熟和桃的颜色情况看，又可称为"秋红桃"，从它生产在颐和园中以及桃是红色的着眼，还可称为"颐红桃"。

以上各例足以说明，造词活动和人们的认识以及具体的环境条件都是密切相关的。同时，以上情况也足以说明，人们在造词时，主要考虑的是用什么名称命名合适的问题，并不是而且也不会去考虑名称的内部结构形式应该怎样，譬如用偏正结构，还是用主谓结构。

造词活动除和人们的认识密切相关外，和语言本身的条件也有紧密的联系。任何社会都有语言存在，而任何社会的造词活动也无一不是在原有语言要素的基础上进行的。首先，原有的语言材料和语言习惯能够为人们的造词活动提供丰富的原料和根据。如"转椅"一词，人们为了给"可以转动的椅子"命名，就采用了原有的"转动"的"转"和"椅子"的"椅"，又根据汉语习惯中说明部分在前、被说明部分在后的方式，将"转"和"椅"组合在一起，于是就给这一事物命名为"转椅"，同时也创制出了"转椅"一词。人们就是这样在原有语言要素的基础上制造新词的。其次，人们的造词活动在某种程度上也要受到原有的语言要素的制约。因为存在于社会交际中的语言要素在被社会约定俗成之后，人们是不能随意改变的。如汉语中已存在着"车""船"

---

① 康承宗：《颐和园产"国庆桃"》，《北京晚报》1983年10月9日。

等词，因此，如果再为某种新的车命名时，就要用原有的语言要素"车"作为造词的成分，同样，要为某种新的船命名时，就要用原有的语言要素"船"作为造词的成分，如果把"车"说成"船"，或者把"船"说成"车"，或者把它们换成其他的成分都是不行的。

人们造词时运用的语言要素是多方面的。

语音方面：如汉语中的音色音位、非音色音位，以及音位之间的配合规律和变化情况，都可以为造词提供根据。这些要素客观存在于人们的语言当中，不管人们对它们是否有科学的认识，大家都可以自然地按照社会的语言习惯加以运用。如表示鸟的叫声的"喳喳"一词，就是用汉语的声、韵、调配合成音节"zhā zhā"，用摹声的方法制造出来的。

词汇方面：原有的语言符号，可以为造词提供丰富的材料。如"落星湾"一词，显然就是在"落""星""湾"这三个原有的语言材料的基础上造成的。

语法方面：人们造词时，各种材料的组合是根据语言中原有的习用规则进行的。例如根据汉语中修饰成分在前、被修饰成分在后的习用规则，人们要说明红色的枣时，就用"红——枣"的词序组成"红枣"一词，要说明一种像枣一样红的颜色时，就用"枣——红"的词序组成"枣红"一词。人们的语言习惯可以使他们正确地运用自己本民族语言的语法规则进行造词。

文字方面：掌握文字的人们，也可以运用文字方面的某些特点进行造词。如过去用来称"兵"的"丘八"，就是拆字造词的。

修辞方面：修辞是人们运用语言的方法和手段。在造词活动中，人们也往往运用修辞手法进行造词。如把某种像螺蛳的事物称为"螺丝"，把木头做的一种马形的玩具称作"木马"，就是运用修辞手法进行造词的。

人们可以用各种方法进行造词，因此，汉语中的造词方法也是多种多样的。现初步归纳为以下几种。

（一）音义任意结合法。即用某种声音形式任意为某种事物命名的方法。这样产生的新词，音义之间开始并无必然的联系，也就是说，这些词的音义结合最初都是任意的，当人们用某种语音形式去指称某种事物的时候，这种语音形式同时就获得了该事物所赋予它的某种意义，从而产生了音义结合的词。语言中最早产生的一些词，往往就是用音义任意结合法创制出来的。如：

人　手　日　月　羊　车　追　望　大　小　东　西
千　百　参差　仿佛　逍遥　婆娑　霹雳

以上例词的音义之间都无必然的联系，为什么"人"这一事物要用"rén"的语音形式来表示，人们是无法解释的。随着社会和语言的不断发展，语言要素不断丰富起来并为造词提供了大量的原料，因此，人们运用音义任意结合法来造词的情况越来越少了。但是我们却不能否认，这种造词方法现在仍然被应用着，如"镍""钠"等某些化学元素的名称，就是这样制造出来的。

（二）摹声法。即用人类语言的语音形式，对某种声音加以模拟和改造，从而创制新词的方法。

一种情况是模仿自然界事物发出的声音来造词。如：

猫　鸦　蛙　蛐蛐　蝈蝈　呼噜
啊　唉　吱　呀　哼　哗哗　喳喳

另一种情况是模仿外族语言中某些词的声音来造词。如：

咖啡（coffee）　吉普（jeep）　坦克（tank）
巴黎（Paris）

以上两种情况，虽然模拟的对象不同，但都是用汉语的语音形式对被模拟的声音加以改造，使它们汉语语音化。这种模拟改造的过程，就是摹声法造词。

（三）音变法。即通过语音变化产生新词的方法。汉语中的"好（hǎo 好坏的好）——好（hào 爱好的好）"就是一种音变法造词。此外，用儿化韵产生新词也是音变法造词的一种。如：

扣（kòu 扣上的扣，动词）　——扣（kòur 扣子，名词）

黄（huáng 黄色，形容词）　——黄（huángr 蛋黄的黄，名词）

这里应该说明的是：儿化韵是把"er"用在其他韵母之后，使这一韵母变为卷舌韵母。从当前普通话的情况看，它是发生在一个音节范围之内的变化现象，所以这种情况是音变法造词。目前，大家多把儿化韵中"er"的部分作为后缀看待，这种看法应该商榷。因为充当后缀的语素都是独立的造词单位，所以它应该有独立的音节作为自己的语音形式，但是儿化韵中的"er"却不能自成音节，因此，不应把它作为后缀语素看待。当然，如果"er"在其他音节之后自成音节，如"风儿吹，鸟儿叫"中的"儿（er）"就是后缀语素，因为这已不是儿化韵的问题了。

（四）说明法。即以用现有的语言材料对事物作某些说明的方法为事物命名，并从而产生新词的方法。

说明事物的情状、性质特征和用途的，如：

国营　自动　提高　午睡　羊毛　红旗　消毒水　五角星

通过注释的方法进行说明的，如：

菊花　茅草　蝗虫　人口　船只　花朵　水晶石　静悄悄

运用习用的虚化成分结合事物的某些特点来说明事物的，如：

聋子　乱子　推子　哑巴　想头　看头　甜头　苦头

（五）比拟法。即用现有的语言材料，通过比喻、比拟等手段创制新词的方法。

新词是一个完整比喻的，如：

龙眼　鸡眼　佛手　螺丝　雀斑
银耳　虎口　蚕食　骑墙　贴金

新词的一部分是比喻成分的，如：

木耳　雪花　天河　虾米　笑面虎
板油　笔直　瓜分　林立　喇叭花

（六）引申法。即运用现有的语言材料，通过人们的联想和意义引申，为事物命名并从而创造新词的方法。如从"打开"和"关上"的动作，进而联想引申为把"用来打开和关上的对象"称作"开关"，就是用引申法造词。其他如：

收发　领袖　骨肉　是非　见闻
口舌　江湖　网罗　岁月　身手

经过词义引申分化而产生新词也是一种引申造词法。如由"雕刻"的"刻"引申分化出"十五分钟称作一刻"的"刻"就是这种情况。

（七）双音法。通过双音化产生新词是随着汉语词汇向双音化发展而出现的一种造词法。

在原有语言材料的基础上，采用重言的形式产生双音化的词。新词词义和原语言材料的意义或基本一致，或完全不同。如：

妈妈　伯伯　星星　渐渐　纷纷
通通　万万　断断　斤斤　区区

将原有的意义相同、相近或相关的成分联合并用而成为双音化的词。新词词义与被联合的两个成分的意义形成同义关系。如：

　　道路　购买　丢失　增加　更改
　　解放　语言　坟墓　洗刷　批改

在原有语言材料的基础上，附加上语言中习用的虚化成分，从而形成双音化的词。新词词义与原语言材料的意义完全相同。如：

　　老虎　舌头　石头　帽子　桌子

（八）简缩法。即把词组通过简缩而变成词的造词方法。如：

　　文化教育——文教　　外交部长——外长　　历史、地理——史地
　　青年、少年——青少年　　阴平声、阳平声、上声、去声——四声

由上例可以看出，简缩法运用的简缩方式可以多种多样，但是用简缩法造出的词，新词词义和原词组的意义都是完全相同的。

明确了造词和造词法以后，区分造词和构词、造词法和构词法就比较容易了。

所谓构词就是指词的内部结构问题，它的研究对象是已经存在的词。对现有词的内部结构进行观察分析，总结出词的内部结构规律来，这就是构词问题研究的内容和范围。例如当"文教""四声"等词产生以后，说明"文教"是联合式，"四声"是偏正式，这就是构词的问题。

构词法指的是词的内部结构规律的情况，也就是语素组合的方式和方法。进行构词研究的目的，就是要了解词的内部结构情

况，总结出词的各种构成方式和方法来。

　　汉语的构词法过去已有较多的讨论，这里不再赘述。为了下文中进行分析比较起见，现只提出以下几方面。

　　语音形式方面：从音节的多少分析，可分为单音式和多音式；从音节之间的结构关系分析，可分为重叠式、部分重叠式和非重叠式等。

　　语素组合方面：从语素的多少分析，可分为单纯词和合成词；从语素的性质及组合方式方面分析，又可分为派生词和复合词。汉语中的派生词多为"前缀加词根"和"词根加后缀"的情况。复合词都由词根组成，汉语中目前常见的有联合式、偏正式、补充式、动宾式和主谓式等。

　　由以上分析可以看出，造词和构词、造词法和构词法是完全不同的。这就使人们完全有可能从这两个不同的方面对词进行研究和分析。对任何一个词，我们既可以从造词和造词法的角度来探讨和了解它的产生原因和途径，也可以从构词和构词法的角度去探讨和了解词的存在形式及其内部结构规律。

　　下面试对某些词作一分析。

| 例词 | 造词法 | 构词法 |
|---|---|---|
| 人 | 音义任意结合法 | 单音词，单纯词 |
| 扣（kòur） | 音变法 | 单音词，单纯词 |
| 巴黎 | 摹声法 | 双音词，单纯词，非重叠式 |
| 沙沙 | 摹声法 | 双音词，单纯词，重叠式 |
| 参差 | 音义任意结合法 | 双音词，单纯词，双声词 |
| 腼腆 | 音义任意结合法 | 双音词，单纯词，叠韵词 |
| 甜头 | 说明法 | 双音词，合成词，词根加后缀型 |
| 石头 | 双音法 | 双音词，合成词，词根加后缀型 |
| 摇篮 | 说明法 | 双音词，合成词，偏正式 |
| 龙眼 | 比拟法 | 双音词，合成词，偏正式 |
| 三好 | 简缩法 | 双音词，合成词，偏正式 |
| 扫盲 | 简缩法 | 双音词，合成词，动宾式 |
| 失望 | 说明法 | 双音词，合成词，动宾式 |
| 神往 | 说明法 | 双音词，合成词，主谓式 |

| 例词 | 造词法 | 构词法 |
|------|--------|--------|
| 建筑 | 双音法 | 双音词，合成词，同义联合式 |
| 成败 | 引申法 | 双音词，合成词，反义联合式 |
| 骨肉 | 引申法 | 双音词，合成词，意义相关联合式 |
| 柳树 | 说明法 | 双音词，合成词，注释补充式 |
| 改正 | 说明法 | 双音词，合成词，动补式 |
| 眼睁睁 | 说明法 | 多音词，合成词，部分重叠式，注释补充式 |

对以上例词的分析可以充分说明，造词法相同的词，构词法并不一定相同；构词法相同的词，造词法也会有所区别。可见造词分析和构词分析完全不同。因此，我们把造词问题和构词问题区分开来，并对同一个词分别进行造词和构词的分析，这对汉语词汇的研究来说，无疑是非常必要的。

在汉语词汇实际情况中，词的造词和构词分析要比以上例词复杂得多，有时在一个词中，往往会表现出多种造词法或多种构词法结合运用的情况。如"万年青"一词的产生，就是同时运用了两种不同的造词方法。"万年青"是一种常青植物的名称，这名称事实上就是说明了"这种植物是常青的"的情况，所以是运用说明法造词。但从用"万年"来说明"常青"的情况看，它又有比喻的性质，所以又是比拟法造词。因此可以说，"万年青"一词是运用了"说明"和"比拟"相结合的造词方法制造出来的。又如"乒乓球"一词是一种球的名称，它是用"乒乓"说明"球"的，应属于说明法造词。但是它的说明部分"乒乓"又是摹声而来，因此，"乒乓球"一词也是用"说明"和"摹声"相结合的方法造成的。

构词法结合运用的情况也是常见的。如"脑溢血"一词由"脑""溢""血"三个语素组成，"脑"与"溢血"是主谓关系，"溢"与"血"又是动宾关系，事实上，"脑溢血"一词也是同时具有"主谓"和"动宾"两种结构方式，只是按照汉语语法分析的习惯，它首先应以主谓式为主要方式罢了。

　　因为在一个词中可以存在着两种或两种以上的造词法和构词法，所以在造词和构词分析中就出现了层次分析的问题。一个在结构上具有多层次的词，在造词法和构词法方面也必然显得复杂。词在结构方面的每一个层次，都能体现出一种造词方法和构词方式。词的不同层次中所体现出来的造词方法和构词方式，可能是相同的，也可能是不相同的，所以对每个词都应作具体的分析。

　　由上所述可见，造词和构词是两个完全不同的问题，所以我们应该把两者加以区分，分别对待才是。

（原刊于《文史哲》1985 年第 4 期）

# 论合成词素

## 一　什么是合成词素

合成词素是一种由单纯词素组合而成的词素。如"孩子头"中的"孩子"，"纸老虎"中的"老虎"，"教师节"中的"教师"，"酱豆腐"中的"豆腐"等。和合成词与单纯词并存于词的系统之中一样，合成词素也是与单纯词素一起并存于词素的系统之中的。要说明这个问题，我们有必要首先对"词素"问题进行一下再认识。

我在《汉语词汇研究》一书中曾指出："词素是一种音义结合体，是最小的可以独立运用的造词单位。"① 这就是说，词素作为造词的单位，它具有语音形式，表示一定的意义，而且是"最小的"，"可以独立运用的"。当然，这里的"最小"和"独立运用"都是在造词的范围内来说的。过去人们结合这两个特点来认识词素时，往往只理解为词素都是单纯的结构成分，如"人""山""葡萄""咖啡"等等，而把一些合成成分如"老虎""教师"等则排斥于词素的范围之外，这种看法是片面的。

我们看一个成分是不是词素，主要是观察分析这一成分是否

---

① 事实上，有一部分词素只是构形的单位，如"们"是表多数的构形词素，"了"(le) 是表动词完成体的构形词素等。该文中主要是论述合成词素及其造词情况，因此，对构形词素问题概不涉及。

符合词素的条件，是否具备词素的性质和功能。凡是符合词素的条件，具备词素的性质和功能的成分，就应该看作词素。就一些合成成分来看，它们有声音，有意义，这是无可否认的，关键就在于作为一个造词单位来说，如何理解"最小"和"独立运用"的问题。我认为，所谓"最小"就是指该成分在意义上的不可分割性，而不是指其结构上的不可分析性。不可分割是指一个成分是一个音义结合的整体，如果对它进行分割，则失去了整体的意义和价值。如"教师"是一个音义结合的整体，用"jiào shī"的声音形式，表示着"传授知识教导他人的人"的意义，它既不是"教的师"，也不是"教导师"的意思，因此，如果对它加以分割的话，就必然破坏了这一完整的语音形式和它表示的完整的意义。再从它被使用造词的情况看，它也是以整体的形式出现的，人们造"教师节"的时候，使用的是"教师"这一音义结合的整体，绝不是分别使用该整体中的各个部分。所以它是不能分割的成分。这种不可分割性，对词是这样，对词素也是这样，对单纯词素是这样，对合成词素同样是这样。当然，不可分割性并不等于不可分析性，"教师"作为合成词素也是可以分析的，它首先可分析为由两个单纯词素组成，进一步还可分析这两个单纯词素各自的语音形式和意义内容，以及两者的结构关系等。然而这种可分析性并没有否定它的整体性。可见，合成词素和其他许多事物一样，它的可分析性，决不能代替和否定它的不可分割性。所以我们说，合成词素也是一个不能再分割的最小单位。

词素的"独立运用"的特点表现为在造词范围内，词素可以用来造成不同的新词。虽然词素也有各种不同的类型，但是不管哪一种类型的词素，都可以被自由地运用，独立地参加造词。同一词素可以造成不同的词，如词素"子"，既可用来造成"杯子"，也可用来造成"盖子"；词素"山"，既可用来造成"山水""山峰"，又可用来造成"名山""靠山"等。合成词素的情况也是这样，如"科学"，既可以把它位于其他词素的前面造出"科学家""科学界""科学院""科学馆""科学性"等词，又可以把它放在其他词素的后面造出"硬科学""软科学""自然科学""人文科学""思维科学"等词；词素"气管"既能与"支"组合造出偏正式的"支气管"，又能与"炎"组合造出主谓式的"气管炎"。可见合成词素和单纯词素一样，都是可以被人们自由地独立运用的。

由以上分析可以看出，合成词素完全具备词素的条件、性质和功能，所以它也是一种词素。又因它是由单纯词素组合而成的整体，所以称它为合成词素。

当前现代汉语中用合成词素造成的三音词及四音以上的多音词日见增多，有的合成词素还具有相当的能产性。如：

| | | | |
|---|---|---|---|
| 自然： | 自然村 | 自然界 | 自然力 |
| | 自然美 | 自然数 | 大自然 |
| 旅游： | 旅游团 | 旅游袋 | 旅游鞋 |
| | 旅游者 | 旅游车 | 旅游热 |
| 教育： | 教育部 | 教育家 | 教育界 |
| | 教育司 | 教育厅 | 教育局 |
| | 教育处 | 教育系 | 教育者 |
| 交通： | 交通部 | 交通局 | 交通站 |
| | 交通车 | 交通量 | 交通线 |
| | 交通员 | 交通壕 | 交通岛 |
| 工作： | 工作日 | 工作服 | 工作者 |
| | 工作证 | 工作组 | 工作团 |
| | 工作台 | 工作间 | 工作面 |

合成词素在现代汉语词汇中是大量存在的，它有三种基本形式。

（一）重叠式

如：娃娃——娃娃服
　　爷爷——老爷爷

（二）附加式

如：老虎——纸老虎　　砖头——砖头块
　　桌子——桌子腿

（三）复合式

如：采购——采购员　　创刊——创刊号
　　专业——专业户　　汽水——汽水瓶
　　包裹——包裹单

## 二　合成词素是汉语词汇发展的必然产物

汉语词汇在过去，特别在古代早期是以单音词占优势的，后来随着社会的发展，它逐渐向双音化的方向发展，到现代阶段，可以说，汉语词汇已经呈现出了双音词占优势的情况。词是由词素构成的，词在形式方面的发展和变化，必然也影响到词素的发展和变化。就汉语词汇来说，其很突出的一点就是表现为出现合成词素的问题。

词素是词的组成材料，但是词素的形成和词的形成却不尽相同。纵观汉语词汇的发展概况，词素的形成可归纳为三种不同的情形。

第一种，词素和词同时产生。当人们采用音义任意结合的方法，用某种声音表示某种事物，从而形成音义结合的语言符号时，这一语言符号既可以是词素，也可以是词。从作为造句的单位看，它是词，从这个词的组成成分来说，它又是词素。当这种词素产生之后，它就具备了词素的特点和功能，它不仅是与它同时产生的词的组成成分，同时还可独立运用或和其他词素组合来造词。如"人"这一语言符号就是用音义任意结合的方式产生的。当"rén"的声音一旦表示人的意义并从而形成"人"这一音义结合体时，"人"既是造句单位，是词，同时又是"人"这一词的组成材料，也就是造词单位，是词素。"人"作为词素不仅组成了"人"这个词，和这个词同时产生，而且它产生之后又可以和其他的词素进行组合，从而形成其他的新词，如"人情""人工""黄种人""中国人"等等。

词与词素同时产生是词汇发展早期所呈现出来的一种情况，因为那时人们造词尚无现成的造词材料，多采用音义任意结合的方法造词，也正因如此，这样形成的词和词素，基本上都表现为意义上不可分析的单纯性质。如"山""水""日""月""蜘蛛""秋千"等等就是这种情况。

在词汇发展过程中，词素和词同时产生，不仅为词汇积累了大量的词，同时也为词汇积累了大量的词素，这些造词材料的出现和大量存在，就为合成词的产生和发展提供了必要的条件和基础。

与词同时产生的词素，开始都是可以单独组词的，如"水""土"等，我们称它为"可成词词素"。随着汉语词汇向双音化的发展，有些单音词不再单独使用，组成这些单音词的词素也随之逐渐失去了单独组词的能力，它们只能和其他词素进行组合来造词了，这就是我们所讲的"非词词素"。如"冠""参""目""疗"等都是这种情况。

第二种，由单纯词转化为词缀词素。汉语中较早就存在词缀词素，后来词缀词素也有不同情况的变化和发展，并且还逐渐产生了词尾词素。从目前的语言材料和大家研究的情况来看，这些词缀词素和词尾词素基本是由单纯词发展演变而来。形成这种发展演变有多方面的原因，有语音方面的，如声韵的变化、声调的轻读等；有意义方面的，如词汇意义的虚化和语法意义的加强；有语法方面的，如词性的消失、超常规的配搭；也有语用方面的。语用方面是指在具体的语言运用中，语音、词汇、语法表现出了以上各方面的某些变化，久而久之，通过语言的渐变规律，完成了由单纯词转化为词缀词素或词尾词素的过程，从而形成了词缀词素和词尾词素的问题。

为什么说词缀词素和词尾词素是由单纯词而不是由单纯词素转化而来的呢？原因就在于产生和完成这种转化，都是在具体的语言运用过程中进行的，也就是说，是在语用中对词运用的结果。这种转化不是在造词过程中产生和完成的，不是对词素运用而促成的发展和演变，因此，从根本上说，我们不能把这看成词根词素向词缀词素的发展演变，而是单纯词向词缀词素的转化问题。如过去形成的词缀词素"者""子""头""然""于"等，从词发展为词缀，它们在词汇意义上的虚化都比较明显，有的除意义虚化外，还存在着语音变化的问题。从现在的语言材料看，如"化""性"等词缀词素的形成，也是这种转化情况的说明。

词缀词素可以独立运用造词，但不能单独组词。尽管词缀词素由词转化而来，但是当它一旦转化为词缀后，它不但不能再单独成词，而且在造词中还具有了缀加的性质，它只能附着于词根词素进行造词。不过，我们决不能因此而否定了它的"独立运用"的性质，如"子"既可附着于词根甲的后面组成"聋子"，也可附着于词根乙的后面组成"桌子"。

第三种，由合成词（或相当于词的作用的固定词组，以下略）转化为合成词素。随着汉语词汇的发展，合成词逐渐增多，有些合成词在使用中逐渐具有了词素的性质、特点和功能，从而产生了合成词素。合成词素是汉语词汇发展的必然产物，因为合成词转化为合成词素，是有其一定的必要性和可能性的。

首先，从语言运用方面看，这种转化是完全必要的，我们知道，合成词是适应社会发展和交际需要而产生的，它在社会交际中具有重要的作用，人们不但可以运用合成词组成词组和句子，而且还可以经常用它描写和说明某些具体的事物，如说明身上长着梅花花纹的鹿就叫它"梅花鹿"，说明由国家机关组织出版的报纸就叫它"机关报"，说明人们对人生的看法就叫它"人生观"，说明用塑料制成的桶就叫它"塑料桶"。反之，人们也可以用其他成分对某些合成词表示的事物进行说明，如"红领巾""皮拖鞋""垂杨柳""超短波"等等。

人们大量地运用合成词，是因合成词在语言运用中具有独特的积极作用，它凭借着自身丰富的词义内容，可以用最少的语音形式，准确简明地对各种事物加以说明。如同是"床"，用合成词加以修饰说明而成为"木板床""弹簧床""折叠床""行军床""单人床""双人床"等之后，合成词所包含的词义特点就可以简明准确地把各种不同的床区分开来了。

在语言交际中，对合成词这样运用的情况是大量存在的，这样运用的结果，就是三音词乃至多音词的产生，与此同时，合成词也就获得了词素的性质与功能。在"木板床""钢丝床"等词中，"木板""钢丝"等成分已不再是合成词，而是转化成为合成词素了。因为人们在运用它造出三音词或多音词时，所使用的是这个合成结构的整体，而不是分别使用它的分解成分。在"木板床"中，只有"木板"和"床"这两项意义在起作用，"木板床"也是这两项意义的组合，绝不是"木""板""床"三项意义进行的组合。"木板"这类合成结构作为一个整体，是在语言运用中被约定和凝固而成的，首先，它们以词的整体形式参加造句活动，并因之，它们也能够以词素的整体形式来进行造词。

其次，从词和词素的关系看，合成词在运用中转化成为合成词素也完全有可能，这是与词和词素在某些特点上的共同性分不开的。词是语言中的音义结合体，是最小的可以独立运用的造句单位。词素也是语言中的音义结合体，不过是最小的可以独立运用的造词单位。两者相比，可见它们的根本不同就是充当的单位不同，不同的单位决定了它们不同的性质和功能。词是造句单位，其功能是用以造句，词素是造词单位，其功能是用以造词，它们的其他特点都要受到它们各自充当的单位及其功能的制约，词的其他特点都在造句的范围内表现出来，词素的其他特点则只能在造词的范围内表现出来。而词和词素的这种联系与区别，就给合成词转化为合成词素提供了理论上的根据，同时也使得合成词有了转化为合成词素的可能。

由于合成词和合成词素之间存在着这样的联系和区别，所以有时一个语言成分可以具有两种不同的性质与功能。某一成分在具体运用中的性质及其充当的单位，往往要靠不同的语言运用条件来确定。如"快餐"，用在造句上它是词，"快餐在中国也逐步发展起来"；用在造词上它就是词素，如"快餐馆"，因为"快餐馆"本身就是词，它只能由"快餐"和"馆"等词素组成。

由于合成词素由合成词转化而来，因此，不是由合成词转化而来的单纯词素的组合，都不宜看作合成词素。如"三句半"中的"三句"，"高射炮"中的"高射"，"四不像"中的"不像"，"指战员"中的"指战"等都不是合成词素。前面已谈过，合成词素是一个音义结合的整体，它在意义上有"不可分割"的性质，合成词素的整体性都是由合成词在约定俗成的过程中形成的。以此标准观察"三句"等成分，就会发现，这些不是由合成词形成的成分都缺乏整体的性质，它们既不是"最小的""意义上不可分割的"单位，也不是以整体面貌出现的可以进行"独立运用"的单位，因此，这些成分不具备词素的特点和功能，不是由合成词转化而成的合成词素。所以"三句"等结构仍然是单纯词素的临时组合，在造词时，它们每个单纯词素都是表示着一项意义的独立运用的单位，"三句半"等词都是由三个词素形成的三项意义的组合。

# 三　合成词的结构分析

凡是合成词都存在着内部结构问题，因此，我们对合成词都可以进行内部分析。合成词的内部结构形式反映着它本身的构成方式和情况，因此，对合成词的分析应分析到它的结构单位词素为止。分析到词素不但可以让我们正确地认识词的内部结构情况及其所属类型，同时也可以帮助我们把单纯词素和合成词素区分开来。

在合成词的组合中，一个词素表示着一项意义，因此，几个词素的组合也就是几项意义的组合（包括只表语法意义的词素）。对一个合成词来说，两个词素、两项意义的组合，其内部只能有一个结构层次和关系，这一结构层次和关系就可说明它的结构方式类型。如"提包"是由两个单纯词素、两项意义组合而成，它只有一个结构层次和关系，其分析式是提包，其结构方式类型是偏正式。又如"时刻表"一词也是由两个词素、两项意义组成，它也只有一个结构层次和关系，其分析式是时刻表，这一结构层次和关系也说明了"时刻表"的结构方式类型是偏正式，同时还表明它是由一个合成词素和一个单纯词素组成的。这里尽管"时刻"这一合成词素是可分析的，但是有对"时刻表"这一词的分析，就不必再对"时刻"进行分析了。当然，如果把"时刻"作为独立的词，或者作为独立的一种类型的词素进行分析，则是另一回事。

因为对词的结构分析到词素为止，所以在分析式中自然就可以将各种不同类型的情况清楚地显示出来，如"时刻表"和"葡萄糖"都是三音节的合成词，"时刻"和"葡萄"一样都是双音节的词素，不必再作分析。不过，作为词素讲，"时刻"是由合成词转化而来，它有结构上的可分析性，"葡萄"却无这种可分析性。因此，"时刻"是合成词素，"葡萄"是单纯词素就可以明显地被区分开来。

此外，通过这种分析，还可以把具有不同层次的合成词揭示清楚。如"种概念"是具有一个结构层次和关系的合成词，"暑热症"就是具有两个结构层次和关系的合成词，两者的分析式分别为种概念、暑热症。之所以如此，就因为"概念"是一个合成词素，是一个意义不可分割的整体，而"暑热"却不是一个意义不可分割的整体，过去它不曾是一个合成词，现在它也不是由合成词转化而成的合成词素，"暑""热""症"组合成"暑热症"，实为造词时三个单纯词素的临时组合。

凡是具有两个以上结构层次和关系的合成词，它的结构方式类型都是由第一个层次（最大的一个层次）决定的，如"暑热症"的结构方式类型就是偏正式。语言中这类合成词还是很多的，如"电热毯""热得快""日计表""三字词"等等。

最后需要说明的是，像"皮肤"这类成分，既是合成词素，可用来组成"皮肤病""皮肤科"等，又是合成词，可用来造句。那么，能不能说"皮肤"一词是由"皮肤"这一合成词素组成呢？我们的回答当然是否定的。因为开始组合"皮肤"一词时，作为合成词素的"皮肤"是不存在的，它是后来由"皮肤"一词转化而成，因此，我们说"皮肤"一词是由两个单纯词素组成，"皮肤"一词的分析式只能是皮肤，它的结构方式类型是联合式。

汉语词汇中的合成词素是早已存在的事实，人们早已运用它们造出了大量的新词。但是在过去的语言研究中，人们还未很好地注意它。因此，要更好地说明合成词素的问题，还有待于我们今后的共同努力。

［原刊于《山东大学学报》（哲学社会科学版）
1988 年第 3 期］

# 词义分析与逻辑

## 一　词义是概念的综合反映

　　由于语言和思维的不可分割性，反映到词义上来，词义和概念就具有了密不可分的关系。词义和概念的关系主要表现为两个方面：一、概念是词义形成的基础；二、词义反映概念，概念凭借词义而成为直接现实。对于这一问题，大家的看法是基本一致的。但是在理解和阐明词义和概念的关系时，大家的意见却有所不同。其中比较普遍的情况是，只把词义中的词汇意义拿出来和概念一起分析比较，对词义的其他方面则不涉及。我认为如果仅限于这样的认识，我们对词义和概念的复杂联系与关系是无法提示清楚的。因此，我们必须从更广的范围，即词义的整个内容来认识和剖析这一问题。

　　词义是词所具有的意义，它的完整的内容应该包括三个部分，即词汇意义、语法意义和色彩意义。应该说，这三个部分都与概念发生一定的关系。

　　词汇意义是指称客观事物的意义，是人们对客观事物的理性认识在词义中的反映。毫无疑问，这种意义是和概念直接联系的。词汇意义都是在概念的基础上形成，同时又将概念的内容表现为直接现实。与词汇意义相联系的概念，决定了词汇意义是词义的本质内容，它赋予了一个词的词义指称作用，并因此而决定了一个词的产生和存在的价值。没有词的词汇意义就不可能有词的语法意义和色彩意义。词的语法意义和色彩意义都是依附于词汇意义而存在，没有词的词汇意义就没有词义，也就不可能有词。在这一点上，不但实词是这样，虚词也是这样。

词的语法意义是词在语言的性质、特点和关系结构中所表现出来的意义。它虽然不像词汇意义那样直接与词所指称的客观事物的概念相对应，但不能否认，它也与一定的概念相联系。语言作为一种交际工具，它本身也是一种客观存在，而语言内部的各种现象和情况，当然也是客观存在中的一部分，对这些客观存在进行认识之后，同样也会形成概念和相应的词义。语言中的一切概念，包括语法概念都是这样形成的。基于这种认识，所以我们说，词义中存在的语法内容也是一种客观存在，人们通过认识，逐渐从各个个体词义所具有的不同的语法性质、特点和功能中，抽象概括出了各种不同的语法概念，然后又可以反过来用这些语法概念对每个词义的语法性质、特点和功能进行说明，从而形成词的语法意义。可见，词义的语法意义与概念也是相互联系的。

当然，词的语法意义和概念的联系与词汇意义的情况有所不同。词汇意义与概念的联系具有特指性。这种特指性说明：反映客观事物性质特点的概念赋予了词义指称某种特定的客观事物的功能，所以词汇意义和概念之间有着一种本质的必然的联系，什么样的词汇意义表示什么样的概念是一定的。语法意义与概念的联系则与此不同。语法意义当中的概念都要通过表该概念的词义对词的语法意义起类指的作用，所谓语法意义和概念之间联系的类指性，就是说，人们都是通过语法概念来说明词的语法意义所属的类别，说明它或者具有名词属性，或者具有动词属性等。词的语法意义一般都是同时具有多类属性的，例如"词典"一词的语法意义既有"名词"的属性，又具有"充当主语、宾语、定语"等功能。在这里，人们运用了语法中的某些概念，共同说明了"词典"一词的语法属性，说明了"词典"一词在语法范畴中所属的类别和语法作用。由此可见，词的语法意义也是由语法中的概念通过词义的形式加以说明的，语法意义也与概念相联系，而且它联系的甚至是多个概念的综合。

色彩意义与概念的联系和语法意义的情况基本相同。词的色彩意义是依附于词汇意义而存在的。色彩意义也表示着人们的认识、倾向和感情，只是色彩意义所表示的是词汇意义以外的内容，但就色彩意义本身来说，不能否认它反映的也是一种客观情况。人们的某种认识，某种感情或倾向，形成了某类色彩意义的内容，如亲切色彩、严肃色彩、形象色彩、口语语体色彩等等，这些色彩意义的内容，都是人们通过认识从许多个体词中抽象出来的。与此同时，这种认识也形成了各种相应的概念，这些概念也同时又被"亲切色彩"等相应的词语形式巩固下来。语言中各类色彩意义的类聚就是由这些概念借助于词义或语义表示出来的。另一方面，它们又可以反过来以此对每个个体词的色彩意义起着类指的作用。如"妈妈"一词的色彩意义是"亲切色彩、口语语体色彩"等等。"亲切色彩""口语语体色彩"等概念通过表示这些概念的词语的意义，对"妈妈"一词的色彩意义的类属作了具体的说明，所以色彩意义与概念的联系也是具有类指性的。

由于一个词往往可以同时具有两种或两种以上的色彩意义，所以色彩意义的这种多项性，就决定了它有时也可以同时与几个不同的概念相联系。因此，和语法意义一样，色彩意义不但与概念有联系，而且它联系的也可以是概念的综合。

综上所述，词义和概念的关系远不只是词汇意义与概念的关系问题。词义的三个部分都与概念有联系，虽然它们的联系情况不同，但它们和概念之间都存在着联系却是不能否认的。任何一个词义都有三个部分的内容，任何一个部分都与概念相联系，因此我们说，词义是概念的综合反映。

## 二 词义在语用中的逻辑变化

因为词义是概念的综合反映,所以词义和概念的关系是非常复杂的。词在孤立地静止地存在时是这样,在具体的语境当中运用时也是这样。更值得注意的是,这种关系在具体的语境在还能够发生不同的变化。下面仍然从词义的三个部分对这一问题作简要分析。

(一)词汇意义方面。我们知道,词汇意义是指称客观事物的意义,它表示着客观事物的概念,因此,当词汇意义孤立地静止地存在时,都具有概念对应性。但是当词一旦进入了具体的语境之后,除部分词义仍然只有概念对应外,许多词的词义都会发生某些不同的变化。初步分析,约有以下三种变化情况。

第一种:词义由通称变为专指。一个表通称的词义一旦进入语境中作具体所指时,它除了具有概念对应性外,同时也会获得具体事物对应性。这时的词义内容就会在表共性的基础上加进该具体事物的性质特点,由表通称变为表具体的个体,词义的外延缩小了,内涵却丰富了,在这种具体语境中,它由通称变为专指。如"多他一个人没关系"中的"他"和"人"就是这种情况。"他"和"人"孤立存在时是表示该类事物的通称。它们的内容只概括了该类事物的共性,但是在上面的语境中,它们除表共性的意义外,还具有了专指性,即这里的"他"是专指的这一个"人",而这里的"人"也是专指"他"这个人而不是另一个人,所以这里的"他"和"人"都是专指具体的个体。它们的意义也必然地要在共性意义的基础上加进这一具体的个性因素,并因此而变为专指。

第二种:词义由类指变为种指。一个表类概念的词义,一旦进入具体的语境中获得具体事物对应性时,它往往也会由表类概念的词义变为表种概念的词义。如"花"孤立存在时,它的一个意义是表示"种子植物的有性繁殖器官，由花瓣、花萼、花托、花蕊组成，有各种颜色，有的很美丽，有香味"。这时，"花"的词义表示的是一种类概念。但是在客观世界中并没有抽象的"花"，每枝花都存在于类指关系之中，所以当"花"进入到具体语境中时，它的意义必然要获得指称某一种花的具体事物对应性，这时"花"的意义也必然会从类指变为种指。如"这种花真美"。这里的花一定是指某一种花，它或者是指月季花，或者是指牡丹花等等。词义在具体语境中由类指变为种指时，其意义内容也必然要发生相应的外延缩小、内涵丰富的变化。

有时词义由类指变为种指时，也往往会伴随着词义由通称变为专指的变化。如在"这朵花真美"的语境中，"花"的意义除了表示某一种花外，还表示这一种中的一个个体，这时"花"的意义不但由类指变为种指，同时也由这一种花的通称变为专指该种花中的某一个体了。这时，"花"的意义也必然发生由表类概念变为表种概念中的某一个体的变化。

第三种：词义由原义变为他指。由于客观事物之间存在着各种复杂的联系和关系，因此，人们就可能把指称甲事物的词用来指称乙事物，这就是词义的他指情况。词义由原义变为他指最初都是作为一种临时变化出现在具体的语境当中，它是由人们的认识和语言运用中的修辞需要等多种原因造成的。当这种他指情况逐渐被人们直接和社会约定俗成之后，就可以固定下来发展成为一个多义词的义项，甚至会逐渐分化成为一个新词。

（二）语法意义方面。词的语法意义在具体语境中发生的变化比较小，却不能否认语法意义也会发生某些变化。语法意义的变化主要表现为在语境中的活用问题，以及由于活用而带来的语法关系方面的新配搭、新组合。如"老栓，就是运气了你！"，这里的"运气"就是由名词的语法意义变成了动词的语法意义，并进而获得了动词的语性特点，加带了表体的动词词尾"了"，并带了宾语"你"。

　　词的语法意义在语境中的活用现象不仅是一种语言表达手段，而且可以促成词义的丰富和发展，有一部分兼类多义词的形成，就是语法意义的活用现象被固定下来的结果。如形容词"丰富"通过活用，逐渐形成了动词义项，动词"领导""报告"通过活用，逐渐形成了名词义项，与此同时，"丰富""领导""报告"等词也发展成了兼类的多义词。当词的语法意义由活用而形成义项时，它的词汇意义也往往要发生相应的程度不同的变化。如"领导"一词由动词用作名词时，它的词汇意义也由表示一种作用变为表示进行这种动作的人了。

　　（三）色彩意义方面。和词汇意义、语法意义一样，词的色彩意义在语境中也会出现某些变化。由于色彩意义具有更多的主观性和灵活性，语言运用者的认识、思想、爱好和情趣，社会文化和民族传统等各种因素，都可以在具体语境中赋予词义某些临时色彩，或者改变词义所固有的某些色彩意义。因此，词的色彩意义在语境中的变化更呈现出了一定的复杂性和多样性。但是总体来说，色彩意义的变化主要还是表现在色彩意义内容的增减上。前面已讲过，色彩意义具有类指的作用，它往往是由几个表色彩意义类的概念构成的多项性的综合。正因为词的色彩意义是多项性的，所以在色彩意义方面就可以出现色彩项的增减问题。有的词义在语境中会获得某项色彩意义，如"吉他"孤立存在时只有中性色彩，但是在"我终于有了心爱的吉他"中，"吉他"就是有了喜爱的色彩意义。有的词在具体语境也会失掉或者改变某项色彩意义，如"聪明"一词原有一种赞美的褒义色彩，"这孩子真聪明"中的"聪明"就反映出这种色彩意义，但是在"你不要自作聪明了"的语境中，"聪明"的这种赞美的褒义色彩明显地失了，因为在这一语境中，"聪明"所对应的具体内容并没有值得赞美的成分。由此可见，色彩意义在语境中的变化，一般都是体现在色彩内容的增减上。

　　通过以上分析，我们可以明显地看到，词义的三部分内容在具体语境中都会发生不同情况的变化。因此，我们在语言运用中把握词义的时候，就必须具体分析和认识它变化前后的情况和变化后所表示的内容。

## 三　词义分析中的逻辑因素

近年来，随着词义研究的深入，语义场、义位和义素理论，以及与此有关的词义分析方法，也越来越为人们所接受。但是从目前的情况看，人们在运用词义分析的方法时，还带有较多的主观因素，这在某种程度上影响了词义分析的准确性和科学性。要想使词义分析更加准确和科学，就应该有意识地结合其中的逻辑因素进行考虑。事实上，只有结合逻辑因素去认识义位、语义场和义素的问题，才能把问题分析得合理和透彻。

总的看来，在义位类聚为语义场的问题上，始终存在着类概念和种概念的关系问题。语义场是一类义位的聚合，应该说，这种语义场就相当于一种类概念，而它包含的义位则是从属于它的一系列的种概念，它们构成类和种的关系。语义场、大子场、小子场，以至于最小子场所包含的义位，事实上，往往都表现为不同层次、不同范围和不同类别的类种关系。在进行义素分析时，只有对那些在最临近的类种概念的范围之内，处于并列关系中的各个同位种概念，才可以进行义素的比较和分析。义素分析中相同的成分，就是其同类中的共同点，也就是其上位类概念的内容，其不同点则是同位种概念之间的相异之处。只有在相临近的类种概念的范围内进行义素分析，才能比较透彻地符合实际地认识词义的内容。对表示客观事物名称的词义分析是这样，对一些描述性的抽象的词义进行分析是这样。反之，如果进行词义分析时，我们不注意其类种关系，把不同类的词义放在一起比较分析，或者把不是具有最临近的类种关系的词义放在一起比较分析，往往都不能得出正确的结果，甚至这样的分析比较根本就无法进行。

当然，客观现实中的事物、现象和关系是复杂的，它们之间的联系和关系也是复杂的，表示它们的各个词的词义之间的联系和关系更是复杂的。有时一个词的意义可以从不同的角度进入到不同的语义场中去，也就是说，它可以从不同的方面组成各种不同的类种关系。有时一个较大的语义场中也可以包含不止一种类种关系。对这些情况，我们就需要分别从不同的方面去认识。

［原刊于《内蒙古民族师院学报》
（社会科学汉文版）1988 年第 4 期］

# 词义演变规律述略

词是声音和意义的结合体，是一种具有稳固性的定型结构。然而，词作为语言的一种成分，它又具备语言的发展变化性。在语言发展过程中，词的声音和意义都是可以发生变化的，尽管这种变化是渐变的、缓慢的，它却又是丰富的、活跃的。这些变化是语言发展变化的重要组成部分，它们促成了语言的不断丰富和发展。本文只就词的意义的发展演变问题谈一点看法。

## 一　词义演变的类型及其关系

平时大家谈到词义演变的情况时，一般都归结为词义的扩大、缩小和转移三种类型。事实上，词义发展变化的实际情况却要复杂得多。由于语言中存在着单义词与多义词问题，所以我们首先可以把词义的演变归结为词的一个意义的变化和一个词的意义的变化问题。对单义词来说，词的一个意义和一个词的意义是一致的。对多义词来说，词的一个意义和一个词的意义却完全不同，词的一个意义只是一个词的意义的一部分，是它的一个义项而已。因此，在多义词中，词义的演变既可以表现为义项多少的变化，又可以表现为某一个义项本身的变化，甚至表现为这两种变化都同时存在的情况。

观察词的一个意义的变化情况，我们可以把它分为词义的深化、扩大、缩小和转移四种类型。

词义的深化，其特点是词义在指称外延不变的情况下，内涵方面发生了由简单到丰富、由不正确到正确的变化。如"云"，《说文》释为"山川气也"，《现代汉语词典》则释为"由水滴、冰晶聚集形成的在空中悬浮的物体"。再如"鱼"，《说文》释为"水虫也"，《辞源》（1930年版）释为"水族之属，大抵有鳞及鳍，冷血，卵生，而以鳃为呼吸，脊椎动物中种类最繁者"，新编《辞海》（1977年版）则释为"水生脊椎动物。体常被鳞，以鳍游泳，以鳃呼吸。多数有鳔，心脏具一心耳，一心室，听觉器官只有内耳。体温不恒定。主要可分软骨鱼类、硬骨鱼类等"。由以上两例可见，词义在其指称范围不变的情况下，其内容可以不断地进行变化和发展，这种发展变化是由社会的发展和人们认识的发展所决定的。

词义的扩大，其特点是词的一个意义发生了指称外延扩大，内涵更加抽象概括的变化。如"灾"，《说文》释为"天火也"，只指自然发生的火灾；现在则指"一切的灾害"。"河"，《说文》释为"水出焞煌塞外昆仑山发原注海"，是指黄河而言；现在则成了"河流的通称"。从词义扩大的意义内容变化情况看，一般都表现为由表种概念的意义而变成了表属概念的意义，如"灾"；也有的呈现为由表专指的意义变成了表通指的意义，如"河"。因此，词义的扩大是一个开放的系统，它会随时容纳不断产生的新的种概念和个体概念。

词义的缩小，其特点是词的一个意义发生了指称外延缩小而内涵却更加丰富的变化。如"臭"，《辞源》（1930年版）释为"气味的总称"，现在则成为"难闻的气味"。"事故"，《辞源》（1930年版）释为"事情"，现在则成"意外的损失或灾祸"。从词义缩小的意义内容变化情况看，一般都呈现为由表属概念的意义变成了表种概念的意义，上例的"臭""事故"都是这种情况；也有的可以由通指变为专指，如"朕"就是由"第一人称"的通称变成了"皇帝自称"的专称。和词义的扩大相比，词义的缩小是一个封闭的系统，当它通过特指的手法而专指某种事物或某个事物的时候，它的意义范围将要排斥掉自身之外的其他种概念，包括它原来曾经指称过的其他种概念在内。

词义的扩大和缩小虽然具体情况不同，但是它们却有一个共同的条件，那就是变化的新义与旧义之间存在着属与种的关系或通指与专指的关系，这就是这两种类型的词义变化的逻辑基础。在这种基础上，词义的指称外延进行由小到大的变化就是词义的扩大，反之则为词义的缩小。

词义的转移，其特点是词的一个意义的指称外延和内涵均发生了变化，也就是它所表示的两个新旧不同的概念发生了更替。如"事迹"，《辞源》（1930 年版）释为"事情经过的痕迹"，现在却指称"个人或集体做过的重要的值得称颂的事情"。从"事情的痕迹"变为指"事情本身"，词义所指称的范围和内容都发生了变化。词义的转移是两个不同意义的更替，相互更替的两个意义之间，虽然不像扩大和缩小那样，所表示的概念间有属种等关系，然而却不能否认，相更替的两个意义之间仍然存在着一定的联系，因此，我们仍然可以寻找出词义转移的演变轨迹。如"脚"的"小腿"义和"足"义虽然不同，然而两者却同是指人体下肢的一部分。"走"过去的"跑"义和现在的"行走"义虽然不同，然而两者也都表示人体行动的方式。就是这些异中有同的联系，使词义在具体运用和约定俗成中逐渐进行了变化与转移。当然，有些词义转移后，变化前后的两个意义之间的联系，随着时代的变迁和年代的久远，显得有些疏远和淡漠了，但是，如果追究其发展演变的渊源，却总能发现其变化的脉络。如"事"，过去是"官吏"义，和现在的"事情"义相比，似乎无甚联系，但是从官吏到官吏的所作所为，即把人和人所做的事联系起来观察，那么"事"的词义发生了转移的变化也就可以找到它的根据和因由了。

以上是词的一个意义的四种变化情况。凡属词的一个意义的变化，其特点是新义的产生就意味着旧义的消亡，所以在词义的深化、扩大、缩小和转移的变化中，在共时范围内，新义与旧义是不能并存的。如果新义与旧义并存，那就不是词的一个意义范围之内的演变问题，因此绝不能看作词义发生了或深化，或扩大，或缩小，或转移的变化。因为在共时范围内，词的一个意义范围中，新义与旧义不再并存，是完成词义深化、扩大、缩小、转移的变化的标志。

观察一个词的意义的变化情况，我们可以把它分为义项的增多和义项的减少两个类型。事实上，一个词的意义变化情况比较复杂。在一个词的范围内，词义变化的情况既可表现为义项的增减，又可表现为一个义项本身的变化，又因一个义项本身的变化，可归结为词的一个意义的变化问题，因此，词的义项的增多和减少就成了一个词的意义进行变化的主要内容。当然必须明确，一个词的意义变化和词的一个意义变化往往都是同时进行着。

义项的增多和义项的减少都是词义在发展过程中所表现出来的义项数量的变化，它不涉及词义所表示的概念的外延和内涵问题。如"丑角"，原只指称"戏曲角色中的丑"，后又增加了新义项，也可指称"在某一个事件中充当的不光彩的角色"。"半导体"原只指称"导电能力介于导体和绝缘体之间的物质"，现在又可指称"半导体收音机"。以上两例均属义项的增多情况，其特点是新义与旧义可以并存于一个词的范围之内，而且都保持着自己的独立性。当然，作为多义词的多个义项来说，它们之间是存在着一定联系的，但是这种联系并没有妨碍义项数量的变化及各义项的独立性，相反，正是这种联系，导致了词的义项增多和发展。

义项的减少也是词义发展的一个方面。如"喽罗"，《辞源》（1979年版）释有三个义项："①伶俐，机警。②旧称占有固定地盘的强人部众。③扰乱，喧噪。"《现代汉语词典》却只有一种解释，即"旧时称强盗的部下，现在多比喻反动派的仆从"。相比之下，"喽罗"一词原来的①和③两个义项现在消失了，"喽罗"因之而变成了单义词。"喽罗"的第②个义项，从词的一个意义的角度观察，古今相比，也有了一定的演变和发展。又如"让"，现在虽然也是一个多义词，但过去表示"责备"义的义项，也早已从这个词的意义范围之内消失了。

词的义项增多和减少的变化不是单线进行的，有时在义项增多的同时也可以出现义项减少的变化，这是多义词内各义项并存而且都具有各自的独立性所决定的。

由以上分析可知，词的一个意义的演变和一个词的意义演变情况是完全不同的。但是这完全不同的两个方面，却有着不容忽视的联系和关系。一个词的意义演变，从它本身的变化情况看都呈现为一种演变的结果，因此，我们把义项的增多和义项的减少等变化都归纳为词义变化的类型。但是一个词的意义演变情况，对词的一个意义演变情况来说，它往往又是一种过程，甚至可以说，它们是形成词的一个意义发生变化的必要方式和手段。词的一个意义的演变，事实上又是一个词的意义进行演变的结果，义项增多是其进行的阶段，义项减少则是其完成的阶段。整个的词义系统就是在这种错综复杂的关系中不断地进行演变和发展。

## 二　词义演变的轨迹

语言是渐变的，因此，词义的演变一般也要经历一个相当长的时间和过程。

和语言中其他成分的发展变化一样，词义的演变开始往往都源于语言运用中的临时变化。人们在言语交际过程中，由于表达的需要，往往会创制一些新的语言成分。就词义来说，这种新创制的成分主要表现为两个方面。第一是创制新词以表示新义。第二是通过引申、比喻、借代、特指等方法，采用旧词的形式以表示他义。这两种临时性的变化，一旦被大家承认并约定俗成下来，就会引起词义系统中的某些演变和发展。

创制新词表示新义，对词义系统的发展可以产生两个方面的影响。第一个方面是新义出现，充实和丰富了词义系统的内容，促成了旧类聚内容的增加和新类聚的产生，从而使词义系统得到发展。如许多表示新事物的词义都有这种作用。第二个方面是新义出现后，促使某些旧词义的指称范围和内容发生某种情况的变化。如"轿车""面包车""吉普车""卡车"等等词义的出现，就必然要引起"汽车"一词的词义发生扩大的变化。又如"吃"一词，中古时期"吃"表示着"食"和"饮"两种意义；后来出现了新词"喝"，结果"喝"的词义就把"吃"中的"饮"的意义分担了过来，从而使"吃"的词义发生了缩小的变化。由此可以看出，新义出现后涉及词义演变的第一个方面是对整个词义系统产生影响的问题，第二个方面则是对一个词的意义或词的一个意义产生影响的问题。因此，凡属第二个方面的影响而引起的词义演变情况，总要与前面分析的某种演变类型有关。而且它们的变化，开始总要首先表现为旧词中义项增加的情况。

采用旧词的形式以表他义，往往都来源于修辞，但是这种情况一旦被固定下来，首先也是表现为旧词的义项增加问题。如"包袱"一词原有两个义项，即"①包东西用的布。②用布包起来的包儿"。后来人们把"思想负担"比喻成"包袱"，而且被逐渐约定了下来，结果"包袱"一词又增加了"负担"的义项，从而形成了义项增多的变化。

以上分析可以说明，无论通过哪种方式产生新义，只要涉及词的一个意义或一个词的意义的变化时，都首先表现为义项的增多。因此可以认为，词义演变的六种类型中，除词义深化外，其他五种类型都不可缺少义项增多的发展演变阶段。

词义演变呈现为义项增多的情况之后，又会出现各种复杂的情形。

第一种，义项增多的演变结果，使得单义词变成了多义词，或者使原来的多义词，义项更加丰富起来。这种情况在词义以后的发展过程中，较长时期地相对稳定了下来，从而促成了语言词汇中多义词的丰富和发展。如"错"，开始是"交错，错杂"的意思，后来又出现了"错误"义，结果，现在这两种意义都存在于"错"一词中，成了它的两个义项。这种情况下，义项增多真正作为一种词义演变的结果，表现得最为明显。

第二种，义项增多之后，新义项与旧义项并存使用了一个阶段，后来两义之间的联系逐渐淡化了，最后在同一个语音形式之下，义项产生了分化，各自独立成词。这种变化对原来的一个词的意义来说，就是义项减少的变化，对分化出来的新义项来说，则是词义分化造词。这种情况在汉语词汇的发展中也不乏其例，如"月亮"的"月"和"日月"的"月"，"一刻钟"的"刻"和"雕刻"的"刻"等都是这样分化而成的。这种分化的结果，不但呈现为词义的演变和发展，而且也由此而产生了许多同音词。

第三种，义项增多之后，新旧义项在并存使用的过程中逐渐发生了变化。在两个相对应的新旧义项中，新义项逐渐变成了常用义，旧义项却逐渐降低其使用频率，直到出现了最后消失的现象。旧义项的消失就表现为义项减少的演变结果，而义项减少的结果对相互对应的两个新旧义项来说，又完成了词义的扩大，或缩小，或转移的变化。因此我们说，词义的扩大、缩小和转移的变化，开始于语言的临时变化并被约定俗成之后，它是经过了义项增多和义项减少两个阶段而后完成的。作为一个词的意义变化中的义项增多和义项减少，既是一种词义演变的结果，又是词的一个意义演变的过程，词的一个意义演变中的扩大、缩小和转移，都是通过义项增多、两义并用的演变过程之后，再通过义项减少来实现的。如"江"，《孟子·滕文公上》："决汝汉，排淮泗，而注之江。"很显然，上例中的"江"是专有名词，表"长江"义。后来，"江"又产生了新义项"江的通称"。如《世说新语·言语》：将别，既自凄惘，叹曰："江山辽落，居然有万里之势。"其中的"江"就是表"江的通称"义。"江"作为专名义和通名义，在《尚书·禹贡》中也有两者并存的例证。如"江、汉朝宗于海"中的"江"就是专名，而"九江孔殷"中的"江"则是通名。在发展过程中，原有义项"长江"义渐渐消失，从而出现义项减少的变化，在义项减少的同时，新增义项取而代之，"江"最终完成词义扩大的演变。又如"臭"，《诗经·大雅·文王》："无声无臭。"《荀子·王霸》："口欲綦味，鼻欲綦臭。"以上两例中的"臭"都是表"气味"义的。但是在先秦阶段，"臭"的"恶气味"义也已出现，如《庄子·知北游》："其所美者为神奇，其所恶者为臭腐。"这里的"臭"就是表的"恶气味"义。可见这一时期，"臭"的两个义项是并存使用的。到汉代以后，"臭"的"恶气味"义项的使用频率逐渐提高，而表"气味"义项的使用频率却逐渐降低，以至最后失掉作为独立义项的资格，"臭"一词的义项因此而发生了义项减少的变化。与此同时，"臭"的相互对应的两个义项完成了交替过程而形成词义缩小的变化。① 词义转移的情况也是如此。如"兵"，《荀子·议兵》："古之兵，戈、矛、弓、矢而已矣。"显然，这里的"兵"是"兵器"义。后来，"兵"出现了新的"士兵"义，并形成了义项增多的变化，而且在一个阶段之内，两义并存使用。如《孟子·梁惠王上》："兵刃既接，弃甲曳兵而走。"《庄子·盗跖》："勇悍果敢，聚众率兵。"很明显，上两例中，前一例的两个"兵"均为"兵器"义，后一例的"兵"则为"士兵"义。随着"兵"的词义的发展，两个义项的使用频率逐渐发生了变化，结果旧义最终不再独立使用而消失，"兵"的词义出现了义

---

① 根据唐钰明的《"臭"字字义演变简析》（《广州师院学报》1987年第2期）一文统计，战国后期在各种典籍里出现的79例中，"恶臭"义只占9%。到汉代，查典籍四部，见"臭"11例，"恶臭"义6例，占54%。

项减少的情况，而新旧两个对应的意义则完成了词义转移的演变。

上述情况可以充分说明，词义的扩大、缩小和转移的变化，都是在义项增多之后，新旧义先并存使用一个阶段，然而又经过义项的减少而完成的。同时，词义演变的几种类型之间的关系，通过这些具体的演变过程，也非常清楚地显示了出来。

以上主要就词义演变的轨迹问题分别作了一些分析和说明。事实上，词义演变的情况是非常复杂的，它往往呈现为几种情况相互交错的状态，并不都是单线条地发展。就词的一个意义来看，有时会出现扩大、缩小或转移连续进行的情况。如前面所举的"臭"，它在完成词义缩小的变化之前，就曾经经历过由"嗅"义到"气味"义的转移演变过程。有时词的一个意义在进行扩大、缩小、转移的同时，也伴随着词义深化的演变和发展。就一个词的意义来说，情况更为复杂。一个词的意义进行义项演变的同时，经常会伴随着词的一个意义发生变化的情况，有时在一个词的范围内，相互变化的义项也不一定完全一一对应，一个旧义同时出现几个不同的对应义项也是完全可能的。义项增多时会同时出现义项的减少，反之，义项减少时也可以同时出现义项的增多。由于各个词引起词义发生演变的条件不同，所以词义的演变方式尽管离不开以上所谈的六种类型，但各个词的演变情况各不相同，如有的只发生义项的增多，有的却可以几种类型兼而有之等等。因此，要研究词义的演变发展情况，就必须对具体词的情况分别作具体的分析和说明。

（与杨振兰合写，原刊于《文史哲》1990 年第 6 期）

# 新中国成立以来对"词""词汇"概念的研究

## 一

新中国成立以后，对"词"的研究逐渐多了起来。但是如何给词下一个大家都认可的定义，却又是一件颇为困难的事。现将四十余年来几种有代表性的意见介绍如下：

词是一个形式和内容统一起来的语言最小单位。[1]

词在语言中是具有一定意义的语言形式，它是最小的能够独立运用的语言单位。[2]

语言的最小意义单位，叫做词。[3]

语言的最小的独立运用的单位是词。[4]

代表一个概念的，或是具有一种语法作用的一组声音，就是一个词。[5]

词是一种语言建筑材料的单位，也就是造句的时候能够自由运用的最小单位。[6]

---

① 孙常叙：《汉语词汇》，吉林人民出版社1956年版，第2页。
② 周祖谟：《汉语词汇讲话》，人民教育出版社1959年版，第1页。
③ 王力：《王力文集》，山东教育出版社1985年版，第33页。
④ 吕叔湘：《语法学习》，中国青年出版社1953年版，第2页。
⑤ 张志公：《汉语语法常识》，中国青年出版社1953年版，第2页。
⑥ 高名凯、石安石主编：《语言学概论》，中华书局1963年版，第105页。

　　词不仅是词汇的基本单位，而且是作为整体的语言的基本单位。因为一方面词已经包含着语言的一般的本质特征，这就是说，它同时具备外部的声音方面和内部的意义方面；另一方面词不是言语里临时创造的东西，而是语言里现成的东西，在言语里只不过是再现出来而已。①

　　我们把词看作是语言中有意义的能单说或用来造句的最小单位，它一般具有固定的语音形式。②

　　词是语言中一种音义结合的定型结构，是最小的可以独立运用的造句单位。③

　　从以上关于"词"的各种定义中，我们不难看出，大家对词的认识还是有分歧的。造成这种分歧的原因主要有两个方面。第一，大家观察和研究词的角度不同，如有的人是从语法的角度来认识的，有的人则着重从意义方面来考虑，有的人单纯从词汇方面来研究词，也有的人除注意词汇方面外，又兼顾了语法方面。第二，人们对词在语言中的地位和作用也没有比较统一的认识。这就形成了"各执己见"的局面。但是，从以上定义中也可看出，四十余年来，随着对词汇研究的不断深入，对词的看法在许多方面也逐步趋向一致，其表现主要有以下几点。

　　1. 词是语音和语义的结合体。词必须有语音形式，并依附于语音形式而存在。词必须有意义，不表示某种意义的单位绝不是词。因此，词是一定语音形式与一定意义的结合体。所以，单纯从语音形式方面来认识词固然不对，而单纯从词的意义方面认识词和界定词也是片面的。

　　2. 从把词称为"语言单位"逐步改变为称作"造句单位"。过去在词的定义中，多数人都把词说成"语言单位"，随着对词

　　①　张永言：《词汇学简论》，华中工学院出版社 1982 年版，第 20 页。
　　②　符淮青：《现代汉语词汇》，北京大学出版社 1985 年版，第 1 页。
　　③　葛本仪：《汉语词汇研究》，山东教育出版社 1985 年版，第 2 页。

的观察和研究日益深入，人们逐渐认识到这种说法有其含糊之
处。因为语言中的任何一个单位都可以称为"语言单位"，把词
说成"表示意义的最小的语言单位"，则又和"语素"难以区分。
那么，词应该是什么单位呢？作为词的定义，应该揭示词的本质，
而词的本质又是什么呢？观察词在语言中的作用，应该说，其本质
功能是造句。虽然词还可以组成短语，但词在语言中存在的最终目
的是接受语法规则的支配而形成言语。因此，词是语言的建筑材
料。把词称为"造句单位"正是揭示了词的本质功能。这就是现
在越来越多的人把词称为"最小的造句单位"的原因。

3. 词是最小的造句单位。在词的定义中，"最小的"这一定
语出现得比较早，也比较多。然而大家对"最小的"的理解却不
尽一致。有的人是从意义的角度来认识的，有的人则从结构形式
方面来说明，也有的人试图从语法功能方面进行解释。但是大家
总的目的，都是想说明词的整体性和独立性的统一。随着对"词
是音义的结合体""是个相对固定的结构"的认识趋于一致，对
"最小的"含义的理解也逐渐清晰起来。概括地说，"最小的"可
以从三个方面说明。第一，词表示的意义是不可分割的。也就是
说，词的意义是个最小的整体，不能用扩展后的意义来代替。第
二，词的语音形式和语素组合形式虽然可以分析，但就词来说，
也是不可分割的，这种形式也是最小的整体。第三，词作为造句
单位中的音义结合的定型结构是最小的。语素作为音义结合的定
型结构虽然比词还小，但它并不是造句单位；词组虽然是造句单
位，但它又是比词大的单位。

4. 词是可以独立运用的造句单位。用"独立运用"来说明
词，当然也是为了更好地揭示词的特点，但什么是"独立运用"
呢？有的人用"可以单说单用"来说明，更多的人则认为"单
说"不是对"独立运用"的说明，因为词并不一定都可以"单
说"，用"单用"解释词的"独立运用"则比较恰当。所谓"单
用"应该是指造句时可以作为一个独立的单位用来造句，而不是

指它可以单独成句。很明显，后一种意见对词的"独立运用"的特点无疑作出了更为准确的解释。

从词的整体来看，人们今天的认识和三四十年前相比，其明显的不同又表现在：第一，词是一个整体，尽管它有各方面的特点，但这些特点都是互相联系、互相制约的，无论哪一个特点都不能单独说明词。只有从整体的角度来看词，才有可能对词作全面正确的理解。第二，词是词汇的个体单位，是语言符号的单位，它是词汇学研究的基本单位之一，是词汇学研究的内容。因此，虽然词与语法学也有联系，但我们却不能依附于语法学来研究词。

对"词"有了理论上的研究和认识之后，还有一个实践上的辨认问题。语素、词、词组都是音义结合体。语素小于词，是造词单位，因此，区分语素和词还比较容易。但在某些词和词组的区分上却显得复杂起来。我们知道，在汉语中有一部分由成词语素组成的复合词如"羊肉""牛奶""提高""抓紧"等，区分这类合成词和词组的不同就显得比较困难。这个问题在50年代就引起了人们的注意。当时陆志韦先生曾经提出了用"扩展法"加以区分——不能被扩展的是词，可以加入其他成分扩展的就不是词。[1] 但事实证明，用"扩展法"来辨别词和词组是不奏效的。甚至陆志韦先生自己也说："'羊肉'能扩展成'羊的肉'，但是搁回句子里去，'买一斤羊的肉'就很别扭。"[2] 因此陆先生也不得不把"羊肉"仍作为词对待。此后，人们虽然对这个问题不断地进行探讨，但始终未求得很好的解决方法。从目前看，一般倾向于参照以下几方面进行判断。第一，仍然要以词在理论上的定义为主要依据。看某个结构形式是否具备词的特点，在语音、意义、语言功能和结构形式上是否已具备相对的固定性。第二，要尊重语言习惯。如"羊肉"在句子中并不能用"羊的肉"来代

---

① 陆志韦等：《汉语的构词法》，科学出版社1957年版，第7—8页。

② 陆志韦等：《汉语的构词法》，科学出版社1957年版，第8页。

替，就应该承认"羊肉"在语言运用中的定型性，从而确认为词。第三，要注意运用的频率。在现代语言研究中，频率统计已成为一种现代化的科学手段。如果一个语言成分在实际运用中出现的频率比较高，就说明它具有一定的定型性，因此，也应该承认是词。当然，与此相悖者就是词组。根据这样的看法，那么，像"羊肉""牛奶""提高""抓紧"等等都应看作词。

## 二

现代汉语词汇研究，顾名思义，它是以普通话词汇为研究对象的。那么，词汇单位是什么？词汇内部有没有体系性？这些都是现代汉语词汇研究中带有根本性质的大问题，研究者必须着力解决。但是，对于这些问题，学术界的认识并不一致。

1. 关于词汇单位问题。目前主要意见有三种：第一，词是唯一的词汇单位。"每种语言所蕴蓄的词的总汇叫做'词汇'。"① 这个定义只指出词是词汇的构成成员。第二，词和词的固定组合同为词汇单位。例如有人认为在现代汉语里，词汇单位"仅仅有两类，就是词和词的固定组合体"。② 至于词的固定组合的名称，常见的有固定词组、固定结构、熟语等，存在着名同实异或名异实同等现象。应当说明的是：很多著作在词汇定义里虽然并未提到词的固定组合，但是在实际上它们是承认词的固定组合是词汇单位的。例如有的教材给词汇下定义时说："词汇是语言的建筑材料，是许多词的集合体。"③ 而讲到熟语时，却又这样说："词汇当中，除了许多独立运用的词以外，还有一些现成的词组，为一般人所经常使用的，也作为语言建筑材料和词汇的组成部分，

① 孙常叙：《汉语词汇》，吉林人民出版社1956年版，第161页。
② 刘叔新：《汉语描写词汇学》，商务印书馆1990年版，第19页。
③ 胡裕树主编：《现代汉语》（增订本），上海教育出版社1981年版，第232页。

这些总称熟语。"① 这不是清清楚楚地说明了熟语也是词汇单位吗？第三，语素、词、词的固定组合都是词汇单位。例如有人说："我们把语素、词、熟语合起来统称为词语……词语依据自身所具有的各种特点（形式的，意义的，功能的，结构的）相互联系起来，构成一个整体，这个整体就是词汇，亦即语言符号实体系统。"② 这里显然是把语素、词和熟语都看作词汇单位的，虽然文中并没有提出"词汇单位"这个术语。

以上三种意见都承认词具有词汇单位的资格。而且很多人还强调它是基本的词汇单位。此外，现在看来，大家对于词的固定组合的看法也趋于一致，认为它是词的等价物，应该进入词汇。剩下的问题是：语素能否充当词汇单位？对词汇单位的看法产生分歧的原因，主要是人们确定词汇单位的标准不同。

目前多数人都是以词为标准的。如许多人在指出熟语也是词汇单位时说：同词一样，熟语也具有结构定型和意义完整的特点，能单用或用来造句。③ 这就是说，是不是词汇单位，是以词的特点和作用为标准来衡量的。持这种观点的人认为语素不具备词的条件，因此不是词汇单位。也有人提出了语言符号说，认为词汇是语言符号根据自身所具有的各种特点互相联系而构成的整体。这些语言符号"既有自己的语音形式，又有自己的语义内容，还有自己的内部结构和外部功能"。持这种观点的人明确指出：具备这个条件的有词，有熟语，还有语素。④

对词汇单位的讨论，事实上涉及到词汇的内容、性质以及词

---

① 胡裕树主编：《现代汉语》（增订本），上海教育出版社 1981 年版，第 293 页。

② 陈庆祜、周国光：《词汇的性质、地位及其构成》，《安徽师大学报》（哲学社会科学版）1987 年第 3 期。

③ 参见葛本仪：《汉语词汇研究》，山东教育出版社 1985 年版，第 37—38 页；胡裕树主编：《现代汉语》（增订本），上海教育出版社 1981 年版，第 293—299 页。

④ 陈庆祜、周国光：《词汇的性质、地位及其构成》，《安徽师大学报》（哲学社会科学版）1987 年第 3 期。

汇在语言中的地位和作用等一系列根本问题，因此，应该引起大家的重视。

2. 关于词汇体系问题。词汇有没有体系？如果有的话，这个体系表现在哪里？20 世纪 60 年代，有人着文讨论过这个问题，但没有结论。① 近十年来，人们又重新对这个问题进行了探讨，并取得了一定成绩，但意见仍未统一。目前有这样几种有代表性的观点。第一种，有人认为词汇体系表现在：（1）多种多样的词汇成分各作为统一物内的有机组成部分存在，受共同规律的制约；（2）词汇成分之间在历史的演变过程中存在着相互作用、相互影响、互为因果的联系；（3）"词汇里词汇成分间在共时的'类'的联系中，总是成组系、分层次的"②。第二种，有人认为词汇体系表现在：（1）结构类型上的联系，词的结构有共性，可以概括为联合、偏正、支配等类型；（2）构词成分上的联系，很多词有相同的构词成分，形成同族词；（3）词义关系上的联系，许多词的具体意义各异，但却有共同的关系对象、关系范围。③第三种，有人指出：每个词语（这里把语素、词、熟语统称为词语——引者注）都各有自己的形式、意义、功能、结构，因此词汇里面的词语可以分别聚集而成形式系统、意义系统、功能系统和结构系统。这四个系统下面又可以分别构成子系统。这就是汉语词汇体系的主要内容。④ 第四种，有人论述了同义组（如：凉快——凉爽）、反义组（如：活——死）、级次组（如：顷——亩——分）、同语素词语族（如：渠道、干渠、沟渠、河渠、水

① 1961 年，黄景欣在《中国语文》1961 年第 3 期上，发表《试论词汇学中的几个问题》一文；1964 年，刘叔新在《中国语文》1964 年第 3 期上，发表《论词汇体系问题——与黄景欣同志商榷》一文批驳黄文的观点。

② 武占坤、王勤：《现代汉语词汇概要》，内蒙古人民出版社 1983 年版，第 3—18 页。

③ 参见符淮青：《现代汉语词汇》，北京大学出版社 1985 年版，第 6—10 页。

④ 参见陈庆祐、周国光：《词汇的性质、地位及其构成》，《安徽师大学报》（哲学社会科学版）1987 年第 3 期。

渠、支渠、水到渠成等词语，共含语素"渠"，组成了一个同语素词语族）等 11 种结构组织。这些结构组织里的词语之间存在着相互制约、对立或相互依赖、对比、因应的内在关系。单独一种结构组织只能覆盖一部分词语，但这些结构组织能够勾连组织起来形成一个巨大的语义网络，能够把现代汉语中的所有词语串联起来，这就使现代汉语词汇具有了体系性。① 从以上情况不难看出，尽管四种观点的论述各异，然而却都承认词汇体系的存在，因此，词汇具有体系性是肯定无疑的。

在探讨词汇体系问题时曾出现过观点交锋的现象，争论的主要问题是：第一，词类可否看作词汇体系的体现？60 年代初有人认为："具体地说，每一种语言的词汇体系，首先是由一系列互相对立的名词、动词、形容词、副词、代词等几个最大词类构成的。这几类词在词汇—语法意义上是对立的，它们构成了词汇体系中最高的一个词汇层。在这一词汇层中，每一个单位（词类）都包含着许多词，这些词可以根据一定的词汇——语法意义标准分成几个更小的对立的单位。这样逐层地分析下去，直到不能再分析为几个对立单位的那些词，就是词汇体系的最下的一个词汇层。"② 后来有人着文批评这种观点，认为"词类的划分问题属于语法学研究范围"，"离开组成词汇的单位作为语言建筑材料的本身性质，拿支配它们的语法特点来建立一种体系结构，这样得出来的就只能是语法的词汇组织层次，而不是词汇本身的组织层次"。③ 第二，词汇体系和概念体系有何关系？有人认为："如果凡是体现了概念从属关系的词汇单位都构成语义关系的类集，那么，一切词汇单位都可以纳入层层相属的体系，其最高一层的单位就是体现事物、现象概念的。得出这样的体系自然很容易，然

① 参见刘叔新：《汉语描写词汇学》，商务印书馆 1990 年版，第 380—382 页。
② 黄景欣：《试论词汇学中的几个问题》，《中国语文》1961 年第 3 期。
③ 刘叔新：《论词汇体系问题——与黄景欣同志商榷》，《中国语文》1964 年第 3 期。

而这是概念的体系。若定之为语义体系，就等于在语义与概念之间及语言与思维之间划上等号，那显然是不妥当的。"① 反对这种观点的人则用客观事物、概念体系和词汇体系三者之间具有同构关系的理论肯定了词汇体系和概念体系之间的带有差异的对应关系。② 第三，怎样看待所谓"词汇层"理论？有人认为：从词汇的整体着眼，语素——词——熟语，是不同级次的三个词汇层，前者构成后者的材料和基础。这三个词汇层之间"层递的联系性，是词汇体系性的一个重要侧面"。③ 有人则认为，语素不是词汇单位，并说："现代汉语词汇中，全部由若干词构成而大于词的固定语，并不就处于全部词的上一层次，因为进入了固定语的词只是语言中的一部分，即全部固定语不过仅仅处于一部分词的上一层。另外，还应看到，固定语中又往往含有一些不能独立存在的词。因此，从词汇单位和层次的角度看，全部的固定语和全部的词是基本上平行地或地位同等地处于同一个层次上的。"④ 这种观点否定了词汇层的存在，自然也就否定了由词汇层所体现出来的词汇体系性。第四，词汇单位都有自己的形式、意义、结构和功能。这四种因素和词汇体系的关系怎样？有人认为，这四种因素和词汇体系都有关系，可以形成词汇体系所包含的形式系统、意义系统、结构系统和功能系统。⑤ 然而更多的人却只谈其中的部分内容。如有人只谈意义和结构同词汇体系的关系⑥，有人只谈功能和词汇体系的关系⑦，有人认为"单纯声音形式的而

① 刘叔新：《论词汇体系问题——与黄景欣同志商榷》，《中国语文》1964 年第 3 期。

② 参见周国光：《概念体系和词汇体系》，《安徽师大学报》（哲学社会科学版）1986 年第 1 期。

③ 武占坤、王勤：《现代汉语词汇概要》，内蒙古人民出版社 1983 年版，第 4 页。

④ 刘叔新：《汉语描写词汇学》，商务印书馆 1990 年版，第 382 页。

⑤ 参见陈庆祜、周国光：《词汇的性质、地位及其构成》，《安徽师大学报》（哲学社会科学版）1987 年第 3 期。

⑥ 参见符淮青：《现代汉语词汇》，北京大学出版社 1985 年版，第 6—9 页。

⑦ 参见黄景欣：《试论词汇学中的几个问题》，《中国语文》1961 年第 3 期。

没有同时也在意义上的对应，并不构成词汇单位间的结构关联"①，较多的人则强调意义因素和词汇体系的关系。

（与王立廷合写，原刊于《语文建设》

1992 年第 4 期）

---

① 刘叔新：《词汇学和词典学问题研究》，天津人民出版社 1984 年版，第 79 页。

# 词义研究中的三个问题

　　词义问题是词汇学研究中的重要课题之一。新中国成立以来，由于对词义问题的重视，对词义方面的许多问题如词义的特征、词义的类聚、多义词问题等等，研究得都比较深入。有的问题如"词义和概念的关系"等，在 60 年代，还进行过全国性的讨论。① 但是还有些问题，目前仍是大家研究和争论的焦点。下面提出三个问题简要介绍一下。

　　1. 词义的内容问题。词是声音和意义的结合体，毫无疑问，词的声音所表示的词的意义内容就是词义。但这意义内容到底有哪些方面呢？大家的论述却不尽一致。有的著述认为："词义是思想的语音物化的内容，是被词固定下来的反映客观存在的认识。"② 又如，"每个词都表示一定的意义。在一种语言里，词的意义是使用这种语言的人共同理解的。比方有人说个'鸟'，大家都知道这个词的意义是'有翅膀、有羽毛、会飞的一种动物'"。③ 很明显，以上意见所谈的词义都是指词的词汇意义（或称理性意义、概念义）。但是大家对词汇意义的认识是否完全一致呢？也不尽然。如"词的词汇意义（以下简称'词的意义'或'词义'）就是概念通过某种语言的手段而得到的体现，同时带有反映某些伴随观念的补充特点以及某种感情色彩和风

---

① 参见《中国语文》1961 年至 1962 年有关文章。

② 孙常叙：《汉语词汇》，吉林人民出版社 1956 年版，第 44 页。

③ 《汉语知识》，人民教育出版社 1979 年版，第 32—33 页。

格特征。例如，'冰'这个词的意义就是'冻结的水'这个概念通过汉语的手段而得到的体现，同时带有'明亮'、'清澈'、'光润'等反映某些伴随观念的补充特点和'纯洁可爱'等感情色彩"。① 有人认为"词汇学里只讲实词，而且只讲它的词汇意义，所以词义在这里有特定含义，作为语言学的专门术语，只指词汇意义，不包括语法意义"。② 同时认为词汇意义"包括的内容可以分作五种：指称意义、理性意义、评价意义、语体意义和内部形式意义"。③ 从这两种意见来看，虽然谈的是词汇意义，但涉及的又不仅仅是指反映客观存在的概念的内容，而是已经包含着某些附加的或色彩的意义了。因此，"词汇意义"的内涵是不明确的，甚至"词义"的内涵，即词义到底应该包括哪些内容也是不明确的。

随着对词义问题研讨的不断深入，人们在词义不等于概念、词义不等于客观事物、词义有自己的语言特点等三个方面逐步取得了比较一致的看法，同时对词义的内容也逐渐有了比较细致的分析。当前对词义包含的内容问题，可归纳为三种意见。第一种，认为词义的内容包含词汇意义和语法意义两个部分。例如："词里包含有两种不同性质的意义：词汇意义和语法意义。"④ 第二种，认为词义的内容包括概念义和附属义两个部分。例如："附属义包括形象色彩、感情色彩和语体色彩三种。"⑤ 第三种，认为词义的内容应由词汇意义、语法意义和色彩意义三部分组成。"词的词汇意义、语法意义和色彩意义是互相联系，互为一

① 张永言：《词汇学简论》，华中工学院出版社 1982 年版，第 43 页。
② 王振昆、谢文庆、刘振铎：《语言学基础》，中央广播电视大学出版社 1983 年版，第 129 页。
③ 王振昆、谢文庆、刘振铎：《语言学基础》，中央广播电视大学出版社 1983 年版，第 139 页。
④ 高名凯、石安石主编：《语言学概论》，中华书局 1963 年版，第 105 页。
⑤ 符淮青：《现代汉语词汇》，北京大学出版社 1985 年版，第 19、22、32 页。

体的，它们共同充当词义的内容。"① "当然，我们也不能否认，在词义所包括的三个内容当中，词汇意义是最主要的。因为只有当词具备了词汇意义的时候，词才能成为表示客观存在的符号，才能成为语言中的词。也只有当词具有了词汇意义的时候，它才能进一步获得语法意义和色彩意义。"②

　　综观对"词义内容"的论述，可以看出，大家的意见仍然存在着一定的分歧，这种意见分歧有的是由于对词义研究的内容和范围有不同的看法，有的则是因为分类的角度有所不同。

　　2. 等义词和近义词的划分标准问题。要谈这个问题，必须先交代一下关于"同义词"和"近义词"的概念问题。在过去一段时间里，学术界一般都认为：意义相同或相近的词就叫作同义词，意义相同者叫作等义词，意义相近者叫作近义词。根据这样的认识，那么等义词和近义词都是同义词中的两个不同的类别。最近刘叔新先生在《汉语描写词汇学》中提出了不同的看法，他认为："确定不同的词语互有同义关系，依据的是它们指同样的事物对象。也就是说，不同的词语，只要各自的意义（当然是一个意义）所反映的对象的外延一致，就互为同义词语。它们在意义上通常互有细微差异，这是由于对同样对象的特点的反映小有不同，即意义内涵上互有些细微区别：对个别特点有所强调或不强调，对某些不重要的一般特点加以反映或不反映，带有或不带有某种表达色彩。"③ "若甲、乙两个单位互为近义词语，则彼此所指的事物对象不会相同，即彼此的意义必有不同的外延。"④ 根据这一观点，那么，近义词则是独立于同义词之外的与同义词有本质不同的术语。这的确是有待于继续认识和讨论的新问题，我们暂不多谈。在这里要说明的是，本文所谈的等义词和近义词的

---

①　葛本仪：《汉语词汇研究》，山东教育出版社 1985 年版，第 98 页。
②　葛本仪：《汉语词汇研究》，山东教育出版社 1985 年版，第 98 页。
③　刘叔新：《汉语描写词汇学》，商务印书馆 1990 年版，第 280 页。
④　刘叔新：《汉语描写词汇学》，商务印书馆 1990 年版，第 281 页。

划分问题，仍然是将近义词作为同义词中的一个部分来论述的。

　　等义词和近义词都作为同义词的一个类别，两者如何区分？区分的标准是什么？这是词汇研究方面一直未能很好解决的问题。如"生日——诞辰"一组同义词，《现代汉语词汇知识》中认为是等义词①，《语言学概论》则划归为近义词②；又如"土豆——马铃薯""青霉素——盘尼西林"等也有这种情况。

　　从目前对这个问题的各种论述来看，虽然对两类词的划分角度各有不同，如有的从不同来源考虑③，有的从意义的角度考虑，但总体来看，关键仍是对同义词词义内容的理解问题。例如有人认为："同一事物、现象、关系的不同称谓，逻辑内容相等的一些词，是等义词。……等义词大都是为了实现词的色彩功能而存在的，彼此在情态色彩、格调色彩、形象色彩等方面，大都是处于不同的层次、不同的分布，具有不同的词彩。"④ 很明显，这种意见完全以词汇意义相同为确定等义词的标准，认为等义词中是可以存在不同的色彩意义的。也有的意见认为："一般所说的同义词指的是词的意义相近的词。所谓意义相近，就是指各个词之间在意义上有同有异，'同'就是表达一个相同的理性意义，'异'就是各个词还具有自己的特点；这些特点表现在：它们可能具有不同的感情色彩或风格色彩；它们的运用范围不完全相同。"⑤ 这一种意见和前一种意见则完全不同，该意见认为：在理性意义完全相同的情况下，色彩意义不同也不是等义词。但使人疑惑的是该书在谈到等义词时，却以"青霉素——盘尼西

---

① 参见华中师范学院中文系现代汉语教研室：《现代汉语词汇知识》，湖北人民出版社 1979 年版，第 66 页。
② 参见高名凯、石安石主编：《语言学概论》，中华书局 1963 年版，第 123 页。
③ 参见华中师范学院中文系现代汉语教研室：《现代汉语词汇知识》，湖北人民出版社 1979 年版，第 66 页。
④ 武占坤、王勤：《现代汉语词汇概要》，内蒙古人民出版社 1983 年版，第 101—102 页。
⑤ 高名凯、石安石主编：《语言学概论》，中华书局 1963 年版，第 123 页。

林"为例。① 还有的意见认为："连衣裙——布拉吉，嫉妒——妒忌，这样的词，在理性意义、色彩意义和用法上都能画上等号，可以在任何上下文中毫无区别地互相替换。一般把它叫做等义词。"② 这种意见和上面第二种意见一样，同样也认为只有理性意义、色彩意义和用法上都完全一样才是等义词，但它同样也举了"连衣裙——布拉吉"的例子，这无形中又提出了问题："盘尼西林"和"布拉吉"在外来色彩方面同"青霉素"和"连衣裙"一样吗？外来色彩是不是色彩意义呢？因此，这种情况又给区分等义词和近义词的问题带来了新的困惑。

一般来说，某一组同义词归于哪个类型，似乎不是什么大的问题。但是由以上简单的介绍中，我们却不难发现，直到目前为止，在词汇研究中，何谓同义？何谓等义？何谓近义？如何理解词汇意义和色彩意义？这些问题都没有得到彻底的解决。

3. 义素问题。什么是义素？"义素是词义构成的最小意义单位。"③

在很长一段时间里，大家对词义进行分析研究时，一直都是把词的一个意义作为词的一个意义单位，这个意义单位在多义词中就被称为"义项"。近十几年来，由于国外语言学的影响，我国语言学界逐渐吸收并建立起了义素理论，从而使我国微观词义的分析研究走向了深入。

在建立义素理论之前，我国"传统语义学在研究词义时，对词义构成成分（义素）的存在也逐渐有一些觉察。譬如研究同义词（指广义的同义词）的人，看到了同义词的词义间同中有异，大同小异……只有觉察到词义中包含一些成分，才谈得上同中有

---

① 高名凯、石安石主编：《语言学概论》，中华书局1963年版，第122页。

② 谢文庆：《同义词》，湖北人民出版社1982年版，第1页。

③ 黄伯荣、廖序东主编：《现代汉语》（增订版）上册，高等教育出版社1990年版，第290页。

异，大同小异"。① 但是将词义分解成更小的意义构成单位，并进行实际的科学的观察和分析，都是接受义素理论之后的事情。

随着义素理论的研究和建立，义素分析的方法逐渐被越来越多的人所采用。目前义素分析的大致情况是："首先，要明确分析的对象。义素分析一般总是在一些相关的词（同一语义场）中进行，只有相关的词才可以比较，才更容易选择经济适用的义素。……其次，根据所选定的词，进行词义间的比较，找出其共同特征与区别特征，即找出相应的义素。……第三，义素确定之后，还需要采取种种方法进行表达。"②

义素理论和义素分析法无疑将使词义的研究和分析更加科学和准确，因此应该给予充分的肯定。但是另一方面，我们又会看到，目前在义素分析中，在认定"义素划分的相对性"的同时，又往往带有分析者的一定的主观性，因为"将词义分解为义素主要是依据语言社会对词义的理解"③，义素划分的相对性又"是指词义分解为义素时，在不同的情况下可以不一样。也就是说词义的义素数量不固定。比如，由于社会的分工不同，职业不同，人们对同一事物可以有不同的认识，对反映该事物的词义的理解也不会一样"。④ 这些都是义素理论和义素分析法的研究中必须进一步解决的问题。

（与王立廷合写，原刊于《语文建设》1992 年第 5 期）

---

① 贾彦德：《语义学导论》，北京大学出版社 1986 年版，第 31 页。

② 黄伯荣、廖序东主编：《现代汉语》（增订版）上册，高等教育出版社 1990
　 年版，第 291—292 页。

③ 王振昆、谢文庆、刘振铎：《语言学基础》，中央广播电视大学出版社 1983
　 年版，第 161 页。

④ 王振昆、谢文庆、刘振铎：《语言学基础》，中央广播电视大学出版社 1983
　 年版，第 161 页。

# 词义的语用研究

　　词是社会约定俗成的。词是一个静态存在的个体，社会为其约定的内容，就是用什么样的声音表示什么样的意义，并从而以其形成一种音义结合的为社会共同认可的定型结构，存在于语言系统当中。但是当这种静态存在的定型结构——词，一旦进入到言语中去，处于动态应用时，社会为其约定的内容则是除认可其静态存在，并以此为基础之外，还要增加它在动态应用中的变化情况，并进而形成具体应用中的动态词义和词的语用义内容。如"我认识这个人，不认识那个人"这句话中的两个"人"都是指"人"这一客观事物，其静态词义是完全相同的。但是从具体交际中所要表达的信息看来，两个"人"显然又是指称两个不同的各有自己特点的人，而且其不同点，也不是"这个"和"那个"这两个定语所能说明的。在这里，两个具体人所各自具有的特点，自然就形成了具体语境中的"人"的动态词义和语用义内容。所以事实上，在实际交际中的信息载负着只能是词的语用义，只要交际双方对静态词义有着共同的了解，对具体语境有着基本相同的认识，那么，在交际时就很自然能够理解和把握词的语用义内容，并从而达到相互交际和交流思想的目的。

　　词的语用义和词的动态词义都是在具体交际中体现了交际功能，起到了交际作用，传递了交际信息，达到了交际目的。两者有着密切的联系，词的语用义由词的动态词义形成，动态词义的存在及其价值又依靠词的语用义来体现，所以，两者具有不可分割的关系。但是我们却不能因此而简单地认为它们完全相等。语言中的静态词义一旦进入到言语中加以应用时，都会以静态词义做基础产生出动态词义。词义的三个组成部分，即词汇意义、语法意义和色彩意义都是这种情况。就词汇意义来说，动态词义一般可表现为语言义、言语义、表层义和深层义几种类型（参见本人《词义的静态与动态分析》一文，载《中国成人教育语文论集》），但是在一个交际过程中，这几种类型并不是同时出现的，而往往是呈现为错综复杂的情况。因而又形成了这几种意义共同作用的语用义的三种类型，即语言义和表层义，言语义和表层义，语言义或言语义加深层义。前两种类型都是以语言义或言语义为主，表层义只是为实现语言义或言语义服务的；后一种类型则是以深层义为主，语言义或言语义则是为形成深层义提供了更进一层的基础。词汇意义方面除上述三种情况外，还有模糊词义的语用变化问题。在语用中，词的词汇意义虽然变化复杂，但大致均可归为以上四种情况。在动态语用中，词的语法意义和色彩意义与词汇意义相比，虽然其静态词义与动态词义比较一致，但仍然存在着程度上和类型上的各种语用变化情况，只不过它们都各自具有不同的表现形式罢了。

为了更清楚地说明词义的语用情况，我们将以上各种类型再分别作一分析。

一、静态词义变为语言义和表层义。语言义是指词义进入到动态言语中以后，基本上以其静态词义的面貌出现并参与交际的意义。表层义是指言语交际中通过词语的表面现象就能够直接表示出来的意义。在具体的语言应用中，应该说，词的语言义和表层义与词的静态词义是最接近的，甚至有时候能够完全一致。但即使如此，这两者仍有所不同，也就是说，当静态词义在语用中成为语言义的时候，词义的内容仍然会发生某种程度的变化。一般说来，在科学研究领域中，人们运用科学术语的含义进行交际时，词的静态词义和词的语言义才能够最大限度地达到一致。例如，大家运用"元音""辅音"这两个词讨论和分析语音问题时，说者和听者对这两个词义的理解必须都是相同的科学概念内容，这时的静态词义和语言义及表层义是完全一致的。这是这种特定交际场合的要求。不这样也是不可能的。

除此之外，在更多的具体语用中，词的静态词义与其语言义的不同则是很明显的。这是由不同的人、不同的交际环境和条件所决定的。例如，一位营养学家对人们说："鱼的营养价值高，应该多吃点鱼。"这里的"鱼"是一种泛指，其语言义基本上就是社会上约定俗成的"鱼"的静态词义，听这句话的人，也可以以"鱼"的静态词义为基础，把这句话的信息内容接受下来。但是，再进一步观察分析的话，人们对"鱼"的内容的理解却不完全相同，人们完全可以根据自己的认识和习惯，把自己的一些主观因素加进静态词义中去，突出静态词义中的某个方面，从而形成不同的人对"鱼"的语言义理解的各自特点。如喜欢海鱼的人交际时想到的是海鱼，有人想到的则是淡水鱼，喜欢吃鱼的人想到的是鱼的鲜美，不喜欢吃鱼的人则会厌烦鱼的腥臭和多刺等等。有时我们也读到一些歌颂"海"的文章和诗篇，同样能够发现不同的人歌颂的内容也不一样，如有人歌颂海水的湛蓝和平静，有人则歌颂海的浩瀚和壮阔，有人喜欢海的浪花拍岸，也有人更喜欢海的波涛汹涌。这些人都可以说"我喜欢海"，虽然这些"海"的词义内容也都能够包括在"海"的静态词义之中，然而在动态语用中形成的"海"的种种语言义却各不相同。

从以上例句中还可看到一种情况，即这些各不相同的语言义，却都是通过词的表层义表现出来的。所以以上情况表现出来的语用义，都应认为是语言义和表层义的共同体现，只不过语言义起主要作用罢了。

词的动态语言义与静态词义不完全相同，而且不同的人所理解的语言义也各有差异，这种现象是毫不奇怪的。因为这正是词义主观性的一种表现，甚至可以说正是词义在动态语用中必然发生的变化和结果。很明显，不同的人对客观世界的认识和感受总是有所不同的，在交际过程中，他们运用语言符号时，就会把他们对语言符号所表示的客观事物的不同认识和感受带进静态词义中去，以至使静态词义的内容在具体运用中发生了改变，并从而形成了词的语言义。

从静态词义变为动态的语言义，都是在词义指称外延不变的情况下，词义内涵上所发生的变化，如果这种变化超出和改变了原来词义的指称范围，将是另一种情况，不属于这里语言义论述的内容。此外，还应指出的是，由静态词义变为动态的语言义都是临时性的变化，它们随着具体的语用情况，不断出现，不断地消失，一般情况下，不会影响到静态词义的改变。

二、静态词义变为言语义和表层义。言语义是指词在言语中产生的与具体交际的指称对象相对应的意义。任何词义都与一定的概念相对应，这是词义的概念对应性；任何词义在具体交际中也都与它所指称的具体事物相对应，这就是词义的具体事物对应性。没有概念对应性，就没有具体事物对应性，概念对应性是产生具体事物对应性的基础。当词义在具体语境中，在概念对应性的基础上，产生了具体事物对应性的时候，这具体语用中的词义，与静态词义相比，无论从外延还是内涵方面，都会发生相应的变化。如我们可以说，"我喜欢书，但不喜欢这本书"。这句话看上去似乎矛盾，但是为什么这句话又可以成立，并可以用于交际，就是因为这两个"书"的词义，在动态中各发生了不同的变化，并从而变得不相同。前一个"书"的词义，是在概念对应性的基础上，由静态词义变成了语言义，"书"的意义仍具有泛指的性质；后一个"书"的词义则是在概念对应性的基础上，由静态词义变成了言语义，具有了指称某一本书的意义内容，所以言语义具有具体事物对应性，它表示的是具体交际中所指称的具体对象的意义。

从静态词义变为动态的言语义，一般表现为两种情况。一种是：词义由静态的属概念义变成了动态的种概念义，如"外出旅游用这样的包方便"中的"包"就是指旅游包中的一种。另一种情况是：词义由静态的普通概念义，变成了动态的专指概念义。如大家面对着同样品种同样颜色的月季花，仍然可以说，"这朵月季花特别美"；两个人拿着同样的"钢笔"，仍然可以说"你的钢笔好用，我的钢笔不好用"。"月季花""钢笔"都是一类事物的名称，表示的是概括的指称这类事物的普通意义，但是在具体语境中，"这朵月季花""你的钢笔""我的钢笔"中的"月季花""钢笔"所表示的，却是指称着具体的个体事物的专指意义了。由静态词义变为动态言语义的两种情况，有时会连续出现或者交叉出现，因此，要认清言语义的确切语用内容，就必须认真地一步步地分析词的言语义的变化和形成过程。

在日常交际中，从静态词义变为动态言语义的情况是大量存在的，但是，不管这种变化如何纷繁复杂，它们都有一个共同的特点，那就是：词的言语义都是在静态词义的概括性的基础上，又增加了具体事物的特点和内容，它在缩小静态词义指称外延的同时，使自己所表示的意义内涵变得具体和丰富起来。

同时，从以上分析中也可看出，这些言语义也都是通过表层义表现出来的，所以这类语用义仍然是言语义和表层义共同体现的。

三、静态词义变为语言义或言语义加深层义。深层义是指在具体运用中，由于语境的作用，词在语言义或言语义的表层义的基础上，通过思维联想而产生的新义。像反语现象就是动态深层义的一种体现，"可爱的先生"中的"可爱"，事实上是"不可爱"的意思，"你真好"的"好"，在某些语境中也可能是"不好"的意思。此外，像许多不愿或不能直说的话语，也可以用含蓄幽默的手法，通过词的深层义表达出来。如为了去看电影而请假时，不愿直接说"要去看电影"，就可以婉转地说"有张电影票"等。这里的"有电影票"事实上就表达出了"要看电影"的深层含义。

在言语交际中，词的深层义是被大量运用着的，因为一切难以直接表达的话语，都可借助于深层义把意思显现出来。人们交际时，可以根据需要，依靠语境的作用，产生出各种各样的深层意义，不仅委婉语可以大量地表现出词的深层义，就是平常大家所说的"语义双关""意义引申""言外之意""指桑骂槐"等等，事实上也都是人们运用深层义进行表达的结果。当然，对深层义的运用，必须建立在交际双方都能心领神会的基础上，才能取得满意的结果，否则也会出现"言者有意，听者无心"或者"言者无意，听者有心"等情况。

语言义或言语义加深层义是一种更能体现言语交际艺术的语用义类型。词的动态深层义虽然是在交际中，在语言义或言语义的基础上临时产生的，却是言语交际中的一个非常活跃的内容。由于它在表达方面更富有生动、灵活、幽默、含蓄的特点，所以具有重要的交际作用。在语用中正确而巧妙地运用词的深层义，不但能增强交际的艺术性，而且也会取得良好的交际效果。

四、明确义与模糊义。词的静态词义中客观存在着明确义和模糊义两种类型，这两种词义类型在语言交际中，都有各自的特点和独到的交际作用，这已为大家所公认。除此之外，还应注意的则是静态词义中的明确义和模糊义在语用中的变化问题。

在言语交际中，出于各种原因，有时明确义会变得模糊起来，如"上衣"一词是指人体上半身穿的衣服，其静态词义是非常明确的。但是如果有人对你说"请你帮我买件上衣来"时，你却会为难起来，因为这时你对要买的"上衣"的内容要求是模糊的，如什么样的质地、样式和颜色等等。像"上衣"这类变成模糊义的情况，一般说来，都是由词义在具体应用时所出现的具体事物对应性不明确造成的，如果使"上衣"的词义明确起来，就必须用与具体事物对应性一致的言语义的内容加以解释和补充。有时，一个明确的静态词义，由于上下文词语的搭配关系，也会在运用中变得模糊起来。如"眼睛"是视觉器官，其意义是明确的，但在"用小小的眼睛斜视着对方"中，这对具体的视觉器官的形象却变得模糊起来，是什么样子的小眼睛呢？小到什么程度呢？有时由于语境的帮助，模糊的静态词义也会变得明确起来。如"高"的静态词义是模糊的，但在"他的个子很高，整一米八零"中，"高"的词义就变得很明确了。有时运用交际时的一些非语言手段，也可以使词的模糊义向明确义转化，如"给我一条和这竹棍一样长的绳子"，这里的"长"原具有模糊义，但借助于语境中"这竹棍"的实际长短的帮助，"长"的词义也成为明确的了。语境有时还会使模糊的静态词义具有"适中"的内容。如"高高的个子""大大的眼睛""甜甜的酒酿"中的"高高""大大""甜甜"等，都在它们原有意义的基础上，又加上了"适中"的内容。

词的明确义和模糊义的相互变化，是与具体的语境、具体的语言义和言语义的影响分不开的，有时这几种因素相互联系着，同时影响着明确义与模糊义的变化情况。在具体语用中，人们也完全可以根据交际的需要，将词的明确义和模糊义加以变化运用，以增强语言的交际效果。

五、语法意义和语用问题。词的语法意义是词的静态词义的一个组成部分，而且和语用问题也是密切相关的。如人们经常称赞的诗句"春风又绿江南岸"中，对"绿"的运用就充分说明了语法意义在语用中的变化所起到的作用，以及达到的简洁、生动、寓意于景的表达效果。

在实际交际中，词的语法意义发生变化的现象是经常出现的，事实上，一词多类现象的出现，就是词的语法意义在语用中发生变化后被固定下来的结果。

语法意义的变化情况主要表现为词的词性变化问题。如"本事"是名词，但在"这件事他到底办成了，真本事"中，省去了动词"有"，就使"本事"在具体应用中具有了形容词的性质。这样用词的情况是很多的，在文艺作品中尤为常见。如"好男儿志在四方，让自己为生命写下辉煌""走在灰蒙蒙的天地之间，好像寒冷已经将生机挤压进了大地的深层"。前例中的"辉煌"

和后例中的"寒冷"原来都是形容词，但在这特定的语用中，语法意义都发生了变化，都具有了名词的性质，再与"生命""生机"的特定言语义和"写""挤压"的特定语言义搭配，就使得这些言语表达不但生动形象，而且寓意深刻，引人思索联想，回味无穷。语法意义的语用变化，往往都是由语用中词的超常配搭形成的，由此可见，静态的语言系统只有进入到动态的言语应用中，才会更加丰富多彩，更具有生命力。

词的语法意义是附着于词的词汇意义而存在的，因此，词的语法意义变化的同时，往往会伴随着新的语言义，或言语义，或深层义的产生，如上例中"真本事"的"本事"，其深层义就是"有本事"的意思。

六、色彩意义和语用问题。和语法意义一样，词的色彩意义也是词义的一个组成部分，它虽然依附于词的词汇意义而存在，但是在言语交际中却有着不容忽视的交际功能和作用。在言语交际中，如何来把握色彩义的隐现和变化，正确地运用色彩义，也是我们应该重视的问题。

色彩义在语用中表现出来的情况也是很复杂的，总的来说，也可归纳为两种。一种情况是静态的色彩义在语用中的变化问题，另一种是对表现不同色彩义的词的变体的运用问题。

词的静态色彩义在具体语用中也会发生一些语用上的变化。如"勇敢"一词具有褒义色彩，但当一个人不顾一切地参与打架斗殴时，人们也可以对他说，"我真为你这'勇敢'的行为感到羞愧"。很明显，这里的"勇敢"，称颂的色彩义已被带有讽刺意味的贬义色彩所代替了。又如"水"一词在静态词义中呈现为中性色彩，但是在"柔情似水"、"洪水泛滥"、"清澈的溪水"和"混浊的污水"等不同的语用中，"水"在具有了各种不同的言语义的同时，也被赋予了各种不同的情调和色彩。

词的变体是指一组词汇意义相同，语音形式和色彩意义各不相同的词。这一组组的词的变体，在词汇中，就呈现为词汇意义和语法意义相同而色彩意义却不一样的近义词组。词的变体也是从人们的言语中概括出来的，更确切些说，是从语言社会的具体语用中概括出来的。同时，它们又是被人们反复地运用到语用中去，促成了语言表达上的准确生动和丰富多彩。在具体语用中，正确地掌握和运用词的各种不同的变体，不仅是学习和正确运用语言的问题，同时也是准确地把握交际的条件，正确地理解和认识交际时的语境问题。任何的交际离不开语境，任何词语的选择和运用也离不开语境的制约，所以，不同色彩意义的"夫人""爱人""老伴""内人"等词，由于其适用的语境不同，在同一语境中，它们是不可能同时出现或者随意替换使用的。

以上从六个方面对词义的语用情况分别作了分析。事实上，在实际交际中，词所表示出的语用义是很复杂的，有时它可以以一种单一的形式出现，有时也可以以多种类型的综合形式出现。例如人们在夜行时，忽然望见了远处的灯光，可能会兴奋地喊："灯光！灯光！"观察这时被运用的"灯光"，其语用义就比较复杂，它不仅在静态词义的基础上形成了特定语境中的言语义和表层义，而且也形成了比较丰富复杂的深层义和褒义色彩，这里的"灯光"一词，实际表达的已经是"有灯光，有住家的了"，"有灯光，可以休息一下了"，或者"终于看到灯光，走到目的地了"，等等。

以上所谈，足以说明：词义的语用研究，以至词汇的语用研究，都有大量的问题有待于我们继续进行深入的探索。人类的语言交际本身就是一种多个因素复合而成的综合性艺术，这各种各样的因素都能直接影响到交际的信息，一个词的读音或扬或抑，或轻或重，一个词在句中出现的位置和条件，都能够对交际信息产生不同的影响，并进而改变信息的内容，如果再将语境中的其他因素考虑进去，情况将更为复杂。

[原刊于《烟台大学学报》（哲学社会科学版）

1994 年第 1 期]

# 论动态词义

目前大家对"什么是语言"、"什么是言语",以及"语言与言语的关系"等问题,已基本上取得了共识。但是认真思索一下,又不难发现,在我国的语言研究中,对区分"语言"和"言语"以及"语言和言语的关系"等问题的研究,还是停留在语言理论研究的范围之中,对于如何将这一理论用于实践,指导实际问题的研究与应用,仍然是很不够的。如在现代的语言教学中,经常将"语法""修辞"并提,如果用"语言和言语"的理论来观察,那么不免要问,这两者属于同一种性质、同一个范畴吗?又如我们讲授语音时都要谈到"语流音变"的问题,讲到词汇时,也会遇到词在不同场合的不同变体,以及词在应用中的附加意义和色彩等问题,如果我们用"区分语言和言语"的理论来分析这些问题,是否可以把问题讲得更透彻、更深入呢?现在,随着语用学研究的兴起和发展,诸如此类的问题已越来越为人们所重视,同时,大家也深切体会到,在语言研究中,必须将"区分语言和言语"的理论应用到观察和分析具体问题上来,否则,有些问题将是解释不清或解释不彻底的。

由于"语言"和"言语"不同,语言的存在形式有了"静态"和"动态"之分。语言作为人类的交际工具,应该有两方面的理解。一方面,把这种交际工具仅理解为语言符号系统本身,这套符号系统是由语音、词汇、语法三部分形成的一个整体,它客观地以静态的形式存在着,而言语则是对这套符号系统的具体运用,也就是这种静态形式的动态化。这就形成了语言的静态和动态两种存在形式，静态的存在形式是"语言"，动态的存在形式则是"言语"。另一方面的理解，这种交际工具既包括语言，也包括言语，也就是说，无论语言或言语，都是人们用来进行交际、交流思想的工具。在这种理解下，"语言"这一概念的内容则更加丰富，它包含了"语言"和"言语"的全部内容。由此不难看出，无论哪一种理解，如果要对语言作全面研究的话，都必须对语言的静态和动态形式分别加以认识和分析。

就词义来说，也必然有静态词义和动态词义之别。关于这个问题，我们过去曾有过论述（见《词义的静态与动态分析》，载《中国成人教育语文论集》，以下简称《分析》）。本文仅就动态词义作进一步探讨。

## 一　动态词义及其类型

言语是对语言的具体运用，所以动态词义也是对静态词义具体运用的结果。动态词义就是在交际过程中词所实际体现出来的意义。动态词义必须在静态词义的基础上产生，与静态词义虽有联系却又完全不同。可以说，静态词义是存在于语言符号系统之中，为实现交际行为，完成交际目的而提供可能和基础的意义；动态词义则是在言语交际中具体体现了交际功能，实现了交际作用，传递了交际信息，达到了交际目的的意义。在人类社会中，人们使用交际工具进行交际，这里的"交际工具中的词义"是指静态词义，但在交际行为一旦发生，在进行信息交流并达到了相互了解的过程中，起具体作用的却是在静态词义基础上产生出来的动态词义。如"我喜欢读这本书"，这句话中的"我""喜欢""读""这""本""书"六个词在语言符号系统里，它们的静态词义都是概括的、泛指的，而在具体的交际过程中，其动态词义却是具体的、特指的，都是与某一具体对象相联系的意义。"我"与具体的说话人相联系，"喜欢"与具体的人的喜欢方式相联系，

"读"与具体的人的阅读方式相联系，"这"与具体的所指相联系，"本"与这本书的大小厚薄等具体形象相联系，"书"的意义内容则更为具体，它与具体指称的这本书的所有内涵相联系。由此可见，静态词义一旦进入到实际交际中去，就必会形成与其既有联系又有区别的动态词义。事实上，只有动态词义才是真正的交际信息的承担者。

任何一个词义都可呈现为静态和动态两种形式，但是同一个静态词义却可以产生出各种不同的动态词义内容，这主要是由语境的不同决定的，所以静态词义产生出什么样的动态词义，都要受到语境的制约，除具体的交际双方和交际前提等情况外，交际的社会和历史条件，文化背景，以及民族的、集体的或个人的心理因素也是形成动态词义时不可忽视的方面。因此，要把握一个动态词义的内容，必须根据具体情况作全面的理解和分析。只有在交际双方对静态词义的理解、对语境的认识都达成共识和基本共识的情况下，才能够对动态词义的理解达到最大限度的一致，才会使信息得到准确完美的交流。

词义由静态变为动态的情况是纷繁复杂的，我们在《分析》一文中曾对此作过阐述。在这里，仅就动态词义的类型，再作简要的论述。

动态词义一般可分为语言义、言语义、表层义和深层义几种类型。

语言义是指词仍然以其静态词义的面貌进入到言语交际中，进行信息交流。这种动态词义和静态词义基本相同，甚至可以完全一致。如"二加三等于五"中的"二""加""三""等于""五"几个词的意义就是如此。有时词的动态语言义也可能在与静态词义基本相同的情况下又有所区别。如同样是"游泳"一词，人们都可以说"我喜欢游泳"，但一般人和专门从事游泳运动的人在意义理解上就会有所差别，一般的人可能只认识到"这种水中活动很惬意且有利于健康"，而从事游泳运动的人除此之外，还会同时理解到"游泳在体育运动方面的意义、要求"，甚至还有"个人在这方面的追求"等。由于交际者彼此在年龄、文化、职业等方面的差别，对词的动态语言义理解有所不同的现象是经常可见的，但这些不同情况与静态词义相比，也仅仅表现为交际双方对词义内涵认识的多少和理解的深浅有所差别而已，对词义指称外延的理解却是完全相同的。所以词的动态语言义和静态词义是最为一致的。

言语义是指词在言语中产生的与具体交际中的指称对象相对应的意义。在语言运用中，每个词都足以以其静态词义参与组句，这是词义的概念对应性所决定的。但静态词义进入句中后，在多数情况下，其指称对象往往具体化，即指称着某种或某个具体的事物，并使词义体现出了具体事物对应性，这就促成了词义由静态意义变为动态言语义的转化。跟静态词义相比，动态言语义的内容往往会在静态词义的基础上，又增加了某种或某个具体事物的特点，从而使词义在外延和内涵上都发生了相应的变化。有的动态言语义由属概念义变成了种概含义，如"菊花"一词，其静态词义是概括了所有菊花的泛指义，但在面对多种具体菊花的语境中，我们说"这种菊花比那种菊花好看"，或者在只存在一种菊花的场合里说"这菊花真好看"时，这两个句子中的"菊花"一词都是指称着具体的某种菊花。这时的动态言语义就缩小了静态词义指称的外延，却增加了表示该种菊花特点的内容。词义内涵则由静态词义泛指的概括的属概念变成了它的种概念。也有的动态言语义会从静态词义所表示的普遍概念而变成指称个体概念，如我们说"这枝菊花真好看"，显然这里的"菊花"是属于某一种或某一类之内的一枝，动态词义在这里成了具体的特指内容，外延更加缩小，内涵则更为丰富。词的动态言语义的变化情况有时是同时发生的，如在"这枝花真好看"中，"花"的词义不但发生了由表属概念义到表种概念义的变化，而且也发生了由表普遍概念义到表特指义的变化。

　　表层义是指词在言语中表示的意义，就是动态语言义或动态言语义的实际意义，这种动态词义的内容从词义的现实存在的表层中即可认识和理解，是比较容易掌握的。

　　深层义是指词在言语中表示的意义，必须是在对静态词义理解的基础上，透过动态言语义或动态语言义的表层义，间接理解到的比喻、引申和联想出的意义。如面对一个要出门的人说"外面很冷"，这里的"冷"，其深层义就是"要有御寒的准备"或"多穿点衣服"等等。同样一个"十分"，在不同语境中既可表示"得了满分"，如"李宁跳马得了十分"，也可表示"学习很差，不及格"，如"他数学只得了十分"。在日常交际中，词的深层义是异常活跃的因素，经常被运用着，并往往会达到表层义所达不到的生动、含蓄的交际效果。

　　通过对词的各种动态意义的运用，就可以形成词在言语交际中的语用义。语用义是对词的动态意义综合运用的结果，它依赖于词的动态意义而产生和存在，并使动态词义的体现交际功能、传递交际信息、达到交际目的的作用成为现实。

## 二　动态词义的特点

　　动态词义既然与静态词义不同，就必然具有自己的有别于静态词义的特点。我们不妨从以下五个方面作一初步分析。

　　1. 灵活性。动态词义都是在言语交际中形成的，什么样的语境，往往决定产生什么样的动态词义，所以动态词义的产生和运用都是非常灵活的。我们可以看到，同样一个词在前后两句话中就可以产生出外延和内涵都完全不同的动态词义。如"我的钢笔坏了，请把你的钢笔借我一用"，在这语境中的两支"钢笔"，由于交际双方的条件不同，两支具体的钢笔不同，以至于它们都由相同的静态词义变成了不同的各自表示着具体的特指事物的动态言语义。

2. 规约性。动态词义虽然灵活多样，但它们又是以静态词义为基础产生出来的，两者具有必然的联系。动态词义以什么样的静态词义为基础，以及怎样在静态词义的基础上形成，这一切却又是有其一定的必然性，甚至有规律可循，这就是说动态词义一定要受到静态词义规范性的制约。如果超出了这种规约，那么动态词义和静态词义的必然联系就要受到破坏，就会造成用词不当或者词不达意的结果。如有人说"请你用饭勺吃饭"时，人们都会感到不解，因为这句话的用词只能是"调羹"或"饭匙"，而不能是"饭勺"，这里的动态词义也只能在"调羹"或"饭匙"上形成。如果一个人请别人帮他买本杂志，那么他也绝不能说"买书"，因为"书"的静态词义产生不出"杂志"的动态词义来。所以无论动态词义怎样灵活，如离开了静态词义的规约，仍然是不能准确地交流信息，达到交际目的的。

3. 共识性。动态词义虽然受静态词义的规约，但由于它的灵活性，同一个静态词义也可以产生出各种不同的动态词义来。正因为动态词义具有共识性，所以无论它如何灵活多样，却总能为交际双方共同理解和把握，并用以顺利地进行交际。动态词义的共识性是和交际双方对语境的共同理解分不开的。众所共知，语境包含的内容是多方面的，它是社会的、历史的、文化的、心理的、民族的，是交际双方年龄、职务、生活等各种条件的总和，凡是对交际产生影响的因素，都属于语境范畴。另一方面，我们又会看到，在同一个社会内生活的人，对该社会的一切，如社会的、历史的、文化的、心理的、民族的等等方面又基本上会有着一致的理解和认识。这种理解和认识也许会在程度上或某个方面有所不同，但一般是能相互沟通的，这就为交际双方对语境的认识和体验基本相同提供了可能。这种可能又为交际双方对在同一语境中所使用的动态词义有共同的理解提供了条件，从而使动态词义具有了共识性的特点。只有动态词义的共识性，才能使交际双方得以沟通，也才能使灵活多样的动态词义比较准确有效地表达交际信息，达到相互交流思想的目的。当然，如果交际双方对语境中某一方面的理解出现障碍，也会使动态词义的共识性得不到体现或不能完全得到体现，这时的交际行为将达不到交际的效果。如果我们平时所见到的未听懂双方话语的意思，或者对对方的言语信息作了错误的理解，就是这种情况。像"言者有意，听者无心"或"言者无意，听者有心"的现象，事实上也是动态词义在共识性问题上出现误差造成的。

4. 短暂性。语言是社会约定俗成的，就静态词义来说，生命长久的词义都可以千百年长时期地存在着，生命最短的词义也会在语言社会中存在一个时间过程。而且静态词义消亡后还会存在于语义发展的历史中，供人们研究和使用。动态词义却不具备这一特点，相反的，它最突出的表现正是短暂性。动态词义在静态词义的基础上可以灵活多样地形成适应交际需要的内容，但这种内容一般都是在特定语境中为特定的交际服务，它们的生命，短者可以表现为一发即逝现象，一般情况下，都表现为一次性服务的情况。动态词义随某一交际行为的发生而出现，同时也随该交际行为的停止而消失，交际行为过后，存留在社会和语言中的仍然只有静态词义。当然有时我们也会发现，有的动态词义会随着相同或相近的交际环境和交际行为而重复出现，这种动态词义也往往会因此而巩固下来，转化为静态词义。如"消肿"一词，重复使用于表示"精简机构"意义的场合时，其静态词义中就会相应地增加表示该意义的新义项，这是动态词义重复出现后产生的作用所使然。就动态词义的本质来说，它永远是短暂的。

5. 动态词义具备着静态词义具有的特点，但二者的表现不同。一般说来，静态词义都有客观性、概括性、社会性、主观性、发展性、概念对应性和具体事物对应性等特点。然而只要分析比较一下就会发现，除在客观性上二者基本相同外，其他几个方面都有很大差异。静态词义的概括性绝大多数都是对一类事物的概括，动态词义的概括性多数情况下却是对某一具体的个体事物的概括。虽然有时动态词义概括的也是某一种或某一类的事物，但从总体上讲，它比静态词义概括的范围狭小和具体。就社会性而言，静态词义的社会性表现为其是全社会约定俗成的，因此它为全社会所理解、所使用，动态词义则是在具体交际场合中产生和使用的，所以它的社会性有时仅表现在具体的交际场合和范围之中。如人们在谈论一件连衣裙时，可以说"这衣服挺漂亮"，这里的"衣服"，其动态词义内容就是这件具体的连衣裙的内容，在这具体的交际场合里大家都是理解的，这就是它的社会性的表现，这时的社会性是和动态词义的灵活性、规约性、共识性等结合在一起的。当它一旦离开了这具体的交际场合，人们是不会把"衣服"的意义仅仅理解为这件连衣裙的，因此，动态词义的社会性远没有静态词义那样固定和广泛，二者虽然都是社会现象，但情况却不完全一样。从主观性来看，静态词义的主观性仅表现为任何词义都有获得主观理解的可能，都会有使用者主观因素的参与。而动态词义的主观性却是具体的，而且是构成动态词义的非常活跃的因素。任何词义一旦进入具体的言语交际中，就会在交际者主观认识的支配下形成动态词义。如果说静态词义的主观性只是一种可能的话，那么动态词义则把这种可能变成了现实，甚至可以说，没有交际主体的主观因素，就不可能产生各种动态词义。所以在这种意义上甚至可以说，词义的主观性是属于言语范畴的。词义的发展性是两种词义形态都具备的，不过静态词义的发展性多表现为历史的发展，发展的情况都为历史所固定，是语言发展的一个部分。动态词义的发展性则主要表现为由静态词义变为动态词义的发展变化情况，自然也体现为由动态词义逐渐发展为静态词义的情况。但是应该说，动态词义的发展性主要是表现在词义的临时变化上。最后再观察一下词义的概念对应性和具体事物对应性问题。词义的概念对应性表现在静态词义和动态词义方面都较明显，这是由词义和概念的紧密联系所决定的。静态词义的存在以与其对应的概念为基础，动态词义也是如此。静态词义与跟它相对应的概念是一同进入到言语中去的，如在交际中涉及到"天空"这个事物时，必须用表示"天空概念"的静态词义进行组句。静态词义进入句子后变为动态词义时，不但以静态词义为基础，也以静态词义对应的概念为基础，只有这样，才能形成言语中可接受的动态词义。词义的具体事物对应性则与概念对应性不同，它本质上是属于言语范畴的，对静态词义来说，除专有名词外，这个特点一般只表现为可以将概括性较强的静态词义用于言语中指称概括性较弱的具体事物，而真正的与具体事物相对应的却是动态词义，只有动态词义才是这一特点的体现者。

## 三 动态词义的作用

任何事物都是以其特有的作用存在的，并以此为社会服务，动态词义也不例外。

动态词义的作用首先表现在实现语言的交际职能，具体传递交际信息上。通过上面的分析，我们可以看到，静态词义虽然作为人类最重要的交际工具而存在，但是它一旦进入交际，就会变为动态词义，因此没有静态词义就没有组句的可能，但没有动态词义，人类的交际也不可能顺利进行，只有动态词义才使丰富纷繁的交际信息得到准确鲜明的表达和交流。如"我喜欢这个盆景，讨厌那个盆景"，同样是"盆景"，其静态词义都是一样的，但为何在具体运用中有"喜欢"与"讨厌"之别呢？原因就在于"盆景"在句中都是以其动态词义的面貌出现的，如果在这具体交际中，只用静态词义而不用动态词义，必然会给交际带来困难。人类的思想交流都是人们运用静态词义产生出的动态词义来进行的。

其次，在语言表达生动、准确、细致、含蓄等方面，动态词义也具有静态词义所达不到的作用。由于动态词义是随语境的不同而产生，语境中各种因素的不同作用和要求就会产生出最为交际需要的多种多样的动态词义，这种词义可以适应语境的要求，恰如其分地表达和交流信息，或生动，或细致，或明朗，或含蓄，都可做到恰到好处。有时人们研究修辞，研究某个词语在言语中的独到作用等，事实上，这些都是动态词义的内容。所以，正确运用语言是运用静态词义的问题，而语言表达得准确、鲜明、生动等，却是动态词义发挥作用的结果。

另外，在语言发展方面，动态词义也有不可忽视的作用。语言和言语的相互关系和作用，就决定了语言的发展是离不开言语的，任何语言成分的形成都是言语成分在长期运用中约定俗成的。动态词义是言语中出现的临时变化现象，但这种临时变化一旦反复出现，被人们承认并反复使用后，就会为社会约定俗成，进入到语言中去，成为被历史固定下来的语言成分，并以此促成语言的发展。

动态词义是言语交际中存在的一种纷繁复杂的现象，在语言社会中到处都存在着动态词义。对动态词义进行深入细致的研究和分析是非常必要的。本文对动态词义仅作了简单的论述，进一步的研究还有待于大家的共同努力。

（与刘中富合写，原刊于《文史哲》1994 年第 1 期）

# 论汉语合成词形成的有理性

在词的结构研究中，"语言符号具有任意性"，"语言符号的存在和得以实现其价值，都是社会约定俗成的"，这些看法现在已是公论，反映了语言符号的本质，说明了词的形成和存在的特点，因此，这些基本理论观点无疑是正确的。但是仅仅这样笼统地谈论词的形成问题，显然是很不够的。由于语言和思维的关系，人们在造词时所参与的具体思维活动，以及各种类型的词在各个不同时期形成时的各种不同条件，必然会使词的形成呈现出复杂的状态。所以，我们对词的形成情况还应该进行具体的分析。

在谈论词的形成时，必须首先明确词赖以产生的两个条件，那就是人们对客观事物的认识以及与此有关的思维活动和以本民族的语言符号系统为内容的语言基础。人们利用语言系统中的某些成分，表达了他们在认识和思维活动中取得的成果，从而产生了词。也正是这两个条件，赋予了词形成的有理性。

词形成的有理性，一直是在词语符号任意性的制约下存在的，应该说，无论任何时候，任何情况下，词的形成都离不开人对客观事物的认识和与此有关的思维活动。词义永远是人们认知的结果，词汇意义、语法意义、色彩意义均不能例外。但在不同的社会发展阶段，作为造词的语言基础，却往往呈现为不同的情况，因此，词形成的有理性，在不同时段和不同条件下，其情况也不完全相同。

根据汉语词的形成情况，初步可以划归为四个类型。

第一个类型：最早产生的词

讨论词的形成，必然会遇到最早的词如何产生的问题，事实上也就是语言起源的问题。对于这一问题，学术界有着各种不同的看法，但至今仍未得到解决，因此，本文也不准备在此进行讨论。这里只想说明的是最早的词，一定也是在人们对客观世界认识的基础上，将认识成果与某种物质化的声音相结合从而产生的。词义永远是客观事物在人们头脑中的反映，没有认识，产生不出意义，没有与声音相结合并依赖声音以进行表达的意义，也不可能有词。应该承认，第一个表义的声音，也就是第一个词出现，就标志着语言已经产生，尽管那时的语言还是极为简单、极为贫乏的。由此可见，词在最初产生时，就具备了人们认识和思维的条件，所以，即使这种最初形成的词，从认识角度讲，其词义也是有理据和可分析的。至于语言基础方面，最初产生的词只能具备与语言共生的成分。当然这些成分不可能成为最初的词产生前的备用条件。因此，应该说，最初产生的词在音义结合方面表现出的任意性是比较突出的。

第二个类型：摹声词

摹声词的特点就是指词的语音形式是通过模拟某种声音而形成的。汉语的摹声词包括三种情况：模拟感叹声音的感叹词，如啊 a，呀 ya，唉 ai，哎呀 ai ya；模拟自然界声音的拟声词，如蛙 wa，呼哧 hu chi，当啷 dang lang，哇啦 wa la；模拟外语词声音的音译词，如探戈 tan ge（英 tango），吉普 ji pu（英 jeep），卡通 ka tong（英 cartoon），喀秋莎 Kaqiusha（俄 катыша）等。这些词的形成特点，都是来源于人们对被模拟事物的接触，进而产生认识、联想，并用汉语语音形式模拟而成，这些词在词义上都和被模拟对象所表示的意义相同或基本相当，在语音形式上则是都被汉语语音系统加以改造。也就是说，这些词不论其原来的声音面目如何，但当其成为汉语中的词时，其语音形式完全是按照汉语声韵调的配合规律形成的，因此，它们都是汉语化了的汉语词成分，否则它们则仅仅是自然界的声音或外语词，却不是汉语词汇的成员。所以这类词从词义到语音方面都是有源可溯、有据可论的。

第三种类型：同源词

王力先生曾说："凡音义皆近，音近义同，或义近音同的字，叫做同源字。这些字都有同一来源。"① 又说："我们所谓同源字，实际上就是同源词。"② 对同源词追根溯源，可以发现许多同源词都是先后产生的，后来产生的新词往往都是在原有的旧词基础上滋生而成。正如王力先生所说："语言中的新词，一般总是从旧词的基础上产生的。例如梳头的工具总名是'栉'，后来栉又分为两种，齿密的叫'篦'，齿疏的叫'梳'。'篦'是比的意思，'比'就是密。'梳'是疏的意思。可见'篦、梳'虽是新词，它们是从旧词的基础上产生的。同源字中有此一类。"③ 在同源词中，存在着不同的滋生途径和类型，但总体来讲，它们都是通过语音和语义上的某些联系而形成的，所以同源词中许多后来产生的词，在语音形式和意义方面都可以追溯其形成的渊源，都是可论证的。这类词汉语词汇中也不少见。现在许多由词义分化而形成的新词也应属于这种情况。

第四种类型：合成词

合成词的形成，情况更为多样和复杂，同时也更具有可论证性。因此，本文拟着重论述这一问题。

# 一　合成词的形成

随着社会的发展和语言本身的发展，合成词开始出现并获得

---

① 王力：《同源字典》，商务印书馆 1982 年版，第 3 页。
② 同上，第 5 页。
③ 同上，第 6 页。

了不断的发展，就现代汉语词汇的情况来看，合成词不仅在数量上已占了优势，而且在合成词中，除大多数是双音节形式外，三音节形式的数量也相当可观。应该说，这是现代社会语言词汇发展的特点，而且也是一种必然。

合成词是语言符号，因此它和所有的语言符号一样，也具有任意性。但是，合成词和单纯词又完全不同，其不同的关键就在于它必须是由两个或两个以上的词素组成，所以合成词的形成和其他类型的词相比，又独具自己的特点，而其最突出的特点就是它内部组合到外部表现的有理性。因为合成词的形成具有有理性，所以合成词词义往往都比较明确，一般情况下，人们从内部组合所反映出的外部形式上，即可了解到词义的基本所指。

汉语合成词的造词方法，为了细致说明起见，我在《汉语词汇研究》一书中，曾提出过说明法、双音法、比拟法、引申法、简缩法等①，但综观合成词形成的本质特点，主要的仍然是说明问题。合成词的产生，根本上都是根据社会交际和表达的需要，从说明的角度选用现有的语言材料组合而成的。以上所区分的各种方法，则是在说明的基础上，又根据各种不同的造词特点，进一步加以细致区分罢了。例如用比拟法造出的"佛手"，事实上也是在说明"一种形状像大佛的手一样的果实"，用简缩法造出的"文教"，目的仍然是在说明"文化和教育"。由此可见，合成词的形成都是人们组合现成的语言材料，以说明某种新的认识成果。而这种说明的结果，就赋予了合成词形成的有理性。

## 二 合成词形成具有有理性的原因

合成词的制造者通过说明的方法产生合成词，是社会发展到一定阶段的结果，只有社会的发展促进了人们思维的发展，同

---

① 参见葛本仪：《汉语词汇研究》，山东教育出版社 1985 年版，第 56—63 页。

时，语言本身也发展到能为造词提供出语音、词素、语法等语言材料时，合成词的产生才有可能。由此可见，合成词的产生也离不开人的认识与思维活动，以及语言材料基础这两个条件，而且正是这两个条件进一步形成了合成词具有有理性的原因。下面分别加以阐述。

第一，合成词形成的有理性来源于人们对造词所运用的语言材料的共识性。众所周知，语言是属于社会的，因此，任何语言材料也都是社会的，它为社会所有成员共同认识和运用，而且这种认识和运用永远都要受到该社会语言习惯的制约，正是人们对语言材料的这种共识性，就为创造和理解新词提供了根本的先决条件。所以，在一个正常的社会里，人们造词时对语音、语义和语法等方面的认识和运用，与新词面世后人们对它的认识和理解是基本一致的。如面对"花"这一成分，人们不可能理解为"草"。同样，对"梅""雪""水""青"等成分的认识也不可能发生混淆，用这些成分组合而成的合成词，在意义和形式方面，人们也自然会有共识。对"梅花"的理解自然会认为是梅树上生长的花，这"花"是生长在种子植物体上的一部分，对"雪花"则一定会认识到是空中飘落的形状像花一样的雪片，这里的"花"也绝不会被理解为真实的植物的花。同样，面对"水草"和"青草"，人们对其语音、语义的理解也都是非常明确的。

人们对语言材料的共识是复杂和多方面的，除语音、语义外，其他如词序、组合方式，以及社会形成的语言习惯等等方面，也都存在着共识。"人生"绝不会被解释成"生人"，"红枣"也绝不会被理解为"枣红"，同时人们对许多社会语言习惯的认识，都会由于共识而自然形成一致的认识和理解。例如：因为汉语中已形成了附加词素"头"，人们自然就会对"舌头"的"头"和"人头"的"头"有不同的理解和区分，这种共识又使人们自然地对它们参与组成的词"舌头"和"人头"有一致的认识，人们绝不会把"舌头"理解为"舌的头"。所以一般来说，

"剧作家"和"姑娘家"不同，"莲子"和"帘子"也不一样，在汉语社会应用中，都是可以被分辨清楚和正确运用的。

当然，在认识合成词的语义时，有时也会出现"不是一看即懂"的情况。造成这种情况的原因，一方面可能是词的本身就是晦涩难懂的生造词，这种词没有生存的价值，不属于我们讨论的范围；另一方面则是有的合成词是在特定的语境中形成的，这种词当然也要借助于特定的语境和条件才能实现其意义而被人理解，如"短平快"一词，离开了排球运动和打排球的具体方式方法，当然就不可能了解它的真正含义。但是这种情况并不能说明这类词的形成缺乏有理性，只不过它们的有理性和可论证性必须借助于一定的语境等条件才能表现出来而已。

以上所述可以说明，人们对造词材料的共识，形成了对由其组成的合成词的共识，并使合成词的形成具有了有理性。同时也可以说明，合成词形成的有理性正是来源于这些造词材料和组合方式本身的可理解性和可解释性。

第二，合成词形成的有理性来源于人们认识的共通性。由于每个人所处的环境和条件不同，应该说，人们的认识是存在着千差万别的。但从总体来看，这种千差万别基本上都是表现在同一个概念或同一个范畴之内的，如对"书"的认识，不同的人可以有不同的看法和态度，但都不能突破"成本的著作"这一概念的范围。与此同时，我们更会发现，生活在同一个社会中的人们，他们在对客观世界的基本认识上又存在着共性，其思维方式和规律，以及对在同一概念同一范畴中的某些基本内容的理解仍存在着共同之处。正因如此，人们才可以在同一个社会内相互交际、交流和合作共事。也正因如此，在相同的客观对象和相同的词语面前，人们的认识和理解也往往是基本相同的。如影剧院在客满时，一般都会挂出一块"客满"或"座满"的牌子，以向观众表示"无票可售了"的意思。但近年来，牌子上的"客满"或"座满"，有许多已被"爆满"代替了，虽然从道理上讲，"客满"或"座满"更合乎逻辑，然而"爆满"所蕴含的"人们争先恐后地购票"和"座无虚席"的意义和情景，以及夸张的色彩却为大家普遍理解，并表示出更多的欣赏和接受，这种认识上的共识，自然就使"爆满"一词很快被约定俗成下来。人们认识上的共识不仅使人们彼此间对一般词语的理解不会出现异议，就是对"海米""面包车"一类的词，也不可能认为就是"海里的米""面包的车"或"面包做的车"等，"毛刷"被认为是用毛之类制成的刷子，"牙刷"却自然会被理解为是用来刷牙的刷子，前者是从制作材料的角度造词，后者是从刷子的用途角度造词。"毛刷"和"牙刷"虽然词型相同，造词的思路却不一样。然而事实证明，这一切都不必多作说明，社会成员都能够有相同的理解。这一切都说明了人们对通过词语形式所反映出的意义内容，在认识上都具有一定的共通性。而这种共通性，正为合成词形成的有理性和可论证性提供了有利的根据。

此外，人们认识的共通性还表现在合成词组成的过程上，任何合成词的形成都有一个过程。随着社会的发展，客观世界变得日趋复杂，汉语合成词虽然现在仍以双音节合成词占优势，却不能否认，目前三音节、四音节的合成词也发展迅速，多音节合成词的出现，也使合成词的形成变得复杂起来。然而在汉语社会中，我们又可发现无论双音节或多音节的合成词，除少部分多音节词是三项或四项组合外，绝大多数词仍然是以两项组合的方式形成的。如"太阳灶""个体户""康复医学"等词，分别是由"太阳"和"灶"、"个体"和"户"、"康复"和"医院"两两组合而成的，而"太阳""个体""康复""医院"等也都是两项的组合，这种现象自然形成了合成词组合的层次性。在同一个语言社会中，人们对合成词组合的不同层次，以及这些组合层次往往不是一次形成等问题，在认识上也是基本一致的。如"奶"和"油"组成了合成词"奶油"，"蛋"和"糕"组成了"蛋糕"，很明显，"奶油"和"蛋糕"虽然都是一次组成，但两者在组成时间上却不一定相同。那么，将"奶油"和"蛋糕"组合在一起再形成"奶油蛋糕"时，虽然表现出了组合的层次性，但是在组成时间上更不可能和前两者的组合时间一致，所以绝不能认为"奶""油""蛋""糕"四者是一次组成"奶油蛋糕"的。事实证明，合成词形成中的这种层次性和复杂性，社会成员在认识上也是有共识的。

## 三 合成词的任意性和有理性的关系

由上所述可以看出，合成词形成的有理性和可论证性是肯定的。那么，这种有理性与合成词的任意性是否产生矛盾呢？这两者又是一种什么样的关系呢？

合成词形成的有理性和它的任意性绝不是矛盾的，而是对立的统一。应该说，这种有理性是在任意性统率下的有理，而任意性又是在有理基础上的任意。为了说明这种关系，我们不妨用下面的例子加以说明。在社会中，由于人们可以从不同的角度为同一事物造词，所以，经常会出现同一事物可以有不同的名称，或者不同时期用不同词语表示同样事物的情况。

如：

"卷心菜"又名"大头菜"
"羽绒服"又名"面包服"
"膨胀螺丝"又名"爆炸螺丝"
"秋红桃"又名"颐红桃"
"伙夫"后来称"炊事员"
"马夫"后来称"饲养员"

由以上各例可以看出，同一事物都可以用两个不同的词来表示，这种情况有力地说明词的名实之间的任意关系，充分显示出了语言符号的任意性。但是另一方面，从以上例词中每个词成词的情况看，它们的形成又都是有一定的根据和道理的。如"卷心菜"是从其卷心的情状命名，"大头菜"则是从其状如大头而造词，"羽绒服"和"面包服"的出现，同样也是人们分别从"用羽绒制作"和"衣服膨体状如面包"等不同角度造词的结果。其他各例也是如此。这些情况又都体现出了合成词形成的有理性和可论证性。由此可见，任何一个在有理基础上形成的词都可以被任意选择，而任意定名的同时又必然会体现出一定的成词道理，这就是合成词形成的有理性和任意性的对立统一关系。在合成词的形成中，任何时候，缺少任何一个方面都是不可能的。

合成词形成的有理性和任意性是语言现实中的客观存在，也是一种必然的现象。在现实中，这种有理性和任意性又都会受到语言社会的制约，也就是说，无论有理性还是任意性，都应该而且必须尊重社会的语言习惯，否则就不会被理解，那将会不仅谈不上有理，就是任意也是不能被人们接受的。

（原刊于《词汇学新研究》，语文出版社 1995 年 6 月版）

# 论汉语词形成的基础形式

语言是一个符号系统，这一系统中的基本单位是词，词是言语活动的基础元素，没有词，无论语言或者言语都是无法想象的。

语言的词汇是语言中最活跃的部分，它随着社会的发展和新事物的出现而不断产生新的成分，以满足社会的需要，这已是目前大家认可的问题。但是语言中的词是如何形成的呢？它被社会共同约定俗成的基础又是什么呢？

观察词的产生轨迹，大致有三个方面都可以形成词，那就是：人们通过造词活动创制新词；社会共同将短语约定成词；词的构形形式在使用过程中逐渐演变为独立的词。因此也可以说，这是语言中的词形成的三个途径。这三个途径形成词的过程是各不相同的，由此可见，语言中新词的产生并不都是人们造词活动的结果。我们分析每个具体词的产生问题，如果追根溯源的话，也不应全从造词活动方面来考察。

我在《汉语词汇研究》一书中曾提到过，任何词的形成都有两个条件为前提，一是人们的思维活动，二是语言材料。在语言产生之初，人们的思维活动，甚至可能是形象思维活动占有主要的地位（这里暂不深入讨论词最初形成的问题），在语言产生之后，任何词的产生都是人们的思维活动和语言材料结合作用的结果。思维活动形成词的内容，语言材料使这种思维内容变成了直接现实，从而人们才可以感知它，认识它，应用它。词形成的这两个前提条件，对一个词的产生来说，是同等重要的，缺一不可。但是如果从词的形成轨迹来说，很明显，人们的思维活动则占有先导的地位，因为没有认识活动，就不可能产生新的认识内容，当然也不会用语言材料来表示它。从这个方面讲，人们的思维活动又是形成词的基础，同时也形成了词形成的基础形式。

词的基础形式就是词形成时所依据的一种形式，一般来说，它都是以语言形式出现的，或者是词，或者是短语，但它们都是词形成的基础，任何一个音义结合体的词，都是从它的基础形式中提炼出来的，任何一个词都有自己赖以产生的基础形式，考察和研究一个词的词形和词义，都可以从词的基础形式中找到依据和说明。因此，如果要对词的形成和发展进行研究的话，就必须追溯到词形成的基础形式问题。

词形成的基础形式都是人们思维活动的结果，但是由于人们对事物观察和认识的角度不同，同时也由于词形成的方法和途径各有差异，所以，词的基础形式也呈现出各种不同的情况。为了说明各种不同的基础形式问题，我们在这里有必要先阐明一下词形成的三条途径问题。从当前现代汉语中词的情况来看（可以《现代汉语词典》收词为例），可以初步归纳出词形成的三种不同情况，也就是词形成的三种不同的途径。

第一，运用造词法创制新词，这是词得以形成的主要手段。人们在造词活动中，运用的造词法是多种多样的，我在《汉语词汇研究》中，曾初步归纳为八种，即音义任意结合法、摹声法、音变法、说明法、引申法、比拟法、双音法、简缩法等，如人、山、布谷、咖啡、见、现、信箱、台灯、骨肉、开关、佛手、木马、伯伯、道路、外长、四化等等。

第二，由习用的短语约定俗成。如国家、妻子、朋友、窗户等等。

第三，由词的构形形式约定俗成。如乱腾腾、空荡荡、冷清清、大大方方等等。

这三种途径形成的每一个词，都有自己赖以产生的基础形式。从形式上看，词的基础形式不外乎三种情况。

一、以词为基础形式。这就是说，新词是以某一个原有的词为基础演变而成的。这种情况下，人们的思维活动往往是把注意力集中在原有的一个旧词上，以此为基础，经过联想、引申、改造等手段，产生出新的语言成分，然后在社会成员共同认可的情况下，即可演变为一个新词，而原有的词就是这新词形成的基础形式。以旧词为基础形式产生新词，具体表现为以下几个方面。

（1）音变法造词，如"盖儿"是由"盖"演变而来，"扣儿"是由"扣"演变而来，"盖"和"扣"就是"盖儿"和"扣儿"的基础形式，它们都是通过原词变儿化韵而形成新词的。

（2）引申法造词，如"一刻钟"的"刻"就是由"刻画"的"刻"演变而来，"一个月"的"月"就是由"月亮"的"月"演变而来。很明显，这两例的后者就是前者的基础形式。

（3）双音法造词，如"姑"——"姑姑"、"桌"——"桌子"、"道""路"——"道路"等，从这些词的发展情况来看，每组词中的双音词，都是在前面单音词的基础上逐渐形成的，这是汉语词汇在历史发展过程中由单音向双音发展的一种现象，这些双音词在原有单音词的基础上，或加以重叠，或增加词缀，或用两个同义单音词联合，从而产生出与原来单音词意义完全相同的双音式新词，这种情况毫无疑问，原单音词自然就是新双音词的基础形式。

有时我们也会发现，有的双音词在发展过程中也会变成单音词，如弟、姐、爸等单音词，有一个阶段已经完全为双音词代替而不再单独使用，但是在当前的社会里，由于某些社会条件和心理文化方面的影响，又经常出现单独使用的情况，那么能不能说，前阶段已经使用开来的双音词又是这些单音词的基础形式呢？当然不能，应该认为这是旧词被重新启用的现象，而不是产生新词，所以，无论是后来产生的双音词完全代替了原来的单音词，或者后来单音词又重新使用并代替了双音词，或者两种形式同时并用等，都是词的历史发展过程中出现的现象，只有双音词新产生时是以原来的单音词为基础形式。

（4）摹声法造词中，由外语词为基础而产生的汉化的外来词，其基础形式是原来的外语词，如"咖啡""沙发"等，其基础形式就是原来的外语词"kafei"和"shafa"。

任何语言词汇在发展过程中，都会不断地在外语词的基础上，经过吸收改造，从而产生本民族化的外来词。汉语词汇在改造外语词以创制外来词方面，运用的方式方法是多种多样的，除过去早已存在的音译、音兼意译、音加意译和意译的方式外，当前又出现了直接用外文字母的形式表示，或者外文字母和汉字表示的词素相结合充当新词的形式，甚至有的词在某一阶段内，还会同时存在两种形式。但是无论运用哪一种方式产生外来词，外来词形成的基础形式都是外语原词，因为外来词的产生都是人们将思维活动首先集中在某个外语词上的结果。当然人们在创制外来词时，采用的方式方法是多种多样的，这是与人们的认识和思维活动密切联系在一起的，如有的人喜欢用意译的方式，有的人则喜欢用音加意译的方式，这除了说明词形成时的音义结合具有任意性之外，也说明了形成什么样的词，与人们的思维情况有着直接的联系。不过无论什么情况，因为外来词都是在外语词的基础上改造而成，所以在改造的过程中，无论人们是如何认识，如何思考，如何确定其改造的形式，也不能认为这些思考的内容是其基础形式，所以任何外来词的基础形式都是原来的外语词，这一点和后面讲的通过思维产生概念而形成基础形式是不一样的。如果外来词中的意译词形成前，也有通过思维产生概念这一过程的话，那也是在原来外语词的基础上产生的，因此，意译词的基础形式仍然是原外语词。

（5）词的构形形式转化为词，这类词，其基础形式都是变化前的原词。如"我们""你们""他们"，都是单词"我""你""他"的表示多数语法意义的构形形式，由于在社会上被广泛地、经常地使用，久而久之，就被约定成为独立的词了。现在《现代汉语词典》都已经把这些构形形式作为独立的词收入了，如"冷清"——"冷清清"、"乱腾"——"乱腾腾"、"慢悠"——"慢悠悠"、"亮堂"——"亮堂堂"、"大方"——"大大方方"、"踉跄"——"踉踉跄跄"等都是这种情况。有些变形形式形成的词，其使用频率甚至高过了原词，如"空荡荡"就是这样。

词的构形形式能否被约定成为词，主要是受约定俗成规律的制约，社会的需要和广泛使用、人们心理上的认可，都可以使词的构形形式向独立的词转化。试比较"我们"和"学生们""同志们"等例，就可以清楚地看到，这三个词都是"我""学生""同志"的表示多数的变形形式，但"我们"在使用频率和人们心理可接收性上，则要比"学生们""同志们"高得多，因此就可以被社会约定为词。

词的构形形式都是原词进行构形变化的结果，所以由词的构形形式形成的词，其基础形式都是原来的词。了解这一点是非常必要的。如"冷冰冰"和"冷清清"，从表面看两者非常相似，但其成词途径却完全不同，"冷冰冰"一开始就是独立形成的由情状进行补充的新词，它的基础形式是"冷得像冰一样"，而"冷清清"却是由"冷清"变化而来，它的基础形式是原词"冷清"。所以了解形成词的基础形式，对确定一个具体词的形成途径、掌握词的正确含义等都是非常必要的。

二、以短语为基础形式。所谓以短语为基础形式，就是说词是在以短语为语言形式的基础上形成的。这方面的情况比较复杂，大致也可表现为以下几种情况。

（1）说明法造词，词形成的基础形式都是一个短语。上面已经谈到，词的形成离不开人们的思维活动，词形成的基础形式也是人们思维活动的结果，造词法中的说明法造词，就是人们通过认识和思维，然后把思维结果用词素组合表示出来以形成新词的过程。在这一过程中，必然会形成表示概念的短语。由于人们的认识和思维活动的内容相当复杂，所以这些短语形式也是很复杂的，它们可以表示简单的概念，也可以表示复杂的概念，因为这些短语形式的结构，或简单，或复杂，其情况也各不一样。那么，在这种情况下，我们又如何确定形成词的基础形式呢？我们知道确定词的基础形式时，首先应该考虑的是词素赖以产生的条件，也就是说，人们在表示概念的短语的基础上，为该事物命名而产生新词时，必须以简单明了为原则，即短语的表意必须明确；可以直接或间接抽取出词素来；在表示意义基本相同的情况下，短语结构形式是最简单的。因此充当词的基础形式的短语，其内容既可以反映人们认识的全部特点，也可以是部分特点，只要能够抽取出词素，并且能够明确地表示出认识的内容来，那种最简约的短语形式就是词形成的基础形式。如"活捉"，"用手或工具把人或动物活活地捉住"和"活活地捉住"两种短语形式，都可以表示它的意义内容，相比之下，后一种的结构则比较简约，那么，后一种短语形式就是"活捉"一词的基础形式。又如"活水"，它的短语形式可以有"有源头而常流动的水"和"常流动的水"两种，然而"常流动的水"并不能把"只有有源头的常流动的水才称活水"的真正含义明确地表示出来，因此，前一种短语形式在表意明确的要求下，就是最简约的形式，而且是"活水"一词形成的基础形式。

　　当然，作为相同的认识内容，其简约的短语形式和复杂的短语形式，在意义上都具有联系的，而且是完全一致的。因此，我们认识一个词时，在了解其基础形式的基础上，也可追溯其复杂短语的情况，从而更进一步了解词形成的更详细的内容。词的形成以简约的短语为基础形式，词的组成成分词素就是直接或者间接从这基础形式中抽取出来的，如上例中"活捉"的两个词素"活"和"捉"就是从"活活地捉住"中直接抽取出来的，"活水"的两个词素，"水"是直接抽取出来的，"活"则是间接抽取出来的。

（2）比拟法造词，词形成的基础形式是一个短语。因为人们采用比拟法造词时，都是通过对事物之间相似点的联系，运用比喻的方法，形成一种认识，并用短语的形式表示出来，这一短语形式就是新词形成的基础形式。如对"虎口"的解释是"大拇指和食指相连的部分，形状像老虎的口"，对"佛手"的解释是"一种植物，果实的形状像大佛的手"，这是比拟法创制新词时所形成的基础形式的情况，在这种基础形式中，都蕴含着一个比喻，这一比喻正是人们了解新词的形式和内容的基础，形成新词的词素一般都是从短语的比喻部分中抽取出来的。

（3）简缩法造词，新词形成的基础形式都是被简缩的原来的短语。如"外长"的基础形式就是"外交部长"，"四化"的基础形式就是"农业现代化、工业现代化、国防现代化、科学技术现代化"。由此可见，简缩词和它的基础形式的关系更为密切。

（4）短语约定为词，其基础形式是一个短语。如"国家""窗户"等词，就是在短语"国家"和"窗户"的基础上约定而成的，毫无疑问，原来的短语就是后来的词形成的基础形式。

三、以自然界的声音为基础形式。摹声法造词中，模仿自然界的声音来造词就是这种情况，如"乒乓""呼噜"等。这是因为人们造词时，其注意力和思维活动都集中在自然界的声音上，并以此为基础进行造词活动。

以上对词形成的三种基础形式作了一个大概的说明。很明显，前两种情况是主要的，而且也是被广泛接触和使用的，应该引起我们的注意。了解词形成的基础形式是非常必要的。应该说，了解词的基础形式，可以帮助我们解决以下问题。

首先，词的基础形式可以帮助我们正确地解释和掌握词义。我们对词的认识，主要表现在掌握词义上，而词的基础形式就是解释词义的最正确的内容。用我们经常接触的"夏至"一词来说明，"夏至"的基础形式是"夏天的极点"而不是"夏天到了"，

　　因此，把"夏至"解释为"夏天到了"就是完全错误的。因为"夏天到了"根本不是"夏至"的基础形式，也不是"夏至"一词所表示的内容。

　　其次，了解词的基础形式，可以帮助我们在词汇研究中，对每个具体词的产生和发展进行正确的追根溯源的认识和了解，这不但有利于观察和分析词汇的全貌，而且对词汇领域中许多问题的研究，如造词问题、构词问题、词义的形成和发展问题、词典编纂问题等等，都是有着密切的联系和积极作用的。

　　本文对词形成的基础形式问题作了以上的分析，这仅仅是初步的，要对基础形式作更进一步的研究，还有待于今后大家的共同努力。

［原刊于《山东大学学报》（哲学社会科学版）
1997 年第 3 期］

# 《现代汉语词典》与当代语言理论

在社会发展中，每一个发展阶段都会有与之相适应的语言现象为该社会服务，这是社会和语言相互依存、共同发展的关系所决定的。这些与社会发展相适应的语言现象，往往都通过各种文字形式保存下来，其中一种很重要的文字形式就是词典，特别是反映了当代语言现象的词典。每一个时代都会出现一些反映着该时代语言特点的词典，每一本词典也都会或强或弱地体现着自己的时代性。

语言在发展过程中，总是在不断地接受着各种人为的规范工作，因此，一本经过人们的劳动而编写成的具有很强的时代性的词典，无疑就是一种当代进行语言规范工作的强有力的工具，这样的词典应该具有以下几个特点：一、该词典应该反映出当代语言理论的最高水平，并且在语言理论指导下处理各种语言材料；二、应该以当代审音标准注释词语读音，以促进语音规范；三、应该以当代科学发展的认识水平，为词语的内容作出正确的注释，只有这样，才能说明语言的发展和人们的认识是随着社会的发展而发展的，也只有这样，该词典才能够体现出鲜明的时代特点；四、该词典的词语形体，必须以当代规范的汉字进行书写，并说明其异体字和异体词，以促进词语书面形体和文字本身的规范。

《现代汉语词典》（以下简称《现汉》）修订本出版已一年多了，一年多来，人们曾对它从各个方面提出了一些看法，内容当然也褒贬不一。但是只要我们对《现汉》认真审视一下的话，就会发现，尽管它还存在着某些可商量之处，但是却不能否认，《现汉》在处理许多问题上都是非常严谨的，它完全具备了我们以上提出的四个特点，具有很强的时代性。事实证明，《现汉》问世以来，正以其自身的这种特点，一直为社会的语言文字规范化服务，成为当代语言规范化工作的强有力的工具。同时，又因为它的适应面宽，读者群大，所以多少年来，《现汉》一直是我国社会上很受欢迎的词典。

上面谈到《现汉》完全具备了标准的时代性词典所应有的四个特点，其中第二、第三、第四三个特点是明显的、有目共睹的，因此，下面只想着重谈一下对第一个特点的认识。

作为一本具有当代时代性的词典，是应该反映出当代语言理论水平的，然而做到这一点也是非常不容易的，《现汉》在这方面的工作令人称赞。以下几个问题尤应肯定。

第一，《现汉》区分了词缀"儿"和儿化韵。词缀"儿"和儿化韵是两个完全不同的问题。词缀"儿"是一个独立的词缀词素，它具有词素的一切特点，即有独立的音节，表示一定的意义（主要是表示名词性的语法意义），是独立的造词和构词成分。儿化韵则是一个音节之内的语音变化问题，是韵母儿化后呈现出来的一种现象，它不是独立的词素。因此，两者在理论上的区分是很明显的。可是这一明显的区分在一些著述甚至辞书中却往往混淆不清。《现汉》的处理却是很严格的，凡是儿化韵的都是用一个小的"儿"表示，如"花$^1$""玩$^1$"等词，在注音之后都标有（～儿）以表示可以读成儿化韵，凡是词缀"儿"的情况，则都是以独立的音节表示，如"花儿"一词，当它表示"甘肃、青海、宁夏一带流行的一种民间歌曲"时，"儿"是独立的词缀，所以其注音形式就是"hua'er"，"er"是独立的音节。可见在这个问题上，《现汉》以儿词缀和儿化韵的理论为根据，处理得是非常清楚的。

　　第二，《现汉》严格注意了词、离合词和词组的区分问题。词、离合词和词组的区分本来是很清楚的，但是由于某些著述不注意从理论上处理这三者的区分问题，以致形成了一些认识上的混乱，如有人对一些离合词的看法，到底是词还是词组不加分析，结果把词当作词组对待；还有人则把成语的组成成分称为词素等等。《现汉》面对这种现象，在词典中，对这三个问题从理论上作出了严肃的区分和处理。正像它在"凡例"中所说，"多音词的注音，以连写为原则"，"词组、成语按词分写。有些组合在中间加斜的双短横'∥'，表示中间可以插入其他成分。在中间没有插入成分时连写；中间有插入成分时分写"。如"卖力"注音为"mài lì"，"卖力气"则注为"mài lì·qi"，这就清楚地说明，前者是词，后者则是由两个词组成的词组。又如"接班""称心"的注音是"jiē∥bān""chèn∥xīn"，以此说明这两个词都是离合词。这种词的构成成分合起来表达一个完整的意思时都是词，中间插入其他成分分开用时则都是词组。

　　第三，将某些构形形式确定为词。语言词汇都是不断发展的，新词的不断产生，其来源之一，就是有某些被社会广泛应用的词的构形形式被约定为词。这种词的被确认，当代词典就是最规范的形式和最好的凭证。《现汉》在这方面做得是非常好的，它以语言应用的实际情况为依据，及时地将一些已被社会约定的词的构形形式列为独立的词条收入，如"冷清清"、"乱腾腾"、"慢悠悠"、"亮堂堂"、"空荡荡"以及"大大方方"等等。事实上，它们原来都是"冷清""乱腾""慢悠""亮堂""空荡""大方"等词的构形形式，人们使用久了，根据它们的使用频率较高和使用范围较广等情况，就应该承认它们已经转化为词。这是语言词汇不断发展变化的一种现象，是一种客观存在，同时，由构形形式转化来的词，其使用频率甚至高过原词，如"空荡荡"就是这样。所以及时将这类成分加以确认和规范是十分必要的。

　　第四，依据语言发展的规律，适应社会的需要，及时地将某些言语词确定为语言词。众所周知，语言都是从言语中概括出来的模式，许多新的成分开始都是先出现在言语当中，经过社会的约定，有的成分就会被概括成为一种模式，转化成为语言成分，从而促成语言的不断发展。每个时代都会有新的语言成分，每个时代也需要人为地对这些新成分进行科学的规范工作，毫无疑问，在这一工作中，词典又是最有力的工具。《现汉》在这方面作了大量的工作，首先表现在确立新词上，《现汉》修订本吸收了大量的新词，如"的士""促销""大款""走穴""电教""个体户""电话亭""电子琴"等等；其次表现在注释新义上，如"下海"一词就增加了"泛指放弃原来的工作而经营商业"的义项，"个体"一词也增加了"指个体户"的义项。由此可见，《现汉》为当代新词和新义的确立起到了很好的规范作用。更应称道的是，《现汉》对新词新义的确认和处理，与其他同类词典相比是严肃的、慎重的、令人信服的。

　　除以上四点之外，《现汉》还有一些可以肯定的地方，如对某些旧注释的改写上，对例句的选择上，反映着当代的认识水平和特点，是很明显的；又如在通过分立词条与否以区分同音词和多义词方面，尽管有一些词条还有可商榷之处，但是这种处理的指导思想还是很明显的。所以，《现汉》作为一本当代词典，是具有比较强的时代性、理论性和规范性的。因此，它成为目前使用面最广、最受信任和欢迎的词典是可以理解的，也是当之无愧的。

（原刊于《语文建设》1997 年第 12 期）

# 从文化词汇谈起

在我国文化语言学的研究中，曾出现过"文化词汇"的说法，如"龙""长江""老九""半边天"等，并且认为只有文化才能够载有明确的文化信息，也只有文化词汇才能够隐含深层的文化含义。这样的词例，的确可以使人们感受到一种丰富的文化内涵，而且在认识和使用词语的过程中，也能够形成一种浓郁的文化氛围。但是，在语言词汇中，难道只有这部分词才具有文化内容，才能体现出民族文化的面貌吗？

目前在语言与文化关系的讨论中，大家看法不一，但是在语言与文化具有密切关系的问题上，却是有共识的。有的意见还是非常符合实际的，如邵敬敏先生认为："文化对语言的影响是不均等的。好比阳光照射，阳的一面照得到，阴的一面则未必。反映在语汇（甚至包括文字）上最浓烈、明显、突出、集中，而在语音、语法上比较清淡；反映在言语的使用上比较显豁、典型，而反映在语言系统本身上则比较含蓄、隐蔽。"① 邵先生的看法是对的，文化对词汇的影响不仅仅突出地表现在文化词汇上，文化对语言词汇的影响应该是全面的，几乎覆盖着整个词汇的内容，主要表现在语义上，有的也表现在语音上。当然，从一种语言的整个词汇系统来讲，它必然和文化有非常密切的关系，而且也必然是该民族文化的主要载体，但从词汇系统中的各个具体成分来

---

① 邵敬敏：《关于中国文化语言学的反思》，转引自邵敬敏主编：《文化语言学中国潮》，语文出版社 1995 年版，第 85 页。

看，文化对其影响的情况和程度又是各不相同的，也就是说，词汇系统中的每个具体的词语，负载的文化信息都会呈现出差异。而且每个具体的词语在获得文化信息时，也会受到不同条件的制约。因此，对词汇反映文化的情况，也应该作具体的分析。从当前词语的情况看，大致可获得以下几种认识：

1. 词语的内容反映着只为本民族所有的文化内涵。如"龙""长江""越剧""工宣队"等，这种情况都是这些词语所表示的客观事物，只有本民族所有而其他民族所无的。因此，以这样的客观事物为基础所形成的词语的意义，在语言运用中，这部分词语所表示出来的民族文化气息也是最浓的。

2. 词语的内容反映的事物不只是为本民族所有，也为世界其他民族所有。如"衣服""食品""房屋""制度"等，这些词语所包含的文化内涵也是极其丰富的。不论这些词语处在哪一种民族语言中，它们都能反映出人们的思维文化情况，在这一点上，各民族的情况都是相同的。但是，某一民族在什么情况下，进行怎样的认识和思维，以及在此基础上形成了什么样的词语内容，又是与该民族特定的思维文化分不开的。也正因如此，这类词语在不同民族语言中，它们的意义和蕴含的文化内容又有某些不同。如"衣服"一词，对"穿在身上遮蔽身体和御寒的东西"这一内容来说，各个民族都是相同的，但是在衣服的样式、民族习俗以及与此相关的历史发展等方面，所呈现出来的文化内涵又有差异。对这类词语来说，以上两个方面都会形成丰富的内容和文化含义，且其中并不乏民族文化的内容。

3. 语言词汇中还有一部分词语，如"山""水""自然""植物"等，这类词语看起来其内容似乎都是思维和认知的文化内容，但事实上仍然有着民族文化的成分。这些词语所表示的概念的形成，其思维模式和认知的条件，仍然要受到民族特点的制约。

4. 各民族语言中都有一部分外来词，外来词本身蕴含着原民族文化的内容，被引进后，又必然会增加上现民族文化的成分。因此，这类词语所具有的文化内涵也是显而易见的。

综上所述，语言词汇中的词语都具有丰富的文化内涵，即使是一些连词、语气词之类的虚词也不例外。因此，我们不必而且也不可能分辨出一种文化词汇来。事实说明，任何一个词语都有其文化内容，包蕴的文化内容，也往往是由多种因素形成的。

（原刊于《修辞学研究》第八集，南海出版
公司 1998 年 6 月版）

# 词汇的动态研究与词汇规范

  本文就词汇规范的重心应该是瞄准词汇的动态运动形式的问题提一点看法。词汇的规范就是在约定俗成的制约下，顺应语言词汇自身发展的规律，人为地对词汇的各个方面制定出社会成员能认可和可接受的标准，以此对词汇进行规范。对于当前大家都认可的词汇规范的"必要性"、"普遍性"和"明确性"等原则，事实上也都是和社会成员的能认可性和可接受性不相悖的。

  词汇规范的范围非常广泛和复杂，而且也必然要涉及词汇的各个方面。从宏观上讲，它必须涉及词的声音形式——语音、词的书写形式——文字、词的意义内容——词义、词的组合规则——语法，以及词的运用情况——语用等各个方面，因此词汇规范问题必须兼顾语音规范、文字规范以及语法规范等方面的标准和原则；从微观上讲，它不仅要对方言词、外来词、古语词等的运用和取舍作出规范的标准，而且对每个个体词的语音形式、意义内容、书写形式以及其应用和发展变化的规则等各个方面的标准形式也应作出规定。

  对词汇进行规范可有两种方式。一种是硬性式的规范，人名、地名、机关名称等一般都属于这种情况。如一个人的名字、街道的名称，一旦确定和公布，人们就不能随意更改，包括书写符号的形式和规则等；又如过去的"国家教育委员会"，现在改为"教育部"，那么后者就是规范的。这都是硬性式的。另一种是顺应式的规范，大多数的词语都属此，确定这种词语的规范模式必须顺应社会的约定俗成和人们对词语的应用习惯，人为地硬性规定是行不通的，如"大哥大"和"手机"、"邮码"和"邮编"这两对词，在一时段内，它们同时存在于人们的言语中，"大哥大"的使用率甚至高于"手机"，但是经过一定时间的动态选择，"手机"和"邮编"终于得到了认可，可以被确定为规范的形式了。像这种情况下就不能人为地规定哪一个是规范的，而必须以顺应的方式来进行，必须紧紧结合词汇的动态情况来进行细致的观察和分析，才能作出正确的结论。

我们知道，活的语言永远都是在运动和发展着的，同样，语言的词汇也永远都是一个运动着的整体。虽然词汇有静态和动态两种存在形式，但是词汇的静态形式是相对的，只有动态形式才是绝对的，因此，词汇的规范工作也必须随着词汇的动态变化和发展来进行，规范标准也必须随着这种变化发展而不断进行阶段性的更改。

词汇的运动形式有共时的和历时的两种情况。词汇规范和词汇的共时动态情况关系密切。

在词汇的共时状态中，静态的词汇系统都是作为一种已经被规范了的交际工具而存在着，当这种工具被人们运用，进入动态形式中去的时候，其中有些成分出现分歧，新的成分产生了，方言词、外来词被吸收了，部分旧的成分消亡了，但已经消亡的成分又可能重新启用——或以原来的面貌出现，或以改变后的方式出现——各种情况纷繁多样。与此同时，许多不规范的成分也就应运而生了。这时，词汇规范化的工作必须跟上，密切地注意这些变化情况，跟踪调查，依据词汇自身的发展规律和约定俗成的原则，去粗取精，把人们需要的和普遍接受的成分约定和巩固下来，并输送到静态的词汇系统中去。当一个成分被输送到静态系统中去的时候，已经是词汇规范工作的最后一步了。当然，对整个词汇的发展来说，这最后的一步是极为重要的，因为正是这一步，不仅记录了共时状态中的静态系统的状况，而且也展现了词汇在当时段发展变化的面貌。

　　词汇在共时运动中的轨迹往往是一个新的个体成分的出现一般都呈现为个别的临时的状态，随着它的应用，又会出现各种不同的情况：有的可能只是昙花一现；有的在小的范围内使用后又消失了；有的使用范围则逐渐扩大开来；还有可能几种形式并存，并且继续发展，进入语言系统中，成为新的成分，如新词、新义、新读音、新用法，以至于出现词义的各种变化和发展，旧词的消亡和复现等等。这些内容就是我们词汇规范工作重点研究的对象。面对这些现象，确定哪些，淘汰哪些，规范工作者就应该根据词汇发展的自身规律和约定俗成的原则，作出新的选择和规范标准。

　　需要说明的是，词汇的共时动态形式也是一个立体的包含着一定时段的历时因素在内的，它也会跨越一段时间，也有一定的发展过程，如汉语词汇在改革开放时期的共时动态形式，其过程已经跨越了二十余年的时间，所以词汇规范工作中也必然有一个通过时间段的应用进行观察和整理的过程。一个语言成分的形成，必然要经历产生、试用、约定和推广以及最后固定等几个不同的阶段，有的甚至还有反复，虽然每个成分在各个阶段上的表现有长有短，不尽一致，但是对每个新成分来说，这几个阶段却是不会少的。因此，词汇规范工作是完全有时间进行观察和整理的。同时也说明，词汇规范的大量工作是应该做在词汇动态变化的范围之中，至于最后确定规范标准，那将是规范工作的最后结尾了，虽然这最后的一部分工作是极为重要的和必不可少的。

　　如何确定规范的模式和标准呢？过去往往在进行调查的同时，还凭借语感的因素来解决问题。现在则可以借助计算机，进行广泛的语料统计。以词频统计为基础制定出的规范标准理应是更科学、更精确的。用计算机进行词频统计是一项非常复杂细致的工作，它必须多层次、多角度、多范围地进行，因为词语在运用中的分布是不一样的，而且各种不同文体对词语的应用和要求也各不相同，所以不能简单从事。

　　词汇规范标准的最好体现者就是词典，一本好的词典就是词汇规范标准的典范。一本反映当代词汇面貌的词典，就应该具备鲜明的规范性和时代特点。规范了的成分进入词典是一件非常严肃的事情，不仅说明这个成分已经是规范的成分，而且说明这个成分的性质已经发生了从言语成分到语言成分的转变，它已经成为词汇共时静态系统中的一个成员。目前社会上出现的部分词典，其词条的性质往往是模糊的，既有语言成分，也有言语成分，这样兼收并蓄的情况对语言词汇的规范问题是极为不利的，如果想要去兼收并蓄的话，也应该加以说明才好。

　　词汇的历时动态是词汇各个阶段的共时动态随时间的推移积聚而成的，从词汇的历史发展情况来看，其前后时期的规范标准也是不一样的，这正说明各个共时动态的具体内容是各不相同的，同时也说明了词汇规范工作应该立足于发展的观点。词汇的历时动态反映了整个汉语词汇系统发展的概貌，当然从文字材料来看，也可能有当时未被规范的成分，但是我们不能否认，规范了的成分是根本的主流部分。正是这各个时期的共时状态连串起来形成了整个词汇系统的发展，整个词汇系统的发展则形成了汉语的词汇发展史，而这一切基本都是当时共时阶段规范工作的内容和成果。词汇的历时运动形成了词汇发展的历史，词汇的这种历时运动和历史正是在历代共时运动的基础上建立起来的。

（原刊于《辞书研究》2002 年第 3 期）

# 词义及其概念对应性与词义类聚

　　词义的类聚是大家早已认可的事实，多少年来，语言学界对词义中存在的各种类聚，如单义词、多义词、同义词、反义词等等的分类，都是毫无异议的。但是尽管如此，在这个问题上，有时人们仍然不免出现困惑，如"好"和"坏"，大家公认是一对反义词，但表示好的结果的"效果"和表示坏的结果的"后果"，为什么只有少数人认为应该归入反义词，而大多数人却主张归入近义词呢？又如"父亲"和"爸爸"，有人归入同义词，有人则归入近义词；再如"老师"和"学生"、"红"和"白"、"红"和"黑"、"红"和"黄"以及"红"和"绿"等等又应怎样处理怎样归类呢？因此我认为在现在研究的基础上，还应进一步考虑词义类聚划分标准的问题。

　　本文想从词义的内容着手，就词汇意义、语法意义和色彩意义的性质特点等方面，来探讨一下这一问题。

一

　　就词义的三个方面的内容来说，它们都是词义不可缺少的部分，而且对词义类聚的划分问题也都具有各自的不可代替的作用。但是也不可否认，这三者的情况是不一样的。应该说，在词义类聚的划分中，词的语法意义是必要的条件，词的词汇意义是决定的条件，词的色彩意义虽然既不是必要条件，也不是决定条件，但因为它是词义的内容之一，当然也有其一定的作用，所以它也是不可缺少的条件。由以上解释，我们可以看出，在这三者之中，词的词汇意义永远都是处于主要的地位，它是词义的核心，是其他两种词义产生的基础，没有词的词汇意义，也就无法谈及词的语法意义和色彩意义，当然也就没有词义可言了。所以在这里我们必须先从词的词汇意义谈起。

词的词汇意义是词的理性意义，是人们对客观世界中的事物、现象和关系等等的理性认识在词义中的反映，因此它和各个相应的概念相对应，并从而使词义都具有了自己的概念对应性。因为词汇意义及其概念对应性是词义的核心，所以它们就很自然地成为确定词义类聚的主要依据。因为词的词汇意义和概念相对应，所以词汇意义和它所对应的概念的关系是非常密切的，概念一般都是词义形成的基础，并形成了词的基本意义内容。应该说，尽管词义的功能和使用情况与概念不同，尽管概念也有完全概念和不完全概念之分，但是词的词汇意义和它对应的概念内涵却是完全一致的（在这里我们对词义与概念的关系与区别问题暂不进行讨论）。因此我们可以根据词汇意义和它的概念对应性的性质特点，分析出词义的类聚归属来。

我们知道，概念都是通过人们的认识而形成的，某一个概念都是对客观世界中的某一类事物的概括反映，它反映了科学在一定发展阶段上对某类客观对象进行认识的本质的和一般的特征的全部总和，以及这些特征之间的一切复杂的联系和关系。一个概念的内涵和一个词的词义相对应，概念中的各个特征及其相互间的关系等可被分析出来的各个内容，则和词义中的各个义素相对应。我们在讨论词义的类聚时，就必须从词义的义素及其与概念对应的情况中，整理出一种标准和规律来。

二

根据以上所谈，现在可以就我们经常讨论的几种类聚情况作一下分析。

　　就同义词来说，是最容易解决的，因为形成同义词的条件就是词与词的词汇意义及其概念对应性都必须完全相同。如"父亲"和"爸爸"的词义都是"有子女的男子是子女的父亲（或爸爸）"，它们的词义概念对应性都是"生育子女的男性长辈"。可见它们的词汇意义和概念对应性都完全相同，所以是一对同义词。又如"包心菜"和"卷心菜"，它们的词汇意义都是"结球甘蓝"，其概念对应性都是"指一种叶子一层层包起来，形状像球样的甘蓝类的菜"。可见用这一标准来衡量，它们也是同义词。当然我们也应该看到，在这一标准下形成的同义词类聚中的成员，也会受到语言内部某些因素的制约，并因此可以进一步分成几种小类，如词汇意义、语法意义和色彩意义都完全相同的是完全同义词，这类词是可以互相换用的；只有词汇意义和语法意义相同，色彩意义有别的是不完全同义词，它们在使用时，有时则要有使用场合不同的区别。但是不论是哪一类的同义词，它们必须在词汇意义和其概念对应性都相同的条件下存在，都必须受到这一标准的制约。

　　近义词和同义词则有所不同。对一组近义词来说，词和词之间在词汇意义的义素分析上和它的概念对应性的特征分析上都要有主次之分。一般说来，它们的主要义素和本质特征都是相同的，而在次要义素和一般特征上则往往是不一样的。如"整理"和"整顿"两个词，因为它们的义素和概念的特征情况都基本相同，为了简便起见，我们把它们对应起来一起分析如下：

| 主要义素和本质特征 | | | | 次要义素和一般特征 |
| --- | --- | --- | --- | --- |
| 整理 | 使涉及的对象 | 整齐 | 有序 | 实体的东西 |
| 整顿 | 使涉及的对象 | 整齐 | 有序 | 抽象的东西 |

　　一组近义词，它们的主要义素和本质特征相同，就使得它们形成了近义的关系，像"整理"和"整顿"就可以共同存在于同

一个属概念"使之整齐有序"的范围之内。在这里把"实体"和"抽象"的不同列为次要义素和一般特征，是因为这种区分更多的因素是语言使用上的搭配不同造成的，这一不同并没有影响到概念的本质特点，这些次要成分对词义来说，可以使整体词义有所区别，从而形成近义词。对概念来说，也是由于人们通过语言实践而得到的一种认识，并使得"整理"和"整顿"两个概念出现了某种差别，但是这些特点并没有影响到其本质特点，因此它们都是概念的一般特征。正因如此，所以对近义词来说，即使用错了，也不会影响到基本意义的表达，只是不符合语言的搭配习惯和正确的语言运用规律而已。当然，对语言应用来说，不符合语言习惯的用法也是不允许的，所以我们才有必要研究反义词的辨析和应用的问题。上面提到的"效果"和"后果"，也是这样的情况，所以它们是近义词。

任何一对近义词，无论词义轻重或者范围大小等等，其参与类聚的根本条件都是在它们的词汇意义和概念对应性的内容中，具有主要成分和次要成分之分，主要成分是根本的，次要成分是附属的，但都是不可缺少的，否则这些词就可能不属于近义词的类聚范围。这就是近义词的类聚标准。

反义词和近义词在分析方法上有相同之处，但在本质上却是完全不同的。反义词类聚的根本依据也是词的词汇意义及其概念对应性，不过表现在词汇意义的义素和概念的特征分析上，这些义素和特征都是词汇意义和概念的主要成分和本质特征。下面我们仍然将两者对应起来分析。如动词"活"和"死"是一对被公认了的反义词，由分析可以看出：

词义的主要义素

| | | |
|---|---|---|
| 活 | 生物 | 有生命 |
| 死 | 生物 | 失去生命 |

概念的本质特征

活　生物体　肌体的细胞增长和新陈代谢在继续

死　生物体　肌体的细胞增长和新陈代谢终止

　　以上两个词我们都选取了两个主要义素和本质特征，所以认为它们都是主要的和本质的成分，是因为这两个词的词汇意义以及它们对应的概念，都必须由这两部分构成，缺一不可。我们从这两个成分中可以了解到，它们的第一个成分是共同的，这就说明了反义词组的成员都是存在于同一个语义场之内，它们都要受到同一个属概念的制约，事实上这也是反义词形成的必要条件；而另一个成分的意义却完全相反相对，这又正说明了反义词组的成员都有它们自己独有的本质内容，这一点就是反义词个体成员所具有的个性。这种个性也完全是由词义和概念的主要成分形成的，也正因为它们表示个性意义的相反相对，所以它们之间形成了反义的关系。同时也决定了它们在言语应用中是绝对不能相互换用的。

　　同位词和反义词有相同之处，那就是形成同位词的词义内容和概念特征都必须是主要的和本质的成分，在这些成分中，有的是为同位词组中各个成员都共有的，有的则是为各个成员所特有的。同位词和反义词的不同之处就在于：具有各自内容特点的各个成员间的关系不是相反相对的，而是平等并列的，从而形成了同位关系，并形成了同位词的类聚。如"春""夏""秋""冬"就是一组同位词，它们的分析情况是：

词义的主要义素

春　季节　一年的第一季　指立春到立夏的三个月

夏　季节　一年的第二季　指立夏到立秋的三个月

秋　季节　一年的第三季　指立秋到立冬的三个月

冬　季节　一年的第四季　指立冬到立春的三个月

概念的本质特征

春　季节　立春到立夏的三个月　万物复苏期

夏　季节　立夏到立秋的三个月　生物生长期

秋　季节　立秋到立冬的三个月　庄稼成熟期

冬　季节　立冬到立春的三个月　一般植物和昆虫的冬眠期

　　由以上分析可以看出，春、夏、秋、冬各个词的词义义素和概念特征，第一项是4个词义都有的，也是它们属于同一个语义场和同一个属概念范畴的特征，其他的两项却各不相同，而这些相异的义素和特征，自然就成了各个词义相互区别的根据。同位词与反义词的不同就在于它的一组词中的各个词，它们词义之间的关系并不是相反相对的，而是平等并列的。当然这样的词在运用中也是不能相互代替的。

　　以上分析了同义词、近义词、反义词、同位词四种类聚的情况，其他的词义类聚如类属词、亲属词等，它们的类聚归属问题也同样需要以词汇意义及其概念对应性作为划分的标准和依据。很明显，类属词的主要依据就是词义所表示的概念间的种属关系，亲属词则对应着种属关系和同位关系等多种情况，本文就不作具体分析了。

三

　　从以上对词义类聚标准和根据的讨论中，我们可以简单地了解到词汇意义及其概念对应性在确定词义类聚中的情况和作用。同时，这一讨论也可以让我们认识到以下两个问题。第一，一个词的词汇意义内容和一个概念所包括的内涵是很丰富的，但是我们在这里运用它们进行词义类聚分辨时，只是选择了其有限的核心部分，事实上，有时要确定词义之间的细微区别，也许仅仅两三项核心部分的内容是不够的，但是却说明了词义或概念的基本的核心内容永远都是不可缺少的。要准确地把握这一点，就需要我们对词义的义素分析问题和概念内涵的了解和判断问题等继续进行更深入的探讨和研究。第二，在分析和确定词义类聚的归属时，词义的主要义素和概念的本质特征具有绝对的作用，而次要义素和一般特征的作用却要弱得多，这是很自然的，但是我们却不能因此而对它们加以忽略，因为在某些场合下，它们也同样具有不可缺少的作用，如对近义词的分析就是这样。

词义的三个意义内容当中，除了词汇意义之外，还有语法意义和色彩意义两个方面。

词的语法意义也是确定词义类聚的条件，这就是说，形成同一类聚的词，它们的语法意义必须相同，必须属于同一个逻辑范畴，因为不属于同一个逻辑范畴的词义或概念，是无法进行比较的。此外，语法意义的相同包括词的词类性质相同和词的语法功能相同两个方面，这两个方面都能够说明类聚中的词义都是属于同一个逻辑范畴的问题。例如在一定语境中，"愿望"和"希望"可以形成一对同义词，这并不能说明名词和动词可以构成同义词，相反，却恰恰说明了它们的语法意义是相同的，因为在这一语境中，"希望"已经是名词的性质，它和"愿望"具有一样的语法功能。

色彩意义不是判别词义类聚归属的决定条件，因为在同一种类聚中，色彩意义既可表现为相同，也可表现为不同。但是在一定条件下，在分析词义类聚的过程中，它也具有不可缺少的作用。例如在同义词类聚内部的分类中，根据色彩意义的不同就可以划分出一种类型来；另外在反义词的对比中，它在寓意于词汇意义的同时，其鲜明的褒贬色彩也能够突出地显现出来。

## 四

在词义类聚的问题中，也同样存在着静态类聚和动态类聚的情况。静态类聚是被约定于语言系统之中的相对稳定了的一种类聚，动态类聚则多存在于言语应用之中，是在一定语境的帮助下，根据表达的需要而形成的，具有明显的临时性。因此，一些在静态中不能形成类聚的成分，在动态应用中却可以组成临时性的词义类聚，如当面对"白菜"说"这棵菜真好"时，这时的"菜"具有了特指"白菜"的意义，这时它们的词汇意义和概念对应性是一样的，所以"菜"和"白菜"在这一语境中就形成了临时的同义词。

临时性的各种词义类聚成分如果出现的频率提高，也有可能被社会约定俗成而成为静态类聚中的成员，这种情况在反义类聚中更为多见。如红、黄、蓝、白、黑、绿等词，原本是一组同位词，但是在言语应用中，由于语境的作用，它们作为词或者作为词素却可以构成许多组各不相同的反义词。例如在表示红蓝铅笔的语境中，"红"和"蓝"是反义词；在表示革命与反动的语境中，"红军"和"白军"构成反义词；在交通指挥灯方面，"红灯"和"绿灯"构成反义词。又如金、银、铜、铁、锡等也是一组同位词，但是在不同的语境中，它们作为词或词素，不仅可以构成反义词，而且可以构成同义词。我们在上面提到的"老师"和"学生"就是这种情况。以上这些词义类聚成分，有的由于经过运用后已经具备了一定的稳定性，所以已经以相对反义词的性质进入了静态的反义类聚之中。

以上只是对词义类聚的静态和动态的存在及其转化情况作了一点简单的说明，事实上，在语言的动态应用中，这些现象还是表现得非常丰富和复杂的。不过从这些错综复杂的变化中，我们却可以看出同位词的重要性及其不可低估的作用，因为许多动态类聚的形成，往往都是以同位词为基础，是从同位词中的一些成分开始进行变化的。

[原刊于《河北师范大学学报》
（哲学社会科学版）2002 年第 5 期]

# 谈文学与语言运用

关于文学与语言的关系问题，肯定大家都非常了解，我在这里谈论这一问题，无疑是只想从语言学的角度提出一点看法。

## 一　文学与语言的关系

从总体上说，"文学"和"语言"是两种不同的学科，属于两种不同的范畴。然而从文学本身来说，它又是一种思想内容和语言形式的统一体，文学作品中所要表现的主题思想、故事情节等内容，都是通过语言这一外部形式表达出来的，所以语言是文学的载体，是语言把文学的内容变成为直接的现实。文学与语言的这种关系，是由语言的本质所决定的。现在就从以下两个方面来说明这一问题。

第一，语言和言语共同作用的结果，是文学的内容成为现实的存在。

大家都知道，语言是人类最重要的交际工具，而这种工具本身却是由静态和动态两种不同的存在形式来体现的，表现在语言学研究上，就有了"语言"和"言语"之分。就静态存在形式的"语言"来说，它就是被社会成员共同约定俗成的一套符号系统，是一种相对静止的存在形式，它是为实现交际行为、完成交际目的而提供可能和基础的部分；就动态存在形式的"言语"来说，它却是实现了交际行为、表达了交际内容、满足了交际需要、完成了交际目的的具体体现者。这就是说，无论什么样的文学形式，如诗歌、散文、小说、戏剧等等，它们的外部表现形式都是由人们运用静态的语言成分，组织成动态的言语，也就是组织成一个个的语句表现出来的；而诗歌、散文、小说、戏剧等各种不同的文体形式，也是由于人们在语言运用中使用了不同的格式和手段而形成的。同时，人们的年龄、文化程度以及生活条件等等各不相同，就使得人们在运用语言组成言语的行为过程中各自具有了不同的特点，因此就形成了个人的言语风格。在日常交际中是这样，在文学作品中更是这样。不同作品、不同作家的语言特点和语言风格往往会各有所异，就是因为他们在语言运用中，各自使用了不同的方式和手段。

第二，动态的言语应用，为文学内容的表达提供了无限广阔的余地。

上面已经提到，语言只有通过言语的动态应用，才能表达思想，也才能根据需要表现文学的内容。不论在日常生活中，还是在文学作品中，言语行为可以使语言的运用呈现出各种不同的表达方式，因为任何的言语活动都会为语言的运用提供出一种环境，这就是语境。不同的语境都会给语言的意义表达形成一定的影响。有时同样的话可以表达不同的意思，如"真美啊！"这句话，在欣赏鲜花的语境中，它赞美的是姹紫嫣红的花朵，如果面对的是一位姑娘，它赞美的则是人的容貌和气质，如果这是在观赏绘画展品的语境中，它的意义又是在称赞绘画艺术品了。从另一方面来看，相同的意义又可以用不同的话语来表达，如人们都在观看一场优美的舞蹈演出，也同样说着赞美的话语，说法却可以各不相同，可以说"太美了！"，也可以说"太棒了！""真棒！""演得真好！""这舞蹈太妙了！""太好看了！"等等。所以在动态言语中的语言表达方式是多种多样的。

在动态的言语运用中，语言一般可呈现出以下几种情况，而这些情况在文学作品中则更为多见。

（一）常态运用。语言成分在运用时仍然表现为原有的状态，即常态运用。如上面举的例子都是这种情况。也就是说，这些例句中的词语，都表示着它们原来的意义和用法，"美"仍然是"美丽"的意思，"演"仍然是"表演"的意思，像"太美了！"的情况是语境的不同而使词义中增加了临时的语用含义，因此在表示原有意义的同时，又增加了语境中的具体指称意义；"太棒了！""演得真好！"等则是由不同的人在用词组句的习惯和风格上有所不同而造成的。常态运用中，在词的词汇意义不变的情况下，语境还可以赋予词义以不同的色彩。如"坠毁"一词原为中性色彩，但在"遨游太空十五载辉煌铸就，魂归大洋一瞬间功成身退，'和平号'成功坠毁"和"美国一架小型飞机 29 日晚在科罗拉多州坠毁，机上 15 名乘客和 3 名机组人员全部遇难"两个句子中，词汇意义都是一样的常态运用，但前者的语境赋予了"坠毁"以明显的喜悦、庆贺的褒义色彩，而后者则使它明显地增加了痛苦不幸的贬义色彩。由此可见，语言在动态运用中形成言语的时候，即便是在常态运用下，语境也可以使它的意义变化无穷。

（二）变态运用。语言成分在运用时出现了有异于原来情况的变体，即变态运用。现在在汉语运用中经常出现"很青春""很男人""很台湾"等等的用法，如"石光荣是个很男人的男人""林峰还是很台湾的"等等，事实上这里的"青春""男人""台湾"等名词，在这种语境中已经形成了一种变体的用法，它们已经由名词性质变成形容词的性质了，与此同时，它们的意义也因此而变成"青春的活力""男人的气质""台湾的习俗和特质"等了。词语的活用也是一种变态的运用，如中国古代文学名句"春风又绿江南岸"中的"绿"就是一种活用，在这一语境中，"绿"已经由形容词变成动词了，"绿"的活用为这一名句增添了无限的表达效果和色彩。

（三）反态运用。语言成分在具体语境中变成与原来的意义完全相反的情况，即反态运用。如"好"和"能"都是褒义词，但是在汉语中，当人们对对方不满意的时候，也会用"你真能啊""你真好啊"等来表示，事实上是说的反话。又如"尊敬"一词，在"巴金先生在文学界受到了大家的尊敬"一句中，自然是常规的用法；但是在"我们没有时间闲聊，赶快把那些尊敬的先生们想法送走吧"一句中，明显是一种反语的用法了。

（四）深层运用。在动态运用中，透过词语的表层意义，表达了深层的、潜在的内容，即深层运用。如描写老板和雇员关系的这样一段对话：

> 雇员：就这样吧。（表示要辞掉工作的意思。）
> 老板：请再考虑一下。（表示要留住对方的意思。）
> 雇员：不用了。（表示辞掉工作的态度不再改变。）
> 老板：很遗憾。（表示不情愿地允许了。）

这几句简单的对话，从表面上孤立地来看，很难明白是什么意思，但是在具体的语境中，具体的环境和条件，就可以通过这简单词句的表层意义，表达出深层的语用含义来。

以上简单谈了一点动态言语中的语言表达方式问题。这些运用方式和手段在文学作品中是大量存在的，如果把这几种表达方式结合起来运用，更会收到意想不到的表达效果。如我们都很熟悉的一首歌《牵手》，它的歌词中这样写道："因为爱着你的爱，因为梦着你的梦，所以悲伤着你的悲伤，幸福着你的幸福，因为路过你的路，因为苦过你的苦，所以快乐着你的快乐，追逐着你的追逐。"在这一串歌词中，我们可以清楚地看到对语言常态、变态和深层结合运用的情况，透过这些非常规的词语搭配，人们不但能理解它的含义，而且还非常接受它、欣赏它，同时也能体味到它在表达思想内容上所收到的那种只可意会不可言传的表达效果。像这样的语言运用，如"珍惜生活，走好人生""我牵着海峡两岸的手""她让更多的人选择了崇高，也预示了感动不需太多的理由"等等现在已随处可见。我们由此也可以得出一个结论，那就是恰当地运用各种不同的语言表达形式，对表现文学作品的内容、提高文学作品的艺术质量是非常重要的。

## 二　比较文学研究中的语言表达问题

任何文学题材的文学作品，都是由内容和形式两个部分组成的，任何文学作品的内容，都需要用恰当的语言形式表现出来，事实也充分证明，脱离开语言表达形式的文学作品是不存在的。所以在文学研究领域中，就必然会涉及它的语言表达形式问题，那么在比较文学的研究中，自然也不会例外。

"比较文学"，顾名思义就是重在对文学作品的比较研究，或者是对不同民族的文学作品进行比较，或者是对同一民族的不同时代的文学作品进行比较。不过据我所知，在比较文学研究中，大家更注意的是在内容方面的研究和探讨，如从文学作品反映出的主题思想、故事情节，到由此而反映出来的历史背景和时代精神，以及与此有关的哲学和文化因素，以及对有代表性的作家的生活、思想、创作特点及其影响等等，都是比较文学研究中很关注的问题。相比之下，对它的语言表达形式进行研究的成果则相对少了一点。但是从实际情况来看，如翻译其他民族的文学作品，或者是创作历史题材的作品时，创作者对语言表达方式的处理还是非常重视的，大家都力求通过语言的表达，体现出不同民族不同时代的文学特点来。这就形成了一种创作实践和理论研究的不平衡现象。

在阅读文学作品时，品味其不同的语言表达形式是很有意思的。由于不同民族、不同时代都各有自己的语言特点，所以通过语言形式，就可以大概判定出是哪一地区甚至哪一民族的作品来。现在以习用语为例，将汉民族和其他民族的情况作一比较。如初次见面时，汉语中一般用"您好"来打招呼，还有的人甚至直接称呼一声"叔叔""阿姨""大哥""大姐"等，但在韩语中除"您好"外,有的还往往会更礼貌地说"您好,初次见面,请多多关照"。又如对"亲爱的"这一称呼语的运用,在汉语中,过去是根本不用的,现在除个别年轻人外,基本也是不用的,但是在欧美言语运用中,使用得却相当普遍,无论过去还是现在,这一称呼语一直用在夫妻双方的相互称呼上,关于这一点,已无须再举例说明。此外,在欧美文学中,"亲爱的"还可以用在对其他人的称呼上。如:

> "'亲爱的',玛格丽特坐在钢琴前说,'我把他送给我的东西放在天平的这边,把他对我说的话放在另一边,这样一称,我觉得接受他的来访是太便宜他了。'"
>
> (引自《茶花女》玛格丽特对迪韦尔诺瓦夫人的谈话,这里的"亲爱的"是称呼朋友的。)
>
> "丽萃,亲爱的,我要跟你说句话,我们最好不要去打扰他们……"
>
> (引自《傲慢与偏见》班纳特太太对伊丽莎白的谈话,这里的"亲爱的"是母亲称呼女儿的。)

此外,"亲爱的"作为名词性的称呼语,还可以指称其他的人,这样的用法在汉语中是没有的。但是当"亲爱的"用作修饰语的时候,又和汉语有一致的地方。

不同民族的文学作品,语言表达方式的不同是很明显的,如中国汤显祖的《还魂记》和英国莎士比亚的《罗密欧与朱丽叶》都是描写爱情故事的,而且是同一个世纪出现的作品,但是语言表达形式是如此不同。

《还魂记》中的一段:"忙处抛人闲处住,百计思量,没个为欢处,白日消磨断肠句,世间只有情难诉,玉茗堂前朝复暮,红烛迎人,俊得江山助,但是相思莫相负,牡丹亭上三生路。"

《罗密欧与朱丽叶》中的一段:"朱丽叶没意识到有人偷听她的话,就叫着情人的名字说:'啊,罗密欧,罗密欧!'她说,

'你在哪儿哪，罗密欧？为了我的缘故，别认你的父亲，丢掉你的姓吧！要是你不肯的话，只要你发誓永远爱我，我就不再姓凯普莱特了。……'罗密欧听到这样缠绵的话，再也按捺不住了，他也接下去说了。他要她管他叫作'爱'，或者随便叫他别的什么名字，如果她不高兴罗密欧这个名字的话，他就不再叫罗密欧了。朱丽叶听到花园里有男人讲话的声音，她马上就认出那正是年轻的罗密欧，她说爬果园的墙是很危险的事，万一给她家里人发现了，他既然是蒙太古家的人，就一定得把命送掉。'唉'，罗密欧说，你的眼睛比他们二十把剑还要厉害，你只要对我温存地望一眼，我就不怕他们的仇恨了。……"

上面有关《罗密欧与朱丽叶》的引文还是从中译本中引用的。中译本《莎士比亚戏剧故事集》一书中刊有查尔斯·兰姆和玛丽·兰姆所作的"序"，他们在序中写道："这些故事是为年轻的读者写的，当作他们研究莎士比亚作品的一个初阶。为了这个缘故，我们曾尽可能地采用原作的语言……我们也曾仔细斟酌，竭力做到不至于损害原作语言的美。因此，我们曾尽量避免使用莎士比亚时代以后流行的语言。"中文本译者萧乾在"译者前言"中也说："译者在动手的时候，本想把它译得尽量'上口'些，然而结果却距离这个理想很远。主要的原因自然是本人能力不逮，可是原作有意识地充分使用十六、十七世纪的语言这个意图，也为翻译工作造成了些困难。"这些情况都说明了，在文学作品中，语言的表现形式和它所反映的作品内容、民族特点、时代背景、人物性格，以及作者本身的语言风格是紧密相连的，这也是无论作者、译者还是改编者，他们都特别重视语言表达的原因。

在不同民族文学作品中的情况是这样，在同一民族的不同时代的作品中反映出来的情况也是这样。如上文引的《还魂记》是中国明代的作品，它的语言表现形式和清代的《儒林外史》就不一样，《儒林外史》和现代的作品语言又不一样。大家都清楚，中国古代文学的四大名著《红楼梦》《三国演义》《水浒传》《西游记》的语言表达，也都是各具特点、各不相同的。在中国近代的小说作品中，我们可以经常看到像"这里便是寒舍""如此甚妙""特来谒见""分宾主施礼坐下""臣有要事禀告""拦轿喊冤""刀下留人"等等的话语，而在反映当代生活的作品中却又是另一番现象，如"他是大家公认的帅哥""小姐迷惑地看着他的光头，赞叹道：'好酷啊！'""我不想跑商场，而且还是为了一件'另类'的毛衣""你是在有意作秀"等语言表达已是经常可见。这一切都说明了语言的运用和作品的语言表达，和作品本身所表现的内容以及其时代的和社会的背景是紧密相关的。正因如此，所以在当代写作的反映历史故事的作品中，也需要顾及故事发生时代的语言特点，只有这样才能做到内容和形式的和谐与统一。否则也会在文学的比较研究中引发出不同的看法来。如前几年在中国出版了一个电视剧本《大明宫词》，现引两段如下：

　　薛绍：你知道爱情意味着什么？

　　（太平怯怯地支吾着。）

　　薛绍：爱情意味着长相守，意味着两个人永远在一起，不论是活着，还是死去，就像峭壁上两棵纠缠在一起的常青藤，共同生长，繁茂，共同经受风雨最恶意的袭击，共同领略阳光最温存的抚爱。最终，共同枯烂，腐败，化作坠入深渊的一缕屑尘，这才是爱情。她需要两股庞大的激情，两颗炙热的心灵，缺一不可。不论她面对的有多么强大、巍然，是神明，还是地狱，爱情是不会屈服的。因为她本身就是天堂，代表着生命最高健全的境界，世间最完美的家园。爱情不会屈服，她无坚不摧！你真正拥有她吗，太平公主？

　　（太平已经被薛绍逼得紧紧地靠在椅背上，满眼是泪，她不明白何以这样美好的言辞却被表达得如此绝望，然而她毕竟很感动。）

　　（旁白）我（指太平公主）不明白为什么这第一次关于爱情真谛的启蒙长着这样一副愤世嫉俗，甚至歇斯底里的面孔。她本身应是优美而深情的，伴随着温暖的体温和柔软的鼻息，我丈夫脸上那令我陷入爱情的谜一般的诱人神采，从此一去不复返，取而代之的是一种绝对属于男性残酷的冷漠，我不清楚这是否就是婚姻的含义。

　　很明显，《大明宫词》写的是唐代的故事，但却糅进了许多欧化的语言表达方式，虽然语言很美，却少了些汉民族古代文学作品的语言特色。这肯定也是现代文学创作中的新尝试吧。

　　综观以上所述，我们可以肯定以下两点：第一，好的文学作品应该是思想内容和语言形式的完美统一体，两者不可分离，作品的内容只有透过好的语言形式才能得到真切深刻的体现；第二，语言表达形式是文学作品不可缺少的一部分，语言形式表达得准确恰当与否，直接影响着内容表现得是否透彻和深刻，所以研究文学必然会涉及语言，比较文学也是如此，因此，语言形式也是比较文学研究中的重要内容之一。

［原刊于《语海新探》（第五辑），香港文化教育
出版社 2002 年 12 月版］

# 再论同义词

本文所以提出"再论"的问题,是因为我在 2001 年 4 月出版的《现代汉语词汇学》一书中,已经提出了这个问题,在书中由于各章节内容相对平衡的限制,因而对某些方面的论述还不够全面和细致。为此,在这里再作进一步的阐释和补充。

## 一 问题的提出

多少年来,我国语言学界都共同认可着一种说法,那就是"同义词就是意义相同和相近的一组词",我本人也很长时间沿用着这个定义,但是在运用的过程中,总感到有些问题解决得很不透彻。首先一个问题就是这个定义名不副实,讲的是同义词,但基本论述的却是近义词,而近义词的特点则是意义并不相同,而且都不能相互代用,这怎么能说是同义词呢?其次的问题是,这样处理使人们在研究、讨论和学习同义词的时候,对真正的同义词却总是一笔带过,不只没有去认识它、学习它、研究它和分辨它,相反,却有意无意地抹杀了它的存在,当然更谈不上去肯定它存在的意义和价值了。无须多说,仅以上两点就足以说明现在学术界对同义词的界定是不合适的。我认为,同义词是语言词汇中永远存在的一种词义类聚现象,是活跃在现实人们的言语中不可抹杀的词语存在事实,因此我们必须去正视它,承认它,研究它,正确地确定它存在的价值,并给予它在语言词汇中应有的地位。

## 二　同义词及其界定的标准

同义词就是意义相同的词。所谓意义相同主要就表现在词的词汇意义和语法意义的完全相同上，其中词的词汇意义及其概念对应性又是决定性的因素。

我在《词义及其概念对应性与词义类聚》一文中曾经指出："词义包括词汇意义、语法意义和色彩意义等三个方面的内容，它们都是词义不可缺少的部分，而且对词义类聚的划分来说，也都具有各自的不可代替的作用。但这三者的情况是不一样的，应该说，在词义类聚的划分中，词的语法意义是必要性的条件，词汇意义是决定性的条件，色彩意义虽然既不是必要条件，也不是决定条件，但因为它是词义的内容之一，当然也有其一定的作用，所以也是不可缺少的条件。"所以这样说，是因为只有词的语法意义相同，才可以在同一个意义范畴中进行比较，虽然语法意义相同的词并不能都成为同义词，但是同义词却必须以语法意义的相同为前提条件；因为词汇意义是词义存在的基础，是主体内容，所以是决定条件，起着决定的作用；色彩意义虽然是附着于词汇意义而存在的，但它却有独自的性质和特点，所以在词义类聚的形成和词义辨析中也有不可代替的作用。由此可见，词义的三个内容虽然都不可缺少，但三者之中，词汇意义永远都是处于主要的地位，它是词义的核心，是其他两种词义产生的基础，所以在这里我们必须先从词的词汇意义谈起。

由于词汇意义是词义的核心，是词义存在的基础和实体，所以尽管词义的三个内容都可以和概念相对应（请参见本人的《现代汉语词汇学》一书），但是在确定词义类聚的类别问题上，词汇意义和它与概念的对应关系却有着决定性的作用，主要就表现在词汇意义及其所具有的概念对应性上。也就是说，词义及其概念对应性是划分词义类聚，同时也是确定同义词的根本依据。

　　在这里必须说明一点，即为什么不直接提"概念"却要提出"概念对应性"的问题。这可以从两个方面来谈。第一，因为"概念对应性"是词义所具有的性质之一，它是词义分析中一个不可忽视的内容，所以我们谈"词义的概念对应性"，完全是从语言学的范围来讨论同义词的。"词义的概念对应性"和"概念"虽然有着不可分割的密切联系，但两者毕竟不完全相同，"概念"不完全是属于语言学的，它应该比"概念对应性"具有更多更完备的内容。第二，从语言研究方面来看，社会上的人们由于年龄、职业、文化知识和生活背景等情况各不相同，所以在掌握词义的程度上也有很大的差异，有的人对词义内容的认识就比较全面，如科学家对他们所从事行业的术语的掌握；有的人掌握得就比较肤浅，如刚会说话的小孩子等。所以人们掌握的词义内容，在与概念对应上，就有了"完全概念"和"不完全概念"之分。事实上，人们都是以其对词义的掌握程度来划分词义类聚的，同时也是以此来认识同义词的，都是以自己对词义的认识为根据，以"概念对应性"这一必具的性质，很自然地与自己掌握的"完全概念"或各种"不完全概念"相对应，所以每个人都可以对同义词或反义词等有自己的理解。但是有一点是可以肯定的，那就是不论这些理解的差异如何，这些差异都是表现在词义包含内容的多少上，从总体上说，它们都不能超出完全概念的范围，否则就不是同一个词义类聚之内的问题了。以上两点就是我提出"概念对应性"而不直接提及"概念"的原因。

　　上面简单阐明了划分词义类聚的理论根据，很明显，这对确定同义词来说是非常重要的。但是我们也必须明确，除词汇意义及其概念对应性作为根本依据之外，词义的其他内容也是不容忽视的。

## 三　同义词的类型及其性质分析

　　通过以上所述，我们以此标准就可以确定出属于同义词类聚范围的内容。此外，由于语言中存在着单义词、多义词以及一词多类等不同的词义表现形式，所以在分析词义的时候，为了准确起见，还应该把一个词的意义和词的一个意义区分开来，也就是说，应该以词的一个意义（一个义项）为单位来进行分析。

观察同义类聚的情况，可以将其所属内容分为以下四种类型。

（一）完全同义词。词汇意义、语法意义和色彩意义都完全相同的词就是同义词类聚中的完全同义词。如"眉毛"和"眼眉"、"包心菜"和"卷心菜"等，其情况可分析如下。

|  | 眉毛 | 眼眉 |
|---|---|---|
| 词汇意义 | 生在眼眶上缘的毛 | 生在眼眶上缘的毛 |
| 概念对应性 | 生在眼眶上方，黑色，短形的毛 | 生在眼眶上方，黑色，短形的毛 |
| 语法意义 | 名词 | 名词 |
| 色彩意义 | 中性色彩 | 中性色彩 |

|  | 包心菜 | 卷心菜 |
|---|---|---|
| 词汇意义 | 结球甘蓝 | 结球甘蓝 |
| 概念对应性 | 甘蓝类的菜，叶子一层层地包起来，球状 | 甘蓝类的菜，叶子一层层地包起来，球状 |
| 语法意义 | 名词 | 名词 |
| 色彩意义 | 形象色彩 | 形象色彩 |

通过以上两组同义词的分析，可以看到完全同义词在词义的各个方面都是一样的，这就是这类同义词的本质特点，这种词也就是我们通常所说的等义词。完全同义词是语言中永远存在着的一种词汇现象，从历史发展情况看，这类同义词的成员，永远都是处在一种不断消失、不断产生的循环往复之中。这类词主要是由于不同的造词结果形成的，此外，词汇系统自身的发展演变和调整也能形成这种同义现象。由于完全同义词的作用都是一样的，所以它们不可能长久地并存和发展下去，一般说来，其发展

趋势往往都是一个保留下来，另一个则被淘汰下去。如"向日葵"和"向阳花"这组词，就目前的使用情况看，前者被使用的频率已明显地比后者高了起来。有的走上了分化的道路，有的通过词义的演变而使自身的意义发生了变化，也有的则通过发展成为多义词而使两者区别开来。

（二）不完全同义词。词的词汇意义及其概念对应性相同，语法意义相同，色彩意义有别的一组同义词就称为不完全同义词。如"会晤"和"见面"、"土豆"和"马铃薯"就是这种情况。

|  | 会晤 | 见面 |
|---|---|---|
| 词汇意义 | 彼此对面相见 | 彼此对面相见 |
| 概念对应性 | 彼此会面 | 彼此会面 |
| 语法意义 | 动词 | 动词 |
| 色彩意义 | 书面的和庄重的色彩 | 口语色彩 |

|  | 土豆 | 马铃薯 |
|---|---|---|
| 词汇意义 | 地下长成的卵圆形块茎食物 | 地下长成的卵圆形块茎食物 |
| 概念对应性 | 多年生草本植物，卵圆形，地下块茎肥大，供食用 | 多年生草本植物，卵圆形，地下块茎肥大，供食用 |
| 语法意义 | 名词 | 名词 |
| 色彩意义 | 口语色彩 | 科学语体色彩 |

通过以上两组词的分析可以看出，不完全同义词也是根据其词汇意义、概念对应性以及语法意义的完全相同而形成的，所以可以肯定地说，无论哪一类的同义词，在它的形成中，词的词汇意义及其概念对应性以及语法意义的相同都是其形成的决定因素；而色彩意义的不同则使同义词中产生了不完全同义词这一类别。色彩意义不同的同义词不仅在语言词汇中大量存在，而且在语言运用中也有着不可代替的作用。

（三）义项交叉同义词。这是由多义词义项之间，或者多义词的某个义项和单义词的意义之间相互交叉而形成的一种同义词。如"短"是一个多义词，它有三个义项。1. 两端之间的距离小，与"长"相对；是形容词。2. 缺少，欠；是动词。3. 缺点；是名词。"短"的三个义项都是词义，所以无论在静态或动态存在中，它们都可以和其他词的义项构成同义词。如动词的"短"就可以和"缺少""欠"等构成同义词；名词的"短"就可以和"缺点""短处"等构成同义词。随着新词的产生和多义词的增多，这类义项交叉同义词将会越来越得到发展。

（四）言语同义词。言语同义词就是在言语交际中，由于语境的帮助而形成的同义词。如在正常情况下，表属概念的词和表种概念的词是不能构成同义词的，因为分别表示属、种概念的词，其词义的内容自然是不一样的，它们之间不具备形成同义词的条件。但是在具体语境中，由于交际条件的帮助，表示属概念的词往往会具有具体事务对应性，从而变成指称种概念的意义，并和它临时所指的表示种概念的词形成言语同义词。例如一个人指着一束菊花说："这花真好看。"很明显，这里的花就是指的菊花，所以在这一语境中，"花"和"菊花"就可以形成言语同义词。言语同义词只能在言语交际中产生，依附语境而存在，因此它的生命是短暂的，具有很强的临时性。

以上同义词的四种类型，都属于同义类聚。但是如果从不同的角度来观察，就能够发现不同的类型也都各有区别于他种类型的性质特点。首先从完全同义和不完全同义的角度来看，除第（二）类是不完全同义词外，（一）（三）（四）类都是完全同义词，即都是等义词。但是在这三类当中，它们的存在和发展变化情况又不相同。对第（一）类来说，它的存在本身就决定了同义词的成员是不能长期并存的，因此它们都会有一方被保留一方被淘汰，或者彼此间产生分化的过程。对第（三）类来说，虽为完全同义，却可以长期共存，甚至随着语言的发展而更加丰富。对第（四）类来说，情况就更不同了，因为这类同义词都是在言语中产生，所以一旦离开了语境即不复存在，不过作为这种词义临时形成类聚的现象，却永远存在于言语运用之中。其次从语言的静态和动态存在形式的角度来分析，我们可以清楚地知道：（一）（二）（三）类都是语言成分，是一种静态的存在形式，无论它们被运用与否，这些成分都客观地存在于语言系统之中；第（四）类则有所不同，它是言语成分，是一种动态的存在形式，尽管这类同义词的某些成分被长期运用后，也有可能被约定为语言成分，但这需要有一个发展和转化的过程。

# 四 色彩意义与同义词

这里特别提出色彩意义的问题，是因为在同义词的研究中，对色彩意义的认识上，彼此间还存在着不一致的地方。例如对同义词来说，色彩意义是属于共时范畴还是属于历时范畴？古今词以及古今词素能不能形成同义关系？对这些问题，在此也想简单谈谈自己的看法。

色彩意义属于共时范畴，这是无可置疑的，这从前面的叙述和词例中已可了解。但同时色彩意义也是属于历时范畴的，这就是说，意义相同而时代不同的两个词或者两个词素，由于色彩意义的作用，我们完全可以把它们划归为同义范围，并归入到不完全同义关系的类型中去。这无论在造词方面还是在选词造句方面，都有重要的语用价值。上文已经谈到，决定形成同义词的根本条件是词义本身，这同样适用于同义词素。因为在语言词汇中不仅存在现代的新词，同时也存在着固有词和古语词，而且在任何时代中，启用古语词的情况也是经常发生的，所以只要词或词素在意义上符合形成同义的条件，古今的词或者词素都可以建立同义的关系，事实上我们目前已经公认的一些同义词组，如"妻子、夫人、贱内、内子、拙荆"，以及在书面语中经常出现的"我""余"等都是这种情况。同义词素则更为多见，如"眼"

和"目"，"内"和"里"，"观"和"看"等等。这些同义词和同义词素，都有着各不相同的色彩意义，特别在时代色彩、语体色彩上表现得尤为明显。其色彩意义的不同，就确定了这些同义词组和同义词素组的存在价值。所以在这方面，色彩意义发挥了它不可代替的作用。古今词或词素能够形成同义关系的事实，也足以说明色彩意义同时也是属于历时范畴的。

当然，在肯定色彩意义的同时，仍然应该强调词的色彩意义永远是依附于词汇意义而起作用的，如果词汇意义不同，即使色彩意义相同也是毫无意义的，这就是"总理"和"宰相"不能成为同义词的原因。

通过以上四个部分的论述，可以得出这样的结论：第一，从理论到实际都可以证明，词义的三个内容以及词汇意义的概念对应性是确定同义词和划分词义类聚的根本依据；第二，同义词和近义词是不相同的，其根本原因就在于，近义词在词汇意义及其概念对应性方面只是相近而不是相同。因此，在词汇研究中，不应该以近义词的内容来代替同义词的研究，同义词本身就有着自己所独具的性质和丰富的内容，应该在词义研究中给予它以应有的地位，这对词汇研究特别是词义的研究不仅是应该的，而且是非常必要的。

（原刊于《文史哲》2003 年第 1 期）

# 词汇、文字与训诂

## 一　对当前词汇学研究的一点想法

在我们传统语言学的研究中，多少年来一直有一种"向国外语言学学习和借鉴"的呼声，改革开放以来尤甚。我认为，这种见解是对的，在我们的语言学研究中，的确应该广开视野，博采众长，在世界各国的语言学研究成果中，无论在理论观点和研究方法上，都的确有许多值得我们去学习和借鉴的好东西。这一点是毫无疑义的，但是这不是最突出和最重要的。在我国的语言研究中，在已有的基础上，如何继承并有所发展地进行我国的传统语言学研究，仍然是我们语言学研究的根本内容，也是我们应该认真思考和讨论的问题。

用传统语言学的方法来研究汉语并不是我们思想上的因循守旧，这是由汉语作为个别语言学的特点所决定的。在我国，自从有了语言文字学的研究以后，我们一代代的人都是在本民族共同的文化思维模式情况下，密切结合汉语言文字本身的特点来进行探讨的，同时又是在一代代的继承积累和发展中，使这一研究工作不断地走向广博和深入。而现在，我们当代人的任务更是应该在此基础上，结合时代的精神和要求，给这一研究工作注入新的血液和活力，对语言学的整体研究来说是这样，对词汇学的研究来说也是这样。

就当代词汇学的研究而言，我认为，要做到把研究工作推向广博和深入，除了在传统语言学已有成果和研究方法的基础上，努力向前沿领域拓展之外，还应从以下两个方面作出应有的努力。一个方面，应该做到及时地了解国外语言学的新成果、积极地学习和借鉴，并把它和汉语的实际密切结合，我们对外国的东西决不能生搬硬套，我们也必须做到取其精华，为我所用。因为各国语言之间总有相通的东西，这是普通语言学得以存在和发挥作用的基础，也是我们有必要向国外成果学习之所在。另一方面，必须和我国古代汉语的研究相结合，具体地说，如和训诂学、汉语史、文字学、音韵学的研究相结合等等。只有这样，我们在研究和思考当中，往往就会通过各种的联系和关系而受到新的启发，也才能对许多问题追根溯源地去加以了解，并进而做到对问题有比较全面的把握和认识。下面仅从词汇和文字、词汇和训诂两个方面，谈谈自己的体会和想法。

## 二　词汇与文字

文字是记录语言的符号，但是由于文字首先是记录词的，更重要的是因为汉字是表意文字，我们在研究词汇，特别是研究词义的时候，和汉字之间就必然地具有了密切的联系和关系。我们从以下几个方面都可以体会到这一点。

1. 从字形、字义可以探知词义。由于汉字是记录词的，因此可以说，汉字的字音和字义一般都是借助于词音和词义的情况而获得的，就是字形的形成及其内部结构也与其表意的情况密切相关。如从"日""月""鱼""网"等的象形字字形"☉""）""𤉹""🕸"等中，就可以了解到这些字在初始阶段所记录的词的意义。其他如"上""下""刃""血"等指事字，"休""从""明""森"等会意字也是这样。所以在我国古代的语言中，字、词和词素的音义情况往往都是很一致的。当然这并不能说这三者就可以混为一谈，因为它们都是各自不同的语言单位，能够出现相互一致的情况，是由汉语中三者的相互联系和关系所决定的。

2. 从字形可以大概探知词义所属的客观类属。在我国古代的造字过程中，人们把词义的内容，以及它所表示的客观事物的状况，都通过人们的思维和字的形体结构联系到了一起，因此就出现了凡与"水"有关联的往往都会加上一个"氵"的偏旁，凡是与"草"有关联的，往往会加上一个"艹"的构件，而凡是有"木"旁的字，一般又都会和木本植物有关。当然这不是绝对的规律，但也不能否认它所显现出来的为研究工作所提供的一定的参考价值。

3. 从字的形、音、义等方面，可以帮助我们探知词和词义各种类聚的大概情况。由于字是记录词的符号，又因为汉字的形、音、义与词的音义之间存在着的密切关系，所以通过字的形、音、义情况，来追根溯源地探究词和词义的发展脉络，了解词和词义在不同时期的类聚和变化情况，还是非常有价值和有意义的。如通过字和词在语音、意义和字形方面的有关联系和运用，我们可以考察是否是同源字和同音字的情况，并进而考察是否是同源词和同音词的问题；通过对字的考察也可以了解到词和词义原来的所属类聚，以及以后产生的变化，如"泥"原来是一条河流"泥水"的名称，从词义分析，是应该归入到水流一类的类聚之中，但现在的"泥"却是指"泥土"，因此它所属的类聚也必然相应地发生了变化。

以上三种现象仅仅是举例式的说明，事实上，汉字和汉语的词和词素之间的联系是随处可见的，对汉语来说，这一情况不只是不奇怪的，甚至是必然的，这是由汉字和汉语的词和词素本身的性质和特点所决定的，也是由我国汉民族的善引申、善比喻和善联系等特定的思维模式和规律所决定的。当人们需要用汉字符号来表示某个词的时候，就往往会把词的意义内容通过自己的联想和字的结构形式结合起来，使汉字的结构形式自然地和人们的逻辑思维相结合，也使词的意义在字形上有所反映，并从而赋予汉字的形成以一定的理据性，使我们在研究词汇问题的时候，就有可能从汉字的形、音、义中去获得某些思索和印证。不过这里必须注意的是，汉字毕竟是一种具有假定性质的记录语言的符号，而且汉字本身也有自己的发展变化状况和规律，如假借字、简化字等，所以也必须注意到这两者既有其一致性也有其区别性的问题，决不能生硬地将两者加以绝对的对应。

## 三　词汇和训诂

词汇学和训诂学长久以来就是两个不同的各自独立的学科，但是两者却又有密不可分的联系，在现代词汇学的研究中，有许多问题都应该去追根溯源地搞清楚，这就必须对训诂学的研究成果和方法加以借鉴，词汇学中的一些问题，必须和训诂学的研究结合起来，才能得到比较全面正确的解决。我们现在经常接触到一些常用的例子，如"牺牲"的原始义是"古代祭祖用牲的通称"（见《辞海》），"香"的词义为"本指谷类熟后的气味。引申为气味美的通称"（见《辞海》），现在我们接受这样的解释已经很自然了，基本上都不会去思考古代和现代释义有别的问题，更未去深究古今意义之间的联系和发展演变的情况，但事实上这样的释义已经是融入了古代考证的成果。更重要的是，现在我们还有许多至今尚未能够解释清楚的问题，如现代词词义和其古代意义的异同问题、多义词义项的发展脉络问题、词汇中各种现象的演变规律问题等等，这些问题都有待于古今结合研究才能得以解决。下面仅列举几个方面来谈一谈。

1. 探索词的原始义问题。汉语词在其产生之初，一般都是以单义词的形式出现的。这一意义也就是词的原始义随着汉语的发展，也在不断地发生着各种各样的变化，所以今天我们所认识和运用的词义，可以说都是属于现代汉语共时阶段范围之内的，这对其他社会成员来说，当然不会产生任何影响，但是对我们语文工作者，特别是词汇研究者来说，搞清现用义和原始义的问题就是完全必要的了。如"泣"和"洼"两词，《说文》解释前者为"无声出涕曰泣"，后者为"深池也"，应该认为这两种解释就是这两个词的原始义，而且其原始义和现用义是一致的。但是再看另外两个词"油"和"治"，情况就完全不同了，《说文》和《说文段注》解释前者是"油水，出武陵孱陵西，东南入江"，后者是"治水，出东莱曲城阳丘山，南入海"（《说文段注》认为"城"为"成"之误），由此可见，"油"和"治"两词最初时都是水的名称，其词义和现在使用的意义则完全不同了。因此我认为，我们应该对这类的问题逐步地作一些从今溯古的考察，追溯其原始义，以求对词义发展变化的问题有一个全面的认识。

2. 探求词和词义的演变状况和发展规律。词和词义在漫长的发展演变过程中，其情况是纷繁复杂、多种多样的，如有的从单义词变成了多义词，有的现用义不同于原始义，还有的出现了借用义，等等。例如上例中的"油"，怎样从表示水流的"油水"变成为现在的"食油"等意义呢？又如"洞"，《说文》释为"疾流也"，《说文段注》则进一步注释为"疾流也，引申为洞达，为洞壑"等，由此可以看出其前后意义的不同。对于词义是如何变化的，寻找出它们的演变轨迹来，正是需要我们去认真探寻的。从现在能够把握的材料来看，对词或者词义的变化，都能够探知出一定的原因和过程，并且也能够整理出一定的发展规律来。从整体上看，这些各种各样的变化，都往往是在语用过程中产生的，同时又都是和人们的思维走势有关的，因此对这些变化来说，也就有其逻辑规律可循，这一切都是和我们以往的考证方法相一致的。所以，词汇和训诂的接轨研究，虽不是词汇研究的唯一途径，但为了探求词和词义的整体面貌，这一研究工作却是绝不可缺少和不容忽视的。

3. 正确了解词的形成和结构规律。语言词汇中，新词的产生是词汇得以发展的主流。新词的产生源于人们进行交际的需要，新词也都是通过人们的逻辑思维，运用一定的语言材料而造出来的，因此任何词的形成都有其一定的理据可循。然而这种理据又不是人人都可以一目了然的，如果说在共时阶段中这种理据性还可易于理解的话，那么在历史阶段中产生的某些词，其理据性就往往需要人们去作一番探讨和研究后，才能够得到正确的解释。其实到现在为止，有许多词，我们还不能正确地判定出它们的理据来。如我们可以知道"国家""窗户"等词都是由古汉语中的联合词组"国家""窗户"等演化而来，但是还有许多词，如"斗篷""打紧"等，是怎样的思维结构呢？为什么用"桑榆"来表示"晚暮"并比喻"垂老之年"呢？虽然我们也知道它们的意义，但仅仅如此是很不够的。毫无异议，通过对汉语词汇发展的历史过程的考察，把这些问题探讨清楚，正确地说明它们的造词构词的逻辑基础和结构方式，也是非常必要的。

　　以上简单谈了三个方面的问题，目的只是想说明，在现代词汇学研究中，除借鉴国外的先进成果之外，我们还需要对自己已有的古代的东西进行深入的挖掘，要尽量做到古今结合，对词汇中的许多问题，要从共时和历时相结合的角度进行考察和梳理，以此来更好地研究和整理出汉语词汇中各个方面的发展脉络和规律来，以促进我国的汉语词汇学研究更加走向广博、全面、深入和繁荣。

（原刊于《山东教育学院学报》2004 年第 2 期）

# 论词汇静态、动态形式的
# 结合研究

## 一　静态和动态是词汇存在的必然形式

语言词汇有着静态和动态两种存在形式，两者缺一不可，共同构成了语言词汇存在的整体。在这个整体中，词汇得以实体化和现实化，并不断地变化和发展，这是一个客观存在的事实。不论在现代还是在历时过程中的任何阶段，词汇都是依赖于这两种形式完整地存在着，并且通过这两种存在形式的相互联系和作用以及两种形式中某些成分的发展和转化，不断推动着词汇的个体成分以及词汇整体系统各个方面的变化和发展。

在词汇存在中区分出静态和动态两种不同的形式，不仅是可能的，而且是完全必要的。因为这两种存在形式既有联系又有区别，它们不仅具有各自的性质特点和功能，而且在词汇的存在和发展过程中，如在语言教学、言语交际、词汇规范以及应用语境和应用范围等各个方面，也都发挥着各自不同的作用。但是它们在体现自己的特点时，又不是孤立的、互不相干的，相反，在语言运用中，它们却存在着而且也彼此需要两者之间的相互联系与支撑。所以在了解词汇的静态和动态两种存在形式区别的同时，也应该看到这两者之间还蕴藏着一种相互依存和相互补充的关系。

正因为词汇的静态和动态两种存在形式既是有区别又是有联系的，所以在词汇研究中，将两者加以区分，又探究和说明两者的联系和依存关系，就是非常必要的了。

## 二　静态、动态存在形式的特点和功能

我在《现代汉语词汇学》一书中曾简单地谈到过词汇的静态和动态形式的区别问题，在这里我想再从几个方面作一些补充。

（一）两种存在形式的性质问题。词汇是语言的实体部分，词汇中的每个个体词都是音和义的结合体，也都是语言的实体单位。在言语交际中，人们就是将这些个体词有选择地组织起来形成句子的，所以从总体的角度讲，无论静态存在中的词还是动态存在中的词，它们都是交际的工具，都具有交际的功能，这是词汇的根本性质，在任何时候都是不能改变的。

在作为交际工具的根本前提下，由于静态和动态存在形式的不同，词的交际工具性质的体现方式也不一样。从静态的角度讲，词只是一种未被运用的工具而客观地存在着（如词典中的词就是这样），这时词的交际工具的作用是潜在的，它还起不到交流思想以达到相互了解的作用。但是动态中的词就不同了，动态中的词是人们将静态中的词加以运用的结果，静态的词被用于动态之后，它的交际工具的潜在性就会立刻被显现出来，变成显性的存在，就可以参与真正的交际行为，起到表达思想的作用了。

（二）两种存在形式的特点和功能问题。词汇的存在既然可以被区分为静态和动态两种不同的形式，就说明了这两者之间肯定具有各自的特点和功能。语言本身是一个运动着的整体，所以对于静态存在来说，在一个时段内，它是以静止的稳定的形式存在着，它像一面镜子，反映着该时段内词汇系统的现状，并把它记录下来；它是词汇发展到该历史阶段的标志。词汇的静态存在形式一方面为该时期词汇的动态运用提供着工具性的材料，另一方面也为词汇的历时发展补充着该时段的内容。这里必须说明，词汇的静态形式是永远存在的，但这种静止稳定的状态也永远是

相对的，它只是在某一个时段内表现为静止状态，相对于前后不同的时段，它又会表现出各自的不同特点，旧的成分消失了，新的成分增加了，这就是历时发展中各个时段的词汇系统都会有所不同的原因。这种状况是语言词汇本身的发展所决定的，同时也说明了词汇的本质是发展性的。

动态存在形式则与静态形式完全不同。动态形式是将静态中的成分加以运用，是使交际工具实现为交际行为的过程，所以它永远都是处于不断的运动和变化之中，而且这种运动和变化是绝对的、永恒的，只要社会上的交际行为存在，它就能够使语言词汇永远处于变化和发展之中。所以词汇的动态运动为词汇的发展提供了广阔的空间，动态运用中所产生的新成分，不但能使词汇永远充满旺盛的活力，而且也为静态词汇系统注入了新的血液，使语言词汇在这静态、动态相互作用和转化中获得不断的发展。

（三）两种存在形式的关系问题。关于静态、动态两种形式的关系问题，在对以上问题的阐述中已有所涉及，这里不妨再简单地集中论述一下。前面已讲，词汇的静态和动态两种存在形式构成了词汇的整体，但是对于词汇来说，这两者既有分工，又相互依存，缺一不可。关于这一点，我在《现代汉语词汇学》一书中曾作过这样的说明："在词汇的整体运动形式中，词汇的静态形式是存在于语言符号系统之中，为实现交际行为、完成交际目的而提供可能和基础的部分；词汇的动态运动形式则是在言语交际中具体体现了交际功能，实现了交际作用，传递了交际信息，达到了交际目的的部分。没有静态存在形式为交际行为提供必要的交际元素，就不可能形成交际行为，没有这种动态的交际行为，语言元素的交际作用也无从实现，新的语言元素也无从产生。"当然这段话只是从运用的角度谈了两者的关系，它说明了静态离开动态是无法运用的，而动态离开静态也无法进行，动态的运动和变化只有在静态的基础上形成，两者是必须相互依存的。

　　除此之外，从发展的角度看，两者之间的相互依存和共同发展的关系也是不容忽视的。就共时情况看，由于动态的运用，词汇成分在静态的基础上，随时都会发生各种不同的变化，在言语交际活动的需求下，或者运用原有词素创制新词，或者在旧词的基础上产生新词、新义、新用法，当这些新成分一旦被约定下来，将会转化成为语言成分而被输送到静态的词汇系统中去，该共时阶段的词汇面貌在静态的词汇系统中将会得以显现，并因此而使整个词汇系统获得发展。当然一个历史阶段的词汇面貌，并不是只靠静态系统来反映的，在该阶段的文献作品中（包括书面的和能够被音像处理而记录下来的口语形式的），也可以反映出大量的甚至是非常活跃的词汇材料来。但是活跃在动态运动中的词汇成分往往是不稳定的，它们或者是昙花一现，或者是临时运用，真正被社会约定下来的，能够表示出和社会同步发展的成分，一般都应该被规范到静态词汇系统中去，这也是说静态词汇系统记录着时代面貌的原因。

　　从以上对词汇的静态和动态形式相互关系的分析中，大家可以看出，这只是就一个时段的共时平面来谈的，也就是说，这只是对一种横断面现象的剖析。在词汇的动态存在形式中，除了横的平面现象之外，还存在着纵的历时发展现象的问题。应该说，词汇的历时发展就是由许多个横的共时平面叠加而成的，从不同共时平面的比较中就可以了解，有的旧成分从新的平面中消失了，有的新成分在新的平面中出现了，而整个词汇系统就在这纷繁多样的变化和更替中不断地变化和逐渐壮大、发展起来。

## 三　词汇的动态运动现象分析

　　词汇纷繁复杂的各种变化，开始总是先出现在词汇的动态运用中，它随着交际的需要而产生，随着交际的需要而发展。在社会交际中，新的词汇成分通过人们的运用，或者被约定俗成，或者被逐渐淘汰，但是无论情况如何，这一切都永远离不开动态的言语环境。所以结合语境来观察分析词汇各种成分的变化状况，认识和预见它们的发展趋向，是很有必要的。

关于词汇的动态变化问题，我在过去的文章中也有所提及，却很不够。在这里我想再从以下三个方面进行分析，以求对以往的论述作点补充。纵观词汇成分，无论是新词的产生还是新义和新用法的出现，我们都可以从性质上将它们划分为规范性的、发展性的和临时性的三种类型。

（一）规范性的。所谓规范性的就是人们对所用的词汇成分都有着规范的认识。词汇成分从静态系统走进动态运用中都会发生某种变化，即使规范了的词也不例外，过去我曾提及的词义的动态变化基本都属于这一类型。如词义在动态应用中，都会在原有概念义的基础上，转变为动态中的语言义、言语义、表层义和深层义等等，那么我在这里将它们归为规范性的类型，原因就在于这些变化都可以属于人们自然约定的范围之内，人们在交际中并不会因这些变化而感到新奇，相反却能够在不知不觉中自然地理解和运用。当这些变化在某个交际场合中出现时，人们都能够互相了解并达到交流思想的目的；当这一具体的交际场合消失后，这些变化也随之而不复存在。如人们在菜市场中看到许多菜时会说"这些菜真新鲜"或者"这里的菜真多"等，在这一语境中，"菜"指的不是某一棵具体的菜，所以它表示的是一种表属概念的意义；又因为这里的"菜"指的是菜市场中具体的实体的菜，所以它和静态中表示属概念义的"菜"又有所不同：静态中"菜"的意义是抽象的，它未存在于语境之中，而这里的"菜"存在于具体的语境之中并确有所指，所以根据实际情况，"菜"可以和"真新鲜""真多"等相配搭。由此可见，都是表示属概念意义的词，在静态中和动态中的情况是不一样的，因此我们说这一语境中的"菜"所表示的是一种动态的语言义。如果我们将"菜"这个词置于另一种交际场合，让它指称一棵具体的菜，情况将又有所不同。如有人指着一棵"白菜"说，"我买这棵菜"，那么这里的"菜"表示的就是"白菜"的意义，但是人们仍然能够相互沟通，这是因为在具体语境中，由于词义与具体事物相对应的性质，表属概念意义的词可以来指称具体的个体事物的意义，词义本身也因此而发生了外延缩小、内涵增多的变化，该词的意义也由静态中的抽象概念义变成指称具体事物的动态言语义了。

以上两例说明了静态词义在动态运用中的不同变化。但是无论这些变化怎么不同，它们都有一个共同的特点，那就是这些变化都是自然发生的，都是词义在运用时受到了具体语境制约的结果，都是规范词的正常运用。所以，这些变化不仅是自然的，而且也是必然的，它们既不是新成分的产生，也不是新用法的发展，都属于规范性的范围。

（二）发展性的。所谓发展性的是指在动态运用中所出现的新词、新义和新用法。这些成分首先会给人们以新的感觉，而且随着在交际运用中的具体实践，都会具有一定的发展性。许多成分往往会被人们认可，并继续广泛地运用开来，现在社会上使用的新词如"作秀""搞定""上网""飞播"，还有年轻人易用的"酷毙""帅呆"，以及"包装"的新义"对人或事进行形象美化的设计"、"降温"的新义"让情绪或发展势头减弱"等等都是此类情况；也有的成分会经过短时间的运用之后而被淘汰掉，如新时期以来曾用过的"邮码""倒爷""大哥大""BP机"等词，以及用"水肿"说明"机构庞大"的意义等，现在都已经基本不用了；也有部分成分出现后并不为人们所接受，最后呈现为昙花一现的现象。但是不论是发展了的还是被淘汰了的，它们生存的时间或长或短，却都有着一个过程，因此我们把这些成分归为发展性的类型。

发展性的动态成分虽然都是以新的面貌出现的，但是它们也都是在静态成分的基础上产生出来的，新词的形成需要原有词素的支撑，新义的形成需要以词的原有意义为基础，新用法更是需要词义和语法规则以及语境的共同配合来完成，所以没有静态系统的存在，这些新的成分也无从产生。当然，新的成分一旦被约定下来，又可以被规范和输送到静态系统中去，使静态系统获得新的发展。

（三）临时性的。在动态运用中，词在意义上往往会出现一些临时性的变体，词和词的组合也经常会出现一些超常搭配的情况。在具体语境中，词的这种变体和超常搭配使用，一般都是结合在一起同时发生的，而且这样的词语应用，还往往能够给言语表达带来鲜明和富有神韵的表达效果，可以使人们回味无穷。这样的语言运用手法一般多出现在文艺作品中，一些有修饰加工的口语表达，在电视和广播中则经常可见。这类词语运用都是随着具体语境的表达需要而产生，有时甚至脍炙人口，但是离开了这一具体的语境，它则会随之消失而不再存在，更不会被人们反复使用，因此这种现象都是临时性的。这类的例子很多，我们经常谈到"春风又绿江南岸"这一经典性的句子，其实该句中的"绿"的活用就是临时性的，因为除了这个句子之外，"绿"一词从未再被这样使用过，"绿"也没有因此而具有了动词的性质。在现代作品中，这样的例句也俯拾即是，如"故事刻满了小城的每一个角落"，"精致古老的建筑到处流淌着中华民族博大精深的文化底蕴"，"昨夜付一片轻唱，今朝收两朵微笑"，"10月20日的傍晚来得凄凉，天空压抑住了欲出的月亮"，以及《牵手》一歌中的歌词"爱着你的爱，梦着你的梦，悲伤着你的悲伤，幸福着你的幸福"等等，都是这种临时性的运用和变化的情况。在这些句子里，超常的词语搭配将语义表达得既形象生动，又深刻和富有活力，在符合逻辑和传递信息的同时，给予了言语表达以更多的自由，使人们的思想交流有了丰富而广阔的想象空间。

在动态运用中，词汇的临时性变化现象是永远存在的，从古代的诗词曲赋到现代的许多作品，到处都可见到这种精彩的词语运用。这是一种语言表达的艺术手段，也是一种巧妙的修辞技巧和方式，而在这种运用中，词汇往往是最活跃的成分。因此，词汇的这种动态应用现象，也是我们应该认真关注的。

## 四　应该探究汉语词汇历时存在中的静态和动态形式问题

以上我们分析了词汇的静态和动态存在形式以及两者的区别和依存关系，只是我们在说明问题时，仍然是以现代共时平面的情况为例证的。我们生活在现代的语言社会之中，所以对现代共时阶段中的静态和动态存在状况以及它们之间的区别、联系和变化等关系，看得还是比较清楚的，但是当我们去了解汉语词汇发展史的时候，问题就不会那么简单了。

任何词汇的历时发展都是由历时中的各个共时平面叠加而成的，对于各个共时阶段的词汇情况，我们只能从该历史时期的各种文献中来了解。每一历史时期的文献所记录的，应该都是该历史时期整体语言词汇的情况，不仅有静态的成分，也一定会有动态的成分；有规范的成分，也会有非规范的成分；有发展性的变化，也会有临时性的变化。这就给我们正确地认识和分析历时的词汇现象带来很大的困难。在汉语词汇发展史中，有些词汇成分是很容易被确定其性质的，如"天""地""日""月""人""鸟""水""草"等，甚至一些双音合成词，如"筋骨""朋友""直言""忧愁""伤悲""休息"等。这些词都是在古代早期就已经存在了，但是在漫长的历史岁月中，它们一直被人们广泛地运用着，直到现在仍然活跃在社会的言语交际中。毫无疑问，这些成分都是历史阶段中各个共时词汇系统中的词。再看汉语词汇在发展过程中产生的一些新词，如近代的"铁路""火车""协议""场合"，现代初期的"杂志""改革""游行""舞厅"等，也都由当时动态中的发展性成分被逐渐规范为共时静态系统中的词汇成分了。对于这类成分，只要观察一下它们被使用的情况，自然就会清楚地得出正确的认识结论来。

但是在历史文献中，还有一些情况会使我们产生种种困惑，如在《诗经》中使用的叠音词是很多的，有的一直沿用到现在，如"奕奕""泱泱""迟迟""滔滔"等，但有人将"其叶青青"中的"青青"、"燕燕于飞"中的"燕燕"等类情况，也看成一个叠音词就有待商榷了。它们虽然是当时动态运用中的词汇成分，但是它们是一个双音词还是一个单音词在动态语境中的临时性叠用，就需要进一步探究了。我们在一些词汇研究的文章中，特别是在某些专书词典中，都能看到这样的情况，如"陋室铭"的"陋室"，《归去来辞》中"识迷途而未远，觉今是而昨非"的"今是"和"昨非"，以及牛希济词《临江仙七首》里"峭碧参差十二峰，冷烟寒树重重。瑶姬宫殿是仙踪。金炉珠帐，香霭昼偏浓"一段中的"峭碧"和"香霭"等，都不应该不作任何说明地当作一个词来注释，从其语境看，把它们看作动态应用中的临时性的搭配成分则更为合适。

在现代词汇研究中，将词汇的静态和动态存在形式进行结合研究是必要的，同样在对古代词汇进行研究时，也应该兼顾词汇的静态和动态形式问题，否则无论对词汇的整体还是个体的认识，都有可能出现偏离实际的现象。当然这一研究工作是庞杂而繁重的，它需要我们重视并从点滴做起。

［原刊于《山东大学学报》
（哲学社会科学版）2004 年第 6 期］

# 谈词汇和语法的相互依存关系

  词汇学和语法学是两个各自独立的学科，这是大家公认的无可讳言的事实。但是它们都只是语言整体中的一个部分，任何一个都不能代替语言整体，这也是不可否认的事实。

  语言作为一种交际工具的整体，它是由许多部分，也就是说它是由许多子系统构成的，这些子系统结合在一起，相互联系，相互制约，共同构成了语言的整体。所以分析语言内部各个部分的关系，观察研究它们之间的联系和互补作用，是一个非常值得探讨的问题。在这里，我想仅仅就词汇和语法的关系谈一点看法。

## 一　语法是从词的组合中概括出来的

  我们平时谈到语言运用时，经常会说"组词成句"的问题，这的确是语言运用的实际情况。任何一个人，当他需要进行言语交际时，首先要做的就是要选择符合他思想表达需要的词来组成符合他表达方式的句子，即便是"独词句"也不例外。这就是说，人们选词的标准是以他们要表达的思想内容为依据的，人们组句的方式和结构是以他们的表达所需要的语法规则为依据的，否则人们就无法表达思想以进行交际。由此可见在正常情况下，任何静态的言语形式，或者动态的言语交际，离开词汇和语法这两个方面都是无法进行的。①

　　语法规律都是从词的不同组合中概括出来的，由于人类基本的逻辑思维模式是一致的，因此从普通语言学的角度来说，语法的基本结构规律，如主谓、动宾、联合、偏正、动补等所反映的基本语法关系，在不同的语言中都是存在的，只是表达方式不同而已。不同的表达方式来源于各民族各不相同的组词成句的方式和习惯，并形成了它们各自不同的语法表达手段，但是有一点却是可以肯定的，那就是每个民族的语法规律，以及每一具体规则中各个成分之间的联系和关系，都是从它们各自语言的词与词的组合情况中抽象概括出来的。

　　某一种语言，当语法规律被逐渐地概括出来之后，就会自然地形成该语言的语法系统，同时它又可以作为一种标准的模式，对人们的用词造句行为起着制约和规范的作用。正因如此，在社会的言语交际中，不断变化着的词汇成分和变化比较缓慢的语法规则相配合，两者相互制约，就可以使言语中的新成分、新变化成为可以让人们能够理解和接受的现象，社会上的言语交际也因此而得以顺畅地进行。

## 二　词汇和语法的相互联系与制约

　　社会上任何人的语言交际，都是同时运用词汇和语法两个方面结合而成的，在这结合的过程中，词汇和语法相互联系、相互制约的关系，就清楚地被显现了出来。

　　首先，语法规则的确立和发挥作用需要用词的组合来支撑，

--------

①　这里要说明的是：任何词都是音义结合体，所以词汇本身就是由语音和语义两个部分组成的，在口语中，词是用语音形式表现出来的，在书面语中，词则是运用文字形式来表现的。可见词作为语言的实体单位，它密切关联着语音、语义和文字三个方面。但是无论运用哪一种形式来表现，词都是这几个方面结合为一的整体，同时词由此也成为这几个方面的载体。

同时词汇成分的选用也必须在语法规则的制约下来进行，两者必须兼顾，否则话语就不能正确地组成，交际就不能顺利地进行。如"我看书"和"书看我"，两者都是"主—谓—宾"结构，用的都是三个相同的词，但是前者的表达是能够成立的，而后者则否，原因就在于前者三个词的词序所表达出来的意义，和语法规则的要求可以配合在一起，主语"我"涉及谓语动词"看"，"看"再涉及宾语"书"，都是符合逻辑的。后一例由于词序的不同排列，其逻辑意义就不能成立，在此情况下，即便是"名—动—名"的"主—谓—宾"结构，也是不能成立的。所以即使是用了正确的语法规则，如果没有正确的词的组合来配合，也是无法发挥作用的。又如"你必须走""请你走吧"两例，它们表达的都是让"你"离开的意思，但第一句是用了坚决的不容商量的语气，所以是用了命令式的句型，句子的语法规则体现为"主语—状语—谓语"的形式，因此在选词时就要用上副词"必须"；第二句在语气上则比较缓和，并采用了兼语式的句式，因此在选词上就用上了"请"和"吧"。由此也可以说明，语法规则离不开正确的词的组合，正确地选词和正确的词序排列也必须以语法规则为依据，两者永远是相互联系和相互制约的。

其次，词汇和语法在具体语境中是共变的。在静态存在中，词汇和语法都是语言系统中的子系统，它们都有自己的元素和系统结构。但是在动态运动中，正如上面所说，这两个方面是要配合使用的，而且这种配合不只是表现为一种规范的模式，在许多情况下，它们会随着具体语境的不同变化和要求，也处于不断的动态变化之中。如"屋子里全是灰尘"也可以说成"屋子里落满了灰尘"，但在书面语言中，我们也能看到"屋子里挤满了灰尘"，或者"在毫无生气的沉寂中，灰尘静静地无所掩饰地占有着屋子里的每一寸空间"。很明显，前两例都是通常的规范的词语组合情况，语义上也都是符合逻辑的，而后两例则有所不同，这两例的共同特点是在这一描写性的语用中，它们都赋予"灰尘"以生命，使"灰尘"也能发生"挤"和"静静地无所掩饰地占有"的动作，而随着这种对事物进行的形象的描写，除要求对词进行不同的选用外，同时在语法规则方面，或者在语义指向上，或者在句式结构上，也自然需要做出相应的改变。这种语用现象既是言语表达的需要，也是词汇和语法自然配合的必然结果。目前在文学作品中，我们经常会发现一些很活跃的词语超常搭配的情况，而且这种语用手段和方式，有时还非常生动传神，寓意深刻，给人们以动态感。我认为这类语用现象对思想的表达，以及对现代词汇语法的发展肯定会有促进作用。

## 三　新的词汇成分在语法规则的规范下得到认可

由于词汇和语法的密切关系，所以词的运用都是在一定的语法环境中来实现的。这就决定了词汇中新成分的产生，也总是要在一定的语法规则的规范下才能被定性，被认可。语言交际中的许多事实都能说明这一点。

首先，新词的产生是要经过语法规则的认定和规范的。静态存在中的词只是作为一个符号个体而存在，只有当一个个的个体词按照一定的语法规则组织起来成为句子的时候，词才能显示出它的语言交际功能和意义来，已经存在的词是这样，那么新产生的词汇成分也不会例外。如"的士"一词，它出现后就和"出租车"构成了同义词，人们可以说"乘坐出租车"，也可以说"乘坐的士"，"的士"和"乘坐"组合，这一动宾结构就决定了"的士"的名词性质。不过"的士"产生后，由于大家都习惯用"打"表示"乘坐"的意思，因而"打的"的用法很快被扩展开来，与此同时，"的"也作为"的士"的代表而成为一个表示"出租车"意义的单音词，在运用初期，"打的"应该是动宾式的词组形式，它和动宾词组"乘坐的士"无论在形式方面还是在意义方面都是对应的。这就是说，新成分"的士"或是"的"都是在动宾结构的语法规则中被认可、定性和规范下来的。现在随着社会的广泛运用，"出租车"意义的"的"，作为单音词，它的运用环境很小，和其他词组合造句的能力很弱，但是它却显示出了比较强的构词能力，如"面的""轿的""的哥""的姐"等等，因此"的"逐渐由词发展成了词素，而"打的"也由词组逐渐转变成为动词性的合成词了。尽管词汇成分是在不断变化着，但是这些变化都是不能离开语法规则来进行的。

其次，新义的出现和被确认，是要通过语法规则的配合和制约来完成的。和新词一样，词所产生的新义也是需要在一定的语法规则环境中，在语法成分相互关联的制约下，才能被大家认识和约定下来。新义都是在旧词意义的基础上衍生出来的，当一个词出现新义时，这一新的与旧义既有联系又不相同的意义是不可能孤立存在的，它只有在具体的语境中才能被显现出来，也就是说它只能被置于具体的语句中，存在于一定的语法规则格式之内才能被认识，被运用，最后被确定下来。如在汉语语法规则中，副词和名词是不直接组合的，但是近些年来，像"很中国""很外国""很青春""很男人"一类的用法却很常见，而且也被人们广泛地接受了下来，只要我们结合这种用法所出现的具体语句来观察就会发现，这并不能说明"副词＋名词"的格式可以成立了，因为从整个句义来看，副词"很"所结合的并不是名词意义，而是在"副词＋形容词"这一语法规则的支配下，"中国""外国""青春""男人"等名词，都引申出了形容词的义项，它们在这里表示的意义都具有形容词的性质，如"中国"在这里的意义绝不是指"国家"，而是指"中国式的"或"具有中国特点的""具有中国风味的"等等，其他几个词的情况也是如此。可以说是"副词＋形容词"的规则以及具体的语境，给新义项的形成和存在提供了生长和发展的土壤。由此可见，新词义的产生和发展离开语法规则的支撑也是不可能实现的。

再者，词的超常搭配是要通过语法规则的配合和制约来实现的。前面已经讲到，在语言运用中，经常会出现词语活用和超常搭配的情况，但是词语活用和超常搭配并不是随便组合的，在这种词语搭配运作中，它也需要符合语义表达的逻辑规律，目的是要收到更好的表达效果。要做到这一切，就必须要求语法规则的配合和制约。如中央电视台在最近的天气预报中曾说："北方地区的气温普遍升高，夏天已经开始彩排了。"在这句话里，平时"夏天"和"彩排"两个词是不可能如此搭配的，但是在这一语境中，用"主—谓"的关系把这两个词连在了一起，不但没有违背逻辑，而且使语句在简洁明快生动形象中，将"夏天就要来临"的信息表达无余。又如在"旅游风向标"栏目中，我们经常可以听到"故事刻满了小城的每一个角落""精致古老的建筑到处流淌着中华民族博大精深的文化底蕴"等表述，在这些语句里，"故事"能"刻"，"文化底蕴"能"流淌"在"古老的建筑"之中，这些词语通过形象、巧妙的搭配所传达出来的耐人寻味的信息量，离开具体的语境，离开语句中语法规则和语法关系的配合和制约，也是不可能做到的。

当然我们不能说词汇的一切生成都依赖语法，因为新词的产生首先是通过造词手段来完成的，但是语法却为词汇新成分提供了运用的前提，创造了使用的环境，给予了词汇新成分从出现到被检验，以及得以继续发展的时间和空间，使词汇的新成分（包括新词、新义、新用法）在运用中获得了交际的生命，并被约定为存在于词汇发展中的新成员。

以上简单的分析可以让我们了解到，在言语交际中，词汇和语法永远是相互依存的，没有词的组合就不可能抽象出语法规则来，没有依照语法规则组织起来的句子，也就没有了词汇具体生存和运用的环境，而没有词汇和语法的配合运用，社会上的言语交际将不会存在，人们之间用语言进行的思想交流也不可能实现。

（原刊于《汉语教学与研究文集》，高等教育
出版社 2005 年 1 月版）

# 《实用中国语言学词典》前言

　　《实用中国语言学词典》是以收录中国语言学方面常见的基本理论、基本知识的名词术语为目的的中型专科词典。它是一部为大中学校的学生、中小学语文教师、语言研究工作者和语言爱好者提供的简明实用的专业工具书，也是一部为广大的自学者提供的具有科学性和系统性的语言学专业参考书。

　　语言学是一门最古老而又最新鲜的学科，它既是一门独立的具有自己的独特研究内容的学科，又是一门与其他学科具有密切联系的基础学科。语言学在自身发展的同时，又往往会由于它的广泛的作用而促成其他边缘学科的产生，并从而引起社会科学和自然科学中的某些巨大的变革。

　　我国对语言学的研究有着悠久的历史，同时也拥有丰硕的成果。在科学技术空前发展的今天，中文信息处理研究迅速地开展起来，计算机技术已被广泛地应用到各个领域中去，与此同时，我们的语言研究工作也更加活跃起来。

　　我们都是从事语言教学和研究的工作者，在具体的教学过程中，在和广大的同学及语文教师的接触中，我们深切地感到，为了使我国的语言研究工作更加兴旺发达，为了给广大的语言工作者和爱好者提供更多的方便，编写一部系统、翔实地介绍中国语言学知识的书，实在是当前极为必要的事情。就这样，我们用了三年的时间，经过四次修改，终于编写成了这本《实用中国语言学词典》。

　　本词典主要介绍中国语言学方面的内容。我们的编写原则是：

一、力求收词全面。凡是我国语言学各个研究领域中的有关名词术语，一般都尽量反映在词典之中。

二、力求内容科学、系统、详尽、充实。释义中不仅要正确地阐明基本理论和基本知识，而且要反映出新的学术信息和研究水平。释义要以解释透彻为宗旨，举例与否要以内容的需要而定，这一切均不受篇幅的限制。

三、力求体例严谨、缜密。根据语言学的科学性和系统性，我们把全部内容分为语言学、语音学、词汇学、语法学、修辞学、文字学、音韵学、训诂学、方言学、少数民族语言文字、中国语言学著作、中国语言学家等十二个部分，每部分中的词目均按照其内在体系进行排列，从而使每一部分都能成为一本具有一定科学性和系统性的"专科"用书，这就可以让读者既能从各部分中了解各个专科的基本理论和基本知识，又能从总体上把握各部分之间的相互联系和关系。

此外，为了方便读者，在正文的后面还附有部分附录，以供查阅时参考。

本词典有 19 位同志参加编写，分工情况如下（各部分的编者以姓氏笔画为序）：

语言学　冯　炜　林青松

语音学　王新华　张树铮　姜宝昌

词汇学　刘中富　张旺喜　杨振兰　葛本仪　程　娟

语法学　唐子恒

修辞学　杨秋泽

文字学　姜宝昌　盛玉麒

音韵学　曹正义

训诂学　吉发涵　徐　超

方言学　高慎贵

少数民族语言文字　王新华　盛玉麒

中国语言学著作　各部分的编者同时编写本部分的著作
中国语言学家　郇玉华　鲍时祥

此外，曹正义、姜宝昌、徐超三位同志还参加了第二稿的通稿工作；王新华、张树铮两位同志编排了音序和笔画检索表；姜宝昌、盛玉麒、张树铮、王新华共同搜集和整理了附录部分。

在本词典编写和出版的过程中，我们得到了著名语言学家张志公先生、殷焕先先生和有关同志的大力支持和帮助。张志公先生亲自为词典作序，殷焕先先生则对整部词典进行了审订。同时，编写中，我们也参阅了国内外公开刊行的许多著述。在此，谨向以上专家和同志们致以衷心的感谢。

由于水平所限，本词典的缺点错误和疏漏之处在所难免，恳切希望广大读者提出宝贵的意见。

葛本仪
1990 年 4 月于山东大学

（参见葛本仪主编：《实用中国语言学词典》，
青岛出版社 1992 年版）

# 《汉语词汇论》前言

　　《汉语词汇论》即将出版，为了对这本书作一点说明，我简单写下几句话。

　　自从我的《汉语词汇研究》一书于 1985 年出版以后，十余年来，我们都是以该书的观点和体系从事教学和研究的。经过反复的琢磨和不断的应用，证明该书的观点和体系还是能经得起理论与实践检验的。但同时，我们也发现书中尚存在着一些言不尽意的地方，而且十几年来，社会发展了，科学也发展了，词汇研究也要求我们继续做新的开拓，我和我的学生们（本书作者目前除个别人外，都是教授、副教授或博士生）深知这一点，因此，在以往的基础上，又尽量对词汇研究中的许多问题进行了不同程度的深入的探讨和思索。我们努力拓宽研究的领域，丰富研究的内容，加强研究的淋度，争取对某些问题做出专论性的阐释，不仅使我们原来的观点和体系得到更进一步的充实和提高，而且也努力去做了一些尝试性的新开拓。现在将我们近些年来的研究成果系统整理成了《汉语词汇论》一书。这是一本专论性的书，其中有少数篇章曾经发表过，为集中说明问题起见，在书中也一并收录了。我们希望这本书的出版，能对汉语词汇研究工作做出一定的贡献，我们更希望本书出版后，能得到同道专家的批评和指正，使我们的研究工作得到不断的改进和提高。

葛本仪

1997 年 4 月于山东大学

（参见葛本仪主编：《汉语词汇论》，
山东大学出版社 1997 年版）

# 《汉语词汇学》前言

"汉语词汇学"是山东大学"211工程"的重点项目之一。当时确定对这一课题进行研究，目的在于将我校词汇学和训诂学的力量组织在一起，在现代语言理论和词汇理论的指导下，对汉语词汇的古今情况，进行一次尝试性的探索。

在当前词汇学和训诂学的研究中，我们深深地感到：词汇学、训诂学虽然都是各自独立的学科，但是两者却有着不可分割的联系。随着词汇学研究的进一步深入，在很多方面都要求我们追根溯源地去说明问题，也只有这样，才能使问题的研究走向深入，也才能把问题阐述得清楚透彻；而要做到这一步，就必然要运用到训诂学的方法，更需要借鉴训诂学的成果。对于训诂学来说，也同样存在着深入研究和发展的问题，训诂学在现有研究的基础上，也必须有其新的开拓和发展，它除了需要引进现代语言理论之外，也必须在溯源的同时而进行探流的工作，应该运用现有的训诂成果和方法，力争对汉语词汇发展全貌的研究作出新的贡献。鉴于以上的想法，我们选择了这个课题，并以专题性的方式，开始了力争贯通古今的探索。

该成果以专著的形式面世，全书共有六编，现将各编的内容和作者分别介绍如下：

第一编"汉语的词和词汇探析"，贾宝书撰写。

第二编"汉语的字、词、词素探析"，孙剑艺撰写。

第三编"汉语的词义探析"，杨端志撰写。

第四编"汉语词汇的语用探析"，杨振兰撰写。

第五编"汉语词汇的动态发展变化探析"，王军撰写。

第六编"汉语词汇和古书句读标点关系探析"，唐子恒撰写。

应该说，我们的这一研究工作，既是一种传统性的研究，又是一种尝试性的探索，因此，不足之处在所难免，恳切希望得到各位学者和同道者们的指正、支持和帮助。

本课题的研究与本书的出版，得到了山东大学"211 工程"办公室、山东大学社科处、山东大学出版社的全力支持与帮助，在此特向以上单位表示由衷的感谢。

葛本仪

2002 年 5 月于山东大学

（参见葛本仪主编：《汉语词汇学》，

山东大学出版社 2003 年版）

# 《现代汉语词彩学》序

什么是词义？词义就是词的意义内容，这无疑已是大家共知的问题。但是如果进一步追问词的意义内容指的又是什么，人们的看法就不尽一致了。目前大多数人认为，词的意义内容包含词汇意义和语法意义两个部分，而色彩意义则只是一种附着物，有人认为色彩意义是词汇意义中的一个部分，有人认为色彩意义附着于词汇意义，有人认为色彩意义只是部分词义中存在的问题，等等，总之，对色彩意义的看法很不一致。由此可见，对词的色彩意义的研究，事实上是一个既古老而又新颖的问题，所谓古老是指人们对色彩意义的研究久已存在，所谓新颖则是指对色彩意义的许多问题的研究还刚刚开始。

词的意义内容应该包括三个部分，即词汇意义、语法意义和色彩意义。色彩意义在词义内容中是一个独立的部分，它既与词汇意义、语法意义有千丝万缕的联系，又是一种独立于词汇意义和语法意义之外的词义内容，语言中的每一个词都有它的色彩意义，而且每一个词的静态色彩义在不同的语境中，都可能产生不同的变化，从而形成动态色彩义。所以，一个词的色彩意义和一个词产生时的条件以及运用时的条件都是密切相关的。杨振兰老师基于这样一种基本理论观点，经过潜心的钻研和教学实践，写成了《现代汉语词彩学》一书。该书对词的色彩意义多角度、多层面地进行了比较全面深入的论述和分析。全书共分九章，第一章"绪论"立足于宏观角度，从整体上分析和论述了色彩意义的含义、特点、类型、作用以及存在方式等一系列基本理论问题。

第九章，运用动态分析的方法，探求了词的色彩意义在言语交际中的语用表现、语用特点和语用价值。其余七章则分别对感情色彩、形象色彩、风格色彩、时代色彩、外来色彩、民族色彩和地方色彩等七种色彩义类聚的形成、特点、作用以及语体分布等各种问题进行了细微详尽的观察分析和探索。综观全书，在许多问题的论述上都不乏精彩之处。该书在探讨问题的过程中，由于严格掌握了理论密切联系语言实际的原则，因此，对各种色彩意义的观察和分析是细致的，对诸多问题的研究和探讨也是比较深刻的；特别是对一些理论问题，如对色彩意义的性质、特点、种类、作用、存在方式，以及各种不同色彩类聚的特殊情况等，都在理论上作了不同程度的阐释，见解独到，很有说服力。

现代汉语词彩学是现代汉语词汇学的一个分支学科，也应该是现代汉语词义学的一个分支学科，相信《现代汉语词彩学》一书的出版，不仅对色彩意义问题的研究，而且对词汇学和词义学的研究，也必将带来有益的影响和积极的推动作用。

《现代汉语词彩学》到目前为止，还是我国第一本比较全面系统地论述词的色彩意义的书，成绩是肯定的，不足之处当然也在所难免，因此，希望作者今后能继续通过自己的研究，使本书不断地得到完善、充实和提高。

葛本仪

1995 年 12 月 12 日写于山东大学

（参见杨振兰：《现代汉语词彩学》，

山东大学出版社 1996 年版）

# 《汉语工程词论》序

随着社会的发展和科学技术的进步，在语言学研究中，计算语言学的建立和发展早已被人们公认为是现代科学发展的必然结果。目前计算机在社会各行各业中的普遍应用，更为计算语言学的研究不断地提出了许多崭新的课题。

事实早已说明，计算机的应用绝对离不开自然语言的参与，一切信息的计算机处理过程都与自然语言有着密不可分的关系。因此，对汉语信息处理来说，面临的将是要逐步解决字的处理、词的处理、语句的处理和篇章的处理等问题，而在这些问题当中，很明显，在解决了字处理的基础上，词的处理就成了大家关注的核心和关键。只有解决了信息处理中的词的问题，才能更好地进一步向语句处理等问题上迈进。

面对社会的需求，汉语词汇研究者决不能袖手旁观，卞成林老师对汉语工程词的研究就是在这种形势下开始进行的。卞成林老师不仅在汉语词汇研究方面具有相当深的学术功底，而且对计算机及其应用方面也掌握了相当全面的学术理论和实践经验，因此他在工程词的研究上，自身就具备了相当坚实的基础和条件。现在他的研究成果《汉语工程词论》一书就要出版了，该书的特点，不仅内容丰富，而且著述非常扎实、严谨，全书以理论和实际紧密结合为原则，对每一个问题的阐述，每一个理论观点的论证，都能做到有根有据，这就为该书理论的建立和具体应用打下了极为有利的基础。此外，还有以下三个方面也应在此提及。

第一，该书第一次明确地界定了"工程词"的概念，指出工程词是在词汇词、语法词的基础上出现的信息工程中的词，它既包括了词汇词和语法词，也包括了一些非词汇词和语法词的成分。该书从理论上阐明了确定为工程词的原则和标准，以及工程词所包括的内容和范围。更可贵的是，该书还通过大量的资料数据，提出了汉语工程词语的生成规律，探讨和基本解决了机器理解自然语言的未登录词，以及机器词典收词范围和语义网络等问题。这一系列的理论观点新颖而且独到，在学术研究和实际应用方面都具有重要的意义。第二，该书的写作采用了借助于计算机的软硬件技术的方法，在大量占有语料和穷尽式分析具体词汇现象的基础上，深入探讨了工程词的词素构词能力、词语结构方式的分布、汉语通用词的词长及其分布等等，从而总结出了汉语工程词的特点。这样得出的结论，依据扎实可靠，极具说服力。第三，该书在阐述自己理论观点的同时，也为汉语信息处理中词处理问题的研究提供了大量翔实可靠的数据资料，书中大量的图表就足以说明这一点。这是非常具有实际应用价值的事情。

综上所述可以看出，目前在我国信息处理领域的有关词处理的研究中，如此有理论、有实际、全面系统进行分析研究的专著，《汉语工程词论》还当属第一本。因此我相信，该书的问世一定会为词处理问题，以至计算语言学的发展等起到积极的推动作用。

当然，对任何研究来说，都会是只有开始而没有终止的，卞成林对汉语工程词的研究也是如此。希望卞成林老师能够在此基础上继续奋力前进，继续将该课题和与该课题有关的一切问题深入细微地探讨下去。

葛本仪写于山东大学

1999. 12. 18

（参见卞成林：《汉语工程词论》，

山东大学出版社 2000 年版）

# 《汉语言文字学新论丛书》总序

汉语是世界上最古老的语言之一。同样，我国对汉语的研究也有着悠久的历史，从早期的《说文解字》《尔雅》《方言》《广韵》，到当今时贤的巨著群书，实可谓内容丰厚，硕果累累。而我们汉民族的历代子孙，也正是在这片沃土上，不仅学习了汉语，而且是吸吮着历代先辈们赐予的乳汁不断地认识汉语，了解汉语。可以说，我们一辈辈的人都是在汉语言文化的熏陶下成长起来的。我们的汉语言文字学发展到今天，源远流长，今后也必然会发展壮大，而我们作为当代的汉语言文字工作者，应当义不容辞地为这一事业的发展尽上自己的一份责任。

鉴于以上的想法，我们组织编写了这套《汉语言文字学新论丛书》。对这套丛书的内容，我们力图达到以下三点要求：第一，尽量开辟新领域，研究新问题，要为新学科的建立作出一定的贡献；第二，对当前已经进行研究的问题，要努力做到向更深更广的方面拓展，要做别人所未做的工作，谈别人所未谈的观点；第三，学风要踏实严谨，理论联系实际，要论有所据，据有所本，要从第一手材料入手研究问题，绝禁泛泛之论、无稽之谈。

应该说，组织编写这套丛书是我们的工作，是我们的理想，也是我们的追求。这一目的是否能够完满地实现，还有待于我们今后的努力。与此同时，我们也希望能得到专家学者和所有同道的支持和帮助，以求这项工作能够如愿完成。

葛本仪

写于山东大学

2000 年 3 月

（参见王玉新：《汉字认知研究》，

山东大学出版社 2000 年版）

# 《新中国成立以来汉语词汇
# 发展变化研究》序

在语言的诸要素中，词汇的变化是最快的。因此，对词汇发展变化的研究就更显得困难，这一情况从我们现代的研究成果中就看得很清楚。在汉语词汇发展史的研究中，目前只有王力、史存直、潘允中等几位先生做过比较系统、全面的阐述，但是他们论述的内容和范围也都是限于从古代到近代这一时段，至于现代汉语特别是当代汉语词汇的发展变化情况，我们现在能见到的成果，大都是比较零散的对个别问题或个别词语的研究，很显然，这一现象和汉语词汇本身的发展是极不适应的。

郭伏良老师从事汉语词汇研究多年，在攻读博士学位期间，他开始对当代汉语词汇的发展变化问题倾注极大的关注。新中国成立五十年来，汉语词汇各方面所出现的种种变化，都引起了他浓厚的兴趣，因此他在努力钻研和深化词汇理论的同时，搜集和整理了大量的资料，并以理论和实际相结合为原则，用理论驾驭材料、定量和定性相结合、共时和历时兼顾的研究方法，开始了《新中国成立以来汉语词汇发展变化研究》的探索和写作。现在这一研究终于告一段落，而且这本专著也即将付梓，郭伏良终于实现了他填补这一研究领域空白的愿望。

《新中国成立以来汉语词汇发展变化研究》一书是一本具有开创意义的书，它不仅填补了这一研究领域的空白，而且在观点和内容的取舍上也有许多独到之处。该书首先是在从理论上明确了词汇的内容和范围、明确了词汇所涉及的各种概念含义的基础上进行写作的，所以书中概念明确，有关词汇的内容全面系统，真正做到了论史结合。其次，该书根据当代词汇发展的实际，总结出了许多新规律，提出了许多新观点，如字母词、旧词复活、惯用语情态色彩趋于丰富化等，这些论述不但新颖而且具有说服力。此外，该书在写作方法上，在处理语料的共时历时情况上，分寸也非常恰当妥帖。尽管有的问题如把新中国成立以来的词汇发展划分为三个历史时期的提法是否合适等，还有待于今后各种研究的检验，但是这种研究方法还是应该充分肯定的。

　　当然，一项新研究成果的问世，总不可能是十全十美的，希望郭伏良能够在对该问题继续深入研究的同时，广泛听取各方面的意见，以求该成果能够不断完善，更加完美。

葛本仪<br>2000 年 2 月 20 日于山东大学

　　（参见郭伏良编著：《新中国成立以来汉语词汇发展变化研究》，河北大学出版社 2001 年版）

# 《现代汉语色彩词研究》序

在客观世界中，无处没有色彩的存在，正是这些色彩，把整个的客观世界点缀得斑驳陆离，使整个的宇宙充满了神奇。自古以来，人类都是生活在这样一个与色彩须臾不可分离的环境里。人们使用的语言符号，有一部分是用来表达色彩的，所以语言和客观世界中的色彩自然就产生了必然的联系，并形成了语言词汇中的色彩词系统。

色彩的存在早已引起了人们的注意，如光学、美学、艺术学等许多学科都从各自不同的角度对色彩进行了探讨，这对我们研究语言中的色彩词都是有很好的启发作用的。

词汇学界对色彩词的研究起步也是比较早的，但是综观现有的著述，总还让人有不满足之感。究其原因，不外乎以下两个方面：一个是这种研究还往往只拘泥于几种具体的很基本的色彩上，如红、黄、蓝、白等等；另一个是忽略了色彩词和色彩本身也各有特点，毕竟不是完全等同的，正因为这一问题还不够明确，所以往往把一些具有抽象色彩的词语都排斥在色彩词语的研究范围之外，同时又把色彩词和含彩词语混为一谈。

叶军老师就是在这种情况之下产生了自己的想法，于是从新的思路，开始了对色彩词的研究。通观《现代汉语色彩词研究》一书，我认为有以下几点值得提出。第一，作者从客观事物和色彩的关系谈起，认为事物是色彩的载体，色彩永远附着于物体而存在，具体色彩是这样，抽象色彩也是这样。色彩词是在物体的具体色彩的基础上，通过人们的思维活动而分离出来的语言符号，表示具体色彩的色彩词是这样，表示抽象色彩的色彩词也是这样，所以色彩和色彩词不是等同的。第二，由于色彩和色彩词不相等同，所以作者不仅研究了具体的色彩词，而且也扩及抽象的色彩词，这就大大地扩展了色彩词的研究范围。在具体色彩词的研究方面，除细致论述了基本色彩词之外，更用大量的篇幅详细地分析和论述了各类物色词和表情色彩词等等。这一新的观点和思路，不仅为色彩词的研究提出了新的不容忽视的内容，而且更为色彩词的研究开辟了一个崭新的天地，这必然会使色彩词的研究更加丰富多彩，更能符合语言词汇的实际。第三，该书第一次明确地把色彩词和含彩词语区分开来。第四，该书第一次把各类色彩词的性质、特点以及其形成、结构和语用等情况，作了比较全面深入的研究和分析，并清楚地说明了色彩词语也是语言词汇系统中的一个子系统。此外，该书在治学态度上也是非常严谨的。

　　由以上所述可以看出，《现代汉语色彩词研究》一书的确堪称一本创新之作，它不但为色彩词的研究注入了新的活力，而且更为拓展色彩词的研究领域、使色彩词的研究大大地向前推进一步而做出了贡献。我为作者取得了这样的成绩而感到高兴，在此书即将付梓之时，特写下以上的话表示祝贺和鼓励。

葛本仪写于山东大学

2001 年 8 月

（参见叶军：《现代汉语色彩词研究》，

内蒙古人民出版社 2001 年版）

# 《现代汉语词素研究》序

　　语言中存在的音义结合的单位，目前大家公认的共有五级，那就是"词素"、"词"、"词组"、"句子"和"句群"。毫无疑问，这五级单位是一种逐级包含的关系。就语言的实际存在和运用来说，在这五级单位中，"词"又是最基本的实体。但是作为实体的词，又是由其下一级单位"词素"构成的，所以"词素"也同样是语言中不可忽视的内容。

　　应该说，过去我们对词素的研究是很不够的，因而，这一研究领域一直呈现出较为薄弱的状态。事实上，对语言中音义结合体的诸单位来说，除了注意研究其他各级单位之外，对词素的关注和研究也是非常重要的。

　　回顾汉语的历史发展情况，词素自古至今，它的变化和发展已是有目共睹的，如：有的由单义词素发展成多义词素，由成词词素发展成非词词素，由词根词素发展成附加词素，甚至到现代已经出现了由字母构成的词素等等，其发展变化已呈现出一派纷繁复杂、多姿多彩的情况。对这样一些语言现象进行研究，不但是应该的，而且是完全必要的。

　　我非常高兴孙银新老师能够注意到这一点，并对词素问题进行了一系列观察、分析和探讨，细致地搜集了有关词素的材料，深入地思考和探索了词素方面的理论问题，从宏观和微观相结合的角度，对词素进行了比较全面的研究，并写成了《现代汉语词素研究》一书，这是非常可喜可贺的事情。

　　翻阅此书，感到不仅观点新颖，而且更有诸多值得肯定之处。如作者提出的以下观点：

一、从宏观的角度讲，词素也是语言系统中的一个子系统，这一系统也是通过其各种内部联系把它的各个元素，也就是它所包含的各个词素有机地组织在一起的；在共时平面上，这一词素系统则表现为具体的、有条理的，各个词素都有着自己特定的位置。

二、从历时发展的角度来看，汉语的词素可划分为三个不同的集合体，即原生词素集、移植词素集和移用词素集，这三种词素集的划分，实际上也就是为探索共时平面内全部词素的来源找到了三条不同的途径。当然对现代汉语的词素系统来说也是如此。由此也可以看出词素在历史发展过程中承前继后的状况。

三、从微观的角度讲，每个词素在动态运用中，都有其自身的发展和变化，以词素本身的理论为根据，以各种不同词素的语言特征为标准，就可以给词素划分出各种不同的类型。

此外，词素是词的构成成分，本书对词素构成词、词素意义形成词义等各种复杂情况，也都一一作了比较细致的分析。

从当前我国对词素问题的研究来看，我认为《现代汉语词素研究》一书的内容是比较丰富和独到的。把词素问题的有关内容如此集中地进行研究，并形成专著，在国内的学术成果中，就我所见，这还是第一本。这本书的问世，对词素的研究肯定会带来积极的影响和作用。

当然，学术研究和探讨的道路，永远都是无止境的，所以本书对词素的研究也仅仅是个开始。希望银新老师能以该书的出版作为新的起点，力求广泛地听取各方学者的意见。要采众言之精华，以补自己之不足，争取在今后的学术研究上更加深广，更加不断地取得新的成绩。

葛本仪写于山东大学

2002 年 10 月

（参见孙银新：《现代汉语词素研究》，

中国文史出版社 2003 年版）

# 《动态词彩研究》序言

1996 年 6 月杨振兰的《现代汉语词彩学》一书出版了，从那时起，她就计划要继续为词彩学的研究作出新的努力。现在《动态词彩研究》一书又即将出版，我为振兰终于实现了她的研究计划而高兴，同时也为她又取得了新的成绩而表示祝贺。

如果说《现代汉语词彩学》的出版，更确立了色彩意义是词义中不可缺少的部分，并充分展现了色彩意义在静态存在中的状况的话，那么，《动态词彩研究》则从动态变化和发展的角度，对色彩意义在语言及其运用中存在的作用和价值，又作了进一步的肯定和阐述。

《动态词彩研究》一书共有十一章内容，从色彩意义和语境的关系开始，到色彩意义的动态变化对词汇发展的影响为止，作者从宏观和微观的角度，透过对色彩意义运动形式的细致观察和分析，将色彩意义的鲜活形象生动地呈现了出来。全书内容丰实，新论迭出。首先，作者以宏观的视角，将色彩意义的动态运动情况，分别从共时和历时两个方面，作了全面系统的论述，对色彩意义的共时变异和历时演变过程的关系也作出了符合实际的交代，从而将色彩意义运动形式的全貌呈现了出来；其次，作者对色彩意义的共时运动形式，进行了极为深入细致的微观分析，如对色彩意义在共时运用中所呈现出来的运动类型、模式、特点和功能，以及色彩意义的语用条件、语用原则、语用心理和语用技巧等各方面的问题，都一一作了详尽的阐明；再者，作者对色彩意义的历史发展状况，在分析其演变的条件和过程的同时，也进行了规律性的梳理。以上论述见解精到，论、据结合，有理有力，在阐释了色彩意义的动态运动现象的同时，也进一步证明和展现了色彩意义在语言中的地位、作用及其存在的价值。

　　《动态词彩研究》是《现代汉语词彩学》研究的继续，也是对色彩意义研究的进一步挖掘和发展，振兰的研究成果，对词彩学科的研究、建立和完善无疑是非常有意的。当然，色彩意义在语言中仍然在不断地运动着和发展着，对色彩意义的研究和探讨也永远是无止境的，希望振兰再接再厉，力争把自己的学问做得更扎实，更严谨，更精到，以求对我国词汇学的研究和发展作出有益的贡献。这是肯定，也是鼓励，我相信振兰会努力去做的。

葛本仪写于山东大学

2003 年 8 月

（参见杨振兰：《动态词彩研究》，

山东人民出版社 2003 年版）

# 《汉语秘密语研究》序

  秘密语是一种普遍存在的语言现象，世界各民族语言中，大都具有这种词语变体情况。由于秘密语的特殊性质和在语言运用中的特殊作用，所以它也是语言学、社会学、民俗学、文化学、历史学、文学乃至刑侦学等多学科共同关心的问题。

  在我国，汉语秘密语历史悠久。从史料记载中可以看到，在中古时期，秘密语已经成为汉语言语交际中经常见到的现象。对秘密语的搜集、整理和研究工作起步也比较早，现在能见到的，如宋代的《绮谈市语》，明代的《六院汇选江湖方语》《行院声嗽》，清代的《江湖行话谱》《新刻江湖切要》，以及近代的《全国各界切口大词典》，可以说都是这方面的代表之作。特别是20世纪20至40年代出现的一些文章，如容肇祖的《反切的秘密语》、赵元任的《反切语八种》、曾周的《词的秘密语》、陈志良的《上海的反切语》、陈淑丰的《潮汕的反切语》等等，从语料的选择，到理论的阐释，都说明了对秘密语的研究已开始向科学化发展。自此以后，在汉语社会中，对秘密语的使用从未间断过，对秘密语的研究也没有完全停止过，但是必须承认，秘密语研究一直都未能形成大家共同关注的问题。

  对秘密语问题的关心，把秘密语作为语言研究中不可缺少的内容并赋予很大兴趣来对待，还是20世纪80年代中期以后的事情。从当代研究成果中可以看到，近十年来，有20余人先后发表了40余篇有关秘密语的文章，出现了《中国民间秘密语》等著作，几本材料丰富的秘密语词典也相继问世，秘密语研究也相继列入了科学研究的规划之中，这一切都给秘密语的研究带来了活力，同时也为从理论上对秘密语进行科学研究打下了良好的基础，《汉语秘密语研究》一书正是在这一良好的学术氛围中产生的。

刘中富老师从事秘密语研究多年，积累了丰富的资料，对秘密语的许多问题进行了细致入微的观察和分析，在此研究基础上写成的《汉语秘密语研究》一书做到了多角度、多层次、多侧面地对秘密语进行综合性的研究和考察，从理论上探求了其本质特征和运作规律。在秘密语研究方面，像这样有力度的理论性的学术专著，在此以前还是极不多见的。

相信《汉语秘密语研究》一书的问世，对秘密语的研究定会带来有力的推动。

现当此稿即将付梓之时，欣然写下以上几句话，作为序言吧。

2003 年 8 月 20 日于山东大学

（参见刘中富：《汉语秘密语研究》，
中国文史出版社 2003 年版）

# 《汉语词义发展演变研究》序

对词义问题进行研究是词汇学研究中的重要内容之一，因此它引起了很多人的关注。词义形成的因素和过程，词义发展演变的原因及其纷繁复杂的各种联系和规律，词义本身所包含的各种成分的类聚状况及其层次性，以及词义在静态和动态、共时和历时等存在形式中所表现出来的各种规范性和非规范性的，以及各种各样的存现形式及其条件等等，其中有许多宏观的和微观的问题还有待于我们去探索，所以在我的学生中，很自然地也有一部分人对该问题产生了浓厚的兴趣。慧萍的《汉语词义发展演变研究》一书，就是在这种情况下产生的又一成果。

慧萍老师在硕士阶段是攻读训诂学的，博士阶段又攻读了词汇学，因此，她在了解和掌握词汇学和训诂学的理论和方法方面就有了比较优越的条件，同时，她在探讨词义历时发展演变的问题上也具备了一定的力量。我们应该承认，目前对语言各个方面的历时研究还是比较薄弱的，对词义的研究也是如此，所以慧萍的这一研究成果，对汉语词义的研究是具有积极意义的。

《汉语词义发展演变研究》一书，是慧萍在博士论文的基础上，又补充进了这两年以来的研究成果撰写而成的。众所周知，词义历时发展演变问题的内容既丰富多彩而又纷繁庞杂，所以绝不是这一本书的内容所能涵盖的，因此我认为，该书的内容只能是对词义历时发展演变的概貌作些粗线条的勾勒，但是由于作者的潜心探索和努力，我们从这些粗线条的勾勒中，也能看到不少独到的描写和一些具有启发性的新思路、新见解。同时这本书的

出现也使我们在词义的追源溯流、贯通古今的研究上向前迈进了
一步。

该书在回顾了古代汉语和现代汉语词义研究成果的基础上，
从词义的界定、词义在思维和语言中的存现方式、词义的基本
特征等方面都提出了对词义进行再认识的问题，同时也详细地
探讨了汉语词义形成与传承发展的相关因素及其对汉语词义的
影响，并采用静态与动态相结合的方法，在对汉语词义历时的
发展演变情况进行了较为全面的梳理后，提出了汉语词义发展
演变动态考察的理论构想，比较清楚地考察了汉语词义发展演
变的原则、基本途径、个体词义和整体词义系统中词义发展的
主要形式及规律。同时对当前汉语词义发展的新趋向等也提出
了自己的看法。

该书见解的新颖之处更突出地表现在以下几个方面。

首先，该书非常重视人类思维在词义存在和变化中的影响
和作用问题，给予了"意象"这一概念语言学意义上的界定之
后，将其直接运用到了词义的研究之中，这就使词义和思维相
互关联的关系中融进了一定的形象因素。作者认为义素作为分
析词义所得到的可描述性认知要素，正是意象在语言中的具体
显现，是人们的认知成果向语言形式转化的可见途径。与此同
时，作者在这里还提出了汉字的表意性和思维的关系问题，并
特别说明了汉字的表意部件与意象的关系，这样我们就可以从
认知角度将汉语的词义和具有表意性的汉字的字义更有机地联
系起来。

其次，该书对新词义产生的方式和方法进行了着重的论述，
并在此基础上，初步总结出了词义发展演变的各种轨迹和规律。
作者对词义引申问题的探讨采取了统一的逐层分类原则，首先把
词义引申分为词内引申和词外引申两大类，其次又把词内引申分
为常规引申和修辞引申。其中常规引申主要有相似引申、相关引
申、兼容引申、逻辑引申等类型；修辞引申主要有比喻引申、借

代引申、移觉引申、双关引申、委婉引申、象征引申等类型。词外引申则分为引申产生新词新义、词素重组新词新义和词义转嫁三种情况。引申产生新词又包括灌注式引申和裂变式引申两种类型。作者以具体的语言材料为基础，进行这样细致的分析，使词义演变的脉络更加明晰了起来，同时也把对词义发展演变状况的研究更引向了深入。

再者，该书特别论述了历时常用词和共时常用词的区分问题。作者在对历时常用词和共时常用词分别作出了明确的界定之后，通过具体考察汉语历时常用词词义传承发展的各种情况，得出了意义的传承发展不受结构变化限制的结论，并指出汉语历时常用词在意义上已形成了词义、词素义的传承序列，而词组词化而来的历时常用词，其词义与词化之前的词组义也有着内在的联系。这一切都说明，意义的传承和发展是有其自身规律的，它不会因为结构形式和语法单位性质的改变而受到本质的影响。作者通过自己对具体语言材料的剖析得出的这一论断，对我们研究词义发展演变的内在规律，无疑是非常有益的。

几年来，慧萍一直致力于词义方面的研究，现在从书稿中也可以看出，慧萍对词义发展演变问题，乃至于词义研究中的其他方面，都有着自己的探索和观点，除以上提出的三点之外，在书稿的字里行间，仍可随处见到或大或小的具有启发性和耐人寻味的新见解和新思索。我很高兴她在语言研究方面能有如此执着的态度，我更欣赏她这种积极进取的钻研精神。前面已经谈到，对词义的研究是无止境的，同样，对汉语言各方面的研究也是无止境的，在这里还有许许多多新的研究领域需要人们去开拓，还有许许多多的问题有待于大家去解决。慧萍还很年轻，是我们从事语言研究队伍中的新生力量，因此我希望她在这本处女作问世之后，能更好地再接再厉，继续把自己的研究工作更深入细致地做下去，争取用自己的勤劳换取更多的成果以奉献给社会，奉献给我们多少人为之奋斗的语言研究事业。

在《汉语词义发展演变研究》一书即将出版之际，我怀着高兴的心情写下了以上的话，既表示祝贺，也作为鼓励吧。

葛本仪写于山东大学

2005 年 2 月

（参见魏慧萍：《汉语词义发展演变研究》，

内蒙古人民出版社 2005 年版）

# 《汉语词义系统研究》序

我终于拿到了王军老师的《汉语词义系统研究》的书稿，心中除了高兴之外，也充满了无限的感慨。高兴的是，这本书很快就要面世；感慨的是，这本书稿是她在繁忙的工作之余，坚持以一丝不苟的治学精神，"挤"时间来完成写作的。

该书是在她的博士论文《对汉语词义研究的新思考》的基础上修改而成的，为了使文稿更趋丰富和完美，几年来，她坚持对书稿进行了反复的修改、仔细的斟酌，并努力随着当前学术发展的动态，使该书稿尽可能地更加缜密和完善。现在该书即将问世，我怀着欣慰的心情，希望看到它能够受到广大读者的欢迎，也能够得到学术界同道者的认可。

王军在研究生学习期间，就对词义研究有着特别浓厚的兴趣，她以此为中心，广泛地联系其他各方面的理论知识来学习和考虑问题，同时也在逐渐地积累着自己的思考成果。她观察着语言社会中的各种现象，搜集着大量的实际语料，总结着点点滴滴的理论观点，整理着各类不同的词义发展规律。现在终于可以通过这本书稿将其所获初步地展现出来了。

《汉语词义系统研究》一书共有九章。在具体论述词义系统之前，作者花了相当的篇幅来研究词汇语义学乃至语言学的方法论进展情况，并提出了自己对语言研究的方法论思考。在此基础上，作者首先对词义的几个核心问题，如词义与概念的关系、词义的内容及其性质等等，从认知的角度进行了新的理论探讨和说明。可以看得出，作者所进行的这些耐心的"铺垫"工作，正为后面对词义系统的具体分析和论述，打下了有力的基础。

本书内容充实，分析细致，理论与实例相结合，具有说服力。纵观全书，以下五点尤可首肯。

一、作者在该书的研究中，一直遵循了宏观与微观、静态与动态相结合的方法论原则。既从系统论的角度阐述了词义系统的基本原理，努力构建出词义系统的整体框架，又从微观入手，在词义分析时剖析到最小的意义单位、最低的层次和最近的关系。既重视了对静态词义系统的描写，又注意了对各类动态词义的分析和解释。通过这样的阐述和描写，把语言中词义的整体面貌呈现在读者面前，透彻而清晰。

二、该书着力分析了词义系统的网络构成。词义存在体系性已经得到词汇学界的认同，但这个系统究竟是如何构成的，词义系统的性质有哪些，还有待深入研究。本书在这方面做了一次有益的尝试。作者通过词义的丰富性与层次性、词义的规约与隐含、义位与义素，以及义位本体与义位变体等几对既对立又统一的概念，初步勾勒出了词义系统的网络，使模糊的词义系统开始初步地明确起来。

三、该书对词的语法意义和适用意义给予了充分的关注。由于作者从事了多年的对外汉语教学工作，因此，从汉语作为第二语言的角度出发，并考虑到非汉语人群学习汉语的处境，自然就会发现许多词义研究中的"被遗忘的角落"，对语法意义和适用意义的研究就是其中很重要的问题之一。作者在这两种意义的分析中着墨颇多，这一研究不只对对外汉语教学，就是对汉语词义本身的研究，也是很有意义和启发性的。

四、该书肯定了隐性词义的存在，并进行了详尽的类型分析。隐性词义问题是近年来词汇研究的热点问题，但是很少有人对此进行全面的描写。王军老师在这方面也作出了大胆和有益的尝试，该书首先从理论上肯定了隐性词义存在的价值，并对隐性词义作出了明确的界定，然后又条分缕析地描写和归纳出了隐性词义的三种基本类型；并从词义分析的角度提出了规约义素与隐含义素的概念（规约义素、隐含义素的概念在她的一篇论文中出现后，就已被大家接受了）。很明显，这样的剖析和论述自然增加了对词义全面认识的深度。

五、该书着力研究了动态词义的种种变体，并尝试解释了其内在的原因。动态词义的研究是目前词义研究的一个薄弱环节，既缺少理论，也缺乏实例分析。作者拥有大量实际语料的基础上，对义位的常规变体和非常规变体进行了梳理、分析与描写，并在此基础上，揭示了动态语用中存在着的认知与交际的错位现象，说明了动态言语活动中个人主观因素"干扰"的存在和作用，并指出了产生种种不规范因素的理据性。这些论述对进一步开展动态词汇学的研究都是具有重要参考价值的。

词义的研究在我国已经有着丰厚的历史积淀，但是王军老师在此基础上，还是涉及了许多新的过去还未探讨的问题，提出了许多新的自己独到的见解，毫无疑问，这一切都为目前的词义研究注入了新的血液，增添了新的活力。在该书即将出版之际，我除了表示由衷的高兴和祝贺之外，更希望王军老师能够再接再厉，把尚未完成的词义研究课题如词义认知研究、歧义研究等抓紧时间继续作下去，我们都期待着她能够把新的成果早日奉献出来。

葛本仪

2005 年 3 月写于山东大学

（参见王军：《汉语词义系统研究》，

山东人民出版社 2005 年版）

# 《当代汉语词汇发展变化研究》序

在词汇学研究领域中，大家都有一个共同的愿望，那就是能够读到一些比较详尽的而且能够尽量符合汉语实际的有关汉语词汇史的材料，然而由于汉语发展的岁月是如此漫长，而历史留给我们的文字资料又是如此浩瀚和复杂，所以要拿出这样的成果来又是谈何容易的事，因此我们只能实事求是地从点滴做起。追古思今，我认为有两个方面的工作我们是可以努力去做的，一方面，我们可以立足于现代词汇学的角度，尽量做一些追根溯源的研究；另一方面，就是要把当今社会词汇发展的状况，通过自己的研究工作，尽量能够准确完整地保存下来，以使当今特别是未来的人在认识我们现代词汇的情况时，也可以有据可循。

让我高兴的是，我的学生郭伏良和张小平，他们都对该问题给予了很大的关注，并在这方面的研究中做出了自己应尽的努力。伏良的专著《新中国成立以来汉语词汇发展变化研究》已于2001年4月由河北大学出版社出版，并受到社会的好评。但是因为该书是在2001年之前进行写作并基本成稿的，当然对此之后的情形就难以进行描述。然而在此期间，汉语词汇随社会发展而呈现出来的变化之迅速，发展之丰富纷繁和复杂，却又使人们不能不为之关注和惊叹，因此小平在确定博士论文的写作时，毅然决定继师兄之后，选择了"当代汉语词汇发展变化的问题"作为研究的课题。显然，深入研究和分析汉语词汇在该阶段所呈现出来的各种各样的现象，准确细致地描写词汇在该阶段所呈现出来的面貌，这样的研究不但非常必要，而且是非常有意义和具有历史价值的。

张小平在研究"当代汉语词汇发展变化"的过程中是非常投入和非常执着的，在几年的写作时间里，在汉语词汇历史发展实际的基础上，她首先以分秒必争的态度搜集了大量的第一手材料，然后又以语言理论和词汇理论为先导，对所有有价值的个例，通过从定量到定性的充分的分析研究，最后一一给出了准确的定位，因此，在她的文章中，所有的个例以及与之相符的所有的概念都是非常清晰的。很明显，这样的论证由于其细致准确并符合汉语实际，极易使人们认可和信服。其次，她在论证和描写中，严格区分了词汇的静态存在形式和动态发展变化的问题，而在对动态发展变化的诸情况中，又严格区分了共时变化和历时变化的问题，通过这样的分析和说明，自然就能够把这一时段汉语词汇的发展脉络、从纵向到横向的发展情况非常清晰地呈现了出来，我认为这样的分析模式，不但在该文的研究中是值得称道的，而且对语言词汇的研究工作来讲，可以说也具有积极的借鉴作用。再者，小平在本文的写作中，也注意到了宏观和微观分析相结合的问题，因此，她在对现阶段特别是当代汉语词汇发展变化概貌进行分析和描写时，不但能注意到宏观上完整的整体轮廓的描写，而且在微观上也能对词汇发展的主干和分支、从词到词素到词义等等的细枝末节，都层层分明地剖析出来。可以肯定，这样的汉语词汇发展史的材料自然是详尽和可靠的。

当然，任何一项研究工作都会暂时告一段落，然而社会的语言和词汇却是一刻也不停地在发展变化着，今天我们回首再看，在小平的书稿完成之后，词汇的发展变化仍又呈现出了一片新的活跃之势，如目前社会方言词中网络词语的大量涌现，新词新义的层出不穷，以及汉语词汇健康发展和规范问题等等，仍然是我们应该密切关注的。因此，在祝贺小平的书稿即将付梓之时，更希望小平能继续努力，争取在汉语词汇的研究领域中做出新的贡献。我们期待着。

葛本仪写于山东大学

2008 年 5 月 16 日

（参见张小平：《当代汉语词汇发展变化研究》，

齐鲁书社 2008 年版）

# 《汉语口语成分的话语分析》序

　　我和旺熹是在 1984 年相识的，当年旺熹和中富、振兰、程娟一起，是我招收的第一届硕士研究生。他们入学后，我们相处得非常融洽：在教学方面我们是互尊互敬的师生，教学相长，一丝不苟；在生活方面我们是诚挚的朋友，朝夕相处，无话不谈；在科研方面我们又是亲密的战友，团结一致，迈过种种困难，刻苦攻坚。记得那是 1986 年，我和盛玉麒、张树铮、王新华等老师，开始探讨语言学和中文信息处理结合研究的问题，并开始了《信息处理用现代汉语三万词语集》的研制工作，旺熹他们四人都被纳为课题组成员。当时我们的研制工作非常艰苦，资料匮乏，时间紧迫，一切都在探索中前进。他们四人更是肩负着重任，集学习词汇学、写作毕业论文、完成分担的科研任务于一身，甚至两个月的暑假，我只给了他们十天的休息时间。当时我也曾暗自想过，是不是压给他们的担子太重了，但在现实面前，看着他们都高兴地承担着一切，那种勇于学习、积极向上的态度，又让我感动，终于最后大家都圆满地完成了任务。至今回想起这一切，许多情景仍历历在目。从八四年相识到现在，转眼间已匆匆过了二十八年，可贵的是，在这期间我们却从未间断过联系，浓浓的师生之情与日俱增。

　　旺熹硕士毕业后被分配到北京语言大学工作，并开始从事语法专业的教学与研究，因为他为人真诚朴实、学风严谨踏实，所以我相信他会做好工作的。但是想到他学的是词汇学，怎么去教语法呢，所以又不免为此担心过。让我高兴的是，旺熹从事语法教学不久，他就能够把语法和语义结合起来分析和思考问题，并从此开始走上了一条当时还是比较新颖的结合语义研究语法的正确的科研道路。由于他勤于钻研、勇于探索，经过这些年来的努力，他终于在教学和科研上取得了令人瞩目的成绩，并在学术上开辟出了一片大家首肯的新天地。

这些年来，旺熹不仅发表了许多学术论文，同时还出版了两本语法学专著，而且他在语法研究中总能不断地提出新的观点，总结出新的规律，每每看到这些成果，我都感到十分欣慰。但我在欣赏这些成果的同时，又常想到他还应该补充点什么，因为在他的文章中，虽然有时也能结合语境等方面来分析问题，但多数却还是以语法的静态形式为对象来进行研究的。事实上，语言的整体应该是由其静态形式和动态形式两个部分构成，静态形式中包含着整个语言系统中的各种元素和功能，但从其性质来说，这些元素都是备用的，其交际功能也是潜在的，只有当这些元素被人们运用起来，组成话语进入动态应用的过程中，才形成表达思想的言语交际行为，这时不但它们的交际功能会被激活，而且这些元素也会活跃在各种不同的语境中，并开始获得语境所给予它们的更丰富多样的词汇和语法方面的言语内容，这些新的成分，一旦被约定俗成，又会被送入静态系统中，从而促成整体语言的发展。所以我认为，研究语言，研究其静态的内容是完全必要的，因为它是我们认识语言系统的基础，但同时更应该对它的动态状况进行研究。如果将语言成分置于动态的言语交际环境中进行观察和分析，肯定会发现它们能获得更多的、有生命的言语内容。让我没想到的是，前几天我得到了旺熹又要出版新书的消息，并很快就收到了他寄来的新书稿，看着书稿上那醒目的《汉语口语成分的话语分析》的书名，我又高兴又兴奋。很明显，这本对口语成分话语分析的书，肯定就是从动态应用的角度来进行研究的，我们竟然都想到一起去了。

《汉语口语成分的话语分析》是旺熹继《汉语特殊句法的语

义研究》和《汉语句法的认知结构研究》之后的第三本语法学专著，也是他进行语法动态研究的新成果。书中集中对汉语中的副词"可"、人称代词类话语标记、"人称代词＋NP"复指结构、人称代词"人家"、人称代词复用结构等五种典型的口语成分，从词汇和语法特征入手进而推进到话语层面，深入地进行了多角度的观察、分析和描写。书中的内容不仅展示了这些词汇语法成分在动态应用中的多姿多彩，而且更说明了静态的语言成分在言语应用中就会从语境的各个方面获得更新的生存和发展的力量，并能够进一步显现出无限的表现力和旺盛的生命力。

我为旺熹取得这一语法动态研究的新成果而无比高兴，更深深感到他在学术道路上又有了新的跨越，他的科学研究工作已越来越走向深入和成熟，我相信他永远都会这样踏实地、一步步地向前迈进着。

在这本新书即将出版之际，写下以上的话，以表示我真诚的鼓励和祝贺吧。

葛本仪

2012 年 3 月 6 日写于山东大学

（参见张旺熹：《汉语口语成分的话语分析》，

北京语言大学出版社 2012 年版）

# 《二十世纪中国社会变迁与社会称谓分期研究——社会语言学新探》序

孙剑艺老师的《二十世纪中国社会变迁与社会称谓分期研究——社会语言学新探》一书终于完稿了，我一直关注着该书的进度，因为这是一部有关汉语词汇学、称谓学和社会语言学等方面的具有开创意义的很有价值的著述。

我认识剑艺已近三十年的时间了，1984年我招收首届词汇学研究生，剑艺报考，成绩合格，因名额有限，未能如愿录取。便把他介绍给了殷焕先先生学习音韵学，为此数十年来，剑艺对我一直执弟子之礼而不辍；殷先生晚年，剑艺都随侍左右，毕恭毕敬，克尽弟子之道。以此可见剑艺人品的诚挚与敦厚。

剑艺毕业留校后，跟随吉常宏先生从事词汇研究和辞书编纂，由于工作需要又从事了以词汇训诂为主的研究。20世纪90年代，山东大学设立"211工程"重点项目，我负责申报了一个贯通古今的课题"汉语词汇学"，并设计了若干分课题，当时我让剑艺也参加了该课题组，并分派他撰写"汉语的字、词、词素探析"部分。2002年《汉语词汇学》撰写完成，并由山东大学出版社出版。为了让参加者每人都能有独立的成果，初版是以六编组成全六册一套的形式出版的，第二次印刷时才改为一部内含六编的精装本。这部书的第二部分就是由剑艺分担的。2004年《汉语词汇学》荣获了山东省社科优秀成果二等奖。

平时剑艺就用工刻苦，勤于钻研，所以他的文章多不乏新见，他的著述成文前一般都是已有相当丰富的材料积累，成书后有的部分和观点又可以独立成文，由此足见他做学问的科学和严谨。剑艺曾告诉我，他对汉语字、词研究等观点，曾得到过陈光磊、伍铁平等先生的肯定和赏识。

语言具有社会性，词汇的社会性最强，而词汇中的社会称谓词语对社会变革的反应尤为敏感。剑艺深明这一点，因此在随从吉常宏先生完成《汉语称谓大词典》之后，他就把称谓研究和社会生活、社会变迁等方面结合起来进行综合研究和开拓，并成功申报了教育部"十五"规划课题。观往知来，知他绝不会草率从事，定能克服一切困难，以一种"摸着石头过河"的精神取得成功。果不其然，历经了十数载苦功，一部规模宏大的巨著《二十世纪中国社会变迁与社会称谓分期研究——社会语言学新探》终于呈现在了我们面前。

我不能详读全书，概略浏览，感到可以简要概括该书具有以下四个特点：

特点之一：历史发展线索分明。该书是按照二十世纪的历史发展线索分期进行的，但又绝非机械地去写历史，而是以社会称谓词语来提挈社会事件和折射社会变迁，揭示语言和社会相互依存、相互影响的"共变"关系。这正是社会语言学的基本理论和方法论的有力体现。

特点之二：观点论证相结合。该书不仅描写称谓，而且有界定，有阐述，有例证，几方面有机配合，齐头并进，相得益彰。这种有观点有论证的研究方法不但有利于研究的深入，而且更能阐述详尽，也为读者提供了方便。

特点之三：内容宏富，资料繁博。该书选题的性质决定了语料的广博复杂性，因而无法如其他选题那样预先建立或锁定一个较小范围的封闭式语料库，确如作者所言，必须不拘一格，不限一隅，披沙拣金。书中发掘出那么多丰富多彩的称谓语，那么多特殊新颖的指称意义及其用法和特定时代色彩等，那么多准确恰当且具有历史资料性质的书证，这番"上穷碧落下黄泉"般的穷搜博采功夫实属可贵。

特点之四：多种研究方法综合运用。该书在研究方法上充分体现了历时和共时、静态和动态、宏观和微观的结合与兼顾。所以本成果不但具有选题原创、角度独到、称谓丰富、资料浩繁、学科贯通、历时连贯、样式新颖等优点，而且在研究方法上也运用得当，并因此而做出了许多有意义的探索和突破。虽然目前"文革"部分暂缺，但假以时日，相信作者会有更加新颖的成果呈献。

此书出版，甚为欣喜，特作此序以示祝贺，并望剑艺不懈努力，再上一层楼。

葛本仪写于山东大学

2013 年 11 月

（参见孙剑艺等撰：《二十世纪中国社会变迁与社会称谓分期研究——社会语言学新探》，商务印书馆 2013 年版）

# 《〈国语〉词汇研究》序

  1999 年，陈长书考取了山东大学文学院的硕士生，师从杨振兰老师，攻读汉语词汇学。当时我们的硕士学位课都是有关专业的学生在一起上的，我恰恰又是"汉语词汇理论"学位课的授课老师，因此我有幸结识了二十多个既年轻又富有朝气的学子，长书就是其中之一。

  开始几节课进行得似乎还平常，可是几节课过后，有少数几个学生逐渐引起了我的注意，尤其是长书，我感到他不仅上课时注意力特别集中，而且思路敏捷，对新知识领悟快、记得牢，并能加以运用。如在课堂讨论中，无论对看的材料还是同学的发言，只要有不对之处，他都能有理有据地指出来加以分析和批驳，作为一年级的研究生，能做到这一点的确是难能可贵的。我把这一看法告诉了他的导师振兰，振兰也有同感。在以后的日子里，振兰精心指导，我也尽量注意，长书进步很快，他不但对我的词汇学体系中的理论和概念学得比较好，而且对我新提出不久的词汇学动态研究，如静态和动态、共时和历时以及其中的关系等也能心领神会。三年过去了，他提交的硕士毕业论文《表层词义和深层词义研究》就是以共时的静态和动态的理论为基础的，当然这还都是在现代汉语词汇的范围之内。

  硕士毕业了，应考虑下一步了，讨论中他提出了想报考训诂专业，攻读汉语史的想法，目的是以现代理论为指导，把静态与动态、共时与历时以及其中的关系等理论运用到汉语史的研究中去，以求追根溯源，了解和研究汉语史的发展脉络等情况。我们知道这任务是相当艰巨的，恐怕穷毕生精力也难以完成，但这工作又是相当有意义的，只要路子对头，哪怕完成点点滴滴的成果，对汉语史的研究都是很有贡献的，再说他的想法不错，且勇于钻研的勇气可嘉，因此我和振兰都支持了他。

长书在读博期间，他不但对我国古代文献资料的浩瀚和繁杂有了初步的认识，而且也初步学会了如何认识和探索、熟悉和掌握一些古代资料的方法，这对他的帮助是巨大的，以此为基础，他先选择了《国语》，开始了对专书的研究。他的博士论文《〈国语〉词汇研究》就是在这样的学习和思考中写成的。

现在以博士论文为基础，又经过几年的研究和修改，终于可以成书出版了。翻看此稿，我欣慰地发现该书的许多特点基本和他的初衷非常一致，这说明他做学问的确是有一定的恒定性的。这些特点基本表现在三个大的方面。

第一，本书在宏观上以先秦的语料为面，在微观上则以具有丰富内容的专书《国语》为点，运用现代语言学和词汇学的理论为指导，再结合传统小学的治学方法，对《国语》中的词汇现象进行了穷尽性的观察和研究，并将其作为一个汉语发展过程中的横断面，放在上古汉语乃至整个汉语词汇的历时发展的背景下进行考察，力图做到既有细致严密的字词考证，又有现代科学意义上的理论追求。可以看出，作者是在努力揭示出《国语》词汇本身具有的特点和规律，并力图对它们提出合理的推测和解释，这从作者对《国语》作者所处的时代、地域，以及单音词、同义词等的描写和分析中可见一斑。

第二，该书在阐释上能论证结合，颇具说服力，我认为这和他运用了共时比较和历时考察相结合的方法是分不开的。据我所知，他的共时比较法主要是把《国语》和《左传》、《论语》、《孟子》等同时代的先秦文献中的词汇拿来相比较，以求能用更多的同时期的语料来解释《国语》词汇现象；另一方面，又对《国语》词汇进行了历时的考察，将其置于汉语词汇史的研究视角下，上挂下连：往上努力追溯甲骨文、今文《尚书》、《周易古经》、《诗经》等早于《国语》的文献，在比较中尽可能地梳理《国语》词汇的形成脉络；往下主要考察《吕氏春秋》《战国策》《管子》等晚于《国语》的先秦文献，并力所能及地和现代汉语词汇中的某些成分作比较，目的是力图在《国语》中为后代涌现出来的许多语言成分、语言变化找到最初的形式。长书的这种努力是艰苦的，但也同时是非常值得的。

第三，采用了科学的研究方法。该书的资料非常丰富，这不只在于他平时的积累，更重要的是他采用了建立语料库的方法。目前在古代文献词汇的研究中，语料库方法的运用尚没有形成明确的程序和模式。该研究课题从电子文本的制作、词汇属性的标记、各类词汇现象的说明以及文献词典的编纂等方面对建立语料库的方法进行了积极的尝试，而且取得了一定的成效。虽然是初步的尝试，但对《国语》词汇语料库的个案研究，为古代文献词汇学和语料库语言学的结合性研究，也提供了一个比较科学可行的范例。

长书的书即将出版了，我们作为老师，目睹他一步步地成长起来，并取得了一定的成绩，当然由衷地高兴，今作此序，除以示祝贺外，更多的还是鼓励。长书还年轻，有基础，有干劲，更有着那份对学术孜孜追求的钻研精神，学无止境，相信长书会继续努力的，也相信他今后会呈献更丰硕的成果，我们期待着。

葛本仪写于山东大学

2014 年 6 月

（参见陈长书：《〈国语〉词汇研究》，
中国社会科学出版社 2014 年版）

# 《汉语词汇修辞论稿》序

郭伏良老师原来就是词汇研究大家武占坤先生的得意弟子，他来到我门下读博时，事实上对词汇学已经有了一定的认识，所以他入学后，我首先就让他先了解我的词汇理论体系问题。伏良很虚心，也很用功，他终于掌握了我的基本观点，并且能够以理论为前导，以共时和历时的语言材料为基础，选定了新中国成立以来的词汇发展为他的研究课题。在整个学习和研究的过程中，他始终都能运用理论联系实际的研究思路和方法，所以他的研究成果是令人信服的，最终他在此成果的基础上完成了博士论文，并在答辩中获得了好评。后来这成果《新中国成立以来汉语词汇发展变化研究》已正式出版。

伏良毕业后回到河北大学，据我所知，他在河北大学不但负责对外汉语教学的工作，而且要兼顾文学院的某些课程，工作是繁忙的。更重要的是我认为对外汉语教学虽是新兴学科，但却是一门具有中华文化特质的综合性学问，在教学内容上，老师应该具有丰厚的中华文化底蕴，在教学方法上则必须了解不同民族之间在思维和语言交流上的方式和方法。伏良深知这一点，所以为了做好工作他一直在做着不懈的努力。

几天前伏良突然对我说，他要出版个人论文集，让我写个序。他出成果我当然高兴，也自然答应了下来。

当我翻看着他给我的厚厚的论文打印稿时，还是不免有些惊讶，没想到这些年来，他竟然积累了如此丰厚的成果。

这本论文集共收录了以汉语词汇研究为中心的文章 25 篇，

所论问题不同，涉及的范围也颇广泛，但是细细品味之后，仍然能够了解他在这十几年的工作生涯中的所想和所为。

首先我认为不论他从事什么工作，却始终坚持着以词汇学作为他毕生研究的主题。因这次的成果是论文集，当然每篇文章自有它自己的重点，但总的来说所论问题却都是在现代汉语词汇的当代共时范围之内，有静态现象的研究，也有对动态现象的观察和探索，虽文中内容各有所异，但因都是词汇问题，有些地方又可以相互关联说明和联系，而且许多观点也不乏新颖独到之处，透过文章，人们足以体会到他多年来潜心语言词汇研究的心得与感悟。

其次我感到伏良对问题的研究，随着时间的推移的确是在与时俱进的，这表现在他对词汇理论的掌握更细致深入了，应用起来不但能得心应手，而且更能恰如其分；在研究方法上不仅恰当而且灵活，并能通过一定的研究手段将多学科的有关问题相互联系、相互借鉴，能做到这一点的确是难能可贵的。

当然，伏良的这本论文集也并非完善无瑕，有的观点也可能只是他个人之见，尚可与大家讨论。学海无涯，希望他在以后的学术生涯中，不断汲取各方面的意见，使研究更加严谨深入和完善，以求对汉语词汇学的研究和发展作出更大的贡献。

葛本仪写于山东大学

2016 年 4 月

（参见郭伏良：《汉语词汇修辞论稿》，

人民出版社 2016 年版）

# 后　记

　　《葛本仪文集》的编辑工作始于 2018 年底，当时先生尚健在，文集的设计工作是由先生亲自把关的，先生还专门为《语言学概论》撰写了作者说明。文集出版的目标是全面展示先生的学术探索历程，按照原来的设计，它除了收录目前的 7 种著述外，还计划收录《现代汉语词汇学》英文版和《语言学概论》台湾繁体版，但由于版权以及出版规范等原因，最终未能实现。

　　先生始终关心文集的编辑出版工作，然而 2020 年 1 月 16 日先生骤然仙逝，竟未能看到文集的面世，我们对此痛心万分。先生虽已永远离开了我们，但先生的学术精神和学术思想永存，并将永远鞭策、激励和指引我们不断前进。对于我们后辈学人而言，对先生的最好的纪念就是继承先生的学术精神与学术思想并将其发扬广大。

　　本文集在山东大学文学院张帅书记和杜泽逊院长的主持之下，由山东大学中文专刊项目资助出版，社会科学文献出版社及其济南文稿中心的同志们以专业的工作、敬业的态度保障了文集的顺利出版，在此，我们谨致谢忱！也向所有关心文集出版的师友表示感谢！文集工程量大，疏漏之处在所难免，敬请读者指正。

杨振兰、王世昌

2021 年 2 月 22 日

# 山东大学中文专刊目录

《杨振声文集》

《黄孝纾文集》

《萧涤非文集》

《殷孟伦文集》

《高兰文集》

《殷焕先文集》

《刘泮溪文集》

《孙昌熙文集》

《关德栋文集》

《牟世金文集》

《袁世硕文集》

《刘乃昌文集》

《钱曾怡文集》

《葛本仪文集》

《董治安文集》

《张可礼文集》

《郭延礼文集》

《曾繁仁学术文集》

《中国诗史》（陆侃如、冯沅君）

《诗经考索》（王洲明）

《出土文献与先秦著述史研究》（高新华）

《战国至汉初的黄老思想研究》（高新华）

《蔡伦造纸与纸的早期应用》（刘光裕）

《刘光裕编辑学论集》

《挚虞及其〈文章流别集〉研究》（徐昌盛）

《王小舒文集》

《苏轼诗文评点研究》（樊庆彦）

《中国小说互文与通变研究》（李桂奎）

《中国当代戏曲论争史述》（刘方政）

《中国电影新生代的轨迹探寻》（丁晋）

《莫言小说叙事学》（张学军）

《景石斋训诂存稿》（路广正）

《古汉字通解 500 例》（徐超）

《战国至汉初简帛人物名号整理研究》（王辉）

《瑶语方言历史比较研究》（刘文）

《石学蠡探》（叶国良）

《因明通识》（姜宝昌）